Languedoc et Roussillon

Cévennes

Cofondateurs : Philippe GLOAGUEN et Michel DUVAL

Directeur de collection et auteur
Philippe GLOAGUEN

Secrétaire général
Gavin's CLEMENTE-RUIZ

Rédacteurs en chef
Amanda KERAVEL (France)
Benoît LUCCHINI (Étranger)

Directrice administrative
Bénédicte GLOAGUEN

Conseiller à la rédaction
Pierre JOSSE

Responsable voyages
Carole BORDES

Direction éditoriale
Élise ERNEST

Rédaction
Isabelle AL SUBAIHI
Emmanuelle BAUQUIS
Mathilde de BOISGROLLIER
Thierry BROUARD
Marie BURIN des ROZIERS
Diane CAPRON
Véronique de CHARDON
Laura CHARLIER
Florence CHARMETANT
Fiona DEBRABANDER
Anne-Caroline DUMAS
Éléonore FRIESS
Géraldine LEMAUF-BEAUVOIS
Olivier PAGE
Alain PALLIER
Anne POINSOT
André PONCELET

2021/22

hachette

TABLE DES MATIÈRES

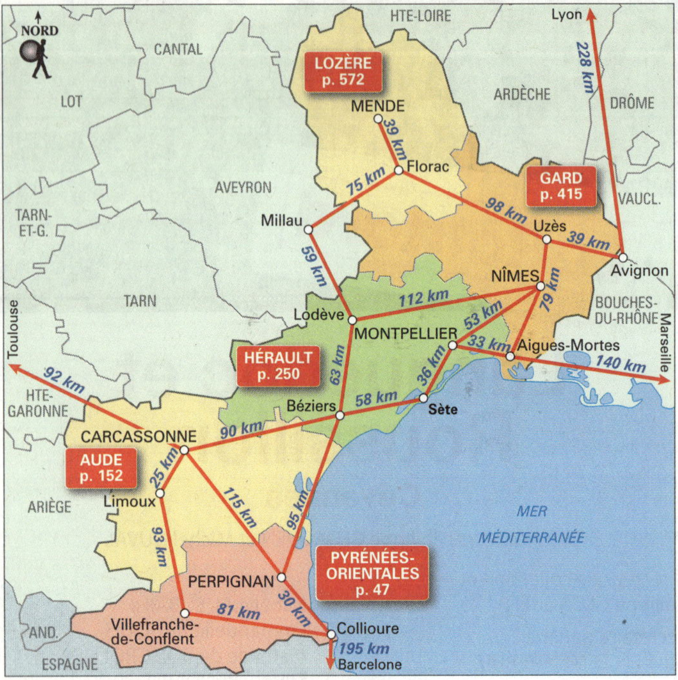

PRÉAMBULE

COMMENT Y ALLER ? 34

BON À SAVOIR AVANT LE DÉPART 40

Pictogrammes du *Routard*

Établissements

- Hôtel, auberge, chambre d'hôtes
- Camping
- Restaurant
- Terrasse
- Pizzeria
- Boulangerie, sandwicherie
- Pâtisserie
- Glacier
- Café, salon de thé
- Café, bar
- Bar musical
- Club, boîte de nuit
- Salle de spectacle
- Boutique, magasin, marché

Infos pratiques

- Office de tourisme
- Poste
- Accès Internet
- Hôpital, urgences
- Adapté aux personnes handicapées

Sites

- Présente un intérêt touristique
- Point de vue
- Plage
- Spot de surf
- Site de plongée
- Recommandé pour les enfants
- Inscrit au Patrimoine mondial de l'Unesco
- Pas de côté

Transports

- Aéroport
- Gare ferroviaire
- Gare routière, arrêt de bus
- Station de métro
- Station de tramway
- Parking
- Taxi
- Taxi collectif
- Bateau
- Bateau fluvial
- Piste cyclable, parcours à vélo

☎ **112 :** c'est le numéro d'urgence commun à la France et à tous les pays de l'UE, à composer en cas d'accident, agression ou détresse. Il permet de se faire localiser et aider en français, tout en améliorant les délais d'intervention des services de secours.

NORD
CANTAL
(15)
Aurillac
Souillac
LOT
(46)
Figeac
Cahors
AVEYRON
(12)
Rodez
Chaudes-Aigues
Le Malzieu-Ville
St-Chély-d'Apcher
St-Alban-sur-Limagnole
Parc naturel régional de l'Aubrac
Laguiole
Nasbinals
Aumont-Aubrac
Aubrac
Marvejols
Espalion
Chanac
Banassac
La Canourgue
St-Chély-du-Tarn
La Malène
Les Vignes
Les Douzes
Le Rozier
Millau
TARN-ET-GARONNE
(82)
Montauban
Albi
Parc naturel régional des Grands Causses
TARN
(81)
Lacaune
Lodève
Lunas
Parc naturel régional du Haut-Languedoc
La-Salvetat-sur-Agout
Col de Cabaretou
(34)
Lamalou-les-Bains
Bédarieux
Olargues
HÉRAULT
p. 250
Castres
Toulouse
Mazamet
HAUTE-GARONNE
(31)
Canal du Midi
St-Pons-de-Thomières
St-Chinian
Gorges de la Clamoux
Caunes-Minervois
Minerve
Béziers
Montolieu
Rieux-Minervois
Castelnaudary
CARCASSONNE
Narbonne
Fanjeaux
Narbonne-Plage
Bages
Gruissan
Île Ste-Lucie
Lagrasse
Fontfroide
Pamiers
AUDE
p. 152
Limoux
Alet-les-Bains
Sigean
Villerouge-Termenès
Rennes-le-Château
Foix
Fitou
Leucate
Gorges de Galamus
Quéribus
Aguilar
ARIÈGE
(09)
Quillan
Tautavel
Axat
Peyrepertuse
Port-Barcarès
Puilaurens
Estagel
PERPIGNAN
Molitg-les-Bains
Ille-sur-Têt
Canet-en-Roussillon
Parc naturel régional des Pyrénées catalanes
Eus
Thuir
St-Cyprien
Formiguères
Les Angles
Prades
Argelès-sur-Mer
Lac des Bouillouses
ANDORRE
Font-Romeu
Villefranche-de-Conflent
Pic du Canigó
Port-Vendres
Targassonne
Dorres
Llivia
Saint-Martin-du-Canigou
Céret
Collioure
Banyuls-sur-Mer
Cerbère
Bourg-Madame
Llo
Eyne
Arles-sur-Tech
Le Perthus
La Preste
ESPAGNE
Prats-de-Mollo
A 75
E 11
A 20
E 9
A 62
E 72
E 70
A 68
A 61
E 80
A 64
A 66
A 9
E 15
AP 7
N 88
N 122
N 20
N 9
D 120
D 921
D 840
D 920
D 987
D 820
D 911
D 809
D 999
D 813
D 607
D 902
D 612
D 908
D 622
D 909
D 6113
D 119
D 118
D 3
D 623
D 613
D 611
D 14
D 117
D 900
1
2
3
4

LANGUEDOC ET ROUSSILLON

LA RÉDACTION DU ROUTARD

(sans oublier nos 50 enquêteurs, aussi sur le terrain)

Jean-Sébastien, Olivier, Mathilde, Thierry, Alain, Gavin's, Éléonore, Anne-Caroline, André, Laura, Florence, Véronique, Isabelle, Géraldine, Fiona, Amanda, Benoît, Emmanuelle, Bénédicte, Philippe, Carole, Diane, Anne, Marie.

La saga du *Routard* : en 1971, deux étudiants, Philippe et Michel, avaient une furieuse envie de découvrir le monde. De retour du Népal germe l'idée d'un guide différent qui regrouperait tuyaux malins et itinéraires sympa, destiné aux jeunes fauchés en quête de liberté. 1973. Après 19 refus d'éditeurs et la faillite de leur première maison d'édition, l'aventure commence vraiment avec Hachette. Aujourd'hui, le *Routard*, c'est plus d'une cinquantaine d'enquêteurs impliqués et sincères. Ils parcourent le monde toute l'année dans l'anonymat et s'acharnent à restituer leurs coups de cœur avec passion.

Merci à tous les routards qui sont solidaires de nos convictions : liberté et indépendance d'esprit ; découverte et partage ; sincérité, tolérance et respect des autres.

NOS SPÉCIALISTES LANGUEDOC ET ROUSSILLON

Amanda, Mathilde et Marie : quand l'une arpente les routes bretonnes en quête de la meilleure pâte à crêpes, l'autre explore le bocage normand à coups de gorgées de cidre, pendant que la troisième chausse les skis pour dégoter le meilleur refuge alpin. La curiosité, l'enthousiasme et la gourmandise sont leur meilleur sonar, que complètent deux décennies d'expérience à user leurs semelles sur les routes de l'Hexagone. Un trio complice et indépendant qui essaie, entre deux voyages, de garder la ligne.

Grégory Dalex : engagé avec le *Routard* depuis près de 20 ans, il a choisi le voyage en solo et en immersion totale. Le moyen d'être au plus près de son sujet en privilégiant les rencontres humaines… et leurs bonnes adresses ! Une immersion jusque dans la mer, l'autre passion de sa vie, qu'il brûle en travaillant aussi dans l'archéologie sous-marine.

Romain Meynier : il n'était pas si mal, dans son Sud, entre rivières et cigales. Pourtant, à 22 ans, après des études de journalisme, il s'est dit que l'herbe était plus verte ailleurs. Il est allé le vérifier, le long des pistes brûlantes en terre inconnue. L'herbe était jaune. Et c'est bien mieux comme ça, inattendu. Tout à découvrir, et autant à raconter.

UN GRAND MERCI À NOS AMI(E)S SUR PLACE

Pour cette nouvelle édition, nous remercions particulièrement :

Pour l'Aude

- **Caroline Combis et toute l'équipe** du CDT de l'Aude ;
- **Christophe Varennes et Anna Cathala,** de l'office de tourisme de Carcassonne ;
- **Virginie Sire,** de l'office de tourisme de Narbonne ;
- les offices de tourisme de Trèbes, Le Somail, Caunes-Minervois, Castelnaudary, Fanjeaux, Limoux, Couiza, Quillan, Axat, Cucugnan, Lagrasse, Gruissan, Bages, Sigean, Leucate et Fitou.

Pour le Gard

- **Carole Bedou et toute l'équipe** de Gard Tourisme ;
- **Véronique Allen,** de l'office de tourisme de Nîmes ;
- **Stéphanie Aillet,** de l'office de tourisme du Grau-du-Roi ;
- **Béatrice Guiraud,** de l'office de tourisme d'Aigues-Mortes ;
- **Valérie Pareire et l'équipe** de l'office de tourisme de Beaucaire ;
- **Didier Alcaïde,** de l'office de tourisme Destination Pays d'Uzès-Pont du Gard ;

Pour l'Hérault

- **Sabrina Lucchese et toute l'équipe** de l'ADT de l'Hérault ;
- **Valérie Paduano,** de l'office de tourisme de Montpellier ;
- **Monique Boulze,** de l'office de tourisme de Béziers ;
- **Corine Beaujard et Marie-France Parra,** de l'office de tourisme de Sète ;
- les offices de tourisme de Frontignan, Mèze, Cap-d'Agde, Palavas-les-Flots, Carnon-Mauguio, La Salvetat-sur-Agoût, Bédarieux, Clermont-l'Hérault, Lodève, Lunel, Saint-Guilhem-le-Désert et Marseillan.

Pour la Lozère

- **Éric Debenne, Inger Berckhauer, Léa Biremont et toute l'équipe** du CDT de la Lozère ;
- les offices de tourisme de Mende, La Malène, Le Rozier, Meyrueis et Sainte-Énimie.

Pour les Pyrénées-Orientales

- **Rémy Vernier, Ghislaine Coronat et Julien Folcher,** de l'ADT des Pyrénées-Orientales ;
- **Marie-Claire Baills,** de Perpignan Méditerranée Tourisme ;
- **Philippe Moncelet et Dominique Fabre,** de l'office de tourisme de Collioure ;
- **Antoine Mascuano et l'équipe** de l'office de tourisme de Banyuls-sur-Mer ;
- **Clémentine Pelissier,** de l'office de tourisme Conflent Canigó ;
- et tous les bureaux d'infos et autres offices de tourisme du département pour leur aide précieuse et leur collaboration active.

Le *Routard* est imprimé sur un papier issu de forêts gérées.

I.S.B.N. 978-2-01-787139-2

Abbaye de Gellone, Saint-Guilhem-le-Désert

« La boussole, elle est con : elle indique le Nord alors que tout le monde préfère le Sud. »
Michèle Bernier

Longtemps, le Languedoc et le Roussillon se sont contentés d'être la voie royale du soleil d'Espagne, lors des grandes migrations estivales. Derrière les rambardes de l'autoroute se profilait une sorte de Midi à demi grillé par le soleil, peuplé de rugbymen et de baladins, où les raisins avaient le goût de la colère et les montagnes un parfum d'hérésie. On ne se trompait guère. Le Languedoc est une route qui s'emprunte mais ne se donne pas. Sous ses airs de mauvais élève au piquet contre les Pyrénées, c'est un pays ouvert que ses malheurs ont fermé sur lui-même.
Le Languedoc et le Roussillon, qui font désormais partie de la région Occitanie, ont cette grâce fonctionnelle des architectures. C'est le pan oriental de l'arc roman par lequel l'Hexagone enjambe la Méditerranée. Une portion de rivage qui s'arcboute sur 2 obstacles naturels, le Rhône et les Pyrénées, et tisse tout un réseau de petites vallées dans les montagnes environnantes pour dessiner, finalement, une sorte d'amphithéâtre en gradins ouvert sur le large.
Bien sûr, il y a Languedoc, il y a Roussillon, et les 2 coteaux du Vivarais n'ont pas grand-chose à voir avec les hauteurs pelées de Cerdagne. Possible aussi que le Languedoc et le Roussillon aient un cœur : les Corbières ; une tête : Montpellier ; une main pour le travail : Sète ; et une autre pour l'art : le Roussillon ; son âme errant quelque part entre Cévennes et Montagne noire.
Bref, **un ensemble naturel forgé par l'histoire,** où des peuples cousins ont appris à se confondre, et qui se retrouvent aujourd'hui dans une trop grande région. Toulouse a déteint sur Carcassonne, la Catalogne campe sur le rebord pyrénéen, l'air de Nîmes sent la Provence. D'où cette mixture inédite de boulistes et de cassoulet, de cloîtres mozarabes et de corridas espagnoles, cimentée par 2 langues cousines, le catalan et l'occitan. Du port de Narbonne à la foire de Beaucaire, le territoire fut un fameux brasseur d'horizons, qui brilla sur l'échiquier européen jusqu'aux jours de l'annexion française. Dans **cette région qui fut une seconde Rome,** la tête de pont du savoir judéo-arabe hors d'Espagne et **l'une des créatrices de l'art roman,** chaque pierre a quelque chose à raconter.
Ici, le soleil dore et découpe les villages au scalpel. Sa franchise ombrageuse donne le ton, celui d'un pays auquel on s'accroche parce qu'il est beau.

Les arènes de Nîmes

NOS COUPS DE CŒUR

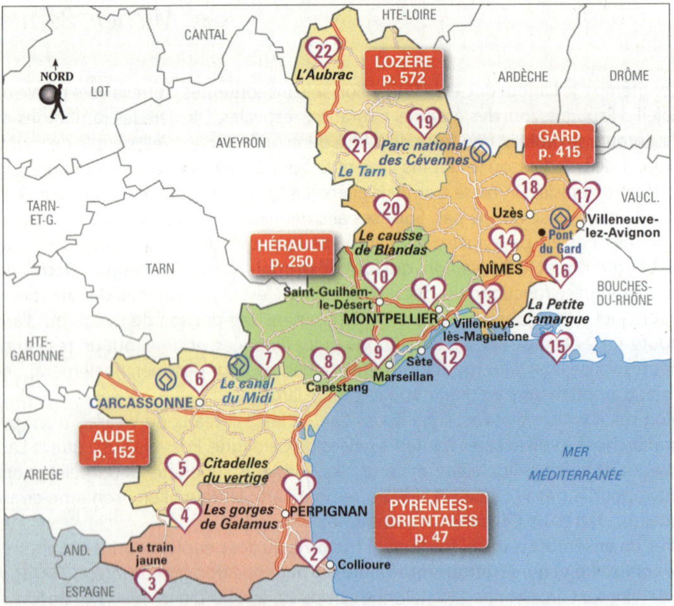

1 Se poster en haut de la tour de l'Hommage à Perpignan pour découvrir un fantastique panorama sur la plaine du Roussillon, les Pyrénées et, au pied, la vieille ville.

Cette tour est l'entrée du palais des Rois de Majorque, l'imposante citadelle qui domine Perpignan. Construit à la fin du XIIIe s, ce palais fut édifié après que Jacques le Conquérant eut décidé de faire de la ville la capitale continentale du royaume de Majorque. Ne manquez pas non plus le musée Hyacinthe-Rigaud dont les collections sont exposées dans les hôtels de Mailly et de Lazerme. *p. 57, 61*

© Brian Jannsen/Age fotostock

2 **Flâner sur le port de Collioure pour admirer son église-phare et son fier château.**

« Joyau de la Côte Vermeille », Collioure fut à Matisse et Derain la muse que Cadaquès était à Dalí. Aujourd'hui, l'ancienne ville espagnole fait les délices des touristes et de quelques pinceaux qui croquent les rues dès l'arrivée des beaux jours. Il faut bien avouer qu'avec sa plage de galets, ses cafés animés, sa promenade dallée, son château royal et sa superbe église les pieds dans l'eau, Collioure possède un charme fou. *p. 81*

© Zylberyng Didier/hemis.fr

3 **Embarquer à bord du « train jaune » et se lancer hardiment à l'assaut des pentes de la Cerdagne.**

Édifiée au début du XXe s, la ligne ferroviaire qui relie Villefranche-de-Conflent (427 m) à Latour-de-Carol (1 231 m) est la colonne vertébrale de la Catalogne. Elle est parcourue par un petit train tout jaune qui gravit poussivement des pentes ardues, franchit d'improbables viaducs, se jette dans de longs tunnels et s'agrippe à des corniches au-dessus du vide. Et s'il va moins vite que le TGV (30 km/h en moyenne !), il monte bien plus haut, Bolquère étant la plus haute gare de France (1 592 m d'altitude) ! Par beau temps, certains wagons sont « cabriolet », pour profiter encore mieux des paysages de montagne. *p. 129*

4 Passer un moment rafraîchissant dans le décor spectaculaire des gorges de Galamus.

Des gorges somptueuses, parmi les plus belles de la région, qui ont un pied dans l'Aude, l'autre dans les Pyrénées-Orientales. Au fond d'un ravin vertigineux, le torrent a creusé des marmites géantes dans lesquelles il laisse reposer quelque temps ses eaux turquoise. Et comble du bonheur, on peut s'y baigner… mais – attention – sans surveillance ! La pratique de la rando, du canyoning et de l'escalade sont aussi possibles. *p. 215*

Bon à savoir : *en juillet-août, la circulation est alternée par des feux. Possibilité de laisser la voiture aux parkings à chaque extrémité, puis accès à pied ou en petite navette électrique.*

5 Monter à l'assaut des châteaux du pays cathare.

« Citadelles du vertige », les châteaux ponctuent les crêtes du sud de l'Aude, dominant le magnifique vignoble des Corbières. Une véritable flotte de vaisseaux, suspendus entre ciel et terre, dans lesquels les cathares trouvèrent refuge au XIIIe s, avant d'être exterminés lors de la croisade contre les albigeois. Aujourd'hui, ces ruines blanchies par le temps sont fascinantes dans leur dénuement et se confondent avec les montagnes. Parmi les plus emblématiques : Peyrepertuse, Quéribus, Puilaurens et aussi Montségur, en Ariège (traité dans *Le Routard Midi toulousain*). *p. 214, 216, 220*

6 **Sillonner les ruelles de la Cité de Carcassonne tôt le matin, ou tard le soir, pour les avoir rien que pour soi.**

Inscrite au Patrimoine mondial de l'Unesco, Carcassonne est la plus importante cité médiévale d'Europe. 2 enceintes parfaitement conservées, près de 3 km de murailles, 52 tours, un château et une basilique aux rosaces considérées comme les plus belles du Midi… inspirèrent Walt Disney pour le décor de *La Belle au bois dormant*. Il est vrai qu'avec les éclairages du soir, on se promène dans un véritable décor de cinéma ! *p. 156*

7 **Jouer le marin d'eau douce en louant un bateau pour naviguer sur le canal du Midi.**

Inscrit au Patrimoine mondial de l'Unesco, le canal du Midi relie Toulouse à Sète, en parcourant 240 km, sous quelques frais tunnels d'arbres. Un ouvrage unique et grandiose pour un voyage délicieusement reposant… à la vitesse d'un homme au pas ou d'une feuille sur l'eau ! Le chemin de halage se prête aussi bien aux balades à vélo. *p. 170, 337, 362*

8 **Accoster à Capestang pour découvrir le terroir de Saint-Chinian et les curiosités qui font tout le charme du grand bief du canal, avant l'arrivée aux écluses de Fonséranes.**

Et monter à l'oppidum d'Ensérune pour découvrir les vestiges d'une agglomération antique, et surtout pour admirer le site de l'étang asséché de Montady dans toute sa splendeur : sur plus de 430 ha, les immenses parcelles triangulaires, drainées grâce aux fossés qui collectent les eaux en direction du point central, lui donnent une forme géométrique originale. Des parcelles changeant de couleur, passant du blanc au rouge et du vert au mauve, en fonction des récoltes… *p. 364, 365*

9 **Tomber sous le charme du petit port de Marseillan, très animé : quais en pierre basaltique, maisons en pierre noire du volcan d'Agde…**

Le top de la conchyliculture, c'est à Marseillan que vous le trouverez avec l'huître rose Tarbouriech : la lagune de Thau s'est imposée en quelques années comme un lieu d'élevage d'exception de produits haut de gamme reconnus par les plus grands chefs étoilés français. On peut les déguster à prix producteur dans un ancien mas conchylicole d'où l'on aperçoit les parcs, à quelques encablures, où ces huîtres sont récoltées par ces « paysans de la mer » nouvelle génération. *p. 330*

10 **Flâner dans les rues médiévales de Saint-Guilhem-le-Désert de bon matin, pour la tranquillité, et rester pantois devant la beauté de son abbaye.**

Posté en surplomb des gorges de l'Hérault si propices à la baignade, bâti à l'entrée d'un cirque naturel, tapi autour de son abbaye entre les falaises de rocaille et de garrigue, ce village médiéval ne manque pas d'attrait ! Et ça se sait. L'étape prestigieuse sur le chemin de Compostelle est aussi devenue un spot incontournable. En début ou en fin de journée, quand la foule s'éclaircit, quel plaisir d'humer le charme de la nature et des vieilles pierres ! *p. 390*

11 **Prendre du bon temps en terrasse sur les petites places du centre ancien de Montpellier après la visite du musée Fabre, et pousser jusqu'aux rives du Lez, jusqu'au marché, pour une soirée festive.**

Avec ses dizaines de placettes ombragées, ses grandes esplanades et ses terrasses camouflées, Montpellier est la ville rêvée pour faire une pause au soleil ou à l'ombre des façades de pierre. À la nuit tombée, on recherche en été la fraîcheur de ses rues piétonnes. Dans cette ville, étudiante par excellence, les terrasses de bar font souvent office de QG, de bureau, de lieu de rencontres, voire de salle de lecture où potasser les cours. *p. 251*

12 **Profiter de l'été à Sète pour assister aux fameux tournois de joutes qui animent le Grand Canal et explorer le MIAM, fabuleux musée des Arts dits « mineurs ».**

Depuis le XVIIe s, les joutes sont une institution à Sète, qui culmine autour du 20 août : le jour de la Saint-Louis (patron du port de Sète), les rouges et les bleus s'affrontent en tournois singuliers. Très touristique, mais aussi très authentique. On ne plaisante pas avec les règles de la *tintaine* ! La traversée de Sète à la nage est une épreuve également disputée pendant ces fêtes. Animations de rues et *baraquai* font que vous ne risquez pas de vous ennuyer. *p. 321, 323*

13 Longer les étangs de Villeneuve-lès-Maguelone jusqu'à rejoindre, isolée sur son île, la cathédrale Saint-Pierre, puis la plage, nue et sauvage.

Dressée au milieu des vignes, des pins et des micocouliers, sur une île reliée à la terre au XVIIIe s, l'ancienne cathédrale témoigne de l'époque lointaine où la chrétienté édifiait des églises-forteresses. Elle devient siège épiscopal au VIe s. Tête de pont catholique dans un monde cathare, la cathédrale résistera à l'hérésie, mais les querelles politiques auront raison d'elle. En 1536, l'évêché est transféré à Montpellier. Bien qu'évoquant davantage une forteresse qu'une église, ce grand vaisseau de la chrétienté est d'une magistrale unité architecturale. *p. 306*

© Blot/Wallis.fr

14 Remonter le temps à Nîmes, où l'Antiquité romaine côtoie les architectes modernes.

Visiter les arènes, monument le mieux conservé du monde romain, inspirées du Colisée. Audioguide sur les oreilles, s'imaginer les courses de chars et les combats de gladiateurs en présence de 24 000 spectateurs hurlant et vociférant (un péplum est reconstitué chaque année en avril ou en mai)… et traverser la rue pour revenir aux origines de la ville en parcourant les salles du très beau musée de la Romanité. Nîmes vit, bouge, évolue, sans renier le passé. Tous les chemins ramènent à la Maison carrée, temple romain dont la réponse est le Carré d'Art, juste en face, temple de l'art contemporain signé Norman Foster. *p. 418*

© Classic Image/Alamy/Hemis

15 Parcourir la Petite Camargue, d'étangs en rizières, à pied, à vélo, en kayak, en péniche, en observant les troupeaux de taureaux qui animent encore la fameuse *bouvine* camarguaise.

Visiter les salins d'Aigues-Mortes, fréquentés par les flamants roses, et atteindre la superbe cité militaire médiévale d'où Saint Louis lança sa croisade. Grimper dans la tour de Constance, ancienne prison des protestants persécutés, d'où l'on a une vue inoubliable sur la Petite Camargue. Et pour ceux qui en veulent encore, continuer de se perdre, en direction de Saint-Gilles, dans la Sagne, la plus grande roselière d'Europe de l'Ouest, où de grands *sagneurs* coupent les roseaux destinés aux toits d'Europe du Nord. *p. 438, 442*

© Stéphane Frances/OnlyFrance.fr

16 Poursuivre la balade dans le temps jusqu'au pont du Gard, qui est en fait la partie à l'air libre d'un aqueduc âgé de 2 000 ans, bâti par les Romains pour capter les eaux d'Uzès afin d'alimenter la colonie de Nîmes.

Après le musée de la Romanité, étape indispensable pour s'immerger dans le passé sur un site classé au Patrimoine mondial de l'Unesco, et réaménagé avec des espaces culturels et un remarquable musée. Il s'anime l'été grâce à de superbes sons et lumières mais les puristes l'appécieront tôt le matin, quand le site est tout à eux. *p. 477*

© Gardel Bertrand/hemis.fr

© Image Source Ltd/Image Source/Age fotostock

17 Remonter la côte du Rhône, ou plutôt la descendre, en dégustant au passage (mais avec modération) les excellents crus locaux.
À Villeneuve-lez-Avignon, cité royale opposée à la cité des Papes, ne pas manquer la chartreuse du Val-de-Bénédiction, ni le fort et les superbes jardins de l'abbaye Saint-André. À Roquemaure, saluer les reliques de saint Valentin, patron des amoureux, qui aurait paraît-il « sauvé » les vignes du phylloxéra. Entre les beaux paysages de vignes et les jolis villages de Saint-Victor-la-Coste, Gaujac et Laudun, goûter au tavel, le premier rosé de France, et au lirac, décliné dans les 3 couleurs. *p. 485*

© René Mattes

18 S'immerger dans la ville (et la vie) médiévale d'Uzès.
Venir un samedi, jour du grand marché, pour se plonger dans ses couleurs, ses senteurs, ses produits du pays. Découvrir le 1er duché de France toujours dans la famille de M. le duc de Crussol d'Uzès, avec sa façade Renaissance, son donjon, ses appartements et sa fameuse tour Bermonde, d'où l'on a une vue imprenable sur la ville et l'Uzège. Et puis les places à arcades séculaires, comme la très animée place aux Herbes, et pléthore de ruelles truffées d'hôtels particuliers comme celui du baron de Castille ou celui du très bel hôtel *Entraigues*. *p. 463*

19 Se cacher dans les Cévennes, dans des hameaux de schiste et de granit ou dans une ancienne magnanerie de vers à soie transformée en chambre et table d'hôtes.

Au sommet du mont Aigoual ou au pied de la corniche des Cévennes, dans la superbe et discrète vallée Borgne ou encore dans l'extraordinaire Bambouseraie que l'on atteint par le vieux train à vapeur des Cévennes… Découvrir enfin, au musée du Désert, comment ce superbe maquis naturel a protégé les camisards, protestants persécutés, et abrite aujourd'hui leurs enfants. *p. 507*

© Konrad Wothe/Look/Age fotostock

20 Se perdre sur le causse de Blandas, inscrit au Patrimoine mondial de l'Unesco. Facile, c'est un plateau calcaire de 10 000 hectares…

Depuis les belvédères de Blandas, vue inoubliable sur les gorges de la Vis et le cirque de Navacelles ! En été, de là (ou depuis Le Vigan), navette pour descendre au cœur du cirque, avec des « écovolontaires » qui proposent des visites commentées gratuites. Sinon, plein de sentiers de randonnée, à parcourir à pied ou à vélo électrique. Et à portée de pieds ou de roues, des gîtes et des chambres d'hôtes uniques, insolites et paumés, des yourtes, des tipis… *p. 532*

© AZAM Jean-Paul/hemis.fr

(21) **Descendre les gorges du Tarn en canoë ou en kayak, une expérience inoubliable accessible à tout un chacun (il suffit de savoir nager).**
Moins fréquentées que les gorges de l'Ardèche (même si vous ne serez évidemment pas tout seul à pagayer au cœur de l'été). Falaises vertigineuses, vieux villages accrochés à la pente, comme Castelbouc, ou nichés dans un méandre de la rivière, comme Saint-Chély, ou encore fiers châteaux et quelques petites plages pour faire trempette. p. 606
***Bon à savoir :** les possibilités sont multiples, de la petite balade de 2h à la descente un peu plus sportive, à la journée.*

22 **Sillonner l'Aubrac – un bout du monde, parfois austère, toujours superbe – de hameaux en villages.**

Leurs solides maisons de granit offrent les seuls obstacles à des vents qui, souvent, balayent violemment les prairies et autres landes de ce haut plateau où ne poussent que quelques rases bruyères, fougères et genêts. Mais l'herbe grasse fait le bonheur de la race locale, la vache d'Aubrac, et des brebis. Et après s'être gorgé d'horizons presque infinis, faire une halte dans un buron (ancienne bergerie-fromagerie) pour goûter à l'incontournable aligot. *p. 594*

***Bon à savoir :** le chemin de Saint-Jacques (GR 65) traverse l'Aubrac en 4 jours environ.*

TheORIGINALSHOTELS.COM
Voyagez original
600 hôtels du luxe à l'économique en Europe
dans son vignoble
30/08/18
Le poisson de Nolwenn
12/07/19
La décoration de Michèle
6/09/19
La cuisine d'Adrien
20/02/15
La vue de chez Thierry
3/09/19
17/05/18
TheORIGINALS
HUMAN HOTELS & RESORTS

ITINÉRAIRES CONSEILLÉS

Les essentiels

Top départ à **Perpignan (1),** pour humer l'atmosphère toute catalane de la ville et visiter le musée d'Art Hyacinthe-Rigaud, avant de descendre sur le port de **Collioure (2),** dont on s'entiche spontanément. Presque à la frontière espagnole, ponctuant la délicieuse Côte Vermeille, voici **Banyuls (3),** célèbre pour ses vins doux naturels.

En remontant dans l'Aude, attaquez-vous aux impressionnants **châteaux du pays cathare** que sont **Peyrepertuse (4),** le plus emblématique, **Quéribus (5)** ou encore **Puilaurens (6),** avant de rejoindre la magnifique cité médiévale de **Carcassonne (7)** protégée par sa double enceinte. Et juste au pied de la forteresse, partez voguer en péniche (sans permis) sur le **canal du Midi (8).** Parmi les abbayes, c'est **Fontfroide (9),** blottie dans la garrigue des Corbières maritimes, qu'il faut privilégier. Vous n'êtes qu'à une cinquantaine de kilomètres de **Béziers (10),** perchée sur son éperon rocheux ; de là, on longe le littoral jusqu'à Montpellier, en passant par la photogénique ville de **Sète (11).** Entre son port, ses canaux, ses kilomètres de plages, sa gastronomie et ses musées, elle bénéficie d'un puissant pouvoir de séduction ! Doté d'une immense zone piétonne, le centre de **Montpellier (12)** se parcourt à pied, ou en tram, de la place de la Comédie à la promenade du Peyrou en passant par ses admirables musées.

À **Nîmes (13),** les somptueux vestiges romains côtoient l'architecture contemporaine du Carré d'Art et le nouveau musée de la Romanité. Étape incontournable, le **pont du Gard (14),** véritable prouesse architecturale, sans oublier les charmants villages du Languedoc : **Beaucaire (15), Uzès (16), Lussan (17), Castillon-du-Gard (18)...**

En Lozère, où la nature règne en maître, partez humer l'air des **vallées cévenoles (19),** promenez-vous entre lacs et forêts en **Margeride (20),** arpentez l'infini de **l'Aubrac (21)** et les spectaculaires **gorges du Tarn (22) !**

Avec des enfants

Les enfants sont gâtés en Languedoc et en Roussillon. À **Ille-sur-Têt (1),** une étonnante curiosité géologique : les **orgues,** amphithéâtre naturel de 4 millions d'années. Les scientifiques en herbe seront impressionnés par les démonstrations au **four solaire de Mont-Louis (2).** Des prouesses technologiques éloignées de l'homme de **Tautavel,** âgé de 450 000 ans, qu'on découvre au **musée de la Préhistoire (3).** À compléter par le **Préhistorama de Rousson (4)** dans le Gard, le **musée-parc des Dinosaures d'Espéraza (5)** dans l'Aude, la **plaine des Dinosaures (6)** à Mèze, dans l'Hérault.

Pour jouer au chevalier dans les **châteaux cathares,** cap sur **Estagel (7), Quéribus (8), Peyrepertuse (9)** et **Puilaurens (10),** proches des somptueuses **gorges de Galamus (11) !** L'épopée médiévale se poursuit immanquablement à **Carcassonne (12)** avec une chasse au trésor (coffret vendu à l'office de tourisme) puis au **musée de la Chevalerie à Villesèquelande (13).** L'appli mobile « Castrum, Le Jeu », gratuite et interactive, dévoile aux gamins les secrets et légendes d'une vingtaine de lieux historiques en pays cathare.

Et pour plonger dans les entrailles de la terre, c'est au **gouffre géant de Cabrespine (14)** qu'il faut aller, ou aux **grottes de Limousis (15),** moins connues mais très colorées.

Côté littoral audois, on s'initie en famille à une foule d'**activités nautiques,** comme le kitesurf, la planche à voile, le catamaran, l'Optimist, le canoë-kayak, etc. ; à pratiquer au cœur du magnifique **parc naturel régional de la Narbonnaise en Méditerranée (16).** Et là, partez aussi pour un safari à la **réserve africaine de Sigean (17)** où les animaux évoluent entre garrigue et étangs, dans une végétation qui rappelle la plaine africaine. Dans l'Hérault, ne pas rater à **Pézenas (18)** le **Centre d'interprétation de l'architecture et du patrimoine,** très pédagogique et gratuit. Pour admirer d'autres fauves, direction **Montpellier** et le **zoo de Lunaret (19),** avant de plonger dans l'aquarium Planet Ocean. Au **Grau-du-Roi (20),** c'est au **Seaquarium** qu'on se retrouve yeux dans les yeux avec des poissons plus ou moins inoffensifs !

Enthousiasme garanti au **musée du Bonbon Haribo à Uzès (21) !** À l'entrée des Cévennes, allez donc vous perdre dans l'extraordinaire **Bambouseraie** située à **Générargues (22).**

Destination nature par excellence, la Lozère attire les bambins dans des parcs animaliers de toute beauté : **les loups du Gévaudan à Marvejols (23), les bisons d'Europe à Sainte-Eulalie (24), la ferme de la Toison d'Or à Saint-Jean-la-Fouillouse (25).** Avis aux sportifs, la descente des **gorges du Tarn (26)** en canoë-kayak est un must !

Pas de vacances sans Histoire

Des vestiges gallo-romains aux imposants **châteaux cathares (1)** qui nous replongent dans les croisades en passant par les chefs-d'œuvre de l'art roman, l'histoire du Languedoc et du Roussillon, riche et intense, ne date pas d'hier…

À **Nîmes (2),** les arènes et la Maison carrée, incroyablement conservées, illustrent le rayonnement de la cité romaine ! C'est pour l'alimenter en eau qu'un immense aqueduc a été construit, dont la partie aérienne est le magnifique **pont du Gard (3),** inscrit au Patrimoine mondial de l'Unesco. Véritable forteresse dans la forteresse, le château comtal de **Carcassonne (4),** entouré de remparts, est le plus bel exemple d'architecture militaire médiévale, aussi classé à l'Unesco. À **Narbonne (5)** ne pas manquer le nouveau et spectaculaire musée Narbo Via, qui redonne vie à la 1re capitale romaine en Gaule ! À **Perpignan (6),** l'imposant **palais des rois de Majorque,** dominant la ville, rappelle qu'elle a été capitale du royaume de Majorque. Bel exemple d'architecture militaire du XVe s, la **forteresse de Salses (7)** était réputée imprenable. Au **musée Fabre** de **Montpellier (8),** c'est l'histoire de l'art qu'on balaie du XIVe s à nos jours. Passage obligé dans les **ruelles d'Uzès (9),** le plus ancien duché subsistant en France, et probablement l'une des plus belles villes, sans oublier le nid d'aigle de **Villeneuve-lez-Avignon (10),** face à la cité des Papes.

Amateurs d'art roman, les abbayes foisonnent : **Saint-Michel-de-Cuxa (11), Saint-Martin-du-Canigou (12), l'abbatiale Saint-Pierre-et-Saint-Paul à Caunes-Minervois (13)** ou celle de **Saint-Gilles (14)** sont de véritables joyaux. La mémoire huguenote et protestante en Languedoc est illustrée de manière vivante au **musée du Désert à Mialet (15),** dans la maison natale d'un camisard. Et pour les amateurs d'histoires un peu curieuses, le trésor de l'abbé Saunière à **Rennes-le-Château (16)** n'a pas encore été percé.

Un peu de rando

Destinations nature par excellence, le Languedoc et le Roussillon gâtent les promeneurs occasionnels comme les randonneurs chevronnés. Prenez votre bâton de pèlerin jusqu'à l'abbaye de **Saint-Guilhem-le-Désert (1),** importante étape sur les chemins de Saint-Jacques qui mérite largement quelques efforts, récompensés par une baignade aux alentours du pont du Diable.

L'œnorando, vous connaissez ? Ce sont des balades à travers le vignoble. Pour vous repérer, consultez le Routard *Œnotourisme en Hérault* et les fiches créées par FFRandonnées Hérault.

Les marcheurs aguerris arpenteront les Pyrénées avec leur nature presque vierge, du **pic du Canigó (2)** aux vallées perdues du **haut Conflent (3)** et des hauts plateaux de **Cerdagne (4)** aux confins du **Vallespir (5).** Le massif offre aux randonneurs de nombreux panoramas, des routes spectaculaires, des gorges, des torrents, des sentiers, des refuges… Et le GR 10 relie la mer à l'océan en gravissant hardiment les Pyrénées… De vignes en châteaux, c'est aussi dans les **Corbières (6)** qu'on ira user ses godillots, ou encore sur le chemin de halage le long du **canal du Midi (7) !**

À ceux qui aiment la beauté sauvage des causses, le spectaculaire **cirque de Navacelles (8)** réserve de superbes balades, notamment le long d'un sentier au fond du cirque.

Bien sûr, randonnez sur les traces de Robert Louis Stevenson à travers le Gévaudan, le **mont Lozère (9)** puis les vallées cévenoles. Un sentier de grande randonnée (le GR 70, bien balisé) de 275 km du Puy-en-Velay (en Haute-Loire) à **Alès (10)** : une option étant de le suivre, comme le célèbre écrivain anglais, accompagné d'un âne. Nombreux hébergements, évidemment (et pour les ânes également !), au fil du parcours.

Baignade dans les gorges de la Vis

Couple de flamants roses

Interview #experienceroutard

Par la rédaction du *Routard*

En quoi cette destination est-elle unique ?

Cette destination semble bénie des dieux ! Bordée par la Méditerranée, elle conjugue un ensoleillement exceptionnel à une histoire plurielle, enracinée entre Catalogne et Languedoc. Des sites légendaires racontent son passé : riches vestiges gallo-romains (Nîmes, Béziers, Narbonne, pont du Gard), inexpugnables châteaux cathares, impressionnante cité médiévale de Carcassonne, majestueuses abbayes romanes... Côté baignade, ses 215 km de littoral méditerranéen depuis la Côte Vermeille jusqu'au Grau-du-Roi, aux portes de la Petite Camargue, lui assurent la cote auprès des familles. En s'éloignant de la grande bleue, les amoureux de solitude s'aventurent vers les Grands Causses des Cévennes ou dans l'Aubrac, pour un grand bol de nature !

Une chose à faire absolument ?

Chaussez vos godillots pour une randonnée dans les Pyrénées ou à travers le parc national des Cévennes, sur les pas des camisards. De vallons d'une aride beauté en hameaux traditionnels, on croise parfois des animaux sauvages au détour des sentiers.

Un souvenir inoubliable ?

Naviguer sur le canal du Midi, le plus ancien et le plus célèbre canal d'Europe. Avec ses rives plantées d'arbres, il chemine paresseusement sur 240 km entre Toulouse et l'étang de Thau. Un parcours parsemé de 350 ouvrages d'art, écluses et ponts qui remontent au règne de Louis XIV et à la création du canal par le Biterrois Pierre-Paul Riquet. Classé au patrimoine mondial de l'Unesco, le canal du Midi suit un itinéraire jalonné de cités, de vignobles, de châteaux : Castelnaudary, Carcassonne, Béziers, les 9 écluses de Fonséranes... Ceux qui préfèrent le vélo au bateau se feront une joie de pédaler en longeant le canal.

Une rencontre privilégiée

Les « festijaïre » des ferias de Nîmes lors de la feria de Pentecôte ou des Vendanges. 2 événements particulièrement festifs autour de la tauromachie rassemblent dans les rues des *aficionados* qui ne manqueraient pour rien au monde l'*abrivado* (lâcher de taureau). L'occasion de jouer les intrépides en bravant le taureau ! Sans être partisan de la corrida, point d'orgue de ces ferias, on se sent happé par cette ferveur populaire autour de traditions solidement ancrées : course camarguaise, tournoi de joutes, spectacles équestres. Au son des *bandas,* les joyeux refrains s'enchaînent au même rythme que les rencontres... Olé !

La spécialité culinaire à goûter absolument ?

Sète a ses vedettes : la *bourride* (cousine de la bouillabaisse) et les *tielles* sétoises, des chaussons garnis de fruits de mer et de morceaux de seiche. Du côté de Collioure, c'est l'anchois que l'on déguste, en apéro ou grillé. Incontournable dans le Lauragais, le cassoulet mitonné avec des haricots lingots vous lestera pour la journée ! En Camargue et à Nîmes, la gardianne de taureau (une daube) est servie pendant les ferias : une expérience ! Quant aux becs sucrés, ils se pourlèchent les babines d'une inimitable crème catalane.

COMMENT Y ALLER ?

PAR LA ROUTE

➢ ***Autoroute A 6 :*** la fameuse autoroute du Soleil. Sortir de Paris par la porte d'Orléans. Renommée A 7 à partir de Lyon, elle se divise en 2 à la hauteur d'Orange. Prendre l'A 9, qui dessert Nîmes (710 km de Paris), Montpellier (760 km), Béziers (822 km), Narbonne (847 km) et Perpignan (909 km). Près de Narbonne, la bretelle A 61 part vers l'ouest pour desservir Carcassonne et Toulouse.

➢ ***Autoroute A 20 :*** depuis Vierzon (80 km au sud d'Orléans), l'A 20 descend directement vers Toulouse (Montauban) via Limoges, Brive et Cahors. À Toulouse, A 61 vers Carcassonne et Narbonne.

➢ ***Autoroute A 71*** *(à partir d'Orléans)* ***puis autoroute A 75 :*** depuis Clermont-Ferrand, l'A 75 vous dépose en Lozère puis permet de relier la côte.

➢ ***Par la nationale :*** prendre la N 6 ou la N 7 jusqu'à Lyon, puis la N 7, qui descend la vallée du Rhône jusqu'à Avignon. Ensuite, suivre la D 6086, qui conduit à Nîmes. Les moins pressés peuvent prendre la N 7 jusqu'à Moulins puis emprunter la N 9, qui passe par Clermont-Ferrand et dessert, plus au sud, Narbonne et Perpignan.

Le covoiturage : le principe est économique, écologique et convivial. Il s'agit de mettre en relation un chauffeur et des passagers afin de partager le trajet et les frais, que ce soit de manière régulière ou occasionnelle. L'inscription est gratuite. • *blablacar.fr* •

Tarifs autoroutiers

• *autoroutes.fr* • Le portail des autoroutes bien utile pour préparer son voyage en France et en Europe. Renseignements sur les temps de trajets, conditions de circulation et prix sur tous les tronçons autoroutiers de l'Hexagone.

Location de voiture

■ ***ADA :*** Ada propose des véhicules particuliers et utilitaires à la location, à petits prix partout en France. Les véhicules sont disponibles en agence, mais aussi en libre-service. Grâce à l'application mobile, vous pouvez récupérer votre véhicule avec votre smartphone 24h/24 et 7j/7. Plus d'attente en agence et donc un gain de temps considérable. Location possible dès 18 ans, sans surcoût. Offres sur l'application ***Ada*** et sur • *ada.fr* • *Réduc de 10 % sur votre location avec le code « ROUTARD ».*

■ ***BSP Auto :*** ☎ *01-43-46-20-74 (tlj 9h-21h30, w-e 20h).* • *bsp-auto.com* • *Réduc de 5 % aux lecteurs de ce guide avec le code « routard21 ».* Les prix proposés sont attractifs et comprennent le kilométrage illimité et les assurances. *BSP Auto* propose exclusivement les grandes compagnies de location sur place, assurant un très bon niveau de service. Les plus : vous ne payez votre location que 5 jours avant le départ.

EN TRAIN

Au départ de Paris

➢ Au départ de la ***gare de Lyon,*** TGV directs pour ***Montpellier Saint-Roch*** (3h30), ***Nîmes*** (3h), ***Béziers*** (4h20), ***Narbonne*** (4h30), ***Perpignan*** (5h), ***Agde*** (4h) et ***Sète*** (3h50). Également des liaisons entre la gare ***Aéroport-Charles-de-Gaulle – TGV*** et Montpellier (4h).

➢ Au départ la ***gare de Marne-la-Vallée – Chessy,*** des TGV directs pour ***Montpellier Sud-de-France*** (6 km du centre-ville ; 3h45 de trajet) et Montpellier Saint-Roch, ***Nîmes-Centre*** et ***Pont-du-Gard*** (3h20).

Au départ de la province

➢ Quelques TGV directs relient ***Lille*** à Montpellier (5h) et Nîmes (4h30).

➢ Vous pouvez aussi rejoindre directement Montpellier et Nîmes au départ de ***Marseille*** (1h30 et 1h15), ***Lyon*** (1h50 et 1h25), ***Bordeaux*** (4h30 et 5h) et ***Strasbourg*** (6h et 5h30).

Pour voyager au meilleur prix

La SNCF propose des services et tarifs adaptés à chacun de vos voyages.

➢ ***Prem's :*** des petits prix disponibles toute l'année. Billets échangeables et remboursables (offres soumises à conditions). Impossible de poser des options de réservation sur ces billets : il faut les payer immédiatement.

➢ ***Les cartes de réduction***

Pour ceux qui voyagent régulièrement, profitez de 30 % de réductions avec les cartes *Avantage Famille, Jeune, Week-end* ou *Senior* + (49 €, valables 1 an).

Renseignements et réservations

– ***Internet :*** *• oui.sncf •*

– ***Téléphone :*** *☎ 36-35 (0,40 € TTC/mn).*

– Également dans les gares, les boutiques SNCF et les agences de voyages agréées.

Comment circuler dans la région Occitanie ?

La région et liO TER SNCF vous amènent visiter l'Occitanie à petit prix grâce au réseau de trains et cars régionaux. Pour les moins de 25 ans, les jeunes de moins de 26 ans voyagent à – 50 % tout le temps. Pour les plus de 26 ans, la carte LibertiO' permet de bénéficier de 50 % de réduction pendant les vacances scolaires, week-ends et jours fériés, et 30 % le reste de l'année. Vous pouvez également profiter d'offres à petits prix dès 1 €.

– ***Infos et résas :*** *• ter.sncf.com/occitanie • et sur l'application « SNCF » ou au ☎ 0800-31-31-31 (services et appels gratuits).*

– ***OUI.sncf :*** acteur majeur du tourisme en Europe, expert de la distribution du train et de la destination France, OUI.sncf propose les offres de 15 transporteurs train tels que TGV INOUI, OUIGO, Intercités, Eurostar, Thalys, TGV Lyria ; 3 compagnies de bus, 400 compagnies aériennes ; 500 000 offres d'hôtels référencés et des services exclusifs (relation clients disponible tlj 24h/24, Alerte Petits Prix, OUIbot, etc.).

EN BUS

Le réseau de ***bus longue distance*** s'étant intensifié ces dernières années, le plus pratique est de consulter le comparateur de billets d'autocars *• comparabus.com •*

EN AVION

✈ ***Aéroport de Perpignan-Rivesaltes :*** *à 6 km au nord de la ville. ☎ 04-68-52-60-70. • aeroport-perpignan.com •* Vols de et vers Paris, Nantes, Lille, Dublin, l'Angleterre... Sur place : loueurs de voitures. Liaisons vers le centre-ville par bus.

✈ ***Aéroport Montpellier Méditerranée :*** *à 8 km du centre-ville en direction des plages. ☎ 0825-830-003 (0,12 €/mn). • montpellier.aeroport.fr •* Vols nationaux vers Paris (Orly et Roissy), Lille, Nantes, Strasbourg, Brest, Bâle-Mulhouse, Bastia et Ajaccio.

Vols internationaux directs vers plusieurs villes du Maroc, les Baléares et quelques villes européennes comme Amsterdam, Bruxelles, Rome, Copenhague, Berlin, Londres, Séville et Madrid. Attention certains vols sont saisonniers.

– La ***navette Montpellier-aéroport*** (bus n° 120) dessert la place de via la gare de Montpellier Sud-de-France (à 6 km du centre). Renseignements auprès de ***Hérault Transport*** *(☎ 04-34-888-999 ; • herault-transport.fr •).* De l'aéroport, départ ttes les heures (ttes les ½ h le ven) 8h30-0h15 (5h-20h dans le sens Place de l'Europe-aéroport). Compter 25 mn env.

Les compagnies régulières

▲ AIR FRANCE

Rens et résas au ☎ 36-54 (0,35 €/mn ; tlj 6h30-22h), sur • airfrance.fr •, dans les agences Air France et dans ttes les agences de voyages (fermées dim).

➢ Depuis ***Montpellier,*** vols directs vers Paris Orly et Roissy.

➢ Depuis ***Perpignan,*** vols directs vers Paris-Orly et vols saisonniers vers Bastia et Paris-CDG.

Air France propose à tous des tarifs attractifs toute l'année. Pour consulter les meilleures offres du moment, allez directement sur la page « Nos meilleurs tarifs » sur *• airfrance.fr •* *Flying Blue,* le programme de fidélité gratuit d'Air France-KLM, permet de gagner des *miles* en voyageant sur les vols Air France, KLM et les compagnies membres de *Skyteam,* mais aussi auprès des nombreux partenaires non aériens *Flying Blue...* Les *miles* peuvent ensuite être échangés contre des billets d'avion ou des services (surclassement, bagage supplémentaire, accès salon...) ainsi qu'auprès des partenaires. Pour en savoir plus, rendez-vous sur *• flying blue.com •*

▲ EASYJET

• easyjet.com • ☎ 08-06-141-141 (0,12 €/mn).

➢ Depuis ***Montpellier,*** vols directs vers Bâle-Mulhouse, Nantes, Berlin et Londres (Gatwick et Luton).

▲ RYANAIR

• ryanair.com •

➢ Depuis ***Béziers,*** vols directs vers Beauvais, Bruxelles, Londres (Stansted et Luton), Bristol, Manchester et Edimbourg.

➢ Également des vols directs entre ***Carcassonne*** et Bruxelles, l'Irlande, le Portugal et le Royaume-Uni.

▲ TRANSAVIA

Depuis Montpellier, vols directs vers Nantes, Athènes, Djerba, Séville, Héraklion, Palerme, Tunis, Séville, Rome, Madrid, Marrakech, Lisbonne

▲ VOLOTEA

☎ 0821-610-752 (0,15 €/mn). • volo tea.com •

➢ La compagnie assure des liaisons entre ***Montpellier*** et Ajaccio, Bastia (en saison), Brest, Lille, Nantes et Strasbourg.

➢ Également des liaisons directes vers Nantes et Lille depuis ***Perpignan.***

▲ VUELING

• vueling.com •

2 vols/semaine entre Montpellier et Paris Orly.

bsp-auto.com
+33 1 43 46 20 74
7j / 7
DES PRIX FOUS NÉGOCIÉS POUR VOTRE LOCATION DE VOITURE EN OCCITANIE !
SIXT
Hertz
dollar.
Thrifty
Budget
enterprise
AVIS
Europcar
REMISE DE 5% SUR TOUTES VOS RÉSERVATIONS AVEC LE CODE ROUTARD21
0€
J-5
KILOMÈTRES
ASSURANCES
ANNULATION
PAYEZ 5 JOURS
'ZÉRO FRANCHISE'

BON À SAVOIR AVANT LE DÉPART

ABC du Languedoc et Roussillon

- ***Région*** (depuis 2016) : Occitanie.
- ***Superficie :*** 27 376 km² (5 % de la France métropolitaine) sans, évidemment, tenir compte de la fusion avec la région Midi-Pyrénées.
- ***Population :*** 2 670 046 hab.
- ***Densité :*** 96 hab./km².
- ***Préfecture régionale :*** Toulouse.
- ***Préfectures départementales :*** Carcassonne (Aude), Mende (Lozère), Montpellier (Hérault), Nîmes (Gard), Perpignan (Pyrénées-Orientales).
- ***Principales activités :*** agriculture et agroalimentaire, matériel médical, industrie des logiciels (IBM, Dell Computer), tourisme.
- ***Signes particuliers :*** le vignoble le plus étendu de France, la 4e région touristique du pays.

INFOS PRATIQUES

Adresse utile

Comité Régional du Tourisme et des Loisirs d'Occitanie : *CS79507, 34960 Montpellier Cedex 2.* ☎ *04-67-22-98-09.* • *tourisme-occitanie.com* • Pas d'accueil au public.

Carte d'adhésion internationale aux auberges de jeunesse (carte FUAJ)

Cette carte ouvre les portes des 4 000 auberges de jeunesse du réseau *HI-Hostelling International* en France et dans le monde. Elle permet aussi de bénéficier de tarifs préférentiels avec les partenaires des auberges de jeunesse *HI* (locations de voitures, excursions et activités variées). Il n'y a pas de limite d'âge pour séjourner en auberge de jeunesse. Il faut simplement être adhérent ; carte valable 1 an à compter de la date d'achat (sur internet ou dans les AJ).

Renseignements et inscriptions

– ***En France :*** • *hihostels.com* • *Tarif : 11 €.*
– ***En Belgique :*** • *lesaubergesdejeunesse.be* •
– ***En Suisse :*** • *youthhostel.ch* •
– ***Au Canada :*** • *hihostels.ca* •
Si vous prévoyez un séjour itinérant, vous pouvez réserver plusieurs auberges en une seule fois en France et dans le monde

PARCOUREZ
LE CANAL DES DEUX MERS
à Vélo
avec le Routard
Le Canal des 2 mers à vélo
De l'Atlantique à la Méditerranée
Le Routard
15€
hachette
routard.com
UN GUIDE ILLUSTRÉ TOUT EN COULEURS
plus de 700 km de voies cyclables
29 étapes
5 itinéraires
ET TOUS LES BONS PLANS DU ROUTARD

Carte internationale d'étudiant (carte ISIC)

Elle prouve le statut d'étudiant dans le monde entier et offre de nombreuses réductions (billets d'avion, hôtels et auberges de jeunesse, assurances, locations de voitures...).

Renseignements et inscriptions

- ***En France :*** • *isic.fr* • *Tarif : 13 € pour 1 année scolaire.*
- ***En Belgique :*** • *isic.be* •
- ***En Suisse :*** • *isic.ch* •
- ***Au Canada :*** • *isiccanada.com* •

BUDGET

Nous vous indiquons ci-après l'échelle des tarifs auxquels nous nous référons pour le classement de nos adresses en France.

Hébergement

D'une manière générale, nous indiquons des fourchettes de prix allant de la chambre double la moins chère en basse saison à celle la plus chère en haute saison. Ce qui implique parfois d'importantes fourchettes de prix, pas toujours en adéquation avec la rubrique dans laquelle l'établissement est cité. Le classement retenu est donc celui du prix moyen des chambres et de leur rapport qualité-prix.
Les tarifs des ***campings*** sont calculés sur la base d'un emplacement pour 2 avec voiture et tente, en haute saison. Ils sont classés en tête de rubrique « Où dormir ? ».
Pour les ***auberges de jeunesse,*** le tarif indiqué est celui du lit en dortoir et/ou parfois de la chambre double, quand il y en a.
En ***chambres d'hôtes,*** les prix sont donnés sur la base d'une chambre double. Ils incluent presque toujours le petit déjeuner. Les cartes de paiement sont rarement acceptées. Dans les cas contraires, nous indiquons « petit déj en sus » et « CB acceptées ».
Concernant les ***hôtels,*** le prix retenu reste celui d'une nuit en chambre double (sans petit déjeuner). La fourchette de prix englobe toutes les saisons, mais il est important de noter que, dans les grandes villes, les prix baissent significativement le week-end. Lorsque l'établissement dispose de chambres familiales, nous l'indiquons sans précision de prix.

- ***Bon marché :*** jusqu'à 60 €.
- ***Prix moyens :*** de 60 à 90 €.
- ***Chic :*** de 90 à 120 €.
- ***Plus chic :*** de 120 à 150 €.
- ***Beaucoup plus chic :*** plus de 150 €.

Restos

Au restaurant, ***notre critère de classement est le prix du 1er menu servi le soir*** (hors boissons). Les notions de « Prix moyens » ou « Plus chic » n'engagent donc que les prix, pas le cadre, même si, souvent, ils vont de pair. Ainsi, certains restos gastronomiques (et chics) qui proposent parfois d'intéressantes formules au déjeuner seront malgré tout classés dans la rubrique « Plus chic » en raison des tarifs pratiqués le soir. Ne boudez donc pas cette rubrique qui recèle parfois des pépites.
Enfin, la rubrique « ***Sur le pouce*** » référence des adresses que l'on recommande pour les sandwichs et plats à emporter. Les tarifs correspondent généralement à la rubrique « Très bon marché ».

- ***Très bon marché :*** moins de 15 €.

- ***Bon marché :*** de 15 à 25 €.
- ***Prix moyens :*** de 25 à 35 €.
- ***Chic :*** de 35 à 50 €.
- ***Plus chic :*** plus de 50 €.

Recommandation à ceux qui souhaitent profiter des réductions et avantages proposés dans le *Routard* par les hôteliers et les restaurateurs.

À l'hôtel, pensez à les demander au moment de la réservation ou, si vous n'avez pas réservé, **à l'arrivée.** Ils ne sont valables que pour les réservations en direct et ne sont pas cumulables avec d'autres offres promotionnelles (notamment sur Internet). Au restaurant, parlez-en **au moment** de la commande et surtout **avant** que l'addition ne soit établie. Poser votre *Routard* sur la table ne suffit pas : le personnel de salle n'est pas toujours au courant et une fois le ticket de caisse imprimé, il est souvent difficile de modifier le total. En cas de doute, montrez la notice relative à l'établissement dans le *Routard* de l'année et, bien sûr, ne manquez pas de nous faire part de toute difficulté rencontrée.

CANAL DU MIDI

Location de house-boats et balades sur le canal

Si, depuis 1989, l'activité commerciale a totalement cessé, plusieurs compagnies proposent des croisières de 2 à 7 jours entre Trèbes et Marseillan. Départs possibles de Carcassonne (11), Carnon (34), Castelnaudary (11), Colombiers (34), Trèbes (11), Homps (11), Narbonne (11) et Port-Cassafière (34). Les tarifs de location (de 2 à 12 personnes) sont 2 fois moins élevés en basse saison.
Pour toute info sur les nombreuses compagnies qui proposent des bateaux en location, consulter • *canalmidi.com* • rubrique « Découvrir », puis « En bateau » : site dense et bien documenté.
Voir aussi le site • *canalous-plaisance.fr* • ou • *leboat.fr* • pour la location de bateaux habitables sans permis.
Avril, mai, juin et octobre sont les meilleurs mois pour éviter les périodes d'affluence. Partir si possible à 4 : il y en a toujours 1 sur la berge qui fait son jogging (il va plus vite que le bateau !), 2 aux manœuvres pour passer les écluses, et le dernier à la barre. C'est tout de même jouable à 2, les éclusiers et les voisins donnent souvent un coup de main. Conduite très facile, sans permis. On découvre dans le calme un paysage qui ne cesse de réserver des surprises.
Voir aussi plus loin la rubrique « Riquet et le canal du Midi : histoire d'eaux » dans le chapitre « Hommes, culture, environnement » en fin de guide.

HÉBERGEMENT

- ***Logis*** est la 1re chaîne de restaurateurs-hôteliers indépendants en Europe avec 2 200 établissements répartis dans 8 pays. Fort de ses 70 années d'expérience, le réseau offre l'assurance d'un accueil personnalisé et chaleureux, d'un hébergement de qualité ainsi que d'une restauration faite maison mettant à l'honneur produits locaux et de saison. Engagés sur les territoires, tous les Logis sont impliqués dans une démarche d'économie locale, privilégiant les circuits courts et les produits régionaux. Plus d'infos : • *logishotels.com* •

ITINÉRAIRES À VÉLO (cyclotourisme)

Pour les sportifs et aussi pour les familles, nous éditons des Guides du Routard pour les cyclistes : *Le Canal des 2 mers à vélo* et *ViaRhôna* : cartes en couleur, étapes avec hébergement et restos, locations et réparations de vélos... En vente dans toutes les bonnes crèmeries.

– ***Le Canal des 2 mers à vélo :*** ● canaldes2mersavelo.com ● 700 km d'itinéraires cyclables de l'Atlantique à la Méditerranée, à travers 7 départements. Dans le Languedoc, on pédale le long du canal du Midi et à travers le Lauragais en passant au pied de la Montagne. Un parcours jalonné d'écluses à découvrir en route et accessible à tous. L'itinéraire passe ensuite par Carcassonne avant de pénétrer dans le pays minervois, entre vignes et villages de charme, en roulant vers la mer. On termine en apothéose sur les plages d'Agde et de Sète. Sur le site internet, cartes, détails des différents tronçons et hébergements labellisés « Accueil vélo » permettent de bâtir son itinéraire.

– ***La ViaRhôna*** : Entre Genève et Sète, cette véloroute de plus de 700 km emprunte le spectaculaire sillon alpin, elle traverse la Savoie et le Dauphiné jusqu'à Lyon, puis s'engage dans les hautes côtes du Rhône entre vergers et coteaux viticoles, jusqu'à glisser de la Provence aux plages de la Méditerranée. À partir du pays d'Arles, l'itinéraire se sépare en 2 branches suivant les 2 bras du Rhône : le Grand, à l'est jusqu'à Port-Saint-Louis, et le Petit, à l'ouest, jusqu'aux portes salines d'Aigues-Mortes et de Sète. En prime, le *Routard de la ViaRhôna* propose une boucle grandiose à travers la Camargue pour relier ces deux extrémités. En complément : ● viarhona.com ●

Tout au long de ces itinéraires, des hébergeurs, loueurs de vélos et offices de tourisme adhérant à la marque Accueil Vélo®, sont à votre disposition pour vous apporter leurs services et conseils à proximité de votre parcours

LIVRES DE ROUTE

– ***En nos vertes années,*** de Robert Merle (Le Livre de Poche, 1994). Un grand roman historique qui brosse une fresque colorée et vivante du XVIe s, en grande partie dans le Montpellier si cher à Rabelais.

– ***Les Rives blanches,*** de Christian Laborie (éd. Presses de la Cité, 2013). Pieds-noirs rapatriés d'Algérie, la famille Pérez s'installe dans les environs de Montpellier pour recommencer une activité viticole. Leur rapide succès provoque la haine des voisins ; entre crime et histoire d'amour, la relation entre les 2 clans ne fait que se dégrader... Du même auteur, cévenol de cœur, plusieurs romans bien documentés et captivants, dont l'action est située dans les Cévennes : ***L'Appel des drailles*** et ***Les Drailles oubliées*** (éd. De Borée, 2019), ***La Promesse à Élise*** (Pocket, 2019), ***Les Sarments de la colère*** (2009). Une littérature de terroir captivante qui mêle histoire et fiction.

– ***Le Chardon et le Bleuet, une Écossaise dans la France occupée,*** de Janet Teissier du Cros (éd. du Rouergue, 2017). Durant la 2de Guerre mondiale, l'auteure, une Écossaise mariée à un Cévenol, se réfugia avec ses enfants dans les vallées au pied de l'Aigoual, qui se révèlent être alors un étonnant vivier d'intellectuels et de personnages hors du commun. Ce formidable témoignage se lit comme un roman.

– ***Seules les bêtes***, de Colin Niel (éd. Rouergue Noir, 2017). Une femme disparaît. Sa voiture est retrouvée abandonnée au départ d'un sentier menant sur les causses où vivent quelques éleveurs. Plusieurs personnages se sentent coupables ou liés à cette affaire... Un roman choral fichtrement bien mené et écrit. Ce n'est pas un hasard s'il a été adapté au cinéma (2019) et tourné en partie autour de Florac-Trois-Rivières.

– ***La vie leur appartient***, de Frédérick d'Onaglia (éd 123, 2020). Dans le Gard secoué par les inondations qui dévastent tout, la famille Lazaret et son entourage ne sont pas épargnés. Une catastrophe naturelle qui engendre drames et interrogations.

– ***La Religion cathare. Le Bien, le Mal et le Salut dans l'hérésie médiévale,*** de Michel Roquebert (éd. Perrin, 2001). Auteur de *L'Épopée cathare,*

une histoire du catharisme en 6 tomes, ce spécialiste du catharisme se penche cette fois-ci plus précisément sur les composantes d'une religion qui a enflammé tout le Sud-Ouest entre le XIIe et le XIVe s.
– ***Connaître les cathares,*** de Lucien Bély (éd. Sud-Ouest, 2013). Les sites, l'histoire et les secrets des cathares racontés par cet illustre professeur à la Sorbonne.
– ***Le Canal du Midi et les Voies navigables de l'Atlantique à la Méditerranée,*** de René Gast et Bruno Barbier (éd. Ouest-France, 2014). Promenade le long des écluses et des sites qui jalonnent le canal du Midi construit par Pierre-Paul de Riquet. Un itinéraire charmant sur un « chemin d'eau » qui court de Toulouse à Sète.
– ***Juliette d'Estignan,*** de Jean-Pierre Grotti (éd. TDO, 2014). Une histoire de passion poétique et dérangeante qui nous fait découvrir la face sombre du Languedoc de la fin du XIXe s.
– ***Voyage avec un âne dans les Cévennes,*** de Robert Louis Stevenson (éd. Flammarion, 2017). Si Stevenson est l'auteur de cet écrit, c'est bien Modestine qui a décidé des chemins à parcourir. Car une ânesse est lente, têtue et curieuse de tout ce qui indiffère son maître... De quoi faire naître un terrible agacement, mais aussi un regard neuf, contraint d'admirer ce qu'il n'aurait pas même daigné regarder. Un voyage de 12 jours, en 1878, aux contours initiatiques. Un tronçon du GR 70, « le chemin Stevenson », reprend l'itinéraire de cet inépuisable découvreur, qui a inspiré le film *Antoinette dans les Cévennes* (2020). Une comédie légère qui donne une idée des paysages époustouflants !
– ***Maudit héritage,*** d'Irène Chauvy (éd. Les Nouveaux Auteurs, 2014). C'est entre le massif du mont Aigoual et Paris que se situent les aventures de Jeanne Cardel, une jeune Cévenole qui a fui la maison familiale. Les Cévennes après la guerre de 1870, contées avec panache, humour et amour.

MONUMENTS ET MUSÉES NATIONAUX

Les monuments et musées nationaux sont gratuits pour les enseignants et jeunes Européens de moins de 26 ans. • *monuments-nationaux.fr* •
Pour le Languedoc-Roussillon sont concernés le château et les remparts de la cité de Carcassonne (11), le fort Saint-André à Villeneuve-lez-Avignon (30), la forteresse de Salses (66), le site archéologique et musée d'Ensérune (34) et les tours et remparts d'Aigues-Mortes (30).

PERSONNES HANDICAPÉES

Tourisme et Handicap

Créé par le secrétariat d'État à la Consommation et au Tourisme en partenariat avec les professionnels du tourisme et les associations représentant les personnes handicapées, ce label permet d'identifier les lieux de vacances (hôtels, campings, sites naturels, etc.), de loisirs ou de culture (musées, monuments, etc.) mais aussi des offices de tourisme accessibles aux personnes en situation de handicap. Cette accessibilité, visualisée par un pictogramme correspondant aux 4 types de handicap (moteur, visuel, auditif et mental), garantit accueil, accessibilité et confort et une utilisation des services proposés avec un maximum d'autonomie dans un environnement sécurisant.

Pour connaître la liste des sites labellisés par départements • *tourisme-handicaps.org* •

TOURISME & HANDICAP

Par ailleurs, dans notre guide, nous indiquons par le logo ♿ les établissements qui possèdent un accès ou des chambres pouvant accueillir des personnes handicapées. Certaines adresses sont équipées selon les critères les plus modernes. D'autres, plus simples, plus anciennes aussi, sans répondre aux normes les plus récentes, favorisent l'accueil des personnes handicapées en facilitant l'accès à leur établissement, tant sur le plan matériel que sur le plan humain. Appelez donc auparavant pour savoir si l'équipement de l'hôtel ou du resto est compatible avec votre niveau de mobilité.
Malgré les combats menés par les nombreuses associations, l'intégration des personnes handicapées à la vie de tous les jours est encore balbutiante en France. Il tient à chacun de nous de faire changer les choses. Une prise de conscience est nécessaire, nous sommes tous concernés.

SITE INTERNET

• *routard.com* • Le site de voyage n° 1, avec près de 800 000 membres et plusieurs millions d'internautes chaque mois. Pour s'inspirer et s'organiser, près de 300 guides destinations actualisés, avec les infos pratiques, les incontournables et les dernières actus, ainsi que les reportages terrain et idées week-end de la rédaction. Partagez vos expériences avec la communauté de voyageurs : forums de discussion avec avis et bons plans, carnets de route et photos de voyage. Enfin, vous trouverez tout pour vos vols, hébergements, voitures et activités, sans oublier nos suggestions pour réserver votre voyage au meilleur prix.
– ***Bon à savoir :*** entre 2 parutions, des événements fortuits (conditions d'accès aux sites, fermetures inopinées, etc.) peuvent intervenir et modifier vos projets de voyage ou de visite. Pour éviter les déconvenues, nous vous recommandons de consulter la rubrique « Inspirations » par région et cliquer sur l'onglet « Actus ».

LES PYRÉNÉES-ORIENTALES

• Carte p. 48-49

ABC des Pyrénées-Orientales

- ***Superficie :*** 4 116 km².
- ***Population :*** 482 370 hab.
- ***Préfecture :*** Perpignan.
- ***Sous-préfectures :*** Prades, Céret.
- ***Signes particuliers :*** 1er rang pour les cultures maraîchères en France ; 1er département français pour les surfaces agricoles bio.

Dans cet ancien royaume catalan (Corbières et Fenouillèdes exclus, le département correspond très exactement à la partie française de la Catalogne), tout est plus intense, peut-être parce que le soleil brille 300 à 320 jours par an ! Et ces paysages sont un inépuisable manteau d'Arlequin. Déjà, la côte est double. Après les plages à bronzette d'Argelès et de Canet, elle se hachure de calanques roses où se lovent de petits ports de rêve comme Collioure.

Derrière s'étend la plaine brodée d'arbres fruitiers, puis les mailles serrées des vignes qui partent à l'assaut des coteaux brûlés par le soleil - dans les Aspres et la vallée des Corbières-Fenouillèdes - pour se dissoudre en garrigues presque impénétrables. De chaque côté du Canigó, mythique montagne, s'allongent 2 grandes vallées pyrénéennes - le Conflent au nord et le Vallespir au sud. Plus à l'ouest ondoient les hauts plateaux de la Cerdagne et du Capcir, microroyaumes des temps anciens, aux portes de l'Espagne et de l'Andorre.

ROUSSILLON OU CATALOGNE ?

S'il paraît aujourd'hui noyé dans l'immense région Occitanie, le Roussillon existe bel et bien. C'est même une très très vieille province. Le comté de Roussillon apparaît, avec les Wisigoths, vers le VIe s, avant d'être, au XIIe s, récupéré en héritage par les rois d'Aragon, donc de passer dans la mouvance catalane. Il ne comporte alors ni la Cerdagne ni le Capcir. Les rois de France qui envahissent le comté (et une partie de la Cerdagne) conservent le nom de Roussillon, moins frappé d'hispanité, pour désigner l'ensemble. Donc, pour certains, aujourd'hui encore, Roussillon est un mot tabou. Épris de culture et d'identité catalanes, ils regardent vers Barcelone, la sœur du Sud, ne disent jamais « l'Espagne » mais « Catalogne du Sud » ou, plus simplement, « l'autre côté ».

Vous le constaterez vite en visitant ce département, beaucoup de bistrots arborent les couleurs d'un seul et unique club de foot, Barcelone. On entend parler catalan, des villages un peu perdus du Conflent jusqu'au cœur de la très touristique Collioure. Autre signe tangible de cette identité revendiquée, les panneaux d'entrée des communes et les plaques de rues, rédigées en catalan. Et, d'un côté comme de l'autre de l'ancienne frontière (abolie par le traité des Pyrénées en 1659), tout le

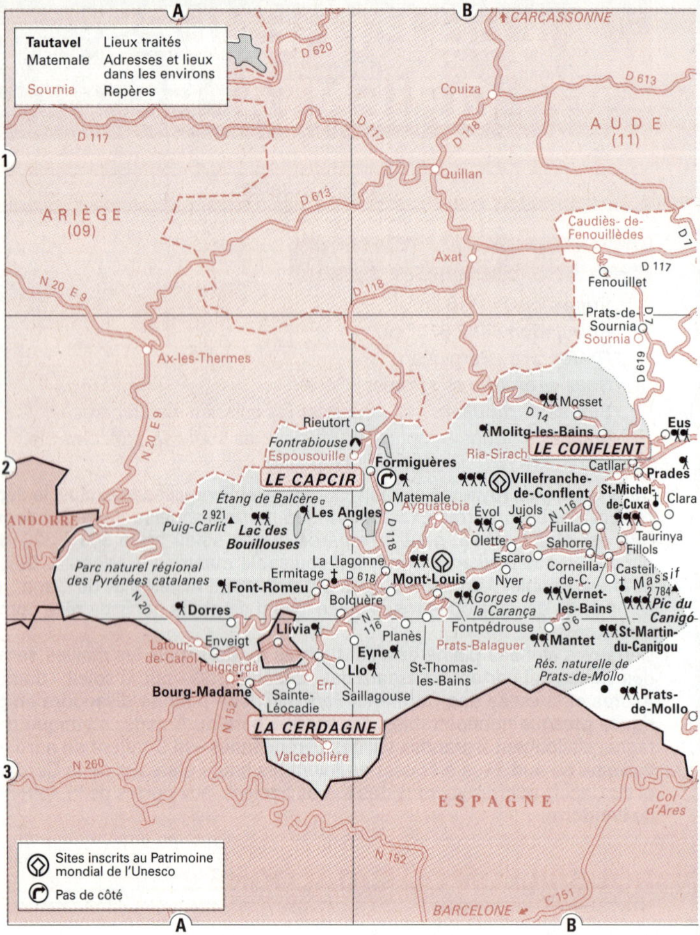

monde ou presque vous le fera remarquer : Fenouillèdes et Corbières sont en terre occitane, donc le pays des « gavatches », des non-Catalans...

Infos utiles

i ***Agence de développement touristique :*** *2, bd des Pyrénées, CS 80540, 66005 Perpignan Cedex. ☎ 04-68-51-52-53. • tourisme-pyreneesorientales.com* • Pas d'accueil sur place, mais l'agence fournit tous les renseignements sur simple demande : disponibilités des campings et hôtels, brochures

LES PYRÉNÉES-ORIENTALES

touristiques, itinéraires, etc. Central de réservation avec Clévacances.

– Le conseil départemental propose le ***pass Patrimoine 66,*** gratuit, qui concerne une soixantaine de sites et offre un tarif réduit à compter de la 2e visite (à retirer dans les offices de tourisme ou sur les sites).

– ***Bus :*** *rens au ☎ 0806-80-80-90 (gratuit) et sur* ● *bus1euro.cd66.fr* ● Le département des Pyrénées-Orientales a mis en place un réseau de bus bien développé (Lio), et surtout à un tarif défiant toute concurrence : 1 € le trajet pour tout le monde ! Voilà une politique des transports innovante !

● *catalanes.espaces-naturels.fr* ● Site consacré aux 11 réserves naturelles des Pyrénées-Orientales.

PERPIGNAN ET SES ENVIRONS

PERPIGNAN

(66000) 123 600 hab. *Carte Pyrénées-Orientales, C-D2*

• Plan *p. 52-53*

Capitale du Roussillon, chef-lieu du département des Pyrénées-Orientales (ici, on dit P.-O.), Perpignan est catalane avant d'être française. Les palmiers de ses places, les enduits colorés de ses façades, l'accent ensoleillé et le caractère fier de ses habitants le rappellent à chaque instant. À une trentaine de kilomètres de la frontière, Perpignan est en effet largement tournée vers la Catalogne du Sud (Espagne). La ville mise beaucoup sur ses relations barcelonaises, plus encore depuis la création de la ligne TGV qui la relie à la mégapole catalane.

Lumineuse et populaire, carrefour incontournable entre mer et montagne, Perpignan sait se montrer hospitalière. Conséquence, cette place charnière lui vaut de capter bien des populations migrantes ; la communauté gitane sédentarisée y est ainsi très importante. Bref, avec une atmosphère si particulière, quelque 320 jours d'ensoleillement par an et plein de bonnes adresses, Perpignan mérite vraiment qu'on s'y attarde.

UN PEU D'HISTOIRE

Le passé de la ville est indissociable de l'expansion de la civilisation catalane. Ancienne ville romaine de *Ruscino* devenue, au Xe s, résidence des comtes de Roussillon, *Perpenyà* est léguée au XIIe s au comte de Barcelone et roi d'Aragon Alphonse. Une expansion économique va suivre, la ville servant de plaque tournante au négoce entre Midi de la France et pourtour méditerranéen. Elle est promue ***capitale du royaume de Majorque*** lors de l'édification du château destiné au fils de Jacques le Conquérant. Le palais des rois de Majorque reste le symbole de cette époque prospère, ainsi que les églises construites à la même période pour abriter des fidèles de plus en plus nombreux. ***Passant ensuite dans les mains du roi d'Aragon*** Pierre IV, qui y crée une université au XIVe s, Perpignan traverse les siècles qui vont suivre au milieu des troubles et des traités, enjeu à la fois des Français et des Catalans.

Des habitants pugnaces

Ayant eu la mauvaise idée de demander l'aide militaire de Louis XI pour mater une insurrection en Espagne, Jean II d'Aragon se voit dessaisi des comtés de Cerdagne et du Roussillon. Révoltés, les Perpignanais se battent alors contre les troupes françaises pendant 1 an. Jean II leur demande personnellement de se rendre, accordant à leur ville le titre de « fidélissime » – et le mot est resté, devise de Perpignan. Les habitants, résistant farouchement malgré la famine, en étaient venus à se nourrir de rats ! Les misères ne sont pas finies pour autant : restituée à Ferdinand le Catholique à la fin du XVe s, la ville est ensuite assiégée par les armées de François Ier.

1 siècle plus tard, les Catalans de Barcelone se dressent contre le pouvoir absolu de la cour madrilène : Richelieu en profite, signant avec eux un traité d'alliance

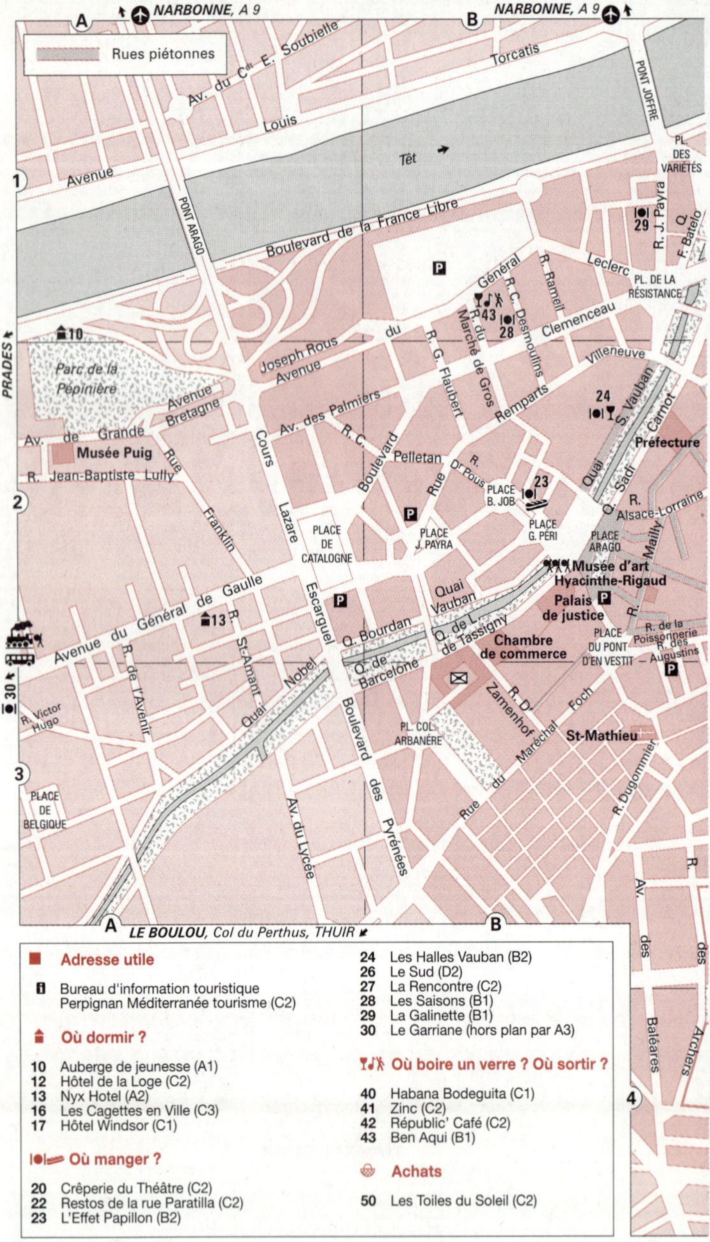

Adresse utile

- Bureau d'information touristique Perpignan Méditerranée tourisme (C2)

Où dormir ?

10 Auberge de jeunesse (A1)
12 Hôtel de la Loge (C2)
13 Nyx Hotel (A2)
16 Les Cagettes en Ville (C3)
17 Hôtel Windsor (C1)

Où manger ?

20 Crêperie du Théâtre (C2)
22 Restos de la rue Paratilla (C2)
23 L'Effet Papillon (B2)
24 Les Halles Vauban (B2)
26 Le Sud (D2)
27 La Rencontre (C2)
28 Les Saisons (B1)
29 La Galinette (B1)
30 Le Garriane (hors plan par A3)

Où boire un verre ? Où sortir ?

40 Habana Bodeguita (C1)
41 Zinc (C2)
42 Républic' Café (C2)
43 Ben Aqui (B1)

Achats

50 Les Toiles du Soleil (C2)

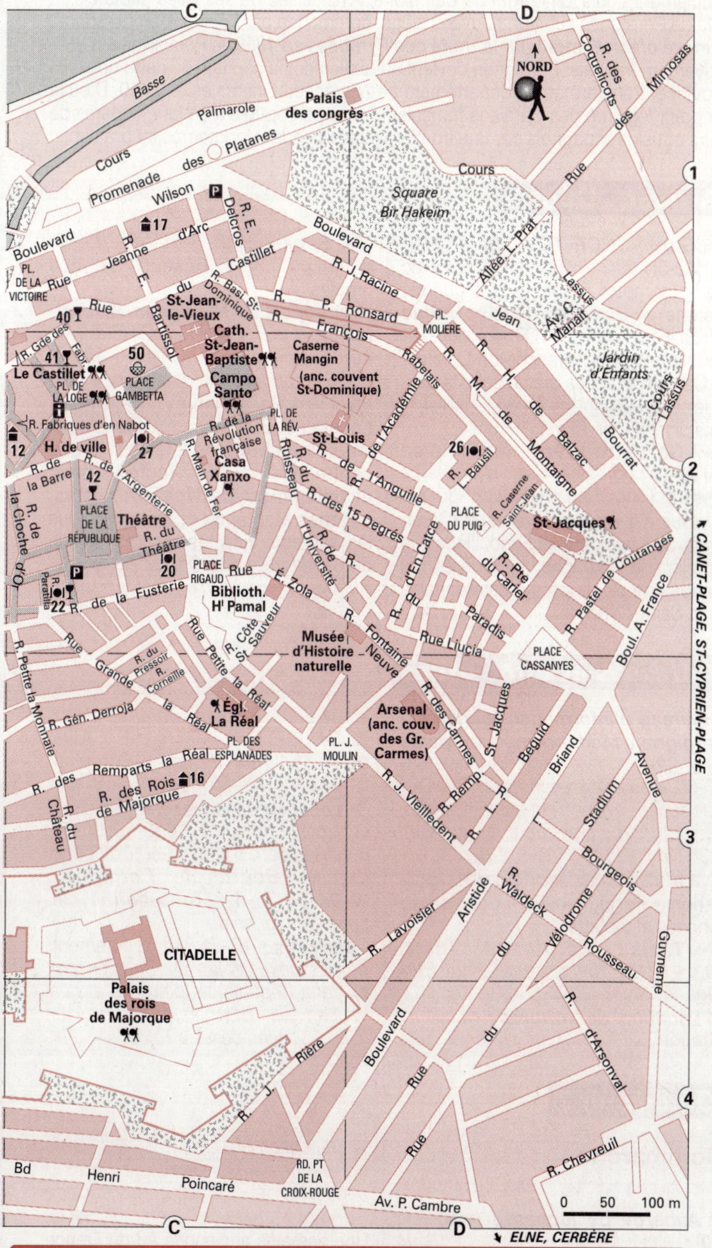

NORD
Palais des congrès
Basse
Palmarole
Cours
Promenade des Platanes
Wilson
Square Bir Hakeim
Cours
R. des Coquelicots
des Mimosas
Rue
Boulevard
Jeanne d'Arc
17
R. E. Delcros
Castillet
Boulevard
R. J. Racine
Allée L. Prat
Lassus
Av. C. Manalt
Jardin d'Enfants
Cours Lassus
Jean
PL. DE LA VICTOIRE
Rue
40
R. Gde des Fabr.
du St-Jean-le-Vieux
R. Basi St-Dominique
R. E. Bartissol
R. P. Ronsard
R. François
PL. MOLIERE
R. M. de Montaigne
R. H. de Balzac
Bourrat
41
Le Castillet
50
PLACE GAMBETTA
Cath. St-Jean-Baptiste
Caserne Mangin (anc. couvent St-Dominique)
Rabelais
PL. DE LA LOGE
Campo Santo
R. Fabriques d'en Nabot
R. de la Révolution française
PL. DE LA RÉV.
St-Louis
R. de l'Académie
26
R. L. Bausil
12
H. de ville
27
R. Main de Fer
Casa Xanxo
R. Ruisseau
R. du Ruisseau
R. de l'Anguille
R. Caserne Saint-Jean
R. de la Barre
R. de l'Argenterie
42
R. des 15 Degrés
PLACE DU PUIG
St-Jacques
R. de la Cloche d'Or
PLACE DE LA RÉPUBLIQUE
Théâtre
R. du Théâtre
20
R. de l'Université
R. de R.
R. d'En Calce
R. Pte du Carlet
R. Pastel de Coutanges
R. Paratilla
22
R. de la Fusterie
PLACE RIGAUD
Rue É. Zola
Biblioth. Hᵗ Pamal
du Paradis
Boul. A. France
R. Petite la Monnaie
Rue Grande la Réal
R. du Pressoir
R. Corneille
Rue Petite la Réal
R. St Sauveur
Côte
Musée d'Histoire naturelle
R. Fontaine Neuve
Rue Llucia
PLACE CASSANYES
Égl. La Réal
R. Gén. Derroja
Arsenal (anc. couv. des Gr. Carmes)
R. des Carmes
St Jacques
Beguid
Briand
Avenue
R. des Remparts la Réal
PL. DES ESPLANADES
PL. J. MOULIN
R. des Rois de Majorque
16
R. du Château
R. J. Vieilledent
R. Remp.
R. L. R.
L.
Stadium
Bourgeois
R. Waldeck
Aristide
Vélodrome
Rousseau
Gruvneme
R. Lavoisier
du
CITADELLE
Palais des rois de Majorque
R. d'Arsonval
R. J. Rière
Boulevard
Rue
du
Rue
R. Chevreuil
Bd Henri Poincaré
RD. PT DE LA CROIX-ROUGE
Av. P. Cambre
0 50 100 m
C
D
1
2
3
4
CANET-PLAGE, ST-CYPRIEN-PLAGE
ELNE, CERBÈRE

PERPIGNAN

proclamant Louis XIII comte de Barcelone. Ainsi isolée de ses alliés habituels, la ville de Perpignan subit un nouveau siège, commandé par Louis XIII en personne. ***Annexé officiellement par le traité des Pyrénées en 1659,*** le Roussillon est définitivement français. Perpignan devient naturellement la capitale de cette nouvelle province, transformée en département des Pyrénées-Orientales en 1790. D'où la rancœur légitime des Catalans français, encore perceptible à ce jour, séparés de leurs cousins espagnols par une frontière restée pendant longtemps inébranlable.

Arriver – Quitter

Gare SNCF-TGV *(hors plan par A2-3)* **:** ☎ *36-35 (gratuit).* TGV avec Paris (compter 5h-5h30) et Figueras, Gérone et Barcelone (1h20), Madrid (4h28). Également des TER vers Montpellier, Narbonne, Villefranche-de-Conflent et Cerbère. *P'tit bus* gratuit entre la gare et le centre-ville (place Arago, Castillet) tlj sauf dim, ttes les 15 mn 7h-19h40.

Gare routière *(hors plan par A2-3)* **:** *bd Saint-Assiscle (à côté de la gare TGV). Rens :* ☎ *0806-80-80-90.* Bus à 1 € pour le Vallespir (Céret, Prats-de-Mollo...) et le Fenouillèdes, le Conflent, la Cerdagne, les Albères, les stations de ski, la côte roussillonnaise avec Saint-Cyprien...

Sankéo : ☎ *0-800-80-03-70.* • *sankeo.com* • Réseau de bus urbains.

Aéroport de Perpignan-Rivesaltes *(hors plan par A1 ou B1)* **:** *à 6 km au nord de la ville.* ☎ *04-68-52-60-70.* • *aeroport-perpignan.com* • Vols de et vers Paris, Nantes, Lille, Dublin, Londres et Birmingham... Sur place : loueurs de voitures. Liaison vers le centre-ville par bus. Toute l'année, et notamment de Noël à mi-mars, navettes Montagne et Transport tous les samedis vers les stations de ski de Cerdagne et du Capcir *(☎ 04-68-30-02-82* • *montagne-transport.com* •*).*

Adresses et infos utiles

Bureau d'information touristique Perpignan Méditerranée tourisme *(plan C2)* **:** *pl. de la Loge.* ☎ *04-68-66-30-30.* • *perpignantourisme.com* • *Ouv tte l'année ; avr-oct, lun-sam 9h30-19h, dim 10h-17h ; nov-mars, tlj 10h-19h (13h dim). Fermé j. fériés et dim de nov et janv.* Visites guidées de la ville. Application « Perpignan 3D » pour smartphones et tablettes.

Taxis : Perpignan Taxis, ☎ *04-68-35-15-15.* ***Taxi Direct Perpignan,*** ☎ *04-68-83-83-83.*

Location de voitures : *plusieurs agences à l'aéroport et à la gare ferroviaire (hors plan par A2-3).* ***Hertz,*** ☎ *04-68-51-37-40 (gare).* ***Avis,*** ☎ *04-68-35-61-48 (gare).* ***Europcar,*** ☎ *04-68-34-89-80 (gare).*

Location de vélos : ***Sankéo*** *(vélos et trottinettes),* ☎ *0800-80-03-70,* • *sankeo.com/611-Velo-et-Trottinette.html* • *;* ***Bouticycle Perpignan,*** ☎ *04-68-36-67-26,* • *bouticycle.com/-Perpignan* •

– Marchés : *tlj, le mat seulement, pl. Cassanyes (plan D2-3). Mar-dim, pl. de la République (plan C2) et quai Vauban (plan B2) ; jeu, pl. de Belgique (plan A3), sam, passeig Torcatis.*

Où dormir ?

Bon marché

Auberge de jeunesse *(plan A1,* ***10****)* **:** *allée Marc-Pierre, parc de la Pépinière.* ☎ *04-68-34-63-32.* • *perpignan@hifrance.org* • *hifrance.org* • ♿ *Réception 8h-11h, 17h-21h. Fermé oct-début avr. Nuitée autour de 23 €/pers, petit déj et draps compris. Carte FUAJ obligatoire (en vente sur place).* Une des plus anciennes AJ de France aménagée dans les années 1950 dans une grande maison avec jardin, de style méditerranéen. 2 chambres doubles et des dortoirs de 4 à 8 lits. Ensemble plutôt bien tenu, avec des chambres en partie rénovées, avec ou sans salle de bains privée. Cuisine à disposition. Clim et double vitrage partout (et heureusement, la voie rapide passe juste à côté...).

De prix moyens à chic

Nyx Hotel (plan A2, **13**) : *62 bis, av. du Général-de-Gaulle. ☎ 04-68-34-87-48. • nyx@nyxhotel.fr • nyxhotel.fr • Doubles 79-149 €.* Entre la gare et le centre, sympathique petit hôtel distribuant, sur 5 niveaux (ascenseur), des chambres à la très jolie déco d'aujourd'hui, toutes différentes, certaines avec balcon sur la rue, d'autres, plus chères, avec terrasse sur l'arrière. Bon confort, et beau petit déj-buffet, le tout enveloppé d'un accueil franc et tout sourire.

Hôtel de la Loge (plan C2, **12**) : *1, rue des Fabriques-d'en-Nabot. ☎ 04-68-34-41-02. • hoteldelaloge@wanadoo.fr • hoteldelaloge.fr • Doubles 62-95 €. Prix réduits au parking Wilson, tt proche.* En plein centre, une ancienne maison bourgeoise du XVIe s à l'intérieur typiquement catalan. Le magnifique escalier en fer forgé (classé) dessert des chambres contemporaines, de bon confort (clim, w-c séparés) donnant sur le patio fleuri ou sur la ruelle. Double vitrage sur toutes les fenêtres, Les chambres triples regardent la place de la Loge.

Chambres d'hôtes Les Cagettes en Ville (plan C3, **16**) : *8, rue des Rois-de-Majorque. 06-09-35-67-44. • florencelecorre@live.fr • Double 75 €.* Au rez-de-chaussée, une boutique avec meubles, bibelots et fringues d'autres décennies. À l'étage, 4 chambres (dont une familiale) dans le même esprit. Vue sur la rue (balcon) ou sur la cour-jardin où prendre le petit déj en été. Accueil rayonnant.

Hôtel Windsor (plan C1, **17**) : *8, bd Wilson. ☎ 04-68-59-25-94. • contact@hotel-windsor-perpignan.com • hotel-windsor-perpignan.com • Doubles 89-220 €. Ascenseur. Parking souterrain payant en face.* Au long d'un boulevard plutôt passant, un hôtel contemporain, sans histoire. Chambres à la déco qui ne fâchera personne, d'excellent confort, toutes avec balcon, les moins chères assez étriquées. Les plus sympa, très lumineuses, font l'angle.

LES PYRÉNÉES-ORIENTALES

Où dormir dans les environs ?

Sur le littoral, voir nos adresses à Canet-Plage, Saint-Cyprien et Argelès.

Camping

Camping des Rives du Lac : *chemin de la Serre, 66180 **Villeneuve-de-la-Raho**. ☎ 04-68-55-83-51. • camping@villeneuvedelaraho.fr • villeneuvedelaraho.fr • À env 7 km au sud de Perpignan. Ouv de mi-mars à mi-nov. Forfait pour 2 en hte saison 18 € ; mobile homes. 158 empl.* Classique camping municipal avec ses emplacements séparés par des haies. Au bord d'un lac : plage et baignade à 2 pas. Sanitaires basiques mais bien tenus. BBQ, laverie, supérette et resto en saison.

Où manger ?

De très bon marché à bon marché

Les restos et commerces de la rue Paratilla (plan C2, **22**) : cette toute petite rue est l'endroit rêvé pour une grignote. On achète épices, vinaigre de figues et anchoïade chez *Aux Bonnes Olives*. À *La Maison du Jambon*, le *manchego*, le *pata negra*, le *bellota*, le *serrano* sont servis au poids et à l'assiette. Chez *Lo Stretto*, les charcuteries sont plutôt corses ou italiennes. Les adeptes de poissons et crustacés se donnent eux rendez-vous

Chez Mireille ou à la poissonnerie *Gonzalvez.* Sans oublier l'accueillant *Bar de la Marée* et ses fresques d'une autre époque, pour avaler des tapas ou un plat lentement mijoté (quand le chef est d'humeur) dans le brouhaha des habitués.

L'Effet Papillon *(plan B2, **23**) : 2, rue du 4-Septembre. ☎ 04-11-64-87-29. • jean.armangaud@gmail.com • Tlj sauf dim 9h-16h30. Formules 9,90-14,90 €.* Petit self-service un brin conceptuel (les mini sandwichs s'appellent ici des « butis »...). Sandwichs donc, salades et autres soupes – à base de produits locaux, souvent bio – aux saveurs parfois inédites qu'on mange en vitesse le long de petits comptoirs ou plus confortablement installé sur une sympathique terrasse.

Crêperie du Théâtre *(plan C2, **20**) : 12, rue du Théâtre. ☎ 04-68-34-29-06. • enrplanete@gmail.com • Tlj sauf dim-lun et soir des mer et j. fériés. Ouv 12h-21h30 en continu en été. Le midi, formules 12,50-14 € et menu 17 € ; le soir, carte env 20 €.* Une excellente crêperie, qui, en plus des grands classiques, renouvelle sa carte au gré des saisons. Des produits frais, principalement issus de l'agriculture biologique et du commerce équitable. Des suggestions à l'ardoise, originales et savoureuses, comme la galette à la saucisse catalane et à l'aïoli ou la crêpe à la lavandine avec confiture d'abricots, fleurs et sirop de lavande. Épicerie. Petite terrasse sur la ruelle.

Les Halles Vauban *(plan B2, **24**) : 37-39, quai Vauban. Tlj sauf lun, 8h-21h30 (23h jeu-sam, 15h dim).* Dans un passage couvert, des halles de création récente où voisinent étals et restos de tous horizons. On vous laisse hésiter, dans un joyeux brouhaha, entre bo-bun, tartares, viandes rôties, foie gras, huîtres voire fondue savoyarde ! Sinon, en fin de semaine, l'endroit, autour du *Bar des Halles* et de sa terrasse, semble être d'humeur à faire la fête.

De prix moyens à chic

Les Saisons *(plan B1, **28**) : 6, rue Camille-Desmoulin. ☎ 04-68-34-50-39. • saisons66@gmail.com • Tlj sauf dim-lun et soir mar. Formule et menu déj sem 13,90-16,50 € ; menus 24,50-32 €.* La salle, sobrement contemporaine, n'accumule pas les m² et l'adresse est connue en ville. Il est donc plus que prudent de passer un coup de fil pour profiter de cette cuisine, au fil des saisons (évidemment !), avec de l'idée. Addition modérée, accueil et service très aimable.

Le Sud *(plan D2, **26**) : 12, rue Louis-Bausil. ☎ 04-68-34-55-71. • marie@restaurantlesud.fr • Tlj sauf dim, plus lun hors saison, le soir seulement. Congés : janv-fév. Carte env 35 €. Parking.* Dans une sorte d'hacienda, un monde entre Provence, Mexique, Moyen-Orient, Grèce et Catalogne. Les tables sont disposées dans le patio, où trône un vieux figuier. Cuisine parfumée, service souriant.

Le Garriane *(hors plan par A3, **30**) : 15, rue Frédéric-Valette. ☎ 04-68-67-07-44. Ouv midi lun, mar, jeu et ven, soir jeu-sam. Tlj sauf dim-lun et midi des mer et sam. Formule et menu déj sem 17-20€ ; le soir menus 33-55 €.* La rue, à 2 pas de la gare, est sans âme et la façade annonce un resto de quartier. Même impression une fois la porte passée : chaises bistrot sous des poutres posées il y a longtemps. Mais, waow, quelle cuisine ! Le chef, d'origine australienne, signe, avec les produits du coin, des plats des plus personnels, vrai festival de saveurs et de surprises. Chouette carte des vins. Le tout à prix justes.

De chic à plus chic

La Rencontre *(plan C2, **27**) : 16-18, rue des Cardeurs. ☎ 04-68-34-42-73. • restaurant.larencontre@gmail.com • Tlj sauf dim-lun. Congés : fin déc-début janv, 1 sem en juin et 1 sem en nov. Menus 19,90 € (déj sem), puis 29-32 € ; carte 60 €.* Dans une étroite ruelle, une rencontre gastronomique qui ne doit rien au hasard. Le chef, aux commandes de ce resto de haute volée, a une idée fixe : régaler ses clients. Il s'en donne les moyens, en piochant le meilleur chez les producteurs locaux pour composer une cuisine inventive, ne boudant pas le terroir. Une aubaine au menu du déjeuner !

La Galinette *(plan B1, **29**) : 23, rue Jean-Payra. ☎ 04-68-35-00-90. • lagalinetteperpignan@gmail.com • Tlj sauf dim-lun. Congés : 1 sem début mai, juil et vac de Noël. Résa conseillée. Menus 25 € (déj en sem), 52-58 € ; carte 50-80 €.* Dans une rue un peu à l'écart du centre historique, le gastro incontournable, dont la réputation n'est pas usurpée. Dans l'assiette, c'est la fête aux senteurs du Sud. Beaucoup de poisson (pas toujours local mais toujours frais), des légumes du jardin, une utilisation intensive des herbes et épices, une carte courte et souvent renouvelée, bref, tous les ingrédients pour une halte réussie.

Où boire un verre ? Où sortir ?

Le soir, Perpignan bouge beaucoup le long de l'avenue du Général-Leclerc. Incontournable dans la zone, le **Ben Aqui** *(plan B1, **43** ; 33, av. du Général-Leclerc ; ouv lun-sam)*, une bodega au cadre patiné, gonflée d'une terrasse qui ne désemplit pas le week-end.

Ça bouge aussi autour de la place Gambetta et dans les ruelles autour du Castillet *(plan C2)*, avec quelques pubs et bars musicaux tendance, prisés de la jeunesse locale. Parmi eux, le **Habana Bodeguita** *(plan C1, **40** ; 5, rue Grande-des-Fabriqués ; tlj sauf dim-lun)*, à l'ambiance salsa. Juste en face, le **Zinc** *(plan C2, **41** ; 8, rue Grande-des-Fabriqués ; mar-sam)*, bar à vins plutôt branché.

Autre incontournable, le ***Républic' Café*** *(plan C2, **42**)*, dit communément le *Rép'*, et sa grande terrasse sur la place, qui distille le soir une musique électro.

Achats

Les Toiles du Soleil *(plan C2, **50**) : 1, pl. Gambetta. ☎ 04-68-34-41-62. • toiles-du-soleil.com • Lun 14h-18h ; mar-sam 10h-12h, 14h-19h.* Tissus traditionnels catalans, vendus au mètre ou en nappes, sacs, coussins, etc. Pratique si vous n'avez pas l'intention de grimper jusqu'à la maison mère, à Saint-Laurent-de-Cerdans.

À voir

Belles promenades en perspective dans une vieille ville qui forme un octogone, parfaitement délimité par 8 boulevards périphériques pour partie bordés de canaux, le long desquels se sont développés au début du XXᵉ s les quartiers d'architecture art déco.

Le Musée d'art Hyacinthe-Rigaud *(plan B2) : 21, rue Mailly. ☎ 04-68-66-19-83. • musee-rigaud.fr • Tlj sauf lun et certains j. fériés, juin-sept 10h30-19h (11h-17h30 reste de l'année). Entrée : 8 € (10 € pdt l'expo estivale) ; réduc ; gratuit moins de 18 ans. Tablette numérique incluse.*

Récemment et joliment rénové, ce musée des Beaux-Arts, qui doit son nom au grand portraitiste de la cour de Louis XIV, occupe les hôtels de Mailly et de Lazerme. Ces 2 hôtels particuliers sont désormais reliés, clin d'œil au légendaire passage secret qui aurait, à la fin du XVIIIᵉ s, favorisé les amours du maréchal de Mailly et de la marquise de Blanes. Parcours chronologique à travers des collections (quelques 400 œuvres) essentiellement consacrées aux artistes pour lesquels Perpignan a compté.

– La visite démarre au 1ᵉʳ étage, avec l'époque gothique de la ville : vestiges lapidaires et plusieurs retables dont le chef-d'œuvre des collections du musée, *Le*

LES PYRÉNÉES-ORIENTALES

Retable de la Trinité, peint par le **Maître de la Loge de Mer** en 1489 et superbement rénové, avec une foule de personnages symboliques du passé florissant de la ville, à l'époque du commerce des draps.
Le Perpignan baroque accorde (on s'y attendait un peu !), une large place à ***Hyacinthe Rigaud.*** Né en 1659 à Perpignan, année de la signature du traité des Pyrénées qui rattache le comté du Roussillon à la France, Rigaud va devenir un grand portraitiste travaillant pour les cours et la noblesse d'Europe. Si son plus célèbre tableau reste le portrait de Louis XIV en habit de couronnement (exposé au Louvre), le musée met l'accent sur l'intimité du peintre avec plusieurs autoportraits et des toiles de son atelier qui a compté jusqu'à 40 collaborateurs. L'occasion de découvrir que Rigaud laissait parfois à d'autres que lui le soin de peindre, par exemple, quelques bouquets de fleurs autour de ses portraits !
La section Perpignan moderne évoque un autre enfant du pays, ***Aristide Maillol*** avec, là encore, un regard inédit sur l'œuvre de celui dont le monde entier connaît les sculptures, ces corps féminins, souvent réduits à l'essentiel, tout en rondeurs (parfait exemple exposé ici : *La Musique-Monument à Claude Debussy*). Mais on découvre également un jeune artiste qui s'intéresse d'abord aux Arts décoratifs (la tapisserie, notamment) et à la peinture avec une *Jeune fille de profil* au style pointilliste, proche des Nabis.
Avant de devenir le musée des Beaux-Arts de la ville, l'hôtel de Lazerme fut le lieu de vie de Jacques et Paule de Lazerme, riches propriétaires terriens épris d'art. Grâce à Pierre Brune, instigateur du musée de Céret, Jacques de Lazerme va côtoyer l'avant-garde artistique en ce début du XXe s. Et ce sont quelques-uns des prestigieux hôtes de passage que présentent plusieurs salles : comme ***Pablo Picasso,*** qui réalisa 2 beaux portraits de Mme Lazerme pendant l'été 1954, et ***Raoul Dufy,*** qui a vécu près de 10 ans à Perpignan et dans les environs.
Jean Lurçat y a également sa place. Tombé amoureux de la région, il a régulièrement séjourné (et travaillé !) dans l'atelier Sant Vicens de Perpignan. Le célèbre tapissier y a créé ses 1res céramiques dès 1951.
Autre grand amoureux de la région, George-Daniel de Monfreid, qui dans l'*Hommage à Gauguin,* se présente chez lui, avec au mur 3 œuvres de son ami. Autour de ce tableau de Monfreid s'organisent quelques vues dues aux lumineux pinceaux d'artistes issus de cette terre, tels qu'Étienne Terrus ou encore Louis Bausil.
Une découverte : Pierre Daura. Artiste originaire de Minorque, son engagement aux côtés des Républicains durant la guerre d'Espagne lui valut d'être blessé au front, puis exilé en France. Rétabli, il tentera d'aider des amis à quitter les camps d'internement d'Argelès en 1939. L'autoportrait en soldat et les 2 visions des camps d'Argelès restent parmi ses œuvres les plus poignantes.
Et une curiosité au passage, la ***collection Maître Rey*** ; 210 œuvres de « 1 figure » (des toiles petit-format : 22 x 16 cm) réunies par ce notaire perpignanais féru d'art. Un panorama de la création contemporaine des années 1960-1970.
Petite pause dans le jardin suspendu et ses sculptures avant de découvrir le Perpignan d'aujourd'hui au travers d'expos temporaires d'artistes contemporains.

★★ ***La place de la Loge*** *(plan C2)* **:** le cœur historique de la vieille ville. À un angle, la *loge de Mer,* beau bâtiment gothique de la fin du XIVe s, qui abrite aujourd'hui l'office de tourisme. Autrefois s'y dressaient le tribunal maritime (d'où son nom) et la Bourse du commerce, édifice d'influence florentine où se réunissaient les consuls de mer, de riches négociants qui géraient les affaires maritimes (commerce de drap et tissus de Perpignan, du fer du Canigó, des épices). Remarquer le petit bateau en fer forgé (celui-ci est une copie, l'original est exposé à l'intérieur de l'hôtel de ville), sorte de girouette placée à l'angle supérieur de l'édifice. Sur la place, une *Vénus au collier* de Maillol.
Juste à côté de la loge de Mer, l'*hôtel de ville* date du XIIIe s. En façade, on remarquera d'abord les amusants bras en bronze qui jaillissent de la pierre, comme si des statues s'étaient laissé emmurer... Ils symbolisent les 3 catégories qui formaient la société urbaine à partir du XIVe s. La main la plus longue est dédiée

aux chevaliers – la noblesse ; au centre, les bourgeois, et, plus loin, la petite main représente les petits métiers et les corporations. Les belles grilles en fer forgé du Canigó sont du XVe s. Ne pas hésiter à les franchir pour découvrir le patio et un bronze de Maillol, *La Méditerranée,* considéré comme l'un de ses chefs-d'œuvre. Au rez-de-chaussée, ne pas manquer non plus la salle des Mariages, au superbe plafond hispano-mauresque *(juin-sept, tlj 10h30-18h30 ; mar-dim 11h-17h30 reste de l'année ; GRATUIT).* Petit film sur l'histoire de l'édifice dans la salle des Commissions, juste en face.
À côté de l'hôtel de ville se dresse le *palais de la Députation,* du XVe s. Belle architecture catalane, portail et fenêtres remarquables.

Le Castillet (plan C2) : *pl. de Verdun. ☎ 04-68-35-42-05. Juin-sept, tlj 10h30-18h30 ; oct-mai, tlj sauf lun 11h-17h30, fermé certains j. fériés (dernier ticket 30 mn avt). Entrée : 2 € ; gratuit moins de 26 ans et pour ts le 1er dim du mois.* Ce Castillet (dit aussi Castellet), porte fortifiée en brique du XIVe s, défendait la ville grâce à ses 2 hautes tours. Il fit ensuite office de prison sous Louis XIV, et ce jusqu'à la Révolution. À l'intérieur, pas grand-chose à voir (surtout des panneaux historiques), si ce n'est une petite section d'arts et traditions populaire avec reconstitution d'une cuisine d'un mas des Aspres, utilisée par la dernière descendante jusqu'en 1963. Insolite *Caminador* sur la gauche (ancêtre du youpala) : l'enfant était placé dans le siège et avançait ou reculait sur le rail...
Pour finir, le donjon... et ses 142 marches ! Au sommet, panorama à 360° sur les Pyrénées venant mourir dans la Méditerranée, la cathédrale, l'église Saint-Jacques, l'église Notre-Dame-de-la-Réal (la tour carrée) et le vieux Perpignan.

La cathédrale Saint-Jean-Baptiste (plan C1-2) : *pl. Gambetta, non loin de la pl. de la Loge. Tlj 8h-18h (19h en été).*
Construite en plusieurs étapes entre le XIVe et le XVIIe s, elle est considérée comme l'un des plus beaux exemples du gothique méridional. Impressionnante nef unique, de 72 m de long. Outre le retable du XVIe s en albâtre du maître-autel, on admire ceux des nombreuses chapelles, dont les périodes d'exécution varient du XVe au XVIIIe s. Parmi les plus beaux, celui de l'Immaculée Conception, dans la 4e chapelle à gauche, œuvre baroque en bois sculpté et peint du XVIIIe s. Dans la 1re chapelle à gauche toujours, belle cuve baptismale en marbre blanc, vieille de plus de 700 ans. Parmi les nombreux trésors d'art religieux, citons encore le buffet d'orgue de la fin du XVe s : une tête de roi maure, autrefois articulée, s'y trouve suspendue. Le pauvre homme reste la bouche grande ouverte !
Sur la droite de la nef, une porte recouverte de cuir (pas toujours ouverte, sinon contourner la cathédrale par la droite) mène à une ruelle d'où l'on accède à la *chapelle du Dévôt-Christ,* gardienne exclusive d'un chef-d'œuvre de bois sculpté. À gauche de la cathédrale en regardant la façade, remarquer ***Saint-Jean-le-Vieux,*** la plus vieille église de Perpignan (1re consécration en 1025), et son portail roman du début du XIIIe s.

LA FIN DU MONDE EST IMMINENTE

La chapelle du Dévôt-Christ, voisine de la cathédrale, abrite un christ aux membres tordus par la douleur, yeux cernés, cou crispé, flanc couvert de sang... Des reliques étaient cachées dans l'entaille de son torse. Selon la légende, la tête penchée se rapproche inexorablement du buste au fil des ans. Lorsqu'elle l'aura touché, le monde se détruira ! Allô, Bruce Willis ?

Le Campo Santo (plan C2) : *à l'arrière de la cathédrale, en la contournant par la droite. Oct-début juin, tlj sauf lun et certains j. fériés, 11h-17h30. Fermé à la visite de mi-juin à fin sept, car la ville y organise concerts et autres manifestations culturelles. GRATUIT.* Cloître-cimetière unique en France (il en existe un à Pise). Sa restauration en a fait une enclave paisible en plein centre-ville : vaste cour entourée d'arcades gothiques sous lesquelles les riches familles bourgeoises du Moyen Âge possédaient des enfeus (des tombes encastrées dans le mur). C'était le cimetière de la 1re paroisse de Perpignan.

La casa Xanxo *(plan C2)* **:** *8, rue de la Main-de-Fer.* ***Actuellement fermé pour travaux.*** Hôtel particulier du XVIe s portant le nom de son commanditaire, Bernat Xanxo, un marchand de draps. Principale particularité du lieu, la frise macabre sculptée le long de la façade, qui évoque les 7 péchés capitaux reliés par une corde à l'enfer. À l'étage, dans les salles d'apparat, sous de superbes plafonds, une copie du plan-relief de Perpignan en 1686, commandé par Louis XIV à Vauban lorsque Perpignan devint française en 1659. L'original est conservé aux Invalides.

L'église Notre-Dame-la-Réal *(plan C3)* **:** *7, rue de l'Église-la-Réal. Juin-sept, tlj 10h30-18h30 ; oct-mai, tlj sauf lun 11h-17h30.* Elle conserve l'essentiel de son architecture de la 1re moitié du XIVe s et offre un bel exemple du gothique méridional. En 1408, au temps du « grand schisme d'Occident », elle accueillit le concile présidé par le dernier pape d'Avignon, Benoît XIII. Elle abrite encore aujourd'hui des œuvres remarquables, comme, sous l'orgue, une Mise au tombeau en bois sculpté polychrome du XVe s et des retables des XVIIIe et XIXe s.

Le quartier Saint-Jacques *(plan D2)* **:** accroché à une colline, c'est l'ancien quartier juif de la ville, devenu celui de la communauté gitane. Si une vaste campagne de réhabilitation (mal vécue par les habitants...) a démarré, l'atmosphère y reste des plus particulière : linge aux fenêtres, maisons délabrées d'où s'échappent des airs de rap ou de flamenco, rues crasseuses... Le soir venu (c'est parfois un peu chaud, vigilance...), les chaises débordent sur les rues, les gens s'installent ici et là. Au-delà de la *place du Puig,* cœur de Saint-Jacques, occupée sur la gauche par une caserne construite sous Vauban et transformée en HLM « Grand Siècle », débute un quartier plus particulièrement maghrébin. Autour de la grande *place Cassanyes,* exotisme garanti ! Petits cafés-restos où prendre un thé à la menthe, quelques échoppes pittoresques où s'écoulent les produits d'Afrique du Nord : robes brodées chatoyantes, épices, etc.

L'église Saint-Jacques *(plan D2)* **:** *8, rue de la Mirande. Juin-sept, tlj 10h30-18h30 ; oct-mai, tlj sauf lun et certains j. fériés 11h-17h30.* Pur produit catalan du début du XIIIe s. À l'intérieur, la richesse de la décoration surprend. Nombreux retables dorés et peints, la plupart monumentaux. On remarque, à droite du chœur, un curieux crucifix, la « croix des Improperis » (des outrages), ornée d'un sabre, d'une trompette, de clous, d'un fouet, d'une échelle, d'une tenaille, d'un coq, etc. ! Elle est portée en procession (voir le chapitre « Manifestations ») par la confrérie de la Sanch, dont l'église abrite la chapelle.

Le palais des rois de Majorque *(plan C3-4)* **:** *entrée rue des Archers. ☎ 04-68-34-64-93. Tlj sauf certains j. fériés : avr-sept 10h-18h (juil-août 9h30-18h30) ; le reste de l'année, 10h-17h (18h sep-oct) ; billetterie fermée 30 mn avt. Entrée : 4 € (incluant la visite guidée 11h, 15h, ou sur demande) ; réduc ; gratuit moins de 12 ans.*

Parfaitement conservée, l'imposante citadelle qui domine Perpignan offre une superbe vue sur la ville et sur le Canigó. Imaginons qu'en contrebas des remparts, jusqu'en 1930, aucune

ÇA VAUT BIEN VAUBAN

Certains pensent que les remparts du palais des rois de Majorque portent la signature de Vauban. Et pourtant, ces fortifications datent de Philippe II d'Espagne, au XVIe s, et, pour certaines, dans la partie intérieure, des rois de Majorque. Lorsque Vauban arriva sur place, il ne put que constater l'extrême solidité des remparts édifiés 1 siècle plus tôt. Il ne consolida donc que 2 bastions, non visibles car ils se trouvent actuellement dans la partie militaire de la citadelle. Histoire de dire qu'il n'était pas venu pour rien !

construction n'existait. Il n'y avait que des fossés et, au-delà, la campagne. Construit à la fin du XIIIe s, le palais est l'une des plus vieilles résidences royales de France. Il fut édifié après que Jaume le Conquérant eut décidé de faire de Perpignan la capitale du royaume de Majorque (englobant les Baléares, la seigneurie de Montpellier et les comtés catalans de Roussillon et de Cerdagne), légué à son fils Jaume II. Après bien des vicissitudes, le palais fut volontairement abandonné, jusqu'à être converti au XVIIe s en citadelle militaire. Une vocation qu'il a conservée, puisque la forteresse abrite toujours plusieurs antennes du ministère de la Défense, dont le très discret « service action » de la DGSE !

On accède au palais par de grands escaliers cavaliers glissant entre d'épais remparts. Ces escaliers datent de la fin des années 1950, mais ils reprennent le tracé du chemin d'accès initial.

À l'extérieur, fossés et jardins abritaient la ménagerie du roi : lions, ours, loups, paons, autruches, porcs-épics présents autant pour le plaisir des yeux que pour leurs qualités gustatives.

Une fois passé la barbacane, la cour d'honneur, splendide, témoigne de la richesse du défunt royaume : bel ensemble purement gothique avec escaliers monumentaux, galeries aux belles arcades, arcs en plein cintre taillés dans un beau marbre bleu. À l'époque, tout était peint ! Enduit, faux appareil de brique et, dans les parties intérieures, vastes programmes ornementaux à motifs géométriques, frises, calligraphies, drapés, etc. Autant dire que si Jaume II voyait cet ensemble aujourd'hui, il le considérerait totalement inachevé. En revanche, il ne se perdrait pas puisque tout a été retrouvé et conservé en l'état : portes, fenêtres, articulations du bâtiment. La partie la plus admirable du palais est sans conteste la torre Major, qui renferme 2 chapelles superposées. La dissymétrie entre les 2 parties de la façade (d'un côté de simples piliers, de l'autre des arcades) s'explique par un bombardement au XVe s, lors d'une guerre entre Aragon et France. Au rez-de-chaussée loge la chapelle de Marie-Madeleine, purement gothique. Un bâtiment au carrefour de la France et du monde musulman, d'un point de vue stylistique et artistique.

De l'autre côté de la cour se dresse la ***tour de l'Hommage.*** De son sommet, beau panorama sur la ville, la chaîne des Corbières, la gare TGV toute colorée. En grimpant, on traverse les appartements royaux du 1er étage, ainsi que la grande salle de Majorque, où avaient lieu banquets et parlements. Reste une large cheminée à 2 foyers, un brasier au centre et un imposant plafond aux arcs brisés en pierre... Mais il n'y a jamais eu de meubles dans cette pièce volontairement dépouillée aujourd'hui. La visite s'achève par les modestes jardins, bien entretenus et plantés d'essences présentes dès l'origine : jujubiers, arbousiers, pins, oliviers, figuiers. Cherchez l'erreur... Le palmier ! Il fut planté pour évoquer le lien avec les îles Baléares au XXe s. L'ensemble ne manque pas de charme et n'est pas sans rappeler les splendeurs de Grenade.

🎈 ***La gare de Perpignan*** *(hors plan par A2-3)* **:** joli petit bâtiment du XIXe s que Salvador Dalí considérait comme le centre du monde. « C'est toujours à la gare de Perpignan que me viennent les idées les plus géniales de ma vie... L'arrivée à la gare de Perpignan est l'occasion d'une véritable éjaculation mentale qui atteint alors sa plus grande hauteur spéculative. » Juste en face, le centre commercial *Centre del Mon* (clin d'œil évident à Dalí) entoure la gare TGV, imposante et résolument moderne avec ses facettes multicolores et sa verrière photovoltaïque.

Manifestations

– 🎈🎈🎈 ***Procession de la Sanch :*** *le Vendredi saint (précède le dim de Pâques) 15h-18h.* À ne manquer sous aucun prétexte.

LES PYRÉNÉES-ORIENTALES

– ***Festival de musique sacrée :*** *10 j. autour de Pâques.* La ville se transforme en une salle de concert géante avec près de 200 artistes invités.
– ***Festival de cinéma Confrontation :*** *avr.* • *inst-jeanvigo.eu* • Plus de 300 projections et débats, présence d'acteurs, de réalisateurs, de producteurs.
– ***Festa Major :*** *quelques j. autour de la Saint-Jean (point d'orgue vers le 25 juin en soirée).* Grosse fête populaire. Cérémonie du partage du pain, spectacle audiovisuel et pyrotechnique, feux de joie, sardanes...
– ***FILAF*** *(Festival international du livre d'art et du film)* **:** *fin juin.* • *filaf.com* • Sont présentés les meilleurs livres et films sur l'art produits dans le monde.

LE « SANCH » DU CHRIST...

La confrérie de la Sanch, créée au XIIIe s, avait 2 missions essentielles : accompagner le condamné à mort de sa cellule jusqu'à son lieu d'exécution et lui donner une sépulture décente. Reste aujourd'hui la procession du Vendredi saint. Vêtus de tuniques et de cagoules noires pointues, les pénitents de l'Archiconfrérie du Très Précieux Sang de Notre Seigneur Jésus-Christ défilent de l'église Saint-Jacques à la cathédrale. En portant la croix des outrages et les misteri (tableaux représentant la Passion) au pas lent, tandis que retentit le terrible Miserere.

– ***Les Jeudis de Perpignan :*** *de mi-juil à fin août.* Soirées originales et gratuites en centre-ville : musique, concerts, théâtre et cirque de rue, fanfares burlesques, parades, etc.
– ***Festival international du photojournalisme Visa pour l'image :*** *15 j. début sept. Rens : ☎ 04-68-62-38-00.* • *visapourlimage.com* • *GRATUIT.* Expos et soirées débat.
– ***Festival de jazz Jazzèbre :*** *sept-oct. Infos sur* • *jazzebre.com* • À Perpignan et dans ses environs.
– ***Trobades médiévales :*** *début oct.* 2 journées de campements et marchés en centre-ville.

DE PERPIGNAN À LA CÔTE SABLEUSE

On s'offre un léger détour pour rejoindre la Méditerranée, en traversant la Salanque (du catalan, *salanca,* « terre salée »), une plaine autrefois effectivement marécageuse aujourd'hui plantée de ces vignes qui donnent le fameux muscat de Rivesaltes.

RIVESALTES (66600)

Gros bourg, tranquillement posé au bord de l'Agly, dont on aperçoit, de loin, le clocher de l'église. Cité natale de Joseph Joffre (dont l'histoire a oublié le prénom mais pas le grade de maréchal), Rivesaltes est surtout connue pour son vignoble, son muscat, certes, mais aussi pour de fort honorables AOC *côtes-du-roussillon.* Nombreuses caves où goûter et acheter des bouteilles aux alentours comme dans le village. Quelques mots sur le *rivesaltes* quand même : dans la famille rivesaltes, le *muscat,* le benjamin, est un vin doux naturel. Conçu à base de 2 cépages (muscat d'Alexandrie ou muscat blanc à petits grains), il doit sa saveur au seul soleil catalan et se boit jeune, voire dès Noël. Le rivesaltes (tout court) est un vin liquoreux assemblant grenache, macabeu, malvoisie. Moins pressé que son jeune frère, il se donne le temps de prendre de la bouteille, développant des arômes plus puissants mêlant figue et cacao et se vêtant d'une robe dorée.

Adresse et info utiles

Bureau d'information touristique : *8, av. Ledru-Rollin. ☎ 04-68-64-04-04. • tourisme-rivesaltes.fr • Ouv de mi-juil à mi-août, lun-sam 9h-12h30, 14h-18h30 (18h sam) ; le reste de l'année, lun-ven et jusqu'à 18h.*

– **Marché :** *lun mat, parking de l'hôtel de ville.*

Où dormir ? Où manger ?

Chambres d'hôtes La Tour du Terroir : *8, rue Ludovic-Ville. 06-27-41-22-15. • contact@la-tour-du-terroir.fr • la-tour-du-terroir.fr • Dans le centre ancien. Doubles 79-84 €. Familiales. Repas 28 € (vin compris). Parking vélos-motos. Réduc de 10 % sur le prix de la chambre sur présentation de ce guide.* Une poignée de chambres, agréables, dans une tranquille maison aux origines médiévales. Murs de pierre de rigueur et déco qui multiplie les références à la tradition locale. Table d'hôtes tout aussi locale, accueil dévoué et petit bassin où faire trempette dans la cour.

Domaine de Rombeau : *2, av. de la Salanque. ☎ 04-68-64-35-35. • domainederombeau@orange.fr • À 1 km du centre, sur la D 12b, en direction de Perpignan. Tlj midi et soir. Menus 25-54 €.* On est chez les La Fabrègue, vignerons depuis 12 générations, et dans un resto installé dans de superbes chais du XVIIIe s (et les toilettes ont été aménagées dans de grands tonneaux !). Le lieu est connu, donc, forcément, ça dépote aussi bien en terrasse que dans les immenses salles rustiques. Cuisine catalane et grillades aux sarments à arroser d'un vin du domaine.

LES PYRÉNÉES-ORIENTALES

Achats dans les environs

Domaine du Vieux Chêne : *mas Kilo, route de Vingrau, 66600* ***Espira-de-l'Agly.*** *☎ 04-68-38-92-01. 06-08-57-17-34. À env 9 km au nord-ouest de Rivesaltes. Tlj sauf dim, 10h-12h, 16h-19h.* 4 appellations sont vendues par ce vigneron indépendant : muscat-de-rivesaltes, côtes-du-roussillon, côtes-de-roussillon village et vins de pays (rouge, blanc et rosé).

À voir à Rivesaltes et dans les environs

Le musée Joffre : *11, rue du Maréchal-Joffre. ☎ 04-68-64-04-04. Dans le centre ancien. De juil à mi-sept, mar-sam 10h30-12h30, 15h-18h30. Entrée : 3 € ; 2 € sur présentation de ce guide ; réduc.* Petit musée installé dans la maison natale du grand homme. Pour les fans du maréchal et les passionnés de la Grande Guerre avec, notamment, un diorama de la bataille de la Marne.

Le mémorial du camp de Rivesaltes : *av. Christian-Bourquin, 66000* ***Salses-le-Château.*** *☎ 04-68-08-39-70. • memorialcamprivesaltes.eu • À env 7 km au sud-est de Rivesaltes (très bien fléché). Ouv avr-oct*

LES CAMPS, VERSION FRANÇAISE

Dès 1938, avant l'occupation allemande, le gouvernement Daladier ouvrit des camps pour les Espagnols qui fuyaient la guerre civile. À Argelès ou Rivesaltes, on enferma ces indésirables considérés comme dangereux. Ils y enduraient le froid, les maladies et la faim. Lors du régime de Vichy, on en profita pour y entasser aussi les juifs, les tziganes et, bien sûr, les communistes.

tlj 10h-18h (fermeture de la caisse 16h45) ; nov-mars, tlj sauf lun. Fermé certains j. fériés. Entrée : 9,50 €, audioguide inclus ; réduc ; gratuit moins de 18 ans. Librairie et coin café.

Cet ancien camp militaire a été tour à tour camp de transit et d'internement pour les réfugiés espagnols dès 1938, centre d'hébergement surveillé pour les indésirables de Vichy, centre régional de rassemblement des juifs et des tziganes avant leur déportation à Auschwitz via Drancy, puis, retournement de l'histoire, à la fin de la guerre, il est devenu camp de prisonniers allemands. Dès 1954, il a accueilli des réservistes avant leur départ pour l'Algérie. Puis, en septembre 1962, il a servi de camp de regroupement des harkis (près de 10 000 personnes dont la moitié était des enfants) jusqu'en mars 1965 avant de devenir centre de rétention administrative jusqu'en 2007. Aujourd'hui, les baraquements délabrés trônent encore dans la plaine balayée par la tramontane, vestiges qui permettent d'imaginer la souffrance endurée ici...

Un ***mémorial*** construit par Rudy Ricciotti, à l'architecture assez démesurée et volontairement austère, semi-enterré afin de ne pas altérer la vision aride du camp dominé en toile de fond par le Canigó, a ouvert en 2015 : un lieu de mémoire qui évoque l'histoire des diverses communautés ayant transité par le camp et, plus globalement, celle du déplacement des populations au XXe s. Un équipement remarquable sur le plan historique et pédagogique. On ressort bouleversé et plus à même de comprendre la tragédie de tous les migrants du XXIe s. Au centre d'une salle tout en longueur, une grande table chrono-thématique lumineuse raconte l'histoire du camp et de ses occupants, son organisation, mais aussi les différents intervenants (Cimade, Croix-Rouge, œuvres de secours aux enfants) qui tentèrent d'adoucir les conditions de vie. Sur les murs sont projetés des films d'époque qui évoquent les 4 vagues d'occupation successives et les replacent dans leur contexte historique international. Surtout, prenez le temps d'écouter les témoignages très émouvants d'anciens internés sur leur passage dans le camp. Certains d'entre eux n'ont fait que fuir toute leur vie en raison de leurs origines, ballotés par l'histoire et une Europe dont les frontières fluctuaient au gré des guerres. Ce sont leurs voix et leurs histoires personnelles qui humanisent la visite et nous font véritablement entrer dans le camp.

Le mémorial est aussi l'occasion de rappeler l'histoire des réfugiés dans le monde (plus de 68 millions en 2017...) depuis la Première Guerre mondiale et le 1er génocide massif, celui des Arméniens par la Turquie en 1915. Conséquence des guerres sur les civils : le statut de réfugié fut institué en 1920 et le Haut-Commissariat aux Réfugiés créé en 1950. On vous conseille de faire le tour du camp à l'extérieur après avoir visité le mémorial. Il vous semblera plus « habité » par ces internés dont la seule faute est d'être nés ni au bon moment, ni au bon endroit.

Fêtes et manifestation

- ***Fête de l'Abricot :*** *1 j. mi-juil.*
- ***Fête du Muscat :*** *1 j. fin juil.* Initiations à la dégustation.
- ***Fête du Babau et marché médiéval :*** *1 j. début août.* Cavalcades, jeux géants, spectacles du Moyen Âge... et, pour finir, embrasement du Babau, sorte de monstre du Loch Ness, mais « Loch Al » !
- ***Journée des saveurs authentiques :*** *1 dim mi-nov.* Grand marché de produits du terroir.

LA FORTERESSE DE SALSES (66600)

X ★★★ *À* ***Salses-le-Château.*** *☎ 04-68-38-60-13. • forteresse-salses.fr • Avr-sept, tlj 10h-18h30 ; oct-mars, tlj 10h-12h45, 14h-17h15. Fermé certains j. fériés.*

Entrée : 8 € ; réduc ; gratuit moins de 18 ans. Billet jumelé avec le mémorial de Rivesaltes (10 €) et l'abbaye de Fontfroide (dans l'Aude, voir ce chapitre) : 15 €. Visite libre des parties basses (45 mn) et visite guidée des parties hautes (45 mn) ; départ ttes les 30 mn env (dernier départ 1h15 avt fermeture).

L'un des monuments les plus visités des Pyrénées-Orientales. Chef-d'œuvre d'architecture militaire unique en Europe, c'est le 1er spécimen de fortification « rasante » (d'où l'on observe au loin sans être vu de loin). Elle fut édifiée, à la demande des Rois Catholiques espagnols, à la fin du XVe s, pour la défense du royaume d'Aragon, avec un système défensif intérieur et extérieur. Son génial architecte, un certain Ramiro Lopez, capitaine général d'artillerie, y engloutit 20 % du budget du royaume ! Il n'hésita pas, face à la menace du boulet métallique, à faire dresser des murailles de 12 m d'épaisseur à leur base !

Réputée imprenable, ou tout au moins indestructible, la forteresse de Salses connaîtra 3 sièges, la forteresse devenant définitivement française lors de la dernière tentative.

Entre 1639 et 1640, les affrontements entre les Français et les Espagnols firent plus de 30 000 victimes ! Le traité des Pyrénées de 1659 céda le Roussillon et Salses à la France, et repoussa la frontière sur les Pyrénées. La forteresse perdit alors son importance stratégique.

Vauban demanda l'autorisation de la raser. Devant l'impossibilité financière de la tâche, le roi y renonça. Dans les années 1680, sous le règne de Louis XIV, elle servit de prison d'État pendant l'affaire des poisons.

Visite tout à fait instructive qui met l'accent sur l'ingéniosité du système défensif. Une partie se fait librement, en complément du circuit à découvrir avec un guide, depuis le système hydraulique jusqu'à la laiterie en passant par la salle à manger du donjon. Un plus : l'espace de jeux géants en bois.

Où manger ?

Café de la Loge : *38, av. Xavier-Llobères, 66600* ***Salses-le-Château.*** *☎ 04-68-38-62-86. Au centre du bourg, à 10 mn à pied de la forteresse. Tlj sauf le soir dim-jeu en basse saison. Formule et menu déj 17,50-21,50 € ; menu le soir 23,50 €.* Après l'austérité de la forteresse, changement de décor avec cette agréable salle XIXe s, ne lésinant ni sur les moulures ni sur les miroirs. Rien de sophistiqué dans l'assiette, une cuisine catalane goûteuse comme on aime : *boles de picolat* et excellente morue à l'aïoli, à la catalane ou à la tapenade, selon les jours et l'inspiration du chef. Accueil enjoué.

LA CÔTE SABLEUSE DE PORT-BARCARÈS À ARGELÈS-SUR-MER

Souvent critiquée en raison des stations balnéaires pas toujours très belles qui la jalonnent, cette côte propose néanmoins l'une des plus longues et larges plages qui soient, un ensoleillement record et une baignade relativement sûre. De sérieux atouts, qui rassemblent bien des vacanciers, contents de se trouver là. Certes, rien de pittoresque à Port-Barcarès, trop bétonné, mais Canet-Plage ou Saint-Cyprien ne sont pas aussi vilains qu'on le dit. Il y règne d'ailleurs une ambiance plutôt débonnaire. Autre particularité de cette côte, le vent, la tramontane, qui fait le bonheur des véliplanchistes et autres kitesurfeurs... mais aussi le malheur des autres, car, quand ça souffle, le sable cingle dur le visage et le reste...

PORT-BARCARÈS

(66420) 5 960 hab. *Carte Pyrénées-Orientales, D1*

Station balnéaire née à partir des années 1960, entre mer et étang. Des immeubles sans âme, 1 ou 2 centres commerciaux... Bon, rien de vraiment transcendant. Une curiosité au milieu des 8 km de plage, un paquebot ensablé volontairement, en 1967, le *Lydia,* devenu symbole de la station. Une station qui cible aujourd'hui une clientèle jeune avec un gros festival de musique électronique mi-juillet (et du wifi sur la plage !).

Adresse utile

Office de tourisme : *pl. de la République. ☎ 04-68-86-16-56. ● portbarcares.com ● Tte l'année lun-ven 9h-12h30, 14h-17h30 (tlj 19h juil-août).*

DANS LES ENVIRONS DE PORT-BARCARÈS

L'ÉTANG DE LEUCATE-BARCARÈS

Entre Pyrénées-Orientales et Aude, l'étang de Leucate-Barcarès est très prisé des véliplanchistes. On y trouve un *téléski nautique* (à l'est, parc des Dosses) et on y pratique les dernières techniques de glisse *(wakeboard, wakeskate, kneeboard...).* Côté Leucate, en bordure d'étang, des ostréiculteurs vendent leur production.

LES PLAGES DE TORREILLES (66440)

Si le vieux village mérite un petit détour, à Torreilles, ce sont les plages qui nous ont vraiment fait craquer. Surtout la plage sud (pour partie naturiste), la plus sauvage de toute cette côte. Un genre de bout du monde qu'on gagne par une piste qui zigzague à travers le site naturel protégé du Bourdigou. Le long des 3 plages, 2 sympathiques campings et une poignée de *baraquettes,* bars-restos-paillotes posés à même la dune.

CANET-EN-ROUSSILLON

(66140) 12 320 hab. *Carte Pyrénées-Orientales, D2*

● Plan *p. 69*

Il y a le bourg, *Canet-Village,* et, juste à côté, *Canet-Plage,* qu'on pourrait appeler Perpignan-Plage, tant les 12 km qui les séparent sont vite parcourus. Dès les premiers beaux jours, les Perpignanais filent à Canet-Plage, et ça ne date pas d'hier puisqu'il y avait même, au début du XXe s, un tramway Perpignan-Canet. 2e ville du département, Canet voit sa population multipliée par 4 en saison. Pourtant, l'atmosphère y reste familiale et bon enfant, avec stands de bimbeloterie le long de la plage, et Oniria,

l'aquarium nouvelle génération très attendu... On s'en doute, le front de mer est du genre bétonné, mais sur l'arrière subsistent quelques canetoises, des anciennes maisons de pêcheurs. Et, surtout, la plage de 9 km de sable fin est superbe.
N'hésitez pas à faire un saut à Canet-Village, un peu à l'écart sur sa colline. C'est un joli patelin avec les ruines de son château vicomtal en pierre rousse, ses remparts en galets, ses ruelles étroites, son nouveau théâtre et une belle église du XIIIe s surmontée d'un imposant clocher crénelé.

Arriver – Quitter

➢ ***Bus de et pour Perpignan :*** *● sankeo.com ●* ligne 3. Départs tlj, ttes les 30 mn en moyenne.

Adresse et infos utiles

🛈 ***Bureau d'information touristique*** *(plan A3)* **:** *à Canet-Plage, 1 bis, av. de la Méditerranée. ☎ 04-68-86-72-00. ● ot-canet.fr ● ♿ En été, tlj 9h-19h. Le reste de l'année, lun-sam 9h-12h, 14h-18h ; dim 9h30-12h30 (plus 14h30-18h avr-juin, sep-oct et vac scol ttes zones).* Organise des visites commentées du vieux village, 1 fois/sem en saison, avec dégustation de vin, ainsi qu'une découverte des bateaux d'antan et une visite de l'étang.

– ***Marchés :*** *sur les Ramblas (à Canet-Plage) et aux abords : mar, jeu et w-e 8h-13h ; au village : mer et sam 8h-13h ; à Canet sud : lun 7h30-13h.*

– ***Train-bus :*** *● trainbus.fr ● Mai-sept, tlj 9h30-18h30 (minuit juil-août). Payant.* Plutôt que de devenir chèvre à chercher son chemin ou trouver une place de parking, préférer ce petit train sur roue qui dessert les principaux sites de la station.

– ***Canet'on bus :*** *oct-avr.* Bus local gratuit qui assure le trajet plage-village.

Où dormir ?

Campings

⛺ Nombreux campings, dont ***Brasilia*** (port) et ***Mar Estang*** (plage sud), 2 grosses structures offrant de belles qualités d'accueil.

De prix moyens à chic

🏠 ⛱ ***Hôtel La Frégate*** *(plan A3,* ***7****)* **:** *12, rue Cerdagne, Canet-Plage. ☎ 04-68-80-22-87. ● contact@hotel-la-fregate.fr ● hotel-la-fregate.fr ● ♿ Doubles 62-116 €. Parking payant.* Un petit établissement à taille humaine légèrement en retrait du bord de mer. Chambres mignonnes et confortables (clim), rénovées au goût du jour. Préférer celles avec douche, petites mais vraiment agréables. Piscine chauffée.

🏠 🍽 ***Hôtel Le Galion*** *(plan A3,* ***10****)* **:** *20 bis, av. du Grand-Large, Canet-Plage. ☎ 04-68-80-28-23. ● contact@hotel-le-galion.com ● hotel-le-galion.com ● Doubles 59-139 €. Formule et menu déj sem 21-28 €. Carte env 35 €. Apéritif offert et surclassement possible selon disponibilité sur présentation de ce guide.* Dans un coin tranquille près de la plage, le bâtiment est cubique, sans supplément d'âme. Mais l'intérieur a été rénové dans un style plutôt design, l'accueil sympathique et le rapport qualité-prix au rendez-vous. Piscine. Cuisine de région au resto.

🏠 ***Hôtel Saint-Georges*** *(plan B3,* ***6****)* **:** *45, av. de la Côte-Vermeille, Canet-Plage. ☎ 04-68-80-33-77. ● hotel-stgeorges@orange.fr ● hotel-stgeorges.com ● ♿ Fermé en janv. Doubles 57-104 €, familiales. Apéritif offert sur présentation de ce guide.* Bien situé face à la mer (il y a juste la route à traverser). Chambres climatisées étroites mais propres et claires, confortables (la literie est neuve). Certaines regardent la mer, d'autres ont un balcon, 2 à l'arrière disposent d'une petite terrasse. Piscine de poche.

De chic à beaucoup plus chic

Hôtel Mar i Cel (plan A3, **9**) : *8, av. de la Côte-Vermeille, Canet-Plage. ☎ 04-68-80-32-16. • contact@hotelmaricel.com • hotelmaricel.com • Fermé de mi-nov à mi-fév. Doubles 84-149 €. Formule buffet env 20 € seulement le soir mai-sept. Parking payant.* Une institution, installée sur le front de mer depuis 1945. Vu son emplacement, on pourrait s'attendre à ce que les prix s'affolent. Ce n'est pas le cas, et les chambres supérieures avec terrasse sont même d'un bon rapport qualité-prix. Pour toutes celles qui se trouvent à l'avant, vue sur la mer et le ciel ! Spa (avec massages) et piscine.

Où manger à Canet et dans les environs ?

La Vigatane (plan B1, **15**) : *2, rue des Remparts, Canet-Village. ☎ 04-68-73-16-30. • vigatane@wanadoo.fr • Hors saison, ouv mer-dim midi et soir ; en été, ts les soirs plus le midi w-e et j. fériés. Résa conseillée (même en hiver). Formules déj 14-18 € ; menus 27-39 € ; carte env 29 €. Digestif maison offert sur présentation de ce guide.* Vieille maison aux épais murs de pierre et à l'impressionnante charpente de bois encombrée de tout un bric-à-brac : des vigatanes (évidemment) en nombre, un train jaune miniature, le costume de lumière d'un *torero*... Le poisson saute *a la plancha,* la viande grille sous vos yeux, dans l'immense cheminée à côté du four à pain. Une auberge rigolarde et atypique pour gueuleton de copains, que l'on pourrait qualifier de « théâtre gastronomique ». Terrasse.

Le Bouchon Catalan (plan A3, **17**) : *18, av. de la Méditerranée, Canet-Plage. ☎ 04-68-73-37-16. • leboucboncatalan@gmail.com • Tlj sauf lun plus mar-mer hors saison. Fermé janv. Formule et menu déj en sem 14-19 € ; carte 40-50 €. Apéritif maison offert sur présentation de ce guide.* Joli cadre coloré et aéré, avec ses toiles bayadères en guise de chemins de table et sa grande terrasse sur la rue. Mais on vient surtout pour la pêche du jour et la cuisine typiquement catalane, délicatement rehaussée d'une pointe de créativité.

Les Vedettes (plan A3, **16**) : *15, av. de la Côte-Vermeille, Canet-Plage. 07-55-67-05-67. Tlj sauf dim soir-lun. Formules 19 € (déj sem) menus 26-35 €.* Une jolie surprise que cette adresse qui se démarque de la plupart de celles installées au long du front de mer. De par son cadre d'abord, un peu brocante : tables en formica, collection de cafetières et vinyles collés aux murs. De par sa cuisine, aussi et surtout, fraîche (produits locaux, bio souvent) et maligne. Accueil sincère. Terrasse couverte.

Can Marcel (plan B3, **18**) : *101, av. de la Côte-Vermeille, Canet-Plage. ☎ 04-68-80-64-55. En saison, tlj sauf dim soir (plus lun et soir mar-mer hors saison). Congés : 3 sem janv, 1 sem juin et 1 sem sept. Formule déj sem 19,50 € ; carte env 40 €. Apéritif maison offert sur présentation de ce guide.* S'il est un resto où il faut manger du poisson, c'est bien celui-ci. D'ailleurs, la clientèle y est essentiellement locale. Le patron sélectionne scrupuleusement ses fournisseurs et cultive son réseau pour proposer poissons et fruits de mer d'une fraîcheur indiscutable. Jolie salle sobrement contemporaine et terrasse couverte.

Estelle de Mar – club de plage (hors plan par A3, **20**) : *plage du Mar-Estang (Sud). ☎ 04-68-62-21-59. • estelledemar66@yahoo.fr • Début mai-fin sept, tlj 9h-20h non-stop, plus ven-sam soir jusqu'à 2h. Parking juste en face de l'hôtel thalasso* Les Flamants Roses. *Carte env 40 €.* Sans doute l'un des endroits les plus agréables

CANET-EN-ROUSSILLON

Où dormir ?

- **6** Hôtel Saint-Georges (B3)
- **7** Hôtel La Frégate (A3)
- **9** Hôtel Mar i Cel (A3)
- **10** Hôtel Le Galion (A3)

Où manger ?

- **15** La Vigatane (B1)
- **16** Les Vedettes (A3)
- **17** Le Bouchon Catalan (A3)
- **18** Can Marcel (B3)
- **20** Estelle de Mar – club de plage (hors plan par A3)

de Canet-Plage. Terrasse au ras du sable, évidemment, avec coin salon aux accueillants canapés. À la carte, simple mais bonne cuisine : burgers, salades, grillades, *planchas*... Concerts le samedi soir. Et plage privée.

Où boire un verre ?

La plupart des bars sympa sont regroupés dans un tout petit périmètre, la galerie Cassanyes *(plan A3)*, dans sa partie piétonne, coincée entre les rues du Vallespir et de Cerdagne. Communément appelée rue de la Soif, bonne ambiance à l'apéro ou en *after*. On a bien aimé, pour sa déco franchement réussie, le bar-resto ***Botanic.*** Sinon, l'incontournable reste ***Mer à Boire.***

À voir. À faire dans les proches environs

L'arboretum du Mas Roussillon *(hors plan par A3)* **:** *route de Villelongue-de-la-Salanque. ☎ 04-68-64-32-82. À env 3 km à l'ouest (indiqué). Tlj 9h-20h. GRATUIT. Visite commentée en saison ven 10h, 4 € ; réduc. Résas auprès de l'office de tourisme.* Ce parc botanique de 11 ha abrite des espèces exceptionnelles issues de tous les continents. La collection d'oliviers compte plus de 250 arbres de 31 variétés différentes. On y découvre également le *Pinus coulteri,* qui génère les plus grosses pommes de pin au monde. Celui du parc devrait à terme en produire de plus de 30 cm de long ! Également une collection de variétés rares et anciennes de fruitiers, un jardin xérophile (de cactus et autres plantes grasses, quoi !). Dans l'espace aquatique trône le plus grand nénuphar du monde, le *Victoria regia,* originaire d'Amazonie, qui atteint plus de 2 m de diamètre en été. Quelle étonnante nature ! Une balade qui vaut vraiment le détour, et surtout une belle leçon d'entraide communautaire que la gestion de ce parc. Régulièrement, et en fonction des saisons, l'arboretum propose de venir cueillir soi-même ses fruits !

L'étang de Canet-Saint-Nazaire *(hors plan par A3)* **:** *à 2 km de Canet-Plage, en direction de Saint-Cyprien-Plage. GRATUIT. Cabane d'exposition (juin-sept, tlj 9h30-18h30) avec possibilité de visite guidée certains jours en juil-août (env 3 €) ; rens au ☎ 04-68-08-61-61.* Propriété du Conservatoire du littoral, l'étang de Canet-Saint-Nazaire présente un intérêt écologique majeur. Au printemps et en automne, près de 200 espèces d'oiseaux migrateurs, dont des flamants roses, font une halte dans cette vaste lagune. Hérons pourprés, busards des roseaux, échasses blanches... y nichent. 2 sentiers de découverte, et exposition aménagée dans une des cabanes traditionnelles d'un village de pêcheur reconstitué.

Le Centre de sculpture romane : *parc Guilhem, 66330* ***Cabestany.*** *☎ 04-68-08-15-31. • maitre-de-cabestany.com • À env 7 km au sud-ouest. Tlj mai-sept 10h-12h30, 13h30-18h (10h-17h reste de l'année). Entrée : 4 € ; réduc ; gratuit moins de 12 ans. Juil-août, visites guidées* Dans le village de Cabestany, il faut d'abord pousser la porte de l'église puisque le tympan qui ornait autrefois le portail est désormais exposé à l'intérieur. Il est typique du style de celui qu'on appelle le maître de Cabestany. Un artiste du XIIe s dont on ne sait finalement pas grand-chose, mais à qui, style (justement !) oblige, on attribue nombre de sculptures le long des itinéraires de pèlerinage en Languedoc, Catalogne, Navarre et jusqu'en Toscane. A-t-il vraiment existé ? S'agit-il plutôt d'un atelier ? On découvrira peut-être un jour qui a sculpté ces personnages aux longues mains, aux visages parfois sereins, parfois terrifiants, aux yeux immenses, aux fronts bas... En attendant, ce centre installé dans un ancien chai viticole présente des moulages de l'ensemble des pièces attribuées à ce mystérieux maître de Cabestany. L'occasion de voir et de toucher véritablement du doigt de fascinantes et parfaites reproductions de ces chefs-d'œuvre du XIIe s : les chapiteaux généralement trop haut perchés, les tympans habituellement inaccessibles. Visite passionnante qui peut être guidée ou contée. Exposition temporaire.

Observation des baleines et dauphins : ces majestueux cétacés (rorqual, cachalot, grand dauphin...) croisent au large de Canet. Possibilité d'aller les observer en catamaran d'avril à octobre. ***Navivoile :*** *06-23-20-69-76 ; • navivoile.com •*

SAINT-CYPRIEN

(66750) 10 570 hab. *Carte Pyrénées-Orientales, D2*

Grosse station balnéaire, créée à partir des années 1960, dotée d'un des plus gros ports de plaisance de la côte française méditerranéenne avec 2 200 anneaux. Bel équipement sportif (golf, complexe sportif, équitation, toutes activités nautiques). Ambiance familiale et sportive, donc, et puis 6 km de plage, ça vaut le coup !

Adresse et infos utiles

Office de tourisme : *quai Arthur-Rimbaud. ☎ 04-68-21-01-33. • tourisme-saint-cyprien.com • Tlj (sauf dim de sept à mai) 9h-12h (13h été), 14h-18h (19h été).*

– **Marchés traditionnels :** *au village – tte l'année jeu ; à la place de la mairie.*

– **Vente de poissons frais :** *tte l'année sur le quai le mat.*

– **Marché gourmand :** *juin-sept, lun mat sur le port jusqu'à 13h30.*

– **Marché nocturne artisanal :** *juil-août le mer, promenade du front de mer.*

Où dormir ?

Hôtel Le Belvédère : *rue Pierre-Benoît. ☎ 04-68-21-05-93. • hotelbelvedere@wanadoo.fr • hotellebelvedere.com • Au village, à 3 km de la plage. Resto tlj sauf dim soir seulement. Congés : de mi-janv à fin mars et de mi-oct à fin nov. Doubles 49-129 €. Menu 18 € ; carte env 25 €. Réduc de 10 % sur le prix de la chambre (sauf 2-25 août) sur présentation de ce guide.* Hôtel familial de style catalan des années 1970 bien entretenu, perché au calme sur une colline. Chambres confortables qui ont fait l'objet d'un petit lifting, avec terrasse et vue sur la mer ou la montagne. Petite piscine. Resto. Accueil aimable. Un bon rapport qualité-prix dans le coin.

À voir

Les Collections de Saint-Cyprien : *rue Zola. ☎ 04-68-21-06-96. • collectionsdesaintcyprien.com • Tlj sauf lun, 14h-18h (15h-19h juil-août). Entrée : 4 € ; réduc. Visite guidée gratuite sur résa.* Musée consacré à l'art contemporain et moderne. Les nombreuses expositions temporaires s'appuient sur les artistes du territoire et les réserves, riches de peintures des XIXe et XXe s : Desnoyer, Utrillo, Marquet...

Le Jardin des plantes – Les Capellans : *rue Verdi (près du grand stade les Capellans). ☎ 04-68-37-32-00. Tlj sauf lun oct-avr : 13h30-19h mai-juin et sept, 20h juil-août, 18h mars-avr et oct, 17h nov-fév. Visites guidées de mi-juin à mi-sept. GRATUIT.* Une balade rafraîchissante dans un touffu jardin « extraordinaire » de 4 ha, ancien parc de la villa des Capellans, fin XIXe s. Belles essences parmi lesquelles un cèdre pleureur, un if du Japon ou encore un séquoia géant. Également une pièce d'eau, une bambouseraie et une roseraie, parmi lesquelles se promènent des paons blanc et vert de Java.

DE SAINT-CYPRIEN À ARGELÈS-SUR-MER PAR L'ARRIÈRE-PAYS

ELNE (66200)

Dans l'Antiquité, Illibéris était si prestigieuse et célèbre que Hannibal, en route vers Rome, décida d'y faire une petite halte en 218 av. J.-C. Au IVe s, la cité prit le nom de *Castrum Helenae* en l'honneur de l'impératrice Hélène, mère de l'empereur Constantin, dont le fils Constant fut assassiné ici. Après les grandes invasions, les Wisigoths y installèrent le siège de l'évêché. La ville connut toutes les vicissitudes qui frappèrent le Roussillon durant le Moyen Âge, Aragon, Majorque, Espagne et France se disputant âprement la région. Philippe III le Hardi incendia la ville en 1285. En 1344, elle subit le siège du roi d'Aragon, celui de Louis XI en 1474 et de Louis XIII en 1641. En 1602, le siège épiscopal fut transféré à Perpignan. Il reste aujourd'hui quelques belles maisons groupées dans la ville haute et, bien sûr, la cathédrale et son cloître à ne pas manquer.

Adresse et info utiles

Bureau d'information touristique : *2 bis, rue du Couvent. ☎ 04-68-22-05-07. • elne-tourisme.com • Mai-sept, lun-sam 9h-12h30, 14h30-18h (tlj juil-août) ; hors saison 14h-17h30 et fermé w-e et j. fériés.* S'y procurer le plan de la ville indiquant un parcours jalonné d'anecdotes, sur les pas de Terrus, le peintre aquarelliste.

– **Marché :** *le mat mer et ven (produits bio du terroir), pl. de la République.*

Où dormir à Elne et dans les environs ?

Chambres d'hôtes Can Oliba : *24, rue de la Paix. ☎ 04-68-89-44-76. 📱 06-50-60-57-47. • contact@can-oliba.fr • can-oliba.fr • Double 70 €. Apéritif maison offert sur présentation de ce guide.* Au cœur d'Elne, derrière une façade typique (galets et briques) et desservies par un escalier classé, 4 chambres simplement plaisantes. Piscine dans le patio, petit déj dans le jardin.

Chambres d'hôtes chez Laurence Jonquères d'Oriola : *9, rue des Cavaliers, 66200* ***Corneilla-del-Vercol.*** *☎ 04-68-22-12-67. 📱 06-13-37-49-74. • ljonqueresdoriola@sfr.fr • bed-and-breakfast-corneilla.com • À 3 km au nord-ouest d'Elne. À côté de l'église. Double 75 €. Apéro maison offert sur présentation de ce guide.* Cette belle maison de maître au charme ancien, entourée d'un grand jardin, est la propriété familiale de Pierre Jonquères d'Oriola, célèbre cavalier, double champion olympique. Sa fille, Laurence, y a installé des chambres vastes et confortables, à la fois élégantes et conviviales. Accueil comme on aime : détendu et courtois. Mais les chambres installées dans l'annexe (ancienne mairie du village) n'ont pas le même attrait...

Chambres d'hôtes Le Château d'Ortaffa : *8, rue du Château, 66560* ***Ortaffa.*** *☎ 04-68-37-95-01. 📱 06-64-14-53-42. • chateau.ortaffa@gmail.com • chateau-ortaffa.com • À 5 km au sud-ouest d'Elne. Doubles 99-140 €.* Michelle, ancienne antiquaire et décoratrice, a restauré et aménagé 4 chambres immenses aux salles de bains à peine moins grandes. Meubles en bois patiné, objets chinés, beaucoup de charme pour un cadre élégant et cossu. Belle terrasse pour prendre le petit déj devant la chaîne des Albères. Accueil aimable.

À voir

– ***Pass Illibéris :*** s'achète à l'entrée de chaque monument. *Prix : 10 € pour 3 sites (cloître, musée Terrus, Maternité suisse).*

Le cloître et la cathédrale : *☎ 04-68-22-70-90. ♿ (téléphoner avt). Tlj avr-sept, 9h30-17h30 (17h oct-avr et fermé lun). Fermé 10 j. mi-janv et certains j. fériés. Entrée : 4,50 € ; réduc ; gratuit moins de 8 ans. Document de visite remis à l'entrée ; version en braille pour les non-voyants. Visites guidées sur résa (● reservation@ville-elne.com ●).*
Sans doute l'un des plus beaux cloîtres du Roussillon, et surtout le seul, avec celui d'Arles-sur-Tech, à être intact sans jamais avoir été restauré. Construit du XIIe au XIVe s, en marbre blanc veiné de bleu de Céret, ce cloître résume dans une harmonie étonnante l'évolution de la sculpture de l'époque. La galerie sud, la plus ancienne, est de style roman. Sur les chapiteaux, des motifs végétaux et animaliers, mais aussi la création d'Adam et Ève. Les thèmes sont les mêmes dans la galerie ouest, mais d'une facture différente : on sent le début du gothique. Il s'affirme dans la galerie nord pour triompher dans la 4e galerie décorée de superbes chapiteaux illustrant des épisodes évangéliques : Annonciation, Visitation, Naissance de Jésus, Fuite en Égypte, Dormition de la Vierge...
Dans l'ancienne salle capitulaire, un petit musée présente des éléments retraçant l'histoire locale, dont une admirable armoire liturgique et le résultat de fouilles menées sur la commune et la reconstitution d'un jardin médiéval avec ses plantes aromatiques.
Du cloître, on accède à la ***cathédrale Sainte-Eulalie*** *(ouv sinon seulement pour la messe).* Consacrée au XIe s, elle se distingue par son clocher carré, son portail en marbre et son mobilier (superbe retable en bois peint du XIVe s, bénitier d'époque romaine, etc.). Remarquer, face à l'entrée latérale, la croix des outrages. Elle ne supporte pas le Christ crucifié mais les instruments de la Passion. Ce type de croix, en bois et de cette taille, est rare en France. En sortant par le cloître, grimper sur la *terrasse* pour découvrir l'ensemble d'en haut.

Se promener ensuite dans le village pour admirer les vieux ***remparts*** qui contournent la colline et quelques belles maisons bourgeoises dans les faubourgs sud. La ville haute regorge de petits artisans : souffleur de verre, atelier de reliure d'art, biscuiterie artisanale « Les Cailloux du Tech » (spécialité de la ville)...

La Maternité suisse : *château d'en Bardou, route de Bages. ☎ 04-68-95-89-03. Mêmes horaires que le cloître. Entrée : 4,50 € ; réduc ; gratuit moins de 8 ans.* Un lieu de mémoire pour voir et comprendre le combat d'une femme, Élisabeth Eidenbenz, membre du Secours suisse aux enfants. Entre 1939 et 1944, cette jeune institutrice a converti cet étonnant petit château début XXe s en maternité, offrant un répit à des réfugiées espagnoles épuisées par les privations endurées dans les camps de Rivesaltes et d'Argelès, puis à des femmes juives venues accoucher sous un faux nom. Près de 600 enfants d'une dizaine de nationalités différentes naîtront ici, avant qu'Élisabeth ne soit expulsée par les Allemands, et renvoyée par le Secours suisse pour incompétence ! Au rez-de-chaussée, elle raconte elle-même ce combat sur un enregistrement vidéo. Quel bel exemple ! Dans les étages, une exposition permanente complète son récit avec des panneaux qui expliquent la guerre civile espagnole, la Retirada, les camps d'internement. Une autre évoque la vie quotidienne à la maternité. La chambre d'Elisabeth est restée intacte avec quelques souvenirs. Dans la salle d'accouchement, une nouvelle exposition sur Mme Fillols témoigne de l'engagement des Illibériens dans cette période noire de l'histoire. Classée Monument Historique depuis 2013, la Maternité Suisse est aujourd'hui un vif témoignage de l'entraide, du dévouement et de la détermination de jeunes volontaires d'associations humanitaires.

Fête

– **Fête des Vendanges :** *début oct. ☎ 04-68-22-79-20.*

PALAU-DEL-VIDRE (66690)

« Palais du verre » en v.f., ce village perpétue la tradition des artisans verriers initiée au XIIIe s. Expo et démonstration de soufflage l'après-midi à l'*Atelier du Verre* *(plaça del Gall ; ☎ 04-68-22-13-02 ; avr-déc, tlj 10h-12h30, 14h30-19h)* et Festival international des arts du verre début août. *• palaudelvidre.com •*

Où manger ?

L'Ancienne École : *20, av. Joliot-Curie. ☎ 04-68-22-34-09. • contact@ancienne-ecole.fr • Tlj sauf lun-mar. Menus-carte 21 € (déj en sem), carte env 40 €. Café offert sur présentation de ce guide.* Belle cuisine du marché, fraîche, délicate et colorée, aux saveurs du Sud, servie avec soin entre les murs en pierre brute de l'ancienne école du village, ou sur la grande terrasse ombragée. Si l'atmosphère n'a rien d'empesé, chaque détail est étudié, jusqu'au café que l'on sélectionne à la carte.

ARGELÈS-SUR-MER

(66700) 10 540 hab. *Carte Pyrénées-Orientales, D2*

Cette station balnéaire parmi les plus importantes du golfe du Lion a 2 visages. Argelès-sur-Mer, authentique vieux village catalan, avec son église gothique méridionale du XIVe s, Notre-Dame-del-Prats. Tout autour, de vieilles maisons aux tons ocre, quelques commerces et bonnes tables. Et Argelès-Plage, qui voit déferler les amateurs de coups de soleil et de baignade. La plage, superbe, la longue esplanade arborée ainsi qu'une assez grande pinède allègent la note salée du béton et des avenues façon ville nouvelle.

Adresses et info utiles

Office de tourisme : *pl. de l'Europe, Argelès-Plage. ☎ 04-68-81-15-85. • argeles-sur-mer.com • En été, tlj 9-19h ; en hiver, lun-ven 9h-12h30, 15h30-17h30. Autre bureau 6 bis, rue du 14-Juillet, ouv en principe mar-ven 9h-12h30 et sam 9h-12h30, 14h30-18h.*

Location de vélos : ***Vélocation,*** *galerie commerciale Central Beach, 187, av. du Tech, Argelès-Plage. ☎ 04-68-81-61-61. • velocation.fr • À 2 pas de l'office de tourisme.*

– **Vente de poissons frais :** *sur le port tte l'année.*

Où dormir ? Où manger ?

Campings

Près de 60 campings (plus de 50 000 personnes) ! La plus grosse offre d'Europe. Et en été, ils sont complets. Liste exhaustive à l'office de tourisme. Rassurez-vous : à ce niveau de concurrence, si tous n'ont pas un charme fou ni des prix raisonnables, les responsables sont pros et la plupart des campings sont classés en 3 ou 4 étoiles.

De bon marché à prix moyens

Hôtel Le Fanal : *50, av. Torre-d'en-Sorra, Argelès-Plage. ☎ 04-68-81-00-16. • lefanal66@free.fr • ♿ (resto). Doubles 70-108 €. Carte 25-30 €. Apéritif maison offert sur présentation de ce guide.* Sympathique petit hôtel de bord de mer, installé à 2 pas de la plage du Racou, sans discuter la plus sympa de la station. Chambres coquettes, claires et fraîches, en bleu et blanc, avec clim et de belles douches à l'italienne. Les plus agréables s'ouvrent sur de grandes terrasses avec vue sur la mer, par-delà les toits de tuiles. Au bar-resto, cuisine familiale et régionale et tapas. Accueil tout sourire.

Hôtel Le Nid : *10, rue des Grives, Argelès-Village. ☎ 04-68-81-27-37. • contact@hotel-lenid.com • hotel-lenid.com • ♿ À 5 mn à pied du centre du village. Fermé en janv. Doubles 39-99 €.* On ne sait si l'hôtel tient son enseigne des rues aux noms d'oiseaux du quartier résidentiel alentour, mais l'ambiance familiale fait qu'on s'y sent effectivement comme dans un... nid. Petites chambres impeccables, gentiment rénovées, très calmes à l'arrière et avec terrasse pour certaines. Bon niveau de confort (clim). Accueil chaleureux et attentionné.

The Flowers : *59, rue Victor-Hugo, à Argelès-Village. ☎ 04-68-81-05-79. • leflowers.canteloube@gmail.com • Tlj sauf lun-dim en hte saison (lun-sam basse saison). Formule et menu déj sem 14,50 €. Apéritif maison offert sur présentation de ce guide.* Une petite adresse dynamique et pas chère à l'écart de l'activité touristique. Cuisine aux horizons culinaires élargis, simple et efficace (salades, viandes et poissons grillés, buffet d'entrées et de desserts le midi). Beau choix de vins de région, très abordables. Terrasse à l'arrière.

Chic

Auberge du Roua : *46, chemin du Roua. ☎ 04-68-95-85-85. • magalie@aubergeduroua.com • aubergeduroua.com • ♿ À 2 km d'Argelès-Village, direction Sorède (fléché). Resto ouv ts les soirs (sauf lun hors saison), plus dim midi. Congés : de mi-nov à début fév. Doubles 79-189 €. Menus 45-53 €.* En pleine nature et au pied des Albères, un bel hôtel situé dans une très jolie bâtisse du XVIIIe s. Élégantes chambres contemporaines, bien équipées, certaines avec vue sur la piscine et les vignes. Petit déj servi en terrasse, au bord de la piscine, dans un environnement paisible. Cuisine au goût d'aujourd'hui.

L'Amuse Bouche : *7, pl. Gambetta, Argelès-Village. ☎ 04-68-56-76-51. Tlj sauf dim-lun. Résa très conseillée. Formule et menu déj sem 14,50-17 € ; menu 32 €.* Toutes petites salles (dont une à l'étage) intimes et contemporaines pour une intéressante cuisine méditerranéenne, ouverte à quelques influences un peu plus lointaines. C'est frais, inventif sans en faire trop et servi avec le sourire. Terrasse sur la place.

La Bartavelle : *24, rue de la République, Argelès-Village. 📱 06-19-25-70-13. • restaurantlabartavelle@gmail.com • Juil-août, ouv mer midi et ts les soirs ; hors saison le midi mer, sam et le soir mar-sam. Résa indispensable. Menus uniquement 33-45 €.* Un petit resto de poche derrière une devanture gris souris : quelques couverts seulement, dans un décor de bistrot contemporain, pour une cuisine de marché très créative. Le terroir et les classiques de toujours sont à l'honneur, réinterprétés au jour le jour selon les envies du chef et de son épouse, aux desserts.

De chic à beaucoup plus chic

Grand Hôtel du Golfe-Le Bistrot à la Mer : *route de Collioure. ☎ 04-68-81-14-73. • contact@grandhoteldugolfe.com • hoteldugolfe-argeles.com • À 5 km au sud-est d'Argelès-Plage, sur la gauche de la route qui longe la mer. Fermé de début nov à mi-mars. Doubles 87-186 € ;*

LES PYRÉNÉES-ORIENTALES

suites plus chères. Menus 33-58 €. Pour donner une atmosphère si élégante, si apaisante à un bloc de béton des années 1970, il fallait un réel talent et un sens artistique prononcé ! C'est la propriétaire, artiste peintre et viticultrice, qui a tout relooké. Tout a été parfaitement pensé et c'est franchement réussi ! Belles chambres confortables (clim, w-c séparés, etc.) et bien isolées, dont la plupart bénéficient d'une vue sur la mer. Grande piscine chauffée, spa, hammam, massages, belle cuisine, de région et pleine d'invention, au resto lové dans une salle baignée de lumière.

Où boire un verre ?

Les Vignerons d'Argelès : *av. des Platanes, Argelès-Plage, et Cave coopérative, route de Sorède. ☎ 04-68-81-01-04. Tlj, toute l'année.* C'est, dans un pittoresque kiosque de béton, le bar de la coopé viticole d'Argelès. Accueil jovial, vins (et bières) du pays, clientèle du pays aussi, au comptoir ou autour des gros tonneaux qui tiennent lieu de terrasse.

À voir. À faire

La Maison du patrimoine *(Casa de l'Albera) : 4, pl. des Castellans,* ***Argelès-Village.*** *☎ 04-68-81-42-74. Juil-sept, mar-sam 9h30-13h, 14h-18h ; le reste de l'année, horaires réduits. Entrée : 2 € (1,50 € sur présentation de ce guide) couplée avec le mémorial ; gratuit moins de 18 ans. Propose des visites guidées du vieux village et d'Argelès-Plage tte l'année sur résa. Tarif : 4 € ; gratuit moins de 18 ans. Durée : 2h.* Un espace muséographique consacré aux Albères, ce massif montagneux à cheval entre la France et l'Espagne. Hommage donc aux hommes et aux femmes qui ont forgé l'identité de ce territoire au cours des siècles. Expos temporaires également.

Le mémorial du camp d'Argelès-sur-Mer : *26, av. de la Libération,* ***Argelès-Village.*** *☎ 04-68-95-85-03. ♿ Tte l'année, mar-sam 10h-13h, 14h-18h (sans interruption juil-sept). Fermé les j. fériés oct-mai et entre Noël et Nouvel An. Entrée : 2 € couplé avec la Casa de l'Albera ; réduc ; gratuit moins de 18 ans.* Un lieu consacré à l'épisode douloureux de l'histoire d'Argelès-sur-Mer : l'internement, dans un camp de concentration à même la plage de près de 200 000 républicains espagnols ayant fui le franquisme en 1939 (200 000 personnes). L'espace, divisé en 2 zones, l'Espagne et la France, a pour objectif de matérialiser le travail de recueillement et de mémoire, de manière pédagogique, accessible à tous les publics. Sur la cloison qui symbolise la frontière sont placardées les coupures de presse de l'époque, la guerre d'Espagne ayant été le 1er conflit fortement médiatisé. L'accent est d'ailleurs mis sur la manière dont les médias ont relaté ce drame. La partie France est consacrée au camp d'internement, avec ses baraquements qui se dressaient sur la plage nord d'Argelès-sur-Mer. Des documents visuels et audio, une fresque chronologique et un livre numérique présentent les conditions de vie dans le camp. À droite, un espace réservé aux expos temporaires sur le thème. Instructif et émouvant.

♿ ***Les plages :*** il y a celles de la station (pour la plupart labellisées Handiplage). Mais on avoue un vrai faible pour la plage du ***Racou*** entre Argelès et Collioure, grande et agréable, bordée d'un village de petites maisons des années 1930-1940, les pieds dans le sable. Un vrai charme et un réjouissant esprit de clocher (c'est une « commune libre » depuis 1956 !).

Manifestation

– ***Les Déferlantes :*** *4 j. mi-juil. • festival-lesdeferlantes.com •* Festival de musiques actuelles en plein air, qui voit chaque année défiler pointures françaises et internationales.

DANS LES ENVIRONS D'ARGELÈS-SUR-MER

La réserve naturelle du mas Larrieu : *au nord d'Argelès. Visite guidée jeu à 9h et sentier du littoral mer à 9h de début avr à mi-sept (4 € ; gratuit moins de 13 ans) ; résa à l'office de tourisme.* S'étend sur 145 ha de part et d'autre de l'embouchure du Tech. Quelques panneaux explicatifs. Côté plage, c'est une zone mixte, où « non-textiles » et « textiles » (comprendre naturistes ou pas) se côtoient pacifiquement.

Nombreuses ***randonnées*** dans les environs : dolmen de la Cova-de-l'Alarb, chapelle Saint-Laurent-du-Mont (XIIe s), ermitage Notre-Dame-de-Vie (Xe s), vestiges du château Taxo d'Avall, sentier du littoral... Lire également plus loin « Les Albères ». Topoguide en vente à l'office de tourisme.

LA CÔTE VERMEILLE

Un hommage à la couleur de sa roche brûlée par le soleil... Déroulant jusqu'à l'Espagne ses collines sculptées en terrasses pour la vigne, cette côte tortueuse fut d'abord célébrée par les artistes installés à Collioure puis, plus récemment, par les amateurs des bons vins de Banyuls.
Le littoral égraine peu de plages mais un chapelet de criques et de vieux ports de pêche, plutôt bien préservés. Ici, le charme méditerranéen a encore (presque) tous ses droits, malgré l'affluence estivale. Ajoutez d'admirables panoramas et de belles randonnées dans l'arrière-pays, et vous comprendrez que cette Côte Vermeille est à voir.

Comment y aller ?

➢ ***En voiture :*** Collioure est à 25 km au sud-est de Perpignan. Prendre la D 914 (ancienne N 114) : voie express jusqu'à Port-Vendres puis petite route panoramique jusqu'à Cerbère.
➢ ***En train :*** nombreux trains quotidiens entre Perpignan et Collioure. Trajet : env 20-25 mn. Ensuite, continuation vers l'Espagne via Port-Vendres, Banyuls, Cerbère. Quelques trains venant de Narbonne ou de Paris.

➢ ***En bus :*** lun-sam, 15-20 bus/j. (1 seul dim) de Perpignan à Banyuls-sur-Mer (ligne 540), via Elne, Argelès-Village, Argelès-Plage, Collioure et Port-Vendres. 1er départ de la gare routière de Perpignan à 6h50 en sem, dernier départ à 19h30. Trajet : env 1h15.
Rens : ☎ 0-806-80-80-90 (gratuit).
• laregion.fr • ledepartement66.fr •

COLLIOURE

(66190) 2 670 hab. *Carte Pyrénées-Orientales, D2*

• Plan *p. 79*

Son site, dont la beauté égale la célébrité, lui a valu le titre de « joyau de la Côte Vermeille ». Le dôme rose de son curieux clocher, les plages de sa

vieille ville, son château royal, son adorable port aux barques colorées et sa lumière ont séduit de nombreux peintres. Collioure fut à Matisse la muse que Cadaquès était à Dalí. Aujourd'hui, l'ancienne ville espagnole fait surtout les délices des touristes et de quelques pinceaux qui croquent les rues dès l'arrivée des beaux jours.

DES FAUVES EN LIBERTÉ

Débarquant à Collioure en 1905, Matisse fut ébloui par l'extraordinaire lumière caressant la ville. Il saisit vite qu'une nouvelle voie s'ouvrait à lui. Car ici tout est couleur : maisons roses comme la terre, volets verts, carrés de mer et de ciel réunissant toutes les nuances de bleu. Avec ses amis Derain, Vlaminck ou Braque, il libéra enfin la couleur de ses conventions. Les fauves étaient lâchés ! Au grand dam des académiciens et critiques parisiens, le fauvisme est né ici.

Adresses et infos utiles

Office de tourisme (plan B2) : *pl. du 18-Juin. ☎ 04-68-82-15-47. • collioure.com • Dans la vieille ville. Avr-sept, tlj 9h-17h45 (w-e et j. fériés à partir de 10h15) ; oct-mars, tlj 9h30-12h30, 14h-17h.*

Gare SNCF (plan B1) : *à env 200 m de la vieille ville. ☎ 36-35 (gratuit).*

– **Stationnement :** *cher ! Grand parking payant près du vieux port mais toujours plein en été ; parking du stade à 8 €/j. ; parking de délestage (tarification à l'heure) au cap Dourats, à env 2 km de la ville. Navettes (mai-sept) gratuites. Ailleurs, on paie aussi (compter 1,50 €/h), mais durée limitée à 6h30 max.*

– **Marchés :** *mer et dim mat, pl. du Maréchal-Leclerc.*

Où dormir ?

Camping

Camping La Girelle (hors plan par B1, **5**) : *plage de l'Ouille. ☎ 04-68-81-25-56. • campinglagirelle@orange.fr • campinglagirelle.unblog.fr • À env 2,5 km du centre-ville ; en venant de Perpignan par l'ancienne route, à gauche avt Collioure direction plage de l'Ouille (fléché). Ouv avr-sept. Forfait 33 € pour 2 en hte saison. Chalets 4 pers (sans sanitaires) 336-595 €/sem. Non accessible aux camping-cars (route étroite). 39 empl.* Terrain en terrasses un peu caillouteux, c'est normal : on est sur la Côte rocheuse... et pourtant, la plage est à vos pieds ! Un lieu à taille humaine, bien équipé et parfaitement isolé. Ombre pour la sieste et bonne ambiance. Barbecues. Resto, avec soirée paella le samedi en juillet-août. Boulangerie. On rejoint Collioure en 15 mn à pied par le sentier du littoral.

De prix moyens à chic

Hôtel Boramar (plan A3, **6**) : *rue Jean-Bart. ☎ 04-68-82-07-06. • hotelboramar.collioure@orange.fr • hotel-boramar.fr • Ouv avr-Toussaint. Doubles 70-85 €.* Un gentil hôtel aux chambres modestes, manquant de charme (et la déco commence à dater) mais claires et nettes. Et celles avec balcon profitent pleinement du lever de soleil sur le port, la vieille ville et le château. Accueil sympathique.

Hostellerie des Templiers (plan B2, **7**) : *12, quai de l'Amirauté. ☎ 04-68-98-31-10. • info@hotel-templiers.com • hotel-templiers.com • Fermé 2 sem en janv et 3 sem en nov. Doubles 75-120 €. Menus 19-25 € ; carte env 40 €.* René Pous, le grand-père de l'actuelle patronne, a reçu ici ses amis peintres et sculpteurs, qui le remerciaient pour le gîte et le couvert par une toile ou un dessin. Au nombre

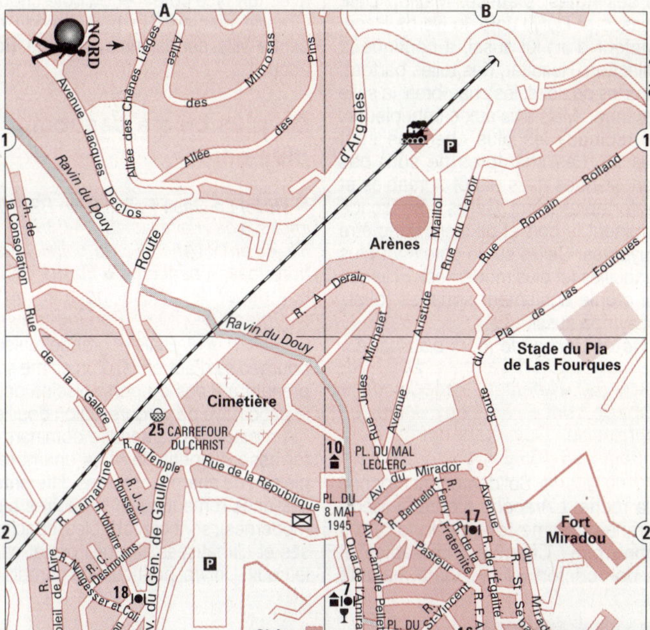

COLLIOURE

Adresse utile

- Office de tourisme (B2)

Où dormir ?

- 5 Camping La Girelle (hors plan par B1)
- 6 Hôtel Boramar (A3)
- 7 Hostellerie des Templiers (B2)
- 8 Hôtel L'Arapède (hors plan par A3)
- 10 Hôtel La Casa Païral (B2)

Où manger ?

- 16 Casa Leon (B2)
- 17 Le 5e Péché (B2)
- 18 Can Pla (A2)
- 19 Le Jardin de Collioure (A3)
- 20 La Voile (A3)

Achats

- 25 Desclaux (A2)
- 26 Roque (A3)

de ses hôtes, Matisse, Maillol, Dalí, Picasso et Dufy ! Jojo, le fils de René, amateur d'art lui aussi, a continué la collection. Résultat, des toiles partout, dans les couloirs, les chambres, la salle à manger. Mais avis aux cambrioleurs : les tableaux les plus chers ne sont plus ici. Les chambres ne sont pas bien grandes mais plutôt agréables et confortables (clim). Celles côté façade dominent le port et peuvent donc être bruyantes. Celles sur le côté sont plus tranquilles (et plus modernes). Et le bar, qui croule également sous les toiles, est sympa aussi.

Hôtel L'Arapède *(hors plan par A3,* **8***) : route de Port-Vendres. ☎ 04-68-98-09-59. • contact@arapede.com • arapede.com • ♿ À env 2 km du centre-ville. Ouv mars-oct ou nov. Doubles 95-165 €, petit déj inclus. Parking gratuit.* Solidement accrochée à la roche, *L'Arapède* s'offre la Méditerranée comme toile de fond. On a connu pire ! Chambres agréables et de bon confort (clim, TV), la majorité avec terrasse côté mer ou côté crique. Grande piscine. Un peu éloigné du centre-ville, certes, mais au calme. Bon accueil.

De plus chic à beaucoup plus chic

Hôtel La Casa Païral *(plan B2,* **10***) : impasse des Palmiers. ☎ 04-68-82-05-81. • contact@hotel-casa-pairal.com • hotel-casa-pairal.com • Fermé début nov-début fév. Résa indispensable. Doubles 99-239 €. Parking payant (17 €), sur résa.* Belle et grande maison bourgeoise d'autrefois, d'un calme surprenant à 2 pas du port : piscine dans le patio noyé de verdure, salon douillet, et un magnolia centenaire dominant la terrasse du petit déj. Les chambres, pleines de charme et toutes différentes (les unes romantiques, les autres plus modernes), sont confortables, spacieuses et climatisées. Accueil pro et chaleureux. Un vrai petit coin de paradis !

Où manger ?

De prix moyens à plus chic

Can Pla *(plan A2,* **18***) : 7, rue Voltaire. ☎ 04-68-82-10-00. • canplarestaurant@gmail.com • ♿ Tlj. Fermé de mi-nov à mi-fév (mais ouv vac de Noël). Menus 19-27,50 €, carte env 30 €. Apéritif maison offert sur présentation de ce guide.* En retrait du front de mer, la terrasse de ce resto, à l'écart de la circulation et de l'animation touristique, procure un calme appréciable. Sympathique cuisine catalane, principalement tournée vers le large. Mais aussi des viandes *a la plancha.* Bon accueil.

Le 5e Péché *(plan B2,* **17***) : 16, rue de la Fraternité. ☎ 04-68-98-09-76. • contact@le5peche.com • Tlj sauf dim-lun. Fermé fév et 2 sem en nov. Résa indispensable. Menu déj en sem 30 € ; le soir, menu 41 € ; pas de carte.* En plein centre du vieux Collioure, dans une petite salle contemporaine, étonnante fusion que cette cuisine gastronomique catalane revisitée avec un léger accent d'Asie, celui d'un chef originaire de Tokyo. Subtil mariage des saveurs, intitulés des menus très sobres, et plats de poisson (extra-frais) préparés selon l'inspiration du chef...

Le Jardin de Collioure *(plan A3,* **19***) : 4, route de Port-Vendres. ☎ 04-68-95-12-52. • contact@lejardindecollioure.com • ♿ Ouv tlj. Menus 22 € (sauf dim et j. fériés) et 32-42 €. Parking privé.* Cadre particulièrement romantique, avec ce grand jardin lové au pied du couvent des Dominicains pour des recettes de cuisine locale (tapas, viandes et poissons grillés, fruits de mer), des portions plus que généreuses et un service de brasserie qui tourne vite tout en restant sympathique.

La Voile *(plan A3,* **20***) : 9, route de Port-Vendres. Pas de tél. • lavoile.collioure@gmail.com • Ouv avr-oct ; fermé le soir hors saison. Pas de résa. Carte env 35 €.* L'atout du lieu, c'est d'abord son cadre, une terrasse (protégée par des voiles, évidemment !) qui surplombe le port, face au château et au clocher illuminés le soir. Cette brasserie un peu branchée, petite sœur du gastro voisin *(Le Neptune)*, sert une cuisine méditerranéenne classique mais sans fausses notes

Casa Leon *(plan B2, **16**) : 2, rue Rière. ☎ 04-68-82-10-74. Tlj sauf dim soir-lun hors saison. Congés : début janv-début fév et de mi-nov à Noël. Menus 18 € déj.* Petite terrasse le long de la rue et salle pas bien grande non plus, aux couleurs chaudes, avec cuisine ouverte. Bons poissons des petits pêcheurs de Port-Vendres, fort bien cuisinés. *Parrillada* délicieuse et copieuse. La carte des vins tourne autour des crus de la région. Accueil aimable et bonne ambiance.

Achats

Goûtez absolument la spécialité locale : les ***anchois*** ! Ces petits poissons bleus sont pêchés ici depuis toujours, de mai à octobre, à bord de barques munies de lampes (les fameux *lamparos*). Et si les chalutiers de Port-Vendres ont « tué » les petites barques, on préfère quand même l'anchois de Collioure (classé IGP, indication géographique protégée) ! Quant aux copines sardines, elles se pressent tous les étés dans des sardinades géantes pour finir bien grillées. 3 pas de sardane et ça redîne...

2 maisons proposent des anchois (à l'huile, au sel...) : **Desclaux** *(plan A2, **25** ; carrefour du Christ, sur la D 914 ; fermé fin déc-début janv)* et **Roque** *(plan A3, **26** ; 40, rue de la Démocratie ; fermé Toussaint-Pâques).* Au 17, route d'Argelès, on peut assister à leur préparation et les déguster sur place.

À voir

Le vieux port *(plan B2)* **:** avec sa plage de galets, ses barques catalanes peintes, ses cafés animés, sa promenade dallée de schiste, son château (à droite) et sa superbe église pied dans l'eau (à gauche). Un charme fou, mais beaucoup, beaucoup de monde aux beaux jours.

UNE NOTE SALÉE

Les préparations à base d'anchois datent du Moyen Âge, et c'est grâce aux divers ajouts de sel qu'elles offrent leurs goût et parfum si caractéristiques. Une spécialité qui a valu aux pêcheurs locaux d'être exemptés de gabelle (impôt sur le sel) par Louis XIV.

L'église Notre-Dame-des-Anges *(plan B3)* **:** l'image la plus connue de Collioure grâce à son étonnante tour ronde, ancien phare du vieux port transformé en clocher. Église construite au XVIIe s, son intérieur est une véritable caverne d'Ali Baba : dans la pénombre se cachent 9 retables d'une richesse inouïe, dont celui du maître-autel, immense triptyque en bois doré, sculpté par un artiste catalan, Joseph Sunyer, dans le plus pur style baroque de la région.

Le château royal *(plan A2)* **:** *☎ 04-68-82-06-43. Tlj, juil-août, 9h30-18h30 ; reste de l'année, 10h-18h (17h nov-mars). Fermé certains j. fériés. Visites guidées possibles env 1h. Entrée : 4 € ; réduc ; gratuit moins de 12 ans.* Vieux de plus de 700 ans, il fut maintes fois assiégé. Résidence des rois de Majorque et d'Aragon au XIVe s, il fut fortifié aux XVe et XVIIe s par Vauban, au détriment de la ville qui l'entourait. En 1670, toute la ville est détruite et la population déplacée (d'abord vers ce qu'on appelle aujourd'hui le quartier du *Mouré*, puis, plus tard, vers la plage de Port-d'Avall). Il fut aussi utilisé pour y enfermer les républicains espagnols fuyant Franco. L'imposant édifice dominant la baie accueille désormais une exposition permanente sur l'exil des républicains espagnols en 1939, et expos temporaires. On peut néanmoins visiter quelques grandes salles, dont celle de la reine, malheureusement sans mobilier !

Le quartier du Mouré *(plan B2)* **:** c'est le nom donné à la vieille ville, entre le château et l'église, délimitée d'un côté par l'ancien sentier de la plage du Racou, de l'autre par le quai de l'Amirauté. Très mauresque (d'où son nom), avec ses ruelles pavées d'ardoises de schiste et ses maisons aux balcons fleuris et façades ocre jaune, vert, rose (l'ocre rose est caractéristique de Collioure). En remontant la pittoresque rue Miradou, on parvient au fort du même nom, construit au XVIIe s et encore occupé par l'armée.

Le musée d'Art moderne *(fonds Peské ; plan A3)* **:** *dans la maison et le parc Pams, route de Port-Vendres. ☎ 04-30-44-05-46. Tlj sauf mar oct-mai, 10h-12h, 14h-18h ; fermé certains j. fériés. Entrée : 3 € ; réduc ; gratuit moins de 12 ans.*
Collections d'art moderne et contemporain en alternance avec des expositions temporaires. Pour les amateurs de Dominique Gauthier, Joan Brossa, Claude Viallat et d'autres, ou pour voir quelques petits maîtres plus anciens comme Henri Martin, Augustin Hanicotte, Yves Brayer...

À côté du musée, ancien ***couvent des Dominicains*** (XIVe s) aménagé en cave coopérative.

Le chemin du fauvisme : pour Matisse, il n'y avait « pas en France de ciel plus bleu que celui de Collioure ». Pour Derain, « Ici, les lumières sont très fortes, les ombres très claires ». Le chemin du fauvisme met en scène des reproductions de leurs tableaux, placées là où les 2 peintres ont posé leur chevalet pendant l'été 1905. Un musée imaginaire pour suivre au fil des rues la naissance flamboyante du fauvisme. Pour une visite guidée (payante), contacter la *Maison du fauvisme (rue de la Prud'homie ; ☎ 04-68-82-15-47 ; ouv avr-oct, lun-sam 9h30-12h30, 14h-17h30).*

Le fort Saint-Elme : *pour y aller en voiture, se rendre à Port-Vendres, puis suivre les panneaux depuis la gare ferroviaire ; possibilité d'y grimper à pied depuis Collioure (compter 30 mn) ou en petit train. 06-64-61-82-42. • fortsaintelme.fr • De mars à mi-nov, tlj 10h30-19h (17h mars et oct-nov) ; le reste de l'année, sur rdv. Entrée : 7 € ; réduc ; gratuit moins de 6 ans.*
Perché au sommet d'une colline, le fort Saint-Elme domine depuis le XVIe s Collioure et ses environs. Le point de vue à 360° est impressionnant ! Du fait de sa position hautement stratégique, il fut le théâtre de nombreux affrontements entre Français et Espagnols. À l'intérieur, donjon et murs épais, ça va de soi ! Mais aussi une riche collection d'armes anciennes, une expo sur Charles Quint, sur l'œuvre de Vauban dans la région, etc. Le jardin est composé d'une flore venant du Mexique.
La visite guidée (plusieurs départs dans la journée) apporte un éclairage passionnant sur l'histoire de ce bout de Catalogne devenu définitivement français à la fin du XVIIIe s, après 150 ans de va-et-vient entre domination espagnole et domination française.
– Visite nocturne du fort, des souterrains et du donjon jeu 19h30-23h juil-sept, 25 € ; 20 € sur présentation de ce guide.

À faire

Les plages, bien sûr. Plages Nord et Saint-Vincent (près de l'église), plage Boramar (entre église et château), plages Port-d'Avall et Boutigué (côté Faubourg), plage de la Balette (vers Port-Vendres) et crique de l'Ouille (vers Argelès). Inconvénient, elles ne sont pas bien grandes, et, en plein été, on est quand même serrés comme des anchois.

Plongée, sports nautiques, etc. : ***Club international de plongée,*** *15, rue de la Tour-d'Auvergne.* ☎ *04-48-89-19-99.* • *cip-collioure.com* • ***Club nautique,*** *plage Saint-Vincent.* ☎ *04-68-98-06-32.* • *ecole-de-voile-collioure.fr* • Voile, *paddle*, kayak.

Randonnées : nombreuses possibilités dans les environs. Le sentier du littoral qui relie Le Racou, quartier d'Argelès à Port-Vendres passe par ici. On peut également grimper jusqu'à l'*ermitage de Notre-Dame-de-Consolation* : garrigue, calme et beaux points de vue. Jolie chapelle (ex-voto marins) et platanes à l'arrivée. Ou depuis le col de la Serra (accès automobile), jusqu'à la *tour de la Madeloc* qui offre un merveilleux panorama sur les Albères et toute la Côte Vermeille.

Petit train : *8, pl. du 8-Mai (parking de la poste).* ☎ *09-67-85-52-86.* 📱 *06-80-48-82-18.* • *petit-train-touristique.com* • *Avr-nov, départs à 10h, 11h et ttes les heures 14h-18h ; juil-août, départs ttes les heures 10h-19h (min 10 pers). Durée : 45 mn. Tarif : 8,50 € ; réduc.* Relie Collioure à Port-Vendres par des paysages enchanteurs de vignes dominant la mer. Commentaires promène-touristes, certes, mais en plusieurs langues et intéressants. Les yeux en ont pour leur déplacement. Passe à proximité du fort Saint-Elme.

LES PYRÉNÉES-ORIENTALES

Fêtes et manifestations

– ***Procession de la Sanch :*** *Vendredi saint.* Une des 3 du département, mais celle-ci se tient à la tombée de la nuit comme à l'origine, aux flambeaux ! Le *Regidor* (meneur) porte la traditionnelle tunique rouge, une haute capuche pointue, et tient la clochette des condamnés à mort... Cantiques, ferveur religieuse, etc.

– ***Sardanes :*** *pdt les fêtes traditionnelles (Saint-Jean, 14 Juillet, fêtes de la Saint-Vincent...).* Folklo mais pas surfait.

– ***Fêtes de la Saint-Vincent :*** *14-18 août.* Point culminant le 16 : ce jour-là, feu d'artifice célèbre dans toute la région (il se reflète dans les eaux du port, illuminant barques et château !) trains spéciaux depuis Perpignan et Cerbère : environ 150 000 personnes sont de la fête !

– ***Collioure Couleurs :*** *ts les w-e de déc.* Projection d'images sur l'église Notre-Dame-des-Anges.

MERCI FRANCO !

La sardane, danse traditionnelle née en Catalogne au XIVe s et symbole d'identité catalane, était mal vue par le pouvoir franquiste, de 1940 à 1975, soucieux d'imposer une identité nationale espagnole. Il n'en fallait pas plus aux contestataires du régime pour lui redonner un souffle. Et c'est en Catalogne française qu'elle renaît sous des airs folkloriques.

PORT-VENDRES

(66660) 4 260 hab. *Carte Pyrénées-Orientales, D2*

Planqué au fond d'une longue échancrure, à seulement 3 km au sud de Collioure, ce petit port actif et populaire n'a pas la notoriété de sa coquette voisine. Du « port de Vénus » antique, développé au XVIIe s par Vauban, il reste une belle église rose de style espagnol, dressée sur le quai, et un obélisque de marbre haut de 33 m. À défaut de ne vivre que du tourisme, le matin, le port s'agite au retour des chalutiers lestés de la

pêche du jour, tandis qu'à l'arrière un bouquet de grues décharge fruits et légumes d'Afrique du Nord destinés aux marchés de France et de Navarre. Quant au reste du bourg, il joue les belles alanguies, dans une torpeur toute méridionale.

Adresse utile

Bureau d'information touristique : *1, quai François-Joly. ☎ 04-68-82-07-54. • contact@pymed.fr • Juil-août : lun-ven 9h-19h ; w-e 10h-13h, 15h-19h. Le reste de l'année : lun-ven 9h-12h30, 14h-17h30 ; sam 9h-12h30 (basse saison, sam mat seulement).*

Où dormir ? Où manger ?

Prix moyens

Les Poissonneries de la Côte Catalane : *anse Gerbal (port de pêche, dans l'enceinte de la criée). ☎ 04-68-98-46-00. • contact@cotecatalane.com • Boutique juil-août, mar-dim sauf dim ap-m 9h (9h dim)-12h30, 15h-19h ; bar mar-dim sauf dim ap-m, 11h-14h30 et 18h-20h ; hors juil-août, horaires écourtés et fermé lun. Formules 12,50-19,90 €.* C'est, de fait, une seule et unique poissonnerie, énorme, avec étals et viviers. Coquillages et poissons frais évidemment, à prix raisonnables. Les produits annexes sont chers en revanche (et puis on n'est pas là pour acheter de l'huile d'olive, non mais !). C'est aussi, à l'étage, un bar à huîtres design où gober, l'œil sur le port, huîtres, palourdes et plateau de fruits de mer accompagnés d'un petit verre de blanc sec à prix doux.

Côté Mer, Côté Gers : *3 bis, rue Jules-Pams. ☎ 04-68-98-00-88. • restaurant.cotemercotegers@orange.fr • Tlj sauf lun (plus dim soir et jeu soir hors saison). Formule déj en sem 15,50 € ; menus 24,50-30,50 € ; carte env 35 €.* Tonton est fâché avec le poisson ? Tata exige son loup ou sa daurade *a la plancha* ? Dans ce bistrot juché au-dessus des quais, vous v'là au bon endroit. La *parrillada* se décline en poisson comme en canard, l'un pêché juste là, l'autre plumé bien plus loin que ça, dans une ferme du Gers, évidemment. C'est simple, c'est bon, c'est cuisiné maison.

Le Poisson Rouge : *route de la Jetée. ☎ 04-68-98-03-12. Aller en direction du phare, passer les 2 petits tunnels étroits taillés sous la roche, c'est juste après sur la gauche. Ouv avr-oct tlj sauf mar-mer (tlj juil-août). Menus 22 € en sem ou 35 € ; carte 40-50 €. CB refusées.* Cadre atypique et presque dépaysant, au bord de l'eau, dans une petite crique. Spécialité de poisson, bien évidemment, sous toutes ses formes, avec une pointe de créativité et avec l'accent d'un peu tous les Suds (le chef est réunionnais). Quelques viandes, toutefois, pour les inconditionnels.

De prix moyens à chic

Hôtel Les Jardins du Cèdre : *29, route de Banyuls. ☎ 04-68-82-01-05. • contact@lesjardinsducedre.com • lesjardinsducedre.com • Sur les hauteurs. Ouv tlj. Doubles 68-166 €. Menus 25 € déj en sem, puis 35-49 €. Parking.* Un établissement aux chambres entièrement restaurées, un peu étroites mais vraiment confortables. Évidemment, on préfère celles côté mer, même si le fameux cèdre limite la vue. Côté route, le double vitrage protège. Belle piscine. Également un restaurant qui propose une cuisine de très bonne tenue à déguster dans une salle à l'élégance moderne ou, mieux, côté baie vitrée ou sur la terrasse qui surplombe la mer.

La Côte Vermeille : *quai du Fanal. ☎ 04-68-82-05-71 ou 88-85-05. ♿ Sur le port. Resto tlj sauf lun et dim soir hors saison. Côté terrasse, formule et menu 26,50-29,50 € (36 € dim et j. fériés) ; au resto, menus 29,50 € (sauf soir sam-dim)-39 €, carte env*

60 €. Ce resto cossu, à la déco de bois sobre tel l'intérieur d'un gréement, est réputé, sur toute la Côte Vermeille, pour la qualité de son poisson et la finesse des préparations. Le patron aime son métier, et ça se voit ! Une belle adresse gastronomique avec une agréable terrasse en surplomb du port et une emballante cuisine de marché.

Les Clos de Paulilles : *baie de Paulilles. ☎ 04-68-81-49-79. À env 5 km au sud-est, bien fléché. Boutique avr-nov, tlj 10h-19h. Resto mai-sept, tlj juil-août, tlj sauf lun-mar sinon. Menus 39-49 €.* C'est l'une des tables de la maison Cazes, vignerons à Rivesaltes, qui cultivent également quelques vignes dans le coin. La cuisine, de région et de saison, plutôt inspirée, tourne donc autour des vins du pays. Jolie déco contemporaine, immense terrasse des plus agréable. Boutique si vous voulez faire emplette de quelques bouteilles.

LES PYRÉNÉES-ORIENTALES

À voir. À faire à Port-Vendres et dans les environs

Promenade à travers la ville : un circuit part à la découverte de la ville à travers les aquarelles de Charles Rennie Mackintosh, un architecte qui croqua ce port dans lequel il vécut les 2 dernières années de sa vie (1925-1926).

Le sentier du cap Béar : depuis l'extrémité sud du port de commerce, on peut rejoindre en 30 mn à pied ce cap où trône un phare. Belle vue sur la côte, surtout en fin de journée, quand le soleil couchant vient caresser la roche. Le sentier du littoral se prolonge jusqu'à la plage Bernardi, dans l'anse de Paulilles (6 km en tout ; compter 2h30), et même au-delà. C'est l'une des parties les plus belles de la Côte Vermeille.

L'anse de Paulilles : *à 5 km de Port-Vendres, sur la route de Banyuls. ☎ 04-68-95-23-40 ou 23-47 (atelier des barques). Site : tlj 9h-20h juin-août, 9h-19h avr-mai et sept-oct, 9h-17h nov-mars. Maison du site : juil-août, tlj 9h-19h ; le reste de l'année, tlj sauf mar, 9h-13h, 14h-17h ou 19h selon saison. Avr-oct, possibilité de visites guidées gratuites. GRATUIT.* Un des plus jolis endroits de cette côte que ce site réhabilité d'une ancienne dynamiterie de la société Nobel (celui du prix, Alfred de son prénom, inventeur de la dynamite), active de 1870 à 1984. En 1960, la production atteignait près de 20 t par jour et alimentait les grands chantiers de l'époque, comme le creusement du canal de Panama. Ancienne demeure du directeur, la maison du site accueille une expo sur la mémoire ouvrière de l'usine. Suit un parcours muséographique en plein air, aménagé autour des vestiges de la dynamiterie originelle. En semaine *(juin-sept),* on peut voir un atelier de restauration de barques catalanes. Plusieurs jardins d'essences locales ou plus exotiques (pour évoquer les voyages de la dynamite !). Possibilité de balade le long du sentier du littoral.

UN DIALOGUE SOCIAL EXPLOSIF

En 1948-1949, la dynamiterie de Paulilles fut secouée par une grande grève, après que des ouvriers eurent été durement sanctionnés pour avoir joué au rugby avec... un ballot de dynamite ! Et le patron ne s'embarrassa pas de droits syndicaux. Après 2 mois d'arrêt de travail, il vira tous les employés. Chacun dut ensuite revenir individuellement quémander une réembauche...

Les plages de la baie de Paulilles : *sur la route de Banyuls.* Une grande plage *(del Mitg)* sur le site de l'anse de Paulilles. Et 2 petites de part et d'autre (*Bernardi* et du *Fourat*). Sable et petits galets.

***Plongée : Scuba Passion,** route de la Jetée (plage des Tamarins). ☎ 04-68-82-17-79. 06-07-56-03-73. • scuba.passion.free.fr • Ouv avr-oct ; le reste de l'année, seulement sur résa.* Baptêmes, stages, explorations... gloub !

BANYULS-SUR-MER

(66650) 4 840 hab. *Carte Pyrénées-Orientales, D3*

Terre des vignobles qui portent son nom, station balnéaire et patrie du sculpteur Aristide Maillol, Banyuls est également une agréable petite ville aux belles allées de palmiers et de platanes. Un important port de plaisance anime sa jolie baie, et les stands de dégustation proposent de remarquables vins. Pour finir, sachez que le mythique GR 10 démarre (ou finit !) ici. On croise donc beaucoup de randonneurs en saison.

Adresse utile

***Office de tourisme :** av. de la République. ☎ 04-68-88-31-58. • banyuls-sur-mer.com • En juil-août, tlj 9h30-18h30 ; le reste de l'année, lun-sam 9h30-12h, 14h30-18h. Tarif réduit pour 1 pers pour une visite guidée avec la guide de l'Office du tourisme sur présentation de ce guide.* Le même bâtiment abrite la ***Maison de la randonnée** (☎ 04-68-88-34-25. Tlj 10h-12h, 15h-17h).* Toutes les infos sur les randos, sur Banyuls, la Côte Vermeille, les Albères...

Où dormir ? Où manger ?

Camping

***Camping municipal La Pinède :** route des Crêtes, av. Guy-Malé. ☎ 04-68-88-32-13. • camp.banyuls@banyuls-sur-mer.com • campinglapinede-banyuls.com • À 1,5 km du centre (fléché). Ouv de fév à mi-nov. Forfait 20,50 € pour 2 en hte saison ; mobile homes et tentes 200-650 €/sem. 227 empl.* Site calme et agréable, à l'écart du centre. Les campeurs en tente apprécieront la pinède en haut du terrain (ouverte seulement de mi-juin à mi-septembre et interdite aux enfants). Un bon rapport qualité-prix sur la côte. Snack-bar en été et un grand supermarché juste en face.

De bon marché à chic

***Hôtel Les Pêcheurs :** 5, av. du Fontaulé. ☎ 04-68-88-02-10. • hotellespecheurs66@live.fr • castille66.wix.com/hotel-les-pecheurs • Doubles 61-95 €. ½ pens possible en saison.* Face au front de mer, un sympathique hôtel comme on en rencontre dans les stations balnéaires. Les chambres sont toutes simples mais disposent de la clim, d'un balcon ou d'une terrasse (avec vue, souvent), et de touches de déco colorées. Atmosphère marine dans la salle du petit déj. Bon accueil familial. Resto.

***Hôtel Catalan-Restaurant le Miradou :** 1, rue du Balcon-de-la-Méditerranée. ☎ 04-68-88-02-80. • hlecatalan@wanadoo.fr • hotellecatalan.com • Doubles 65-120 €. Formule déj 19,90 € ; menus 28-45 €. Apéritif maison offert sur présentation de ce guide.* Dans un quartier résidentiel, un bâtiment des années 1970 à la déco un peu à la catalane, un peu à l'ancienne. Mais quelle vue ! On en jouit depuis la plupart des chambres (confortables) comme depuis la terrasse du resto.

Cuisine régionale qui a bonne presse chez les locaux. 2 piscines.

Al Reparo : *4, av. du Général-de-Gaulle. ☎ 04-68-87-16-74. Tlj sauf lun. Formules déj sem 16-17 € ; menu 20 €.* S'il n'y a pas grand-chose à dire sur la salle un peu bistrotière avec ses nappes à carreaux, on a bien aimé l'ambiance populaire de ce resto et sa franche cuisine familiale, authentiquement catalane. Comme les habitués qui ne manquent jamais de passer féliciter la chef.

Le Quintessence : *2, rue Édouard-Branly. ☎ 04-68-82-91-35. • lequintessencerestaurant@gmail.com • Tlj en été ; le reste de l'année, fermé dim-lun et le soir. Menus 26, 39 et 50 € ; carte env 40 €.* Au fond d'une rue piétonne, une adresse tranquille où le chef semble ne jamais quitter la cuisine ouverte. C'est bon signe ! Du fait maison, donc, des produits frais, pas mal de créativité (le chef est passé par quelques grandes tables) : tiercé gagnant ! Accueil fort sympathique, vins bien choisis et terrasse pour faire un 2e tiercé gagnant.

Le Fanal : *18, av. Pierre-Fabre. ☎ 04-68-98-65-88. • contact@pascal-borrell.com • Tlj sauf 1 sem en fév. Résa souhaitée midi et soir. Formule et menu 28-38 € ; autres menus 48-88 € ; carte env 140 €.* Aux commandes de cette table gastronomique sage et subtile, le chef a l'élégance de proposer midi et soir un menu retour du marché qui remplit parfaitement son contrat : cuisine goûteuse, produits sélectionnés, prix contenus, le tout servi en terrasse. Merci, chef !

LES PYRÉNÉES-ORIENTALES

Achats

La Guinelle : *20, rue Saint-Sébastien. ☎ 04-68-85-54-12. • info@levinaigre.com • Au centre. Tlj sauf dim ap-m et lun, 9h30-12h30, 15h-19h ; fermé janv.* Très jolie (et accueillante) petite boutique. Vente et dégustation d'excellents vinaigres artisanaux.

À voir

L'aquarium scientifique méditerranéen : *av. Pierre-Fabre. ☎ 04-68-88-73-39. • biodiversarium.fr • Tlj 10h-12h30, 14h-18h30 (10h-18h30, juil-août). Fermé lun hors juil-août et certains j. fériés. Entrée : 9,50 € (billet combiné avec le Jardin méditerranéen 12 €) ; réduc ; gratuit moins de 3 ans.* Devant un bâtiment et une muséographie si modernes, difficile de croire que c'est le plus ancien aquarium de France, ouvert depuis 1859. Le circuit de visite propose de découvrir la biodiversité marine locale au travers des recherches menées par l'Observatoire océanographique de Banyuls depuis près de 1 siècle et demi. C'est d'ailleurs un des intérêts du lieu que de pouvoir découvrir (quand ils sont là...) les scientifiques au travail dans leurs laboratoires. Sinon, après une introduction historique, les bassins, qui reconstituent à l'identique les milieux marins de la côte catalane (des étangs aux profonds canyons sous-marins), accueillent près de 300 espèces de poissons, invertébrés et végétaux marins : raies, vives, méduses...

En sortant de l'aquarium, la jetée (expo de photos scientifiques en saison) qui longe les anciens bâtiments de l'observatoire océanographique mène à un petit ***promontoire*** rocheux cerné par les eaux. Au sommet, beau monument aux morts, avec un bas-relief en bronze du sculpteur Maillol. Vue superbe sur le port, la ville et les montagnes. Plusieurs autres statues de Maillol jalonnent la promenade du front de mer.

Le circuit « Dans les pas d'Aristide » : *départ de la pl. Bassères ; descriptif disponible à l'office de tourisme ; 1h env.* Peu de traces d'Aristide (Maillol) au long de ce circuit (hormis la Maison Rose où il sculptait mais qui ne se visite pas), mais la balade dans ce vieux quartier du Cap d'Osna tout en escaliers, en maisons colorées et en ruelles noyées dans la végétation est agréable.

Le Jardin scientifique méditerranéen : *mas Reig. ☎ 04-68-88-73-39. • biodiversarium.fr • À env 2 km du centre-ville (fléché). Visites guidées seulement (sur résa), juil-août, mar, mer et jeu à 9h30, avr-juin, mer à 9h30. Visite libre, avr-juin w-e 14h-18h30. Entrée : 6 € ; réduc.* Deuxième site du « biodiversarium » de Banyuls après l'aquarium. Sur 3 ha, ce jardin illustre la biodiversité du massif des Albères et plus généralement des milieux méditerranéens. Zone consacrée aux fourmis et espace muséographique avec expos et vidéos.

Le musée Aristide Maillol : *vallée de la Roume. ☎ 04-68-88-57-11. À env 4 km du centre (bien indiqué). Juil-août, tlj sauf lun et certains j. fériés ; sept-juin 10h-12h, 14h-18h. Entrée : 5 € (7 € pendant expo temporaire) ; réduc ; gratuit moins de 11 ans ; sur présentation de ce guide, tarif réduit accordé.* Une ancienne métairie, au creux d'une vallée tout simplement superbe. C'est d'ailleurs pour la beauté de l'endroit que Maillol avait acheté à la fin des années 1930 cette petite maison de pierre où il repose désormais, dans le jardin, sous une de ses œuvres majeures, *Méditerranée.* Un lieu fort, qui semble encore empreint de l'âme de l'artiste. Un lieu qui pourtant revient de loin. Tombée dans l'oubli et l'abandon à sa mort, cette métairie a été rénovée grâce à la ténacité de sa muse et légataire Dina Vierny. Au sous-sol, la cuisine est restée en l'état et dans un coin a été installée la salle à manger de la maison de Maillol à Mailly-le-Roi. Film documentaire (le 1er, en 1943, consacré à un artiste français). Dans les étages, ce musée privé présente une quarantaine d'œuvres, petites par la taille mais grandes par la qualité : peintures, dessins, tapisseries et évidemment quelques sculptures. Expos temporaires.

À faire

Les caves *(visite et dégustation)* **:** eh non ! le banyuls n'est pas un vin cuit (genre porto) mais un vin doux naturel auquel on ajoute de l'eau-de-vie de vin en cours de fermentation. 4 communes de la côte ont droit à l'étiquette « banyuls AOC » : Collioure, Port-Vendres, Cerbère et bien sûr Banyuls-sur-Mer. Ce qui en fait l'une des plus petites AOC de France ! Les vignes sont cultivées en terrasses et tout est encore fait main, sans aucune mécanisation possible.

ÉLEVAGE EN PLEIN AIR

Pour lui donner son goût caractéristique, le banyuls sec mûrit dans des tonneaux exposés en plein air et donc soumis aux variations de température, de la fraîcheur de l'hiver à la canicule estivale. Une méthode découverte par hasard lors du transport des vins par bateau. On s'aperçut alors que les barriques stockées sur le pont produisaient un nectar différent de celles conservées en cale.

■ ***Terres des Templiers :*** *8, route du Mas-Reig. ☎ 04-68-98-36-92. • info@templers.com • banyuls.com* ♿ *Grande Cave, route du Mas-Reig (D 86), à 2 km du centre par l'av. du Général-de-Gaulle ; vieille cave souterraine du Mas-Reig, un peu plus haut (ouvert uniquement en août). Pour la Grande Cave, avr-oct, tlj 10h-19h30 ; nov-mars, lun-ven 10h-13h, 14h30-18h30. Visite guidée et dégustation gratuites.* La plus grande cave des AOC banyuls et Collioure : près de 80 % des viticulteurs y adhèrent. La Grande Cave est intéressante pour ses chais et ses foudres centenaires (tonneaux géants) et la projection d'un film instructif de 15 mn sur l'élaboration du banyuls. La vieille cave souterraine est superbe, avec ses voûtes du XIIIe s. Programme d'activités d'œnotourisme sur demande (visite gourmande, balade dans les vignes, etc.)

■ **Coopérative de l'Étoile :** *26, av. du Puig-del-Mas. ☎ 04-68-88-00-10. Juil-août, lun-ven 9h-12h30, 14h-19h. Le reste de l'année, lun-ven 8h-12h, 14h-18h ; w-e 9h30-12h30, 15h-18h.* De chaleureux viticulteurs passionnés par leur métier. À voir, dans un décor de vieille cave coopérative, de beaux pressoirs, d'anciens foudres et un alignement de bonbonnes en verre où le vin fait un bain de soleil. Vieux vins épicés de la maison, absolument divins...

Kayak de mer : **Aléoutes Kayak Mer,** ☎ 04-68-88-34-25. • kayakmer.net • *Sur le quai du port de plaisance.* Sorties ½ journée, journée ou plus, encadrées, pour découvrir les secrets de cette Côte Rocheuse.

Location de bateaux avec ou sans permis avec **Libertyloc** *(06-19-48-64-01).* Également 3 **clubs de plongée** *(infos à l'office de tourisme).*

Le fameux ***GR 10,*** qui relie la mer à l'océan en gravissant hardiment les Pyrénées, débute devant le perron de la mairie de Banyuls. 750 km jusqu'à Hendaye, dont 180 dans les Pyrénées-Orientales, où ce sentier de grande randonnée passe le col du Perthus, tutoie le Canigó, se recueille en l'abbaye de Saint-Martin, parcourt la sauvage vallée de Mantet, monte à l'assaut de la Cerdagne et de la forteresse de Mont-Louis, trempe le pied au lac des Bouillousses et se noie après le Carlit, dans l'Ariège.

Fêtes et manifestations

- ***Fête de l'Orange :*** *3e w-e de fév.*
- ***Festival Ascension Flamenca :*** *w-e de l'Ascension.*
- ***Fête catalane :*** *1re sem de juil.* Sardanes, chansons catalanes, défilés...
- ***Festival de sardanes :*** *2e w-e d'août.*
- ***Festa major :*** *3e w-e d'août.* Feu d'artifice.
- ***Fête des Vendanges :*** *2e w-e d'oct.* Arrivée de la vendange par la mer en barques catalanes.

DANS LES ENVIRONS DE BANYULS

LA CÔTE ROCHEUSE ET LE CAP RÉDERIS

Une route en lacet, splendide. Quelques kilomètres après Banyuls, le ***belvédère du cap Réderis,*** avec sa table d'orientation, offre un panorama exceptionnel : au nord, la côte du Roussillon et les Corbières ; au sud, la Costa Brava espagnole. Le tout, bien sûr, dans un paysage confondant ciel et mer... En contrebas, de sauvages petites criques creusées dans la roche. En continuant, la route descend en d'impressionnants virages cernés de ravins, dans un décor de vignes, de roche schisteuse et de calanques.

CERBÈRE

(66290) 1 350 hab. *Carte Pyrénées-Orientales, D3*

Cerbère est un bourg bien loti (même très loti) situé à 4 km de la frontière espagnole, connu pour ses plages de galets et ses petites criques. Une étape sympathique lorsqu'on se rend sur la Costa Brava par la Côte Vermeille. Beau panorama sur le littoral dentelé depuis le cap Cerbère, à la sortie de la ville en direction de l'Espagne.

Adresses utiles

Bureau d'information touristique : *23, av. du Général-de-Gaulle (sur le front de mer). ☎ 04-68-88-42-36. • contact@pymed.fr • Juil-août, tlj 9h-12h30, 15h-18h30. Hors saison, mar-sam 9h30-12h, 14h (ou 15h)-17h30.*

Gare internationale : *à 10 mn de la plage et du centre-ville. ☎ 04-68-88-61-64.* Liaison avec Paris et TER Port-Bou – Perpignan – Montpellier – Avignon.

Où manger ?

La Plage : *11, av. du Général-de-Gaulle. ☎ 04-68-88-40-03. • pmirage66@aol.com • Tlj sauf mar soir-mer hors saison. Formule déj 16 € ; menu 25 € ; carte env 40 €. Café offert sur présentation de ce guide.* Spécialités régionales qu'on peut déguster en terrasse, malheureusement en bord de route. Paella, *arroz vegre, zarzuela,* poisson grillé, tapas... Déco marine et accueil détendu.

À voir

L'hôtel Le Belvédère du Rayon Vert : *av. de la Côte-Vermeille. ☎ 04-68-88-41-54. • hotel-belvedere-cerbere.fr • Visite sur résa : 7 €.* Une curiosité : spectaculaire bâtiment de béton moulé dont la forme évoque celle d'un paquebot. Inscrit à l'inventaire supplémentaire des Monuments historiques, cet hôtel a été ouvert en 1932 pour permettre aux voyageurs d'attendre confortablement de régler les formalités pour le passage de la frontière et le changement d'essieux de leur train. Pour mémoire, les voies ferrées françaises et espagnoles n'ont, aujourd'hui encore, toujours pas partout le même écartement ! On trouvait donc ici des salles de réception, de cinéma et de spectacle et même un court de tennis sur le toit-terrasse ! La guerre d'Espagne, provoquant la fermeture de la frontière, stoppa le flux de touristes dû au trafic ferroviaire et entraîna le déclin de la ville et de cet hôtel qui a, heureusement, récemment entrepris une complète réhabilitation. Intéressante visite de l'immense salle à manger, d'où l'on a carrément l'impression d'être sur la mer. Le théâtre-cinéma à l'italienne (qui a repris du service) permet d'imaginer le luxe dans lequel les voyageurs aisés de l'époque se déplaçaient. Vue spectaculaire du toit-terrasse. Et on peut désormais à nouveau y dormir *(doubles et appartements, 110-170 €).*

À faire

Plongée : **centre de plongée Cap Cerbère,** *route d'Espagne. ☎ 04-68-88-41-00. • plongee-cap-cerbere.com •* La réserve marine entre Banyuls et Cerbère est paradisiaque.

Sentier sous-marin : *plage de Peyrefite, entre le cap Réderis et le cap Peyrefite ; à 3,5 km de Cerbère, en direction de Banyuls (panneau sur la droite). ☎ 04-68-88-56-87. Ouv juil-août. GRATUIT.* Au sein de la réserve naturelle marine de Cerbère-Banyuls, un parcours sous-marin long de 250 m avec des panneaux décrivant la faune et la flore, et des bornes émettrices dont on entend le commentaire grâce à un tuba spécial qu'on loue sur place *(loc seulement 12h-18h).* Une initiative très originale ! Sentier d'accès libre pour qui est déjà équipé.

LES ALBÈRES

D'Argelès au Boulou, bel itinéraire pour découvrir la chaîne des Albères, contreforts des Pyrénées aux paysages changeants. Aux garrigues parsemées de cistes et brûlées par le soleil de la partie côtière succède, à mesure que l'on pénètre dans les terres, une végétation plus dense, voire des forêts verdoyantes : châtaigniers et chênes-lièges dont on a longtemps ici travaillé l'écorce. Paysages agrémentés çà et là de tours, de fortins, d'églises romanes. À l'écart de la côte surpeuplée, on y traverse des villages forts en caractère, presque seul pour profiter de cette nature gorgée de surprises et prétexte à de belles balades. Répétition générale avant de se lancer à l'assaut du Canigó !

SAINT-ANDRÉ

(66690) 3 430 hab. *Carte Pyrénées-Orientales, D2*

Encore dans la plaine côtière, un village tranquille, où l'on s'arrête surtout pour son église romane et ses bonnes tables.

Où manger ?

Le Jardin des Simples : *29, rue des Mimosas. ☎ 04-68-89-14-69. • rieu-camilleri@orange.fr • Ouv le soir seulement mar-sam. (mer en hiver) Résa indispensable en été. À la carte seulement, compter 40 €.* Dans un quartier résidentiel où on ne s'attend pas vraiment à la trouver, le genre d'adresse qu'on ne partage qu'avec ses meilleurs amis... Maison aux murs tout en courbes, blanchis à la chaux, et dans le jardin, sous les pins, chant des cigales, et bougies sur les tables. Dans ce cadre dépaysant, on en pince pour la cuisine méditerranéenne et créative, qui évolue quotidiennement en fonction du marché, si bien que jamais un plat ne se représente 2 fois ! Poissons frais pêchés, desserts particulièrement maîtrisés. Service un peu long (tout est fait maison et minute). Accueil sincèrement adorable.

Restaurant Papeluxo : *8A, rue de Taxo. ☎ 04-68-68-78-54. Ouv tlj sauf mar-mer en hiver. Carte seulement, midi et soir, env 35-40 €.* De la cave à vin au gastro, le chef David Laborie, originaire de Collioure, a tout expérimenté en travaillant pour autrui. Chez lui, dans un décor moderne, il a opté pour une cuisine de marché en sélectionnant les meilleurs produits du moment auprès des producteurs locaux. Les recettes, elles, s'affranchissent du terroir catalan pour lorgner vers toute la Méditerranée. La pastilla d'agneau côtoie ainsi les encornets sautés au chorizo et poivrons et l'indétrônable crème catalane. Chaque jour, un plat végétarien complète un plat de poisson et de viande. Tout le monde s'y retrouve.

À voir à Saint-André et dans les environs proches

L'église abbatiale Saint-André : *lun-sam 9h30-12h, 14h30-17h, plus dim ap-m de mi-juin à mi-sept. Fermée nov-mars. Si la porte est close, tourner la poignée d'un quart de tour à droite.* Elle est parfois appelée église de Sorède, mais elle est bien à Saint-André ! Construite entre le Xe et le XIIe s, elle squatte l'emplacement d'un monastère carolingien. Jetez un œil au linteau de marbre blanc sculpté du XIe s au-dessus du portail. À l'intérieur, une table d'autel à lobes très rare (il en existe 4 autres dans le département et une vingtaine en France) et un bénitier en marbre sculpté du XIe s. Explications historiques et reproduction des anciens chapiteaux du cloître à la ***Maison de l'art roman*** *(allée de la Liberté ; de mi-juin à mi-sept, tlj sauf lun, 10h-12h, 14h30-19h ; d'avr à mi-juin et de mi-sept à oct, tlj sauf dim-lun, 10h-12h, 15h-18h ; 2 €, réduc, gratuit moins de 12 ans).*

La Ferme de découverte : *route de Taxo-d'Amont, à env 3 km de Saint-André (fléché). ☎ 04-68-89-16-39. • ferme-de-decouverte.fr • Avr-oct, tlj 9h-19h ; nov-mars, mer et w-e 10h-18h (tlj pdt vac scol). Tarifs : 9 € ; réduc ; gratuit moins de 2 ans. Mai-sept, panier pique-nique de produits locaux env 10 €.* En accueillant des animaux menacés ou en voie de disparition comme le mouton rouge du Roussillon ou la chèvre catalane, la ferme affiche une vocation de conservation des espèces régionales. Elle permet aussi aux enfants de suivre la vie de la ferme au rythme des saisons et d'approcher les animaux grâce à des zones de contact réparties sur tout le site. Jeux et devinettes jalonnent le parcours.

SORÈDE (66690) 3 300 hab. *Carte Pyrénées-Orientales, D2*

Village agréable, renommé durant tout le XIXe s pour ses micocouliers (arbre vivace qui croît dans le Midi) servant à la fabrication de la cravache et du fouet dit « de Perpignan ».

Adresse utile

Bureau d'information touristique : *rue de la Caserne. ☎ 04-68-89-31-17. • ot-sorede.com • Juil-août, tlj sauf dim ap-m ; Pâques-début nov, lun-ven.*

Où dormir ? Où manger à Sorède et dans les environs ?

Camping

Camping des Albères : *route du Moulin-de-Cassagnes, 66740* ***Laroque-des-Albères.*** *☎ 04-68-89-23-64. • lesalberes@cybelevacances.com • camping-des-alberes.com • À 2 km à l'ouest de Sorède. Ouv d'avr à mi-sept. Forfait 41 € pour 2 en hte saison. Loc de tentes équipées, chalets et mobile homes 259-899 €/sem. 211 empl.* Grand camping partiellement ombragé, surtout intéressant pour sa foule d'équipements (piscine, terrains de sport, location de vélos, etc.) et sa situation entre mer et montagne. Animations pour les enfants et soirées à thème l'été.

De prix moyens à chic

Hôtel Saint-Jacques : *45, rue Saint-Jacques. ☎ 04-68-89-00-60. • hotelstjacques@wanadoo.fr • hotelstjacques.com • Non loin du centre. Fermé de janv à mi-mars. Doubles 55-89 €.* Une quinzaine de chambres simples et claires. Terrasse pour prendre le petit déj et piscine à l'arrière.

Chambres d'hôtes et restaurant Côté Saisons : *10, av. de la Côte-Vermeille, 66740* ***Laroque-des-Albères.*** *☎ 04-34-12-36-51. • contact@cotesaisons.com • cotesaisons.com • À 2 km à l'ouest de Sorède. Chambres tlj (accueil à partir de 17h30). Resto tlj sauf lun-mer (ouv lun-mar soir en été). Congés : janv* *et 15 j. fin nov. Résa obligatoire. Doubles 80-120 €. Menu-carte 34 €.* Grosse maison bourgeoise fin XIXe s à l'orée d'un joli village ici ou là encore bien médiéval. La véranda s'ouvre sur une terrasse-jardin : cadre rafraîchissant pour une cuisine « bistronomique » bâtie exclusivement sur les circuits courts. Seuls la tête de veau et le cochon figurent à l'année sur l'ardoise, tributaire pour le reste du rythme des producteurs locaux et de la pêche du jour à Port-Vendres ou Argelès. De beaux produits, donc, travaillés par un couple passé par de grandes tables, au *Ritz* notamment. 5 chambres, tout simplement charmantes.

La Salamandre : *3, route de Laroque. ☎ 04-68-89-26-67. • mojsan@wanadoo.fr • Tlj sauf mer, le soir seulement, plus le dim midi. Formule et menu 32-36 €.* Jolie déco contemporaine côté salle. Et, en cuisine, un chef de talent qui concocte une délicieuse cuisine méditerranéenne à base de bons produits locaux : légumes bio et poissons frais du jour (la côte catalane est à 2 encablures). Belle sélection de vins de la région et au-delà. Terrasse.

Ma Maison : *3, rue Saint-Jacques. ☎ 04-68-89-00-44. Ouv tlj juin-sept ; le reste de l'année, fermé dim soir, lun et mar. Fermé nov-fév. Formule déj 15 € ; menu 28,50 €.* Un cadre rustico-contemporain, avec une terrasse agréable aux beaux jours, voilà pour le décor. Dans l'assiette, une bonne cuisine maison (naturellement !) élaborée à partir de produits régionaux et de saison.

LES PYRÉNÉES-ORIENTALES

À voir à Sorède et dans les environs

***L'Établissement et service d'aide par le travail** (ESAT) **Les Micocouliers :** rue du Stade. ☎ 04-68-89-04-50. • apajh-sorede.fr • De mi-avr à mi-nov, lun-ven 9h-11h30, 13h30-16h30 (11h30 ven). Fermé sem de Noël. Boutique* Entre Fil et Bois *(av. de Hurth, ZA ; mêmes horaires). Visite guidée gratuite.* Cet établissement perpétue la tradition du fouet en micocoulier, qui remonte au XIIIe s. Des fouets et cravaches réputés pour leur flexibilité et leur longue durée. L'ESAT accueille des personnes en situation de handicap qui font là un travail remarquable de minutie. De grandes marques du secteur du luxe et la garde républicaine sont clients, tout comme les dompteurs de cirque. La fabrique est la seule dans le monde à travailler la matière naturelle. Intéressante visite de l'atelier du bois (à travers de grandes vitres), conduite par les travailleurs eux-mêmes. Projection d'un petit film.

***La vallée des Tortues :** lieu-dit **La Vallée-Heureuse.** ☎ 04-68-95-50-50. • lavalleedestortues.fr • À env 3 km au sud de Sorède (fléché). Tlj : juil-août, 10h-19h ; avr-mai et sept, 11h-18h ; juin, 10h-18h ; oct-1er nov, 11h-16h30. Fermé nov-mars. Animations tlj (consulter le site internet). Entrée : 13,50 € ; 9,50 € 3-12 ans.* Au cœur d'un grand parc arboré, une trentaine d'espèces de tortues terrestres et aquatiques du monde entier ! Géante des Seychelles, alligator, méditerranéenne, chacune a son truc pour battre le lièvre... D'autres animaux sauvages à découvrir : suricates, tatous, ouistitis ainsi qu'un vivarium. Également animations, visites guidées, balade en forêt, quiz et jeux pour enfants. Snack et aires de pique-nique. Éviter les heures les plus chaudes.

***Randonnée dans la forêt de la Massane :** départ du hameau de Lavail, à 7 km au sud-est de Sorède. Compter 3h de marche A/R. Topoguide en vente à l'office de tourisme d'Argelès.* Étendue sur 300 ha, cette forêt majoritairement peuplée de hêtres s'étage sur la partie supérieure du bassin versant de la rivière Massane, entre 600 et 1 150 m d'altitude. Faune riche et variée, et tour dite « de la Massane », édifiée vers 1285 par Jacques Ier de Majorque, offrant une vue remarquable.

SAINT-GÉNIS-DES-FONTAINES (66740)

Pittoresque village qui mérite une visite. Ambiance nonchalante de ces coins du Sud où la vie s'écoule tranquillement entre le marché (les mardi et vendredi) et les terrasses de cafés où on se retrouve pour papoter.

L'abbaye : *rue Georges-Clemenceau. ☎ 04-68-89-84-33. • saint-genis-des-fontaines.fr • ♿ (sauf étage). Juil-sept, tlj 9h30-12h30, 15h-19h ; le reste de l'année, lun-sam 9h30-12h, 14h-18h (17h oct-mars). Fermé certains j. fériés. Entrée : 2 € ; réduc ; gratuit moins de 12 ans.*
Fondée autour de l'an 780 puis dévastée au IXe s, l'abbaye bénédictine de Saint-Génis fut reconstruite au cours des décennies suivantes. Fortement déclinante au début du XVIe s, elle fut unie en 1507 à l'abbaye de Montserrat (Espagne). Vendue comme bien national en 1796, elle fut démantelée en majeure partie en 1924. On en trouve des morceaux outre-Atlantique : 3 piliers à Philadelphie et une vasque à New York *(Les Cloisters).*
Le cloître a été reconstruit à l'identique du primitif dans les années 1990. Les colonnes, récupérées dans le parc du château des Mesnuls, dans les Yvelines, ont retrouvé leur emplacement initial. Sobriété de l'ensemble et belle polychromie de teintes de marbre, unique en Roussillon. Un déambulatoire supérieur tient lieu de galerie d'art. Dans l'église, beau retable baroque dédié à saint Génis, martyr du Christ. À l'extérieur, le linteau, œuvre monumentale, est connu pour être la 1re sculpture romane datée (1019-1020).

LE BOULOU

(66160) 5 700 hab. *Carte Pyrénées-Orientales, C2*

Ville de passage à gros trafic estival et station thermale aux eaux connues depuis le pré-Moyen Âge. On y trouve les vestiges d'une tour quadrangulaire (issue du rempart médiéval) et l'église Sainte-Marie, dont le beau portail roman est surmonté d'une frise (peu visible) attribuée au maître de Cabestany, mystérieux sculpteur du Moyen Âge.

ROBINS DES BOIS DE CATALOGNE

Les Trabucayres ont écumé les collines du sud de la Catalogne du Nord de 1837 à 1846. Bandits de grand chemin, ils rançonnaient les plus fortunés, diligences de bourgeois ou riches fermiers, armés de fusils courts (les trabucs). Leurs forfaits étaient précédés de pratiques religieuses pour absoudre leurs futurs péchés...

Adresse utile

Office de tourisme : *6, rue Arago. ☎ 04-68-87-50-95. • tourisme-leboulou.fr • Juil-août, tlj sauf dim ap-m ; le reste de l'année, tlj sauf sam ap-m et dim, plus sam mat et dim nov-fév.*

Où dormir ? Où manger au Boulou et dans les environs ?

Hôtel Le Centre : *10, rue François-Arago. ☎ 04-68-83-15-73. • lecentrehotel@gmail.com • hotellecentre.com • Doubles 27,50-56 €.* Petit hôtel familial du centre-ville. Lentement mais sûrement, les chambres sont restaurées et agrémentées de jolies touches de déco. Donc les prix augmentent doucement aussi, mais en restant parmi les plus raisonnables que l'on connaisse dans ce pays. Double vitrage pour celles qui donnent sur la rue. Certaines ont conservé leur joli carrelage d'époque. Les moins chères disposent d'un simple lavabo. L'accueil est charmant. Un vrai, vrai bon plan pour les budgets serrés !

Le Cédrat : *route de Perthus, N9, Casino Joa. ☎ 04-68-83-01-20. Ouv tlj. Menus 18-21 € ; carte 22-28 €.* C'est tout simplement le restaurant du casino du Boulou. Que ce soit à la carte ou dans les menus, le chef propose une très bonne cuisine, plutôt classique. Déco chic et belle terrasse.

Auberge du domaine de Nidolères : *66300* ***Banyuls-dels-Aspres.*** *☎ 04-68-83-04-23. • aub-nidoleres@orange.fr • À 4 km au nord du Boulou. Ouv tlj. Formule et menu déj en sem 20 € ; menus 30 € ; carte env 35 €. Apéritif maison offert en été sur présentation de ce guide.* La bonne petite auberge au milieu du vignoble, tenue par des producteurs-restaurateurs. Grande et belle terrasse couverte, avec vue sur les vignes et le massif des Albères. Cuisine traditionnelle et vins des propriétaires de belle tenue ! Bon accueil, mais pas donné tout de même.

À voir au Boulou et dans les environs

La Maison de l'eau et de la Méditerranée : *4, rue Arago. ☎ 04-68-87-50-10. • mem-leboulou.fr • Juil-août, tlj 9h-12h30, 14h30-18h ; hors saison, lun-sam 9h-12h30 (12h sam), 14h (15h lun)-17h30 (17h sam), dim 10-12h30. Entrée : 6 € ; réduc ; gratuit moins de 6 ans.* L'eau est indissociable de cette petite cité, du Tech qui la traverse jusqu'aux sources thermales. C'est toute cette histoire que raconte sur 3 étages cet espace résolument contemporain à travers films 3D, expériences ludiques... On suit un petit cours de chimie avec l'eau dans tous ses états, un autre de géopolitique sur le bassin méditerranéen. Et la visite incite, en outre, à une salutaire réflexion sur la préservation de l'eau, indispensable élément naturel pourtant plus que jamais menacé.

La chapelle Saint-Martin-de-Fenollar : *à* ***Maureillas-Las-Illas.*** *☎ 04-68-87-73-82. À 3 km au sud-ouest, fléché sur la droite. Tlj juil-août, 10h-12h, 14h30-18h30. Tlj sauf mar fév-juin et sept-nov, 14h-17h. Fermé certains j. fériés et déc-janv. Entrée : 3,50 € ; réduc ; gratuit moins de 12 ans.* Toute petite chapelle préromane (IXe) qu'on remarque à peine, en contrebas de la route qui file vers l'Espagne. Et pourtant, son abside abrite de superbes fresques du XIIe s, le plus important décor peint de la région qui, avant nous, avait déjà séduit Braque et Picasso.

LE PERTHUS

(66480) 590 hab. *Carte Pyrénées-Orientales, C3*

Une ville-frontière sans intérêt majeur, sauf pour les amateurs de shopping. Dès qu'on passe en Espagne, c'est une succession ininterrompue de boutiques et de centres commerciaux ouverts 7 j./7 !

Où dormir ? Où manger dans les environs ?

Chalet de l'Albère : *col de l'Ouillat, 66480* ***Saint-Jean-d'Albère.*** *☎ 04-68-83-62-20. • lechaletdelalbere@hotmail.fr • chalet-de-lalbere.business.site • À 12 km à l'est du Perthus par la petite route du col de l'Ouillat (fléché). Tlj sauf lun-mar-mer oct-avr. Service continu 12h-21h (le soir sur résa). Nuitée 16 €. ½ pens 42 €/pers. Menus 20-28 € et carte. CB refusées.* À la fois café-resto et gîte d'étape (il est pile sur le GR 10), ce chalet en bois, au milieu de la forêt, offre un point de vue exceptionnel sur les cols d'Espagne, le fort de Bellegarde et les massifs des Albères. Au niveau du gîte, 2 dortoirs (10 et 14 personnes) avec douche, et 4 cabines de 2 à 4 places avec w-c et douche à l'extérieur. Simple et propre. Au resto, bonne cuisine de région et superbe terrasse avec vue. Bon accueil.

À voir

Le fort de Bellegarde : *visite de mi-juin à mi-sept, tlj 10h30 (13h30 w-e)-18h30 ; hors saison, sur rdv : ☎ 04-68-54-27-53 (de mi-juin à mi-sept) ou 04-68-87-00-53. • le-perthus.com • Entrée : 4 € ; réduc.* Forteresse du XVIIe s, construite par Vauban, elle fut prise et reprise à chaque guerre entre les rois de France et d'Espagne. Couvrant 14 ha, 1 200 personnes pouvaient y vivre pendant 1 an sans en sortir grâce à l'engrangement du blé dans une suite de caves voûtées et à un puits du XVIIe s de 62 m. La forteresse accueillit des fortes têtes au début du XXe s, puis des républicains espagnols fuyant après la guerre civile, et enfin des Allemands pendant la Seconde Guerre mondiale. Aujourd'hui, certaines salles abritent les vestiges des fouilles archéologiques du site romain et médiéval de Panissars, 1 km en contrebas. De sa terrasse panoramique, on plonge sur l'Espagne et la pyramide de Ricardo Bofill, symbole de l'union des 2 Catalognes. Pour l'anecdote, *La Scoumoune,* avec Claudia Cardinale et Jean-Paul Belmondo, ainsi que *L'Évadé,* avec Charles Bronson, furent tournés ici.

LE VALLESPIR

Belle vallée aux versants boisés où s'écoule le Tech, descendant des sommets pyrénéens pour se jeter dans la mer. Région la plus méridionale de France, le Vallespir connaît des paysages variés : plaine à 100 m d'altitude, puis pâturages et forêts majestueuses de hêtres, de chênes et de châtaigniers au fur et à mesure que l'on remonte vers la source du fleuve, jusqu'à 2 500 m.
Mais ce sont ses habitants et leurs traditions bien vivantes qui donnent aussi à cette vallée tout son intérêt, comme à Céret la paisible et à Arles-sur-Tech la pieuse, où sardane et fête de l'Ours animent les placettes ombragées...

Comment y aller ?

➢ ***En bus :*** *• laregion.fr •* Lignes Perpignan-Arles, via Céret et Amélie-les-Bains (lun-sam ligne régulière), et Perpignan-La Preste, via Céret, Amélie, Arles et Prats-de-Mollo, parfois avec changement à Arles. Liaison également Céret – Argelès-sur-Mer, via Saint-André, Sorède, Maureillas : 2-3 bus/j. sauf dim.

➢ ***En voiture :*** de Perpignan, autoroute A 9-E 15 ou D 900 (N 9) direction Barcelone et sortir au Boulou (21 km) ; puis D 115 jusqu'à Prats.

CÉRET

(66400) 7 980 hab. *Carte Pyrénées-Orientales, C2-3*

Cœur et capitale du Vallespir, Céret avait tout pour séduire les artistes du début du XXe s, et les galeristes d'aujourd'hui, avec son boulevard

de platanes constamment animé, son pont du Diable plein de légendes, ses corridas, ses danses, ses accueillants Cérétans, ses 310 jours d'ensoleillement par an et ses cerises gorgées de sucre rouge.

LE TEMPS DES CERISES

Si d'autres coins de France leur grillent parfois la politesse, les cerises de Céret conservent la réputation d'être les 1res récoltées en France. Tous les ans, une cagette des 1res cerises cueillies est livrée à l'Élysée, tradition ininterrompue depuis 1932 !

Adresse et infos utiles

Office de tourisme : *5, rue Saint-Ferréol. ☎ 04-68-87-00-53. • vallespir-tourisme.fr • De juil à mi-sept, tlj 9h-19h (dim 9h-13h) ; mai-juin et de mi-sept à oct, lun-ven 9h-12h30, 14h-18h ; nov-avr, lun-ven 9h-12h30, 14h-17h, sam 9h-13h.* Visite guidée de la ville.

– **Marché :** *sam mat.* Vraiment sympa : nombreux produits régionaux, artisanat, etc.

– **Marché nocturne :** *mar en juil-août.*

Où dormir ?

Campings

Camping municipal du Bosquet de Nogarède : *36, av. d'Espagne. ☎ 04-68-87-26-72. 07-54-80-11-62. À 1 km du centre (fléché). Ouv avr-oct. Forfait 14 € pour 2. CB refusées. 135 empl.* Dans un joli parc ombragé et traversé par un ruisseau (chouette !) au bord duquel se trouvent les emplacements pour tentes. Les caravanes, elles, sont installées (et c'est moins chouette) en bordure de la route. Le centre-ville est à portée de mollets et le lac de Saint-Jean à 5 km.

Les Cerisiers : *mas Toure. ☎ 04-68-87-00-08. • camping.lescerisiers@club-internet.fr • campingcerisiers.fr • À 2 km de Céret (fléché). Fermé de janv à mi-fév. Forfait 17,90 € pour 2 ; mobile homes 210-670 €/sem selon saison. CB refusées. 120 empl. Verre de bienvenue offert sur présentation de ce guide.* Bien ombragé par lesdits cerisiers, un terrain paisible aux emplacements spacieux isolés par des haies touffues. Location de vélos. Lac de Saint-Jean à 4 km.

De bon marché à prix moyens

Cérétan Hôtel : *7, rue de la République. ☎ 04-68-87-11-02. • leceretan.hotel@gmail.com • leceretanhotel.com • Doubles 50-65 €.* L'hôtel, récemment rénové, abrite des chambres aux tonalités modernes, impeccables et plaisantes, surtout celle donnant sur le massif du Canigó. Excellent rapport qualité-prix, patio pour le petit déj et accueil adorable.

Hôtel Vidal : *4, pl. Soutine. ☎ 04-68-87-00-85. • bisbe@club-internet.fr • hotelceret.com • Fermé nov. Double 58 €.* Ancienne résidence épiscopale datant de 1735, classée Monument historique. Un charme fou avec sa belle façade ouvragée. Chambres assez spacieuses, simples et agréables, sans TV. Les proprios sont du village, dont ils connaissent bien les secrets. Bon resto également (voir « Où manger ? *Restaurant del Bisbe* »).

Où manger ?

De bon marché à prix moyens

Le France : *35, bd du Maréchal-Joffre. ☎ 04-68-87-11-27. Tlj. Fermé de mi-janv à mi-fév. Formule et menu déj sem 15-18 € ; menu 19 € ; carte env 30 €.* Grand café-brasserie à l'ample terrasse posée sous les platanes centenaires du boulevard. Jolies salles sur 2 étages, mises au goût du jour sans y perdre leur âme. Plats de tradition et de région pas mal tournés, servis en vitesse et dans la bonne humeur.

Al Catala : *15, av. Clemenceau. ☎ 04-68-87-07-91. • al.catala@orange.fr • Tlj sauf lun et soir dim, mar-mer. Formule et menu déj sem 16 €. Menu 29-39 €. Carte env 30 €. Apéritif maison offert sur présentation de ce guide.* Une salle élégante, une terrasse dans un joli patio planté de bambous, et une chef inspirée qui travaille une cuisine gourmande, pleine d'inventivité sans renier ses racines méditerranéennes.

Can Jordi : *10, bd Jean-Jaurès. ☎ 04-68-87-71-75. De mi-juin à mi-sept, tlj sauf lun ; hors saison, tlj sauf mar-mer. Fermé de mi-nov à mi-déc. Menu déj sem 17 € ; autre menu 31 € ; carte 36 €. Apéritif maison ou café offert sur présentation de ce guide.* Le jeune chef travaille des produits frais et propose en toute simplicité une cuisine catalane, avec poissons et viandes *a la plancha* au bon rapport qualité-prix. Belle carte des vins de pays. Service attentionné. Terrasse.

La Praline : *15, bd Maréchal-Joffre. ☎ 04-68-87-71-21. • omleurquin@gmail.com • Mar-ven 9h-14h, 16h-19h ; sam 9h-14h30. Formule (boisson comprise) 19,90 €.* Petit salon de thé impeccable pour siroter un café gourmand ou déjeuner sur le pouce d'une tarte salée maison ou d'une salade. Bons chocolats chauds également, gaufres... les proprios sont belges. Quelques tables sur le trottoir.

Restaurant del Bisbe : *4, pl. Soutine. ☎ 04-68-87-00-85. • bisbe@club-internet.fr • Resto de l'hôtel* Vidal *(voir « Où dormir ? »). Tlj sauf lun-mar. Fermé nov. Formule déj en sem 18 € ; menu 32 € ; carte env 35 €.* On y fait bombance dans la salle à manger de l'évêque ou en terrasse, sous une tonnelle ombragée par une jolie treille de vigne. La carte change chaque saison (même l'emblématique *escalibade* est déclinée selon les produits du marché) et peut compter sur une belle sélection de breuvages du cru. Une bien bonne table.

Chic

L'Atelier de Fred : *12, rue Saint-Ferréol. ☎ 04-68-95-47-41. Tlj sauf dim-lun. Résa quasi obligatoire. Menus 28 € déj sem, puis 45-58 €.* Un gastro à la mode d'aujourd'hui, donc sans rien d'ostentatoire. Une vraie table-plaisir où, comme ils disent, papilles comme pupilles sont à la fête : très belle cuisine, joli cadre (avec un adorable patio pour quand il fait beau), accueil tout sourire et prix tenus.

Où dormir ? Où manger dans les environs ?

Camping

Al Comu : *route de Fourques, 66300* **Llauro.** *☎ 04-68-39-42-08. 06-86-21-50-15. • alcomu@wanadoo.fr • camping-al-comu.com • À une dizaine de km au nord. Ouv de début avr à mi-oct. Forfait env 17 € pour 2 en hte saison. CB refusées. 40 empl.* Un petit camping au calme, à l'écart des grands axes. Les emplacements sous les chênes-lièges sont vraiment vastes. Sol un peu dur, prévoir le matériel en conséquence. Belle vue côté Méditerranée, belle vue côté Pyrénées, et adorable côté accueil.

De prix moyens à chic

Hôtel Le Mas Trilles : *av. du Vallespir,* **Reynès.** *☎ 04-68-87-38-37. • info@le-mas-trilles.com • le-mas-trilles.com • À 4,3 km à l'ouest de Céret, direction Amélie-les-Bains ; à la sortie de Pont-de-Reynès, sur la droite. Ouv avr-oct. Doubles 85-239 €.* Niché dans le repli d'une colline boisée, surplombant la rivière, authentique mas catalan du XIVᵉ s superbement restauré. Il abrite aujourd'hui 5 magnifiques chambres, chics et pleines de charme, à la déco personnalisée (meubles d'antiquaire, tissus coordonnés). Les propriétaires aiment chiner et ils ont du goût ! Piscine. Confort parfait et en prime, accueil charmant.

À voir

Le musée d'Art moderne de Céret : *8, bd du Maréchal-Joffre. ☎ 04-68-87-27-76. ♿ **FERMÉ POUR TRAVAUX D'AGRANDISSEMENT.** Infos pratiques sur ● musee-ceret.com ●*
En 1950, 2 peintres, Pierre Brune et Frank Burty Haviland, lancent un projet de musée pour perpétuer le souvenir des nombreux artistes ayant fréquenté la ville au début du XXe s et qui ont beaucoup peint Céret. Une liste comme copiée-collée du sommaire d'un ouvrage d'histoire de l'art. À partir de 1910, Manolo, Picasso, Braque, Juan Gris, Auguste Herbin, Kisling, Max Jacob, et, après la Seconde Guerre mondiale, Masson, Loutreuil, Krémègne, Soutine, Chagall... séjournent à Céret. Picasso soutient le projet en faisant don de 53 œuvres, dont la magnifique série des coupelles tauromachiques. Matisse offre des dessins de Collioure. Le musée connaît aujourd'hui une nouvelle phase de son histoire. La collection moderne se déploie dans une présentation didactique. La collection contemporaine (Viallat, Bioulès, Ben, Clément, Gauthier, Tàpiès, Tom Carr, Barceló, Plensa) dialogue avec les artistes d'aujourd'hui, suivant ainsi la personnalité originale du musée, créé par et pour les artistes. Une nouvelle aile propose de vastes espaces d'exposition temporaire.

LE BARBIZON CATALAN

Picasso le 1er est tombé amoureux de Céret. À deux pas de l'Espagne, dont il était exilé (le régime franquiste détestait les communistes !), il fit aimer cette petite cité à tous ses amis artistes. Incroyable panthéon, largement exposé au musée d'Art moderne étonnamment fourni : Cocteau, Chagall, Marquet, Matisse, Maillol... On sent d'ailleurs encore leur présence sous les platanes, dans les cafés. Un Barbizon... en plus ensoleillé !

MUSIC *(musée des Instruments de Céret)* **:** *14, rue Pierre-Rameil. ☎ 04-68-87-40-40. ● music-ceret.com ● **Ouverture courant 2021**, consulter le site internet pour les horaires. Entrée : 7 € ; réduc ; gratuit moins de 7 ans.* À l'origine de ce musée atypique, un couple de médecins suisses-allemands, pas musiciens pour un sou mais dévorés d'une passion pour les hautbois qui ne connaît pas de mesure. Au cours de leurs multiples périples à travers le monde, ils ont amassé une collection de près de 4 000 instruments. 450 sont exposés ici, dans un beau travail de mise en lumière offrant un fascinant voyage à la découverte des traditions musicales des 5 continents.

La Maison du patrimoine Françoise-Claustre : *pl. Picasso, tour d'Espagne. ☎ 04-68-87-31-59. ● maisondupatrimoine-ceret.com ● **Ouverture courant 2021**, se renseigner. Entrée : 2,50 € ; réduc ; gratuit moins de 12 ans.* 5 petites salles d'expo permanente permettent de suivre l'évolution du Vallespir, de la préhistoire au Moyen Âge. Peu de pièces mais de qualité, notamment les urnes funéraires (nécropole de Céret, âge des métaux). Expos temporaires.

Le « Boulevard » : l'artère principale de la ville s'appelle successivement Joffre, Jaurès, La Fayette et place Picasso. Elle épouse la forme des anciens remparts, dont il reste quelques vestiges : la porte de France et celle d'Espagne, du XIVe s. Un boulevard constamment animé, qui conserve son charme et sa poésie. C'est ici que les artistes se retrouvaient, peignant et discutant sous les platanes ou à la terrasse des cafés. Les peintres sont passés, les platanes sont restés, superbes, certains âgés de 200 ans et plus.

L'église Saint-Pierre : *ouv selon disponibilités des bénévoles.* Mignonne avec son clocher carré du XIIe s et son portail en marbre. À l'intérieur, joli dôme peint, de beaux retables baroques à colonnes et chaire de marbre. L'ancien mécanisme de l'horloge (7 m de diamètre !) est désormais exposé dans le hall de la mairie : on jurerait une sculpture contemporaine.

Le pont du Diable : *à l'entrée de la ville en venant de Perpignan.* Construit au XIVe s, le pont de Céret fut longtemps le seul accès à la ville. Avec son arche de 45 m d'ouverture, il reste un miracle d'architecture. À tel point qu'une légende prétend que ce pont est l'œuvre du diable lui-même ! Les ponts précédents ayant coutume de s'effondrer, le diable proposa ses services... contre la 1re âme qui franchirait le nouveau pont. Acceptant son aide, l'ingénieur chargé des travaux usa de subterfuge et fit passer un chat noir sur le pont. Surpris, le démon en oublia de poser la dernière pierre... elle manque toujours : aucune n'a jamais pu y adhérer ! Pour se venger, le Malin jura de détruire son travail. C'est pourquoi les habitants de Céret édifièrent 2 autres ponts à côté...

Manifestations

- ***Procession du Ressuscité :*** *dim de Pâques.* Bonne occasion d'assister à des sardanes (voire de guincher !).
- ***Fête de la Cerise et festival de bandas*** *(fanfares) : fin mai ou 1er w-e de juin.*
- ***Tout l'été :*** sardanes dans les rues, bals de quartiers.
- ***Feria :*** *mi-juil. • feriadeceret.com •* Corridas traditionnelles, avec mise à mort *(no comment).* Autrefois, Picasso les présidait en personne... Pendant 3 jours, *abrivado* avec lâcher de taureaux dans les rues.
- ***Festival international de sardane :*** *3e w-e de juil.* Magnifique. Céret s'est fait une spécialité de cette danse catalane. Pour l'occasion, des centaines de danseurs forment des rondes blanc et rouge dans les arènes.
- ***Fête de la Saint-Ferréol :*** *18 sept.* Grande fête en l'honneur de saint Ferréol, patron de Céret. Très beau rassemblement de *puntayres,* les dentellières catalanes !

DANS LES ENVIRONS DE CÉRET

L'ermitage Saint-Ferréol : *à 4 km au nord de Céret. Rens : ☎ 04-68-87-02-09. Ouv selon disponibilité des bénévoles.* Au sommet d'une colline boisée, un bien bel ensemble de style espagnol du XVIIIe s. À l'intérieur, beau retable. Et même si c'est fermé, le déplacement vaut la peine pour la vue à 360° sur la plaine.

Le pic de Fontfrède : *à 12 km au sud, par une route sinueuse, assez difficile, mais quelle récompense !* De ses plus de 1 000 m d'altitude, panorama superbe sur le Roussillon et la Méditerranée. Picasso y faisait des pèlerinages pour observer son Espagne natale à la jumelle !

Le lac de Saint-Jean-Pla-de-Corts : *à 4 km à l'est de Céret par la D 115.* Une série de plans d'eau propices aussi bien à la baignade (surveillée en juillet-août) qu'à la pêche, la balade (piste cyclable de 20 km) et une foule d'activités nautiques !

AMÉLIE-LES-BAINS – PALALDA

(66110) 3 750 hab. *Carte Pyrénées-Orientales, C3*

L'une des plus vieilles stations thermales de France, puisque ses eaux sulfureuses avaient déjà été repérées par les Romains, qui ont construit ici les

1ers thermes. On peut encore voir les vestiges d'une antique piscine voûtée dans les thermes d'aujourd'hui, malheureusement sans charme. En fait, malgré sa situation, son air pur et sa végétation méditerranéenne, la ville n'a pas grand-chose pour elle : tout en longueur, faite de bâtiments en béton, peu animée. Asthmatiques et rhumatisants s'y font soigner. Sinon, à proximité, le vieux village de Palalda mérite une visite.

Adresse et info utiles

Office de tourisme : *22, av. du Vallespir. ☎ 04-68-39-01-98. • tourisme-amelie.com • Juin-sept, tlj sauf dim ap-m ; le reste de l'année, lun-ven et sam mat (sauf déc-janv).*
– **Marchés :** *jeu mat pl. de la Sardane, et tlj pl. de la République pour les fruits et légumes.*

Achats

Maison Coll : *6, av. du Vallespir. ☎ 04-68-39-00-05. Tlj sauf dim-lun mat, plus sam ap-m hors saison, 9h-12h, 15h-19h.* Un des derniers fabricants artisanaux d'espadrilles et autres vigatanes, avec ou sans talons, aux chauds coloris de Catalogne. La fabrique ne se visite malheureusement pas.

Pâtisserie Perez-Aubert : *12, rue des Thermes. ☎ 04-68-39-00-16. Face à la mairie. Tlj sauf mer et dim ap-midi, 8h-12h30, 15h-19h. Congés : 3 sem en juil.* Fabrication artisanale de la rousquille, gâteau amélien dont la recette tenue secrète et transmise de génération en génération a été inventée ici il y a plus de 200 ans... à moins que ça ne soit à Arles-sur-Tech : le débat fait rage !

À voir

Palalda : vieux bourg sur les hauteurs, rattaché à Amélie depuis 1942. Des ruelles charmantes et de vieilles tours de pierre, restes d'un château médiéval. Église du Xe s à la superbe porte aux étonnantes ferrures.
– Juste à côté, petit ***musée de la Poste en Roussillon*** et ***musée des Arts et Traditions populaires,*** dans le ***centre d'interprétation Charles-Rennie-Mackintosh*** : *☎ 04-68-39-34-90. Mars-oct, tlj sauf mat lun et sam, 10h-12h, 14h-18h30 (19h mai-sept) ; reste de l'année, lun-ven 14h-17h30. Fermé de mi-déc à mi-janv. GRATUIT.* Histoire de la poste et des communications, du timbre au téléphone. Si vous déposez votre courrier dans la boîte aux lettres, il sera acheminé avec le tampon du musée. Également des expos sur les savoir-faire ancestraux (vannerie, tissage, apiculture, etc.) et une présentation du travail de Mackintosh, architecte écossais parmi les plus grands représentants de l'Art nouveau. Rien à voir avec les ordinateurs, donc... Il a vécu dans le département dont 1 an à Amélie-les-Bains où il s'est largement consacré à sa passion 1re, la peinture.

QUAND LA MODE SE LASSE

La vigatane est comme une espadrille, mais avec des rubans de coton à nouer autour des chevilles. Si son origine est incertaine (Vic, près de Barcelone ?), il est sûr que ce chausson a bien occupé les industries du Vallespir jusqu'au milieu du XXe s. Toiles et semelles de corde ont fait trimer des ouvriers à domicile. Puis les métiers à tisser se sont tus. Restent quelques fabricants artisanaux dont l'avenir est incertain. Sauf retournement de mode.

Manifestations

– ***Festival folklorique international :*** *5 j. début août.* Près de 300 danseurs et musiciens présentent le folklore des 5 continents.
– ***Festibanyes :*** *début sept.* Fête traditionnelle et familiale reprenant les jeux taurins d'antan. Repas midi et soir avec animation musicale.

ARLES-SUR-TECH

(66150) 2 740 hab. *Carte Pyrénées-Orientales, C3*

Comme Céret, Arles-sur-Tech conserve des traditions et un folklore catalans vivaces. Mais la ferveur religieuse y joue un rôle plus important, son abbaye ayant connu une grande renommée au Moyen Âge. Son cloître ravissant est là pour en témoigner, ainsi qu'un étrange sarcophage rempli d'eau, qui garde tout son mystère... Voir aussi, quasi en face de l'abbaye, l'hôtel de ville, ancienne *Villa Les Indis,* incroyable bâtisse de 1901, au style Belle Époque. Enfin, ne pas quitter Arles sans avoir goûté aux délicieuses rousquilles.
Quant aux randonneurs entraînés, ils s'attaqueront au pic du Canigó par le sud : compter 12h de marche aller-retour (au départ du refuge de Batère, au bout de la D 43, sur la commune de Corsavy).

Adresse et info utiles

Office de tourisme : *le Palau, face à la mairie. ☎ 04-68-39-11-99. • tourisme-haut-vallespir.com • En principe, ouv juil-août, tlj 9h-19h ; hors saison, lun-sam 9h-12h, 14h-18h.* Propose une visite guidée du village axée sur le patrimoine industriel et artisanal (fer, chocolat, tissage).
– ***Marché :*** *mer mat.*

Où dormir ? Où manger dans le coin ?

Dommage, on aimerait vous donner plein de tuyaux sur l'hébergement dans cette petite ville sympa. Mais si Amélie la bétonnée en déborde, Arles l'authentique en manque cruellement. Avis aux vocations !

Campings

Camping du Riuferrer : *rue de la Forge, à Arles-sur-Tech. 07-75-21-49-58. • campingriuferrer@gmail.com • campingduriuferrer.com • À 600 m du centre, direction Prats-de-Mollo. Ouv mars-oct. Forfait 20 € pour 2 en hte saison ; loc de caravanes et de mobile homes 150-725 €/sem. 150 empl. Réduc de 10 % sur les séjours d'1 semaine min sur présentation de ce guide.* Camping tranquille, dispersant au milieu des arbres des emplacements bien délimités par des haies. La famille Larreur, très sympa, s'en occupe depuis de nombreuses années. Demandez leur avis aux campeurs les plus anciens (certains ont près de 40 ans de fidélité !). Jeux pour les gosses, snack-resto en saison. Piscine (gratuite pour les campeurs en juillet-août) et tennis municipaux à 2 pas.

Camping Le Cortsavi : *route de Batère, 66150* ***Corsavy.*** *☎ 04-68-87-89-24. • info@camping-cortsavi.com • campinglecortsavi.fr • À 7 km au nord-ouest d'Arles ; fléché depuis le village. Ouv avr-oct. Forfait 18 € pour 2 en hte saison ; loc de caravanes, mobile homes et appartements 280-450 €/sem.*

50 empl. Juché à 800 m d'altitude sur les hauteurs du village, le camping bénéficie d'un environnement à la fois beau et paisible, velouté et vallonné. Peu d'ombre, cela dit, et un seul bloc sanitaire. Sur place, snack. Piscine municipale à 200 m (juillet-août). Barbecue communautaire et aire de jeu pour enfants.

Prix moyens

Chez Françoise : *rue Baptiste-Pams à* ***Corsavy*** *(66150). ☎ 04-68-39-12-04. À 7 km au nord-ouest d'Arles ; à l'entrée du village. Tlj, sauf mer, le midi seulement. Fermé de mi-déc à fin fév. Menu 33,50 € (vin compris).* La bonne vieille adresse de village, qui fait, aujourd'hui encore, bar, épicerie et tabac. Salle évidemment rustique, doublée d'une gentille terrasse glissée sous une treille. La patronne (qui ne s'appelle pas Françoise !) concocte un menu unique et roboratif avec charcuterie et pâté maison, truite, omelette aux cèpes, pintade et dessert. Mais, en semaine, on peut se contenter d'un seul plat. Service vif et souriant.

Où acheter de délicieuses rousquilles ?

Pâtisserie Jean Touron : *placette d'Avall. ☎ 04-68-39-10-47. Tlj sauf lun.* Il serait l'inventeur de la fameuse *rosquilla* (ou rousquille), biscuit rond au citron, nappé de sucre glace (à moins qu'on n'en trouve l'origine à Amélie-les-Bains ?). Le touron (nougat), ce n'est pas lui...

À voir

L'abbaye Sainte-Marie d'Arles : *entrée par le Palau. Visites libres ou guidées, ainsi que des visites contées. Rens et résa au ☎ 04-68-83-90-66. Entrée : env 4 € ; réduc.*
Ancienne abbaye bénédictine fondée par ce sacré, sacré Charlemagne au VIIIe s, autour de laquelle le village se développa.
– ***L'église abbatiale :*** se distingue par l'orientation de son abside, vers l'ouest plutôt qu'à l'est comme de tradition. Bel intérieur en pierre massive, voûtes du XIIe s, grand orgue superbe du XVIIIe s et intéressants témoignages d'art sacré dans les chapelles. Dans la 1re, à droite, beau retable baroque (éclairage à gauche) qui raconte l'histoire de princes persans au IIIe s à travers des personnages en bois sculpté recouverts à la feuille d'or. Dans l'absidiole à gauche du maître-autel, les fameux *misteris* (représentations du Christ : assis, en croix, au tombeau...) portés par les pénitents noirs lors de la procession de la Sanch. Dans une chapelle haute au-dessus du portail d'entrée, à l'intérieur, fresques du XIIe s. Et notez aussi le pilier creux utilisé jadis comme cache à reliques.
– ***Le cloître de l'abbaye :*** d'une finesse rare et très bien conservé, il fut construit à la fin du XIIIe s. C'est le 1er cloître de style gothique du Roussillon. Les arcades de marbre blanc et de calcaire gris des galeries sont de véritables chefs-d'œuvre. Au centre du petit jardin médiéval, une croix de fer forgé originale, « la Creu del Gra » : dans sa tige, prisonnière de liens soudés, une boule de fer que l'on peut faire rouler !
– ***La Sainte Tombe :*** sur le parvis de l'église. Ce sarcophage de marbre blanc vieux de 1 700 ans reste une véritable énigme. Il aurait

SOURCE DE MYSTÈRE

L'étrange phénomène lié à la présence d'eau dans le sarcophage de l'abbaye Sainte-Marie laisse les scientifiques perplexes. Ce caisson surélevé, distant du mur, vidé chaque année, profiterait du savant mélange d'infiltration d'eau de pluie (à 90 %) et de condensation de vapeur atmosphérique à travers les interstices du couvercle (pour les 10 % restants). Étrange, étrange...

abrité les reliques de saint Abdon et de saint Sennen, rapportées à Arles au Xe s. L'incroyable est qu'il se remplit, au cours de l'année, de plusieurs centaines de litres d'eau, malgré un couvercle bien massif (voir encadré). Au-dessus du sarcophage, une statue funéraire encastrée dans le mur, représentant un seigneur mort au début du XIIIe s.

Le Palau : autrefois dépendance de l'abbaye, il s'y trouvait notamment un pressoir qu'utilisaient les Arlésiens, vassaux du seigneur-abbé, lors des vendanges. Vendu comme bien national pendant la Révolution française, le bâtiment a été acquis au début du XXe s par une grande famille d'industriels du chocolat, les Cantaloup, pour en faire leur demeure. Ce lieu, après travaux et réaménagement, deviendra le centre d'un pôle patrimonial religieux et culturel.

Le Moulin des arts et de l'artisanat et le conservatoire des tissages : *rue du 14-Juillet. Avr-mai, tlj 14h-18h ; juin-oct, tlj 10h-19h. GRATUIT.* Une ancienne usine créée vers 1900 pour fabriquer des toiles et des tresses pour semelles d'espadrilles, puis du linge de maison. Les métiers sont désormais silencieux, mais le site est devenu un pôle des métiers d'art regroupant plusieurs ateliers : sculpteur-fondeur, céramiste, maîtres-verriers, ferronnier d'art, feutrier, tourneur sur bois, bijoux-graines, peintres... Également une boutique qui regroupe une quinzaine de créateurs 100 % Sud Canigó, 250 m^{2} d'exposition.

LES PYRÉNÉES-ORIENTALES

Manifestations

- ***Fête de l'Ours :*** *1er w-e de fév, au début du carnaval.*
- ***Foire aux chevreaux et aux fromages :*** *w-e des Rameaux.*
- ***Procession de la Sanch :*** *soir du Vendredi saint.* À ne pas rater.
- ***Fête de la Saint-Éloi :*** *fin juin.* Bénédiction des mulets et des petits pains. Cette amusante cérémonie rend hommage aux braves bêtes qui rendirent tant de services aux montagnards du Vallespir avant l'avènement du moteur !
- ***Festa major :*** *fête du village, le 30 juil.* Procession des reliquaires des saints, offrande de la Rodella (ininterrompue depuis le XVe s), etc.
- ***Festival d'orgue à l'abbaye :*** *juil-oct.*
- ***Rencontres européennes de ferronnerie d'art :*** *3e w-e d'oct, ts les 2 ans (années impaires).* 3 jours d'intense « forging ». Unique !

DANS LES ENVIRONS D'ARLES-SUR-TECH

MONTFERRER (66150)

Ruines d'un château *(castell)* dynamité au XVIIe s et très belle église romane. Dernière richesse de ce charmant village : les truffes, dont Montferrer est la capitale régionale... Et dans la montagne, on peut se ravitailler en excellents fromages de brebis au ***mas de Can Nadal*** *(06-16-66-00-92).*

SERRALONGUE (66230)

Beau petit village aux maisons colorées. Un chemin en pente mène à l'église romane construite au début du XIe s. Superbe porte aux ferrures en spirales et à l'énorme verrou en forme de dragon. Derrière l'église, un escalier grimpe à une butte ornée d'un petit édifice, appelé *conjurador.* Cette structure carrée ouverte sur les côtés était fréquente en Catalogne : c'est d'ici que les prêtres lançaient leurs prières censées calmer les colères du ciel et conjurer le mauvais sort... En tout cas, la vue sur les montagnes environnantes y est superbe.

SAINT-LAURENT-DE-CERDANS (66260)

Ce village du haut Vallespir (3 000 habitants au XIXe s, 1 250 aujourd'hui), riche de traditions ouvrières et pastorales, affiche son attachant passé sur les murs des maisons et compte encore une fabrique d'espadrilles *(possibilité de la visiter en saison sur rdv ; ☎ 04-68-54-08-68 ; boutique, chemin du Baynat-d'en-Pouly).* Jadis, une dizaine d'ateliers employaient ici 1 millier de personnes. Également une usine de linge de maison très réputée *(**Les Toiles du Soleil,** av. Jean-Jaurès ; ☎ 04-68-39-33-93 ; boutique lun-jeu 10h-12h, 14h-17h).*
Fête de l'Ours : *2e w-e des vac scol d'hiver, pdt 3 j.*

Adresse utile

Bureau municipal d'animation et de tourisme : *7, rue Joseph-Nivet. ☎ 04-68-39-55-75 (50-04 mairie). Juil-août, en principe tlj 10h-12h, 14h-18h ; le reste de l'année, lun-ven 10h-12h, 14h-17h.* Y est exposé l'ancien mécanisme de l'horloge du clocher de l'église, datant de 1888.

À voir

La Maison du patrimoine et de la mémoire : *☎ 04-68-39-55-75. Entrée par le bureau de tourisme ; mêmes horaires. Entrée : 1 € ; réduc.* Reconstitution d'une usine d'espadrilles de 1923 et d'une forge de maréchal-ferrant, photos sur la vie sociale et festive du village du début du XXe s à nos jours. Également une salle consacrée à la *retirada,* sombre épisode de l'émigration des réfugiés espagnols en 1939. Petit film de 15 mn projeté sur demande.

COUSTOUGES (66260)

Village frontalier célèbre dans la région pour sa magnifique église fortifiée du XIIe s : clocher impressionnant, toit d'ardoise bleue et portails admirables. L'originalité réside dans le 2d portail, intérieur : tympan foisonnant de sculptures représentant des végétaux et d'étranges animaux. À l'intérieur, très belle grille en fer forgé fermant le chœur. Dans tout le village, des panneaux explicatifs, historiques et parfois désopilants. On peut ensuite poursuivre vers l'Espagne direction Maçanet-de-Cabrens.

PRATS-DE-MOLLO – LA PRESTE

(66230) 1 170 hab. *Carte Pyrénées-Orientales, B3*

Prats, la royale ! Car les rois d'Aragon y avaient bâti un palais. Alors elle a gardé le titre depuis le XIIe s. Cette paisible ville de montagne aux hautes maisons à balcons étonne par le contraste entre sa partie « moderne », étalée, et, en son cœur, sa cité fortifiée. Vauban est encore passé par là, renforçant les remparts et édifiant un fort qui veille sur l'imposante église au grand clocher carré. Aujourd'hui, Prats vit surtout du tourisme vert et de sa station thermale (urologie, rhumatologie) située à La Preste, à une dizaine de kilomètres par une route de montagne superbe.

Adresse et info utiles

Bureau d'Information touristique : *pl. du Foiral. ☎ 04-68-39-70-83. • pratsdemollolapreste.com • Juil-août, tlj ; sept-mars, lun-ven ; avr-oct, lun-sam.*

– **Marché :** *ven mat.*

Où dormir ? Où manger à Prats et dans les environs ?

Hôtel Le Bellevue – Restaurant Bellavista : *pl. du Foiral. ☎ 04-68-39-72-48. • info@hotel-le-bellevue.fr • hotel-le-bellevue.fr • Resto tlj sauf mer (plus mar hors saison). Congés : fin nov-fin janv. Doubles 60-93 €. Menus 23-64 € ; carte 45-50 €. Apéritif offert sur présentation de ce guide.* La bonne adresse, dans la même famille depuis 2 générations, mais qui a su (très bien) évoluer avec le temps. Produits locaux assez exceptionnels pour une superbe cuisine qui revisite le terroir catalan, avec talent et invention mais sans frime. Chambres plus conventionnelles mais élégantes et confortables, certaines avec balcons et vue sur les montagnes. Excellent accueil, évidemment. Terrasse.

Chambres d'hôtes Maison Mauro : *1, rue du Jardin-d'Enfants. 06-14-62-63-21. • maisonmauro@gmail.com • maisonmauro.fr • À 2 pas de la vieille ville, vers l'office de tourisme. Double 85 €.* Dans une maison aux faux airs d'auberge de campagne d'autrefois, joliment restaurée. 3 chambres, toutes différentes, immenses, leurs salles de bains aussi, dissimulées derrière de belles structures en fer forgé. Bar, salon avec cheminée et bibliothèque, terrasse et jardin. Et la maison dans son ensemble sert régulièrement de lieu d'exposition.

Chambres d'hôtes Mas El Casal : *route d'Espagne. 06-72-82-28-61. • elcasal66@gmail.com • chambres-hotes-catalogne.com • À 5 km de Prats-de-Mollo (fléché sur la droite de la D 115). Congés : 15-30 sept. Double 82 € (dégressif à partir de 2 nuits).* C'est toujours une ferme (élevage de vaches aubrac). Jane et Patrick Maison, nom prédestiné, y accueillent leurs hôtes dans une ancienne étable, joliment réaménagée sans y perdre ses attributs. Mangeoires, abreuvoirs... sont intégrés avec goût dans la déco de 2 vastes chambres tout confort et de la grande pièce commune où se prend le petit déj. Vue imprenable sur les montagnes environnantes.

Le Sud : *3, rue Porte-d'Espagne. ☎ 04-68-39-71-78. • fannysud@free.fr • Tlj, sauf le soir lun-jeu hors saison. Formules env 15 (déj)-25 €.* Petite adresse sans prétention à la cuisine bien sûr tournée vers le(s) sud(s) : spécialités catalanes, pizzas, tapas, sandwichs pour les plus pressés. Terrasse.

À voir. À faire

La ville fortifiée : construits au XIVe s, les remparts détruits lorsque les habitants, devenus français malgré eux, s'élevèrent contre les impôts ordonnés par Louis XIV ont été reconstruits à la fin du XVIIe s. On entre (à pied) par la porte de France. À l'intérieur de l'enceinte, de jolies ruelles bordées de typiques maisons montagnardes. Et une curiosité : la petite chapelle Saintes-Juste-et-Ruffine (qu'on ne confondra pas avec l'église du même nom), du XVIIe s, ornée de fresques et de vitraux très colorés, signés de l'artiste catalan Jean Lareuse.

L'église Saintes-Juste-et-Ruffine : *de mi-juin à mi-sept, tlj 10h30-12h30, 14h-18h ; le reste de l'année, sur demande auprès de l'office de tourisme. Entrée libre.* Étrange ex-voto, une côte de baleine plantée dans le porche accueille le pèlerin dans cette église du XIIIe s dont ne subsiste d'origine que l'impressionnant clocher crénelé, le reste ayant été reconstruit au XVIIe s. À l'intérieur, beau mobilier baroque, dont l'un des plus grands retables du département, datant de la fin du XVIIe s. Voir également, dans l'une des chapelles latérales, des outils de tisserands, marque de leur confrérie, sculptés dans la pierre en 1701. En été, dans la chapelle du fond, expo historique et d'objets liturgiques, dont une étonnante roue en bois équipée de maillets, qui sonnait les messes en remplacement des cloches durant la Semaine sainte.

Le fort Lagarde : *accès à pied en 15 mn env par le chemin couvert, ou en minibus quand il y a une visite guidée. ☎ 04-68-39-70-83. En principe, de mi-juin à mi-sept, tlj 10h30-13h, 14h-19h ; d'avr à mi-juin, mer-dim 11h-13h, 14h-18h ; de mi-sept à fin oct, w-e 14h-17h. Fermé nov-mars. Entrée : 3,50 € (5 € en visite guidée ou « contée », en journée et en nocturne) ; réduc ; gratuit moins de 12 ans. Juil-août, visite animée en compagnie d'un soldat du XVIIIe s, avec tir au fusil, au canon, etc. : 7 € ; réduc ; gratuit moins de 6 ans.* Une œuvre de Vauban, articulée autour d'une ancienne tour médiévale, qui domine fièrement la cité depuis le XVIIe s. Conçu dans un but évidemment défensif, ce fort a également servi à mater la révolte des Angelets, paysans ulcérés par l'établissement de la gabelle en 1661. Jolie vue depuis la tour de la Guardia.

VAUBAN FAIT FORT

Bellegarde (Le Perthus), Miradou (Collioure) ou Lagarde (Prats-de-Mollo), voilà 3 citadelles qui surveillent l'Espagne et veillent au traité des Pyrénées. Dans le Vallespir, le fort Dels Banys protège Amélie. Dans le Conflent, Villefranche verrouille les vallées de la Têt et de la Rotja. Et tout là-haut, la cité de Mont-Louis tient Cerdagne et Capcir. Tous ces fleurons de l'architecture militaire sont signés Sébastien Le Prestre de Vauban (1633-1707), Vauban pour les intimes.

Manifestations

Fête de l'Ours : *1 dim des vac scol d'hiver zone C.* Sans doute la manifestation la plus originale de la vallée et, paraît-il, l'un des rites les plus anciens d'Europe. Jadis, juste sorti d'hibernation, affamé, l'ours n'hésitait pas à descendre des montagnes pour s'attaquer aux troupeaux, bergers et autres passants... puis il a disparu (la faute à qui ?). Alors on s'est mis à l'idolâtrer. On le ressuscite tous les ans depuis belle lurette, en habillant 3 jeunes hommes d'une peau de mouton et en les grimant de suie. Après avoir sillonné le village, ces « ours » sont attrapés et rasés (symboliquement)...

– ***Charivari Band's :*** *2e ou 3e w-e de juil.* Festival de *bandas.*

LA GUERRE DES OURS

Le paternel ne reste pas vivre avec la femelle et ses petits. En rencontrant une maman sans protection, le mâle est parfois incité à tuer les petits. En effet, n'allaitant plus, l'oursonne retombe alors en chaleur. Et là, l'accouplement devient possible. Dure loi de la nature.

DANS LES ENVIRONS DE PRATS-DE-MOLLO – LA PRESTE

La réserve naturelle Prats-de-Mollo – La Preste : *à La Preste, prendre la direction de Las Conques. ☎ 04-68-39-74-49. ● reserves-naturelles.org/prats-de-mollo-la-preste ● Point infos en juil-sept seulement au niveau du refuge de*

Las Conques. Fournit de la doc et des cartes de sentiers. Plus de 2 000 ha de milieux naturels très diversifiés (forêts, landes et pelouses) qui abritent une faune et une flore particulièrement riches. Nombreux sentiers balisés.

LES ASPRES

Les Aspres sont ces collines un peu arides (leur nom vient de « âpre »...) mais boisées, prises en sandwich entre les vallées du Tech et de la Têt, à l'ouest de Perpignan et au pied du Canigó. Une belle région à laquelle on s'attache autant qu'à ses voisines : l'art roman y est présent dans presque tous les villages tapis sur les versants, tandis que les hauteurs autorisent de superbes contemplations, de la plaine du Roussillon jusqu'à la mer...

THUIR

(66300) 7 685 hab. *Carte Pyrénées-Orientales, C2*

Surtout connue pour son apéritif, le Byrrh, la « capitale » des Aspres vit un peu comme un village. Quelques remparts, vestiges de son ancien statut de ville royale (d'Aragon !).

Adresse utile

Office de tourisme : *bd Violet. ☎ 04-68-53-45-86. • aspres-thuir.com • Juil-août, tlj 10h-12h30, 14h-18h30 ; avr-oct, lun-sam 9h30-12h30, 14h30-18h30 ; nov-fin mars, mar-dim 9h30-12h30, 14h-18h.*

Où dormir ? Où manger ?

Hôtel Cortie : *3, rue Jean-Jacques-Rousseau. ☎ 04-68-34-58-66. • contact@hotel-cortie.com • hotel-cortie.com • En plein centre ; éviter d'entrer en voiture dans la rue, c'est une impasse ; parking public gratuit pl. de la République. Doubles 55-65 €. Menus 17 (déj sem)-35 €.* Jeune équipe pour cette vieille maison (l'hôtel est ouvert depuis le début du XXe s) qui a conservé un certain charme. Chambres sobrement rénovées au goût du jour, avec terrasse ou balcon pour certaines. Cuisine de région des plus basique au resto.

Arbequina : *20, bd Léon-Jean-Grégory. ☎ 04-68-34-46-64. • contact@arbequina-restaurant.com • Tlj sauf lun-mar. Formule et menu déj sem 16-18 € ; menu 32 € ; carte env 45 €.* La table d'un jeune chef qui a appris chez quelques grands. Agréable salle d'un design d'aujourd'hui et très belle cuisine, méditerranéenne au sens large (le chef a un faible pour l'huile de ces olives dont une variété a laissé son nom au resto), qui sait tirer toute la saveur des meilleurs produits. Terrasse côté rue.

Le Patio Catalan : *4, pl. du Général-de-Gaulle. ☎ 04-68-53-57-28. En face des caves Bhyrr. Tlj sauf dim-lun. Fermé fin août-début sept et vac de Noël. Résa conseillée. Formule déj 18 € ; assiette-repas 24 € ; menus 28-38 €.* C'est d'abord bien sûr son patio (avec toiles... catalanes sur les tables) qui séduit aux beaux jours. C'est ensuite sa bonne cuisine (catalane, mais pas que) dans la grande tradition. Salle dans le même esprit : poutres, belle vaisselle...

À voir

Les caves Byrrh : *2, bd Violet. ☎ 04-68-53-45-86. • caves-byrrh.fr • Avr-oct, visite tlj 9h30-11h30, 14h30-16h45 (juil-août, 10h-11h30, 14h-18h) ; nov-mars, tlj sauf dim-lun, à 10h45, 14h30 et 16h. Fermé certains j. fériés. Visite guidée de 1h15 : 5,50 € ; réduc ; gratuit moins de 8 ans. Visites théâtralisées de mi-juil à fin août, sur résa, les mar et jeu à 17h30, 10 € ; réduc ; gratuit moins de 8 ans. Visites son et lumière mai-sept tlj à 17h30 (et 18h30 juil-août), 10 €. Ateliers cocktails, pâtisseries et cuisine : programmation sur leur site.* Inventé au XIXe s par les frères Violet, à l'origine de simples bergers, le Byrrh est un apéritif à base de vin et de plantes aromatiques (quinquina). La nouvelle muséographie met en avant cette saga familiale à travers des hologrammes, des jeux d'ombre et de lumière, une exposition d'affiches de 1903 et la plus grande cuve en chêne du monde (1 million 200 litres !), véritable prouesse technique de l'époque.

Le musée des Arts et Traditions populaires : *pl. de la Mairie. ☎ 04-68-53-18-41. Juin-sept, tlj 10h30-12h, 15h-18h30. GRATUIT.* Installé dans un ancien relais de poste du XVIe s et une ancienne tour de garde restaurée, un discret mais intéressant musée des arts et traditions populaires. Collection assez riche et complète d'outils, vêtements et objets locaux, fort bien présentée.

LES PYRÉNÉES-ORIENTALES

Manifestations à Thuir et dans les environs

- **Le Musée dans la ville :** *juil-sept.* Une expo envahit les rues de la ville.
- **Diades catalanes :** *3e et 4e sem de juil.* Fête catalane avec animations de rues.
- **Les Nuits d'août :** *2e sem d'août.* Concerts gratuits en soirée.
- **Fête des Sorcières :** *dernier w-e d'oct, à **Tressere** (66300), à env 15 km au sud de Thuir.* Spectacles de rue, course de sorcières, concerts endiablés...
- **Il était une fois Noël :** *déc.* Chaque année, un pays différent est illustré par des contes, légendes, traditions de Noël.

DANS LES ENVIRONS DE THUIR

Le monastir del Camp : *66300 **Passa.** ☎ 04-68-38-80-71. À env 10 km au sud-est de Thuir, sur la route entre Passa et Villemolague. Juil-sept, tlj sauf jeu seulement 15h-18h ; hors saison, uniquement le w-e 15h-18h. Entrée : 3 € ; gratuit moins de 12 ans.* Prieuré du XIe s, classé au titre des Monuments historiques en 1862 par Prosper Mérimée. Son nom viendrait d'une bataille mythique entre Charlemagne et les Sarrasins. Ensemble de bâtiments formant hameau et exploitation agricole. Le délicieux cloître gothique en marbre de Céret date de 1307, et l'église romane du XIIe s présente un très beau portail aux chapiteaux sculptés par le maître de Cabestany.

ROCK AVENUE

Le petit village de Passa a baptisé en 2015 une de ses rues « avenue Jimi-Hendrix ». C'est, étonnamment, la seule au monde à porter le nom du génial guitariste de la génération Woodstock. Et elle ne possède pas de numéro 27, âge de la mort d'Hendrix (comme de quelques autres rock-stars du « club des 27 » : Janis Joplin, Jim Morrison, Kurt Cobain, Amy Winehouse).

Le Jardin exotique de Ponteilla : *impasse du Jardin-Exotique, route de Nyls, 66300 **Ponteilla.** ☎ 04-68-53-22-44. • lejardinexotiquedeponteilla.fr • À env 8 km à l'est de Thuir (bien indiqué). Ouv de mai à mi-sept : début juin-août, tlj 10h30 (14h sam)-19h ; le reste du temps, horaires variables, se renseigner.*

Entrée : 8,50 € ; réduc ; gratuit moins de 4 ans. Une flore variée et odorante de plus de 1 400 végétaux sur 3 ha et présentée de façon très pédagogique. Chemin ombragé, brumisateurs, jeu de piste, escape game, promenade sensorielle et activités ludiques en famille. Aires de pique-nique, snack.

CASTELNOU (66300) 365 hab. *Carte Pyrénées-Orientales, C2*

Superbe village médiéval parfaitement conservé. Belle pierre ocre jaune, presque miel, des habitations et du château millénaire autour duquel le village s'est construit. Cette magnifique forteresse du Xe s ne se visite plus, mais le village reste un des plus beaux de la région et de France, sans les boutiques tape-à-l'œil qui défigurent habituellement ce genre de site.

Adresse et info utiles

Office de tourisme : *à l'entrée du village. ☎ 06-32-05-03-05. Mai-sept, lun-sam (tlj juin-août) 10h-13h, 14h30-18h30.*

– **Parking payant :** *forfait 3 €/véhicule.*

– **Marchés :** *mar tte la journée de mi-juin à mi-sept.* Ne pas manquer le marché de producteurs, pittoresque, avec des structures en bois comme au Moyen Âge. Souvent animé par des musiciens.

Où dormir ? Où manger ?

Maison d'hôtes La Figuera : *3, carrer de la Font-d'Avall. ☎ 04-68-53-18-42. • lafiguera@wanadoo.fr • la-figuera.com • Congés : déc-janv. Doubles 75-85 €. Formule 9,50 € ; carte env 15 €.* 3 vieilles maisons aux murs épais comme ça, médiévales comme tout le village, reliées entre elles avec goût : c'est *La Figuera.* On s'y déplace comme un chat dans un labyrinthe, on y loge comme un loir dans ses terriers. Déco bien faite, accueil doux. Salon de thé, avec crêpes maison.

Salon de thé La Font : *carrer d'Avall. 06-87-12-73-72. • lerenardetlacigogne@orange.fr • Tlj l'ap-m avr-sept, plus le midi juin-sept. Congés : janv-mars. Formule déj 15 €.* Cadre acidulé pour manger sur le pouce une tarte salée accompagnée d'une belle salade à base de tomates anciennes (plus de 40 variétés) récoltées sur la propriété. Également des crêpes et des glaces.

À voir

Le village médiéval : on est déjà séduit en arrivant de Thuir par la petite D 48 ; au détour d'un virage, sur fond de Canigó, en pleine verdure, sa vieille pierre dorée par le soleil éblouit. On entre (à pied) par une porte coincée entre 2 tours. Les ruelles pittoresques et tortueuses, tout en escaliers, frappent par leur chaleur et leur luminosité. Quelques boutiques artisanales s'intègrent bien au site : poterie, ferronnerie, etc. Les habitations se distinguent par leurs ouvertures étroites, leurs escaliers (les gens logent à l'étage), leurs génoises (tuiles maçonnées) si caractéristiques de l'architecture provençale, de curieux renflements dans certaines façades, traces des anciens fours à pain. Partout ces schistes et cailloux usés, comme si le village était creusé à même sa colline... Fait rare, aucune maison récente, même aux alentours !

ILLE-SUR-TÊT

(66130) 5 520 hab. *Carte Pyrénées-Orientales, C2*

Une ancienne ville fortifiée (ne restent plus qu'une tour et un petit kilomètre de remparts) à la frontière des Aspres. On voit de loin le clocher carré de la grosse église Saint-Étienne. Autour de l'édifice, une vieille ville à l'atmosphère toute catalane où l'on s'arrêtera pour visiter l'Hospici d'Illa, centre d'Art sacré aux trésors méconnus, ainsi que ce qui fait la célébrité de la ville : les orgues, étonnante curiosité géologique. Et les fous de littérature sauront se souvenir que, lors d'un séjour ici, Mérimée composa l'un de ses plus beaux textes, *La Vénus d'Ille*. Au fait, on prononce « iye ».

Adresse et info utiles

Office de tourisme : *pl. Henri-Demay. ☎ 04-68-57-99-00. • roussillon-confluent.fr • En saison, lun-sam 9h30-12h30, 14h-18h ; hors saison lun-jeu 9h-12h,14h-18h, ven 9h-12h, 14h-17h.*

– **Marchés :** *mer mat et ven mat.* **Marché des producteurs :** *sam mat mai-oct.*

Où dormir ? Où manger ?

Camping

Camping municipal Le Colomer : *route du Colonel-Fabien. ☎ 04-68-84-72-40. • camping@ille-sur-tet.com • ille-sur-tet.com • ♿ À la sortie d'Ille, sur la route de Perpignan, prendre à droite ; fléché. Ouv tte l'année sauf oct. Forfait 13,50 € pour 2 en hte saison. Caravanes, tentes et mobile homes 250-490 €/sem. CB refusées. 61 empl.* Terrain au calme, bien situé sur l'axe Perpignan-Prades. Piscine municipale à proximité.

De prix moyens à chic

Chambres d'hôtes Les Buis : *37, rue Carnot. ☎ 04-68-57-67-43. • contact@lesbuis.com • lesbuis.com • Doubles 95-145 €. Parking payant. Café ou digestif offert sur présentation de ce guide.* Cette maison de maître du XIXe s en impose tant en façade qu'à l'intérieur. Vastes chambres, meubles d'époque qui instillent un charme un peu suranné. Noter l'étrange meuble en haut de l'escalier, il s'agit d'une... cabine téléphonique ! Bibliothèque à disposition. Piscine dans le jardin. Bon accueil.

À voir

Les orgues : *chemin de Regleille. ☎ 04-68-84-13-13. • lesorgues.ille-sur-tet.com • À env 3 km au nord du centre (indiqué). Tlj : d'avr à mi-oct, 9h30-19h (9h15-20h de mi-juin à mi-sept) ; mars et 2de quinzaine d'oct, 10h-18h ; nov-fév, 14h-17h30. Billetterie fermée 1h avt. Fermé fêtes de fin d'année. Entrée : 5 € ; réduc ; gratuit moins de 10 ans. Juil-août (sauf j. fériés), visite guidée lun-ven à 17h ou contée mer-jeu à 10h, sans supplément.* Un site unique dans toutes les Pyrénées. Cet amphithéâtre naturel de roches sédimentaires de 4 millions d'années dessine un étrange alignement de « cheminées de fée ». Du fait des matériaux peu résistants (sable et argile), l'érosion est forte et le site évolue extrêmement rapidement. Pour éclairer la visite, sentier d'interprétation où l'on apprend tout (ou presque) des phénomènes géologiques, climatiques, etc.

L'Hospici d'Illa : *☎ 04-68-84-83-96. 06-67-65-36-76. Juil-août, tlj sauf le matin w-e et j. fériés, 10h-13h, 14h-18h ; juin et sept tlj 10h-12h, 14h-18h, sauf le matin w-e et j. fériés ; le reste de l'année, tlj sauf dim-lun, 14h-18h ; billetterie fermée 30 mn avt. Fermé déc-fév hors vac scol zone C. Entrée : 4 € ; réduc ; gratuit moins de 13 ans.* Installé dans l'ancien hospice Saint-Jacques du XVIIe s, ce musée présente des pièces d'art sacré médiéval et baroque, avec le seul retable du XIIIe s conservé en Europe ainsi que des objets de dévotion étonnants. Propose également des expos temporaires et visites guidées du musée et de la ville.

L'église Saint-Étienne-del-Pedreguet : *ouv en principe le mat, contacter office du tourisme.* Fondée à la fin du Xe s mais reconstruite entre le XVIIe et le XVIIIe s. Ce monument a les dimensions d'une cathédrale et sa façade est coiffée d'un élégant fronton. Portail en marbre rose de Ternera du milieu du XVIIIe s. À l'intérieur, une foule de retables baroques (XVIIIe-XIXe s).

Manifestation

Fête de la Saint-Étienne : *fin juil. GRATUIT.* Plein de festivités dans la ville (concerts, bals, etc.).

DANS LES ENVIRONS D'ILLE-SUR-TÊT

Le prieuré de Marcevol : *vers* ***Arboussols*** *(66320). ☎ 04-68-05-75-27. • prieure-de-marcevol.fr • (uniquement le 1er étage). À env 20 km d'Ille-sur-Têt, par la N 116 jusqu'au barrage de Vinça, puis les jolies D 13 et D 35C. Avr-oct, tlj sauf lun 11h-12h30, 14h30-18h. Billetterie fermée 30 mn avt. Entrée : 3 € ; 2 € sur présentation de ce guide ; réduc ; gratuit moins de 12 ans. Visite guidée (sur demande) 5 €.* Dans un superbe site un peu perché (chouette panorama), ce prieuré a appartenu aux chanoines du Saint-Sépulcre de 1412 à 1484, avant de passer à la communauté ecclésiastique de Vinça. Démantelé par la Révolution, il a été sauvé d'une ruine annoncée par une équipe de passionnés à partir des années 1970 (pendant la visite, un film retrace l'aventure). C'est un ensemble de bâtiments fortifiés d'une belle simplicité. L'église du XIIe s possède un très beau portail en marbre rose de Villefranche (ferrures des portes remarquables) ainsi qu'une belle fresque romane d'inspiration byzantine. Sur la colline d'en face, l'église du hameau, Notre-Dame-de-Las-Grades, en partie fortifiée, est un bel exemple d'art roman. Expos temporaires, manifestations culturelles, bibliothèque à disposition pour les fans d'art roman, buvette et boutique de produits locaux et régionaux.

Le prieuré de Serrabone : *vers* ***Boule-d'Amont*** *(66130). ☎ 04-68-84-09-30. À env 16 km au sud d'Ille ; de la D 618, une route zigzaguant (la D 84) sur 4 km conduit au site. Tlj : juin-sept, 9h30-18h ; reste de l'année, 10h-18h (17h nov-mars ; fermé lun oct-mai). Dernier ticket 45 min avt. Fermé certains j. fériés. Entrée : 4 € ; réduc ; gratuit moins de 12 ans.*

Construit autour d'une église du XIe et achevé au XIIe s, ce prieuré a hébergé pendant près de 500 ans une communauté de chanoines voués au culte de saint Augustin. L'endroit, posé sur un éperon rocheux, est resté isolé au cœur d'une superbe nature.

L'extérieur de l'église est sobre autant qu'austère (et pour cause... les colonnes du portail ont été volées...). À l'intérieur, le balcon de l'unique galerie du cloître réserve une 1re surprise. Au-dessus du ravin, avec en trame un paysage grandiose, 6 arcades à colonnettes, aux chapiteaux sculptés de monstres. On entre dans l'église par le transept. À l'intérieur de la nef, la *tribune du chœur, en marbre,* chef-d'œuvre de toute beauté. Les meilleurs artistes romans du Roussillon ont sculpté les chapiteaux de marbre du Conflent rose, ciselant un univers étonnant : fleurs quadrangulaires, monstres anthropomorphes et gueules fantastiques. Petit *jardin botanique* en contrebas.

Le Relais de Serrabona : *à l'embranchement de la route qui monte au prieuré de Serrabone. ☎ 04-68-84-26-24. • relaisdeserrabone@gmail.com • Avr-oct, tlj 10h30-18h30. Assiettes fermières 6-11 €.* Pas mal pour une pause grignote. Bons fromages de chèvre, miels, confitures, foie gras et magret de canard, vins, etc. Casse-croûte au canard, au fromage de chèvre, et quelques tables sur une aire de pique-nique à l'ombre.

On peut, si on est dans le coin, pousser jusqu'à la ***chapelle de la Trinité*** *(à env 16 km en continuant la jolie D 618 ; tte l'année, tlj sauf mar 10h-18h),* à Belpuig. Cette chapelle romane du XIe s abrite un des plus beaux christs « habillés » de Catalogne (XIIe s). Le sculpteur l'a représenté revêtu d'une longue chasuble (symbole du Christ ressuscité).

LE CONFLENT

Le Conflent, confluent de rivières, est la plus grande vallée des Pyrénées-Orientales. Au pied du Canigó, cette magnifique région de montagnes escarpées tapissées de forêts recèle moult joyaux de la période romane, dont les plus éclatants sont sans conteste les abbayes de Saint-Michel-de-Cuxa et de Saint-Martin-du-Canigou. Dans chaque village, des églises aussi vieilles que charmantes réservent des surprises aux curieux qui en poussent la grosse porte. Et partout s'enfoncent des sentiers de randonnée, longeant les ruisseaux cristallins, grimpant parmi les vaches à l'assaut des sommets.

Comment y aller ?

➢ ***Par la route :*** Prades (capitale du Conflent) est à 45 km de Perpignan par la N 116.

En train : de Perpignan à Prades et Villefranche-de-Conflent, en moyenne 2 trains en matinée, 4 l'ap-m (compter 50 mn). À Villefranche, on change pour le « train jaune » (touristique donc tarifs plus élevés) vers Mont-Louis puis Latour-de-Carol.

En bus : *• laregion.fr •* Lignes régulières Perpignan-Prades ; Perpignan-Vernet, via Prades et Villefranche (*tlj sauf dim* ; sinon davantage de départs depuis Prades) ; Perpignan – Latour-de-Carol, via Prades, Villefranche, Mont-Louis et Font-Romeu. Également une ligne Prades-Mosset via Molitg-les-Bains. Bus à 1 € le trajet sur toutes les lignes.

EUS

(66500) 390 hab. *Carte Pyrénées-Orientales, B2*

Classé parmi les Plus Beaux de France, ce village perché a aussi la réputation d'être le plus ensoleillé du pays ! Peu de risque d'avoir la pluie, donc, au cours d'une agréable promenade le long des ruelles pentues, entre les murs de granit soulignés d'arbres et de fleurs, avec un superbe panorama sur la vallée en prime.

Où dormir ?

Chambres d'hôtes Casa Ilicia : *7, carrer del Moli de l'Oli. 06-95-34-15-32. • infoilicia@gmail.com • ilicia.fr • Doubles 69-89 €.* Un bel endroit, au pied du village. Une maison que cet accueillant jeune couple a mis 10 bonnes années à construire de ses mains, plutôt design mais complètement raccord avec les vieilles bâtisses d'Eus (et franchement écolo !). Plaisantes chambres, sobrement contemporaines, dont une sur le toit-terrasse, en plein air, pour amateurs de nuits à la belle étoile. Immense terrasse avec une vue somptueuse sur le massif du Canigó. Superbe accueil. Location de vélos électriques.

À voir. À faire

L'église haute : *tt en haut du village (logique !). Mar, jeu et w-e 14h30-18h.* L'église la plus récente d'Eus (XVIIIe s), construite sur les ruines d'un château du XIIIe s. On y accède par un enchevêtrement de petits escaliers et passages voûtés. À l'intérieur, quelques beaux retables du XVIIe s et des statues polychromes. Chœur baroque dégoulinant de dorures.

L'église basse : *en bas du village (logique !). Visite guidée seulement sur rdv (☎ 04-68-96-22-69 ; participation libre).* Édifiée du XIe au XIIIe s. Joli toit en ardoise, portail en marbre et colonnes intérieures en granit. La visite est assurée par Jean Bausili, un sacré personnage, véritable mémoire du village et de son patrimoine.

MOLITG-LES-BAINS

(66500) 230 hab. *Carte Pyrénées-Orientales, B2*

À 800 m d'altitude, Molitg est un tranquille village, typique du coin avec sa belle église fortifiée du XIe s, dont le parvis offre une vue assez exceptionnelle sur le Canigó. La petite station thermale à l'ancienne est 1 km plus bas, presque accrochée aux gorges de la Castellane, au pied des ruines d'un château médiéval et au milieu d'une végétation luxuriante. Chouette endroit !

DES EAUX SUR LA PEAU

Les sources de Molitg sont connues depuis au moins le Moyen Âge pour leurs propriétés dermatologiques. Les troubadours les conseillaient même à leurs gentes dames pour conserver leur teint de jeune fille ! Ces eaux sulfurées sont, en effet, riches en plancton, une sorte de filament blanc qui stimule le renouvellement cellulaire de la peau. Si les 1ers thermes sont construits en 1785, c'est après la Seconde Guerre mondiale que la station connaît un vrai essor. Et à partir des années 1950 que ce « plancton thermal » commence à être utilisé dans les produits d'une marque de cosmétiques, aujourd'hui connue dans le monde entier. Les thermes de Molitg se sont donc, depuis longtemps, outre les cures médicalisées, orientés vers des formules « bien-être ».

Adresse utile

Office de tourisme : *route de Mosset. ☎ 04-68-05-41-02. • tourisme-canigou.com •*

Où manger ?

Café Casals *(restaurant du* Grand Hôtel*) : route de Mosset (en contrebas). ☎ 04-68-05-00-50. • molitglesbains@chainethermale.fr • Tlj sauf dim. Résa demandée aux non-résidents. Formule et menu 29-35 € ; carte env 45 €.* Comment se faire plaisir sans (trop) se ruiner ? Avec cette « cuisine d'appétit », imaginée par Michel Guérard, dont le chef est un élève, et servie dans une salle lumineuse ou en terrasse, dans l'élégant *Grand Hôtel des Thermes* au charme Belle Époque, lové dans un écrin de verdure au creux des gorges. Très courte carte de plats imaginatifs et rafraîchissants ou recettes plus traditionnelles revisitées. Bon choix de vins et service très pro.

DANS LES ENVIRONS DE MOLITG-LES-BAINS

MOSSET (66500)

À 5 km au nord de Molitg.
Superbe village accroché sur un piton, propice à une belle balade dans les rues enroulées en escargot autour d'*El Plaçal,* la place ancienne. Mosset fut longtemps un village-frontière entre France et Catalogne, d'où les fortifications qui en font un petit nid d'aigle. Sur le clocher de l'église pousse un pin âgé de plus de 2 siècles (tout petit, une sorte de bonsaï naturel).

Adresse utile

Relais d'information touristique – La tour des Parfums : *balco de la Solana. ☎ 04-68-05-38-32. • mosset.fr • Juil-août, tlj 10h-12h, 15h-19h ; mai-juin, sept-oct, vac scol, mer-dim, 15h-18h ; le reste de l'année, seulement l'ap-m le w-e. Fermé janv-mars.* Le bâtiment abrite aussi la tour des Parfums *(mêmes horaires ; entrée : 3 €, réduc, gratuit moins de 12 ans).* Expositions temporaires « mises en odeur » autour des métiers, des plantes à parfums ou encore des parfums d'Europe... Jardin « parfumé » juste à côté. Il y a même des « rando-nez » organisées !

Où dormir ? Où manger ?

Ferme-auberge Mas Lluganas : *☎ 04-68-05-00-37. • maslluganas@orange.fr • maslluganas.com • Sur la droite, 1,5 km avt d'arriver à Mosset, en venant de Molitg. Ouv d'avr à mi-oct. Ferme-auberge (sur résa), fermée le midi lun, mar, jeu et ven, hors saison. Double 57 €. Formule 15 €, menus 18-24 €. Apéritif maison offert et réduc de 10 % sur le prix de la chambre avr-fin juin sur présentation de ce guide.* Bienvenue chez les Tublet, qui exploitent en famille cette ferme d'élevage bio : veau (rosé des Pyrénées), vaches, cochons (et pigeons, canards gras et autres volailles !). Le bâtiment est moderne, les chambres vastes, fonctionnelles et lumineuses, avec du mobilier en bois conçu par un artisan qui s'est visiblement amusé. À table, c'est une bonne cuisine familiale avec, au menu, viandes bio de la ferme et légumes, fromages et glaces de chez les copains. Tenu par des paysans militants, un endroit qu'on aime vraiment bien (comme beaucoup de nos lecteurs).

Chambres d'hôtes La Forge : *☎ 04-68-05-04-84. Accès fléché sur la gauche, à la sortie de Mosset, vers le col de Jau. Ouv mai-sept. Double 59 €.* On est toujours chez les Tublet, du *Mas Lluganas.* Au bout d'un chemin carrossable qui franchit un rigolo pont de bois, et dans une ancienne forge, en pleine nature au bord de la rivière. Épais murs de pierre, volets bleus et chambres à la déco intemporelle.

Bistrot de la Castellane : *8, carretera de Prada. ☎ 04-68-05-30-48. • bistrotdelacastellane@gmail.com • Sur la droite, à l'entrée de Mosset, en venant de Molitg. Tlj sauf mar ap-m, mer et dim ap-m, 8h-15h, 17h30-22h (20h en haute saison). Resto à midi seulement. Formules 11-14 €, menus 13-17 €. Café offert sur présentation de ce guide.* Et dans la famille Tublet, on demande la fille ! Qui a plaqué une carrière d'enseignante pour tenir le café-resto du village. À table, comme au comptoir, bons produits locaux (100 % bio). De quoi envier les gamins de l'école du village dont c'est la cantine. Vrai lieu de vie, qui plus est, avec bédéthèque, expos, concerts et autres spectacles...

PRADES (66500) 6 500 hab. *Carte pyrénées-Orientales, B2*

La toute petite sous-préfecture peut constituer une bonne base de départ pour des excursions et des promenades dans le massif du Canigó. D'autant qu'elle a un certain charme, entre son centre ancien et les opulentes villas d'autrefois de ses faubourgs. Et, en plus de ses bonnes adresses, la ville accueille en été de nombreuses manifestations culturelles.

Adresses et info utiles

Office de tourisme : *10, pl. de la République. ☎ 04-68-05-41-02. • tourisme-canigou.com •*

Gare routière : *av. du Général-de-Gaulle.*

– **Marchés :** *mar mat (alimentation, vêtements, artisanat) et sam mat avec les producteurs locaux.*

Où dormir ? Où manger ?

Camping

Camping de la Plaine Saint-Martin : *chemin du Gaz. ☎ 04-68-96-29-83. 06-86-38-54-17. • prades.conflent@wanadoo.fr • camping-prades.sitew.com • En venant de Perpignan par la N 116, fléché au dernier rond-point. Fermé janv-fin mars. Forfait 15,50 € pour 2 en hte saison ; chalets 160-510 €/sem selon saison. 60 empl.* À 5 mn à pied du centre. Emplacements bien délimités et parfaitement ombragés – certains sont un peu petits. Dépôt de pain en juillet-août et animations en été, laverie. Bon accueil. Piscine municipale découverte à 300 m et plan d'eau pour la pêche à 2 pas.

De prix moyens à chic

Chambres d'hôtes Maison 225 : *225, av. du Général-de-Gaulle. ☎ 04-68-05-52-79. 06-42-91-79-21. • info@225prades.com • 225prades.com • Doubles 65-85 €. Parking. Réduc de 10 % sur le prix de la chambre nov-fév sur présentation de ce guide.* Une ancienne demeure restaurée avec goût et sobriété par un couple d'Irlandais. Touches contemporaines et charme de l'ancien (parquets, cheminée en marbre) s'allient en parfaite harmonie. 4 chambres, lumineuses. Si votre budget vous le permet, optez pour la suite avec balcon privé qui donne sur le grand jardin et le Canigó ! Treille ombragée pour les petits déjeuners des matins ensoleillés.

Petite piscine. Accueil, cadre, confort... Le top à un prix vraiment raisonnable.

Chambres d'hôtes La Villa du Parc : *49, route de Ria. ☎ 04-68-05-36-79. • info@villa-du-parc.com • villa-du-parc.com • Doubles 76-99 €. Parking privé et garage moto.* À peine à l'écart du centre, grosse villa des années 1930 (d'un style basco-landais qui peut étonner ici) au cœur d'un vaste jardin avec une piscine dans laquelle semble vouloir plonger le Canigó. L'endroit a du charme, les chambres et studios (avec kitchenette) qui mixent agréablement les styles (meubles anciens et contemporains, influences ethniques) aussi. Accueil d'une sincère gentillesse.

Chambres d'hôtes Domaine de la Tannerie : *6, rue Saint-Martin. ☎ 04-68-97-16-76. • domainedelatannerie@orange.fr • domainedelatannerie.com • En contrebas de la vieille ville. Doubles 85-135 €.* Une ancienne tannerie transformée en invitation au voyage immobile, chaque chambre étant aménagée en référence à une destination (l'« Asiatique », l'« Africaine », les « Marocaine », l'« Indienne »). Un voyage grand confort : salles de bains avec baignoire balnéo ou jets hydromassants, piscine chauffée, spa, hammam et sauna.

Le Galie : *3, av. du Général-de-Gaulle. ☎ 04-68-05-53-76. • legalie@hotmail.fr • Tlj sauf mer soir hors saison et dim-lun. Formule et menu déj 24 € ; menus 29-73 €. Café offert sur présentation de ce guide.* Accueil discret et charmant au service d'un jeune chef qui travaille des produits frais, de préférence locaux et bio. Formule du midi impeccable. C'est goûteux, souvent imaginatif. Bref, on est conquis. Pas de terrasse, seulement une petite salle à la déco sobre et claire en bois et fer forgé.

La Méridienne : *20, rue des Marchands. ☎ 04-68-96-78-87. • bookings@lameridienne.eu • Ouv jeu-dim midi et soir. Formule et menu 17,50-24,50 €.* Des Anglais, il y en a quelques-uns, installés dans ce coin des Pyrénées. Ce couple-là a eu la bonne idée d'y ouvrir ce petit resto à la déco au goût du jour, à la cuisine toute de fraîcheur, d'ici, mais ouverte aux idées d'ailleurs et à prix très étudiés. Terrasse dans une tranquille rue piétonne.

Où dormir ? Où manger dans les environs ?

Bon marché

L'Olivier : *pl. de la République, 66500* **Catllar.** *☎ 04-30-45-60-42. • lolivier.catlar@gmail.com • À 4 km au nord de Prades. Tlj à midi sauf lun, soir ven-sam. Fermé fêtes de fin d'année. Menu déj sem 14 €. Tapas le soir. Café offert sur présentation de ce guide.* Petit bistrot de village avec terrasse sur la place (avec un olivier dans un coin, forcément !). Accueil amical, 2-3 tables à l'intérieur souvent réservées par les habitués, bonne cuisine familiale (à base de produits locaux et aux parfums parfois exotiques) et additions qui ne laissent pas sur la paille. Concerts de temps en temps.

De prix moyens à chic

Chambres d'hôtes et restaurant Les Loges du Jardin d'Aymeric : *7, rue du Canigou, 66500* **Clara.** *☎ 04-68-96-08-72. • jardin.aymeric@wanadoo.fr • À env 6 km au sud de Prades. Sur résa de préférence, tlj sauf dim soir-mar hors saison. Fermé en janv. Doubles 76-86 €. Formule déj en sem 20 € ; menus 32-50€.* C'est un peu comme si le chef et son épouse vous conviaient dans leur propre salon. Un chef talentueux qui, à partir de produits de saison (choisis avec soin, et parfois dans son potager !), concocte une cuisine de marché aux belles envolées. Quelques tables en terrasse, au bord d'un jardin. 3 jolies chambres d'hôtes. Piscine.

El Taller : *2, pl. Verdaguer, 66500* **Taurinya.** *☎ 04-68-05-63-35. • catalansdelevage@orange.fr • Tlj sauf mer midi en saison, mer plus dim soir-lun hors saison. Fermé janv, 10 j. fin juin et 10 j. mi-oct. Assiette-tapas 16 € en été. Formule déj sem 20 € (hors juil-août) ; menus 32-42 € ; carte env 45 €.*

La grande terrasse ombragée comme la salle contemporaine et lumineuse, tournée vers une baie vitrée, offrent une superbe perspective sur la montagne. Dans l'assiette, la cuisine, traditionnelle et colorée, s'appuie en partie sur des produits locaux (la plupart des légumes sont bio).

À voir

L'église Saint-Pierre : *pl. de la République. Ouv mar-sam 10h-18h. Visite guidée gratuite de l'église et du trésor de juin-oct (mar et ven à 14h30). Éclairage des chapelles pdt les heures d'ouverture du trésor.* C'est d'abord son clocher qui attire le regard, une tour carrée du XIIe s en marbre et granit, un des derniers vestiges de l'église romane primitive, le reste ayant été reconstruit entre 1606 et 1750 (le « chapeau » du sommet est toutefois plus récent). À l'intérieur, c'est le ***retable*** dominé par la Vierge qui attire inévitablement le regard. Du XVIIe s, gigantesque (c'est d'ailleurs le plus grand retable baroque de France), création du grand artiste catalan Joseph Sunyer, qui lui a consacré 3 ans de sa vie. Certains l'ont comparé à un « opéra sculpté » tant les figures y pullulent. Superbe ! Pour l'admirer à loisir, glisser 1 € pour l'éclairage automatique en bas à gauche. Dans les chapelles, d'autres retables et sculptures finement ouvragés parcourent les styles des 4 derniers siècles.

Le trésor : *rue de l'Église. ☎ 04-68-96-28-55 ou 04-68-05-23-58. De mi-juin à fin oct, mar-sam 10h-12h30, 14h30-18h. Fermé j. fériés. Possibilité de visite guidée église + trésor (mêmes infos qu'à l'église Saint-Pierre). GRATUIT.* On y trouve à la fois le trésor de l'église, et celui de l'abbaye Saint-Michel-de-Cuxa, dont une Vierge en bois polychrome du XIVe s et une châsse en cuir du XVIe s. Et des reliquaires dont celui, en métal et du XVIe s, du crâne du fameux saint Valentin.

L'espace Pablo-Casals – Médiathèque de Prades : *33, rue de l'Hospice. ☎ 04-68-96-28-55. Juil-août, mar-sam 9h-13h, 14h-17h. Le reste de l'année, mar 10h-18h ; mer 10h-12h, 14h-18h ; ven 14h-19h ; sam 9h-13h. GRATUIT.* Expo d'objets personnels du prestigieux violoncelliste, installé à Prades en 1936 après avoir fui le franquisme.

L'espace Martin-Vivès : *rue du Palais-de-Justice. ☎ 04-68-05-22-43. Mar-sam 9h-12h, 14h-18h. Fermé j. fériés et janv. GRATUIT.* Petit espace – installé dans l'ancienne prison ! – consacré à l'œuvre de 2 peintres locaux, Martin Vivès (logique !) et François Branger. Leurs toiles sont exposées par roulement. Expos temporaires d'autres artistes locaux.

La bijouterie Calvet : *140, av. du Général-de-Gaulle. ☎ 04-68-96-07-18. • bijouterie-calvet.com • Mar-sam 9h-12h, 14h-19h. Visite guidée gratuite de l'atelier et du petit musée.* Le plus ancien atelier de grenat des Pyrénées-Orientales, créé en 1804. On y travaille toujours de manière artisanale, les collections sont garanties « châtons sans moulage », une technique que vous expliquera M. Calvet. S'il y a suffisamment de monde, projection commentée d'un diaporama de 20 mn, avant de découvrir in situ le travail du grenatier (qui fabrique les bijoux en grenat).

La Manufacture du Grenat : *rond-point du Canigou. ☎ 04-68-96-21-03. • manufacturedugrenat.com • ♿ Sur la RN 116, à l'entrée de Prades en venant de Perpignan. Visites guidées seulement (50 mn env), lun-sam à 10h et 11h, puis ttes les heures 14h30-17h30 (juil-août). Fermé dim tte l'année, 2 sem en janv et j. fériés, plus lun sept-juin. Hors saison, se renseigner sur les horaires des visites. Boutique, mar-sam 9h-12h30, 14h-19h. Entrée : 3 € ; 2 € sur présentation de ce guide ; gratuit moins de 18 ans.* Intéressante visite d'une fabrique de joaillerie traditionnelle catalane. Petit film de 13 mn expliquant le processus de transformation de la pierre en bijou, suivi d'une découverte des ateliers où travaillent les artisans d'art, reconstitution d'une mine... Petit écomusée dans la boutique et vente de grenats pour ceux qui ont un gros budget vacances !

Manifestations

– ***Journées romanes :*** *2e sem de juil. • cuxa.org •* Conférences et visites commentées.
– ***Ciné-rencontres de Prades :*** *3e sem de juil. • cine-rencontres.org •* Un festival toujours très intéressant, où cinéastes et hommes (et femmes) du 7e art rencontrent le public.
♫♫♫ ***Festival Pablo-Casals :*** *de fin juil à mi-août. • prades-festival-casals.com •* Reconnu dans le monde entier, le festival attire les plus grands ensembles classiques. Il a lieu dans le cadre grandiose de l'abbaye Saint-Michel-de-Cuxa et dans des sites environnants.
– ***Université catalane d'été :*** *2de quinzaine d'août. • uce.cat •* Plus de 1 000 stagiaires (tout public) suivent des cours, rencontres ludiques, conférences, films, concerts... en langue catalane (pour qui la parle).

DANS LES ENVIRONS DE PRADES

♫♫♫ ***L'abbaye Saint-Michel-de-Cuxa :*** *route de Taurinya, 66500* ***Codalet.*** *☎ 04-68-96-15-35. • abbaye-cuxa.com • À 3 km au sud de Prades par la D 27 (bien indiqué). Tlj (sauf dim mat et le j. de fêtes religieuses ; mais ouv pour les offices religieux) 9h30-11h50, 14h-17h (18h avr-sept) ; dernier billet 25 mn avt fermeture. Entrée : 6 € ; réduc ; gratuit moins de 12 ans. Juil-août, visites guidées (sans supplément). Projection d'un film introductif de 20 mn. Fermé certains j. fériés.*
Véritable splendeur d'art roman que ce vaste monastère vieux de plus de 1 000 ans. Étonnante aussi, l'histoire de son édification... Au IXe s, une violente crue du Têt détruit le monastère d'Eixalada. Les 35 survivants trouvent refuge dans une petite église à Cuxa et y développent leur communauté sous la protection des comtes de Cerdagne. Grâce à leurs relations avec les papes et les nobles de leur époque (Pierre Oceolo, doge de Venise, s'est, par exemple, retiré ici en 971), les ambitieux abbés de Cuxa lancent maints travaux d'agrandissement de leur église. Sur le même emplacement, 3 édifices sont successivement construits. L'église actuelle est donc la 3e. Elle est préromane (consécration en 974). Vendue à la Révolution, l'abbaye a alors perdu nombre de ses œuvres d'art. Depuis 1965, elle accueille à nouveau une communauté bénédictine. La visite commence par la ***crypte dite « de la Crèche »,*** construite au XIe s. Il s'en dégage une atmosphère assez fantastique, accrue par d'ingénieux éclairages. On y pénètre par une curieuse chapelle circulaire, à la voûte annulaire s'enroulant autour d'un imposant pilier central. Les traces de planches sur le crépi sont d'époque !
On découvre ensuite le ***cloître*** du XIIe s, pour lequel on a utilisé pour la 1re fois du marbre rose de la région. Il s'agit même du 1er cloître sculpté de Catalogne. Ses superbes chapiteaux, qui contrastent avec la pierre de l'abbaye, sont nourris d'influences les plus diverses, souvent orientales : l'Espagne musulmane d'Al-Andalus n'était pas loin... Il manque malheureusement une bonne partie des galeries, démontées après la Révolution et dont les éléments dispersés rachetés par des antiquaires servirent de base à l'édification par Rockefeller des *Cloisters* à New York. On admire aujourd'hui une reconstitution réalisée en 1952 à partir de ce qui a pu être récupéré. Dans une des salles autour du cloître, vestiges lapidaires de la prestigieuse clôture du chœur qui devrait, un jour prochain, être reconstituée. On accède enfin à l'***église,*** préromane d'époque carolingienne, impressionnante par ses dimensions (c'est sûrement la plus grande de France), austère par sa nudité, avec des arcs outrepassés d'inspiration orientale. La table d'autel est romaine et vient du capitole de Nîmes. Dans les chapelles latérales, quelques statuettes polychromes.
– À l'extérieur, devant l'abbaye, ***jardin d'iris,*** fleuri fin avril-début mai *(ouv en principe tlj 14h30-17h30).*

VERNET-LES-BAINS

(66820) 1 400 hab. *Carte Pyrénées-Orientales, B2*

Avec ses sources thermales spécialisées en rhumatologie et affections respiratoires, connues depuis le Moyen Âge (elles appartenaient alors aux moines de Saint-Martin-du-Canigou), Vernet devient en vogue vers 1880. L'aristocratie anglaise y a ses habitudes, tout comme certains écrivains d'outre-Manche, tel Rudyard Kipling. Au pied du vieux village, dominé par l'église Saint-Saturnin et son château médiéval, église anglicane, casino et hôtel du XIXe s témoignent de cette gloire passée.

Adresse utile

Office de tourisme : *pl. de la République. ☎ 04-68-05-41-02. • tourisme-canigou.com •*

Où dormir ? Où manger ?

Campings

L'Eau Vive : *chemin Saint-Saturnin. ☎ 04-68-05-54-14. 06-18-92-63-48. • contact@leauvive-camping.com • leauvive-camping.com • À env 2 km au nord-ouest du centre-ville. Ouv avr-nov. Forfait 23 € pour 2 en hte saison ; mobile homes, chalets et tente 260-780 €/sem. 90 empl.* Entre montagne et rivière, un camping bucolique à l'offre assez large sans être surdimensionné. Plusieurs formules d'hébergement, d'activités. Snack et resto, lave-linge. Terrain de foot, piscine chauffée *(mai-sept)* et spa. Bon accueil.

Les Cerisiers : *4, chemin de la Peña. ☎ 04-68-05-60-38. 06-50-45-78-51. • contact@camping-lescerisiers.com • camping-lescerisiers.com • À 1,5 km au sud-ouest du centre. Ouv d'avr à mi-oct. Forfait 20 € pour 2 en hte saison ; bungalows toilés et mobile homes 240-625 €/sem. 58 empl.* Petit camping arboré aménagé en terrasses, avec une belle vue sur Vernet. Très calme. Sur place, spa, hammam, sauna et épicerie de dépannage.

Bon marché à prix moyens

Hôtel Princess : *rue des Lavandières. ☎ 04-68-05-56-22. • contact@hotel-princess.fr • hotel-princess.fr • Fermé de mi-nov à fin mars. Doubles 71-135 €. Menu 17 € ; carte env 30 €. Parking gratuit ouvert. Réduc de 10 % sur le prix de la chambre sur présentation de ce guide.* Certes, on ne va pas pousser des cris d'enthousiasme devant l'architecture de cet hôtel. Mais l'accueil est amical, les chambres jolies, franchement confortables, avec balcon pour certaines. Et, au resto, la cuisine, d'inspiration régionale, se tient très bien.

Au Comte Guifred de Conflent : *17, av. des Thermes. ☎ 04-68-05-54-72 ou 51-37. • mecsduroussillon@alefpas.asso.fr • Ouv midi seulement et sur résa, lun-jeu, hors vac scol et j. fériés. Menu complet 13 € (17 € avec les boissons). Apéritif maison offert sur présentation de ce guide.* C'est le resto d'application de l'école hôtelière du Roussillon. Service aux p'tits oignons, mets de goût (cuisine souvent d'inspiration régionale) et prix presque dérisoires.

Où camper dans les environs ?

Camping Les Sauterelles : *col de Millères, 66820* ***Fillols.*** *☎ 04-68-05-63-72. • campingsauterelles.over-blog.com • À 5,5 km de*

Vernet ; suivre la route de Fillols, puis la direction de Taurinya. Ouv de mi-juin à mi-sept. Forfait 17 € pour 2. CB refusées. 75 empl. Si la route qui mène à ce camping paumé au cœur du massif du Canigó est plutôt étroite, les emplacements sont, quant à eux, largissimes. Piscine.

– Voir également plus loin le camping de Casteil, à 2,5 km de Vernet.

Où acheter de bons produits dans les environs ?

Maison Xifre : *rue des Fontaines, 66360* ***Sahorre.*** *☎ 04-68-05-51-09. À 4,5 km au nord de Vernet. Ouv mar et jeu-sam, 8h-12h15, 16h-18h30 ; mer mat ; dim 8h30-11h30 (juil-août).* Cette petite charcuterie familiale ne paie pas de mine, mais c'est pourtant l'une des plus réputées de la région, nourrissant nombre de bonnes tables du coin. Accueil chaleureux de madame, qui détaille avec gourmandise ses préparations : boudin catalan, pâtés, *boles de picolat...*

DANS LES ENVIRONS DE VERNET-LES-BAINS

CASTEIL (66820)

À 2,5 km de Vernet-les-Bains.
Au pied du Canigó, petit village à 800 m d'altitude, point de départ vers l'abbaye de Saint-Martin-du-Canigou. Il abrite aussi un parc animalier.

Adresse utile

Relais d'information touristique : *1, rue du Canigou. ☎ 04-68-05-67-63. • casteil-tourisme.com • À l'entrée du village. Tte l'année, lun-mar et jeu-ven 8h-12h, 14h-16h.* Donne des infos sur l'ascension du Canigó, notamment en 4x4.

Où camper ?

Domaine Saint-Martin : *6, bd de la Cascade. ☎ 04-68-05-52-09. • domainesaintmartin66@gmail.com • domainesaintmartin.com • À 2,5 km de Vernet. Ouv avr-oct. Forfait 23 € pour 2 en hte saison ; tentes équipées et mobile homes 180-690 €/sem. 65 empl.* Un camping plutôt nature, aménagé au sein d'un bois de châtaigniers parsemé de gros blocs de granit. Il y a de la place, on n'est pas les uns sur les autres. Bar-resto, petite épicerie. Piscine.

À voir

Le parc animalier : *☎ 04-68-05-67-54. • parcanimaliercasteil.com • Avr-oct, tlj 10h-19h (9h30-18h juil-août) ; vac scol de fév et de Noël, tlj 13h-16h ; de nov à mi-déc, w-e 13h-16h ; billetterie fermée 2h avt. Entrée : 14 € ; 10 € 3-12 ans. Compter 2h30 de visite. Réduc de 20 % sur présentation de ce guide.* C'est un chasseur repenti qui a mis en place ce parc de 20 ha où les animaux ne sont pas tués mais en liberté surveillée. Une nette amélioration ! Le long d'un parcours ludique de 3,5 km, on peut y voir, parmi 300 animaux en pleine nature, la lionne Elsa et le lion Néron, qui a, c'est vrai, le nez rond (vu sous un certain angle), ainsi qu'un couple de lions blancs (il en reste moins

LES PYRÉNÉES-ORIENTALES

de 100 dans le monde). Ours, singes, chameaux, lamas, lynx, renards, rennes et compagnie sont du carnaval, avec quelques locaux : chevreuils, isards, cerfs et autres mouflons. Aire de jeux et espace pique-nique. Possibilité de dormir dans une cabane avec vue sur le parc à loups.

L'ABBAYE SAINT-MARTIN-DU-CANIGOU

Carte Pyrénées-Orientales, B2

De Casteil, une rampe exclusivement piétonne conduit à l'abbaye en 40 mn env. ☎ 04-68-05-50-03. • stmartinducanigou.org • Différentes sociétés de transports assurent le transfert de Casteil à l'abbaye (voir plus loin dans la partie sur le Canigó, « Adresses utiles. Excursions en 4x4 »). Juin-sept, visites guidées ttes les heures 10h-12h, 14h-17h (dim et fêtes à 10h et 12h30) ; oct-mai, tlj sauf lun, à 10h, 11h (dim et fêtes à 12h30), 14h, 15h et 16h. Dommage, visite guidée obligatoire et décevante. Fermé janv. Entrée : 6 € ; réduc ; gratuit moins de 12 ans.

Nid d'aigle isolé dans la montagne, au bord d'un précipice, cette abbaye du XIe s « est le prie-Dieu le plus exaltant qu'on puisse trouver en face des montagnes et du ciel ». La vie trépidante du plancher des vaches ne semble pas atteindre les lieux... Une seule route d'accès (limité, Dieu soit loué) et un silence de mise durant les visites. On est ici pour tutoyer le ciel, dans un décor roman s'harmonisant parfaitement, à 1 050 m d'altitude, avec une nature propice à la méditation. Dans l'enceinte du monastère, près du clocher carré, on remarque des tombes creusées à même le roc peu après l'an mil par le comte Guifred de Cerdagne. C'est là qu'il désirait reposer aux côtés de sa femme, après 30 ans d'un travail de titan : fonder l'abbaye...

L'abbaye connut près de 8 siècles de présence monastique. Très endommagée au XVe s par un tremblement de terre puis abandonnée après la Révolution, elle fut patiemment reconstruite au cours du XXe s. On peut donc à nouveau admirer les chapiteaux en marbre du cloître (dont certains ont pu être récupérés), et l'église, austère, véritable témoin des débuts de l'art roman dans la région.

LE CANIGÓ

Carte Pyrénées-Orientales, B2

• Carte *p. 125*

La montagne sacrée des Catalans tire son nom de sa forme (*canigó* signifierait « dent de chien »). Le nom a été détourné par une marque de pâtée pour chien (justement...), mais on vous déconseille de plaisanter sur ce sujet. Parce qu'ici, on est mordu de cette montagne mythique, symbole catalan par excellence dont le pic immaculé fut longtemps synonyme de légendes et d'exploits. Le roi Pierre III d'Aragon est, paraît-il, le 1er à en avoir atteint le sommet. D'autres l'imitèrent par la suite, à bicyclette, à cheval (sans poser le pied à terre !), à skis ou en voiture... ou encore, plus laborieusement, par les airs, car le Canigó avait une réputation de dévoreur d'avions, après moult catastrophes aériennes. Le mystère de ce triangle des Bermudes pyrénéen fut pourtant simple à élucider, la forte

concentration de fer et de manganèse dans la montagne fait office d'aimant !
Le pic du Canigó a été longtemps considéré comme le point culminant des Pyrénées, les géographes du Moyen Âge s'étant trompés dans leurs calculs ! On sait désormais que ses 2 784 m d'altitude sont battus à plate couture par d'autres sommets comme le pic de Vignemale (3 298 m), versant français. Le vrai gagnant est en Espagne (le pic d'Aneto, 3 404 m).
Mais que toutes ces histoires ne vous fassent pas oublier l'essentiel : le Canigó réserve de nombreuses splendeurs à ceux qui s'y promènent. Riche d'une faune et d'une flore heureusement protégées, le massif offre également aux randonneurs de nombreux panoramas à couper le souffle, des routes spectaculaires, des gorges, des torrents, des refuges, des forêts de sapins... Pas étonnant qu'il soit labellisé Grand Site de France (● *grandsitedefrance.com* ●).

LA FLAMME CATALANE

Le week-end précédant la Saint-Jean, Catalans du Nord (France) et du Sud (Espagne) portent des fagots en haut du pic en y insérant des vœux pour l'année. C'est le Trobada du Canigó. Au matin de la Saint-Jean, la flamme, gardée depuis des siècles au Castillet de Perpignan, part vers le sommet pour embraser, au crépuscule, l'énorme bûcher qu'on voit de toute la Catalogne. Les villageois allument alors des torches au brasier et les redescendent dans leurs villages en fête. Ce partage du feu est un symbole fort d'unité, sorte de fête nationale catalane.

Comment approcher le géant ?

En voiture

Seule la piste passant par les gorges de Llech est ouverte aux véhicules individuels. ***Prévoir un véhicule adapté*** et noter que l'accès en voiture est possible jusqu'au parking (gratuit) de l'*Esquena d'Ase* uniquement. Il faudra continuer à pied pour atteindre le *refuge des Cortalets* en moins de 3h. Possibilité de s'y rendre à dos d'âne ou à VTT également. De là, pour les plus téméraires, un sentier conduit au sommet, compter de 1h30 à 2h30 de marche.
De Prades, prendre la N 116 direction Perpignan puis tourner à droite vers Los Masos. Après Villerach, la D 24 se transforme en piste forestière de montagne, praticable uniquement en été par temps sec. Mais attention, elle n'est ouverte que du lever au coucher du soleil et est fermée au-delà d'une centaine de véhicules. La piste, superbe, court ensuite en lacet dans un décor boisé. Points de vue magnifiques sur les gorges, 300 m plus bas. On peut souffler un peu aux refuges du Mas Malet ou à celui de la Molina (non gardés) puis au Ras del Prat Cabrera (panorama splendide).

À pied

⋞ ➢ Les courageux, les sportifs et/ou les fauchés peuvent monter à pied par le ***chemin forestier de Balaig,*** aujourd'hui interdit aux véhicules individuels. ***De Prades,*** prendre direction Taurinya puis gagner le col des Millères *(camping des Sauterelles).* Suivre ensuite le balisage jaune qui mène au *refuge des Cortalets* via les refuges non gardés de Balaig et de la Jasse des Cortalets. La piste est jalonnée de panneaux d'interprétation sur le paysage ou les éléments historiques ou naturels, ainsi que d'un pupitre de lecture du paysage. Enfin, un géo-parcours de chasse au trésor vous permettra de vous dégourdir aussi les neurones ! Fiche à télécharger gratuitement sur ● *canigo-grandsite.fr* ●
Compter 7h de marche (aller) et ne pas oublier de se munir de bonnes chaussures de marche, d'un pull et de vêtements de pluie (là-haut, la neige peut tomber en plein été), et bien sûr

penser à emporter de l'eau. Prévoir des haltes-visites à Saint-Michel-de-Cuxa et à Taurinya.

➢ Un autre chemin d'accès, pour les sportifs, est possible ***depuis le refuge de Mariailles*** (1 700 m), que l'on rejoint en voiture depuis Casteil avec un arrêt au parking du Randé en juillet-août (40 mn de marche avant le refuge). De là, compter 7h de marche aller-retour. Attention au passage étroit au pied de la « cheminée ».

➢ Mais l'ascension la plus classique reste celle qu'on réalise ***depuis le refuge des Cortalets,*** au bout de la piste et du chemin cités plus haut. On peut dormir au refuge (voir plus loin « Où dormir ? Où manger ? »). Compter 5-6h de marche aller-retour. Évidemment, il est recommandé de ne pas s'aventurer là-haut par mauvais temps et de partir le matin tôt pour éviter les orages estivaux. Se renseigner avant le départ sur les prévisions météo.

Le GR 10 passe à proximité du refuge (façade ouest). Il longe un étang puis grimpe le long du pic Joffre. Après environ une demi-heure de marche, il poursuit à droite vers Vernet-les-Bains. On prendra à gauche pour continuer la montée (balisage jaune). Certains passages sont difficiles à cause de la roche, mais l'ascension n'est pas vraiment compliquée.

Une croix indique l'arrivée au sommet. Évidemment – c'est pour ça qu'on y monte –, le panorama est à tomber à la renverse. On embrasse toute la plaine du Roussillon, jusqu'à la Méditerranée (à l'est), ainsi qu'une partie de la Costa Brava (au sud-est), les Corbières (au nord) et différents pics des Pyrénées (à l'ouest).

– Pour toutes ces randonnées, se munir des cartes IGN n°s 2450 Ouest et 2349 Est, au 1/25 000. Une autre carte bien détaillée : *Randonnée pyrénéenne n° 10* (Canigó, Vallespir, Fenouillèdes), au 1/50 000.

Avec un âne

Des départs accompagnés avec un âne sont possibles depuis le col de Millères et sur le parking de l'*Esquera d'Ase.* Voir les coordonnées dans les « Adresses utiles » ci-après.

Adresses utiles

■ ***Syndicat mixte Canigó Grand Site :*** *73, av. Guy-Malé à* ***Prades.*** *☎ 04-68-96-45-86.* • *canigo-grandsite.fr* • Pour tout renseignement sur le massif.

■ ***Accompagnateurs en montagne :*** *contacter le SNAM (☎ 04-76-70-20-42 ;* • *snam.pro* •*). Également* ***Randonades,*** *à* ***Prades*** *(☎ 04-68-96-16-03).*

■ ***Excursions en 4x4 : JPB Transport,*** *☎ 04-68-05-99-89 ;* ***M. Dar,*** *📱 06-09-71-91-62 ;* ***Montagne et Transport,*** *☎ 04-68-30-02-82 ;* ***La Caravelle du Conflent,*** *📱 06-11-22-48-79 ;* ***Vincent Lecoq,*** *📱 06-82-04-17-81 ;* ***Sport Garage Villacèque,*** *☎ 04-68-05-51-14 ou* ***Castellane,*** *☎ 04-68-05-27-08.* Au départ de Villefranche, Vernet ou Prades, de juin à octobre. Les transporteurs empruntent le chemin forestier de Balaig qui leur est réservé. En principe, ils proposent tous le même tarif. Compter env 25 à 30 € par personne pour l'aller-retour, et environ 1h30 de trajet aller jusqu'au *Ras des Cortalets.* Sinon, service sur résa uniquement depuis le parking de l'Esquena d'Ase, assuré par JPB Transport, La Castellane et La Caravelle du Conflent *(tlj en juil-août et les w-e de juin et sept).* Compter 15 € par personne pour un aller simple et 45 min pour rejoindre l'arrêt en aval du *refuge des Cortalets.* Un véhicule par jour, demander le planning de la saison par mail. • *esquenadase.tad@gmail.com* •

🚴 ■ ***Location de VTT électriques : Naturoland*** *à* ***Rigarda*** *(📱 06-19-63-67-20) ;* ***Centre Sud Canigó*** *à* ***Arles-sur-Tech*** *(☎ 04-68-39-37-82).*

■ ***Excursions avec des ânes : Fabien Boyer,*** *📱 06-02-29-34-54,* • *caravanigou.fr* • *;* ***Altipyr,*** *📱 06-83-47-52-04 ;* ***Montagne Vibration,*** *📱 06-18-58-19-24 ;* ***Le Bourriquito,*** *📱 06-10-40-23-02.*

■ ***En bref, en cas de pépin : secours*** *au ☎ 112.* ***Ambulances Mattei,*** *à* ***Prades*** *(☎ 04-68-05-34-22).* Compagnie privée d'ambulances. *Sinon,* ***clinique Saint-Michel*** *(☎ 04-68-96-03-16) ; urgences 24h/24.*

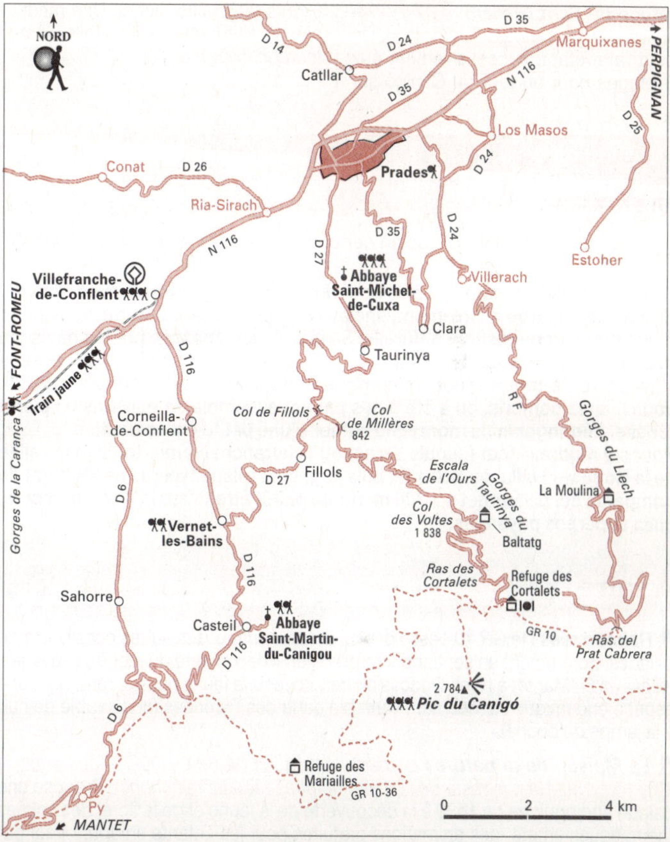

LE CANIGÓ

Où dormir ? Où manger ?

Refuge des Cortalets *(plan Le Canigó)* **:** *chemins forestiers conduisant au pic (voir plus haut). ☎ 04-68-96-36-19. • refugedescortalets@ffcam.fr • refugedescortalets.ffcam.fr • Ouv de fin mai à mi-oct. Nuitée 19,20 €/pers ; petit déj env 7,50 €. Le soir, menu unique env 19 €. Douche chaude payante. Possibilité de louer un sac à viande.* À 2 150 m d'altitude, c'est le camp de base rêvé pour attaquer l'ascension du pic. Créé par le CAF en 1899, c'est le rendez-vous de prédilection des randonneurs, skieurs, alpinistes et touristes de passage. En saison, les 85 places du dortoir (de 8 à 19 lits) et la quinzaine de chambres (de 2 à 4 lits) ne sont pas souvent libres ; téléphoner avant.

Également le **refuge de Mariailles** *(☎ 04-68-05-57-99 ; • refugedemariailles.fr •)*. Pour la face sud, le **refuge de Batère** *(☎ 04-68-39-12-01 ; • gite-refuge-batere.com •)*, le **refuge des Conques** *(📱 (00-34) 06-96-29-86-31 ; • refugi-lesconques.com •)* et le

refuge de Sant Guillem *(07-77-94-79-45 ; • refugesantguillem.com •).* On peut faire étape successivement aux 5 refuges pour un tour du Canigó sur 6 jours (et 5 nuits, donc). Une randonnée en altitude exceptionnelle *• montourducanigo.fr •*

MANTET

(66360) 30 hab. (27 selon certains) *Carte Pyrénées-Orientales, B3*

Le routard cherche souvent son bout du monde, on l'a trouvé avec Mantet ! Un patelin superbe d'isolement, enclavé au fond d'une vallée, porte d'entrée d'une magnifique réserve naturelle. Sa population chassée par les nazis (on avait ici l'âme résistante) n'est revenue que dans les années 1960 avec la 1re vraie route (pour situer, l'électricité n'est, elle, arrivée ici qu'en 1983 !). Vous l'aurez compris, on a été émus par cet ensemble de maisons en pierre rousse, dégringolant la montagne autour d'une petite église du XIe s.

Pour s'y rendre, il faut (depuis Vernet ou Villefranche) remonter la jolie vallée de la Rotja via Fuilla, ou Sahorre, puis gagner le village typique de Py avant de grimper le col de Mantet à 1 760 m. Route plutôt étroite sur la fin du parcours, mais superbes paysages.

À faire

Randonnées : le ***GR 10*** passe par ici. Sinon, nombreuses autres possibilités de balades, notamment un sentier d'interprétation « découverte du monde sauvage » reliant en 6h Mantet à Nyer. L'occasion de tutoyer une faune riche et rare, dont une espèce endémique : le desman, véritable dahu des Pyrénées (observable de nuit à la lampe de poche).

La Maison de la nature : *derrière l'église. ☎ 04-68-05-00-75. Juil-août, tlj 10h-13h, 15h-19h ; le reste de l'année, horaires réduits, téléphoner.* Propose une balade audioguidée de 1h30 à la découverte de la faune et de la flore, des soirées thématiques en été, des animations gratuites pour les enfants un après-midi par semaine en haute saison, une expo rigolote de crottes d'animaux du cru... Vend également un guide des sentiers, avec 5 itinéraires détaillés *(4 €).*

VILLEFRANCHE-DE-CONFLENT

(66500) 220 hab. *Carte Pyrénées-Orientales, B2*

Merveilleuse petite cité médiévale fondée en 1090 par le comte Guillaume-Raymond de Cerdagne, puis remodelée par Vauban. Dominées par un bastion agrippé à la montagne, les fortifications du brillant ingénieur militaire de Louis XIV sont aujourd'hui classées au Patrimoine de l'Unesco. Elles empêchaient l'accès de la vallée à toute armée ennemie. Villefranche est certainement l'un des sites les mieux préservés de la région, avec son lot de remparts, redoutes, pavés et vieilles bâtisses respectables. Un modèle du genre, donc, avec par conséquent une assez grosse activité touristique. D'autant que le village, classé parmi les Plus Beaux de France, soigne son look (jolies enseignes en fer forgé).

Adresses et info utiles

Office de tourisme : *33, rue Saint-Jacques. ☎ 04-68-05-41-02. • tourisme-canigou.com* • Audioguide pour la visite du village à retirer au guichet des remparts *(2 €)*. Livret-jeux gratuit pour les gamins.

Gare SNCF : *à l'extérieur de la cité. ☎ 04-68-96-63-62 ou 36-35 (gratuit).* C'est de là que part le fameux « train jaune » (voir « À faire »), à prendre au moins une fois dans sa vie ! De 3 à 5 départs/j. selon saison.

– Les ***parkings*** à l'extérieur des remparts sont payants (forfait journalier très raisonnable, 2 € la ½ journée et 4 € la journée).

Où dormir ? Où manger à Villefranche et dans les environs ?

De bon marché à prix moyens

Chambres d'hôtes Le Mas d'en Benissac : *chemin du Mas Paulo, Fuilla-du-Haut, 66820 **Fuilla.** ☎ 04-34-56-71-65. • benissac66@yahoo.fr • À 5 km de Villefranche-de-Conflent (fléché sur la gauche après Fuilla-du-Haut). Double à partir de 55 €. CB refusées.* Sereine et champêtre, au milieu des serres et des vergers, ancienne ferme gentiment rénovée par des proprios décontractés. 2 chambres, de plain-pied, à la déco toute simple mais plaisante, chacune avec sa terrasse. Jus de pomme maison et fruits de l'exploitation au petit déj. Grande salle commune avec coin salon et cuisine à disposition des hôtes. Petite plage au bord de la rivière qui coule à 2 pas, piscine et jeux pour les gosses. Vente de fruits et légumes bio.

Chambres d'hôtes de l'Ancienne Poste de la Cité : *31, rue Saint-Jacques. ☎ 04-68-05-76-78. 📱 07-50-60-53-03. • citedevillefranche@gmail.com • anciennepostedelacite.com • Doubles 95-110 €. Parking public gratuit pour les hôtes.* Au sein de la cité fortifiée et dans le bâtiment de l'ancienne poste (comme vous vous en seriez douté !). Grosse maison de pierre, joliment rénovée sans perdre de son charme à l'ancienne : bel escalier et cabine téléphonique toujours là ! 3 chambres (dont celle de l'ancienne receveuse des Postes !) de bonne taille. Bel accueil. Cuisine à dispo. Petit sauna.

La Forge d'Auguste : *56, rue Saint-Jean. ☎ 04-68-05-08-65. • laforgedauguste@orange.fr • ♿ Juil-sept, tlj ; oct, ouv tlj midi plus soir le w-e, hors saison, ouv seulement midi et soir vac scol. Menus 12-16 € ; carte env 15 €.* Dans un univers convivial entre Bretagne et Catalogne, *La Forge d'Auguste* affiche au tableau d'honneur des galettes au sarrasin, bien sûr, mais aussi le boudin catalan, le touron qui l'est aussi, et des burgers... Le caramel au beurre salé est maison, les « couilles du pape » sont flambées au rhum, de quoi composer des crêpes originales et bien goûteuses, à dévorer sur la petite terrasse.

Le Patio : *32, rue Saint-Jean. ☎ 04-68-05-01-92. • contact@lepatio-66.com • ♿ Tlj sauf jeu et soir lun et mer. Menus 17,90-38,90 €. Verre de muscat offert sur présentation de ce guide.* Les tables se serrent peut-être un peu trop sous les voûtes de cette maison médiévale. Mais, dans l'assiette, la cuisine, largement catalane, tient la promesse de ses prix, plutôt serrés. Accueil et service très pro. Et il y a évidemment un patio, une cour du XIIe s, même !

La Senyera : *81, rue Saint-Jean. ☎ 04-68-96-17-65. • contact@lasenyera.fr • Tlj sauf soir dim-mar et le mer. Plat du jour midi sem 14 €. Menus 26-33 €. Café offert sur présentation de ce guide.* Si la maison est d'hier (voire d'avant-avant-hier comme toutes celles de la cité !), la cuisine de ce jeune chef est très actuelle. Et si son inspiration est catalane, si les produits sont du terroir, ses plats, très personnels, s'ouvrent souvent à des horizons plus lointains.

Où boire un verre ?

Le Canigou : *89, pl. du Génie. ☎ 04-68-96-12-19. • barlecanigou@sfr.fr • Tlj 7h30-22h. Sur présentation de ce guide, entrée gratuite au musée du plan relief.* Pas banal, ce bar à la déco kitschissimement surchargée sur le thème des pompiers, passion du patron. Bornes à incendie qui ne marchent pas qu'à l'eau, camions miniatures, escadron de casques... Pin-pon ! Et, en prime, une terrasse à l'ombre du platane le mieux protégé des incendies de forêt de tout le département... Vous n'êtes toutefois pas obligé d'y manger...

À voir

La cité fortifiée : on entre dans l'enceinte de la ville par une des portes, de France ou d'Espagne à chaque extrémité, ou par celle du Portalet sur le côté. 2 longues rues parallèles traversent Villefranche de bout en bout : Saint-Jean et Saint-Jacques. Dans la rue Saint-Jean, on se fait tout petit à l'ombre de la tour d'*En Solanell,* adossée à un bâtiment du XIVe s qui servait d'hôpital militaire. Même impression au pied du *beffroi* (XIIe s), qui flanque un hôtel de ville de la même époque. Rues pittoresques comme celle des *Tisserands,* et partout de belles façades médiévales.

L'église Saint-Jacques : paradoxalement flanquée de la tour du Diable ! Belle façade de marbre rose et portail sculpté du XIIe s. Beaucoup de marbre également à l'intérieur : bénitier et statues du XVIIe s, autel du XIIIe s... Remarquer les pierres tombales, au sol : ne riez pas, mais on y a sculpté des têtes de mort en train de sourire (il paraît que c'était très tendance au XVIIIe s !).

Les remparts : *accueil au 2, rue Saint-Jean. ☎ 04-68-05-87-05. • villefranchedeconflent.fr • Juin-sept, tlj 10h-19h (20h juil-août) ; avr-mai et oct, tlj 11h-18h ; fév-mars et nov-déc 13h-17h. Dernier ticket 1h avt. Fermé janv. Tarif : 4,50 € ; réduc.* Bien conservée, l'enceinte du XIe s fut renforcée de tours au XIIIe s, puis de 6 bastions par Vauban, qui modernisa au XVIIe s les fortifications médiévales. Curiosité principale, le chemin de ronde voûté, construit dans l'épaisseur des murs ! Ce sont par ailleurs les seuls remparts en France à avoir conservé un chemin de ronde sur 2 niveaux (une innovation, unique en son genre, de Vauban). Sur le parcours, rare et belle forge catalane (fin XVIIIe s). Jeux de piste et chasse au trésor pour les enfants.

Le fort Libéria : *perché au-dessus de la ville, sur la colline de Belloch. ☎ 04-68-96-34-01. • fort-liberia.com • À pied, prendre la rue Saint-Pierre jusqu'au vieux pont et traverser la voie de chemin de fer ; l'entrée souterraine est derrière. On conseille de monter par le sentier (en 25 mn) et de descendre les escaliers souterrains. Sinon, un 4x4 conduit les visiteurs au départ du Bar Le Canigou (voir « Où boire un verre ? » plus haut) ou de la gare SNCF (11 € avec l'entrée du fort). Juin-sept, visite tlj 10h-20h, 10h-17h le reste de l'année (18h mars-mai). Entrée : 7 € ; réduc ; gratuit moins de 5 ans. Bar et restauration catalane en saison.*
À voir dans cette forteresse du XVIIe s créée par Vauban et remaniée par Napoléon III : galeries de défense, four à pain, chemins de ronde, chapelle et superbe panorama sur la région. Plusieurs reconstitutions avec mannequins : hôpital militaire, cuisine, lingerie et cellule qui rappellent qu'une dizaine de femmes impliquées dans l'affaire des poisons, sous Louis XIV, furent emprisonnées ici. Clou de

la visite, on redescend en ville par l'incroyable escalier souterrain dit « des mille marches » (en fait, il y en a 734 : on les a comptées). À mi-chemin, visite de la batterie intermédiaire construite par Napoléon III.

– Au 17, rue Saint-Jacques, *musée du Plan-Relief (juin-sept, tlj 10h-12h, 13h-18h ; le reste de l'année, fermeture à 16h ; entrée : 2,30 €, réduc),* qui expose des objets découverts dans le fort (fusils, poteries, boulets...) mais aussi une réplique du plan-relief de Villefranche dont l'original est conservé aux Invalides, à Paris.

UNE AFFAIRE EMPOISONNANTE

L'« affaire des poisons », sous Louis XIV, débuta avec l'exécution de la marquise de Brinvilliers, convaincue d'empoisonnement sur son père et ses 2 frangins. 3 ans plus tard, une nouvelle enquête révéla un véritable trafic de poisons commandés par des femmes de dignitaires désireuses de se débarrasser de leurs époux. Mme de Montespan, la maîtresse de Louis XIV, fut elle-même soupçonnée de participer à des messes noires. Le scandale fut énorme. Un tribunal spécial – et discret – fut donc créé, 300 personnes furent jugées, 36 condamnées à mort malgré le peu de preuves recueillies. Certaines croupirent plus de 40 ans dans les geôles du fort Libéria.

La Cova Bastera : *N 166. ☎ 04-68-97-14-84. Juste en dehors de la cité fortifiée. Horaires variables. GRATUIT.* Une grotte occupée depuis la préhistoire (une modeste expo le rappelle à l'intérieur), que Vauban (architecte de toutes les situations !) a fortifiée pour l'inclure dans le système de défense de Villefranche.

Les grottes des Canalettes : *☎ 04-68-05-20-20. 📱 06-32-36-30-60. • grottescanalettes.com • Billets en vente à la grotte des Grandes Canalettes. Bon plan : en juil-août, bureau d'infos au 2, rue Saint-Jacques, près de l'église (tlj 10h30-17h30) ; on peut y acheter son ticket. Prévoir un pull, sinon glagla !*

– Les Grandes Canalettes : sur la route de Vernet-les-Bains. (dans la salle du Yéti). Avr-sept, tlj 10h-17h (17h30 juil-août, et projection ttes les heures 11h-17h d'un spectacle musical son et lumière et vidéo de 22 mn) ; le reste de l'année, w-e, j. fériés et vac scol 11h-16h. Fermé janv et 25 déc. Entrée : 11 € ; 6 € 5-12 ans. CB acceptées. Visite libre. Il faut au moins voir celle-ci, elle regroupe toutes les concrétions existantes sous terre. Superbe enfilade de salles de 40 millions d'années. Concrétions exceptionnelles, cristallisations, colonnes, aragonite, glacier suspendu et gouffre sans fond. Panneaux explicatifs lumineux et salle de projection et d'expo sur l'eau et la vie des dinosaures. (documentaire de 25 mn sur l'aménagement de la grotte).

À faire

Le train jaune : *de Villefranche (altitude 427 m) à Latour-de-Carol (1 231 m), via Mont-Louis, Font-Romeu, Bourg-Madame... Trajet : 3h. Rens aux gare SNCF de Villefranche ou de Mont-Louis ou à l'office pour les horaires. • ter.sncf.com • oui.sncf.com • Attention, pas de résa possible en gare pour les individuels (mais possible sur internet et obligatoire à partir de 10 pers) ; en été, le train jaune est souvent... noir de monde et il y a de l'attente ; certains peuvent même rester en rade sur le quai (inutile alors de s'énerver, ça ne changera rien...). Dernier détail : pas de toilettes dans le train, ni de pause pipi durant le trajet (prenez vos précautions...). Compter 45 € l'A/R (26,60 € jusqu'à Font-Romeu, qui est la partie la plus spectaculaire ; trajet : près de 1h30). Tarifs très préférentiels l'hiver. Possibilité également de s'arrêter à Mont-Louis pour visiter la ville (inscrite au Patrimoine mondial de l'Unesco) et de reprendre le train suivant pour poursuivre jusqu'à Bourg-Madame, ce qui permet de traverser la Cerdagne.* Quelle hardiesse, ce chemin de fer acrobatique grimpant à l'assaut de la Cerdagne ! Alimenté par l'électricité d'un barrage, ce petit train tout jaune gravit poussivement des pentes ardues, enjambe des précipices sur d'improbables viaducs, se jette dans de noirs et longs tunnels, s'agrippe à des corniches au-dessus du vide. Un de ces paris fous du début du XXe s. Et s'il va moins vite que le TGV vers Barcelone (30 km/h en moyenne !), il monte bien plus haut, Bolquère (entre Mont-Louis et Font-Romeu) étant la plus haute gare de France (1 592 m d'altitude) ! Par beau temps, certains wagons sont « cabriolet », pour profiter encore mieux des paysages de montagne traversés et du grand air. Si la plupart des voyageurs choisissent l'été, sachez que chaque saison a son charme. C'est même en hiver qu'on a le plus de chances d'apercevoir la faune, et notamment des cerfs, des chevreuils et des isards.

Fête

– ***Fête des Géants :*** *w-e de Pâques.*

DANS LES ENVIRONS DE VILLEFRANCHE-DE-CONFLENT

CORNEILLA-DE-CONFLENT (66820)

À 4 km de Villefranche en direction de Vernet-les-Bains.
Ce petit village abrite l'une des plus belles et sans doute la plus riche église romane de la région.

À voir

L'église Sainte-Marie : *accueil au Patrimoine Info, face à l'église. ☎ 04-68-05-77-59. ♿ Visite guidée : juil-août, tlj sauf w-e, 10h-12h, 15h-18h30 ; avr-juin et oct, lun-ven 14h-17h, sept 14h-18h. Entrée : 3 € ; gratuit moins de 12 ans.* Ancien prieuré de chanoines, conservant de superbes œuvres. Fabuleuses statuettes en bois peint du XVe s ; exceptionnel retable en marbre sculpté du XIVe s ; autre retable en bois doré du XVIIe s ; émouvante statue polychrome représentant Notre-Dame des Sept Douleurs, vêtue de dentelle noire, au visage d'une pureté éblouissante (nous en rêvons encore...) ; alignement d'autels en marbre rose du XIIe s ; statuettes romanes dont l'une (celle de gauche) servit de modèle à toutes les Vierge de la région, etc. Dans la sacristie, un dernier trésor : une armoire à chasubles hispano-mauresque en noyer massif (elle a 700 ans !), aux ferrures finement ciselées... En ressortant de l'église, ne pas manquer les visages sculptés dans la poutre, sous la tribune.

DE VILLEFRANCHE À MONT-LOUIS

De part et d'autre de la confortable N 116 qui grimpe vers la Cerdagne, de petites routes offrent de superbes échappées vers des villages de charme, des châteaux, une rando spectaculaire...

Jujols : une petite route panoramique mène à ce hameau typique avec sa vieille chapelle romane. Point de départ d'une belle rando dans une réserve naturelle, avec vue imprenable sur le Canigó : si vous trouvez ça banal, retournez vite faire une cure de béton armé en ville...

Le musée de la Mine : *66360* ***Escaro.*** *☎ 04-68-97-15-34. Ouv 15h-18h, tlj sauf jeu de mi-juin à mi-sept, w-e et j. fériés mai à mi-juin et mi-sept à oct. Entrée : 3 € ; réduc ; gratuit moins de 8 ans.* La mémoire des mines de fer, nombreuses sur ces pentes, s'était un peu assoupie depuis la fermeture de la dernière en 1987. Ce petit musée, créé par une association de passionnés, la réveille : train de mines avec une bonne trentaine de wagonnets, reconstitution d'une galerie, d'une forge, outils anciens, objets de la vie quotidienne des mineurs...

La Maison du parc naturel régional des Pyrénées catalanes : *La Bastide, 66360* **Olette.** *☎ 04-68-04-97-60. • parc-pyrenees-catalanes.fr • Lun-ven, 14h-18h.* Évidemment, toutes les infos sur ce parc qui s'étend sur 138 000 ha, entre Conflent, Cerdagne et Capcir, avec pas moins de 7 réserves naturelles. Une caméra est installée dans les combles afin de vous permettre de voir les grands rhinolophes (chauve-souris) qui y établissent leur gîte en saison estivale.
Et, à l'extérieur, un parcours muséographique en accès libre raconte l'histoire de cette ancienne bastide et du château médiéval dont pointent encore 2 tours.

Évol : superbe village (qui a d'ailleurs obtenu la distinction de « Plus Beau Village de France ») : ruines d'un château, ruelles caladées, maisons en pierre aux toits recouverts de lauzes... Belle église Saint-André (Vierge en bois peint du XIIIe s, retable du XVe s) et un « cabinet littéraire », modeste espace consacré à l'écrivain Ludovic Massé, enfant du pays *(visite, avec celle de l'église, sur résa 06-13-04-19-86).* Quelques gîtes ruraux.

Nyer : aux portes d'une superbe réserve naturelle (dans ce haut Conflent, on en prend vite l'habitude !), ce village abrite un des rares châteaux Renaissance (XVe s) du coin avec une immanquable loggia ouvragée. Et, bonne nouvelle, on peut y manger à petits prix.

Château de Nyer : *☎ 04-68-96-50-35. • lechateaudenyer@association-sauvy.fr • Mai-sept, tlj midi et soir. Reste de l'année, tlj à midi plus soir jeu-sam. Menus 15-18€ €.* Cet élégant petit château est désormais une structure d'hébergement pour personnes âgées et adultes handicapés. On fait donc connaissance avec les pensionnaires avant de s'installer dans la salle (sous des plafonds à la française) ou sur la chouette terrasse ouverte sur la vallée pour une cuisine régionale, fraîche, simple et bonne.

Les gorges de la Carança : *à* **Thuès-entre-Valls.** *Accès fléché depuis le village, jusqu'au parking (payant). Compter au min 3h pour la boucle la plus courte, qui fait le tour d'une partie des gorges, 9-10h jusqu'au refuge. À éviter absolument par temps d'orage. De bonnes chaussures et la carte IGN Olette n° 2349 Ouest, série Bleue au 1/25 000.* Une des randos les plus célèbres du Conflent, une des plus spectaculaires aussi. Les gorges surgissent après un ¼ d'heure de marche depuis le parking, splendides, hautes d'une centaine de mètres par endroits et très verdoyantes. Il faut passer rive gauche pour rejoindre, en 30 mn environ, un vertigineux sentier creusé en corniche dans la roche. Superbe, mais oubliez si vous avez peur du vide ! Un pont de singe permet ensuite de rejoindre l'autre rive qu'on redescend plus tranquillement vers le point de départ. Mais si vous en voulez encore, la balade peut se poursuivre pendant 1h30, dans les gorges : passerelles et autres ponts suspendus au programme. À la sortie des gorges, on gagne (en 1h30) le refuge du Ras de la Carança (gardé en été et bivouac possible). Nature superbe : isards, marmottes (penser aux jumelles), *cascoll,* une plante sauvage bien connue dans la région (il paraît qu'elle fait un bien fou au sang)...

Les bains de Saint-Thomas : *66360* **Fontpédrouse.** *☎ 04-68-97-03-13. • bains-saint-thomas.fr • Bien indiqué depuis Fontpédrouse. Navette gratuite (sur résa 48h avt) à partir de la gare du train jaune. Tlj 10h-19h40 (20h40 en juil-août, vac scol de fév et de Noël). Fermé 2 sem en juin et 2 en nov. Entrée bains : 7 € ; 6 € sur présentation de ce guide ; réduc ; gratuit moins de 4 ans. Forfait hammam et bains extérieurs : 16 € ; réduc ; 14 € sur présentation de ce guide. Short de bain interdit.* En hiver, le grand chic, c'est d'y plonger après une journée de ski. Mais même l'été, c'est un vrai plaisir de se baigner en pleine montagne, dans l'eau (naturellement douce pour la peau grâce au plancton thermal) de ces piscines en plein air (3 bains, dont un avec jacuzzi) à 37 °C en hiver. Hammam, sauna à l'intérieur. Snack sur place.

LA CERDAGNE

À 1 200 m d'altitude moyenne, ce haut plateau, cerné de hautes montagnes jouit d'un ensoleillement et d'une luminosité privilégiés. Pas pour rien qu'on y a installé les 1ers fours solaires de France ! Grâce également à ses cimes enneigées, à ses vastes panoramas, à ses somptueuses forêts et à sa faune de montagne, la Cerdagne est un vrai paradis pour les randonneurs... Ses villages typiquement montagnards, la proximité de l'Espagne et d'Andorre, sans oublier ses stations de ski, achèvent d'en faire une étape obligée de toute visite des Pyrénées-Orientales. C'est le cœur du parc naturel régional des Pyrénées catalanes, qui englobe une soixantaine de communes de Cerdagne, du Capcir et du haut Conflent *(● parc-pyrenees-catalanes.fr ●)*. **On y trouve enfin quelques sources chaudes, où il fait bon se tremper. Bref, comme les Catalans disent : « Chez nous, vous avez à la fois la mer et la montagne ! »**

Comment y aller ?

Depuis Toulouse en train, on arrive à Latour-de-Carol. Depuis Perpignan, Prades, Villefranche, bus et trains. Ensuite, bus et train jaune desservent la région.

➢ ***En train jaune ou autocars SNCF :*** de Villefranche-de-Conflent ou de Latour-de-Carol. Plusieurs trains/j. été comme hiver. À ne pas rater, trajet mémorable (voir plus haut la rubrique « À faire » à Villefranche-de-Conflent).

➢ ***En bus :*** *rens au ☎ 04-68-80-80-80. Avec les* ***Courriers Catalans*** *(☎ 04-68-55-68-00) ou les* ***Transports Cerdans*** *(☎ 04-68-04-59-97).* Liaison Perpignan – Mont-Louis via Prades et Villefranche-de-Conflent. Trajet : 2h. Perpignan – Latour-de-Carol via Font-Romeu Localement, plusieurs bus quotidiens de Latour-de-Carol vers Mont-Louis (et vice versa) via Saillagousse ou Font-Romeu.

➢ ***Par la route :*** de Perpignan par la N 116, de Toulouse par la N 20.

MONT-LOUIS

(66210) 170 hab. *Carte Pyrénées-Orientales, B2*

La plus haute ville forte de France (à 1 600 m d'altitude) est l'œuvre de Vauban (une des rares qu'il aura édifiées de toutes pièces). Cette « ville-nouvelle » a pris le nom de son maître, Louis XIV. La citadelle est classée au Patrimoine mondial de l'Unesco depuis 2008, comme Villefranche-de-Conflent et plusieurs autres sites signés Vauban. C'est aujourd'hui encore un tout petit bourg de garnison, un peu austère et peu vivant.

Adresse utile

Office de tourisme : *6, bd Vauban. ☎ 04-68-04-21-97. ● mont-louis.net ● Juil-août, tlj 9h30-12h, 13h30-17h30 ; avr-juin, tlj sauf dim (tlj pdt vac scol) ; sept-mars, lun-ven (et sam pdt vac hiver).*

Où dormir ?

Camping

⛺ ***Camping du Pla de Barrès :*** *route des Bouillouses.* ☎ *04-68-04-26-04 (hors saison, contacter l'office de tourisme :* ☎ *04-68-04-21-97).* • *campingplabarres@gmail.com* • *pladebarres.com* • ♿ *À 3 km de Mont-Louis par la D 60. Ouv mai-sept. Forfaits env 12-20,20 € pour 2 selon type d'empl. 165 empl.* Équipements basiques, mais on est en pleine nature, dans une belle forêt, au bord de la Têt. Et à 100 m des navettes, l'été, pour le lac des Bouillouses.

Prix moyens

🏠 ***Chambres d'hôte et gîte La Volute :*** *1, pl. d'Armes.* 📱 *06-21-58-01-80.* • *lavolute@wanadoo.fr* • *Doubles 55-65 € ; pas de petit déj ni de repas, mais cuisine à disposition.* Dans l'ancienne (et charmante) demeure du gouverneur de Mont-Louis, de beaux volumes pour 5 chambres, gentiment rustiques. Selon les périodes d'affluence, elles sont louées ensemble en formule gîte (au week-end ou à la semaine), ou individuellement, à la nuitée. Draps et serviettes fournis. À l'arrière, adorable jardin avec vue sur les montagnes.

Où dormir ? Où manger dans les environs ?

⛺ 🏠 🍽 ***Gîte-auberge Orri de Planès :*** *Cases del Mitg, 66210* ***Planès.*** ☎ *04-68-04-29-47.* • *contact@orrideplanes.com* • *orrideplanes.com* • ♿ *À 5,5 km de Mont-Louis. Ouv mai-Toussaint, tlj. Doubles 40-50 €/pers, petit déj compris ; ½ pens 65-75 €/pers. Apéritif offert sur présentation de ce guide.* Un gîte-auberge très écolo, dans 2 maisons de pays, revues et corrigées dans un style moderne et minimaliste. Dortoir (16 personnes) avec cuisine équipée ; chambres doubles avec salle de bains commune à 2 chambres. Repas (essentiellement des produits bio et du terroir) inspirés des cuisines du monde. En prime, une petite piscine, et en été, sur les hauteurs, dans un bel environnement, 4 mini-yourtes de 4 places suffisamment espacées les unes des autres pour l'intimité des occupants. Une adresse top très fréquentée par les Espagnols. Normal, la patronne est barcelonaise !

🏠 🍽 ***Hôtel Lassus :*** *14, pl. Pierre-Pataud, 66210* ***Bolquère.*** ☎ *04-68-30-09-75.* • *hotel-lassus@orange.fr* • *restaurant-lassus.fr* • *À 5 km à l'ouest de Mont-Louis. Tlj sauf le midi w-e (plus soir ven et w-e, hors saison). Fermé vac de Pâques et de la Toussaint. Doubles 48-55 €. Menu 15,50 € ; carte env 40 €. Café ou digestif offert sur présentation de ce guide.* Tenu par la famille Vallero, ce petit hôtel 2 étoiles recèle bien des qualités à quelques encablures du domaine skiable Pyrénées 2000. Chambres pas bien grandes mais impeccablement tenues, literies neuves, prix serrés avec une demi-pension possible avantageuse, et une atmosphère familiale. Bonne cuisine familiale à base de produits du coin au resto. Un bon point de chute été comme hiver...

🏠 🍽 ⛱ ***Hôtel Corrieu – Restaurant La Table du Capil :*** *6, carrer de la Quillane, 66210* ***La Llagone.*** ☎ *04-68-04-22-04 ou 04-68-04-94-48.* • *hotel.corrieu@wanadoo.fr* • *hotel-corrieu.fr* • ♿ *À 4 km au nord de Mont-Louis. Resto tlj sauf lun midi. Doubles 79-109 €. Menu déj 19 € ; le soir, menu 29 € et carte env 48 €.* Dans un ancien relais de diligences, dressé à l'entrée du village (superbe vue de partout !). Chambres joliment rénovées dans un esprit un peu design qu'on retrouve dans le salon avec cheminée comme dans la salle du resto. Excellent resto, d'ailleurs ! Bons produits pour une cuisine d'ici très aboutie, à des prix qui font se pincer pour y croire. Belle terrasse. Hammam et jacuzzi.

Où acheter de bons fromages ?

Fromagerie Cal Rous : *66210* ***Planès.*** *☎ 04-68-04-65-22 ou 06-14-05-36-90 et 06-46-44-16-83. Ouv tlj sauf mer 16h-19h (plus le mat en saison et w-e) ; mieux vaut téléphoner.* On vient de loin ici pour se fournir en tomme fraîche et en brousse. Fromages de brebis de novembre à août, et, durant le repos des brebis en été, 2 vaches pour assurer la rotation en yaourts ! Dégustations à la clé et accueil adorable.

À voir

Les remparts : construits en 1679 à un point stratégique pour défendre les nouvelles frontières délimitées par le traité des Pyrénées, ils n'ont jamais servi ! Juste avant l'étroite porte de France qui ouvre l'entrée à la cité, on peut descendre à droite, dans le fossé, pour gagner, via un escalier « pas-de-souris » (marches très étroites faciles à grimper mais qui devaient faire choir l'ennemi en fuite !), le *bastion du lieutenant Michel Gilles.* En continuant au long des remparts, joli panorama depuis le parking, à l'extrémité de la rue Vauban.

L'église : construite entre 1733 et 1737 (volontairement basse pour ne pas servir de repère à l'ennemi), elle présente un plan simple : nef entourée de 8 chapelles qui se termine par un chœur peint. Bel autel baroque et quelques jolis vitraux.

Le four solaire : *bd Vauban. ☎ 06-13-82-80-78. • four-solaire.fr • Tlj 9h30-12h30, 14h-18h. Fermé de mi-oct à mi-avr. Entrée : 7 € ; réduc ; gratuit moins de 6 ans. Seulement des visites guidées, se renseigner par tél ou sur • bibafsd@gmail.com • Durée : 45 mn.* C'est le 1er four solaire à double réflexion au monde, réalisé en 1949 par le professeur Trombe (ça fait très savant fou). Il est utilisé depuis 1993 par l'ingénieur Denis Eudeline pour mettre au point des procédés non polluants pour l'artisanat et la petite industrie. Le principe est simple : un ensemble de miroirs permet de concentrer les rayons du soleil et d'obtenir des températures excessivement élevées (il suffit alors de 34 s pour faire fondre 1 cm d'acier à 3 000 °C !). Aujourd'hui, cette chaleur obtenue permet de cuire des poteries (vendues à la boutique), de fondre du bronze (entre autres) sans aucune pollution. Visite intéressante, avec impressionnante démonstration de l'efficacité du four (lorsque le temps le permet). Et qui permet de comprendre tout l'intérêt écologique et économique des fours solaires (y compris individuels) notamment pour les pays tropicaux où ils permettent de lutter contre la déforestation.

La citadelle : *en haut du village. Visite guidée tte l'année via l'office de tourisme lun-ven à 11h et 14h (sauf vac de Noël) ; tlj juil-août. Tarif : 6,50 € ; réduc ; gratuit moins de 7 ans. Pièce d'identité obligatoire pour les plus de 16 ans. On peut, sinon, en faire le tour à pied (sentier balisé).* Cette caserne est toujours un centre d'entraînement commando. La visite permet de voir le « puits des Forçats », qui alimentait la citadelle en eau pendant les sièges avec son immense roue en bois que faisaient tourner les soldats punis.

LE LAC DES BOUILLOUSES

Carte Pyrénées-Orientales, A2

L'un des plus beaux lacs de la région, pas mal de monde le week-end en saison. Un barrage impressionnant y fut construit au début du XXe s pour alimenter en électricité le train jaune. Il contiendrait environ 15 millions de

mètres cubes d'eau, déversés par les torrents des pics avoisinants. Du site partent de nombreux sentiers qui conduisent le randonneur vers des lacs d'altitude encore plus sauvages et posés comme autant de joyaux dans un écrin naturel de toute beauté. Éboulis granitiques et forêts tapissées de mousses, rhododendrons et massifs de myrtilles, linaigrettes blanches et pins à crochets, saumons de fontaine et truites arc-en-ciel, sans oublier le sifflement strident de la marmotte qui vous voit arriver. Parmi les plus belles balades, on vous conseille le tour des étangs du Carlit, la vallée de la Grave ou encore celle des étangs du Péric et des Camporells. N'hésitez pas à vous renseigner, au préalable, auprès des offices de tourisme du coin.

➢ ***Pour s'y rendre,*** très bien fléché depuis Mont-Louis. En juillet-août et les week-ends de juin et septembre, il faut laisser sa voiture au parking Pla de Barrès, situé à environ 12 km du lac ; de là part une navette *(5 € ; réduc).* À la même période, un bus assure également la liaison de la gare du train jaune à Mont-Louis-Pla de Barrès *(1 €).* En été, on peut aussi monter au lac en télésiège, depuis Font-Romeu (30 mn de marche ensuite).

- ***Point infos*** au pied du lac *(☎ 04-68-04-24-61 ; début mai-fin juin et de sept à mi-oct, tlj 9h-13h, 13h45-16h30 ; juil-août, tlj 8h30-18h).*

EYNE

(66800) 130 hab. *Carte Pyrénées-Orientales, A-B3*

Porte d'entrée d'une belle réserve naturelle, dans un coin que l'homme semble avoir trouvé à son goût depuis longtemps (nombreux dolmens et menhirs), un charmant village dont l'église (qui cache un retable baroque classé) a la particularité de posséder 2 clochers, côte à côte. Petit domaine skiable l'hiver avec l'espace Cambre d'Aze.

Adresse utile

Maison de la vallée d'Eyne : *Cal Martinet. ☎ 04-68-04-97-05. • valleedeyne.wordpress.com • Juil-août, tlj 8h30-12h30, 13h30-18h30 ; le reste de l'année, se renseigner. Fermé avr et oct-nov. GRATUIT.* Espace de découverte et de sensibilisation au patrimoine naturel et culturel grâce à des expositions temporaires, une visite virtuelle de la réserve naturelle de la vallée d'Eyne, des animations nature, des randonnées thématiques et un jardin botanique. Boutique de produits locaux. Infos sur les randos à pied, à VTT et à cheval dont la sympathique balade archéologique au départ du village.

Où dormir ?

Gîte Cal Pai : *1, carrer del Ventador. 06-08-82-00-99. • calpai.eyne@gmail.com • gite-calpai.com • Sur les hauteurs du village. Fermé avr-20 mai et sept-Noël (sauf Toussaint). Nuitée 54 €/pers. Menu 21 €, petit déj 8 €. Apéritif offert sur présentation de ce guide.* Un couple franco-japonais est installé dans cette solide maison de pierre du village avec larges parquets de chêne et portes en bois. Chambres (doubles ou familiales) joliment aménagées : meubles chinés, souvenirs de voyage, créations maison. Quelques-unes sont installées dans l'ancien presbytère (qui peut se louer en gestion libre), situé à quelques mètres, sous le 2nd clocher de l'église. Salon, bibliothèque et longues tablées communautaire dans la salle à manger... Et il y a un chef

LES PYRÉNÉES-ORIENTALES

et une pâtissière (riches de quelques décennies de métier) en cuisine : bons produits locaux pour des plats riches en saveurs (et des desserts à s'en lécher les doigts !). Petit sauna.

LLO

(66800) 170 hab. *Carte Pyrénées-Orientales, A3*

Un des villages les plus authentiques du coin. À Llo-Haut (yoho !), ruines d'une tour de guet sur un piton rocheux, d'où la vue est splendide. Un site archéologique gaulois a été mis au jour près d'une chapelle en ruine. Immanquable centrale solaire au pied du village.

Où dormir ? Où manger à Llo et dans les environs ?

⛺ ***Camping Le Cerdan :*** *11, route d'Estavar, 66800* ***Saillagouse.*** *☎ 04-68-04-70-46. • lecerdan@lecerdan.com • lecerdan.com • ♿ À env 4 km à l'ouest de Llo. Ouv tte l'année sauf oct. Forfait 14,50 € pour 2 en hte saison. Mobile homes 210-531 €/sem.* La 1re impression (des mobile homes en rang d'oignons) n'est pas la bonne puisque, pour les campeurs, les emplacements sont en contrebas, tranquilles au bord d'une petite rivière. Sympathiques petits plans d'eau pour la pêche à 2 pas. Centre-bourg à 5 grosses minutes à pied.

🏠 🍽 ***Hôtel Chez Planes :*** *6, pl. de Cerdagne, 66800* ***Saillagouse.*** *☎ 04-68-04-72-08. • hotelplanes@wanadoo.fr • chezplanes.com • ♿ À env 4 km à l'ouest de Llo ; au centre du bourg. Ouv tlj. Congés : 10-31 mars, 15 nov-5 déc. Doubles 72-112 €. Formule déj sem 18 € ; menus 30-48 € ; carte env 50 €.* « Un bon relais depuis 1895 », affirme une vieille publicité peinte sur un des murs. Et c'est le cas ! Les Planes ont, depuis plus de 1 siècle, conservé un véritable sens de l'accueil. Comme la grande salle à manger a conservé son caractère : cheminée digne d'un château, piliers de pierre qui portent une haute et belle charpente et... aigles, renards ou ours naturalisés ! Service naturellement sympathique pour une cuisine dans la grande tradition, largement régionale et fort bien tournée. Les chambres sont, elles, au goût du jour, confortables, fort plaisantes (belle vue depuis les balcons, côté sud). Piscine couverte et chauffée, et espace bien-être dans l'annexe *(Planotel)*.

🏠 ***Chambres d'hôtes Atalaya :*** *à Llo-Haut. ☎ 04-68-04-70-04. • atalaya66@orange.fr • Congés : vac de fév-Pâques et nov. Double 125 €.* Cette belle maison en pierre recouverte de vigne vierge, qui domine le village, abrite 5 chambres d'hôtes, personnalisées, parfaitement équipées et dotées d'une vue imprenable. Les parties communes sont superbement aménagées, avec un espace cuisine, un vaste salon, des terrasses, une piscine. L'accueillante proprio aime l'art, la musique, l'histoire, les voyages, sa région et... recevoir. Vous le constaterez bien vite, ici, tout, du petit jardin de curé à la déco, dégage un charme fou.

Où acheter de bons produits dans les environs ?

🧺 🍽 ***Charcuterie Bonzom :*** *N 116, 66800* ***Saillagouse.*** *☎ 04-68-30-14-27. • bonzom.b@gmail.com • Au centre du bourg. Tlj sauf lun (et mer hors saison), 8h-12h30, 15h-19h30. Assiettes 9-15 €.* Les Bonzom font du bon boulot : ils fabriquent eux-mêmes leur charcuterie (saucissons, jambons, pâtés, bocaux de plats cuisinés). Et ils sélectionnent minutieusement des produits artisanaux confectionnés localement. Possibilité de déguster sur place (salle au sous-sol, dans l'ancienne étable) des assiettes de fromages et charcuteries. Une maison sérieuse, et un accueil adorable.

À voir. À faire dans le coin

L'église Saint-Fructueux : *en bas du village.* Du XIIe s, ravissante, avec son clocher-mur percé de 3 baies. Portail roman aux belles sculptures. Petit cimetière ancien. Superbes photos en perspective, avec les montagnes en fond...

Les Bains de Llo : *☎ 04-68-04-74-55. • bains-de-llo.com • Bien indiqués. Tlj 10h-19h30 (20h de mi-juil à fin août et vac scol d'hiver et Noël) ; dernière entrée 1h avt fermeture. Fermé en nov. Entrée : 14,50 € ; réduc ; forfait famille.* Jacuzzi et beau bassin en plein air. Un autre, couvert, équipé de jets masseurs. Température de l'eau : 35-37 °C.

Via ferrata Les Escadilles : *juste après les bains. 📱 06-85-02-23-84. • via-ferrata-de-llo.com • Juil-août, tlj 9h-17h (dernier départ) ; le reste de l'année, w-e et vac scol sur résa. Prix variables selon parcours, matériel fourni. Tyroliennes.* La 1re *via ferrata* des Pyrénées françaises : 3 parcours, 3 niveaux (de facile à difficile). Le site, au bord du Sègre, est enchanteur. Après ça, un bon bain dans les eaux chaudes (*escadilles* en catalan) s'impose !

À EN PERDRE SON CATALAN

Pas facile de s'y retrouver dans les prononciations locales. Voici 2 ou 3 tuyaux. Le village de Llo se prononce « yo ». Comme dans « tuyau », justement. Donc Ille, c'est « iye », mais attention, ca ne fonctionne pas pour Villefranche. Le « x » est classé dans la catégorie des « che » comme dans Saint-Michel-de-Cuxa. Mais le « ch » du Tech qui coule à Arles est un « k ». Ah ! Les mots en « t », notre hantise ! Celui qui finit Têt est appuyé (« Tête »), comme à Mantet, mais pas à Vernet ni à Céret. Véritable prise de Têt, on vous dit.

Le musée de Cerdagne : *ferme Cal Mateu, 66800* ***Sainte-Léocadie.*** *☎ 04-68-04-08-05. • pyrenees-cerdagne.com • À 7 km au sud-ouest de Llo, bien fléché. Tlj juil-août, 10h-12h30, 14h-18h30 ; reste de l'année, lun-ven 10h-12h30, 14h-17h30 (17h oct-avr et fermé le mat). Visite guidée possible, ttes les heures env. Fermé certains j. fériés. Entrée : 6 € ; réduc ; gratuit moins de 7 ans.* Ancienne propriété du viguier de Cerdagne, représentant de Louis XIV roi de France sur ces terres récupérées après le traité des Pyrénées. Ce qui explique l'opulence de cette ferme du XVIIIe s avec fresques murales et architecture traditionnelle. En activité jusqu'en 1994, elle accueille, depuis, ce musée. Vieux murs mais muséographie d'aujourd'hui pour évoquer les traditions locales : les feux de la Saint-Jean, la frontière et les douaniers... Autour de la cour : l'étable, le four à pain et la reconstitution du dernier atelier de fabrication de gourdes catalanes. Expos temporaires à l'étage. Joli jardin potager. Et, en sortant, une des vignes les plus hautes d'Europe, à 1 300 m d'altitude.

LLÍVIA (enclave espagnole)

(17527) 700 hab. *Carte Pyrénées-Orientales, A3*

L'ancienne capitale de la Cerdagne est désormais un territoire espagnol de 12,8 km² cerné de terres françaises... Une situation étonnante, comme il n'en existe plus qu'une petite dizaine en Europe, l'une des plus connues étant Gibraltar.

Où manger ?

Cal Cofa : *pl. Major, 1 (angle c/ Frédéric Bernades). ☎ 972-89-65-00. • calcofa@gmail.com • Tlj sauf mar-mer hors saison. Pas de menu ; carte env 20-25 €. Apéritif ou digestif offert sur présentation de ce guide.* Une salle rustico-contemporaine à la déco très équestre pour une cuisine catalane de qualité : viandes et poissons grillés, *cargols* (escargots) de Llívia, lapin...

À voir. À faire

Llívia se présente comme un bourg étalé, aux habitations à mi-chemin entre l'immeuble de vacances et le chalet. Seule la vieille ville en hauteur vaut la peine d'être visitée, charmante avec ses maisons de pierre et sa grosse église.

L'église Nostra Senyora dels Angels : *clés à demander à l'office de tourisme situé juste en contrebas.* Des XVe et XVIIe s, une église fortifiée, histoire de faire oublier le château détruit sur ordre de Louis XI. Très belle porte recouverte de motifs en fer forgé. À l'intérieur, autel baroque. Un ancien forum romain (unique en son genre dans les Pyrénées catalanes) est en cours de fouilles au pied du monument. Au mois d'août, un festival de musique classique a lieu dans l'église *(infos • llivia.org •).*

ESPAGNE, FRANCE : LLÍVIA, LLÍVIA PAS ?

La Cerdagne, berceau de l'État catalan, fut longtemps cause de guerres entre Espagnols et Français. Le traité des Pyrénées (1659) laissait des frontières peu précises. Un autre traité, signé 1 an après à Llívia, allait octroyer une grande partie de la Cerdagne à l'Espagne, la France gardant les 33 villages de la vallée de Carol. L'enclave de Llívia, faisant valoir son statut de ville et non de village, échappa ainsi de justesse à l'annexion française ! Mais pas à la destruction de sa forteresse...

Museu municipal : *c/ dels Forns, 10. ☎ 972-89-63-13. Au pied de l'église. Mar-sam 9h-14h, 15h30-18h ; dim et j. fériés 9h-14h (dernier accès 30 mn avt fermeture). Entrée : 3,50 € ; réduc.* Il raconte l'histoire de Llívia depuis les origines. On y trouve la *Farmacia Esteva,* sans doute la plus vieille pharmacie d'Europe (XVe ou XVIe s). Superbe collection de boîtes peintes, pots et autres bocaux de médicaments, sans oublier quelques vieux grimoires.

Fête

Fête patronale : *pour la Saint-Guillaume, à la mi-juin.*

BOURG-MADAME

(66760) 1 325 hab. *Carte Pyrénées-Orientales, A3*

Bourgade frontalière où la N 20 vient finir sa course à travers la France... et où vivent les Guinguettois (avant 1815, le village s'appelait La Guinguetta-d'Hix). À Hix, justement, (prononcez « Hiche » !), superbe église romane du

XIIe s, avec un cimetière hors du temps. Pour le reste, ce bourg (la « madame », pour la petite histoire, était la fille aînée de Louis XVI) semble sérieusement souffrir de la présence de son immédiate voisine, la capitale de la Cerdagne espagnole, Puigcerda (voir le *Routard Catalogne*).

ÉCARTEZ-VOUS !

À 8 km de Bourg-Madame, la gare de Latour-de-Carol a la particularité unique d'avoir 3 écartements de rails différents : 1,44 m pour les trains français, 1,71 m pour les espagnols et seulement 1 m pour le train jaune qui dessert Villefranche-de-Conflent.

Adresse utile

Point info : *pl. de Catalogne. ☎ 04-68-04-52-41. Juil-sept, lun-sam ; le reste de l'année, accueil mairie.*

Où dormir dans les environs ?

Chambres d'hôtes Le Mas Franc : *Le Mas Franc, 66760* ***Enveitg.*** *☎ 04-68-04-88-21. • masfranc@orange.fr • masfranc.fr • À env 11 km au nord-ouest de Bourg-Madame ; faites-vous expliquer le chemin pour y grimper depuis le centre d'Enveigt ! Double 65 €, 45 € en yourte (l'été seulement) et possibilité de planter sa tente 12 €/pers. ½ pens possible.* Ferme-équestre installée dans un ancien mas au milieu de nulle part (enfin, au milieu de paysages magnifiques !). 3 chambres, toutes simples, à la déco un peu exotique. Accueil très cool.

Manifestation

Festival d'Hix en Cerdagne : *1re quinzaine d'août.* Joli festival de musique classique et jazz. Concerts payants dans l'église romane d'Hix.

DORRES (66800) 170 hab. *Carte Pyrénées-Orientales, A3*

À 1 450 m d'altitude, typique village de montagne tout en granit, à l'atmosphère poétique : ruelles en pente, linteaux des maisons sculptés, clocher trinitaire à pans coupés, métier à ferrer les bœufs en pierre... Le village abrite un petit musée du granit qui retrace la vie des tailleurs de pierre.

À faire

Les bains de Dorres : *☎ 04-68-04-66-87. • bains-de-dorres.com • Tlj 9h-19h30 (20h en saison). Fermé en nov. Entrée : 5 € (visite du musée du Granit incluse l'été !).* Des bains à l'ancienne. 2 bassins (l'un plutôt grand et avec vue, l'autre installé dans un... ancien lavoir) et 2 « baignoires » taillées dans le granit... L'origine des eaux sulfureuses jaillissant ici est assez mal connue, on sait simplement qu'elles sortent à 40 °C. Une vraie détente après une journée de ski ou de marche dans la montagne. Mais, en été, on s'y bouscule et l'endroit est riquiqui.

FONT-ROMEU

(66120) 2160 hab. *Carte Pyrénées Orientales, A2*

Cette célèbre station de sports d'hiver lancée en 1913 avec la construction du *Grand Hôtel* est une des plus anciennes de France avec Chamonix et Montgenèvre. La 1re remontée mécanique est installée en 1937, mais ce n'est que dans les années 1950 que Font-Romeu se fait vraiment un nom. La station connaît un regain de fréquentation lorsque les athlètes français viennent s'y préparer aux J.O. de Mexico de 1968. Le Centre national d'entraînement en altitude (CNEA) accueille d'ailleurs toujours des équipes venues du monde entier pour optimiser leurs performances !
Depuis, les constructions de béton, pas toujours heureuses, ont eu le temps de coloniser les pentes. Mais la station ne désemplit pas, en hiver ! Il faut dire que Font-Romeu bénéficie d'un exceptionnel ensoleillement (pas un hasard, si le plus grand four solaire du monde est installé ici) et d'un air des plus pur (on y soigne les asthmatiques)...

Adresses utiles

i *Office de tourisme :* *82, av. Emmanuel-Brousse. ☎ 04-68-30-68-30. • font-romeu.fr • Tlj sauf dim mai et oct-nov, 9h-12h, 14h-18h (19h en été).*

i *Point Info Montagne :* *juste à côté de l'office de tourisme. Ouv tlj fin juin-début sept ; mêmes horaires d'ouverture que l'office de tourisme.* Plein d'infos utiles pour préparer ses balades en montagne (sentiers, météo, etc.).

Gare SNCF : *à* ***Via,*** *à 4 km du centre, au sud. ☎ 04-68-30-03-12 et 36-35 (gratuit).* Navette de la gare au centre-ville pendant l'été *(Estibus, rens à l'office de tourisme de Font-Romeu).*

Centres médicaux (qui sait, avec tous ces sports !) ***:*** *Maison de santé, 28, bd Cambre-d'Aze. ☎ 04-68-30-11-27. Autre centre à* ***Bolquère.*** *☎ 04-68-30-02-15.*

Où dormir ? Où manger ?

Camping Huttopia Font-Romeu : *route de Mont-Louis. ☎ 04-68-30-09-32. • font-romeu@huttopia.com • europe.huttopia.com • À 4 km de la station, sur la route de Mont-Louis. Ouv de mi-juin à mi-sept. Forfaits 30,50-43 € pour 2 en hte saison, selon emplacement. Tentes et cabanes. 180 empl.* Hébergements de qualité dans ce camping super nature, comme souvent chez *Huttopia* (c'est une chaîne) ! Très bien tenu, bien équipé. Salons avec cheminée. Café-pizzeria. Piscine chauffée. Location de vélos (VTT électriques).

Pyrénées Hôtel : *7, pl. des Pyrénées. ☎ 04-68-30-01-49. • hoteldespyrenees66@gmail.com • pyrenees-hotel.com • Fermé 2de quinzaine d'avr et 15 oct-1er déc. Doubles 72-132 €. Piscine couverte, sauna et spa gratuits (pour les résidents) pdt les vac scol.* Construit en 1930, ce massif bâtiment de pierre avec un toit genre chalet est l'un des plus vieux hôtels de la station. S'il a évidemment été rénové depuis, la déco commence aujourd'hui à dater. Mais dans les chambres, simplement confortables, la vue de celles côté sud fait tout oublier ! Au resto, cuisine traditionnelle sans fausse note. Terrasse-solarium, piscine couverte et jacuzzi. Accueil très gentil.

Hôtel Le Grand Tétras-Restaurant la Poule au Pot : *14, av. Emmanuel-Brousse. ☎ 04-68-30-01-20. • infos@hotelgrandtetras.fr • hotelgrandtetras.fr • Doubles 95-163 €. Formule et menu déj sem 16-21 € ; carte 45-50 €.* Ce qui se vit à l'intérieur ne se devine pas de l'extérieur. Chambres de bonne taille, ensoleillées et avec balcon côté sud (côté rue aussi...), plus petites mais aussi soignées côté montagne. Déco résolument contemporaine, salles de bains nickel, larges écrans plats et bonne insonorisation ! Excellent et généreux petit déj-buffet pour partir à l'assaut des cimes, été comme hiver, avant de rentrer nager dans la piscine couverte et panoramique ou de transpirer dans le sauna. Le resto est devenu en peu de temps une des références de la station avec son inventive cuisine de saison et de région (et sa poule au pot !). Bref, on se sent bien ici.

La Chaumière : *96, av. Emmanuel-Brousse. ☎ 04-68-30-04-40. • resto chaumiere@orange.fr • Tlj sauf lun et mar midi. Formule et menu déj sem 18-24 € ; menus 34-65 €.* Cadre tout bois, genre chalet de montagne, pour une belle cuisine, dans la tradition catalane (viandes et escargots cuisent à la braise), mais avec un petit truc en plus. Jambons d'exception pour les amateurs. Et gardez une place pour les desserts : mousse au chocolat comme baba au rhum ont ici le goût de l'enfance.

La Table des Saveurs : *7, av. du Maréchal-Joffre. ☎ 04-68-04-88-49. Tlj sauf dim soir. Formule déj 16 € ; carte 45 €. Café offert sur présentation de ce guide.* Jolie salle, toute en boiseries, façon montagne chic, et avec vue. Cuisine dans la grande tradition française (pas de racines catalanes revendiquées ici, le chef est vendéen), gentiment modernisée, assiettes époustouflantes de générosité, à base de produits frais, pour l'essentiel. Service rapide.

LES PYRÉNÉES-ORIENTALES

Où dormir ? Où manger dans les environs ?

Gîte et chambres d'hôtes Le Mas Clara – Restaurant L'Escudella : *7, rue des Prés, à **Via.** 06-08-05-85-92. • masclara4@gmail.com • lemasclara.com • À env 8 km au sud de la station. Resto tlj (sur résa et soir de préférence). Doubles 95-135 € louées seulement hors vac scol. Sinon, c'est à la sem et pour l'ensemble de la maison (soit 7 pers). Menu unique 33 €.* Dans un « quartier » de Font-Romeu, de fait un minuscule et paisible village à flanc de montagne. Les 3 chambres sont installées dans l'ancien logis d'un meunier : le caractère d'une vieille maison (murs de pierre et poutres), le confort d'aujourd'hui et le bon goût d'une déco où se télescopent les époques. Bel espace commun avec salon, cuisine super équipée, terrasse plein soleil et barbecue dans le jardin. Côté resto, déco très brocante, une poignée de tables dans la grange du bas, quelques autres dans le jardin. Excellente et généreuse cuisine maison et de région (menu imposé mais adaptable).

Gite-Auberge La Chouette – Restaurant Les Xicolles : *2, rue de la Liberté, 66120 **Odeillo.** ☎ 04-68-30-42-93. • contact@chouette.fr • chouette.fr • Près de l'église. Resto ouv tlj au déj (sauf dim hors saison) et le soir sur résa. Doubles 65-76 €, petit déj inclus. Formule et menu déj 14,50-18 € ; carte env 30 €. Réduc de 5 % sur la ½ pens au-delà de 6 nuits et café offert au resto sur présentation de ce guide.* Une auberge dont les chambres, retapées sont un peu petites, mais presque toutes ont vue sur les montagnes. Côté resto, de bons petits menus bien abordables, dont on profite dans une sympathique ambiance de chalet. Toute l'année, des soirées conte ou chanson française. Une chouette adresse !

Où boire un verre ?

Le Maillol : *8, rue Maillol. ☎ 04-68-30-65-63. Tlj sauf dim hors saison, 16h30-2h. Carte env 30 €. Apéritif offert sur présentation de ce guide.* L'incontournable pub de la station où se retrouvent les jeunes. Apéros-concerts chaque semaine. Petite carte de brasserie branchée (tartares de poisson, burgers...).

À voir. À faire

L'ermitage Notre-Dame-de-Font-Romeu : *à env 3 km au nord-ouest de la station (direction Mont-Louis). Visite guidée seulement, gratuite ; rens à l'office de tourisme de Font-Romeu.* Lieu de pèlerinage très prisé dans les Pyrénées. Selon la légende, un taureau n'avait de cesse de gratter le sol près d'une fontaine. Intrigué, le bouvier s'approcha et aperçut alors une statue de la Vierge cachée dans une cavité. Depuis cet événement, la belle statuette en bois du XIIe s s'est fait offrir une chapelle, dont elle sort chaque année le dimanche autour du 8 septembre pour être solennellement portée jusqu'à l'église d'Odeillo afin d'y passer l'hiver. Cette procession est l'une des plus importantes de la région. Toute cette histoire est racontée sur le magnifique retable doré décorant l'intérieur de la chapelle. Nombreux ex-voto dont un coq gaulois laissé là par Alain Mimoun pour remercier la vierge de sa victoire aux J.O. de Melbourne en 1956 ! À droite du maître-autel, un escalier mène à un extraordinaire salon baroque (signé du grand sculpteur catalan, Josep Sunyer), appelé *camaril*.

Le musée sans murs : *départ face à l'ermitage.* Le musée le plus haut d'Europe ! Un sentier forestier en boucle (environ 45 mn) jalonné d'une trentaine de sculptures contemporaines.

Le calvaire : *au col du Calvaire, à 300 m de l'ermitage.* Un escalier en colimaçon orné de petites chapelles contourne cette butte. Au sommet, un belvédère où se dresse un calvaire (évidemment !). Vue sublime à 360° sur la Cerdagne. Table d'orientation (évidemment bis !).

LE CAPCIR

Au nord de la Cerdagne, le Capcir est un haut plateau curieusement méconnu – hormis Les Angles, station de sports d'hiver réputée – malgré ses vallées solitaires, ses belles forêts, ses lacs et ses montagnes sauvages. Plus austère que la Cerdagne, cette région longue d'à peine 20 km du nord au sud offre pourtant un appréciable domaine de ski nordique et de superbes randonnées. Les habitants de ses villages longtemps préservés sauront vous en faire apprécier les charmes paisibles.

Adresse utile

Point info : *col de La Quillane, sur la route de Formiguères (presque à l'embranchement vers Les Angles), 66210* ***La Llagonne.*** *☎ 04-68-04-49-86. • pyrenees-catalanes.net • Lun-ven 9h-12h, 13h-17h.*

LES ANGLES

(66210) 540 hab. *Carte Pyrénées-Orientales, A-B2*

Sur le podium des stations des Pyrénées. Beau domaine skiable avec une trentaine de pistes. Évidemment, son enneigement important attire beaucoup de monde. Malgré les immeubles de la station, le petit village a gardé son charme : porte du Moyen Âge, ruines d'un château, vieilles maisons... Et, à deux pas, vous attend le lac de Matemale, noyé dans les pins.

Adresse utile

Office de tourisme : *2, av. de l'Aude. ☎ 04-68-04-32-76. • lesangles.com • Ouv tte l'année ; tlj 9h-12h30, 14h-18h (9h-19h pdt les vac scol).*

Où dormir ? Où manger aux Angles et dans les environs ?

Camping

Camping du Lac : *route des Cariolettes. ☎ 04-68-30-94-49. • camping-lac-matemale@orange.fr • camping-lac-matemale.com • À 3 km des Angles ; prendre la direction de Matemale, puis fléché. Ouv tte l'année. Forfait 18 € pour 2 ; loc de chalets. 120 empl.* Situation extraordinaire, en forêt (donc bien ombragé), à 2 pas du lac. Très bien entretenu, doté d'un spa et d'un hammam. Snack.

Bon marché

Le Bistrot d'Aqui : *7, pl. de la Mairie, 66210* ***Matemale.*** *☎ 04-68-30-94-68. • jeanlucscamandro@gmail.com • À 4 km au nord-est des Angles. Tlj sauf dim soir. Plat du jour 15 € midi, carte env 25 €.* Un petit bistrot de pays qui fait le bonheur du tout Matemale, et même au-delà, avec sa grande terrasse plein soleil sur la place du village, et ses grandes assiettes fromagères ou charcutières de salaisons locales. Bonne ambiance, notamment lors des retransmissions de matchs de rugby !

De prix moyens à beaucoup plus chic

Hôtel Le Llaret : *12, av. de Balcère. ☎ 04-68-30-90-90. • hotel.llaret@gmail.com • hotel-llaret.fr • Fermé au printemps et à l'automne. Doubles 90-102 €. Formule déj 16 € ; menus 20-45 €. Le Llaret* a entièrement été rénové et présente un rapport qualité-prix exceptionnel vu son emplacement au cœur de la station. On y apprécie également les chambres pour familles nombreuses ou groupes de copains, de plus en plus rares, et les formules avantageuses de la ½ pension, qui ménagent les budgets serrés sans pour autant rogner sur la qualité. Grande salle de resto avec vue sur le lac de Matemale, comme certaines chambres du reste. Un vrai bon plan.

Hôtel Le Coq d'Or : *pl. du Coq-d'Or. ☎ 04-68-04-42-17. • hotel.lecoqdor@laposte.net • hotel-lecoqdor.fr • Au centre du vieux village. Doubles 80-90 €. Menus 17,50 € (déj sem), puis 23-36 €.* La sympathique façade de ce *Coq d'Or,* hôtel-restaurant à l'ancienne, ouvre ses fenêtres et sa terrasse sur la placette du village. Les parties communes paraissent un peu vieillissantes, les chambres mériteraient également un rafraîchissement mais restent correctes. Pour les familles, chambres communicantes avec salle de bains commune. On n'est guère qu'à 300 m des pistes et l'on peut au retour profiter du hammam ou du jacuzzi. À table, cuisine de tradition.

Chalet Ana : *4, chemin du Soula. ☎ 04-68-04-09-69. • contact@chalet-ana.com • chalet-ana.com • 8 appartements loués à la nuit (2 nuits min) ou à la sem ; pour 2 pers, 180-300 €/nuit selon saison ; appart jusqu'à 8 pers 882-1 900 €/sem, linge et ménage compris.* Entièrement conçu par ses propriétaires au moyen de matériaux nobles et naturels, un lodge d'exception doté de l'écolabel. Les prix sont élevés, mais les prestations le valent bien : poêle à bois, déco contemporaine haut de gamme, cuisines équipées, terrasse pour certaines et une excellente isolation. Une atmosphère feutrée et luxueuse que l'on retrouve dans les parties communes.

Chez Antoine : *11 bis, av. de Mont-Louis. ☎ 04-68-30-09-21. • lavieillemaison@wanadoo.fr • Tlj de juil à mi-sept et de déc à mi-avr ; fermé mer-jeu le reste de l'année. Plat du jour*

15 € ; menu 37 € ; carte env 45 €. Une table connue et reconnue de la station (réservation conseillée) pour ses plats dans la tradition catalane servis dans la bonne humeur, ses portions pantagruéliques et ses viandes de qualité cuites au feu de bois : le patron (Antoine, évidemment) organise d'ailleurs ici une foire au bétail. Salle chaleureuse, avec vue, comme depuis la vaste terrasse.

Où acheter de bons produits ?

Chèvrerie Le Dourmidou : *rue de la Mouline, 66210* ***Matemale.*** *☎ 04-68-30-13-55. Tte l'année, tlj, 10h-12h, 17h-19h.* Réputée pour ses produits fromagers (tommes, chèvre, faisselles), mais aussi pour son comptoir de produits régionaux (vins, miel, confitures...). Possibilité de visiter la chèvrerie, d'assister à la traite des chèvres à 18h et de découvrir les animaux de la ferme avec les bambins.

À voir

Le parc animalier : *Pla del Mir. ☎ 04-68-04-17-20. Visite tlj 9h-17h (18h de mi-juil à fin août). Fermé nov. Entrée : 15 € ; 13 € 4-14 ans.* Un bien bel endroit, assez réputé, tellement respectueux des animaux qu'ils sont parfois difficiles à apercevoir. Avec un peu de chance, vous surprendrez l'œillade d'un cerf pour sa biche, vous devinerez la silhouette élancée d'un loup ou celle, puissante, d'un ours, vous vous émerveillerez devant l'étonnant équilibre des mouflons, bouquetins et autres isards... et vous sentirez le sol trembler sous les sabots des bisons. Toute la faune pyrénéenne d'aujourd'hui et d'hier est au rendez-vous. Chaussures de marche vivement recommandées pour suivre l'un ou l'autre des 2 parcours. Resto sur place.

LA GUERRE DES OURS

Le paternel ne reste pas vivre avec la femelle et ses petits. En rencontrant une maman sans protection, le mâle est parfois incité à tuer les petits. En effet, n'allaitant plus, l'oursonne retombe alors en chaleur. Et là, l'accouplement devient possible. Dure loi de la nature.

FORMIGUÈRES

(66210) 470 hab. *Carte Pyrénées-Orientales, B2*

Ce village authentique était la résidence des rois de Majorque qui y soignaient leur asthme au XIIe s. Aujourd'hui, la petite station de ski qui compte 25 km de pistes est à 5 km. Dynamiques mais fidèles, les habitants ont eu l'intelligence de ne pas dénaturer leur beau village aux vieilles pierres recouvertes de *lloses* (« lauzes » en catalan). Formiguères est l'antinomie complète de Font-Romeu : le béton de la célèbre station n'aura jamais d'âme alors que la capitale miniature du Capcir a conservé la sienne...

Adresses utiles

Point info tourisme : *pl. de l'Église. ☎ 04-68-04-47-35. • formigueres.fr • Ouv tte l'année ; vac scol, tlj 9h-12h30, 15h30-18h30 ; le reste* *de l'année, mar-sam 9h30-12h30, 14h30-17h30.*

■ ***Vagabond'âne :*** *à* ***Rieutort*** *(6 km au nord). ☎ 04-68-04-41-22.* *• vagabondane.com •* Locations d'ânes bâtés pour porter vos charges de randonneurs. En hiver, raquettes et ski de fond (pas pour les ânes, pour vous !).

Où dormir ? Où manger ?

Gîte d'étape et de séjour La Dressere : *60, carrer d'Amont. ☎ 04-68-04-46-45. • info@ladressere.com • ladressere.com • Fermé nov. Nuitée à partir de 22€/pers. Petit déj 7 €. Dîner 15 €. ½ pension possible pour les groupes.* À 2 pas du centre du village, une vieille maison gentiment aménagée en gîte (20 personnes maximum) avec quelques chambres doubles (avec salle de bains privées) et double vitrage. Table d'hôtes ou cuisine à disposition.

Hôtel Picheyre : *2, pl. de l'Église. ☎ 04-68-04-40-07. • hotel-picheyre@orange.fr • Derrière l'église. Tlj sauf dim soir (plus lun-mar hors vac scol). Fermé de début avr à mi-juin et de début nov à mi-déc. Doubles 70-80 €.* Un hôtel-restaurant familial qui a subi un lifting intégral vraiment réussi. L'établissement dégage une ambiance montagnarde, un brin coquette, grâce à une déco qui allie la pierre et le bois. Chambres très agréables, certaines assez spacieuses, et avec parquet. Fait aussi resto. Une très bonne adresse.

À voir. À faire

L'église Sainte-Marie : étonnante façade romane formant un seul bloc avec le très beau clocher (XIIe-XIVe s). À l'intérieur, grand *Christ en majesté* (sans la croix) du XVIIe s, d'une étonnante modernité. Quelque part, il rappelle Giacometti ou Germaine Richier.

Randonnées : nombreuses possibilités dans le coin. Topoguide en vente au point info tourisme. Les bons marcheurs s'offriront la grande classique du coin : les lacs des Camporells (de 1 à 2 journées de marche dans des paysages de haute montagne de toute beauté : rivières, cascades et lacs à la pelle...). Possibilité de bivouac ou de nuitée au *refuge des Camporells (07-77-94-79-45 ; • refugedescamporells.com •).*

VTT : une bonne quinzaine de circuits balisés dans le secteur (de 4 à 14 km). Topoguide en vente au point info tourisme.

DANS LES ENVIRONS DE FORMIGUÈRES

La grotte de Fontrabiouse : *à 8 km au nord de Formiguères. ☎ 04-68-30-95-55. • grotte-de-fontrabiouse.com • Juil-août, tlj 10h-19h (durée : 50mn) ; le reste de l'année, voir le site. Fermé début nov-début déc. Entrée : 10,60 € ; réduc ; gratuit moins de 5 ans. Attention, visites guidées seulement.* Très belles concrétions superbement éclairées : colonnes, aragonites, draperies, et les inévitables stalactites et -gmites. Près de 900 m de galeries taillés dans le calcaire par un ruisseau souterrain, sur 2 niveaux.

FENOUILLÈDES-CORBIÈRES

Région de transition entre Catalogne et pays cathare, entre Pyrénées-Orientales et Aude, la vallée de l'Agly, encadrée au nord par les coteaux des Corbières et au sud par le massif du Fenouillèdes, distille le charme

de ces petits coins de France aux multiples visages : plateaux rocailleux dressés en herse, vignobles, massifs forestiers se succèdent au fil de routes sautillant de longues vallées en vallons encaissés. Un monde à l'aspect sauvage (classé parc naturel régional), qui mérite qu'on s'y plonge. Les Catalans appellent cette région le « pays des gavatches » (des non-Catalans, si vous préférez).

Comment y aller ?

➢ ***En bus :*** Perpignan-Quillan (Aude) via Estagel, Maury et Saint-Paul-de-Fenouillet. Ligne n° 100 ● *laregion.fr* ● 2 bus/j. lun-sam ; pas de bus dim.

➢ ***Par la route :*** de Perpignan par la D 117.

SAINT-PAUL-DE-FENOUILLET

(66220) 1830 hab. *Carte Pyrénées-Orientales, C2*

Tranquille petite capitale du Fenouillèdes. Ville-frontière du XIIIe au XVIIe s, le traité des Pyrénées mit fin à son rôle de douanier. 2 anciens édifices religieux valent la visite : l'*église Saint-Pierre,* du XIIIe s, et un beau *chapitre* des XIVe et XVIIe s. Et puis Saint-Paul, c'est aussi l'accès aux gorges de Galamus et au pays cathare par le sud (voir le chapitre suivant, « L'Aude, pays cathare »).

Adresse utile

Office de tourisme : *21, av. Georges-Pezières. ☎ 04-68-59-07-57. ● cc-aglyfenouilledes.fr ● Juil-août, lun-sam 9h-12h30, 14h-18h ; j. fériés 9h-13h ; hors saison, se renseigner.*

Où dormir ? Où manger à Saint-Paul et dans les environs ?

Hôtel Le Relais des Corbières-Restaurant La Garrigue : *10, av. Jean-Moulin. ☎ 04-68-59-23-89. ● relais-corbieres@wanadoo.fr ● lerelaisdescorbieres.com ● ♿ Tlj sauf dim soir-lun hors saison. Double 49 €. Formule déj sem 21,50 € ; menus 27-38 € ; carte env 30 €.* Le long de la route, proche d'un passage à niveau... mais il y a peu de trafic. 9 chambres toutes simples mais impeccables et climatisées. Goûteuse cuisine régionale, servie dans une salle traditionnelle ou sur une terrasse champêtre très agréable. Le soir, quand les voitures se font rares, déguster un maury sur la terrasse en écoutant chanter les fontaines est un vrai plaisir.

Chambres d'hôtes Château de Peyralade : *route de Caudiès. ☎ 04-68-28-88-06. 📱 06-70-22-24-60. ● bonjour@chateaudepeyralade.fr ● chateaudepeyralade.fr ● À env 4 km à l'ouest, fléché sur la gauche de la D 166. Doubles 81-96 €. Table d'hôtes ouverte à ts au déj : formule 14 €. Table d'hôtes le soir : 34 € (boissons comprises).* Petit château du XVIIIe s juste assez à l'écart pour être au calme. Vastes chambres, jolies comme tout, avec plein d'épatantes idées déco. Et comme les accueillants proprios exploitent un petit vignoble (et que monsieur est œnologue), cette bonne maison offre l'occasion de parler vins (et d'en goûter à la table d'hôtes, évidemment !).

Achats

Saint-Paul s'est fait une spécialité des *croquants,* biscuits à la recette ancestrale qu'on grignote après l'avoir trempé dans un vin doux local. Il reste 7 artisans à en fabriquer. On a bien aimé la petite boutique de ***Martine et Guy,*** au centre *(18, rue Marcel-Pagnol),* ou, pour ceux qui ne jurent que par le bio, la ***biscuiterie du Pastadou,*** à la sortie du bourg *(42, av. Jean-Moulin).*

À voir. À faire

Le chapitre : *se renseigner à l'office de tourisme. Entrée : 2 €, sur résa.* On n'imagine pas que derrière ce bâtiment du XVIIe s un peu triste se cache un édifice baroque, construit sur une ancienne abbaye bénédictine (IXe-XIVe s). Après la Révolution, le chapitre a été cloisonné et transformé partiellement en habitation. Il abrite également un petit musée. Au 1er étage, dans la section minéralogie (pierres de la région) et archéologie, on se trouve nez à nez avec les stucs de l'ancienne nef, bien mieux conservés ici qu'au rez-de-chaussée de l'église. Quelques sculptures et peintures de Grouiller, artiste local. Également une salle des arts et traditions populaires reconstituant une maison de campagne au XIXe s. Belle vue sur le village et le Fenouillèdes depuis le clocher (accès par la chapelle).

Le Train Rouge (TPCF) : *☎ 04-68-20-04-00 ou 04-68-59-99-02. • letrainrouge.fr • Fonctionne avr-oct sur résa. Achat des billets en ligne ou sur place après réservation téléphonique. Compter 12-24,50 € selon parcours ; carte famille et réduc.* Cet ancien autorail (avec wagons fermés et ouverts), remis en service sur 60 km de voie ferrée en Roussillon, Fenouillèdes et Haute-Vallée de l'Aude, dessert chaque jour 7 gares entre Rivesaltes et Axat. Possibilité de rejoindre à pied le château de Puilaurens depuis la gare de Lapradelle-Puilaurens. Nous traitons ces sites dans le chapitre sur l'Aude (voir plus loin). Possibilité de vélorail sur la partie forestière des Pyrénées Audoises.

Deux ***via ferrata*** (une familiale, une plus sportive) ont été aménagées sur les parois des étroites ***gorges de la Fou*** (dites aussi Clue de la Fou), chicane naturelle coupant le massif montagneux de Lesquerde, à la sortie du bourg direction Ansignan. Location du matériel nécessaire au *Camping de l'Agly.*

CIRCUIT DANS LE FENOUILLÈDES

FENOUILLET *(66220)*

À 15 km de Saint-Paul-de-Fenouillet par la D 117 puis la sinueuse D 9.
Minuscule mais charmant village perché, dominé par les ruines de 2 châteaux médiévaux.

Où camper ?

Camping des Randonneurs : *lieu-dit Pal-Fica, ☎ 04-68-59-05-50. 06-78-35-95-29. • campingdesrandonneurs@gmail.com • campingdesrandonneurs.com • Fléché sur la gauche avt d'arriver au village. Ouv avr-oct. Forfait 18 € pour 2 en hte saison ; loc de roulottes, tipis et yourtes. CB refusées. 30 empl.* Pour les amoureux des endroits un peu retirés donc tranquilles, un petit camping à l'esprit très nature, dispersant ses emplacements dans une belle forêt. Piscine, ping-pong et jeux pour enfants. Bar-resto servant

LES PYRÉNÉES-ORIENTALES

produits du terroir et grillades *a la plancha*. Soirées à thème. Nombreuses activités nature à faire dans le coin. Très bon accueil.

PRATS-DE-SOURNIA (66730)

À 15 km de Fenouillet en poursuivant la D 9 puis la D 7.
Posé à 640 m d'altitude, ce village de 80 âmes est surnommé le « balcon du Fenouillèdes ». À juste titre : vue magnifique depuis partout (même la piscine municipale est panoramique !). Et les routes qui y vont ou en partent sont franchement superbes, au cœur d'une nature complètement intacte.

ANSIGNAN (66220)

La route continue vers l'ouest sur une dizaine de km.
Au pied de ce petit village en surplomb de l'Agly, un aqueduc long de 29 arches coupe la vallée au milieu des vignes. Ce bel ouvrage achemine toujours de l'eau depuis, vraisemblablement, l'époque romaine.

CARAMANY (66720)

7 km plus loin, en suivant les rives d'un grand lac de barrage.
Très joli village qui épouse un éperon rocheux. Église du XVIIIe s avec un clocher de mission espagnole... comme au Mexique.

Où manger ? Où boire un verre ?

Café Carton : *18, Grand-Rue. 06-13-91-07-02. Tlj sauf lun en juil-août, plus dim soir et mer hors saison. Formule déj sem env 13 €.* Bistrot ouvert par des militants communistes à la fin des années 1950 pour contrarier le curé du village (ambiance Don Camillo et Peponne !). L'endroit est toujours un brin alternatif, chaleureux et décontracté. On peut y déjeuner (plat du jour souvent sous influence exotique), y grignoter à toute heure, y boire un godet (joli choix de bières). Fréquents concerts.

BÉLESTA (66720)

Quelques kilomètres plus au sud apparaissent les contreforts du château de Bélesta. Encore un petit village croquignolet, perché au milieu des vignobles et à l'écart des circuits touristiques.

Où dormir ? Où manger chic ?

Riberach Hôtel : *2, route de Caladroy. ☎ 04-68-50-30-10. • hotel@riberach.com • riberach.com • Resto tlj sauf lun-mar. Fermé nov-mars. Doubles 165-335 €. Menus 39-89 € ; carte env 70 €.* Une vraie surprise ! Le couple d'architectes passionnés, propriétaires du domaine a reconverti une partie de l'ancienne cave coopérative du village en écolodge assez époustouflant : à l'extérieur, architecture contemporaine qui évoque un paquebot avec ses coursives ; à l'intérieur, volumes imposants, espaces aérés. Les chambres, construites en partie dans les anciennes cuves (avec terrasse en prime pour les plus chères), sont juste superbes et offrent une vue dégagée sur vignobles et jardins. Authentique démarche écolo : panneaux solaires sur le toit, piscine naturelle... Au resto, installé sous la charpente métallique de l'ancienne salle des presses, cuisine avec autant de personnalité que l'endroit, et bons vins à la cave, qui a elle aussi repris du service ! Spa.

À voir

Le château-musée : *1, rue du Château. ☎ 04-68-84-55-55. • musee-belesta66.fr • 15 juin-15 sept, tlj 14h-19h ; reste de l'année, tlj sauf mar et sam, 14h-17h30. Fermé Noël-Jour de l'an. Entrée : 4,50 € ; réduc ; gratuit moins de 12 ans.* Château médiéval du XIIIe s, fortifié par Saint Louis et relooké à coups d'huisseries métalliques bleues (sacrilège !). Il abrite un musée de la Préhistoire récente (soit le néolithique). Visite passionnante. On navigue de manière didactique et ludique à travers l'archéologie : reconstitution d'une tombe collective retrouvée dans le coin, impressionnante série de poteries et d'objets de parure découverts au cours des fouilles, etc. Également des expos temporaires.

MAURY (66460)

Un bourg tout en longueur, connu pour son vin doux naturel, du même tonneau que le rivesaltes !

Les Amorioles : *1 dim fin mai.* Balade dans les vignobles, ponctuée d'un pique-nique terroir.

Voix de femmes : *3 j. mi-juin. • festival-voixdefemmes.fr •* Comme son nom l'indique, un festival 100 % chanteuses, entre têtes d'affiche et découvertes.

Où manger ?

Auberge de Quéribus : *93, av. Jean-Jaurès. ☎ 04-68-59-10-26. Mai-oct, ouv tlj sauf sam soir ; sinon seulement le midi lun-sam. Formule déj sem 18 € ; menus 29,50-34,50 € ; carte env 35 €. Café offert sur présentation de ce guide.* Simplicité et convivialité sont les maîtres mots de ce resto rustique, à la déco désuète. Pendant que le patron mitonne avec cœur de solides spécialités catalanes, sa femme s'active de la salle à la terrasse du 1er étage, avec vue sur les coteaux. Le cuistot plaisante volontiers avec les clients, mais pas avec la qualité des produits !

Où acheter de bons produits ?

Domaine de Mas Amiel : *☎ 04-68-29-01-02. • masamiel.fr • tourisme.masamiel.fr • Juil-sept, tlj 10h-19h ; hors saison, mar-sam 10h-12h30, 14h-18h. Visite libre du domaine et du caveau. Ateliers 29 €/pers.* Un domaine gagné lors d'une partie de cartes, qui s'est progressivement agrandi. Sur 226 ha, le *Mas Amiel,* situé en pleine nature, produit des vins doux naturels depuis 2 siècles. Visite de la cave de 1890 où, dans les foudres de chêne, vieillissent les fameux vins doux naturels qui ont fait la notoriété de la maison. Un éventail de 25 cuvées à déguster (vins doux et secs).

ESTAGEL (66310) 2 050 hab. *Carte Pyrénées-Orientales, C1*

Un bourg connu essentiellement pour sa production de vin. C'est aussi le fief des Arago. 5 membres de cette famille d'Estagel ont leur nom dans le dico. D'abord François, astronome, physicien et homme politique célèbre. Il contribua à abolir l'esclavage dans les colonies, et devint un véritable symbole du Roussillon et de la République face à la monarchie et à l'Empire.

À l'époque, on allait en prison pour oser crier : « Vive Arago ! » Ensuite Jean, général au Mexique, puis Jacques, écrivain mort au Brésil, et Étienne, révolutionnaire. Enfin, Emmanuel, fils de François, ministre en 1870... Quels destins !

Où dormir ? Où manger à Estagel et dans les environs ?

Chambres d'hôtes La Demeure Saint-Vincent : *19, rue Gilbert-Brutus. ☎ 04-68-92-26-48. • dsve@sfr.fr • demeuresaintvincent.com • Double 95 € (80 € à partir de la 2e nuit).* Dans une ruelle du centre, une belle maison de maître du XVIe s, retapée avec cœur par les charmants propriétaires. Chambres spacieuses et chaleureuses, sans TV, pour mieux profiter du calme et du parc à la végétation luxuriante. Au 2e étage, une chambre à la déco zébrée rappelle l'Afrique, où Michèle et Daniel ont vécu. Pour les familles, de belles suites avec chambres communicantes. Très beau petit déj. Bibliothèque, salon, barbecue et petite piscine dans le jardin.

Auberge du Cellier : *1, rue Sainte-Eugénie, 66720* **Montner.** *☎ 04-68-29-09-78. • contact@aubergeducellier.com • aubergeducellier.com • (au resto). À 3 km au sud d'Estagel. Tlj sauf mar-mer, plus dim soir-lun oct-avr. Double 79 €. Formule déj en sem 21 €. Menus 38-72 €.* Homme-orchestre jeune et détendu, le chef est tour à tour sommelier, maître d'hôtel, tout en restant aux commandes de sa cuisine. La décoration de la salle a su rester simple, mais les plats sont ceux d'une grande table... En direct des filets du pêcheur, des poissons habilement préparés côtoient des viandes locales et des produits de saison. Chambres de bon confort et non dénuées de charme. Terrasse. Petit déj d'anthologie !

Grill du château de Jau : *66600* **Cases-de-Pène.** *☎ 04-68-38-91-38. • daure@wanadoo.fr • À env 4 km d'Estagel par la D 59 et à 5,5 km de Cases-de-Pène (bien indiqué). En juil-août, ouv le midi, plus le soir mer-sam ; juin et sept ouv le midi mar-dim. Menu unique 38 € le midi, 40 € le soir, dégustation de vin du domaine compris.* On pourrait presque intituler la formule « barbecue party au château », car on n'y mange qu'une seule chose, des grillades, saucisses et côtelettes d'agneau, accompagnés de fougasse aux olives ou pain tomate et jambon ! Cadre joliment contemporain, avec bassin, canapés, terrasse ombragée. Très agréable vin de la propriété : le fameux Jaja de Jau, dont l'étiquette a été dessinée par Ben.

TAUTAVEL

(66720) 890 hab. *Carte Pyrénées-Orientales, C1*

Village blotti au pied de falaises calcaires, au milieu d'un paysage grandiose de Corbières rouges et arides plantées de vignes. C'est ici que naquit, il y a bien longtemps, l'ancêtre des Roussillonnais.

Où manger ?

Le Petit Gris : *route d'Estagel. ☎ 04-68-29-42-42. À la sortie du village, direction Estagel. Mai-oct, tlj ; le reste de l'année tlj sauf lun, midi seulement (plus soir ven-dim). Menus 23-32 €.* Terrasse avec vue sur les falaises calcaires qui surplombent Tautavel et salle toute simple. Une table sincère où l'on vient se régaler d'une cargolade de petits-gris (escargots) au gril, dans la grande cheminée. Également d'excellentes grillades catalanes au feu de sarments.

LES PYRÉNÉES-ORIENTALES

À voir

Le musée de Préhistoire : *av. Léon-Jean-Grégory. ☎ 04-68-29-07-76. • 450000ans.com • Tlj sauf certains j. fériés : 10h-19h (de mi-juil à fin août, jusqu'à 23h mer) ; le reste de l'année, 10h-12h30, 14h-18h. Entrée : 8 € ; réduc ; gratuit moins de 7 ans ; 1 entrée enfant offerte pour 1 adulte achetée sur présentation de ce guide. Billet commun avec le musée des Premiers Habitants de l'Europe (avr-oct uniquement). Sympathiques animations pour les enfants (voir le site).* Ce petit village a offert au plus célèbre de ses hommes un espace muséographique d'une vingtaine de salles, aujourd'hui un peu à l'ancienne. Reconstitution d'une grotte, dioramas, vidéos, une foule de panneaux explicatifs sur les méthodes de fouille, la vie de notre célèbre ancêtre, sur la faune, la flore et les paysages de l'époque. Quelques collections uniques mises au jour à la Caune de l'Arago, et un projet de découverte en réalité virtuelle. Quant au crâne original, n'espérez pas le voir, il est conservé précieusement dans un coffre du musée. Mais dans la salle équipée de réalité augmentée environnementale, on peut voir, à travers son smartphone, le crâne flotter ! Expos temporaires.

Le musée des Premiers Habitants de l'Europe : *palais des Congrès et de la Préhistoire, rue Anatole-France. ☎ 04-68-29-49-50 (bureau d'information touristique). • tautavel.com • Avr-oct, tlj 13h30-17h30. Même billet d'entrée que le musée de la Préhistoire.* Pas vraiment un musée (même s'il y a quelques vitrines : moulages de crânes, silex...). Plutôt un petit centre d'interprétation qui évoque les 1ers pas de l'homme sur la terre avec moult technologies d'aujourd'hui : livre virtuel, écrans tactiles, hologrammes... Une rencontre ludique avec nos très lointains ancêtres (1,8 million d'années quand même !). Parfait avec des enfants.

UN VRAI PUZZLE !

Tout débuta dans les années 1970 par un os iliaque de-ci, une mandibule de-là, un bout de crâne... En tout, ce sont 126 restes humains qui ont été retrouvés ! Il fallut 10 ans de recherche pour reconstituer l'homme de Tautavel. Âge : 450 000 ans. Front fuyant, face bombée... L'aïeul, un des plus vieux Européens connus à ce jour, n'est encore qu'un gamin à côté de son ancêtre, âgé de 100 000 ans de plus, dont on a retrouvé en 2015 une dent sur le même site.

La Caune de l'Arago : *à 3 km au nord du village, direction Vingrau. Accès libre en juil-août (sauf exception, c'est un lieu de fouilles). Sentier escarpé.* C'est l'un des sites préhistoriques les plus riches au monde : ossements, pierres taillées, traces d'habitat, etc. Bien sûr, c'est ici que grand-papa fut trouvé (1971). Le chantier de fouilles est toujours actif. Avec un peu de chance, un archéologue lèvera le nez pour vous donner quelques explications.

L'AUDE, PAYS CATHARE

• Carte *p. 154-155*

ABC de l'Aude

- ***Superficie :*** 6 139 km^2.
- ***Population :*** 370 260 hab.
- ***Préfecture :*** Carcassonne.
- ***Sous-préfectures :*** Limoux, Narbonne.
- ***Nombre d'espèces d'oiseaux nicheurs :*** l'Aude est le 1er département français avec 350 espèces en tout, sans compter les touristes !

Pays de garrigue, de l'olivier, du sapin et du roseau, de la vigne et du blé, pays de mer, de plaine et de montagne, l'Aude multiplie les facettes et les atouts. C'est une succession de paysages tour à tour ondulés, escarpés, verdoyants ou brûlés par le soleil. À cette nature forte et variée s'ajoute depuis belle lurette un patrimoine bâti remarquable : Carcassonne, bien sûr (classée au Patrimoine mondial de l'Unesco) ; une jolie tranche du canal du Midi (inscrite aussi à l'Unesco) ; sans compter moult églises et abbayes romanes (Rieux-Minervois, Saint-Papoul, Lagrasse, Fontfroide, Saint-Hilaire, Sainte-Marie-d'Alet, Caunes-Minervois...).
Enfin, le voyageur entre ici en pays cathare, un terme qui revêt un caractère quasi magique ! Lastours, Aguilar, Termes, Quéribus, Peyrepertuse, Puilaurens et d'autres encore constituent ces « citadelles du vertige » plus ou moins en ruine, chantées par les uns, décrites par les autres, toujours aussi belles et fascinantes dans leur écrin de monts et de vignes – avec en point d'orgue, tel un vaisseau amiral à la tête d'une flotte immense, la Cité de Carcassonne. Ces sentinelles du vertige sont en lice pour une candidature au Patrimoine mondial de l'Unesco...

L'HISTOIRE DES CATHARES

Il était une « foi »

Au Xe s, la société était régie à la fois par l'autorité temporelle des seigneurs et par le pouvoir spirituel de l'Église. Mais l'incompréhension du peuple s'accentua face à un haut clergé de plus en plus riche et tout-puissant ; s'ensuivit une crise de la foi chez certains chrétiens.
Le culte cathare reposait sur le ***dualisme,*** une doctrine venue de l'Antiquité et remise au goût du jour : le monde est partagé entre ***le Bien et le Mal.*** Pour les « bons hommes », le salut consiste à se libérer du Mal, de

NUL N'EST PARFAIT !

*Au Ve s, saint Augustin qualifia de « cathares » les membres d'une secte d'Afrique (*katharos *signifie « pur » en grec). Une épithète reprise de façon péjorative par le clergé catholique du XIIe s pour qualifier des hérétiques rhénans. Les albigeois s'appelaient simplement entre eux « bons hommes », « bonnes dames » ou « bons chrétiens ». Par raillerie, les croisés catholiques surnommaient ces purs « parfaits » (sous-entendu parfaits hérétiques). Au final, l'histoire moderne a gardé le vocable péjoratif de « cathare »...*

l'Enfer, en retrouvant la pureté originelle. Chacun doit observer des règles de vie plus que strictes : interdiction de tuer tout être humain ou animal, obligation de jeûner, abstention de tout rapport sexuel (mettre au monde un enfant est l'œuvre du Mal), interdiction de prêter serment (or, toute la société était fondée sur le serment de vassalité, d'où problème !), obligation de travailler (pas de changement pour les pauvres ; mais pour les nobles, quelle innovation !).

La croisade

L'Église s'affola, car cette doctrine sapait les fondements mêmes de la société féodale sur laquelle elle avait un pouvoir absolu. En 1165, l'évêque d'Albi organisa une réunion entre les « vrais » catholiques et ces réformateurs appelés par dérision « cathares ». Le pape dépêcha donc des légats en Occitanie. À la suite de l'assassinat de l'un d'eux, ***Rome condamna solennellement les cathares pour hérésie*** et déclencha une croisade.
Les 1ers à être massacrés furent les habitants de Béziers. L'extermination se poursuivit à Carcassonne, puis le seigneur ***Simon de Montfort,*** l'un des principaux chefs croisés, entreprit d'anéantir les unes après les autres les cités méridionales : Termes, Puivert... À chaque fois ou presque, les croisés attendaient la faveur d'un été torride pour venir à bout de ces forteresses réputées inexpugnables. Les cathares, morts de soif, se rendaient, et les survivants de ces longs sièges, s'ils n'abjuraient pas leur foi, étaient jetés dans les flammes – ce qu'ils préférèrent bien souvent. Simon de Montfort décida alors d'assiéger Toulouse. Les seigneurs du Sud s'étaient ligués contre les croisés et le choc se déroula à Castelnaudary. Raymond VI battu, Raymond VII entra en scène et reprit Toulouse en 1216. Montfort décida d'assiéger une nouvelle fois la cité. Il mourut touché à la tête par une pierre.
Considérant que la situation n'avait que trop duré et sentant son pouvoir menacé, le roi Louis VIII déclara les cathares « ennemis du roi et de l'Église ». Coup de main du pape qui créa l'***Inquisition,*** des tribunaux chargés de découvrir, de juger et de brûler les hérétiques. La résistance cathare s'organisa dans les châteaux de Montségur, de Puilaurens, de Quéribus et de Peyrepertuse. Mais l'assassinat de 2 inquisiteurs, en 1242, déclencha une répression terrible et sanglante qui aboutit à la chute de Montségur 2 ans plus tard. Les hérétiques furent brûlés. ***En 1321, le dernier « parfait » périt sur le bûcher.*** Les cathares n'étaient plus qu'un souvenir. Et le plus grand bénéficiaire de l'opération en fut le roi de France ; les comtés de Carcassonne et de Toulouse tombant dans son escarcelle. Les motifs religieux du départ s'étaient fondus dans une sombre affaire de pouvoir et de politique.
Au passage, on note que la couronne de France, après avoir assiégé, parfois rasé, les places fortes où s'étaient réfugiés les cathares, y fit rebâtir des châteaux destinés à défendre la frontière sud du royaume, face à l'Aragon... Et d'ailleurs, ***de nos jours ces châteaux sont nommés à tort « châteaux cathares ».***

Adresses et infos utiles

ℹ ***Agence de développement touristique :*** *allée Raymond-Courrière, 11855* ***Carcassonne*** *Cedex 9.* *☎ 04-68-11-66-00. • audetourisme.com • Tlj sauf w-e.* Bien documenté sur l'histoire du pays cathare et sur les randonnées. Le Département a créé le label « Le Pays Cathare » attribué aux hébergeurs, restaurateurs, sites, guides et autres producteurs, viticulteurs ou artisans locaux engagés dans une démarche de qualité des prestations et garantissant l'origine audoise des produits (signalés par des panonceaux bleu et blanc).

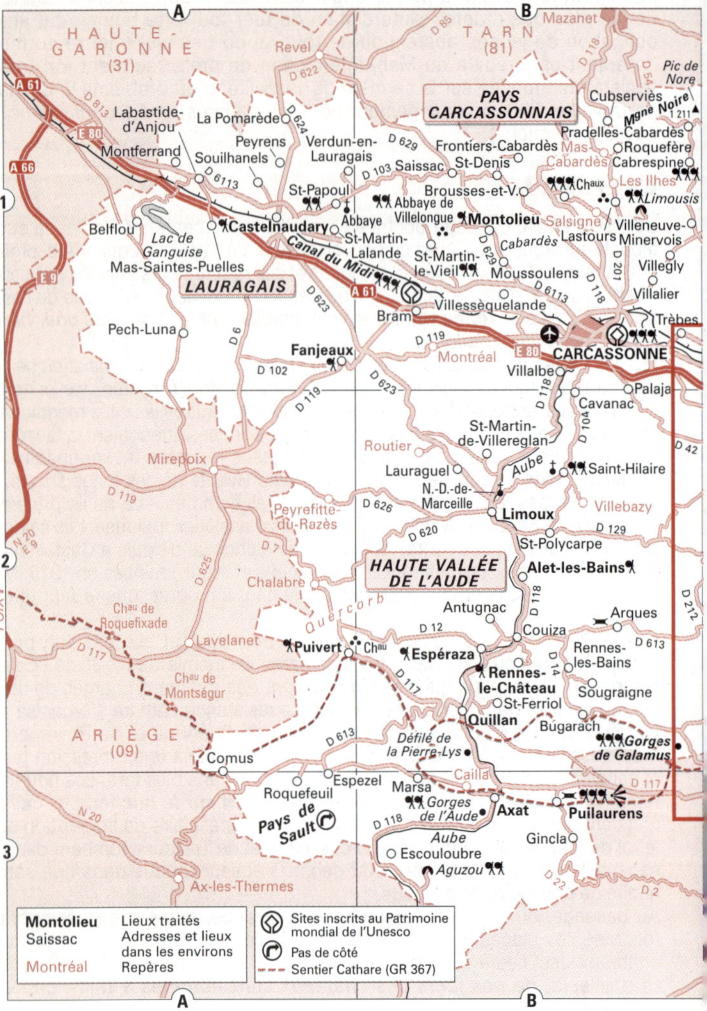

• **aude.fr** • Le site du conseil départemental de l'Aude. L'histoire du pays cathare, des brochures sur les saveurs et les événements locaux à télécharger... On y trouve de tout !

■ Les ***Applis mobiles gratuites et interactives « Pays Cathare, Le Guide » et « Castrum, Le Jeu »*** (pour les enfants), dévoilent les secrets et légendes d'une vingtaine de lieux historiques incontournables en pays cathare.

■ ***Relais des Gîtes de France Aude :*** *205, rue Gérard-Desargues, 11000*

L'AUDE

Carcassonne. ☎ *04-68-11-40-70.* ● *gites-de-france-aude.com* ● ■ ***Accueil Paysan :*** ● *accueil-paysan.com* ● Chambres et tables d'hôtes chez des paysans en activité, produits fermiers en vente et fermes pédagogiques.

– ***Bus :*** une quinzaine de lignes – accessibles aux personnes à mobilité réduite – sillonnent le département. Ticket unique à 1 ou 2 €, quel que soit le trajet *(● lio.laregion.fr/transports-aude-regulier ●).*

LE PAYS CARCASSONNAIS

CARCASSONNE (11000) 46 031 hab. *Carte Aude, B1*

• Plan *p. 158-159*

Perchée sur un promontoire et inscrite au Patrimoine mondial de l'Unesco, la Cité de Carcassonne demeure la plus importante ville médiévale d'Europe et aussi l'un des sites historiques les plus visités de France. On conseille vivement de la découvrir hors saison. Mais si vous allez en été, investissez les ruelles endormies tôt le matin, ou tard le soir pour boire un dernier verre et la contempler dans son écrin de pierres illuminées... Un spectacle superbe ! Profitez du reste du temps pour explorer le vieux quartier de « la bastide Saint-Louis » (ville basse) et flâner le long du canal du Midi.

UN PEU D'HISTOIRE

Riche d'un passé 2 fois millénaire, la ville a vu défiler Celtes, Romains, Wisigoths, Sarrasins et Francs. Ce promontoire accueille d'abord un *oppidum* celte, perché à 150 mètres d'altitude. Situé à un carrefour stratégique – surveillant le *via Aquitania* et le fleuve Aude – le lieu est fortifié par les Romains, qui lui donnent le nom de *Carcasso.* Les Wisigoths succèdent aux Romains à la fin du IVe s et submergent la Gaule. Ils établissent leur capitale à Carcassonne, qui devient forteresse frontière pendant 2 siècles avant de subir les assauts des Sarrasins.

DAME CARCAS SE DÉCARCASSE

Assiégée par Charlemagne, la forteresse d'alors était le fief de dame Carcas. Affamée, la population n'avait plus qu'un cochon et une ration de blé. L'astucieuse princesse eut le génie d'en gaver l'animal et de l'envoyer au pied des remparts. Croyant les vivres toujours abondants, l'empereur leva le siège, démoralisé. Pour lui proposer la paix, dame Carcas sonna les cloches de la ville... D'où « Carcas sonne ». Il n'y a pas que Walt Disney pour raconter des histoires de princesses à dormir debout !

Pépin le Bref, père de Charlemagne, les en chasse au VIIIe s (Charlemagne n'a donc jamais fait le siège de Carcassonne ; bref, c'est un pépin pour la légende de dame Carcas qui était pourtant une belle histoire !). Ce sont les ***Trencavel,*** noble famille également maîtresse d'Albi, de Nîmes, de Béziers et d'Agde, qui ***donneront son prestige à la ville, du Xe au XIIe s,*** en y construisant leur palais. L'un des rejetons Trencavel – Raymond Roger – prend les cathares de la région sous sa protection au début du XIIIe s. Un beau geste qui lui coûtera cher : la ville est assiégée en 1209, prise, le jeune vicomte clapote dans un obscur cachot et ses terres sont attribuées à l'un des grands seigneurs de la croisade, Simon de Montfort. Entrée ensuite dans le giron de la famille royale (les possessions languedociennes du fils de Montfort sont cédées à Louis VIII), la Cité s'agrandit au XIIIe s. Sa proximité avec la frontière aragonaise pousse les rois français – Saint-Louis en tête – à renforcer les remparts et à ajouter une enceinte extérieure, séparée de celle de l'intérieur par des lices, tandis que la cathédrale prend de plus en plus d'ampleur gothique. Puis ***Saint Louis fait bâtir une ville basse,*** sur un plan militaire : plan « carré », rues à angles droits, fortifications et 2 églises, au nord et au sud. Elle accueillera les Carcassonnais dont la croisade avait rasé les maisons bâties au pied des remparts et qui errèrent quelques années durant. Carcassonne est devenue une ***ville bicéphale :*** la « bastide Saint-Louis », commerçante et administrative ; la Cité triomphante, éloignée et enfermée dans ses épais remparts. Au XIVe s, la Cité possède une telle armure que le Prince Noir dans sa chevauchée incendiaire l'évite et se contente de ravager la Ville basse.

Au cours des siècles, ***l'industrie du drap et le commerce du vin*** enrichissent la ville basse, alors que la vieille cité militaire périclite à la suite du traité des Pyrénées et au recul de la frontière avec l'Aragon ; le Roussillon étant annexé par les Français. Modifiée à la Renaissance et au XVIIIe s, elle n'est alors qu'une caserne et sera même vendue sous l'Empire pour en récupérer les pierres. Mais au XIXe s, Mérimée s'émeut de voir la ville amputée de ses tours et laissée à l'abandon. Du coup, le bon Prosper, qui était quand même inspecteur des Monuments historiques, en confie la restauration à Viollet-le-Duc, en 1844. Le célèbre architecte aura la bonne idée de ne pas se lancer dans une opération de chirurgie esthétique trop poussée, se contentant de restituer le caractère d'harmonie et de force d'une ville guerrière du XIIIe s, en pleine apogée gothique.

LE BLASPHÈME EST AU COIN DE LA RUE

Au Moyen Âge, les toilettes publiques n'étaient pas encore inventées et les passants avaient la fâcheuse habitude d'uriner sur les murs. Pour s'en prémunir, certains propriétaires peignaient des croix au bas de leur maison, les blasphémateurs étant alors passibles du pilori. Vive les sanisettes Decaux !

Arriver – Quitter

En train

Gare SNCF *(plan B1)* **:** *1, bd du Maréchal-Joffre.* ● *sncf.com/fr* ●

➢ ***Narbonne*** *(30 mn)*, ***Montpellier*** *(1h25)* et ***Marseille*** *(4h)* **:** nombreux trains tlj.

➢ ***Castelnaudary*** *(20 mn)*, ***Toulouse*** *(45 mn-1h15)* et ***Bordeaux*** *(3h)* **:** nombreux trains tlj.

➢ ***Limoux*** *(25 mn)* **:** une dizaine de départs (train ou bus) tlj ; 4 départs le dim.

En bus

Arrêt des bus *(plan A1)* **:** *bd de Varsovie.* ● *lio.laregion.fr/transports-aude-regulier* ●

➢ ***Narbonne*** *(1h40)* **:** avec la ***ligne 401,*** opérée par la compagnie ***Kéolis*** *(● keolisaude.com ●)*, 2-7 bus/j. sauf dim, via ***Trèbes*** et ***Lézignan-Corbières.***

➢ ***Castelnaudary*** *(45 mn)* **:** avec la ***ligne 403,*** gérée par la compagnie ***Vidal*** *(● autocarsvidal.fr ●)*, 4-5 bus/j. sauf w-e.

➢ ***Quillan*** *(2h15)* **:** avec la ***ligne 402,*** assurée par la compagnie ***Teissier*** *(● teissier.fr ●)*, 4-11 bus/j. sauf dim, via ***Limoux, Alet-les-Bains, Couiza*** *(Rennes-le-Château)* et ***Espéraza.*** Après Quillan, seulement 1-2 bus/j. sauf dim poursuivent jusqu'à ***Axat.***

➢ ***Montolieu*** *(25 mn)* **:** avec la ***ligne D*** de la compagnie ***RTCA*** *(● rtca.carcassonne-agglo.fr ●)*, 2-4 bus/j. sauf dim ; terminus à ***Saissac.***

➢ ***Lagrasse*** *(1h05)* **:** avec la ***ligne I*** de la compagnie ***RTCA,*** 1-2 bus/j. sauf w-e.

Adresses et infos utiles

Office de tourisme municipal *(plan B2,* ***1****)* **:** *28, rue de Verdun.* ☎ *04-68-10-24-30.* ● *tourisme-carcassonne.fr* ● *Juil-août, tlj 9h30-18h (12h30 dim) ; avr, juin et sept-oct, tlj 9h-18h (dim 10h-13h) ; nov-mars et mai, tlj sauf dim, 9h30-12h30 (12h en mai), 13h30-17h30.* Aussi un **bureau annexe dans**

L'AUDE, PAYS CATHARE

Adresses utiles

1 Offices de tourisme municipaux (B2 et D4)
2 RTCA (transports urbains ; C2)
3 Arrêt de bus et du train touristique pour la Cité (B1)

Où dormir ?

10 Hostel Le Couvent (B1)
11 Hôtel de la Bastide (B1)
12 Hôtel Astoria (C1)
13 Chambres d'hôtes La Maison Vintage (A1)
14 Chambres d'hôtes La Cour Carrée (B2)
15 Hôtel des Trois Couronnes (C3)
16 Auberge de jeunesse (D4)
17 Chambres d'hôtes Le Grand Puits (D3)
18 Best Western Plus Hôtel Le Donjon (D4)
19 Camping de La Cité (hors plan par C4)
20 Chambres d'hôtes La Maison Vieille (D3)
21 Carcassonne B & B (C-D3)
22 Hôtel L'Aragon (D3)
23 Hôtel du Pont Vieux (D3)
24 Hôtel Mercure Carcassonne La Cité (hors plan par D3)

Où manger ?

30 Freaks Café & Cantine (B2)
31 Le Bis-Troquet (B2)
32 Le Jardin en Ville (hors plan par C1)
33 La Table de Norbert (A1)
34 La Table du Vatican (hors plan par B1)
35 L'Escargot (D3)
36 Le Saint-Jean (D3)
37 Le Jardin de la Tour (D4)
38 Comte Roger (D4)
39 Auberge des Lices (D4)
40 La Table d'Alaïs (D4)
41 FloridaBlanca (D3)
42 Le 37 (D3)
43 La Table de Franck Putelat (hors plan par C4)
44 Brasserie À 4 Temps (B2)

Où boire un verre ? Où sortir ?

50 Le Bar à Vins (D4)
51 Les Jardins de l'Hôtel de la Cité (D4)
52 Le Conti (B2)

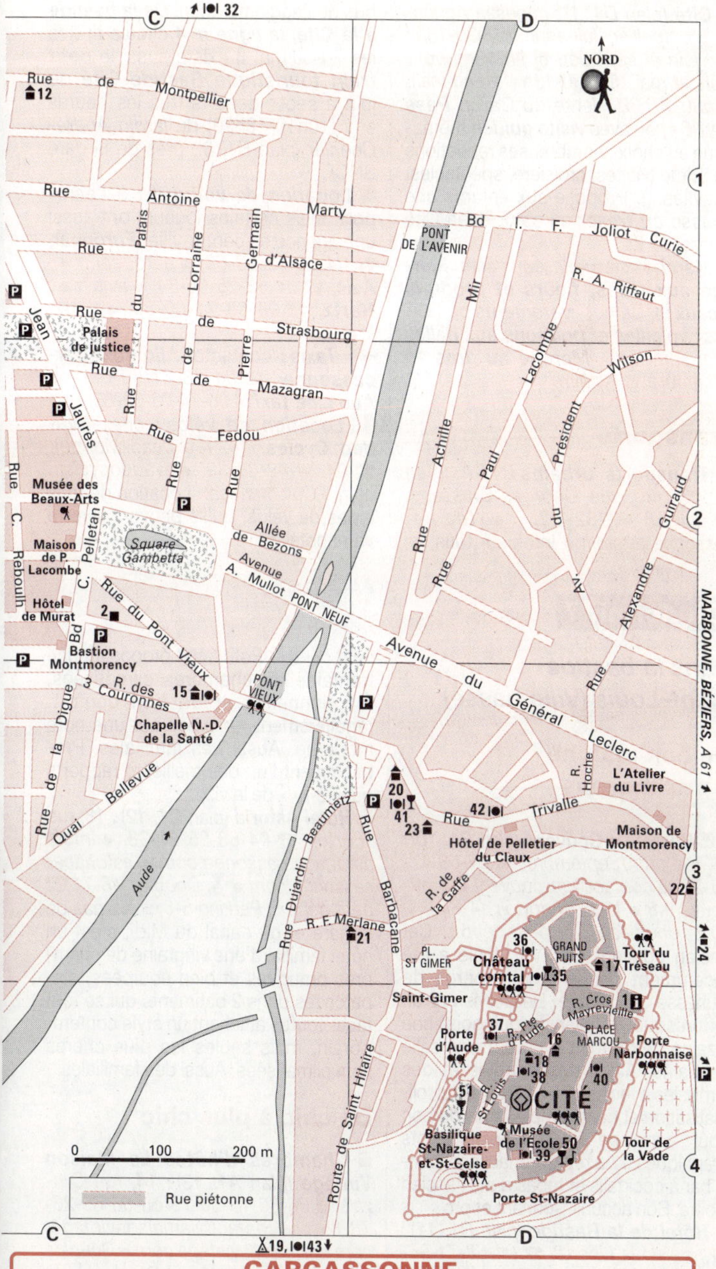

CARCASSONNE

la Cité (plan D4, **1**) **:** *impasse Agnès-de-Montpellier. Juil-août, tlj 9h30-18h ; avr, juin et sept-oct, tlj 9h-18h ; nov-mars et mai, tlj 9h30-13h (12h en mai), 13h30-17h30.* Vente du **Carca Pass** seul *(6 €)* ou avec **visite guidée** thématique au choix ; nombreuses réductions en prime (visites, croisière, spectacles, activités...). Propose aux enfants une ***chasse au trésor*** au cœur de la Cité *(coffret 13 €).*

■ **Marchés :** *les mar, jeu et sam.* **Marché aux fruits, fleurs et produits locaux** *pl. Carnot ;* **vêtements** *bd Barbès ;* **volailles et poissons aux halles** *(mar-sam mat).* **Marché au gras** *en décembre, ts les dim.*

Transports

■ ***Transports urbains*** **RTCA** *(plan C2,* ***2****) : 30, rue Georges-Brassens.* ☎ *04-68-47-82-22. • rtca.carcassonne-agglo.fr •* Infos sur tous les bus de l'agglomération. ***De la bastide à la Cité, la ligne nº 4*** circule tlj ttes les 20-30 mn. Il existe aussi le ***petit train touristique Bastide-Cité*** de juin à sept ; départs ttes les heures env (10h19-18h20) du *jardin André-Chénier (plan B1,* ***3****),* près de la gare SNCF.

■ ***Location de voitures :*** à l'aéroport, mais certains loueurs ont aussi une agence en centre-ville. ***Europcar,*** ☎ *04-68-72-23-69, • europcar.fr • ;* ***Avis,*** ☎ *04-68-25-05-84, • avis.fr • ;* ***Hertz,*** ☎ *04-68-71-00-55, • hertz.fr •*

Taxis : contacter ***Allo Taxi Carcassonne*** *(☎ 04-68-71-50-50)* ou ***Aud'Line Taxi*** *(📱 06-14-03-03-86).*

Location de vélos : chez ***Évadeo Cycles,*** *14, rue Jean-Monnet.* ☎ *04-34-42-88-32. • evadeocycles.com • Ouv mar-sam.* Location de tous types de vélos, qu'ils peuvent livrer à votre hôtel.

Où dormir ?

Dans la bastide Saint-Louis (Ville basse)

De bon marché à prix moyens

Hostel Le Couvent *(plan B1,* ***10****) : 31, rue du 4-Septembre.* ☎ *04-68-47-50-25. • contact@au-couvent.fr • au-couvent.fr • Lits en dortoir (4-8 pers) 30 € ; doubles 90 € ; petit déj 6 €.* Cet ancien couvent du XVIIe siècle a été récemment converti en auberge de jeunesse de charme. Desservis par un pittoresque escalier de guingois, une dizaine de dortoirs avec ou sans salle de bains. Aussi des doubles et des familiales avec sanitaires. Et partout, climatisation et déco simple, mais de bon goût : carrelage ciment, papiers peints graphiques... Au rez-de-chaussée, gentil bar à cocktails et tapas dans l'ancien cloître. Bon accueil, souriant et pro.

Hôtel de la Bastide *(plan B1,* ***11****) : 81, rue de la Liberté.* ☎ *04-68-71-96-89. • hoteldelabastide@wanadoo.fr • hoteldelabastide.fr • Doubles 45-87 € ; petit déj 8 €.* Petit hôtel proposant une trentaine de chambres climatisées, fonctionnelles et de bon confort, régulièrement rénovées sur une note moderne. Aussi des familiales. Probablement l'un des meilleurs rapports qualité-prix de la ville.

Hôtel Astoria *(plan C1,* ***12****) : 18, rue Tourtel.* ☎ *04-68-25-31-38. • info@astoriacarcassonne.com • astoriacarcassonne.com • Doubles 46-71 € ; petit déj 8 €. Parking 5-8 €.* À 2 pas de la gare et du canal du Midi, c'est un hôtel familial d'une vingtaine de chambres pratiques et bien équipées, dispatchées dans 2 bâtiments qui se font face. Toutes affichent un style contemporain, mais seules les plus chères sont climatisées. Aussi des familiales.

De chic à plus chic

Chambres d'hôtes La Maison Vintage *(plan A1,* ***13****) : 14, rue Crozals.* 📱 *06-60-13-50-76 ou 06-65-26-78-85. • contact@lamaisonvintage.com • lamaisonvintage.com • Doubles 85-110 €. Garage 10 €.* Proche de la gare et du canal du Midi, cette vieille maison a été revue à la sauce pop art. Warhol, Haring et Lichtenstein explosent de couleur dans les couloirs et jusque dans les chambres, spacieuses et impeccables. Vue sur la rue pour les moins chères, ou, pour les autres, sur l'immense jardin paysagé aux influences japonaises. Et partout, une foule d'objets culte et design des années 1970-1980, que les proprios sympas chinent depuis des lustres. On aime !

Chambres d'hôtes La Cour Carrée *(plan B2,* ***14****) : 18, bd. Barbès. 06-16-96-58-42. • regis@la-cour-carree.com • la-cour-carree.com • Doubles 87-117 €. Repas sur résa 25 €.* Cette maison de maitre de 1810 renferme quelques jolies chambres aménagées simplement, mais avec charme et modernité, tout en magnifiant l'architecture originelle des lieux : tomettes, cheminées, vieil escalier... Elles portent toutes des noms de danses des Caraïbes. Aussi des familiales. Agréable petit patio à l'arrière. Accueil sympa et pro.

Hôtel des Trois Couronnes *(plan C3,* ***15****) : 2, rue des Trois-Couronnes. ☎ 04-68-25-36-10. • contact@hotel-destroiscouronnes.com • hotel-destroiscouronnes.com • Resto le soir seulement (fermé w-e nov-mars). Doubles 100-155 € ; petit déj 14 €. Garage 5 €. Menus 24-29 € ; carte 30-45 €.* Situé sur les berges de l'Aude, cet hôtel se décarcasse pour faire oublier sa grosse silhouette de paquebot. Chambres tout confort et dotées d'un look moderne sobre ; vue sur la Cité en prime pour les plus chères. Petite piscine couverte au 4e étage. Salle de resto panoramique – face à la Cité – où l'on se régale d'une cuisine de saison aux saveurs du terroir, avec de belles envolées créatives.

Dans la Cité

De bon marché à prix moyens

Auberge de jeunesse *(plan D4,* ***16****) : rue du Vicomte-Trencavel. ☎ 04-68-25-23-16. • carcassonne@hifrance.org • hifrance.org • Congés : nov-fév. Résa conseillée. Adhésion obligatoire (carte Hostelling International en vente sur place). Lits en dortoir (4-6 pers) 20,20-25,50 € ; doubles 58 € ; familiales à partir de 20,20 €/pers ; petit déj et draps compris. Repas 12,60 €. Café offert sur présentation de ce guide.* En plein cœur de la Cité, une AJ toute simple, mais conviviale et bien tenue, installée dans un ancien couvent. En tout, 120 lits superposés répartis dans des chambres basiques mais propres, avec casiers. Sanitaires sur le palier pour la plupart, mais lavabo dans chacune. Consigne à bagages et à vélos, cuisine à dispo. Foyer avec cheminée, bar et bibliothèque, salle TV et patio avec jardinet. Accueil authentique et sympa.

Chambres d'hôtes Le Grand Puits *(plan D3,* ***17****) : 8, pl. du Grand-Puits. ☎ 04-68-25-16-67. 06-20-47-02-31. • nicole.trucco@club-internet.fr • legrandpuits.free.fr • Doubles 65-85 €.* Voici 3 chambres au cœur de la cité médiévale : 2 familiales, dont une avec terrasse donnant sur la Montagne noire et la porte Narbonnaise, avec coin cuisine et grande salle de bains. On peut aussi loger à 4 dans le grand studio du rez-de-chaussée et à 2 dans la plus petite chambre, à l'étage. Toutes ont leur personnalité et leur couleur. Dans le frigo ou sur la table, vous trouverez de quoi faire un petit déj.

De chic à plus chic

Best Western Plus Hôtel Le Donjon *(plan D4,* ***18****) : 2, rue du Comte-Roger. ☎ 04-68-11-23-00. • info@bestwestern-donjon.com • cite-hotels.com • Doubles 100-145 €.* Une soixantaine de chambres confortables et modernes, distribuées dans 3 vénérables bâtisses de la Cité. Charmant jardin pour le petit déj aux beaux jours. Une adresse bien agréable, en plein cœur historique.

À proximité de la Cité

Camping

Camping de La Cité *(hors plan par C4,* ***19****) : route de Saint-Hilaire. ☎ 04-68-10-01-00. • campingdelacite@carcassonne.fr • campingcitecarcassonne.com • À 1,7 km de la Cité. Ouv Pâques-oct. Forfait tente 18-26 € ; mobile homes.* Légèrement excentré, ce camping 4-étoiles reste néanmoins assez proche de la ville médiévale grâce à son accès piéton à la Cité en 10 mn. Emplacements ombragés par des pins parasol et sanitaires nickel. A dispo : piscine, jeux pour enfants, terrain de sport, bar, snack et épicerie de dépannage.

De prix moyens à chic

Chambres d'hôtes La Maison Vieille *(plan D3,* ***20****) : 8, rue Trivalle. 06-23-40-65-34. • lamaisonvieille11@gmail.com • la-maison-vieille.com • Doubles 90-95 €.* Face au Pont Vieux, cette entrée discrète s'ouvre sur une belle adresse de charme, aménagée dans les étages d'une vieille maison de caractère. Plusieurs superbes chambres spacieuses et confortables, tout droit sorties d'un magazine de déco : tons chaleureux, matériaux de qualité et déco choisie. Nos préférées donnent sur le gentil patio verdoyant, bordé par une autre maison abritant 2 appartements familiaux du même tonneau. Très bon rapport qualité-prix-accueil (gentil et prévenant). C'est sûr, on reviendra !

Carcassonne B & B *(plan C-D3,* ***21****) : 12, rue Fernand-Merlane. ☎ 04-68-25-80-34. • info@carcassonnebandb.com • carcassonnebandb.com • Doubles 75-109 €.* Dans un quartier résidentiel vert et tranquille – juste au pied de la Cité – c'est un *B & B* british, aux chambres de bon confort, délicieusement vintage et cosy : papiers peints à fleurs, mobilier et luminaires anciens... Le petit déj se prend dans un micro-patio verdoyant. Aussi plusieurs appartements familiaux de même style à louer dans la ville basse. Accueil en anglais et aux petits soins. Bref, une adresse dépaysante qui nous plait !

Hôtel L'Aragon *(plan D3,* ***22****) : 15, montée Combéléran. ☎ 04-68-47-16-31. • accueil@hotelaragon.fr • hotelaragon.fr • Doubles 61-123 € ; petit déj 9,50 €.* Bon rapport qualité-prix-accueil pour ce gentil 3 étoiles, longue bâtisse plantée à seulement quelques pas l'entrée de la Cité. Une trentaine de petites chambres confortables et agréables, au look contemporain-baroque. Aussi des familiales. Piscinette avec terrasse au soleil.

Hôtel du Pont Vieux *(plan D3,* ***23****) : 32, rue Trivalle. ☎ 04-68-25-24-99. • info@hoteldupontvieux.com • hoteldupontvieux.com • Doubles 70-140 € ; petit déj 11 €. Garage 7-10 €.* Dans la rue montant à la Cité (10 mn à pied), petit hôtel familial d'une vingtaine de chambres confortables, rénovées dans un style moderne assez coloré. Les plus chères donnent sur la Cité et le charmant patio-jardin fleuri, où le petit déj est servi aux beaux jours. Aussi des triples et des quadruples. Accueil adorable.

De chic à plus chic

Hôtel Mercure Carcassonne La Cité *(hors plan par D3,* ***24****) : 18, rue Camille-Saint-Saëns. ☎ 04-68-11-92-82. • h1622@accor.com • mercure.accor.com • Doubles 69-169 € : petit déj 15 €. Parking gratuit.* Hôtel de chaine renfermant d'agréables chambres standardisées, spacieuses et contemporaine. Aussi des familiales et une grande piscine pour défouler les enfants après la visite de la Cité, à seulement 5 mn à pied. Un bel atout pour cette bonne adresse sans mauvaise surprise.

Où manger ?

Dans la bastide Saint-Louis (Ville basse) et à proximité

Bon marché

Freaks Café & Cantine *(plan B2,* ***30****) : 30, rue de Verdun. ☎ 04-30-18-95-36. Tlj sauf dim-lun 8h-18h. Résa conseillée. Formule déj en sem 16-20 € ; carte env 20 €. Café offert sur présentation de ce guide.* À côté de l'office de tourisme, une adresse intime, chaleureuse et cosy, qui joue adroitement sur plusieurs registres. Le matin, on y sert de bons petits déjeuners. Puis, à midi, l'endroit prend des airs de cantine convoitée pour ses plats séduisants à l'humeur vagabonde. Le petit plaisir du chef ? Faire son marché aux aurores pour trouver les meilleurs légumes du moment. En journée, on s'y pose volontiers pour un café, un thé, un dessert maison.

lel ***Le Bis-Troquet*** *(plan B2, **31**) : 22, rue Chartran. ☎ 04-68-71-50-30. ● lebistroquet11@sfr.fr ● Tlj sauf dim-lun, plus mar soir et mer soir hors saison. Tartines 14-15 €.* A 2 pas de la place Carnot, cœur battant du quartier, on raffole de ce petit bar à tartines, mitonnées – selon le marché – avec des ingrédients de qualité, étalés sur du bon pain Poilâne. Aussi 1 ou 2 plats du jour plus consistants. Le tout servi avec le sourire dans une longue salle ou en terrasse devant les halles. Simple, gouteux et pas cher ; une adresse qui ne se la joue pas !

De prix moyens à chic

lel ***Le Jardin en Ville*** *(hors plan par C1, **32**) : 5, rue des Framboisiers. ☎ 04-68-47-80-91. ● contact@lejardinenville.fr ● ♿ Fermé dim-lun, plus le soir mar-mer hors saison. Congés : dernière sem de déc. Résa très conseillée. Formule déj en sem 20 € ; carte 35-40 €. Kir offert sur présentation de ce guide.* Si on vous pousse dans cet ancien quartier de maraîchers excentré, c'est que le jeu en vaut la chandelle ! Charmante maison aux grands volumes – tout à la fois boutique, galerie d'art et resto – flanquée d'une terrasse bohème sur un jardin fleuri. Un endroit séduisant, chaleureux et décalé, qui cultive le bon goût, autant sur ses murs que dans les assiettes. Les fruits et légumes viennent du potager, les viandes et fromages sont sélectionnés avec soin. Le tout pour une cuisine de saison bien ficelée et qui fait chanter les saveurs du Sud-Ouest, avec de belles touches d'originalité. Service pro et sympa.

lel ***La Table de Norbert*** *(plan A1, **33**) : 74, allée d'Iéna. ☎ 04-68-47-86-60. ● latabledenorbert@orange.fr ● Tlj sauf lun midi, sam midi et dim. Résa conseillée. Menus 15-26 € ; carte 35-45 €.* Savoureuses spécialités de viandes au feu de bois ou *a la plancha,* cuites selon vos désirs et servies dans une salle rustique ouverte sur la cheminée et flanquée d'une agréable terrasse en été. Aussi un poisson, quelques salades et plusieurs desserts du jour. Telle est la formule gagnante de Norbert, le patron, qui vous régale aussi volontiers de sa gouaille et d'anecdotes sur les stars du show-biz qui fréquentent assidument sa table. Une belle adresse plébiscitée par les locaux.

lel 🍷 ***La Table du Vatican*** *(hors plan par B1, **34**) : 13, quai Riquet. 📱 06-32-92-30-11. ● latableduvatican@gmail.com ● Tlj, sauf lun-mar, le soir seulement. Résa très conseillée. Carte 25-45 €.* D'abord une magnifique terrasse couverte d'une voile et parsemée de verdure, sur le bord du canal du Midi. Dans l'assiette, délicieuse cuisine italienne qui en met plein les papilles : pizzas, pâtes et quelques *secondi* bien menés. À arroser de vins italiens ou du pays, et d'une étonnante panoplie de *spritz* raffinés. Service prévenant. C'est sûr, on reviendra !

Dans la Cité

De bon marché à prix moyens

lel 🍷 ***L'Escargot*** *(plan D3, **35**) : 7, rue Viollet-le-Duc. ☎ 04-68-47-12-55. ● l.escargot.11@orange.fr ● Tlj sauf mer. Résa conseillée. Menus 16-25 € ; carte dès 16 €. Café offert sur présentation de ce guide.* Coup de cœur pour ce sympathique bar à vins et tapas, qui trace allègrement son petit bonhomme de chemin dans cette rue animée de la Cité. Si le patron est né sous le soleil de Papeete, c'est aussi du côté de l'Espagne que la cuisine puise son inspiration. On se régale de surprenantes tapas imaginatives, généreuses et pleines de saveurs. Service jeune et efficace. Bref, une très belle adresse qui n'a rien d'une coquille vide, foncez !

lel ***Le Saint-Jean*** *(plan D3, **36**) : 1, pl. Saint-Jean. ☎ 04-68-47-42-43. ● restaurant-le-st-jean@wanadoo.fr ● ♿ Tlj sauf mar-mer hors saison. Congés : 3 sem en janv. Résa conseillée le soir. Menus 16-30 € ; carte env 35 €.* Plébiscité par les gens du cru, ce resto vaut autant pour sa cuisine

L'AUDE, PAYS CATHARE

traditionnelle aux accents méditerranéens, que pour la vue splendide qu'il offre sur le château comtal depuis sa terrasse. Outre le cassoulet, le canard et autres viandes de tradition, il propose tapas, salades gourmandes et petits snacks à prix doux. Leur 1er menu – servi aussi le soir – est une affaire très honnête ! Service vite débordé mais plein de bonne volonté.

Le Jardin de la Tour *(plan D4,* ***37****) : 11, rue Porte-d'Aude. ☎ 04-68-25-71-24. • lejardindelatour@club-internet.fr • Le soir seulement mar-sam, plus dim midi. Congés : janv. Résa conseillée. Menus 23-33 €.* On adore le cadre de ce resto familial : une belle salle patinée et parsemée d'affiches vintage, doublée d'un magnifique jardin luxuriant, blotti contre les remparts illuminés en soirée. Idéal pour un dîner romantique ! Courte carte de plats traditionnels bien tournés (foie gras, cassoulet...), goûteux et servis à prix tenus.

De prix moyens à chic

Comte Roger *(plan D4,* ***38****) : 14, rue Saint-Louis. ☎ 04-68-11-93-40. • restaurant@comteroger.com • Tlj sauf dim soir et lun. Résa conseillée. Congés : fév. Formules déj 26-33 € ; menu 45 €.* À l'intérieur, le cadre contemporain est très agréable, mais, en été, on le boude volontiers pour la jolie terrasse ombragée, sous la treille. Côté fourneaux, on raffole de la fine cuisine fraîche et inventive, signée du chef Pierre Mesa, qui fait la part belle aux produits locaux, aux recettes du terroir et aux vins du pays. Excellent rapport qualité-prix-accueil, bravo !

Auberge des Lices *(plan D4,* ***39****) : 3, rue Raymond-Roger-Trencavel. ☎ 04-68-72-34-07. • leslices@blasco.fr • Tlj sauf mar-mer hors saison. Congés : janv. Menus 23-46 € ; carte 35-55 €.* Une auberge cossue qui s'appuie sur des recettes de tradition sans s'empêtrer dans le classicisme convenu. Plusieurs jolies salles au cadre assez romantique et un agréable patio aux beaux jours. D'un rapport qualité-prix épatant, le 1er menu – servi aussi le soir – donne un bel aperçu des talents du chef, qui travaille aussi bien les poissons que le cochon de lait médiéval... Mais son dada, c'est le cassoulet, largement réputé dans la Cité !

La Table d'Alaïs *(plan D4,* ***40****) : 32, rue du Plô. ☎ 04-68-71-60-63. • contact@latabledalais.fr • Congés : janv. Tlj sauf mer. Formule déj sauf dim 23 € ; menus 22-50 € ; carte 35-55 €.* Juste à l'écart du brouhaha des restos à touche-touche, c'est une table sereine, où le chef Jeremy Thomann mitonne quelques plats frais et inventifs, sur fond de vraies bonnes saveurs du coin. La salle a été relookée dans un esprit sobre et actuel. Mais, à la belle saison, on a un petit faible pour la paisible courette ceinte de murs couverts de lierre.

À proximité de la Cité

De bon marché à prix moyens

FloridaBlanca *(plan D3,* ***41****) : 22, rue Trivalle. ☎ 04-30-34-58-55. • floridablanca22@gmail.com • Tlj sauf dim-lun. Formule déj 17 € ; menu « barbaque » 28 € ; tapas 5 €.* C'est un formidable bar à tapas, planté dans cette pittoresque rue sinueuse qui grimpe vers la Cité. Souriant et taquin, le patron virevolte entre les tables et son piano, où il confectionne en un tour de main de succulentes tapas, sur une note très espagnole, olé ! Aussi des plats du jour plus conséquents et un généreux menu viande, à arroser de petits vins locaux.

Le 37 *(plan D3,* ***42****) : 37 bis, rue Trivalle. ☎ 04-68-47-35-05. • le37restaurant@orange.fr • Tlj sauf mar-mer. Carte 20-35 €.* Un resto-bar à vins qui a manifestement trouvé la formule gagnante en jonglant entre les classiques de la région et des suggestions du jour – à l'ardoise – que les blasés du cassoulet béniront ! Cuisine simple mais savoureuse et soignée, qui travaille les produits frais des terroirs ensoleillés du Lauragais, des Corbières, du Minervois... Agréable terrasse sur la rue qui monte vers la Cité en 5 mn à pied. Accueil sympa.

De chic à plus chic

🍽 ***La Table de Franck Putelat*** *(hors plan par C4, **43**) : 80, chemin des Anglais. ☎ 04-68-71-80-80. • contact@franck-putelat.com • ♿ Tlj sauf dim-lun. Résa obligatoire. Formule déj 60 € ; menus 110-160 €.* Au pied des remparts, un bel espace lumineux et moderne, percé de meurtrières pour rappeler l'autre forteresse qui se dresse plus haut. Le chef double-étoilé Franck Putelat a choisi cette écurie pour créer l'événement gastronomique régional ! La cuisine de cet enfant prodige pourfend les traditions, qu'il s'amuse à restituer à travers d'étonnants clins d'œil « fiction » épurés et élégants. Bel accueil et agréable terrasse en été. Une adresse incontournable pour qui veut s'offrir un grand moment culinaire dans l'Aude. Et pour régaler à moindre frais les amateurs de bonne chair pressés, Franck Putelat a aussi ouvert en ville sa ***Brasserie À 4 Temps*** *(2, bd Barbès ; plan B2, **44**),* proposant une carte de saison simple et efficace, où les viandes tiennent la vedette *(tlj 7h-23h ; formule déj sauf dim 19 € ; menu 32 € ; carte 30-45 €).*

Où dormir ? Où manger dans les environs ?

De chic à plus chic

🏠 ***Chambres d'hôtes Aux Anges Gardiens :*** *2, rue du Barry, 11000 **Villalbe.** 📱 06-64-90-70-13. • patricia@auxangesgardiens.com • auxangesgardiens.com • À 5 km au sud de Carcassonne. Congés : janv-fév. Doubles 95-110 €.* Quel charme que cette maison d'hôtes du XVIIIe s, nichée dans un délicieux hameau ! Atmosphère romantique et paisible dans les chambres, qui n'ont pas la télé. Couleurs harmonieuses, ciels de lit, beau plancher, grandes salles de bains et piscine dans le ravissant jardin. Petit déj exquis et accueil adorable.

🏠 🍽 ***Hôtel Château de Palaja :*** *7, rue Barri-del-Castel, 11570 **Palaja.** 📱 06-63-69-88-32. • contact@chateau-palaja.fr • chateau-palaja.fr • À 5 km au sud-est de Carcassonne. Doubles 97-165 € ; petit déj 12 €. Menus 31-37 € ; carte 30-45 €. Parking gratuit.* Dans la campagne aux portes de la Cité (10 mn en voiture), cette demeure de maître du XVIIIe s livre une douzaine de chambres tout confort et arrangées sur une note moderne, tirant sur l'indus'. Aussi des suites familiales. Sauna, fitness et même 2 000 BD à lire sans compter dans la bibliothèque ! Belle piscine dans le jardin, où le petit déj est servi en été. Location de vélos. Dans les anciennes écuries, resto bistronomique ***S comme...*** aux spécialités traditionnelles, relevées d'étonnantes touches belges ; rapport à l'origine du chef. Accueil sympa et hyperactif.

🏠 👨‍👧 ***Les Cabanes dans les Bois :*** *domaine de Fourtou, 11600 **Villalier.** ☎ 09-70-75-99-00. • contact@lescabanesdanslesbois.fr • lescabanesdanslesbois.fr • ♿ À 10 km au nord-est de Carcassonne. Cabanes (2-7 pers) 97-287 € ; petit déj 11 € ; dîner (livré en cabane) 20 €.* En pleine nature, sur le versant boisé d'un domaine agricole de 112 ha, c'est une vingtaine de cabanes en bois, pour passer un séjour façon Robinson Crusoé des temps modernes ! Équipées de lits douillets, d'une salle de bains, TV, frigobar, de quoi se préparer un café, elles sont confortables, en plus d'être charmantes avec leur atmosphère nordique. L'espacement entre chacune d'elles garantit l'intimité. Grande piscine, pétanque, tir à l'arc, jeux de piste, escape-game... Un endroit super, aussi bien en amoureux qu'en famille !

🏠 🍽 ***Château de Cavanac :*** *11570 **Cavanac.** ☎ 04-68-79-61-04. • infos@chateau-de-cavanac.fr • chateau-de-cavanac.fr • ♿ À 5 km au sud de Carcassonne. Resto ouv le soir tlj sauf lun, plus le midi dim. Congés : janv-fév. Doubles 90-180 € ; petit déj 12,50 €. Menus 39-45 € (vin de la propriété compris).* Château viticole du XVIIe s, toujours en activité, au cœur d'un village tranquille. Une vingtaine de chambres assez grandioses et classiques dans leur déco, avec meubles de style, tissus chatoyants et lits à baldaquin. Aussi des familiales. Côté fourneaux, cuisine traditionnelle délicieuse, copieuse et servie dans les anciennes écuries où subsistent mangeoires et quelques outils traditionnels. Tennis, grande piscine et sauna.

Hôtellerie du Château de Floure : *1, allée Gaston-Bonheur, 11800* **Floure.** *☎ 04-68-79-11-29.* *• chateaudefloure@gmail.com • chateau-de-floure.com • À 10 km à l'est de Carcassonne. Ouv avr-oct. Resto tlj sauf mer, le soir seulement. Doubles 110-220 € ; petit déj 15 €. Menus 42-49 € ; carte env 55 €. Apéritif maison offert sur présentation de ce guide.* Flanquée de 2 tours carrées, ce château, qui a traversé les époques, jouit d'un superbe jardin à la française. Les salons sont chargés d'histoire et les chambres, plutôt spacieuses, allient confort moderne et élégance d'origine : murs en pierre, poutres, meubles anciens... Piscine, tennis, spa et un resto aux délicieuses spécialités du cru relevées de quelques touches orientales, car le chef a traîné sa toque en Asie. Bref, un lieu idéal pour se poser et se reposer.

L'AUDE, PAYS CATHARE

Où boire un verre ? Où sortir ?

Dans la Cité

Le Bar à Vins *(plan D4,* **50***)* **:** *5, rue du Plô. • lebavcarca@gmail.com • Tlj 9h-2h.* C'est un charmant jardin presque secret, niché contre les remparts. Idéal pour siroter un verre sous les arbres. Avant que les habitués ne déboulent – dans la liesse – en soirée, pour descendre cocktails, sangria et verres de vins du cru. Quelques tapas pour éponger tout ça et, certains soirs, la musique live chauffe à blanc les convives !

Les jardins de l'Hôtel de la Cité *(plan D4,* **51***)* **:** *pl. Auguste-Pierre-pont. • h8613@accor.com •* Sublime jardin luxuriant ancré sur une terrasse dominant la campagne alentour, par dessus les remparts de la Cité. Un lieu aussi tranquille qu'inattendu et romantique, pour boire un verre sagement.

Dans la bastide Saint-Louis (Ville basse)

Le Conti *(plan B2,* **52***)* **:** *16, rue de l'Aigle-d'Or. Jeu-dim 18h-2h.* Ce bar très animé reste ouvert tard. Certains soirs, c'est la méga fiesta, sur les tables on danse, et dessous on roule ! Tapas, vins au verre et ambiance sympa.

À voir

La Cité

Au pied des remparts, on se demande comment explorer cette impressionnante Cité, encore habitée (mais oui... une cinquantaine de résistants, bon an, mal an !) et ses 2 enceintes successives de 1,5 km chacune, séparées par ce *no man's land* appelé « les Lices » (hautes au sud, basses au nord). L'ensemble ne totalise pas moins de 3 km de murailles et 52 tours... Compter une bonne journée pour tout visiter.

– ***Stationnement :*** plusieurs parkings payants *(tlj 8h-20h)* à côté de la *porte Narbonnaise (plan D4).* Sinon, on peut se garer gratuitement au pied du rempart, près du pont Vieux, vers la rue Trivalle et la rue de la Barbacane, entre l'Aude et la Cité. Compter alors 10-15 mn à pied pour rejoindre la porte d'Aude *(plan D4).*

La porte Narbonnaise *(plan D4)* **:** c'est l'entrée principale et carrossable de la Cité. Un véritable château fort à elle seule ! Avec ses 2 tours à éperon de 30 m de haut (fin XIIIe s), elle défend de manière autoritaire l'accès à la Cité. En levant la tête, on aperçoit des orifices qui supportaient les hourds (balcons en bois) d'où on lançait sur l'assaillant pierres, fagots enflammés, tirs verticaux de flèches...

Les Lices : visite passionnante, si l'on fait jouer son imagination au gré de cet immense espace plus ou moins enherbé qui enserre la Cité, coincé entre les 2 enceintes dont on apprécie ici la démesure. Commencer la découverte par les Lices basses (nord) d'où l'on peut facilement comparer les différents styles architecturaux des périodes de construction successives, en particulier sur l'enceinte intérieure. Au niveau de la poterne gallo-romaine, les énormes pierres datent du IIIe s apr. J.-C. Ce sont les plus anciennes. Les couches alternées de pierres rectangulaires et de briquettes datent de la fin IIIe s et du début IVe s. Les parties d'enceinte faites de belles pierres lisses et rectangulaires ainsi que les baies géminées correspondent à la 2e campagne de construction, vers le XIIe s, l'époque des Trencavel. Notez les reprises en sous-œuvre du milieu du XIIIe s, datant de la construction du rempart extérieur qui obligea à décaisser le terrain... Cette enceinte extérieure, superbe exemple de l'art architectural militaire, appartient à une seule et même période. Philippe le Hardi et Philippe le Bel furent à l'origine de ces travaux titanesques à la fin XIIIe et au début XIVe s. On reconnaît cette période à l'emploi des pierres à bossage. Un petit conseil : allez-y le soir. Pas un chat, et l'éclairage savant des tours vous donnera l'impression de vous promener dans un décor de film... Fantastique !

LES MESURES AU MOYEN ÂGE

Avant le système métrique, les mesures différaient d'une construction à l'autre. On se référait à la morphologie du maître-d'œuvre pour les déterminer. Chaque mesure était inscrite sur une réglette et tous les ouvriers du chantier utilisaient la même. En revanche, les proportions entre les mesures étaient identiques (ex. : 1 pied = 12 pouces).

Le château comtal et les remparts de la Cité *(plan D3-4) : 1, rue Viollet-le-Duc. ☎ 04-68-11-70-70. • remparts-carcassonne.fr • (barbacane et cour d'honneur seulement, avec aide). Tlj 10h-18h30 (9h30-17h sept-mars) ; dernière admission 45 mn avt la fermeture en saison. Fermé certains j. fériés. La* ***visite libre*** *(45 mn ; 9,50 € ; réduc ; gratuit moins de 26 ans) donne accès au château et aux remparts. La* ***visite découverte*** *(1h45 ; 13 € ; 7-18 ans 7 €) comprend – en plus – une visite guidée pédagogique du château, impec' en famille. La* ***visite conférence*** *(1h30 ; 17 € ; 7-18 ans 6 €) est menée par un guide conférencier qui détaille l'intérieur du château ; visite libre sur les remparts comprise. Résa en ligne très conseillée en été. Audioguide sur l'appli mobile « Pays Cathare, Le Guide » ; et parcours enfant avec l'appli « Castrum, Le Jeu ».* Initié vers 1130 par les Trencavel, puis transformé au XIIIe s, cet édifice de 80 m de long sur 40 m de large est une véritable « forteresse dans la forteresse ». Ce ***château*** était donc l'épicentre du dispositif de défense de la Cité, verrouillant la vallée de l'Aude et surveillant les alentours. Et il en vit de belles, ce château comtal : la mort de Raymond-Roger Trencavel (jeune protecteur des cathares) dans ses cachots, le statut de QG pour l'impitoyable Simon de Montfort après la victoire des croisés, possession des rois de France, prison et caserne aux XIXe s-XXe s, QG des nazis pendant la Seconde Guerre mondiale, et désormais monument national !

On y pénètre par une cour semi-circulaire – ***la barbacane*** –, dernier système de défense avant d'accéder au château par un pont de pierre chevauchant un fossé sec. Plusieurs fois remaniée par ses occupants successifs, la redoutable forteresse demeure un formidable témoignage de l'architecture militaire médiévale. On en explore ***l'enceinte intérieure,*** les ***tours royales,*** les ***cours d'honneur et du Midi,*** les ***2 corps de bâtiment*** (salles de l'époque féodale et d'autres moins anciennes), avant de gambader sur une partie des ***remparts.*** Seule, la *Visite Conférence* permet d'admirer les ***peintures du donjon,*** dit salle ronde bien qu'elle soit carrée ! Retrouvées en 1926 sous la chaux, elles datent de la fin du XIIe s et illustrent une scène de guerre entre chrétiens et sarrasins, peut-être la chanson de Roland...

Les 2 visites guidées donnent l'accès au ***musée,*** en fait un dépôt lapidaire présentant une rétrospective de l'histoire de la Cité à travers des vestiges mis au jour *in situ* ou dans le département. Antiquité (bornes milliaires du IIIe s, sarcophage du Ve s) ; Moyen Âge (pierres tombales, chapiteaux, stèles, sarcophage mérovingien, fontaine en marbre blanc, peintures romanes dans la salle du Donjon, gisant du XIIIe s, etc.) ; époque « moderne » (étonnante Vierge au sourire du XIVe s, petits bas-reliefs en albâtre du XVe s, original de la statue de Dame Carcas du XVIe s – emblème de la ville – dont une copie se trouve devant la porte Narbonnaise...).

La basilique Saint-Nazaire-et-Saint-Celse *(plan D4)* **:** *pl. Saint-Nazaire. ☎ 04-68-25-27-65. Avr-oct : lun-sam 9h-20h ; dim 9h-10h45, 12h30-20h. Nov-mars : lun-sam 9h-17h30 (18h30 mars) ; dim 9h-10h45, 12h30-17h30 (18h30 mars).*

L'église primitive aurait été bâtie ici au VIe s, sous la domination des Wisigoths. Mais ce n'est qu'au Xe s que le siège épiscopal – anciennement dans les faubourgs – fut transféré ici. Elle demeura cathédrale jusqu'en 1803, le siège épiscopal retournant dans la Ville basse à l'église Saint-Michel. L'édifice se compose d'une nef romane, le chœur et le transept étant gothiques. L'ensemble est surprenant et absolument superbe, les 2 styles se complétant de manière harmonieuse. Les vitraux des rosaces datent des XIIIe-XIVe s, ceux du chœur et du transept de la fin du XIIIe s (les plus bleutés) et du XVIe s (avec les grands personnages). Ils sont à juste titre considérés comme ***les plus beaux vitraux du Midi.*** Chaque heure du jour a ses atouts pour les admirer. Le soleil illumine le matin la ***rosace nord*** et sa Vierge en majesté centrale, embrasant les violets. Et on s'aperçoit que cette rosace compose une roue du temps qui tourne inexorablement... La ***rosace sud,*** elle, se pare de mille feux au couchant et là, la roue devient éternelle. La légèreté du ***chœur*** tranche avec la masse imposante de la ***nef.*** Colonnes délicates, piliers ténus et ces fenêtres remplaçant les murs font que l'on se demande comment l'ensemble peut tenir ! Les piliers sont ornés de statues taillées à même la colonne. La cathédrale abrite de superbes mobiliers et décors : les ***fonts baptismaux*** du XIIe s, sous les ***orgues*** du XVIIe s (parmi les plus anciens du Midi), une somptueuse ***chaire*** Empire dans la gauche de la nef, un ***gisant d'albâtre*** dans le chœur, une saisissante ***pietà polychrome*** du XVIe s dans le transept gauche, une ***Trinité*** du XIVe s et un ***curieux bas-relief usé*** représentant le siège de Toulouse mené par Amaury de Monfort dans le transept droit. Là, remarquez aussi cette ***cloche de bronze*** du XVIe s, qui pèse plus d'une tonne...

La porte d'Aude *(plan D4)* **:** *à droite du château (belle vue sur celui-ci).* On vous recommande d'accéder à la Cité par cette porte au moins une fois au cours de votre séjour : parcours très pittoresque dans la verdure, passant par le pont Vieux, la rue Barbacane et la petite église Saint-Gimer, construite par Viollet-le-Duc au XIXe s. Enfin, superbe point de vue sur les remparts.

Le musée de l'École *(plan D4)* **:** *3, rue du Plô. ☎ 04-68-25-95-14. Tlj 10h-18h (17h janv-fév et nov). Entrée : 4 € ; réduc ; gratuit moins de 12 ans.*

À l'intérieur de l'ancienne école communale qui fonctionna du début XXe s à 1993, les salles de classe sont reconstituées avec leur vieux mobilier en bois, poêle de chauffage, affiches pédagogiques thématiques, vitrines renfermant une foule de curiosité, documents jaunis... Aussi la possibilité de s'essayer à l'écriture à la plume avec de l'encre violette !

La bastide Saint-Louis (Ville basse)

La « ville nouvelle » date du... XIIIe s et a été créée par Saint Louis sur le modèle des bastides, comme Aigues-Mortes, après que les forces royales aient détruit les faubourgs de la Cité et chassé les habitants qui avaient soutenu Raymond-Roger-Trencavel dans sa tentative de reprendre la ville... Beaucoup moins visitée que la Cité, elle possède un certain cachet, avec son plan à damier, ses nombreux bâtiments anciens, rénovés pour certains, ses hôtels particuliers des XVIe et XIXe s toujours occupés... *Visites guidées ; infos à l'office de tourisme.*

– ***L'Atelier du livre*** *(plan D3)* **:** *103, rue Trivalle. ☎ 04-68-26-88-90. 📱 06-38-68-49-42. • atelierdulivre.net • Juil-août et vac scol de la Toussaint, tlj 10h30-13h, 14h-18h30. Atelier sur résa 3-7 €/pers ; ½ journée et journée création 40-60 €.* L'Atelier du livre propose des initiations aux techniques traditionnelles du papier, de l'imprimerie, de la gravure et du papier marbré. Visite libre de l'atelier (bibliothèques, matériel de typographie, etc.). Boutique.

👍👍 ***Le pont Vieux*** *(plan C3)* **:** construit au XIVe s pour remplacer un pont encore plus ancien, il fut l'unique moyen de traverser l'Aude, à cet endroit, jusqu'au XIXe s. Reliant la Ville basse à la Cité, il constitua pendant longtemps une frontière symbolique plus qu'un moyen de communication. Aujourd'hui, il demeure en service pour les seuls piétons et cyclistes. Long de 210 m, sur 8 arches en plein cintre. Vraiment superbe le soir grâce aux éclairages !

👍👍 ***La place Carnot*** *(plan B2)* **:** l'endroit le plus vivant de la ville, avec ses platanes, sa fontaine Neptune en marbre de Caunes du XVIIIe s, ses terrasses de cafés et son marché *(mar, jeu et sam 7h-13h).* À ne pas manquer le samedi matin quand les producteurs des environs y descendent.

👍 ***La cathédrale Saint-Michel*** *(plan B2)* **:** *52, rue Voltaire. Tlj sauf lun 10h-12h, 15h-18h (17h sam oct-mai).* Construite au XIIIe s, elle supplanta celle de la Cité au début du XIXe s. De style gothique languedocien, elle fut restaurée par Viollet-le-Duc au XIXe s. À voir : vitrail du chœur du XIVe s, statue polychrome de la même époque, 3 sculptures en marbre de Carrare du XVIIIe s.

👍 ***L'église Saint-Vincent*** *(plan B1)* **:** *79, rue du Docteur-Albert-Tomey. Tlj sauf lun 14h30 (14h sam)-19h (18h sam).* On la repère grâce à son haut clocher carré (54 m), qui servit au début du XIXe s à mesurer le méridien de Paris. Dans le carillon, 47 cloches. Nef aux belles dimensions de style gothique. Depuis le sommet du clocher *(accès de fin-juin à août, tlj sauf lun 14h30-18h30 ; tarif 2 €),* vue imprenable sur la Ville basse et la Cité.

👍 ***La chapelle des Carmes*** *(plan B1)* **:** *62, rue Georges-Clemenceau. • sauvons-leglise-des-carmes.com • Tlj sauf dim mat et lun, 9h-12h, 14h-18h (16h30-19h30 dim).* L'ordre des Carmes – qui fut fondé au XIIe s à la suite des croisades – tire son nom du mont Carmel en Israël. Ses disciples s'établirent ici au XIIIe s avec l'autorisation de Saint Louis. Vendue à la Révolution, l'église, qui fut rachetée par l'ordre avant d'être transformée en maison de jeunes et en cinéma, a retrouvé sa vocation 1ère avec l'installation de l'évêché en 1981. Une atmosphère de sérénité et de bien-être habite l'endroit, actuellement en restauration. Une ambiance plus qu'une œuvre d'art.

👍 ***Le musée des Beaux-Arts*** *(plan C2)* **:** *15, bd Camille-Pelletan. ☎ 04-68-77-73-70. ♿ 15 juin-15 sept, tlj sauf j. fériés, 10h-18h ; hors saison, tlj sauf dim-lun, 10h-12h, 14h-18h (ouv 1er dim du mois 14h30-17h30). GRATUIT.* Dans l'ancien présidial de la sénéchaussée de Carcassonne, collection remarquable de peintures et de céramiques du XVIIe s à nos jours, des écoles françaises et hollandaises principalement : *Ferme en bord de mer* de ***Van Goyen,*** *Paysage avec personnages* de ***Brueghel le Jeune,*** *La Table d'office* de ***Chardin, Hyacinthe Rigaud,*** ou encore le *Choc de cavalerie* du local ***Jacques Gamelin.*** Joli *Portrait de Mme Astre* par le pointilliste ***Achille Laugé,*** et plusieurs portraits de ***Charles Jalabert,*** régional de l'étape. Dans la salle VI, on s'arrête sur *Les Chérifas,* longue et suave composition orientalisante de ***Benjamin Constant*** et sur *Boule-de-Suif* de ***Paul-Émile Boutigny,*** peint d'après le roman de Maupassant. Sans oublier *Les Rochers d'Ornans ou les Rochers de Mouthiers* de ***Courbet,*** un *Paysage* de ***Corot,*** le *Bal de Saint-Cloud* de ***Poussin*** et une « étude » de ***Ingres.*** Expos temporaires gratuites.

La Maison des mémoires - Centre Joë Bousquet et son temps *(plan B2) :* *53, rue de Verdun. ☎ 04-68-72-45-55. Mar-sam 10h-13h, 14h-18h. GRATUIT.* C'est en 1924 que le poète Joë Bousquet s'installe dans cette maison du XVIIIe s, dont les 2 patios font communiquer les différentes parties des lieux, qui avaient à l'origine des vocations différentes (commerce, habitation...). Il y restera jusqu'à sa mort, en 1950, reclus dans une chambre aux volets clos conservée en l'état, et qu'on peut voir depuis le seuil : sanctuaire un peu sinistre, avec, posée sur le guéridon, une pipe à opium. Joë y recourait pour calmer ses douleurs. L'homme, grièvement blessé pendant la Grande Guerre, était paralysé des membres inférieurs ; il se consacra alors au monde de l'esprit, développant une œuvre saluée par les plus grands : Gide, Valéry, Aragon, Jean Paulhan, Max Ernst et d'autres, qui lui rendirent visite, ici même. Autour de la chambre, expo consacrée à l'homme et à son œuvre. Aussi des expos temporaires.

Manifestations

- ***Festival de Carcassonne :*** *juil.* • *festivaldecarcassonne.fr* • Danse, opéra, théâtre, concerts, cirque. Une centaine de spectacles, payants et gratuits.
- ***Son et lumière estival :*** *juil-août, dans la Cité, le soir.* • *remparts-carcassonne.fr* • Visite nocturne du château comtal, bercée par un son et lumière dont la thématique artistique change chaque année.
- ***14 Juillet :*** bal populaire place Carnot et, surtout, surtout, embrasement de la Cité à 22h30 !
- ***La Feria de Carcassonne :*** *4 j. fin août.* Animations, *bandas,* bodegas, concerts gratuits.
- ***La Magie de Noël :*** *3 sem en déc.* Animations et plein d'attractions, marché de Noël.

ENTRE CANAL DU MIDI ET MINERVOIS

• Carte *p. 636-637*

BALADES SUR ET AUTOUR DU CANAL

Construit au XVIIe s et aujourd'hui inscrit au Patrimoine mondial de l'Unesco, le canal du Midi – long de 240 km – paresse dans une magnifique succession de ponts, de ports fluviaux, d'écluses, etc. Bref, de vénérables ouvrages d'art le plus souvent bordés de verdure, de champs agricoles et de quelques étonnantes voûtes de platanes, au détour de bourgs charmants. Sillonnant le département d'ouest en est sur près de 120 km, le tronçon audois du canal du Midi demeure très agréable ! Entre Castelnaudary et Carcassonne, pas moins de 25 écluses s'enchaînent. Ce qui pourrait décourager certains. En revanche, à partir de Carcassonne, on peut descendre et remonter le fil de l'eau vers Trèbes, Le Somail, avant, pourquoi pas, une incursion vers Narbonne ou Béziers, voire Agde... Évidemment, la vitesse de croisière des ***bateaux*** sur le canal varie de 6 à 8 km/h, un peu plus que le pas d'un homme. Le voyage promet donc d'être délicieusement reposant et parfait pour observer la faune locale (ragondins et rats musqués nichant dans les berges, brèmes qui font des ronds dans l'eau et quelques débonnaires échassiers), même si ça bouchonne souvent aux écluses ! Car les croisières individuelles drainent un véritable engouement ces dernières années... Mais le bateau n'est pas la seule façon de suivre ce ruban d'eau. Les petites routes locales permettent souvent aux ***voitures*** de s'y coller. Alors que les plats chemins de halage, demeurent le paradis d'une foule de ***randonneurs*** (compter 15-20 km/j.) et de ***cyclistes*** (30-40 km/j.).

LE CANAL DU MIDI DE TRÈBES À POILHES

TRÈBES (11800 ; 5 600 hab.)

D'origine romaine, ce village fortifié s'impose, au Moyen Âge, comme un poste avancé de Carcassonne. Belle ***église Saint-Étienne*** des XIIe-XIIIe s, intéressante pour ses 320 corbeaux en bois peint *(visites guidées en saison avec l'office de tourisme ; 10 €).* L'Aude, l'Orbiel et le canal du Midi traversent le village ; on les franchit par des ouvrages d'art remarquables, notamment le ***pont de la Rode,*** élégante arche franchissant le canal, et l'étonnant ***pont-aqueduc de l'Orbiel,*** construit par Vauban en 1686.

Cette portion – entre Carcassonne et Marseillette – se révèle vraiment majestueuse. L'eau devient d'un vert profond, la végétation prend de l'ampleur et le chemin de halage, des allures d'« allées du roi » !

Adresses utiles

Office de tourisme Grand Carcassonne – Antenne Canal du Midi : *12, av. Pierre-Curie. ☎ 04-68-78-89-50. • grand-carcassonne-tourisme.fr • Avr-oct, tlj sauf dim (tlj en mai et juil-sept) 9h30-13h, 14h-18h (17h30 juin, 18h30 juil-sept) ; 1er-15 nov et de mi-mars à fin mars, lun-ven jusqu'à 17h ; fermé mi-nov à mi-mars.* Visites guidées du village, itinéraires de petites randos, infos vignobles et producteurs d'huile d'olive...

Location de bateaux : chez ***Le Boat,*** *port de plaisance ; ☎ 04-68-78-73-75 ou 04-11-92-06-24 (résa) ; • leboat.fr •.* Base de départ/arrivée des bateaux de croisière individuelle de cette compagnie.

Location de vélos : chez ***Locavelo*** *(3, rue Plo-d'Orbiel ; 06-88-06-54-26 ; • locavelo.fr •). Loc 18 €/j.*

Marché : *dim mat, sur le port.*

Où manger ?

Le Moulin de Trèbes : *2, rue du Moulin. ☎ 04-68-78-97-57. • contact@lemoulindetrebes.com • Fermé dim soir-lun. Formules déj en sem 23-25 € ; soir et w-e, carte 30-50 €.* Le must, c'est bien sûr sa situation – dans la verdure au bord du canal – avec la terrasse ombragée pour profiter de l'animation sur l'écluse et une jolie salle aux murs blancs agrémentée de quelques tableaux contemporains. Cuisine de saison simple, moderne et pleine de saveurs, qui s'appuie sur les circuits courts.

MARSEILLETTE (11800 ; 710 hab.)

Gentil bourg endormi, les pieds dans le canal. Jolie vue sur la campagne depuis les ***terrasses de l'église.*** Étonnante ***tour du Télégraphe Chappe*** sur le haut du bourg fortifié. ***Excursion possible à vélo*** vers Peyriac-Minervois et surtout Rieux-Minervois : remparts, églises romanes, abbaye et caves au programme !

Où dormir ? Où manger dans le coin ?

Chambres d'hôtes La Belle Minervoise : *6, rue du Château, 11800* ***Saint-Frichoux.*** *☎ 04-68-78-23-65. 06-17-84-40-65. • marcombe@club-internet.fr • chambredhotecarcassonne.com • À 7 km au nord de Marseillette. Doubles 69 €. Table d'hôtes 25 € sur résa.* Au cœur du village, plaisante maison du XIXᵉ s, dans laquelle Sophie et Jean-Claude accueillent leurs hôtes avec beaucoup d'attention. Dans les étages, plusieurs chambres – dont des familiales – aménagées sur un thème évoquant le patrimoine du Languedoc (canal du Midi, Gruissan...). Certaines avec belle vue sur les vignes et les Pyrénées, au loin. Agréable terrasse et jardinet pour laisser filer le temps. Jean-Claude, ancien pâtissier, vous régalera de ses bons petits plats. Spa à dispo.

Chambres d'hôtes Château de Puichéric : *2, rue de l'Eglise, 11700* **Puichéric.** *☎ 04-68-75-40-95. 06-02-33-74-29. • contact@chateaudepuicheric.fr • chateaudepuicheric.fr • À 7 km à l'est de Marseillette. Doubles 90-110 € ; réduc dès 2ᵉ nuit. Table d'hôtes 15-25 € sur résa.* Ancré sur le point haut de ce vieux bourg paisible – lui aussi bordé par le canal du Midi – ce pittoresque château du XIIIᵉ s révèle plusieurs chambres doubles et familiales de bon confort, toutes meublées d'ancien et dotées de papiers peints à fleur, de fresques murales, de vieilles poutres... Le grand charme de l'ancien ! Cuisine à dispo, bibliothèque et charmant jardin avec vue panoramique sur les environs. Accueil sympa.

Chez Modeste : *3, pl. du Marché, 11700* **Puichéric.** *☎ 09-74-56-80-54. À 7 km à l'est de Marseillette. Tlj sauf lun, à midi, plus ven-sam soir. Résa conseillée. Formules déj en sem 13,50-16 € ; menus soir et j. fériés 18-22 € ; carte 25-40 €.* Tenu par le boucher du village et en prise directe sur sa boutique, ce petit resto de campagne mitonne une cuisine de terroir simple, gourmande et familiale, servie à prix copains. Gentille terrasse et service souriant.

HOMPS *(11200 ; 590 hab.)*

Encore un village traversé par cette belle « route liquide » qu'est le canal du Midi. Qu'on soit en bateau, à pied, à vélo ou en voiture, il est toujours plaisant de s'amarrer ici pour la nuit. C'est une agréable étape au pied de la ***tour*** et à 2 pas du ***lac de Jouarres*** (baignade et club nautique).

Adresse utile

Location de bateaux : chez **Le Boat** *(port Minervois ; ☎ 04-68-91-24-00 ou résa 04-11-92-06-24 ; • leboat.fr •).* Aussi chez **Les Canalous** *(port Minervois ; ☎ 03-85-53-76-74 ; • canalous-plaisance.fr •).* Bases de départ/arrivée des bateaux de croisière individuelle de ces 2 compagnies.

Où dormir ? Où manger à Homps et dans les environs ?

B & B La Maison des Palmiers : *4, quai des Négociants, à* **Homps.** *☎ 04-68-32-57-92. • lamaisondespalmiers@gmail.com • maisonpalmiers.com • Doubles 75-95 €.* Juste au bord du canal, belle maison de 1860 précédée d'un gentil jardin planté de quelques palmiers, dans une végétation méditerranéenne clairsemée mais fleurie. Intérieurs feutrés et cosy pour une atmosphère – *so british* – dépaysante ! Au choix, plusieurs charmantes chambres de bon confort, dotées de papiers peints vintage et de meubles anciens cirés. Accueil affable, avec l'accent !

En Bonne Compagnie : *6, quai des Négociants, à* **Homps.** *☎ 04-68-91-23-16. • info@in-good-company.com • Ouv de mi-avr à oct. Tlj sauf lun, sam midi et dim soir. Congés : nov-avr. Formule déj en sem 17,50 € ; menus 26,50-45 € ; carte 30-40 €. Apéritif offert sur présentation de ce guide.* Craig a su conquérir le palais des *frenchies !* Il a travaillé dans de grands restaurants londoniens et à bord du paquebot *Queen Elizabeth II* avant de jeter l'ancre dans cette jolie maison sur le canal. Au menu, cuisine des plus originale, variant au fil des saisons et des produits du marché. Son dessert fétiche est le soufflé à la banane avec vodka au caramel... pour le reste, surprise ! Mezzanine avec vue et belle terrasse ombragée au fil de l'eau.

La Guinguette d'Argens : *rue de la Fontaine-Fraîche, 11200* ***Argens-Minervois.*** *☎ 04-68-41-51-96.* *• laguinguettedargens@gmail.com • À 5 km au sud-est de Homps. Ouv tlj de mi-avr à mi-oct. Formule déj 14 € ; menus 20-36 € ; carte 25-40 €.* Une vraie petite guinguette sous les frondaisons, au bord du canal. Dans l'assiette, cuisine simple, fraîche et savoureuse, aux accents régionaux. Concert les soirs d'été en fin de semaine. Ambiance assurée !

À voir, au fil du canal du Midi

De ***Homps*** à ***Roubia*** (10 km) se succèdent sans doute les plus belles écluses du canal. Petites maisons pimpantes aux volets colorés, saules majestueux et un véritable feu d'artifice de fleurs... Là, il est souvent possible d'acheter fruits et légumes du jardin en saison ! On peut s'amarrer pour la nuit à ***Argens*** pour profiter du village perché et de son vieux château. Les écluses se raréfient au-delà, alors que le paysage se déroule entre les méandres ; échappées belles sur les vignes et les garrigues en prime. Puis le joli village de ***Paraza*** surplombe le canal de son château du XVIIe s qui fut la résidence de Pierre-Paul de Riquet, le constructeur du canal du Midi. Aujourd'hui, il s'agit d'un domaine viticole dont les vins ont été plusieurs fois primés (*• chateau-de-paraza.com •*)... Juste après, à mi-chemin entre Paraza et ***Ventenac,*** le pont-aqueduc de Repudre, très étroit, fut le 1er pont-canal d'Europe construit par Riquet en 1676.

À faire

Croisières du Midi : *35, quai des Tonneliers (à la capitainerie du port). ☎ 04-68-91-33-00. • croisieres-du-midi.com • Croisières de 2h tlj avr-oct. Tarif : 14 € ; réduc.* Gentille croisière à bord de la belle gabare traditionnelle *Saint-Ferreol.*

La Maison des Vins du Minervois : *35, quai des Tonneliers (à la capitainerie du port). ☎ 04-68-91-29-48. • maisondesvinsduminervois.com • Mai-sept, tlj sauf dim 9h (10h sam)-12h, 14h-19h ; oct-avr, lun-ven 9h-12h, 14h-18h.* Plus de 300 références de vins du Minervois, vendues à prix producteur, dans une reconstitution de boutique de négociant du XIXe s. L'occasion aussi de rencontrer les vignerons, qui viennent présenter leurs vins plusieurs fois par semaine.

Manifestation

– ***Taste en Minervois :*** *début sept. Entrée payante.* Grande fête célébrant les vins et les vignerons du minervois. Animations, concerts, dégustations, etc. Hic !

LE SOMAIL (11120 ; 550 hab.)

C'est un gros hameau admirablement situé sur le canal du Midi. Assurément notre coup de cœur entre Carcassonne et Narbonne ! Bateaux et vedettes fluviales glissent sur l'eau douce, passent sous l'arche du vieux pont patiné et curieusement surmonté d'une chapelle du XVIIe s ! Puis ils s'éloignent, grosses puces d'eau multicolores... Le Somail vit au rythme, lent et aquatique, du canal, depuis plus de 3 siècles. Rien n'a changé ou presque, sauf bien sûr le château d'eau moderne qui domine le pays !

Adresses utiles

***Office de tourisme Grand Narbonne – Antenne du Somail :** 168, allée de la Glacière. ☎ 04-68-41-55-70. • visit-lanarbonnaise.com • Juil-août tlj 9h-19h ; juin et sept, 9h-13h, 14h-18h ; avr-mai et oct, tlj sauf dim mat 9h-13h, 14h-18h ; le reste de l'année, lun-ven 10h-13h, 14h-17h.* Plan du bourg avec ses points d'intérêt, liste des hébergements chez l'habitant, infos balades (1-2h) en bateau sur le canal et route des vins, intéressante expo interactive sur le canal du Midi. Accueil adorable et compétent.

Location de vélos : chez ***Les Vélos du Somail*** *(205, rue de la Bergerie ; 06-03-62-93-01 ; • lesvelosdusomail.com • ; ouv d'avr à mi-nov). Loc. 20 €/j.*

Location de bateaux : chez ***Nicols*** *(allée de la Glacière ; ☎ 04-68-46-00-97 ou résa 02-41-56-46-56 ; • nicols.com •).* L'une des 2 bases de départ/arrivée des bateaux de croisière individuelle de cette compagnie.

***La Péniche épicière :** allée de la Glacière, au pied du pont. 06-69-53-67-18. Avr-oct, tlj 7h-20h.* Une épicerie flottante où se ravitailler (et se dépanner) en produits alimentaires et locaux. Le matin, petit déjeuner avec viennoiseries (mieux vaut réserver) à grignoter en terrasse sur la berge. Très sympa.

***Librairie ancienne – Le Trouve Tout du Livre :** 28, allée de la Glacière. ☎ 04-68-46-21-64. • le-trouve-tout-du-livre.fr • Tlj 9h-12h, 14h30-18h30 (9h-19h30 de mi-juil à mi-août). Fermé 2de quinzaine de nov.* C'est une librairie hors du commun, montée par un ancien bouquiniste de Paris tombé amoureux du Somail et reprise par sa fille. Du sol au plafond, s'étagent près de 70 000 ouvrages méticuleusement classés, dont certains sont très rares ; formidable !

Où dormir ? Où manger ?
Où boire un verre au Somail et dans les environs ?

De bon marché à prix moyens

***Chambres d'hôtes Au Jardin d'Amphora :** 26, av. du Languedoc, 11120 **Ginestas.** ☎ 04-68-41-22-42. 06-03-48-70-10. • aujardindamphora@gmail.com • aujardindamphora-ginestas.fr • À 3 km à l'ouest du Somail. Doubles 58-72 €.* Au cœur d'un paisible village minervois tout proche du canal du Midi, cette ancienne maison vigneronne en pierre apparente livre quelques chambres proprettes et bien équipées, sur une touche moderne. Mais l'autre atout des lieux se trouve à l'arrière : grand jardin-terrasse – agréable et cosy – avec son ancien lavoir pour faire trempette ! Petit déj copieux avec produits frais maison. Excellent rapport qualité-prix. Accueil adorable et pro.

***Le Comptoir Nature :** 1, chemin de Halage, au **Somail.** ☎ 04-68-46-01-61. • lecomptoirnature@hotmail.fr • comptoirnature.free.fr • Ouv tlj avr-nov. Résa conseillée. Formule déj 15 € sauf dim ; menus 19-36 € le soir ; carte 27-37 €. Café offert sur présentation de ce guide.* Ce café-resto étale son agréable terrasse ombragée au bord du canal, en contrebas du petit pont-église. En connexion sur le terroir local, sa délicieuse cuisine est simple et « nature » – sans sophistication ni esbroufe – pour mieux valoriser la saveur des produits bruts, toujours frais. L'assiette du pays et l'assiette « tout canard » sont des must. Impec' aussi pour boire un verre (jus de fruits bio, vins...) ou un café-pâtisserie à toute heure. En été, concerts de jazz mercredi soir et variétés à la guitare le vendredi. Pour ceux qui ont le temps, location de bateaux électriques à l'heure.

De prix moyens à chic

Chambres d'hôtes Aur Blan :** 135, rue de la Bergerie, au **Somail.

06-72-22-60-47. • aurblan.somail@gmail.com • aurblan.com • Doubles 70-80 € ; réduc dès 3e nuit. Cerné par la verdure, ce long bâtiment viticole aux pierres apparentes abrite désormais plusieurs chambres de bon confort, élégantes et sobres. Chacune de plain-pied et avec entrée indépendante. Mon tout à 2 pas du bourg et du canal. Coin piscine et tranquillité absolue. Accueil familial sympa.

Chambres d'hôtes Maison des Palmiers : *12, av. de l'Amiral Narbonne, 11120* ***Bize-Minervois.*** *☎ 04-68-46-89-23. 06-07-34-95-88. • maisondespalmiers@gmail.com • maisondespalmiers.com • À 6,5 km au nord-ouest du Somail par la D 607. Doubles 70-120 €.* Dans un autre village tranquille du Minervois, impossible de rater l'entrée pittoresque – flanquée de 2 gros palmiers – de cette maison de caractère de 1870 ! À dispo, plusieurs chambres confortables, rutilantes et cosy. Look délicieusement vintage : carrelages ciment, papiers peints à fleurs, boiseries... Le tout agrémenté de meubles anciens chinés, la grande passion des 2 gentils garçons *British* qui tiennent les lieux. Charmant jardin-terrasse avec piscinette pour musarder.

La Distillerie – Chez Barbé : *4, ZA La Distillerie, 11120* ***Saint-Marcel-sur-Aude.*** *☎ 04-68-45-97-52. • ladistillerie.barbe@orange.fr • À 3 km au sud-est du Somail par la D 607. Tlj sauf dim soir et lun. Résa conseillée. Formule déj 14,50 € en sem ; menu 26 € ; carte 25-40 €.* Ancien bâtiment industriel reconverti en resto, qui brille par ses succulentes viandes grillées à la braise. Une cuisine généreuse, sincère et vigilante sur ses ingrédients. Aussi quelques poissons et de délicieux fruits de mer *a la plancha*. À dévorer dans un cadre moderne néo-indus', avec terrasse aux beaux jours. Excellent rapport qualité-prix. La réputation de la maison n'est plus à faire et déplace la foule des Narbonnais !

Manifestations au Somail et dans les environs

- ***Artistes au Somail :*** *w-e de Pâques.* Expo d'art contemporain le long du canal et chez les habitants du Somail. Sympa !
- ***Festival Convivencia :*** *1 j. mi-juil, au* ***Somail.*** Musique du monde au fil du canal du Midi.
- ***Marché des Potiers :*** *15 août, à* ***Sallèles-d'Aude.*** Démonstration de tournage, atelier enfants, expo des producteurs locaux, honorant leur vieille tradition gallo-romaine !
- ***Fête de l'Olivier :*** *3e w-e de juil, à* ***Bize-Minervois.*** Marché des producteurs locaux « d'or vert » – autre vieille tradition du cru – dans une ambiance conviviale et festive.

À voir dans les environs

Amphoralis – Musée des Potiers gallo-romains : *allée des Potiers, 11590* ***Sallèles-d'Aude.*** *☎ 04-68-46-89-48. À 3 km à l'est du Somail. Tlj sauf lun 10h-12h30, 14h30-18h (oct-avr 10h-12h, 14h-17h). Entrée : 5 € (7 € avec visite commentée) ; billet jumelé avec le nouveau musée NarboVia et l'Horreum romain (ts 2 à Narbonne) : 12 € (14 € avec visites commentées sur chaque site) ; gratuit moins de 26 ans.* Le musée domine ce qui fut une véritable cité industrielle antique où l'on fabriqua – 3 siècles durant – amphores, tuiles, briques, vaisselle, etc. On y découvre bon nombre d'amphores, notamment les « Gauloises 4 » qui servirent au transport du vin tout autour de la Méditerranée... Dans le parc du musée, reconstitution de fours, d'un habitat et d'un jardin, aux côtés d'un arboretum. Nombreuses animations toute l'année dont certaines réservées aux enfants : atelier poterie, stage, conte, visites, démonstration de tournage gallo-romain...

Le château Cabezac : *23, hameau de Cabezac, 11120* ***Bize-Minervois.*** *☎ 04-68-46-23-05. • chateaucabezac.com • À 5,5 km au nord-ouest du Somail par la D 607. Tlj sauf dim. Dégustation au domaine. Visite guidée de la cave sur résa.* Un domaine viticole dont les vins sont régulièrement primés dans les concours agricoles internationaux. Animations autour du vin, avec aussi des ateliers pour... les enfants ! Hôtel-resto sur place.

UN VENT AUGUSTE

Le Cers est un vent qui chasse les nuages du Languedoc, lui assurant l'un des taux d'ensoleillement les plus élevés de France. L'empereur Auguste ne s'y trompa guère, en louant ce bénéfique Circius et en lui faisant ériger un temple sur la colline de Sallèles. Le temple a disparu, mais le Cers demeure...

La coopérative L'Oulibo : *4, hameau de Cabezac, 11120* ***Bize-Minervois.*** *☎ 04-68-41-88-84. • loulibo.com • À 5,5 km au nord-ouest du Somail par la D 607. Visite guidée tlj ; juin-sept, à 11h, 15h, 16h et 17h (plus 18h juil-août) ; oct-mai, à 10h30, 14h30 et 16h. Tarif : 6 € ; réduc. Boutique de produits régionaux tlj 8h (10h dim)-12h (12h30 avr-mai, 13h juin et sept), 14h-18h30 (19h juin-sept, 18h oct-mars, 20h en continu en été).* Visite guidée du moulin à huile de 1942 et de la coopérative, suivie d'une projection de 20 mn *L'Odyssée de l'olivier* et d'une dégustation. On peut y acheter notamment la « Lucques du Languedoc AOP », fameuse olive verte en forme de ballon de rugby !

ENTRE MINERVOIS, CABARDÈS ET MONTAGNE NOIRE

Au nord de Carcassonne commence le Cabardès, qui s'étend jusqu'au pied de la Montagne noire, début du Massif central et frontière naturelle entre l'Aude, le Tarn et l'Hérault. Un secteur très riche en sites naturels et villages typiques.

CAUNES-MINERVOIS

(11160) 1 650 hab. *Carte Aude, C1*

Caunes est un bourg fortifié dont les origines remontent au VIIIe s, lorsque l'abbé Anian y fonde une abbaye. Ce plaisant village tranquille possède encore quelques beaux vestiges ayant résisté au passage ravageur du duc de Joyeuse, chef de la Ligue du Languedoc, dont la très belle abbatiale Saint-Pierre-et-Saint-Paul, ainsi qu'un remarquable petit centre ancien. Bien campé

UNE CARRIÈRE DANS LES ARTS

Caunes-Minervois est connu depuis l'époque romaine pour ses carrières de marbre allant du rouge au vert. Une pierre prestigieuse employée, entre autres, au Grand Trianon de Versailles, au Louvres, à l'Opéra Garnier et au palais de Chaillot à Paris, au Capitole de Toulouse, dans la grande mosquée de Cordoue... Voilà une carrière qui a su faire son trou !

dans les plaines viticoles et quasi au pied de la Montagne noire, Caunes est planté sur le cours de l'Argent-Double, rivière qui doublerait les récoltes lorsqu'elle déborde !
En amont, ne manquez pas non plus le charmant village de Citou, capitale de l'oignon doux (et plat).

Adresse et info utiles

Office de tourisme Grand Carcassonne – Antenne Minervois : *3, ruelle du Monestier. ☎ 04-68-76-34-74. • grand-carcassonne-tourisme.fr • caunes-minervois.org • ♿ À côté de l'abbaye. Tlj (sauf dim en juin, sauf w-e nov-mars) 9h30-13h, 14h-18h (17h juin, 17h30 avr et oct, 16h30 nov-mars).* Visites guidées du village en été, infos randos...

➢ ***Balades vigneronnes en Grand Carcassonne :*** en été, les vignerons du fameux Minervois font découvrir leur domaine de manière originale, autour de balades à pied, dégustation, assiette-repas... *Infos à l'office de tourisme.*

L'AUDE, PAYS CATHARE

Où dormir ? Où manger ? Où boire un verre ?

Hôtel d'Alibert : *pl. de la Mairie. ☎ 04-68-78-00-54. • frederic.guiraud.dalibert@gmail.com • hotel-dalibert.com • ♿ Congés : janv-fév. Doubles 65-95 € ; petit déj 10 €. Apéritif maison offert sur présentation de ce guide.* Notre coup de cœur ! Situé au beau milieu des ruelles et des placettes anciennes, ce superbe hôtel particulier avec sa belle petite cour et son puits à baldaquin semble tout droit sorti du XVIe s ! Sur place, M. Guiraud veille depuis de longues années sur cette perle familiale avec amour et gentillesse. Une dizaine de chambres spacieuses et confortables – dont des familiales – récemment rénovées dans un style contemporain qui sublime le cachet originel de la demeure. Aussi plusieurs doubles « à l'ancienne », plus simples et moins chères.

La Cantine du Curé : *16, av. de l'Abbaye. 07-67-54-94-67. • lacantineducure@gmail.com • Ouv avr-déc ; juil-août, tlj sauf lun 12h-minuit (2h ven-sam) ; hors saison, ven-dim 11h (17h w-e)-2h ; plus mer-jeu 17h-2h en juin et seulement jeu en mai et sept-oct. Résa obligatoire. Tapas 6-7 €.* « Bois du vin, t'auras des copains ! » Tel est le brillant adage de ce bar à vin et tapas, déployé sur une grande terrasse verte, à l'ambiance fraternelle et rugissante. Ici, pas de vin de messe, mais de bons petits crus minervois bio, des bières artisanales et autres cocktails maison, qu'on accompagne de généreuses tapas classiques ou inspirées par le marché. Concerts en fin de semaine. On aime ! Hors saison, on bâche les côtés pour déguster – au chaud – de bons petits plats du jour, baignés dans la tradition.

À voir

L'abbatiale Saint-Pierre-et-Saint-Paul : *pl. de l'Église. ☎ 04-68-78-09-44. • caunes-minervois.org • Juil-août, tlj 10h-19h ; hors saison, tlj 10h-12h, 14h-18h (17h nov-fév). Dernière entrée 30 mn avt. Fermé en janv. Entrée : 6 € ; réduc. Visites guidées en juil-août à 11h, 15h, 17h. Audioguide sur l'appli mobile « Pays Cathare, Le Guide » ; et parcours enfant avec l'appli « Castrum, Le Jeu ».* La visite commence par l'austère ***cloître*** mauriste (XVIIIe s), contemporain des bâtiments conventuels. Là, un petit escalier permet d'accéder aux ***vestiges du pavement*** en « calade » (galets posés de chant) de l'ancien ***cloître roman*** (XIIe s). ***L'église*** abrite les reliques des martyrs de Caunes (Armand, Luce, Audalde et Alexandre). Chœur du XIe s avec de faux joints rouges (trompe-l'œil imitant la construction en pierre de taille), transept du XIIe s, le reste court du XIVe au XVIIIe s. Après avoir admiré le superbe maître-autel ciselé en marbre de Caunes et de Carrare (fin XVIIIe s), on accède aux vestiges de la 1re église du VIIIe s, dans la ***crypte.*** À l'extérieur, superbe ensemble du XIIe s avec son ***chevet*** à chapiteaux sculptés de volutes et de palmettes, le ***clocher*** et la ***tour du Trésor*** qui abritait le chartrier des moines (la chambre forte contenant les chartes et titres de propriété). Un bel ensemble qui ravira les amoureux d'art roman. ***Expos consacrées à la bande dessinée chaque été,*** en partenariat avec les musées de la B.D. de Bruxelles et d'ailleurs (B.D. en vente à la boutique de l'abbaye).

La chapelle Notre-Dame-du-Cros : *à 2 km au nord-est de Caunes. Tlj 10h-18h.* Assez perdue dans un site charmant, cette chapelle dédiée à la Vierge a été construite près d'une source miraculeuse et demeure ainsi l'un des lieux de pèlerinage les plus importants du Minervois. À l'intérieur, grand décor de chœur et marbres polychromes (XVIIe et XVIIIe s).

Les carrières de marbre rouge :
– ***Carrière du Roy*** *(désaffectée) : accès fléché depuis le nord du bourg, à 4 km en voiture, puis 20 mn de marche env. Ne pas confondre avec celles à gauche du sentier, toujours exploitées.* Déjà connue des Romains, cette carrière a embelli – sous Louis XIV – le château de Versailles et le palais du Louvre... D'où son nom qui rend hommage au Roi-Soleil.
– ***Carrières de Villerambert*** *(encore en exploitation) : 06-80-96-22-26. • visitecarriere.fr • À 4 km à l'ouest de Caunes par la D 620. Visite guidée (1h) juin-sept tlj à 16h30 ; en mai, mer à 16h30 (venir 15 mn avt). Résa obligatoire. Tarif : 10 € ; gratuit moins de 12 ans ; casque et gilet compris, mais chaussures de marche nécessaires.* Découverte du gisement de marbre rouge, des méthodes de forage, de sciage...

Fête et manifestations

– ***La Semaine des marbres :*** *1 sem début juin. • lesmarbrieresdecaunes.jimdo.com •* Visite des carrières, démonstrations, sculptures d'art et expos thématiques, concert.
– ***Jazz au caveau :*** *1 fois/mois – hors été – dans le caveau de l'abbaye. ☎ 04-68-76-34-74 (office de tourisme).* Concerts payants.

DANS LES ENVIRONS DE CAUNES-MINERVOIS

– ***Les Bains de Minerve :*** *5, chemin de Sainte-Marie, 11160* ***Peyriac-Minervois.*** *☎ 04-68-24-67-89. • piscine-carcassonne.fr • À 6 km au sud-est de Caunes-Minervois. Vac scol, lun-sam 10h-20h (22h jeu), dim 9h30-19h ; le reste de l'année, horaires réduits, se renseigner. Tarifs : 6,20 € ; 5 € 3-11 ans.* Espace aquatique avec bassin extérieur en été, hammam et sauna.

RIEUX-MINERVOIS (11315 ; 1 990 hab.)

Outre le château, quelques belles maisons anciennes, un pont franchissant l'Argent-Double qui mène à la chapelle Notre-Dame-du-Bout-du-Pont (Rieux vient de *rivus,* « rivière » en latin). Mais on vient, on court, on vole ici pour la sublime ***église Sainte-Marie !***

L'AUDE, PAYS CATHARE

Adresse utile

Office de tourisme : *5, rue Saint-Blaise. ☎ 04-68-78-13-98. • rieuxminervois.fr • Dans le presbytère. Mar-sam 9h30-12h30, 14h-18h.* Organise des visites guidées payantes de l'église. Petite boutique de produits et artisanat locaux.

À voir

L'église Sainte-Marie : *mêmes adresse et horaires que l'office de tourisme. Fermé dim-lun, hors offices.* Cette église heptagonale du XIIe s est un curieux joyau de l'art roman renommé pour son plan insolite, unique dans tout le Languedoc, voire au-delà ! L'église renferme un sanctuaire couvert d'un dôme à 7 pans qui culmine à 18 mètres. Le chiffre 7, directeur du plan, ne se trouve dans aucune autre construction ronde d'église. On a voulu y voir le rappel de la phrase du *Livre des proverbes* : « La Sagesse a bâti sa maison, elle a taillé ses 7 colonnes. » Romane par la construction, son ornementation est byzantine. Sur les murs du déambulatoire, 14 chapiteaux magnifiques d'influence corinthienne représentant une mémorable Assomption, la Vierge en gloire soutenue par des anges, etc. Le célèbre sculpteur maître de Cabestany a sévi ici. Mise au tombeau polychrome de l'école bourguignonne (XVe s). Une statue de saint Jacques (XVIe s) rappelle que Rieux se trouve sur l'un des chemins vers Saint-Jacques-de-Compostelle. On en sort tout *estabousi* !

L'AUDE, PAYS CATHARE

LES GORGES DE LA CLAMOUX ET LA MONTAGNE NOIRE

Carte Aude, B-C1

La Clamoux dévale de la Montagne noire en passant par des gorges – jolies faute d'être spectaculaires – que longe la D 112. Au-delà de Cabrespine culmine le pic de Nore (1 210 m), sommet de la Montagne noire.

VILLENEUVE-MINERVOIS (11160 ; 1 020 hab.)

Où dormir ? Où manger ? Où boire un verre à Villeneuve-Minervois et dans les environs ?

La Table du Pareur : *14, av. de la Clamoux, à* ***Villeneuve-Minervois.*** *☎ 04-68-10-01-16. • contact@demeure-pareur.com • demeure-pareur.com • Tlj sauf dim soir et lun-mar. Formules déj en sem 14,50-18 € ; menus 28-36 €. Doubles 85-95 €.* Un sympathique restaurant aux robustes murs en pierre qui navigue avec aisance entre tradition et modernité, tant au niveau du cadre que de la carte. Cuisine d'inspiration régionale, plaisante et appliquée, le tout à des prix vraiment sages. Agréable terrasse entre plantes vertes et vieilles pierres. Une table bienvenue entre 2 escapades. Et dans cette grande maison bicentenaire, aussi quelques belles et spacieuses chambres d'hôtes – dont des familiales – de style moderne ou plus classique.

Caput Spina : *rue des Six-Ponts, 11160* ***Cabrespine.*** *06-15-97-20-71. • caputspina@yahoo.com • À 6 km au nord de Villeneuve-Minervois par la D 112. En été, tlj sauf lun, à midi, plus* *ven-sam soir ; horaires restreints hors saison (se renseigner). Carte 25-35 €.* Au cœur cet autre beau village paisible du Minervois et à quelques minutes du fameux gouffre de Cabrespine, c'est un charmant patio noyé dans la verdure, bien au frais. Juste quelques entrées, plats et desserts du jour, inscrits sur un authentique tableau d'école, pour une cuisine originale à la fois ancrée dans le terroir et ouverte sur le monde. Le tout accompagné de bons petits crus locaux. Café-concert certains soirs. Accueil gentil.

À voir à Villeneuve et dans les environs

Le moulin Benazeth : *le Moulin. ☎ 04-68-26-57-56. • moulin-benazeth.fr • À 1,5 km au nord-ouest de Villeneuve-Minervois. Juil-août, tlj 10h-18h30 (w-e 13h30-18h) ; avr-juin et sept, tlj 14h-17h (17h30 mai-juin). Visite guidée (45 mn) : 9 € ; réduc ; gratuit moins de 6 ans.* Pour voir fonctionner un authentique moulin à vent construit en 1819 et toujours en activité. Farine produite en vente à la boutique. Le proprio, aussi récoltant, produit un vin qu'il fait vieillir dans le gouffre de Cabrespine !

La Maison de la truffe d'Occitanie : *32, av. du Jeu-du-Mail. ☎ 04-68-72-35-47. • maisondelatruffedoccitanie.com • Attenant à la mairie de Villeneuve-Minervois. Avr-oct, tlj 10h-12h30 (13h juil-août), 14h-18h30 ; nov-mars, tlj sauf dim 10h-12h, 14h-18h. Dernière admission 30 mn avt. Entrée : 6,50 € ; réduc ; gratuit moins de 7 ans. Audioguide compris.* Musée pour tout savoir sur la *Tuber melanosporum.* Noter que c'est à Villeneuve-Minervois qu'est née la 1re (et la seule !) confrérie languedocienne dédiée au « diamant noir ». Boutique. Démonstration possible de récolte de truffe *(sur résa, déc-mars).*

Le gouffre géant de Cabrespine : *la Cresto. ☎ 04-68-26-14-22. • gouffre-de-cabrespine.com • À 6 km au nord de Villeneuve-Minervois par la D 112. Fév-mars et nov-déc, tlj 14h-17h30 (16h30 dernier départ) ; avr-juin et sept-oct, tlj 10h-12h30, 14h-18h30 ; juil-août, tlj 10h-19h. Visites env ttes les 30 mn en saison (hors saison, se renseigner). Ne pas oublier sa petite laine, il fait 14 °C à l'année ! Entrée : 11,60 € ; 9,90 € 13-17 ans ; 6,90 € 5-12 ans ; réduc. Parcours Accro-Grotte (3h ; à partir de 12 ans) : 37 €, sur résa. Navigation sur la rivière souterraine (3h ; à partir de 10 ans) : 48 €, sur résa.* Vraiment géant, ce gouffre extra-large et profond de 250 m : la tour Eiffel y tiendrait presque ! C'est d'ailleurs la plus grande salle d'Europe ouverte au public. La taille des cristaux est également prodigieuse, et le spectacle son et lumière, très impressionnant. Sensation forte assurée depuis le balcon de verre suspendu dans le vide (près de 200 m de vide sous vos pieds, quand même !). Vous y trouverez tout ce que le milieu souterrain offre de plus prestigieux : disques, excentriques, aragonites, draperies, colonnes, cascades... Le gouffre géant de Cabrespine se découvre aussi en empruntant l'***Accro-Grotte,*** un parcours acrobatique exceptionnel agrémenté de ponts de singe, tyroliennes... Et tout au fond de la grotte serpente une ***rivière souterraine*** appelée «rivière secrète », qui s'explore en canoë avec un guide. Bref, un ensemble karstique exceptionnellement riche, qui pourrait être classé prochainement au Patrimoine mondial de l'Unesco...

Le pic de Nore : ça vaut la peine de pousser jusqu'au pic de Nore (1 211 m), sommet de la Montagne noire. En voiture par la D 87 ou à pied (environ 3h) depuis la mairie de ***Pradelles-Cabardès.*** Mont pelé où se dresse la tour d'un relais hertzien, on y jouit d'un panorama formidable (table d'orientation) sur les Corbières jusqu'au Canigó. Extra ! C'est aussi un haut lieu du cyclisme, en témoigne une plaque où sont gravés les noms de plusieurs vedettes du cyclisme...

Manifestations

– ***Marchés aux truffes :*** *déc-fév.* Une fois par mois, un marché aux truffes et produits du terroir donne lieu à des conférences, ateliers cuisine, repas gastronomiques (seulement en février, pour la Nuit de la truffe)...
– ***Les Mardis de Villeneuve :*** *mar soir en juil-août.* Repas avec découverte des crus d'un viticulteur et animation musicale.

LE HAUT CABARDÈS

Carte Aude, B1

Jolies petites routes pour rejoindre les 4 châteaux de Lastours, Limousis ou le charmant village de *Mas-Cabardès*...

Adresse et info utiles

Office de tourisme intercommunal de la Montagne noire : *19, pl. de la Mairie, 11310* ***Saissac.*** *☎ 04-68-76-64-90. • tourisme-montagnenoire.com • Juil-août, tlj sauf lun 9h30-13h, 13h45-18h ; mai-juin, tlj sauf dim ; sept-avr, lun-ven. Aussi un* ***bureau annexe*** *à* ***Lastours,*** *4, Moulin-Bas ; juil-août, tlj sauf dim.* Topoguides des 17 boucles de randonnée pédestre ou à vélo (téléchargeables en ligne), dont certaines facilement accessibles en famille, liste des artisans, créateurs et petits producteurs... En été, organise de facile rando accompagnée tous les mardi matin.

■ **Marchés :** *jeu mat (tte l'année) et dim mat (juil-août) à* ***Saissac*** *; dim mat (mai-sept) à* ***Fontiers-Cabardès.***

Où dormir ? Où manger dans le haut Cabardès ?

Campings

Camping Le Moulin de Sainte-Anne : *2, chemin de Sainte-Anne, 11600* ***Villegly-en-Minervois.*** *☎ 04-68-72-20-80. • contact@moulindesainteanne.com • moulindesainteanne.com • Ouv avr-oct. Forfait tente 19-32 € ; bungalows et chalets.* Ce camping offre des emplacements ombragés bien délimités, une piscine chauffée avec jacuzzi, une aire de jeux pour enfants, terrains multisports... L'ambiance est familiale. Dynamique, l'équipe du camping organise des randos et des dégustations de vin.

Camping Le Belvédère : *10, route du Belvédère, 11600* ***Lastours.*** *☎ 04-68-77-81-12. 06-18-94-41-27. • campingdelastours@orange.fr • campingdelastours.fr • Ouv avr-sept. Forfait tente 12-18 € ; mobile homes.* Campé sur sa crête juste au sud de l'entrée des châteaux, un petit camping éthique (recyclage des déchets, gestion de l'eau...) et respectueux de l'environnement. Emplacements herbeux sous les chênes bénéficiant d'une vue panoramique imprenable sur les châteaux. Snack-buvette, dépôt de pain, aire de jeux pour enfants, boulodrome et sauna.

De prix moyens à chic

Chambres d'hôtes Domaine de Malouziès : *2, rue du Bois, 11390* ***Fontiers-Cabardès.*** *☎ 04-68-26-59-53. 06-71-10-49-82. • contact@malouzies.com • malouzies.com • À 300 m du village. Doubles 65-80 € ; gîtes (4-10 pers) 380-1 950 €/sem. Table d'hôtes 30 €.* Dans une grande propriété où on ne se marche pas sur les pieds, c'est une maison en pierre du XVIIIe s où se côtoie mobilier rustique et néorustique. En été, les chambres du bas, dont la baie vitrée ouvre sur le grand jardin, sont agréables car moins exposées à la chaleur que celles perchées dans le pigeonnier. L'une des chambres familiales possède même un passage secret... Environnement propice à la détente et piscine pour se mettre les orteils en éventail. Spa, sauna et fitness payants.

Le Puits du Trésor : *21, route des Quatre-Châteaux, 11600* ***Lastours.*** *☎ 04-68-77-50-24. • contact@lepuitsdutresor.com • Tlj sauf lun-mar, plus dim soir hors saison. Congés : de mi-fév à mi-mars. Côté bistrot, plats du jour 12-15 €. Côté resto, menus 52-149 €.* Les 160 âmes du village se sont trouvé un chef et pas n'importe lequel ! Passé chez des toqués de grand renom, l'étoilé Jean-Marc Boyer a dressé ses nappes dans cette ancienne usine textile, au bord de l'Orbiel et à l'entrée des célèbres châteaux cathares. Soucieux de n'oublier personne, il a coupé sa cuisine en 2. D'un côté le bistrot, ***Le Diable au Thym,*** avec sa terrasse sur la rivière et son intéressant menu du marché ; de l'autre, le grand jeu de la haute gastronomie, avec quelques tables en salle où le vrai trésor est incontestablement dans l'assiette. Service pro et avenant.

Auberge Sire de Cabaret : *11380* ***Roquefère.*** *☎ 04-68-26-31-89. • siredecabaret@wanadoo.fr • Tlj sauf mer (dim soir-mer hors saison). Menus 20-35 €.* Au pied de l'église, une magnifique maison dans un joli village perdu au milieu de la Montagne noire et du Cabardès. Quelques tables dans le jardin aux beaux jours. La salle en pierre et bois, avec son imposante cheminée – pour les grillades – annonce tout de suite la couleur. Alors, sans trop hésiter, on s'assoit et on commande une assiette de charcuterie, un petit plat simple, genre côte de porc du pays cathare... C'est copieux, bon et sympa. Bref, une bonne table de campagne !

À voir dans le haut Cabardès

Les châteaux de Lastours : *22, route des Quatre-Châteaux, 11600* ***Lastours.*** *☎ 04-68-77-56-02. • chateauxdelastours.fr • Avr-oct, tlj 9h (10h sept-oct)-18h (20h juil-août, 17h oct) ; fév-mars et nov-déc, seulement w-e et vac scol 10h-17h. Congés : janv hors vac scol. Entrée : 8 € ; 5 € 16-25 ans ; 3,50 € 6-15 ans ; gratuit moins de 6 ans. Audioguide sur l'appli mobile « Pays Cathare, Le Guide » ; et parcours enfant avec l'appli « Castrum, Le Jeu ». Compter 15-20 mn d'ascension (chaussures de marche recommandées) et env 2h de visite.* La visite du site s'effectue depuis une usine de textile reconvertie en centre d'accueil et où l'on peut voir une exposition archéologique. Le long de la rampe d'accès qui mène aux 4 châteaux (120 m de dénivelée, quand même !), panneaux sur la géologie, la faune et la flore. On passe d'un château à l'autre – Quertinheux, Cabaret, tour Régine et Surdespine – en longeant la ligne de crête. Les ruines se détachent magiquement sur le fond sombre de la Montagne noire ! Ce fut là, l'une des forteresses les plus audacieuses du catharisme. Les assiégés se rendirent en 1229. Au pied du château de Cabaret, jolis vestiges du village médiéval. D'ici, prenez donc le sentier aménagé qui contourne l'éperon pour faire le tour de la colline des châteaux et découvrir la nature préservée...

Le belvédère de Montfermier : *route du Belvédère, 11600* ***Lastours.*** *À 1,5 km à l'ouest de Lastours. Mêmes horaires que les châteaux. Accès : 3 € ; gratuit moins de 15 ans.* Un site sublime, qui permet d'embrasser d'un coup d'œil les 4 châteaux dans une perspective hallucinante, mais on ne peut plus touristique !

Les grottes de Limousis : *51, chemin de la Grotte, 11600* ***Limousis.*** *☎ 04-68-76-63-96. • grottes-de-limousis.com • Ouv tlj de début-fév au 11 nov. Juil-août, visite guidée tte les 30 mn 10h-18h (dernier départ) ; avr-juin et sept-oct, tte les heures 10h30-11h30 (plus 12h30 juin et sept), 14h30-17h30 ; fév et* *nov, 14h30-16h30. Petite laine de rigueur, même en été ! Entrée : 10,90 € ; 9,20 € 13-18 ans ; 6,90 € 5-12 ans ; gratuit moins de 5 ans.* Cette grotte accueillait un ancien affluent souterrain de Cabrespine. Surprenants cristaux très colorés dans les tons ocre et rouge. Dans la dernière des 8 salles, extraordinaire lustre d'aragonite, tout à fait unique. Bel aménagement et spectacle son et lumière. Depuis le village de Limousis, les courageux pourront aussi s'offrir une jolie tranche de balade – facile, même avec des enfants – sur un sentier balisé (boucle de 3,5 km ; durée 1h50 environ ; balisage jaune et bleu).

La cascade de Cubserviès : *11380* ***Roquefère.*** Cubserviès est un hameau accroché à la pente, avec la belle chapelle romane Saint-Sernin (X^e s). Superbe vue sur la cascade, qui mesure 90 m et dont 35 m sont visibles. Elle mérite le détour...

Fête et manifestations

– ***Festirando :*** *w-e de Pentecôte. ☎ 04-68-76-64-90 (office de tourisme).* Randos accompagnées de tous niveaux pour découvrir la Montagne noire à pied, à vélo et à cheval ; marché et dégustation de produits locaux en prime.
– ***Festival Guitares à travers chants :*** *fin juil-début août. • guitares-a-travers-chants.fr •* Concerts dans différents villages de la Montagne noire.
– ***Festival Jazz sous les châtaigniers :*** *1er w-e d'août, à* ***Roquefère.*** *• jazz-roquefere.com •*
– ***Fête des Châtaignes, du Vin primeur et de l'Agneau du pays cathare :*** *fin oct-début nov, à* ***Villardonnel.***
– ***Balades fraîcheur :*** *juil-août, ts les mar à 9h, à* ***Saissac.*** *Info et résa : ☎ 04-68-76-64-90 (office de tourisme).* Rando pédestre accompagnée de 11 km (3h30) le long de la rigole de la Montagne (alimentant le canal du Midi) et dans les sous-bois de la forêt de la Rouge.

MONTOLIEU (11170) 850 hab. *Carte Aude, B1*

Le village, bâti tel un amphithéâtre – accroché au flanc rocailleux de 2 ravins – surplombe les impressionnantes gorges de l'Alzeau et de la Dure. À l'origine de Montolieu, la fondation de l'abbaye bénédictine de Saint-Jean-de-Mallast en 800. Pillé et détruit à de nombreuses reprises, le village fut reconstruit par Roger de Trencavel, vicomte de Carcassonne, qui l'entoura de fortifications... Une habitude ! Au XIIIe s, la ville s'appelait poétiquement *Mount a Ouliou,* le mont des Oliviers. Au XVIIe s, Colbert y établit une manufacture royale de draps qui fit la prospérité du village jusqu'au début du XXe s. Depuis 1990, « Montolieu-en-Cabardès » est devenu l'un des 8 « villages du livre » que compte l'Hexagone. Libraires (une petite vingtaine), bouquinistes, éditeurs, artistes et galeries d'art se sont installés ici sous l'impulsion de Michel Braibant, relieur à Carcassonne. Le tout dans une ambiance un poil intello-bobo...

Adresses utiles

Office de tourisme Grand Carcassonne – Antenne Cabardès : *1, pl. Jean-Guéhenno. ☎ 04-68-24-80-80. • grand-carcassonne-tourisme.fr • ♿ Avr-oct, tlj sauf dim (tlj juil-août) 9h30-13h, 14h-18h (17h30 juin, 18h30 juil-sept) ; nov-mars, lun-ven jusqu'à 17h.* Infos sur le village et les alentours, visites guidées théâtralisées et chasse au trésor en été...

L'AUDE, PAYS CATHARE

Location de VTT : *chez **VTT 11** (8, chemin du Camp-Naout, 11310 **Saint-Denis** ; 06-03-48-87-64. • vtt11.com •). Loc. 23 €/j.* Livraison possible à votre hébergement, moyennant supplément.

Où dormir ? Où manger ?

Camping

Camping La Porte d'Autan : *rue Boris-Vian, 11310 **Saissac.** ☎ 04-68-76-36-08. • laportedautan@yahoo.fr • laportedautan.fr • Ouv avr-début oct. Forfait tente 16-29 € ; mobile homes.* Un plaisant petit camping écoresponsable, au bord d'une zone pavillonnaire tranquille, avec des emplacements délimités par des haies et ombragés pour beaucoup ; certains bénéficiant même d'une belle vue sur la plaine du Lauraguais et la chaîne des Pyrénées. Snack-bar, épicerie, jeux pour enfants et grande piscine, sans oublier les 2 poneys qui font la joie des petits.

De prix moyens à chic

Les Anges au Plafond : *5, rue de la Mairie. ☎ 04-68-24-97-19. • info@lesangesauplafond.com • lesangesauplafond.com • Resto ouv le midi tlj sauf mar-mer, plus le soir jeu-dim. Doubles 65-75 €. Formule déj en sem 20 € ; menus 25 € ; carte 25-35 €.* Cet ancien bistrot de village – à la déco années 1930 – s'impose comme une bonne adresse, où l'on vient se ressourcer entre 2 bouquins. Plusieurs chambres d'hôtes accueillantes, raffinées et gaies à l'étage. Côté resto, monsieur en cuisine vous fait monter au plafond ! Une belle maîtrise des saveurs d'ici et d'ailleurs. Quant à madame, elle a l'accent britannique... d'un ange. Ciel, que c'est bon ! Fait aussi salon de thé et organise des diners-concerts de temps en temps.

Chambres d'hôtes Château de Villeneuve : *☎ 04-68-24-45-76. 07-72-36-62-10. • info@chateauvilleneuve.com • chateauvilleneuve.com • À 2 km au nord de Montolieu par la D 629. Doubles 90-105 €. Table d'hôtes sur résa 25 €.* Cette maison de maître a un sacré cachet, une terrasse ombragée par un bouquet de glycine ainsi qu'un grand jardin avec piscine. Les chambres sont spacieuses, colorées, décorées autour de différents thèmes (médiéval, coquelicot...) et peuvent accueillir des familles. Les repas sont concoctés avec des produits frais du terroir local.

Où dormir dans les environs ?

Camping

Camping Le Martinet Rouge : *2, chemin du Lac-des-Rochers, 11390 **Brousses-et-Villaret.** ☎ 04-68-26-51-98. 06-19-34-41-60. • info@camping-martinet.com • camping-martinet.fr • À 6 km au nord-est de Montolieu. Ouv d'avr à mi-oct. Forfait tente 15-26 € ; gîtes, mobile homes, chalets et lodges safari.* Un camping champêtre bien équipé. Les emplacements pour les tentes – un peu en hauteur vers les rochers – sont vraiment extra et bien ombragés. Snack-bar, épicerie, aire de jeux pour enfants, terrains multisports, piscine avec toboggan, ping-pong, billard...

Prix moyens

Chambres d'hôtes de l'Abbaye de Villelongue : *7-9, hameau de Villelongue, 11170 **Saint-Martin-le-Vieil.** ☎ 04-68-76-92-58. 06-61-44-36-24. • m-eloffe@hotmail.fr • abbaye-de-villelongue.com • À 4 km à l'ouest de Montolieu par la D 64. Fermé à Noël. Doubles à 75 € au lieu de 81 € sur présentation de ce guide ; 2 nuits min en été.* Quelques chambres occupent l'ancien dortoir des moines, charmantes, meublées d'ancien et donnant

L'AUDE, PAYS CATHARE

sur le cloître ; l'une d'elles dispose même une fenêtre avec vue sur la nef de l'église ! On ne peut rêver mieux pour un week-end tranquille : plein de recoins où installer sa chaise longue, dans le cloître recouvert de glycine, dans le malicieux jardin de *Jean le Bleu* peuplé de courges et d'épouvantails, vers la bambouseraie ou à l'étage du pigeonnier ! Pour la visite de l'abbaye, le délicieux maître des lieux vous fera le chapitre.

De chic à plus chic

Chambres d'hôtes La Rougeanne : *8, allée du Parc, 11170* ***Moussoulens.*** *☎ 04-68-24-46-30. • info@larougeanne.com • larougeanne.com • À 3 km au sud de Montolieu par la D 629. Congés : de mi-nov à mars. Doubles 110-130 € ; 2 nuits min en été.* De vraies chambres pleines de charme et de vie tout à la fois, dont des familiales, installées dans une ancienne maison vigneronne. Calme et fraîcheur aux heures chaudes, piscine et parc face à la maison, et les Pyrénées au loin. Des teintes douces et apaisantes, des meubles de famille, des livres ; bref, tout incite à se poser pour un temps, avant d'aller visiter le Cabardès, que les proprios connaissent bien. Un accueil exquis.

Où boire un verre ? Où sortir ?

L'Apostrophe Bar : *12, rue des Pyrénées. • contact@apostrophe-hotel.fr • apostrophe-montolieu.com • Tlj en été ; seulement w-e hors saison.* Un bel espace que cette manufacture réhabilitée mais restée ce qu'il faut en friche. Un cadre propice à la dégustation de vins régionaux et d'ailleurs. Aussi des cocktails à siroter entre salons, bar et patio, accompagnés de quelques tapas. Un lieu chaleureux à toute heure, où se déroulent souvent des soirées autour des arts, de la musique et de la danse (jazz, salsa, tango...).

À voir. À faire

Le musée des Arts et Métiers du livre : *39, rue de la Mairie. ☎ 04-68-24-80-04. • montolieu-livre.fr • ♿ (rdc seulement). À côté de l'office de tourisme. Tlj 14h (15h w-e et j. fériés)-18h (17h de mi-nov à mars). Entrée : 5 € ; réduc ; gratuit moins de 6 ans.* Un petit musée qui évoque l'histoire de l'écriture depuis la nuit des temps, ainsi que les arts et métiers du livre (typographie, calligraphie, reliure, imprimerie, etc.). Expos temporaires à l'étage et ateliers.

La Coopérative – Musée Cérès Franco : *5, route d'Alzonne. ☎ 04-68-76-12-54. • collectionceresfranco.com • ♿ (partiel). Ouv avr-oct, tlj sauf lun 10h-13h, 14h30-18h. Entrée : 7 € ; réduc. Visite guidée sur résa : 10 € ; réduc. Des rencontres sont organisées 1 fois/mois.* Installées dans le gros bâtiment épuré d'une ancienne coopérative viticole des années 1930, voici d'étonnantes et formidables peintures et sculptures, issues de la collection d'art privée de Cérès Franco, brésilienne née en 1926 et qui fut critique d'art, commissaire d'expo et galeriste à Paris, avant de tomber amoureuse du Sud-Ouest ! Par amour pour l'art contemporain, elle achète, dès les années 1960, des milliers d'œuvres d'artistes internationaux – essentiellement des Sud-Américains inconnus et autodidactes – pour les aider à gagner leur place sur la scène artistique... Et pour partager – de son vivant – sa passion, Cérès a fait dont en 2020 de l'essentiel de sa collection à des institutions publiques. Ainsi, quelques 1 700 œuvres de 350 artistes sont-elles désormais conservées dans ce lieu qui lui est dédié, exposées par roulement et par thèmes. Bref, foncez voir ce haut lieu de l'art contemporain dans l'Aude, époustouflant de richesse et de variété !

La cactuseraie d'Escaïre Figue : *803, route de Carcassonne (D 629). ☎ 04-68-24-86-59. • cactuseraie.net • Lun-mar sur rdv ; mer-ven 14h-19h ; w-e et j. fériés 9h-19h (en hiver, du lever au coucher du soleil). Entrée : 4 € ; gratuit moins de 13 ans.* Un lieu et un maître des lieux hauts en couleur, pour tout savoir sur le cactus. Plus de 1 000 variétés, gare où vous mettez les doigts ! Foire aux cactus le 3e week-end de juin. Vente sur place.

Manifestations

- ***Expositions et ateliers pédagogiques autour du livre :*** *tte l'année. • montolieu-livre.fr •*
- ***Salon du livre ancien et d'occasion :*** *w-e de Pâques.*
- ***Journées mondiales de l'Art :*** *mi-avr.* Les artistes ouvrent leurs ateliers au public.
- ***Festival Pages de jazz :*** *fin juil. • pagesdejazz.com •*
- ***Aude aux arts :*** *début août.* Art contemporain dans les rues.
- ***Festival de la BD :*** *fin oct-début nov. • bdmontolieu.montolivres.fr •*

DANS LES ENVIRONS DE MONTOLIEU

L'abbaye de Villelongue : *7-9, hameau de Villelongue, 11170* ***Saint-Martin-le-Vieil.*** *06-61-44-36-24. • abbaye-de-villelongue.com • À 4 km à l'ouest de Montolieu par la D 64. Juil-août, tlj 14h-18h30 ; avr-juin et sept, w-e 14h-16h (18h30 dim). Fermé le reste de l'année. Dernière admission 30 mn avt. Entrée : 6 € ; 1 € 6-16 ans ; gratuit moins de 6 ans. Audioguide sur l'appli mobile « Pays Cathare, Le Guide » ; et parcours enfant avec l'appli « Castrum, Le Jeu ».* Comme la plupart des abbayes cisterciennes, celle de Villelongue sait se faire discrète, ceinte d'un mur et bâtie en contrebas du chemin pour s'extraire du monde. Datant des XIIe-XIVe s pour l'essentiel, elle demeure magnifiquement conservée, délaissant même la robe de bure pour une robe de chambre... d'hôtes (voir plus haut « Où dormir ? Où manger dans les environs ? ») ! Belle galerie de ***cloître*** (dont une partie serait, paraît-il, conservée dans la réserve des fameux *Cloisters,* annexe du prestigieux *MET* de New York !). ***Église*** largement en ruine, impressionnante par ses dimensions, et le fait qu'elle soit à ciel ouvert contribue à son charme. Celle-ci compte de nombreux détails d'ornementation sur ses culots et chapiteaux, dont les sculptures représentatives du gothique méridional languedocien rompent avec la rigueur habituelle des abbayes cisterciennes. En particulier les décorations humaines et animales, rares chez cet ordre. Régulièrement y sont organisés des concerts et des lectures.

Le Moulin à papier : *11390* ***Brousses-et-Villaret.*** *☎ 04-68-26-67-43. • moulinapapier.com • À 8 km au nord-est de Montolieu. Visite guidée (1h) tlj sur résa (horaires variables, se renseigner). Tarif : 8,50 € ; 5 € 5-12 ans. Atelier papier 12 €. Animations nocturnes 8,50 € ; 5 € 5-12 ans.* Le dernier survivant des moulins à papier du XVIIIe s (en 1845, le village en comptait une dizaine en activité) rappelle qu'autrefois le versant sud de la Montagne noire faisait partie des grands centres de production papetière du Languedoc. Depuis 7 générations (1870), celui-ci appartient à la même famille. Accès par un joli petit sentier botanique surplombant la rivière. En fin de visite, on fabrique une feuille de papier. Manifestations culturelles en été.

Le musée de la Chevalerie : *1, rue Marcelin-Horus, 11170* ***Villesèquelande.*** *☎ 04-68-71-48-89. 06-62-95-66-43. • musee-chevalerie.fr • À 12 km au sud de Montolieu. Tlj sauf dim mat et lun 10h-12h, 14h (15h dim)-19h. Congés : janv. Entrée : 6 € ; réduc ; gratuit moins de 7 ans. On conseille vivement la visite* *guidée (1h30) : 2 €. Fête médiévale avec banquet, début sept.* Gilles Alessandri s'est pris de passion pour le monde chevaleresque du Moyen Âge et redonne vie aux armes, costumes, armures et objets qui composent sa collection, à travers moult démonstrations. Les enfants peuvent se costumer et ils adorent ça !

SAISSAC (11310 ; 930 hab.)

Village très pittoresque de la Montagne noire, Saissac a conservé d'importants vestiges de ses fortifications féodales : plusieurs tours, une porte à mâchicoulis et, en contrebas du village, les impressionnantes ruines du château fort !

Le château de Saissac : *rue Bertrand-de-Saissac. ☎ 04-68-24-46-01. • saissac.fr • Juil-août, tlj 9h-20h ; avr-juin et sept-oct, tlj 10h-18h (17h oct) ; le reste de l'année, w-e et vac scol 10h-17h. Fermé en janv. Entrée : 5 € ; 3 € 6-15 ans ; gratuit moins de 6 ans. Audioguide sur l'appli mobile « Pays Cathare, Le Guide » ; et parcours enfant avec l'appli « Castrum, Le Jeu ».* Perché sur un éperon rocheux, le château de Saissac demeure l'un des plus vastes du Languedoc. Il apparaît en contrebas, comme suspendu à la proue du village ! Reconstruit après la croisade contre les cathares (donjon et courtines de la fin du XIIIe s), il fut modifié au XVIe s par la famille Bernuy, puis au moment des guerres de Religion, avec l'ajout de nombreuses canonnières. Un corps de logis datant du XVIe s a été restauré avec sa charpente « en carène de bateau retournée », ses dallages de granit et ses fenêtres à meneaux. Et puis 2 salles accueillent une exposition sur le trésor de Saissac (2 000 deniers du XIIIe s retrouvés en 1979 !). Du château, remarquable vue panoramique avec la chaîne des Pyrénées. Un sentier permet aussi de faire le tour extérieur des remparts.

LE PAYS LAURAGAIS

À l'ouest de la Montagne noire, par-delà le Cabardès, le Lauragais déroule sa plaine fertile jusqu'au col de Naurouze. Sa vocation agricole remonte à l'Antiquité. Au XVIe s, la culture du pastel assura la fortune de la région. Aujourd'hui, l'opulente campagne autour de Castelnaudary fait son blé dans les céréales et le maïs, tandis que la culture maraîchère approvisionne les marchés en asperges, tomates et melons.
Cette région fut aussi le berceau historique du catharisme, et si saint Dominique choisit de se fixer à Fanjeaux, c'était pour ramener les brebis égarées dans le droit chemin...

CASTELNAUDARY (11400) 11 600 hab. *Carte Aude, A1*

• Plan *p. 189*

Capitale du Lauragais, Castelnaudary dominait autrefois une vallée plantée de moulins à vent, que Don Quichotte n'aurait pas reniée. Désormais, la vie de ce vieux bourg paisible tourne autour de la double image « rugby-cassoulet ». Les vestiges d'une époque où Catherine de Médicis avait élevé la ville au rang de sénéchaussée sont encore présents. De beaux atours qui se reflètent dans le grand port-bassin (7 ha !) du canal du Midi, ouvert sur 4 écluses. Très animée le lundi à l'occasion de son grand marché, cette vieille cité aux allures

méridionales demeure une étape incontournable le long du canal. Et à 13 km à l'ouest de Castelnaudary se trouve le seuil de Naurouze – le point le plus haut du canal du Midi – souligné par un obélisque dédié à Pierre-Paul Riquet, son créateur. C'est ici qu'est acheminée l'eau alimentant le canal depuis la Montagne noire par la rigole de la Plaine. Là se situe aussi la ligne de partage des eaux entre la mer Méditerranée et l'océan Atlantique...

LA CAPITALE DU CASSOULET

Capitale, « mondiale » même, ajoutent les Chauriens (habitants de Castelnaudary), avec un zeste de chauvinisme ! Les gastronomes reconnaissent Castelnaudary comme le père du cassoulet (né ici au XVe s), Carcassonne en étant le Fils et Toulouse le Saint-Esprit ! Ici, la tradition est stricte. La *cassole* (grand bol qui a donné son nom au plat) doit être en argile d'excellente qualité. Et les ingrédients doivent forcément provenir de la région. Le plat s'oublie auprès du four de boulanger, avec des ajoncs de la Montagne noire, pour une cuisson douce et longue, les haricots cuisant dans l'eau de la ville... non mais ! Côté haricot, on préfère le lingot qui sait rester ferme. Côté viande, la composition diffère entre les voisins rivaux : confit de canard ou d'oie, saucisses de Castelnaudary (de Toulouse à la rigueur), couennes, jarret de porc. Et avec tout ça, à quand l'invention du cassoulet light ?!

LE MARIAGE, C'EST PAS LA FIN DES HARICOTS

Tout récemment importés d'Amérique du Sud, les haricots lingots valaient de l'or au XVIe s. Alexandre de Médicis en offrit d'ailleurs un sac comme cadeau de mariage à sa sœur Catherine, qui épousait le futur roi de France Henri II. L'histoire ne dit pas si le jeune couple a placé ses lingots en Andorre...

Adresses et info utiles

Office de tourisme (plan A1) : *pl. de la République.* ☎ *04-68-23-05-73.* ● *castelnaudary-tourisme.com* ● *Juil-sept, tlj 9h30-13h, 14h-18h30 ; mars-juin et oct, tlj sauf sam ap-m et dim 9h30-12h (9h-13h sam), 14h-18h (17h mars et oct) ; nov-fév, tlj sauf w-e 9h30-12h, 14h-17h.* Visites guidées payantes sur résa tout l'année, infos sur la « route du cassoulet de Castelnaudary » permettant de rencontrer les producteurs de haricots, éleveurs, viticulteurs, conserveurs et autres potiers qui réalisent les *cassoles.* À l'extérieur, écran tactile délivrant 24h/24 des infos sur les animations, services, hébergements... Accueil charmant et compétent.

Gare SNCF *(hors plan par A3) : av. de la Gare.* ● *sncf.com/fr* ● Castelnaudary se trouve sur la ligne ***Toulouse – Montpellier,*** via **Carcassonne** et **Narbonne.** *Nombreux trains tlj.*

Arrêt des bus *(hors plan par A3) : av. de la Gare, face à la gare SNCF.* ● *lio.laregion.fr/transports-aude-regulier* ● Liaisons quotidiennes avec ***Toulouse*** *(1h40 ; ligne 413),* et ***Revel*** *(35 mn, via* ***Peyrens*** et ***La Pomarède ;*** *ligne 414)* assurées par la compagnie ***Teste*** (● *autocars-teste.com* ● *) ; avec* ***Carcassonne*** *(45 mn ; ligne 403, sauf w-e)* et ***Limoux*** *(1h10, via* ***Fanjeaux ;*** *ligne 411, sauf dim)* opérées par la compagnie ***Vidal*** (● *autocarsvidal.fr* ●).

Location de vélos : chez ***Vélos Séverac,*** *seuil de Naurouze, 11320* ***Montferrand.*** *06-88-28-64-44.* ● *location-velo-canal-du-midi.com* ● *À 12 km à l'ouest de Castelnaudary et à 200 m du canal du Midi. Avr-oct, tlj. Loc. 14 €/j.*

Promenade sur le canal à bord du Saint-Roch *(plan A2-3,* ***1****) : 20, quai du Port.* *06-62-03-49-40.* ● *saintroch11.com* ● *Tlj avr-oct. Résa conseillée en été. Croisière (1-2h, avec ou sans franchissement de l'écluse) : 8-13 € ; réduc.* Loue

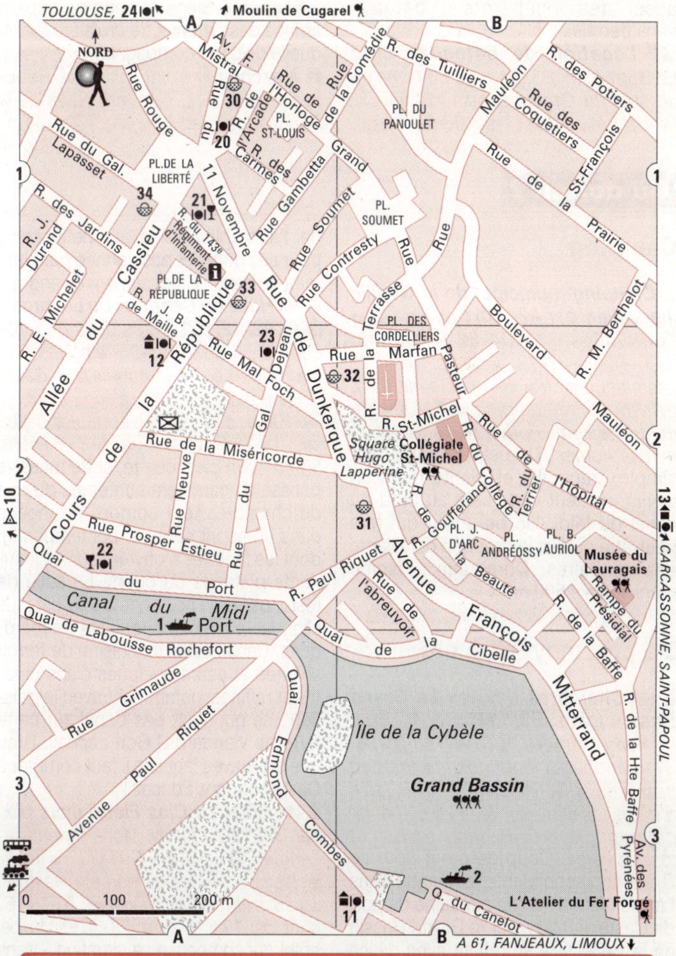

CASTELNAUDARY

■ **Adresses utiles**

- Office de tourisme (A1)
- **1** Départs du bateau *Saint-Roch* (A2-3)
- **2** Le Boat (B3)

Où dormir ?

- **10** Camping municipal de la Giraille (hors plan par A2)
- **11** Chambres d'hôtes Le Grand Bassin (B3)
- **12** Hôtel du Centre et du Lauragais (A2)
- **13** Hôtel Le Clos Fleuri (hors plan par B2)

Où manger ? Où boire un verre ?

- **12** Hôtel du Centre et du Lauragais (A2)
- **20** Au Petit Gazouillis (A1)
- **21** O'Bistro (A1)
- **22** Cave du Canal (A2)
- **23** Chez David (A2)
- **24** Le Moulin Vert (hors plan par A1)

Où acheter de bons produits ?

- **30** Pâtisserie Belloc (A1)
- **31** Maison Escudier (B2)
- **32** Maison Escourrou (A-B2)
- **33** La Ferme du Pays d'Oc (A1)
- **34** Chez Christophe (A1)

aussi des « gabarots », bateaux sans permis.

Location de bateaux : chez **Le Boat** *(plan B3,* ***2****), quai du Canelot, au sud du Grand Bassin. ☎ 04-68-94-52-94 ou 04-11-92-06-24 (résa).* • *leboat.fr* • Siège et base de départ/arrivée des bateaux de croisière individuelle de cette compagnie.

■ ***Marché :*** *lun mat, pl. de la République (plan A1) ; sam mat cours de la République (plan A1-2).*

Où dormir ?

Camping

Camping municipal de la Giraille *(hors plan par A2,* ***10****) : chemin des Fontanilles. ☎ 04-68-94-11-28. 06-16-94-37-78.* • *camping@ville-castelnaudary.fr* • *ville-castelnaudary.fr/fr/tourisme/camping* • *Ouv de mi-juin à août. Forfait tente 13,20 € ; mobile homes.* Un petit camping tout simple, tranquille et planté dans un environnement vert, juste au bord du canal du Midi. Un bel atout qui fera peut-être oublier la propreté défaillante des sanitaires. Dommage ! Piscine municipale à 500 m.

De prix moyens à chic

Chambres d'hôtes Le Grand Bassin *(plan B3,* ***11****) : 301, quai Edmond-Combes. 07-67-95-35-88.* • *legrandbassin@outlook.fr* • *legrandbassin.net* • *Doubles 75-95 €. Table d'hôtes locavore sur résa 25 € ; panier pique-nique 8 €. Parking gratuit et local à vélos.* Coup de cœur pour ce *B & B* écoresponsable, aménagé dans l'ancienne maison du capitaine du port de Castelnaudary, sur le Grand Bassin où la vieille ville se reflète avec délice au soleil couchant. Plusieurs chambres spacieuses, bien équipées (ventilo...) et dont la sobre déco met en valeur les vénérables parquets, les pierres apparentes, les vieilles poutres... Aussi des familiales. Le tout admirablement tenu par l'adorable Sophie, aux petits soins pour ses hôtes et passionnée par l'histoire du canal. C'est sûr, on reviendra !

Hôtel du Centre et du Lauragais *(plan A2,* ***12****) : 31, cours de la République. ☎ 04-68-23-25-95.* • *hcl11@live.fr* • *hotel-centre-lauragais.fr* • *Resto tlj (sauf dim soir hors saison). Doubles 74-104 € ; petit déj 9 €. Formules déj en sem 18-22,50 € ; menus 25-39 € ; carte 30-45 €.* En plein centre, cette massive bâtisse de caractère abrite une dizaine de chambres tout confort, arrangées dans un esprit sobre et contemporain, dont les fenêtres s'ouvrent sur les luxuriants platanes du cours. La salle de resto, parée de noir et de blanc, est plus clinquante avec ses touches néobaroques. Dans l'assiette, cuisine de terroir soignée et osant quelques élans créatifs et raffinés, notamment avec le poisson ; ce qui n'est pas banal sur cette terre de viandards ! Bon accueil. Bref, une table avec laquelle il faut compter à Castelnaudary. Foncez !

Hôtel Le Clos Fleuri *(hors plan par B2,* ***13****) : 134, av. Monseigneur-de-Langle. ☎ 04-68-94-01-20.* • *info@leclosfleuri.fr* • *leclosfleuri.fr* • *Resto tlj sauf dim (tlj mai-sept). Doubles 70-150 € ; petit déj 12 €. Menus 28-30 €.* Un bel hôtel qui compense sa situation – dans une zone commerciale sans charme aux portes de la ville – par un accueil prévenant, des chambres modernes et confortables, un agréable jardin-terrasse avec piscine et un très bon resto de tradition en prise directe sur le terroir local.

Où manger ? Où boire un verre ?

De bon marché à prix moyens

Au Petit Gazouillis *(plan A1,* ***20****) : 5, rue de l'Arcade. ☎ 04-68-23-08-18.* • *germaine.dauriac@sfr.fr* • *Tlj sauf mer-jeu. Congés : 10 j. début juil et 10 déc-5 janv. Formule déj en sem 14 € ; menus 16-23 € ; carte 20-25 €. Café*

L'AUDE, PAYS CATHARE

offert sur présentation de ce guide. Rien de bien compliqué dans ce petit resto (cassoulet, tripes au jambon et confit de canard aux cèpes), mais un très bon rapport qualité-prix. Même les salades sont pantagruéliques ! Un service sympa, des plats copieux et pour tous les goûts. Que demander de plus, boudiou ?!

O'Bistro *(plan A1, **21**) : 23, rue du 143e RI. ☎ 04-68-94-77-70. • obistro.cafe/chaurien/ • Tlj sauf dim-lun 9h-23h. Formule burgers 14-15 € ; menus 26,50-28,50 € ; carte 20-35 €.* Le rendez-vous des familles pour ses appétissants burgers, que les gamins dévorent après la visite de la ville. Et pour les plus grands, voici des salades, de bonnes viandes grillées ou en tartare et un cassoulet maison qui se défend bien. Bref, une bonne adresse sans prétention. Impec' aussi en soirée pour siroter – en terrasse sur la place – un verre de vin audois, un cocktail ou une bière, accompagné de quelques tapas. Service sympa.

Cave du Canal *(plan A2, **22**) : 19, quai du Port. • caveducanal@gmail.com • Tlj sauf mar 11h-21h. Tapas du jour 4 €.* Agréable bar à vins qui déploie sa terrasse sur le canal. Dans les ballons, nombreux crus régionaux – servis au verre – que les gentils proprios vous aident à choisir selon vos goûts. À déguster avec quelques bonnes tapas inscrites à l'ardoise.

De prix moyens à chic

Chez David *(plan A2, **23**) : 49, rue Général-Dejean. ☎ 04-68-94-86-92. • campidavid@aol.fr • Tlj sauf dim-lun. Formules déj en sem 20-25 € ; menu cassoulet 25 € ; carte 35-45 €.* Avec son sympathique look de *biker*, c'est de l'autre côté de l'Atlantique que David va chercher quelques idées culinaires, sans renier pour autant les traditions de son cher Lauragais. Ça donne des plats francs et généreux, comme cet original poulet fermier au sirop d'érable qu'on sauce jusqu'à la dernière goutte ! Aussi l'un des meilleurs cassoulets de la ville. Jolie salle aux murs de pierre et terrasse au bord de la rue lorsqu'il fait beau. Concerts certains week-ends.

Le Moulin Vert *(hors plan par A1, **24**) : 230, route de Toulouse (D 6113, km 1). ☎ 04-68-60-08-58. • restaurantlemoulinvert@gmail.com • Tlj sauf lun soir, mar-mer et dim soir. Menus 22-39 €.* En bord de route, ne manquez pas ce resto familial vintage – en forme de moulin aux ailes vertes – rescapé des anciens routiers qui égrainaient jadis nos routes de France. Et pour cause ! Dans l'assiette, cuisine de tradition spécialisée dans les goûteuses grillades au feu de bois. Viandes et poissons frais sont cuits avec simplicité mais justesse. Aussi un bon cassoulet du chef, des salades copieuses et de délicieux desserts maison. On s'est régalés ! Bon accueil.

Hôtel du Centre et du Lauragais *(plan A2, **12**) :* ne ratez pas non plus cette excellente table. Voir plus haut « Où dormir ? ».

Où dormir ? Où manger dans les environs ?

De bon marché à prix moyens

Camping et chambres d'hôtes Domaine de la Capelle : *535, D 116, 11400 **Saint-Martin-Lalande.** ☎ 04-68-94-91-90. 06-65-41-82-57. • lacapelle2@orange.fr • domaine-la-capelle.fr • À 6 km à l'est de Castelnaudary par la D 103. Camping ouv avr-sept. Forfait tente 13 € ; doubles 105-128 € ; apparts (2-4 pers) 80-130 €. Table d'hôtes 45-60 € ; réduc.* Superbe espace boisé vraiment paisible pour camper, installé à 200 m de la maison de famille où se trouvent les chambres d'hôtes (certaines familiales) et appartements de charme. Poutres apparentes, tomettes, couleurs délicates. Cassoulet maison fait avec amour, pain et pichet de vin livrés au camping sur demande. Belle vue sur la campagne environnante depuis la terrasse. Accueil cordial.

Camping et auberge Le Bout du Monde : *ferme de Rhodes, 11400 **Verdun-en-Lauragais.***

☎ *04-68-94-95-96.* • *info@campingleboutdumonde.fr* • *leboutdumonde.fr* • ♿ *À 15 km au nord-est de Castelnaudary. Ouv Pâques-sept. Resto sur demande (dès 15 pers) sam soir, dim midi et j. fériés midi. Forfait tente 19-40 € ; cabanes, cottages et yourtes. Menus 25-40 €.* Cadre splendide – 120 ha entre bois, landes et pâturages – pour ce camping écolabellisé, avec 2 piscines (dont une naturelle, superbe !), terrain de pétanque, étang de pêche et chemins de rando. Ferme pédagogique et différentes activités pour les enfants (ateliers de peinture, poney, poterie, fabrication de pain, etc.). Idéal en famille. C'est aussi dans ce bout du monde que vivent les dignes héritiers de Pantagruel. Dans une salle à manger à l'ancienne, on est accueilli par des miches de pain géantes. Navarin d'agneau, canette à la broche, pintade farcie... Interdit à celles et ceux qui picorent ou sont au régime ! Bar à vins avec assiettes de charcuterie, pizzas et concerts en été. Accueil sympa et pro.

⛺ 🍴 ***Camping – auberge Le Cathare :*** *château de la Barthe, 11410* ***Belflou.*** ☎ *04-68-60-32-49.* • *contact@camping-lecathare.com* • *camping-lecathare.com* • ♿ *À 15 km à l'ouest de Castelnaudary. Ouv de mi-avr à mi-nov. Forfait tente 14,20-25 € ; chalets et mobile homes. Menus 14,80-28,50 €.* Sur les hauteurs tranquilles de la berge du lac de Ganguise, ce terrain s'organise en 3 secteurs. Celui des chalets et mobiles homes ordonnés en terrasses, celui pour les caravanes, avec vue sur les flots et celui pour les tentes, le plus ombragé. Sanitaires propres. Sur place, aussi une auberge rurale, installée dans un ancien prieuré du XVIe s et concoctant de bons plats de tradition avec des ingrédients locaux. Une belle adresse.

⛺ ***Camping Domaine Saint-Laurent :*** *lieu-dit Les Touzets, 11320* ***Montferrand.*** ☎ *04-68-60-15-80.* • *info@camping-carcassonne-toulouse.com* • *camping-carcassonne-toulouse.com* • ♿ *À 19 km au nord-ouest de Castelnaudary et 5 km au nord de Montferrand. Ouv avr-oct. Forfait tente 15-25 € ; bungalows toilés et mobile homes.* Un camping dans la nature, entouré de bois, au calme. Emplacements délimités par des haies touffues. Bien équipé : snack-bar en saison, piscine, tennis, sauna, pétanque, jeux pour enfants... Idéal pour de bonnes vacances au vert !

🍴 ☂ ***Hostellerie Étienne :*** *1, rue Saint-James, 11320* ***Labastide-d'Anjou.*** ☎ *04-68-60-10-08.* • *hostellerie.etienne@orange.fr* • ♿ *À 10 km à l'ouest de Castelnaudary par la D 6113. Tlj sauf lun, mar soir et dim soir. Congés : 3 sem en janv. Résa très conseillée. Formule déj en sem 17 € ; menus 22-30 €.* Planté au beau milieu d'un superbe parc arboré et luxuriant, ce resto – plébiscité de longue date par les gens du cru – mitonne une cuisine de terroir mémorable ! En point d'orgue, ne ratez pas le « cassoulet impérial » – l'un des meilleurs de la région – servi à volonté et qui fait la renommée de cette maison familiale depuis 1956. Agréable terrasse sur le parc en été.

🍴 ☂ ***Le Pas de Naurouze :*** *80, route de Ségala, 11320* ***Montferrand.*** ☎ *04-68-23-31-15.* • *narouze-restauration@orange.fr* • ♿ *À 13 km à l'ouest de Castelnaudary. Tlj sauf lun-mar. Résa conseillée. Formule déj en sem 16 € ; menu 31 € ; carte 35-50 €.* Pour ceux qui seraient en quête d'une cuisine autre que le traditionnel cassoulet, voici l'adresse qu'il leur faut ! À 2 pas du seuil de Naurouze et de son obélisque, ce resto au cadre sobre et contemporain sert une cuisine de chef inspirée, des plats légers (alléluia !) qui suivent le rythme des saisons, des mariages de saveurs enchanteurs et toujours bien sentis. Terrasse ombragée par des cannisses. C'est frais et bienvenu, vraiment !

🍴 ***Auberge La Calèche :*** *1, rue de la Croix, 11400* ***Peyrens.*** ☎ *04-68-60-40-13.* ♿ *À 4 km au nord de Castelnaudary. Tlj sauf mar soir et mer en été ; ouv seulement à midi jeu-mar hors saison. Formule déj 22,50 € ; menus 24-36 € ; carte 30-45 €. Apéritif offert sur présentation de ce guide.* Un cassoulet si bon qu'on fait la route depuis Toulouse pour venir le manger ici ! Sans oublier ces quelques fameuses spécialités gourmandes qui revisitent la tradition – signées par le chef Philippe Solovieff – comme le millefeuille de légumes, la truite aux écrevisses... Plaisante salle rustique et coquette.

Relais de Riquet : *12, esplanade du Canal, Port du Ségala, 11320* **Labastide-d'Anjou.** *☎ 04-68-60-16-87. À 12 km à l'ouest de Castelnaudary. Tlj sauf lun, plus les soirs des mar et dim. Formule déj en sem 14 € ; menus 23-30 €.* Installé en bord de canal, dans un charmant hameau portuaire, ce resto ressemble à un banal bistrot. Et pourtant ! Si le traditionnel cassoulet nous plait, on peut aussi opter pour d'autres plats bien goûteux et agrémentés de pointes d'originalité. Une belle surprise ! Terrasse au fil de l'eau, idéale aussi pour boire un verre.

Chic

Chambres d'hôtes Château Coquelicot : *250, route de Castelnaudary, 11400* **Souilhanels.** *☎ 04-68-60-29-33. 06-42-74-55-90. • info@chateaucoquelicot.com • chateaucoquelicot.com • À 6 km au nord-ouest de Castelnaudary. Congés : janv. Doubles 95 €. Table d'hôtes 25 €.* Une grosse maison de maitre du XIXe s, posée au bord du village, sur un ancien domaine viticole. Les chambres, spacieuses et raffinées, ont vue sur les champs ou sur la cour et sa piscine de poche. Aussi des familiales. Et clin d'œil à l'ancien métier de la proprio, elles portent chacune le nom d'un parfum... Une adresse sympa.

Hôtel Château de La Pomarède : *11400* **La Pomarède.** *☎ 04-68-94-13-76. • chateaudelapomarede@gmail.com • chateaudelapomarede.com • À 10 km au nord de Castelnaudary. Resto tlj sauf lun, sam midi et dim soir. Doubles 70-110 €. Menus 36-42 € ; carte 30-40 €.* Émergeant de la campagne, ce vieux château médiéval tient lieu de mairie, d'école, de bureau de poste et d'hôtel-resto, ouverts sur la cour. Une quinzaine d'élégantes chambres modernes et confortables, dispatchées jusque dans une annexe en contrebas, où elles sont plus spacieuses. Calme et sérénité assurés ! Terrasse, piscine et bonne table de tradition sur place.

Où acheter de bons produits ?

Pâtisserie Belloc (plan A1, **30**) **:** *48, rue du 11-Novembre. Tlj sauf mar et dim ap-m.* On y fabrique les gloria et les alléluia de Castelnaudary, de roboratives spécialités. Les alléluia sont des biscuits croquants au cédrat alors que les gloria ressemblent à des gâteaux de Savoie parfumés au citron et parsemés d'amandes. Des recettes rapportées par un soldat de l'Empire.

Maison Escudier (plan B2, **31**) **:** *11, rue de Dunkerque. Tlj sauf dim ap-m.* On y trouve cassoulets, confits, foies gras et charcuteries maison, comme ces saucisses au magret de canard, leur autre spécialité. Et même l'authentique haricot lingot. Dégustation dans la boutique.

Maison Escourrou (plan A-B2, **32**) **:** *30, rue de Dunkerque. Tlj sauf lun et dim ap-m.* Boudin audois à la fleur de thym, cou de canard farci au foie gras, sans oublier le cassoulet traditionnel au confit de canard ou d'oie et le haricot lingot. On s'en pourlèche !

La Ferme du Pays d'Oc (plan A1, **33**) **:** *38, cours de la République. Tlj sauf dim ap-m.* Une boutique pour remplir son cabas de bons produits régionaux : fromages, charcuteries, vins, liqueurs, miel...

Chez Christophe (plan A1, **34**) **:** *19, pl. de la République. Tlj sauf dimanche ap-m.* Une épicerie fine incontournable pour ses excellents produits du terroir et d'ailleurs, triés que le volet : charcuteries, fromages... Belle cave.

À voir

Le Grand Bassin (plan B3) **:** l'attraction n° 1 ! Grand de 7 ha et planté d'une île verdoyante, 4 écluses y retiennent l'eau du canal du Midi, qui traverse la ville.

C'est ici que fut inauguré le canal du Midi le 19 mai 1681... Base de navigation en été, c'est aussi un lieu de promenade agréable avec un point de vue superbe sur la vieille ville en fin d'après-midi.

LES ACCORDS DE L'AUTAN

En levant le nez, on s'aperçoit que plusieurs ouvertures du clocher de la collégiale sont murées. Le coupable n'est autre que ce satané vent d'autan. Ses rafales sont parfois tellement puissantes qu'en s'engouffrant dans la tour du clocher, elles pouvaient déclencher un véritable concerto de cloches ; plus de 30 cloches qui s'affolent en même temps... imaginez le vacarme ! Une solution simple et efficace fut donc trouvée, à la demande de la population vent debout contre les cloches !

La collégiale Saint-Michel *(plan B2)* **:** *1, pl. Montmorency. Juil-août, tlj sauf sam ap-m et dim mat, 11h-13h, 15h-17h45. Visite commentée gratuite l'été, sinon sur rdv à l'office de tourisme.* Étonnante tour-clocher haute de 56 m, à cheval sur une petite rue et soutenue par une arcade brisée sous laquelle on passe. L'imposante église, édifiée au XIIIe s, puis remaniée jusqu'au XIXe s, est typique du gothique méridional. Nef unique longue de 40 m, orgues Cavaillé-Coll superbes du XVIIIe s, belle croix de pierre sculptée du XVIe s sous la tribune.

Le musée du Lauragais *(plan B2)* **:** *rampe du Présidial. ☎ 04-68-23-00-42. Ouv juil-sept, tlj sauf mar, 10h-12h, 16h30-18h30. Entrée : 3 € ; réduc ; gratuit moins de 25 ans.* Ancien tribunal civil et criminel – appelé « Présidial » – créé en 1554 sur ordre de la reine Catherine de Médicis, comtesse du Lauragais, lorsque Castelnaudary devint une sénéchaussée. Une prison lui fut adjointe au XVIIe s. ce tribunal fonctionna jusqu'en 1926, ce qui fixa de nombreux juges et avocats toulousains dans la ville, comme en témoignent encore les beaux hôtels particuliers... Aujourd'hui, il accueille l'intéressante expo « Dans les saveurs du patrimoine », qui raconte l'histoire du cassoulet. À l'origine, c'est un plat de paysan qui s'enrichit d'ingrédients plus nobles sur la table des propriétaires terriens, avant de gagner les villes... Bref, une véritable démarche ethnographique !

Le moulin de Cugarel *(hors plan par A1)* **:** *pl. du Gugarel. En été, visite guidée gratuite tlj sauf dim ap-m et lun mat, 11h-13h, 15h-17h45 ; sinon, visite guidée payante sur rdv à l'office de tourisme.* Construit au XVIIe s et entièrement restauré, il est parfaitement représentatif des 32 moulins à vent que comptait autrefois Castelnaudary...

L'Atelier du Fer Forgé *(plan B3)* **:** *136, av. des Pyrénées. ☎ 04-68-23-02-26. • latelierduferforgé.com • Tlj sauf w-e. GRATUIT.* Un atelier de ferronnier comme il n'en existe plus beaucoup, mené de père en fils depuis 4 générations par la famille Sabaté. Ils vous font découvrir leur passion pour le travail du métal, avec un clin d'œil à cette tête de cheval que le roi du Maroc leur a achetée. Vous avez un projet en tête ? Ils s'occupent du reste !

Fête et manifestations

– ***Médiévales d'Issel :*** *dim de Pentecôte.* Théâtre de rue, jeux, reconstitutions de machines de guerre médiévales, fauconniers, apothicaires...
– ***Marchés nocturnes :*** *juil-août, jeu 18h30-23h.* Des marchés de produits de terroir et d'artisanat d'art à Castelnaudary ou dans un des villages de la communauté de communes.
– ***Fête du Cassoulet :*** *dernier w-e d'août.* Diverses animations, chars fleuris, concerts gratuits, courses d'ofni (objets flottants non identifiés !) sur le Grand Bassin, marché gourmand et artisanal, etc.
– ***Festival de la caricature et du dessin de presse :*** *fin nov-début déc. • croquignous.free.fr •* Avec l'association Los Croquignous !

– **Foire au gras :** *1er dim de déc, dans le gymnase Pierre-de-Coubertin.*
– **Marché aux truffes :** *2e dim de fév, dans la halle de Verdun.*

DANS LES ENVIRONS DE CASTELNAUDARY

L'abbaye-cathédrale de Saint-Papoul : *5, pl. Monseigneur-de-Langle, 11400* ***Saint-Papoul.*** *☎ 04-68-94-97-75. • abbaye-saint-papoul.fr • À 7 km au nord-est de Castelnaudary. Juil-août, tlj 10h-19h ; avr-juin et sept-oct, tlj (sauf dim mat oct), 10h-12h, 14h-18h ; le reste de l'année, seulement w-e et vac scol 10h-12h, 14h-17h (dernière admission 30 mn avt). Fermé en janv et vac de Noël. Entrée : 5 € ; réduc ; gratuit moins de 6 ans. Audioguide sur l'appli mobile « Pays Cathare, Le Guide » ; et parcours enfant avec l'appli « Castrum, Le Jeu ».* Fondée au VIIIe s, Saint-Papoul fut le siège d'un évêché de 1317 à la Révolution, d'où l'importance de son abbaye. Cette ancienne cathédrale possède de remarquables chapiteaux extérieurs, attribués au sculpteur roman dit le maître de Cabestany. Une expo permanente lui est d'ailleurs consacrée. Beau cloître à décor végétal du XIVe s, où subsistent des monstres inspirés du bestiaire roman. Un enduit gris recouvre certaines colonnes, cachant la brique, visible sur d'autres. Dans l'église, buffet d'orgue du XVIIIe s. Notez aussi, depuis le chevet, la vue sur le toit de l'abside en grès sculpté : rarissime ! Animations culturelles en été.

Poterie Not Frères : *1851, route de Labastide, 11400* ***Mas-Saintes-Puelles.*** *☎ 04-68-23-17-01. À 12 km à l'ouest de Castelnaudary. Lun-ven 8h-12h, 14h-18h (17h ven). Fermé en août et fêtes de fin d'année.* Les bonnes maisons n'achètent pas leurs *cassoles* n'importe où, mais ici, dans cette entreprise familiale – installée sur un gisement d'argile – qui travaille artisanalement, avec d'anciens tours à pied. Si ce n'est pas la bousculade, le proprio vous montrera l'atelier, le four à bois et vous expliquera leur passionnant savoir-faire transmis au fil des générations. Plein d'idées de cadeaux à rapporter, dont de jolis vases à 4 anses, typiques du Lauragais...

Le seuil de Naurouze : à ***Montferrand.*** *À 12 km à l'ouest de Castelnaudary par la D 6113.* C'est ici, sur le bief de partage des eaux entre les bassins méditerranéen et atlantique – à 189 m d'altitude – que la rigole de la Plaine, descendant de la Montagne noire, déverse son eau dans le canal du Midi. Un obélisque érigé en 1827 rend hommage à Pierre-Paul Riquet, son créateur. Profitez du charme du lieu en suivant le sentier ombragé par une majestueuse allée de platanes... Riquet avait prévu grand. Son projet imaginait un port octogonal entouré d'une ville nouvelle ; une statue du Roi-Soleil surgissant des flots. Le port sera finalement construit à Castelnaudary et le projet de Naurouze abandonné...

NAUROUZE SE FEND D'UNE PROPHÉTIE

L'obélisque de Riquet se dresse au pied de 2 grosses pierres séparées par une fente, qui fascinent les hommes depuis le Moyen Âge. Souhaitons qu'elles ne viennent jamais à se toucher car – selon la légende – ce serait la fin du monde ! Même Nostradamus a confirmé la prophétie, alors... Certains petits malins jettent aujourd'hui des cailloux entre les 2 pierres pour empêcher leur dangereux rapprochement et le monde de disparaître !

Grimper ensuite jusqu'au village de ***Montferrand,*** à 2 km de là, pour aller voir ***l'ancien phare de l'Aéropostale,*** construit en 1927 pour éclairer Saint-Exupéry, Mermoz et autres dieux de l'aviation dans leur périple vers Saint-Louis-du-Sénégal...

L'AUDE, PAYS CATHARE

Voile sur le lac de Ganguise : à l'***École française de voile,*** *base du lieu-dit En-Gaillard, à* ***Belfiou.*** ☎ *04-68-60-35-68.* • *ganguise.com* • Propose des stages d'initiation et de perfectionnement. Location de dériveurs, planches à voile, canoës, *paddle* et embarcations à pédales.

FANJEAUX

(11270) 830 hab. *Carte Aude, A1*

Hors des sentiers battus, adorable vieux village bâti sur une colline, aux ruelles authentiques et où l'on dit que chaque maison abrite un puits. Voir les halles, superbes avec leur charpente en chêne, l'hôtel Gramont du XVIII-XIXe s qui accueille des expos temporaires gratuites en été, l'église de style gothique méridional pour son chœur baroque, ses tableaux, son trésor... On y sonne encore manuellement le carillon. Fanjeaux est remarquable pour son superbe panorama sur les environs, depuis la place du Seignadou, à l'endroit même où saint Dominique aurait vu des boules de feu s'abattre sur le hameau voisin de Prouilhe. Pour fêter cette « vision », il y fonda sa 1re communauté en 1206. Rasé pendant la Révolution, le couvent a été remplacé par un monastère où vit une communauté internationale de moniales. Dans les environs, on peut aller jeter un œil à l'église romane des XIe et XIIe s à Cazalrenoux.

Adresse et info utiles

Office de tourisme intercommunal Piège-Lauragais-Malpère : *6, pl. du Treil.* ☎ *04-68-24-75-45.* • *collinescathares.com* • *En été, tlj 10h-13h, 14h30-18h30 ; le reste de l'année, lun-ven 10h-12h, 14h-17h.* Plan-dépliant du village avec ses points d'intérêt, audioguide pour découvrir le « parcours sculpturel » *(1h15 ; 4 €),* topoguides de rando pédestre, appli mobile « Au cœur des Collines Cathares » pour explorer le terroir local.

Marché : *sam mat, pl. du Treil.*

Où dormir ? Où manger à Fanjeaux et dans les environs ?

Camping Les Brugues : *les Brugues, à* ***Fanjeaux.*** ☎ *04-68-24-77-37.* *06-72-74-85-21.* • *lesbrugues.fanjeaux@gmail.com* • *lesbrugues-camping.com* • *À 3 km au sud de Fanjeaux. Ouv juin-sept. Forfait tente 14,40-16 €.* Posée au beau milieu des champs agricoles, une belle aire naturelle bordée par un lac. Une vingtaine d'emplacements bien ombragés et séparés par des haies d'arbres. Sanitaires rutilants, salle commune avec tables de pique-nique, jeux pour enfants et sentier de rando à proximité. Et ce qu'on aime ici, c'est qu'il y a plus de brebis que de campeurs ! Car on est à la ferme (visite possible), chez des éleveurs de brebis laitières. Accueil adorable, authentique et sincère. On aime !

Chambres d'hôtes Château de Fajac la Selve : *11420* ***Pech Luna.*** ☎ *04-68-23-74-05.* *06-23-60-55-50.* • *chateau.de.fajac@gmail.com* • *domainedefajaclaselve.com* • *À 22 km à l'ouest de Fanjeaux. Ouv de mi-mars à mi-nov. Double 90-125 € ; roulottes 170-190 €/w-e ; gîtes (4-12 pers). Tables d'hôtes sur résa 30 €.* Dans ce château du XVe s, Lola, avec son grain de folie créatif et son sens de l'esthétique, a imaginé un lieu unique. Chaque chambre rend hommage à une femme connue pour sa vie engagée et restée en marge des conventions de son époque. On peut aussi passer la nuit dans

2 vénérables et charmantes roulottes ou opter pour les gîtes, aménagés dans les dépendances. Grand parc avec piscine.

|●| *La Table Cathare « Chez Angel » :* *7, route de Mirepoix, à Fanjeaux. ☎ 04-68-24-62-46. ● latablecathare@gmail.com ● Tlj sauf lun soir, mar soir et mer. Formule déj en sem 15 € ; menus 23-33 €.* Le resto du village aux couleurs de la Catalogne, mais à la cuisine bien d'ici, honnête et copieuse. À dévorer avec les habitués dans plusieurs salles modernes ou en terrasse sur rue.

À voir. À faire dans les environs de Fanjeaux

Eburomagus, musée archéologique : *2, av. du Razès, 11150* ***Bram.*** *☎ 04-68-78-91-19. ● villedebram.fr ● ♿ À 10 km au nord-est de Fanjeaux par la D 4. Avr-oct, tlj sauf dim-lun 14h-18h. Fermé le reste de l'année. Entrée : 4 € ; réduc.* Intéressant musée qui expose le matériel des fouilles réalisées sur différents sites du Lauragais, de la préhistoire au Moyen Âge. La belle collection d'amphores rappelle que le village, surnommé Eburomagus par les Romains, se situait alors sur un axe commercial important, d'où les nombreuses céramiques... La dédicace du théâtre antique de Bram gravée sur du marbre est l'une des pièces majeures du musée. Dans le hall, apparaissent les vestiges de l'ancienne voie Aquitaine.

Téléski nautique Bram : *lac de Buzerens, rue des Fleurs, 11150* ***Bram.*** *☎ 04-68-79-74-14. ● teleskinautiquebram.net ● ♿ À 10 km au nord-est de Fanjeaux par la D 4. À 2,5 km de Bram. Ouv avr-oct, 10h-20h (19h mar et jeu). À partir de 7 ans. Ride 20 €/h. (loc du matériel en sup).* Outre le classique ski nautique, ce téléski permet aussi la pratique du *wakeboard,* du *handywake...* Sans oublier le *paddleboard,* plus tranquille. Restauration sur place.

LA HAUTE VALLÉE DE L'AUDE

Le littoral se trouve à plus de 100 km et le paysage change très vite. Ici, le Languedoc perd insensiblement sa coloration méditerranéenne pour se faire paysage de piémont. Le Razès limouxin vallonné et planté de vignes n'a rien à voir avec le relief escarpé qui vous attend au-delà de Quillan où, surplombant les plateaux de la haute vallée de l'Aude, le donjon d'Arques, les châteaux de Puilaurens et Puivert, campés sur leurs promontoires, vous invitent à un joli voyage dans le temps.

LE RAZÈS

De Limoux à Rennes-le-Château, l'Aude traverse le Razès. Aussi appelée pays de Rhedez, du nom de l'ancienne ville wisigothique Rhedæ (l'actuel Rennes-le-Château), cette microrégion s'étendait au Moyen Âge de l'Espagne à Carcassonne et de Termenès à Foix. Aujourd'hui, sa capitale n'est autre que Limoux.

LIMOUX (11300) 10 815 hab. *Carte Aude, B2*

Quand on dit Limoux, les bons élèves répondent : blanquette. Et ceux qui disent blanquette de veau, c'est 1h de colle ! La blanquette qui nous intéresse ici, loin

d'être une copie du champagne, lui est de loin antérieure (elle fut inventée en 1531) et demeure un vin différent dans sa fabrication. Élevée selon 2 méthodes, traditionnelle ou ancestrale, elle a pour petit frère le crémant-de-limoux (voir en fin de guide la rubrique « Vins et alcools » dans le chapitre « Hommes, culture, environnement »). Peut-être est-ce la raison pour laquelle la ville est si animée, si active, si... effervescente ! Et puis on vient aussi ici pour le carnaval, une tradition qui remonterait au XIVe s. Les meuniers célébraient alors – un peu comme une libération – la remise de leurs redevances au monastère de Prouilhe, succédant au dur labeur des récoltes. Ces us séculaires se perpétuent aujourd'hui dans une profusion de confettis, évoquant les nuages de farine.

L'INVENTION DU CHAMPAGNE

Selon la légende, c'est en allant en pèlerinage dans l'Aude que Dom Pérignon découvrit le vin pétillant de Limoux, la fameuse blanquette. À son retour, il s'en inspira pour peaufiner un assemblage de 3 cépages. Le champagne était né ! Le brave moine concrétisa aussi l'invention du bouchon de liège. Espérons qu'il encaissa des royalties...

Adresses et infos utiles

Office de tourisme du Limouxin : *7, av. du Pont-de-France.* ☎ *04-68-31-11-82.* • *tourisme-limoux-in-aude.fr* • *Juil-août, tlj sauf mer ap-m et dim ap-m 9h30-12h30, 14h-17h30 ; juin et sept, tlj sauf mer et dim ; oct-mai, tlj sauf lun ap-m, mer et jeu, 9h30-12h30, 14h-17h.* Plan de la ville, livret *Pérégrinations limouxines* pour découvrir le centre historique de Limoux, topoguides de rando gratuits, et une carte touristique pratique qui répertorie les sites historiques et naturels majeurs, ainsi que les vignobles du Limouxin (76 communes). Infos loisirs verts (rando, vélo, équitation, escalade, eaux vives...).

Gare SNCF : *av. de la Gare.* • *sncf.com/fr* • Limoux se trouve sur la ligne ***Carcassonne – Quillan,*** via ***Alet-les-Bains, Couiza*** *(Rennes-le-Château)* et ***Esperaza.*** *Nombreux trains tlj.*

Arrêts des Bus : *allée des Marronniers, à côté de l'office de tourisme ; ou face à la gare SNCF.* • *lio.laregion.fr/transports-aude-regulier* • Liaisons régulières avec ***Castelnaudary*** *(1h10, via **Fanjeaux** ; ligne 411, sauf dim)* opérées par la compagnie ***Vidal*** *(* • *autocarsvidal.fr* • *)* ; avec ***Carcassonne*** *(1h15 ; ligne 402, sauf dim)* assurées par la compagnie ***Teissier*** *(* • *teissier.fr* • *).* Certains bus de ces 2 compagnies poursuivent jusqu'à ***Axat,*** via ***Alet-les-Bains, Couiza, Esperaza*** et ***Quillan.***

Équitation : avec le ***Ranch Au Petit Mas,*** *route de Lauraguel.* *06-31-94-97-93. Compter 20-35 € pour 1-2h.* Balades encadrées par un accompagnateur de tourisme équestre dans les vignobles audois.

Maison Bor : *15, av. Fabre-d'Églantine. Tlj sauf dim 9h-12h, 14h-19h.* Pour goûter et, bien sûr, acheter le nougat de cette célèbre maison ouverte en 1936, confiserie limouxine par excellence, sans oublier le fameux *tap,* ce chocolat en forme de bouchon de blanquette, parfumé au marc de chardonnay.

Marché : *ven mat, pl. de la République, aux halles et pl. d'Aude. Nocturne mar pdt l'été 18h-23h.* Nombreux producteurs, maraîchers et artisans locaux.

Où dormir ? Où manger ?

De bon marché à prix moyens

Chambre d'hôtes L'Albane : *2, chemin de Taillebois, 11300* ***Lauraguel.*** ☎ *04-68-31-37-32.* *06-12-05-67-26.* • *contact@lalbane.com* • *lalbane.com* • *À 6 km au nord-ouest de Limoux. Doubles 62-72 €. Table* *d'hôtes 25 €.* À proximité immédiate de Limoux, cet ancien bâtiment viticole a été rénové avec goût dans un style agréablement vintage. À dispo, plusieurs chambres spacieuses et de bon confort, dont des familiales ; toutes donnant sur la cour-jardin plantée d'un grand tilleul. Accueil adorable et petit déj gargantuesque !

La Goûtine : *10, rue de la Goûtine. ☎ 04-68-74-34-07. • lagoutinerestobio@gmail.com • Congés : fêtes de fin d'année. Tlj sauf w-e. Formule déj 14-16 € ; menus 18-28 € ; carte 20-25 €.* Un p'tit resto nature qui propose une cuisine végétalienne, bio et sans gluten, avec aussi quelques options véganes. Belle alternative aux plantureux plats traditionnels du terroir ! Yvane, la proprio, apporte un soin particulier aux jolies et copieuses assiettes qu'elle propose : de la saveur, de la couleur, de la chaleur en hiver et de la fraîcheur en été.

De prix moyens à chic

Chambre d'hôtes Domaine La Monèze Basse : *domaine La Monèze Basse. ☎ 04-68-31-66-43. • info@lamoneze.com • lamoneze.com • ♿ À 2,5 km au nord-ouest du centre par la D 102. Doubles 89-109 € ; gîtes (2-13 pers) 60-355 €/nuit.* Jérémy et Tania, les chaleureux proprios, ont admirablement rénové cette bâtisse vigneronne du XVIIIe s, plantée sur un ancien domaine limouxin. Au salon comme dans les chambres, vieux matériaux nobles côtoient mobilier et tons contemporains au gré d'une déco de bon goût. Aussi des familiales et plusieurs gîtes du même tonneau, aménagés dans les dépendances. Petit déj gourmand servi dans le jardin aux beaux jours ; quant au parc, il vous tend les bras pour un moment de détente. Piscine.

L'Odalisque : *38, rue des Cordeliers. ☎ 04-68-74-31-75. • odalisque.limoux@gmail.com • Tlj sauf dim-lun. Résa obligatoire. Formules déj en sem 22-27 € ; menus 36-79 € ; carte 25-35 € ; paniers pique-nique 29-45 €. En plein centre-ville,* LA bonne table de Limoux, à prix tenus. Cuisine enracinée, mais qui se permet de belles variantes inspirées pour surprendre nos papilles. Courte carte qui suit les aléas du marché et des saisons. À déguster avec les habitués du cru dans une coquette salle aux pierres apparentes, agrémentées de toiles modernes et colorées.

Grand Hôtel Moderne et Pigeon : *1, pl. du Général-Leclerc. ☎ 04-68-31-00-25. • hotelmodernepigeon@wanadoc.fr • grandhotelmodernepigeon.fr • ♿ Resto tlj sauf dim et lun soir. Doubles 101-150 €. Formules déj en sem 20-22 € ; menus 35-55 € ; carte 45 €.* Cette superbe maison fut un couvent, puis l'hôtel particulier d'une grande famille et ensuite une banque, avant d'être transformé en hôtel au début du XXe s. Chambres de bon confort et plutôt plaisantes, dans leur écrin un rien désuet. Aussi des familiales. Bonne table sur place – ***Tantine et Tonton*** – où le chef mitonne une cuisine inventive qui révèle le goût brut des produits et va à l'essentiel. Les cuissons sont maîtrisées, les notes d'épices parfaitement dosées et la courte carte suit le rythme des saisons. À déguster dans une salle au décor raffiné et à l'ambiance feutrée, presque surannée. Aux beaux jours, on lui préfère le charmant patio fleuri.

La Taverne à Bacchus : *la Monèze-Haute. ☎ 04-34-21-96-38. À 2,5 km au nord-ouest du centre par la D 102. Tlj sauf lun-mar et dim soir. Résa conseillée. Formules déj en sem 15-22 € ; menus 32-49 €.* Émergeant du vignoble limouxin, cette maison de maître révèle une table de terroir simple, authentique et gourmande. Dans l'assiette, profusion de charcuterie, de foie-gras maison et de savoureuses viandes (bœuf, cochon de lait...) grillées au feu de bois. À dévorer sous d'élégantes boiseries dans une ambiance tirant sur le rustique, car la cheminée tient une position centrale ! Terrasse ombragée sous les grands arbres, avec vue sur le vignoble. Accueil gentil. Une belle adresse de campagne, plébiscitée par les gens du cru.

Les caves à Limoux et dans les environs

Plutôt blanquette ?

Vous êtes venu pour ça, avouez-le... L'office de tourisme diffuse la brochure *Carnet de voyage* de cette AOC.

■ ***Coopérative Sieur d'Arques :*** *av. du Mauzac, à* ***Limoux.*** *☎ 04-68-74-63-45. • sieurdarques.com • À 1 km à l'ouest du centre. Tlj sauf dim, 9h30-12h30, 14h-18h30. Balade guidée (3h30) dans le vignoble avec arrêt au château de Flandry, juin-sept, le jeu à 9h, sur résa : 15 €, réduc.* Incontournable en matière de blanquette de Limoux – fine et élégante – et autres crémants d'exception... Film et dégustation gratuite.

■ ***Domaine Delmas :*** *11, route de Couiza, 11190* ***Antugnac.*** *☎ 04-68-74-21-02. • domaine-delmas.com • À 19 km au sud de Limoux. Lun-ven 9h-12h, 14h-18h ; w-e sur rdv. Visite guidée (1h30) des vignes, de la cave et du chai, suivie d'une dégustation : 25 €.* Ce domaine de 30 ha appartient à la même famille depuis 4 générations et cultive en bio depuis 1986. Parmi les 5 appellations produites, l'une des meilleures blanquettes du coin, c'est sûr !

Ou plutôt vins tranquilles ?

■ ***Domaine de Matibat :*** *11300* ***Saint-Martin-de-Villereglan.*** *☎ 04-68-31-15-52. • domaine-dematibat.com • À 8 km au nord de Limoux. Tlj sauf sam ap-m et dim, 8h-12h30, 14h-18h30.* Petit domaine familial où M. Turetti produit un excellent *Malepère AOC* rouge et un blanc (chardonnay) formidable ; voilà qui est dit !

■ ***Coopérative Anne de Joyeuse :*** *34, promenade de Tivoli, à* ***Limoux.*** *☎ 04-68-74-79-40. • annedejoyeuse.fr • Tlj sauf dim-lun, 9h-12h, 15h-19h.* LA référence locale en matière de « vins tranquilles », déclinés dans les 3 couleurs. Différentes qualités pour toutes les bourses.

■ ***Domaine du Grès Vaillant :*** *chemin du Casse, 11300* ***Saint-Polycarpe.*** *📱 06-72-15-34-38. • gresvaillant.fr • À 5 km au sud-est de Limoux par la D 129. Tlj 11h-19h. De mi-juil à mi-août, 18h30-21h, apéro fermier dans les vignes : 10 €.* Travaillé avec des chevaux de trait et vendangé à la main, ce vignoble de 7 ha produit des « vins bio à cheval » vifs et intenses – dans les 3 couleurs – avec une option blanquette. En été, apéro fermier avec démonstration du travail des chevaux et dégustation des vins accompagnée de tartines de produits fermiers. Chambres d'hôtes et gîte, avec piscine et chemin de rando.

À voir. À faire

👣👣 ***La place de la République :*** le poumon de la ville pendant le marché, son cœur pendant le carnaval ! Belles arcades médiévales surnommées « couverts ». Ces anciennes galeries en bois, victimes d'incendies, ont été reconstruites en pierre sur 3 côtés, surmontées de maisons à pans et colombages.

👣 ***L'église Saint-Martin :*** *rue Saint-Martin. Tlj sauf dim.* On l'appelle aussi improprement cathédrale, l'église romane – dont il reste un beau portail – ayant été élevée à ce rang au XIVᵉ s. Mais l'annulation des travaux stoppa l'élégant vaisseau dans son envol. À l'intérieur, grand retable du maître-autel (XVIIᵉ s), jolies toiles françaises (XVIIIᵉ s) et surtout, dans la sacristie, cette statue du XVᵉ s représentant saint Martin, recouverte de vermeil et d'argent.

👣 Au gré des ruelles voisines, ***autour de l'église et sur les bords de l'Aude,*** d'agréables surprises architecturales, comme dans la rue de la Mairie (beaux hôtels particuliers), la rue Jean-Jaurès, la rue du Palais et celle de la Blanquerie sur l'autre rive...

Le pont Neuf : appelons-le ainsi même si le pont Vieux, 200 m en amont, est le plus jeune des 2 ! Construit au début du XIVe s, le faux pont Neuf ressemble assez au vrai pont Vieux de Carcassonne avec ses belles arches « à becs ». Jolie vue sur le clocher et l'église Saint-Martin.

Le musée du Piano : *pl. du 22-Septembre, église Saint-Jacques. ☎ 09-63-68-34-54. • limoux.fr • Ouv de mi-juil à mi-sept, tlj sauf mar 10h30-12h, 15h-18h. Entrée : 4 € ; réduc.* Collection d'une centaine de pianos du XVIIIe s à nos jours : Pleyel à ornements dorés, pianos droits à clavier basculant ou cylindre tournant, Érard « Belle Époque » et pianos mécaniques... Certains sont uniques ! Auditorium où se déroulent différents concerts classiques toute l'année.

Le musée Petiet : *32, promenade du Tivoli. ☎ 09-63-68-34-54. • limoux.fr • Juin-sept, mar-sam, 10h-17h ; le reste de l'année, se renseigner. Entrée : 4 € ; réduc.* Ce musée des beaux-arts renferme – dans ce qui fut l'élégante maison-atelier de la famille Petiet – une collection de peintures françaises (XIXe et XXe s) dont celles de Marie Petiet et d'Achille Laugé, pour les plus connus...

La basilique Notre-Dame-de-Marceille : *route de Pieusse. • assoc-notre-dame-marceille.fr • À 1 km au nord-est du centre par la D 104. Ouv tlj.* Célèbre chapelle du XIIe s, dont la source « miraculeuse » attire de nombreux pèlerins le 7 septembre. Selon la croyance, son eau soignerait les maladies des yeux. Dans la basilique, copie d'une statue de la Vierge noire, dont l'original date du XIe s. Aussi de belles pièces d'art sacré dans le petit ***musée des Ex-voto*** *(de mi-avr à sept, mer-ven et dim 15h-18h).* Charmant parc arboré, idéal pour un pique-nique.

Manifestations

- ***Carnaval :*** *de mi-janv à fin mars, le w-e et Mardi gras. 3 « sorties »/j. : matin, ap-m et soir. Et durant l'avant-dernier w-e de mars, le sam est consacré aux carnavals du monde, le dim à la sortie de ttes les bandes (500 carnavaliers, 100 musiciens).* À ne manquer sous aucun prétexte, c'est le carnaval le plus long du monde ! Les « bandes » font le tour de la place des Arcades en dansant sur un rythme précis (musiques composées par des Limouxins) et les Fécos mènent la danse dans leurs somptueux costumes. En chemin, les joyeux drilles s'arrêtent dans tous les bistrots ; chaude ambiance !
- ***Toques et Clochers :*** *w-e avt Pâques.* Organisée depuis 1990 par la *Coopérative Sieur d'Arques,* cette grande fête du vin se tient chaque année dans l'un des villages du Limouxin ; en 2021, à Limoux. Elle réunit vignerons locaux, professionnels du vin et de la restauration du monde entier (les « Toques »), comme le grand public (le samedi). En point d'orgue, une vente aux enchères de vins se tient au profit de la sauvegarde du patrimoine architectural local (les « Clochers »).
- ***Limoux Brass Festival :*** *4 j. autour du 1er mai. • limouxbrass.fr •* Festival de jazz invitant des artistes de renommée internationale.
- ***Festival NAVA*** *(Nouveaux auteurs dans la vallée de l'Aude) :* *10 j. fin juil-début août. • festival-nava.com •* Un festival d'avant-premières de pièces de théâtre, de lecture de textes et de débats orchestrés des comédiens dans différents lieux (château de Flandry, cathédrale d'Alet-les-Bains...).
- ***Les Bulles Sonores :*** *3 j. vac de la Toussaint. • lesbullessonores.com •* Concerts de musiques du monde, avec pas mal de têtes d'affiche.

DANS LES ENVIRONS DE LIMOUX

L'abbaye de Saint-Hilaire : *rampe de l'Église, 11250* ***Saint-Hilaire.*** *☎ 04-68-69-62-76. • saint-hilaire-aude.fr • À 12 km au nord-est de Limoux par la D 104. Tlj 10h-17h (18h avr-juin, 19h juil-août). Dernière admission 30 mn avt.*

Fermé vers mi-déc et vers mi-janv. Entrée : 5,50 € ; réduc. Audioguide sur l'appli mobile « Pays Cathare, Le Guide » ; et parcours enfant avec l'appli « Castrum, Le Jeu ». C'est dans les celliers de cette abbaye bénédictine qu'est né, dit-on, le 1er vin effervescent du monde : la fameuse blanquette de Limoux ! Une invention – la mutation du vin tranquille en effervescent – faite par un moine en 1531... Tout aussi sérieusement, l'abbaye livre les fines colonnades de son merveilleux ***cloître gothique*** du XIVe s, le plafond peint du ***logis abbatial*** (XVe s) et pour le ***sarcophage du maître de Cabestany*** (XIIe s), dont les bas-reliefs retracent l'arrestation et le martyre de saint Sernin, 1er évêque de Toulouse au IIIe s. Le ***réfectoire*** a été restauré voici quelques années de façon très contemporaine, autour d'une ***chaire*** du XIVe s, unique en France et tout à fait originale. Creusée dans l'épaisseur du mur séparant les 2 réfectoires (celui des moines bénédictins et celui réservé aux hôtes de passage), elle permettait au récitant de faire la lecture à tous sans être vu, respectant ainsi la règle... Au fond du cloître, un escalier mène à la ***partie fortifiée*** de l'abbaye et notamment à l'ancien ***cellier*** des moines.

ATTENTION GALANTE

Le logis de l'abbaye de Saint-Hilaire possède un superbe plafond peint du XVe s sur lequel figurent différentes scènes, certaines truculentes. Dans l'une d'elles, une femme nue prend son bain. Un homme (pas un moine !) lui glisse discrètement la main entre les jambes. Ce n'est qu'en 2014 que fut traduite la phrase du phylactère (dessin avec texte). La belle susurre : « Qu'attendez-vous pour me dépouiller ? », tandis que l'homme répond : « Je n'attendais que votre invitation. » Que de délicatesse...

ALET-LES-BAINS

(11580) 410 hab. *Carte Aude, B2*

Cette petite station thermale en bordure de l'Aude existait déjà au temps des Romains qui, pas fous, appréciaient les vertus de ses eaux réputées soigner efficacement les maladies du tube digestif et du système nerveux. Au lavoir, on peut d'ailleurs remplir sa gourde de cette eau minérale.

Alet fut ensuite surtout célèbre pour son évêché. La cathédrale bâtie au XIIe s fut un monument splendide, détruit par la folie des guerres de Religion en 1577. Les protestants saccagèrent l'église, aujourd'hui en ruine. Elle ne fut jamais reconstruite.

Ce petit village discret et préservé a gardé un bien joli cachet avec ses ruelles secrètes bordées de superbes demeures des XIIIe, XIVe et XVe s. Colombages, encorbellements, fenêtres géminées... Séduisant !

Adresses utiles

- ***Point Accueil Abbaye :*** *10, av. Nicolas-Pavillon. ☎ 04-68-69-95-00. • aletlesbains.com • Juin-sept, tlj 10h-12h (13h en été), 14h-18h (19h en été) ; oct et avr, tlj 14h-18h, plus w-e 10h-12h ; nov-mars, mar et jeu 14h-17h, plus sam 10h-12h.*
- ***Piscine municipale :*** *chemin des Eaux-Chaudes. ☎ 04-68-69-91-20. Ouv de mi-juin à août, tlj sauf jeu en été, 11h (10h en été)-13h, 15h-19h. Entrée : 4 € ; réduc.* Piscine d'eau thermale en plein air, à côté du vieux lavoir.
- ***Sports en eaux vives :*** à pratiquer avec **Alet Eau Vive** *(1, allée des Thermes ; ☎ 04-68-69-92-67 ; • aleteauvive.com •).* Au menu : rafting, hydrospeed, canyoning et canoë-kayak dans les gorges d'Alet.

Où dormir ? Où manger ?

Camping

Camping et chambres d'hôtes Val d'Aleth : 14, av. Nicolas-Pavillon. ☎ 04-68-69-90-40. • contact@valdaleth.com • valdaleth.com • ♿ Au cœur du village. Ouv tte l'année. Forfait tente 16,50-22,40 € ; doubles 62-66 € ; mobile homes et bungalows toilés. Au bord de l'Aude et de son écrin de verdure luxuriant qui étouffe le bruit de la route départementale, agréable petit camping arboré où l'on plante ses sardines dans la pelouse. Certains emplacements sont adossés aux ruines de l'abbaye et aux remparts. Jeux pour enfant, BBQ et bar-pizzeria. Et dans une bâtisse restaurée qui appartenait jadis à l'archevêché, voici quelques jolies chambres bien équipées ; le charme de l'ancien en plus (tomettes, cheminées...).

De prix moyens à chic

Hostellerie de l'Évêché : 2, av. Nicolas-Pavillon. ☎ 04-68-69-90-25. • contact.eveche@free.fr • hotel-eveche.com • Ouv avr-oct. Doubles 82-120 € ; petit déj 11,50 €. Carte 25-35 €. Soyons clair, on recommande cette adresse pour son grand jardin aux arbres séculaires, bordé par les berges verdoyantes de l'Aude et les ruines de l'abbaye. Dans l'énorme bâtiment qui abritait naguère le palais épiscopal, une vingtaine de chambres propres mais vieillottes et finalement pas données. Et côté fourneaux, juste quelques plats de terroir tout simples, à apprécier dans une salle rustico-chic ou en terrasse sous le grand marronnier. Accueil gentil.

À voir

Les ruines de l'abbaye Notre-Dame d'Alet : 10, av. Nicolas-Pavillon. ☎ 04-68-69-93-56. • aletlesbains.com • Juin-sept, tlj 10h-12h (13h en été), 14h-18h (19h en été) ; avr et oct, tlj 14h-18h, plus w-e 10h-12h ; nov-mars, mar et jeu 14h-17h, plus sam 10h-12h. Dernière admission 30 mn avt. Entrée : 4 € ; réduc. Audioguide sur l'appli mobile « Pays Cathare, Le Guide » ; et parcours enfant avec l'appli « Castrum, Le Jeu ». Au cœur de la cité médiévale d'Alet, l'abbaye bénédictine fut fondée en 813 et promue cathédrale en 1318. Elle conserve des éléments d'architecture carolingienne romane avec sa superbe abside à 5 pans du IXe s, à laquelle est venue se greffer la cathédrale gothique au XIVe s.

Fête

– **Fête des Remparts :** *1 w-e début juil.* La grande fête médiévale du village : défilés costumés, danses avec initiation, joutes aquatiques à la piscine, banquet, son et lumière...

ESPÉRAZA (11260) 1 870 hab. *Carte Aude, B2*

Installée sur un méandre de l'Aude, Espéraza fut le 2e centre mondial de la chapellerie au début du XXe s et compta jusqu'à 16 usines. Cette ville, qui « travailla du chapeau » jusque dans les années 1960, propose donc un *musée de la Chapellerie.* On y découvre aussi un autre musée inattendu, dédié celui-ci à quelques intrigants reptiles préhistoriques, mais ça, c'est une

autre histoire ! Et que cela ne vous empêche pas d'aller randonner autour du bourg, les tyrannosaures n'y fourmillent plus...

Où dormir ? Où manger ? Où boire un verre à Espéraza et dans les environs ?

Chambres d'hôtes Domaine de Pailhères : *chemin de Pailhères, à **Espéraza.** ☎ 04-68-74-19-23. 06-14-91-35-43. • contact@domaine-de-pailheres.fr • domaine-de-pailheres.fr • À 3 km au sud-est du centre. Doubles 56 €. Table d'hôtes 20 € ; panier pique-nique 7 €.* Le petit chemin qui mène à cette ferme familiale serpente au milieu des prairies. Ici, on est vignerons et éleveurs depuis plusieurs générations. Dans une ancienne grange à l'écart de la maison d'habitation, voici quelques chambres mignonnettes et de bon confort, avec accès indépendant. Repas du terroir dans la salle à manger, avec sa cheminée et sa vieille horloge au tic-tac imperturbable ; priorité aux produits de la ferme (vins, charcuterie et viandes fraiches...), aussi en vente. Accueil authentique.

Crêperie Le Marin d'Eau Douce : *21, av. de Chalabre, à **Espéraza.** ☎ 04-68-74-16-06. Tlj sauf lun-mar (tlj sauf lun en été). Formule déj en sem 10 € ; menus 14-18 € ; crêpes à moins de 10 €.* Pour recharger les batteries des gamins à la sortie du musée des Dinosaures, juste en face, ce resto mitonne des crêpes et galettes gourmandes. Aussi de bonnes salades et des assiettes du terroir. À dévorer sans compter dans une grande salle accostée d'un grand bateau pirate en guise d'espace de jeu ! Service gentil. On aime !

Pétanque et Poulet Bicyclette : *lieu-dit À Luc, 11500 **Saint-Ferriol.** 06-31-15-09-60 ou 06-48-94-71-74. À 6 km au sud d'Espéraza. Ouv avr-oct, tlj sauf lun. Résa conseillée. Menu 18,50 € ; carte 20-35 €.* Perdu sur une colline boisée, voici 2 terrasses face à un étang, au beau milieu d'une clairière. Dans l'assiette, de bonnes pizzas à pâte fine et cuites au feu de bois. Aussi quelques grillades de bœuf et de canard sans chichis ; et puis ce poulet bicyclette, clin d'œil à l'engouement des proprios pour l'Afrique. On peut aussi venir y siroter un cocktail en soirée dans une ambiance de guinguette. Quel bon moment ! Service sincère et sympa.

À voir

Le musée des Dinosaures : *av. de la Gare. ☎ 04-68-74-26-88. • dinosauria.org • En été, tlj 10h-19h ; hors saison, tlj 10h30-12h30, 13h30-17h30 (journée continue pdt vac scol hiver, Pâques, Toussaint et Noël – zone C). Fermé janv hors vac scol. Entrée : 9 € ; 6,50 € pour les 5-12 ans ; réduc. Ateliers de moulage d'empreinte (6 € ; pour les 6-12 ans), de fouille (3 € ; vac scol zone C seulement ; pour les 7-12 ans). Visite guidée (1h) du chantier de fouille de Bellevue (sur résa ; 4,50 €, réduc).* Dino-quiz *et* Dino-récré *pour les plus petits.* On pénètre d'abord dans une ***galerie*** qui illustre – à travers une foule de fossiles – l'évolution de la vie sur 4 milliards d'années : intéressant de comprendre que celle-ci nait sous la mer, avant d'investir les terres il y a 500 millions d'années et de poursuivre inexorablement son cycle ; malgré d'incroyables destructions, comme cette météorite tombée sur le Yucatan et qui a décimé les dinosaures de la planète voici 65 millions d'années ! Suit une ***serre*** évoquant les paysages audois de ces époques lointaines, puis des ***moulages de squelettes*** grandeur nature – le plus grand mesurant 22 m ! – dont celui d'***Eva,*** un ampelosaure découvert dans la vallée de l'Aude. La visite s'achève par un ***espace dédié au tyrannosaure,*** de sa découverte au début du XXe s, à sa starification dans la culture populaire (littérature, cinéma, jouets...).

Le musée de la Chapellerie : *av. de la Gare. ☎ 04-68-74-00-75. • musee-chapellerie.fr • ♿ Mêmes horaires que le musée des Dinosaures. Congés : 2 sem mi-janv. Entrée : 2 € (visite guidée 3 €) ; gratuit moins de 12 ans.* Musée aménagé comme un atelier de confection, détaillant les différentes étapes de la fabrication des chapeaux de feutre, avec une centaine de modèles exposés. Débuter la visite par le film de 20 mn, tourné à l'usine ***Mont Capel*** *(• montcapel.com •)*, la seule encore en activité dans le coin, et qui détaille le procédé de fabrication : traitement de la laine, « clochage » ou moulage du chapeau, finitions... Intéressant !

RENNES-LE-CHÂTEAU

(11190) 80 hab. *Carte Aude, B2*

Mignon et pacifique petit village perché à 582 m, Rennes fait l'objet d'un nombre impressionnant de légendes et de fantasmes autour de trésors enterrés ici... Et si l'usage des pioches est aujourd'hui interdit, c'est certainement pour profiter du très joli panorama sur les alentours.
Du temps de Charlemagne (IXe s), *Redhae* – le petit nom médiéval de Rennes – était une place forte. Certes, cet éperon rocheux s'y prêtait à merveille. Forteresse mise à mal par les troupes du roi d'Aragon en 1170, Simon de Montfort l'ignore royalement lors de la croisade anti-cathare de 1207. Et c'est en 1362 que les « routiers aragonais » (des pillards) l'assiègent puis la détruisent définitivement. Suite de l'épisode, 6 siècles plus tard...

L'INCROYABLE HISTOIRE DE L'ABBÉ SAUNIÈRE !

En 1885, l'abbé Saunière, nommé curé de Rennes-le-Château, entreprend la restauration de l'église Sainte-Madeleine. Les sommes qu'il y dépense sans compter intriguent sa hiérarchie, jusqu'au Vatican. Soupçonné de violation de sépultures, de trafic de messes, etc., il échappe cependant à toute poursuite. Saunière engloutit des sommes somptuaires, achète des terrains autour du presbytère et fait même construire une tour néogothique, une belle maison (la villa Béthania), un parc avec fontaines et un jardin d'hiver (ou orangerie). Puis il s'éteint en 1917 « avec des dettes d'épicerie », sans qu'on en sache plus sur la source de ses richesses. Malgré les nombreuses supputations qui inspirèrent tant de littérateurs et plusieurs versions, toutes plus abracadabrantes les unes que les autres, le secret de cette richesse reste entier.

PRIX NOBEL DE L'ABBÉ-TISE

En inventant la dynamite, M. Nobel n'imaginait pas qu'elle pût être utilisée pour éventrer les rues de Rennes-le-Château à la recherche d'un hypothétique trésor... Et ce fut le cas ! Le sous-sol se faisant de plus en plus gruyère sous l'appétit ravageur des chercheurs de trésor, le maire du village dut interdire formellement toute fouille souterraine dans les années 1960.

Adresse et infos utiles

Office de tourisme du Limouxin : *17, route des Pyrénées, 11190* ***Couiza.*** *☎ 04-68-69-69-85. • tourisme-limoux-in-aude.fr • Tlj sauf mer et w-e (ouv mer-sam en été) 9h-12h30, 14h-17h.* Plan-brochure de Couiza pour une intéressante balade de découverte à pied, plan-dépliant de l'itinéraire de rando facile « Entre sel et verre », à la découverte de la forêt de l'Eau-Salée (1h30)...

Parking : *à l'entrée de Rennes-le-Château. Obligatoire tte l'année et seulement payant de mi-juin à mi-sept (2,50 €/j.).*

Visites guidées : avec ***Légendes d'Oc*** *(06-72-73-81-20 ; • legendes-doc.com • ; tarif 6-10 €).* Des visites guidées insolites et théâtralisées autour de Rennes-le-Château, mais aussi des *escape games*, chasses au trésor...

Où dormir ? Où manger ? Où boire un verre dans les environs ?

Campings

Maison de la Nature et de la Randonnée : *rue Cugurou, 11190* ***Bugarach.*** *☎ 04-68-69-83-88. 06-81-20-91-73. • maisondelanature@aol.com • maison-nature-rando.com • À 12 km au sud-est de Rennes-le-Château et 1 km du village. Ouv avr-oct. Forfait tente 13 € ; dortoirs (4-6 lits) 17 € ; doubles 48 € ; mobile homes.* Dans un charmant coin de nature juste au pied du fameux Pech de Bugarach – le point culminant des Corbières –, une grande pelouse sans vraiment d'ombre pour planter ses sardines. Superbe vue, chalet-cuisine et transats en prime. Aussi un gîte d'étape et un resto-guinguette en été. L'accueil est excellent, l'ambiance chaleureuse et conviviale. Bref, un bon point de départ pour randonner dans le coin.

Camping La Bernède : *19, chemin de la Bernède, 11190* ***Rennes-les-Bains.*** *☎ 04-68-20-07-30. 06-37-27-22-34. • infos@labernede.fr • camping-renneslesbains.com • À 10 km au sud-est de Rennes-le-Château. Ouv tte l'année. Forfait tente 18-28,50 € ; mobile homes.* En bord de rivière, un camping à taille humaine bien tranquille, aux emplacements gazonnés, ombragés et délimités par des haies de troènes. Resto-bar en été, piscine chauffée, jeux pour enfants, tennis à proximité... Accueil sympa.

De bon marché à prix moyens

Le jardin de la Sals : *pl. de la Crous, 11190* ***Sougraigne.*** *☎ 04-68-69-88-44. 06-82-84-99-68. • contact@lejardindelasals.com • lejardindelasals.com • À 13 km au sud-ouest de Rennes-le-Château. Ouv de mi-mars à mi-déc. Doubles 59-80 € ; gîtes (2-10 pers) 300-720 €/sem. Table d'hôtes 26 €. Réduc de 10% sur le prix des chambres (hors ponts et vac scol) offerte sur présentation de ce guide.* Au sommet du pittoresque village de Sougraine, cette ancienne auberge, imbrication de petites maisons, constitue à elle seule un petit bout de village, avec des cours et des jardins secrets, dans l'un desquels une piscine et un jacuzzi offrent une vue magnifique sur les contreforts des Pyrénées. Un endroit vraiment reposant, qui dispose de plusieurs chambres et gîtes confortables et spacieux, où l'on est choyé par des hôtes à l'accueil délicieux. Tennis et terrasse panoramique. Côté fourneaux, la cuisine de terroir est particulièrement savoureuse.

Chambres d'hôtes Le Presbytère : *rue du Presbytère, 11190* ***Bugarach.*** *☎ 04-68-69-82-12. • info@presbyterebugarach.fr • presbytere bugarach.fr • À 13 km au sud-ouest de Rennes-le-Château. Ouv mars-nov. Doubles 77,50-88,50 € ; réduc dès 4e nuit. Table d'hôtes 30 €.* Ce couple néerlandais sympa a investi l'ancien presbytère pour en faire un lieu de convivialité partagée. Autour de la grande table de la salle à manger ou du superbe jardin-terrasse pour une cuisine fraîcheur de produits régionaux et de légumes du jardin. À dispo, plusieurs belles et grandes chambres, arrangées dans le style traditionnel de la maison et meublées d'ancien, permettent de profiter du calme et du paysage. Aussi des familiales. Une belle adresse, on recommande !

Le Jardin de Marie : *rue de l'Église, 11190* ***Rennes-le-Château.*** *☎ 04-68-20-99-71. • morganrennois@*

hotmail.com • ♿ Ouv avr-oct ; tlj sauf mar soir-mer (tlj en été). Formule déj 15 € ; menus 20-27 € ; carte 20-30 €. La salle fait quelque peu penser à un préau d'école qui aurait changé de vocation. En revanche, s'attabler dans l'ancien jardin du domaine de l'abbé Saunière est un moment vraiment réjouissant aux beaux jours. Dans l'assiette, rien de compliqué, mais des préparations honnêtes et efficaces à choisir sur une carte qui propose principalement des grillades. On peut aussi juste y prendre un verre sagement.

De chic à plus chic

Château des Ducs de Joyeuse : *allée Georges-Roux, 11190* ***Couiza.*** *☎ 04-68-74-23-50. • reception@chateau-des-ducs.com • chateau-des-ducs.com • ♿ Fermé de nov à mi-avr. Hors saison, resto fermé le midi lun-ven. Doubles 125-250 € ; petit déj 16 €. Menus 29-85 €.* Construit par Jean de Joyeuse, 1er gouverneur de Narbonne, au milieu du XVIe s, ce pittoresque petit château devint hôpital militaire, gendarmerie et magasin de laine pour une fabrique de chapeaux. Désormais hôtel de charme, il compte une douzaine de belles chambres *in style,* dont certaines avec lit à baldaquin. Les plus chères se trouvent dans les tours d'angle du château. Piscine chauffée et tennis dans le jardin, au bord de l'Aude. Côté resto, c'est une cuisine gastronomique pleine de fraîcheur qui vous attend. Créative et élégante, elle joue avec les épices et les aromates pour accommoder les bons produits de la région. À déguster aux beaux jours dans le superbe patio Renaissance, qui tranche avec l'architecture défensive de l'extérieur.

À voir. À faire à Rennes-le-Château et dans les environs

Le domaine de l'abbé Saunière : *rue de l'Église. ☎ 04-68-31-38-85. • rennes-le-chateau.fr • ♿ (partiel). Horaires très variables et régulièrement modifiés (à confirmer avt de venir) ; en gros tlj 10h-12h30, 13h30-17h30 (18h mai-juil, 18h30 août, 19h sept). Entrée : 5 € ; réduc ; gratuit moins de 10 ans.* Voici donc le domaine mystérieusement construit par l'abbé Saunière. Dans l'ancien ***presbytère,*** un petit ***musée*** retrace l'histoire du village et présente cet étonnant curé, qui vivait ici avec Marie, sa fidèle servante. La visite se poursuit par la ***villa Béthania*** et sa véranda-chapelle, construite autour de 1900 pour recevoir les hôtes de marque et donner des réceptions ; les ***jardins,*** où se trouve la tombe de Saunière ; la ***tour Magdala,*** qui fut la bibliothèque de l'abbé et offre un superbe panorama à 360° sur la campagne alentour depuis sa terrasse crénelée supérieure... Et en explorant la galerie sous le ***belvédère,*** notez ce trou qui est en fait un départ de fouille des années 1960 !

L'église Sainte-Marie-Madeleine : *mêmes adresse et horaires que le domaine. GRATUIT.* Le secret serait confiné à l'intérieur de cette église restaurée par l'abbé Saunière durant 9 années. Tout dans cet édifice sulpicien donnerait matière à interprétation. À l'entrée, le diable Asmodée vous accueille, planqué sous le bénitier, surmonté de 4 anges qui se signent. Mais ce n'est pas l'original qu'on voit ici, dont la tête et les bras ont été volés en 1996. Le dallage constitue un échiquier. Dans le chœur, 2 statues représentant Joseph et Marie, chacun portant l'Enfant Jésus. Les statues de sainte Germaine, saint Roch, saint Antoine, saint Antoine de Padoue et saint Luc sont disposées en « M », rappelant celui de Marie-Madeleine ; les initiales des 5 saints forment le mot « Graal ». Jeux de lumière dans les vitraux le 17 janvier, chemin de croix codé (chercher la lune étrangement ajoutée sur le tableau de la station XIV...).

Le circuit des remparts : le *sentier du Ritou* (compter 3-4 h de marche) permet d'effectuer un tour complet du promontoire, avec des panoramas d'exception.

Base nautique de Couiza : *allée Georges-Roux, 11190* **Couiza.** *06-75-21-09-87. • pommayrac.com/aufildelaude/ • Mai-sept, sur résa. Enfants dès 6 ans, sachant nager. Compter 20-35 €/pers, à la ½ journée ou à la journée. CB refusée.* Descente de l'Aude en canoë-kayak sur plusieurs parcours – 8 à 25 km – avec des pauses baignade. Prévoir le pique-nique si besoin.

DANS LES ENVIRONS DE RENNES-LE-CHÂTEAU

RENNES-LES-BAINS *(11190 ; 205 hab.)*

Ses eaux thermales à 33 °C soulagent les rhumatismes... On peut aussi y détendre ses muscles courbatus après l'une des multiples randonnées proposées dans les Pyrénées audoises et jusqu'au proche pic de Bugarach. D'avril à novembre, piscine d'eau thermale, hammam, jacuzzi et une panoplie de sont à dispo *(• thermes-renneslesbains.fr •)*. Le village vaut aussi une petite balade : perdu au cœur d'un écrin vert, il est charmant !

LA FIN D'UN MONDE

Une prophétie, un alignement des planètes, la fin du calendrier maya auguraient d'une fin du monde le 21 décembre 2012. Selon une autre croyance, plus singulière encore, le pic de Bugarach abritait des engins extraterrestres censés sauver les chanceux qui se trouveraient par là. Finalement, hormis un déploiement galactique de la maréchaussée pour prévenir suicides collectifs et autres sottises, rien n'advint ! Mais pour les crédules de ce message apocalyptique, ce fut... la fin d'un monde.

Office de tourisme du Limouxin : *rue des Thermes. ☎ 04-68-69-82-94. • tourisme-limoux-in-aude.fr • Lun-ven 9h-12h, 14h-18h (13h-17h oct-mai). Fermé mer ap-m sept-juin, plus lun ap-m oct-mai.*

ARQUES *(11190 ; 250 hab.)*

Un village riche en activités de pleine nature (lac de 8,5 ha, arboretum du Planel dans les environs) et célèbre pour son donjon du XIIIe s.

À voir. À faire

Le château d'Arques : *D 613. ☎ 04-68-69-84-77. • chateau-arques.fr • Tlj 10h-13h (13h30 juil-août), 14h-18h (19h juil-août, 17h mars et nov). Dernière admission 30 mn avt. Fermé de mi-nov à début-mars. Entrée : env 6 € ; réduc ; gratuit moins de 6 ans. Audioguide sur l'appli mobile « Pays Cathare, Le Guide » ; et parcours enfant avec l'appli « Castrum, Le Jeu ».* Simon de Montfort s'empara en 1210 du village fortifié d'Arques et y fit baron Pierre de Voisins, son compagnon d'armes, en 1226. Le château fut l'œuvre de ses descendants, aux XIIIe et XIVe s. Il se compose d'une enceinte rectangulaire entourant un donjon carré de 4 niveaux, célèbre chef-d'œuvre d'architecture militaire gothique.
Le billet donne aussi droit à la visite – au cœur du village – de la ***maison de Déodat Roché*** *(ouv de mi-juin à mi-sept, mar-sam 14h-18h)*, historien du catharisme. Une expo y présente l'homme, ses travaux, ses messages...

➢ **Promenades à cheval :** *avec* **Cheval N'Arquois,** *42, route des Corbières (face à l'église). ☎ 04-68-69-86-65. Compter 13-26 € pour 1-2h de balade.* Promenade ou rando à cheval ou à poney « à hennir de plaisir », paraît-il !

LES PYRÉNÉES AUDOISES

Ce secteur offre un paysage de massif ancien, de villages de montagne, de pâturages à vaches, de gorges et de torrents. Quillan en est l'avant-poste et la capitale : on y vient au marché, on s'y rencontre aux terrasses des cafés. Vers l'ouest, le Quercorb, vieux pays au relief assez doux, d'élevage et de forêt, que dominent Puivert et son château cathare ; plus haut, plein sud, Axat et les gorges de l'Aude, haut lieu de la rando et des activités en eaux vives ; entre les 2, le plateau de Sault, de 900 à 1 200 m d'altitude, aux paysages montagnards, bordé de hauts sommets dont pic d'Ourthizet à 1 904 m ; ça grimpe !

QUILLAN

(11500) 3 260 hab. *Carte Aude, B2*

Le bourg s'étire le long de l'Aude et affiche une gentille atmosphère, avec son vieux centre et sa promenade. Dans les années 1950-1970, la ville connut un prodigieux essor grâce au développement de l'industrie du stratifié, le *formica.* À voir, dans le centre ancien, la curieuse église (fin XIIe s, agrandie au XVIIe s) recouverte de galets de rivière !

Adresse et infos utiles

ℹ ***Office de tourisme des Pyrénées audoises :*** *sq. André-Tricoire. ☎ 04-68-20-07-78. • pyreneesaudoises.com • Face à l'ancienne gare SNCF. Juil-août, tlj sauf dim ap-m 9h-12h30, 13h-18h ; avr-juin et sept, tlj sauf dim 9h30-12h, 14h-18h ; oct-mars, tlj sauf jeu et dim 10h-12h, 14h-17h.* Plan du village pointant ses principaux monuments pour une visite libre, infos rando... Visite guidée (1h30) du village mer à 10h en été *(3 € ; réduc ; gratuit moins de 12 ans).*

🚌 ***Arrêt des bus :*** *bd. Charles-de-Gaulle, face à l'ancienne gare SNCF. • lio.laregion.fr/transports-aude-regulier •* Quillan se trouve sur la ***ligne 402, Carcassonne – Axat,*** opérée par la compagnie ***Teissier*** *(• teissier.fr •)* et desservant (sauf dim) ***Limoux, Alet-les-Bains, Couiza*** *(Rennes-le-Château)* ***et Espéraza.***

➢ ***Marchés :*** *mer et sam mat, bd Jean-Jaurès.* ***Marché nocturne*** *pl. de la République jeu soir en juil-août, avec animation musicale.*

➢ ***Sports en eaux vives :*** 12 km de rivière sportive (rafting, nage en eaux vives, hydrospeed, canoë-kayak) entre les gorges de Saint-Georges et celles de la Pierre-Lys. À pratiquer avec ***La Forge de Quillan*** *(voir plus bas « Où dormir ? »).*

Où dormir ? Où manger ?

Camping

⛺ ***Camping municipal de la Sapinette :*** *21, rue René-Delpech. ☎ 04-68-20-13-52. • campingsapinette@wanadoo.fr • camping-quillan.fr • ♿ À 500 m à l'ouest du centre-ville. Ouv avr-oct. Forfait tente 13-25 € ; chalets.* Camping au calme, en lisière de village et bordé d'une pinède. Emplacements gazonnés et séparés par de petites haies. Sanitaires : peut mieux faire ! Piscine. Bon accueil.

Bon marché

⛺ 🏠 🍽 ***Camping-auberge de jeunesse La Forge de Quillan :*** *route*

L'AUDE, PAYS CATHARE

de Perpignan (D 117). ☎ 04-68-20-23-79. • laforge@ville-quillan.fr • laforgedequillan.fr • À 1,5km au sud du centre-ville. Ouv de mi-mars à mi-nov. Forfait tente 14€ ; lits en dortoir (2-8 pers) 21 €/pers. Repas 13,50 €. Juste en dehors de la ville et niché dans un gracieux méandres de l'Aude, c'est une auberge de jeunesse rutilante et qui joue aussi la carte des activités de pleine nature (eaux vives, montagne, rando, accrobranche, tir à l'arc...). Salle TV et cuisine commune. Bref, une excellente adresse à seulement 800 m du sentier cathare. Foncez !

Crêperie Le Demi-Sel : *65, bd Charles-de-Gaulle. ☎ 04-30-07-33-86. Tlj sauf dim soir et lun. Formule déj 11 € ; menu 14,50 € ; carte 15-20 €.* Une crêperie de filles, plantée au bord des Pyrénées. Étonnant, non !? Dans l'assiette, délicieuses galettes préparées avec des produits locaux et servies à prix copain. Aussi des salades et des tartines, sans compter quelques viandes plus chères et mitonnées dans la tradition. Bon accueil.

Prix moyens

Hôtel-restaurant Cartier : *31, bd Charles-de-Gaulle. ☎ 04-68-20-05-14. • contact@hotelcartier.com • hotelcartier.com • Congés : de mi-nov à mars. Doubles 59-89 € ; petit déj 9,50 €. Formule déj 15 € ; menu 26 € ; carte env 30 €. Parking payant.* En plein centre, une valeur sûre de tradition familiale. Chambres pratiques (dont les familiales) et de bon confort, mais assez vieillottes. En revanche, le resto nous a vraiment emballés avec sa cuisine régionale goûteuse et bien menée. Bref, LA bonne table de Quillan, à ne pas manquer !

Pizzeria La Galerie : *12, bd Jean-Bourrel. ☎ 04-68-31-55-94. • lagalerie@yahoo.fr • Fermé le midi lun et jeu en été ; mer-jeu hors saison. Congés : de mi-déc à mi-janv. Carte 20-30 €.* Le genre de petit resto appréciable dans une ville où les adresses pour se sustenter ne courent pas les rues. La cuisine est soignée et à l'image du cadre, entre tradition locale et Grande Botte. Agréable terrasse sur la rue, ombragée par des platanes.

Manifestations

- ***Festival de jazz :*** *début août.* Concerts gratuits.
- ***Festival de polyphonie :*** *1 sem début sept.* Des chants traditionnels font vibrer à l'envi et à l'entour églises et chapelles.
- ***Festival des Saveurs :*** *1 w-e de sept.* Marché de producteurs, plats traditionnels concoctés en live par les chefs du cru.

PUIVERT (11230) 470 hab. *Carte Aude, A2*

À 16 km au nord-ouest de Quillan, un lieu incontournable. Même Simon de Montfort y a fait une halte au temps de la croisade anti-cathares, histoire de prendre le château qui veille sur le village. Vous aussi vous pourrez le prendre... en photo !

Où dormir ?

Gîte d'étape Le Relais des Marionnettes : *19, RD 117. ☎ 04-68-20-80-69. 06-18-95-90-36. • lesmarionnettes@free.fr • gite-puivert.com • Ouv tte l'année. Lits en dortoir (6 pers) 20-22 €/pers (loc draps et serviettes 5 €) ; doubles 42-50 € ; petit déj 7 € ; dîner 19 € (vin compris). CB refusée.* Accueil gentil du couple de proprios qui a longtemps fabriqué des marionnettes, avant d'ouvrir ce gite sur le sentier cathare. Chambres ou dortoirs, avec ou sans sanitaires. Cuisine et grande salle commune donnent au lieu une ambiance conviviale de gîte de montagne. Atelier-galerie d'artiste sur place, avec vente des créations.

À voir

Le musée du Quercorb : *16, rue Barry-du-Lion.* ☎ *09-67-27-81-51.* • *museequercorb.com* • *Ouv fin mai-fin sept, mer-dim 10h-13h, 14h-18h (de mi-juil à fin août, tlj 10h-19h). Dernière admission 30 mn avt. Entrée : 4,50 € ; réduc. Audioguide sur l'appli mobile « Pays Cathare, Le Guide » ; et parcours enfant avec l'appli « Castrum, Le Jeu ».* Intéressant musée des arts et traditions populaires, avec reconstitution d'une cuisine d'antan, d'une forge, d'un atelier de tourneur sur bois et même des calorifères et autres sonnailles (cloches à vaches) des XIXe-XXe s. La salle de l'*instrumentarium* présente 8 instruments de musique du Moyen Âge, reconstitués d'après les sculptures du château de Puivert. Aussi une section consacrée à l'histoire du dit-château et à celle des cathares en Quercorb. Le verger renferme un alambic et des variétés anciennes d'arbres fruitiers. Régulièrement des expos temporaires, parfois des spectacles, ateliers et animations (plutôt en été et sur résa).

LE PAYS DE SAULT

Carte Aude, A2-3

À l'ouest de Quillan, au sud de Puivert, on entre dans un pays servi sur un plateau... et même 2 plateaux séparés par la vallée du Rébenty ! Un coin de montagnes enrobé d'épaisses forêts (*saltus* en latin... « sault » en français), balafré par le défilé de Joucou et les gorges du Rébenty. Sauvage, la région est ignorée des touristes mais grandement appréciée des randonneurs et autres mordus de nature, sans oublier la station de ski de Camurac, à la frontière ariégeoise...

Où dormir ? Où manger ?

Camping

Camping La Mare aux Fées : *6, rue de l'Église, 11340* ***Roquefeuil.*** ☎ *04-68-31-11-37.* *07-69-78-57-13.* • *contact@camping-lamareauxfees.com* • *camping-lamareauxfees.com* • *Au centre du village. Ouv avr-oct. Forfait tente 14-16 € ; chalets et mobile homes.* Au cœur d'un village rural perché à 900 m d'altitude, petit camping coquet, coincé entre l'ancien abreuvoir et l'église. Emplacements gazonnés, ombragés et délimités par de hautes haies. Sanitaires nickel. Piscine, location de VTT, bibliothèque, bar-snack, dépôt de pain et passage de petits producteurs locaux en été.

Bon marché

Gîte d'étape de Comus – Chez Dine et Lo : *24, carrier de la Glésia, 11340* ***Comus.*** ☎ *04-68-20-33-69.* *06-42-97-46-57 ou 63-88.* • *contact@gites-comus.com* • *gites-comus.com* • *En haut du village. Congés : de mi-nov à mi-déc. Nuitée 21-23 €/pers (loc de draps, en été seulement, 5-7 €) ; petit déj 8 € ; table d'hôtes 20 € ; panier pique-nique 10 € ; ½ pens 43-45 €/pers ; réduc. Apéritif maison offert sur présentation de ce guide.* Au cœur d'un village de montagne (1 200 m), niché entre l'Aude et l'Ariège, à la croisée de plusieurs itinéraires de rando (sentier cathare, chemin des Bonshommes...), ce gîte propret est installé dans l'ancien presbytère – accolé à l'église – et dans un autre bâtiment à 150 m de là. À dispo, plusieurs dortoirs *(3-6 lits)* et chambres doubles au confort simple, avec ou sans sanitaires. Cuisines communes, terrasses avec vue, cheminées... Et puis des topoguides et les bons conseils de Dine – accompagnatrice en montagne – pour profiter au mieux de votre séjour. Une bonne adresse – hiver comme été – pour les amoureux de nature.

AXAT

(11140) 550 hab. *Carte Aude, B3*

Modeste village, Axat est bâti à flanc de coteau dans un site pittoresque, environné de monts. Son histoire et son nom sont liés à l'Aude, dont la dénomination gauloise était *Atacine,* signifiant « fleuve audacieux ». Et c'est justement dans les environs d'Axat, sur le site de Saint-Georges, que fut mise en service l'une des 1res centrales hydroélectriques de France, le jour de Noël 1900...
Ce « fleuve audacieux » demeure l'atout principal d'Axat, point de départ de randonnées et d'activités diverses en eaux vives : canoë-kayak, rafting ou hydrospeed dans les gorges de l'Aude, où l'on trouve des rapides aux noms évocateurs *(la Triple Chute, le Flipper...).*

L'AUDE, PAYS CATHARE

Adresses utiles

i ***Office de tourisme des Pyrénées audoises :*** *rond-point du Pont-d'Aliès. ☎ 04-68-20-59-61. • pyreneesaudoises.com • Sur la D 118, avt le village. Ouv de mi-juin à début-sept, tlj sauf w-e 10h-16h30 ; le reste de l'année, infos à l'office de tourisme de Quillan.* Infos randos, sports d'eaux-vives...

➢ ***Sports en eaux vives :*** à pratiquer avec ***Pyrène Rafting*** *(camping Le Moulin du Pont d'Aliès ; ☎ 04-68-20-52-76 ; • pyrenerafting.com • ; à côté de l'office de tourisme)* et ***Sud Rafting*** *(Pont-d'Aliès ; ☎ 04-68-20-53-73 ; • sudrafting.com •).* Au programme : hydrospeed, canyoning, rafting, hot-dog, kayak-air, etc., encadrés par des moniteurs sympas et passionnés.

■ ***Piscine municipale :*** *pl. de la gare. ☎ 04-68-20-13-19. Ouv juin, w-e 14h-19h30 ; juil-août, tlj 11h30-19h30. Entrée : 4 € ; réduc.* Piscine en plein air, chauffée et avec toboggan.

Où dormir ?
Où manger à Axat et dans les environs ?

Camping

⛺ |●| ***Camping La Crémade :*** *lieu-dit la Crémade, route de Perpignan (D 117). ☎ 04-68-74-06-12. 📱 06-70-07-43-21. • campinglacremade@orange.fr • campinglacremade.com • ♿ À 2 km à l'est d'Axat. Ouv avr-oct. Forfait tente 14-23 € ; mobile homes, chalets, lodges et yourtes. Au resto, carte 10-25 €.* Coup de cœur pour ce camping à taille humaine, déployé sur un site naturel tranquille et superbe, au cœur d'une pinède avec une vue splendide sur les montagnes. Emplacements gazonnés spacieux, ombragés et séparés par des haies. Sur place, VRAI resto de terroir, ***La Grange d'Axat,*** aire de jeux pour enfants, soirées-concerts en été... Accueil adorable et aux petits soins. Bref, l'un des campings les plus agréables du département, bravo !

Prix moyens

|●| ***Aux Quatre Saisons :*** *101, route de Font-Romeu (D 118). ☎ 04-68-20-14-67. • pauletval.bridgestock@*

orange.fr • À la sortie sud du village. Tlj sauf lun en saison ; fermé lun-mar, mer midi et dim soir hors saison. Formule déj 19,90 € ; menus 21,90-39,90 €. On arrive comme chez des amis dans la vieille maison de Valery et Paul, les gentils proprios anglais. Au menu, savoureuse cuisine *french style*, inspirée par le cru et servie dans une salle – éclairée à la bougie – au style cosy *so british*. Étonnant !

Domaine des Massols : *11140* ***Marsa.*** *☎ 04-68-31-89-81. 06-32-57-80-70. • lesmassols@orange.fr • domainedesmassols.com • À 14 km à l'ouest d'Axat par la D 107. Congés : de mi-nov à mars (sauf groupe). Doubles 80 €. Table d'hôtes sur résa 30 € ts les soirs juil-août (externes compris), sinon sam soir-dim midi (pour les seuls hôtes).* L'adresse perdue au bout d'une route qui part vaillamment à l'assaut de la montagne. Agriculteurs bio, Ève et Antony ont relevé les murs de ces quelques maisons en ruine qui constituaient un petit hameau de montagne. À 700 m d'altitude, voici donc des chambres sobres, spacieuses et boisées du plancher jusqu'au plafond (certaines, les familiales, avec mezzanine). Magnifique salle de resto baignée de lumière et parée de lustres provenant d'une salle de bal. À table, un maximum de produits fermiers locaux et maison (dont du safran). Superbe piscine avec vue plongeante sur la vallée verdoyante et sauvage du Rebenty. On aime !

Ferme-auberge Le Cochon du Madrès : *le village, 11140* ***Escouloubre.*** *☎ 04-68-20-44-02. 06-70-35-22-41. • lecochondumadres@orange.fr • À 22 km au sud-ouest d'Axat. Ouv de mi-avr à mi-nov, tlj à midi. Résa impérative. Menu 26 € (apéro, vin et café compris).* On ne vient pas par hasard dans ce croquignolet village accroché à sa montagne ! C'est sur ces pentes herbeuses que Patricia et Christian ont lâché leurs veaux, vaches et cochons, pour produire viandes, jambon, charcuterie et fromages maison, qu'ils vendent dans leur boutique ou servent sur la table de cette auberge improvisée. S'y ajoutent d'autres productions fermières locales (jus de fruits, pain de campagne, miel...), bienvenues pour un pique-nique dans la montagne, si on n'a pas choisi le pantagruélique menu du midi ! Accueil chaleureux dans un environnement joliment désordonné et un rien bohème. Aussi des chambres à louer pour un séjour au vert.

DANS LES ENVIRONS D'AXAT

Le défilé de la Pierre-Lys : la route de Quillan à Axat longe l'Aude dans ce spectaculaire défilé. On emprunte 3 tunnels, dont le dernier, appelé *Trou du Curé*, est l'œuvre d'une figure locale, le père Félix Armand (1742-1823). Cet homme extraordinaire le perça de ses propres coups de pioche, avec l'aide de quelques paroissiens quand même !

La grotte de l'Aguzou : *route de Font-Romeu (D 118), 11140* ***Escouloubre.*** *☎ 04-68-20-45-38. • grotte-aguzou.com • À 15 km au sud-ouest d'Axat. Ouv sur résa seulement. Visite-exploration à la journée (9h-17h ; 12 pers max) avec repas à 600 m sous terre. Tarif : 60 €/pers (matériel, guide et assurances compris ; apporter son pique-nique) ; réduc.* En tout, 8h d'exploration à la Jules Verne ! On visite la salle des Mille et Une Nuits, celle de la Couronne de la reine (féerique), les cierges bougeoirs, etc. Et on boit l'eau des fontaines souterraines ! Un peu cher, mais un sacré moment dans cette caverne classée et protégée.

Les gorges de l'Aude : *parcourues par la route D 118 à l'extrême sud-ouest du département, à la limite de l'Ariège...* Espèce d'intestin grêle d'une vingtaine de kilomètres qui débute près d'Axat et longe la frontière départementale pour conduire à Mont-Louis (Pyrénées-Orientales). Sur la route D 118, 2 km après Axat, on longe les gorges Saint-Georges, peu étendues mais étroitement bordées de hautes falaises. Suit un décor montagneux enrobé par la forêt de Gesse, puis apparaissent dans la végétation luxuriante des blocs de pierre aux formes rebondies. On entre dans les gorges de l'Aude, pas si impressionnantes mais tout de même assez sauvages, au fur et à mesure que la route se fait plus étroite...

LE CHÂTEAU DE PUILAURENS

Carte Aude, B3

C'est dans cette citadelle vertigineuse, remarquable par son état de conservation, que se réfugièrent les cathares à la chute de Montségur ; là qu'ils survécurent, avec la complicité du peuple, avant d'être exterminés jusqu'au dernier...

Où dormir ? Où manger dans les environs ?

Hostellerie du Grand Duc : *2, route de Boucheville, 11140* **Gincla.** *☎ 04-68-20-55-02. • info@ hostelleriedugrandduc.com • hostelleriedugrandduc.com • À 5 km au sud du château de Puilaurens. Ouv avr-oct. Resto ouv tlj sauf mer midi (tlj en juil-août). Doubles 86-96 €. Menus 28-115 €.* Ancienne maison de maître de 1780, agréable et pleine de charme, dans un joli jardin agrémenté d'un bassin. Chambres confortables et d'allure classique. On a un gros faible pour la table – l'une des meilleures de la région – qui joue le raffinement et l'inventivité au fil des saisons. Les épices sont subtilement dosées, les desserts, savoureusement mitonnés... Côté boisson, on se laisse volontiers conseiller parmi la sélection de vins de Corbières. Une très belle adresse, fraîche et cosy, qui fait de ce lieu une étape reposante. Service attentionné.

À voir

Le château de Puilaurens : *pl. du Château, 11140* **Puilaurens.** *☎ 04-68-20-65-26. • chateau-puilaurens.com • Ouv de fin mar à mi-nov, tlj 10h (9h juil-août)-17h (18h mai-juin et sept, 19h juil-août). Dernière admission 20 mn avt. Entrée : 7 € ; 4 € 6-15 ans. Depuis le parking, compter 20 mn de grimpette (bien se chausser ; chemin glissant par temps de pluie) ; fermé en cas d'orage. Visites guidées possibles (se renseigner). Audioguide sur l'appli mobile « Pays Cathare, Le Guide » ; et parcours enfant avec l'appli « Castrum, Le Jeu ».* Posée sur un piédestal sauvage à 700 m d'altitude, la silhouette féodale de cette « citadelle du vertige » découpe sur le ciel ses gros donjons et remparts épais. Puilaurens verrouillait la haute vallée du Fenouillèdes, dont la seule route passait juste à son pied. Puilaurens est un modèle d'architecture militaire, dont chaque élément avait une logique de défense rendant sa prise pratiquement impossible. Maîtres des lieux,

CHÂTEAUX CATHOS

Alignée comme à la parade, l'escouade de châteaux qui ponctue les crêtes du sud de l'Aude n'a pas vraiment été bâtie par les cathares, pacifistes convaincus. Pour se défendre contre les croisés, ils y ont juste trouvé refuge. Le roi de France fit ensuite établir ici une ligne de fortification pour défendre la frontière du royaume des invasions aragonaises : les « 5 fils de Carcassonne », Aguilar, Quéribus, Termes, Peyrepertuse et Puilaurens. Le crédo de ces châteaux est donc plus catho que cathare !

les seigneurs occitans y protégèrent les cathares. Cette forteresse fut l'un de leurs derniers refuges. Plutôt sûr comme refuge ! D'ailleurs, le château résista bien aux croisés, après que Montségur fut vaincu. Passé sous contrôle royal, en 1255, il voit ses fortifications renforcées par Saint Louis face à l'Aragon, ce qui en fit la citadelle la plus méridionale du royaume. Mais, à la signature en 1659 du traité des Pyrénées, repoussant les frontières, le château perdit sa vocation et en même temps de sa superbe. Transformé un temps en prison, il fut abandonné, avant d'être restauré et de s'ouvrir aux touristes. Depuis le sommet, vue sur le pic de Bugarach, point culminant des Corbières.

LE PAYS CORBIÈRES-MINERVOIS

• Carte *p. 217*

En plein cœur du pays cathare, les Corbières sont d'abord connues pour leurs vins classés AOC, produits sur près de 15 000 ha, dans des paysages insensés : chaos de monts rocailleux, vallons étroits et torturés, coteaux escarpés... Derrière une apparence rude, cette région – bercée par le climat méditerranéen – montre une belle unité sous la clarté lumineuse du ciel et dans le charme presque magnétique des couleurs délicates et des paysages accidentés. Dans chacune des garrigues parfumées, derrière tous les cyprès ballottés par les vents, on s'attend à trouver quelque chose d'encore plus sublime !

Certes, la terre est rude, mais la vigne récompense amplement ceux qui l'aiment. Les vins élevés dans ces vignobles reflètent parfaitement les paysages. Tendres et veloutés dans la partie maritime, ils deviennent charpentés et tanniques dans les hautes Corbières. Dans les monts d'Alaric (entre Narbonne et Carcassonne), où l'influence atlantique se fait aussi sentir, ils prennent des arômes et une fraîcheur bien agréables. Dans le centre, où les variations de température sont importantes, les vins sont très complets et de grande classe. D'autant que l'époque des productions intensives est passée ; la qualité primant largement sur la quantité. Qui s'en plaindra ?!

Cette nature sauvage et torturée, ces vallées de terre rouge, ces collines dénudées frisant l'ascétisme constituèrent l'un des terreaux du catharisme. Dans les Corbières, l'histoire se confond avec la géographie et les vertigineuses citadelles de pierre fusionnées dans la roche scandent le pays cathare...

LES GORGES DE GALAMUS

Carte Aude, B2

Ces gorges somptueuses griffent profondément la limite entre l'Aude et les Pyrénées-Orientales, leur plus belle partie se trouvant sans conteste dans l'Aude... que les P.-O. nous pardonnent ! En les descendant, du nord au sud, on découvre à quel point la rivière Agly a creusé ici l'une des plus belles cluses de la région. Sur 4 km, ce ne sont qu'escarpements où seuls quelques genêts, arbousiers et chênes kermès parviennent à se cramponner. Au fond de ce ravin par endroits proprement vertigineux, le torrent tumultueux fait courir ses eaux turquoise. Quelques marmites géantes font office de bassins naturels. On ne peut rêver piscines plus agréables, mais sans surveillance ! La pratique de la rando, du canyoning et de l'escalade sont aussi possibles.

Infos : • gorgesdegalamus.fr •

On est frappé par la blancheur de la roche. Après un tunnel creusé dans la falaise, un parking-belvédère surplombe les gorges. Bien observer les parois rocheuses : là, en face, de minuscules façades de maisons épousent la couleur du rocher, reconnaissables aux tuiles mordorées de leurs toits... On se demande comment la foi a permis un tel prodige. Est-ce l'homme qui soulève les montagnes ? Ou l'inverse ? En descendant le sentier qui part de l'aire de stationnement, on aboutit à cet *ermitage* créé au VIe s. Planquée dans la paroi rocheuse, une incroyable chapelle ...
Pour revenir un peu sur terre, autant être clair. L'étroitesse des voies rend délicate la traversée des gorges en voiture. L'arrêt y est interdit, tout comme la circulation des caravanes et des camping-cars. En juillet-août, la circulation est alternée par 2 feux : l'un à l'entrée des gorges, l'autre à la sortie. Alors, pour vous éviter tout stress, laissez plutôt la voiture sur l'un des 2 parkings et hardi le mollet ! Sinon, prenez la petite *diabline,* une navette électrique qui circule gratuitement entre les 2 parkings.

LE CHÂTEAU DE PEYREPERTUSE

Carte Aude, C2

Une des plus fascinantes « citadelles du vertige », élevée au XIe s par les comtes catalans en guerre contre Carcassonne. Ce n'est pas seulement l'amour de l'Histoire qui pousse aujourd'hui des milliers de nos contemporains à aller se perdre sur ces chemins escarpés. C'est un rêve étrange, un rêve de pureté, se jouant de la stricte réalité, la majorité des vestiges que l'on aperçoit étant bien postérieurs à l'époque qui vit se propager sur les terres languedociennes la religion cathare ...

Où dormir ? Où manger dans le coin ?

De bon marché à prix moyens

■ *Gîte d'étape communal Moulin Solange :* *8, chemin du Fort, 11350* ***Duilhac-sous-Peyrepertuse.*** *06-74-04-93-76. • gite.duilhac@wanadoo.fr • Derrière l'église, sur le côté de la mairie-poste. Ouv tte l'année. Lits en dortoir (3-8 pers) 15 € (draps non compris).* Situé dans un village-étape du fameux sentier Cathare (GR 367), ce gîte propose des dortoirs pratiques et propres, de style rustique. Cuisine à dispo.

■ *Chambres d'hôtes La Giraudasse :* *2, pl. de la Fontaine, 11330* ***Soulatgé.*** *☎ 04-68-45-00-16. 06-08-86-14-42. • lagiraudasse@orange.fr • giraudasse.com • Congés : de mi-nov à mi-mars. Doubles 72-78 €.* Au milieu d'un charmant et paisible vieux village de campagne, c'est une belle maison du XVIIe s, bordée d'un jardin reposant. Déco à la fois simple et élégante dans les quelques chambres, bien équipées et dotées d'une jolie vue sur la montagne pour certaines.

■ *Hostellerie du Vieux Moulin :* *24, rue de la Fontaine, 11350* ***Duilhac-sous-Peyrepertuse.*** *☎ 04-68-45-03-00. 06-77-09-64-39. • contact@auberge-vigneron.com • hostellerie-du-vieux-moulin.com • ♿ Congés : de mi-nov à mi-mars. Doubles 64-75 € ; petit déj 9 €/pers.* Face au vieux moulin oléicole d'un vieux village médiéval tranquille situé pile-poil sur le sentier Cathare (GR 367), cette maison traditionnelle abrite une quinzaine de chambres fonctionnelles et ventilées. Celles de l'étage – mansardées et avec pierres apparentes – ont un rien plus de charme. Vue sur la ruelle ou la campagne, à vous de choisir ; murmure de la source du village en prime.

|●| *Mon Grain de Sel :* *23, rue Neuve, 11330* ***Soulatgé.*** *☎ 04-68-27-06-34. • joelle.casties@orange.fr • ♿ Ouv*

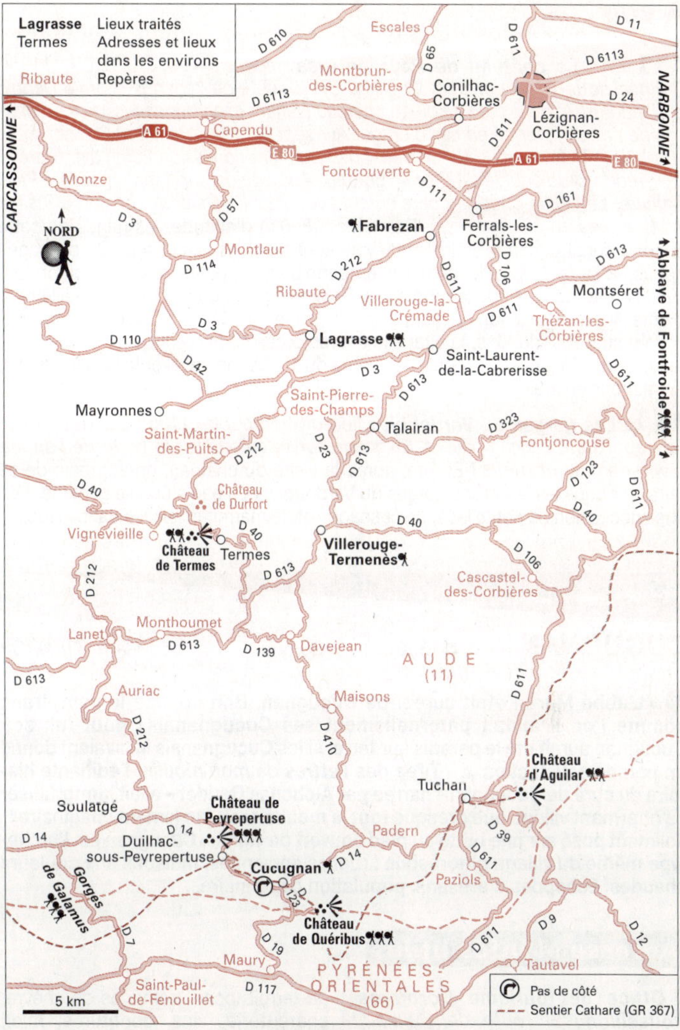

LES CORBIÈRES

avr-oct, tlj sauf lun ; le reste de l'année sur résa. Menus 18,50-25 €. C'est dans sa vieille maison du village, à la salle rafraîchie de couleurs vives, que Joëlle régale ses convives. Femme-orchestre, elle s'active aux fourneaux et au service d'une petite dizaine de tables. Des plats sincères et copieux, qui servent la tradition locale ; le tout conclu par les desserts maison. Les ingrédients – bio pour beaucoup – viennent du terroir local, et jusqu'aux pichets et salières fabriqués par son potier de voisin !

À voir

Le château de Peyrepertuse : *lieu-dit « Le Château », 11350* ***Duilhac-sous-Peyrepertuse.*** *☎ 04-30-37-00-77. • peyrepertuse.com • Depuis la billetterie, 20 mn à pied jusqu'au château (sentier escarpé, chaussures de marche de rigueur) ; fermé en cas d'orage. Avr-sept 9h-19h (20h juil-août) ; oct-mars 10h-18h (17h fév et nov, 16h30 déc-janv). Dernière admission 20mn avt. Entrée : 7 € ; réduc. Audioguide : 4 € (le 2e gratuit). Audioguide sur l'appli mobile « Pays Cathare, Le Guide » ; et parcours enfant avec l'appli « Castrum, Le Jeu ». Visites théâtralisées en été (sur résa).* Perchées à 800 m d'altitude, les ruines de cette énorme construction militaire médiévale sont fabuleuses, sur fond de paysages époustouflants ! Depuis la route, les remparts blanchis par le temps se confondent avec l'arête rocheuse de la montagne. Plus on s'approche, plus l'émerveillement monte : il y a bien 2,5 km de murs de pierre, enserrant ce qui fut presque une ville ! Édifiée au début du XIe s, la citadelle est renforcée sous Saint Louis d'un 2d château, auquel on accède, depuis l'enceinte du 1er, par un escalier taillé dans le roc. Animations en été.

Les gorges du Verdouble : *lieu-dit Verdouble, 11350* ***Duilhac-sous-Peyrepertuse.*** *Parking payant. Baignade surveillée en été ;* ***le reste de l'année à vos risques et périls !*** En été, après la visite du château, on apprécie de se rafraîchir dans les superbes gorges du Verdouble, où l'eau s'écoule gentiment en une succession de petits lacs, de cascades et de marmites taillées dans le roc.

CUCUGNAN (11350) 125 hab. *Carte Aude, C2*

« L'abbé Martin était curé... de Cucugnan. Bon comme le pain, franc comme l'or, il aimait paternellement ses Cucugnanais ; pour lui, son Cucugnan aurait été le paradis sur terre, si les Cucugnanais lui avaient donné un peu de satisfaction ... » Tirée des *Lettres de mon moulin,* l'édifiante histoire du curé de Cucugnan – narrée par Alphonse Daudet – allait immortaliser ce charmant village que presque tout le monde croit facilement imaginaire ! Joliment posé sur une butte au pied couvert de vignes, Cucugnan est l'archétype même du village pittoresque : ruelles anciennes, maisons aux couleurs chaudes, échoppes d'artisans, population débonnaire...

Adresse et infos utiles

Office de tourisme Corbières Roussillon : *2, route de Duilhac. ☎ 04-68-45-69-40. • corbieresroussillontourisme.com • cucugnan.fr • D'avr à mi-nov, tlj sauf dim (tlj juil-août) 10h-18h (17h avr et d'oct à mi-nov) ; de mi-nov à mars, ven-sam 10h-17h.* Petit plan du village avec ses points d'intérêt, liste des vignerons et des caves des Corbières, infos rando... Excellent accueil.

Épicerie : *5, rue Alphonse-Daudet. Tlj sauf dim ap-m et lun.* On y trouve la quintessence des petits producteurs du terroir local : fromages de chèvre, charcuterie, vins, confitures, miel, conserves de qualité... Bref, de quoi se constituer un bon pique-nique, en ayant pris soin d'acheter le pain chez *Les Maîtres de mon Moulin* (voir plus bas).

■ **Marché :** *mar 18h-20h.*

■ **Cave-i-art :** *mar, de mi-juil à mi-août.* Balades artistiques de cave en cave, avec expositions d'art, concerts, spectacles vivants, et rencontres avec les artistes autour d'apéritifs animés.

Où dormir ? Où manger ? Où boire un verre ?

De bon marché à prix moyens

Les Maîtres de mon Moulin : *3, rue du Moulin. ☎ 04-68-33-55-03. • farinesdemeule.com • Congés : janv. Tlj sauf lun (tlj avr-sept) 9h-19h. Moins de 10 €.* La bonne boulangerie du village, qui travaille avec des farines d'exception, issues de variétés anciennes de céréales bio et moulues ici sur des meules en pierre. On se régale des « pains gastronomiques », mais aussi des *focaccia,* biscuits, gâteaux, brioches... À engloutir sur les tables de pique-nique à l'extérieur où à emporter en rando.

Chambres d'hôtes Écurie de Cucugnan : *18, rue Achille-Mir. ☎ 04-68-33-37-42. 06-76-86-38-52. • ecurie.cucugnan@orange.fr • ecuriedecucugnan.fr • Congés : janv. Doubles 71-74 €. Apéritif offert sur présentation de ce guide.* Vous serez agréablement surpris par la qualité de la rénovation de cette ancienne écurie, qui abritait jadis les chevaux travaillant dans les vignes. Voici d'agréables chambres climatisées, dont certaines avec terrasse privée, meubles anciens et lit en fer forgé. Aussi des familiales. Jardin avec superbe piscine et jolie vue sur la campagne alentour. Accueil gentil.

L'Auberge du Vigneron : *2, rue Achille-Mir. ☎ 04-68-45-03-00. 06-77-09-65-39. • contact@auberge-vigneron.com • auberge-vigneron.com • Congés : déc-fév. Resto tlj sauf lun (plus dim soir hors saison). Doubles 90-125 € ; petit déj 12 €. Formule déj en sem 19 € ; menus 26-40 € ; carte 35-45 €.* Posée sur le rebord du village, cette ancienne maison vigneronne compte plusieurs chambres confortables, dont des familiales, arrangées sur une note discrètement moderne qui valorise les vieilles pierres. La plupart dispose d'une vue spectaculaire sur les montagnes et le château de Quéribus. L'autre point fort de la maison, c'est son formidable resto, situé dans l'ancien chai : une belle salle rustique, flanquée d'une terrasse panoramique. Cuisine régionale de marché, à la fois simple, élégante et savoureuses, en prise directe sur les petits producteurs et les vignerons locaux. Une belle affaire, que le fiston à enrichit de son ***Bar du Vigneron,*** juste en face, servant salades et assiettes à prix doux, accompagnés de crus locaux... C'est sûr, on reviendra !

Maison d'hôtes La Tourette : *4, passage de la Vierge. 06-09-64-60-47. • perriercorinne@sfr.fr • latourette.eu • ♿ Doubles 90-120 €.* Une belle adresse, accueillante et reposante, sur les hauteurs du village, près du moulin et de l'église. Corinne Perrier aime voyager, ça se sent, et elle sait faire plaisir à ceux qui, au bout de leur périple, trouvent ici une maison confortable où se poser. Quelques jolies grandes chambres – dont des familiales – bien équipées, à la déco chaleureuse, soignée et de bon goût. Charmant micro-patio verdoyant et cosy, avec jacuzzi, chaises longues et hamac. On aime !

L'AUDE, PAYS CATHARE

Où dormir ? Où manger dans les environs ?

Camping

Camping Domaine de la Peirière : *route de Paziols, 11350* ***Tuchan.*** *☎ 04-68-45-46-50. 07-69-79-34-55. • pierrepeiriere@gmail.com • camping-la-peiriere.com • ♿ À 13 km au nord-est de Cucugnan. Ouv avr-oct. Forfait tente 18-22 € ; mobile homes, chalets, lodges et tente-lodges. Formule déj en sem 15,90 € ; menus 22-28 €. Réduc de 10 % sur les nuitées (avr-juin et sept-oct) et apéritif maison offerts sur présentation de ce guide.* Petit camping bien ombragé, implanté dans une végétation méditerranéenne dense et préservée. On plante sa tente dans la garrigue, sous les arbustes. Sanitaires impeccables. Grande piscine chauffée avec jacuzzi. VRAI resto de terroir, étang de pêche, jeux pour enfants et même quelques animaux de la ferme... Ambiance familiale qui nous plaît.

Bon marché

Gîte Saint-Roch : *route de Faste, 11350 **Tuchan.** ☎ 04-68-45-47-91. 06-77-61-30-52. • gitesaintroch.tuchan@gmail.com • gitesaintroch.fr • À 15 km au nord-est de Cucugnan. Lits en dortoir 18 € ; doubles 45 € ; yourtes (3 pers) 60 € ; petit déj 5 €. Table d'hôtes 20 € (vin compris) ; pique-nique 8 €.* À proximité du sentier Cathare et perdue sur les pentes du mont Tauch dans un bel environnement de garrigues et de vignes, cette ancienne bergerie livre des chambres simples et propres, toutes avec salle de bains. Aussi de vraies yourtes mongoles, meublées comme là-bas, dis ! Sanitaires séparés mais privés et cuisine d'été. Électricité solaire, terrasse panoramique et massages ayurvédiques. Accueil adorable et pro.

Où déguster et acheter du vin des Corbières ?

Terroirs du Vertige : *31, rue Alphonse-Daudet. ☎ 04-68-45-41-91. • terroirsduvertige.fr •* La cave coopérative locale, dont les vins – vifs, gourmands et déclinés dans les trois couleurs – affichent un excellent rapport qualité-prix, notamment la Cuvée du curé de Cucugnan, efficace et sans détours !

Château Trillol : *10, route de Duilhac. ☎ 04-68-45-01-13. • trillol.com •* Domaine familial de 45 ha où grandissent des crus de caractère, distingués régulièrement dans les concours agricoles. Des « vins plaisirs » aux cuvées prestige, il y en a pour toutes les bourses !

À voir. À faire

L'Espace Audiovisuel Achille-Mir : *1, rue Achille-Mir. ☎ 04-68-45-03-69. Horaires variables, se renseigner. Entrée (1-2 films) : 3,50-5 € ; billet jumelé avec le château de Quéribus 7,50-9,50 €.* Au cœur du village, un cinéma-théâtre de poche dédié à Achille Mir, écrivain audois et auteur d'une version en occitan et en vers du sermon du curé de Cucugnan d'Alphonse Daudet. En tout, 2 « spectacles » de 25 mn chacun proposés en alternance sur l'histoire du château de Quéribus et le sermon du curé de Cucugnan.

L'église Saint-Julien et Sainte-Basilisse : *passage de la Vierge.* Elle mérite le détour pour sa petite chaire d'où l'on sermonnerait volontiers les Cucugnanais, mais surtout pour sa statue d'une Vierge ... enceinte !

Le moulin d'Omer : *3, rue du Moulin. ☎ 04-68-33-55-03. • farinesdemeule.com • Pour la visite, s'adresser à la boulangerie* Les Maîtres de mon Moulin *(voir plus haut), tlj sauf lun (tlj avr-sept) 9h-19h. Fermé janv. Entrée : 3,50 € ; gratuit moins de 12 ans.* Beau retour à la vie pour ce moulin à vent perché au-dessus du village, resté en sommeil depuis 1810 avant d'être restauré en 2003 par la commune et remis en activité. À l'intérieur, tout l'univers de la meunerie : toit-ailes orientables selon le vent, avec charpente tournante, mécanisme des meules à grain, etc. Le meunier-boulanger est un sacré personnage qui vous surprendra par ses créations gourmandes !

Le château de Quéribus : *☎ 04-68-45-03-69. 06-71-72-64-01. • cucugnan.fr • À 3 km au sud-est de Cucugnan. Accès en 10 mn de marche facile depuis le parking ; fermé en cas d'orage ou de grand vent. Ouv tlj : juil-août, 9h-20h ; avr-juin et sept, 9h30-19h (18h avr) ; oct, 10h-18h30 ; nov-mars, 10h-17h (17h30 mars). Dernière admission 15 mn avt. Tarif : 7,50 € ; réduc ; entrée à l'espace audiovisuel Achille-Mir compris (1 seule projection). Audioguide : 4 € (le 2e gratuit). Demander le plan du parcours ludique et pédagogique en famille. Audioguide sur l'appli mobile*

« Pays Cathare, Le Guide » ; et parcours enfant avec l'appli « Castrum, Le Jeu ». Du haut de ses 728 m, cette citadelle surveille la plaine du Roussillon, à la limite départementale des Pyrénées-Orientales. Édifiée au XIe s, la forteresse de Quéribus est l'un des derniers bastions de la résistance cathare. Situé sur l'ancienne ligne de défense avec l'Aragon, Quéribus devient au XIIIe s forteresse royale de frontière sous le règne de Saint Louis. Transformé aux XIIIe et XIVe s, son imposant donjon présente une belle salle voûtée de style gothique. La visite permet aussi de réviser tous les éléments d'architecture militaire : mâchicoulis, échauguette, assommoir, etc. La grimpette est récompensée par un superbe panorama circulaire sur les Corbières et les Pyrénées.

La boucle de Quéribus : *fiche détaillée disponible à l'office de tourisme ou téléchargeable.* Un sentier balisé de 10 km, prévu en 3h30... et un peu plus même si on compte la visite du château, avec 350 m de dénivelée, quelques passages peu évidents (à déconseiller avec de jeunes enfants) et de superbes vues panoramiques sur le village. Départ de l'espace audiovisuel Achille-Mir. Une belle découverte du vignoble, de la forêt et de la garrigue. En plus du château, bien sûr.

DANS LES ENVIRONS DE CUCUGNAN

Le château d'Aguilar : *11350* ***Tuchan.*** *☎ 04-68-45-51-00 (mairie). 06-80-44-64-25. • tuchan.fr • À 13 km au nord-est de Cucugnan et 3 km à l'est de Tuchan. Accès en 5 mn à pied depuis le parking. Juil-août, tlj 10h-19h ; avr-juin et sept-oct, tlj 10h30-17h30 (11h-17h avr et oct) ; fév-mars et 1er-11 nov, w-e seulement 11h-16h. Dernière admission 15 mn avt. Fermé 11 nov-janv. Entrée : 4 € ; réduc. Audioguide sur l'appli mobile « Pays Cathare, Le Guide » ; et parcours enfant avec l'appli « Castrum, Le Jeu ».* Fièrement campé du haut de ses 400 m, Aguilar est de ces citadelles qui marquent le profil des crêtes audoises. C'est un site fortifié très ancien qui contrôlait l'accès aux Corbières centrales. Il compte 2 enceintes polygonales couronnées de 6 tours. Légué à la famille de Termes, vassaux des Trencavel, il fut occupé en 1210 par les troupes de Simon de Montfort, lors de la croisade contre les albigeois. Puis, devenu forteresse royale sous le règne de Saint Louis, le château fut fortifié pour surveiller la frontière aragonaise, puis peu à peu abandonné après la signature en 1659 par Louis XIV du traité des Pyrénées, repoussant la frontière... Beau panorama sur les Corbières.

– ***Animations Médiévales d'Aguilar :*** *2 dates en août.* Reconstitutions, jeux médiévaux et visites guidées du site.

VILLEROUGE-TERMENÈS

(11330) 150 hab. *Carte Aude, C2*

Dans un décor sauvage de collines rouges, de maquis et de vignes, un pittoresque village médiéval blotti autour de son imposante forteresse sauvée des ruines. Le château de Villerouge est connu pour avoir été le théâtre de la fin officielle du catharisme languedocien. Le dernier des « parfaits », Bélibaste, y fut brûlé en 1321. Le village garde de jolies traces du passé : pont Vieux, vestiges des remparts, porte rénovée, petites ruelles et maisons des XVIe et XVIIIe s, jardin des simples ...

Où manger ?

De prix moyens à chic

La Rôtisserie Médiévale : *le château. ☎ 09-81-64-09-11. • contact@restaurant-medieval.com • Juil-août, tlj le midi, le soir sur résa ; hors saison, tlj sauf dim soir et lun, sur résa. Congés : déc-fév. Menus 29-42 € (boissons comprises).* Enfant, vous rêviez de tours et de châteaux ? Vous voilà en plein dedans, mais cornegidouille laissez vos dagues et votre destrier au vestiaire ! On y ripaille costumé, à l'aide d'un tranchoir et d'une pince-monseigneur, autour de longues tablées, sur fond musical de troubadours. Aux menus, une jolie brochette de plats typiquement médiévaux, remis au goût du jour par des historiens. Plutôt épicé car, à l'époque, c'était un signe de richesse ! Au final, pas de quoi grimper aux lourdes tentures moyenâgeuses ni sauter au plafond barré de superbes voûtes en pierre, mais c'est plutôt bon, copieux et original.

À voir

Le château de Villerouge-Termenès : *caleda del Castel. ☎ 04-68-70-09-11. • villerouge.fr • Juil-août, tlj 10h-19h30 ; avr-juin et de sept à mi-oct, tlj 10h-13h, 14h-18h (en continu w-e et j. fériés) ; mars et de mi-oct à mi-déc, seulement w-e et j. fériés 10h-17h (tlj pdt vac de la Toussaint, avec coupure déj). Dernière admission 1h avt. Fermé de mi-déc à fév. Entrée (audioguide compris) : 6 € ; 8 € avec visite de l'église Saint-Étienne (de mi-juil à mi-août) ; réduc. Audioguide sur l'appli mobile « Pays Cathare, Le Guide » ; et parcours enfant avec l'appli « Castrum, Le Jeu ».* Protégé par de massives tours circulaires, c'est un gros quadrilatère qui a retrouvé son éclat d'antan après restauration. Intéressant parcours scénographique avec audioguide qui permet de découvrir – à travers des animations audiovisuelles – l'histoire de Villerouge au XIVe s. Au rez-de-chaussée, la vie du dernier des cathares, Bélibaste, un « parfait » pas si parfait, car auteur de quelques menus larcins avant d'être ordonné prêtre cathare ! Au 1er étage, présentation de l'archevêque de Narbonne et du pouvoir de l'Église catholique au XIVe s. Le 2e étage est consacré à la vie quotidienne au Moyen Âge... La visite s'achève sur le chemin de ronde, offrant une vue superbe sur le donjon, le village et ses alentours.

L'église Saint-Étienne : *à côté du château. Ouv de mi-juil à mi-août, tlj 15h30-17h30. Visite commentée 8 € ; entrée au château incluse.* Construite au XIIe s, elle abrite un étonnant retable espagnol du XVIe s composé de 8 panneaux en bois peint.

DANS LES ENVIRONS DE VILLEROUGE-TERMENÈS

Le château de Termes : *2, Camin dal Castel. ☎ 04-68-70-09-20. 06-47-66-20-77. • chateau-termes.com • À 12 km à l'ouest de Villerouge ; compter 15 mn d'ascension à pied sans difficulté depuis le parking. Avr-oct, tlj 10h-18h (19h30 juil-août) ; 1re quinzaine de mars et nov, ouv w-e et j. fériés et vac de la Toussaint 10h-17h. Fermé déc-fév. Entrée : 5 € ; réduc. Audioguide sur l'appli mobile « Pays Cathare, Le Guide » ; et parcours enfant avec l'appli « Castrum, Le Jeu ».* Véritable nid d'aigle, cette citadelle cathare du XIe s se rendit après un siège de 4 mois, ses courageux occupants ayant été vaincus par la soif et la dysenterie ! Mais les vestiges bien pittoresques de la double enceinte, qu'on peut arpenter, dateraient du XIVe s. On peut poursuivre avec une balade agréable dans le village de Termes : belle église du XIIe s ouverte aux horaires du château.

Juste sous le château, les spectaculaires ***gorges du Termenet,*** qui constituent sa défense naturelle, demeurent un site naturel d'exception et aussi l'un des spots de ***canyoning*** les plus prisés du département !

LAGRASSE (11220) 545 hab. *Carte Aude, C2*

Lagrasse s'impose comme l'un des « Plus Beaux Villages de France » pour son superbe patrimoine médiéval : vieux pont, ruelles, vieilles halles de toute beauté... sans compter sa fameuse abbaye. Une halte charmante et incontournable lors d'un périple au cœur des Corbières !

Adresses et infos utiles

Office de touristique : *16, rue Paul-Vergnes. ☎ 04-68-43-11-56. • lagrasse.fr • En plein centre, dans la Maison du patrimoine. Juin-sept, tlj sauf dim ap-m (fermé dim en juin) 10h-13h, 14h-18h ; le reste de l'année, tlj sauf w-e, 10h-13h, 14h-17h.* Plan du village avec ses principaux monuments. On y admire une expo sur les plafonds peints du Languedoc-Roussillon, au Moyen Âge. Certains dessins sont particulièrement truculents ...

Arrêt des bus : *bd de la Promenade. • lio.laregion.fr/transports-aude-regulier •* Compter 1-2 bus/j. sauf dim avec **Carcassonne** *(1h05 ; ligne I ; • rtca.carcassonne-agglo.fr •)* et 2-3 bus/j. sauf w-e avec **Narbonne** *(55 mn, via **Fabrezan ;** ligne 406 ; • voyagesrubio.com •).*

Marché : *sam mat, pl. de la Halle.*

Où dormir ? Où manger ? Où boire un verre ?

Camping

Camping municipal Boucocers : *route de Ribaute. ☎ 04-68-43-15-18 ou 10-05. • mairielagrasse@wanadoo.fr • lagrasse.fr • ♿ A 1,5 km au nord du bourg. Ouv juil-sept. Forfait tente 14 €. CB refusées.* Petit camping tout simple, aux emplacements dispatchés sur une pelouse plus ou moins ombragée (les arbres sont encore petiots), mais au calme et avec vue imprenable sur le village. Sanitaires pas jeunes mais propres.

De bon marché à prix moyens

Chambres d'hôtes et gîtes Les Glycines : *bd Charles-Cros. ☎ 04-68-43-14-54. 📱 06-42-45-10-30. • jh.guillot@wanadoo.fr • gites-les-glycines.fr • Doubles 65-75 €.* Une adresse de charme et de quiétude, au cœur du village. Le patio, aussi fleuris et verdoyants que la façade, contribue à faire de ce lieu un havre de paix. Chambres harmonieuses et 2 beaux gîtes (4-6 personnes) tout équipés complètent l'offre des chaleureux proprios. Coup de cœur évident !

La Petite Maison : *12, bd de la Promenade. ☎ 04-68-91-34-09. • lapetitemaison.david@gmail.com • ♿ Ouv tlj sauf mer 9h-18h (14h mar). Fermé de mi-déc à mi-fév. Compter 15-25 €.* Un p'tit bistrot à la déco pleine de fraîcheur. Rien qu'en parcourant le tableau noir qui énumère les préparations du jour, les papilles commencent sérieusement à s'agiter : savoureuses tartes accompagnées d'une salade colorée, originales lasagnes comme on en a rarement mangé, desserts auxquels on ne peut résister. Bref, des recettes simples et mitonnées avec les bons produits du cru. Fait aussi salon de thé jusque sur l'agréable terrasse, où l'on sirote aussi verres de vin, bières...

Le Recantou : *12, rue Lafayette. ☎ 04-68-49-94-73. Ouv mai-sept, tlj sauf mar.* Agréable petite terrasse ombragée d'un platane, dressée en surplomb de la rivière et juste en face de la massive silhouette de l'abbaye. Bien pour boire un verre, lécher une glace et même grignoter quelques tapas.

De prix moyens à chic

Hostellerie des Corbières : *9, bd de la Promenade. ☎ 04-68-43-15-22. 06-42-45-10-30. • hostelleriecorbières@free.fr • hostellerie-des-corbières.com • Resto tlj sauf jeu. Doubles 90-130 € ; ½ pens possible. Menus 24 € (sauf dim et j. fériés)-35 € ; carte 35-50 €. Apéritif maison offert sur présentation de ce guide.* Juste en bordure du village, cette demeure de caractère livre de belles chambres spacieuses, confortables et ventilées, au charme de l'ancien : vieux parquets, cheminées, meubles de style... Côté fourneaux, c'est LA bonne table du village ! Savoureuse cuisine traditionnelle, revisitée avec élégance et sans esbroufe par un chef talentueux et intraitable sur le choix de ses produits frais locaux. Mon tout servit à prix justes sur une agréable terrasse avec vue sur la campagne. Bref, une belle adresse tenue par un couple dynamique et sympa. Bravo !

Où dormir dans les environs ?

Chambres d'hôtes La Talayrane : *12, pl. de la République, 11220* ***Talairan.*** *☎ 04-68-44-09-92. 06-76-86-97-88. • p-chertier@wanadoo.fr • À 11 km au sud-est de Lagrasse. Fermé pour les fêtes de fin d'année. Doubles 65-75 €.* Dans ce village vigneron pittoresque, sur une placette tranquille avec fontaine, c'est une grande demeure tarabiscotée, qui appartenait en partie à l'ancien château. À l'étage, plusieurs chambres stylées et douillettes. Meubles anciens, bibelots et tableaux sur les murs enduits à la chaux. Atmosphère authentique, jusqu'au petit déj servi dans de la belle vaisselle ancienne. Agréable patio et terrasse d'été.

Où acheter de bons produits ?

Maison du Terroir : *6, bd de la Promenade. ☎ 04-68-43-11-43. • maison-du-terroir@orange.fr • Avr-oct, tlj 10h-12h30, 15h30-19h30 ; nov-déc et mars, seulement ven-dim, vac et j. fériés. Fermé janv-fév.* Beau choix de produits locaux au prix des domaines : vins, miel, confitures, pâtés, pains d'épice. Bref, de quoi se préparer un pique-nique gourmand, ou rapporter un cadeau à belle-maman !

À voir

L'abbaye de Lagrasse – Sainte-Marie-d'Orbieu : *4 et 6, rive Gauche. Entrées payantes.* On ne devinerait pas son âge en découvrant son aspect extérieur. Pourtant, cette abbaye bénédictine a plus de 13 siècles ! Fondée sous la protection de Charlemagne, elle connut un développement rapide qui en fit longtemps l'une des abbayes les plus prospères du Midi de la France. Du VIIIe au XVIIIe s, pas moins de 64 abbés s'y sont succédés, participant activement à la vie politique et religieuse du Languedoc et de la Catalogne. Divisé en 2 et vendue aux enchères à la Révolution – les moines quittant les lieux – ce Monument historique est aujourd'hui encore séparé en 2 lots distincts : l'un appartient au département de l'Aude ; et l'autre à une communauté de chanoines réguliers, venus s'installer dans l'abbaye en 2004. Pour visiter l'intégralité du bâtiment – offrant un formidable catalogue architectural, de l'époque préromane au XVIIIe s – il convient d'emprunter 2 entrées distinctes et d'acquitter chaque fois un droit de visite.

– ***L'abbaye médiévale (partie publique) :*** *4, rive Gauche (1re porte d'entrée). ☎ 04-68-43-15-99. • abbayedelagrasse.aude.fr • ♿ (visite partielle). Tlj 10h-19h (18h d'avr à mi-juin et de mi-sept à oct, 17h de mi-janv à mars et de nov à mi-déc) ; dernière admission 1h avt. Fermé de mi-déc à mi-janv. Entrée : 5 € ; réduc. Audioguide sur l'appli mobile « Pays Cathare, Le Guide » ; et parcours enfant avec l'appli « Castrum, Le Jeu ».*

Après avoir franchi la 1re porte à gauche, on accède à la partie médiévale, fraction la plus ancienne de l'abbaye. Dans l'ordre, la ***cour du logis*** (XIIIe s) avec sa colonnade, dont un chapiteau en marbre blanc figurant « la luxure » ; et une étonnante clef de voûte en dents-de-scie. Juste après, précédé d'un ***vestibule*** au plafond en bois peint de 144 blasons (XIIIe s) à la gloire de l'abbé Auger (un rien mégalo !), voici la ***chapelle basse*** où est projeté un film de 12 mn ; puis la longue salle voûtée du ***cellier,*** la ***boulangerie*** et son reste de four, le ***transept nord de l'église*** (VIIIe s), une ***tour préromane*** (VIIIe s) partiellement éventrée pour construire ce grand ***escalier Charlemagne.*** À l'étage, voici le grand ***dortoir*** (XIIIe s) aux arcs magnifiquement conservés, en forme de vaisseau renversée. Enfin, la ***chapelle privée de l'abbé*** dédiée à saint Barthélemy, au somptueux décor polychrome et au tapis de terre cuite vernissée qu'on observe à travers une vitre depuis le vestibule, doté lui aussi d'un magnifique décor polychrome de la fin du XIIIe s. Dans la ***salle du Maître de Cabestany,*** notez le gisant de l'abbé Auger qui servit de canal d'adduction d'eau de l'abbaye (ô sacrilège !). Enfin, belle ***salle d'apparat*** avec son imposante cheminée en stuc Renaissance.

🍷 ***Le Nom de l'Homme :*** *ouv de mi-juin à mi-sept et vac scol zone C, tlj 11h-19h ; le reste de l'année, seulement w-e.* Dans le jardin, ce café-librairie prolonge agréablement la visite. Il est tenu par l'association *Le Marque-Page,* qui organise le festival Le Banquet du livre et autres rendez-vous littéraires... Agréable terrasse ombragée.

– ***Le monastère des chanoines (partie privée) :*** *6, rive Gauche (accès par le portail en grès rose à droite de l'entrée précédente). ☎ 04-68-58-11-58. • lagrasse.org • asmval.fr • D'avr à mi-nov, tlj sauf jeu, 15h15-18h ; hors saison, seulement w-e et j. fériés. Dernière admission 35 mn avt. Fermé 1 sem en sept. Entrée : 4 € ; visite commentée (1h) estivale (départ tlj sauf jeu à 15h30) 5 € ; réduc selon les travaux de restauration rendant certaines parties inaccessibles. Tlj à 18h30, accès gratuit aux vêpres bercées de chants grégoriens.* En restauration constante par les chanoines réguliers de la Mère de Dieu, les bâtiments conventuels se déploient autour de la ***cour d'honneur,*** d'un sobre classicisme auquel le grès rose donne un éclat presque joyeux. Du même style, le ***cloître*** de 1760 rayonne de majesté avec son jardin. ***L'église abbatiale*** gothique (XIIIe s), bâtie sur les fondations d'une basilique carolingienne, impressionne par son austérité et son acoustique. Elle s'ouvre sur un transept roman du XIe s. La ***tour-clocher*** s'élève à 42 m. Et 3 absidioles romanes déploient leur charme sur un ***jardin biblique,*** d'inspiration Renaissance. Curiosités à ne pas manquer : le chapiteau du maître de Cabestany et un couvercle de sarcophage du VIe s.

ⵜⵜⵜ ***Le pont Vieux :*** superbe et élégante arche légèrement cambrée du XIVe s, reliant – par dessus l'Orrieu – la rive de l'abbaye au village.

ⵜⵜ ***Le village médiéval :*** superbe ***halle*** du XIVe s aux imposants piliers, surmontés d'une charpente en bois. Quelques ***vestiges des anciens remparts*** disséminés, comme la porte de l'Eau, la tour de Plaisance, etc. Cheminant dans le lacis des ruelles, bordées d'un harmonieux ensemble de ***maisons du XIIIe au XVIIIe s,*** voir aussi ***l'église Saint-Michel*** du XIVe s, à nef unique bordée de petites chapelles. Et Installée juste à côté, dans l'ancien presbytère du XVe s, voici la ***Maison du patrimoine,*** qui abrite l'office de tourisme (voir plus haut « Adresses et infos utiles »), accueille une intéressante expo gratuite sur les plafonds peints à caissons à la française (XIIIe s-début du XVIe s).

Manifestations

– **Le Banquet du livre :** *3 j. en mai et nov, et 1 sem en août à l'abbaye. • lamaisondubanquet.fr •* Balades, rencontres, conférences, lectures, concerts, expo, une librairie, un bistrot ... pour les amoureux de littérature, de philosophie et de musique classique.
– ***Festival de piano :*** *1re sem de juil. • enblancetnoir.com •*
– ***Les Ptibals Festival folk :*** *dernière sem d'août.*
– ***Marché des potiers :*** *3e w-e d'août, pl. des Halles.*
– ***Les Pages musicales :*** *1re sem de sept.* Festival de musique de chambre.
– ***Festival des Abracadagrasses (Abracabaret) :*** *début-déc, pl. des Halles.* Musiques actuelles autour du monde. Concerts et animations.

DANS LES ENVIRONS DE LAGRASSE

Le sentier des Orchidées – Chemin des Planètes : *domaine Serres-Mazard, 11220* ***Talairan.*** *☎ 04-68-44-02-22. 📱 06-85-83-47-83. • serres-mazard.com • ♿ À 8 km au sud-est de Lagrasse ; et 2,5 km de Talairan, sur la hauteur. Résa impérative. Tarif : 6 € (10 € avec la visite du cellier et dégustation des vins). Compter 2-3h min (voire la journée...).* Jean-Pierre Mazard est un vigneron passionné d'histoire de *soun pais,* de sa terre, de sa vigne et de son vin. Cette visite est l'occasion d'aborder tous ces sujets au cellier du domaine, puis au gré d'un original chemin de 1,5 km en boucle, ponctué de panneaux explicatifs. On ressort proprement enivré de ces senteurs et de l'incroyable profusion d'orchidées sauvages. Une quinzaine d'espèces, dont certaines endémiques, fleurissent de mi-mars à fin-juin. Le parcours peut se faire seul, mais on recommande la visite accompagnée, pour déceler les bonnes orchidées parmi les triviaux pissenlits !

Mayronnes *(11220) : à 10 km au sud-ouest de Lagrasse.* Expo de sculptures (avril à septembre) sur une boucle de 5 km empruntant en partie le sentier GR 36 à travers la garrigue. Compter 2h30 de balade pour parcourir ce « sentier sculpturel » qui allie art et nature. On peut aussi prendre le chemin panoramique (16 km et 6h de marche) des crêtes, qui emprunte le sentier sculpturel au retour...

FABREZAN (11200) 1 290 hab. *Carte Aude, C2*

Un gros village qui doit son nom à une lointaine villa, cadeau de César à un certain Fabricius. Puis le temps coula et on retrouve aujourd'hui ce patelin viticole en pleine forme, au cœur duquel est venue se planter une tour médiévale. On déguste ici le *Kina Karo,* apéritif local, en lisant une poésie de Charles Cros, originaire du coin...

Où manger ?

Les Calicots : *17, rue du Commerce. ☎ 04-68-49-18-54. • lescalicots@orange.fr • ♿ Tlj sauf mar. Congés : de mi-oct à mars. Résa conseillée. Formule déj en sem 22 € ; menus 27-35 € ; carte 30-40 €.* Bien caché dans une ruelle du village, ce resto fait la part belle aux classiques régionaux comme le cassoulet, mais aussi à des créations plus folles comme les nems au confit de canard... Beaucoup d'originalité donc, pour un résultat délicieux et haut en saveur. Le tout servi dans une salle lumineuse et délicieusement vintage, donnant sur un charmant patio fleuri.

Où dormir ? Où manger dans les environs ?

Camping

⩓ ***Camping La Pinède :*** *rue des Roussillous, 11200* ***Lézignan-Corbières.*** *☎ 04-68-27-05-08. • lapinede.aude@gmail.com • campinglapinede.fr • ♿ À 10 km au nord-est de Fabrezan et 5 km au sud du canal du Midi. Ouv avr-oct. Forfait tente 17,60-35 € ; écolodges et mobile homes.* À la lisière de la ville mais déjà à la campagne, c'est un agréable camping familial bien ombragé par une pinède, comme son nom le laisse supposer. Accès gratuit à la piscine municipale voisine, tennis, jeux pour enfants et bon resto traditionnel alimenté par le potager maison.

De bon marché à prix moyens

|●| ***Le Tournedos :*** *rond-point de Lattre-de-Tassigny, 11200* ***Lézignan-Corbières.*** *☎ 04-68-70-29-19. • letournedos@orange.fr • ♿ Tlj sauf dim-lun. Résa conseillée. Formules déj (en sem) 18 € ; menu 28 €.* L'une des bonnes tables incontournables de la région ! Cette excellente maison traditionnelle et familiale est spécialisée dans les goûteuses grillades au feu de bois. Tout est frais, bon et généreux, les produits locaux, les charcuteries excellentes, le foie gras maison et le cassoulet extra. Foncez !

De prix moyens à chic

⌂ ***B & B La Villa Céline :*** *27, av. de Narbonne, 11220* ***Saint-Laurent-de-la-Cabrerisse.*** *☎ 04-68-70-88-02. • admin@lavillaceline.com • lavillaceline.com • À 7 km au sud de Fabrezan. Doubles 90 €.* Dans le centre du village, charmante maison bourgeoise du XIXe s aux volets bleus. Belles chambres spacieuses et confortables, dont des familiales. Les vieux parquets, cheminées et meubles anciens confèrent à l'ensemble une atmosphère dépaysante, très cosy *british.* Et aux murs, une foule de toiles signées Robert Prouty, ce célèbre artiste-peintre installé dans un village voisin (lire plus bas « À voir. À faire à Fabrezan et dans les environs »). Grand jardin avec piscine. Proprios anglais sympas.

⌂ ***Chambres d'hôtes Château La Sabine :*** *11220* ***Saint-Laurent-de-la-Cabrerisse.*** *☎ 04-68-44-09-64. 📱 06-71-65-05-11. • contact@lasabine.com • lasabine.com • À 7 km au sud de Fabrezan. Ouv avr-oct. Doubles 130 €.* C'est la maison de maître d'un ancien domaine viticole, plantée au beau milieu des vignes. Un cadre superbe et paisible pour des chambres vastes et claires, joliment colorées et tout confort, avec de grands lits. Superbe piscine, sentier de rando à proximité et plein de conseils sympa pour visiter les caveaux du coin.

|●| ***Auberge Côté Jardin :*** *7, av. 113 (D 6113), 11200* ***Conilhac-Corbières.*** *☎ 04-68-27-08-19. • contact@auberge-cotejardin.com • ♿ À 7,5 km au nord de Fabrezan. Tlj sauf lun midi et mar midi (horaires restreints hors saison). Formules déj en sem 15-26,50 € ; menus 30-70 € ; carte 35-55 €.* Au bord de la passante départementale, cet ancien relais de poste compte parmi les bonnes tables audoises. Cuisine régionale aux envolées originales, concoctée avec les bons ingrédients frais du terroir local. Goûtez donc au cassoulet « revisité » !

|●| ***En Catimini :*** *16, pl. de la République, 11200* ***Ferrals-les-Corbières.*** *☎ 04-68-41-62-53. • en-catimini@live.fr • ♿ À 3,5 km à l'est de Fabrezan. Tlj sauf lun. Congés : de janv à mi-fév et de mi-nov à mi-déc. Résa*

conseillée. Carte 35-50 €. La façade XIXᵉ s n'exagère en rien le raffinement de ce lieu au décor bourgeois exquis. Plafonds finement peints, escalier monumental, opulente cheminée, c'est un festival ! Et la carte tient toutes ses promesses, chaque plat étant savamment fouillé, inventif et restituant dans l'assiette son alléchant intitulé. La chef, Catherine Baroit-Sandrin, n'hésite pas à déléguer en salle – sa fille Herminie – pour présenter le résultat de ce travail, fait de produits locaux choisis. Enfin, c'est monsieur qui mène la barque du service chic-décontract'.

À voir. À faire à Fabrezan et dans les environs

Le musée Charles-Cros : *av. de la Mairie, à* ***Fabrezan.*** *☎ 04-68-27-81-44. • fabrezan.fr/musee-charles-cros/ • Au 1er étage de la mairie (clés à retirer au secrétariat du rdc). Lun-ven 9h-12h, 15h-18h (17h ven). GRATUIT.* Cette modeste collection évoque qui était ce Fabrezanais. Un poète qui sévit dans les cabarets parisiens à la fin du XIXᵉ s : il est de ceux qui feront du cabaret *Le Chat Noir* un lieu célèbre et à la mode. Mais Charles Cros est aussi inventeur. On lui doit le procédé de la trichromie pour donner de la couleur à la toute jeune photographie. Mais son œuvre majeure, ancêtre de l'iPod, demeure le phonographe. D'où le prix Charles-Cros ; mais c'est bien sûr !

La miellerie des Clauses : *hameau des Clauses, 8, pech de la Garrigue, 11200* ***Montséret.*** *☎ 04-68-43-30-17. • miellerie-des-clauses.com • À 15 km au sud-est de Fabrezan ; et 1 km au sud de Montséret. Tlj 9h-12h, 14h-18h. Visite guidée (1h15) juil-août lun-ven à 10h30, 14h30, 16h et 17h30, w-e et j. fériés à 10h30, 15h et 16h30 ; de mi-avr à juin et sept tlj à 14h30 et 16h. Tarif : 6 € ; gratuit moins de 12 ans.* Tout, tout, tout, vous saurez tout sur l'*Apis mellifera !* Visite guidée complète et passionnée sur l'environnement de butinage des abeilles, la vie d'une ruche avec, à la clé, l'ouverture de ladite ruche. Boutique. En été, possibilité pour les adultes de vivre la *Bzzz Experience,* de se glisser dans la peau d'un apiculteur en petit groupe et habillé en conséquence *(mer 9h-11h30 sur résa ; tarif 18 €/pers).* Boutique sur place.

Galerie Prouty'Art : *56, av. de Narbonne, 11220* ***Saint-Laurent-de-la-Cabrerisse.*** *06-20-59-12-61. • proutyart.com • À 10 km au sud de Fabrezan. Visite sur rdv.* C'est la maison-galerie de l'artiste-peintre américain Robert Prouty, ancien hippie de la génération Woodstock. Ses superbes huiles – portraits, paysages, scènes de vie, etc. – aux couleurs du Sud recouvrent les murs, à la façon d'une véritable expo permanente ! Achat possible.

LE PAYS DE LA NARBONNAISE

De Narbonne à la frontière séparant l'Aude des Pyrénées-Orientales se déroule une côte préservée. Hormis les stations balnéaires de Port-la-Nouvelle ou de Port-Leucate, très bétonnées mais circonscrites à quelque 5 ou 10 km de littoral, s'étirent de vastes étendues de plages de sable fin, bordées de végétation. Les magnifiques paysages naturels du massif de la Clape complètent cette palette au cœur du parc naturel régional de la Narbonnaise en Méditerranée. Dans les étangs se nichent une faune et une flore exceptionnelles, où cohabitent flamants roses et vieux villages de pêcheurs.

NARBONNE

(11100) 54 700 hab. *Carte Aude, D1*

• Plan *p. 230-231*

Environ 500 ans avant notre ère, Narbonne était une halte bienvenue sur la route entre Marseille et l'Espagne. Les Romains en firent leur 1ère capitale en Gaule, commandant toute la région. D'ailleurs, comme disait Pline, « la Narbonnaise n'est pas une province : c'est l'Italie ! » D'une ville grise, triste, aux maisons de torchis, le génie architectural de la Rome toute-puissante en fit un port magnifique.

Place commerciale de 1er ordre (les canaux y transportaient le fromage de Lozère, les conserves d'huîtres de la côte et le vin de Béziers), port important, industrie drapière florissante, l'âge d'or dura du VIIIe au XIVe s. Les événements du XIVe s (peste, guerre de Cent Ans, piraterie) entraînèrent le déclin économique de la ville. Puis Louis XII en fit une place forte, édifiant remparts et tours avec les pierres des monuments romains et détruisant ainsi un témoignage unique de la période la plus faste de la ville. Son rôle militaire s'acheva à la signature du traité des Pyrénées en 1659. La frontière s'éloignait, la menace aussi.

Aujourd'hui, le voyageur prend plaisir à flâner dans son vieux centre et le long du romantique canal de la Robine, classé au Patrimoine mondial de l'Unesco. La richesse patrimoniale de Narbonne lui vaut le label « Ville d'art et d'histoire ».

Adresses et infos utiles

Office de tourisme *(plan B2)* **:** *31, rue Jean-Jaurès. ☎ 04-68-65-15-60. • narbonne-tourisme.com • D'avr à mi-sept, tlj 9h-19h ; de mi-sept à mars, lun-sam 10h-12h30, 13h30-18h, fermé dim sauf événements.* « Plan monumental » de Narbonne, pointant ses centres d'intérêt, infos loisirs côté mer et campagne. À l'extérieur, borne interactive tactile délivrant 24h/24 des infos sur les animations, services, hébergements... Aussi une ***annexe à Narbonne-Plage*** *(☎ 04-68-49-84-86 ; à 17 km de Narbonne ; juil-août, tlj sauf mar 10h-12h30, 13h30-18h ; sept, lun-sam, plus dim si événements ; fermé oct-mars).*

Gare SNCF *(plan C1)* **:** *av. Carnot. • sncf.com/fr •* Narbonne se situe sur la ligne ***Bordeaux – Marseille,*** via ***Toulouse, Castelnaudary, Carcassonne, Montpellier...*** *Nombreux trains tlj.*

Gare routière *(plan B1,* ***2****)* **:** *bd Georges-Séguy. • lio.laregion.fr/transports-aude-regulier •* Compter 2-3 bus/j. sauf w-e sur la ***ligne 406,*** opérée par la compagnie ***Voyages Rubio*** *(• voyagesrubio.com •)* et desservant ***Lagrasse*** *(55 mn)*, dans les Corbières, via ***Fabrezan.*** Aussi 2-7 bus/j. sauf dim sur la ***ligne 401,*** avec la compagnie ***Kéolis*** *(• keolisaude.com •)* et reliant ***Carcassonne*** (1h40), via ***Trèbes et Lézignan-Corbières.*** Enfin, compter 2-4 bus/j. sauf dim sur la ***ligne 412,*** avec la compagnie ***Capdeville*** *(• capdevillevoyages.fr •)* pour gagner ***Homps*** *(1h20).*

Citibus – Grand Narbonne *(plan C1,* ***3****)* **:** *8, av. Maréchal-Foch. ☎ 04-68-90-18-18. • citibus.fr • Départ pour Narbonne, agglomération et plages,* ***angle bd Mistral et Condorcet*** *(plan C1,* ***1****) ; départ pour villages des environs, à la gare routière,* ***bd Georges-Séguy*** *(plan B1,* ***2****). Les tickets à l'unité s'achètent dans le bus.* Les plages accessibles pour 1,20 € !

Location de vélos : chez ***Languedoc VTT Évasion,*** *12 bis, rue*

Adresses utiles

- Office de tourisme (B2)
- 1 Bus pour Narbonne-Plage (C1)
- 2 Gare routière (B1)
- 3 Citibus – Grand Narbonne (C1)

Où dormir ?

- 10 Camping Les Mimosas (hors plan par A3)
- 11 Centre international de séjour – Ethic Étapes (B2)
- 13 Hôtel de France (C3)
- 14 Hôtel La Résidence (B2)
- 15 Hôtel Douce France (hors plan par C1)
- 16 Hôtel Château L'Hospitalet (hors pan par D2)

Où manger ?

- 20 Le Mallicolo (C2)
- 21 Chez Bébelle, Maison Bébelle et Les Tapas de la Clape (C3)
- 22 En Face (C3)
- 23 Les Grands Buffets et La Maison Saint-Crescent (hors plan par A3)
- 24 Chez Lulu (C2)
- 25 Le Petit Comptoir (B2)

Où acheter du vin dans les environs ?

- 16 Château L'Hospitalet (hors pan par D2)

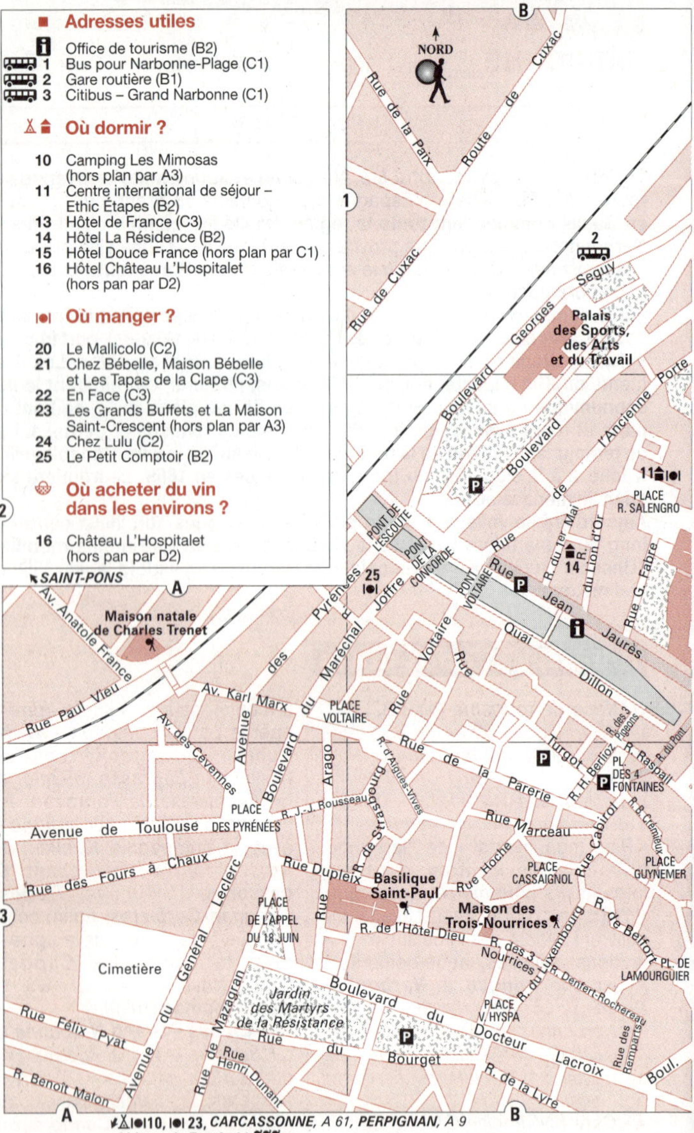

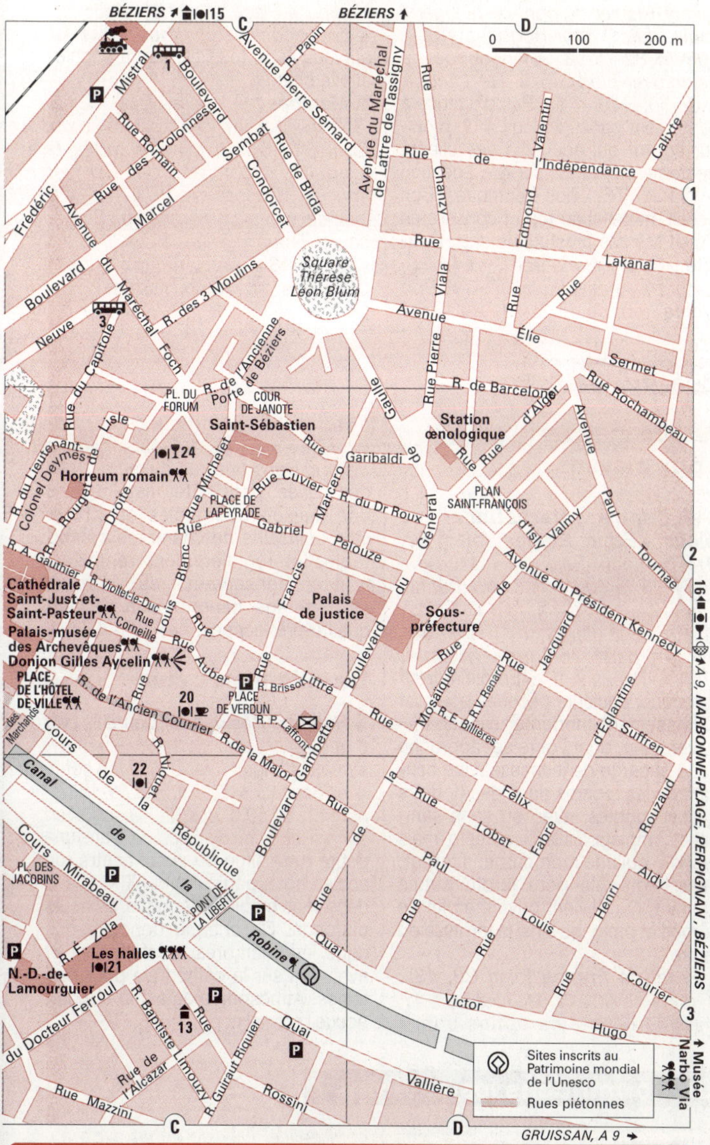
BÉZIERS 15
BÉZIERS
0 100 200 m
1
Mistral
Boulevard
Avenue Pierre Sémard
R. Papin
Avenue du Maréchal de Lattre de Tassigny
Rue
Rue des Colonnes
Rue Romain
Frédéric
Avenue
Marcel
Sembat
Condorcet
Rue de Blida
Rue de l'Indépendance
Chanzy
Valentin
Edmond
Calixte
Square Thérèse Léon Blum
Rue
Lakanal
Boulevard
Neuve
3
du Maréchal Foch
R. des 3 Moulins
Viala
Avenue Élie Sermet
Rue Pierre
R. de Barcelone
d'Alger
Rue Rochambeau
Rue du Capitole
PL. DU FORUM
R. de l'Ancienne Porte de Béziers
COUR DE JANOTE
Saint-Sébastien
Gaulle
de
Station œnologique
Rue de Lisle
R. du Lieutenant-Colonel Deymes
Horreum romain
24
Rue Garibaldi
Rue Cuvier
Rue Michelet
PLACE DE LAPEYRADE
Rue Gabriel
Marcero
R. du Dr Roux
Rue Général
PLAN SAINT-FRANÇOIS
Avenue Paul Tournaire
Valmy
d'Isly
Droite
Rougetde
R. A. Gauthier
R. Viollet-le-Duc
Pelouze
Francis
Palais de justice
du
Boulevard
Sous-préfecture
Avenue de Président Kennedy
Cathédrale Saint-Just-et-Saint-Pasteur
Rue Corneille
Louis Blanc
Rue Auber
Palais-musée des Archevêques
Donjon Gilles Aycelin
PLACE DE L'HÔTEL DE VILLE
R. de l'Ancien Courrier
20
PLACE DE VERDUN
R. Brisson
Littré
R. P. Laffont
Rue Mosaïque
R. V. Renard
R. E. Billières
Jacquard
d'Eglantine
Suffren
des Marchands
Cours de la République
R. Niquet
R.de la Major
Gambetta
22
Canal de la Robine
Rue de la
Rue Paul Louis Courier
Rue Félix
Lobet
Fabre
Rouzaud
Aldy
Henri
Cours Mirabeau
PL. DES JACOBINS
PONT DE LA LIBERTÉ
Quai Victor Hugo
R. É. Zola
Les halles
21
N.-D.-de-Lamourguier
du Docteur Ferroul
R. Baptiste Limouzy
13
Rue
Quai Vallière
R. Guiraut Riquier
Rue de l'Alcazar
Rue Mazzini
Rossini
Sites inscrits au Patrimoine mondial de l'Unesco
Rues piétonnes
16 A 9, NARBONNE-PLAGE, PERPIGNAN, BÉZIERS
Musée Narbo Via
GRUISSAN, A 9
C
D
1
2
3

NARBONNE

Guiraut-Riquier ou pont de la Liberté (angle quai Victor-Hugo ; avr-oct). 06-74-89-75-98. • languedocvttevasion.over-blog.com • Tte l'année, tlj. Compter 19-45 €/j. Pas d'agence à proprement parler, il s'agit d'un moniteur sportif qui accueille ses clients directement chez lui, sur rdv. Location de VTT et VTC, vélos électriques. Bon accueil, matériel au top et conseils en prime ! Mêmes prestations chez **Paulette** *(11, bd Condorcet ; ☎ 05-82-28-05-10 ; • paulette.bike •)*, et **Pub Cycles** *(bd de la Méditerranée, à Narbonne-Plage ; ☎ 04-68-49-85-72 ; • languedocweb.com/pubcycles/ •), qui loue aussi* rosalies, kart à pédales et *overboards.*

■ **Marchés :** *aux halles (plan C3), tlj 7h-13h.* **Marché bio :** *pl. du Forum (plan B1-2), sam mat.* **Marchés ts produits :** *promenade des Barques et cours Mirabeau (plan C3), jeu tte la journée, dim mat.* **Marché aux fleurs :** *cours République (plan C2-3), jeu et sam 7h-13h.* **Marché aux fripes :** *pl. Voltaire (plan A-B2), mar mat.*

Où dormir ?

De bon marché à prix moyens

Centre international de séjour – Ethic Étapes *(plan B2, **11**) : pl. Roger-Salengro. ☎ 04-68-32-01-00. • contact@cis-narbonne.com • cis-narbonne.com • Ouv 24h/24. Résa obligatoire. Lits en dortoir (4-6 pers) 26 €/pers ; doubles 32-78 €. Repas 9-16 €.* En plein cœur historique, couleurs pêchues pour cet établissement moderne, fonctionnel et bien tenu, dont l'offre se rapproche d'une auberge de jeunesse. Une centaine de lits répartis dans des dortoirs et des doubles, avec ou sans sanitaires complets. Salle TV et resto, mais pas de cuisine commune. L'atout, c'est l'agréable petit jardin public attenant, qui devient privatif en fin de journée et prolonge ainsi la terrasse du centre.

Hôtel de France *(plan C3, **13**) : 6, rue Rossini. ☎ 04-30-37-01-47. • accueil@hotelnarbonne.com • hotelnarbonne.com • Doubles 62-72 € ; petit déj 8 €/pers. Garage payant.* Dans une rue calme à 2 pas des halles, petit hôtel installé dans une maison bourgeoise du XIXe s. Une quinzaine de chambres confortables et régulièrement rénovées, tout en conservant vieux parquet et carrelage ciment. Bon rapport qualité-prix-accueil.

De chic à plus chic

Hôtel La Résidence *(plan B2, **14**) : 6, rue du 1er-Mai. ☎ 04-68-32-19-41. • contact@hotel-laresidence.fr • hotel-laresidence.fr • Doubles 89-158 € ; petit déj 12,50 €. Apéritif maison offert sur présentation de ce guide.* Dans une petite rue calme du vieux centre, un ancien hôtel particulier du XIXe s, à la déco et au mobilier d'époque, de hauts plafonds. Du charme donc, jusque dans les chambres, confortables et avec vue sur la cathédrale pour certaines. Atmosphère agréable et cosy. Accueil cordial et pro.

Où dormir dans les environs ?

Camping

Camping Les Mimosas *(hors plan par A3, **10**) : chaussée de Mandirac, à* **Narbonne.** *☎ 04-68-49-03-72. • mimosas@capfun.com • capfun.com • À 6 km au sud-est du centre-ville. Ouv de début avr à mi-oct. Forfait tente 17-59 € ; chalets et cottages.* À proximité immédiate de l'étang de Bages et du parc naturel régional, en pleine nature ; plus qu'un camping, c'est un village-camping pour la détente, le sport (3 piscines, parc aquatique avec toboggans, tennis, minigolf, jeux pour enfants, terrains multisports, location de vélos, etc.), avec une foule de services (resto, superette...) et des animations *(avr-sept)*. Emplacements spacieux, assez bien ombragés et séparés par de petites haies. Sanitaires propres. Accueil charmant et pro.

De prix moyens à beaucoup plus chic

Hôtel Douce France *(hors plan par C1,* ***15****) : 2 bis, rue des Vignerons, 11590* ***Cuxac-d'Aude.*** *☎ 04-68-93-75-09. • douce-france@anxi.fr • douce-france-cuxac-d-aude.jimdofree.com • ♿ À 8 km au nord de Narbonne. Resto le midi en sem seulement, fermé w-e et j. fériés. Doubles 60-80 € ; petit déj 6 €/pers. Menu 17 € (vin et café compris). Café et un petit déj/chambre offert sur présentation de ce guide.* C'est un hôtel pas tout à fait comme les autres. Il est en effet géré par l'Association narbonnaise pour le soutien, l'épanouissement et l'insertion (ANSEI), qui a pour vocation d'accompagner de jeunes gens confrontés aux petites difficultés dans la vie... Modernes et confortables, les chambres n'ont rien à envier aux établissements classiques. Bon resto traditionnel, servant entrées et desserts en buffet, et quelques plats à l'ardoise. Un excellent rapport qualité-prix général et aussi une démarche à soutenir !

Hôtel Château L'Hospitalet *(hors plan par D2,* ***16****) : Route de Narbonne-Plage, à* ***Narbonne.*** *☎ 04-68-45-28-50. • reception.hotel@gerard-bertrand.com • chateau-hospitalet.com • ♿ À 10 km à l'est de Narbonne. Resto tlj sauf lun. Doubles 145-205 €. Formule déj en sem 29 € ; menus 49-99 €.* Au cœur du superbe massif de la Clape – en plein parc naturel régional – ce domaine viticole biodynamique appartient au célèbre vigneron Gérard Bertrand. Ses anciens bâtiments agricoles comptent une trentaine d'élégantes chambres – dont des familiales – confortables et contemporaines, décorées avec des matériaux nobles et de grandes photos noir et blanc illustrant la vie à la propriété. Piscine chauffée ouverte sur la nature, tennis, resto de chef, dégustation au caveau et festival de jazz en été. Accueil adorable et pro. Bref, la belle adresse pour ceux qui ont des sous !

Où manger ? Où boire un verre ?

De bon marché à prix moyens

Chez Lulu *(plan C2,* ***24****) : 82, rue Droite. ☎ 04-68-91-41-81. • bistrotchezlulu@gmail.com • Tlj sauf dim-lun. Plats à l'ardoise 15-18 €.* À 2 pas du palais des Archevêques, petit bistrot aux allures d'antan, où l'on mijote une belle cuisine du sud – généreuse et colorée – oscillant entre tradition et modernité. Les quelques plats de l'ardoise dépendent des produits frais du terroir dégotés au marché. Gentille carte des vins régionaux et quelques cocktails maison à siroter en terrasse dans la rue piétonne. Accueil sympa. Une bonne adresse pour ne pas se ruiner, bravo !

Chez Bébelle *(plan C3,* ***21****) : les halles, 1, bd Dr-Ferroul. 06-85-40-09-01. • gilles@chez-bebelle.fr • Tlj sauf lun, 8h-14h. Plats 13-19 €. Dim : uniquement planches de charcuterie ou plateau de fruits de mer.* Ancien joueur de rugby, Bébelle tient son resto-bar en famille. On lui commande une viande, il interpelle le boucher en face avec un mégaphone pour une livraison immédiate par voie aérienne ! Frites maison et verre de vin de pays accompagnent les grillades, à même le zinc. Mais il faut arriver tôt, c'est pris d'assaut ! Et pour contenir son succès, la fine équipe a ouvert – face aux halles – la ***Maison Bébelle*** *(2, rue Émile-Zola ; ☎ 04-68-49-90-18 ; • contact@maison-bebelle.fr • ; tlj sauf lun 10h-16h),* avec quasi la même carte dans une ambiance néo-indus'. Sinon, plus « tranquille » et toujours dans les halles, le bar à vins ***Les Tapas de la Clape*** *(06-23-47-06-41 ; • firat.abbas@sfr.fr • ; tlj 11h-15h ; carte env 20 € ; café offert sur présentation de ce guide)* sert *ensaladas, planchas* et *tapas,* concoctés avec de bons produits frais.

Le Mallicolo *(plan C2,* ***20****) : 43, rue de l'Ancien-Courrier. ☎ 04-68-49-78-99. • yanateric@free.fr • Tlj sauf dim, 9h-18h. Congés : 1 j. en oct. Formule déj 14 € ; tartines et assiettes du monde 11-17 €.* Une cuisine simple et ouverte sur le monde d'un couple voyageur. « Mallicolo » ? Demandez-leur ! Un nom de rêve pour un petit resto hyper sympa. Une salade, une tourte, une copieuse tartine ou une « assiette du monde » qui jouent finement avec les épices et les saveurs. Sans oublier les options végétariennes et véganes. Un vrai plaisir, pour déjeuner ou prendre un thé, en terrasse dans la rue piétonne.

En Face *(plan C3,* ***22****) : 27, cours de la République. ☎ 04-68-75-16-17. • james.wickenden@wanadoo.fr • Tlj sauf mar-mer. Formule déj sauf dim 12 € ; menus 18-24 €.* Ce resto aux allures de bistrot, avec son comptoir, sa longue salle et ses tables en terrasse sur le cours, propose une cuisine simple, mitonnée avec les produits frais du marché et servie à prix doux. Service sympa.

De prix moyens à chic

Le Petit Comptoir *(plan B2,* ***25****) : 4, bd Maréchal-Joffre. ☎ 04-68-42-30-35. • camille@petitcomptoir.com • Tlj sauf dim-lun. Résa conseillée. Formules déj en sem 18-22 € ; menus 28-38 €.* Ce « resto bistronomique » est très couru car son patron enjoué ne transige pas sur le choix de ses produits. La carte change tous les mois et la cuisine créative évolue selon les arrivages et l'humeur du chef. C'est ce qu'il appelle « la cuisine spontanée » ! Belle carte des vins régionaux. Une bonne adresse, et surtout, un excellent rapport qualité-prix à midi.

Les Grands Buffets *(hors plan par A3,* ***23****) : rond-point de la Liberté. • info@lesgrandsbuffets.com • lesgrandsbuffets.com • Résa uniquement sur Internet ; conseillée plusieurs j. à l'avance, voire plusieurs sem ! Tlj 11h30-13h15 et 19h-21h30. Tarif unique des buffets à volonté 42,90 € ; et 21,90 € pour les 6-10 ans ; gratuit moins de 6 ans.* De formidables et pantagruéliques buffets, étalant les grands classiques de la cuisine française, tout en mettant l'accent sur les spécialités régionales. Le choix est considérable et la qualité au top : fruits de mer, foies gras, cochons de lait, volailles rôties, etc., sans oublier le plus grand plateau de fromages du monde et une cinquantaine de desserts ! Les vins du Languedoc sont proposés au prix coûtant ! Un grand coup de chapeau pour cette réussite totale.

Plus chic

La Maison Saint-Crescent *(hors plan par A3,* ***23****) : 68, av. Général-Leclerc. ☎ 04-68-41-37-37. • latable@saintcrescent.fr •* La Table Lionel Giraud : *mer-sam, plus dim midi ; formule déj en sem 65 €, menus 90-130 € ;* La Cave à Manger : *tlj ; menu 25 €.* LA bonne table de Narbonne sert une cuisine d'excellence – originale et connectée au terroir local – signée par le chef double-étoilé Lionel Giraud. Et pour les petits budgets, la maison s'est doublée d'un bar à vins plus décontracté, où les ballons accompagnent des planches de charcuterie et quelques bons petits plats de bistrot. À déguster dans un cadre contemporain chaleureux.

Où acheter du vin dans les environs ?

Château Pech-Celeyran : *11110 Salles-d'Aude. ☎ 04-68-33-50-04. • pech-celeyran.com • À 15 km au nord-est de Narbonne.* Presque

100 ha de vignes sur ce domaine où Toulouse-Lautrec venait jouer enfant. Sur des toiles exposées au musée d'Albi, on retrouve d'ailleurs le château de Celeyran, qui appartenait aux grands-parents du peintre ! Ici, Nicolas de Saint-Exupéry élabore des vins AOC la clape et IGP pays d'oc. L'occasion de découvrir une belle propriété et l'activité viticole d'un vigneron sympa.

Château L'Hospitalet *(hors plan par D2,* ***16****) : route de Narbonne-Plage, à* ***Narbonne.*** *☎ 04-68-45-28-50. • chateau-hospitalet.com • À 10 km à l'est de Narbonne. Visite guidée payante – à pied ou en trottinette électrique – et dégustation.* C'est ici, au cœur de cette nature sauvage du massif de la Clape – bordé par la Méditerranée – que sont élevés les prestigieux crus de ce domaine en biodynamie, appartenant au célèbre vigneron Gérard Bertrand. Incontournables, déclinés dans les 3 couleurs et finalement pour toutes les bourses.

À voir. À faire

– Pour découvrir le patrimoine narbonnais, ***visites commentées et animations jeune public*** (6-12 ans) sont organisées par la direction du Patrimoine avec des guides-conférenciers municipaux en semaine pendant les vacances scolaires. *Résa : ☎ 04-68-90-30-66 ; tarif 6,50 €/pers, réduc.*

– Le ***billet Palais-musée des Archevêques-Cathédrale*** *(6 € ; réduc)* donne accès à l'ensemble du palais et ses collections, au donjon et au trésor de la cathédrale. Aussi le ***pass Monumentale Narbonne*** *(10 € ; réduc),* qui inclut le billet Palais-musée des Archevêques-Cathédrale, la maison natale de Charles-Trenet, ainsi qu'une visite guidée.

– ***Important :*** les sites municipaux sont ***gratuits le 1er dim du mois.***

La place de l'Hôtel-de-Ville *(plan C2)* **:** le ***palais-musée des Archevêques*** abrite aussi l'hôtel de ville. La façade du ***palais Neuf*** (actuelle mairie) entre les 2 tours a été rebâtie au XIXe s par Viollet-le-Duc. À droite du très joli ***passage de l'Ancre*** s'élève le ***palais Vieux.*** À voir aussi en face, le beau bâtiment néobaroque « Aux Dames de France », qui abrite le Monoprix. Et pour finir... par le commencement, une microportion de l'ancienne ***via Domitia*** romaine a été dégagée au centre de la place.

Le palais-musée des Archevêques *(plan B-C2)* **:** *pl. de l'Hôtel-de-Ville. ☎ 04-68-90-31-34. • musees-narbonne.fr • Juin-sept, tlj 10h-18h ; le reste de l'année, tlj sauf mar 10h-12h45, 14h-18h (17h nov-mars). Fermé 1er janv, 1er mai, 1er et 11 nov, et 25 déc. Entrée : 6 € ; réduc ; accès au donjon et au trésor de la cathédrale compris. Pass Monumentale Narbonne accepté.*

La visite explore 2 parties distinctes.

– D'abord le ***palais Neuf*** (XIVe s) et ses riches collections d'art, présentées dans les anciens appartements où séjournèrent Louis XIII – pendant le siège de Perpignan –, puis Louis XIV. La chambre du roi possède un magnifique plafond à caissons. Au sol, une belle mosaïque romaine et, aux murs, de très académiques tableaux du XVIIe s. La grande galerie se distingue par sa collection de pots à pharmacie en faïence de Montpellier. Et un peu partout, des tableaux italiens et flamands, alors que les 2 dernières salles sont consacrées à la peinture orientaliste. Cette expo permanente demeure l'une des plus remarquables de France. Ensuite, le ***palais Vieux*** (XIIe s) – ***en restauration jusqu'en 2023*** – est bien connu pour son remarquable plafond peint du XIIIe s. À terme, il devrait accueillir un intéressant parcours d'archéologie médiévale...

Le donjon Gilles-Aycelin : *accès par la boutique du palais-musée des Archevêques. Mêmes horaires et billets d'accès.* Belle tour défensive de la fin du XIIIe s érigée – avec des murs de 4 mètres d'épaisseur – par un archevêque soucieux d'affirmer son pouvoir. Culminant à 42 mètres, sa terrasse panoramique plonge sur la ville et la vue s'étire jusqu'aux Pyrénées.

Le passage de l'Ancre *(plan B-C2)* **:** superbe retour 6 siècles en arrière dans cet admirable bout de ruelle pavée, enchâssé entre le palais Neuf et le palais Vieux.

Le cloître *(plan B-C2)* **:** *accès par le passage de l'Ancre, ou la cathédrale, ou le jardin de l'archevêché ; mêmes horaires que la cathédrale. GRATUIT.* Construit dans la 2de moitié du XIVe s et récemment restauré, il affiche de remarquables gargouilles sculptées, surplombant une petite roseraie.

La cathédrale Saint-Just-et-Saint-Pasteur *(plan B-C2)* **:** *accès rue Armand-Gautier ou cloître. • musees-narbonne.fr • Juin-sept, tlj 10h-18h ; le reste de l'année, tlj 10h-12h30, 14h-18h. Fermé 1er janv, 1er mai, 1er et 11 nov et 25 déc. GRATUIT. Festival d'orgues en été.*
Au XIIIe s, seul son chœur fut construit, ce qui explique sa forme atypique et ramassée. Les consuls de la ville s'opposèrent à la poursuite des travaux au XIVe s (au niveau de l'actuelle rue Fabre) pour éviter la destruction d'un rempart d'origine romaine. L'histoire leur donna raison d'une certaine manière, le rempart ayant, par la suite, protégé Narbonne des Anglais en 1355, pendant la Guerre de Cent Ans... D'un style gothique rayonnant à tendance flamboyante, c'est la toute 1ère cathédrale du genre construite dans le Midi, influencée par celles du Nord du pays. Avec ses pinacles, l'édifice est une formidable réussite, à commencer par sa voûte, l'une des plus hautes de France ! Dans le chœur : orgue somptueux orné d'anges musiciens, maître-autel dessiné par Hardouin-Mansart et superbes stalles...
Dans les ***chapelles,*** vitraux des XIIIe et XIVe s et riche mobilier. Au centre, dans l'axe du chœur, ne manquez pas la chapelle Notre-Dame-de-Bethléem et son superbe retable de pierre polychrome du XIVe s. Et à la clôture du chœur, des tombeaux d'archevêques révèlent le prestige de ces grands prélats...
Du même côté, accès à la ***salle du trésor*** **:** *juin-sept, tlj 10h (14h dim)-17h45 ; le reste de l'année, tlj sauf dim mat 10h-12h30, 14h-17h45. Accès avec le billet Palais-musée des Archevêques-Cathédrale ou le pass Monumentale Narbonne.*
Sa voûte ellipsoïdale en brique lui donne une curieuse résonance acoustique... On trouve dans cette ancienne salle capitulaire l'un des plus riches trésors de France ; d'admirables raretés, comme cette couverture de reliquaire en ivoire du IXe s, des pièces d'orfèvrerie, des livres enluminés, un coffret en cristal, etc.

L'Horreum romain *(plan C2)* **:** *7, rue Rouget-de-Lisle. ☎ 04-68-32-45-30. Tlj sauf lun, 11h30-18h (oct-avr 10h-12h, 14h-17h). Entrée : 4 € (6 € avec la visite commentée) ; billet jumelé avec le nouveau musée Narbo Via (Narbonne) et le village de potiers Amphoralis (Sallèles-d'Aude) : 12 € (14 € avec visites commentées sur chaque site) ; gratuit moins de 26 ans.* Ce sont les fondations d'un entrepôt romain et l'un des rares monuments antiques visibles en centre-ville, ce qui est tout de même un comble quand on sait l'importance de la ville romaine. Longtemps ignorées, les longues galeries de l'*horreum* (« magasin » en latin) ne furent explorées qu'au début du XXe s. Les recherches ne sont d'ailleurs pas terminées, car les constructions antiques servent aussi de fondations et de caves aux maisons modernes. Visite intéressante et fraichement agréable en été.

Les halles *(plan C3)* : *1, bd Docteur-Ferroul. Tlj 7h-14h (service min lun).* Ce pavillon de l'époque Baltard est l'un des plus beaux de France ! Magnifique structure métallique étayée par des piliers en pierre. À l'intérieur, les commerces de bouche sont tous plus appétissants les uns que les autres. On s'y retrouve, on discute et on partage des tapas aux différents stands. L'influence espagnole n'est pas loin, mais la vraie vie narbonnaise est bien là !

La maison natale de Charles-Trenet *(plan A2)* **:** *13, av. Charles-Trenet. ☎ 04-68-58-19-13. • musees-narbonne.fr • Juin-sept, tlj 10h-13h, 13h30-18h ; le reste de l'année, tlj sauf mar 10h-12h45, 14h-18h (17h nov-mars). Fermé 1er janv, 1er mai, 1er et 11 nov et 25 déc. Entrée : 4 €. Pass Monumentale Narbonne accepté.* Pour une immersion dans l'univers du « Fou chantant », la maison où est né le 18 mai 1913 et où a grandi le chanteur-compositeur de *Y a d'la joie, Douce France* et de tant d'autres tubes. Beaucoup de souvenirs drôles, émouvants, dans cette maison familiale où rien n'a changé depuis les années 1950-1960 et cédée à la Ville en 1997.

Promenade en bateau sur le canal de la Robine* :** avec **Les Petits Bateaux du Canal** *(32, cour de la République ; 07-67-57-36-96 ; avr-oct, tlj 10h-19h ; loc de bateaux électriques sans permis 5-7 pers 29-33 €/h, puis 20-25 € l'heure supplémentaire),* ou à bord de la **gabare *Le Solal *(cours de la République, près de la passerelle ; 06-79-55-93-43 ; • petittrain-narbonne.fr • ; avr-sept, 2-5 départs/j. sauf jeu ; durée 1h ; tarif 10 €/pers, réduc),* avec passage d'une écluse. Construit aux XVIIe-XVIIIe s, dans la foulée du canal du Midi auquel il est connecté, le canal de la Robine est, lui aussi, classé au Patrimoine mondial de l'Unesco. Long de 32 km et ponctué de 6 écluses, il relie Port-la-Robine à Port-la-Nouvelle, via Narbonne.

La basilique Saint-Paul *(plan A-B3)* **:** *rue de l'Hôtel-Dieu. Tlj sauf dim 9h-12h, 14h-18h. Pour visiter la crypte paléochrétienne, demander au gardien.* D'un style gothique méridional précoce, cet édifice a été construit sur le tombeau du 1er évêque évangélisateur de Narbonne. Selon un poète local, « le vieux clocher de Saint-Paul est l'âme de Narbonne ». Le chœur du XIIIe s impressionne par ses dimensions. Riche mobilier : tapisseries d'Aubusson, retables, reliques, tableaux, grandes orgues, etc. Son célèbre ***bénitier à la Grenouille*** s'accompagne d'une amusante légende : troublant une messe de ses coassements hérétiques, la pauvre bête aurait été pétrifiée sur place ! Quant au cimetière paléochrétien, il recèle d'intéressants sarcophages, dont l'un, sculpté, serait le plus vieux de la Gaule chrétienne.

La maison des Trois-Nourrices *(plan B3)* **:** *rue des Trois-Nourrices. Visite guidée sur rdv : ☎ 04-68-90-30-66.* Une exceptionnelle façade du XVIe s, au décor foisonnant constitué notamment de cariatides aux formes généreuses (...) qui valurent son surnom à la maison ! À l'intérieur, magnifique salle décorée par Pierre Carron, artiste contemporain inspiré par la Renaissance.

Musée Narbo Via *(hors plan par D3)* **:** *50, av de Gruissan. ☎ 04-68-93-31-82. À l'entrée est de Narbonne. Tlj sauf lun 10h-19h (oct-avr 11h-18h). Entrée : 8 € (10 € avec visite commentée) ; billet jumelé avec l'Horreum romain (Narbonne) et le village des potiers Amphoralis (Sallèles d'Aude) : 12 € (14 € avec visites commentées sur chaque site) ; gratuit moins de 26 ans.* Implanté dans un jardin de 3 ha au bord du canal de la Robine, ce bâtiment bas et design abrite un nouveau musée qui fait revivre la prestigieuse cité *Narbo Martius,* 1ère capitale romaine en Gaule, dont paradoxalement les vestiges sont aujourd'hui quasi invisibles dans l'espace urbain narbonnais. Sur près de 3 000 m², « la fille de Rome » se dévoile sur un parcours agrémenté d'outils multimédias, qui donnent vie à 15 000 objets archéologiques, couvrant 6 siècles, du IIe s av. J.-C. à l'époque paléochrétienne. Véritable colonne vertébrale du musée, sa ***spectaculaire galerie lapidaire*** – mur monumental de plus de 70 m de long sur 10 m de hauteur – présente par un jeu de roulement automatisé quelques 1 700 blocs et fragments de pierre, inscriptions, bas-reliefs, décors architecturaux... Aussi une belle collection de fresques murales et de mosaïques, ajoutée au riche mobilier archéologique découvert dans les fouilles *in situ.* Le tout évoquant l'urbanisme, les monuments, l'organisation sociale, politique et religieuse, la vie portuaire et économique de l'incontournable capitale romaine et son empreinte sur la Méditerranée antique.

Manifestations

– ***Clap d'été :*** *juil-août.* Différents concerts, spectacles durant tout l'été. Se termine le dernier w-e d'août, par le festival *Barques en Scène.*
– ***Jazz in l'Hospitalet :*** *dernier w-e de juil, au domaine viticole de l'Hospitalet, dans le massif de la Clape. • chateau-hospitalet.com •* Régulièrement, de grandes figures. Le reste de l'année, dîner-concert le vendredi.
– ***Féeries de Noël :*** Marché de Noël, spectacles, animations de rue, ateliers et jeux pour enfants.

DANS LES ENVIRONS DE NARBONNE

Parc naturel régional de la Narbonnaise en Méditerranée : *• parc-naturel-narbonnaise.fr •* Aux portes de Narbonne, c'est un gigantesque parc de 80 000 ha, créé en 2003 sur 21 communes et affichant une géographie pittoresque et très variée. Composé des Corbières maritimes, culminant à 707 m et surplombant un vaste complexe de lagunes, appelées ici « étangs », le parc est bordé par 50 km de littoral sablonneux préservé. Des paysages intacts à couper le souffle, abritant une biodiversité rare (1 400 espèces végétales, 350 types d'oiseaux...) et quelques vieux villages pleins de cachet. Bref, un formidable site naturel protégé mais qui demeure fragile, à découvrir à pied, à vélo, à cheval, en canoë, *paddleboard*... *Infos :* ***Maison du parc*** *(1, rue Jean-Cocteau, 11130* ***Sigean ;*** *☎ 04-68-42-23-70) et dans les offices de tourisme de Narbonne, Gruissan, Sigean et Leucate.*

Le massif de la Clape : temps fort dans l'exploration du ***parc régional de la Narbonnaise en Méditerranée,*** le massif de la Clape – situé entre Narbonne et la mer – est un magnifique espace naturel très préservé, en bord de Méditerranée. Il se parcourt à pied, à cheval ou à vélo ; des routes secondaires le sillonnent aussi, entre gorges, falaises, rocailles et vignes, traversant quelques vieux villages dans leur jus. Et partout, la flore méditerranéenne est resplendissante : pin d'Alep, pin parasol, quelques chênes verts ou kermès, genêts et pistachiers ; sans parler des orchidées, tulipes sauvages, genévriers... Et puis cette centaurée acaule unique au monde : la *Corym bosa,* qui semble faire bon ménage avec les criquets – dont 3 espèces uniques au monde aussi, vivent ici... *Infos :* ***Maison de la Clape*** *(24, rue Jean-Jaurès, 11110* ***Vinassan*** *; ☎ 04-68-45-25-47 ; • maisondelaclape.com •).*

L'ABBAYE DE FONTFROIDE

Carte Aude, C2

L'une des plus belles abbayes de la région, dans un site enchanteur et sauvage, propice au recueillement, au cœur du Parc naturel régional de la Narbonnaise en Méditerranée. Fondée au XIe s, elle prospéra pendant les XIIe et XIIIe s, donnant un pape, quelques cardinaux et aussi naissance à d'autres abbayes. Ses biens furent vendus à la Révolution, puis la propriété fut rachetée par un riche marchand, ami de Gauguin, au début du XXe s.

À voir

L'abbaye de Fontfroide : *D 613. ☎ 04-68-45-11-08. • fontfroide.com • ♿ (sauf à l'étage et dans les jardins en terrasse). Ouv tlj : juil-août, 9h30-19h ; avr-juin et sept-oct, 10h-18h ; nov-mars, 10h-12h30, 13h30-17h. Dernière admission 30 mn avt. Juil-août, nocturnes mar-sam à 22h. Entrée : 12,50 € (15 € avec visite guidée ; 1h30) ; réduc. Billet famille (2 adultes + 2-3 enfants) 34 € (41 € avec visite guidée). Visites nocturnes : 15 € ; réduc. Audioguide sur l'appli mobile « Pays Cathare, Le Guide » ; et parcours enfant avec l'appli « Castrum, Le Jeu ».*

Au programme de cette visite :

– ***la cour d'honneur :*** construite au XVIIe s, elle donne un air de château ;

– ***l'ancien réfectoire :*** avec sa superbe voûte et des ajouts décoratifs du XXe s (cheminée, grilles en fer forgé) ;

– ***la cour Louis-XIV :*** bâtiment du XIIIe s, fronton du XVIIe ;

– ***le cloître :*** de la 2de moitié du XIIe s. D'une élégance rare avec ses colonnettes géminées en grès et en marbre de Caunes, finement sculptées. Voûte du XIIIe s. Les larges oculi des arcades permettent un meilleur éclairage des galeries ;

– ***la salle capitulaire :*** salle de réunion des moines construite entre 1180 et 1280, qui allie sobriété et majesté ;

– ***l'église abbatiale :*** édifiée au XIIe s. La grâce touchante des proportions parfaites et la chaude couleur de ses pierres contrastent avec la nudité austère des lieux. La voûte en berceau brisé de 20 m de haut en fait l'une des plus hautes abbayes cisterciennes de France. Des messes y sont encore dites et des chorales viennent y chanter ;

– ***la chapelle Saint-Bernard :*** les vitraux contemporains du père Kim En Joong illuminent cette petite chapelle du XIIIe s ;

– ***le dortoir des frères :*** splendide grâce à ses tons ocre, orangés, rose. Le silence y était obligatoire. Les frères n'avaient d'ailleurs le droit de s'adresser la parole qu'un quart d'heure par jour (!) ;

– ***le cellier :*** construit en partie dans la roche. Ses dimensions rappellent qu'il y avait 300 bouches à nourrir ;

– ***la roseraie :*** elle contient plus de 2 000 rosiers joliment disposés autour d'un bassin, dont la rose de Fontfroide.

– ***les jardins en terrasses :*** un voyage à travers l'histoire de l'art des jardins, depuis le Moyen Âge jusqu'à nos jours. Magnifiques vues sur l'abbaye.

La Table de Fontfroide : *☎ 04-68-41-02-26. • latable@fontfroide.com • ♿ Ouv le midi tlj, plus le soir mar-sam juil-août. Congés : janv. Formules déj 22-26 € ; menus 35-39 € ; carte 30-40 €.* Une bonne table aux accents méditerranéens, arrosée des vins de l'abbaye. Mon tout dans un cadre de vieilles pierres, avec agréable terrasse.

Fête et manifestations

– ***Concert de chants grégoriens :*** *2e w-e d'avr.* Une institution, par le Chœur grégorien de Paris.

– ***Fête des Plantes et du Massif :*** *1er w-e de mai.* Vente, expo, artisanat, conférences, ateliers, etc.

– ***Rendez-vous au jardin :*** *début juin.* Visites, conférences et musique autour des jardins, des oiseaux et de la biodiversité.

– ***Arts et métiers d'antan :*** *fin-juin.* Pour découvrir les métiers du Moyen Âge : démonstrations, animations.

– ***Violoncelles à Fontfroide :*** *début juil.* Concert de clôture des master classes de violoncelles.

– ***Festival Musique et Histoire :*** *3e sem de juil.* Concerts dans l'abbaye avec des artistes tels que Jordi Savall.
– ***Orchidées à Fontfroide :*** *1er w-e d'oct.* Vente, expo, conférences, ateliers.

GRUISSAN (11430) 5 000 hab. *Carte Aude, D2*

À 10 km au sud de Narbonne-Plage, en plein cœur du parc naturel régional de la Narbonnaise en Méditerranée, Gruissan se mire dans les eaux des étangs peuplés de flamants roses. Le vieux village possède un beau cachet avec ses maisons couleur de terre brûlée par le soleil, aux toits rouges. Bâti sur un plan circulaire, il semble encore sous la protection du château de Barberousse. Un « tribunal des prud'hommes pêcheurs » et le *Café de la Paix*, siège du club de rugby, achèvent de conférer au lieu toute son authenticité. Sans oublier les paysages extraordinaires des salins et la pittoresque plage des Chalets, creuset du tourisme balnéaire local. À quelques encablures du béton de Port-Gruissan, construit dans les années 1960, mais que l'on oublie vite...

L'AUDE, PAYS CATHARE

Adresses utiles

Office de tourisme : *bd du Pech-Maynaud. ☎ 04-68-49-09-00. • gruissan-mediterranee.com • En été, tlj 9h-20h ; hors saison, tlj 9h-12h, 14h-18h (10h-12h et 14h-16h w-e) ; fermé le w-e nov-fév.* Organise des visites guidées payantes *(avr-sept)* à pied ou en gyropode *Segway,* des balades vigneronnes et des sorties photo.

Les ***bus urbains Citibus n° 8*** *(• citibus.fr •)* assurent la liaison **Narbonne – Gruissan ;** *tlj sauf dim (tlj en été).*

Marché : *lun, mer et sam, pl. Gibert.*

Location de vélos : chez ***Cycle Aventure*** *(pl. des amures ; 07-82-30-02-33 ; • cycleaventure.wixsite.com/cycle-aventure •)* et ***Vacances Confort*** *(rue de l'Artimon ; ☎ 04-68-49-13-35 ; • vacancesconfort.wixsite.com/vacancesconfort •). Compter 15-49 €/j. selon le vélo : VTC, VTT, vélos électriques...*

École de voile Akila : dispose d'un **pôle étang** *(étang de Mateille ; ☎ 04-68-49-88-31)* et d'un **pôle mer** *(50, av. de la Jetée ; ☎ 04-68-49-33-33) • akila-centers.com/nautique-gruissan/ • Ouv début avr-nov.* Location et stages de *kitesurf,* planche à voile, catamaran, Optimist, *paddleboard* et canoë-kayak.

Ligue pour la protection des oiseaux (LPO) : *☎ 04-68-49-12-12. • aude.lpo.fr •* Toute l'année, sorties nature gratuites autour des salins et de l'île Saint-Martin.

Où dormir ?

Camping

Camping LVL Les Ayguades : *av. de la Jonque. ☎ 04-68-49-81-59. • infos@loisirs-vacances-languedoc.com • camping-soleil-mer.com • Ouv fin mars-début nov. Forfait tente 21,50-39 € ; mobile homes.* Sur 6 ha, un camping écoresponsable soigné, entre Gruissan et Narbonne-Plage, avec un accès direct à la mer. Tamaris et lauriers roses délimitent les emplacements sablonneux. Et une foule de services : jeux pour enfants, piscine chauffée, bar-snack...

De prix moyens à chic

Chambres d'hôtes La Planque : *10, rue Passenaud, à* ***Gruissan-Village.***

☎ 04-68-49-71-02. 📱 06-58-05-60-82. • matettisou@gmail.com • laplanque.com • Doubles 80-90 €. Dans cette belle et ancienne maison de pêcheur, au cœur du charmant vieux village, voici plusieurs chambres auxquelles on accède par un escalier étroit. Spacieuses, bien équipées et toutes blanches, du parquet au plafond, dans un adorable style balnéaire.

La Maison de Gruissan : *16, av. du Général-Azibert, à* ***Gruissan-Village.*** *📱 06-58-55-89-44. • lamaisondegruissan@gmail.com • chambre-hote-gruissan.fr • ♿ Doubles 65-90 €. Suites 130-160 €.* Une ancienne maison de maître du XIXe s, restaurée avec goût et caractère : tomettes et carreaux de ciment d'origine, anciens meubles de famille ou chinés. Il y a même du mobilier signé par un architecte. Les couleurs sont apaisantes et l'endroit est empreint d'une douce atmosphère. En famille, demander la suite avec les 2 chambres qui communiquent par un passage secret... les enfants adorent ! Terrasse. Accueil à la hauteur des lieux.

Hôtel de la Plage : *13, rue du Bernard-L'Hermite, à* ***Gruissan-Plage des Chalets.*** *☎ 04-68-49-00-75. • contact@hotelplagegruissan.fr • hotelplagegruissan.fr • ♿ Ouv fin mars-début oct. Doubles 75-100 € ; petit déj 9 €/pers.* À 2 pas de la plage des Chalets, on est séduit par ce petit 2-étoiles familial d'une vingtaine de chambres modernes, fonctionnelles (clim...) et régulièrement rénovées ; certaines avec terrasse ou balcon. Aussi des familiales. Le plus ici, c'est l'accueil adorable et sincère. Une belle petite adresse !

Où manger ? Où prendre un verre ?

Prix moyens

Plan B : *5, rue de la République, à* ***Gruissan-Village.*** *☎ 04-68-49-14-26. • idem11@gmx.fr • Tlj sauf mer (tlj en saison). Résa conseillée. Plats env 18 € ; menus 26-36 €.* Belle cuisine de saison, fraîche, inventive et colorée, qui jongle avec le terroir et la marée locale. À déguster aux beaux jours en terrasse dans l'agréable zone piétonne du vieux Gruissan. Service sympa et pro. Plus qu'un plan B, c'est sûr !

Les Chalets : *44, av. de la Jetée, à* ***Gruissan-Plage des Chalets.*** *☎ 04-68-91-14-42. • restaurantleschalets@gmail.com • Ouv avr-sept, tlj sauf lun-mer et dim soir (tlj en saison). Résa conseillée. Carte 25-40 €.* On est séduit par l'élégante cuisine méditerranéenne, généreuse, colorée et relevée de quelques saveurs inattendues, provenant d'horizons lointains. Agréable salle moderne, aux larges baies vitrées ouvertes sur la terrasse et sa vue superbe sur la mer. On aime !

La Cambuse du Saunier : *route de l'Ayrolle, au* ***salin de l'île Saint-Martin.*** *☎ 04-84-25-13-24. • contact@lesalindegruissan.fr • À 1 km au sud de Gruissan-Village. Tlj 10h30-18h (22h mai-sept). Résa conseillée. Assiettes de coquillages et fruits de mer 7-16 € (dégustation à tte heure en été) ; carte 30-40 €.* Imaginez une cahute en bois, aux larges fenêtres, dotée d'une formidable terrasse couverte au bord du salin, dans un silence à peine distrait par le cri des goélands. On peut y manger ou simplement déguster une assiette d'huîtres affinées sur place, palourdes, crevettes, bulots, etc. ; le tout arrosé d'un vin blanc local. Et à 50 m de là, ***La Terrasse du Salin*** prend de la hauteur pour servir cocktails et glaces ; parfois des concerts en saison. Une institution au top !

Où trouver de bons produits du cru ?

La Cave de Gruissan : *1, bd de la Corderie, à* ***Gruissan-Village.*** *☎ 04-68-49-01-17. • cavedegruissan.com •* La cave viticole coopérative de Gruissan, qui perpétue une tradition vieille de plus de 2 000 ans ! Déclinés

L'AUDE, PAYS CATHARE

dans les 3 couleurs, avec une option apéritive, ses vins présentent un excellent rapport qualité-prix.

Domaine de l'Évêque : *route des Salins, sur* ***l'île Saint-Martin.*** *☎ 04-68-75-00-48. • vinspierrerichard.com • À 4 km au sud-ouest de Gruissan-Village.* Le domaine de l'acteur Pierre Richard est constitué de 50 ha de garrigue et de vigne, cultivée avec les cépages traditionnels des Corbières, en agriculture raisonnée.

La Perle Gruissanaise : *6, av. de l'Aiguille, base conchylicole, à* ***Gruissan-Plage des Chalets.*** *☎ 04-68-49-23-24. • perlegruissanaise@wanadoo.fr • Au bout de la jetée, à 500 m au-delà de la plage des Chalets. Tlj 9h-19h (21h juil-août).* Huîtres, moules et palourdes de pleine mer. Épicerie de produits régionaux. Formule dégustation très sympa à l'heure de l'apéro, mais aussi poissons grillés *a la plancha* ; à dévorer en terrasse au bord de l'eau.

À voir

La tour de Barberousse : *au sommet de* ***Gruissan-Village ;*** *accès par un escalier qui monte derrière l'église. Tlj : de juin à mi-sept, 7h-19h30 ; le reste de l'année, 8h-18h. GRATUIT. Visite guidée possible (infos à l'office de tourisme).* Vestige d'un château médiéval du XIIIe s. Panorama admirable sur les étangs, le massif de la Clape, la plage des Chalets sur pilotis. On y remarque l'étonnante construction en circulade (coquille d'escargot) du village et la belle couleur des toits de tuiles.

Les chalets sur pilotis : *plage des Chalets, à 2 km à l'est de Gruissan-Village.* Vers 1850, les bains de mer devenant un phénomène de société, les Narbonnais aisés construisent à Gruissan des chalets en bois, sans eau ni électricité, mais profitant de la fraîcheur maritime. Ces habitations de vacances n'ont jamais été des maisons de pêcheurs, ces derniers habitant le vieux village : chacun chez soi et les huîtres étaient bien gardées ! Dans les années 1960, pas moins de 1 300 chalets s'alignaient sur 10 rangs. En 2011, une 11e rangée a vu le jour, dans le respect de l'architecture d'origine. Aujourd'hui, ils sont dotés du confort moderne et leur rénovation – parfois anarchique – casse un peu la belle uniformité de ces corons du loisir... L'endroit servit d'ailleurs de décor au film de Jean-Jacques Beineix, *37°2 le matin,* tourné en 1986.

La chapelle Notre-Dame des Auzils et le cimetière marin : *à 6 km au nord de Gruissan-Village ; parking au cimetière marin, puis 20 mn à pied. Chapelle ouv mai-sept.* Une allée de cyprès monte vers ce sanctuaire bordé de cénotaphes. D'émouvantes inscriptions revêtent les dalles du cimetière marin. Des ex-voto en trompe l'œil sur les murs et de belles peintures ornent l'intérieur de la chapelle, juste devant le socle très particulier de l'autel. Une figure de proue, quelques maquettes et tableaux en hommage aux marins disparus complètent l'ambiance des lieux. Beau panorama.

Les salins de l'île Saint-Martin : *route de l'Ayrolle. ☎ 04-82-53-10-61. • lesalindegruissan.fr • À 1 km au sud de Gruissan-Village. Visite guidée (1h15) ; départs à 11h, 15h et 16h30 (plus 18h en été) ; tarif : 8,90 €, réduc. Visite guidée en trottinette tout terrain électrique (1-2h) ; tarif 29-45 €/pers.* Parcours de 2 km sillonnant le salin de l'île Saint-Martin, où la fleur de sel est toujours produite selon les techniques ancestrales. Une balade guidée avec présentation des différentes phases de production et usages du sel, récolte « muséale ». Observations ornithologiques et biologiques passionnantes. En fin d'après-midi, on a plus de chances d'apercevoir de multiples oiseaux... au soleil presque couchant ! ***L'écomusée*** *(tlj ; GRATUIT)* témoigne de la récolte du sel, activité millénaire qui a façonné les hommes et les paysages de cette partie du littoral, et présente la faune et la flore des milieux salés. Aussi une ***boutique*** vendant les récoltes locales.

Fêtes et manifestations

- ***Rencontres autour de la B.D. :*** *début avr.*
- ***Défi wind et Défi kite :*** *w-e de l'Ascension.* Le plus grand rassemblement de pros et d'amateurs de windsurf du monde !
- ***Les Festejades :*** *à la Pentecôte.* 3 jours de fête occitane dans les rues du village avec musiques, bodegas...
- ***Fête des Pêcheurs :*** *à la Saint-Pierre, les 28 et 29 juin.* Messe spéciale, où l'on danse la *scottish,* procession et bénédiction des flots !

BAGES

(11100) 800 hab. *Carte Aude, D2*

À 10 km au sud de Narbonne et déjà si loin du monde. On se faufile parmi les étangs d'où émerge ce rocher couvert d'habitations. Un lieu touchant, pittoresque et préservé, en plein parc naturel régional de la Narbonnaise en Méditerranée. Son histoire se lit au gré d'un sentier du patrimoine intitulé « Dans le sillage de l'anguille », qui serpente dans les vieilles ruelles... Des étendues sauvages d'étangs, par-delà les toits des vieilles maisons de pêcheurs et de paysans, dont certaines sont aujourd'hui reconverties en ateliers d'artistes. À visiter par un petit matin ensoleillé...

Adresse et info utiles

Syndicat d'initiative : *à la Maison des arts, 8, rue des Remparts. ☎ 04-68-42-81-76. • bages.fr • Juil-août, tlj 15h-20h ; le reste de l'année, mer-dim et j. fériés 14h-19h.* Plan-dépliant d'une balade pour découvrir le bourg de Bagès et ses environs. Expos temporaires gratuites.

Le ***bus urbain Citibus*** *(• citibus.fr •)* ***n° 10*** assure la liaison ***Narbonne - Bages ;*** *tlj sauf dim (tlj en été).*

Où manger ?

Le Portanel : *la Placette. ☎ 04-68-42-81-66. • leportanel@orange.fr • Tlj sauf lun, mer soir et dim soir. Congés : 2de quinzaine de nov. Résa conseillée. Menus 21 (en sem)-42 €.* Une référence locale en matière de cuisine de tradition et dont la spécialité demeure l'anguille, fraîchement pêchée dans l'étang. À déguster sous la véranda panoramique qui domine le village et ledit étang, ou dans l'agréable salle un rien rustique. Carte des vins à la hauteur, pour des prix corrects.

DE BAGES À LA RÉSERVE AFRICAINE PAR LES ÉTANGS

Prendre la D 105, direction Peyriac-de-Mer. On ne vous le conseille même pas ! On vous l'impose... On chemine alors sur une étroite bande de terre bordée à droite par les marais salants, à gauche par les étangs de Bages et Sigean. Magnifique, surtout quand les colonies de flamants sont de la partie. Nature sauvage splendide !

SIGEAN (11130) 5 480 hab. *Carte Aude, D2*

Tranquille et pas trop envahie de touristes, l'ancienne ville-étape de la voie romaine *via Donitia* possède de vieilles rues pittoresques... Et aussi des girafes, des éléphants et des fauves, presque en liberté !

Adresses et infos utiles

Office de tourisme : *11, pl. de la Libération. ☎ 04-68-48-14-81. • visit-lanarbonnaise.com/fr/sigean • Juil-août, tlj sauf dim ap-m 9h-13h, 15h30-18h30 ; le reste de l'année, tlj sauf dim-lun, 9h-12h, 14h-17h.* Plan-dépliant d'une balade pour découvrir le centre historique de Sigean, son étang, les anciens salins...

Les ***bus urbains Citibus*** *(• citibus.fr •)* ***n° 15*** relient **Narbonne** à **Port-Leucate,** via **Sigean, Leucate-Village, Leucate-Plage** et **La Franqui ;** à Sigean, le **bus n° 14** dessert **Port-La-Nouvelle ;** *tlj sauf dim (tlj en été).*

■ ***Base nautique Port Mahon Sigean :*** *1089, Port-Mahon. ☎ 09-60-18-13-70. 06-06-66-78-42. • portmahonsigean.fr •* Sur la lagune, location et stage de canoë-kayak, catamaran, planche à voile, *paddleboard...*

■ ***Maison du parc naturel régional de la Narbonnaise en Méditerranée :*** *1, rue Jean-Cocteau. ☎ 04-68-42-23-70. • parc-naturel-narbonnaise.fr •* Voir plus haut « Dans les environs de Narbonne »).

■ **Marchés :** *pl. de la Libération, mar et ven mat.*

Où dormir ?
Où manger à Sigean et dans les environs ?

Camping

Camping Domaine de La Palme : *79, chemin du Stade, 11480* ***La Palme.*** *☎ 04-68-48-50-40. • info@camping-la-palme.com • camping-la-palme.com • À 7,5 km au sud de Sigean. Ouv avr-début nov. Forfait tente 16-35 € ; mobile homes, chalets et écolodges.* Face à l'étang de La Palme (spot de kitesurf) et à 4 km de la mer, c'est un camping à taille humaine, sympa et authentique, avec des emplacements ombragés et séparés par des haies. Sanitaires nickel. Piscine et camion-pizza plusieurs fois par semaine. Aussi d'amusantes tentes « bivouac sous les étoiles ». Accueil sympa et pro.

Prix moyens

Maison d'hôtes Abitarela : *7, rue Nationale. ☎ 04-68-41-53-19. • sigean@abitarela.fr • abitarela.fr • Doubles 65-85 €.* À l'angle de 2 ruelles du vieux bourg, c'est une belle demeure authentique de 1700 – restaurée avec goût – et livrant plusieurs chambres et suites familiales confortables et cosy ; entre pierres apparentes et mobilier scandinave discret. Accueil charmant et pro. On recommande !

Les Terrasses de la Berre : *106, av. des Corbières, 11490* ***Portel-des-Corbières.*** *☎ 04-68-41-92-43. • lesterrassesdelaberre@orange.fr • Tlj sauf lun-mar hors saison. Résa conseillée. Formule déj en sem 15 € ; carte 25-40 €.* Si la visite de la proche réserve de Sigean vous a donné un appétit de lion, vous pourrez l'assouvir ici ! Dans l'assiette, cuisine de terroir généreuse et bien menée, servie dans une salle un rien rustique, où mijotent les soupes dans la cheminée en hiver. Aux beaux jours, optez plutôt pour la vertigineuse terrasse en encorbellement sur une *gorgette* où court la

Berre. Vue sur la savane alentour : pas de girafe au loin ?!

Le Potager : *28, av. de Perpignan. ☎ 04-68-48-42-76. • restaurantlepotager@gmail.com • Ouv avr-sept, tlj sauf lun-mer. Résa conseillée. Formule déj en sem 17 € ; carte 30-40 €. Apéritif maison offert sur présentation de ce guide.* Dans une demeure vigneronne patinée par 300 ans d'histoire, Dominique Macquart a trouvé l'accord parfait pour conjuguer ses 2 passions : la vigne et la bonne bouffe ! Les vins bio du domaine ou de petits producteurs de la région accompagnent salades parfumées à l'huile d'olive, entrecôte, magret, boudin catalan et autres viandes grillées dans le foyer, un p'tit ballon de rouge à la main. Les soirs d'été, au bord du potager, on est vraiment bien !

Chic

Hôtel Andemar : *41, av. de Narbonne. ☎ 04-68-27-08-73. • andemar11@orange.fr • sigeanhotel.com • Doubles 92-122 € ; petit déj 12 €. Parking payant. Café offert sur présentation de ce guide.* Dans la rue principale du village, cette ancienne demeure de maître livre une douzaine de chambres tout confort, à la sobre déco moderne ; les parties communes étant plus clinquantes. Préférer celles donnant à l'arrière, même si elles sont toutes équipées de double vitrage. Charmant patio pour prendre le petit déj aux beaux jours. Accueil gentil et pro.

À voir. À faire

Le musée des Corbières : *pl. de la Libération. ☎ 04-68-41-59-89. • sigean.fr • face à l'office de tourisme. Juil-août, lun-ven 9h-12h, 15h-18h ; le reste de l'année, lun-mar et jeu-ven 14h-17h, plus mer 9h-12h (nov-mars). Entrée : 3,20 € ; réduc. Visite guidée (3h ; musée + oppidum) mer mat avr-oct ; sam mat nov-mars : 6,40 €, réduc.* Installé dans une maison bourgeoise du XVIIIe s, ce musée d'archéologie présente urnes funéraires, céramiques, amphores, outils et bijoux divers ; autant de témoignages anciens (phéniciens, grecs, étrusques, romains et gallo-romains), trouvés lors des fouilles du proche emporium Pech Maho (VIe-IIIe s av. J.-C.), situé aux confins de plusieurs voies de communication. On y produisait du sel, des outils et des armes en fer, et des céréales, qui étaient échangées contre des céramiques fines attiques, des amphores de vins romains... Parmi les pièces les plus remarquables, des tablettes en plomb sur lesquelles figurent des textes non déchiffrés, en ibère et en étrusque. Aussi une intéressante section ethnographique présentant les métiers séculaires du coin (pêche, viticulture, salins, agriculture...) à travers vieilles photos, objets et outils du quotidien.

La réserve africaine de Sigean : *☎ 04-68-48-20-20. • reserveafricainesigean.fr • Tte l'année, tlj. Juil-août, 8h30-19h30 ; le reste de l'année, 9h-19h (18h30 oct, 17h30 fin oct-mars). Dernière admission 1h30 avt. Entrée : 32 € ; 23 € 4-14 ans. Achat sur Internet conseillé. Visites guidées en minibus ou à pied sur résa. Respecter scrupuleusement les consignes de sécurité. Compter 2-3 h de promenade. Cafétéria et aires de pique-nique.*

L'un des rares « espaces de liberté » pour animaux en France, sur plus de 300 ha de garrigue et d'étangs. La réserve accueille aujourd'hui plus de 3 500 animaux, dont de nombreuses espèces en voie de disparition : lycaon, girafe du Kordofan, zèbre de Hartmann, chimpanzé, gazelle de Cuvier, âne de Somalie, rhinocéros blanc, ours du Tibet... Outre ces animaux devenus rares, le site superbe compte aussi pour beaucoup dans l'intérêt de la réserve, avec sa végétation de type quasi africain et son superbe étang peuplé de flamants roses, de hérons, de pélicans, d'oies sauvages...

À voir encore, sur le circuit à pied et le chemin panoramique qui domine les différents parcs bordant l'étang : la ***plaine africaine*** et ***l'île des chimpanzés...*** On y trouve dromadaires, grands koudous, zèbres, suricates, girafes, impalas, wallabies, cochons du Vietnam... Aussi un ***vivarium*** abritant toutes sortes de reptiles : tortues aquatiques et terrestres, serpents (boas, pythons, couleuvres), crocodiles et alligators. Et une ***volière*** pour déambuler au milieu des piafs ! À découvrir enfin en voiture : le ***parc des lions,*** le ***parc des ours,*** la ***brousse*** et de la ***savane*** qui abritent aussi les autruches, les buffles de forêt, les rhinocéros blancs, une flopée d'antilopes...

Une ***promenade*** sympa si l'on a du temps : l'***étang à Port-Mahon*** et ***Les Cabanes.*** Voici 2 itinéraires en boucle (11,5 km et 13 km) qui traversent les anciens salins, un véritable havre de paix (compter 3h et 3h30). Le calme environnant, percé du cri des mouettes et du chant des cigales dans les pins, ajoute une touche poétique. Topoguides disponibles à l'office de tourisme.

DANS LES ENVIRONS DE SIGEAN

Terra Vinea, les caves Rocbère : *15, chemin des Plâtrières, 11490* ***Portel-des-Corbières.*** *☎ 04-68-45-87-68. • terra-vinea.com • Tte l'année sauf Noël-janv, tlj ; visites guidées régulières 10h30-17h30 en juil-août (horaires fluctuants le reste de l'année, voir sur le site). Entrée : 11,60 € ; réduc.* Le vocable Rocbère synthétise le roc et la Berre, rivière qui arrose Portel. Ces caves ont été singulièrement aménagées dans d'anciennes mines de gypse, à 80 m sous terre. Près de 800 m de longues, larges et fraîches galeries bordées de fûts millésimés, plus de 1 500 barriques ! Quelques mises en scène : spectacle son et lumière, villa gallo-romaine modestement reconstituée, banquet médiéval, lac souterrain, expo de vieux outils viticoles... Une visite qui se termine, côté boutique, par une dégustation.

LEUCATE (11370) 4 430 hab. *Carte Aude, D2*

À 15 km au sud-ouest de Sigean et toujours dans le parc naturel régional de la Narbonnaise en Méditerranée, voici Leucate, village d'un certain charme, et Leucate-Plage, offrant – vent quasi permanent oblige – l'un des meilleurs spots de planche à voile et de kitesurf d'Europe ! Avec ses eaux turquoise et cristallines, la plage de La Franqui demeure la plus belle du coin ! Et puis, la longue plage de sable – quasi vierge – qui s'étend de Leucate-Plage à Port-Leucate, reste bien moins courue que celle de Narbonne en saison.

Adresses et infos utiles

Office de tourisme : *espace Henry-de-Monfreid, à* ***Port-Leucate.*** *☎ 04-68-40-91-31. • tourisme-leucate.fr • Juil-août, tlj 9h-20h ; le reste de l'année, lun-sam 9h-12h, 14h-18h (17h oct-mars), dim 9h30 (10h d'avr à mi-juin)-12h30, 14h-18h. Fermé dim ap-m d'avr à mi-juin ; dim oct-mars ; mar ap-m oct-fin janv. Aussi* ***2 bureaux annexes :*** *à* ***Leucate-Village*** *(pl. Gonzalès) et à* ***La Franqui*** *(rue Henry-de-Monfreid) ; ouv de mi-juin à mi-sept, tlj 9h30-12h30, 15h-18h.* Infos loisirs, notamment sur les spots de kitesurf, planche à voile, char à voile, *paddleboard*...

Les ***bus urbains Citibus*** (*• citibus.fr •*) ***n° 15*** relient ***Narbonne*** à ***Port Leucate,*** via ***Sigean, Leucate Village, Leucate-Plage*** et ***La Franqui ;*** *tlj sauf dim (tlj en été).*

Location de vélos : chez **Loca Détente** *(quai du Paurel, à* ***Port-Leucate,*** *face à l'office de tourisme ; ☎ 04-68-40-89-73. • locadetente.fr • ; ouv avr-sept)* et **Roue Libre & Sports** *(rue du Levant, à* ***Port-Leucate ;*** *☎ 09-74-56-95-28 ; • rouelibre-sports.com • ; tte l'année).* Location de VTC, VTT, vélos électrique, fat bikes, etc., à partir de 10 €/j.

■ **Marchés :** *mer et dim à* ***Port-Leucate ;*** *mar et sam à* ***Leucate-Village.***

■ **Base nautique L'Île aux loisirs :** *av des Roseaux, à* ***Port-Leucate.*** *06-20-37-65-19. • lileauxloisirs.fr • Ouv avr-sept.* Sur l'étang de Leucate, location de canoë, de *paddleboard,* d'embarcation à pédales et de bateau sans permis. Aussi des explorations guidées du lac et des animations familiales ludiques. Café-snack.

■ **Cercle de Voile du Cap Leucate :** *la Marina, av de la Pinède, à* ***Port-Leucate.*** *☎ 04-68-40-72-66. • cercledevoile.com • Ouv avr-nov.* Sur le vaste plan d'eau de l'étang de Leucate, location et stages de planche à voile, catamaran, Optimist, *paddleboard,* pirogue ; et char à voile sur la plage de La Franqui.

Où dormir ? Où manger ? Où boire un verre à Leucate et dans le coin ?

Bon marché

Centre conchylicole : *sur la D 627, entre* ***Leucate-Plage*** *et* ***Port-Leucate.*** *Tte l'année, tlj 8h-21h. Plateau de fruit de mer 6-15 €.* Bordant le petit port ostréicole, une enfilade de cabanes aux terrasses colorées et ornées d'un bric-à-brac de bois flotté, de vieilles bouées, de filets de pêche... On y déguste les huîtres locales ou autres coquillages ultra frais, en toute simplicité et dans une ambiance authentique et rustique. Très fréquentés les soirs d'été !

De prix moyens à chic

Hôtel La Côte Rêvée : *55, bd du Front-de-Mer, à* ***Leucate-Plage.*** *☎ 04-68-40-72-72. • coterevee.com • Ouv avr-oct. Doubles 65-135 € ; petit déj 7,50-14,50 €.* Derrière sa façade vintage, le vieil hôtel de Leucate-Plage a fait peau neuve. Une dizaine de petites chambres bien équipées et au style balnéaire assez plaisant. Les plus chères ont vue sur la mer, alors que les autres donnent sur la falaise à l'arrière. Fait aussi resto-bar. Service sympa et pro.

Le Calamar en Folie : *chemin de Las Pitchinos, route des Coussoules, à* ***La Franqui.*** *☎ 04-68-45-63-66. • contact@lecalamarenfolie.com • Ouv de mi-mars à mi-nov, tlj sauf lun-mar. Carte 25-40 €.* Ici, le calamar a trouvé son asile, cuisiné de toutes les façons possibles... parfois surprenantes ! Aussi des huîtres et moules du cru, et des plats de poisson frais bien ficelés. De belles saveurs pour nous chouchouter, en admirant le reflet des trains, au loin, dans le miroir de l'étang sur lequel s'ouvre la salle...

Ginette : *37, av. de la Côte-Rêvée, à* ***Leucate-Plage.*** *06-08-65-17-76. • hello@ginetteleucate.fr • Ouv mai-sept, tlj. Plats à midi 20-23 € ; tapas le soir 10-12 €.* Cette terrasse – les pieds dans le sable – est une institution qui rugit des conversations de ses habitués, un rien branchés. À l'ardoise, goûteuse cuisine méditerranéenne, mitonnée avec de bons produits frais locaux et déclinée en plats classiques à midi, puis en tapas en soirée. On y sirote alors des cocktails maison sur quelques notes de musique distillées par un DJ.

Biquet Plage : *chemin de Mouret, à* ***Leucate-Plage.*** *07-69-60-83-63. • biquetplage@yahoo.com • Au sud de la plage ; accès en direction de Port-Leucate. Ouv fin mai-sept, tlj. Menus 22-26 € ; carte 30-50 €.* C'est l'autre institution, elle aussi un peu branchée ! Isolée sur cette immense plage sauvage, séduisante cabane bohème, faite de bric et de broc et flanquée d'une terrasse au ras du sable. Le menu change tous les jours, selon le marché et la pêche locale, pour des plats simples, bien tournés, cuits au feu de bois et pleins de goût. Certains à partager pour accompagner les cocktails au soleil couchant. Bon accueil.

Plus chic

Hôtel 19/21 : *19, av Francis-Vals, à* ***Leucate-Village.*** *☎ 04-68-27-68-44. • info@hotel19-21.com • hotel19-21.com • Doubles 135-225 €.* Au cœur du vieux Leucate, bel hôtel de charme, aménagé dans une ancienne maison vigneronne, rénovée avec des matériaux nobles. Une vingtaine de chambres tout confort, aux lignes à la fois design et vintage, discrètes et chaleureuses. Vue sur le patio ou le village. Aussi le ***Restaurant à la Plage,*** à 2 km de l'hôtel.

Où acheter de bons vins ?

Mas des Caprices : *8, rue du Boulodrome, à* ***Leucate-Village.*** *06-76-99-80-24. • mas-des-caprices.com • De mi-juil à août, cave tlj sauf lun 18h-20h (11h-13h dim) ; sinon, sur rdv.* Mireille et Pierre Mann-Meyer, un couple alsacien sympa et passionné, travaillent ce domaine viticole en bio et biodynamie. Une palette de prix très abordables avec quelques vins d'exception.

Manifestations

– ***Mondial du vent :*** *1 sem pdt les vac de Pâques, à* ***La Franqui.*** *• mondialduvent.fr •* Championnat et coupe du monde de windsurf et de kitesurf, compétition de *paddleboard.*
– ***Sol y Fiesta :*** *w-e de l'Ascension, à* ***Leucate-Village.*** *• solyfiesta.fr •* Festival international de spectacles de rue, fanfares, *bandas,* concerts, etc.
– ***Voix d'Étoiles :*** *5 j. pdt les vac de la Toussaint, à* ***Port-Leucate.*** *• voixdetoiles.fr •* Festival dédié aux voix du cinéma d'animation. Projection de courts et moyens-métrages, avant-premières et ateliers découverte.

FITOU

(11510) 1 060 hab. *Carte Aude, D2*

Vieux village vigneron aux toits devenus ocre jaune sous l'action conjuguée du lichen et du soleil... célèbre pour son vin et ses champs... d'éoliennes ! Au nord du bourg, au lieu-dit la Joncasse, la tour carrée de l'ancien télégraphe de Chappe domine encore le paysage. Et dans les environs, près de 200 capitelles, ces petits abris pastoraux en pierre, certains retapés.

Adresse utile

Office de tourisme : *6, rue de la Mairie. ☎ 04-68-70-28-43. • fitou.fr • De mi-juin à mi-sept, lun-sam 9h30-12h30 et 16h-19h ; le reste de l'année, se renseigner à la mairie (☎ 04-68-45-71-65).* Plan-dépliant du village avec ses points d'intérêt et 3 balades balisées en boucle dans les environs. Organise aussi des visites guidées du village.

Où manger ? Où goûter du vin ?

Lou Courtal des Vidals : *13, rue des Courtals. ☎ 04-68-45-62-58. • jean-luc.vidal13@orange.fr • Tlj sauf lun et mar midi. Congés : de mi-déc à début-fév. Résa conseillée. Menus 26,50-35,50 € ; buffet 24 € ;*

carte env 28 €. Apéritif maison offert sur présentation de ce guide. LA bonne table du coin ! Au pays, on dit qu'on va « Chez Vidal », au resto du domaine viticole, pour la cargolade (escargots par centaines), les grillades au feu de bois ou les grands buffets servis dans une ambiance pleine de bonhomie familiale. Et le dimanche, dans les salles ou en terrasse verdoyante, « Papy Vidal » vous joue un air de saxo. Avé l'accent !

Les vignerons de Fitou tiennent boutiques dans la rue principale du village. L'occasion de goûter à ces vins rouges puissants et sauvages – classés AOC – qui se marient bien avec charcuteries, viandes et gibier.

À voir

Le château féodal : *privé, ne se visite pas.* Monument imposant, dominant les collines, les étangs et la mer du haut de ses 1 000 ans. Le château a été pillé et brûlé en 1843, pour servir ensuite de carrière au village. En 1972, il a été vendu à des privés qui ont entrepris sa restauration...

La chapelle Saint-Joseph (XIXe s) ***:*** *à proximité des ruines du château.* Soirées musicales (musique occitane, flamenco, guitare...) et expos gratuites en été *(infos à l'office de tourisme).* Et en haut du village, aussi la très belle petite église paroissiale fortifiée, ***Saint-Julien-Sainte-Basilisse,*** datée du XIIe s et joliment restaurée (accessible lors des visites guidées de l'office de tourisme).

Fête

– ***Fête du Vin :*** *3e ven de juil.* Apéro, danses folkloriques, animations de rue et surtout... dégustations !

L'HÉRAULT

• *Carte p. 252-253*

ABC de l'Hérault

- ❑ ***Superficie :*** 6 224 km^2.
- ❑ ***Population :*** 1 132 500 hab.
- ❑ ***Préfecture :*** Montpellier.
- ❑ ***Sous-préfectures :*** Béziers, Lodève.
- ❑ ***Signes particuliers :*** plus de 100 000 ha de vignes (la plus grande production de la région), 100 km de côtes et 3 stations thermales.

Imaginez un amphithéâtre adossé aux contreforts du Massif central, descendant vers la mer.
Au poulailler, le parc naturel régional du Haut-Languedoc, les forêts du massif de l'Espinouse, les 1ers contreforts du Larzac et des Cévennes, creusés par endroits de gorges profondes, celles d'Héric, de l'Orb, de la Vis...
Un rang plus bas, au balcon, les garrigues, au nord et à l'ouest de Montpellier, dominées par la silhouette tranchante du pic Saint-Loup, parcourues de rivières, de sentiers qui mènent à la découverte d'une commanderie perdue, d'une chapelle isolée ou de la somptueuse abbaye de Saint-Guilhem-le-Désert.
À l'orchestre, la plaine et ses vignes émaillées de villages à l'accent du Sud. Et Montpellier, bien sûr.
À l'avant-scène, la mer et le littoral, par endroits malheureusement bétonné, mais, ce qu'on sait moins, non construit et préservé à 60 %. De vastes horizons de sable, d'étangs et de lagunes. Un pays entre terre et eau, traversé en 1666 par la 1re autoroute maritime, le canal du Midi, rêve de Louis XIV réalisé par le Biterrois Pierre-Paul Riquet, qui donna naissance au port de Sète. En haut du mont Saint-Clair, on peut encore imaginer la vue que les pirates et les pêcheurs de l'époque pouvaient apercevoir.
L'Hérault est donc une terre de contrastes, grâce au fleuve qui lui a donné son nom, la vraie ligne de partage entre les « deux Sud », Languedoc et Provence, aux cultures bien marquées. À cette variété s'ajoute celle de villes à caractère fort. Montpellier la jeune, l'active, l'insatiable, qui grignote tout autour d'elle, Béziers l'authentique, la rude, et Sète l'inclassable, la presque insulaire. Des villes où l'art roman s'est épanoui, avant que le XVIIe s ne donne naissance à de beaux ensembles urbains (Pézenas, bien sûr, mais aussi Montpellier)...
Difficile alors de parler d'identité héraultaise, tant on y trouve de paysages, de figures et d'attraits. Tout de même, le soleil et la vigne sont partout présents (même à Sète, sur le sable du lido !), les bonnes tables aussi. Ajoutez-y la grande bleue et la belle nature de l'arrière-pays, et vous saurez où passer vos vacances.

Adresses et info utiles

🅘 ***Hérault Tourisme – Agence de développement touristique de l'Hérault :*** *av. des Moulins, 34184* ***Montpellier*** *Cedex 4.* ☎ *04-67-67-71-71.* • *herault-tourisme.com* • *oenotour.herault.fr* • Site très bien fait avec tous les sites et activités à découvrir dans le département : œnotourisme, l'Hérault en famille, idées balades, activités insolites...

■ ***Gîtes de France :*** *espace d'activités de la Barthe, bâtiment 7 – chemin de la Barthe, 34660* ***Cournonterral****. ☎ 04-68-11-40-70. ● gites-de-france-herault.fr ●*

■ La ***Fédération française de randonnée pédestre*** *(● herault.ffrandonnee.fr ●)* a édité un topoguide très complet, *L'Hérault à pied,* décrivant les plus belles randonnées, du Haut-Languedoc aux portes de Montpellier. 69 balades commentées, et balisées sur le terrain. En vente en librairie.

MONTPELLIER

(34000) 282 000 hab. (457 000 hab. dans la métropole) *Carte Hérault, D2*

● Pour le plan d'ensemble, le plan centre, le zoom et le plan du tramway, se reporter au plan détachable en fin de guide.

Force est de reconnaître une chose : en doublant sa population en 4 décennies, en quadruplant le nombre d'étudiants en 20 ans, Montpellier démontre un incroyable pouvoir d'attraction ! Il doit bien y avoir une (ou des) raison(s) à cela. Eh oui, le soleil n'explique pas tout !

Montpellier se révèle avant tout une ville à la qualité de vie exceptionnelle, pour une métropole. Outre un centre ancien plein de charme, l'une des plus grandes zones piétonnes de France ponctuée de places où le soleil fait fleurir les terrasses, la ville se targue d'afficher des ambitions architecturales et urbaines d'une belle audace : rien de moins que de s'étendre jusqu'à la mer, doubler sa surface, tout en maintenant cette qualité de vie qui attire les plus jeunes sans faire fuir les anciens. La ville ne s'arrête plus de grandir, et le tramway lui court derrière. 4 lignes irriguent Montpellier, et tentent, une fois de plus, d'aller lécher le bord de l'eau, repoussant toujours plus loin les voitures dans cette métropole qui entend rester verte.

Vous nous avez compris, amoureux des tortueuses ruelles médiévales et des vénérables hôtels particuliers des XVIIe et XVIIIe s, comme chantres de l'urbanisme moderne le plus avancé se retrouvent de fait au coude à coude dans une même passion frénétique pour la ville. Sans compter, à 2 pas, de vieux quartiers populaires multiethniques et bien vivants, même s'ils se « boboïsent » peu à peu en raison de la hausse du prix de l'immobilier.

Une ville jeune, donc, du dynamisme à revendre, à l'image des événements qui animent la cité tout au long de l'année, un patrimoine historique hors pair, du soleil dans le ciel, dans les yeux, dans l'accent et dans les assiettes, le tout à 3h30 de TGV seulement de Paris : ne cherchez plus les raisons de tous ceux qui rêvent de Montpellier, une ville tout à la fois à la campagne et à la mer.

Arriver – Quitter

De et vers l'aéroport

✈ ***Aéroport Montpellier Méditerranée*** *(hors plan détachable par G3) : à 8 km du centre-ville en direction des plages. ☎ 0825-830-003 (0,12 €/mn). ● montpellier.aeroport.fr ●* Vols nationaux vers Paris (Orly et Roissy), Ajaccio, Bâle-Mulhouse, Bastia, Bordeaux, Brest, Lille, Nantes, Strasbourg

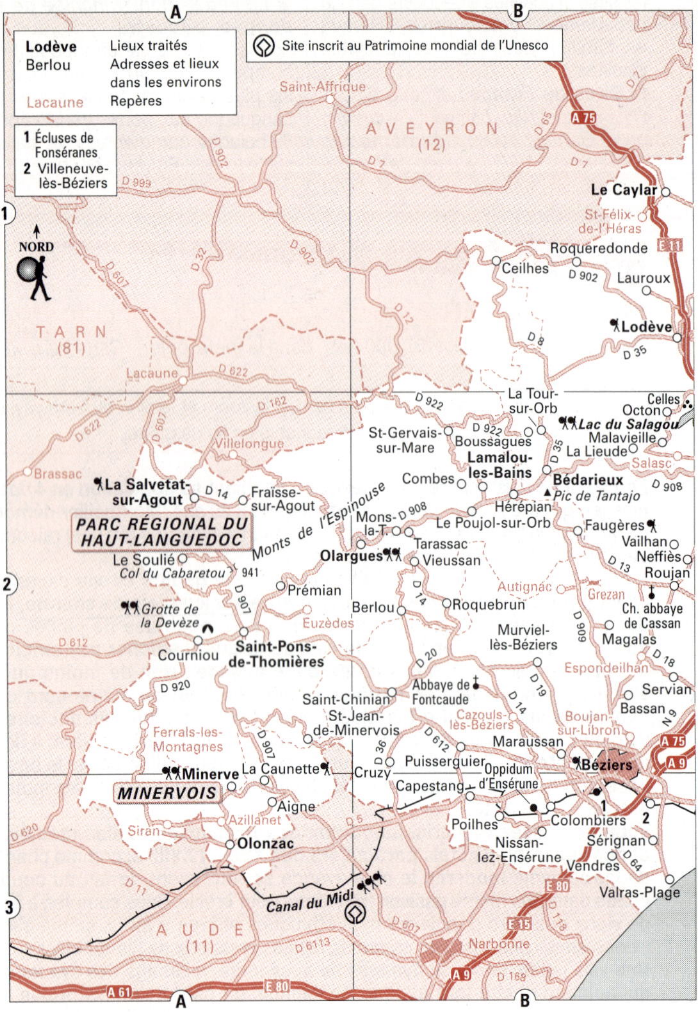

et Rennes. Vols internationaux directs vers plusieurs villes du Maroc, les Baléares et quelques villes européennes comme Amsterdam, Berlin, Bruxelles, Copenhague, Londres, Madrid, Rome et Séville. Attention certains vols sont saisonniers.

– La ***navette Montpellier-aéroport*** (bus n° 120) dessert la place de l'Europe *(plan détachable F3-4,* ***4****)* via la gare de Montpellier Sud-de-France (à 6 km du centre). Renseignements auprès de ***Hérault Transport*** (☎ 04-34-888-999 ;

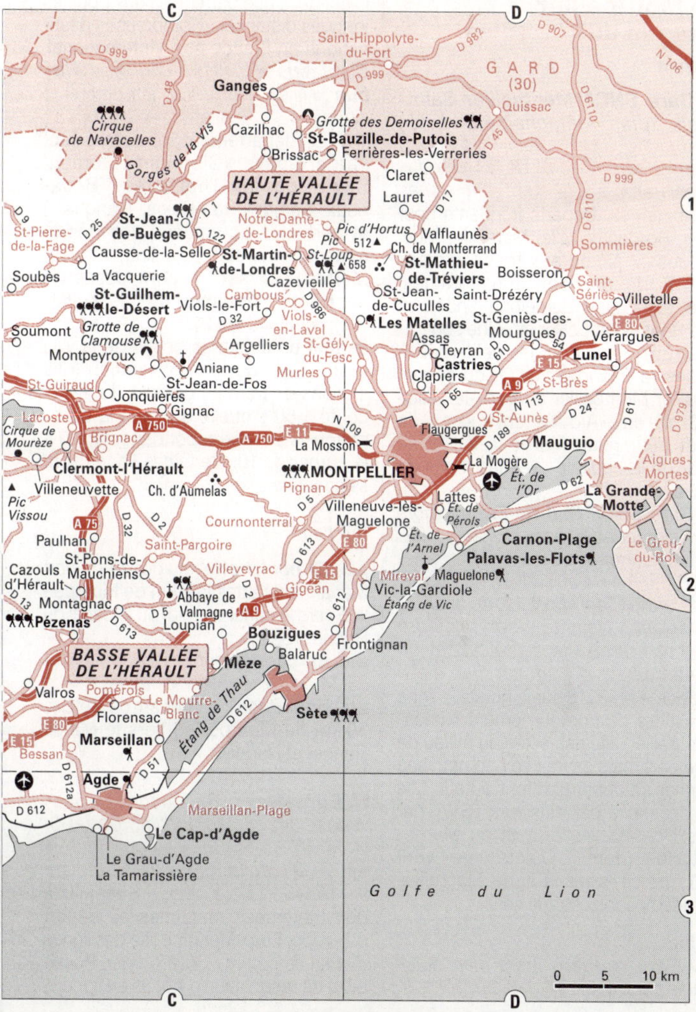

L'HÉRAULT

• *herault-transport.fr* •). De l'aéroport, départ ttes les heures (ttes les ½h le ven) 8h30-0h15 (5h-20h dans le sens Place-de-l'Europe-aéroport). Compter 25 mn env. Prix aller simple : 1,60 € ; 2,60 € avec le trajet tramway inclus.

– Tête de station de taxis à la sortie du hall des arrivées, porte A. *Association des taxis Aéroport de Montpellier :* ☎ *04-30-96-60-60.*

– Enfin location de voitures et 3 parkings de stationnement courte (P2) et longue durée (P4/P6).

De Montpellier vers les autres villes

En train

Gare SNCF Montpellier Saint-Roch *(plan détachable D4,* ***1****) : pl. Auguste-Gibert. Rens : ☎ 36-35. À 5 mn à pied de la pl. de la Comédie. Ts les trams s'y arrêtent. Consignes automatiques.* Départs fréquents pour Paris, Bordeaux, Lille, Marseille, Nice, Toulouse... Nombreux trains express pour Agde, Béziers, Lunel, Nîmes, Sète, mais aussi Barcelone (2h54). Le TGV Paris-Montpellier effectue son trajet en 3h20 env. Pour les petits portefeuilles, le TGV *low-cost* Ouigo permet de relier Montpellier à Marne-la-Vallée en 3h30 env. Ajouter environ 1h de trajet pour relier Marne-la-Vallée au cœur de la capitale avec les trains de banlieue.

Gare SNCF Sud-de-France *(hors plan détachable par G5,* ***2****) : 1521, rue de la Fontaine-de-la-Banquière. ☎ 36-35. À 6 km au sud-est du centre-ville, entre l'aéroport et le quartier Odysseum. Navette pour rejoindre le Ⓣ n° 1 (arrêt Place-de-France) ; la navette aéroport y fait aussi un arrêt.* Inaugurée en 2018 sur la nouvelle ligne ferroviaire de contournement Nîmes-Montpellier, elle est isolée au milieu de nulle part mais devrait voir un nouveau quartier se construire tout autour. Elle est desservie par plusieurs TGV/j. de/vers Paris-Gare-de-Lyon ou Marne-la-Vallée (dont 1 Ouigo, via Lyon) et 1 Intercités de la ligne Marseille-Bordeaux dans chaque sens.

En bus

Gare routière *(hors plan détachable par C6,* ***3****) : Ⓣ Sabines (ligne 2).* C'est de là que partent les bus pour les longues distances. Nombreuses destinations en France et à l'international. ***Blablabus*** *(• fr.ouibus.com •)* et ***Flixbus*** *(• flixbus.fr •).* Voir les différents sites.

Le département, et notamment l'arrière-pays (Clermont-l'Hérault, Saint-Pons-de-Thomières, Bédarieux, Lamalou-les-Bains, Ganges...) et certaines communes des départements limitrophes (Millau, Aigues-Mortes, Quissac...), sont desservis par ***Hérault Transport*** *(☎ 04-34-888-999 ; • herault-transport.fr •).* Les bus partent de différents points de la ville en fonction de leur destination (des stations de tram en général). Le ticket coûte 1,60 € quelle que soit la destination (sauf correspondances), 10 € le carnet de 10. Certaines lignes sont saisonnières.

Sur l'eau

En pénichette : au départ de port Marianne à Lattes (à 8 km de Montpellier) vers le canal du Midi ou le canal du Rhône à Sète.

En canoë : sur le Lez *(☎ 04-67-68-14-94 ; • eauxvives.celeonet.fr •).*

En bateau : au départ de Sète (à 30 km de Montpellier) vers le Maroc (Tanger et Nador).

■ ***Euro-Mer :*** *5, quai de Sauvages, 34078 Montpellier Cedex 3. ☎ 04-67-65-67-30. • euromer.com • Ⓣ Du Guesclin (ligne 1). Lun-sam 9h-18h45 (17h45 sam).* Spécialiste des traversées maritimes au départ d'Europe, *Euro-Mer* propose des lignes maritimes comme Sète-Tanger. Possibilité de réservation d'hôtels en ligne.

Comment se déplacer en ville ?

À pied

Laissez votre voiture dans un des parkings souterrains ou extérieurs pour découvrir le centre ancien (interdit à la circulation, en grande partie). C'est à pied que l'on découvre ***l'Écusson*** (nom donné au centre-ville de Montpellier), cette vaste zone délimitée au nord par le boulevard Louis-Blanc, au sud par le boulevard du Jeu-de-Paume, à l'ouest par la promenade du Peyrou et à l'est par la gare.

En transports en commun

TaM gère les transports en commun de Montpellier et sa métropole. La société gère le réseau d'autobus et de lignes de tramway, les horodateurs et certains parkings en ville, et assure un service de location de vélos.

■ ***Espaces Mobilité*** *(TaM ; plan centre détachable D4,* **5***)* **:** *27, rue Maguelone (lun-sam 9h-12h, 14h-17h) ; 6, rue Jules-Ferry (lun-ven 7h-19h) et* Ⓣ *Mosson (lun-ven 9h-12h, 14h-17h).* ☎ *04-67-22-87-87.* ● *tam-voyages.com* ● Vente de tickets, forfaits et une documentation très fournie sur les divers itinéraires. Ticket 1 voyage 1,60 €, valable 1h avec correspondance (A/R interdit) ; *pass* journée 4,30 € ; ticket de 10 voyages 10 € ; forfait 7 j. 17,10 € ; forfait famille (5 personnes, valable 24h) 6,50 € ; et des abonnements mensuels et annuels. Le week-end, déplacements en bus et tram gratuits pour les habitants de la métropole de Montpellier.

Le tramway

Montpellier est parcourue par 4 lignes de tram qui se rejoignent toutes à la gare Saint-Roch. La ***ligne 1*** circule de Mosson (nord-ouest) à Odysseum (sud-est). La ***ligne 2*** circule entre Jacou, Castelnau-le-Lez (nord) et Saint-Jean-de-Védas (sud-ouest). La ***ligne 3*** relie Juvignac (nord-ouest) à Lattes ou Pérols (sud-est). Du terminus de Pérols, on est tout près de la mer (facilement accessible en vélo ensuite). Enfin, la ***ligne 4*** irrigue le « Grand Cœur » de Montpellier, opérant un tour élargi du centre-ville. Les tickets 1 voyage et 10 voyages permettent de voyager sur l'ensemble du réseau pendant 1h, correspondances avec les autres lignes comprises. Distributeurs automatiques à chaque station (ils ne rendent pas la monnaie). Pas de vente à bord du tramway. Service assuré de 5h ou 6h à env 1h ou 2h. Consultez les horaires auprès de TaM car ils varient selon les jours et les saisons. Compter un tram ttes les 5 mn en journée et ttes les 15-20 mn après 20h ; fréquences réduites dim, j. fériés et pendant les vac scol.

Le bus

TaM dessert Montpellier et sa métropole. Vente de ticket 1 voyage seulement auprès des conducteurs de bus. Le service se termine vers 20h30.

– Les lignes n°s 6 à 17 plus la n° 19 desservent la ville seulement. La ligne n° 9 conduit au domaine de Grammont, où l'on trouve notamment la salle de concerts du Zénith et un complexe sportif.

En revanche, sauf pour relier Villeneuve-lès-Maguelone (ligne n° 32, départ de l'arrêt Garcia-Lorca du tram 4), les lignes à destination des plages sont gérées par ***Hérault Transport*** *(☎ 04-34-888-999 ; ● herault-transport.fr ●).* Pour Carnon-Plage du Grand-Travers – La Grande-Motte, ligne n° 106, départ ttes les 15 mn env de l'arrêt du tram 1 Place-de-France. Pour Palavas : ligne n° 131 au départ du tram 4 arrêt Garcia-Lorca ; 1 départ/h env. Le ticket ne coûte que 1,60 €, quelle que soit la destination. Navette des plages en juillet-août entre Pérols (ligne 3, Étang-de-l'Or) et Le Grand-Travers à Carnon, accessible avec un ticket TaM.

– ***L'Amigo :*** ☎ *04-67-22-87-87.* Ce bus dessert des boîtes de nuit de Montpellier et Lattes (une douzaine de discothèques) du jeudi au samedi de minuit à 5h (6h juillet-août). Départ de la gare Saint-Roch et de l'arrêt de tram Garcia-Lorca toutes les 20 mn de minuit à 1h40. Retour (avec plusieurs arrêts) à env 2h40, 3h55, 5h10 et 6h25, les départs s'effectuent de Mas de Grille ou Industrie. Mêmes titres de transport que sur le reste du réseau.

En taxi

Taxis rue Victor-Hugo (à l'entrée de la pl. de la Comédie) ou devant la gare (ce sont les 2 endroits où l'on en trouve le plus). ***Taxi bleu du Midi*** : ☎ *04-67-03-20-00.* Ou ***Taxi tram*** : ☎ *04-67-58-10-10 (24h/24).*

À vélo

Avec 160 km de pistes cyclables, c'est un bonheur de découvrir le centre (ça grimpe...) et toute la métropole montpelliéraine en pédalant. Un must : la piste qui mène aux plages en longeant les étangs.

– ***Vélomagg :*** *infos et plan des vélostations auprès de TaM : ☎ 04-67-22-87-87. • tam-voyages.com •* Le « Vélib' » de Montpellier, avec 57 vélostations réparties dans toute la métropole. Les vélos sont en libre-service tlj 24h/24. Pour en louer, 3 solutions. La 1re correspond le mieux à des courts séjours touristiques.
La ***location temporaire*** (valable 7 j.) s'opère directement à la borne de la vélostation, soit en insérant sa carte bancaire (seules 25 stations sont équipées d'un lecteur de carte), soit par téléphone au *☎ 09-69-39-00-99 (serveur vocal au prix d'un appel local).* Un code confidentiel vous est envoyé par SMS. On peut louer jusqu'à 4 fois un vélo avec ce même code. On peut redéposer son vélo dans n'importe quelle station et garder un même vélo au maximum 24h. Compter ensuite 0,50 €/h.
2e solution, l'***extension Vélomagg Libre-Service*** (10 €, valable 1 an), qui permet de disposer d'une carte qu'il suffit ensuite de valider sur le boîtier du vélo. Cette extension vous permettra de bénéficier de la gratuité de la 1re heure de location pour chacune de vos locations. À compter de la 2e heure, le tarif de 0,50 €/h sera débité directement sur votre compte.
Dernière solution et en complément d'un abonnement transport annuel, vous pouvez souscrire à l'***option Vélomagg Libre-Service.*** Pour créer sa carte, se rendre aux Espaces Mobilité *TaM* (voir adresses plus haut). L'abonnement donne accès aux véloparcs sécurisés, situés en centre-ville et dans certaines stations de tram. Ceux qui disposent d'un smartphone pourront télécharger l'application permettant de connaître la disponibilité des vélos en temps réel, la station la plus proche, etc.
– Au terminus de la ligne 3 du tram Pérols-Étang-de-l'Or, on peut louer un vélo à la station Vélomagg pour couvrir le kilomètre et demi de piste cyclable qui rejoint ***la mer.*** Un bon plan aussi, valable en été seulement : sur présentation de votre ticket de transport validé ou de votre abonnement et d'une pièce d'identité, on vous prête un vélo ***gratuitement*** (jusqu'à 19h) pour arpenter le bord de mer à Villeneuve-lès-Maguelone. Se rendre à la station Pilou, arrêt de la ligne no 32 (départ du bus no 32 à l'arrêt Garcia-Lorca de la ligne de tram 4). On trouve à cette station des vélos enfants, des remorques, des sièges bébés *(fonctionne juil-août, tlj 9h-19h, et le w-e en juin).*

Location de voitures

■ ***Les agences dans le centre :*** *dans le hall de la gare Saint-Roch, à l'étage. Entre autres,* ***Hertz,*** *☎ 04-67-06-87-90, • hertz.fr • ;* ***Sixt,*** *☎ 0820-007-498 (0,12 €/mn), • sixt.fr • ;* ***Avis,*** *☎ 0820-611-643 (0,15 €/mn), • avis.fr • À 80 m de la gare,* ***Ada,*** *58 bis, av. Georges-Clemenceau. ☎ 04-67-58-34-35.*

Stationnement et parkings

On vous déconseille fortement de vous enfoncer dans Montpellier en voiture. Vous pouvez opter pour l'un des nombreux parkings souterrains très pratiques (mais assez chers, surtout celui de la Préfecture), pour l'un des parkings les plus proches du Corum (Joffre, découvert) ou du Polygone, meilleur marché, surtout le soir, ou pour le parking découvert des Arceaux.
Pour aborder la ville en douceur et alléger la note de stationnement, ***le plus simple est d'utiliser les parkings périphériques de TaM,*** qui propose une formule parking-tramway (4,90 € ; ou 3,70 € sur présentation du *Pass Métropole*), comprenant le stationnement et l'aller-retour dans la journée pour tous les occupants du véhicule. Côté sud, vers l'A 9 et les plages, on peut garer sa voiture dans les parkings des stations Odysseum (ligne 1), Saint-Jean-le-Sec et Sabines (ligne 2), ou Garcia-Lorca (ligne 4). Côté nord, vers l'arrière-pays, l'A 75 et la route de Nîmes, on peut se garer aux stations Mosson (lignes 1 et 3), Euromédecine et Occitanie (ligne 1) ou Notre-Dame-de-Sablassou (ligne 2).

Adresse et infos utiles

Infos touristiques

Office de tourisme *(zoom détachable D3)* **:** *30, allée Jean-de-Lattre-de-Tassigny, pl. de la Comédie. ☎ 04-67-60-60-60. • montpellier-tourisme.fr • Ⓣ Comédie (lignes 1 et 2). Lun-sam 9h30-18h (20h30 juil-sept), dim 10h-17h. Fermé 1er janv et 25 déc.* Équipe très dynamique qui dispose d'une documentation bien fournie, d'un comptoir pour les demandes d'hébergement et d'une billetterie pour les spectacles. Organise également des visites guidées historiques et thématiques passionnantes (lire la rubrique « À voir »). Possibilité de réserver son séjour (hébergements, visites...). Transats et tables à disposition dans le jardin à l'arrière pour consulter tranquillement les brochures.

– **City Card Montpellier :** *formules 24h, 48h ou 72h, 15-28 € ; ½ tarif enfants jusqu'à 18 ans.* Cette carte offre la gratuité dans les transports *TaM* (bus et tramway), dans certains sites et activités (musées, sites et visites guidées) à Montpellier et aux alentours, et fait bénéficier de réductions (loisirs, spectacles, shopping) dans plusieurs autres. En vente à l'office de tourisme et sur leur site internet (10 % de réduc pour un achat en ligne).

Presse

– ***Le Midi libre* :** quotidien régional. Pages d'infos locales et nationales. Assez consensuel. Pour mettre les 2 pieds dans le grand bain montpelliérain.

– ***La Gazette de Montpellier* :** en plus des pages d'infos générales, la partie agenda de cet hebdo recense toute l'actualité des cafés littéraires, des bars musicaux, des concerts et cafés-théâtres, et toutes les activités culturelles ou autres du moment.

– ***Mama Sound* :** un mensuel petit format, gratuit, qui répertorie tous les concerts, petits ou grands. Pratique et clair.

– *• claap.fr •* Actus et bons plans, dernières tendances et idées de sorties à Montpellier.

– ***Metropolitain*** : *• actu/fr/metropolitain •* Le 1er média local à Montpellier existe aussi en version papier. Pour suivre les bons plans et l'actualité de la métropole.

Où dormir à Montpellier et dans les environs ?

CAMPINGS

⛺ **Camping Le Parc :** *sur la D 172, route de Mauguio, 34970* ***Lattes.*** *☎ 04-67-65-85-67. • camping-le-parc@orange.fr • leparccamping.com • Ⓣ Boirargues (ligne 3). À 5 km au sud de Montpellier et à 6 km de Carnon-Plage. Ouv tte l'année. Compter 17-30 € pour 2 selon saison ; loc de mobile homes 2-6 pers. Frais de dossier 15 €. 100 empl.* En retrait d'une zone commerciale, un petit camping familial aux emplacements ombragés très convenables, bien délimités et bien entretenus. Animations en saison, mais juste ce qu'il faut pour ne pas troubler la quiétude des vacanciers. Bons équipements : piscine, jeux, épicerie d'appoint, snack en saison...

⛺ **Camping-club Le Plein Air des Chênes :** *route de Castelnau (D 112), 34830* ***Clapiers.*** *☎ 04-67-02-02-53. • pac@sandaya.fr • sandaya.fr • Ⓣ Charles-de-Gaulle (ligne 2) puis bus n° 36, arrêt « Idate ». À 6 km au nord de Montpellier. Ouv de mi-avr à début sept. Compter 19-59 € l'emplacement pour 2 selon saison. Loc de lodges ou cottages. 268 empl.* Installé dans une belle pinède, un camping immense, très aéré, vert et ombragé. Emplacements bien délimités, avec de petites terrasses. Innombrables activités et animations : soirées à thème, concerts, minigolf, miniclub, terrain multisport pour les bambins et un immense parc aquatique ouvert à tous. Snack, glacier, resto (*L'Auberge du Parc*).

⛺ **Camping de Fondespierre :** *277, chemin du Pioch-Viala, 34160*

L'HÉRAULT

Castries. ☎ *04-67-91-20-03.* • *campingfondespierre@outlook.fr* • *camping-fondespierre.com* • ♿ *À 18 km de Montpellier. Congés : 2 sem en déc. Compter 18-33 € pour 2 ; loc de tentes familiales, chalets et mobile homes. 103 empl. Frais de dossier offerts sur présentation de ce guide.* Un camping nature très agréable et convivial, au beau milieu des oliviers et des chênes. Une centaine d'emplacements au sol caillouteux mais ombragés, et de nombreux équipements : pataugeoire et jeux pour enfants, piscines, jacuzzi, buvette, lave-linge, sèche-linge, pétanque (prêt de boules), location de VTT, petite épicerie pour dépanner. Bonne ambiance, à l'image de l'accueil très sympa.

CHAMBRES D'HÔTES

L'office de tourisme propose une liste de meublés touristiques et de chambres d'hôtes à Montpellier et dans les alentours. Tous vérifiés et classés. À consulter sur • *montpellier-tourisme.fr* •

Maison d'hôtes Les 4 Étoiles *(plan détachable B3, **13**) : 3, rue Delmas.* ☎ *04-67-02-47-69.* • *pierre.migayrou@les4etoiles.com* • *les4etoiles.com* • Ⓣ *Les Arceaux (ligne 3). Doubles 94-135 € (2 nuits min). Parking 10 €.* Luxe, calme et design à 2 pas du centre historique, dans le quartier des Arceaux. Une maison de ville des années 1930, transformée par l'arrière-petit-fils de son bâtisseur en un espace contemporain épuré et tout confort (belle douche à l'italienne, w-c séparés, etc.), ambiance béton ciré et mobilier design. Entrée indépendante pour les hôtes, grand salon commun avec cuisine équipée en libre-service. Agréable terrasse.

La Merci Chambre d'hôtes *(plan centre détachable C3, **16**) : 10, rue de la Merci.* 📱 *06-08-83-38-20.* • *hotesamontpellier@gmail.com* • *lamercichambresdhotes.com* • Ⓣ *Plan-Cabanes (ligne 3). Doubles 110-155 € et une suite env 200 €.* À l'abri des regards, on ne soupçonne pas une si jolie propriété depuis la rue. À 2 pas du jardin du Peyrou, cette maison charmante abrite une poignée de chambres à la déco claire et joliment soignée. Rien d'excentrique, mais une douce sobriété faite de carrelage ancien, beau parquet et meubles patinés. Les chambres sont vastes et lumineuses et les lieux de vie chaleureux, à l'image du salon-bibliothèque. On profite des belles journées dans le jardin fleuri, où le meilleur vous attend : une petite piscine pour vous rafraîchir !

La Villa Stella *(plan détachable B4, **10**) : 2, rue Anterrieu, 34070.* 📱 *06-87-87-64-69.* • *evelyne.fiorenza@yahoo.com* • Ⓣ *Plan-Cabanes. Doubles 60-100 €. Parking 7 €.* Au cœur du quartier multiculturel de Figuerolles, une charmante maison aux touches Art déco cachée derrière un rideau de verdure. Évelyne, la pétillante propriétaire, tient au cordeau ses 3 chambres joliment aménagées à l'étage. Haut plafond, plancher, murs de pierre et persiennes pour se retrancher au frais quand le soleil cogne. La chambre Bambou, dont la déco évoque l'Asie, partage une grande salle de bains avec la chambre Châtaigne. Toilettes séparées. Pas de télé, mais des bouquins à disposition, et de bons conseils à glaner auprès de votre hôte, organisatrice hors pair. Une adresse sympathique à quelques enjambées du centre historique.

Mas de la Feuillade *(plan détachable G4, **11**) : 281 bis, rue Fra-Angelico.* 📱 *06-77-18-29-69.* • *contact@mas-de-lafeuillade.com* • *mas-de-lafeuillade.com* • *Doubles 110-190 €. Menu déj 25 € ; le soir 37 €. Parking (mieux vaut être véhiculé).* Une demeure bicentenaire noyée dans la verdure, qui contraste avec le béton d'Antigone tout proche. Dépaysement garanti : les 5 chambres immenses s'ouvrent sur le magnifique parc classé. Beaucoup de cachet dans la déco qui mêle mobilier Art déco et touches street art ou vintage. Au réveil, la vue sur les arbres participe au charme du lieu, qui fait aussi resto. Ambiance champêtre et décontractée avec une ardoise qui change selon le marché.

HÔTELS

Dans l'Écusson et près de la gare

De bon marché à prix moyens

Hôtel Le Mistral *(plan centre détachable D4,* ***19****) : 25, rue Boussairolles. ☎ 04-67-58-45-25. • info@hotelmistralcomedie.com • hotelmistralcomedie.com • Doubles 49-140 €. Petit déj offert sur présentation de ce guide.* À 2 mn à pied de la gare, des chambres impeccables, soigneusement rénovées, sans pour autant abandonner leurs armoires patinées. Bon niveau de confort avec des salles de bains petites mais modernes et, parfois, un petit balcon. Les chambres les plus grandes, plus lumineuses et avec coin bibliothèque, donnent sur la rue (double vitrage). Excellent accueil.

Hôtel des Arts *(plan centre détachable D4,* ***20****) : 6, bd Victor-Hugo. ☎ 04-67-58-69-20. • contact@hotel-des-arts.fr • hotel-des-arts.fr • ♿ Doubles 80-90 € ; familiales. Parking 10 €. Réduc de 10 % sur le prix de la chambre les w-e hors période estivale sur présentation de ce guide.* Entre la gare et la Comédie, cet hôtel avenant propose des chambres claires, agréables et bien tenues, toutes différentes, relookées avec un petit cachet. Un bon point de chute (clim, ascenseur), d'autant que l'accueil est très sympa.

Hôtel Ibis Style Comédie *(zoom détachable D4,* ***31****) : 6, rue Baudin. ☎ 04-34-35-86-86. • H9121@accor.com • accorhotels.com • Doubles 83-155 €, petit déj-buffet inclus. Parking 14 €.* À 2 pas de la Comédie et dans une rue calme, cet hôtel a beau avoir le côté standardisé de la chaîne, il mérite sa place dans nos pages pour ses chambres tout confort et nickel, certaines avec salle de bains ouverte. Déco sur le thème du théâtre, patio pour les beaux jours, espace de jeux pour les enfants, boissons chaudes en libre-service et bon accueil, autant de petits plus qui nous ont convaincus.

Hôtel de la Comédie *(zoom détachable D3-4,* ***21****) : 1 bis, rue Baudin. ☎ 04-67-58-43-64. • info@hoteldelacomedie.fr • hotel-montpellier-comedie.com • Doubles 59-120 €. Petit déj inclus pour les résas en direct.* Difficile de faire plus central : quasiment sur la Comédie. Pour le reste, c'est un hôtel sans prétention, aux chambres un peu fatiguées et pas bien grandes mais propres et climatisées, aux prix tenus. Aux 2e et 3e étages (ascenseur), on bénéficie de plus de hauteur sous plafond, et d'un balcon.

Chic

Hôtel du Palais *(plan centre détachable C3,* ***22****) : 3, rue du Palais-des-Guilhem. ☎ 04-67-60-47-38. • hoteldupalais2@wanadoo.fr • hoteldupalais-montpellier.fr • Doubles 115-155 € ; familiales. Petit déj 12 €. Réduc de 10 % sur le prix de la chambre, 15 oct-30 avr, sur présentation de ce guide.* Cet hôtel à l'élégante façade a tout pour plaire : une situation idéale, au calme près de la jolie place de la Canourgue, des chambres coquettes et climatisées, meublées de copies d'ancien et agrémentées de rideaux assortis aux dessus de lits, des salles de bains plaisantes et un accueil très serviable. Un vrai cocon à l'anglaise. Excellent petit déj à prendre sur l'une des quelques tables en terrasse. Bon plan : on peut s'offrir ce petit déj *(12 €/pers)* même si l'on n'est pas client de l'hôtel. On est repartis sous le charme !

Royal Hôtel *(plan centre détachable D4,* ***24****) : 8, rue Maguelone. ☎ 04-67-92-13-36. • resa@royalhotelmontpellier.com • royalhotelmontpellier.com • ♿ Doubles 80-160 €. Parking Comédie (tarif négocié).* Bel établissement, idéalement placé entre la gare et la place de la Comédie. Sur 2 étages, on y trouve des chambres rénovées, cossues et bien finies, avec douche ou bains. Accueil pro et vraiment sympa. On en oublierait presque les passages du tram.

Hôtel Eurociel Centre Comédie *(plan centre détachable D-E4,* ***27****) : 1, av. du Pont-Juvenal. ☎ 04-67-07-51-61. • reception@hoteleurociel.fr • hoteleurociel.fr • ♿ Doubles 100-150 € ;*

appartements et suites. Parking 13 €. Si son emplacement à proximité de la gare n'est pas des plus folichon, ce drôle de bâtiment cubique, tapissé de carrés colorés, offre sur 5 niveaux des chambres de très bon standing (clim, minibar, machine Nespresso, bouilloire...). Salles de bains modernes avec douche à l'italienne et toilettes séparées. Chaque étage se réfère à un pays européen et chaque chambre à une ville, avec photo de celle-ci au-dessus du lit. Terrasse-solarium au 3e, en « Allemagne », donc...

Appart'hôtel Odalys Les Occitanes *(plan détachable D4,* ***28****) : 20, rue de la République. ☎ 04-67-02-92-50. • reception.occitanes@odalys.fr • odalys-vacances.com • Studios 80-140 € pour 2.* À côté de la gare et au pied du tram, cet établissement loge dans l'ancien siège de la Région, superbe hôtel particulier à la façade sculptée et aux plafonds moulurés, bâti fin XVIIIe s. Installée dans l'ancien bureau du président, sous l'imposant lustre et les plafonds peints, la salle du petit déj est un vrai bijou ! Un cachet que l'on ne retrouve pas dans les studios, d'une neutralité toute moderne mais d'un excellent niveau de confort : bonne literie, insonorisation, kitchenette équipée (lave-vaisselle), coffre-fort, salon séparé et canapé convertible pour les appartements 4 personnes. Préférer ceux donnant sur la cour intérieure. Accueil très pro.

De plus chic à beaucoup plus chic

Hôtel d'Aragon *(plan centre détachable D4,* ***29****) : 10, rue Baudin. ☎ 04-67-10-70-00. • info@hotel-aragon.fr • hotel-aragon.fr • ♿ Doubles 79-180 €.* Cet hôtel de charme tient plus de la maison d'hôtes, avec ses 12 chambres élégantes sur 2 étages (pas d'ascenseur). Un confort raffiné et sans bavure pour cet hôtel aux 3 étoiles scintillantes : clim, douches à hydrojets, voire baignoire dans la chambre balnéo. Dans les chambres luxe, beaucoup plus grandes, machine expresso avec capsules à disposition. Bref, on pose sans hésiter ses valises, d'autant plus que le petit déj soigné servi dans une véranda lumineuse et l'accueil convivial complètent ce tableau déjà flatteur...

Hôtel Le Guilhem *(plan centre détachable C3,* ***26****) : 18, rue Jean-Jacques-Rousseau. ☎ 04-67-52-90-90. • contact@leguilhem.com • leguilhem.com • Doubles env 85-160 €.* Affiliée à la chaîne *Best Western*, cette maison du XVIe s se cache dans une petite rue piétonne pleine de cachet. Elle livre des chambres personnalisées au charme un peu désuet, sortes de petites bonbonnières meublées dans un style ancien. Plusieurs donnent sur le jardin verdoyant du bon resto voisin (*Le Petit Jardin*, voir « Où manger ? ») et plus loin, sur la cathédrale. Certaines chambres sont dans un bâtiment voisin. Les cloches rythment donc la vie mais respectent votre sommeil. Pour le petit déj, belle terrasse suspendue au-dessus du jardin. Bon accueil.

Grand Hôtel du Midi *(plan centre détachable D4,* ***18****) : 22, bd Victor-Hugo. ☎ 04-67-92-69-61. • hoteldumidi@maranatahotels.com • grandhoteldumidimontpellier.com • Doubles classiques 110-130 € ; familiales. Petit déj-buffet cher : 17 €.* Entièrement rénové, ce bel immeuble d'angle dont la proue s'avance face à la place de la Comédie réserve un cadre théâtral à ses hôtes. Les parties communes ont recouvré tout leur lustre, un savant mélange de moulures et de vitraux d'époque (1876) dans un environnement contemporain et théâtral. Soignées, bien conçues, les chambres colorées arborent un confort moderne. Dans l'entrée, des photos de danseurs, clin d'œil à l'opéra voisin. C'est d'ailleurs ici qu'ils séjournent lors de leurs tournées.

Oceania – Le Métropole *(plan centre détachable D4,* ***35****) : 3, rue Clos-René. ☎ 04-67-12-32-32. • oceania.montpellier@oceaniahotels.com • oceaniahotels.com • Entre la Comédie et la gare. Doubles 120-180 € (deluxe plus chères). Petit déj-buffet 16 €. Parking 16 €/nuit.* Élégant établissement historique, inauguré en 1898 et restauré sans perdre son cachet rétro, son ascenseur d'époque (à l'arrêt) dans le grand hall, ses moulures dorées dans la salle à manger ouvrant sur un grand patio-jardin insoupçonnable de l'extérieur, avec piscine, hammam et jacuzzi. Et pourtant, la rue ne paie pas de mine ! Chambres aux tons clairs et au confort indéniable. Les supérieures donnent sur le jardin mais ne sont pas plus spacieuses (bonne taille déjà). Toilettes séparées partout. Espace bien-être avec hammam et soins. Une adresse au charme insoupçonné.

Vers les Beaux-Arts et un peu plus au nord

De bon marché à prix moyens

Hôtel Les Fauvettes *(plan détachable C2,* ***12****) : 8, rue Bonnard. ☎ 04-67-63-17-60. • lesfauvettes4@wanadoo.fr • Doubles 55 (lavabo)-65 € ; familiale.* Après avoir ouvert leurs portes et leurs bras aux jeunes séparés de leurs familles, Corinne, aide-soignante, et Christine, infirmière, renouent avec une activité touristique. Elles proposent des chambres rafraîchies, simples et sans clim mais très propres. Les moins chères partagent salle de bains et toilettes. Au programme, gentillesse et bonne humeur chez ces femmes qui ont la fibre sociale chevillée au corps.

Chic

Hôtel du Parc *(plan détachable C2,* ***32****) : 8, rue Achille-Bégé. ☎ 04-67-41-16-49. • contact@leparc34.fr • hotelduparc-montpellier.com • Doubles 70 € (w-c sur le palier), puis 90-120 € ; familiale. Parking privé gratuit.* Belle demeure languedocienne du XVIIIe s, réaménagée avec goût pour accueillir des chambres coquettes, personnalisées et très confortables, les plus économiques avec toilettes sur le palier. Beaux volumes pour certaines (d'autres plus étroites), petits balcons pour celles du 1er étage, tenue parfaite. Un lieu de charme, bordé d'une cour fleurie très calme où est servi le petit déjeuner. Bref, une excellente adresse.

Hôtel Ulysse Montpellier Centre *(plan détachable E2,* ***33****) : 338, av. de Saint-Maur. ☎ 04-67-02-02-30. • hotelulysse@free.fr • hotel-ulysse.fr • Ⓣ Corum (400 m). ♿ Doubles 80-130 €. Garage 15 €.* « Heureux qui comme Ulysse a fait un beau voyage » pour arriver dans ce quartier résidentiel calme à côté des Beaux-Arts et y découvrir cette longue maison récente arrangée avec goût. Parquet, tons pastel, mobilier en bois et fer forgé, clim, minibar... Les chambres sont agréables, certaines s'ouvrent sur un balcon. Salles d'eau impeccables avec baignoire balnéo dans 2 d'entre elles. Terrasse à l'arrière pour profiter du bon petit déjeuner avec gâteaux maison. Une option intéressante en lisière du centre-ville, prisée par les cyclistes (label « Accueil vélo »). Accueil chaleureux et dynamique.

Aux Arceaux

De chic à plus chic

Hôtel des Arceaux *(plan détachable B3,* ***34****) : 33-35, bd des Arceaux. ☎ 04-67-92-03-03. • contact@hoteldesarceaux.com • hoteldesarceaux.com • Ⓣ Les Arceaux (ligne 3). Doubles 75-160 €, familiales Parking 7 €/24h.* Cachées derrière la verdure, face à l'aqueduc du XVIIe s, ces 2 jolies maisons bourgeoises accolées profitent d'un luxuriant jardin intérieur exposé plein sud. À l'intérieur, ambiance cosy, avec clim et beau parquet par endroits. Certaines chambres sont en revanche un peu étroites. Demander si possible celles donnant sur le jardin, le boulevard est assez fréquenté. Situation idéale pour écumer les allées du marché à vos pieds le samedi matin.

Où manger ?

Le centre de Montpellier aligne un resto tous les 100 m, de nouvelles adresses ouvrent tous les ans, le pire ne côtoie pas toujours le meilleur, mais il y a

L'HÉRAULT

toujours quelques agréables surprises qui nous font aimer cette ville – où la gastronomie passe après la volonté de sortir –, s'offrir un déjeuner au soleil ou un apéro prolongé en regardant l'astre se coucher. Voici notre sélection du moment, mais sans doute trouverez-vous au hasard de vos pérégrinations d'autres terrasses à votre goût...
Pour un casse-croûte léger, voir aussi plus bas nos adresses dans « Où grignoter sur le pouce ?... ».

Dans l'Écusson

Sur le pouce

☕ |●| **Le Pré Vert** *(plan centre détachable C3,* **40***)* **:** *10, rue Sainte-Anne. 📱 07-70-56-37-94. ♿ Tlj sauf dim soir-lun. Fermé fin nov-début mars. Plat du jour le midi en sem 11 € ; formule déj 16 € ; menu 22,50 € ; brunch dim 22 €. Café offert sur présentation de ce guide.* Sur le flanc de l'église Sainte-Anne, on repère rapidement les chaises colorées de la terrasse égayant ce petit bout de rue. La salle n'est pas en reste, tout aussi joyeuse. Pour un gâteau maison, un café gourmand ou un déjeuner léger, voici un salon de thé plein de charme, frais et sympa, niché dans un coin super tranquille.

☕ |●| **À l'Origine** *(zoom détachable D3,* **41***)* **:** *6, rue de l'Herberie. ☎ 04-67-60-49-73. ♿ Ouv mar-sam 11h30-18h30, salon de thé 15h-18h30. Formules midi 13,50-16,90 €. Café offert sur présentation de ce guide.* Salades, tartes et plat chaud du jour sont servis avec entrain dans ce rafraîchissant snack-salon de thé stratégiquement placé à l'ombre des halles Castellane. Pas mal pour un déjeuner sain et équilibré : tout est fait maison, avec des produits essentiellement bio et locaux. La cerise sur le gâteau, ce sont les pâtisseries, aussi originales que savoureuses. À se damner !

|●| **L'Oignon Givré** *(zoom détachable D3,* **49***)* **:** *46, rue de l'Université. Ouv tlj sauf w-e et j. fériés. Menus 7-9,50 €. CB refusées.* On pousse la porte de cette cantine du midi pour chiper une délicieuse part de quiche maison au comptoir avant de se faufiler au buffet illimité de salades. Des salades composées aussi fraîches que colorées. Arrivez tôt, il y aura plus de choix dans les saladiers et vous pourrez poser une fesse en terrasse. Décontracté et sans chichis, on débarrasse son assiette avant de partir, à la bonne franquette !

|●| **Empanadas Club** *(plan centre détachable C3,* **51***)* **:** *15, rue de la Ratte. ☎ 04-83-43-28-23. Ouv mar-sam, midi et soir. Au déj, formules 9-15 € ; sinon, 3,50 €/empanada.* On mord dedans à pleines dents ! Les *empanadas,* ces petits chaussons argentins cuits au four, ont conquis la jeunesse alentour. Viande hachée, fromage, poulet-légumes, chaque garniture a sa personnalité, tantôt piquante, tantôt sucrée-salée. Épices, herbes fraîches et marinades donnent du tonus à ces chaussons gourmands que l'on trempe dans une sauce *chimichurri* (*chimi* quoi ? Demandez au chef !). Arrosez le tout d'une bière Quilmès et savourez l'instant, *che !*

☕ |●| ⛱ **Tartine et Sac à Dos** *(zoom détachable D3,* **42***)* **:** *9, rue Cauzit. ☎ 04-34-81-39-17. • tartineclub@hotmail.com • Tlj sauf mar 9h-17h. Salades et tartines 12,90-15 €. Brunch 21,90-23,90 €.* Une adresse confidentielle planquée dans une charmante ruelle : c'est là que les 2 amies voyageuses ont posé leur sac à dos pour concocter tartines et douceurs à l'esprit vagabond. Du petit déj au goûter, on pioche parmi les idées gourmandes, réalisées sur le champ avec des produits frais. Les assiettes sont colorées et les végétariens (même les végans) y trouveront aussi leur compte. Mais on ne fait pas que picorer du bout des doigts : les cookies bien dodus caleront les estomacs aussi affamés qu'exigeants !

|●| **El Chivito** *(zoom détachable D3,* **53***)* **:** *54, rue de l'Aiguillerie. ☎ 04-99-62-89-64. Tlj midi et soir (non-stop le w-e). Sandwichs 6,90-13 € ; plats 8,50-17 € ; formules 15,50-16,50 €.* Snack-resto sud-américain, nommé en l'honneur du roboratif plat national uruguayen, et couvert de lattes bois pour recréer l'ambiance gaucho. En sous-sol, une 2de salle, calée sous une voûte, où l'on mange au coude à coude,

alignés sur des bancs. À la carte, *empanadas, chivitos,* tacos... servis en version tapas, sandwich ou plat. Et si vous n'arrivez pas à choisir, optez pour la formule dégustation. Rythmes latinos pour faire vibrer tout ça.

Bon marché

I●I ***Jardino – Cantine locale*** *(plan centre détachable C3-4,* ***78****)* **:** *9, rue du Puits-du-Temple. ☎ 04-67-54-50-51. • restaurant.jardino@gmail.com • Ouv lun-mar au déj, jeu-sam midi et soir. Fermé dim. Formule et menu 15-19 €.* Une poignée de tables en salle, pas plus en terrasse, sur la rue piétonne. Pour le reste, tout est dans le sous-titre. Seule derrière les fourneaux, Lydie Jardino (un nom prédestiné !) cuisine des recettes transmises par sa grand-mère, et ne fait son marché que chez les producteurs locaux, cultivant pour la plupart en bio. Même la bière est artisanale. La formule bien équilibrée propose 3 plats, avec viande ou poisson au choix. C'est simple, bon et pas bien cher, sympathique en somme.

De bon marché à prix moyens

I●I ***La Bistrote*** *(plan centre détachable C3,* ***57****)* **:** *4, rue Philippy. ☎ 04-67-66-14-17. Tlj sauf dim-lun, midi et soir. Plat du jour 11 €, salade repas à partir 15 € ; le soir, menus 26-29 €. La Bistrote,* c'est un bistrot de quartier contre l'église Sainte-Anne, une pointe de féminité en plus. Si l'indémodable onglet s'affiche à l'ardoise, les salades composées, tartes salées et plats inventifs le soir régalent les habitués et les gourmets de passage, attirés par des tarifs séduisants. La maison ne jure que par les produits français et le « fait avec amour », jusqu'aux desserts qui nous replongent dans les douceurs sucrées de l'enfance. Une adresse de grande qualité, à prix très raisonnables.

I●I ⛱ ***Rosemarie*** *(plan centre détachable C3,* ***69****)* **:** *3, rue des Sœurs-Noires. ☎ 04-67-66-15-95. Tlj midi et soir. Carte env 25 €.* Sur une charmante placette au pied de l'église Saint-Roch, cette « cantine méditerranéenne » est une escapade rafraîchissante à la découverte des Suds. À l'ardoise, beaucoup d'Italie, un peu d'Espagne, de Grèce, de Maghreb aussi, pour une cuisine légère qui aime le cru comme le cuit, ose l'originalité dans les accompagnements et les desserts. Sympa pour un déjeuner qui ne pèse pas sur l'estomac, pris dans l'élégante salle voûtée ou sur la délicieuse terrasse au mobilier vintage, étalée au pied des pins et des contreforts de l'église. Jolis vins, et cocktails originaux pour aiguiser l'appétit.

I●I 🍸 ⛱ ***Le Café de la Panacée*** *(zoom détachable D3,* ***70****)* **:** *14, rue de l'École-de-Pharmacie. ☎ 04-99-63-45-68. • cafedelapanacee@outlook.com • Tlj sauf lun-mar, 10h-1h (sauf dim soir). Formules déj 16-18 €, brunch dim 18 €.* Un bar à manger extra dans un centre d'art contemporain à découvrir dare-dare, car c'est tout ce qu'on aime : un lieu de vie, avec bar extérieur dans un jardin arboré pour se poser autour de tables de pique-nique ou dans un transat, un café « tubé » néon où l'on se sent bien, un long bar où l'on trouve toujours quelqu'un avec qui causer. Dans l'assiette : du bon, du frais et du fait maison. Seulement 3 entrées, 3 plats et 3 desserts au choix au déjeuner et des tapas à partager le soir. Cuisine aux accents méditerranéens ou exotiques, brefs multiculturels, comme le lieu.

I●I ⛱ ***La Place*** *(zoom détachable D3,* ***55****)* **:** *3, pl. St Ravy. ☎ 04-67-66-11-26. • julienjbarbera@gmail.com • Ouv tlj sauf dim 10h-1h. Plats 18-21 €, tapas 9-14 €.* Avouons-le, on en pince déjà pour cette délicieuse placette sur laquelle s'étirent les tables du resto. Avec sa petite fontaine, elle a un charme fou ! À la carte, un choix avisé de salades fraîches et de plats classiques bien ficelés : burgers, cabillaud rôti, filet de bœuf, aubergines au parmesan... Comme quoi, pas besoin d'esbroufe pour avoir du goût. Service souriant et dynamique. *The place to be !*

I●I ⛱ ***La Maison d'Anna*** *(zoom détachable D3,* ***56****)* **:** *1, rue des Trésoriers-de-France. ☎ 09-66-98-89-49. • maisondanna@gmail.com • Ouv mar-sam*

10h-15h. Fermé dim-lun. Pasta et plats 14-17 € env. Une épicerie-trattoria de poche, où la qualité des produits transalpins l'emporte sur le choix, plutôt succinct. À l'ardoise, quelques *pizzette* (Miam, celle à la truffe !), des salades fraîches, une poignée d'*antipasti* et l'incontournable *pasta* à se pourlécher les babines. Accueil attentionné. En terrasse, à l'ombre des murs de pierre, on savoure la *dolce vita* !

|●| *La Grange & CO* *(plan centre détachable C3,* ***59****) : 30, rue Jean-Jacques-Rousseau. ☎ 04-67-54-68-80. Ouv le soir tlj sauf dim et jours fériés. Formules à partir de 21 € ; carte env 36 €. CB refusées. Café ou digestif maison offert sur présentation de ce guide.* Pour les p'tites faims, de fraîches salades composées, des toasts campagnards, des terrines maison, un plat du jour, des poissons marinés. Que de bons produits, une cuisine proprette et 2 petites salles très agréables, au milieu d'un sympathique bric-à-brac façon antichambre de brocanteur. Très chaleureux, à l'image des maîtres des lieux.

|●| *La Cocotte* *(plan centre détachable C4,* ***63****) : 20, rue du Petit-Saint-Jean. ☎ 04-67-86-74-95. Tlj sauf mar-mer. Assiette-repas le midi en sem env 13 € ; menus 26-29 €.* Quelques tables sur la placette, une petite salle voûtée et coquette, le cadre est raccord avec l'assiette, garnie d'une gentille cuisine maison qui aime surfer sur l'air du temps. La spécialité, ici, c'est le plat mijoté à la cocotte, comme son nom l'indique, et il se réinvente chaque jour. Et si le chef aime cuisiner le canard, il n'oublie pas non plus les végétariens. Pour accompagner, petits vins de pays. Jolis desserts... Accueil simple, sympa.

|●| ⛱ *Les Vignes* *(zoom détachable D3,* ***74****) : 2, rue Bonnier-d'Alco. ☎ 04-67-60-48-42. • contact@lesvignesrestaurant.com • Lun-sam midi, fermé le soir. Menu du marché 18-22 € ; menu-carte env 33 €. Apéritif maison offert sur présentation de ce guide.* Un restaurant qui fait dans le semi-gastronomique, mais du bon côté du semi, ce qui n'est pas toujours le cas. Menu du marché impeccable et une carte un ton au-dessus, avec des produits méditerranéens frais et joliment travaillés. Pour relever poissons et viandes, fleur de thym, olives à la picholine et autres saveurs locales. À déguster dans la superbe cour intérieure de l'hôtel d'Uston (façade rue Fournarié).

|●| 🍷 ⛱ *Le Comptoir de l'Arc* *(plan centre détachable C3,* ***66****) : pl. de la Canourgue. ☎ 04-67-60-30-79. • comptoirdelarc@hotmail.fr • Tlj 12h-23h en continu. Plats 25-30 € ; tapas 7 €. Happy hours 16h-23h.* Sympathique restaurant un rien branché, dont le cadre surfe adroitement entre une tonalité moderne et un petit côté patiné par les années. Également une agréable terrasse ombragée sur la jolie place. Cuisine d'ici et d'ailleurs (acras, nems, sardines, supions, etc.) à picorer sur la terrasse prise d'assaut dès qu'il fait beau. Sympa aussi pour prendre l'apéro avec des *happy hours* extensibles ou pour dîner sur le tard.

|●| *Via Pila* *(zoom détachable D3,* ***81****) : 2, rue du Pila-Saint-Gély. ☎ 04-67-60-71-19. • viapila@gmail.com • Ouv le soir tlj. Pâtes 13-20 € ; carte env 30 €.* Vraiment, tout est généreux ici. Pas étonnant donc que les Montpelliérains d'origine transalpine s'y retrouvent comme chez eux ! Également des grappes de jeunes, attirés non seulement par le copieux des assiettes mais aussi par les prix qui ont su rester sages. Quelques tables en terrasse, évidemment prises d'assaut.

De prix moyens à chic

|●| ⛱ *Le Petit Jardin* *(plan centre détachable C3,* ***60****) : 20, rue Jean-Jacques Rousseau. ☎ 04-67-60-78-78. • contact@petit-jardin.com • Côté resto, ouv tlj midi et soir ; côté bistrot, fermé dim-lun. Au resto, formule et menu 34-57€ ; carte env 50-60 €.Au bistrot, formule déj 23 € ; carte env 40 €.* On vous recommande l'adresse pour sa partie bistrot, côté jardin, s'il vous plaît ! Sur des tables hautes encadrées de végétation, on pioche sur la courte carte des plats d'inspiration exotique : accras, salade thaï, gambas en tempura ou *tataki* de bœuf garnissent des assiettes toujours hautes en couleur et pleines de peps. Le tour du globe continue avec les desserts, mais on a fondu pour un classique de chez nous (et spécialité de la maison !) : le paris-brest. Même cuisine colorée et épicée côté resto, où la carte fait la part belle au poisson frais et aux pièces de boucher.

Le Vieux Four *(zoom détachable D3,* ***72****) : 59, rue de l'Aiguillerie.* ☎ *04-67-60-55-95. • contact@levieuxfour.fr • Ouv le soir sauf mer à partir de 19h30. Menu carte env 35 €. Digestif maison offert sur présentation de ce guide.* Murs de pierre blanche, ambiance intime et boisée, lumières tamisées et bougies. Un cadre classique et chaleureux pour déguster de succulentes grillades. Pièces de viande généreuses (pavé, entrecôte, côte à l'os, mais aussi tartare) et de grande qualité. Un rendez-vous classique des viandards, depuis 1976.

L'Artichaut *(plan centre détachable C3,* ***54****) : 15 bis, rue Saint-Firmin.* ☎ *04-67-67-91-86. • aigre-doux@hotmail.fr • Ouv mar-sam. Congés : 1re sem de janv et 3 sem en août. Menu déj en sem 22-25 € ; menu soir et sam 33 €. Carte env 45€.* Aux vieilles pierres du centre historique se sont greffés un mobilier épuré et des toiles contemporaines aux murs. Ce contraste entre tradition et modernité, on le retrouve dans l'assiette, où les saveurs locales en côtoient d'autres plus lointaines au fil de recettes classiques ou revisitées. Le chef auvergnat sait nous surprendre avec ses plats bistronomiques qui font la part belle aux (bons !) produits de saison. Le tout à un prix raisonnable.

La Maison de la Lozère *(zoom détachable D3,* ***76****) : 27, rue de l'Aiguillerie.* ☎ *04-67-66-46-36. • contact@celliermorel.com • Ouv lun-sam le soir seulement. Fermé dim. Tapas et plats 6-24 €.* Lifting réussi pour l'une des grandes tables de la ville convertie à la bistronomie. Le décor n'a rien perdu de son charme, une salle design nichée sous des voûtes du XIIIe s et un patio aux beaux jours. Éric Cellier, l'un des meilleurs chefs de l'Hérault, continue de revisiter un terroir qui fait le grand écart entre les Causses (il est originaire de Lozère) et la Méditerranée à travers une carte de plats et tapas gourmandes. Une invitation à explorer la riche carte des vins (la maison fait aussi caviste), avec notamment de savoureux crus du Languedoc sélectionnés par Pierre Morel, qui parle vin avec autant d'amour que d'humour.

Les Bains de Montpellier *(plan centre détachable D4,* ***61****) : 6, rue Richelieu.* ☎ *04-67-60-70-87. Ouv lun-sam. Fermé dim. Menu déj 30 € ; le soir, 40 € ; carte env 45 €.* Derrière l'opéra comédie, les anciens bains-douches municipaux du XVIIIe s abritent une table gourmande, où le poisson (volontiers cru, en *ceviche, tataki* ou en carpaccio) tient une bonne place. Pour se mettre dans le bain, l'élégante cour avec sa fontaine centrale est apaisante et par fortes chaleurs, on apprécie le brumisateur. Sinon, on se réfugie dans les salons climatisés, installés dans les anciennes cabines de douches. Pas donné mais on paie le cadre atypique en plus de la cuisine sans fausse note. Service bien rôdé. Un véritable havre de paix à proximité de la gare.

Brasserie du Théâtre *(plan centre détachable D4,* ***67****) : 22, bd Victor-Hugo.* ☎ *04-67-58-88-80. • contact@brasseriedutheatre.fr • Tlj sauf dim, midi et soir. Formule déj en sem 16,90 € (verre de vin inclus) ; menus 24,50-31,90 € ; carte 35 €.* La brasserie telle qu'on se l'imagine : un personnel stylé (en tenue !) et efficace, une cuisine traditionnelle plutôt bien faite et régulière, le tout dans le cadre élégant des brasseries d'avant-guerre. La clientèle, adepte de l'opéra comédie voisin, reste dans le ton. Dès que les nuits se font câlines, la terrasse en surplomb de la rue est prise d'assaut, et c'est à qui sera le plus proche de la fontaine fleurie qui glougloute.

Comme un Dimanche sous le Figuier *(plan centre détachable C4,* ***62****) : 15, rue du Petit-Saint-Jean.* ☎ *04-67-60-60-41. Tlj sauf dim midi et lun midi. Résa conseillée. Déjeuner 16-20 € ; carte env 40 €. Digestif maison offert sur présentation de ce guide.* Son nom nous promet chaleur, saveurs et tranquillité, alors que ce soit dimanche ou non, filez en terrasse ou sur une table haute, comme les bandes de copains qui s'y retrouvent autour de p'tits crus bien choisis. À l'ardoise, de belles grillades avec, en vedette, la côte de taureau. Petites tapas au déjeuner. Accueil chaleureux.

De chic à plus chic

La Diligence *(zoom détachable D3, **75**) : 2, pl. Pétrarque. ☎ 04-67-66-12-21. • info@la-diligence.com • ♿ Fermé sam midi, dim et lun midi. Formules déj 28-38 €, puis 55-80 €.* Logée à l'enseigne du prestigieux hôtel de Varennes, *La Diligence* répartit ses tables entre des salles superbes sous croisées d'ogives, une cour classée agrémentée d'une magnifique porte du XVIe s, ou une galerie médiévale voûtée. Du sérieux, mais pas de quoi vous sentir mal à l'aise. Le chef aime travailler les produits locaux, et le sommelier aime son métier. Ce qu'ils démontrent le soir à travers le menu surprise en 4 ou 6 plats.

Dans le quartier de la gare

De bon marché à prix moyens

La Petite Aphrodite *(plan détachable E4, **77**) : 11, rue du Pont-de-Lattes. ☎ 04-67-65-44-82. • lapetiteaphrodite@hotmail.fr • Tlj sauf dim-lun et mar soir. Congés : août. Formules 10-12 € (déj), puis 15-17 € ; carte env 16 €.* Le patron, Charalambos, a navigué entre salle et fourneaux pendant plus de 35 ans. Aujourd'hui, sa descendance a repris le flambeau de ce petit resto de quartier comme on n'en fait plus, coincé dans un entresol le long du tram. Tout en rondeur et en sourires, on nous présente un panel de spécialités (feuilles de vignes, caviar d'aubergine, moussaka, calamars farcis...). Ça ne régale pas la vue, mais ce qu'on demande, c'est le goût, et tout y est. Reste plus qu'à faire glisser avec un verre de retsina...

Le Ban des Gourmands *(plan détachable D4, **79**) : 5, pl. Carnot. ☎ 04-67-65-00-85. • bandesgourmands34@live.fr • Ouv le midi lun-ven plus le soir jeu-sam. Fermé dim. Congés : fin août. Résa conseillée. Formules 17 € le midi ; carte env 35 €.* Un ban pour ce petit resto qui ne paie pas de mine, mais qui propose une belle et saine cuisine du marché aux accents méditerranéens. Du simple, du bon, qui se réinvente tous les jours. Ici on prend le temps de manger, et de boire. Pas de chichis, la vie, tout simplement.

Dans le quartier des Beaux-Arts et au nord-est

De bon marché à prix moyens

Chez Vincent *(plan détachable D2, **80**) : 23, pl. Émile-Combes. ☎ 04-67-79-64-62. Fermé lun et le midi des w-e et j. fériés. Plat du jour 10,50 € ; pizzas 8,50-16 €. Apéritif maison offert sur présentation de ce guide.* Resto italien populaire proposant parmi les meilleures pizzas au feu de bois de ce côté de la ville. Et ça dure depuis 1971 ! La maison aligne 3 salles plutôt banales, mais c'est évidemment la terrasse au milieu de la place qui remporte tous les suffrages en été. À la carte, de copieux *antipasti* pour s'ouvrir l'appétit et d'excellentes pâtes fraîches, ou de bonnes viandes et salades pour ceux qui boudent les célèbres pizzas.

Pimpon Restaurant *(plan détachable D2, **134**) : 4, pl. des Beaux-Arts. ☎ 04-34-00-66-02. • lespimpon@gmail.com • Fermé w-e, lun et ven soir. Menu 23 € au déj, 25 € le soir. Carte env 25 €.* Un resto-épicerie de poche où il fait bon se réfugier au déjeuner, pour manger sain, bon et original. Ce qui, quand on y pense, n'est pas si courant. Plats mitonnés, tout simplement délicieux, avec des influences italiennes. Bons crumbles en dessert, réellement du jour, comme vous le verrez si vous arrivez en fin de matinée, quand le chef est dans le jus, car rien n'est prêt. Sauf la terrasse, où vous pouvez vous installer, pour profiter du spectacle de la rue (à l'ombre le midi, mais en plein été, on apprécie).

De chic à plus chic

La Réserve Rimbaud *(plan détachable F2, **82**) : 820, av. Saint-Maur. ☎ 04-67-72-52-53. • contact@*

reserve-rimbaud.com ● Ⓣ *Les Aubes (ligne 4).* ♿ *Fermé sam midi, dim soir-lun. Formule déj (entrée-plat ou plat-dessert) 32 € ; menu 40 € (midi) puis menus 95-110 € (6 services) et carte.* Autrefois, il y avait là, au bord du Lez, une guinguette qui ouvrit ses volets en 1835, fut reprise plusieurs fois (notamment par Titus Rimbaud, qui lui donna son nom en 1875), et resta une référence culinaire en ville. Mais rien à voir avec la cuisine légère, intelligente, passionnée, de son dernier acquéreur. Chef brillant, Charles Fontès a choisi de jouer la simplicité, ce qui est du dernier chic, travaillant les saveurs sans jamais dénaturer les produits du pays. Côté cadre, une terrasse immense sous les platanes, pour profiter du calme et de la vue plongeante sur la rivière, ou une salle lumineuse à la déco épurée : à chaque saison ses plaisirs.

À Port-Marianne

De bon marché à prix moyens

|●| ***Chez Cui-Cui*** *(plan détachable G5,* ***90****)* **:** *181, rond-point Ernest-Granier.* ☎ *04-99-54-59-56.* ● *info@chezcuicui.com* ● Ⓣ *Port-Marianne (lignes 1 et 3).* ♿ *Sortie Odysseum. Ouv lun-ven 11h-14h30. Fermé w-e. Formules déj 15-20 €. Plats à emporter env 10 €.* À la fois un resto et un café-salon de thé au design coloré, pour une pause revigorante au cours d'une exploration du quartier. Plats du Sud beaux et plutôt bio le midi, d'une cuisine familiale qui a du caractère, à savourer en poussant de petits soupirs en terrasse, sur les marches de la place (bruyante cela dit). Également un *salad bar* et des plats à emporter, pas mal pour une déjeunette sur le pouce. Les amateurs de goûters savoureux seront aussi comblés (clafoutis et tartes à se damner).

|●| ***Le Marché du Lez*** *(hors plan détachable par G6)* **:** *1348, av. de la Mer – Raymond-Dugrand.* ● *marchedulez.com* ● Ⓣ *Pablo-Picasso (ligne 3), puis c'est à 10 mn de marche (1,2 km). Parking (payant sur place après 11h ou gratuit un peu plus loin, avec davantage de places). Tlj sauf lun midi et soir.* Prenez des brocanteurs, un marché de producteurs, une poignée de *food trucks* (succès oblige, ça peut bouchonner en fin de semaine !), des restos donnant sur le Lez (*La Cachette, La Baraquette*), ajoutez quelques rendez-vous culturels, un boulodrome, une pincée de *street art,* un enrobage de décor de cinéma et un soupçon de musique, le tout éclairé par des loupiotes multicolores le soir venu, vous obtenez le spot branché incontournable de Montpellier. À la lisière de la ville, cette ancienne friche industrielle est devenue un lieu de vie créatif et gustatif, qui s'est même doté de **halles** contemporaines : un immense **food court** où se mêlent échoppes d'artisans de bouche, p'tits restos de grands chefs, à la manière des halles Bocuse à Lyon, et bars à thème. Un tour du monde culinaire que les becs sucrés terminent au stand de Clara Jung : ses aguichantes pâtisseries sont à se damner ! À savourer sur les terrasses partagées, de préférence sur le *rooftop* ! Une *success story* bien rôdée, dans les traces des frères Pourcel qui ont montré l'exemple avec le resto mitoyen du marché, *Terminal#1.* C'est dire si on croit au potentiel de ces anciennes imprimeries retapées.

Où déguster une bonne glace ?
Où prendre un thé avec une petite douceur ?

Voir aussi, plus loin, les boulangeries citées dans « Où acheter de bons produits ? » et plus haut les adresses « Où manger ? Sur le pouce ».

Dans l'Écusson

Padova *(zoom détachable D4,* ***101****)* *:* *1, rue En-Rouan.* ☎ *04-67-54-16-24.*

Ouv tlj 12h-minuit. Compter 2,70 €/boule. Peu de parfums chez ce glacier artisanal, mais des valeurs sûres dont on se délecte : mangue, noisette, vanille, fruit de la passion... Glaces onctueuses et sorbets au bon goût de fruit sont fabriqués sur place.

Les Demoiselles de Montpellier *(zoom détachable D3,* ***102****) : 2, rue de la Carbonnerie. ☎ 04-99-65-56-43. Ouv tlj 12h (dim 15h)-19h. Assiettes déjeuner 11,90-13,90 €.* Des pâtisseries gourmandes sans gluten ni produits laitiers, on avait plus qu'un doute... Mais les lampions colorés en vitrine et la coquette petite salle nous ont laissé supposer que la cuisine était comme le cadre : fraîche et riante ! Les végans peuvent ici se faire plaisir sans se ruiner avec des tartes aux fruits ou au chocolat ainsi que d'autres douceurs débordant d'imagination. Une adresse rafraîchissante.

L'Heure Bleue *(zoom détachable D3,* ***103****) : 1, rue de la Carbonnerie. ☎ 04-67-66-41-05. Tlj sauf dim-lun, 11h-19h ; salon de thé à partir de 12h. Congés : 3 sem en août. Théières 4-6 €.* Installé dans un charmant hôtel particulier du centre-ville, une véritable caverne d'Ali Baba avec des antiquités, des vêtements et accessoires *second hand,* dégriffés et vintage, qui sert en outre de bonnes pâtisseries. Ce salon de thé gentiment suranné affiche dans ses 3 salons une déco aussi baroque que surchargée, que l'on aime beaucoup. Un coup de cœur pour cette adresse un brin secrète.

Le Gram *(plan centre détachable C3,* ***105****) : 14, rue du Palais-des-Guilhem. ☎ 04-67-92-41-39. • patisserie.legram@gmail.com • Lun-sam 9h-18h30. Fermé dim. Bowls 10-12 €, brunch tlj 17 €.* Une pâtisserie-salon de thé ouverte par Audrey et Marion. Univers pastel et *girly* pour amateurs de pause sucrée-salée. Petits salons très choux (cosy, quoi !) en haut. Plats du jour et pâtisseries à cheval entre New York et la France. Difficile de résister, tout est bon !

Où boire un verre ?

Avec ses dizaines de placettes ombragées, ses grandes esplanades et ses petites terrasses camouflées, Montpellier est la ville rêvée pour faire une pause au soleil ou pour venir la nuit tombée à la recherche de la fraîcheur de ses rues piétonnes. Dans cette ville, étudiante par excellence, les bars font souvent office de QG, de bureau, de lieu de rencontres, voire de salle de lecture où potasser les cours... En revanche, à 1h (2h en été), rideau ! Tant pis pour les noceurs, qui n'auront d'autre choix que de se rabattre sur les boîtes de nuit côté plages ou sur le *Rockstore* (lire plus loin « Où écouter de la musique ? » et « Où danser à Montpellier... ? »). En attendant, voici quelques propositions, mais vous en rencontrerez bien d'autres en vous baladant.

Dans l'Écusson, plutôt dans la journée

Le Café Riche *(zoom détachable D4,* ***110****) : 8, pl. de la Comédie. ☎ 04-67-02-71-52. • contact@cafe-riche.com • ♿ Tlj 7h-1h.* Du vieux *Riche* aux allures 1900 (il existe depuis 1893) ne subsiste que l'auvent en fer forgé. Pour se consoler, il reste la terrasse, que l'on préfère matinale avant d'être écrasée par le soleil. Un point de rencontre idéal, escale parmi d'autres sur la place de la Comédie squattée par une dizaine de cafés-terrasses. Certains – dont le *Riche* – font aussi brasserie avec service continu.

Rebuffy Pub *(plan centre détachable C3,* ***111****) : 2, rue Rebuffy. ☎ 04-67-66-32-76. • rebuffypub@aol.com • Tlj 11h (15h dim)-1h.* Une terrasse ombragée, gentiment alternative, pour « apéroter » et disputer au calme une partie de Scrabble ou de Trivial Pursuit. Fréquenté par les commerçants du quartier et les chalands pendant la journée, ce petit pub est principalement envahi par une clientèle universitaire en fin d'après-midi et le soir. Convivial et sans chichis, tapissé de vieilles affiches, il est toujours bondé et souvent animé jusqu'à une heure tardive.

La Coquille *(plan centre détachable C3,* ***122****) : 1, rue du Plan-du-Palais.*

☎ *04-67-60-47-97. Tlj sauf dim 7h30-22h. Couscous mar 15 €.* Une institution dans le quartier, en retrait de la place de la Canourgue et à 2 pas du palais de justice. Tout naturellement, c'est ici qu'en journée se retrouvent avocats et magistrats dans une ambiance bonne franquette. La vaste terrasse à l'angle de l'hôtel de la Coquille (observez la voûte inversée qui facilitait le passage des fiacres) invite au farniente. Si vous prolongez l'apéro, l'ardoise réserve de belles surprises et le couscous du mardi réunit les connaisseurs ! Attention, l'addition grimpe vite en l'absence de formules. Accueil sympathique.

Café de la Mer *(zoom détachable D3,* ***112****)* **:** *5, pl. du Marché-aux-Fleurs.* ☎ *04-67-60-53-92. Tlj 10h-1h.* Très fréquenté, ce bar minimaliste *gay friendly* borde une place au joli nom où il n'y a plus de marché. Néanmoins, elle est inondée de soleil une bonne partie de la journée.

Le Saint-Roch *(plan centre détachable C4,* ***113****)* **:** *22, rue du Petit-Saint-Jean, au croisement de la rue du Plan-d'Agde.* ☎ *04-67-66-09-55. Tlj jusqu'à 1h.* Rien de joli, rien de cosy, seulement une poignée de tables en fer sur la placette, où la mousse coule à toute heure et surtout à l'apéro, prompte à rafraîchir une clientèle mélangée de touristes étrangers et d'habitués du quartier, d'étudiants mal rasés et de piliers de comptoir, uniformément tutoyés par les serveurs. Un troquet, un vrai, avec billard et babyfoot au 2e étage.

Dans l'Écusson, bars à vins et bars à cocktails

Les Enfants Rouges *(plan centre détachable C3,* ***114****)* **:** *11, rue Rebuffy.* ☎ *06-62-13-14-12. Tlj 11h30-15h, 18h-1h (sauf dim midi et lun midi).* Un bar à vins qui ne désemplit pas et pour cause : les tapas, aux goûts d'ici et d'ailleurs, sont tout simplement excellentes, et la sélection de vins fait le tour des bons crus du coin et vagabonde jusqu'en Espagne. Le midi, quelques plats à l'ardoise, façon bistrot. Une belle adresse pour un moment entre amis et/ou pour tous les amoureux du vin. N'oubliez pas de réserver si vous espérez poser une fesse le soir !

Moody's Social Club *(zoom détachable D4,* ***121****)* **:** *21, rue Vallat.* ☎ *04-67-60-77-23. Tlj 18h-minuit. Tapas env 9 €.* Détrompez-vous, les voûtes de brique et le cadre anciennement monacal cachent bien leur jeu. Dans les verres ou dans l'assiette, ça *shake,* ça swingue et ça bouscule les papilles. Ce bar à tapas joue la carte de l'exotisme avec des produits bien de chez nous aux accents toniques et exotiques, tantôt aigres-doux, tantôt pimentés ou acidulés, qui s'amusent avec nos papilles. Même grain d'excentricité dans les cocktails (aussi bien réussis avec que sans alcool) et jolie sélection de p'tits crus pour les plus sages.

Times Café *(plan centre détachable C4,* ***119****)* **:** *7, rue des Teissiers.* ☎ *04-67-12-00-02. • timescafemontpellier@gmail.com • Tlj à partir de 17h30. Congés annuels pendant les fêtes de fin d'année. Réduc de 10 % sur présentation de ce guide.* Au *Times,* il n'y a pas d'heure pour goûter un petit cru de derrière les fagots. Un bar à vins mignon comme tout, tenu par une équipe souriante et de bon conseil. Quelques tables en terrasse, souvent trustées par une clientèle chaleureuse d'étudiants et de postétudiants réunie par l'amour du divin breuvage.

Panka Bar *(plan centre détachable C3,* ***126****)* **:** *16, rue des Sœurs-Noires.* ☎ *04-11-75-17-68. • skvbar@gmail.com • Ouv lun-sam à partir de 18h.* Avouons que ce bar de joie, grand ouvert sur la rue, engendre la bonne humeur, favorisée par la sélection de vins, de bières artisanales et de cocktails. Pour picorer entre 2 lampées, de petites assiettes de bons produits qui ne viennent jamais de très loin.

Aperture *(plan centre détachable D3,* ***137****)* **:** *2, rue des Trésoriers-de-la-Bourse.* ☎ *09-87-17-44-33. • contact@aperturemontpellier.com • Mar-sam 18h-1h. Cocktails env 10 €.* C'est face aux halles Castellane, derrière un bar moderne et épuré que Julien Escot, déjà sacré champion du monde de cocktails, officie. Et voilà qu'*Aperture* se distingue parmi les meilleurs bars à cocktails du monde !

Si le cadre, doublé d'un espace de création, est un peu sophistiqué, il n'empêche qu'on sirote avec plaisir des élixirs créatifs, souvent relevés de plantes ou d'épices.

L'Amuse Vin *(zoom détachable D3,* ***120****)* **:** *74-76, rue de l'Aiguillerie. ☎ 04-67-59-43-18. • lamusevin@hotmail.fr • Tlj sauf dim, 18h-1h.* Une salle biscornue, de la vieille pierre, du bois brut, un petit bout de terrasse, et surtout les bouteilles, riche sélection de crus d'abord du coin, joliment mis en valeur. Quelques rhums, aussi. Les serveurs connaissent leur rayon, les tapas, presque de petits plats, sont fraîches et cuisinées. Un bel apéro de copains.

Dans l'Écusson, pour lever le coude

Le Circus *(zoom détachable D3,* ***115****)* **:** *3, rue Collot. ☎ 04-67-60-42-05. Tlj sauf dim 18h-1h (2h en été). Congés : 15 juil-15 août.* L'un des bars les plus prisés de Montpellier. Les places sont chères en 2de partie de soirée, lorsque les canapés et le comptoir sont pris d'assaut par une joyeuse bande d'étudiants bien mis. Bonne *vibe,* bon son, bref, un *before* parfait. En été, jolie terrasse dans une cour à l'arrière.

Broc Café *(plan centre détachable C3,* ***124****)* **:** *2, bd Henri-IV. ☎ 09-70-97-87-37. • broccafemontpellier@gmail.com • Ouv tlj. Bar 8h-1h. Restauration 12h-23h. Prix env 13 €.* Les journées s'écoulent paisiblement, sur la terrasse postée face au jardin des plantes. Le soir, en revanche, faudra jouer des coudes pour dégotter une place parmi les jeunes trentenaires, dans ce bar qui se la joue rétro sans en faire trop. Faut dire que, artisanale ou pas, la bière est bonne, la musique aussi, avec régulièrement de petits *live.* On peut même y manger, burgers et autres petits plats.

Fitzpatrick's *(plan centre détachable D4,* ***116****)* **:** *5, pl. Saint-Côme. ☎ 04-67-60-58-30. • contact@fitzpatrickirishpub.com • Tlj 12h-1h.* Un pub irlandais authentique et sans concession. *Guinness on tap* à savourer en terrasse ou dans la salle aux vieilles pierres. Concerts folk certains soirs, et retransmission des matchs de rugby et autres sports. Sur la place, petite annexe pour s'exercer au billard et aux fléchettes.

Les anglophones se retrouvent aussi au **O'Carolan's** *(plan centre détachable C3,* ***117*** *; pl. du Petit-Scel ; tlj 12h-1h).* Mêmes boiseries lustrées, même ambiance *Irish* (plus branchée foot cette fois-ci), et une jolie terrasse étendue autour d'une fontaine moussue, au pied du carré Sainte-Anne.

Shakespeare *(zoom détachable D3,* ***118****)* **:** *rue de la Petite-Loge. Tlj env 18h (14h sam)-1h (jusqu'à 2h juin-août).* Encore un pub, plus *British* qu'*Irish* celui-ci, niché dans une jolie salle voûtée aux banquettes élimées. Petite terrasse sur la tranquille place Pétrarque, quiz tous les mardis, et étudiants tous les soirs.

Le Barberousse *(zoom détachable D4,* ***123****)* **:** *6, rue Boussairolles, près de la pl. de la Comédie. ☎ 04-67-58-03-66. • f.reynaud@barberousse.com • Mar-sam 18h-1h.* Une porte étroite, un escalier abrupt, et tout en bas... une « authentique » taverne à matelots ! Boiseries, tonneaux et filets de pêche ont tout de la cale d'un galion qui se serait échoué un jour de tempête. Pour rester dans l'ambiance vieux pirate, la cambuse propose *shooters,* planteurs et vieux rhums des plus variés, et goûter autre chose relève presque du sacrilège. Dernier conseil : mieux vaut ne pas craindre la promiscuité !

La Distillerie *(zoom détachable D3,* ***125****)* **:** *67, rue de l'Aiguillerie. • sonsofdistillery@gmail.com • Tlj sauf dim 18h-1h (2h en été).* « De la bière, du rhum et du rock. » Tout est dit, ou presque, dans l'épitaphe de cette rhumerie aux tables collantes et aux guitares hurlantes, point de chute de la jeunesse débraillée, fana de hard rock. Quiz musical le lundi.

Le Café Joseph *(zoom détachable D3,* ***127****)* **:** *3, pl. Jean-Jaurès. ☎ 04-67-66-31-95. • cafejoseph@gmail.com • Tlj 9h-1h (2h en été).* Ici se retrouve une jeunesse estudiantine branchée, au milieu d'une déco baroco-chic assommée d'électro... et souvent délaissée au profit de la grande terrasse. Très fréquenté et ouvert en continu.

The Beehive *(plan centre détachable C4,* ***129****)* **:** *15, rue du Plan-d'Agde.*

☎ *04-48-78-25-31. Tlj 12h-15h, 19h-23h.* Planté dans l'une des rues les plus animées de l'Écusson, un minuscule pub furieusement *British,* où s'envoyer un *fish & chips,* un burger ou un *chicken curry,* entre 2 pintes de bières qui font le tour du monde. Pour les fumeurs, 2 tables dans la rue, pas plus !

Le Bric à Brac *(zoom détachable D3,* ***130****) : 26, rue des Écoles-Laïques. 07-81-16-43-52. Tlj sauf dim 18h-1h.* Un bar de quartier à la programmation et à la déco éclectiques. Concerts rock tous les week-ends, tournois de coinche le mardi. Convivialité et mixité sont les maîtres mots du lieu. Consos à prix plancher. On s'assoit sur des tabourets à la tronche des politiques !

The Black Sheep *(zoom détachable D2,* ***131****) : 21, bd Louis-Blanc.* ☎ *04-67-58-08-65. • contact@theblacksheep.fr • Tlj 18h-1h (happy hour 18h-20h). Concerts en principe jeu-dim (participation 5 €).* Une quinzaine à la pression, 300 en bouteilles, au *Black Sheep* il y a de la bière... et du rock ! Concert au sous-sol, avec une programmation qui tient bien la mesure. Sinon, ambiance *dark,* métal, murs repeints en noir, tables qui collent et, dans un coin, une étagère bourrée de bouquins... Pour quoi faire ?

Dans les quartiers du Courreau et de la gare

Gazette Café *(plan détachable D4,* ***132****) : 6, rue Levat.* ☎ *04-67-59-07-59. • gazettecafe@gmail.com • Tlj sauf dim-lun 10h-1h.* L'ancien garage Peugeot a été reconverti en un spacieux bar avec un superbe comptoir en bois et métal, un coin lecture avec magazines à disposition (on y trouve évidemment l'hebdo local *La Gazette*), mais aussi une bibliothèque où l'on pioche des livres à bouquiner dans les canapés. Le soir, on descend quelques verres autour de l'olivier planté sous la verrière, en profitant des concerts quotidiens. On peut aussi y manger pour pas bien cher.

Le Discopathe *(plan centre détachable C4,* ***128****) : 28, rue du Faubourg-du-Courreau.* ☎ *06-48-81-17-13 • communication@lediscopathe.com • lediscopathe.com • Tlj, sauf lun midi et dim, 13h-23h30.* En voilà un drôle de lieu, à la fois bar et boutique de vinyles, bien à l'image du vent nouveau qui souffle sur ce secteur. Dans les bacs, de la zik, choisie, éclectique, d'ici et d'ailleurs, quelques trouvailles et de bonnes affaires. Le comptoir, lui, ne fait que dans le local : bières artisanales et vins du coin, cafés de la brûlerie d'à côté, à siroter pourquoi pas dans la salle planquée au fond, aménagée façon plage. Et pas besoin de juke-box à l'heure de l'apéro, une web radio se sert chaque soir du bar comme studio.

Aux Beaux-Arts

Art Café *(plan détachable D2,* ***133****) : 13, rue Proudhon.* ☎ *04-67-72-29-63. Ⓣ Corum ou Beaux-Arts (lignes 1 et 2). Tlj 7h-minuit. Petite restauration le midi et tapas le soir.* Un des cafés courus de la place des Beaux-Arts, où l'on vient se dorer au soleil en journée, quand la terrasse repousse les étals du marché.

Bar des Super Vedettes *(plan détachable D2,* ***134****) : 4, pl. des Beaux-Arts.* ☎ *09-63-57-98-24. Ⓣ Corum ou Beaux-Arts (lignes 1 et 2). Tlj sauf dim de 7h au dernier client (en théorie 1h du mat).* L'indécrottable bar de quartier, qui en voit passer des vedettes, mais pas forcément de celles qui signent des autographes. Que ce soit pour le café du matin, le petit plat du midi ou la mousse du soir, tout ce qui se déplace sur 2 jambes dans le coin finit par marquer l'arrêt. C'est toujours l'heure de s'attabler en terrasse sur la place, ou dans la salle qui exhale encore les relents de l'apéro de la veille. Pour l'anecdote, le chanteur Regg'Lyss a écrit une chanson sur ce bar. Mais si, celui qui chante « Mets de l'huile ! »

Aux Arceaux

La Cigale *(plan détachable B3,* ***135****) : 7, bd des Arceaux.* ☎ *04-67-92-66-30. Tlj sauf dim et j. fériés. Repas 13-20 €. Café offert sur présentation de ce guide.* Du p'tit noir du matin au ballon de rouge du soir, c'est le QG de la vie associative du quartier des Arceaux. On vient pour son ambiance sympa et sa terrasse face aux célèbres arches de l'aqueduc, un peu perturbée par le flot des voitures. Idéal avant d'attaquer les marches de la promenade du Peyrou, et très pratique quand on fait son marché le samedi. Petits plats le midi.

Au nord-ouest, près du stade Philippidès

Couleurs de Bières *(plan détachable B2,* ***136****) : 48, rue du Faubourg-Saint-Jaumes (sur la fourche qui fait l'angle avec la rue Broussonnet). ☎ 04-67-03-31-54. Ⓣ Stade-Philippidès (ligne 1). Face au stade. Tlj sauf dim 17h-1h.* Un peu à l'écart du centre, bien calé sur sa fourche, le repaire des amateurs de bière, importées du monde entier. On fait son choix parmi près de 600 variétés, sans oublier les artisanales, de fabrication locale. Le tout à consommer sur place (microterrasse le nez dans les voitures et salle quelconque à l'étage) ou à emporter. ***Petite annexe à Port-Marianne*** *(plan détachable G5),* avec des mousses artisanales à la pression seulement. *23, rue de Chio (en retrait du bassin Jacques-Cœur). ☎ 09-50-45-68-11. Ⓣ Port-Marianne (lignes 1 et 3). Mêmes horaires.*

Au bord du Lez

L'Arbre *(plan détachable G4,* ***138****) : pl. Christophe-Colomb, 10, parvis Oscar-Niemeyer. ☎ 04-34-76-96-96. Bar du 17e étage ouv mar-sam 18h-minuit (bar en bas de L'Arbre fermé sam). Fermé dim-lun. Cocktails 10-12 € ; tapas env 10 € ; au resto, carte env 50 €.* Sur les rives du Lez, on repère facilement ce haut bâtiment immaculé et contemporain avec ses terrasses en décrochement. La vue panoramique depuis celle perchée au 17e étage est bluffante ! Y aller au crépuscule pour profiter des déclinaisons du ciel. Le bar du bas est plus classique. Au resto, déco minimaliste et atmosphère tout en retenue. Plats joliment travaillés, à piocher dans une carte succincte.

Où écouter de la musique ?

Qu'il s'agisse de découvrir un nouveau talent dans un obscur café-théâtre, de consacrer un artiste au Zénith ou à l'Arena, d'applaudir une diva à l'Opéra Berlioz, Montpellier possède des salles de toutes les tailles et un éventail de spectacles pour tous les budgets. Ajoutez à cela les nombreux festivals qui s'y déroulent toute l'année (voir la rubrique « Fêtes, manifestations et festivals » plus loin), et vous obtenez l'équation parfaite de la ville méridionale dynamique à la pointe de la culture.

Pour connaître les événements et les soirées dans la ville (et dans la région), consulter l'agenda de l'office de tourisme, l'hebdo du jeudi ***La Gazette*** ou se procurer le mensuel gratuit ***Mama Sound*** (agenda complet également sur • *mamasound.fr* •).

Bars musicaux

Le Nu-Bahia *(plan détachable D2,* ***140****) : 4, rue Lunaret. 📱 07-66-11-71-55. • Facebook • Ⓣ Louis-Banc (lignes 1 et 4). Mer-sam 19h30-1h. Droit d'entrée variable selon concert.* Un comptoir décor tropical qui mixe mojitos et caïpirinhas, une petite salle et une petite scène chauffées de rythmes brésiliens et latinos. Petite restauration dans la même veine.

– Sans oublier ***Le Bric à Brac, The Black Sheep*** et ***Gazette Café*** (voir « Où boire un verre ? »).

Salles de concert

Rockstore *(plan centre détachable D4,* ***150****) : 20, rue de Verdun. ☎ 04-67-06-80-00. • rockstore.fr • ♿ Mar-sam 18h-5h. Concerts payants mais entrée en boîte gratuite.* Le temple du rock montpelliérain, le mot n'est pas trop fort. L'arrière de la Cadillac qui gicle de la façade donne le ton : pas moins de 3 bars, une salle électro et une vaste scène pour des concerts fougueux. Les soirs sans affiche, ou après les concerts, le *Rockstore* joue les bars-boîtes et ferme tard, une denrée rare dans le centre. Et gratuite !

♩ 🕺 ***L'Antirouille*** *(plan centre détachable D4,* ***151****) : 12, rue Anatole-France. ☎ 04-67-06-55-13. • Facebook • Ⓣ Observatoire (lignes 3 et 4). Ouv selon programme et ts les w-e jusqu'à 5h. Entrée payante selon programmation.* Calée en haut d'un étroit couloir, cette petite salle dédiée aux musiques actuelles compte parmi les adresses historiques du live à Montpellier. Programmation éclectique (reggae, rock, électro, chanson...).

♩ ***Le JAM*** *(plan détachable D6,* ***153****) : 100, rue Ferdinand-de-Lesseps. ☎ 04-67-58-30-30. • lejam.com • Ⓣ Saint-Martin (ligne 4). Ouv les soirs de concerts seulement ; fermé pdt vac scol.* Le jazz-club de Montpellier est installé dans un ancien chai de 1 000 m² et affiche une programmation de haut niveau. Le *JAM* (Jazz Action Montpellier) est aussi une école, avec ses master classes et ses artistes en résidence. Concerts gratuits tous les jeudis, accueillant des groupes, suivis de bœufs par les élèves de ce conservatoire hors du commun. Les vendredi et samedi, le programme alterne jazz et musiques du monde.

♩ ***Victoire 2 :*** *domaine du Mas-de-Grille, 2, rue Renaudot, 34430* ***Saint-Jean-de-Védas.*** *☎ 04-67-47-91-00. • victoire2.com • Ⓣ Victoire 2 (ligne 2).* Salle dédiée aux musiques actuelles. Nombreux concerts qui déménagent bien comme il faut, avec régulièrement des pointures.

♩ ***Secret Place :*** *ZI de la Lauze, 25, rue Saint-Exupéry, 34430* ***Saint-Jean-de-Védas.*** *☎ 09-50-23-37-81. • toutafond.com • Ⓣ Saint-Jean-le-Sec (ligne 2).* ♿ Salle alternative, punk à l'origine mais désormais bien plus éclectique, tenue par l'asso qui édite *Le Tafeur,* répertoire des concerts de la région. Rap, death metal, électro post punk, speed rock et toutes les variantes.

L'HÉRAULT

Culture

Théâtre, danse et opéra

Opéras de Montpellier : *11, bd Victor-Hugo. ☎ 04-67-60-19-99. • opera-orchestre-montpellier.fr •* 2 lieux de spectacle : l'Opéra Comédie (1 200 places) et l'Opéra Berlioz au Corum (2 000 places). Superbe programmation.

Orchestre national de Montpellier Occitanie : *le Corum, esplanade Charles-de-Gaulle. ☎ 04-67-60-19-99. • opera-orchestre-montpellier.fr •*

Centre chorégraphique national de Montpellier : *Agora, Cité internationale de la danse, bd Louis-Blanc. ☎ 04-67-60-06-70. • ici-ccn.com •* Au sein du couvent des Ursulines défilent toute l'année les plus grandes compagnies de danse internationales.

Théâtre des 13 Vents : *domaine de Grammont, av. Albert-Einstein. ☎ 04-67-99-25-00. • 13vents.fr •* C'est le centre dramatique national de Montpellier, qui offre de remarquables créations théâtrales.

Domaine d'Ô : *château d'Ô, 178, rue de la Carriérasse, 34090. ☎ 0800-200-165. Tram 1 : Malbosc. • domainedo.fr •* Beau et vaste domaine regroupant plusieurs espaces au cœur d'un parc ombragé de grands pins, dont un théâtre de plein air et un 2nd conçu tout en bois. Accueille de nombreux festivals.

Théâtre Beaux-Arts Tabard: *17, rue Ferdinand-Fabre (quartier des Beaux-Arts). ☎ 04-99-62-83-13. • beauxartstabard.fr •* Bonne programmation de spectacles pour toute la famille.

Théâtre Le Point Comédie *(zoom détachable D3) : 9, rue Sainte-Ursule. 📱 06-04-14-76-08. • lepointcomedie.fr • Ⓣ Louis-Blanc (lignes 1 et 4).* À l'affiche de ce théâtre de poche, des comédies, des one man shows. Et des impros les 1er et 3e mercredis du mois à 21h.

Où acheter de bons produits ?

Halles et marchés

Les halles Castellane (zoom détachable D3, **180**) **:** *sur la place du même nom, à 2 pas de la Comédie. Tlj 7h-20h (13h30 dim).*

Les halles Jacques-Cœur (plan détachable E-F3, **181**) **:** *bd d'Antigone. Tlj 7h-20h30 (14h dim).*

Les halles Laissac (plan centre détachable D4, **186**) **:** *sur la place du même nom, en face de la tour de la Babote.*

Parmi les principaux marchés, citons le ***marché paysan*** à Antigone *(plan détachable E4, **182** ; av. Samuel-Champlain, dim 8h-13h30 ; seulement des producteurs locaux),* le ***marché bio des Arceaux,*** sous les arches de l'aqueduc *(plan détachable B3, **183** ; mar et sam 7h-13h30)* et le ***marché de Plan Cabanes,*** populaire et cosmopolite *(plan détachable B4, **185** ; pl. Plan-Cabanes, tlj sauf lun 7h-13h).*

Également : ***marché des Beaux-Arts*** *(plan détachable D2, **184** ; pl. des Beaux-Arts, lun-sam 7h-13h30),* ***marché aux plants*** *(à l'espace Mosson, mar 7h30-18h ; Ⓣ Mosson, lignes 1 et 3)* et ***marchés en nocturne*** en été.

Le marché aux puces (hors plan détachable par A3) **:** *à la station Mosson, au terminus des trams 1 et 3. Dim 6h-13h.* Populaire. On y trouve de tout et de rien, évidemment.

Voir aussi plus haut dans « Où manger ? » les halles gourmandes et branchées du ***Marché du Lez*** *(hors plan détachable par G6).*

Boutiques

Dans l'Écusson et aux abords

Boulangerie Lomonaco (plan centre détachable C3, **161**) **:** *8, rue Jean-Jacques-Rousseau. ☎ 04-67-60-76-07. Tlj sauf dim, 7h-19h30.* Toute petite boutique dans une rue charmante. La spécialité de la maison, ce sont les chaussons à la pâte brisée : pommes, citron, framboise... on mord dedans avec gourmandise. Excellents pains aux fruits secs, olives...

Le Panier d'Aimé (plan centre détachable C3, **168**) **:** *6, rue du Plan-du-Palais. ☎ 09-83-29-98-62. • lepanierdaime.fr • Tlj sauf dim, 9h30-19h.* Une épicerie fine de terroir qui occupe une jolie place dans le cœur de nombreux gourmets. Cochonnailles, vins, tapenades, huiles méticuleusement sélectionnées... de quoi remplir un bon panier.

La Crèmerie du Faubourg (plan centre détachable C4, **171**) **:** *16, rue du Faubourg-de-la-Saunerie. ☎ 09-50-51-27-26. • cremeriedufaubourg.fr • Mar-ven 9h-13h, 15h-19h30 ; sam 9h-19h30.* Déjà, la vitrine dans la rue donne envie de s'arrêter, et l'étalage des fromages donne envie de tout goûter. Cécile et Nina assurent un excellent accueil et connaissent parfaitement leurs produits. Pas de quoi en faire un fromage ? De cette boutique-là, si !

Sentiers de Cévennes (plan centre détachable C4, **163**) **:** *28, rue Paul-Brousse. ☎ 04-67-56-39-64 ou 09-67-37-39-64. Mar-sam 10h-13h30, 15h-19h.* Cette boutique paysanne regroupe des agriculteurs, en majorité cévenols, qui viennent ici proposer leurs vins, miel, confitures, jus de fruits, légumes, viandes, huiles d'olive, pâtés et foie gras... et se relaient pour tenir la caisse. Un marché paysan en pleine ville.

Si le Thé m'était conté (plan centre détachable C3, **164**) **:** *12, rue Saint-Firmin. ☎ 04-67-02-81-57. • si-le-the.com • Lun-ven 10h (14h lun)-19h.* La caverne d'Ali Baba des amateurs de thés et tisanes. Les étagères débordent de centaines de variétés venues du monde entier, et de créations étonnantes. On peut les déguster sur place.

Pomme de Reinette (zoom détachable D3, **170**) **:** *33, rue de l'Aiguillerie. ☎ 04-67-60-52-78. • tradition-jouet.com • Tlj sauf dim et lun mat 10h30-12h30, 14h-19h.* La plus ancienne boutique de jouets de Montpellier. Kaléidoscopes, puces sauteuses, pâtes à ballons, toupies, puzzles, jeux de société... on y retrouve tous les jouets de notre enfance mais aussi des jeux d'aujourd'hui. Petit musée de jouets anciens à l'étage. Un voyage en enfance à ne pas louper ! Certes, cette boutique est inclassable dans une rubrique « Où acheter de bons produits ?», mais, pour nous, c'est un des plus beaux magasins de la ville. À côté, ***Pomme d'Api*** pour les plus petits.

Dans le quartier des Arceaux

La Cave des Arceaux *(plan détachable B3,* ***167****) : 7, rue Marioge. ☎ 04-67-92-44-84. • cave-arceaux.com • Ⓣ Les Arceaux (ligne 3). Lun-ven 9h-13h, 16h-19h30 (20h ven) ; sam 9h-20h.* Dans cette petite rue qui fourmille de bons commerçants, une cave qui donne des conseils avisés sur une superbe sélection de vins de propriété (avec évidemment une prédilection pour ceux du Languedoc). Dégustation-rencontre le samedi toute la journée.

À voir. À faire

À Montpellier, de jour comme de nuit, il y a toujours de quoi faire marcher agréablement la tête et les jambes.

– ***Visites guidées :*** *résa obligatoire auprès de l'office de tourisme au ☎ 04-67-60-60-60 ou sur • montpellier-tourisme.fr • 9-15 € selon visite ; réduc ; gratuit moins de 18 ans accompagné d'un parent. Agenda des visites sur le site internet.* Vivantes et variées, on vous les recommande chaudement, notamment pour éveiller la curiosité des plus jeunes. Parmi les plus populaires : les balades culturelles du centre historique de 2h ou 3h, très pédagogiques, qui donnent accès à de nombreux lieux habituellement fermés au public, comme les hôtels particuliers ou le toit de l'arc de triomphe.

On conseille les visites moins classiques pour ceux qui ont plus de 1 journée devant eux. Voici quelques thèmes en vrac : l'histoire de la médecine, street art, objectif photo, la nocturne ou encore éveil ô goût pour les enfants...

– ***Applications pour smartphone :*** les aficionados de l'architecture contemporaine peuvent aussi télécharger une application audioguide gratuite, « Montpellier contemporain », qui leur permettra d'explorer différents quartiers à travers 3 parcours.

BALADE DANS LE VIEUX MONTPELLIER

Malmenée par l'Histoire – toutes ses églises ont été rasées au XVIe s durant les guerres de Religion, sauf la cathédrale –, Montpellier a toutefois gardé, à peu de chose près, son plan médiéval dans tout l'Écusson, bâti sur une butte. Ruelles et placettes ombragées, à la place des lieux de cultes d'autrefois, et, ici et là, quelques nefs romanes ou gothiques, vestiges de maisons civiles des XIIIe et XIVe s. On remarque surtout les ***belles façades d'hôtels particuliers,*** redessinées à l'époque classique (XVIIe et XVIIIe s). Pour en admirer un maximum, il suffit de lever le nez, ou de suivre une des visites guidées de l'office de tourisme.

Ces maisons de ville, sobres d'aspect, cachent (tradition méditerranéenne oblige) des cours intérieures lumineuses et fraîches, avec parfois de superbes escaliers monumentaux : pour y avoir accès, suivre une visite guidée, donc, ou espérer qu'un propriétaire amoureux de sa ville (et ils sont nombreux) vous ouvre son portail, ce qui arrive si on demande gentiment.

Si vous préférez vous promener seul, voilà un itinéraire ludique et historique du vieux Montpellier, à faire le matin ou le soir, de préférence, quand les magasins sont fermés.

Au cœur du vieux Montpellier, à l'est de l'Écusson

La place de la Comédie *(zoom détachable D4)* **:** aménagée au milieu du XVIIIe s, presque en même temps que le théâtre, cette place se modifia doucement au cours du temps, sans jamais perdre ses proportions. On l'appelle d'ailleurs

« l'œuf » à cause de sa forme ovale, moins évidente depuis qu'elle est devenue piétonne (repérer au sol la ligne rouge et ovale). Créée en 1753, elle s'appela successivement place d'Armes, place du Palais-du-Gouverneur et, sous la Révolution, place de la Salle-de-Spectacle. Encombrée par la circulation jusqu'en 1985, elle a été rendue aux piétons lors des fêtes du millénaire de la ville. Cela donne un gigantesque espace libre (et souvent ensoleillé) où s'étalent les terrasses des cafés, véritable cœur de ville de jour comme de nuit, carrefour de rencontres et d'échanges.
La ***fontaine des Trois-Grâces,*** de la fin du XVIIIe s, souligne harmonieusement l'ensemble d'immeubles refaits dans la foulée de l'Opéra Comédie (voir ci-après) dans un style haussmannien. Ces 3 Grâces sont Euphrosine, Aglaé et Thalie (les préférées parmi les copines d'Apollon) et évoquent la joie, la beauté et l'abondance. En fait, c'est une copie. L'originale est dans le théâtre.
Un conseil, si l'architecture y est remarquable, on ne peut pas en dire autant de la cuisine servie dans les restos qui bordent la place.

Plusieurs fois incendié, l'***Opéra Comédie,*** le plus grand théâtre de province après celui de Bordeaux, prit son allure définitive à la fin du XIXe s sous l'égide de Garnier, qui venait de terminer celui de Paris. L'Opéra Comédie est un lieu magique, avec son escalier décoré de mosaïque et marbres polychromes. Dans la foulée, on refit donc les immeubles aux alentours dans le goût haussmannien, avec toits d'ardoises (une erreur sous un tel soleil !) et façades chargées : balustrades, pilastres, masques, mascarons, guirlandes, tourelles, coupoles, alternant les balcons de fer forgé et ceux de pierre, les avancées et les parties en retrait.
Contourner l'Opéra pour rejoindre, à l'arrière, la place Molière, puis en descendant la rue Richelieu, jolie façade rétro des ***ex-bains publics*** de la ville, fondés en 1770. Ces murs abritent aujourd'hui un extraordinaire patio et un restaurant (voir plus loin « Où manger ? »). On arrive à la tour de la Babote, porte d'accès à la ville basse et au quartier de la gare, en plein réaménagement.

La tour de la Babote et sa placette *(plan centre détachable D4)* **:** *angle bd de l'Observatoire et bd Victor-Hugo.* Remarquablement restaurée, ancien vestige des fortifications appelées commune clôture. Avec la tour des Pins (lire plus loin), la *tour de la Babote* joua un grand rôle. Édifiée au XIIe s, elle était entourée de créneaux et de mâchicoulis. Rehaussée aux XIVe et XVIIIe s, additionnée de tours (notamment pour accueillir l'observatoire astronomique de la Société royale des sciences et, plus tard, le télégraphe), elle prit une élégante allure. La porte à la base ne fut ouverte qu'à la fin du XVIIIe s. Cette fameuse porte dissimule une charmante placette, fraîche et calme, idéale pour une pause avec ses jolies terrasses ombragées. En face de la tour se dressent les ***halles Laissac,*** édifice circulaire contemporain inspiré des halles Baltard à Paris, et qui a remplacé en 2018 le vilain bâtiment en béton qui bouchait jadis la vue. De quoi mettre en valeur les beaux produits des étals, à picorer accoudé à la paire de buvettes et comptoirs gourmands, à moins de préférer une table en terrasse, sur la place. Super pour l'apéro !

LE PARAPLUIE VOLANT

C'est du haut de la tour de la Babote que, en 1783, Louis-Sébastien Lenormand, en présence de Joseph de Montgolfier, s'élança à bord de sa machine qu'il nomma lui-même « parachute », en fait un parasol de 60 pouces de diamètre avec manche renforcé. Un saut qui n'a jamais été homologué, malgré la gravure d'époque authentifiant l'événement.

Mo.Co. – Hôtel des collections *(plan centre détachable D4)* **:** *13, rue de la République. ☎ 04-99-58-28-00. • moco.art • Juil-août tlj sauf lun 12h-21h ; sept-juin 12h-19h. Entrée : 8 € ; réduc ; gratuit moins de 18 ans et étudiants moins de 26 ans. 3-4 expos/an.* Inauguré en 2019 dans l'ancien hôtel Montcalm (XVIIIe s) rénové pour l'occasion, l'*Hôtel des collections* est le vaisseau amiral du *Mo.Co.*, comme Montpellier Contemporain, centre d'art dédié à la création contemporaine et éclaté sur 3 lieux : celui-ci, le site de *La Panacée* (lire plus loin) et l'*école des beaux-arts*. Ici, pas d'exposition permanente, mais un vaste espace dédié à des collections spécifiques, publiques ou privées : celle d'une fondation, d'un collectionneur, d'un artiste... Au gré des déambulations dans ce bel espace modulable en fonction des expos, des médiateurs sont disponibles pour éclairer les visiteurs sur les œuvres. Également un resto (***Faune,*** qui propose une carte saisonnière ; *formules 19-23 € au déj, 24-28 € le soir*), une librairie (avec plafond à caissons d'origine) et un grand jardin des 5 continents (en accès libre), planté d'essences du monde entier.

La grand-rue Jean-Moulin *(zoom détachable D4).* Avant de grimper cette artère piétonne et commerçante, admirez ce splendide trompe-l'œil à l'angle du boulevard de l'Observatoire. Bluffant, non ? La grand-rue offre plusieurs hôtels particuliers intéressants. Au n° 27, ***hôtel de Bossugues*** (membre de la Cour des comptes), du XVIIIe s. Au n° 25 (en face de l'hôtel Saint-Côme), très imposant ***hôtel de Fourque.*** C'est ici que se réfugièrent en 1645 les collecteurs d'impôts fuyant la colère populaire. Au n° 21, ***hôtel Rey,*** de la fin du XVIIe s. Jean Moulin y vécut.

L'hôtel Saint-Côme *(zoom détachable D4)* **:** *32, grand-rue Jean-Moulin.* Ancien amphithéâtre d'anatomie. Lapeyronie, le chirurgien de Louis XV, légua à sa mort, en 1747, une grosse somme d'argent afin de construire un amphithéâtre anatomique, pour la dissection des cadavres. Il fonctionna de 1757 à 1794, date à laquelle tout fut regroupé à l'école de santé nouvellement créée par la Convention (au palais épiscopal, près de Saint-Pierre). Depuis le début du XXe s, il accueille la chambre de commerce et de l'industrie. À l'arrière de l'hôtel, très agréable ***place Saint-Côme*** bordée de terrasses. Elle a été construite à la place d'un temple protestant.

L'église Saint-Roch *(plan centre détachable C4)* **:** en fait, c'est plus l'environnement serein de sa place et du quartier alentour qui est sympa que l'église elle-même. Au XIXe s, on décide de reconstruire l'église détruite pendant les guerres de Religion et de la dédier à saint Roch, né à Montpellier et vénéré par les habitants. Pas de chance, elle ne fut jamais terminée, faute de moyens. Les niches attendent toujours leurs statues, les gargouilles restent à l'état de pierre brute et les 2 flèches n'ont pas quitté la table à dessin de l'architecte. À l'intérieur, voir tout de même les vitraux et les innombrables plaques de remerciements à saint Roch et à sainte Rita. C'est un lieu de pèlerinage et l'église abrite une relique du saint (son tibia ; ne venez pas avec votre chien). Étonnez-vous face au ***trompe-l'œil*** devant l'église. Sur le drapeau, est représenté saint Roch avec le bubon de la peste sur la jambe. Son chien est représenté en bas de la fresque. Nombreux petits restos et bars à vins dans les ruelles alentour. Un quartier où il fait bon flâner à toute heure.

La rue de l'Ancien-Courrier *(plan centre détachable C-D3-4)* **:** s'y trouvait jadis l'*hôtel des Postes.* Ancienne rue de l'Annellerie, car c'est ici que les paysans accrochaient leurs ânes. Pittoresque avec ses commerces installés sous des voûtes médiévales. Tous ces rez-de-chaussée étaient autrefois des entrepôts. En la descendant, observez l'***hôtel Manelli,*** au n° 15, qui abrite une petite *église orthodoxe* (fenêtre géminée au rez-de-chaussée, fresques à l'intérieur). Au n° 13, l'***hôtel Lecourt*** abritait la poste au XVIIIe s. Beau balcon en fer forgé sur hautes fenêtres. Perpendiculaire, la croquignolette ***rue du Bras-de-Fer*** avec ses marches et son passage voûté (l'un des 3 derniers de la ville).

La place Saint-Ravy *(zoom détachable D3)* **:** beau décor avec quelques éléments médiévaux. Sur une façade, on devine encore les tracés gothiques des fenêtres et des claires-voies fermées au XVIIIe s. Les rois d'Aragon auraient, dit-on, séjourné ici. Jolie fontaine centrale. En levant la tête, on remarque ici un délicat balcon en fer forgé, là un bow-window, le tout agrémenté d'oliviers et de palmiers... Les différents styles font tout le charme de la place. Quant à l'***Espace Saint-Ravy,*** c'est une salle d'exposition d'arts plastiques, comportant de superbes voûtes gothiques. L'entrée est gratuite, profitez-en !

La rue de l'Argenterie *(zoom détachable D3-4)* **:** au n° 10, ***hôtel de Clair, dit des rois d'Aragon.*** Porte du XIVe s, l'un des derniers vestiges du passage des rois d'Aragon. Au n° 8 (impasse Barnabé), ***hôtel Hostelier-Saint-Jean.*** Porte à bossage (ou pointes de diamant) avec un curieux masque au fronton. Imposte en bois sculpté. Au n° 3, ***hôtel de Pommier-Layrargues.*** Façade avec de nombreux mascarons aux fenêtres.

La place Jean-Jaurès *(zoom détachable D3)* **:** l'épicentre de l'activité commerciale au Moyen Âge. C'est là qu'aboutissaient les routes de Toulouse, de Nîmes et du port maritime. À l'entrée de la *rue de la Petite-Loge,* on trouvait précisément la *petite loge des pépriers* (importateurs du poivre). Statue de Jean Jaurès, ça va de soi. Aujourd'hui, c'est surtout l'épicentre de l'apéro avec toutes ses terrasses !

Les halles Castellane *(zoom détachable D3)* **:** *rue de la Loge (et rue Saint-Guilhem).* Marché couvert construit en 1859 sur le modèle des halles de Baltard à Paris (1er ouvrage à utiliser la technique du fer à Montpellier). Au rez-de-chaussée, sur l'arrière, traiteurs, poissonniers, primeurs, boulangers, fromagers : pratique, on achète à l'intérieur, on grignote en terrasse avec une consommation (quand-même !), en profitant de l'animation de la rue.

La rue de la Loge *(zoom détachable D3)* **:** grande rue commerçante, l'un des axes majeurs de la ville et la rue principale au Moyen Âge (qui s'appelait à l'époque la rue Dorée, à cause des nombreuses boutiques de bijoutiers). En 1445, Jacques Cœur fit édifier une loge des Marchands (bourse des marchandises et tribunal de commerce), immeuble de prestige, situé à l'époque au coin de la rue de l'Aiguillerie. À côté, une petite loge s'occupait plus particulièrement des affaires des marchands d'épices. Hélas, totalement ruinées par les guerres de Religion, les loges disparurent. Restent un nom et le souvenir.

– Au 11 bis, l'***hôtel du Pont-de-Goût*** a été construit en 1667, mais côté rue, balcons et verrière datent du XIXe s. En revanche, à l'intérieur, on retrouve l'ordonnancement traditionnel du XVIIe s.

– Au 19 bis, découvrez le ***lieu de naissance de saint Roch*** (1295-1327), qui soigna les malades de la peste. Plaque et petite statue du saint patron des chirurgiens. Au fond de la maison se trouve le vieux puits de Saint-Roch où le saint fit provision d'eau avant d'entamer son pèlerinage vers Rome (visible seulement le 16 août, lors d'un pèlerinage).

La rue Embouque-d'Or *(zoom détachable D3)* **:** l'une des rues les plus séduisantes de la ville, bordée d'hôtels particuliers. Pas souvent ouverts, mais certains se visitent avec l'office de tourisme.

– Au n° 4, l'***hôtel de Manse*** *(zoom détachable D3).* Ici habita l'un des personnages les plus importants de la région : Jacques de Manse, trésorier de France. Hôtel reconstruit en 1667.

– Au n° 1, l'***hôtel de Baschy-du-Cayla,*** construit au milieu du XVIIIe s. Très belle porte sculptée, fenêtres cintrées ornées d'un mascaron et balcons au fin fer forgé. L'une des façades arbore une ornementation aux 3 ordres (dorique, ionique et corinthien).

L'hôtel de Varennes, le musée du Vieux-Montpellier et le musée du Fougau *(zoom détachable D3)* **:** *pl. Pétrarque.*

Jetez un œil, avant d'entrer, sur la façade du XVIIIe s rapportée sur les structures d'une vieille demeure médiévale, dont l'histoire se lit dans la pierre. Le long hall d'entrée à voûtes ogivales était initialement une rue. Dans la cour, environnée de salles gothiques voûtées, vénérable puits de 23 m de fond. Très belle salle Pétrarque (utilisée pour des expos) du XIVe s, qui pourrait être la

salle basse du 1er château des Guilhem. Dans la petite cour sur la gauche, jolie porte du XVIe s très ornementée (feuillages et bestiaire).
– Au 1er étage, ***musée du Vieux-Montpellier*** : *tlj sauf lun, 10h-13h, 14h-18h ; juin-sept 11h-13h, 14h-19h.* ☎ *04-67-66-02-94. Entrée : 3 € (billet commun avec la pharmacie et la chapelle de l'Œuvre de la Miséricorde) ; réduc ; gratuit moins de 26 ans et plus de 60 ans.* Petit musée consacré à l'histoire de Montpellier. Une brochure détaille certains des objets présentés. Dans la 1re salle, superbe maquette du vaisseau *Languedoc*, du XVIIIe s, et cabinet doré qui contenait les chartes de la ville jusqu'en 1789. Étonnant tabernacle du XVe s, avec ses multiples portes dorées, contenant une Vierge à l'Enfant. Sur la droite, la salle des Processions. Sur la gauche, un salon du XVIIIe s et son cabinet de curiosités, avec des tiroirs d'ivoire gravés de scènes mythologiques. Enfin, petite salle d'histoire révolutionnaire et Empire (maquette de la Bastille, souvenirs liés aux vedettes locales comme Cambon et Cambacérès, quelques objets du Premier Empire). L'ancienne cuisine, dite salle de la cheminée, a gardé son sol d'origine.
– Au 2e étage, le ***musée du Fougau*** *(📱 06-73-81-45-19 ; mer-jeu 14h-17h ; fermé de mi-juil à août ; GRATUIT). Lou Fougau* (« le foyer » en occitan) est installé dans un appartement typique du XVIIIe s, avec des barres de Montpellier au sol, sur lesquelles on peut encore observer des coquilles incrustées dans le calcaire. Tous les objets exposés ont été donnés par des Montpelliérains fiers de leur patrimoine. Costumes traditionnels, belles poteries, portrait d'une « griseta » ou couturière, ustensiles de cuisine, etc. Les bénévoles passionnés qui permettent à ce petit musée d'Art et traditions populaires de survivre vous donneront des explications sur le jeu de tambourin ou encore le jeu de mail, ancêtre du golf. Pittoresque et charmant. On y donne aussi des cours d'occitan.

L'HÉRAULT

La préfecture *(zoom détachable D3)* **:** *pl. des Martyrs-de-la-Résistance.* L'*hôtel de Ganges* fut le siège de l'intendance à partir de 1718, puis préfecture sous le Premier Empire. En 1869, on lui adjoignit de nouveaux bâtiments, en même temps que s'ouvrait la rue Impériale (rue Foch aujourd'hui). L'entrée actuelle de la préfecture donne sur la ***place du marché aux Fleurs,*** la plus ensoleillée de la ville. À l'arrière, sur la place Chabaneau, fontaine de 1775 qui personnifie la ville (une femme assise sur le Peyrou entre 2 enfants symbolisant les sources du Lez et de la Mosson).

La rue de l'Université *(zoom détachable D3)* **:** ancienne rue de la Blanquerie, en souvenir des blanchisseries qui s'élevaient autrefois au bout de cette rue, au bord du canal Verdanson. Au no 31, l'ancien *hôpital Saint-Éloi,* qui fut le siège des universités de sciences, lettres et droit (lettres en partie effacées en façade) de 1890 à 1966. Paul Valéry y étudia le droit en 1892. La fac de droit et des sciences politiques est installée au no 39. Du coup, population étudiante oblige, la rue aligne pas mal de snacks de cuisines du monde. Au no 41, rebaptisée ***La Nef,*** l'ancienne chapelle de la Visitation aux fresques élégamment fanées accueille désormais une boutique de créateurs d'artisanat d'art *(mar-sam 10h-13h, 14h-18h – jusqu'à 19h juin-août).*

L'ancien couvent des Ursulines – Cité internationale de la danse *(zoom détachable D2-3)* **:** *entre les rues Sainte-Ursule et Louis-Blanc.* Il fut construit en 1670, puis transformé en prison pour femmes en 1805. On notera effectivement son aspect forteresse dès l'origine, avec son architecture ronde et ses demi-tours en contrefort. C'est aujourd'hui l'Agora, Cité internationale de la danse, qui abrite le Centre chorégraphique national de Montpellier Languedoc-Roussillon *(● montpellierdanse.fr ●).* Tout au bout de la rue de l'Université, la *porte de la Blanquerie,* porte de ville du XVIIe s, qui remplaça celle, plus ancienne, de la commune clôture (du XIIe s).

Du boulevard Louis-Blanc, on peut remonter par la pittoresque ***rue du Pila-Saint-Gély*** (entre autres, rue à restos). Au no 27, l'***hôtel du Chapeau-Rouge*** *(zoom détachable D3),* imposante façade d'une grande sobriété et percée de

12 fenêtres à meneaux. Construit en 1447, remanié au XVIIe s, il fut le 1er hôtel particulier de Montpellier, et une étape incontournable vers Saint-Jacques-de-Compostelle. Vaste entrée à croisée d'ogives.

La ***rue de la Salle-L'Évêque*** est jalonnée de beaux hôtels particuliers. Au no 12, l'***hôtel de Bocaud,*** du XVIIe s (régent de l'université, Bocaud fut le 1er Montpelliérain à demander une inhumation huguenote). Vieux pavage, large porche en plein cintre. Noter le heurtoir en forme de lyre.
– Au no 2, l'***hôtel de Girard,*** du XVIIe s. Inscription au-dessus *(rue Boc).* Au coin de la rue, de l'autre côté, sur l'*hôtel de Noailles,* d'autres inscriptions anciennes (*rue des Jésuites,* et le nom du quartier : *Isle de l'Oratoire*).

L'église Notre-Dame-des-Tables *(zoom détachable D3)* **:** *pl. Notre-Dame.* Construite par les jésuites en 1748 (façade dessinée par Giral). En façade, saint Jean à gauche et saint Joseph à droite. Belle porte intérieure sculptée de la même époque (côté nef). De l'église dégringole la ***rue de l'Aiguillerie*** *(zoom détachable D3),* sympathique artère commerçante et populaire, en pente raide.

La Panacée *(zoom détachable D3)* **:** *14, rue de l'École-de-Pharmacie. ☎ 04-34-88-79-79. • lapanacee.org • moco.art • Tlj sauf lun-mar 12h-20h (19h en hiver). GRATUIT. Visite guidée les mer et sam à 15h ; le ven, à 12h30, visite « focus » d'une sélection d'œuvres en seulement 30 mn.* Partie intégrante du ***Mo.Co.*** (lire plus haut), voici un lieu chargé d'histoire, ancien collège royal de médecine, désormais dédié à l'art contemporain et à la création. Ateliers, résidence d'artistes, plate-forme de création, espace d'expos temporaires, il est ouvert à la visite et on peut y faire halte pour prendre un verre, ou plus si affinités (voir plus haut « Où manger ? ») en s'imprégnant de l'atmosphère créative du lieu.

La rue du Cannau *(zoom détachable D3)* **:** l'une des rues les plus aristocratiques de la ville, festival de beaux hôtels particuliers, notamment, au no 8, l'***hôtel Deydé,*** construit par Simon Levesville en 1644, puis acquis et modifié par le célèbre architecte Charles d'Aviler, l'auteur de l'arc de triomphe (1692). Portail monumental avec fronton triangulaire. Au no 6, ***hôtel de Beaulac,*** ancien intendant des gabelles (XVIIe et XVIIIe s). Belle cour intérieure sculptée et richement ornementée, notamment la façade à colonnes corinthiennes de l'escalier. Au no 3, ***hôtel d'Avèze*** (XVIIe s). Logement en 1678 d'un trésorier général de France. À l'intérieur, superbe péristyle à colonnes et escalier avec jolie rampe en fer forgé. Voir aussi, l'***hôtel de Roquemaure*** au no 1 (début du XVIIe s), rythmé de pilastres corinthiens jusqu'au toit orné de volutes. Porche en pointes de diamant.

La rue Fournarié *(zoom détachable D3)* **:** au no 1, ***hôtel de Solas*** (XVIIe s). C'est le marquis de Solas qui fit creuser le canal entre Lattes et le port Juvenal. Mazarin logea ici en 1660. Au dernier étage, 2 très belles gargouilles. Au no 3, ***hôtel d'Uston*** (XVIIIe s). Porche en retrait pour aider à l'entrée des carrosses. Œuvre de Daviler dont on pense que c'est son plus beau porche en ville. Noter le magnifique fronton sculpté symbolisant l'opulence : débauche de guirlandes, de fleurs, d'Amours bien joufflus. Au no 6, ***hôtel de Marveille*** et sa large entrée en voûte d'ogives.
Revenons sur nos pas ***rue de la Carbonnerie*** *(zoom détachable D3),* au no 1, l'***hôtel de Baudon-de-Mauny*** (1777), construit pour le directeur des domaines du roi, est devenu aujourd'hui une des plus belles maisons d'hôte de la ville, avec des prix en conséquence. Façade ornée de guirlandes.

La rue du Collège *(zoom détachable D3)* rappelle l'existence du collège des jésuites, fer de lance de la Contre-Réforme. Levez les yeux au no 14, sur l'***hôtel de Joubert,*** du XVIIIe s, ses imposantes façades et sa porte cochère. Puis continuer sur la rue Montpellier et, au no 13, ***hôtel de Massilian,*** des XVIIIe et XIXe s, qui remplaça celui où joua Molière en 1654 (aujourd'hui, *musée Fabre*). Au no 6 bis, ***hôtel de Cabrières,*** du XIXe s (musée des Arts décoratifs).

★★★ **Le musée Fabre** *(zoom détachable D3)* **:** *39, bd Bonne-Nouvelle. ☎ 04-67-14-83-00. • museefabre.fr • ♿ Entrée par l'esplanade Charles-de-Gaulle. Tlj sauf lun, 10h-18h. Entrée (billet cumulé avec le département des Arts décoratifs du musée) : 7 € ; réduc. Visites guidées (générales, thématiques, en famille) des collections et des expositions : 8-13 €. Expo estivale : 10 €. Pour info, le musée étant vivant et dynamique, il arrive que certaines œuvres soient prêtées ou changent de salle pour des accrochages spécifiques. Resto-brasserie. Librairie bien fournie.*

Demandez un plan (gratuit) pour vous repérer, car la présentation des collections peut changer en fonction de la grande exposition de l'été. C'est un musée vivant que vous traversez, une machine à remonter le temps, capricieuse mais fascinante, qui vous déposera, parfois, sans que vous vous en doutiez, devant un chef-d'œuvre accroché discrètement dans un couloir ou une petite salle que vous avez failli manquer. Laissez-vous surprendre.

La collection permanente est d'une richesse exceptionnelle et présente des œuvres du XIVe s à nos jours. Elle suit un parcours chronologique, dont nous vous présentons les grands axes. Voici nos coups de cœur.

– ***Salles 3 à 8, au niveau - 1 :*** on découvre des chefs-d'œuvre de la **peinture flamande** *(salle 3)* **et hollandaise** *(salles 4 à 8)*, avec une *Allégorie de l'Autriche catholique attaquée par des princes protestants* de **Rubens** *(salle 3)*. De Rubens également, un *Portrait de Frans Francken l'Ancien,* ami du peintre, qu'il représente avec beaucoup d'empathie. Voir aussi une *Guirlande avec l'apparition de la Vierge à saint Léopold* de **Seghers,** élève de Brughel de Velours. Grand peintre illusionniste de fleurs du XVIIe s, il peint sur plaque de cuivre pour donner à son travail un lissé parfait. De ***Teniers,*** 8 toiles, dont *La Kermesse de la Saint-Georges,* très vivante. ***Van Ruisdael*** est présent avec un *Paysage par temps d'orage.* De **Dou,** élève de Rembrandt, grand peintre de genre, voir *La Souricière,* peint sur bois. De **Steen,** *Comme les vieux chantent, les enfants piaillent,* vieux dicton flamand, où les enfants reproduisent les vices des parents, tableau hautement moraliste sur lequel Paul Claudel a écrit de très belles pages *(L'œil écoute).* Puis **Metsu** avec *Un jeune homme écrivant.* Quelques belles natures mortes de ***Huysum,*** grand peintre floral du XVIIIe s.

– ***Salles 9 à 19, au niveau 1 :*** panorama de la peinture et de la sculpture européenne du XVe s au milieu du XVIIIe s. *Salle 9* (XIVe-XVIe s). ***Kempeneer*** (XVIe s) présente une douloureuse *Descente de croix,* où le Christ est complètement déhanché. La toile mélange les styles italien, flamand et espagnol. Rendu exceptionnel, puissance remarquable. Le tableau respire la mort et le drame avec des expressions d'une grande force. De ***Véronèse,*** *Le Mariage mystique de sainte Catherine,* où l'on retrouve la patte particulière, la sensualité, les tons chauds et la douceur dans les visages peints par l'artiste.

Arrêt obligatoire dans la ***galerie des Griffons*** *(salle 11).* Levez la tête et appréciez déjà cette hauteur sous plafond, restituée grâce à la rénovation, et surtout cette frise qui a retrouvé toute sa splendeur, avec ces animaux fabuleux, mi-aigle, mi-lion, qui veillent sur les candélabres de cette section de l'ancien hôtel de Masillian. On peut y admirer *L'Homme aux rubans noirs,* œuvre de **Bourdon,** peintre né à Montpellier. De **Poussin,** *Vénus et Adonis*. De **Ribera,** remarquable *Sainte Marie l'Égyptienne* (1641) à l'expression saisissante. Voir

BIENS MAL ACQUIS

Les 2 tableaux de Zurbarán que l'on peut admirer au musée Fabre proviennent d'une vente aux enchères de 1852 de la collection du maréchal Soult. Alors qu'il était général en chef des troupes françaises en Espagne durant les guerres napoléoniennes, le maréchal se servit allègrement dans les églises et les couvents. Quelques décennies plus tard, « sa » collection fut mise en vente, et les musées européens vinrent tranquillement faire leur marché contre l'avis des ayants droit.

encore *Lamentation sur le Christ mort* de **Spada**. *Sainte Agathe* de **Zurbarán** vous attend *salle 13,* ployée, tendant le plateau sur lequel sont posés ses seins tranchés. Émouvant (ou déroutant), comme cet *Ange Gabriel,* à côté, à la figure poupine et irréelle. Autant de figures de la Contre-Réforme.

Autre grand moment de la visite, la ***galerie des Colonnes*** *(salle 18),* imposante, avec ses colonnes en stuc, construite entre 1875 et 1878 pour la collection d'***Alfred Bruyas,*** l'autre grand donateur du musée. C'est la couleur rouge qui saute aux yeux dans cette galerie qui accueille les tableaux grand format d'***Antoine Coypel*** qui décoraient, au XVIIIe s, la galerie du Régent au Palais Royal à Paris. On peut en admirer 3 ici (peints vers 1715), tous liés à l'histoire d'Énée, dont *Énée et Achate apparaissant à Didon,* et surtout *La Mort de Didon* aux coloris chatoyants. Visages remarquables, traités à la Rubens. Également, de ***Dandré-Bardon*** *(salle 19), Tullie faisant passer son char sur le corps de son père...* Les naseaux frémissants du cheval sont encore tout baveux ! C'est l'un des tableaux importants de l'époque, plein de mouvements et d'énergie. *Vertumne et Pomone,* tableau phare de la collection du XVIIIe s, signé ***Jean Ranc,*** un Montpelliérain qui travailla à Paris et à Madrid. Teintes acidulées et superbe traitement des étoffes. Vertumne est métamorphosé en vieille femme, afin d'approcher la nymphe Pomone. De ***Jean Raoux,*** encore un Montpelliérain, 5 tableaux de scènes mythologiques. De ***Deshays,*** un *Hector exposé sur les rives du Scanandre,* traité de manière très décorative, à opposer à la *Sainte Élisabeth en oraison* de ***Louis Joseph le Lorrain,*** d'un classicisme pur jus. Au fond de la salle domine le *Voltaire assis* en terre cuite de Houdon.

– ***Salles 19 à 28, niveau 1 :*** place à la peinture et à la sculpture néoclassiques du milieu du XVIIIe au début du XIXe s. Tous les grands sont réunis ici. *Salle 20,* bel ensemble de ***Greuze.*** Voir *Le Gâteau des rois,* bel exemple de scène de genre. Adorable *Petit paresseux,* où un gamin s'endort sur ses devoirs. De ***Reynolds,*** *Le Petit Samuel en prière,* 1er tableau anglais important qui entra dans un musée français. ***David*** est représenté avec le *Portrait d'Alphonse Leroy (salle 20)* ainsi que ***Vernet.*** En *salle 21,* un petit faible pour les sculptures scandaleuses de ***Houdon.*** Son *Hiver* n'a pas les traits d'une vieille mégère mais bien ceux d'une gracieuse à moitié nue (rare pour le XVIIIe s), une urne brisée à ses pieds. *L'Été,* face à elle, renouvelle les codes, avec une jeune fille sûre d'elle et déterminée, un arrosoir moderne à la main et un pudique téton montrant la fertilité de l'été.

AFFAIRE DE FESSES

La sculpture L'Hiver *de Houdon semble anodine. Du marbre lisse, des courbes élégantes. Une œuvre classique. Alors pourquoi fit-elle scandale et fut-elle refusée au Salon du roi ? Regardons-y de plus près. À l'époque, on dit qu'une femme complètement nue n'aurait pas autant choqué que de la voir à moitié dévêtue. En fait, les fesses sont la seule partie visible de son anatomie. La jeune fille se préserve du froid par un châle. Le réalisme de la statue évoque un érotisme débordant, provoquant l'émoi des visiteurs... et le rejet de l'œuvre au Salon de l'Académie royale.*

Salle 22, grands formats néoclassiques. ***David*** est évidemment présent avec un académique *Hector,* où le peintre réunit toutes ses qualités techniques (raccourcis, anatomie, clair-obscur...). Nombreux tableaux de ***Fabre*** lui-même, qui fut, rappelons-le, l'élève de David : *La Mort d'Abel,* vraiment superbe. Les thèmes mythologiques ou religieux de sa jeunesse sont précis, riches comme dans *Saül agité par ses remords...* Cet homme était loin d'être un simple collectionneur éclairé ! Côté sculpture, une belle *Vénus couchée* de ***Bartolini,*** inspirée de l'antique. *Salle 23* sont exposés par roulement des dessins du fonds du musée.

– ***Salles 24 à 27 :*** dans 4 petits salons, le néoclassicisme est évoqué de manière thématique avec paysages, portraits, scènes de genre ou d'histoire où l'on retrouve ***Pajou, David, Girodet, Gauffier,*** quelques Nordiques et encore de nombreux ***Fabre.*** De ce dernier, voir *Le Retour d'Ulysse,* très mis en scène et utilisant la technique du clair-obscur dans les grandes largeurs. Plusieurs petits formats très léchés. *Salle 27,* portrait de Fabre âgé, par lui-même.

– ***Salles 29 à 36 :*** on s'arrêtera avec gourmandise dans ces salles dédiées au romantisme et à l'académisme du XIXe s. De ***Monvoisin,*** *La Mort de Charles IX (salle 30).* Noter la petite taille des pieds. En fait, ce tableau était conçu pour être placé en hauteur et l'artiste avait prévu l'effet de contre-plongée. *Salle 32,* admirez le voluptueux tableau de ***Delacroix,*** *Femmes d'Alger dans leur intérieur,* plein de ce rêve oriental, à la torpeur méditative, qui respire le repos et la mélancolie. Du même artiste, *Exercices militaires des Marocains,* 1er tableau du genre. Remarquez aussi, dans la même salle, le *Portrait de Bruyas,* à l'origine de presque toute la collection de peinture du XIXe s, peint par Delacroix, avec son mouchoir dans la main gauche (il était tuberculeux... et peut-être aussi un peu mégalo ; Delacroix n'est pas le seul à lui avoir tiré le portrait, loin de là !). Toujours de Delacroix, *Aspasie,* une toile impressionnante et tellement vraie. *Étude de pieds et de main* de ***Géricault*** pour *Le Radeau de la Méduse.* Le couloir *(salle 31)* abrite de nombreuses peintures de l'École de Barbizon (Daubigny, Huet, Corot, Rousseau...). *Salle 33,* rendez-vous avec l'académisme d'***Ingres.*** On y voit l'histoire de *Stratonice et Antiochus,* où le jeune Antiochus tombe amoureux à en mourir de sa belle-mère. Son père, le roi Séleucos, qui régna en Syrie au IVe s av. J.-C., ira jusqu'à s'effacer pour laisser les 2 amants s'unir... De ***Lehmann,*** *Sainte Catherine d'Alexandrie portée au tombeau* (1839), peinture tournée vers une religiosité primitiviste, proche du piétisme et de la Renaissance italienne. On découvre encore la langueur qui s'échappe des tableaux de ***Cabanel*** *(salle 35),* l'un des grands peintres pompiers du Second Empire : *L'Ange déchu,* mais aussi les ténébreuses *Phèdre* et *Albaydé,* inspirées du poème *Les Orientales,* d'Hugo, où il s'écrie : « On croyait voir un ange ! » *Salle 34,* autre salle de dessins, et *salle 36,* couloirs de sculptures du XIXe s.

– ***Salles 37 et 38 :*** on passe à la modernité (XIXe s) et surtout à la salle ***Courbet,*** qui présente 13 toiles. Il y a là *Les Baigneuses,* qui choquèrent tant à l'époque mais que s'était procuré Bruyas (pour 3 000 francs-or !), avant-gardiste qu'il était, pour faire vivre « un art libre ». Quel flair ! Autres tableaux majeurs, *Le Portrait de Baudelaire* et *La Rencontre,* qui évoque la rencontre du peintre et de son mécène, Bruyas. Courbet n'hésita pas à se peindre avec un air supérieur, et Bruyas en mineur pour montrer son indépendance et l'égalité de celui qui détient l'argent par rapport à celui qui possède des qualités artistiques.

– ***Salles 39 à 42 :*** l'importance de l'art moderne se poursuit avec ***Bazille,*** peintre montpelliérain disparu trop tôt (il mourut à 28 ans lors de la guerre franco-prussienne). Un petit film est consacré à ce peintre méconnu, qui, malgré sa brève carrière, joua un rôle décisif dans l'émergence de l'impressionnisme. Très proche de Monet, il fréquenta Sisley et Renoir. Voir cet étrange et touchant portrait de la *Petite Italienne chanteuse des rues,* si moderne avec son costume trop grand et ces touches précises, des couleurs audacieuses et un sentiment de vérité. Appréciez aussi la *Vue de village,* avec ce portrait qui fit dire à Berthe Morisot que le peintre avait réussi la gageure d'inclure une figure dans un paysage. Rien que ça ! ***Renoir, Sisley*** et ***Manet*** avec un portrait d'Antonin Proust sont également présents. Toujours de Bazille, *Les Remparts d'Aigues-Mortes,* et cette presque indécente *Toilette,* aux tendances orientalistes. On trouve aussi ***Sonia et Robert Delaunay*** *(salle 42),* avec cette *Nature morte portugaise* réalisée pendant le séjour de l'artiste au Portugal. On aimerait aussi vous citer ***Degas, Fantin-Latour, Van Dongen*** (superbe *Portrait de Fernande Olivier,* compagne de Picasso, et *Danseuse espagnole* remarquable)...

– ***Les couloirs de la salle 43*** présentent l'abstraction des années 1950 de l'école de Paris. S'attarder encore dans la *salle 45* pour les sculptures de ***Germaine Richier,*** formée à l'école des beaux-arts de Montpellier puis dans l'atelier du sculpteur Antoine Bourdelle à Paris dans les années 1920, où elle rencontre Giacometti puis devient l'une des plus grandes artistes des années 1950 *(L'Escrimeuse, L'Araignée...).*

– **_Salles 46 et 47 :_** voici le très moderne et épuré Pavillon, espace entièrement dédié à **_Pierre Soulages,_** tout en verre et en béton, qui présente 35 œuvres au visiteur ébloui par cette lumière blanche où le noir des œuvres du peintre né à Rodez éclate étonnamment. Avec lui, noir c'est noir ! Et puis on découvre les autres couleurs, le bleu, le rouge, qui s'immiscent dans les interstices de cette création finalement lumineuse. C'est beau, tout simplement.

La fin du parcours présente un ensemble de peintures contemporaines.

– La **_salle 48_** réunit des œuvres offertes par le galeriste Jean Fournier, avec notamment de très grands formats peints par **_Simon Hantaï_** présentés aux côtés des peintres américains comme **_Shirley Jaffe_** ou encore **_James Bishop._**

– Les **_salles 49 à 52_** présentent le mouvement artistique **_Supports/Surfaces_** (Claude Viallat, Daniel Dezeuze, Patrick Saytour, Vincent Bioulès, Noël Dolla...) ou proches de ce dernier. Ces œuvres remettent en question l'espace traditionnel de la peinture par la déconstruction du tableau.

L'hôtel de Cabrières-Sabatier-d'Espeyran – Département des Arts décoratifs du musée Fabre *(zoom détachable D3)* **:** *6 bis, rue Montpelliéret. Accueil et billetterie au musée Fabre (voir ci-avant). Ouv mar et w-e 14h-17h. Tlj sauf lun 14h-18h pdt l'expo estivale. Entrée : 4 € (ou 7 € avec le musée Fabre).*

Cette belle demeure, construite en 1875, permet de découvrir, fait unique à Montpellier, un certain art de vivre de la grande bourgeoisie à la fin du XIXe s. Elle présente l'ensemble des Arts décoratifs du musée Fabre réparti en 3 étages : au rez-de-chaussée, collections de céramiques ; au 1er étage, les appartements d'apparat du comte Despous de Paul) ; et au 2e étage, mobilier et objets d'art du XVIIIe s, donnés en même temps que l'hôtel.

– **_Rez-de-chaussée :_** collections de céramiques du XVe au XIXe s. On notera le superbe plat en céramique d'Urbino représentant l'*Enlèvement d'Hélène* (1543). Intéressante collection de vases de pharmacie de Montpellier dans les bleus et blancs. Faïence de Moustiers, traitée en décor de grand feu. Faïence de petit feu de Strasbourg et de Marseille. Dans la 2e salle, faïence de Delft, porcelaines de Chine et européennes (Meissen, Sèvres). Vitrine d'orfèvrerie du Languedoc de l'Ancien Régime.

– **_1er étage, salles Despous de Paul :_** on pénètre dans les pièces d'apparat du comte reconstituées « à l'identique ». Elles restituent avec précision les tendances, les usages, les rituels, plus que l'atmosphère, de la société bourgeoise montpelliéraine du XIXe s avec ses décors d'origine (mobilier, orfèvrerie et céramique). 5 pièces où l'on retrouve les grands traités de décoration de la fin du XIXe s, marquée par l'historicisme. Chaque salle répond à une atmosphère particulière, reflétant un académisme parfait. **_Salle à manger_** néo-XVIIe s. **_Salon vert_** néo-Louis-XVI, nourri de l'éclectisme du XIXe s. Le décor mural rappelle la tendance politique royaliste du comte. Le **_salon rouge_** est un mélange de plusieurs styles « néo » (vitrine inspirée du style Louis XVI, fauteuil crapaud à capitonnage, abondance de tapisseries montrant l'opulence des proprios). Noter le cordon d'appel des domestiques. L'**_antichambre_** et le **_vestibule_** (avec 2 beaux meubles d'appui, applications de bronze et plaques de porcelaine) complètent l'ensemble.

– **_2e étage, salles Sabatier-d'Espeyran :_** mobilier du XVIIIe s essentiellement, provenant de l'appartement parisien des donateurs. **_Antichambre_** avec tapisserie au point de Saint-Cyr, style Régence, époque où l'on s'affranchit des lourdeurs du mobilier Louis XIV.

MOBILIER « VOLANT » ET MOBILIER « MEUBLANT »

Au XVIIIe s, le mobilier des maisons aristocratiques était dit « volant » ou « meublant ». Le 1er était destiné à passer d'une pièce à l'autre en fonction des besoins. Il était léger, tandis que le 2d était plus lourd et devait rester dans une même pièce.

Le ***salon d'angle*** présente un beau mobilier marqueté (commode estampillée Adrien Delorme). Voir le régulateur de parquet (horloge appelée ainsi car posée sur le sol et très précise grâce à son long balancier). Elle servait à régler toutes les pendules de la maison. Belle *duchesse brisée* assez étonnante (fauteuil en 3 parties) et beau mobilier « volant » (voir l'encadré). Tapisserie d'Aubusson.
La ***chambre*** est intime, bien que l'on y reçût beaucoup. Joli petit bonheur du jour.
Le ***cabinet de travail*** présente un mobilier fin XVIIIe-début XIXe s, néoclassique, avec un ensemble de mobilier Ancien Régime (secrétaire à cylindre, garniture de cheminée néoclassique pur jus et cabinet de travail, lit bateau...).

La pharmacie de l'Œuvre de la Miséricorde et la chapelle *(zoom détachable D3)* **:** *1, rue de la Monnaie. ☎ 04-67-67-93-32. Tlj sauf lun et j. fériés 10h (11h en été)-13h, 14h-18h (19h en été). Entrée : 3 € (billet commun avec le musée du Vieux-Montpellier ; mêmes horaires) ; réduc.*
La communauté de la Miséricorde abrita la pharmacie des sœurs jusqu'en 1965. Œuvre sociale depuis 1622, cette association laïque fit appel aux sœurs de Saint-Vincent-de-Paul pour mettre en œuvre l'aide aux déshérités et faire fonctionner la pharmacie. Ici on fabriquait médicaments, onguents, etc., donnés gratuitement aux pauvres. Cette aide se poursuit sous une autre forme aujourd'hui, avec la présence d'un Centre communal d'action sociale juste à l'arrière.

THÉRIAQUE FINE, PANACÉE DU PAUVRE

Parmi les décoctions mises au point à la pharmacie de l'Œuvre de la Miséricorde, on découvre la curieuse thériaque fine, préparation composée de plus de 80 ingrédients différents, mais aussi de la poudre de couleuvre, ainsi qu'une pointe d'opium. La thériaque fine calmait bien des maux, disait-on...

– Quant à la ***chapelle,*** du XIXe s, elle est aménagée dans l'ancien atelier où l'on frappait les monnaies. Sur les murs, *La Sainte Famille* de Reynaud le Vieux (sur la droite). Dans le chœur, de part et d'autre, 2 tableaux illustrant les œuvres de la Miséricorde, dont *Les Dames de la charité* de Glaize, où Saint-Vincent-de-Paul présente les enfants trouvés aux dames patronnesses.

La rue Jacques-Cœur *(zoom détachable D3)* **:** l'une des rues les plus anciennes. On passe sous l'une des dernières arches du XVIe s. Elle relie la *chapelle des Pénitents-Blancs* à l'*hôtel des Trésoriers-de-France.* D'abord palais de Jacques Cœur, grand argentier de Charles VII, il devint au XVIIe s le siège des trésoriers de France en charge des domaines royaux. Son grand escalier sur la cour reste le plus monumental de la ville. Fronton triangulaire du XIXe s, siècle durant lequel l'hôtel fut racheté par la famille Lunaret, qui le transforma en maison d'habitation et rajouta un étage à l'escalier. À gauche, au rez-de-chaussée, un couloir de style gothique. Pilier avec les armes de Jacques Cœur, avec moult symboles alchimiques, dragon ailé, petit singe, poisson à deux têtes, chouette, salamandre, etc.

La chapelle des Pénitents-Blancs *(zoom détachable D3)* **:** *rue Jacques-Cœur. Mai-oct et déc-janv, ouv tlj 16h30 (15h sam)-19h ; mars-avr, sam 15h-19h.*
Ancienne chapelle Sainte-Foy de 1243, elle fut annexée par les Pénitents (une confrérie de catholiques laïcs dont les origines remonteraient aux XIIe et XIIIe s) en 1623, peu après la défaite des protestants et la reprise de la ville par les catholiques. Louis XIII et Anne d'Autriche y ont assisté à la messe en 1632. À l'intérieur de l'église, décor très sombre du XVIIe s et atmosphère un peu mystérieuse. Chœur de 1875 avec des sculptures en bois doré qui proviennent de l'ancien retable. Derrière, le chapitre des pénitents. Levez les yeux vers le plafond peint, typique de la Contre-Réforme.

Balade à l'ouest de l'Écusson, entre Préfecture et Peyrou

La rue Foch *(plan centre détachable C-D3)* **:** l'une des rares percées de type haussmannien (1878), bordée de boutiques chic. Une sorte de mini-Champs-Élysées de Montpellier, agréablement arborée.
– Au n° 6, bel ***hôtel Paul.*** Un hôtel de la fin du XVIIe s (dessiné par Daviler), qui ne fut pas démoli au moment du percement de la voie. Porte ornée d'un Hercule revêtu de la peau du lion de Némée.
– En face, le ***palais de justice,*** construit en 1853 à partir de l'ancien palais des Guilhem, tombé en ruine au début du XIXe s. On lui adjoignit cette monumentale colonnade corinthienne, surmontée d'un fronton avec une allégorie en haut-relief : « La Justice protégeant l'Innocence et dévoilant le Crime ». La bâtisse mitoyenne, donnant sur les jardins du Peyrou, n'est autre que l'ancienne prison de la ville. Les chambres d'appel ne sont visibles que pendant les procès et lors de visites guidées organisées par l'office de tourisme *(payant).*

Le Carré Sainte-Anne *(plan centre détachable C3)* **: fermé pour travaux de restauration.** Érigée à la fin du XIXe s, désacralisée 1 siècle plus tard, l'église néo-gothique Sainte-Anne a vu sa nef convertie en espace d'exposition dédié à l'art contemporain. Un sacré bel écrin !

La place de la Canourgue *(plan centre détachable C3)* **:** la plus connue des petites places montpelliéraines (et notre préférée !) doit son existence, comme beaucoup de ses consœurs, à la chute d'un bâtiment religieux. Comme la cathédrale Saint-Pierre avait été très endommagée par les guerres de Religion, il fut décidé d'en construire une autre à cet emplacement. Mais les travaux furent arrêtés par Richelieu. Seuls vestiges de cette cathédrale avortée, les contreforts qui servent aujourd'hui de soutènement au jardin. Au point le plus élevé de la place, saisissant paysage urbain en plongée. Belle fontaine dite « des Licornes », de 1770, dont le cheval fut cassé lors du transfert. L'environnement a un charme fou avec ses micocouliers. On ne se croirait vraiment pas au cœur d'une grande ville.
– ***L'hôtel Richier de Belleval,*** à l'angle de la place et de la rue du Vestiaire, arbore une élégante façade entièrement rénovée et accueille désormais un luxueux hôtel-restaurant des frères Pourcel. Cet hôtel édifié au XVIIe s à l'emplacement du palais de Guilhem VI a abrité l'hôtel de ville de 1816 à 1971.
– Au 3, rue de Sainte-Croix, l'***hôtel Cambacérès,*** œuvre du grand architecte Jean-Antoine Giral en 1723 pour Dominique Cambacérès, conseiller à la Cour des comptes et finances de la ville. L'un des plus beaux exemples d'hôtels de l'aristocratie du XVIIIe s. Façade s'inspirant de celles des grands hôtels parisiens de la même époque, avec fenêtres ornées de figures sculptées.
– Enfin, l'***hôtel de Sarret,*** au sud de la place, au 6, rue du Palais-des-Guilhem. Sobre, massif, il fut le logement du conseiller du roi à la Cour des comptes, reconstruit en 1636. L'exemple parfait de la maison de ville de la période Louis XIII.

L'ancien quartier juif *(plan centre détachable C3)* **:** celui-ci n'a jamais été un ghetto. Circonscrit grosso modo par les rues de la Barralerie, Castel-Moton, du Figuier et du Palais-des-Guilhem. Treillis de rues étroites bordées d'élégantes maisons de ville et d'hôtels particuliers, dont beaucoup héritèrent au XVIIIe s de larges fenêtres « en davilerte » (ouverture à arc surbaissé). C'est désormais le quartier des antiquaires. On a localisé l'ancienne synagogue et des bâtiments annexes au sein d'un groupe d'immeubles, près du *mikvé.*

Le mikvé *(plan centre détachable C3)* **:** *1, rue de la Barralerie (vient de barralier, « fabricant de tonneaux »). On ne peut le voir que lors des visites guidées de l'office de tourisme.* Le *mikvé,* ou bain rituel juif, fut découvert par hasard dans les années 1970. En recherchant les causes de l'humidité, on découvrit d'abord un puits dans une boutique, puis, dans la foulée, le fameux *mikvé* dans un sous-sol.

Par un étroit escalier, on parvint à cette petite piscine d'environ 3 m x 2 m aux eaux très pures et d'un vert profond provenant directement de la nappe phréatique, séparée de la salle de déshabillage (avec banquette de pierre) par un mur percé d'une fenêtre géminée (appelée « fenêtre des témoins »). Les bains rituels se prenaient à partir de 12-13 ans, notamment lorsqu'on avait eu un décès dans une famille ou avant le mariage. Parmi les plus anciens *mikvé* d'Europe. Une « plongée » assez fascinante dans le XIIe s.

La rue de la Vieille-Intendance *(plan centre détachable C3)* **:** l'une des rues qui montent vers la place de la Canourgue. Au no 9, ***hôtel de la Vieille-Intendance*** (accessible dans le cadre des visites guidées de l'office de tourisme). Construit en 1638, un des 1ers hôtels à la française, typique de l'architecture Louis XIII. En 1685, Nicolas Lamoignon de Basville, intendant de la province, y habitait, d'où son nom. Cour intérieure avec élégante porte et escalier dit « droit à rampes alternatives avec palier à mi-étage ». Belles lucarnes cintrées sur 2 consoles.

La cathédrale Saint-Pierre *(plan centre détachable C3)* **:** *tlj sauf dim ap-m, 9h30-12h, 14h30-18h30 (9h-18h15 sam). Possibilité de monter en haut du clocher (80 m de haut, 200 marches) lors de visites guidées. Infos auprès de l'office de tourisme.*
Ancienne chapelle d'un collège bénédictin, cet édifice austère frappe par ses dimensions bibliques. Observez le porche. 2 tours rondes de 4,50 m de diamètre, terminées en poivrière, servent d'appui à un monumental ***baldaquin*** qui garde l'entrée. Ce porche, impressionnant et rare dans ses dimensions, est l'un des seuls éléments architecturaux d'origine, avec les tours au-dessus du chœur et de la nef. Cette véritable forteresse fut édifiée au XIVe s. Au moment du transfert du siège épiscopal à Montpellier en 1536, l'église fut érigée en cathédrale et prit le nom de Saint-Pierre. Les guerres de Religion l'endommagèrent en grande partie avant qu'elle ne soit restaurée au XVIIe s. Sur la gauche, la façade se prolonge par la faculté de médecine (ancien palais de l'archevêché).
– Sur le flanc droit, côté rue du Cardinal-de-Cabrières, superbe ***portail sculpté de la Vierge,*** réalisé au XIXe s dans un style néogothique et surmonté d'une immense rosace. Au tympan, *Nativité* d'un côté et *Mise au tombeau* de l'autre.
– À l'intérieur, la ***nef du XIVe s*** constituait la chapelle du monastère bénédictin (95 m de long). Les chapelles abritent quelques toiles de l'école française du XVIIe s inspirées de Poussin et d'assez belle facture. Chapelle Saint-Michel, voir *Saint Michel terrassant le démon.* Dans la chapelle Saint-Joseph, tableau de Nicolas Mignard, le *Songe de Joseph* (1664). Enfin, dans le transept à droite, notez la *Chute de Simon le Magicien* par Sébastien Bourdon, né à Montpellier en 1616 et l'un des artistes les plus brillants de son temps. Ce tableau, exécuté en 1657, fit presque scandale à l'époque par sa modernité.
Dans le transept gauche, de face, on n'échappe pas au paysage médiéval et, en dessous, à la *Remise des clés à saint Pierre.* Observer enfin le superbe buffet d'orgue (fin XVIIIe s), ainsi que le *monument funéraire du cardinal de Cabrières.*

La faculté de médecine *(plan centre détachable C3)* **:** *rue de l'École-de-Médecine. Possibilité de pénétrer dans le grand hall d'entrée et, éventuellement, de jeter un œil sur la cour intérieure. Mais nous conseillons vraiment de suivre l'une des visites guidées de l'office de tourisme (14 €, réduc) pour pouvoir accéder aux parties les plus intéressantes.*
On doit au pape Urbain V (qui avait été professeur à Montpellier) la construction à partir de 1364

LA MÉDECINE DES ODEURS

Au XIXe s, on repérait les maladies par leur odeur : viande avariée pour la fièvre jaune, pain chaud pour la typhoïde ou poulet grillé pour la rubéole. Une technique bien peu efficace. Et pourtant, aujourd'hui, certains chiens repèrent le cancer de la vessie ou certains cancers de la prostate en reniflant l'urine.

d'un monastère-collège bénédictin à cet endroit (on dut incendier 23 maisons pour dégager le terrain). L'idée étant d'y accueillir des moines – enseignants et étudiants. De grands savants vinrent y étudier ou enseigner, dont Rabelais (qui obtint son doctorat en 1537) et Nostradamus. À la même époque, le bâtiment devint le siège de l'épiscopat. Au moment des guerres de Religion, ce fut bien entendu une solide enclave catholique. Importantes transformations au XVIIIe s. De part et d'autre du portail d'entrée, placées en 1864, les statues de bronze de Lapeyronie (médecin de Louis XV) et de Barthez (médecin de Louis XVI, puis de Napoléon Ier) avec une perruque (pour cacher sa calvitie ?). Au début de la Révolution française, le palais épiscopal fut transformé en prison, puis, en 1795, en école de santé destinée à la formation des chirurgiens militaires. En 1803 lui succéda l'école de médecine proprement dite, qui fonctionne toujours. En se glissant le long des couloirs voûtés, ornés de maximes en latin gravées il y a plus de 5 siècles, les apprentis médecins doivent parfois avoir l'impression d'étudier à Poudlard, l'école d'Harry Potter...

Si les anciens appartements de l'évêque ne sont plus ouverts au public, vous pourrez, en suivant une visite guidée ou avec un peu de chance, jeter un œil sur l'intérieur. Grand hall, salle des Actes, cour intérieure, amphithéâtre d'anatomie et la salle Delmas-Orfira-Rouvière qui regroupe la collection particulière de l'ancien Musée forain du docteur Spitzner.

Le Conservatoire d'anatomie *(plan centre détachable C3)* **:** *dans l'enceinte de la faculté de médecine. Se visite uniquement dans le cadre de visites guidées avec l'office de tourisme. Entrée : 14 € ; réduc. Interdit aux enfants de moins de 12 ans, aux femmes enceintes et aux personnes sujettes aux allergies.* C'est l'un des lieux les plus secrets de la ville. Un conservatoire, un lieu destiné à l'étude, qui garde la mémoire de l'avancée des connaissances médicales au fil des siècles. En montrant que les maladies naissent et meurent, c'est à l'avenir de l'humanité qu'il était destiné, à travers la formation des étudiants. Bien sûr, sans les commentaires appropriés, on passerait à côté de l'essentiel. Depuis 1852, seuls les étudiants sont venus s'asseoir sur les petites chaises pour dessiner et écouter les professeurs commenter l'anatomie humaine et animale, la normale et la pathologique.

UNE VISITE PATHOLOGIQUE

Il faut avoir le cœur bien accroché pour suivre l'excellente visite du Conservatoire d'anatomie. On comprend comment se développent les maladies et la manière avec laquelle elles torturent le corps. Heureusement qu'elles sont enfermées dans des bocaux ! On saisit alors un peu mieux le mystère de la vie en observant, médusé, les cires inquiétantes de Fontana, les monstres tapis dans le formol et les maladies impressionnantes en 3D. On en ressort en aimant la vie encore plus fort.

Le musée Atger *(plan centre détachable C3)* **:** *dans l'enceinte de la faculté de médecine. ☎ 04-34-43-35-80. • biu-montpellier.fr • Ⓣ Place-Albert-Ier (ligne 1) et Peyrou-Arc-de-Triomphe (ligne 4). Seulement lun, mer et ven 13h30-17h45. Fermé mar, jeu, w-e, 5 sem fin juil-fin août et à Noël. GRATUIT.* Un autre véritable joyau méconnu regroupant la collection léguée à la bibliothèque de la fac de médecine par l'amateur d'art éclairé Jean-François Xavier Atger (1758-1833), un Montpelliérain. Cette étonnante collection répartie sur 2 salles intéressera surtout les passionnés de dessin. Au total, près de 1 000 dessins et 5 000 estampes constituent un ensemble absolument remarquable et étonnamment méconnu. Le musée ne peut présenter en permanence que les 500 principales œuvres. Dans des armoires, qui s'ouvrent comme un millefeuille, sont conservés les dessins des plus grands maîtres européens du XVIe au XVIIIe s, notamment les écoles française, italienne et flamande. Les armoires sont classées par écoles. L'ensemble le plus complet est constitué des 56 dessins de Natoire (1700-1777), qui présente des œuvres de toute beauté. On verra encore des Tiepolo (avec 23 dessins, la plus importante collection publique de France), Véronèse, Donatello, Bandinelli, Carrache, mais aussi Rubens, Jordaens, Brueghel de Velours, Kuyper. Côté français, on retrouvera Champaigne, Poussin, Rigaud, Fragonard, Vigée-Lebrun, Manglard (très belle *Tempête*)... La collection s'est étoffée en 2017 d'un don de 81 dessins de l'artiste montpelliéraine Richarme.

La bibliothèque universitaire de médecine : la plus riche de province. On l'estime à plus de 100 000 volumes datant d'avant le XIXe s, dont 300 incunables, 900 volumes de manuscrits médiévaux (dont de rares de la période carolingienne), le *Roman de la Rose,* de magnifiques enluminures, etc. Encore grâce à Chaptal, qui chargea Gabriel Prunelle, médecin et bibliothécaire, de constituer le fonds en récupérant le maximum de choses, juste après les désordres de la Révolution française.

La tour des Pins *(plan centre détachable C3)* **:** l'une des 2 dernières survivantes des 25 tours qui composaient au XIIe s l'enceinte médiévale, appelée la *commune clôture* (l'autre, c'est la *Babote*). Certains mâchicoulis du XIVe s sont d'origine. À propos, pourquoi *tour des Pins* ? Ils existaient sûrement puisque Nostradamus affirma dans l'une de ses prophéties que « si les pins mouraient, la ville serait détruite » ! Cela dit, les cyprès qui les remplacèrent firent peut-être illusion ! En 1562, les protestants de la ville se réfugièrent dans la tour. Sous la Révolution, elle servit de prison et, dans les années 1825, de couvent de jeunes filles. Aujourd'hui, elle ne veille plus que sur un square touffu.

Le jardin des plantes *(plan centre détachable C3)* **:** *1, bd Henri-IV. ☎ 04-67-63-43-22. Tlj sauf lun, 12h-20h (18h oct-mai). GRATUIT.*
Fondé en 1593 par Henri IV pour l'étude des plantes médicinales, c'est aujourd'hui un jardin universitaire de 4,5 ha, géré par la faculté de médecine. Dès son origine, le « jardin des simples » servit à enseigner la botanique au moment où la connaissance de l'histoire naturelle était indispensable à la fabrication de remèdes. L'instigateur du projet fut Pierre Richer de Belleval, docteur en Avignon, à l'occasion d'une épidémie de peste ayant sévi à Pézenas dans les années 1580.
Ce jardin, le plus ancien de France, est un modèle d'approche rationnelle de la nature, et, en cela, il rejoint la philosophie des Lumières. Après la Révolution, le jardin fut embelli par des constructions, puis étendu au-delà de ses limites originelles. Il sera enfin ouvert au public en 1841. Aujourd'hui, on peut y voir, non sans émotion si l'on est un amoureux des jardins, la montagne archéologique et son *Phillyrea* au tronc crevassé recueillant messages d'amour et vœux, l'école forestière, la bambouseraie et le jardin anglais avec le bassin au *Nelombos,* ou simplement flâner dans les allées, au hasard de essences. Les serres se visitent sur réservation.

L'arc de triomphe *(plan centre détachable C3)* **:** *sommet accessible dans le cadre des visites guidées et juil-août 18h-21h. Résa sur • montpellier-tourisme.fr • ou au ☎ 04-67-60-60-60. Entrée : 3 € ; gratuit moins de 10 ans accompagnés d'1 adulte.* Édifié en 1691 en remplacement d'une porte médiévale de l'ancien rempart qui ceinturait la ville, pour célébrer les victoires de Louis XIV (sur le modèle de celui de la porte Saint-Martin à Paris). Côté ville, 2 médaillons. L'un symbolise la révocation de l'édit de Nantes, l'autre la jonction de l'océan Atlantique et de la Méditerranée grâce au canal du Midi. Côté extérieur, un médaillon représentant Hercule terrassant un lion (entendez l'Angleterre), et un autre dédié à la prise de Mons et Namur. Une centaine de marches mène au sommet : superbe point de vue sur la promenade du Peyrou, le pic Saint-Loup, les toits de la ville. On voit même la mer au loin !

La promenade du Peyrou *(plan centre détachable C3)* **:** s'étendant face à l'arc de triomphe, cette longue place royale de pierre *(peyrou)* fut réalisée par J.-A. Giral. Auparavant, ce n'était qu'une promenade quasi sauvage d'où Louis XIII fit tirer au canon sur la ville, au moment du siège de 1622. Les travaux d'aménagement débutèrent au début du XVIIIe s, et la promenade devint un lieu de fêtes, de foires et de réjouissances sous Louis XIV. Au centre, statue équestre de Louis XIV. On dit que les édifices entourant la promenade ne devaient pas être plus élevés que le bras tendu du roi. Aujourd'hui, on vient y buller sur les pelouses, gratter 3 cordes de guitare à l'ombre des platanes et déambuler à la brocante le dimanche matin.

LES TRIBULATIONS D'UN ROI

Au beau milieu de la promenade du Peyrou trône une statue équestre à la gloire du Roi-Soleil. Pour arriver là, elle effectua une belle balade : fondue à Paris, elle rejoignit Le Havre, d'où elle embarqua pour Bordeaux. Puis croisière sur la Garonne et le canal du Midi jusqu'à Frontignan. Là, un canal spécial fut creusé pour l'emporter au Lez et enfin à Montpellier. L'originale ayant été fondue à la Révolution, celle-ci est une réplique du XIXe s.

Au bout de la promenade, quelques marches mènent à un château d'eau en forme de temple corinthien entouré d'une pièce d'eau. De là, vue panoramique sur la ville et même sur le pic Saint-Loup et la mer au loin. Dans l'axe, l'aqueduc Saint-Clément. Dessiné sur le modèle du pont du Gard, ce bel ensemble prolonge harmonieusement la promenade. À l'entrée des *Arceaux,* les lions et les Amours datent de 1883.

🚶🚶 ***L'aqueduc des Arceaux*** *(plan détachable B3)* **:** édifié de 1753 à 1766, long de près de 14 km (dont les 2/3 en souterrain), avec 4 m de dénivelée. Il fournissait l'eau potable de la ville à partir des sources de Saint-Clément-de-Rivière. Dans sa partie finale, il promène à 21 m de hauteur 53 grandes et élégantes arches et 183 petites. En été, les habitants du quartier viennent disputer des parties de pétanque sous les arcades. C'est aussi le rendez-vous du tout-Montpellier les mardi et samedi matin, jour de marché.

LES FAUBOURGS

Il ne faudra guère aller loin pour les découvrir. Pour certains d'entre eux, nul besoin de parler « d'exil banlieusard », ce sont carrément les faubourgs de l'Écusson. Esprit, voire identité de quartier, cependant très fort.

🚶 ***Le quartier du Courreau*** *(plan détachable B-C3-4)* **:** un miniquartier, coincé entre l'Écusson et la trouée du cours Gambetta, large avenue dont les bazars à bas prix et les cafés ambiance marocaine annoncent déjà Figuerolles. Sa colonne vertébrale, la ***rue du Faubourg-du-Courreau,*** artère commerçante piétonne, cosmopolite et populaire, vit une mutation accélérée, avec ses pâtisseries marocaines, sandwicheries turques et coiffeurs pour hommes voisinant désormais avec des concept-stores et néobistrots branchés. Un drôle de melting-pot !

🚶🚶 ***Le quartier de Figuerolles*** *(plan détachable B4)* **:** le plus emblématique, le plus populaire du centre de Montpellier. Il prolonge, au-delà du cours Gambetta, le quartier du Courreau.

LIBRE-ÉCHANGE

Dans Figuerolles flotte comme un esprit anar, qui date de l'après-guerre, quand des habitants du quartier fondèrent la Commune libre de Figuerolles, municipalité parallèle et apolitique, élisant son maire. Une expérience qui dura de 1948 à 1962, soit 15 ans d'actions solidaires (repas pour les personnes âgées, arbre de Noël, charbon distribué aux nécessiteux, etc.) et festives. La Commune libre organisait ainsi sa cavalcade, avec élection d'une reine. La 1re fut une mamie, la 2e un homme ! Cool.

Figuerolles (littéralement : « là où il y a des figuiers », encore que des historiens prétendent que c'est une grande famille foncière, les *Figayrolles,* qui donna son nom au quartier) s'est construit au fil des vagues d'immigration. En attendant les mutations sociales inévitables, venez donc apprécier la santé pétante de ses petits commerces. Record de coiffeurs-barbiers, boucheries, bazars, kebabs, dans les rues Daru, du Faubourg-Figuerolles, Vincent et du cours Gambetta, où l'on vend des bottes de menthe à même le trottoir. Si vous voulez manger sur le pouce, arabe ou turc, c'est là qu'il faut aller traîner, en allant piocher dans les étals alléchants des traiteurs et pâtissiers, brick, pains arabes fourrés, *harira,* cornes de gazelle et autres douceurs. En prime, une riche vie associative – le quartier compte même une librairie libertaire –, et *La Pleine Lune,* bar musical parmi les plus sympa de Montpellier (voir « Où écouter de la musique ? »)... Et quand il n'y a pas de musique, reste la terrasse sur la place Salengro. Curieusement, l'apéro y possède un autre goût et l'atmosphère se révèle nettement plus grecque et méditerranéenne qu'à Antigone...

Le quartier des Arceaux *(plan détachable B3)* **:** à l'ouest du Peyrou, délimité par les avenues d'Assas et de Lodève. L'aqueduc des Arceaux, sous lequel se retrouvent les joueurs de pétanque, en est la moelle épinière. Jusque dans les années 1960, il suffisait de suivre les bons effluves de cacao dispensés par la chocolaterie *Matte* pour dénicher ce quartier populaire désormais embourgeoisé. Beaucoup de pavillons et de petits immeubles discrets. Nombreux petits commerces et jolies maisons basses avec balcon de fer forgé. Marché bio le mardi et surtout le samedi matin. Pour les amateurs, prolonger le plaisir du marché en faisant un tour dans la coquette rue Marioge. Ambiance de village dans la ville, avec de charmantes boutiques de produits de bouche de plus en plus courues.

Le quartier des Beaux-Arts *(plan détachable C-D2)* **:** délimité par les quais des Tanneurs, du Verdanson et l'avenue de Nîmes. Venant de l'Écusson, on traverse un canal à sec (parfois recouvert par la chaussée), le Verdanson. Le lit du canal, bétonné, voit aujourd'hui fleurir les graffs géants le long de ses parois, devenant ainsi une immense galerie d'art urbain à ciel ouvert, sans cesse changeante. Ceux qui s'enhardiront assez pour y descendre passeront, entre 2 graffitis, devant l'ancienne ***fontaine de la Putanelle*** (entre les stations de tram Place-Albert-Ier et Stade-Philippidès), bâtie sur ordre de Jacques Cœur au XVe s. Là, à l'abri des regards, se retrouvaient jadis les amoureux, si bien qu'une chanson de l'époque mettait en garde les jeunes filles contre leur désir d'aller roucouler là où « plus d'une jouvencelle brisa son petit cruchon »... Enfin, de l'autre côté des quais, nous voilà arrivés aux ***Beaux-Arts,*** quartier recherché pour son caractère tranquille, villageois et convivial, presque bobo, dont l'atmosphère se prolonge jusqu'au quartier voisin, ***Boutonnet.*** La rue Ferdinand-Fabre donne le ton : quelques hôtels particuliers à 2 étages avec des portails travaillés. Derrière de hauts murs, on devine de beaux jardins secrets. Dans les rues Lakanal et Villefranche, demeures typiques du XIXe s, de l'époque où le coin fut loti. Beaucoup de maisons d'un étage avec fin balcon de fer forgé. L'animation culturelle locale tourne autour des cafés et restos de la ***place des Beaux-Arts*** *(Art Café, Pimpon, Bar des Super Vedettes...).*

LA MÉMOIRE DES ODEURS

Le canal du Verdanson portait autrefois le surnom de Merdanson. C'est là en effet que les tanneurs lavaient leurs peaux. Les effluves abominables qui s'en dégageaient et que l'on peut facilement imaginer lui valurent ce patronyme.

L'atelier-musée Fernand-Michel – Musée de l'Art brut *(plan détachable D2)* **:** *1, rue Beau-Séjour. ☎ 04-67-79-62-22. • atelier-musee.com • Ouv mer-dim 10h-13h, 14h-18h. Fermé lun-mar et j. fériés. Entrée : 8 € ; réduc.* Une claque dans la figure, c'est l'impression que beaucoup ressentiront en découvrant cette collection, riche d'un fonds de 750 œuvres de créateurs appartenant à la mouvance « art brut ». L'art « des fous », des marginaux, des visionnaires. Un art modeste, qui serait le préféré des Français, selon Dubuffet, le « pape » de cette mouvance d'art. Pourquoi ici ? Pourquoi maintenant ? L'atelier-musée en lui-même a été créé par Fernand Michel, artiste zingueur hors norme, il y a plus de 50 ans ici, au rez-de-chaussée de la maison où sont nés et ont vécu ses enfants. Ce sont eux qui sont aujourd'hui à l'origine de ce musée d'Art brut qui ne laisse personne indifférent. La collection fut complétée au fil des années d'acquisitions auprès de nombreux créateurs, précurseurs et initiateurs de l'art brut dont les noms parleront aux initiés tandis que les autres, les plus nombreux, resteront sous le charme, ou plutôt le choc, de la rencontre. Salles d'expos permanentes et temporaires, jardin agrémenté de sculptures, boutique-librairie.

Au nord du quartier des Beaux-Arts, un quartier plus tranquille, le ***cimetière Saint-Lazare,*** valhalla de la bourgeoisie montpelliéraine *(plan détachable E-F1 ; Ⓣ Saint-Lazare – ligne 2 ; tlj 8h (9h dim et j. fériés)-17h ou 18h selon saison. Fermé 12h-13h30 – 14h l'été).* Ouvert en 1849, il abrite les sépultures des grandes familles de la ville qui ont donné leurs noms aux rues ou grands hôtels particuliers, comme les *Baschy de Cayla, Cambacérès, Lunaret, Montcalm, Sabatier d'Espeyran...* Quelques tombeaux caractéristiques, comme celui de la *reine Hélène d'Italie,* les mausolées des familles *Polge* et *Alicot-Bruyas,* de pittoresques chapelles funéraires. Mais c'est surtout le tombeau de la famille *Sylvestre* qui retient l'attention. Fascinée par l'histoire d'amour d'Héloïse et Abélard et par leur superbe tombeau de style gothique (au Père-Lachaise à Paris), elle en fit édifier une très fidèle reproduction...

Halle Tropisme *(plan détachable A5)* **:** *121, rue Fontcouverte. ☎ 04-67-04-08-10. • tropisme.coop • Parking gratuit. Brunch dim 20 €.* Les idées foisonnent dans ce nouveau lieu du quartier Montcalm où innovation, culture et détente font bon ménage ! C'est sur une ancienne friche militaire que la coopérative *Illusion et Macadam* a créé un espace pluridisciplinaire et alternatif. Cette coopérative d'intérêt collectif réunit sous son (grand) toit une scène installée dans les anciens ateliers de mécanique, un bar-resto et un espace de travail réservé à des entrepreneurs. En bref, il se passe toujours quelque chose sous cette halle en ébullition, qui entend bien développer l'industrie culturelle créative, en enchaînant des événements éclectiques, qui peuvent aussi s'adresser au jeune public : théâtre vivant, photo, projections, bals, expos, marché paysan (le jeudi soir), tables rondes, ateliers artistiques, conférences, concerts, cours de boxe... et on en passe !
À l'extérieur, on se réunit sur le terrain de pétanque, on va saluer les poules tandis qu'on se tient à distance des ruches, installées dans un jardin écolo. Les kids, eux, investissent l'ancien bus réaménagé de manière ludique. Pour prolonger le plaisir, brunch le dimanche, paëlla géante certains soirs et des plats simples à base de produits locaux (burgers, salades, tapas) servis sur la grande terrasse du *Café Tropisme.* Un lieu épatant dont la programmation transversale ravira les curieux de tout poil, d'autant plus que la plupart des événements sont gratuits.

LA VILLE NOUVELLE

L'esplanade Charles-de-Gaulle et le jardin du Champ-de-Mars (plan centre détachable D3)

Un autre Montpellier, encore un, trait d'union parfait entre la place de la Comédie et le Corum (lire plus bas). Sortant du musée Fabre, ou revenant en centre-ville, le visiteur découvre, ravi, un parc en plein cœur de la cité, semé de bancs, d'un kiosque à musique, d'un manège et de terrasses de cafés. Ancien terrain vague et dépotoir, il fallut attendre le XVIIIe s pour que ce bel espace fût organisé en promenade, aujourd'hui ombragée d'allées de platanes et rafraîchie par des bassins, fontaines et jets d'eau. Sur la droite de l'esplanade, le jardin du Champ-de-Mars, son étang et ses pelouses, sur lesquelles s'allonger aux beaux jours. Le long du boulevard Sarrail, le musée Fabre (voir plus haut « Balade dans le vieux Montpellier »).

Le Pavillon populaire – Espace d'art photographique *(plan centre détachable D3)* **:** *esplanade Charles-de-Gaulle. ☎ 04-67-66-13-46. Tlj sauf lun, 10h (11h en été)-13h, 14h-18h (19h en été). GRATUIT. Visite guidée (gratuite, sans résa) ven à 16h, sam à 11h, 14h30 et 16h, dim à 11h.* Cette ancienne maison populaire à la fière allure, à 2 pas de la Comédie, a été transformée en temple de la photo, présentant des expos temporaires de grande qualité, contemporaines ou historiques.

L'espace Dominique-Bagouet *(plan centre détachable D3)* **:** *esplanade Charles-de-Gaulle. ☎ 04-67-63-42-78. Mêmes horaires que le Pavillon populaire. Visite guidée (sans résa) mer à 16h. GRATUIT.* L'ancienne Maison de l'énergie a été transformée en espace d'exposition dédié aux artistes contemporains régionaux reconnus ou en devenir, ainsi qu'à des collections rarement présentées. En général, 3 expos par an.

Avant d'arriver au Corum, on tombe sur les 5 étranges ***allégories en résine*** de polyester coloré de l'artiste américain Allan McCollum. Elles reproduisent les sculptures mutilées qui furent trouvées dans le château Bonnier-de-la-Mosson, dans les environs de Montpellier.

Le Corum *(plan centre détachable D3)* **:** *tt au bout de l'esplanade Charles-de-Gaulle.* ♿ L'opéra-palais des congrès imaginé par l'architecte Claude Vasconi a fini par se fondre dans le paysage de la ville mutante. Son nom composite qualifierait les fonctions cumulées de palais des congrès et d'auditorium. D'aucuns s'inclinent pour un rapprochement linguistique plus exact entre le cœur et le forum. Vue extérieure : béton et granit rose de Finlande. Vue intérieure : tout d'un hall d'aéroport (d'ailleurs, il y a même un héliport sur le toit !). Il abrite un écrin : une superbe salle de 2 000 places, inaugurée en 1990, l'***Opéra Berlioz,*** complément moderne de l'*Opéra Comédie.* Il figure au 3e rang français par sa fréquentation, avec une moyenne de 130 représentations annuelles. On peut grimper gratuitement sur le toit du Corum pour s'offrir un beau panorama sur la ville.

UN OPÉRA QUI A DU RESSORT

Le bâtiment de l'Opéra Berlioz a bénéficié d'une grande innovation technologique. 280 boîtes à ressorts de 50 cm chacune supportent les 23 000 t de la grande salle et de la cage de scène. Cela afin de supprimer les vibrations du tramway et du TGV qui circulent à proximité. Un procédé que l'on utilisait jusque-là pour protéger le cœur des centrales nucléaires.

Antigone (plan détachable E-F4)

Sur 1 800 m, la longueur exacte des Champs-Élysées parisiens, l'architecte catalan Ricardo Bofill s'est inspiré d'un style que l'on peut qualifier de néoclassique monumentalisé pour dessiner ce vaste ensemble de logements sociaux, bureaux et commerces, grandiloquent décor de théâtre faussement antique qui s'anime peu à peu, grâce aux halles, à la piscine olympique Antigone, à la médiathèque Émile-Zola et aux restaurants en bordure du fleuve.

➢ De la place de la Comédie, on accède à Antigone par le tram (le plus sympa, en fait) ou en traversant le centre commercial du ***Polygone,*** érigé sur le terrain

de l'ancien champ de manœuvres (polygone de tir). Œuvre colossale, Antigone (clin d'œil au théâtre grec mais surtout anti-Polygone !) est le fruit de réflexions savantes et de calculs complexes, comme celui des proportions de la ***place du Nombre-d'Or.*** D'allure austère au départ, elle s'est ouverte du côté du Polygone par une arche impressionnante et s'est ornée d'une fontaine doublement rafraîchissante, puisqu'on peut s'amuser à la traverser, en choisissant bien le moment où l'eau jaillit ! Les façades intérieures sont surmontées d'une corniche très saillante, l'amorce d'une « coupole imaginaire » selon Bofill, qui, entre mathématiques et lyrisme, conçoit le ciel comme un plafond toujours changeant. La place du Nombre-d'Or est à la fois la clé de voûte et la référence du projet Antigone. Son module de base, un carré de 48 m de côté, sert de modèle aux places suivantes, toutes combinant le carré et le cercle en plan mais dans une configuration toujours différente. La ***place du Millénaire,*** large de 48 m, semble, à l'œil nu, plus étroite par la présence des cyprès. Quant à la ***place de Thessalie,*** elle offre la variante d'un jardin carré et 2 amphithéâtres également plantés.
Après avoir traversé la rue de l'Acropole et toujours dans le sacro-saint respect des proportions, on tombe nez à nez avec la ***piscine olympique Antigone*** conçue par Bofill *himself* et, sur la gauche, la ***médiathèque Émile-Zola.*** La bibliothèque, œuvre des architectes Chemetov et Huidobro, abrite son espace d'archives sur la façade sud couverte par un mur plein, laissant la partie nord ouverte sur de grandes baies vitrées. De l'autre côté du boulevard, les modestes halles Jacques-Cœur, contemporaines juste ce qu'il faut, restituent une ambiance moins solennelle au quartier.
On finit avec l'***esplanade de l'Europe,*** qui permet de rendre le Lez à la ville, délimitée par un croissant d'immeubles d'habitation qui s'ouvre sur le plan d'eau. Sur l'autre rive, le bâtiment massif de l'ex-hôtel de région se reflète dans un bassin-miroir. .

MONTPELLIER TOUJOURS, UN PEU PLUS LOIN

Au nord, dans le quartier des facs

Ville universitaire, Montpellier accueille ses 73 000 étudiants dans une vaste zone aérée plutôt résidentielle, située un peu à l'écart du centre. Au nord, ce grand quartier qui regroupe aussi les hôpitaux est bordé par un immense espace naturel préservé, où les collines de garrigue viennent lécher le Lez. Là, s'étendent le zoo et le bois de Montmaur. Pas grand-chose à faire dans le coin si ce n'est étudier, bien sûr, et buller sur les pelouses de la fac de lettres, l'université Paul-Valéry. Quelques équipements culturels tout de même (cinéma d'art et d'essai *Utopia*, théâtre La Vignette). *Pour y aller,* Ⓣ *Saint-Éloi ou Universités-des-Sciences-et-des-Lettres (ligne 1).*

Le musée de la Pharmacie *(plan détachable B1)* **:** *faculté de pharmacie, 15, av. Charles-Flahault.* ☎ *04-11-75-93-55.* Ⓣ *Boutonnet (ligne 1). Mar et ven 10h-12h. Fermé vac universitaires. GRATUIT.* Installé dans l'ancienne bibliothèque de la faculté, il retrace toute l'histoire de la pharmacie du XIIe s à nos jours. Impossible de tout décrire, mais signalons les 3 officines de pharmacie reconstituées dans leur intégralité et assez fascinantes. Notamment celle Art déco de 1925 et celle de style Empire qui fonctionna de 1820 à 1973. Comptoir avec meuble à ordonnancier, miroirs qui dissimulaient l'armoire à poisons et à stupéfiants, vénérables bocaux étiquetés d'époque, cages à sangsues, ventouses, canules, moules à ovules, appareils à fabriquer les cachets, galvanomètres, etc., toute une série d'objets, appareils et outils insolites... Également de nombreux livres et manuscrits très anciens, comme ce fragment de l'une des copies de la bulle du pape qui fonda l'université en 1289, ou la 1re pharmacopée qui tenta d'unifier les pratiques des apothicaires de la ville en 1574.

Au nord-ouest

La Mosson : Ⓣ *Mosson (lignes 1 et 3).* Une destination connue tant pour son stade de foot que pour ses tours bâties il y a un ½ siècle, au nord de la ville, pour loger les travailleurs immigrés et leurs familles. On peut se contenter d'une balade le dimanche matin au marché aux puces (près du stade de la Mosson). En remontant entre les tours, grand marché tous les matins aux halles de la Paillade, l'ancien nom du quartier encore utilisé par tous mais jugé péjoratif par la municipalité, qui l'a donc rebaptisé « Mosson ».
Face aux halles, théâtre Jean-Vilar et grand parc boisé sur les berges de la Mosson *(Ⓣ Halles-de-la-Paillade – ligne 1).* Les fans d'architecture contemporaine pourront aussi en profiter pour jeter un œil aux Archives départementales (« Pierres vives »), abritées dans un immense paquebot aux courbes de béton et de verre dessiné par Zaha Hadid.

Le long du Lez et au delà

Le quartier de Port-Marianne et Jacques-Cœur *(plan détachable G5-6) :* Ⓣ *Port-Marianne (lignes 1 et 3).*
Prolongeant le quartier d'Antigone, il suit les rives du Lez, bordées de pistes cyclables et d'espaces verts. Car ce nouveau quartier se veut écolo, autant que possible. Et l'ensemble a vraiment de la gueule. De la friche est né un nouveau pôle de vie, loin d'être terminé certes, mais qui prend déjà ses marques dans l'esprit des Montpelliérains. Ici, pas de néo-antique, mais des immeubles résidentiels projetant dans les airs leurs multiples terrasses. De la couleur, des formes élancées, du verre, du métal, du béton, mais aussi du bois, du vert, de l'eau, l'ensemble jouant merveilleusement avec la lumière. Les parcs, les espaces ouverts, les esplanades et les allées piétonnes ponctuent ce nouveau lieu de vie, prouvant qu'« urbain » peut aussi rimer avec « humain ».
Nouvelle folie architecturale de Montpellier, ***l'Arbre blanc*** *(plan détachable G4),* inauguré en 2019, élance sa silhouette immaculée vers le ciel. Hérissé de terrasses, cet immeuble résidentiel de 17 étages d'un blanc éclatant a été conçu par l'architecte japonais Sou Fujimoto. Un restaurant a investi les lieux, avec aux manettes 2 chefs emblématiques de Montpellier, Éric Cellier et Charles Fontès, ainsi qu'un bar panoramique au dernier étage (voir plus haut « Où boire un verre ? »).
En suivant le Lez vers la mer, au cœur du quartier de Port-Marianne, le ***bassin artificiel Jacques-Cœur,*** de 1,3 ha, mangé par les roselières (étendue de roseaux), cerné de palmiers et encadré de terrasses de restos. De l'autre côté du tram, le ***RBC Design Center*** *(plan détachable G5 ; 609, av. de la Mer – Raymond-Dugrand ; ☎ 04-67-02-40-24 ; lun-sam 10h-19h),* a été dessiné par Jean Nouvel et abrite derrière ses verrières un show-room des grandes marques de mobilier contemporain, et une librairie particulièrement bien fournie (urbanisme, arts, architecture...). Il côtoie ***Le Nuage***, un bâtiment futuriste pensé par Philippe Starck consacré au bien-être (centre sportif, village aquatique...).
À quelques pas de là, la ville a installé sa nouvelle ***mairie*** *(plan détachable F-G5),* faisant le choix de s'excentrer. Dessiné par Jean Nouvel et François Fontès, un grand cube bleuté de verre et d'acier, évidé sur l'arrière où ses ailes deviennent passerelles pour mieux encadrer une retenue d'eau. Un bâtiment qui aura divisé les Montpelliérains, tant par sa forme que par son coût. On peut jeter un œil à la structure en pénétrant dans le hall pendant les heures d'ouverture de la mairie (en semaine), ou suivre une visite guidée de l'office de tourisme.

Plus loin vers la mer vibre le ***Marché du Lez*** *(hors plan détachable par G6 ; 1348, av. de la Mer – Raymond-Dugrand ; tlj sauf lun 10h-20h (bars jusqu'à 23h30). • marchedulez.com •).* Squattant d'anciennes imprimeries, ce village au

L'HÉRAULT

bord de la ville qui regroupe brocanteurs, friperies, concept-stores, restos et de nouvelles halles gastronomiques, s'est imposé comme une nouvelle référence *trendy,* gourmande et créative. Animations régulières, avec notamment un marché paysan tous les samedis, des puces le 2e samedi du mois, etc. Voir plus haut « Où manger ? ».

Odysseum *(hors plan détachable par G5) : à la sortie de l'autoroute, à la périphérie est de la ville. Ⓣ Place-de-France ou Odysseum (terminus ligne 1).* Un grandiloquent temple de la consommation et du ludisme, à proximité de Port-Marianne, mais qui manque singulièrement d'âme. Outre le méga-complexe de cinémas Gaumont, on y trouve l'aquarium mais aussi une patinoire, un bowling, des restos à thème, etc.

LÉNINE FAIT SON *COME-BACK*

Le complexe commercial Odysseum abrite la controversée place des Grands-Hommes imaginée par feu le président de l'agglomération de Montpellier, l'inénarrable Georges Frêche. Une ronde de statues en pied de Churchill, Roosevelt, Jaurès, Gandhi, Mandela, Golda Meir, de Gaulle... mais aussi Mao et Lénine, dont l'aménagement suscita une sacrée polémique. Quant à Georges Frêche, il a aussi eu droit à sa statue devant le lycée hôtelier voisin qui porte désormais son nom...

Planet Ocean *(ex-Mare Nostrum ; hors plan détachable par G5) : allée Ulysse, dans la zone de loisirs Odysseum. ☎ 04-67-13-05-50. • planetoceanworld.fr • Ⓣ Place-de-France (ligne 1). ♿ Avr-août, tlj 10h-18h (jusqu'à 19h vac scol) ; sept-mars, fermé lun-mar ; les caisses ferment 1h avt. Tarifs sur place : 18 € ; 12,50 € 5-10 ans ; forfait famille 57 € ; réduc ; gratuit moins de 3 ans. Tarifs sur Internet : env 2 € de moins. Compter 2h pour la visite.* La tête dans les nuages et les pieds... dans l'eau ! *Planet Ocean* est le résultat de la fusion de l'aquarium et du planétarium de Montpellier. Partie la plus importante du complexe, l'aquarium est l'un des plus grands modèles du genre en Europe, avec près de 400 espèces animales barbotant dans près de 3 000 m³ de bassins. Ludique et superbement mis en scène, il s'organise autour d'une sorte de bassin dans lequel raies et requins majestueux évoluent parmi les poissons multicolores. Le spectacle se dévoile par touches de salle en salle, jusqu'à atteindre un large amphithéâtre embrassant toute la scène, sans cesse mouvante. En chemin, on aura croisé des manchots, exploré le monde des abysses, essuyé une tempête depuis la timonerie d'un cargo affrontant les quarantièmes rugissants... Avant de poursuivre par une découverte des récifs coralliens puis une miniserre tropicale. Enfin, après avoir caressé le dos des raies, on quitte les fonds marins pour le planétarium, rigolo et très interactif, mais peut-être un peu plus gadget. Différents dispositifs permettent de se glisser virtuellement dans un costume d'astronaute, de se faufiler dans une ceinture d'astéroïdes projetée sur un écran à même le sol, etc. Intéressant, un télescope virtuel, pour explorer l'univers à la recherche des planètes et des constellations. Également un film de 15 mn, *Mission solaris,* projeté sur un écran-sphère. Jeux d'énigmes pour les enfants et animations tout au long de la journée.

Le château de Flaugergues *(hors plan détachable par G3) : 1744, av. Albert-Einstein, le Millénaire. ☎ 04-99-52-66-37. • flaugergues.com • Bus n° 9 direction Grammont, arrêt Évariste-Galois (en extérieur et au rdc). ♿ En voiture, Montpellier-Est (sortie n° 29), direction « le Millénaire », puis direction « Sapeurs-pompiers » (le château est en face). Château : juin-sept, tlj sauf lun, 14h-19h ; le reste de l'année, sur rdv (billetterie en ligne). Pour les jardins : tlj juin-sept 9h30 (14h le w-e)-19h ; oct-mai tlj sauf dim et j. fériés, 9h30-18h (sam seulement l'ap-m).Visite complète (guidée) : 10 € ; réduc. Visite libre des jardins et du caveau : 7 € ; réduc.*
C'est au magistrat Étienne de Flaugergues que l'on doit la plus ancienne des « folies » montpelliéraines, un petit château fin XVIIe-début XVIIIe s harmonieux, dont la sobriété de la façade ocre n'est pas sans rappeler les villas toscanes.

10 générations plus tard, la même famille, devenue par le truchement des mariages, celle de Colbert (du nom du ministre de Louis XIV), est toujours aux commandes. Et vit encore dans les lieux. ***À l'intérieur,*** on s'attardera sur l'exceptionnel escalier aux voûtes à clé pendante, avant de découvrir le salon, la salle à manger et différentes salles à l'étage, dotées d'un magnifique mobilier d'époque. Voir notamment de précieuses tapisseries flamandes du XVIIe s.
La terrasse surplombe un beau jardin à la française, mais c'est dans ***le parc botanique*** attenant qu'on ira volontiers se perdre le temps d'une balade. Sur 4 ha, le jardin à l'anglaise, classé Jardin remarquable, romantique à souhait, dévoile tour à tour une bambouseraie, des palmiers, un séquoia géant ou encore un astucieux jardin des 5 sens et un potager collaboratif en permaculture. Une allée d'oliviers ouvre sur ***les vignes,*** classées Monument historique. De quoi suggérer un détour par le chai pour goûter le vin du château, dont le cru le plus emblématique est la « bouteille bleue », *Foliae,* un muscat sec et fruité. Joli resto, ***Le Folia,*** servant une cuisine du marché dans une cour ombragée *(ouv le midi lun-ven ; formule 25 € ; résa conseillée).* Sinon, pour un déjeuner sur l'herbe des jardins (ou sur les tables et chaises à disposition), optez pour l'un des *bento* à emporter. Compter 25 €, avec possibilité d'arroser son pique-nique champêtre avec un vin du domaine.

L'HÉRAULT

Le château de la Mogère *(hors plan détachable par G6)* **:** *2235, route de Vauguière. ☎ 04-67-65-72-01. • lamogere.fr • Ⓣ Odysseum (ligne 1), puis passer sous l'autoroute. Juin-sept, tlj 14h30-18h30 ; oct-mai, seulement l'ap-m w-e et j. fériés. Entrée : 7 € ; réduc ; jardin seul : 3,50 €.* Classé Monument historique, le château, autre « folie » montpelliéraine, est un excellent exemple de ces maisons de plaisance raffinées, érigées entre le XVIe et le XVIIIe s pour la haute société. Les héritiers ouvrent au public leurs salons et une chambre, où l'on verra notamment les gypseries caractéristiques de l'époque (moulures en plâtre sur le thème des 4 saisons) et une belle armoire cévenole du XVIIe s. Dans le parc à la française, un beau buffet d'eau de style rocaille.

Où se mettre au vert ?

Le zoo de Lunaret : *50, av. d'Agropolis. À env 6 km au nord de la gare Saint-Roch. ☎ 04-67-54-45-23. • zoo.montpellier.fr • Ⓣ Saint-Éloi (ligne 1 ; direction Mosson), puis bus « La Navette » direction Universités (arrêt Zoo). Tlj sauf lun non fériés (tlj pdt vac scol zone C) : avr-sept, 9h30-18h30, oct-mars, 10h-18h (17h nov-janv). GRATUIT, sauf la serre amazonienne (6,50 € ; réduc).*
Véritable parc méditerranéen, déroulé à flanc de collines dans un beau paysage de garrigues et de pinèdes. Il accueille 130 espèces différentes réparties sur 60 ha en fonction de leur continent d'origine. Une agréable balade à la rencontre des lions, ours bruns, rhinocéros, zèbres, autruches, antilopes, guépards, wallabies, girafes, mouflons... Le parc œuvre aussi activement pour la préservation des espèces menacées, avec plusieurs spécimens rares : bongos, lycaons, loups à crinière, loups ibériques, ânes de Somalie, tapirs, lémuriens... On peut aussi visiter la grande ***serre amazonienne*** la plus vaste de France (2 600 m²). Plus de 500 animaux et 3 500 végétaux sont présentés dans l'atmosphère typique de l'Amazonie, au travers de 7 espaces divers. L'occasion d'un court voyage au fil du fleuve Amazone, de son estuaire à sa source.
Enfin, pour laisser les gamins imiter les singes, une grande aire de jeux, très bien pensée.
➢ En face, balade et parcours sportif au ***bois de Montmaur.***

La réserve naturelle de Lunaret : *dépasser le zoo, descendre la rue Val-de-Montferrand, prendre à gauche au feu puis continuer sur la rue de Ferran. En bus, prendre le nº 10 jusqu'au terminus Aiguelongue-Jussieu, correspondance avec le Ⓣ Saint-Éloi (ligne 1). Tlj sauf lun (tlj pdt vac scol zone C), 10h-17h (18h en* *été). Accès libre. Animaux et vélos interdits.* Une balade facile, en pleine nature et pourtant aux franges de la ville, le long des paisibles berges du Lez aux eaux à l'étonnante teinte turquoise. Bien compter 2h aller-retour. Au débouché du sentier, possibilité de poursuivre l'escapade par le domaine de Méric (lire par ailleurs). Descendre alors la rue de Ferran sur 400 m. De là, pour revenir au point de départ, prendre le tram à la station Saint-Lazare puis le bus.

Le domaine de Méric : *rue de Ferran. ☎ 04-67-79-00-95. Ⓣ Saint-Lazare (ligne 2). Tlj 8h-21h30 l'été, 20h au printemps, 18h l'hiver. GRATUIT.* Un beau parc aménagé au bord du Lez au XIXe s par la famille du peintre Frédéric Bazille. Orangerie, jardin anglais et voluptueuses essences méditerranéennes...

Le domaine de Grammont *(hors plan détachable par G3)* **:** *av. Albert-Einstein, le Millénaire. ☎ 04-67-64-32-90. Bus nº 9 depuis Odysseum. À l'entrée est de Montpellier. Accès libre et GRATUIT.* Ce domaine de 90 ha accueille de multiples activités, dont celles du centre d'art dramatique du théâtre des Treize-Vents et le Zénith. Vaut surtout le détour pour son parc aux cèdres impressionnants (dont un plusieurs fois centenaire). De l'ancien « château », aujourd'hui mairie annexe, reconstruit au XIXe s, voir l'escalier extérieur à double volée et les belles salles romanes au rez-de-chaussée. Un peu à l'extérieur en suivant les flèches, la mare écologique, micro-réserve pour les oiseaux et la flore en perdition. Également un complexe sportif.

Fêtes, manifestations et festivals

Montpellier est une ville culturelle d'un dynamisme qu'on ne présente plus. Toutes les fêtes et tous les festivals sont mis à jour sur le site de l'office de tourisme.

– ***Le FISE World Montpellier, Festival international des sports extrêmes :*** *le w-e de l'Ascension, sur les rives du Lez. • fise.fr •* 1er rassemblement européen de sports extrêmes qui accueille les meilleurs *riders* du moment pour défier les lois de la gravité en roller, skateboard, BMX, wakeboard sur les rives du Lez. Et après les compétitions, place aux DJs...
– ***Saperlipopette ! :*** *en mai, au Domaine d'O, et en tournée dans l'Hérault. ☎ 0800-200-165. • domaine-do-34.eu •* Le festival des petits qui s'initient à toutes les disciplines du spectacle : théâtre, musique, arts plastiques, danse...
– ***Comédie du livre :*** *1 w-e fin mai-début juin, sur l'esplanade Charles-de-Gaulle. • comediedulivre.fr •* Un événement qui réunit écrivains, auteurs de B.D., éditeurs et libraires autour d'un thème ou d'un pays (débats, conférences, rencontres...).
– ***Le Printemps des comédiens :*** *en juin, au Domaine d'O. ☎ 04-67-63-66-67. • printempsdescomediens.com •* Un excellent festival de théâtre généraliste, qui se déroule en plein air, dans le parc du Domaine d'O, riche d'une programmation éclectique et de belle qualité.
– ***Festival des architectures vives :*** *mi-juin. ☎ 04-67-92-51-17. • festivaldesarchitecturesvives.com • GRATUIT.* De jeunes architectes, paysagistes, scénographes... investissent des cours d'hôtels particuliers pour mieux les réinventer. L'occasion de découvrir un patrimoine souvent privé, et donc fermé au public.
– ***Le Festival des fanfares :*** *début juin, dans les quartiers Beaux-Arts et Boutonnet. • festivalfanfare.free.fr •* Une quinzaine de fanfares envahissent les places du quartier. Un minifestival festif et populaire ; ça swingue dans les rues.
– ***Festival Montpellier Danse :*** *fin juin-début juil. ☎ 04-67-60-83-60 ou 0800-600-740 (résas). • montpellierdanse.com •* Un festival, mondialement reconnu, dans un domaine où Montpellier se distingue particulièrement. Mieux vaut donc réserver longtemps à l'avance. Les cartes *Agora* offrent des réductions jusqu'à 85 % pour le festival et tout au long de la saison. Les spectacles ont lieu dans le théâtre de plein air de l'Agora, cité internationale de la danse (ex-couvent des Ursulines), mais également au Corum, à l'Opéra Comédie, à Grammont et dans diverses communes de la métropole.

– ***Festival Radio France Occitane Montpellier :*** *en juil.* ☎ *04-67-02-02-01.* • *lefestival.eu* • L'un des festivals de musique classique les plus courus en France. On y entend des airs connus interprétés par de jeunes artistes, on y redécouvre des merveilles dégotées dans des fonds de tiroirs et interprétées par des vedettes internationales. Également de nombreux concerts de jazz, musique de chambre, musiques du monde au Corum, à l'Opéra Comédie au Domaine d'O et dans plusieurs communes de la métropole et de la région. La majorité des manifestations sont gratuites.
– ***Les Estivales :*** *ven 18h-minuit en juil-août, sur l'esplanade Charles-de-Gaulle.* • *montpellier-tourisme.fr* • Rencontres conviviales et en musique autour de dégustations de vins et de produits du terroir.
– ***La Métropole fait son cinéma :*** *tt le mois d'août.* Avec 6 000 spectateurs chaque année, ce festival de cinéma gratuit porte la culture au plus près des habitants et vacanciers, dans une ambiance conviviale et décontractée. Les films sont projetés en plein air sur écran géant, à la tombée de la nuit, dans les 31 communes de la métropole.
– ***Festival Arabesques :*** *mi-sept, au Domaine d'O.* • *festivalarabesques.fr* • Rencontre des arts du Monde arabe, avec concerts en plein air.
– ***Festival What A Trip :*** *1 w-e fin sept.* • *watmontpellier.fr* • Festival international du film de voyage et d'aventure. Rencontres, projections, concerts...
– ***Les Internationales de la guitare :*** *sept-oct.* • *les-ig.com* • Belle programmation pour une série de concerts explorant la guitare dans tous ses styles, du rock à l'andalou, en passant par le jazz, le blues, le manouche...
– ***Festival du cinéma méditerranéen :*** *1 sem fin oct.* • *cinemed.tm.fr* • Cannes sans les paillettes. Tous les films sont axés sur la culture méditerranéenne au sens large.
– ***Cœur de Ville en Lumières :*** *1er w-e de déc.* • *montpellier.fr* • Une dizaine de façades du centre historique sont illuminées. Un joli spectacle de son et lumière.

DE MONTPELLIER À LA MER

Un jour, légende antique ou promesse électorale en toc, l'agglomération de Montpellier s'étendra jusqu'à la mer. En attendant, dès les 1ers beaux jours, voici quelques lieux où vous risquez de rencontrer pas mal de citadins. Patience sur les routes aux beaux jours : vous n'êtes pas le seul à vouloir fuir la ville. Si les bains de mer ne vous tentent pas, allez vous promener autour des étangs, qui s'étendent sur une trentaine de kilomètres au sud de Montpellier : ceux du Méjean, de Mauguio, de l'Arnel, de Vic, de Pierre-Blanche et du Prévost, pour ne citer que les plus proches.

PALAVAS-LES-FLOTS

(34250) 6 350 hab. *Carte Hérault, D2*

• Plan *p. 302-303*

Station balnéaire populaire la plus proche de Montpellier, au nom évocateur. Rendu célèbre au début des congés payés, son village fut immortalisé par le dessinateur Dubout, qui le découvrit dans les années 1920. Son fameux petit train, qui amenait à la mer les citadins accablés par la chaleur, n'a certes plus rien à voir avec celui qui circule encore dans les rues en été. Et si les

tions sans âme l'ont peu à peu encerclé, le vieux Palavas, avec ses nciennes au cachet particulier et son port de pêche tout mignon, n'a outefois rien perdu de ses attraits colorés. Rien de tel qu'un séjour en dehors des heures chaudes du plein été pour se rendre compte que Palavas-les-Flots reste une sympathique station balnéaire. Légèrement en retrait des plages, on peut aussi passer quelques heures au calme parmi la faune et la flore des lagunes, dans un site exceptionnel classé Natura 2000, aux portes de la Camargue.

UN PEU D'HISTOIRE

Bâtie en 1743 pour protéger la côte, la redoute qui abrite aujourd'hui le musée Dubout faisait partie des 7 tours de guet édifiées entre le Grau-du-Roi et le Cap-d'Agde. Fortifications autour desquelles s'étaient installées les 1res cabanes de jonc des pêcheurs, qui avaient la mer à portée de barque, aux beaux jours, et les étangs, quand le temps était capricieux...

Ainsi naquit le village de Palavas (*palus avis* : l'« oiseau des marais »). La suite est plus anecdotique. Les Clapassiers (gens de Montpellier) s'y rendaient sous le Second Empire à cheval ou en omnibus. Il faudra attendre l'inauguration en fanfare du petit train, en 1872, pour que Palavas prenne vraiment son essor. Jusque dans les années 1960, les Montpelliérains s'installaient en famille à Palavas, dès le printemps et jusqu'en septembre, louant ce qu'on appelait des « chalets » au bord de la mer. Une tradition qui a perduré avec le développement des résidences secondaires...

TOUCHÉ, COULÉ !

Au début du XXe s, les bourgeois montpelliérains qui fréquentaient « la plage » de Palavas appelaient les pêcheurs au teint buriné les pas lavas (les « pas-lavés » en patois), en vertu de quoi les pêcheurs surnommaient les gens de la ville les trempa cioul *(traduction : « trempe-cul » !). Le tout faisait partie du folklore, dans une ambiance de franche gaieté comme on peut l'imaginer...*

Adresse et infos utiles

Office de tourisme *(plan zoom)* **:** *phare de la Méditerranée.* ☎ *04-67-07-73-34.* • *ot-palavaslesflots.com* • *Juil-août, tlj 10h-20h, sinon tlj 10h-18h.* Organise d'intéressantes visites guidées *(sur résa, avr-fin sept).*

Bus : ☎ *04-67-12-35-00.* • *paysdelor.fr* • Ligne n° 1 Transp'Or Salle bleue/station Étang-de-l'Or (arrêt de la ligne 3 du tramway) ; ligne n° 131 Hérault Transport Salle bleue, Garcia Lorca de la ligne 4 du tramway.

– ***Marchés :*** ***alimentaire*** *tte l'année, lun parking des Arènes ;* ***mixtes*** *mer (rue Saint-Roch) et ven (esplanade du port de plaisance).* ***Grand marché*** *dim juil-août, au parking des Arènes, ainsi qu'un* ***marché nocturne*** *(18h-22h) ven juil-août, esplanade du port de plaisance.* ***Aux Puces, à la brocante et aux fleurs :*** *sam mat, à côté des arènes.*

– ***Vente de poisson en direct :*** le matin, sur les quais du canal qui traverse la ville, les pêcheurs débarquent poissons ou crustacés.

Où dormir ?

Camping

Camping Montpellier Plage *(plan D1,* ***11****)* **:** *95, av. Saint-Maurice.* ☎ *04-67-68-00-91.* • *camping.montpellier.plage@wanadoo.fr* • *camping-montpellier-plage.com* • *Suivre rive gauche l'avenue Saint-Maurice. Ouv avr-sept. Compter 21-35 € pour 2 ;*

mobile homes. 480 empl. Un grand camping partiellement ombragé par des tamarins, entre la lagune et la grande bleue. Équipements pléthoriques (piscine, resto, snack, épicerie, espace aquatique, terrain de sport, etc.) et installations nickel. En saison, animations en pagaille (miniclub, soirées à thème, élection de miss camping et tout le toutim' !). Les emplacements situés près de l'étang sont les plus agréables.

De prix moyens à chic

Hôtel Le Grand Large *(plan D1,* ***12****) : 279, av. Saint-Maurice.* ☎ *04-67-68-01-47.* • *hotel-le-grand-large@wanadoo.fr* • *legrandlarge-palavas.com* • *Congés : déc-mars. Doubles 69-135 €. Studio (2 pers) dès 169 € la nuit. Parking gratuit.* Un peu à l'écart du centre en allant vers La Grande-Motte, cet hôtel d'une vingtaine de chambres n'a qu'une route le séparant de la mer, et pas de vis-à-vis. Chambres assez mignonnes, avec quelques touches de couleur bien senties et au choix, vue sur l'étang ou la mer. Également des appartements modernes et hyper spacieux, avec une belle terrasse donnant sur la grande bleue. Un des meilleurs rapports qualité-prix du coin.

Hôtel Tanagra *(plan zoom,* ***14****) : 2, rue Saint-Louis.* ☎ *04-67-68-00-16.* • *contact@hotel-tanagra-palavas.com* • *hotel-tanagra.com* • ♿ *Doubles 60-120 €.* Ce modeste hôtel est le plus ancien de Palavas et, en son temps, a vu défiler Trenet, Delon, Jacqueline Maillan, Luis Mariano, qui appréciaient la proximité du casino, à défaut du faste. De la réception aux chambres, la déco personnalisée dégage un certain cachet : carreaux de céramique, murs orangés, mobilier en rotin dans le salon. Pour le même prix, préférer les chambres donnant sur le canal (si, en saison, vous n'êtes pas allergiques à l'animation des quais). Salles de bains qui mériteraient un petit coup de neuf. Si vous trouvez porte close, c'est l'*Hôtel-motel Amérique* qui assure le relais (même gérance).

Hôtel-motel Amérique *(plan B2,* ***15****) : 7, av. Frédéric-Fabrèges.* ☎ *04-67-68-04-39.* • *contact@hotelamerique.com* • *hotelamerique.com* • ♿ *Doubles 68-135 €, familiales. Parking payant 9-12€. Spécialité régionale offerte sur présentation de ce guide.* Dans le bâtiment principal, des chambres vraiment sympa, avec salle de bains moderne et une déco franchouillarde : bleu, blanc... rouille ! La partie motel, de l'autre côté de la rue, fleure bon les années 1970 (sol en faux marbre...) mais plaira aux familles grâce à la sympathique piscine centrale. Excellent accueil des 2 côtés.

L'HÉRAULT

Où manger ?

Au centre

Bon marché

Au Poisson Bleu *(plan zoom,* ***20****) : 10, rue Simon.* ☎ *04-67-68-42-98.* • *poissonbleu.fr* • ♿ *Fermé nov-fév. Tlj (hors saison, tlj le midi sauf lun). Formule 12,90 € ; carte env 15 €.* LA bonne adresse sur le pouce de Palavas. Sa devise : « De l'étal à la table ». Les tables sont donc installées devant l'étal de la poissonnerie à même le pavé dans l'artère principale du vieux village. Il suffit d'entrer, de choisir... et c'est parti ! Dans la pure tradition locale : convivialité et bonne humeur ! Tenu d'une main de maîtresse par la joviale Sandrine Arnal, fille et petite-fille de pêcheur.

L'Escargot de Mer *(plan zoom,* ***25****) : 12, quai Paul-Cunq.* ☎ *04-67-50-55-04.* ♿ *Tlj (hors saison, fermé dim soir-mar). Plats 14-28 €.* Un resto sur les quais, dont le cadre ne diffère pas vraiment de ses concurrents (grande salle assez bruyante, terrasse), mais dont la réputation s'est bâtie sur un plat qui a franchement de la gueule : la *pastaïoli.* Prenez une cassolette de penne, mélangez poissons, seiches, moules et grosses gambas, nappez le tout d'une crème d'ail et de basilic... Une tuerie ! Le reste de la carte, notamment la *parrillada* de poissons, tient également bien la route.

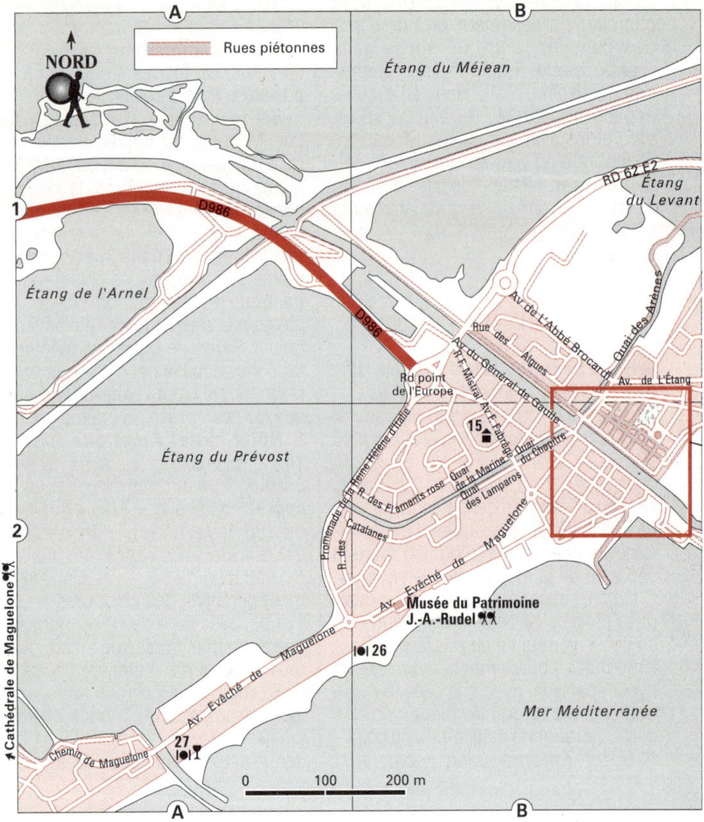

Adresse utile	12 Hôtel Le Grand Large (D1)
Office de tourisme (zoom)	14 Hôtel Tanagra (zoom)
Où dormir ?	15 Hôtel-motel Amérique (B2)
11 Camping Montpellier Plage (D1)	**Où manger ?**
	20 Au Poisson Bleu (zoom)

De prix moyens à chic

La Grange *(plan zoom,* ***23****) : 14, av. de la Gare-Albert-Dubout. ☎ 04-67-68-25-01. • naththierry@live.fr • Juil-août, ouv le soir tlj ; sept-juin, ouv le soir tlj sauf mar, plus le midi jeu-dim. Formule déj (tlj sauf dim) 25 € ; menus 30-45 €.* Un resto installé dans une ancienne maison de pêcheurs. Les murs bardés de bois blanc donnent à l'intérieur un agréable cachet. Le chef propose une cuisine méridionale et authentique : soupe de poissons, cuisses de grenouilles à la provençale, encornets farcis... La chaleur du lieu et

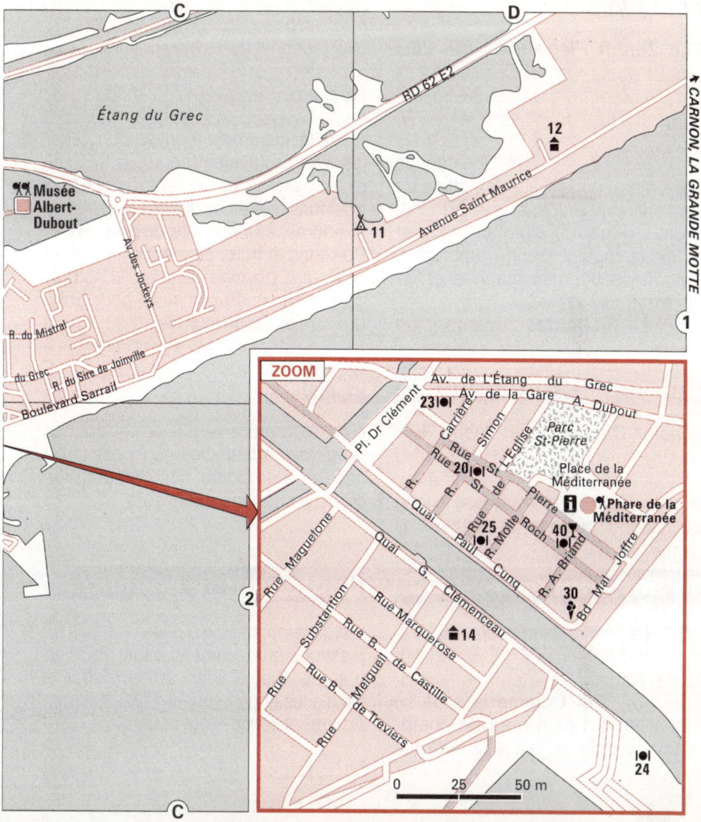

PALAVAS-LES-FLOTS

23 La Grange (zoom)	**Où manger une bonne glace ?**
24 L'Artimon (zoom)	**30** Glacier Catalan (zoom)
25 L'Escargot de Mer (zoom)	**Où boire un verre ? Où grignoter sur le pouce ?**
26 Le Zénith Plage (B2)	
27 La Plage des Lézards (A2)	**40** Le Gecko (zoom)

la jolie sélection de vins de producteurs contrebalancent largement l'emplacement, dans une rue très passante.

L'Artimon *(plan zoom, **24**) : port de plaisance. ☎ 04-67-68-45-02. • lartimon@wanadoo.fr • Ouv tlj, 365 j./an ! Menus 50-110 €. Digestif maison offert sur présentation de ce guide.* Une des adresses où se retrouvent les amateurs de bouillabaisse à la marseillaise (sur commande) et de poissons grillés ou cuisinés en général. Chef amoureux de produits d'une fraîcheur réjouissante ! Il n'y a pas à tortiller, on vient autant pour la cuisine constante que pour la jolie salle qui surplombe le port.

Sur la plage

Le Zénith Plage (plan B2, **26**) : *av. de l'Évêché-de-Maguelone, rond-point du Zénith. 06-09-97-63-65. • zenithplage@gmail.com • Tlj 9h-23h. Fermé oct-avr. Plats et salades env 15-28 €. CB refusées.* Une cabane toute simple, où la plage fait office de salle à manger. Poissons *a la plancha*, salades... Plats du marché, tapas et vins de la région. Bonne ambiance. Location de *paddles*, canoës et de matelas.

La Plage des Lézards (plan A2, **27**) : *1269, av. de l'Évêché-de-Maguelone. ☎ 04-67-85-62-11. • laplagedeslezards@orange.fr • Tlj en saison, cuisine ouv midi-minuit. Formule déj en sem 17 € ; menu 35 € ; carte 30-40 €.* En surplomb d'une plage (évidemment !) privée pour jouer les lézards (évidemment, bis !). Salle et terrasse agréablement installées à quelques mètres du sable. Déco classe et épurée, à dominante de bois blond. Poissons et fruits de mers simplement grillés *a la plancha*, salades, bons burgers et tapas. Super aussi pour boire un verre en fin de journée.

Où manger une bonne glace ?

Glacier Catalan (plan zoom, **30**) : *5, quai Paul-Cunq. ☎ 04-67-68-44-45. Tlj 10h-20h env (9h-, 2h en été,). Congés : déc-janv.* Une adresse le long du canal pour déguster en terrasse ou en salle (climatisée) d'énormes coupes de glaces artisanales. On peut aussi acheter à emporter des cornets bien croustillants. Une valeur sûre.

Où boire un verre ? Où grignoter sur le pouce ?

Le Gecko (plan zoom, **40**) : *12, rue Saint-Roch. ☎ 04-67-68-50-80. Tlj les soirs sauf lun-mar hors saison. Fermé nov-janv.* Comme la salle se limite à un tout petit bout de comptoir, on s'installe en terrasse côté rue piétonne ou, mieux, sur les fauteuils de plastique posés sur l'agréable place du marché. Bières aussi artisanales que les glaces et généreuses tapas maison. Accueil et service tout sourire.

À voir

Le phare de la Méditerranée (plan zoom) : *pl. de la Méditerranée.* Palavas-les-Flots a reconverti son ancien château d'eau, et l'a doté d'un centre des congrès et de séminaires, de locaux pour l'office de tourisme et d'un restaurant panoramique tournant *(☎ 04-67-68-61-16 ; tlj sauf dim soir-lun ; menus 39-54 €)*. De 10h à minuit, on accède au sommet du phare en empruntant un ascenseur *(3 €/pers)*. Du haut de ces 34 m, vue imprenable sur la région. Audioguides à disposition. Surprenante exposition permanente sur l'artisanat des Poilus, cadeau d'un particulier à la ville.

Le musée Albert-Dubout (plan C1) : *redoute de Ballestras, rue de l'Abbé-Brocardi. ☎ 04-67-68-56-41. • ot-palavaslesflots.com • Accessible depuis le parc du Levant. Juil-août, tlj 10h-13h, 16h-20h ; mars-juin et sept-nov, tlj sauf lun, 14h-18h ; déc-fév, w-e, j. fériés et vac scol, tlj sauf lun 14h-18h. Entrée : 5 € (donne aussi accès au musée de la Voiture et du Train); réduc ; gratuit moins de 19 ans. Livret jeux disponible à l'accueil ou sur le site internet.* Tels les cloîtres reconstruits pierre par pierre à New York, la petite redoute du XVIIIe s a émergé de sa cachette dans l'ancien château d'eau (elle fut ainsi à l'abri des vandales !) et s'est réimplantée sur l'étang. Le musée renferme les œuvres du célèbre dessinateur. Les expositions tournantes présentent des photographies, des objets personnels de l'artiste et différentes sélections de caricatures hilarantes, dont les plus fameuses concernent bien sûr le petit train de Palavas. On n'en finit plus de redécouvrir ces images d'un monde disparu, pleines de tendresse et de fous rires cachés. Albert Dubout (1905-1976) adorait croquer la foule en délire tout en s'en tenant lui-même éloigné. Comme disait Wolinski : « Dubout est surtout génial parce qu'il fait rire même les imbéciles. » Prenez le temps de scruter les détails ! Les amateurs de voitures miniatures jetteront un œil au musée de la Voiture et du Train où l'on peut voir d'authentiques locomotives du « petit train de Palavas » qui a transporté les voyageurs entre Montpellier et Palavas jusque dans les années 1960.

Complément facultatif mais hautement conseillé : le ***musée du Patrimoine Jean-Aristide-Rudel*** *(plan B2),* qui fait revivre le Palavas d'hier et même d'avant-hier (du XVIIIe s aux années 1960) : *533, av. de l'Évêché-de-Maguelone. ☎ 04-67-07-73-34. Juil-août, tlj 10h-13h, 16h-20h ; GRATUIT.* Bel accueil, avec des commentaires qui vous accompagneront dans ce voyage dans le temps. Premiers touristes, anciens pêcheurs, fêtards d'hier, tous revivent, le temps d'une photo, d'une vidéo. Attachant.

À faire

Un plouf et une bronzette à la plage, bien sûr, même si ce n'est pas la plus belle de la Méditerranée... Beaucoup de monde, naturellement, en saison...

Découverte du patrimoine lagunaire : *balade guidée sur résa (infos à l'office de tourisme).* Cet espace naturel, essentiellement lagunaire et situé aux portes de la ville, est séparé de la mer par un très mince cordon littoral sablonneux. C'est un autre monde, secret et discret, un ensemble d'étangs encore exploités par les pêcheurs. Ils sont aujourd'hui le lieu de nourrissage et de nidification de nombreux oiseaux, qu'ils soient sédentaires ou migrateurs. Ces milieux naturels salés sont également propices à une végétation très spécifique.

– ***Le Transcanal :*** *au bout du canal. Juil-août, tlj 10h-minuit ; hors saison, en principe mer, w-e et vac scol 14h-18h. Compter 1,90 € (2,50 € l'A/R).* Un télésiège-télécabine qui permet de traverser cette « monumentale » (sic !) pièce d'eau. Certainement l'une des plus grandes inventions de l'homme depuis le feu, l'avion et le téléphone ! Pas très esthétique, mais les enfants adorent !

➢ ***Les portes de la Camargue en kayak de mer :*** *infos et résas au 07-69-16-10-00. • palavaskayakdemer.com • Tarif : 25 €/pers (matériel, encadrement et assurances inclus) ; réduc.* Une balade de 3h organisée par l'association *Palavas Kayak de Mer*. Une belle façon de découvrir la faune et la flore camarguaises sur les canaux palavasiens, puis en suivant le canal du Rhône à Sète jusqu'à l'étang.

➢ ***Randonnées et location de vélo :*** *49, rue Sire de Joinville. ☎ 04-67-68-55-84. • cycloloc-palavas.fr • ☎ Juil-août, tlj 9h-19h. Loc à partir de 15 €/j.* Une petite agence sérieuse, qui propose des randonnées à vélo (mécanique ou électrique), ainsi que des locations à prix doux.

Fêtes et manifestations

– ***Feria de la Mer :*** *début mai.* Marque le début de la saison. Bodegas, animations taurines, danses sévillanes, courses camarguaises, etc.
– ***Festival de musique :*** *à **Maguelone,** 1re quinzaine de juin. Infos : • musiqueanciennemaguelone.com •* Concerts de musique ancienne et baroque à la cathédrale de Maguelone.
– ***Grand tournoi de joutes :*** *3e w-e juin, 14 juil, 15 août et 1 j. début sept.* Sur le canal.

L'HÉRAULT

– ***Grands spectacles et concerts aux arènes :*** *tt au long de l'été. Infos : ☎ 04-67-50-39-56.* Également diverses animations en juillet-août, bals...
– ***Fête de la Mer :*** *dim début juil.* Procession de la Saint-Pierre, bénédiction des bateaux en mer, tournois de joutes sur le canal, feux d'artifice, bal.
– ***Feria d'automne :*** *fin sept.* Cette fête née au début du siècle dernier marque la fin de la saison. Bodegas, *abrivados* sur la plage, courses camarguaises et danses sévillanes.

DANS LES ENVIRONS DE PALAVAS-LES-FLOTS

VILLENEUVE-LÈS-MAGUELONE (34750)

La cathédrale de Maguelone : *accès par Palavas ou par Villeneuve (passerelle mobile sur le canal). ☎ 04-67-50-49-88. En saison, tlj 9h-18h. Entrée libre, mais attention, on doit obligatoirement stationner sur le parking payant (5 € ; 2 € hors saison), situé à 3 km de la cathédrale ; le tarif inclut le transfert en petit train (on peut aussi marcher). Sur place, centre d'accueil et d'info avec restauration. Audioguide : 4 €.*
Sur une île plantée de vignes, de cyprès et de lauriers, reliée à la terre au XVIIIe s, se dresse, au milieu d'une pinède, l'étonnante ancienne cathédrale Saint-Pierre. Ce sont les Wisigoths qui, dès 533, trouvent ce qui est encore une île à leur goût, y fondent une petite cité et érigent une 1re cathédrale. Les Sarrasins font ensuite de l'île un port prospère, rasé – comme la cathédrale transformée en mosquée – par Charles Martel en 737. Ce n'est que 3 siècles plus tard que la cathédrale est reconstruite en calcaire coquiller, puis modifiée aux XIIIe et XIVe s dans l'esprit des églises-forteresses. Les querelles politiques des souverains ont finalement raison de ce lieu incomparable : en 1536, l'évêché est transféré à Montpellier.
Même si les tours ont disparu, la magistrale unité architecturale de ce grand vaisseau de la chrétienté est frappante, et représente un magnifique témoignage de l'art roman. Superbe portail orné de rosaces et de feuillages (acanthes) d'une perfection totale. À l'intérieur, nef unique de 28 m x 10 m devant laquelle on se sent comme écrasé. Dépouillement et majesté : ni sculptures, ni peintures, ni vitraux... Seulement le charme brut de la pierre. Dans le chœur, des dalles funéraires d'anciens évêques (XIVe et XVIIe s) et, dans la chapelle de Saint-Augustin à pilastres cannelés qui date du Xe s (c'est la partie la plus ancienne de l'édifice), mausolée du cardinal de Canilhac avec son sarcophage en marbre gris qui serait le tombeau de la Belle Maguelone.
Belle ***plage sauvage*** entre la cathédrale et Palavas-les-Flots.
On peut se restaurer au *Comptoir des Compagnons* dans la jolie salle contemporaine (ou sur la terrasse) du point accueil.

– ***Les Voix de Maguelone :*** *2de quinzaine de sept. Infos et résas : ☎ 04-67-50-49-88. • compagnons-de-maguelone.org •* Musique vocale (du baroque au gospel).

LATTES (34970)

Le site naturel du Méjean : *à env 1 km du centre. Suivre le fléchage « Maison de la nature ». Accès libre.* Acquis par le Conservatoire du littoral, ce superbe site protégé bordant l'étang du même nom englobe 469 ha de lagune et 196 ha de marais, au milieu desquels cheminent plusieurs sentiers à emprunter à pied comme à vélo (les 2,5 premiers km sont accessibles aux handicapés) ; une piste cyclable de 8 km permet aussi de rejoindre Palavas-les-Flots et la mer, en longeant le Lez. D'autres partent vers Pérols et Villeneuve-lès-Maguelone. Dans les étangs, prés salés et roselières nichent de nombreux oiseaux, migrateurs ou permanents, dont les incontournables flamants roses, mais aussi des cigognes qui viennent y passer l'hiver. N'oubliez pas vos jumelles ! Dans un autre genre, on croisera aussi de petits chevaux camarguais au pâturage. Une belle balade, facile et bucolique. Attention, l'été, il n'y a pas beaucoup d'ombre...

– ***La Maison de la nature :*** *chemin de l'Étang. ☎ 04-67-22-12-44. ♿ À 9 km au nord de Palavas par la D 986 (vers Montpellier). Juil-août, tlj sauf lun, 9h-12h, 16h-20h, sentiers accessibles 9h-19h30 ; le reste de l'année, tlj sauf lun, 14h-18h. GRATUIT.* Isolée au bord du site protégé du Méjean, elle a pour vocation de sensibiliser le public à la faune et à la flore des étangs à l'aide d'une expo interactive, d'une caméra qui filme en continu un nid de cigognes et de 2 sentiers de promenade réglementés sinuant entre prés-salés et roselières... Organise aussi des visites guidées à thème toute l'année (une matinée par semaine en été), sur résa *(compter 5 €/pers pour une visite de 2-3h ; jumelles fournies).*

Le site archéologique Lattara – Musée Henri-Prades : *390, route de Pérols. ☎ 04-67-99-77-20. • museearcheo.montpellier3M.fr • Lun et mer-ven 10h-12h, 13h30-17h30 ; w-e 14h-18h (ou 19h). Visite guidée à 10h (juil-août). Fermé mar et certains j. fériés. Entrée : 3 € (4 € avec les expos temporaires) ; réduc ; gratuit moins de 6 ans et pour ts le 1er dim du mois.* Ce musée intéressant et très lisible est implanté sur le site archéologique de l'antique Lattarra, port lagunaire occupé par divers peuples (Étrusques, Gaulois, Grecs...) du VIe s av. J.-C. au IIIe s apr. J.-C. On y découvre le résultat des nombreuses campagnes de fouilles menées d'abord par Henri Prades, puis par les chercheurs du CNRS. L'exposition permanente témoigne de l'activité de la région depuis le Néolithique jusqu'à son âge d'or à l'époque gallo-romaine : monnaies, céramiques, verres soufflés, objets votifs, bijoux, statues, reconstitution d'un habitat gaulois, etc. Au 1er niveau, expositions temporaires souvent passionnantes. Vue imprenable sur le site de fouilles.

DE PALAVAS À LA PETITE CAMARGUE

MAUGUIO-CARNON

(34130) 17 000 hab. *Carte Hérault, D2*

À mi-chemin entre Palavas et La Grande-Motte, la petite station balnéaire de Carnon étale ses 7 km de sable fin entre l'étang et la Méditerranée. La bourgade est un peu bizarrement rattachée administrativement au village de Mauguio, situé de l'autre côté de l'étang de l'Or, à l'entrée de la Petite Camargue. Côté Carnon, une grande plage, un port sympathique (bien que pas mal bétonné) et une certaine tranquillité, même en été, qui tranche avec ses voisines. À Mauguio, charmant centre ancien en circulade autour de sa motte féodale qui a su préserver son petit côté provençal.

Adresse et infos utiles

Office de tourisme : *rue du Levant, dans le centre administratif,* ***Carnon-Plage.*** *☎ 04-67-50-51-15. • officedetourisme@mauguio-carnon.com • mauguiocarnontourisme.com • ♿ Juin-sept : lun-sam 9h-13h, 14h-19h ; dim 9h-13h. Oct et fév-mai : lun-ven 9h-12h30, 13h30-17h, sam 9h-13h ; fermé w-e nov-janv.*

Bus Hérault Transport : *☎ 04-34-88-89-99.* Lignes n° 606 Montpellier-Carnon et n° 607 Montpellier-Mauguio. L'été, navette gratuite vers les plages du Petit-Travers à partir du terminus de la ligne 3 du tramway (Pérols).

– ***Les marchés typiques de plein air :*** *marché aux fleurs dim mat pl. de* *la Libération, et marchés traditionnels le matin mar, jeu et dim sur le bd de la Démocratie à* ***Mauguio.*** *À* ***Carnon*** *: sam mat tte l'année, mar et jeu de mi-juin à mi-sept – parking du centre administratif ; mer tte la journée et en nocturne en juil-août sur le port (artisanat).*

Où dormir ?

☗ ***Hôtel Le Carnon :*** *9, pl. Cassan, 34280* ***Carnon-Plage.*** *☎ 04-67-68-55-55. • hotel.carnon@gmail.com • hotel-le-carnon.com • Congés : nov-mars. Doubles 59-86 €. Réduc de 10 % sur le prix de la chambre (mars-juin et sept-nov) sur présentation de ce guide.* À 2 pas de la plage et du port, un petit hôtel à la façade proprette qui abrite une poignée de chambres simples mais soignées (clim...). Déco d'une blancheur éclatante et petites salles de bains fonctionnelles. Les moins chères donnent sur l'arrière (pas de vue sur la mer, mais plus de calme en saison). Accueil sympa.

☗ |●| ***Hôtel Neptune :*** *239, rue de l'Étang-de-l'Or, 34280* ***Carnon.*** *☎ 04-67-50-88-00. • hotel-neptune@wanadoo.fr • hotel-neptune.fr • Sur le port de plaisance. Doubles 75-150 €. Resto ouv tlj sauf dim soir-lun ; menu 25 € au déj, 36 € le soir. Carte env 30-35 €. Parking gratuit.* Aux 1res loges devant les bateaux, un hôtel vraiment plaisant : chambres à la déco blanc, noir et bois qui fait mouche, literie douillette, jolie piscine et petit déj de qualité. Au rez-de-chaussée, le ***restaurant Le Trident*** propose une cuisine assez pointue, entre terre et mer, concoctée par une jeune chef talentueuse qui choisit ses produits avec un soin tout particulier (tout est bio et local).

Où manger ?

À Carnon

De bon marché à prix moyens

|●| 🍸 ⛱ **Le J :** *8, av. Grassion-Cibrand. ☎ 04-67-50-34-99. Sur la plage. Tlj, tte l'année 8h-minuit (le soir jeu-sam seulement hors saison). Formule 19 € midi sem ; carte env 30-40 €.* Un emplacement royal, les pieds dans le sable, face à la mer ! Autant vous dire que par beau temps (souvent !), la réservation est indispensable pour cette adresse dans le vent. Ambiance vacances, en terrasse comme en salle, appuyée par un service jeune et sympa (mais parfois débordé). À la carte, souvent des poissons entiers, des planches de crustacés ou charcuteries-fromages, des salades généreuses... Rien de fracassant mais dépaysement assuré, et cadre idyllique : de la plage à l'assiette, il n'y a qu'un pas.

|●| ***Anisette et Brochettes :*** *37, av. Grassion-Cibrand. 📱 06-12-19-17-31. • andremedan@hotmail.fr • ♿ Tlj 12h-15h30, 19h-23h.* Une adresse bonne franquette, éminemment sympathique même si elle n'est pas pied dans l'eau. Ici, c'est ambiance guinguette, en salle comme dans la cour arrière où les tables sont réparties sous la treille. Et dans l'assiette, des brochettes, des brochettes et encore des brochettes ! Poulet, bœuf, thon, espadon, gambas... on vous fait confiance pour confectionner votre assortiment. Frites et ratatouille maison en accompagnement. Simple et bon, comme on aime.

À faire au départ de Carnon

➢ ***Balade*** des cabanes de Carnon aux dunes du Petit-Travers, recommandée, à pied, le long du chemin de halage, au bord du canal du Rhône à Sète, mais aussi au bord des étangs de Pérols et Mauguio. Après le Petit-Travers, des dunes et une immense ***plage***.

À voir. À faire au départ de Mauguio

Le jardin de la Motte féodale : *☎ 04-67-29-65-35. Tlj 8h-19h (17h nov-mars). GRATUIT.* Butte plantée d'essences typiques comme exotiques, que l'on découvre au gré d'un parcours modestement labyrinthique. Seulement un îlot de verdure au cœur du vieux village. Du belvédère, joli panorama.

➢ **Les berges de l'étang de l'Or :** *en suivant le sentier balisé (accessible à pied et en VTC) du Cabanier (compter 2h). Possibilité de balades accompagnées à pied, en kayak, en calèche, jeu mat en juil-août, 2h env (inscription à l'office de tourisme).* Sympathique balade au bord de ce vaste étang où se plaisent nombre d'oiseaux : aigrettes, hérons, foulques...

Fête et manifestations

- **Animations estivales :** *juin-sept.* Animations musicales gratuites sur le port de Carnon, cinéma de plein air, activités pour les enfants...
- **La Romeria :** *chaque année, à **Mauguio,** en juin.* Grande fête espagnole, sévillanes, bodegas, *novillada,* corridas.
- **Fête votive de Mauguio :** *10 j. autour du 15 août.*

L'HÉRAULT

LA GRANDE-MOTTE

(34280) 8 780 hab. *Carte Hérault, D2*

Le temps a plutôt été clément pour cette ville nouvelle désormais entourée de verdure, classée au « Patrimoine du XXe siècle » par le ministère de la Culture et symbole du tourisme de masse à la fin des années dites heureuses. L'architecture de ses bâtiments, si spéciale, peut rebuter autant que fasciner (les fameuses « pyramides » de La Grande-Motte ! »). En se baladant dans cette ville à nulle autre pareille, on a l'impression de traverser un futur fantasmé par les architectes des années 1960... Certains jurent ne pouvoir passer leurs vacances ailleurs qu'ici, d'autres fuient cet endroit, archétype de la destruction d'un littoral qui n'en avait pas besoin. Toujours est-il qu'à La Grande-Motte, la végétation est omniprésente et que la ville verte cultive un certain art de vivre, et de bien vivre.

UN PEU D'HISTOIRE

En 1959, le gouvernement prit la décision d'aménager les 200 km du littoral du Languedoc-Roussillon. Il fallait absolument fixer le tourisme pour éviter la trop forte migration vers l'Espagne et surtout empêcher un développement anarchique qui aurait été catastrophique, d'autant que cette zone souffrait d'insalubrité depuis toujours. En 1966, la 1re pierre est posée...

Dans un 1er temps, on entreprit une gigantesque opération de démoustication.

Une fois ce problème réglé, l'architecte pouvait entrer en

CONCEPT FUMEUX

La démarche de Jean Balladur, l'architecte qui conçut La Grande-Motte, s'est articulée autour de 3 idées. Tout d'abord, il s'inspira du temple de Teotihuacán au Mexique (pas vraiment local). Ensuite, il imagina un espace mâle, ordonné et un peu raide (les pyramides du centre-ville) et un espace femelle, aux lignes courbes (le Couchant). Enfin, il souhaita nourrir La Grande-Motte de symboles spirituels. Il dédia alors sa ville au soleil. Et on interdit la fumette.

scène. Jean Balladur, cousin d'un certain Édouard, établit les plans de la ville balnéaire en se démarquant totalement de l'esthétique fonctionnaliste de l'architecture française. Se lançant dans une recherche sur un nouveau « baroque », il associa des volumes originaux (pyramides...) à une logique de courbes, de triangles et de trapèzes afin de rétablir la primauté de la forme plastique sur les contraintes fonctionnelles. Vous suivez ?
En ***1974***, la commune de ***La Grande-Motte est officiellement créée.*** Depuis, la ville n'a cessé de bouger, de grandir, de vivre. Et d'atteindre un équilibre inattendu, quand la verdure a commencé à humaniser l'ensemble.

RÉFÉRENCE OBLIGÉE

Après l'obtention du label « Patrimoine du XXe siècle » en 2010, habitants et vacanciers se sont soudain rendu compte des qualités architecturales de la ville. Aujourd'hui, on est surpris du caractère visionnaire de la cité : plus de 25 km de circulation douce (piétons, vélos) intra-muros, une végétation luxuriante qui domine le béton (oui, oui !) et ces bâtiments, tantôt fiers, tantôt courbes, qui ne cessent de vous surprendre à tous les coins de rue.
Si les espaces verts occupent 1/3 de la superficie totale, les équipements sportifs et de loisirs jouent quant à eux la carte du haut de gamme : un port de plaisance, un golf international dessiné par Trent Jones, un centre aquatique, un centre nautique, des dizaines de courts de tennis, un institut de thalassothérapie, un centre hippique, un casino... Tous les équipements de loisirs fonctionnent à l'année, une rareté sur le littoral languedocien.
Une plage de sable fin de 7 km (avec quelque 15 plages privées) offre aux enfants la sécurité de sa pente douce et aux parents (voire grands-parents) confort et tranquillité.

Adresse et info utiles

Office de tourisme : *55, rue du Port. ☎ 04-67-56-42-00. • lagrandemotte.com • Tte l'année, tlj sauf dim : oct-mars, 10h-12h, 15h-18h ; avr-sept, 9h30-13h, 15h-18h (18h30 juil-août).* Possibilité d'accéder à un contenu audio en flashant l'un des 10 QR Codes positionnés à proximité des lieux remarquables de la ville. Visites guidées (à pied, à vélo, en bateau, en petit train), chasse au trésor, autour du centre de réhabilitation des tortues marines. Grande boutique avec de nombreux guides de balades à la vente.

Plusieurs loueurs : *Vélo club, Loc n'Roll, Bump cycles.* 25 km de voies de circulation douce qui s'étendent au-delà de la ville.
- ***Pass loisirs :*** en vente à l'office de tourisme *(10 €).* Il donne accès aux activités nautiques de la station (stages de voile, location de bateaux, kitesurf, *stand up paddle...*) à tarif préférentiel. Il est valable pour toute la famille.

Où dormir ?

De jolies affaires à dénicher hors saison. En août, sans surprise, les prix s'envolent...

Hôtel Le Prose : *277, allée du Vaccarès. ☎ 04-67-02-02-05. • contact@le-prose.fr • le-prose.fr • Doubles 90-190 €. Au resto, formule déj 20 €. Parking.* Un hôtel qui ne manque pas de chien, avec sa déco moderne (vinyles et sérigraphies aux murs, mobilier en bois brut, etc.), ses chambres impeccables et sa belle piscine à l'arrière. Resto-bar branché, avec soirée DJ ou magiciens.

Où manger ? Où boire un verre ?

Prix moyens

|●| ***L'Entre Potes :*** *35, av. Pierre-Racine. ☎ 04-67-84-36-60. ● lentrepotes.grandemotte@gmail.com ● Ouv tlj. Résa conseillée. Formules déj 13,90-19,90 € ; menus 34€, carte 19-24€.* Faites une croix sur la vue sur mer et vous n'aurez pas de motif de plainte. Il y a de l'idée dans cette cuisine de marché joliment tournée et l'art de bien vivre est cultivé par ces potes accueillants, qui vous reçoivent justement comme des amis, avec la ferme résolution de vous faire plaisir. L'échappée gourmande se passe sous la véranda abritée ou en terrasse (sur rue, malheureusement). Belle sélection de vins de la région, presque tous servis au verre.

|●| ***Saveurs Marines – Coquillages Bouchet :*** *438, quai Georges-Pompidou. ☎ 04-34-11-27-36. Tlj 10h30-13h30, 18h30-21h. Congés : janv. Menu-carte 28 € ; plateau de fruits de mer (1 pers) 23 €. Café offert sur présentation de ce guide.* Pas de plage abandonnée, malheureusement, en face de ce petit resto qui donne sur le port (et la route). En revanche, rayon coquillages et crustacés, on est servi ! Le patron est ostréiculteur, ça en dit long sur la fraîcheur des produits. Huîtres, bulots, palourdes, homards (de Bretagne), etc. sont servis à l'assiette ou sur de beaux plateaux à partager. Et bon choix de blancs secs, cela va de soi.

|●| 🍸 ⛱ ***Le White Beach :*** *av. du Grand-Travers, accès 55. À 3 km du centre en direction de Carnon. ☎ 04-67-57-40-98. ● lewhitebeach.fr ● Tlj de mi-avr à oct. Menu 39 € ; carte 35-50 €.* Un resto-bar de plage qui remplit avec brio le cahier des charges : grande structure de bois et de toile blanche, transat' et canapés dans le sable, salle ouverte aux 4 vents, musique lounge, cocktails, tapas, jolies serveuses et beaux barmen... Un peu cher forcément (surtout le resto), mais qu'est-ce qu'on y est bien !

À faire

– ***Sortie à la voile en catamaran :*** *sur le bateau* Lucile 2. *Stand sur le quai, face à l'hôtel* Mercure. *📱 06-08-78-92-61. ● catamaranlucile2.com ● À partir de 20 €/pers pour 1h30 de navigation ; réduc.* Plusieurs sorties quotidiennes, avec possibilité de déjeuner, apéritif ou dîner en mer.

Manifestations

– ***Les Nuits d'or :*** *de mi-juil à fin août.* Festival pyromélodique (feu d'artifice sonorisé une fois par semaine).
– ***Carnaval :*** *dernier w-e d'août (original !).* Défilés et spectacles de rue.

SÈTE ET L'ÉTANG DE THAU

On connaît les huîtres de Marennes, mais il y a aussi les huîtres de Bouzigues, et depuis longtemps, puisque les Romains les élevaient déjà. Bien que très construits, les abords de l'étang ne manquent pas de charme et d'attractions diverses : les villages de Bouzigues, Mèze, Marseillan, avec les parcs à huîtres et l'arrivée du canal du Midi... et bien sûr la capitale, Sète. La « petite Venise du Languedoc », dominée par le mont Saint-Clair (182 m !), qui fait penser à une baleine surplombant la mer, d'où son nom

Cette **en référence au cétacé, puis *Sète* depuis 1927, célébrée par Paul Valéry et Georges Brassens, le copain des copains...**
– Pour les amateurs, une application pour smartphone « Vignobles et découvertes en pays de Thau ».

SÈTE

(34200) 44 700 hab. *Carte Hérault, C2*

• Plan *p. 314-315*

Elle apparaît comme un mirage. Au loin, cette montagne au bord de la mer ressemble à une île, coincée entre la lagune de Thau et la grande bleue. Singulier, non ? C'est le petit nom de Sète donné par Paul Valéry : l'« île singulière ». Alors, certes, Sète n'est pas tout à fait une île, mais avec ses 12 ponts et son canal royal constituant la fin du canal du Midi, c'est peu dire qu'elle est ouverte sur la mer ! On l'aime pour sa bonhomie méridionale, sa vieille ville perchée sur les hauteurs du mont Saint-Clair, ses plages, ses musées, ses quais animés, sa gastronomie... Bref, les raisons ne manquent pas pour adorer cette jolie ville qui, avec Marseille, est peut-être la plus méditerranéenne des cités françaises. Et puis, comment ne pas célébrer celle qui a vu naître 2 génies des mots comme Paul Valéry et Georges Brassens ?

SÈTE, C'EST UNE MUSE

De Paul Valéry à Agnès Varda, de Jean Vilar à Georges Brassens, d'Hervé Di Rosa à Robert Combas, la « petite Venise du Languedoc » inspire. Ils sont nombreux à l'avoir prise pour modèle, à l'avoir chantée, peinte, filmée. Il s'y passe toujours quelque chose en toute saison. Photogénique, Sète ? Sa filmographie en dit long, de *Pépé le Moko* (1937), de Julien Duvivier, à *Coup d'éclat* (2011), de José Alcala, en passant par *La Graine et le Mulet,* d'Abdellatif Kechiche (2007) ! Sans parler des dernières séries à succès tournées à Sète et aux alentours (*Candice Renoir* et *Demain nous appartient*).

SÈTE, C'EST (UN AMOUR) DURABLE

On vient à Sète parce qu'on aime cette ville, cet endroit, son atmosphère unique. En revanche, si ça continue, on ne pourra plus en ressortir, les bouchons de Sète, en été, étant quasi légendaires (la population de la ville triple en juillet-août !).
Après la sauvegarde des 12 km de son littoral d'une érosion certaine, l'île singulière continue son engagement dans le développement durable. Bateaux-bus électriques en saison, renouvellement du parc automobile en véhicules électriques, 15 km de piste cyclable, et même des verres consignés lors des manifestations pour éviter les montagnes de déchets. À suivre...

CAPITALE DES JOUTES

Les tournois de joutes sont une tradition qui remonte au Moyen Âge : pour tromper leur ennui avant de partir pour les croisades, les soldats et matelots montaient sur de légères embarcations et se combattaient. Le jour de la Saint-Louis, autour du 25 août (Louis IX est mort pendant les croisades), les rouges et les bleus s'affrontent en tournois singuliers. Le règlement de ce sport est fort complexe : pas moins de 20 articles dont on vous épargnera la liste, sans compter les variantes lyonnaises et parisiennes. En résumé, sur la *tintaine,* sorte d'échelle à l'arrière des barques, le jouteur – ou « chevalier de la tintaine » –, habillé de blanc, armé d'une lance et protégé d'un pavois (bouclier ou écu), croise le jouteur adverse qu'il doit envoyer à l'eau ; on dit « le tomber ». Pas n'importe comment, avertissements et disqualifications pleuvent. Le tout se déroule dans une ambiance pittoresque au son des fanfares, vieux hautbois et tambours, installés sur les barques. Les villes se rencontrent pour des championnats très sérieux où la 3e mi-temps est copieusement arrosée.

À TABLE !

Il existe une cuisine proprement sétoise, issue d'une longue tradition de bien manger et d'un mélange de cultures unique. Languedocienne et méditerranéenne, riche d'apports italiens et nord-africains, forte de bons produits (huîtres et moules de Thau, picpoul mûri autour de la lagune de Thau, poisson bien sûr mais aussi vins, fruits et légumes de l'arrière-pays)... Et quelques spécialités magnifiques, à commencer par la fameuse ***tielle*** (tourte au poulpe et à la sauce tomate relevée) qui résume à elle seule l'histoire de Sète, puisque les *mamas* italiennes la confectionnaient avec la part du matelot (personne ne voulait des poulpes à l'époque) et un fond de pâte à pain qu'elles tapissaient avec la sauce tomate préparée à leur façon.
Parmi les autres plats qui sont la fierté de la ville : sardines à l'escabèche, rouille de seiche « à la sétoise », *piste* de moules ou petits calamars, bourride de lotte, loup en gibelotte... Typiques, aussi, les encornets et moules farcis, ainsi que les poissons à l'eau-sel, autre recette que l'on doit aux pêcheurs sur leurs bateaux, utilisant les restes de la pêche pour faire un genre de bouillabaisse « blanche », avec des pommes de terre cuites dans un court-bouillon très relevé. Sans oublier la sacro-sainte ***macaronade aux brageoles,*** de gros macaronis accompagnés d'alouettes sans tête (paupiette), des saucisses et de l'échine de porc, servis avec une vraie bonne sauce tomate et du parmesan, une préparation typiquement sétoise, populaire et familiale.

Adresses et infos utiles

Office de tourisme *(plan zoom)* **:** *60, grand-rue Mario-Roustan. ☎ 04-99-04-71-71. • tourisme-sete.com • Tlj sauf 1er janv et 25 déc.* Propose différentes visites guidées : le port de commerce, le théâtre Molière, *Sète histoire Là,* le Musée à ciel ouvert, etc. Également une chasse au trésor pour les familles (lire plus loin la rubrique « À voir »). Billetterie des spectacles et des loisirs en général (kayak, sorties en bateau, randonnées à thème...). On peut également télécharger l'application « Découvrez l'île singulière » depuis son téléphone.

Gare routière *(plan D1)* **:** *Thau Agglo* gère le réseau de bus de Sète et de l'agglomération. *Rens : agence commerciale au quai de la Résistance, passage Le Dauphin. ☎ 04-67-53-01-01.*

– ***Transports*** **:** la ligne 6, gratuite, fait une boucle entre la gare, le centre-ville et le quai d'Alger. 1 ligne estivale en bus relie les plages de Sète à Marseillan. Par ailleurs, des bateaux bus électriques sont mis en service les soirs de spectacle au théâtre de la Mer (en été) et tous les matins depuis l'entrée est de ville (parking du mas Coulet).

Gare SNCF *(hors plan par D1)* **:** *quai du Maréchal-Joffre. ☎ 36-35 (prix d'un appel local). Au bout de l'av. Victor-Hugo.* Un départ ttes les 30 mn env pour Montpellier, Nîmes et Avignon, 5h15-23h, ainsi que pour Agde, Béziers et Narbonne, 6h-23h. Également 5 TGV direct/j. pour Paris. Bus gratuit (ligne 6) pour le centre.

✈ ***Aéroport*** **:** à Montpellier (compter 30 mn en voiture) et à Béziers-Cap-d'Agde (35 mn).

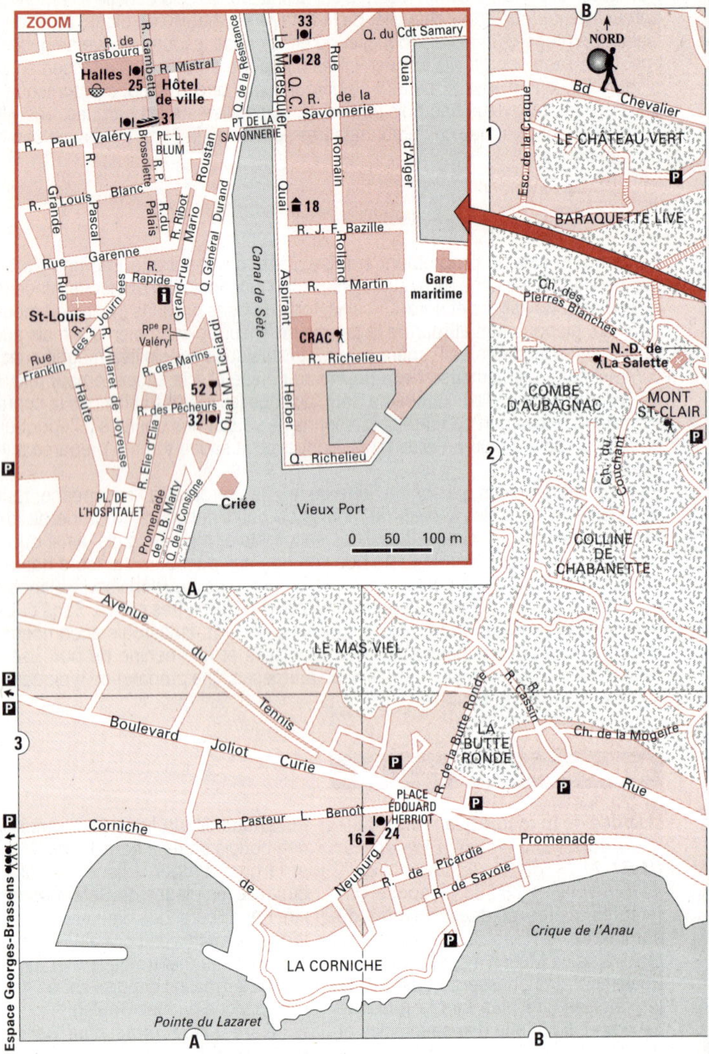

■ **Adresse utile**

- Office de tourisme (zoom)

Où dormir ?

10 Auberge de jeunesse (C1)
13 Georges Hostel (D1)
14 Le Grand Hôtel (D1)
15 Hôtel Le National (hors plan par D1)
16 Hôtel Venezia (A-B3)
17 Hôtel Au Valéry (hors plan par D1)
18 Hôtel L'Orque Bleue (zoom)

Où manger ?

20 Tatie Cherry (D1)
21 Paradiso (D1)
22 Paris Méditerranée (D1)

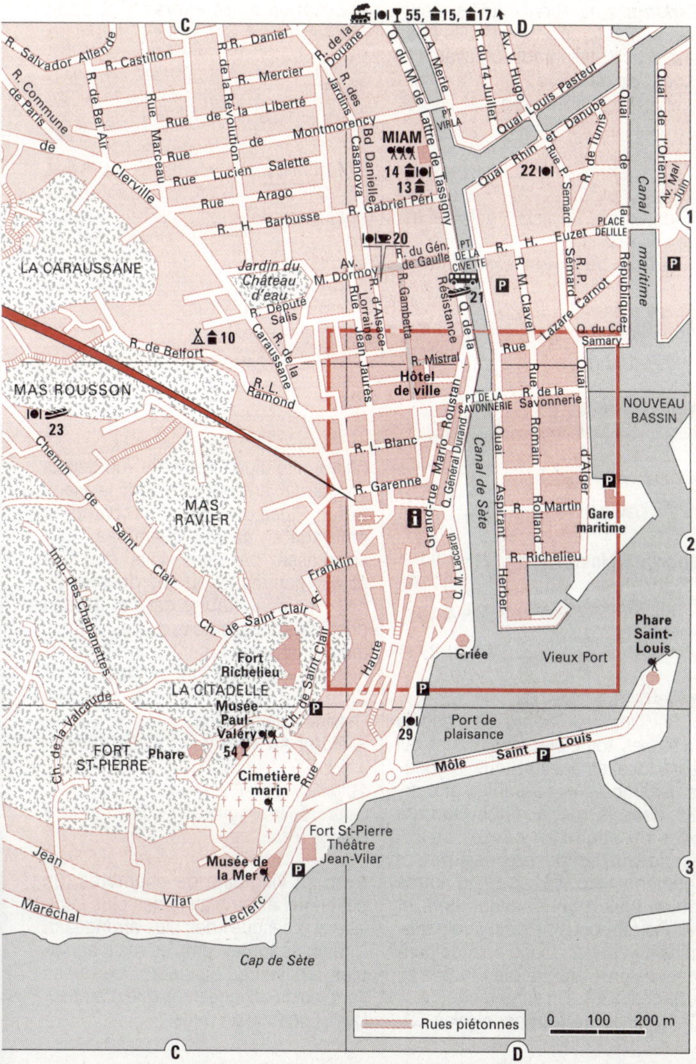

SÈTE

- **23** Là-Haut (C2)
- **24** Le Petit Bistrot (B3)
- **25** Halles et Manger (zoom)
- **28** Pasta Politi (zoom)
- **29** Terre et Mer (D3)
- **31** Homard et Dindon (zoom)
- **32** Oh Gobie (zoom)
- **33** The Marcel (zoom)

Où boire un verre ? Où sortir ? Où grignoter sur le pouce ?

- **52** Aqui Sian Ben (zoom)
- **54** Midi Là-Haut – Musée Paul-Valéry (C3)
- **55** Bar Le Passage (hors plan par D1)

Parkings : nombreux (mais insuffisants en haute saison), gratuits (mas Coulet, place Stalingrad) ou payants.
Location de vélos : BikeMed *(plan zoom), promenade Marty. 06-95-63-12-75. • bikemed.fr • Également à l'hôtel* ***Au Valéry*** *(hors plan par D1, voir « Où dormir ? »), 20, rue Denfert-Rochereau. ☎ 04-67-74-77-51.* Idéal pour partir sur la piste cyclable qui mène à Marseillan.
Location de vélos électriques : Flying Cat *(plan zoom), 1, quai Charles-Le-Maresquier. ☎ 09-60-46-18-20. Tlj sauf dim. Compter en 25 €/j., 90 €/sem.*
Location de scooters : Midi Sport Location *(plan D1), 3, av. Victor-Hugo. ☎ 04-67-74-93-52. 06-43-20-97-37. Mar-sam 9h-12h, 14h-19h. Résa conseillée en été. Compter 29-59 €/j. pour un scooter de 50 à 125 cc (pour 150-300 km, assurances incluses).*
– **Marchés :** *ts les mat sous les halles, 7h-13h ; lun sur l'île de Thau (marché populaire pas cher) ; mer rue Alsace-Lorraine et pl. Léon-Blum (lieu du marché aux fleurs) ; jeu (marché des producteurs) sur la Corniche ; ven grand marché sur la belle av. Victor-Hugo, bordée de platanes, quartier du Théâtre.*

Où dormir ?

De bon marché à prix moyens

Georges Hostel *(plan D1,* ***13****) : 8, rue Gabriel-Péri. ☎ 04-67-19-39-30. • contact@georgeshostel.com • georgeshostel.com • Lits en dortoir 25 € ; doubles (sans ou avec sdb) 50-80 €, familiale. Apéritif maison offert sur présentation de ce guide. Congés : de janv à mi-fév.* Une belle et grosse machine sur 3 étages, toute proche du canal, qui séduira tous les âges et tous les budgets. Chambres impeccables et cosy au 3e, dans la partie hôtel. Dortoirs (mixtes ou non) bien pensés au 2nd, avec rideau, lampe et prise perso, rangements, etc. Et, au 1er, d'autres dortoirs, plus grands, avec lustre et moulures en bonus ! Grands volumes, dominance de bois blond et déco gentiment design. Café-bar bien sympa au rez-de-chaussée. Un sans-faute.
Auberge de jeunesse *(plan C1,* ***10****) : villa Salis, 7, rue du Général-Revest (à pied), ou rue de Belfort (en voiture). ☎ 04-67-53-46-68. • sete@hifrance.org • hifrance.org • Accueil 7h30-minuit (9h-12h, 18h-21h hors saison). Fermé de mi-déc à fin janv. Compter 24 €/pers en chambre de 4 pers ou env 14,50 €/pers en camping (ouv juil-août seulement) ; doubles 53-58 €. Carte FUAJ demandée.* Perchée à flanc de colline sur les pentes du mont Saint-Clair (ça monte raide !), l'AJ profite d'une très belle vue depuis son jardin arboré dominant le vieux Sète. Plusieurs options : camping ombragé en paliers, chambres familiales assez basiques (4 lits, douches et w-c communs) ou des doubles un poil plus confortables dans la maison principale. L'ensemble, un peu vétuste mais chaleureux, sent bon les colonies de vacances des années 1970... Snack-bar sur une terrasse agréable. Cuisine à disposition.
Hôtel Au Valéry *(hors plan par D1,* ***17****) : 20, rue Denfert-Rochereau. ☎ 04-67-74-77-51. • hotelauvalery@gmail.com • hotelauvalery.com • À 5 mn à pied de la gare. Doubles standard 61-71 €. Parking gratuit à 150 m.* Avec sa vingtaine de chambres, un petit hôtel à l'ambiance des plus familiale et à l'accueil des plus arrangeant. Chambres toutes simples mais agréables (en visiter plusieurs, certaines sont moins engageantes que d'autres). Clim. Location de vélos.

Prix moyens

Hôtel Le National *(hors plan par D1,* ***15****) : 2, rue Pons-de-l'Hérault. ☎ 04-67-74-67-85. • hotel.national.sete@free.fr • hotellenational.fr • Doubles 69-89 €. Parking public gratuit à 100 m.* Une jolie surprise que cet hôtel caché à l'ombre d'un théâtre à l'ancienne, où tout est nickel.

Chambres spacieuses et cosy, avec moquette bleu marine, clim et petits balcons pour certaines. Accueil prévenant et canal du Midi à quelques encablures. Un vrai bon plan.

Hôtel Venezia (plan A-B3, **16**) : *Les Jardins de la Mer, 20, corniche de Neuburg. ☎ 04-67-51-39-38. • info@hotel-sete.com • hotel-sete.com • ♿ Congés : janv et nov. Doubles 62-118 €, petit déj compris. Parking.* Un petit hôtel familial de 18 chambres, impeccablement tenu. Le couple de gérants travaille seul, alors autant dire qu'il y est pleinement investi. Chambres calmes, agréables, bien équipées, toutes avec balcon (sur le parking...). Douche ou baignoire, lits plus ou moins grands... à vous de choisir. Bonne atmosphère. Et la plage est à 50 m !

Chic

Le Grand Hôtel (plan D1, **14**) : *17, quai du Maréchal-de-Lattre-de-Tassigny. ☎ 04-67-74-71-77. • info@legrandhotelsete.com • legrandhotelsete.com • ♿ Resto fermé sam midi-dim. Doubles 105-153 €. Menus 34-50 € ; carte env 50 €. Parking payant.* Spacieux, meublé d'époque en partie, ce *Grand Hôtel* bâti dans les années 1880 ne bouge pas et conserve toute sa classe. Les chambres climatisées, toutes différentes (préférer celles qui donnent sur le canal) et articulées autour du patio central protégé par une verrière (sonore), font preuve d'originalité dans la déco, tandis que ses ferronneries modernes et son resto (le *Quai 17*), aux allures de néobistrot branché, sont bien dans l'esprit du temps. Service impeccable

Hôtel L'Orque Bleue (plan zoom, **18**) : *10, quai Aspirant-Herber. ☎ 04-67-74-72-13. • contact@orquebleue.fr • orquebleue.fr • ♿ Congés : 3 sem début janv. Doubles 89-149 €. Parking 15 € sur résa.* Sur les quais, une maison du XIXe s avec de l'allure : façades à moulures, colonnades dans le hall d'entrée... S'il reste encore un peu de boulot niveau rénovation, la maison s'affiche, dans l'ensemble, plutôt déco (boutique d'objets, d'ailleurs, au rez-de-chaussée). Évidemment, les chambres les plus courues (les plus chères aussi !) donnent sur le canal (certaines avec petits balcons). Sur l'arrière, aucune vue mais c'est plus tranquille. Excellent accueil.

L'HÉRAULT

Où manger ?

Très bon marché

Paradiso (plan D1, **21**) : *11, quai de la Résistance. ☎ 04-67-74-26-48. Tlj, sauf lun et mar soir, 8h-19h* Tielles *à partir de 3 €. Congés : janv.* Alain Cianni, l'homme au bandana, vous racontera entre 2 fournées l'histoire de sa grand-mère, qui fut la 1re à commercialiser la *tielle*. La tradition ne s'est pas perdue ! À déguster tout chaud, sur les bords du canal.

Là-Haut (plan C2, **23**) : *1188, chemin Saint-Clair. 📱 06-95-58-60-68. Panoramique Saint-Clair, côté Croix. Avr-oct, tlj sauf mer 9h-18h ; nov-mars, le w-e 9h-13h. Salade 6 €, sandwichs et paninis 3,50-5 €. CB refusées.* Un ancien marin pêcheur et sa femme sont aux commandes de ce petit snack qui donne l'occasion de prendre un peu de hauteur. Quelques salades et paninis (dont un... à la *tielle*), et, bien sûr, la fameuse *tielle* justement, très réussie (et bien relevée) ici. Terrasse gravillonnée et mobilier en bois.

Bon marché

Tatie Cherry (plan D1, **20**) : *18, rue Alsace-Lorraine. 📱 06-12-85-70-57. • 77hil@free.fr • ♿ Tlj sauf dim 8h-15h plus jeu soir. Plat du jour 10 €. Digestif maison offert sur présentation de ce guide.* Une petite terrasse colorée et fleurie, une salle au charme gentiment suranné (bocaux remplis de bonbons, vieilles affiches, mobilier en bois vernis), le cadre est à l'image de la cuisine : simple et décontract'. Bons petits plats maison (tartes, salades, croques, tartines, etc.), large choix de thés, smoothies et super pâtisseries. On s'y pose avec bonheur à toute heure de la journée.

Homard et Dindon (plan zoom, **31**) : *5, rue Gambetta. ☎ 04-67-18-72-14. • contact@homardetdindon.fr • ♿ À 2 pas des halles. Ouv lun-ven 9h-17h (18h en été). Fermé w-e. Congés : Noël-début janv. Carte env 12 €. Café offert sur présentation de ce guide.* Accueil à la cool et jolie petite salle façon bistrot d'avant-hier pour des salades, sandwichs et plats du jour. Produits bio et régulières expos d'artistes. Simple, bon et vraiment pas cher.

Pasta Politi (plan zoom, **28**) : *5, quai Charles Lemaresquier. ☎ 04-67-78-69-65. • thomashasle@icloud.com • Tlj en été ; hors saison, mar-sam midi et soir. Résa conseillée. Plats 10-21 €.* De la *pasta*, fraîche, maison et excellente, oui mais pas seulement. Ce resto qui cartonne auprès des locaux propose une dizaine de plats d'inspiration italo-sétoise (une partie de la carte change chaque semaine) de fort bonne tenue. On vous conseille, entre autres, la fameuse macaronade, qui n'est pas une danse exotique mais une spécialité locale dont vous nous donnerez des nouvelles. Salle tout en longueur, voûtée et animée, qui se remplit vite.

Prix moyens

Oh Gobie (plan zoom, **32**) : *9, quai Maximin-Licciardi. ☎ 04-99-02-51-14. • ohgobie@hotmail.com • Tlj sauf dim-lun. Carte env 35 €.* Oh Gobie ! Tu veux qu'je te montre la mer ? Ce n'est pas le long des golfs clairs qu'il faut regarder, mais sur le port de pêche pour dénicher cette terrasse où s'entremêlent joliment filets, cordes et bois brut et où le poisson, dans les assiettes, est si frais qu'il en frétille encore. Cuissons d'une justesse parfaite et service plein d'attention. Une très bonne pêche !

Halles et Manger (plan zoom, **25**) : *6, rue de Metz. 📱 06-62-82-55-22. • hallesetmanger34@yahoo.fr • Dans les halles. Tlj le midi (12h-14h) sauf jeu plus mer hors saison. Possibilité de faire cuisiner sa viande achetée chez les bouchers des halles (compter env 7,50 €, accompagnement inclus), sinon carte env 30 €.* La chef fait des « halles et retour » dans le marché avant de s'installer dans sa cuisine ouverte pour des plats d'une évidente fraîcheur et souvent pleins d'inventivité. La maison organise d'ailleurs des cours de cuisine, avec Joe le Cooker : ces gens-là, en plus d'être des plus accueillants, sont les champions du monde du jeu de mots ! Son voisin, ***L'Entonnoir,*** se concentre davantage sur les produits de la mer avec, là encore, un talent certain *(carte seulement, env 35 € ; digestif maison offert sur présentation de ce guide).*

Le Petit Bistrot (plan B3, **24**) : *12, corniche de Neuburg. ☎ 04-99-02-43-89. • info@lepetitbistrotsete.com • Ouv mar-dim midi. Résa impérative. Formule du jour 21 € ; menu 33 € ; suggestions à l'ardoise min 20 €.* En guise d'apéro, on vous dépose un bon pot de rillettes et du pain ; ça commence bien. Et ça se poursuit bien aussi : supions *a la plancha,* tournedos au poivre vert, poêlée de gambas aux poivrons... De bons plats servis dans un cadre moderne, sobre mais assez sonore. Service sympa et pro, un poil long. Une bonne escale pour ceux qui vont piquer une tête à la Corniche.

Chic

Paris Méditerranée (plan D1, **22**) : *47, rue Pierre-Sémard. ☎ 04-67-74-97-73. • parismed@outlook.fr • Fermé sam midi et dim-lun. Menus 29-34 € ; menu dégustation 50 €.* Si la déco donne gentiment dans le néobistrot branché, un brin rétro, avec cuir rouge et parquet patiné, la cuisine est éminemment méditerranéenne : plats malins et bien fignolés, évoluant au gré des saisons et de l'inspiration du chef. Atmosphère conviviale, avec tables en alignement dans la salle en longueur, assurée par une équipe jeune et souriante. À l'arrière, agréable terrasse dans le patio ombragé.

Terre et Mer (plan D3, **29**) : *pl. du Souras-Bas. ☎ 04-67-74-49-43.*

L'HÉRAULT

• tony034200@hotmail.fr • ♿ Fermé mar-mer, plus le soir lun et jeu. Congés : de fin déc à mi-janv. Formule 36 € ; menu 47 €. Digestif maison offert sur présentation de ce guide. Ne vous fiez pas à l'environnement, pas des plus glamour, voici l'une des meilleures adresses sétoises. La terre, c'est monsieur, originaire de l'Aveyron, et la mer, c'est madame, sétoise pure souche. On retrouve ce mélange à la carte, où le foie gras côtoie la Saint-Jacques, autour d'une cuisine en tout point épatante. À ne pas rater. Terrasse, en retrait de la circulation et salle riquiqui mais agréable.

Plus chic

The Marcel *(plan zoom,* **33***) : 5, rue Lazare-Carnot. ☎ 04-67-74-20-89. • reservation@the-marcel.fr • the-marcel.fr • Mar-sam midi et soir, plus dim midi. Résa conseillée. Menus dégustation 84-98 € ; carte env 60-75 €.* Chauffe Marcel ! Étoilé Michelin seulement 7 mois après son ouverture en 2018, voici la nouvelle bombe gastronomique de Sète ! Tenue d'une main de maître par Fabien Fage – formé chez Ducasse –, l'adresse séduit pour sa cuisine, moderne, sans prétention, pointue sans faire offense au terroir... Pas donné, mais largement justifié.

L'HÉRAULT

Où boire un verre ? Où sortir ? Où grignoter sur le pouce ?

À partir du mois d'avril, ça bouge pas mal du côté du port de pêche, près de la criée *(plan zoom),* où les terrasses et restos s'alignent le long du quai Maximin-Licciardi.

Aqui Sian Ben *(plan zoom,* **52***) : 3, quai Maximin-Licciardi. 📱 06-18-37-26-12. ♿ Sur le port de pêche. Ouv mars-oct. En été, tlj 18h-2h ; hors saison, mer-sam 18h-1h.* « Ici, on est bien ! », proclame en occitan ce bar situé sur le très festif port de pêche. Et c'est vrai qu'entre la double terrasse (un côté lounge avec banquettes, l'autre plus simple avec tables de jardin colorées), l'étonnante salle (un ancien entrepôt à poissons façon bunker) et le boulodrome *indoor,* on est plutôt pas mal ! En prime, on peut y picorer de bonnes tapas.

Bar Le Passage *(hors plan par D1,* **55***) : à l'entrée du quai du Mistral. ☎ 04-67-74-21-25. ♿ Tlj.* Sur le quai qui mène à la pittoresque pointe Courte, c'est l'endroit où il est de bon ton de se poser, le temps d'avaler quelques brochettes ou de boire un verre.

Midi Là-Haut – Musée Paul-Valéry *(plan C3,* **54***) : rue François-Desnoyer. ☎ 04-67-18-81-04. Mêmes jours d'ouverture que le musée.* Une adresse qui permet de prendre un peu de hauteur pour capter l'air frais ; compter 15 mn à pied de la mairie. Belle terrasse qui donne sur la mer, agrémentée de bassins et de verdure. Parfait pour boire un verre avant ou après la visite du musée (ou du cimetière marin, tout proche).

Où manger ? Où sortir dans les environs proches ?

Ceux qui veulent vraiment goûter au Sète non touristique iront se perdre dans le parc aquatechnique *(hors plan par D1),* une zone artisanale au bord de l'étang où commencent à s'installer quelques bonnes adresses comme le resto **Chez Lanchois** *(9, rue d'Amsterdam ; ☎ 09-82-36-87-76 ; avr-oct seulement, tlj sauf dim soir-lun ; carte env 40 €)* avec sa déco décalée et ses petits plats malins.

Les paillotes du Lido *(hors plan par A3) : avr-sept, le long des 12 km du littoral sétois.* Une dizaine de restaurants de plage investissent le sable. C'est une institution ! On y va pour louer un transat à la journée, siroter un verre et, bien sûr, savourer leur cuisine méditerranéenne. On ne vous les cite pas tous car chaque Sétois a sa préférence, et vous aurez la vôtre, selon l'humeur, mais vous trouverez la liste complète sur le site de l'office de tourisme. Petit coup de cœur pour ***La Ola,*** un des meilleurs rapports qualité-prix des établissements de plage.

Où acheter de bons produits ?

Les halles *(plan zoom)* **:** *rue Gambetta. Ouv tlj 7h-14h.* Le meilleur du terroir, côté terre et côté mer, au fil des allées rebaptisées « rue de la Tielle », « rue de la Farigoule », « rue de la Murge »... Bon plan : se faire, après les emplettes, une tielle toute chaude, un apéro-tapas ou carrément un bon déjeuner (voir « Où manger ? » pour nos adresses de resto dans les halles). Et côté marchés de plein air, rendez-vous le mercredi matin autour des halles et le vendredi matin avenue Victor-Hugo. Sympa aussi, le ***marché nocturne,*** le jeudi en juillet-août, place du Galion-aux-Quilles.

Biscuiterie Pouget *(hors plan par D1)* **:** *47, quai de Bosc. ☎ 04-67-74-72-38. Mer et ven seulement 9h-12h30, 15h-18h, plus sam mat.* Adresse 100 % sétoise, qui se mérite (la façade de l'immeuble est sans intérêt). Entrez, les effluves de madeleines, de biscuits vous guideront. Jean-Marie et Marie-Thérèse Fabre ont repris cette biscuiterie créée en 1913. Dans la plus pure tradition d'autrefois, ils confectionnent chaque jour des navettes, des madeleines au chocolat et autres délices. Également un stand dans les halles de Sète.

L'Île Singulière *(plan A3)* **:** *16, rue de Provence. ☎ 04-67-51-59-65. Tlj sauf lun. Hors saison, fermé l'ap-m mar-mer.* Un petit creux en revenant de la plage par la corniche ? Ça tombe bien : vous trouverez ici de délicieuses *tielles* mais aussi de succulents chaussons aux moules.

Boutique Azaïs Polito **:** *15, rue de Bruxelles. ☎ 04-67-51-89-89. Tlj sauf w-e et j. fériés.* Soupe de poisson Label rouge, rouille à la sétoise, tapenade, brandade, tous les produits de la dernière conserverie de Sète, fondée en 1963 (qui, installée dans le parc aquatechnique, peut se visiter sur réservation).

À voir

La pointe Courte *(hors plan par D1)* **:** dans le prolongement du canal Royal, petit port pittoresque, quadrillé de ruelles et de maisonnettes, et où sèchent les filets et mouillent les barques des Pointus (nom donné aux habitants du quartier) attendant de partir sur l'étang de Thau. Une pointe effectivement très courte, confetti de terre, où l'on trouve le sympathique *Bar du Passage* (voir la rubrique « Où boire un verre ? Où sortir ?... »).

L'espace Georges-Brassens *(hors plan par A3)* **:** *67, bd Camille-Blanc (face au cimetière Le Py). ☎ 04-99-04-76-26. • espace-brassens.fr • ♿ Juin-sept, tlj 10h-18h ; hors saison, tlj sauf lun et j. fériés (sauf 1er nov), 9h-12h, 14h-18h. Entrée : 5,90 € ; réduc ; gratuit moins de 10 ans. Compter 1h de visite. Parking gratuit en face.* Cet endroit formidable est un rendez-vous intime avec un artiste dont le nom reste étroitement lié à Sète. C'est lui qui nous guide de salle en salle, par l'intermédiaire d'un casque audio (quelle idée géniale !), livrant toutes sortes de confidences sur les femmes, la poésie, le bon Dieu, l'anticonformisme, la mort, la musique et la chanson, et bien sûr l'amitié. De la jeunesse à Sète au milieu des copains à la montée à Paris avec l'impasse Florimont et Jeanne, des débuts de l'artiste dans les cabarets jusqu'à l'homme de scène... Une rencontre, un moment d'émotion, un instant d'intimité rare avec l'auteur de *La Mauvaise Réputation* et des *Copains d'abord.* Alors, grand merci aux initiateurs de cet espace, qui ont su restituer l'essentiel d'une œuvre et la présenter de façon vivante et synthétique, en respectant Georges Brassens, sa pudeur et le sens de son travail.

MIAM *(musée international des Arts modestes ; plan D1) : 23, quai du Maréchal-de-Lattre-de-Tassigny. ☎ 04-99-04-76-44. • miam.org • ♿ Avr-sept, tlj 9h30-19h ; oct-mars, tlj sauf lun, 10h-12h, 14h-18h. Entrée : 5,60 € ; réduc ; gratuit moins de 10 ans.* Un musée pas comme les autres, pop et loufoque, qui mérite assurément une visite. Dans un bel espace de 3 niveaux plongé dans la semi-pénombre, on découvre des vitrines remplies d'un bric-à-brac délirant constitué d'objets des années 1950-1960 aussi hétéroclites qu'inutiles, œuvres de Bernard Belluc, génial collectionneur du quotidien. Autres curiosités : les caravanes de Di Rosa, « customisées » par des bouddhas clignotants, des Goldorak et autres Jésus en plastique... Mais seuls les visiteurs vernis auront la chance de les apercevoir (ces caravanes, pardi, sont itinérantes et voyagent dans d'autres musées de France). Enfin, les expositions temporaires sont faites du même moule : toujours surprenantes, voire décoiffantes ! Un régal que ce MIAM !

Le musée Paul-Valéry *(plan C3) : 148, rue François-Desnoyer. ☎ 04-99-04-76-16. • museepaulvalery-sete.fr • ♿ Derrière le cimetière marin. Avr-oct, tlj 9h30-19h ; nov-mars, tlj sauf lun, 10h-18h. Entrée : 6,20 € (collection permanente) ; réduc. Supplément 3,70 € pour expos temporaires. Visite guidée de la collection permanente (supplément 1 €) tlj sauf dim à 11h et 14h30.* L'endroit en lui-même est sublime : un jardin sur les flancs du mont Saint-Clair, avec vue sur la grande bleue et le cimetière marin. Et le musée, conçu par l'architecte Guy Guillaume dans la lignée des bâtiments de Le Corbusier, ne s'adresse pas seulement aux amateurs du grand poète. Outre les 300 documents de l'artiste – dont le 1er manuscrit du *Cimetière marin* – ainsi que des dessins et pastels signés de sa main, une section abrite une importante collection de peintures, dont certaines de grande valeur. On y trouve, pêle-mêle, des artistes inspirés par le Midi (Courbet, Dufy...), les membres du groupe de Montpellier-Sète regroupés autour de Desnoyer, ou encore les artistes emblématiques de la Figuration libre (Di Rosa, Combas). 2 à 4 expositions temporaires par an : Louis Valtat, Juan Gris, Agnès Varda, Miró sont déjà passés par là, c'est dire... Très agréable café-resto pour boire un coup après la visite (voir « Où boire un verre ?... »).

Le CRAC *(Centre régional d'art contemporain ; plan zoom) : 26, quai Aspirant-Herber. ☎ 04-67-74-94-37. • crac.laregion.fr • ♿ Tlj sauf mar, 12h30 (14h w-e)-19h. Visites commentées w-e à 16h. GRATUIT.* L'art contemporain à Sète est présent partout : il stimule les rues et les places, amuse les galeries. Normal de le retrouver dans ce lieu qui montre la diversité des champs de création, d'artistes non seulement régionaux mais aussi français et étrangers (que des cracks, évidemment). Dans un ancien centre de congélation et de conservation du poisson aux volumes immenses, installations, vidéos, photos se succèdent au rythme de 3 ou 4 expos par an. À voir.

Le chalutier Louis-Nocca *(plan zoom) : quai Général-Durant. ☎ 04-67-74-94-37. Tlj sauf mar, 12h30 (14h w-e)-19h (15h-20h le w-e en été). Visites commentées w-e à 16h et sur demande. En réalité, horaires selon... l'humeur du patron ! Entrée : 5 € ; gratuit moins de 12 ans.* Hormis quelques aquariums pour découvrir toutes les espèces qu'abrite la Méditerranée, ce chalutier est resté tel qu'il était quand il prenait encore la mer : raides escaliers métalliques, salle des machines, chambre froide, couchettes plus qu'exiguës... Petit film sur une journée type de pêche en mer. Et passionnante visite guidée (spontanée !) si vous avez la chance de tomber sur l'ancien patron-pêcheur de ce bateau.

Le Quartier Haut *(plan zoom) :* un quartier bâti au XVIIe s pour abriter les travailleurs du môle et resté dans son jus, avec ses petites maisons toute simples à 2 étages, très colorées, et leur balcon face à la mer. On le gagne, en soufflant un peu, depuis l'office de tourisme, après avoir gravi la rue Rapide (on lui préfère son ancien nom, plus évocateur, de rue Rompe-Cul) et tourné dans la rue des Trois-Journées. Après la décanale (l'église) Saint-Louis, continuez par la rue Villaret-Joyeuse, typique de ce quartier haut. Tout au bout, la *Mamma,* célèbre statue aux formes opulentes du Sétois Richard Di Rosa, alanguie et mutine sur son coussin de granit, trône sur la place de l'Hospitalet. À ses pieds, les joueurs de pétanque.

Le phare Saint-Louis *(plan D2)* **:** *à l'extrémité du môle Saint-Louis. ☎ 04-99-04-71-71. Avr-mai et juil-août, tlj 10h-13h, 14h30-17h30 ; juin et sept, tlj 10h-12h30, 14h-17h30. Entrée : 3,50 € ; gratuit moins de 12 ans.* 126 marches à grimper pour découvrir du haut de ses 25 m (et des poussières), un panorama inédit sur Sète.

Le cimetière marin *(plan C3)* **:** *rue François-Desnoyer. Tlj 8h-18h (19h en été).* Sur le caveau de famille de Paul Valéry (famille Grassi) par ailleurs très sobre, cette inscription : « Ô récompense après une pensée, / Qu'un long regard sur le calme des dieux. » Bel endroit que ce cimetière qui s'étage au bas du flanc sud-est du mont Saint-Clair et domine les flots. À voir, en aval, dans l'autre partie du cimetière, la sépulture somptueuse des époux Paul Goudart, et celle, modeste, des 2 courageux pilotes, Richard et Barthélemy, qui ont péri en mer, le 6 janvier 1867, en allant porter secours à un navire américain. Repose également face au théâtre de la Mer qui porte son nom le célèbre homme du TNP et du festival d'Avignon : Jean Vilar.

Le mont Saint-Clair *(plan B2)* **:** il domine fièrement la ville du haut de ses 175 m. À pied, commencer l'ascension en partant de l'hôtel de ville, prendre la rue Paul-Valéry puis, presque en face, la rue Ramond, qui se prolonge par la rue Belfort. Ça grimpe, ça fait du bien (ou pas !). Un peu plus haut sur la gauche, le chemin de Biscan-Pas et son escalier qui mène au sommet. Vue sur le port. De là, le chemin des Pierres-Blanches conduit au lieu-dit du même nom, de l'autre côté du mont ; au bout, table d'orientation : panorama sur la mer et l'étang.

La chapelle Notre-Dame-de-La-Salette *(plan B2)* **:** au mont Saint-Clair, tout là-haut, cet ancien ermitage construit sur les vestiges d'un fortin reçoit pèlerins et touristes indifféremment le 19 de chaque mois, et plus particulièrement le 19 septembre, anniversaire de l'apparition de la Vierge à La Salette, en 1846. Curieuse chapelle, basse et sombre, dont les murs ont été décorés de fresques par Bringuier en 1952 : vision très sombre et expressionniste de l'apparition. Un peu spécial, et peut-être angoissant, mais non dénué d'intérêt. Beau panorama à 360° du haut du presbytère voisin.

Le cimetière Le Py *(hors plan par A2)* **:** *bd Camille-Blanc. Ouv tlj 9h-18h (19h en été).* Brassens (1921-1981), à défaut d'un « petit trou moelleux sur la plage de la Corniche » *(Supplique pour être enterré sur la plage de Sète),* repose auprès de sa demi-sœur et de son beau-frère, Simone et Yves Cazzani, ainsi que de Joha Heiman dite « Püppchen » (l'amante non demandée en mariage). Dans ce cimetière, plus modeste et populaire que le cimetière marin, sont enterrés les notables.

Le musée de la Mer *(plan C3)* **:** *rue Jean-Vilar. ☎ 04-99-04-71-55. Tlj sauf lun, 10h-19h (9h30-18h nov-avr). GRATUIT. Parking gratuit.* Situé en balcon sur la Méditerranée, le musée, très didactique, retrace l'histoire du port de Sète depuis le XVIIIe s, de la pêche et des fameuses joutes (jolie section). Il abrite aussi la collection de maquettes de bateaux d'André Aversa, qui a voué sa vie à la charpenterie de marine. Un petit mais bel espace, une bien jolie vue – de circonstance, étant donné l'objet du musée – et une muséographie contemporaine. Intéressant.

Le MaCO **:** si New York a son MoMA, Shanghai son MoCA, Sète, en toute modestie, a son MaCO, Musée à Ciel Ouvert. On applaudit des deux mains l'initiative lancée en 2008 par le festival K-LIVE de street art. Chaque année, les artistes vedettes du festival laissent une œuvre sur les murs de la ville. Résultat : un parcours d'une trentaine d'œuvres dont celles de M. Chat, Epsylon Point, Chanoir,

C215, KASHINK, Don Mateo, Ratur et Skaro, Monkey Birds... Que des grands noms du street art. Ouvrez l'œil ! *Parcours disponible à l'office de tourisme. Visite guidée sur résa.*

À faire

12 km de belles plages (entre la plage du Lazaret et la plage du Vassal) labellisées pavillon bleu longent une bande sableuse étroite (500 m) bordée de l'autre côté par l'étang de Thau. Elles sont accessibles à vélo par une piste cyclable.

Balades sur les canaux, sorties en mer et sur l'étang : **Sète Croisières** *(plan zoom), quai du Général-Durand, près du pont de la Savonnerie. ☎ 04-67-46-00-46. • sete-croisieres.com • Bateaux bleus* Canauxrama*, tlj avr-sept, compter 45 mn et 10 €, réduc. Bateaux rouges* Aquarius *(promenades en mer), avr-déc, compter 1h et 12 €, réduc. Bateaux jaunes* Sub Sea Explorer *(visite de l'étang de Thau), avr-sept, compter 1h30 et 15 €, réduc.* Pour découvrir la ville et ses environs autrement, et mieux comprendre le monde des pêcheurs. Les bateaux jaunes et rouges offrent une vision sous-marine si la météo le permet.

Pêche à la daurade : avis aux amateurs, fin septembre-début octobre, les daurades transhument par bancs entiers de l'étang vers la mer. Difficile alors de se faire une petite place le long du canal et plus encore à la « plagette », face à la pointe Courte, au milieu des pêcheurs au coude à coude.

➢ ***Randonnées*** dans les environs, autour du bassin de Thau ou le long de la plage. De préférence le soir en saison. Belle lumière. Super clichés assurés. Et pourquoi ne pas pousser jusqu'au massif de la Gardiole ? Contactez l'***office de tourisme Archipel de Thau Méditerranée*** *(☎ 04-67-43-93-08).*

– ***Kayak et paddle :*** *☎ 04-67-74-49-23. 📱 06-95-63-12-75. • kayakmed.com •* Sorties nature ou coucher de soleil en kayak guidées par un pro. Balades encadrées en kayak de mer, *stand up paddle* et pirogue polynésienne. Accessibles à tous, ces circuits abordent l'environnement, l'histoire, le patrimoine, la gastronomie, la culture... en toute convivialité.

– ***À vélo :*** une piste cyclable a été aménagée sur 12 km le long du littoral, jusqu'à Marseillan-plage. Une autre rejoint Mèze en longeant la lagune de Thau (environ 20 km).

Manifestations

– ***Festival de la photo ImageSingulières :*** *15 j. à partir de l'Ascension, en centre-ville. • imagesingulieres.com •*
– ***Festivals d'été au théâtre de la Mer :*** pointures de la chanson française *(en juin)* « ***Quand je pense à Fernande !*** » ainsi que le ***festival K-live, Worldwide Festival*** (*début juil* ; électro), ***Sunsete Festival*** (*début juil* ; film), ***Jazz à Sète*** *(mi-juil),* ***Fiesta Sète*** et ses musiques du monde *(début août)* et ***Demi-Festival*** consacré au hip-hop *(mi-août).* Surveillez la programmation, toujours riche et surprenante, ininterrompue de mi-juin à fin août *(• tourisme-sete.com •).* Sans oublier les ***Voix vives de Méditerranée en Méditerranée,*** festival de la poésie *(en juil).*
– ***Grand pardon de la Saint-Pierre :*** *début juil.* Sortie en mer du saint patron des pêcheurs. Procession dans toute la ville, manifestation haute en couleur.
– ***22 V'la Georges :*** *22-29 oct.* 1 semaine de festivités et de concerts en hommage à Brassens dans son quartier natal de la Révolution (ça ne s'invente pas).

Tournois de joutes : depuis le XVIIe s, une institution à Sète, qui culmine le lundi de la Saint-Louis (patron du port de Sète), autour du 20 août, et anime la ville et le Grand Canal pendant tout l'été. Très touristiques mais surtout très authentiques. On ne plaisante pas avec les règles de la *tintaine.* La traversée de Sète à la nage est une épreuve également disputée pendant ces fêtes. Animations de rues et *baraquai* font que vous ne risquez pas de vous ennuyer.

DANS LES ENVIRONS DE SÈTE

FRONTIGNAN (34110)

Entre Méditerranée et collines de la Gardiole, sur plus de 7 km de littoral préservé et d'espaces naturels protégés, le territoire de Frontignan offre un éventail complet d'activités nautiques et d'escapades multiples. Petite station balnéaire familiale et résidentielle à Frontignan-Plage, entre mer et étang. Célèbre pour son muscat, dont les origines remontent à l'Antiquité. Importé par les Romains, il eut même droit aux honneurs dans les *Lettres* de Pline le Jeune.
Au XVIe s, la cité résista victorieusement aux protestants. La Réforme ne passa pas par là. En récompense, Richelieu et Louis XIII firent de la cité une amirauté. Le port s'agrandit et, sous Louis XIV, il fut le plus grand du Languedoc !

Adresses et info utiles

Point info tourisme : *quai du Caramus. • frontignan-tourisme.com • Juil-août, tlj sauf dim ap-m, 9h30-12h30, 15h30-18h30 ; hors saison, tlj sauf sam ap-m et dim, 9h-12h, 14h-17h30.* Organise des sorties (en saison) à la découverte des anciens salins, de la faune et de la flore, sur le massif de la Gardiole et le littoral, ainsi que la visite des domaines de muscat. Également des balades pour enfants.
Office de tourisme : *Maison du tourisme et de la plaisance, av. des Étangs, Frontignan-Plage. ☎ 04-67-18-31-60. Juil-août, tlj 9h30-19h ; le reste de l'année, horaires variables et fermé dim.*
Biscuiterie artisanale La Belle Époque : *ZI Barnier. Tte l'année, lun-ven 9h-12h, 14h-17h30 ; juil-août, lun-sam 9h30-12h30, 16h30-19h.* Les fameuses « zézettes de Sète » sont en fait fabriquées ici. Profitez des prix fabrique.
– **Marchés :** *jeu et sam mat, en plus du marché couvert qui se tient ts les mat sauf lun, en centre-ville. À* ***Frontignan-Plage,*** *marché de quartier lun mat en juil-août et artisanal mer soir sur la* ***place Vauban.***

Où dormir ? Où manger à Frontignan et autour ?

Le Poisson Rouge : *32, rue Paul-Riquet, Frontignan-Plage. ☎ 04-99-04-05-53. • julielorlut@gmail.com • En bord de plage. Tlj. Menus 23 € (déj sem)-32 € ; carte 35-40 €.* Murs blancs, bois brut et fauteuils en rotin : la salle a le goût de l'époque et s'ouvre largement sur une jolie plage privée avec transats et tapas en été. La cuisine suit le même chemin : largement tournée vers la mer, donc (huîtres du bassin de Thau, tartare d'espadon, seiche *a la plancha*...), toute simple, toute bonne et gentiment facturée si l'on se limite aux menus (celui du déjeuner est une vraie affaire).

Hôtellerie de Balajan : *41, route de Montpellier, 34410* ***Vic-La-Gardiole.*** *☎ 04-67-48-13-99. • hotel.balajan@wanadoo.fr • hotel-balajan.com • ♿ En bordure de la D 162, à 11 km au nord-est de Sète. Resto tlj 12h15-13h45 et 19h30-21h15 sauf le midi des lun-mar et sam et dim soir hors saison Congés : fêtes de fin d'année et fév. Doubles 98-108 €. Menus 28 € sem, puis 34-45 €. Sur présentation de ce guide, réduc de 10 % sur le prix de la chambre sauf août.* Une affaire de famille à l'accueil aux petits soins. La bonne adresse dans la grande tradition de l'hôtellerie (évidemment !) française. Jolie cuisine de région, classique mais avec des idées d'aujourd'hui. Chambres coquettes et confortables (clim). Dans celles installées côté vignes, on parvient à oublier la toute proche (et très passante) départementale... Piscine.

La Ferme Marine des Aresquiers : *route des Aresquiers, 34110* ***Vic-La-Gardiole.*** *06-09-76-78-67. • lafermemarinedesaresquiers.fr • À 2 km au sud-est de Vic, sur la route qui longe le bord de mer (repérer, sur la gauche, le panneau « Producteur de coquillages »). Côté vente à emporter : juin-sept, tlj 16h30-19h30 ; hors saison, fermé dim-mar. Côté restauration, de début juin à mi-sept, mer-sam à partir de 20h, plus dim soir juil-août. Résa obligatoire, par Internet les soirs de concert. Assiettes 7-24 €, env 7 €/pers les soirs de concert (ven-sam).* Au bord de l'étang, ce producteur de coquillages (vente directe) a monté une petite bicoque de bois, installé quelques tables. On commande au comptoir plateaux de fruits de mer, brochettes de moules, loup simplement grillé ou fromages aveyronnais, à arroser d'un muscat sec produit par les propriétaires. Rien autour, si ce n'est l'étang, les pirouettes des poissons et parfois un vol de flamants. Les soirs de musique live, quand la nuit succède au soleil rasant, les guirlandes électriques s'allument et le brasier s'enflamme pour préparer une succulente *brasucade* : des moules bien charnues, grillées au feu de bois avec une sauce herbes et vin blanc. Prévoir un répulsif antimoustiques.

L'HÉRAULT

À voir. À faire

L'église Saint-Paul : Édifice trapu, massif, imposant et fortifié, construit entre les XIIe et XIVe s. Portail principal à archivolte et frise de poissons et de bateaux. Normal, le port était important !

Le musée de Frontignan : *4 bis, rue du député Lucien-Salette. ☎ 04-67-18-50-05. Avr-fin nov, mar-sam 10h-12h, 14h-18h. GRATUIT.* Juste à côté de l'église, il est installé dans l'ancienne chapelle des Pénitents-Blancs, édifiée au XVIIe s. Il retrace l'histoire locale au travers des activités commerciales : la pêche, le sel, les joutes nautiques, les traditions et le vin, évidemment. Produits de fouilles d'épaves.

Les caves de muscat : plusieurs caves de muscat proposent des visites et dégustations. Liste des caves à l'office de tourisme.

La plage des Aresquiers : espace naturel encore sauvage.

➢ ***Promenades*** sur le massif de la Gardiole ou autour de l'étang d'Ingril pour les flamants roses, les aigrettes, les mouettes, les canards sauvages. En tout, 50 km de sentiers balisés accessibles à tous.

Fêtes et manifestations

– ***Fête du nautisme :*** *un dim en juin.* Au port de plaisance. L'occasion de découvrir et de s'initier à différents types d'activités nautiques (gratuites ou à prix doux). Démonstrations également.

– ***Festival international du roman noir :*** *dernière sem de juin. • firn-frontignan.fr •* Littérature, B.D., cinéma, tous les auteurs de la planète « polar » se retrouvent à Frontignan.

– ***Les Emmuscades :*** *4 soirées juil-août. Rens à l'office de tourisme pour le programme et les résas.* Brasucade de moules, dégustation de muscat puis projection d'un film en plein air dans un domaine viticole produisant du muscat.

– ***Festival du muscat :*** *dernier sam de juil.* Marché « des goûts et des saveurs », visite des caves et domaines de muscat, ateliers de dégustation, joutes nautiques, bals populaires, etc.

– ***Fête de la Mer :*** *dernier dim de juil.* Sorties en mer et parade en ville.
– ***Fête du Port de plaisance :*** *14 août.* Régates, concours de pêche, marché artisanal, animations enfants, feu d'artifice, etc.

BOUZIGUES (34140) 1 790 hab. *Carte Hérault, C2*

Petit port au cachet méridional, capitale languedocienne des coquillages, déjà très appréciés par les Grecs et les Romains, qui n'étaient pas si fous que ça. À déguster de préférence à la fraîche, en profitant du soleil couchant sur l'étang de Thau, ce « morceau de mer prisonnier des collines », qui couvre quelque 7 500 ha (20 km de long et 5 km de large, si c'est plus parlant) et a une salinité proche de celle de la Méditerranée.

L'étang, les poissons s'y réfugient pour frayer au printemps et ils regagnent la mer en automne. C'est le moment préféré des riverains, qui viennent pêcher daurades, loups, anguilles, au filet ou à la ligne. Quant aux coquillages, succulents, ils vous seront servis sur un plateau chez un producteur, avec 1 verre ou 2 de picpoul de Pinet. Faites un tour en mer ou au musée, pour mieux comprendre les techniques d'élevage. Et n'oubliez pas que, en dehors des huîtres, il y a aussi les moules et les palourdes, les « perles de l'étang de Thau ». Pour faire trempette, plagettes à l'entrée sud du village et derrière le musée.

L'HIPPOCAMPE, DRÔLE DE BESTIAU

Il vit dans l'étang de Thau. C'est un poisson solitaire qui a la particularité de nager debout. Le mâle couve les œufs déposés par la femelle. Avec ses nageoires minuscules et mal fichues, il se déplace lentement. Sa queue est de section carrée et ne porte pas d'écailles mais de petites plaques osseuses.

Adresse utile

Point info tourisme : *au musée de l'Étang-de-Thau (se reporter à la rubrique « À voir », plus loin). Mêmes coordonnées et horaires d'ouverture.*

Où dormir ? Où manger ? Où déguster et acheter des coquillages ?

Camping

Lou Labech : *chemin du Stade. ☎ 04-67-78-30-38. • contact@lou-labech.fr • lou-labech.fr • ♿ De l'autoroute A 9, prendre la sortie nº 33 en direction de Mèze. Ouv avr-oct. Compter env 17-30 € pour 2 selon saison, avec électricité ; loc de caravanes et de chalets en toile ou en bois. 48 empl.* En bordure du village, dominant l'étang, un petit camping sympa comme tout, calme et convivial, tenu par des propriétaires accueillants. Bon niveau d'équipements, aménagements soignés, emplacements bien délimités et ombragés pour la plupart. Snack ouvert en juillet-août.

De bon marché à prix moyens

On peut se faire ouvrir sa douzaine de coquillages à tous les coins de rue, même pendant les mois sans « r ». Fraîcheur garantie a priori, mais avec l'arrivée de l'été et des touristes, certains forcent sur les prix en oubliant la qualité. Faites comme les habitués, allez là où il y a encore des locaux qui se régalent de *tielles* chaudes et d'huîtres fraîches, et évitez les adresses aux menus longs comme le bras. On n'est pas là pour faire un grand repas, mais pour s'offrir une bouffée d'oxygène et un bol d'iode, en terrasse. Avec quelques moules et un picpoul de Pinet, tant qu'à faire...

De prix moyens à un peu plus chic

À la Voile Blanche : *301, quai du Port. ☎ 04-67-78-35-77. • alavoileblanche@wanadoo.fr • alavoileblanche.fr • Doubles 75-195 €.* Idéalement situé sur le port, un petit hôtel avec vue sur l'étang, dont chaque chambre, toutes lumineuses et de bon confort, a été personnalisée dans un esprit contemporain par une artiste. Les plus chères bénéficient d'une jolie vue sur Sète depuis leur grande terrasse. Fait aussi resto.

Chez La Tchèpe : *14, av. Louis-Tudesq. ☎ 04-67-78-33-19. • fionaroques@yahoo.fr • chezlatchepe.fr • Mar-dim 9h-18h (21h30 juin-sept). Fermé lun (sauf août). Formule dégustation 1 pers 16 € ; 32-44 € pour 2 pers (bouteille de vin incluse). Carte env 20 €. CB refusées. Café offert sur présentation de ce guide.* Une petite salle et une terrasse modestes et conviviales, le long des quais (et des bagnoles), pour une ventrée de coquillages en direct de chez le producteur. Formules à tarifs intéressants, et des crêpes salées pour les gamins ou ceux qui n'ont pas le pied marin. Pas mal de choix en dessert, dont des crêpes évidemment, et des glaces artisanales.

Les Jardins d'Oc : *av. Louis-Tudesq, au bord de l'étang, à la sortie du village direction Mèze. ☎ 04-67-78-33-23. Tlj 10h-16h. Formules dégustation 9-26 €.* On passe devant les hangars où se préparent bourriches et naissains, pour atteindre la belle terrasse, le nez dans les parcs à huîtres. Un cadre idéal pour déguster des coquillages crus ou cuits (brasucade de moules, huîtres gratinées). Et si ça vous a plu, boutique de vente à emporter !

Chic

La Côte Bleue : *av. Louis-Tudesq. ☎ 04-67-78-31-42. • lacotebleue0572@orange.fr • la-cote-bleue.fr • Doubles 70-125 €. Menus 19,50 € (déj sem)-29 € (sauf w-e et j. fériés), puis 35-46 €.* Bâtiment récent sans grand intérêt, assez discret avec ses toitures de tuiles et ses terrasses pied dans l'eau, très agréables. Chambres rénovées pour la plupart (ce qui ne change pas le tarif, donc privilégiez-les), calmes et confortables, donnant sur une piscine. Elles disposent d'un balcon à l'étage (plus chères) et d'un parking privé (gratuit) au rez-de-chaussée. Nos préférées : la poignée de chambres contemporaines un peu plus à part, à l'étage, qui partagent une terrasse. Bon restaurant pour profiter de la vue superbe sur les parcs à huîtres au coucher du soleil... Bons menus, mais régalez-vous surtout avec les plateaux de fruits de mer.

À voir. À faire

Le musée de l'Étang-de-Thau : *quai du Port-de-Pêche. ☎ 04-67-78-33-57. • patrimoine.agglopole.fr • Juil-août, tlj 10h-13h, 15h-19h ; hors saison, tlj sauf lun 10h-12h, 14h-18h (17h nov et fév). Fermé déc-janv et le 1er mai. Entrée : 5 € (9 € avec la villa Loupian et le Jardin antique) ; réduc ; gratuit moins de 7 ans.* Le musée est dédié aux pêcheurs et bien sûr aux fameux « paysans de la mer » (autrement dit : les conchyliculteurs). On y apprend qu'il faudra attendre 1908 pour assister aux 1ers essais concluants d'élevage. Une très belle scénographie permet de découvrir les différentes techniques de pêche traditionnelle et d'élevage conchylicole passées et présentes, les parcs d'élevage et le mas ostréicole, ainsi que le magasin du pêcheur, des aquariums, une nacelle (embarcation caractéristique). Également un court film sur la conchyliculture et une borne interactive proposant différents reportages sur les questions environnementales auxquelles sont confrontés l'étang et ceux qui en vivent. Expos temporaires.

– ***Visite d'un parc d'élevage :*** *avec* ***Bleu Marin.*** *Au port.* 📱 *06-03-31-44-90.* • *promenade-bouzigues.fr* • *Mai-sept, 3 départs/j. à 11h, 14h30, 16h ; départ supplémentaire à 17h30 juil-août ; 1 seul départ à 15h avr et oct. Tarif : 12 € ; réduc.* Une balade en bateau d'environ 1h, guidée par un ostréiculteur, avec découvertes des différentes cordes sur lesquelles grandissent huîtres et moules.

Fête

– ***Foire aux huîtres :*** *2e w-e d'août.* Près de 20 000 personnes défilent pour s'adonner à une dégustation monstre !

DANS LES ENVIRONS DE BOUZIGUES

La villa Loupian : *D 158 et E 4, 34140* ***Loupian.*** ☎ *04-67-18-68-18.* • *patrimoine.agglopole.fr* • ♿ *À 4,5 km à l'ouest de Bouzigues. Juil-août, tlj 10h-13h, 15h-19h ; hors saison, tlj sauf mar 10h-12h, 14h-18h (17h fév et nov). Fermé déc-janv et le 1er mai. Entrée : 5 € (9 € avec le musée de l'Étang-de-Thau et le Jardin antique) ; réduc ; gratuit moins de 7 ans. Prévoir 1h de visite. L'ensemble inclut le musée (visite libre ; muséographie pas récente) et les vestiges d'une villa gallo-romaine (visite guidée jeu 15h ; abritée).*
Une importante villa gallo-romaine fut implantée ici entre le Ier et le VIe s apr. J.-C. C'était à la fois un terroir sur lequel on cultivait la vigne et le blé (on a retrouvé le chai, l'atelier des potiers qui fabriquaient les amphores et même l'emplacement du port de départ pour le vin) et une grande résidence gallo-romaine, organisée autour d'un jardin d'agrément.
Un lieu de villégiature certainement agréable avec sa salle d'audience luxueuse, sa grande salle de banquet, sa galerie et ses pièces à vivre le long desquelles on se promène... sur une passerelle. Il fallait trouver en effet un moyen astucieux pour avoir à la fois une vision d'ensemble des vestiges et la possibilité d'approcher ces fameuses mosaïques polychromes du Ve s apr. J.-C., présentées in situ (rare), qui font la richesse du site. Espace dédié aux fouilles.

Le Jardin antique méditerranéen : *rue des Pioch, à* ***Balaruc-les-Bains*** *(à côté des serres municipales ; suivre les panneaux).* ☎ *04-67-46-47-92.* • *patrimoine.agglopole.fr* • ♿ *Juil-août, tlj sauf lun 10h-13h, 15h-19h ; hors saison, tlj sauf lun 10h-12h, 14h-18h (17h nov). Fermé déc-fév et le 1er mai. Visite libre : 5 € (9 € avec le musée de l'Étang-de-Thau et la villa Loupian) ; réduc ; gratuit moins de 7 ans.* Étendu sur 1,7 ha face au bassin de Thau, un espace unique en France et sur le pourtour méditerranéen. Plus de 1 200 plantes nous font revivre l'évolution et la diversité des jardins de l'Antiquité. Petits et grands peuvent découvrir, à travers 7 jardins thématiques, la flore méditerranéenne. Une façon ludique d'aborder la connaissance des essences végétales méditerranéennes et leurs usages. Le parcours proposé permet de découvrir tout à la fois l'agriculture et l'horticulture des temps disparus, le sacré, la médecine, la magie, la cuisine ou la cosmétique.

Pour les petites faims, un resto au nom évocateur, où se poser au retour de la balade côté jardin : ***L'Arôme*** *(22, av. du Port ;* ☎ *04-67-48-48-27. Menus 34 €-46,50 €).* Du frais, du bon, dans un cadre sympathique, en plein Balaruc-les-Bains.

MÈZE

(34140) 11 200 hab. *Carte Hérault, C2*

Cette bourgade sympathique et tranquille, ramassée autour de son port animé, de son église du XVᵉ s et d'une chapelle médiévale, peut servir de base de repli entre les plus tumultueuses Sète et Agde. Les terrasses de cailloutis que vous apercevez à la sortie favorisent la production d'un vin blanc sec qui s'accorde tout naturellement avec les coquillages du bassin de Thau. Pour la baignade, quelques plagettes de sable aux abords du port, d'où piquer une tête dans les eaux claires de l'étang.

Adresse et info utiles

Office de tourisme : *quai Baptiste-Guitard. ☎ 04-67-43-93-08. • thau-mediterranée.com • En saison, tlj 9h30-12h30, 14h30-18h30 ; hors saison lun-sam mat 10h-12h, 14h-17h et mat des j. fériés (oct-avr fermé w-e et j. fériés).*

– **Marchés :** *jeu mat et dim mat sur la pl. de l'Esplanade. En été,* ***marché artisanal*** *jeu 20h-minuit, sur le port.* ***Marché aux puces*** *sam mat.*

Où dormir ?

Prix moyens

Hôtel de Thau : *1, rue de la Parée. ☎ 04-67-43-83-83. • hoteldethau@orange.fr • hoteldethau-meze.com • À 100 m du port. Doubles 69-89 €.* Planté à une patte-d'oie dans le vieux village, ce petit hôtel compte une quinzaine de chambres à la déco sans grande imagination (tomettes au sol...) mais tout confort (clim). Évitez, tant qu'à faire, celles du rez-de-chaussée, avec fenêtres au verre brouillé. Bon rapport qualité-prix pour celles qui disposent d'un balcon.

Où manger ?

Bon marché

L'ambre Marine : *18, quai Augustin-Descournut. ☎ 04-67-18-86-06. • eri blanc@wanadoo.fr • En saison, tlj sauf lun ; hors saison, tlj sauf lun-mar 12h-14h 19h-21h30. Formule déj en sem 15,90 € ; menus midi et soir 17,90-30 €. Café offert sur présentation de ce guide.* Une adresse à la bonne franquette, sur le port, où l'on fait griller chaque midi du poisson *a la plancha* pour 3 fois rien. Également de bons coquillages de l'étang et même, plus surprenant, des pizzas tout à fait honorables. Bon, tout n'est pas parfait (frites surgelées et déco kitchouille à souhait dans la salle), mais ça remplit son homme, les prix sont doux et l'accueil fort sympathique.

Prix moyens

Le Coquillou : *14, quai Augustin-Descournut. ☎ 04-67-18-87-50. • lecoquillou34140@gmail.com • Tlj sauf lun et midi mar-mer. Congés : nov. Menus 21-32 € ; carte env 45 €. Apéro maison offert sur présentation de ce guide.* Dans l'assiette comme dans le décor, on est un poil au-dessus des concurrents du port : terrasse sur le quai ou jolie salle à la déco moderne, produits du pays pour des plats au goût de l'époque et à des prix sans exagération. Accueil sympa du papa (au service) et de son fiston (en cuisine).

À voir

Le musée-parc des Dinosaures et de la Préhistoire : *entre Mèze et Montagnac, sur la D 613. ☎ 04-67-43-02-80. • dinosaure.eu • Juil-août, tlj 10h30-19h30 ; fév-juin et sept-oct, tlj 14h-18h ; nov-déc, tlj 14h-17h. Fermé janv. Entrée : 12,50 € ; réduc. Parcours d'env 2h (dernière entrée 2h avt fermeture). Réduc de 1 € sur présentation de ce guide.* C'est en mars 1996 qu'Alain Cabot fait une incroyable découverte sur la plaine de Mèze : l'un des plus importants gisements d'œufs de dinosaures (40 km²), datant de l'ère secondaire. La région de Mèze était le lieu de rassemblement des dinosaures en période de ponte. Ce gisement est maintenant devenu un musée en plein air, le plus grand d'Europe consacré aux dinosaures. Un parcours sur 6 ha jalonné de vitrines, de panneaux explicatifs et de reconstitutions dévoile tous les secrets de ce monde disparu. Vous pourrez y voir notamment un des plus grands squelettes complets au monde, celui d'un brachiosaure, plus qu'impressionnant avec ses 25 m de long ! D'habiles reconstitutions présentent nos lointains cousins, comme Lucy (les pieds sur terre, pas encore *in the sky*), enrichies d'explications intelligentes sur la bipédie, la maîtrise du feu, la chasse et les prémices de l'artisanat...

Manifestations

- ***Cavalcades :*** *1er et 8 mai.* Folles cavalcades dans la cité. Chars, groupes folkloriques, ivresse des jours de fête.
- ***Festival de Thau :*** *1 sem mi-juil, autour de l'étang de Thau. Infos : ☎ 04-67-18-70-83. • festivaldethau.com •* Une ambiance festive avec concerts (musiques du monde), ripaille, débats...

MARSEILLAN (34340) 7 900 hab. *Carte Hérault, C2*

Postée au débouché du canal du Midi venu mourir dans l'étang de Thau, cette petite cité portuaire s'est développée autour de la vigne et de la conchyliculture. On y trouve un centre historique plutôt mignon, avec quelques bonnes tables. En bord de mer, l'extension « Marseillan plage » est une petite station balnéaire plutôt agréable, préservée des grosses structures. Pour relier ces 2 entités, une piste cyclable sécurisée relie la ville à une longue plage de sable fin (à environ 5 km). On peut même pousser jusqu'à Agde ou Sète, en longeant le littoral.

Adresse et info utiles

Office de tourisme : *av. de la Méditerranée, Marseillan-Plage. ☎ 04-67-21-82-43. • marseillan.com • En été, tlj 9h-19h. Le reste de l'année, lun-ven 9h-12h30, 13h30-18h ; sam 9h-12h. Juil-août, également un point info tourisme dans le hall du théâtre Henri-Maurin, près du port (tlj 10h-13h, 15h-19h).* Des sorties nature *(5 €)* sont organisées le jeudi en juillet-août.

- ***Marché artisanal :*** *jeu soir en juil-août, au port de Marseillan-Ville.*

Où dormir ?

Camping Beauregard Plage : *250, chemin de l'Airette.* ***Marseillan-Plage.*** *☎ 04-67-77-15-45. • reception@beauregardplage.com • camping-beauregard-plage.com • Ouv mars-oct. Compter 23-53,50 € pour 2.* On aime bien ce camping à taille humaine, tout simple (pas de piscine, ni de bungalows), mais avec des emplacements bien ombragés, des sanitaires nickel et, surtout, un accès direct à la plage. En bonus, un super resto *(Le Beach)*, dont la terrasse est carrément posée au sommet de la dune... Royal !

Où manger ?

Bon marché

La Fabrique à Goût Thé : *1, rue Achille-Maffre-de-Bauge. 06-09-92-97-53. Tlj sauf lun 8h-18h (13h dim).* Un nid douillet où l'on vient s'installer à toute heure pour boire un thé ou un café, engloutir une pâtisserie maison, une crêpe ou un sandwich toasté. Le matin, très bon « *eggs & bacon muffin* » concocté par Susan, l'adorable patronne d'origine britannique.

Prix moyens

Tarbouriech – Le Saint Barth' : *lieu-dit Montpenèdre, chemin des Domaines (suivre les panneaux depuis la route de Mèze). ☎ 04-99-43-97-58. • contact@ets-tarbouriech.com • Juin-sept, tlj midi et soir. Le reste de l'année, en théorie mer-dim le midi seulement (plus le soir aux beaux jours). Congés : 3 sem début janv. Résa conseillée. Carte 25-30 €.* Installé dans un ancien mas conchylicole, le cadre est classe, comme son nom le laisse penser. Une paillote chic ouverte sur l'étang, avec plagette, et *sundecks* semés le long des pontons. Ce n'est pas à proprement parler un resto, on vient d'abord y découvrir une huître originale, la Spéciale Tarbouriech, surnommée l'huître rose, élevée grâce à un système de panneaux photovoltaïques qui recréent les conditions d'une marée solaire. Également des classiques Bouzigues, des moules, et quelques conserves de spécialités artisanales du coin, pour accompagner. Possibilité de balade dans les parcs qui se trouvent à quelques encablures, en bateau électrique.

La Table d'Émilie : *8, pl. Carnot. ☎ 04-67-77-63-59. Tlj sauf lun, plus mar hors saison. Congés : janv. Menus 25 € (déj en sem), puis 39-65 €.* Séduisante salle voûtée du XIIe s dans une petite maison face aux halles. Jardin-patio en été, à la fois rustique et sophistiqué. À l'image du cadre, la cuisine est à la fois originale, moderne et traditionnelle (bœuf d'Aubrac, pavé de bar braisé, montgolfières de Saint-Jacques...). Une excellente table.

Où boire un verre ?

Delicatessen : *4, pl. du Général-Guillaut. ☎ 04-67-77-38-93. 06-13-90-98-60. En saison, tlj midi et soir. Le reste de l'année, fermé sam midi et dim-lun. Formule déj en sem 15 €.* Sur la façade, on lit « Apéro dînette » : ayè, le ton est donné. À l'intérieur, déco bigarrée entre 50's (chaises en formica) et 70's – tables à pied tulipe ; sinon, une belle terrasse au pied de l'église. *The place to be* pour prendre l'apéro, en plein centre et pourquoi pas prolonger le plaisir autour de quelques huîtres, d'une planche de charcuterie, voire d'un magret. Soirées avec DJs.

À voir. À faire

La Maison Noilly Prat : *1, rue Noilly. ☎ 04-67-77-75-19 ou 20-15. • noillyprat.com • À 2 pas du port. Ouv mars-déc. Visite guidée ttes les 45 mn env, tlj 10h-12h, 14h30-17h30 (19h juin-août). Entrée : 9,50 € (17-35 € pour les « ateliers expériences ») ; réduc. Fait partie du réseau des Sites d'exception en Languedoc.* Belle visite, très ludique, à la découverte des secrets de fabrication du 1er vermouth

L'HÉRAULT

français, dont la recette d'origine remonte à 1813 et garnit toujours le bar de la couronne d'Angleterre ! On passe en revue chaque étape, de la maturation des vins blancs sec à la macération des épices, après un détour par « l'enclos », assez impressionnant avec ses milliers de fûts vieillissant à ciel ouvert. Et on termine, bien sûr, par une dégustation. Également des « ateliers expériences », pour apprendre, par exemple, à mixer des cocktails ou à fabriquer son vermouth. Bar à cocktails et boutique.

➢ ***Promenade à pied :*** le long du chemin de halage, jusqu'à la pointe des Onglous, près des étangs et de la réserve naturelle du Bagnas. Pour le paysage, les oiseaux et le plaisir. Mais attention, pour visiter la réserve, il faut être accompagné obligatoirement par un guide naturaliste (infos à l'office de tourisme). Voir plus loin « La cité d'Agde. À faire » au Cap-d'Agde.

➢ ***Balade en bateau sur l'étang :*** *avec* ***L'Étoile de Thau.*** *Sur le port.* 📱 *06-03-23-73-65. • promenade-bateau-marseillan.com • Tarif : à partir de 13 € ; réduc.* Découverte des parcs à huîtres en 1h environ. Également des options avec dégustation de coquillages.

Manifestations

– Les 14 juillet et 16 août, ne manquez pas le traditionnel ***Capelet*** (course au chapeau sur mât savonné), et la ***fête de l'Huître*** le dernier vendredi de juillet.

DANS LES ENVIRONS DE MARSEILLAN

FLORENSAC (34510)

Où dormir ? Où manger ?

🏠 |●| ***Chambres d'hôtes Villa Les Olives :*** *21, av. de Pomerols.* ☎ *06-44-26-47-30. • villalesolives@yahoo.fr • villa-les-olives.fr • Au centre du village, pl. de la République, prendre direction Pomerols ; au 2ᵉ rond-point, sur la gauche. Doubles 60-102 € ; chalet 80-102 €, familiales Table d'hôtes 23 €. Tarif dégressif à la 4ᵉ nuit et tarif semaine sur présentation de ce guide.* Une jolie maison de village avec une poignée de chambres coquettes, dont une grande suite familiale et, dans le jardin, un chalet en bois façon petit gîte indépendant. Ensemble bien sympa, à l'image de l'accueil. Piscine, jardin et terrasse pour le petit déj.

|●| ***Le Bistrot d'Alex :*** *5, av. des Vendanges.* ☎ *04-67-77-03-05. • lebistrotdalex@orange.fr • ♿ Derrière la boutique Vinipolis. Ouv le midi mar-dim, le soir sam, plus ven en été. Menus 23,50-28,50 €.* Une brasserie à la déco très tendance, prolongement tout trouvé de la boutique où vous pouvez tester et acheter des crus locaux. Dans l'assiette, poissons de la criée, viandes et volailles de l'Aveyron. Que des bons produits.

LA BASSE VALLÉE DE L'HÉRAULT

Le Cap-d'Agde est le nom générique que les visiteurs découvrent à leur arrivée sur cette terre « bénie des dieux » qui occupe une position unique en France, située au carrefour des eaux douces et salées de la Méditerranée, de l'Hérault et du canal du Midi. Le fleuve, ligne de séparation entre

une civilisation de type ibérique à l'ouest et une civilisation influencée par la Grèce à l'est, joua aussi le rôle de frontière lors des guerres de Religion. Il facilita en revanche les échanges commerciaux en amont, permettant aux marchands de se rendre plus facilement aux foires de Pézenas-Montagnac. Implantée par les Grecs qui fondèrent l'antique cité d'Agde, la vigne est omniprésente sur ce territoire qui a pris le nom d'Hérault Méditerranée et se revendique comme « le vrai Sud ».

LE CAP-D'AGDE

(34300) 26 500 hab. *Carte Hérault, C3*

• Plan *p. 335*

« Allez-y par 4 chemins ! » Telle pourrait être la devise de la ville, tant elle présente de visages différents : *Agde,* la cité grecque, qui a traversé le temps, depuis le VIe s avant un certain Jésus-Christ, en multipliant les métamorphoses ; *Le Grau-d'Agde,* village de pêcheurs et petite station balnéaire située sur la rive gauche de l'Hérault, La Tamarissière et sa pinède séculaire implantée rive droite ; et bien sûr *Le Cap* lui-même, qu'on ne présente plus, archétype de la commune entièrement dédiée aux vacances.

LA CITÉ D'AGDE

Agde (l'Agathé Tyché des Grecs, pour qui elle était la « bonne fortune ») vous laissera d'étranges impressions. Regardez la grosse cathédrale aux allures de forteresse, l'hôtel de ville et sa tour de l'Horloge, les hôtels particuliers de style Renaissance... et vous comprendrez pourquoi certains la surnomment « la Perle noire ». À Agde, c'est le basalte qui domine. Nos Méditerranéens n'ont pas eu à aller chercher loin la lave : Agde est assise sur un volcan qui a surgi de la mer il y a moins de 1 million d'années ! La ville est située à l'autre extrémité de la fissure qui ouvre la France en 2, boutonnée par les volcans du puy de Dôme, du puy de Sancy, du Cantal, de l'Aubrac et de l'îlot de Brescou, au large du Cap-d'Agde.
Perdez-vous dans ce labyrinthe de ruelles avec des maisons de guingois. Vous découvrirez alors le fort caractère d'une ville de marins construite à la croisée des eaux douces et salées entre le canal du Midi, le fleuve Hérault et la Méditerranée. En toute saison, la ville reste plongée dans une douce nonchalance. Ici, plus qu'ailleurs semble-t-il, il faut donner du temps au temps. Depuis le centre-ville, empruntez la piste cyclable et suivez les rives de l'Hérault qui serpentent jusqu'aux phares des villages de pêcheurs du Grau-d'Agde et de La Tamarissière. Ne passez pas à côté de la ***Villa Laurens,*** en bordure d'Hérault, construite dans les années 1900 et qui retrouve ses magnifiques décors peints Art nouveau grâce à l'important chantier de restauration en cours. Encore un peu de patience, elle ouvrira prochainement à la visite. À moins que vous ne préfériez embarquer pour descendre l'Hérault jusqu'à la mer, longer la côte en découvrant sur son îlot l'ancienne prison du fort de Brescou et accoster sur les quais du Cap-d'Agde.

Adresse et info utiles

Office de tourisme *(plan B1)* **:** *pl. de la Belle-Agathoise. ☎ 04-67-31-87-50. • capdagde.com • En été, lun-sam 9h-19h ; dim 10h-13h, 14h30-18h30. Le reste de l'année, horaires variables : en général lun-sam 9h-12h, 14h-18h*

(17h sam). Bonnes infos sur toutes les communes d'Agde, plan des balades, cartes, etc. En saison, visites gratuites du cœur de ville *(ven)*, des artisans du site des métiers d'art *(mar)* et bien d'autres...

✈ ***Aéroport Béziers – Cap-d'Agde :*** *route d'Agde (15 km). ☎ 04-67-80-99-09. • beziers.aeroport.fr •* Vols directs et *low-cost* (voir nos pages sur Béziers). Navettes au départ et à l'arrivée de chaque vol jusqu'à Agde SNCF *(1,60 €).*

➢ ***Navette de bus :*** *centre-ville. En saison, ttes les heures pour Le Grau-d'Agde et ttes les 30 mn pour Le Cap-d'Agde ; le reste de l'année, se renseigner (infos sur • capbus.fr •).*

Où dormir ? Où manger ?

Yseria Hotel *(plan B1,* ***11****) : 2, pl. Jean-Jaurès. ☎ 04-67-11-40-90. • contact@yseria.fr • yseria.fr • ♿ Doubles 56-90 € ; familiales. Parking.* Difficile de trouver plus central, plus confortable et plus moderne dans la vieille ville d'Agde. Chambres nickel, déco banale (parquet aggloméré, murs corail et gris), mais installations impeccables (grandes salles de bains). En prime, on loge sur l'une des places les plus animées de la ville, à 2 pas de la cathédrale et du fleuve.

Hôtel Araur *(plan A1,* ***10****) : 7, quai du Commandant-Réveille. ☎ 04-67-94-97-77. 📱 06-09-09-09-00. • hotelaraur@gmail.com • hotelaraur.com • Fermé 15 nov-15 fév. Doubles 48-76 €.* Un hôtel d'une dizaine de chambres, décorées de manière classique mais plutôt plaisante. Dommage toutefois que l'établissement soit situé en bordure d'une voie passante. Malgré le double vitrage, mieux vaut poser ses valises dans l'une des chambres qui donnent sur le côté, face à l'Hérault. La vue est plus belle et c'est plus calme !

Le Petit Baigneur *(plan A2,* ***20****) : 18, rue André-Chassefières (également une entrée côté quai Alexandre-Dreuille). ☎ 09-81-25-71-49. • frandy34@hotmail.fr • Mai-sept seulement, tlj midi et soir. Formule midi env 18 € ; plats 9-20 €.* Parmi la brochette de restos qui s'alignent sur les bords de l'Hérault, on a bien aimé les produits frais, la formule à prix doux et l'agréable terrasse « flottante » de ce *Petit Baigneur.* Ardoise qui change tous les jours, plus les grands classiques du coin (moules, poisson du jour, pièce de viande, etc.), servis avec de bonnes frites maison.

À voir

La cathédrale Saint-Étienne *(plan A1) : quai du Chapitre.* Belle église romane fortifiée du XIIe s qui domine l'Hérault. Murs de 2 à 3 m d'épaisseur, taillés dans le basalte du mont Saint-Loup. L'intérieur, dépouillé, abrite un retable monumental qui vaut le coup d'œil.

Le Musée agathois *(plan A2) : 5, rue de la Fraternité. ☎ 04-67-94-82-51. Près des halles. Juin-sept, tlj 10h-18h30 ; le reste de l'année, mar-sam 10h-17h et le 1er dim du mois (gratuit). Entrée : 6 € ; réduc ; gratuit moins de 16 ans.* Le musée occupe le bel hôtel particulier de monseigneur Fouquet, frère du célèbre surintendant. Ses collections évoquent tour à tour l'histoire de la ville (l'accent est mis sur la période du XVIIe au XIXe s), les traditions populaires (les joutes, les costumes et coiffes locales, comme le *sarret*), la marine (maquettes, reconstitution d'une cabine), la vigne, l'Église (collections de chasubles)... et même quelques sujets inattendus comme ces belles armures de samouraïs rapportées par des capitaines agathois au long cours.

Les remparts *(plan B1) : pl. de la Belle-Agathoise.* Le rempart actuel, d'origine médiévale, suit le tracé du rempart antique. Vestiges des remparts grecs, un peu cachés, au bas de la promenade.

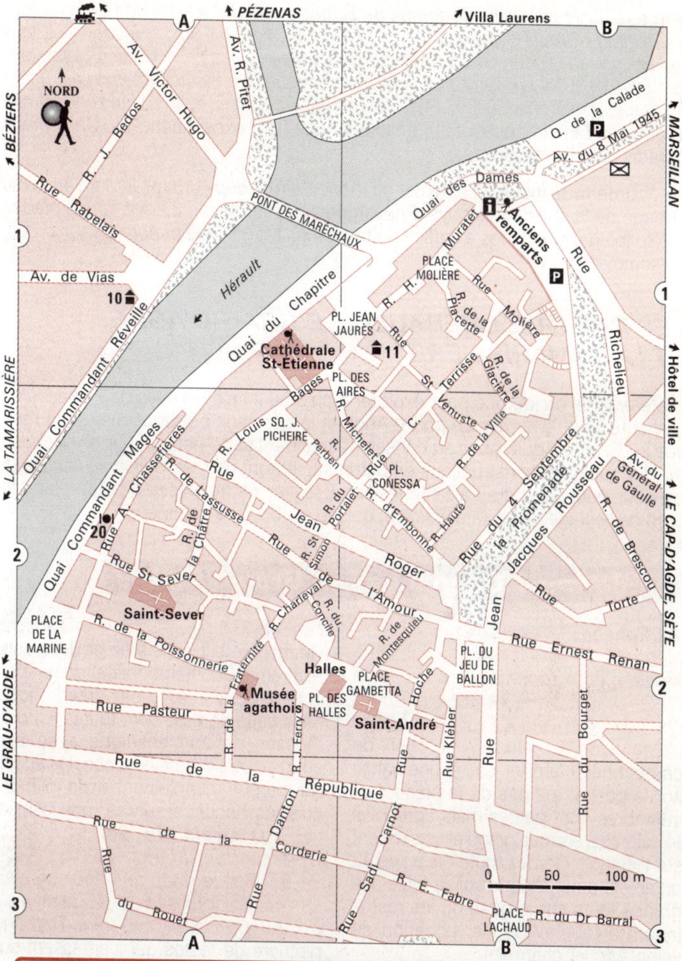

LA CITÉ D'AGDE

■ **Adresse utile**	11 Yseria Hôtel (B1)
ℹ Office de tourisme (B1)	**Où manger ?**
Où dormir ?	**20** Le Petit Baigneur (A2)
10 Hôtel Araur (A1)	

À faire

➢ À vélo ou à pied, prendre le ***chemin de halage*** jusqu'à Béziers ou l'écluse du Bagnas (soit 2 km), juste avant la réserve naturelle du même nom (voir ci-dessous).

➢ ***La réserve naturelle nationale du Bagnas :*** *accueil à la Maison de la réserve, domaine du Grand-Clavelet, route de Sète. ☎ 04-67-01-60-23. • adena-bagnas.fr • Prendre la D 612 vers Marseillan-Plage, puis à droite avt le 1er rond-point. Lun-ven 9h-12h, 14h-17h. Visites guidées thématiques tte l'année avec un animateur et du matériel d'observation. Résa obligatoire. Tarif : 6 € ; réduc.* Une zone humide littorale de 560 ha qui abrite une faune et une flore exceptionnelles. Un véritable paradis pour l'avifaune !

➢ ***Promenade*** jusqu'au sommet du ***mont Saint-Loup*** (113 m), le dernier volcan émergé de la chaîne des puys d'Auvergne. Piste d'environ 3 km à faire à pied ou à vélo (plan des balades à l'office du tourisme). Magnifique panorama sur le golfe au sommet.

LES RIVES DE L'HÉRAULT : LE GRAU-D'AGDE ET LA TAMARISSIÈRE

Préférer la fin de journée pour explorer à pied ou à vélo les rives de ce fleuve qui serpente jusqu'à la mer. Le port d'Agde et la criée aux poissons marquent l'arrivée au Grau-d'Agde, qui a su conserver son identité de petit village de pêcheurs malgré quelques constructions en béton sur le front de mer. Utiliser le service du passeur pour rejoindre La Tamarissière. Essayer de trouver une petite place au bord de la plage de La Tamarissière, boisée, en bordure de pinède.

Où dormir ? Où manger au Grau-d'Agde ?

L'Éphèbe : *12, quai du Commandant-Méric. ☎ 04-67-21-49-88. • contact@lephebe.eu • lephebe.eu • Doubles 59-79 €. Réduc de 10 % sur le prix de la chambre (sauf juil-août) sur présentation de ce guide.* La situation de choix de ce petit hôtel familial justifie une halte : sur le port et à 2 pas de la plage. Les chambres sont petites mais agréables et colorées, surtout lorsqu'elles donnent sur l'Hérault. Gardez toutefois à l'esprit qu'en été c'est chaque soir la foule des grands jours sur le quai, où les restos jouent à touche-touche. Location de vélos. Accueil charmant.

L'Ardoise du Marché : *3, rue Lambert-Maurel. ☎ 04-30-72-47-11. • lardoisedumarche@gmail.com • Dans une rue perpendiculaire à la plage. Tlj sauf midi lun-mar et jeu. Hors saison, mer-dim midi. Dim soir, lun-mar. Formule 17 € ; menus 26-45 €.* D'accord, l'immeuble est sans âme et de la salle (sobrement contemporaine) comme de la terrasse, vue sur... pas grand-chose. Mais cette adresse tient toutes les promesses de son enseigne avec une courte carte, des plats concoctés au gré du marché, simplement mais joliment cuisinés. Accueil et service impeccables.

Ô Grain de Sel : *21, quai Commandant-Méric. ☎ 04-67-62-34-97. Sur le quai. Juil-août, tlj sauf lun midi ; hors saison, tlj sauf mer. Résa conseillée. Menu 29 €.* Parmi la pléthore de restos qui s'entassent sur ce quai, cette table emmenée par une jeune équipe fait la différence avec de bons produits locaux bien cuisinés, un service enjoué et des prix qui savent se tenir. Terrasse au bord de l'Hérault, naturellement.

À voir. À faire

Le Belvédère de la Criée : *quai Commandant-Méric. 📱 06-16-07-09-62. ♿ Sur la droite, à l'entrée du Grau-d'Agde. Avr-fin oct, visites guidées lun-ven à 10h et 15h. Résa obligatoire. Entrée : 6 € ; réduc ; gratuit moins de 6 ans.* Passionnante initiative que ce belvédère vitré qui permet de suivre tout le déroulement de la vente du poisson dans une criée qui voit passer 5 000 à 6 000 kg de marchandise par jour. Maître mot, la rapidité, pour que les acheteurs – poissonniers, grossistes et grandes surfaces – puissent repartir au plus tôt garnir leurs étals et que la chaîne du froid soit respectée. À peine revenus au port, les pêcheurs débarquent directement leur marchandise, répartie en lots, sur un tapis roulant direction la salle de ventes aux enchères. Le crieur n'a alors que quelques secondes pour identifier le lot et déterminer sa qualité et son prix ! Les enchères se déroulent ensuite à l'envers, à « l'hollandaise » : le prix du poisson descend jusqu'à ce qu'un acheteur acquière le lot, en appuyant sur un bouton. Et la caisse de passer ensuite dans la zone d'allotissement où elle sera conditionnée avant son expédition. La vente se déroule à partir de 15h30-16h, selon l'heure de retour des bateaux, chalutiers ou « petits métiers », que l'on aperçoit s'amarrer à travers des baies vitrées. En plus d'assister à tout le processus, vidéos, panneaux et jeux en apprennent plus sur le monde de la pêche. Toutes les visites sont commentées par des animatrices passionnées. N'hésitez pas non plus à suivre les explications du personnel du belvédère. Bref, voilà une expérience vraiment intéressante, qui demande qu'on y consacre un peu de temps. Si vous êtes plutôt du matin, les visites guidées sur le thème de la pêche en Méditerranée permettent de découvrir un autre aspect de l'activité.

Le fort de Brescou : *au large, à 15 mn en bateau.* ***En restauration, fermé jusqu'à nouvel ordre.*** Ancienne prison d'État, fermée à la visite. Pour s'y rendre, les bateaux des sociétés Agde Croisière Pêche et Trans Cap Croisières organisent sur place des soirées sardinade de mi-juin à mi-septembre *(compter env 28 €/adulte).*

– ***Archipel – La Cité de l'eau :*** *chemin de Notre-Dame, à Saint-Martin,* ***Le Grau-d'Agde.*** *☎ 04-67-35-32-00. • centre-larchipel.com • Ouv tte l'année.* Piscines, jeux d'eau, balnéothérapie, etc.

Croisière sur le canal du Midi jusqu'à l'étang de Thau : *possibilité de croisière avec* ***Agde-Croisière,*** *pêche n°11, quai Commandant-Méric ; ☎ 04-67-01-71-93 ; 📱 06-08-46-60-94 ; • agde-croisiere-peche.com • ; avr-oct ; tarif : 21 €, 13 € 3-10 ans ; durée : 4h30, dégustation d'huîtres et de vin blanc incluse.* Remontée du fleuve l'Hérault du Grau d'Agde à Agde, découverte de la cité d'Agde : la cathédrale Saint-Étienne, le château Laurens, le moulin des Évêques et son barrage. Entrée dans le canal du Midi par l'écluse ronde d'Agde (unique en France, 3 directions différentes), navigation sur le canal du Midi et passage de l'écluse de Prades et du Bagnas. La balade traverse la réserve ornithologique du Bagnas avant d'entrer dans l'étang de Thau par la pointe des Onglous à Marseillan et de jeter un œil aux parcs à huîtres et moules.

LE CAP-D'AGDE (LA STATION BALNÉAIRE)

L'extension balnéaire de l'antique cité d'Agde. Mais ici, changement radical de décor. On y accède par de grandes artères à 4-voies, qui permettent une circulation fluide vers les différents quartiers, à l'arrière des lieux d'habitation et des voies pédestres et cyclables organisées en réseaux et qui sont au plus proche des plages et du chemin côtier. Résultat : pas de voitures en bord de mer, mais de l'espace et de la sécurité. Cette architecture a été voulue par Jean Le Couteur, l'architecte breton et marin qui a dessiné et construit Le Cap-d'Agde.

LE GÉNÉRAL ET LES NATURISTES

Dans les années 1960, le Languedoc-Roussillon était ignoré par les vacanciers, qui lui préféraient l'Espagne. Pour les retenir sur cette partie du littoral, en 1963, le général de Gaulle décida de créer 6 stations balnéaires, dont Le Cap-d'Agde. Mais au Cap, les frères Oltra accueillaient déjà, depuis une dizaine d'années, quelques campeurs naturistes. Un architecte conçut un vaste quartier réservé aux vacanciers peu adeptes de la feuille de vigne... Finalement, de Gaulle a créé le plus grand site naturiste d'Europe.

Autour du port s'étend la ville sortie de terre à la fin des années 1960. Discothèques, campings, résidences, clubs, hôtels, restos, etc. C'est un peu la Mecque du tourisme ! À l'écart de la ville, le 1er quartier construit au Cap-d'Agde est aujourd'hui le village naturiste le plus important d'Europe. Là, dans un notable camping de 2 400 emplacements, quadrillé de 20 km d'allées, séjournent des milliers d'adeptes venus d'Europe du Nord, d'Italie et d'Espagne. En saison, ce quartier, auquel on accède par un péage, compte près de 40 000 personnes.
Mais au-delà de cette effervescence et du béton qui domine (hélas) largement le front de mer, Le Cap-d'Agde révèle un autre visage. Celui d'une station qui n'a pas tourné le dos à son patrimoine culturel (fêtes votives de la mer, des pêcheurs, de la Saint-Sever, joutes traditionnelles) et naturel : site d'archéologie sous-marine de premier ordre et seul musée de France sur la thématique, qui vaut assurément une visite. Tout au bout du Cap, une plage de galets et de sable noir basaltique se cache au pied de l'une des 3 rares falaises de la côte languedocienne (avec Sète et Cap-Leucate).

Adresse et info utiles

Office de tourisme Cap d'Agde Méditerranée : *bulle d'accueil. ☎ 04-67-01-04-04. • capdagde.com • Ouv tte l'année ; en été, tlj 9h-20h ; le reste de l'année, lun-sam 9h-12h, 14h-18h (17h sam).*

Pour acheter du poisson fraîchement débarqué des quais, rendez-vous, selon la météo, tous les jours à l'avant-port du Cap- d'Agde.

Où dormir ?

De prix moyens à chic

Hôtel Azur : *18, av. des Îles-d'Amérique. ☎ 04-67-26-98-22. • contact@hotelazur.com • hotelazur.com • ♿ Doubles 65-170 €. Parking gratuit.* Petit hôtel balnéaire moderne, aux chambres fonctionnelles, décorées sobrement et climatisées. Les familles nombreuses apprécieront celles dotées d'une mezzanine. Piscine donnant sur la terrasse à l'arrière du bâtiment. Simple et efficace.

Hôtel Le Bellevue : *12, impasse des Gabelous. ☎ 04-67-26-39-10. • lebellevue@gmail.com • hotel-lebellevue.fr • ♿ . Fermé nov-mars. Doubles 60-129 €. Parking gratuit. Café offert sur présentation de ce guide.* Posé sur un petit promontoire rocheux face à la mer avec un brin de nature encore presque sauvage à proximité, *Le Bellevue* porte bien son nom ! Chambres à la déco somme toute classique mais confortables (balcon, clim). Bien sûr, celles offrant une vue panoramique sur le large sont un peu plus onéreuses. Très bon accueil.

Hôtel Les Grenadines : *6, impasse Marie-Céleste. ☎ 04-67-26-27-40. • contact@hotelgrenadines.com • hotelgrenadines.com • ♿ Congés : nov-fév. Doubles 75-145 €. Parking gratuit. Apéritif offert sur présentation de ce guide.* Dans un environnement très résidentiel (comprendre : bien bétonné !) mais tout près de la plage Richelieu, un hôtel à la déco soignée et personnalisée, bien plus agréable à l'intérieur que ce que l'extérieur ne laisse présager. 20 chambres, avec ou sans balcon (pas de vue mer), au confort moderne et bien arrangées. Agréable terrasse à dominante de bois, où s'installer dès le petit déjeuner. Piscine. Spa (payant). Équipe sympathique.

Résidence Prestige Odalys Nakâra : *162, route de Rochelongue. ☎ 04-67-01-84-80. • odalys-vacances.com • Doubles 70-130 €.* Située à 150 m de la plage de Rochelongue, cette résidence séduit au 1er coup d'œil pour son architecture zen à l'image des résilles ajourées qui recouvrent les parties communes et certaines façades. Appartements ou villas jumelées confortables entièrement meublés et équipés pouvant accueillir jusqu'à 8 personnes. Bel espace aquatique, hammam-sauna, salle de fitness, restaurant et club-enfants gratuit en juillet et août.

Où manger ? Où boire un verre ?

La Cabane du Pêcheur : *rue de la Capitainerie. 06-52-22-80-84. • lacabanedupecheuragde@gmail.com • Tlj midi et soir. Fermé oct-Pâques. Dégustation (6 huîtres + 1 verre de vin) env 9 €. CB refusées.* Une adresse comme on les aime, à la bonne franquette. Patrick, pêcheur de son état, installe sa petite terrasse couverte sur le port, à côté du boulodrome, et prépare coquillages et poisson frais *(a la plancha)* pour 3 fois rien. Super ambiance.

Les Halles aux Poissons : *45, av. des Sergents. ☎ 04-67-26-82-93. • leshalles34@sfr.fr • Tlj midi et soir. Hors saison, fermé dim soir-lun. Menus 15-16,50 € en sem ; carte 30-40 €.* Point de halles, mais un concept assez prisé dans le secteur : une poissonnerie et un resto derrière, à la déco pastel qui évoque une cabane de pêcheur. On y vient évidemment pour ses poissons et ses fruits de mer tout droit débarqués des chalutiers et on se régale d'une rouille à l'agathoise ou de moules farcies à la sétoise. Quelques viandes également.

L'Écailler : *pl. du Barbecue. ☎ 04-67-26-55-42. • corinne.daure@gmail.com • Tlj. Fermé de déc à mi-mars. Assiettes 6,50-18 €.* Quelques tables et gros tonneaux en bois posés sur la place, face au port. Idéal à l'heure de l'apéro avec un p'tit verre de blanc à la main accompagné, pourquoi pas, d'un plateau de fruits de mer. Ambiance bon enfant et conviviale. C'est simple, tout le monde y passe !

Les Trésors de la Mer : *7, rue Louis-Dejean. 06-60-59-70-17. Dans une petite rue perpendiculaire au mail de Rochelongue. Tlj midi et soir. Fermé oct-mars. Carte 28-35 €.* Quelques tables posées dans une rue piétonne, devant l'étal d'une poissonnerie. Coquillages en tout genre (moules gratinées, au hasard de la carte), pâtes aux fruits de mer et poisson *a la plancha*. Tout simple, tout bon et frais, évidemment.

Le Bistrologue : *5, rue Louis-Dejean. 06-22-98-21-48. • lebistrologue@hotmail.fr • Juste à côté des Trésors de la Mer. Tlj 12h-14h30, 19h-22h30. Fermé fin sept-début avr. Tapas à partir de 4 €, plats 12-25 €.* Ce sympathique couple de « bistrologues » prescrit à ses clients un régime à base de tapas bien tournées et copieuses, de viandes maousses et de poissons frais, le tout accompagné de frites maison ou de « légumes du soleil » préparés avec amour. Bon choix de vins et accueil hyper sympa.

Parmi les ***restos de la plage Richelieu,*** le **Jungle Beach** *(☎ 04-99-41-20-88 ; tlj mai-sept, 9h-1h),* au cadre exotique et à la cuisine raffinée, dont la carte a été créée par Pierre Augé, ancien vainqueur de *Top Chef*.

À voir

Le musée de l'Éphèbe et d'Archéologie sous-marine : *mas de la Clape, av. des Hallebardes. ☎ 04-67-94-69-60. • museecapdagde.com • Juin-sept, tlj 10h-18h30 ; oct-mai, tlj 10h-17h30 (17h w-e). Fermé vac de Noël. Entrée : 6 €, audioguide inclus ; réduc ; gratuit moins de 16 ans.* Le seul musée du genre en France, et quel musée ! On y trouve une magnifique collection d'archéologie sous-marine, rassemblée au gré des fouilles et des découvertes dans les environs du Cap-d'Agde. Parmi ces pièces, 3 chefs-d'œuvre inratables, selon nous. Au rez-de-chaussée, un ***Éros aux ailes arrachées*** d'une grande finesse puis, à l'étage, 2 autres bronzes inoubliables, à commencer par cet ***Enfant royal*** aux mille détails (le cuir des sandales, le bracelet à la cheville, les oreilles percées, etc.) et dont certains murmurent qu'il s'agirait de Césarion, fils de César et Cléopâtre. Enfin, on termine ce grand

L'HÉRAULT

chelem avec le fameux ***Éphèbe,*** superbement préservé et qui serait, en réalité, nul autre qu'Alexandre le Grand. À noter que 2 de ces 3 magnifiques statues ont été trouvées par le même plongeur, le même jour (en 2001, au large de Marseillan) ! À voir également une très belle céramique vieille de 1 900 ans, une intéressante section sur la protohistoire de la région et des expositions temporaires toujours très bien faites.

À faire

➢ ***Bateaux de promenade Trans Cap Croisières :*** *06-08-47-22-32 ou 06-08-31-45-20.* • *transcapcroisieres.com* • *Ouv Pâques-Toussaint.*

– ***L'aire marine protégée et le sentier sous-marin :*** *la Plagette – Vieux port.* ☎ *06-79-46-78-31. De mi-juin à mi-sept, en visite libre ou guidée.* Au cœur d'un site Natura 2000, un sentier sous-marin balisé sur 200 m. Une belle exploration du paysage sous-marin pour découvrir la faune et la flore.

PÉZENAS (34120) 8 500 hab. *Carte Hérault, C2*

• Plan *p. 341*

Voici une petite ville coquette et pleine de charme, drapée dans ses belles pierres chargées d'histoire, ses ruelles tortueuses, ses palais et ses bonnes tables, aussi médiévale que méridionale. Pézenas (le « s » se prononce), c'est aussi cette belle bourgeoise qui accueillit, en leur temps, 2 manieurs de mots aussi talentueux que subversifs – Molière et Boby Lapointe –, dont le souvenir est encore chéri par ses habitants. Cité touristique et artistique (on y trouve un grand nombre de boutiques d'artisans-créateurs), elle vaut assurément le coup d'œil, voire plus si affinités...

UN PEU D'HISTOIRE

En 1261, Saint Louis achète la ville, qui devient ***domaine royal.*** Un vrai tournant s'opère alors pour Pézenas. Le roi octroie un droit de foire, les états généraux du Languedoc se tiennent ici, des gouverneurs illustres se succèdent : ducs de Montmorency, prince de Conti... La cité méritait alors le nom de « Versailles du Languedoc ». Elle arbore dès cette époque le visage qu'on lui connaît encore aujourd'hui. Mais, au début du XVIIIe s, les années brillantes prennent fin, sans pour autant que notables et commerçants ne désertent la ville.

DE MOLIÈRE À BOBY, 2 POINTURES DE LA LANGUE FRANÇAISE

Marcel Pagnol l'affirma en son temps : « Jean-Baptiste Poquelin est né à Paris ; Molière est né à Pézenas. » Et il y a dans cette formule quelque chose de vrai. Rejeté de la capitale en 1645, Poquelin décida de s'établir à Pézenas en 1650, après avoir sillonné 5 ans durant les routes

DES HAUTS ET DES BAS

Avant d'embrasser une carrière de chanteur, Boby Lapointe fut scaphandrier à La Ciotat puis poseur d'antennes sur les toits de Paris. En bon joueur de mots, il en tira la seule conclusion possible : « J'ai connu des hauts et des bas... »

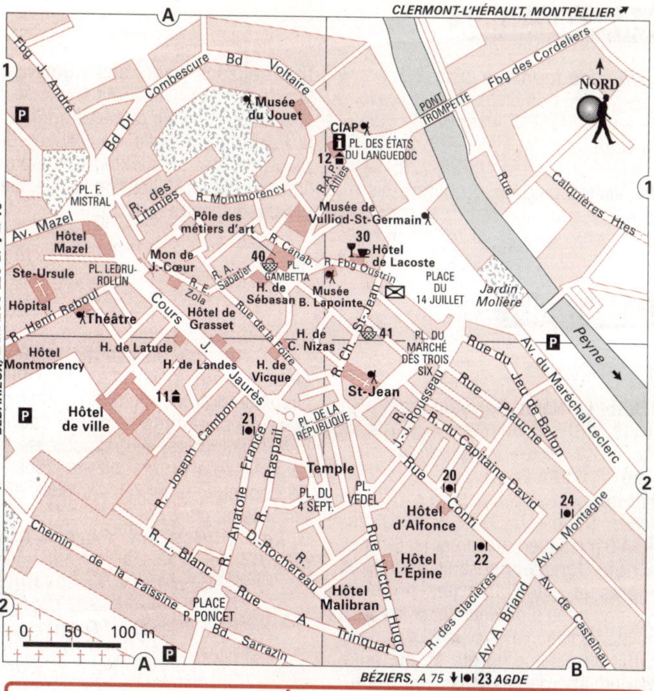

PÉZENAS

Adresse utile

- Office de tourisme (B1)

Où dormir ?

- 11 Chambres d'hôtes Hôtel de Vigniamont (A2)
- 12 Les Suites de Peyrat (B1)
- 13 Hôtel Le Saint-Germain (hors plan par A1)

Où manger ?

- 20 Maison Conti (B2)
- 21 Chez Hansi (A2)
- 22 La Cour Pavée (B2)
- 23 Les Marronniers (hors plan par B2)
- 24 L'Entre-Pots (B2)

Où boire un jus de fruits frais ?

- 30 Ô.Ju ex Au (B1)

Achats

- 40 Maison des métiers d'art et confiserie Boudet (A1)
- 41 Maison Alary – Aux Petits Pâtés (B1)

de France. Il avait alors 28 ans. Sa troupe se retrouva quelques années plus tard sous la protection du prince de Conti, qui servit de modèle pour *Don Juan*. L'année 1657 marqua le départ de Molière et la fin de la protection princière. Aujourd'hui, de nouveaux comédiens ont repris le flambeau. Pézenas compte toujours son *Illustre Théâtre* – du nom de la compagnie qu'avait fondée Molière –, qui propose des spectacles toute l'année.

L'autre figure de Pézenas s'appelle Boby Lapointe. Né en 1922, il connut un succès fulgurant à Paris. Spécialiste des chansons à texte loufoques, il maniait le français avec une dextérité qui lui était toute personnelle. Tout en poursuivant sa carrière d'acteur-chanteur, il était mathématicien.

Adresses utiles

Office de tourisme (plan B1) **:** *hôtel de Peyrat, pl. des États-du-Languedoc. ☎ 04-67-98-36-40. • capdagde.com • Juil-août, tlj 9h-19h (en principe) ; le reste de l'année, tlj 9h-12h, 14h-18h.* Visites guidées du centre historique *(juil-août, lun à 10h et mer-ven à 17h ; prix : 6 €)* et visites nocturnes théâtralisées avec des comédiens *(août, mar à 20h30).* Petit fascicule de visite bien fichu sur demande *(gratuit).*

Parking : difficile de trouver une place en été. Le parking des Cordeliers est gratuit. À l'est de la ville, il est proche du centre historique.

Où dormir ?

Prix moyens

Hôtel Le Saint-Germain (hors plan par A1, **13**) **:** *6, av. Paul-Vida-de-la-Blache. ☎ 04-67-09-75-75. • hotel-st-germain@wanadoo.fr • hotel-saint-germain-pezenas.com • Ouv tte l'année. Doubles 54-90 €. Parking gratuit.* À 5 mn à pied du centre historique, un hôtel fonctionnel, aux chambres propres et classiques (les premiers prix, équipées d'un seul Velux, ne sont pas bien gaies...). Les plus ? Le parking gratuit, la piscine en été et les tarifs, vraiment abordables. Resto sur place.

Plus chic

Chambres d'hôtes Hôtel de Vigniamont (plan A2, **11**) **:** *5, rue Massillon. ☎ 04-67-62-96-35. 📱 07-85-37-38-76. • info@hoteldevigniamont.com • hoteldevigniamont.com • ♿ Doubles 100-165 € ; petit déj 13 €. Table d'hôtes 27,50 €. Réduc de 10% sur le séjour sur présentation de ce guide.* Adresse de charme, dans un élégant hôtel particulier du XVIIe s. Organisées autour du patio mangé par le lierre, chambres et suites cadrent harmonieusement avec la noblesse des lieux. Cave à vin en sous-sol (séance de dégustation sur résa) et délicieuse terrasse perchée sur les toits.

Les Suites de Peyrat (plan B1, **12**) **:** *9, rue Albert-Paul-Alliès. ☎ 04-67-26-61-99. • lessuitesdepeyrat.com • Au-dessus du resto Chez Paul. Congés : fév, Toussaint et Noël. Doubles 100-110 €, familiales ; petit déj 12 €. Menu env 40 €.* Dans une aile du bel hôtel de Peyrat, 4 chambres qui ne manquent pas d'allure, avec belle hauteur de plafond, mobilier ancien, cheminée en marbre... La déco tutoie le baroque tout en évitant le kitsch ! Salles de bains modernes qui tranchent avec le reste. Salon commun avec vieux piano et canapés Chesterfield. Resto et jardin au rez-de-chaussée. Une belle adresse.

Où manger ?

De bon marché à prix moyens

À ceux qui veulent manger sur le pouce ou aux familles, on recommande la crêperie **La Cour Pavée** *(48, rue Conti ; plan B2, **22** ; ☎ 04-67-90-79-60 ; fermé en principe soir dim, lun et mer).*

Maison Conti (plan B2, **20**) **:** *27, rue Conti. ☎ 04-99-41-11-12. • maisonconti34@gmail.com • Tlj sauf mer et dim. Résa conseillée. Formules midi 9-16 € ; carte env 20-25 €.* Le patron est barbu et gentiment bourru sur les bords, mais sa tambouille, elle, est aussi délicate que ses prix sont doux... Comme quoi ! Cuisine de saison, avec des options végétariennes bienvenues (super burger, notamment) et des petits plats concoctés avec amour (3 viandes, 3 poissons chaque soir). Une seule salle, à la déco un peu foutraque, qui se remplit vite, surtout le midi. Vente de vin à prix domaine, sur place avec droit de bouchon ou à emporter. Un de nos coups de cœur à Pézenas.

Chez Hansi (plan A2, **21**) : *6, rue Anatole-France. ☎ 04-67-90-32-15. Tlj sauf dim, midi seulement (plus le soir en saison). Formule 14,50 € et menu 23 €. Kir ou café offert sur présentation de ce guide.* Une minibrasserie tenue par un ancien boxeur, qui tape dans le mille avec une cuisine simple et bien amenée, entre classiques (tartare de bœuf, belle entrecôte...) et propositions plus personnelles (cailles farcies au jus de thym...). Bons petits vins au verre ou en pichet.

Les Marronniers (hors plan par B2, **23**) : *6, av. de Verdun. ☎ 04-67-90-13-80. • les.marronniers.pezenas@gmail.com • Tlj sauf dim, plus lun soir hors saison. Formule déj 22 € ; carte env 35 €. Café offert sur présentation de ce guide.* Ambiance détendue dans la salle façon bistrot à la déco très « cochonne » (au sens propre, on vous rassure !) ou sous les inévitables marronniers de la jolie terrasse. Ici, le saucisson sec rencontre des tapas plus sophistiquées et les touristes de passage côtoient les brocanteurs du quartier. Bonne petite cuisine le midi ; le soir, on choisit à l'ardoise tapas et *plancha*, à la bonne franquette.

L'Entre-Pots (plan B2, **24**) : *8, av. Louis-Montagne. ☎ 04-67-90-00-00. • entre-pots@orange.fr • Tlj sauf dim-lun. Formule 27 € ; menu 35 €. Café offert sur présentation de ce guide.* Au milieu d'une déco épurée dans les tons beige, taupe et chocolat, on se fait plaisir avec des plats de l'arrière-pays complétés par quelques escapades côté mer, le tout servi sans fioritures. Philippe Mouls, un des chefs sétois les plus réputés, tient cet ancien entrepôt à vins où vous pourrez goûter également quelques bons crus. Terrasse accueillante côté cour. Un resto dans l'air du temps, dans l'assiette comme sur les murs.

L'HÉRAULT

Où dormir ? Où manger dans les environs ?

Chambres d'hôtes L'Orangerie : *31, impasse du Portail, 34290 **Valros**. ☎ 04-67-09-96-90. • fbesset@yahoo.com • orangerie-france.com • À 7,5 km au sud-ouest de Pézenas ; au cœur du village. Tte l'année sur résa. Doubles 75-125 €.* Séduisante maison de maître restaurée avec soin dans le respect du patrimoine (le mur du jardin n'est autre que celui de l'ancien rempart !). La déco est à l'avenant, élégante, mêlant des meubles choisis dans un environnement coloré aux tonalités douces. Des chambres douillettes, une salle à manger égayée d'un bon feu de cheminée, et plein de petits plus comme ces petits plateaux gourmands offerts à l'arrivée, la petite piscine-jacuzzi dans le jardinet et l'accueil, fort sympathique. Un vrai cocon !

Où boire un jus de fruits frais ?

Ô.Ju ex Au (plan B1, **30**) : *14, rue François-Oustrin. ☎ 04-67-62-44-94. • o.juexau@orange.fr • Tlj sauf lun-mar 11h-19h.* Une crêperie originale qui vous donne la pêche en toute saison, et même la banane, tous les fruits étant ici les bienvenus, en cocktails, en brochettes, en jus... Super crêpes et des bons thés et cafés (chauds, glacés ou frappés). Accueil et ambiance à la cool.

Achats

Maison des métiers d'art - Ateliers d'Art de France (plan A1, **40**) : *6, pl. Gambetta, dans l'ancienne maison des Consuls. ☎ 04-67-98-16-12. • ateliersdart.com • Juil-août, tlj 11h-21h. Le reste de l'année, mar-sam 10h-18h. Congés : janv-mars.* Expo-vente de pièces uniques et petites séries réalisées par des artisans d'art et créateurs dans toute la France.

Confiserie Boudet *(plan A1,* ***40****) : 5, pl. Gambetta. ☎ 04-67-98-16-32. Tlj sauf dim mat 10h-12h15, 14h-18h. Possibilité de visite de la fabrique (chemin de Saint-Christol) sur simple demande, Pâques-fin oct, lun-ven 9h-11h30 (durée : env 30 mn ; GRATUIT). Boutique sur place également, ouv lun-ven.* Seule la maison *Boudet* continue aujourd'hui la fabrication artisanale des authentiques berlingots de Pézenas.

Maison Alary – Aux Petits Pâtés *(plan B1,* ***41****) : 9, rue Chevaliers-Saint-Jean. ☎ 04-67-98-13-12. Tlj sauf lun hors saison 6h30-19h30.* C'est au cuisinier indien de Lord Clive, vice-roi des Indes venu se mettre au vert près de Pézenas au milieu du XVIIIe s, que l'on doit les fameux petits pâtés en croûte. Une recette anglaise mi-sucre, mi-mouton, à consommer légèrement chauds, en apéritif ou en entrée, avec un blanc sec, genre picpoul-de-pinet. Bon accueil.

Marchés : *sam mat, sq. Jean-Jaurès.*

À voir

La vieille ville : *se munir du plan (gratuit) à l'office de tourisme.* Ne pas manquer la boutique du barbier Gély qui abrite le musée Boby-Lapointe, l'hôtel Carrion-Nizas (rue de la Foire) pour le souvenir de Molière, le quartier juif (le ghetto), l'hôtel de Lacoste et ses belles voûtes en croisée d'ogives... Et, bien sûr, ouvrez l'œil pour repérer frontons, escaliers à vis, fontaines...

Les boutiques d'artisans : le riche patrimoine et le passé artistique de la ville ont encouragé l'installation d'artisans d'art, aujourd'hui nombreux puisque Pézenas en compte une quarantaine : doreur à la feuille, artiste verrier, modiste, mosaïste, émailleur, tourneur sur bois, ferronnier, ébéniste, faïences anciennes...
Vous pouvez avoir un aperçu du travail de certains d'entre eux – exposé, au rythme d'expos temporaires, au milieu des créations d'autres artisans de l'Hexagone – en poussant la porte de la Maison des métiers d'art (voir la rubrique « Achats ») ou bien en leur rendant visite ; attention, tous n'ouvrent pas leur atelier au public.

Le musée de Vulliod-Saint-Germain *(plan B1) : 3, rue A.-P.-Alliès. ☎ 04-67-98-90-59. De mi-avr à fin sept, ouv mar-dim 15h-19h, ainsi que 10h-12h mar-mer et ven-sam ; de mi-fév à mi-avr et d'oct à mi-nov, ouv mar-mer, ven-sam 10h-12h, 14h-17h. Fermé lun et de mi-nov à mi-fév. Entrée : 3 € ; réduc ; gratuit pour les moins de 18 ans et pour tous le 1er dim du mois.* Dans un bel hôtel de la vieille ville. Au sous-sol, petite section lapidaire, souvenirs de Louis Paulhan, pionnier de l'aviation et reconstitution d'une cuisine languedocienne. Salons dans les étages meublés d'époque (du XVe au XVIIIe s) et agrémentés de 5 belles tapisseries d'Aubusson et de collections de faïences de Montpellier, de Moustiers et de Delft. Sans oublier bien sûr les souvenirs du passage de Molière : on y trouve l'authentique cathèdre (fauteuil) où le comédien se posait souvent chez son ami le barbier Gély. Expos temporaires.

L'église Saint-Jean *(plan B2) :* reconstruite au début du XVIIIe s. Contient des boiseries, stalles et tableaux. En face, superbe façade du XVIIe s de la maison dite « des Commandeurs ».

Le musée (L'a-musée) Boby-Lapointe *(plan B1) : 1, pl. Gambetta (dans l'ancienne boutique du barbier Gély). ☎ 04-67-21-02-87. Avr-sept : ouv tlj 11h-12h30, 14h-18h (18h30 été ; l'ap-m seulement lun). Le reste de l'année : seulement l'ap-m. Fermé janv. Entrée : 2 € ; réduc ; billet valable pour plusieurs visites.* Fans de la première heure ou curieux bien inspirés iront visiter ce musée insolite où vous pourrez retrouver une série de panneaux retraçant la vie et l'œuvre aussi loufoques l'une que l'autre de Boby Lapointe, un passionné de mathématiques et d'aéronautique (diplômé de Centrale et Sup'Aéro !) devenu chanteur à drôles de textes... Une sorte de rappeur avant l'heure ! Également quelques photos rares, documents sonores et audiovisuels, clips et concerts notamment. Drôle et attachant, à l'image du bonhomme.

LE BIBI-BINAIRE, C'EST DE BOBY !

Manieur de mots surdoué, Boby Lapointe était également un brillant mathématicien. En 1968, il fait breveter un système (le « bibi-binaire ») permettant une représentation graphique et phonétique de certains chiffres (binaires et hexadécimaux)... Pour résumer : une sorte de langage informatique avant l'heure ! Son invention sera prise très au sérieux et étudiée par de nombreux chercheurs. Pointu, Lapointe !

Le CIAP *(Centre d'interprétation de l'architecture et du patrimoine ; plan B1)* ***:*** *à l'office de tourisme, pl. des États-du-Languedoc. ☎ 04-67-98-36-40. Mêmes horaires que l'office de tourisme (voir plus haut). GRATUIT.* Un espace muséographique installé, en partie, dans les anciens cachots de l'hôtel Peyrat, qui permet de découvrir le riche patrimoine de la ville et le savoir-faire des artisans qui travaillaient la pierre, le bois, le métal... Idéal avant de musarder dans les rues, pour percevoir comment, au XVIIe s – l'âge d'or de la ville –, on concevait le confort, la modernité, et comment on vivait à Pézenas. Textes, dessins, photos, objets et maquettes : la base d'une muséographie claire, et des informations bien mises en valeur.

Le musée du Jouet *(plan A1)* ***:*** *2 bis, rue Montmorency (à 10 m de l'office de tourisme). ☎ 04-67-35-92-88. • museedujouetpezenas.com • De mi-juil à mi-sept, tlj 10h30-19h ; le reste de l'année, tlj sauf lun, 14h-18h. Fermé début janv-début fév. Entrée : 5 € ; réduc ; gratuit moins de 3 ans.* Un inventaire à la Prévert autant entrepôt pour fouineurs nostalgiques de leur enfance que musée sagement ordonné. Des avions, des voitures de collection, des poupées anciennes, des trains, des robots japonais, des jouets de guerre, d'autres, plus féminins, incitant à apprendre les vertus du travail... Beaucoup de choses originales !

Le Théâtre historique *(plan A1)* ***:*** *rue Henri-Reboul. Pour les visites, se renseigner à l'office de tourisme (visite libre gratuite ; visite guidée : 6 €/pers en juil-août).* Depuis 1947, plus personne n'était monté sur ses planches. Classé Monument historique, le petit théâtre à l'italienne de Pézenas, installé en 1803 dans une ancienne chapelle, a rouvert ses portes en 2012 après avoir été superbement restauré dans son décor d'origine. On y donne à nouveau des spectacles, on y présente des expos. Une nouvelle page d'histoire pour ce lieu à tout faire...

Manifestations

– ***Printival :*** *5 j. fin avr. • printivalbobylapointe.com •* Festival de chanson francophone (en hommage à Boby Lapointe).
– ***Festival Molière, le théâtre dans tous ses états :*** *début juin.* Spectacles ouverts à tous dans les différents lieux patrimoniaux de la ville, et une représentation exceptionnelle à la nuit tombée au théâtre de verdure. Un grand moment.
– ***Les Nocturnes :*** *en juil-août, chaque mer et ven soir.* Échoppes d'artisans, boutiques de produits du terroir et lieux d'exposition participent à la grande veillée jusqu'à 23h au moins.
– ***Les Estivales :*** *en juil-août, ven 19h-23h, cours Jean-Jaurès.* Découverte et dégustation des vins de l'AOC terroir de Pézenas. Soirées conviviales en musique, autour de produits régionaux.

DANS LES ENVIRONS DE PÉZENAS

Grande plaine viticole et vallonnée étendue entre étangs et causses, la région de Pézenas est parcourue par un enchevêtrement de petites départementales, véritable toile d'araignée reliant de petits bourgs vignerons ombragés de platanes.

MONTAGNAC (34530)

L'histoire du village remonte au Xe s. Protégé par son enceinte fortifiée, Montagnac s'organise autour de son église Notre-Dame (aujourd'hui Saint-André), de style gothique méridional. Il entre dans le domaine royal au milieu du XIIIe s et domine aux côtés de Pézenas le commerce languedocien avec de grandes foires internationales jusqu'à la Révolution. Le village se couvre de riches hôtels particuliers (XVe-XVIIe s), avec de beaux portails, façades et escaliers, plafonds peints encore bien conservés. On trouve aussi quelques maisons vigneronnes (avec le magasin en rez-de-chaussée, où étaient remisés les cuves, le pressoir, etc.), datant du XIXe s.

Adresse utile

Office de tourisme-Espace de vins en découverte : *1, rue Jean-Jaurès. ☎ 04-67-24-18-55. Juil-août, tlj 10h30-12h30, 14h-19h ; hors saison, ouv en principe ven 14h-17h. GRATUIT.* Outre l'office de tourisme, le lieu abrite une exposition sur l'histoire de la viticulture dans la région, de l'Antiquité à nos jours.

L'ABBAYE DE VALMAGNE

Prendre la D 5 à gauche à Montagnac, direction Villeveyrac (3 km). Infos : ☎ 04-67-78-06-09 ou 47-32. • valmagne.com • De mi-avr à début oct, tlj sauf lun 10h-19h (ouv lun juil-sept). En basse saison, tlj sauf lun (et le mat les w-e en janv) 14h (10h w-e)-18h. Entrée : 8,50 € ; réduc. Le billet inclut une visite libre avec support (audioguide, guide papier et panneaux explicatifs) ou une visite guidée. Également une visite exploration sous forme de jeu de piste : 9,50 € ; réduc. Juil-sept, programmation régulière de spectacles. Fait partie des Sites d'exception en Languedoc. Une belle et massive abbaye du XIIe s, rachetée, après la Révolution par un viticulteur qui transforma l'église gothique en... chai ! C'est grâce à ce doux dingue qu'on découvre, ébahi, ces impressionnants foudres dans l'église, ainsi qu'une étonnante croix en ceps de vigne (!). La visite se poursuit dans le cloître, d'un grand charme, avec sa belle fontaine centrale sous dôme et une salle capitulaire d'une grande pureté. Environnement vraiment magnifique. On y trouve aussi un verger, un jardin médiéval et une cave à vin très bien fournie... Dégustation en fin de visite.

Restaurant Vigneron – Ferme-auberge de l'abbaye de Valmagne : *entrée sur le parking de l'abbaye. ☎ 04-67-78-13-64. • rdallaines@valmagne.com • auberge-resa@valmagne.com • De mi-avr à début oct, ouv le midi tlj sauf lun ; en basse saison, ouv le midi des w-e et j. fériés seulement. Ouv les soirs de concerts l'été. Congés : janv. Formule et menu 20-35 €.* Dans les dépendances, près du bassin des moines. Grande salle avec une cheminée pour les jours sans soleil, et superbe terrasse dominant vignes et potager. Cuisine méditerranéenne utilisant les légumes du potager et les plantes aromatiques du jardin médiéval : petits farcis, viandes *a la plancha*, etc. Vins bio maison.

SAINT-PONS-DE-MAUCHIENS *(34230)*

Prendre la D 5 puis la D 161 (7 km).
Visible à 10 lieues à la ronde, un de ces villages à plan circulaire longtemps appelés « *circulades* » et dont l'origine remonte au Moyen Âge. À voir : l'*église* du XIIe s, les vestiges des remparts et la maison dite « des Consuls » construite en 1199 puis modifiée au XIVe s. Elle abrite un plafond peint décoré d'armoiries et de scènes de la vie quotidienne, mais on ne peut admirer que la façade extérieure. Voir aussi la façade de la *maison des Émigrants,* du XVIIe s.

PAULHAN *(34230)*

Paulhan est au cœur du réseau des villages dits circulaires, qualificatif plus correct, paraît-il, que ce nom de *circulades,* toujours utilisé ici. Pourquoi les étiquettes des bouteilles de vin sont-elles aussi jolies ? Elles reproduisent l'ermitage de Vareilles. Il est vrai qu'au milieu des vignes, hissé sur un monticule, protégé par un pin et un cyprès, il réjouit l'œil depuis le Xe s. Pour le dénicher, prenez la direction d'Adissan, et à gauche, vous apercevrez la butte.

Où dormir dans les environs ?

Chambres d'hôtes Villa Saint-Germain : *13, route de la Grange, 34120* **Cazouls-d'Hérault.** *☎ 04-67-25-28-06. • alixguy@free.fr • villa-saint-germain.com • À env 4,5 km de Paulhan, en direction de Pézenas. Congés : janv-mars. Compter 95-100 € pour 2, petit déj compris, familiales CB refusées. Parking privé. 10% de réduc sur le prix de la chambre, hors juil-août, sur présentation de ce guide.* 3 chambres et 1 suite, aménagées dans une demeure de maître du XIXe s trônant au milieu d'un parc de 1 ha aux arbres centenaires. Beaucoup d'espace, de calme, et une déco qui met en valeur le cachet de l'ancien. Belle piscine. Une adresse de charme aux tarifs encore raisonnables.

ROUJAN *(34320)*

À 10 km de Pézenas.
Dernier arrêt avant de boucler la boucle (logique puisqu'on est au pays des *circulades*). À moins que vous n'ayez envie de rejoindre directement le Faugérois ou Clermont-l'Hérault (voir plus loin). Fini les routes droites, dans ce cas ; vous allez pouvoir faire un arrêt au barrage des Olivettes, et découvrir au passage de sympathiques auberges de villages...

Où manger dans les environs ?

De bon marché à prix moyens

L'Escampette : *12, pl. Lieutenant-Gauffre, 34320* **Neffiès.** *☎ 04-67-24-83-99. • lescampette@laposte.net • À 3,5 km au nord. Tlj sauf lun et sam midi, plus mar et dim soir hors saison. Formules déj en sem 17,50 € ; carte 35 €. Café offert sur présentation de ce guide.* Au sommet d'un petit village agrippé à une colline, un lieu sympa avec sa jolie tonnelle donnant sur la place. Un petit troquet atypique, qui réunit toutes les générations autour d'un plat du jour, d'une viande grillée ou d'une blanquette piochés sur l'ardoise, ou tout simplement autour d'un verre. Produits frais et de saison.

À voir. À faire dans les environs

Vailhan (34320) : *à 7 km au nord-ouest par la D 125.* Minuscule village planté dans un chaos de collines, de garrigue et de rocaille, en surplomb du lac artificiel du barrage des Olivettes. Perchées au-dessus du village, les ruines du petit château de Guillaume de Vailhan.

Le château-abbaye de Cassan (ancien prieuré royal) : *sur la D 13, entre Roujan et Gabian. ☎ 04-67-24-52-45. • chateau-cassan.com • Juil-août, tlj 11h (14h sam)-19h ; avr-juin et sept, tlj 14h-19h ; oct, seulement w-e 14h-19h. Fermé nov-mars. Entrée : 8 € ; réduc. Visite libre avec fascicule. Fait partie des Sites d'exception en Languedoc.* Fondée par Charlemagne, cette abbaye classique a depuis subi nombre de transformations du fait de ses fonctions successives. Il n'empêche, les murs chargés d'histoire et la façade du XVIIIe s du château qui supplanta le cloître poussent toujours à la rêverie, surtout par beau temps. Et jetez donc un coup d'œil sur la reconstitution de la cuisine et de l'herboristerie. Nombreux concerts et expos en saison, ainsi que des dégustations de vin.

BÉZIERS ET SES ENVIRONS

L'ARRIÈRE-PAYS

SERVIAN (34290)

Le jardin de Saint-Adrien : *sur la N 9, à mi-chemin de Pézenas et Béziers (à la sortie de l'échangeur de Servian). ☎ 04-67-39-24-92. • jardindesaintadrien.com • ♿ (accès partiel). Juil-août, tlj sauf lun 16h-19h (9h30-12h mer et à partir de 14h w-e et j. fériés) ; avr et oct, dim (plus sam en oct) 14h-18h30 ; mai-juin et sept, mer et ven 16h-18h30, w-e et j. fériés 14h-18h30. Fermé nov-mars. Entrée : 6 € ; réduc ; gratuit moins de 4 ans.* Véritable jardin d'éden (classé Jardin remarquable) que cette ancienne carrière exploitée au Moyen Âge, devenue plus tard une... décharge. Plusieurs essences magnifiques et différents bassins peuplés de poissons émaillent ce parc de 4 ha.

30 MILLIONS D'AMIS

Le crapaud à Bassan, le chameau à Béziers, le cerf à Servian... Chaque village du Biterrois est associé depuis le Moyen Âge à un animal totem. Un héritage pas toujours facile à porter. Véritables mascottes populaires, ils défilent lors de festivités locales. Méfiez-vous du bœuf de Mèze, il dévore les petits enfants...

BASSAN (34290)

Typique village vigneron, plein de charme, avec son église romane, ses vestiges de château, sa place ombragée de platanes et son incroyable petit musée.

Point I-mobile : *3, pl. Jacques-Villeneuve (dans la poste). Tlj 9h-17h.*

Le musée des Meubles modestes : *2, rue des Remparts (au centre du village). ☎ 04-67-36-11-91. 📱 06-37-02-72-86. • lesmeublesmodestes.com •*

Visite sur résa uniquement. Participation : 5 €. Gratuit moins de 3 ans. Alain Fornells fait partie de ces rêveurs éveillés qui vous rendent la vie plus douce. Cet ancien infirmier à domicile redonne vie aux petits meubles abandonnés qu'il trouve par hasard. Bricolés, rafistolés, colorés, ils servent de point de départ à une balade contée, au fil des pièces de sa drôle de maison. Le musée imaginaire d'Alain Fornells n'a rien de mièvre : à travers ces meubles-objets issus (tout comme les contes qui s'y rapportent) de ses rêves, de ses fantasmes, il dit son histoire et celle de ceux qui l'ont précédé. D'ailleurs, chaque meuble modeste est dédié à un personnage ou à un événement. Le tangible et l'impalpable fusionnent dans ces récits, ouverts aux réparties de tous. Quand les palettes de transport bleues ou rouges deviennent barques, et que la tempête se lève, on s'y croirait. Laissez-vous emporter par la musique des mots d'Alain.

MAGALAS (34480)

Un village comme souvent, sinon toujours, dans le coin, un peu perché et en circulade. Les fans de Louis de Funès seront ravis d'apprendre que le tournage du *Petit Baigneur* en 1968 a permis de sauver l'église romane d'une ruine certaine. À voir, le musée Granier consacré à l'art campanaire, soit l'art des cloches. François Granier était l'un des derniers fondeurs du sud de la France.

Adresse utile

Office de tourisme : *Espace vins et campanes, ZAE L'Audacieuse. ☎ 04-67-36-67-13. • tourisme-avant-monts.fr • Mar-ven seulement, plus lun ap-m juil-août.*

MURVIEL-LÈS-BÉZIERS (34490)

Surplombant la vallée de l'Orb, un de ces villages en circulade, comme on dit toujours par ici. Porches restaurés, fenêtres à meneaux, venelles médiévales et surtout une dizaine de pigeonniers, particularité unique dans la région. Église classée des XIe-XVe s (abritant une exceptionnelle *Mise au tombeau*), ouverte le matin. À ne pas manquer non plus, entre le 14 juillet et le 15 août : le *mois des petetas* ! 150 poupées de chiffon, rembourrées en paille, sont réparties un peu partout dans le village, de la fin des moissons au début des vendanges.

Adresses et info utiles

Au Cochon Gourmet : *route de Cazouls (D 14). ☎ 04-67-36-32-99. Tlj sauf sam ap-m et dim.* Une super adresse pour amateurs de charcuterie (vente à la ferme).

Réals Canoë-kayak : *à 4 km du village par la D 36 direction Saint-Chinian/Cessenon. ☎ 04-67-89-61-65. • base-reals.com • Ouv mai-sept uniquement. Le reste de l'année, sur résa.* Canoë-kayak sur l'Orb.

– **Marché :** *mar et sam mat, pl. Parech.*

L'ABBAYE DE FONTCAUDE

Sur la commune de ***Cazedarnes*** *(34460). ☎ 04-67-38-23-85. • abbaye-de-fontcaude.com • Juin-sept, tlj sauf dim mat, 10h-12h, 14h30-19h (non-stop 10h-19h lun-ven en juil-août) ; oct-mai, tlj sauf dim mat, 10h-12h, 14h30-17h30. Fermé en janv sauf dim ap-m. Entrée : 6 € ; réduc. Visite libre avec fascicule.*

Fait partie des Sites d'exception en Languedoc. Égarés dans un hameau en bordure d'une minuscule route, les vestiges de l'abbaye de Fontcaude, joyau de l'art roman, ont été joliment restaurés, au point qu'ils accueillent désormais des concerts de chants grégoriens. Étape sur l'un des chemins de Saint-Jacques-de-Compostelle, l'abbaye a pourtant été en grande partie détruite. De l'église, seuls le transept, les 2 absides et l'absidiole tiennent encore debout. À l'extérieur, il ne reste du cloître qu'une arcade, et des bâtiments conventuels qu'un pan de mur. Les chapiteaux sculptés sont exposés dans un petit musée attenant.

MARAUSSAN *(34370)*

Non loin de l'Orb, ce petit village s'enorgueillit d'avoir reçu la visite de Jaurès lors de la construction de sa cave coopérative, la plus ancienne de France. Château classé de Perdiguier, un régal pour les yeux et pour le palais : ses chais se visitent.

Où manger ?

|●| ***Parfums de Garrigues :*** *37, rue de l'Ancienne-Poste.* ☎ *09-70-35-53-34.* • *parfumsdegarrigues@yahoo.fr* • ♿ *Tlj midi et soir sauf lun-mer. Menus 32-50 € ; menu dégustation 70 €.* Le chef (qui a œuvré chez quelques grands) reçoit avec plaisir ses fidèles dans une jolie maison de pays, prolongée par une terrasse coquette disposée dans un joli jardin. Un lieu où tout le monde se sent bien, idéal pour se concentrer sur sa cuisine du sud ingénieuse et odorante, véritable tour de force régional. Le tout animé par une équipe passionnée.

BÉZIERS

(34500) 77 000 hab. *Carte Hérault, B2-3*

• Plan *p. 352-353*

Ce qui frappe, en arrivant à Béziers, c'est évidemment sa cathédrale Saint-Nazaire, imposante et superbe, dominant la plaine de toute sa majesté. À ses pieds et dans son ombre, enjambant l'Orb, le pont Vieux est l'autre joyau de la couronne biterroise. Et ces deux-là nous rappellent que Béziers est une vieille dame à la longue, très longue histoire... Perchée sur son éperon rocheux, la capitale du vin veille jalousement sur la plaine alentour depuis, si l'on en croit les archéologues, le VIIe s av. J.-C. !

C'est donc, tout naturellement, dans ses vieilles pierres que Béziers dissimule son charme. Le cœur de la cité, avec ses ruelles tortueuses, ses églises et ses hôtels particuliers, se révèle fort séduisant. On y croise des éléments renaissance, romans et même... romains ! Le centre « moderne », quant à lui, n'est pas non plus dénué d'un certain charme, notamment le long des grandes allées Paul-Riquet, ombragées et animées. Plus loin, dans les quartiers populaires, tout ce que la Méditerranée compte de langues, de parfums et de cultures se côtoient dans un melting-pot qui, quoi qu'en disent les mauvaises langues, constitue un bel exemple de la diversité qui règne en Occitanie. Un ADN métissé que l'on retrouve d'ailleurs dans la cuisine biterroise, qui devrait ravir les épicuriens de passage... On y fait halte 1 jour ou 2, pour ses monuments, ses bonnes tables et le canal du Midi qui passe tout près.

UN PEU D'HISTOIRE

Étape importante sur la voie Domitienne, Béziers est l'***une des plus vieilles cités méditerranéennes,*** si l'on en croit les archéologues venus fouiller sur le chantier de la rocade nord.
Au Ier s, les Romains développent la vigne importée par leurs ancêtres les Étrusques dans les terres languedociennes. La 7e légion romaine, qui passait par là, lui donne son nom de *Baeterra*... Non, rien à voir avec les 1res bitures !
Au Moyen Âge, ***la ville est en partie détruite par les croisés lors du sac de Béziers du 22 juillet 1209*** en représailles contre les habitants qui ne voulaient pas livrer les cathares. Alors, pour être certain de les avoir tous, Arnaud Amaury, digne lieutenant de Simon de Montfort, prononça ces paroles légendaires : « Tuez-les tous, Dieu reconnaîtra les siens. » Il fit massacrer tous les Biterrois, cathares ou pas.
Cependant, très vite, Béziers redevient une ville prospère grâce à son vignoble. Alors que le phylloxera ravage la vallée du Rhône, les vignes du Biterrois prennent le relais. Ainsi, à la fin du XIXe s, Béziers est la ville la plus riche du Languedoc. Moins opulente aujourd'hui, elle demeure malgré tout une très importante place viticole que les corridas et le rugby contribuent par ailleurs à faire connaître au-delà de ses frontières régionales. Une ville à découvrir un jour de marché, quand elle prend son accent, ou mieux encore un jour de feria, quand elle prend son envol.

L'ARLÉSIENNE DE... BÉZIERS

Elle s'appelait Marie Cauffopé et vivait, au XIXe s, à Béziers. Frédéric Mistral raconta un jour à Alphonse Daudet la tragédie de cette jeune fille pour laquelle, par désespoir amoureux, son neveu s'était suicidé. Daudet en fit une nouvelle, Bizet une œuvre musicale, aujourd'hui mondialement connue sous le nom de L'Arlésienne. *Une Arlésienne en fait très biterroise !*

Adresses et infos utiles

Office de tourisme *(plan B2)* **:** 2, pl. du Forum. ☎ 04-99-41-36-36. • beziers-mediterranee.com • Visites guidées générales ou thématiques en saison *(sur résa ; prix variables).*

Gare SNCF *(plan C3)* **:** ☎ 36-35. Lignes pour Sète, Montpellier, Narbonne, Perpignan. TGV pour Lyon et Paris. Également des trains pour Millau, Saint-Flour et Clermont-Ferrand.

Gare routière *(plan B1)* **:** pl. du Général-de-Gaulle. *Bureau ouv lun-ven 7h45-12h15, 13h30-18h15.* Sur cette grande place, vous trouverez plusieurs compagnies. **Beemob :** ☎ 0800-80-80-80. • beemob.fr • *Bus de ville et de l'agglomération.* **Hérault Transport :** ☎ 04-67-49-49-65. • herault-transport.fr • Liaisons régionales.

Aéroport Béziers – Cap-d'Agde *(hors plan par D2)* **:** route d'Agde. ☎ 04-67-80-99-09. • beziers.aeroport.fr • Liaisons régulières avec *Ryanair* et *Flybe* entre Béziers et Paris-Beauvais, Bristol, Londres, Édimbourg, Düsseldorf, Stockholm, Oslo, Charleroi...

– ***Marchés :*** le vendredi, Béziers se transforme en un grand marché ambulant. Rue de Stravopol (au stade Raoult-Barrière). Produits du terroir, place David-d'Angers. Les fleurs, elles, s'épanouissent sur les allées Paul-Riquet. Marché paysan le samedi place de la Madeleine ; marché bio mercredi soir place Jean-Jaurès ; fruits et légumes les mardi et dimanche sur les allées Paul-Riquet. Et du mardi au dimanche dans les halles elles-mêmes, de 6h à 13h, avec possibilité de déjeuner à *La Gargote des Halles* (voir plus loin « Où manger ? »).

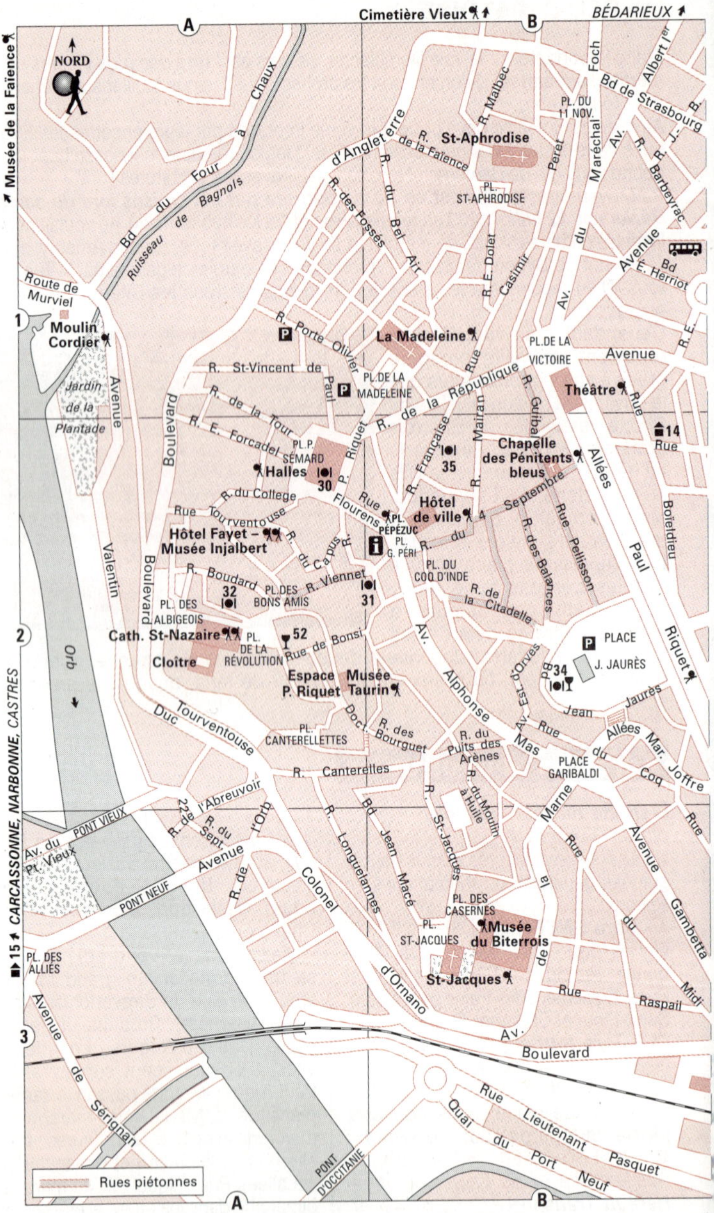

Cimetière Vieux
BÉDARIEUX
Musée de la Faïence
NORD
A
B
1
2
3
Bd du Four à Chaux
Ruisseau de Bagnols
Route de Murviel
Moulin Cordier
Jardin de la Plantade
Avenue Valentin
Boulevard
d'Angleterre
R. des Fossés
R. du Bel Air
R. de la Faïence
St-Aphrodise
PL. ST-APHRODISE
R. Malbec
PL. DU 11 NOV.
Foch
Bd de Strasbourg
Albert Ier
Av. Maréchal
R. J.-B. Barbeyrac
R. E. Dolet
Casimir Peret
Avenue
Bd É. Herriot
R. Porte Olivier
La Madeleine
PL. DE LA MADELEINE
R. St-Vincent de Paul
R. de la Tour
R. E. Forcadel
PL. P. SÉMARD
Halles
30
R. de la République
PL. DE LA VICTOIRE
Avenue
Théâtre
R. E.
14
Rue
R. Française
35
R. Mairan
R. Guibal
Chapelle des Pénitents bleus
Allées
R. du Collège
Rue Tourventouse
Rue Flourens
PL. PÉPÉZUC
Hôtel de ville
R. du 4 Septembre
Hôtel Fayet – Musée Injalbert
R. du Capus
PL. G. PÉRI
R. des Balances
Rue Pellisson
Paul Riquet
Boïeldieu
R. Boudard
PL. DES BONS AMIS
R. Viennet
PL. DU COQ D'INDE
R. de la Citadelle
32
31
PL. DES ALBIGEOIS
Cath. St-Nazaire
PL. DE LA RÉVOLUTION
52
Rue de Bonsi
Cloître
Espace P. Riquet
Musée Taurin
P. Riquet
PLACE J. JAURÈS
Bd d'Orves
34
Av. Est.
Jean Jaurès
Av. Alphonse Mas
Allées Mar. Joffre
Orb
Duc
Tourventouse
Doct.
R. des Bourguet
PL. CANTERELLETTES
R. Canterelles
R. du Puits des Arènes
Rue du Coq
PLACE GARIBALDI
R. du Moulin à Huile
Marne
R. de l'Abreuvoir
R. du 22 Sept.
R. de l'Orb
Av. du Pt. Vieux
PONT VIEUX
PONT NEUF
Avenue
Colonel
R. Longuelannes
Bd Jean Macé
R. St-Jacques
Rue de la
PL. DES CASERNES
Musée du Biterrois
PL. ST-JACQUES
St-Jacques
Avenue Gambetta
du Midi
Rue Raspail
d'Ornano
Av.
Boulevard
PL. DES ALLIÉS
15
CARCASSONNE, NARBONNE, CASTRES
Avenue de Sérignan
PONT D'OCCITANIE
Rue Lieutenant Pasquet
Quai du Port Neuf
Rues piétonnes

■ **Adresse utile**

Office du tourisme (B2)

Où dormir ?

14 Hôtel Concorde (B2)
15 Chambres d'hôtes Les Jardins du Rebaut (hors plan par A3)
16 Chambres d'hôtes Le Clos de Maussanne (hors plan par D2)
17 L'Hôtel Particulier (C2)
18 Hôtel des Poètes (C3)

Où manger ?

30 La Gargote des Halles (A2)
31 CQFD (A-B2)
32 Les Louis (A2)
34 Le Chameau Ivre (B2)
35 Le Patio (B2)
36 La Maison de Petit Pierre (hors plan par D2)
38 L'Ambassade (C3)
39 Le Café de Plaisance (hors plan par C3)

Où boire un verre ? Où écouter de la musique ?

34 Le Chameau Ivre (B2)
50 Le CapharnaRhum (hors plan par C3)
51 O'Sully Irish Pub (C1)
52 La Brasserie du Palais (A2)

BÉZIERS

Où dormir ?

Dans le centre

De bon marché à prix moyens

Hôtel des Poètes *(plan C3,* ***18****) : 80, allées Paul-Riquet. ☎ 04-67-76-38-66. • hoteldespoetes@gmail.com • hoteldespoetes.net • Doubles 60-75 €. Parking 10 €.* Donnant sur le verdoyant plateau des Poètes, en plein centre mais un peu à l'écart de la circulation, cet hôtel propre comme un sou neuf a tout pour plaire. Chambres nickel, les plus belles avec vue sur le parc et, pour les fauchés, 3 petites piaules au 4e étage. Accueil fort aimable.

Hôtel Concorde *(plan B2,* ***14****) : 7, rue Solférino. ☎ 04-67-28-31-05. • accueil-concorde@hotmail.fr • hotelconcorde-beziers.com • Doubles 49-69 €. Parking 9 € sur résa (peu de places).* Petit hôtel à 2 pas des allées Paul-Riquet, à la propreté impeccable et au confort honorable. L'ensemble n'est pas franchement lumineux ni très gai, mais c'est pas cher, en plein centre et bien tenu. En peu de mots : ça fait le boulot.

Chic

L'Hôtel Particulier *(plan C2,* ***17****) : 65 bis, av. 22-Août-1944. ☎ 04-67-49-04-47. • contact@hotelparticulierbeziers.com • hotelparticulierbeziers.com • Congés : fêtes de fin d'année. Doubles 100-165 €. Stationnement gratuit dans les rues adjacentes. Apéritif maison offert sur présentation de ce guide.* Cette élégante maison du XIXe s a été rénovée pour devenir un lieu cocooning de grand confort à 5 mn à pied du centre historique. Beaux volumes dans les chambres, lumineuses et décorées avec goût. Celles sous les toits, un poil moins chères, sont tout aussi charmantes (la 8, qui donne sur le jardin, est notre préférée). Accueil fort sympathique du couple de proprios et ambiance bien plus proche de la chambre d'hôtes que de l'hôtel informel. Si complet, son voisin, le ***In Situ,*** à la déco plus contemporaine, fait aussi bien l'affaire *(☎ 04-67-80-08-07 ; • insituhotel.com • ; doubles 130-180 €).*

En dehors du centre

Chambres d'hôtes Le Clos de Maussanne *(hors plan par D2,* ***16****) : 2960, route de Pézenas. ☎ 04-67-39-31-81. • contact@leclosdemaussanne.com • leclosdemaussanne.com • ♿ À 10 mn de Béziers, sur la route de Pézenas, petit chemin à droite juste avt de traverser le Libron. Doubles 125 €. Dîner sur résa 30 €.* Chambres élégantes, confortables, avec climatisation, belle hauteur de plafond, tissus en coton piqué, meubles signés Philippe Starck ou chinés Art déco... Tout est chic et raffinement dans cet ancien couvent, situé dans un bel écrin de verdure. Le soir, ambiance assez magique autour de la piscine. Sous la véranda, à la fraîche, bonne cuisine à partir de produits frais et de fruits et légumes du potager. Une adresse fort romantique.

Chambres d'hôtes Les Jardins du Rebaut *(hors plan par A3,* ***15****) : Pierre Fernandez, chemin rural, 103, Rebaut-le-Bas. ☎ 04-67-28-68-58. 📱 06-81-04-01-95. • lesjardinsdurebaut@wanadoo.fr • beziers-vacances.com • ♿ À 3 km de Béziers direction Saint-Pons puis Maraussan. Fermé oct-mars. Compter 89 € pour 2. Réduc de 10 % sur la chambre sur présentation de ce guide.* 5 chambres à la déco thématique, tout confort (clim, belles salles de bains). L'adresse vaut surtout pour le jardin, la piscine, la bien belle vue sur la ville (pour 4 chambres sur 5). Et les propriétaires aimant les animaux, on pourra faire la connaissance des chiens, chats, chèvre, mouton et truie ! Accueil aimable et discret. Accès à pied au centre de Béziers en 20 mn.

Où manger ?

Dans le centre

Bon marché

La Gargote des Halles *(plan A2, **30**) : dans les halles, pl. Pierre-Semard. ☎ 04-67-36-64-90. • lagargotedeshalles@gmail.com • ♿ Tlj sauf lun, midi seulement. Carte env 20 €. Une planche de cochonnailles offerte sur présentation de ce guide.* Un repaire d'habitués, incontournable quand on vient faire son marché. On boit un verre avec 6 huîtres, ou bien on donne sa viande ou son poisson achetés sur les étals, qui seront cuits et accompagnés selon l'humeur. Également de bons petits plats à l'ardoise (magret, côtelettes, faux-filet, etc.). Ambiance hyper conviviale.

CQFD *(plan A-B2, **31**) : 2, rue Viennet, place du Forum. 📱 06-68-20-11-65. • cqfd34@yahoo.fr • ♿ Tlj sauf le w-e, seulement le midi. Formules 12,90-15,90 €. Café offert sur présentation de ce guide.* La bonne petite adresse comme on les aime, avec du fait maison fait avec amour. On choisit l'une des formules, entre la quiche, le bagel, le wrap ou le plat du jour. On s'installe dans la jolie salle à la déco moderne et lumineuse (bois blond et grandes baies vitrées) ou sur la petite terrasse en face de la mairie. Frais, bon et pas cher. En gros, « Ce Qu'il Faut Dévorer » pour un déj sur le pouce à Béziers.

Les Louis *(plan A2, **32**) : 2 bis, rue de la Petite-Jérusalem. ☎ 04-67-49-07-79. Ouv le soir mar-sam et le midi mer-ven. Fermé dim-lun. Plats 10-22 €.* La courette-patio à l'arrière ou la salle voûtée de pierre pour prendre le frais lorsque ça tape dehors, la petite terrasse au pied de la cathédrale... Pour poser son rond de serviette, on a l'embarras du choix. Et côté cuisine, c'est pareil ! Plats bien ficelés (seiche *a la plancha,* escalope de veau aux morilles...), pâtes fraîches, grillades, pizzas maousses à la pâte bien croustillante (la spécialité de la maison) et même des fondues et tartiflettes en hiver ! Prix doux et accueil très chaleureux.

De prix moyens à chic

Le Chameau Ivre *(plan B2, **34**) : 15, pl. Jean-Jaurès. ☎ 04-67-80-20-20. • lechameauivre@orange.fr • ♿ Tlj sauf dim-lun et midi des j. fériés, 10h-1h. Congés : 1 sem en janv. Formule déj 20 € (sem) ; menu le soir 29 € ; carte env 32 €. Apéritif offert sur présentation de ce guide.* Un lieu chaleureux qui doit son nom autant à l'animal totémique de Béziers qu'à un délire poétique. Resto-bar tout de bois vêtu qui réunit selon l'heure et l'humeur dîneurs et buveurs, autour d'un plat bien tourné (produits locaux et de saison de rigueur), une assiette de tapas ou tout simplement un bon verre de vin. À ce propos, les dizaines de bouteilles bien rangées dans leurs casiers, le long des murs – une vraie bibliothèque vigneronne ! –, témoignent de la passion de ceux qui vous accueillent. Bref, une escale où règne la bonne humeur, et qui ne désemplit pas.

Le Patio *(plan B2, **35**) : 21, rue Française. ☎ 04-67-49-09-45. • contact@restaurant-patio.fr • restaurant-patio.fr • Basse saison, tlj sauf dim-lun et midi j. fériés ; hte saison, tlj sauf midi dim et j. fériés. Menus 18 € (déj), puis 22,50-29 €. Apéritif offert sur présentation de ce guide.* Mobilier en fer forgé pour un repas chaleureux autour de l'olivier, dans la cour rafraîchie par une fontaine, ou dans la salle, aménagée dans un esprit très sobre. Dans l'assiette, une cuisine inventive et moderne, piochant dans des produits d'ici et de plus loin. Dressage assez remarquable. La recette d'un succès (mérité) qui perdure.

La Maison de Petit Pierre *(hors plan par D2, **36**) : 22, av. Pierre-Verdier. ☎ 04-67-30-91-85. • contact@lamaisondepetitpierre.fr • ♿ Ouv le midi tlj sauf dim, plus le soir lun-mar. Résa conseillée. Formule et menu déj sem 17-25 € ; menus le soir 42-75 €.* Il aura suffi d'une émission TV pour faire de « Petit Pierre » un *Top Chef* célèbre dans tout le Midi, et lui donner envie de reprendre l'ex-*Maison de Campagne* où il travaillait jusqu'alors aux côtés de son père, Pierre Augé, 1er du nom. Bien lui en a pris ! On se régale ici d'une cuisine du Sud, voguant entre terre et mer. Déco moderne et belle terrasse colorée côté jardin.

De chic à plus chic

L'Ambassade *(plan C3, **38**) : 22, bd de Verdun. ☎ 04-67-76-06-24. • lambassade-beziers@wanadoo.fr • ♿ Tlj sauf dim-lun. Menus 32 € (sauf w-e et j. fériés), puis 50-80 € ; carte env 65 €.* Encore une excellente table, juste en face de la gare. Le chef propose une carte évolutive, qui respecte les saisons et les produits de région. Sa cuisine vous en met plein la vue, plein le nez mais pas plein la bouche, ce qui est plutôt bon signe. Desserts à la hauteur, c'est-à-dire au sommet. Bravo ! Avec ça, un service en costard croisé noir, pas guindé pour autant, au contraire, et de bons conseils en vins. Bref, à *L'Ambassade,* on a tout aimé.

Le long du canal du Midi

Le Café de Plaisance *(hors plan par C3, **39**) : 1, quai du Port-Neuf. ☎ 04-67-76-15-90. • cafedeplaisance@orange.fr • ♿ À la sortie de Béziers en direction du stade de Sauclières. Lun-ven, midi seulement. Congés : 1 sem en fév et 1 sem fin sept-oct. Plat du jour 10,90 €. Formules 14,70-17,50 €.* Un bistrot de quartier au charme rétro, le long du canal du Midi, bien sympathique avec ses vieilles pub Ricard aux murs et ses banquettes en skaï. Une cuisine simple (souris d'agneau, seiche *a la plancha*...), à apprécier en terrasse, sous les platanes (dommage que la route soit passante). Menu à l'ardoise, qui change tous les jours, et grillades *a la plancha.* On peut aussi se contenter d'un verre à toute heure.

Où boire un verre ? Où écouter de la musique ?

Pour profiter des beaux jours, direction les terrasses agréables de la place Jean-Jaurès, la place du Forum ou, plus secrète, la place de la Révolution, derrière la cathédrale.

Le Chameau Ivre *(plan B2, **34**) : lire plus haut la rubrique « Où manger ? ».*

Le CapharnaRhum *(hors plan par C3, **50**) : av. Joseph-Lazare, pont des Sauclières. ☎ 04-67-35-17-81. • contact@capharnarhum.info • À quelques encablures de la gare, sur le bord du canal du Midi. Mer-sam 19h-1h. Petit verre de planteur offert sur présentation de ce guide.* Amarrée sur le bord du canal du Midi, cette péniche rasta et multicolore verse de quoi rincer le gosier des pirates d'eau douce. Un spot sympa et original pour « apéroter » ou laisser filer la soirée, en l'arrosant d'un grand choix de cocktails à base de rhum, bien sûr ! Fréquents concerts et soirées DJ. Attention quand même à ne pas passer par-dessus bord...

La Brasserie du Palais *(plan A2, **52**) : pl. de la Révolution. ☎ 04-67-28-29-20. Tlj 9h-23h30 en été. Horaires variables hors saison : en théorie, lun-ven le midi seulement, fermé le w-e.* L'une de nos terrasses préférées à Béziers, cachée juste derrière la cathédrale et bercée par le glouglou d'une fontaine. Idéal pour l'apéro, le thé, le café... Bref, ça marche à toute heure !

O'Sully Irish Pub *(plan C1, **51**) : 18, rue d'Alsace. ☎ 09-65-38-36-05. • Facebook • Tlj sauf dim 16h30-minuit.* L'indécrottable pub irlandais, avec son ambiance parfois rugissante, ses boiseries lustrées, ses soirées à thème et ses écrans pour les matchs. Gros tonneaux sur le trottoir pour siroter une pinte à la fraîche.

Zinga Zanga *: traverse de Colombiers-Montflourès, à l'entrée sud de Béziers. ☎ 04-67-36-76-76.* L'une des grandes salles de concert de musiques actuelles du département.

L'HÉRAULT

À voir

De beaux petits musées et une cathédrale merveilleusement située. Et ne manquez pas de déambuler le nez en l'air dans la vieille ville, pour repérer jolis balcons, gargouilles et mascarons. Achetez en passant quelques *riquets de Béziers* pour faire la route : composés de fines couches de nougatine et de praliné, ils ne fondent pas !

La vieille ville

Les allées Paul-Riquet *(plan B-C1-2)* **:** les *ramblas* locales (cela dit en toute modestie), aménagées en 1827, et bordées de beaux immeubles bourgeois aux façades haussmanniennes et de platanes, qui remplacent les arbres fruitiers d'origine – le créateur du canal du Midi en avait fait planter tout le long pour nourrir les ouvriers du chantier et les habitants des environs ! Belle statue de bronze du grand homme (1609-1680), dont on a simplifié le prénom au fil du temps : ses amis l'appelaient Pierre-Paul et les autres lui donnaient son titre de baron de Bonrepos. Tout en haut, le ***théâtre*** *(plan B1)* ferme la perspective. Érigé en 1844, c'est un vrai théâtre à l'italienne, du baroque de style Louis-Philippe, dans son décor « en bonbonnière », d'origine.

La chapelle des Pénitents bleus *(plan B2)* **:** *rue du 4-Septembre, face au n° 5 (et à l'angle de la rue Guibal). Tlj 8h-18h.* Belle chapelle au double portail gothique du XVe s, encadrée de 3 dais vides. C'est en fait tout ce qu'il subsiste d'un ancien couvent des Cordeliers. Le chœur de la chapelle a été détruit, remplacé au XIXe s par un vaste... trompe-l'œil. Surprenante maquette géante d'une barque dans l'entrée.

L'église de la Madeleine *(plan B1)* **:** *pl. de la Madeleine. Juin-sept, tlj 10h30-12h30, 16h-18h. Le reste de l'année, mer et ven 10h-12h, 14h-16h et mat w-e.* Romane à l'origine (elle en conserve pas mal d'éléments) mais reconstruite dans un style gothique au XVe s et plusieurs fois remaniée (le plafond de bois est du début du XXe s), elle a abrité une grande partie de la population lors du siège de Béziers mené par Simon de Montfort, en 1209, pour réduire l'hérésie cathare (lire plus haut l'introduction de la ville). Toute en pierres blondes, elle ne manque pas d'allure.

Les halles *(plan A2)* **:** *tlj sauf lun, 6h-13h30.* De style Baltard. Superbement restaurées. Un marché fort connu et des produits de grande qualité. Et pourquoi ne pas y manger sur le pouce (voir plus haut la rubrique « Où manger ? ») ?

L'hôtel de ville *(plan B2)* **:** belle façade du XVIIIe s, due à Rollin, prolongée par la cour Renaissance (mais un peu bétonnée sur les côtés) de l'hôtel de Ginestet, ou trône un chameau, animal totémique de la ville.

La place Pépézuc *(plan B2)* **:** mystérieuse statue exhumée du forum romain au XIVe s. Les historiens supposent qu'elle représente un empereur romain, mais selon la légende biterroise, il s'agirait plutôt d'un certain Montpézuc (ou Pépézuc), qui aurait défendu la ville contre les Anglais. Derrière la statue, l'une des plus vieilles maisons de la ville (XIIe s).

MAIS AU FAIT, POURQUOI UN CHAMEAU ?

La légende raconte qu'un certain Aphrodise, compagnon du Christ, quitta la Palestine après la mort de Jésus et partit en direction du nord sur son chameau. Arrivé à Béziers, il se mit en tête d'évangéliser la Gaule (rien que ça) et ne tarda pas à connaître le même sort que beaucoup de Chrétiens à cette époque : décapité ! Quant à son chameau, il fut recueilli et adopté par les Biterrois, jusqu'à devenir l'emblème de la ville...

L'hôtel Fayet – Musée Injalbert (plan A2) : *9, rue du Capus. ☎ 04-67-49-04-66. Mar-sam 12h-17h et 1er dim du mois. GRATUIT.* Un charmant hôtel particulier du XVIIe s, agrandi au XIXe s par Gustave Fayet, peintre et mécène. On y trouve essentiellement des œuvres du sculpteur biterrois Injalbert (1845-1933) qui, entre autres, réalisa à Paris les cariatides de la façade des Gobelins. Au 1er étage, ne pas rater l'*Hippomène* en plâtre, très gracieux. Également de beaux vitraux et des plafonds à la française. À signaler : un jardin intérieur très agréable en été, orné de sculptures romantiques. En juin, il sert d'écrin à des concerts de musique classique.

Le musée Taurin (plan A2) : *7, rue Massol. ☎ 04-67-28-44-18. Situé entre la mairie et la cathédrale. Juin-août, mar-sam et 1er dim du mois 12h-17h (19h30 pendant la feria). Fermé lun. Entrée : 3 € ; réduc.* Cette ancienne chapelle des Dominicains accueillait autrefois un espace dévolu à l'art contemporain. C'est donc aujourd'hui (autre temps, autres mœurs...) un musée taurin. Au rez-de-chaussée, quelques affiches anciennes, des costumes de lumière... À l'étage, sous le remarquable plafond peint sur bois dans le style espagnol du XVIIe s, exécuté par un peintre de l'école Ribera, jolie série d'eaux-fortes de Goya évidemment consacrée à la corrida.

L'HÉRAULT

La cathédrale Saint-Nazaire (plan A2) : *pl. des Albigeois. Sur un promontoire dominant superbement la vallée de l'Orb. Juin-août, tlj 9h-19h ; le reste de l'année, tlj 10h-18h.* Belle cathédrale fortifiée de style gothique, elle fut construite sur l'emplacement d'une église romane saccagée lors du sac de Béziers en 1209. Façade austère, flanquée de 2 tours massives, de petites lucarnes, d'une vaste rosace centrale et d'un portail gothique historié. Ce qu'on voit aujourd'hui date pour la majeure partie des XIVe et XVe s. À l'intérieur, plusieurs éléments notables très disparates : un chœur qui conserve de petites choses du XIIIe s, des fresques du XIVe s, un autel baroque, une jolie chaire du début du XIXe s avec panneaux de bois sculptés, un superbe orgue du XVIIe s et une crypte (souvent fermée).
Les amateurs de sensations fortes ne rateront pas l'ascension du ***clocher*** *(accessible 9h-11h30, 14h-17h)* par ses 168 marches abruptes en colimaçon : superbe vue plongeante sur les toits de la vieille ville, les méandres de l'Orb et le canal du Midi.
À droite de la façade de la cathédrale, un petit porche donne accès au ***cloître*** gothique assez dépouillé, et pour cause : il ne fut jamais terminé. Belle vue sur le flanc de la cathédrale, ses tourelles, son clocheton en fer forgé... Puis un escalier donne accès au ***jardin des Évêques*** *(horaires aléatoires),* d'où l'on embrasse un panorama étonnant sur les toits, le pont Vieux et l'Orb.

L'église Saint-Jacques (plan B3) : *pl. Saint-Jacques. Tlj 10h30-12h30, 16h-18h.* Située sur le flanc de la paisible place Saint-Jacques, où s'affrontent les joueurs de boules à l'ombre de platanes, la modeste église Saint-Jacques est un bel édifice roman sobre et joliment proportionné. Chevet pentagonal remarquablement décoré de chapiteaux et frises wisigothiques. À l'intérieur, belle Vierge en marbre du XVIIIe s, et grand tableau sombre, représentant saint Thomas d'Aquin. De la place ou du belvédère du jardin, derrière l'église, très belle vue sur la vallée de l'Orb.

Le musée du Biterrois (plan B3) : *rampe du 96e Régiment-d'Infanterie, caserne Saint-Jacques. ☎ 04-67-36-81-61. FERMÉ pour restructuration mais visite possible sur résa.* Aménagé sur 3 000 m² dans l'ancienne caserne Saint-Jacques, un espace très aéré, spacieux et clair. Très complet, il présente l'histoire du territoire biterrois, de la préhistoire à la Seconde Guerre mondiale.

Le Plateau des Poètes (plan C3) : *tlj 7h-20h (18h en hiver). Accès libre.* Très romantique. Vaste jardin de 5 ha aménagé à l'anglaise, avec promenades, parterres fleuris, plans d'eau et aire de jeux pour enfants. Créé au XIXe s par les frères Bühler, célèbres paysagistes à qui l'on doit également le bois de Boulogne à Paris et le parc de la Tête-d'Or à Lyon ! Monument dédié à Jean Moulin et nombreuses sculptures d'Injalbert (dont la *Fontaine du Titan*). C'est également un « refuge libre pour les oiseaux ». On y croise d'ailleurs de drôles d'oiseaux, parfois...

En dehors du centre ancien...

Les arènes *(plan D2) : infos et résas, ☎ 04-67-76-13-45.* Bâties en pierre et brique rouge à la fin du XIXe s, elles méritent une visite les jours de spectacle : tauromachiques pour les amateurs, sportifs ou musicaux pour les autres. Rien à voir avec les anciennes arènes romaines situées rue du Moulin- à-Huile.

ARÈNES JOYEUSES !

Que le ténor Roberto Alagna puisse aujourd'hui triompher en chantant dans les arènes n'a rien de surprenant : celles de Béziers ont été créées... pour l'opéra, et ça n'avait rien de pompeux en ce temps-là. Les dames et les messieurs qui les fréquentaient n'appartenaient pas tous au grand monde.

Les moulins Cordier *(plan A1) : au bord de l'Orb, au départ de la route de Murviel en direction du château de Raissac.* Construits au Moyen Âge mais revus et corrigés par le Biterrois Cordier qui, en 1827, grâce à un système d'adduction d'eau (une sorte de machine à vapeur), fit monter l'eau de l'Orb jusqu'à la ville. Plutôt photogéniques, ces moulins, surtout celui hérissé d'une tourelle.

Le cimetière Vieux *(hors plan par B1) : situé au nord du centre, à 5 mn de la basilique Saint-Aphrodise, par l'av. du Cimetière-Vieux. Tlj 8h-17h45.* Ce cimetière créé au XIXe s abrite des tombes aux styles les plus divers (du classicisme à l'Art déco) et une statuaire remarquable : belles sculptures signées Injalbert, Magrou, Millau...

Le musée de la Faïence du château de Raissac *(hors plan par A1) : à 10 mn du centre, sur la route de Lignan. ☎ 04-67-49-17-60. • raissac.com • Seulement sur rdv (lun-sam). Entrée : 8 € ; réduc.* Les anciennes écuries du château abritent tout un monde en trompe l'œil qui ravira les amateurs de barbotines anciennes et les connaisseurs en faïences et porcelaines du XIXe s. La propriétaire, Christine Viennet, y expose en outre ses propres créations exubérantes dans la lignée des trompe-l'œil de Bernard Palissy, et accueille des expositions d'artistes contemporains. La visite (compter 1h30) inclut celle du château, et la découverte du parc à l'anglaise dessiné par les frères Bühler. Fait chambres d'hôtes. Pour ceux qui préfèrent d'autres plaisirs de la table, les chais du XVIIe s et le caveau, à quelques kilomètres du château, sont également ouverts *(lun-sam 9h-13h, 14h30-18h).*

– **Les 9 écluses de Fonséranes :** *à env 3 km du centre de Béziers, vers l'ouest, au-delà du pont Neuf.* Voir plus loin « Le canal du Midi, de Béziers à Capestang ».

Manifestations

– **Les Soirées divines :** *en juil-août (sauf durant la feria) 19h-23h sur les allées Paul-Riquet.* Les vignerons et restaurateurs proposent des dégustations de vins et de tapas dans une ambiance musicale.
– **Feria :** *mi-août.* 4 jours et 4 nuits en habits de lumière qui vous laisseront un autre souvenir de la ville. Corridas mais aussi défilés de chars, feux d'artifice. Certainement la feria la plus authentique de la région, à vivre absolument. Rues et places se métamorphosent avec les différents villages qui s'y installent. Concerts sur la place de la Madeleine. En 2018, la feria de Béziers a fêté ses 50 ans en fanfare !

DE BÉZIERS À LA MER

VENDRES *(34350)*

Jeter un œil au temple de Vénus en ruine et à l'aqueduc romain. Le village, lui, vous accueillera à l'ombre des platanes. Son étang, classé site protégé, est l'occasion d'une belle balade, avec ou sans accompagnement. Faites enfin un tour du côté du port conchylicole du Chichoulet, on y est bien, avec un plateau d'huîtres et un petit verre de blanc !

SÉRIGNAN *(34410)*

Village viticole à l'embouchure de l'Orb, avec comme centre névralgique les allées de la République, où de sympathiques terrasses de troquets s'allongent sous les platanes. Bonne ambiance les lundi, mercredi et vendredi matin, jours de marché. À ne pas manquer : l'étonnant ***musée d'Art contemporain,*** d'une richesse surprenante dans un si petit village. À signaler aussi, la salle de spectacle *La Cigalière* entourée de son *parc du Rayonnant,* semé d'étonnantes colonnes de Buren (170 en tout), qui s'illuminent la nuit, et la collégiale Notre-Dame, datant, pour partie, du XIIe s. À 4 km du village, Sérignan-Plage. Un port de plaisance a également été aménagé sur l'Orb. Fin mai, les amateurs de bulles se retrouvent à Sérignan pour un festival de la bande dessinée assez réputé.

Où dormir ? Où manger ?

De prix moyens à chic

Chambres d'hôtes Côté Collégiale : *26, rue Raymond-Lambert. 06-86-85-30-31. • pthib34@orange.fr • cote-collegiale.fr • Compter 55-65 € pour 2. CB refusées.* Une ancienne maison de maître et 4 belles chambres parquetées et baignées d'une douce atmosphère. Petites touches de couleur sur fond de murs blancs, bleus ou jaune orangé. L'adresse est le point de chute des artistes du musée d'Art contemporain, et vous aurez peut-être l'occasion de prendre le petit déj en leur compagnie dans le patio ombragé et fleuri. Jacuzzi. Bel accueil et situation idéale, au cœur de la vieille ville.

Cantinho Brasileiro : *28, pl. de la Libération. 06-89-96-44-19. • restaurantcantinhobrasileiro@hotmail.fr • Au centre du village. Tlj le soir en saison ; hors saison seulement ven soir plus w-e midi et soir 12h-13h, 19h-21h30 ; service tardif possible sur résa quand soir de spectacle. Congés : de mi-déc à mi-fév. Menu 25 € ; carte env 30 €. Apéritif offert sur présentation de ce guide.* Puisque c'est les vacances et que le soleil brille, pourquoi ne pas s'offrir un petit voyage culinaire sur un air de samba ? Madame est originaire de São Paulo et mitonne pour qui veut les découvrir toutes les grandes spécialités du Brésil, aux noms qui sentent bon le soleil : *picadinho, moqueca de Peixe* et le plat national, la *feijoada,* une sorte de ragoût aux haricots (sur commande, à partir de 5 personnes). On vous prévient, ça tient au corps ! Menu végétarien sinon, pour dîner plus léger. Terrasse sur la placette.

L'Harmonie : *chemin de la Barque. ☎ 04-67-32-39-30. • lharmonie@wanadoo.fr • Tlj sauf dim soir-mar. Congés : vac scol de la Toussaint. Formule 25 €, déj en sem ; autres menus 37-72 €.* Un lieu et un personnage vraiment atypiques. Avec un chef, autodidacte des fourneaux, jouant les mélanges détonants d'épices et de saveurs, sur fond de bons produits, qui façonne sa cuisine au gré de ses rencontres et de ses découvertes. C'est un vrai bonheur de passer un moment à (sa) table, dans cette belle maison ouverte sur un parc. En été, on profite de la terrasse, le service est bon enfant, la clientèle éclectique. On peut aussi opter pour le bar à tapas, dans le jardin.

Ma Ferme : *21, rue Henri-Laborit. ☎ 04-67-32-26-20. • info@maferme.fr • Ouv le soir tlj sauf lun, plus au déj ven-dim midi. Congés : de mi-oct à fin avr. Menus (midi et soir) 38-48 € ; carte env 40 €. Apéritif maison offert sur présentation de ce guide.* Ces murs d'enceinte peu amènes dissimulent en réalité une maison au sympathique décor rustique, ouverte sur un agréable patio ombragé. Huîtres gratinées au feu de bois, délicieuses, et excellentes grillades à la cuisson parfaitement maîtrisée ; fait également grill à tapas et bar à vins (le *Bébert Café*). Concerts de temps en temps.

À voir

Le musée régional d'Art contemporain Occitanie *(MRAC) : 146, av. de la Plage (dans le centre). ☎ 04-67-17-88-95. • mrac.laregion.fr • Tlj sauf lun et j. fériés, juil-août 11h-19h ; le reste de l'année, 10h-18h (à partir de 13h le w-e). Entrée : 5 € ; réduc ; gratuit moins de 18 ans et pour ts le 1er dim du mois. Divers ateliers pour les enfants, se renseigner sur le site.* La drôle de reconversion d'une ancienne propriété viticole, devenue caserne de pompiers puis ce musée d'Art contemporain, s'étendant sur près de 2 700 m². La collection permanente est constituée, en grande majorité, de dons d'artistes (à commencer par le plus célèbre d'entre eux, Daniel Buren, qui a également réalisé les vitraux du musée). En rotation chaque année, elle couvre tous les mouvements de l'art contemporain des années 1960 à aujourd'hui : dessin, photos, vidéos, installations et autres écoles plus pointues (figuration narrative, paysagisme abstrait, etc.). En plus de cela, pas moins de 6 ou 7 expos temporaires par an... Ça bouge beaucoup, au MRAC ! Visite, qui réserve bien des surprises, fortement conseillée.

Et comme Sérignan semble vraiment aimer l'art contemporain, le **château Vargoz** *(rue du Pont),* grosse maison bourgeoise du XIXe s, accueille en résidence des artistes d'aujourd'hui qui ont laissé quelques spectaculaires sculptures dans le jardin *(tlj 9h-18h ; GRATUIT).*

VALRAS-PLAGE (34350)

Station balnéaire familiale plutôt bétonnée (mais pas d'immeubles de 15 étages !), postée à 10 km au sud de Béziers, à l'embouchure de l'Orb. Au programme, tout plein d'activités nautiques, bien sûr, et une promenade sympathique sur le front de mer. Belle plage de sable blond, d'une propreté irréprochable. Entre 2 baignades, petits et grands enfants pourront s'offrir un pèlerinage au ***palais de la Maquette – Musée du Jouet,*** présentant une collection de maquettes en Lego et K'nex, primées pour certaines dans le *Livre Guinness des records (11, rue du Lieutenant-Panis ; ☎ 04-67-39-13-53 ; • palaisdelamaquette.fr • ; avr-sept, tlj 10h-19h – 20h juil-août ; le reste de l'année, seulement w-e et vac scol 13h-19h ; fermé en janv ; entrée : 6 €, réduc, gratuit moins de 3 ans).*

Où dormir ? Où manger ?

Hôtel de la Plage : *3, bd Saint-Saëns. ☎ 04-67-32-08-37. • hoteldelaplagevalras@wanadoo.fr • hotel-plage-valras.com • Doubles 57-96 €.* Un hôtel tout simple mais régulièrement rafraîchi par les proprios. Certaines chambres avec balcon (et un bout de vue mer). Bonne situation, plein centre et à 50 m seulement de la plage.

Sur la place centrale, juste à côté de l'office de tourisme, on peut, pour quelques fruits de mer, se poser à une des tables des 2 étals installés côte à côte, en saison : ***Vidal*** et ***Chez Penda*** *(plateaux à partir de 12 €).*

Le Sépia : *28, rue Frédéric-Mistral. ☎ 04-67-31-14-46 • isabelleaznai@yahoo.fr • Dans une rue perpendiculaire au front de mer. Tlj, sauf lun, mer (plus dim soir hors saison), 12h15-14h, 19h30-22h. Formule déj 25 € ; menus 35-45 €. Café offert sur présentation de ce guide.* Petite salle sobrement contemporaine (avec quelques jolies idées de déco) pour une vraie cuisine de chef (avec, là encore quelques jolies idées !). Une des meilleures adresses du coin, à n'en point douter.

LE CANAL DU MIDI, DE BÉZIERS À CAPESTANG

• Carte p. 636-637

Il suffit de suivre les bucoliques rives du canal du Midi, de Marseillan à la sortie de Béziers, pour comprendre l'importance économique aujourd'hui prise par le tourisme fluvial : de nombreuses sociétés de location de bateaux s'y sont installées, des bateliers se sont reconvertis dans la promenade en péniche. Si vous devez rejoindre l'Aude, c'est un moyen de transport idéal, à compléter par des échappées libres à pied ou à VTT (voir « Canal du Midi » dans « Bon à savoir avant le départ » en début de guide).
Même si vous êtes en voiture, en partance pour le Minervois ou le parc régional du Haut-Languedoc, faites donc ici une pause fraîcheur, le temps de découvrir autrement les abords d'un canal qui sait jouer de ses charmes pour vous retenir.

VILLENEUVE-LÈS-BÉZIERS (34420)

Une ville de 4 000 habitants dans les faubourgs, à environ 6 km du centre de Béziers, vers l'est. Pas un charme fou, sinon sur les berges du canal, évidemment.

Où dormir ? Où manger le long du canal ?

Camping Les Berges du Canal : *promenade des Vernets, 34420* ***Villeneuve-lès-Béziers.*** *☎ 04-67-39-36-09. • contact@campinglbdc.com • campinglesbergesducanal.com • Proche du centre, le long du canal (fléché). Ouv de mi-mars à mi-oct. Compter 20-28 € pour 2 ; mobile homes. 91 empl.* Au bord du canal, tout près de la ville et de ses commerces, un camping familial ombragé et bien équipé. Animations en saison. Resto flanqué d'une terrasse, le nez dans les péniches. Location de bateaux et de vélos à proximité. Possibilité de rejoindre Béziers en bus. Une bonne étape pour ceux qui longent le canal à vélo. 2 piscines. Parcours santé.

L'Appart des Anges – Péniche Les Anges d'Eux : *canal du Midi, 34420* ***Cers*** *(prendre à droite vers le canal, juste après l'embranchement pour Cers). 06-11-11-05-87. • contact@appartdesanges.com • appartdesanges.com • À 2 km de Villeneuve et à 6 km de Béziers. Fermé nov-mars. Compter 128-175 €, petit déj-buffet brunch inclus. CB refusées.* Amarrée au bord du canal, une péniche retapée avec humour et amour, un repaire d'artistes, un lieu plein de couleurs, de chaleur, tenu par les sympathiques Jean-Philippe et Christophe. 3 cabines douillettes pour cocooner en paix et sur le pont jardin, un petit bout de piscine chauffée adorable pour faire trempette

L'HÉRAULT

ainsi qu'un jacuzzi. Un charme insolite qui explique le prix (un peu élevé en saison). Prêt de vélos.

Le Boucan : *rue Rouvier, 34420* ***Villeneuve-lès-Béziers.*** *☎ 04-48-17-20-13. • restobendana@outlook.fr • Plein centre, un peu en retrait de la place de la mairie. Tlj sauf jeu et dim. Menu 19,90 € ; carte 30-40 €.* Dans un recoin tranquille de la place de la mairie, un resto de qualité, à la carte courte, qui évolue au gré des saisons et du marché du jour. Ben, en cuisine, et Dana, en salle, forment un tandem chaleureux et jovial. Et pour ne rien gâcher, les prix sont fort adorables. Au top !

L'Écluse : *16, av. Bérégovoy, 34420* ***Villeneuve-lès-Béziers.*** *☎ 04-67-62-11-02. • ecluse34@free.fr • À 2,5 km du centre de Villeneuve, direction Béziers. Ouv tlj. Formule et menu déj sem 15,50-19,50 € ; carte 35-40 €.* On s'y arrête d'abord pour son agréable terrasse couverte (et chauffée en cas de besoin), au-dessus du canal. Mais la cuisine, entre classiques de brasserie (tartare, confit de canard, blanquette de veau, etc.) et plats de région (hmm... la bonne entrecôte aubrac !), ne s'en sort pas mal du tout.

L'HÉRAULT

LES ÉCLUSES DE FONSÉRANES

Dans le quartier de Fonséranes, à environ 3 km du centre de Béziers, par la route de Narbonne.
Parking payant *(7 €, réduc en basse saison ; audioguide du site inclus).* Si vous n'êtes pas motorisés, accès depuis Béziers par le petit train touristique (départ des allées Paul-Riquet). On peut aussi rejoindre les écluses à pied ou à vélo depuis le centre-ville en suivant les berges du canal (environ 3 km).

Site parmi les plus visités du Languedoc, ayant à ce titre connu d'importants travaux d'aménagement dans les années 2010. Ces écluses sont l'ouvrage majeur de cette longue voie navigable qu'est le canal du Midi, œuvre du Biterrois Pierre-Paul de Riquet. Celui-ci, pour faire franchir à son canal une dénivelée de 21 m, a dû concevoir un étonnant escalier d'eau d'une longueur de 312 m : 9 écluses qui permettent aux bateaux de monter en 50 mn et de descendre en 40 mn... au rythme des bassins qui se vident et se remplissent. Étonnant. Jolie promenade avec passerelle au-dessus de la 8e écluse et vue paisible sur la ville. Resto avec terrasse *(Le 9 ; ouv mars-oct, tlj midi, plus ven et sam soir ; menus 19-29 €)* et snack pour grignoter en regardant passer les bateaux. Parallèle aux écluses, vous noterez un système hydraulique sur pneus qui était censé les remplacer. Mais il n'a jamais bien fonctionné et fut abandonné. Un joli fiasco...

Maison du coche d'eau (bureau d'informations) : *☎ 04-99-41-36-18. Juin-sept, tlj 10h-19h ; nov-mars, horaires restreints, consulter le site internet.* Infos touristiques et location d'audioguides pour en apprendre plus sur les écluses *(inclus si vous êtes garé au parking ; 2 € sinon).* Cette ancienne auberge pour passagers du canal (« coche d'eau ») accueille également un « spectacle immersif », petit film d'un quart d'heure en images de synthèse, qui raconte l'histoire du canal du Midi *(séance ttes les 20 mn, 10h20-18h40 - 17h40 hors saison ; entrée : 3 €, réduc, gratuit moins de 5 ans).*
– Sur place encore, croisières en péniche et location de bateaux sans permis (on ne peut pas emprunter les écluses avec). L'été, petite programmation de concerts et spectacles.

COLOMBIERS (34440)

Petit port sur le canal, avec ses péniches au mouillage et son pont en dos d'âne du XVIIIe s. En surplomb des quais, visite de la ***Cave du Château,*** grand chai rénové en pierre de taille et à la belle charpente de bois en forme de coque de

bateau renversé, dont les foudres servent aujourd'hui de support à des expos d'art contemporain. *Ouv juin-oct seulement, tlj 10h-12h30, 14h-18h30 (19h juil-août, 17h30 oct). Gratuit ou 3 € selon expo.*
Pas mal de choses à voir dans les alentours immédiats : l'oppidum d'Ensérune, l'époustouflant paysage de l'étang de Montady et le tunnel de Malpas (long de 165 m, c'est le 1er creusé au monde pour la navigation).

Adresse utile

ℹ ***La Maison du Malpas :*** *route de l'Oppidum (juste avt le site antique). ☎ 04-67-32-88-77. • ladomitienne.com • ♿ Ouv mars-oct. Mai-août, tlj ; mars et oct, tlj sauf lun.* Un centre touristique et culturel, à 2 pas du tunnel. Visites guidées sur demande. Espace documentaire, maquette du site, boutique de produits du terroir et manifestations culturelles.

Où dormir ? Où manger dans le coin ?

Au Lavoir : *rue du Lavoir, à* ***Colombiers.*** *☎ 04-67-26-16-15. • aulavoir.com • Doubles 100-150 €, familiales Resto ouv tlj midi et soir. Formule et menu midi 25 € (sauf dim) ; menus 32-49 € ; carte env 47 €.* Rénovée dans des tons sobres et modernes, cette belle demeure ancienne abrite une dizaine de vastes chambres façon maison d'hôte, à l'aménagement très contemporain : lignes épurées, couleurs claires, salles d'eau ouvertes avec douche à l'italienne et jacuzzi bain à bulles. De la douceur et du confort, pour une étape de charme. Restaurant dans le même esprit, profitant aux beaux jours d'une terrasse ombragée de grands arbres (mais sans vue sur le canal). Un cadre intime et élégant pour goûter une cuisine française de tradition au format d'aujourd'hui, soignée et maîtrisée. Service très pro.

Hôtel Résidence : *35, av. de la Cave, 34440* ***Nissan-lez-Ensérune.*** *☎ 04-67-37-00-63. • reservations@hotel-residence.com • hotel-residence.com • ♿ (au resto). Doubles 63-155 €. 2 restos (*Les Tilleuls, *ouv en été tlj sauf lun et sam soir et* O'33 *ouv dim midi et le soir en saison. Formule et menu midi sem 19,90-25 € ; menus 27-33 € ; repas à la carte 48 €. Garage 10 €. Apéritif offert sur présentation de ce guide.* Dans un bourg tranquille, une maison du XIXe s (mais il faut le savoir !), abritant des chambres aux couleurs douces, impeccables et tout confort (toutes sont climatisées), à l'esprit rétro ou plus contemporain. Quelques « grand luxe », plus spacieuses, se nichent au calme dans une annexe voisine. Terrasse dans le jardin fleuri et ombragé, piscine. Resto dans la même veine avec une cuisine dans la tradition, très bien tournée. Accueil des plus sympathique.

À voir

L'oppidum d'Ensérune : *sur la route de Narbonne, au niveau du village de Nissan, prendre à droite en direction de la colline d'Ensérune. ☎ 04-67-37-01-23. • enserune.fr • Tlj 9h30-12h30, 14h-17h (18h30 mai-août) ; caisses fermées 1h avt. Entrée : 4 € ; réduc ; gratuit moins de 18 ans. Fermetures ponctuelles pour travaux jusqu'en 2021. Se renseigner.* Perchés sur cette forteresse naturelle aux flancs escarpés s'étalent les vestiges d'une ville préromaine habitée du VIe s avant notre ère au Ier s apr. J.-C. La voie Domitienne passait au pied de la colline. Les fouilles ont permis de dégager les grandes périodes d'occupation successives, jusqu'à la romanisation de la région. Fondations d'habitations de différentes époques, vaste nécropole et, bien sûr, une vue unique sur l'étang asséché de Montady.

L'étang asséché de Montady : *pour admirer le site dans tte sa splendeur, prendre la route qui mène à l'oppidum d'Ensérune et qui surplombe l'ancien étang sur son côté droit.* L'un des plus étonnants « chocs visuels » que vous offre le Languedoc. Considéré comme « un lac infect dont les eaux stagnantes portent au loin la maladie et la mort », il fut asséché au XIIIe s. Autrefois source d'approvisionnement en poissons et coquillages, l'endroit fait rêver aujourd'hui la génération *X-Files* qui croit volontiers que les extraterrestres sont passés par là : sur plus de 430 ha, d'immenses parcelles triangulaires s'étendent tout en long, drainées grâce aux fossés qui collectent les eaux en direction du point central, donnant à cette cuvette une forme géométrique surprenante. Du centre part un fossé principal, construit à contrepente, qui évacue les eaux par un aqueduc long de 1 364 m. Les eaux rejoignent ensuite le fleuve Aude. Le site offre un spectacle mouvant et émouvant, changeant de couleur, passant du blanc au rouge et du vert au mauve, en fonction des cultures (blé, tournesol, colza, tomates...).

La montagne et le tunnel du Malpas : *en contrebas de la Maison du Malpas (fléché).* Parmi les ouvrages qui jalonnent le canal du Midi, ce tunnel de 173 m est un véritable exploit ! C'est en effet la 1re fois que l'on faisait passer un canal sous une montagne (montagne relativement modeste tout de même, mais nous sommes au XVIIe s). Colbert refusa d'abord l'ambitieuse suggestion de Riquet de creuser un tunnel. Le Biterrois s'entêta et perça, en 1 semaine et avec succès, un tunnel d'essai : le ministre s'inclina... L'exploit fut renouvelé, au XIXe s, lorsque les ingénieurs du chemin de fer firent passer la ligne Bordeaux-Sète dans un intervalle de 16 m (!), entre le canal et l'aqueduc d'assèchement de l'étang de Montady, qui lui aussi passe à cet endroit ! Possibilité d'emprunter sur environ 200 m la banquette qui longe le tunnel du canal. Ne vous privez pas de ce plaisir !

POILHES *(34310)*

Prononcez « poïle », pour éviter les confusions. Chicane sur le canal, voilà une escale particulièrement corsée pour les bateaux, plus paisible pour ceux qui les regardent passer. Il flotte dans ce village coquet comme un air de douceur de vivre qui pousse à s'y attarder.

Où dormir ? Où manger ? Où déguster les vins locaux ?

Vinauberge : *1, cours de la Cave. ☎ 04-67-21-78-42. • info@vinauberge.com • vinauberge.com • Sur la D 37, en contrebas du pont qui franchit le canal. Tlj sauf dim soir (plus mar soir et mer hors saison). Nuit en gîtes pour 2 pers 89-160 €/nuit ; 20 €/pers supplémentaire (4 pers max). Au bistrot, formule et menu 15-25 € ; carte env 30 €.* Pour faire son marché vigneron, direction l'ancienne cave coopérative du village. Immense sélection de vins de tout le Languedoc-Roussillon, classés par appellations et vendus à prix producteur. Pour tester la marchandise (grand choix au verre), on s'attable au frais dans la cave ou à l'ombre sous la tonnelle de la cour, autour de quelques tapas ou d'un vrai repas (plats classiques de bistrot). Pour prolonger le séjour, des gîtes aux grands volumes, bien équipés et sobrement décorés de meubles anciens, la plupart prolongés d'une terrasse ou d'un bout de jardin. Piscine privée pour les 2 plus chers, dans une ancienne cuve à vin !

Les Platanes : *1, pl. de la Liberté. ☎ 04-67-93-38-41. Tlj sauf jeu. Formule et menu 13,50-20,50 €.* Platanes il y a, évidemment, pour ombrager l'agréable terrasse aux beaux jours. Sinon la salle est celle d'un bistrot de toujours mais un peu revue à la mode d'aujourd'hui. La cuisine est dans le même esprit : du classique gentiment revisité, parfois teinté de touches d'exotisme et à prix d'amis (accueil d'ailleurs très amical de proprios néo-zélandais d'origine).

La Tour Sarrasine : *27, bd Paul-Riquet. ☎ 04-67-77-06-97. • toursarrasine34@gmail.com • Tlj sauf lun. Hors saison, ven-dim midi seulement. Menus 19-32 €.* À 2 pas du canal, un petit restaurant à l'atmosphère douce à vivre. Les produits sont de qualité, l'accueil sympathique, la terrasse en surplomb du canal agréable et ensoleillée, la salle climatisée. Cuisine traditionnelle du sud, pleine de saveur et de fraîcheur.

CAPESTANG *(34310)*

Carrefour d'antiques routes commerciales et pérégrines, ce village situé « au cap de l'étang » se repère de loin, l'impressionnante tour-clocher (43 m !) de la collégiale Saint-Étienne dominant toute la région *(ouv tlj, visites guidées possibles sur résa, accès clocher : 5 €)*. Édifiée au XIIIe s, elle présente, vu de l'intérieur, des dimensions tout aussi spectaculaires. Beaux vitraux également. Au cœur du village, l'ex-château de l'archevêque de Narbonne, dont la façade est ajourée de belles fenêtres ogivales, mérite une visite pour le remarquable plafond peint du XVe s *(entrée : 2 € ; mar-ven 9h-12h, 14h-18h, visites guidées sur résa 3,50 €, se renseigner à l'office de tourisme)* de la salle d'apparat (ou *tinel*). En surplomb du village, balade agréable sur le *port fluvial*, le long du canal du Midi.

Adresse et info utiles

Office de tourisme : *Maison cantonnière, quai Élie-Amouroux. ☎ 04-67-37-85-29. • tourismecanaldumidi.fr • En été, tlj 9h30-12h30, 14h30-18h30 ; hors saison, fermé w-e ou seulement sam selon période.* En saison, dégustation de vins *(lun-mar à 18h ; gratuit)*, précédée d'une balade *(lun-mar à 17h)*.

– **Marché :** *mer et dim mat, pl. Jean-Jaurès.*

Où dormir ? Où manger dans les environs ?

Chambres d'hôtes La Bergerie de l'Étang : *2, chemin du Sarcel, 34310* **Montels.** *☎ 04-67-93-46-94. • mdelaude@gmail.com • À 4,5 km au sud de Capestang. Doubles 70-100 €.* À l'écart du village, cette ancienne bergerie réaménagée domine l'étang d'eau douce de Capestang, peuplé d'oiseaux sauvages et notamment de flamants roses (jusqu'au début du printemps). Jolie vue sur les alentours. Marion et Richard, vraiment charmants, aiment aller à la rencontre de leurs hôtes, avec simplicité et chaleur. À l'intérieur, des chambres cosy de belle taille, climatisées. Piscine.

Le Terminus : *route de l'ancienne gare, 34310* **Cruzy.** *☎ 04-67-89-71-26. • leterminus.s@orange.fr • À env 10 km au nord-ouest de Capestang, sur la D 37, entre les villages de Quarante et de Cruzy. Tlj sauf dim soir-lun. Formules midi 16-20 €, puis menus 33-39 € ; carte env 40 €.* Terminus, tout le monde descend, pour une jolie étape gourmande dans l'ancienne gare Quarante-Cruzy, isolée en pleine cambrousse au milieu des collines. Disséminée sous les arbres, la délicieuse terrasse ouvre déjà l'appétit, et la cuisine suit. Saisonnière, colorée, parfumée, de celles qui aiment le sud et les bons produits. Quant aux desserts du chef, ce sont de petites merveilles ! Un gueuleton comme celui-ci, ça s'arrose, et, fidèle à sa maxime – un repas sans vin n'est qu'un petit déjeuner –, la carte déroule une belle sélection de crus de petits producteurs du coin, pour la plupart bio ou dans l'esprit. Un sans-faute !

À voir dans les environs

L'écomusée des Mémoires et de la Vie d'autrefois : rue Gaie-Sortie, 34620 Puisserguier. 06-76-47-20-57. • ecomusee-de-puisserguier.webnode.fr • *À 4,5 km au nord de Capestang. Ouv lun 15h-17h et ven 10h-12h, sinon sur rdv (tél un peu à l'avance). Entrée : 2 € au lieu de 3 € sur présentation de ce guide ; gratuit pour les enfants.* Les passionnés qui animent ce lieu ne font pas un travail d'historien, mais, comme le nom du musée le laisse penser, de « passeurs de mémoire ». Les objets réunis proviennent de dons, d'achats ou de prêts, et datent majoritairement des années 1930 ou 1940. Une salle de classe et d'anciens commerces (salon de coiffure, mercerie...) ont été reconstitués. Dans la cour de cette ancienne école, matériel de pompiers, éléments d'anciens attelages, de garage ou liés au travail de la vigne, objets usuels de la maison... Et puisque vous nous avez suivis jusque dans ce village, vous pouvez également grimper jusqu'à ce qui reste du château du XIe s *(visite en été tlj sauf mar 14h-18h ; GRATUIT).*

LE MINERVOIS

L'HÉRAULT

Soleil blanc sur terres blanches, les rivières coulent sur lit de craie, et les reflets violets de la brousse le disputent aux vignes. Le Minervois est une région à part, un massif où il faut savoir se perdre au hasard des routes absurdes, des troquets nichés à l'ombre des villages médiévaux, des domaines viticoles aux crus tanniques. Et il nous faut évoquer la perle de cette région : le site sublime de Minerve, qui rappelle que ces contreforts cévenols portent aussi les stigmates de la guerre albigeoise. Et en fait, c'est à Minerve que commence le parc naturel régional du Haut-Languedoc (voir plus loin).

OLONZAC (34210) 1 800 hab. *Carte Hérault, A3*

Cette grosse bourgade marque la porte d'entrée dans le Minervois, pour qui a suivi le canal du Midi jusqu'à Homps (à 2 km). Au centre, modeste musée archéologique exposant dans une poignée de vitrines le résultat de fouilles effectuées dans le Minervois et le Narbonnais *(9, bd Pasteur ; ☎ 04-68-91-25-24 ; sur rdv ; entrée : 4 €).* **Dans les environs, pause fraîcheur au lac de Jouarres (baignade surveillée de mi-juillet à mi-août, planche à voile).**

Adresse et info utiles

Points d'infos touristiques : dans la boutique *Les Curiosités d'Olonzac (sq. de la Mairie ; le mat mar et jeu)* et à *Fleur à Fleur (28, av. de Béziers ; tlj).*
– ***Marché :*** *sq. de la Mairie, mar mat.* Le plus important du coin.

Où dormir ?

Chambres d'hôtes Villa Limonade : *8, rue du Cers.* ☎ *04-68-49-04-92.* *06-37-42-83-16.* • *villalimonade@gmail.com* • *villalimonade.fr* • *À peine à l'écart du centre, fléché. Congés : janv. Doubles 95-125 €. Table d'hôtes sur résa env 30 €.* Une maison de village qui, si elle a gardé un petit quelque chose de son caractère ancien, affiche désormais des goûts bien d'aujourd'hui. Les chambres sont confortables, pétillantes même. Les hôtes organisent ateliers et séjours œnologiques. Piscine dans le jardinet.

DANS LES ENVIRONS D'OLONZAC

La Livinière *(34210) : à 10 km à l'ouest d'Olonzac et 15 km au sud-ouest de Minerve.* Bâti sur un promontoire, un bourg médiéval, chef-lieu de l'appellation village AOC minervois-la-livinière. Sympathique balade dans les ruelles étroites, au gré des passages couverts, au pied des vestiges du château féodal, de la massive église Saint-Étienne (XIe s) et de son clocher en dôme carré. En contrebas du village, robuste et émouvante *chapelle Notre-Dame-du-Spasme,* entourée d'une pinède semée de tombes en partie affaissées, derniers témoins d'un autre siècle. Dans les environs s'élèvent de nombreuses *capitelles,* ces petits refuges de pierres sèches où s'abritaient les bergers.

La curiosité de Lauriole, ou « la route qui monte et qui descend » : *dans les environs du hameau du même nom (fléché). Compter 15 mn d'Olonzac ;* On peut observer cette bizarrerie en posant une bouteille sur la route, par exemple. Une curiosité optique qui fit un temps les beaux jours des émissions télé de l'étrange.

L'HÉRAULT

MINERVE

(34210) 130 hab. *Carte Hérault, A3*

La dernière des grandes « citadelles du vertige ». Superbe. Minerve, c'est d'abord une incroyable presqu'île, perchée sur un éperon rocheux au confluent du Brian et de la Cesse, 2 rivières qui ont tracé au cours des millénaires 2 larges canyons. Une cité plantée au cœur d'un plateau aride et solitaire, dans un paysage d'une beauté aussi grandiose que sauvage. Mais Minerve, c'est aussi une ville martyre, victime des bûchers de Simon de Montfort, ce croisé sanguinaire qui vainquit sans gloire les derniers cathares.

Jouissant de défenses naturelles exceptionnelles, la « forteresse hérétique » semblait pourtant inexpugnable lorsque le catharisme se répandit dans le Languedoc à la fin du XIIe s, et que le bien nommé pape Innocent III lança la croisade contre les albigeois. Il fallut donc à Simon de Montfort un siège de plus de 7 semaines et la destruction du puits Saint-Rustique, seul point d'eau du village, pour obtenir la capitulation de Guillaume de Minerve, seigneur des lieux, le 22 juillet 1210. Plus de 140 « parfaits » choisirent de se précipiter dans le bûcher plutôt que d'abjurer leur foi et de se soumettre à l'autorité de Rome. Aujourd'hui, s'élevant face à l'ancien puits, un trébuchet (sorte de catapulte) reconstitué vient rappeler ce triste épilogue.

Minerve est donc, à plus d'un titre, extraordinaire. Mieux vaut alors la découvrir en dehors du mois d'août...

Adresse et info utiles

Office de tourisme : *9, rue des Martyrs. ☎ 04-68-91-81-43. • minervois-caroux.com • Juil-août, tlj sauf dim ap-m, 10h-13h, 15h-19h ; avr-juin et sept, fermé dim-lun (plus jeu hors saison).* Fiches-rando en vente.

– ***Stationnement :*** *parking payant obligatoire (Pâques-oct ; gratuit la nuit), sur l'aire du Bouys, à env 200 m du village.*

Où dormir ? Où manger dans le coin ?

De prix moyens à chic

Relais Chantovent : *17, Grand-Rue. ☎ 04-68-91-14-18. • relaischantovent@orange.fr • relaischantovent-minerve.fr • Resto tlj sauf mer et le soir dim et mar. Congés : Noël-début fév. Double 53 €. Menu 25 €, carte env 35 €. Apéritif maison offert sur présentation de ce guide.* Une situation de rêve, en plein centre du village. Suspendue au-dessus du vide, la terrasse, formidable, surplombe les gorges du Brian, et s'il fait trop frais, on ne quitte pas la vue des yeux grâce à la baie vitrée. Et de toute façon, la salle, contemporaine et joliment aménagée en ces vieux murs, est très agréable aussi. Dans l'assiette, la cuisine, rafraîchissante, semi-gastronomique, donne sans le trahir un coup de jeune au terroir, et le tout au prix d'un bistrot ! Inutile de préciser que le rapport qualité-prix est excellent... Également 5 chambres simples, fraîches, impeccables et bon marché, dont 2 avec vue sur le causse. Petit déjeuner simple et de bonne qualité.

La Table des Troubadours : *1, rue du Porche. ☎ 04-68-91-27-61. • maynadier.alain@wanadoo.fr • Avr-sept, tlj sauf lun 12h-14h seulement. Fermé oct-mars. Carte 15-35 €.* On y va surtout pour la vue sur le pont et la vallée de la Cesse. Terrasse ombragée très agréable ou salle rustique confortable. Cuisine du terroir classique, élargie en saison aux grillades au feu de bois, pizzas au feu de bois et *bruschette*. Grillades aux ceps de vigne, à arroser des vins du domaine, car les troubadours sont aussi vignerons !

Où prendre un thé et manger une douceur ?

Librairie-salon de thé Paroli : *8 bis, rue des Martyrs. 06-99-14-01-55. • alain.monge@hotmail.fr • Tte l'année, tlj. Café offert sur présentation de ce guide.* Quelques tables posées au beau milieu d'étagères débordant de bouquins d'occasion. Un antre pour dévoreurs de livres ! Idéal pour une pause thé, café, chocolat (chocolat fondu en hiver) ou jus frais et minute, agrémentée d'une part de la pâtisserie du jour. Expo à l'étage.

À voir. À faire

Le village : on passe d'abord au pied des restes d'un pan de mur appelés *candela* (la « chandelle » en occitan), dernier vestige du château vicomtal du XIIIe s. Joli point de vue sur le pont. Puis on descend aux remparts d'où un escalier mène sur le chemin de ronde en contrebas du village. Depuis la *porte basse* du XIIIe s (remarquez les rainures par où descendait la herse), on rejoint les « *ponts naturels* ». Des tunnels plutôt, que la Cesse a patiemment creusés au fil des millénaires, abandonnant son lit là où il jouait des coudes pour mieux filer tout droit, sous la colline. On peut traverser ces ponts en été, quand la rivière est à sec. L'ancien lit de la Cesse est désormais occupé par des cultures agricoles. À noter, le sentier peut être glissant par temps de pluie.

Le musée d'Archéologie et de Paléontologie : *☎ 04-68-91-22-92 (mairie). De mars à mi-nov, tlj 10h-13h, 14h-18h. Entrée : 3 € ; réduc.* Quelques vitrines et des panneaux présentant des collections archéologique, géologique et paléontologique réunies

UNE ARME REDOUTABLE

Le château de Minerve était réputé imprenable. En 1210, les croisés réussirent à y pénétrer en empoisonnant l'eau du puits. Avec une catapulte, ils projetaient des cadavres d'animaux dans le château pour créer des épidémies.

à la suite de dons et de fouilles réalisées autour du puits Saint-Rustique et des remparts. De quoi effectuer un modeste voyage dans le temps, de la protohistoire au XVIIe s. Différents objets du Néolithique et du Chalcolithique, fossiles du Languedoc, bifaces, fragments de céramique. Pas renversant, mais l'accès permet de visiter l'église Saint-Étienne, d'ordinaire fermée, qui renferme un autel en marbre blanc de 456 apr. J.-C., le plus ancien connu et daté en Europe.

Le musée Hurepel : *☎ 04-68-91-12-26. (en majeure partie). Avr-fin oct, tlj 10h30-12h45, 14h-18h (10h-13h, 14h-19h de mi-juin à fin août). Entrée : 3,50 € ; réduc ; gratuit moins de 14 ans.* Toute l'épopée cathare racontée par d'habiles reconstitutions peuplées de figurines très expressives. Réalisées par Philippe et Myriam Assié, santonniers de leur état. Vraiment super.

DANS LES ENVIRONS DE MINERVE

LA CAUNETTE (34210)

Agrippé à la colline, dominant la Cesse, relié à la route par un pont étroit, un petit village fortifié dont il ne reste qu'une porte du XIIIe s. À l'entrée du village, église Notre-Dame, du XIe s, au milieu du cimetière surplombant la rivière. Marché du terroir, exposition et vente de plants d'agrumes et variétés méditerranéennes oubliées. Pour se requinquer, la terrasse du *Café de la Place* et ses en-cas pas chers payés, et celle du restaurant *La Cave.*

Où manger ?

La Cave : *9, pl. de l'Ormeau. ☎ 04-68-91-31-98. Tlj sauf mar soir-mer. Formule déj 17 € ; menus 23-39 €. Apéritif maison offert sur présentation de ce guide. Congés : début janv et dernière semaine de juin.* Un cadre contemporain sur fond de pierre apparente, où manger une cuisine de terroir.

AIGNE (34210)

Joli village au milieu des garrigues du Minervois, surplombant le ruisseau des Agneaux. Sa forme typique en spirale lui a valu son surnom d'Escargot. Boutiques d'artisanat d'art. Voir aussi l'église et sa cloche classée Monument historique.

Où manger ?

Lo Cagarol : *pl. de la Fontaine. ☎ 04-68-27-84-22. • arthuresperou@icloud.com • Tlj sauf mer-jeu. Menus 16 € déj en sem, puis 20 € ; carte env 20 €.* Quand terroir et inventivité font bon ménage, comme dans la cuisine du chef, la clientèle se fidélise et en redemande. Assiettes fraîches et généreuses, à accompagner d'un vin rouge du Minervois, comme il se doit. En saison, la terrasse paisible au bord de la fontaine et sous les frondaisons est un autre argument de poids.

SAINT-JEAN-DE-MINERVOIS (34210)

De grandes étendues de calcaire blanc sur lesquelles s'accrochent une vigne râblée, des parcelles entourées de murs de cailloux parfois creusés d'une cabane appelée ici *capitelle* : c'est le terroir du muscat-de-saint-jean-de-minervois, un divin breuvage à déguster bien frais à l'apéritif, avec du roquefort ou au dessert. Classé en appellation d'origine contrôlée depuis 1949. Pour les connaisseurs, rien ne vaut le domaine Barroubio, qu'on se le dise !

Le village est entouré de gorges et, au fond de l'une d'elles, on découvre l'*église de Saint-Jean-Dieuvaille,* bâtie au XIIIe s sur les fondations d'un ancien ermitage. Elle est si encaissée entre de hautes falaises qu'on l'a d'ailleurs surnommée Saint-Jean-du-Trou.

Où manger ?

L'Auberge de l'École : *28, route de Bize. ☎ 04-67-38-16-16. ● auberge.st.jean@wanadoo.fr ● Tlj sauf lun (plus dim soir et mar-mer hors saison). Carte 25-28 €. Apéritif maison offert sur présentation de ce guide.* L'ancienne école du village accueille aujourd'hui chaleureusement (et comme à la maison) habitués et visiteurs de passage. Cuisine au diapason, bien sûr, familiale (carré d'agneau, cassoulet), avec 3 ou 4 plats proposés quotidiennement. En hiver, la cheminée fonctionne et permet de griller la viande, et on déguste son repas au bruit du tic-tac de l'horloge et du gazouillis des perruches et des inséparables. Et le patron vient volontiers engager la conversation.

LE PARC NATUREL RÉGIONAL DU HAUT-LANGUEDOC

Sur les derniers contreforts du Massif central, le parc naturel régional du Haut-Languedoc s'étend sur 92 communes de basse et moyenne montagne, également réparties sur 2 départements, l'Hérault et le Tarn.
Sa situation à cheval sur la ligne de partage des eaux de l'Atlantique et de la Méditerranée lui donne son originalité, et explique les ambiances très contrastées que l'on y rencontre. Ses forêts aux essences variées abritent une flore exceptionnellement variée. Chênes verts, vigne et cerisiers dans les vallées de l'Orb et du Jaur ; hêtres, sapins et landes de bruyère du côté du Somail et de l'Espinouse ; sans oublier, côté faune, la réserve de mouflons la plus importante d'Europe ! Mais aussi les écrevisses à pattes blanches, les aigles royaux... Bref, une fabuleuse palette de couleurs et de senteurs, doublée d'un fonds patrimonial plutôt riche.
Le parc est un paradis pour randonneurs. On peut se procurer de la documentation dans tous les villages cités pour arpenter le Caroux, l'Espinouse, le Somail ou le Sidobre. Éditée par le parc naturel régional du Haut-Languedoc, une série de plaquettes permet de découvrir les différents territoires, des Avants-Monts du balcon méditerranéen que l'on traverse depuis Minerve, aux monts d'Orb, en passant par le plateau des lacs et le Caroux. Les amateurs de VTT ou d'équitation y trouveront plein de tuyaux, impeccablement répertoriés.
– Le PNR du Haut-Languedoc propose un guide sur la ***voie verte*** du Haut-Languedoc, *Passa pais* (disponible gratuitement dans les offices de tourisme). Cette ancienne voie ferrée, qui se parcourt aujourd'hui à pied, à vélo, à cheval, etc., traverse le parc sur 75 km entre Mazamet, dans le Tarn, et Bédarieux, dans l'Hérault.

SAINT-PONS-DE-THOMIÈRES

(34220) 2 120 hab. *Carte Hérault, A2*

La ville est blottie dans la vallée du Jaur, au pied du Somail et des Avants-Monts. Le mercredi, jour de marché et en plein été, elle retrouve une

animation qui fait oublier les volets fermés... *Fête de la Châtaigne* en automne et *fête du Cochon* en plein cœur de l'hiver.

Adresses et infos utiles

@ *Office de tourisme :* *pl. du Foirail. ☎ 04-67-97-06-65. • minervois-caroux.com • Dans l'ancienne halle aux grains. Juil-août, tlj sauf dim ap-m ; hors saison, lun, mer et ven seulement.* Nombreuses infos sur les possibilités de randonnées dans la région. Un audioguide proposé pour la cathédrale. Jeu de piste pour les enfants. Visites guidées de la ville. Renseignements au sujet des possibilités de safaris spéléo dans la grotte de Ponderach. Vente de produits régionaux.

Maison du parc naturel régional du Haut-Languedoc : *☎ 04-67-97-38-22. • parc-haut-languedoc.fr • Ouv lun-ven.* Découverte des paysages, de la faune, de la flore, des produits et des hommes.

Hérault Transports depuis Montpellier ou Béziers *(rens : ☎ 04-34-88-89-99 ; • herault-transport.fr •)* ou ***le réseau liO*** depuis Castres ou Béziers *(rens : • lio.laregion.fr •).*

– ***Marché :*** *mer et dim mat.*

Où manger dans les environs ?

Auberge Les Acacias : *av. d'Occitanie, 34220* ***Courniou.*** *☎ 04-67-97-31-64. ♿ À 4,5 km de Saint-Pons, au bord de la route principale. Tlj sauf mer, plus le soir lun-mar hors saison. Menus 14 € déj en sem, puis 19-34 € ; carte env 30 €.* Une petite auberge de village avec ses murs de pierre, ses vénérables poutres, sa cheminée, bref, son cadre rassurant. La solide cuisine joue dans un registre traditionnel, genre cassoulet et charcutaille maison. Agréable jardin ombragé à l'arrière pour les beaux jours.

À voir

La cathédrale : *chœur et partie romane ne sont accessibles que via une visite guidée en été (rens à l'office de tourisme).* Imposante, elle présente une étonnante juxtaposition de roman et de baroque. La sacristie occupe les 2 premières travées de la basilique originelle et abrite le tombeau de l'évêque Percin de Montgaillard. Les marbres du maître-autel (XVIIIe s) méritent aussi le coup d'œil. Admirer également l'orgue de 1772 : parmi les plus prestigieux de France, il est classé Monument historique, ainsi que son buffet. Concerts le dimanche en été. Le cloître ? Envolé au Louvre, à Toulouse et aux États-Unis ! La façade classique donne sur la placette. La façade ouest est romane avec de très beaux tympans sculptés.

La résurgence de la source du Jaur : *à 200 m de l'office de tourisme, au creux d'une falaise.* Petit jardin public aménagé à ses abords.

Le musée de Préhistoire régionale : *☎ 04-67-97-22-61. ♿ Juin-sept, jeu-dim 10h-12h, 15h-18h (plus mar mat juil-août). Le reste de l'année, se renseigner auprès de l'office de tourisme. Entrée : 3,50 € ; réduc ; gratuit moins de 6 ans. Support de visite pédagogique pour les enfants.* Le musée présente une riche collection sur la préhistoire et différents objets découverts dans les grottes des environs. Impressionnante collection unique de statues-menhirs, certaines vieilles de 4 500 ans et joliment mises en valeur par un son et lumière. On les appelle les « déesses muettes », elles n'ont toujours pas livré leur secret. Projection vidéo sur les chasseurs préhistoriques (3900 à 2150 av. J.-C.). Une partie est consacrée aux fouilles de la source du Jaur.

DANS LES ENVIRONS DE SAINT-PONS-DE-THOMIÈRES

COURNIOU *(34220)*

La Fileuse de Verre (grotte de la Devèze) **:** ☎ *04-67-97-03-24. • grottedeladeveze@orange.fr • lafileusedeverre.fr • À 5 km en direction de Castres. Juil-août, visites tlj, ttes les ½ h, 11h-18h ; d'avr à mi-juin et 2de quinzaine de sept, visites w-e et j. fériés à 11h30, 14h et 16h ; 2de quinzaine de juin, 1re quinzaine de sept, visites tlj mêmes horaires. Fermé oct-mars. Entrée : 9,50 € (grotte et espace pédagogique du monde souterrain) ; réduc ; gratuit moins de 6 ans. Durée de la visite : env 1h.* Célèbre pour la finesse de ses concrétions, véritables dentelles et fleurs de pierre blanche. La balade amène les visiteurs jusqu'à - 35 m, avant de remonter à 25 m au-dessus du niveau du sol. De loin en loin, des aragonites, des fistuleuses et des draperies aux formes évocatrices... Captivant. Ce sont les ouvriers travaillant sur la ligne de chemin de fer partant vers Mazamet qui mirent au jour, en 1886, à grand renfort de barre à mine, ce « palais de la Fileuse de verre » qui fera la renommée de Courniou. Pour compléter la visite, un espace découverte de la spéléo.

➢ Courniou, village de 600 habitants, ne vit pas que sous terre : ***pistes de VTT et de randonnée pédestre,*** et ***parcours de pêche*** sillonnent son territoire.

L'HÉRAULT

LA SALVETAT-SUR-AGOUT

(34330) 1 140 hab. *Carte Hérault, A2*

Du col du Cabaretou, à 21 km de Saint-Pons par la D 907, on arrive à La Salvetat-sur-Agout, posée à 700 m d'altitude. Y jaillit une source d'eau fameuse, naturellement pétillante et ferrugineuse, la répandue *Salvetat.* La Salvetat est au cœur du plateau des lacs, et dès les environs immédiats, la plage des Bouldouïres, au bord du lac de la Raviège, attire les touristes en été pour la baignade, la voile, le ski nautique, la promenade et tout un tas d'activité nautiques et de plein air.

Mais La Salvetat, c'est aussi un village pittoresque et montagnard, développé à partir d'une « sauveté » fondée sur un promontoire rocheux au XIIe s par le comte Raymond de Dourgne, alors abbé de Saint-Pons. Les habitants, alors en sécurité sur ce promontoire, firent de la cité un lieu de refuge. Arrêtez-vous un peu plus loin pour admirer la chapelle Saint-Étienne, chapelle romane du XIIe s. Enfin (en toute faim, devrait-on dire), passez *Chez Cabrol* faire le plein de charcuteries du tonnerre, parmi les meilleures du département *(• cabrol-la-salvetat.com • ; tlj sauf dim ap-m et lun).* **Et s'il fait chaud, sachez que vous pouvez vous baigner (baignade surveillée en juillet-août) sur l'une des 2 bases de loisirs du lac de la Raviège : les Bouldouïres (locations diverses, parcours dans les arbres...) et le Gua des Brasses (récemment aménagée, baignade seulement).**

Adresse et infos utiles

Office de tourisme : *pl. des Archers. ☎ 05-32-11-09-45. • contact@tourismemlhl.fr • tourisme-montsetlacsenhautlanguedoc.com • En saison, tlj sauf dim ap-m ; mi-saison fermé dim, hors saison, fermé le w-e.* Fiches rando et VTT en vente. En saison, visites du village sur résa.

Bus vers le sud et Béziers : Hérault Transports *assure 1 liaison/j. lun-sam. Rens : ☎ 04-34-88-89-99. • herault-transport.fr •*

– **Marchés :** *jeu et dim mat.*
– **Produits du terroir :** *en vente à la boutique* La Ferme *(25, pl. Compostelle).* Vente directe de produits fermiers.

Où dormir ? Où manger ?

Camping

Les Bouldouïres : *lac de la Raviège. ☎ 04-67-97-36-91. • contact@campingbouldouires.fr • campingbouldouires.fr • ♿ À 2 km au nord-ouest du village (très bien fléché). Ouv fin mars-début nov. Compter 14,50-20 € selon saison ; chalets et mobile homes 4-6 pers 220-680 €/sem. Frais de dossier 10 €. 120 empl.* Séparés par des haies, des emplacements pas bien grands et très peu ombragés, mais le camping est bien placé juste au-dessus du lac et de sa base nautique. Snack-bar, épicerie de dépannage, lave-linge, salle de jeux, boulodrome, terrain de volley, animations en saison... Accueil sympathique et ambiance familiale.

De bon marché à prix moyens

Hôtel La Plage : *Les Bouldouires. ☎ 04-67-97-69-87. • laplage34330@gmail.com • hotel-la-salvetat-sur-agout.fr • ♿ Au bord du lac de la Raviège, à 2,5 km du village. Resto tlj sauf dim soir-lun. Congés : fin sept-mai. Double 69-115 €/pers en ½ pens. Formule déj en sem 15 € ; menus 16-45 € ; carte env 36 €.* Cette auberge, installée dans un bâtiment moderne, tourne rond depuis longtemps. Salle à manger rustique avec belle cheminée pour une solide et généreuse cuisine de tradition. Plus qu'honorable rapport qualité-prix pour l'hôtel également avec des chambres rénovées, sans autre prétention qu'une vue sympathique sur le lac (pour une bonne moitié).

La Petite Table Tranquille : *esplanade des Troubadours. ☎ 04-67-97-24-11. ♿ Tlj en juil-août, fermé mer et le soir dim-ven en basse saison. Congés : de mi-nov à mi-mars. Carte env 18 €.* Une escale – à vous de comprendre d'où vient le nom du resto – sans prétention, où flotte une atmosphère conviviale. Déco empreinte du temps jadis, cuisine ouverte, une poignée de bouquins et le journal du jour, voilà le décor planté. Au menu, présenté par le sympathique Fafi dans de vieux manuels scolaires, galettes et crêpes, viande grillée, tapas... Terrasse.

Chambres d'hôtes L'Oustal de Rame : *La Moutouse. 📱 06-32-27-18-45. • magali.cazals@orange.fr • loustalderame.wixsite.com • À la poste du village, emprunter la route de gauche sur 4 km, c'est toujours tt droit. Congés : Toussaint-Pâques. Doubles 50 €. Table d'hôtes 15 €.* Dans un environnement superbe, à 870 m d'altitude, une adresse simple et bien tenue pour se mettre au vert. 3 chambres (notre préférée : celle qui est un peu à part) donnant sur la vallée, et surtout une bonne cuisine familiale préparée avec les produits de la ferme : charcuterie et pâtisseries maison, lapin fermier... Billard et cheminée dans la pièce commune. Nombreux sentiers de randonnée (un des chemins de Compostelle passe ici).

Où dormir ? Où manger dans les environs ?

Ferme-auberge Le Moulin : *Le Moulin, 34330* **Le Soulié.** *☎ 04-67-97-22-27. • fa.lemoulin@wanadoo.fr • Sur la D 150, entre La Salvetat et le col du Cabaretou, à 2 km du Soulié en direction d'Anglès. Ouv avr-oct. Resto jeu-dim au déj seulement ; fermé lun-mer et le soir. Résa obligatoire. Double 50 €. Menus 25-35 €. CB refusées. Café offert sur présentation de ce guide.* À 900 m d'altitude, perdue dans la forêt au bord d'une rivière, une ferme-auberge dans la grande tradition, avec ses grosses pierres et son toit en ardoise. Charcuterie maison, omelette aux cèpes en saison et plats à base de veaux fermiers de la propriété, servis dans une salle en pierre apparente flanquée d'une cheminée. Une petite dépendance rustique abrite une chambre avec salle de bains.

Manifestations

– ***Marchés nocturnes et gourmands :*** *juil-août.*
– ***Fête du village :*** *début août.*

DANS LES ENVIRONS DE LA SALVETAT-SUR-AGOUT

Bienvenue dans les Hauts-Cantons, comme on dit par ici. Marqué par son relief accidenté et son altitude de moyenne montagne, ce vaste territoire de vertes prairies et d'immenses forêts est calé sur la ligne de partage des eaux entre Atlantique et Méditerranée, et on passe sans s'en rendre compte du Tarn à l'Hérault, et vice versa.

Fraïsse-sur-Agout *(34330) : à 10 km à l'est de La Salvetat, sur les rives de l'Agout.* Village montagnard aux toits en ardoise, coquet et fleuri, fier de son menhir de Picarel, décoré d'un serpent et d'un œuf. Petit lac dans les proches environs. Sentiers de randonnée balisés de différents niveaux ; à partir de 4 km *(rens à l'office de tourisme ; ☎ 04-11-95-08-06. Ouv juil-août tlj sauf dim ap-m ; juin et sept tlj sauf dim-lun ; avr-mai et oct jeu-sam seulement ; fermé nov-mars).* Au hameau de Flacheraud (à 2,5 km de Fraïsse), un couple d'agriculteurs loue des ânes – pour les randonneurs plus aguerris – bâtés. De quoi prévoir une agréable balade familiale *(compter 30 € pour 2h, par exemple),* accompagnée ou pas. Vente de fruits et légumes à la ferme (pour compléter son pique-nique...). Et si vous souhaitez faire durer le plaisir, les proprios tiennent un refuge d'étape et une table d'hôte. *Rens : ☎ 04-67-97-57-48 ou 06-74-57-36-33. • equipagesdujougnier.fr •*

Auberge de l'Espinouse : *allée des Frênes. ☎ 04-67-95-40-46. Congés : janv-fév. Résa conseillée. Doubles 72-92 €. Le midi en sem, formules 16,90 €, puis menu 31 € ; carte env 30 €.* Auberge au cœur du village, au cadre chaleureux et rénové. 10 chambres (préférer celles qui donnent côté village) gentiment rénovées, à l'aménagement soigné et aux prix serrés. Au resto, bonne cuisine du pays. Viandes à la broche. Le 1er menu, servi en semaine, devrait déjà venir à bout des faims les plus tenaces ! Le dimanche, formule buffet. Pizzas à emporter sur commande. Terrines et plats mijotés « Les Cocottes de Claire » en bocaux à vendre. Terrasse. Espace bien-être (jacuzzi).

OLARGUES

(34390) 680 hab. *Carte Hérault, B2*

Ancienne capitale wisigothe, Olargues la pittoresque semble tirée d'une carte postale qu'on parcourrait en 3D, en se faufilant le long des ruelles pavées émaillées de passages couverts, en grimpant les escaliers de l'ancienne commanderie templière qui mènent à la tour-clocher du XIIe s. Chevauchant l'Orb, les ponts du petit bourg se répondent de siècle en siècle : pont en dos d'âne médiéval dit « pont du Diable » d'un côté, et pont Eiffel

L'HÉRAULT

aux poutrelles métalliques tartinées de rouge brique de l'autre. Le village est classé parmi les « Plus Beaux Villages de France », et c'est de surcroît un important centre de recherche géologique. Petit *musée des Arts et Traditions populaires* *(de la fête de la Brouette aux journées du Patrimoine, mar-dim 15h-18h30).* **Côté ventre enfin, on s'y régale de cerises, truffes et châtaignes.**

Adresses et info utiles

Centre Cébenna : *av. du Champs-des-Horts. ☎ 04-67-97-88-00. • cebenna.org • Juil-août, lun-sam 9h-12h30, 16h-18h. Le reste de l'année, mar-mer et ven 9h-12h, 14h-18h. Fermé fêtes de fin d'année. Point d'infos touristiques dans les locaux de Cébenna.* Une association vouée à la sauvegarde, à la recherche scientifique et à la découverte du parc naturel régional du Haut-Languedoc. Médiathèque. Balades guidées (payantes), expos, animations pour petits et grands, etc. Kaléidoscope géant et Escape Game nature.

– ***Marché :*** *dim mat.*

Où dormir ? Où manger à Olargues et dans les environs ?

Camping

Les Terrasses du Jaur : *34390* ***Prémian.*** *☎ 04-67-97-27-85 ou 04-67-97-06-40 (mairie) 📱 06-43-40-43-20. • contact@camping-premian.fr • camping-premian.fr • À env 10 km au sud-ouest d'Olargues. À Prémian (sur la D 908 entre Saint-Pons et Olargues), traverser le pont. Ouv Pâques-fin sept. Locatif toute l'année. Compter 13,50-15,50 € pour 2. Mobile homes. 26 empl.* Un petit camping tout simple, posté en surplomb de la rivière, face au village. Vastes emplacements, bien délimités et ombragés. Coin barbecue, lave-linge, sanitaires, une petite aire de jeux et c'est tout. Tranquille et pas cher. Nombreux départs de sentiers dans le coin.

Bon marché

Chambres d'hôtes Les Quatr'Farceurs : *rue de la Comporte. ☎ 04-67-97-81-33. • contact@olargues.net • olargues.net • Congés : fêtes de fin d'année et début janv. Double 69,50 € ; familiales. Table d'hôtes 25 €.* Dans une maison du vieux village, 2 chambres étroites mais sympathiques, chacune avec sa salle de bains attenante récente. Peignoir, de quoi se préparer thé ou café... Salon pour les hôtes au rez-de-chaussée, qui donne dans la petite rue.

Hôtel-bar-resto Laissac-Speiser : *av. de la Gare. ☎ 04-67-97-70-89. • contact@restaurant-laissac.fr • En contrebas du village, face à la gare. Resto ouv seulement le w-e hors saison. Congés : fêtes de fin d'année. Doubles 47-56 €, familiales ; carte 22 €. Apéritif offert sur présentation de ce guide.* Une adresse tenue par la même famille depuis 5 générations. Le bar du village propose à l'étage une poignée de chambres impeccables, avec salle de bains (pas séparée de la chambre pour les moins chères), récemment rénovées et bien tenues. À table, casse-croûte basique genre salade au roquefort, steak-frites et assiettes de charcuterie. Terrasse.

Fêtes

– ***Fête de la Brouette :*** *début mai.*
– ***Fête du Marron et du Vin nouveau :*** *1er w-e après la Toussaint.*
Plus d'infos sur *• minervois-caroux.com •*

DANS LES ENVIRONS D'OLARGUES

MONS-LA-TRIVALLE (34390)

Il s'agit en réalité de 2 petits villages médiévaux accolés, départs des randonnées pour les gorges d'Héric et le mont Caroux, gigantesque chaos sculpté par l'eau et le vent depuis des millénaires. À voir, pour se rassurer, la chapelle de la Voulte, érigée au XIIe s (on ne peut pas y entrer). Après la balade, casse-croûte terroir à l'*Auberge du Caroux,* sur la place du village bas *(☎ 04-67-97-72-12).* En quittant le village par la D 14 direction Roquebrun, on pénètre dans les gorges de l'Orb, sauvages et verdoyantes.

Adresse et infos utiles

Office de tourisme : *av. de la Gare. ☎ 04-67-23-02-21. • minervoix-caroux.com • En saison, tlj sauf dim ap-m, 9h-12h, 14h-18h ; avr-juin et sept, fermé dim-lun ; hors saison, ouv mar et ven-sam seulement.*

– **Marchés :** *en saison, jeu mat et dim mat.*

Où dormir à Mons-la-Trivalle et dans les environs ?

Campings

Camping du Caroux : *Le Verdier. 06-42-16-28-63. • campingducaroux@gmail.com • campingducaroux.com • Ouv avr-sept. Forfaits tente 14-16 € pour 2. Loc de tentes-lodges 4-7 pers 350-790 €/sem. 25 empl.* Une bonne atmosphère flotte dans ce camping – une aire naturelle plus précisément – tenu par Éric, pompier-plongeur de métier. Il propose des virées canyoning *(• terreliquide.com •)* et est toujours de bon conseil sur toutes les activités à faire dans la région. 25 emplacements en terrasse, qui offrent une vue superbe sur les gorges d'Héric. On vient avec sa tente, ou on opte pour une tente-lodge (luxueux, donc... cher). Murs de pierre sèche et structures neuves : tout est bien. La toute petite route qui le borde n'est pas franchement passante, et à pied il faut 10 mn pour atteindre les commerces du village.

Camping municipal de Tarassac : *à* **Tarassac.** *☎ 04-67-97-72-64. • camping@monslatrivalle.fr • monslatrivalle.fr • À env 1 km de Mons, sur la droite juste après avoir franchi le pont suspendu. Ouv mars-oct. Compter 12-14 € pour 2. 131 empl.* Bordé par l'Orb (plagette), un camping au calme et parfaitement ombragé. Emplacements toutefois un peu étroits. Bar et alimentation d'appoint sur place. Nombreuses activités sportives à pratiquer dans les environs : kayak, canyoning, escalade...

De prix moyens à plus chic

Chambres d'hôtes Manoir La Trivalle : *65, route des Gorges-d'Héric. ☎ 04-67-97-85-56 ou 06-76-30-34-65. • info@monslatrivalle.com • monslatrivalle.com • Dans le village bas. Compter 65-80 € pour 2. Table d'hôtes 29 € sur résa. Parking privé.* Grand manoir resté dans son jus, et tenu tout sourire par Bert et Henny, un couple venu de l'autre pays du fromage. 4 chambres, dont 2 partageant la même salle de bains. On peut aussi louer la maison en entier. Immense jardin ponctué de plusieurs terrasses et d'une belle rotonde où prendre le petit déj. Piscine. Atmosphère familiale.

La Mécanique des Frères Bonano : *La Mécanique, Sainte-Colombe, 34390* **Colombières-sur-Orb.** *☎ 04-67-97-30-52. • reservation@lamecaniquedesfreresbonano.fr • lamecaniquedesfreresbonano.fr •*

À 7 km à l'est, sur la droite de la D 908 (fléché). Resto : juil-août, ven-dim midi et soir, plus le soir seulement jeu et lun-mar ; le reste de l'année, fermé lun soir-mer. Bistrot : ouv dim soir uniquement. Doubles 95-230 €. Côté bistrot, tapas 4-14 € ; côté resto, menus 45-115 €. Dès la montée avec vue sur le Caroux, le lieu s'annonce différent. Il l'est ! Vieille manufacture d'uniformes militaires joliment réhabilitée dans un esprit très contemporain avec matières brutes et meubles design. À droite, le *Trou du Kru* (sic !), un bar à vins avec planches de charcuteries ou de fromage et des tapas. À gauche, le *Granit,* un resto avec cuisine ouverte où prendre son temps autour des plats d'un frère Bonano passé chez quelques très grands et de vins soigneusement choisis par l'autre frère Bonano. Au-dessus, quelques chambres, superbes. Et une belle nature, tout autour.

À faire

Le secteur se prête à une multitude d'activités nature : rando, trail, escalade sur les falaises du Caroux, spéléo, canyoning, canoë sur l'Orb, VTT et même trottinette tout terrain ou encore sortie nature à la rencontre des mouflons, maîtres des lieux !

L'HÉRAULT

Les gorges d'Héric, site naturel classé, et le col de l'Ourtigas mènent au ***sommet du Caroux.*** La randonnée de rêve, variée ; une des plus belles du coin pour sa richesse en paysages. Compter 2h de grimpette jusqu'au hameau d'Héric, par une petite route. Pour atteindre Douch, sur le plateau du Caroux, on est encore bien plus loin, à peine à mi-chemin. En route, arrêts baignade dans des vasques d'eau fraîche où écument des cascades cristallines...

Canoë : *au départ de Tarassac, vers Roquebrun. Loc de canoës au moulin de Tarassac, à* ***Mons-la-Trivalle*** *(☎ 04-67-97-74-64 ; • canoe-tarassac.com •).* Balade pas trop sportive, encadrée si on le souhaite. Plusieurs parcours possibles, de 1h30, 5h30, ou sur plusieurs jours.

ROQUEBRUN (34460)

Posté à la porte d'entrée sud des gorges de l'Orb, une entaille de verdure dans les collines de rocaille propice à la baignade et au canoë, ce joli village traditionnel est surnommé le « Petit Nice » en raison du microclimat insolite dont il bénéficie. Glissez-vous entre les hautes maisons à arcades, descendez, de ruelle pavée de galets en placette ombragée, jusqu'aux rives rafraîchissantes de l'Orb pour y piquer une tête (plage). Point de vue agréable sur les vignes environnantes ; on est au cœur du territoire de l'AOC saint-chinian. Plusieurs restos dans le village dont le *Naudech* (bonnes pizzas et snacks à emporter sur les rives de l'Orb).

Où dormir ? Où manger dans le coin ?

Camping

Campotel Le Nice : *rue du Temps-Libre. ☎ 04-67-89-61-99. • campoteldelorb@orange.fr • camping-lenice.com • ♿ Sur la rive opposée au village, une fois passé le pont. Ouv de mi-mars à mi-nov (loc tte l'année sauf 1re quinzaine de janv). Compter 11,50-13,50 € pour 2 selon saison. Gîtes et chalets. 25 empl.* Petit camping familial, à seulement 2 volées de marches des berges de la rivière. Propret, ombragé, il est doté de gîtes et chalets bien équipés avec cuisine, terrasse, linge, barbecue. Emplacements tente un peu rabougris, en revanche. Pour les actifs, tir à l'arc, court de tennis, ping-pong, boulodrome, base de canoë-kayak et d'embarcations à pédales (payant) et jeux pour enfants. Belle vue sur le village et ses collines.

Bon marché

Le Lézard Bleu : *La Plaine des Campets, 34390* ***Vieussan.*** *☎ 04-67-97-10-21. • mannerik.kat@free.fr • À 9 km au nord-ouest de Roquebrun, sur la gauche, au bord de la D 14. Tlj sauf mar, plus mer soir et lun hors saison. Congés : Toussaint et fêtes de fin d'année. Résa conseillée le soir. Formule 17,50 €. Carte env 20 €. Café offert sur présentation de ce guide.* Au menu, petite dînette du Sud, tapas, salades-repas et plats végétariens. Côté bar, l'autre raison d'être du lieu, grand choix de bières, belges en particulier. Posé peinard dans la salle à manger, au pied du poêle et des bouquins entassés, on croirait casser la croûte chez des potes. Et dès que le soleil pointe son nez, direction la terrasse ou le jardin et ses nombreux jeux pour enfants. Un spot idéal pour lézarder !

Prix moyens

Le Faitout : *pl. du Pont, 34360* ***Berlou.*** *☎ 04-67-24-16-99. • lefaitout@gmail.com • Au cœur du village. À 11 km à l'ouest de Roquebrun. Tlj sauf dim soir-lun, plus mar-mer hors saison. Formule pique-nique 18 € en été ; menus 34-57 €. Café offert sur présentation de ce guide.* Sous les lampions de la terrasse fleurie comme dans la salle aux couleurs du temps, on se régale d'une cuisine enjouée et qui s'éloigne sans complexe des classiques régionaux. C'est parfois surprenant, toujours fin et goûteux. Le chef sait aussi varier les plaisirs : soirées pique-nique chez les vignerons, soirées œnologie avec conteur, etc. Un resto qui ravira les amoureux d'escapades champêtres et culinaires.

À voir

Le Jardin méditerranéen : *rue de la Tour. ☎ 04-67-89-55-29 (CADE). • jardin-mediterraneen.fr • Juil-août, tlj 10h-19h ; mai-juin tlj sauf le mat w-e, 10h-12h30, 14h-17h30 ; avr et sept-oct, tlj sauf sam et dim mat, 10h-12h30, 14h-17h30. Entrée : 6 € ; réduc ; gratuit moins de 6 ans.* Charmant sentier botanique que l'on découvre en se hissant jusqu'au sommet du village, à l'ombre de la tour médiévale. À voir et à sentir, plus de 4 000 plantes de 400 espèces différentes, parmi lesquelles 80 variétés de figuiers de Barbarie, une vingtaine d'agaves et d'aloès, mais aussi des succulentes et ces fameux mimosas qui valent au village de revivre, chaque 2e dimanche de février, une fête étonnante aux couleurs du carnaval d'autrefois. Vente de produits du terroir.

SAINT-CHINIAN (34360)

Semée de placettes, ombragée de platanes, cette grosse bourgade est surtout célèbre pour l'AOC à laquelle elle a légué son nom et qui couvre une palette de terroirs variés s'étendant sur 20 villages. Au centre du bourg, passage par la *Maison des vins* *(av. Charles-Trenet ; ☎ 04-67-38-11-69 ; avr-sept, lun-ven 9h-19h, sam 10h-13h, 14h30-18h30, plus dim mat ; oct-mars, lun-ven 9h-12h15, 14h-18h30, plus sam mat, fermé dim)* pour tester avant d'acheter les crus du coin, rouges, blancs et rosés. *• saint-chinian.com •*

Où dormir ? Où manger ? Où déguster du vin dans les environs ?

Le Village Castigno : *à* ***Assignan*** *(34360), à env 7 km au de sud-ouest de Saint-Chinian par la D 177. Congés : janv-fév. ☎ 04-67-24-26-41. • villagecastigno.com •* Pittoresque village vigneron, Assignan a été littéralement colonisé par le ***Château Castigno,*** projet atypique regroupant à la fois domaine viticole, hôtel et restos. Conçu comme un « hôtel éclaté », l'hébergement consiste en une vingtaine de « chambres » au confort optimum et à l'esprit très contemporain, réparties dans différentes maisons du bourg, avec l'ambition de recréer une atmosphère village (version luxe...). Piscine. *Doubles 130-220 €, jusqu'à 510 € (!) pour les suites.*

Côté ***restos,*** 3 options, toujours en bio, et si possible en circuit court. ***La Petite Table*** d'abord, avec sa terrasse sur la place du village et sa petite cuisine esprit bistrot, fraîche et saisonnière *(tlj sauf lun hors saison ; ☎ 04-99-57-05-07 ; carte 30-35 €).* ***Le Thaï*** ensuite, plus intime, avec sa terrasse dans une venelle. On y sert une cuisine de chef, petits plats travaillés et forcément parfumés, épicés. Une drôle d'escapade gustative loin des collines de garrigue ! *Tlj sauf mar (plus lun et mer hors saison). ☎ 04-67-25-29-07. Menu unique env 40 €.* Enfin ***La Table*** *(tlj sauf mar – et mer hors saison ; ☎ 04-67-24-34-95 ; menus (midi, sauf dim) 47 €, puis 75-98 €),* pour une cuisine gastro au gré du marché et des produits du potager, à découvrir dans un ancien chai aux immenses volumes, ou sur la grande terrasse ombragée. Pas de carte, on se laisse aller entre les mains de 2 jeunes frères belges passés chez quelques grands.

Pour se mettre en appétit, on pourra se payer la ***visite guidée du chai*** du domaine, ovni architectural en forme d'immense bouteille, posée dans les vignes et entièrement recouvert d'écorces de chêne liège. *À env 2 km du village (fléché). ☎ 04-67-24-43-03. Visite guidée avec dégustation (45 mn) tlj à 11h et 12h puis ttes les heures 14h30-18h30. Tarif : 9 €.* Nombreuses autres activités possibles (cours de cuisine, massages, etc.).

L'HÉRAULT

LAMALOU-LES-BAINS

(34240) 2 640 hab. *Carte Hérault, B2*

Une station thermale hors du temps, où l'on vient plus en convalescence qu'en vacances. Centres de cure et de rééducation y nichent entre les platanes, les villas Belle Époque et le casino, animé en été par un très kitsch festival d'opérettes. La station fut fréquentée par de nombreuses célébrités (Alexandre Dumas fils, Alphonse Daudet, le sultan du Maroc, André Gide...), souffrant toutes de rhumatismes, de maladies du système nerveux ou de troubles moteurs.

Adresses utiles

Office de tourisme Grand Orb : *1, av. Capus. ☎ 04-67-95-70-91. • tourisme.grandorb.fr • Ouv tte l'année.*

Les Marcheurs du Caroux : *06-19-38-02-05. • lesmarcheursducaroux.com •* Propose des randos de 2 à 7 jours dans la région, et même au-delà, avec logements et transport des bagages.

Spa Thermal : *av. Clemenceau. ☎ 04-67-23-31-40. Ouv de mi-fév à mi-déc.* Soins de bien-être et de relaxation.

Où dormir ? Où manger ?

Chambres d'hôtes La Chemin'hôte : *11, av. de la Gare. ☎ 04-67-97-39-08 ou 06-07-60-15-49. • information@lacheminhote.com • lacheminhote.com • Doubles 70 €. Réduc de 10 % sur présentation de ce guide.* L'adresse a fait son nid dans l'ancienne gare, conservant sa structure initiale, notamment la marquise en ferraille côté jardin, et même l'horloge qui n'indique plus l'heure des trains, ni l'heure du tout, d'ailleurs. Il y a de l'humour dans le nom, de la bonne humeur dans la maison, bref, c'est pas mal du tout. 2 chambres seulement. Kitchenette et petit salon TV à disposition des hôtes. Piscine hors sol.

L'Heure des Thés : *2, av. du Maréchal-Joffre. ☎ 04-67-95-83-67. • heuredesthes@hotmail.fr • ♿ Au centre de Lamalou, près du casino. Tlj sauf lun et mer-jeu, 8h30-13h30 (12h30 dim), 15h30-18h30. Formule 10,20 € (12,40 € avec dessert et boisson). Café offert sur présentation de ce guide.* Adresse colorée et accueillante où l'on se retrouve le midi pour grignoter, en salle comme en terrasse, tartes salées, salades, etc. L'après-midi, c'est l'heure des chocolats maison et autres douceurs.

Où dormir ? Où manger dans les environs ?

La Maison d'Hôtes : *11, pl. de l'Église, 34600* **Le Poujol-sur-Orb.** *☎ 04-67-95-71-80. • maisondhotes@neuf.fr • la-maison-dhotes.com • À env 2,5 km de Lamalou en direction de Saint-Pons. Congés : de mi-nov à mi-déc. Doubles 62-78 € ; familiale. Réduc de 10 % sur le prix de la chambre hors vac scol sur présentation de ce guide.* Qu'elle est douillette, cette ancienne demeure de village superbement retapée par un couple fort sympathique et adepte de rando ! Des espaces apaisants, comme le salon à l'étage, immaculé, baigné de lumière et au superbe sol dallé, ou comme le jardinet fleuri pour se poser au bord du puits. Dans les anciennes cuves à vin voûtées, on bouquine, on papote autour d'un verre et on peut même faire une partie de billard. Chambres confortables, aménagées dans un esprit de sobriété (dont une familiale, sous les toits).

Auberge de Combes : *34240* **Combes.** *☎ 04-67-95-66-55. ♿ À env 10 km à l'ouest de Lamalou-les-Bains. Prendre la D 908 vers Olargues, puis à droite la D 180 vers Combes. Tlj sauf lun et dim plus mar hors saison 12h-13h30 19h30-21h. Congés : janv. Menus (déj en sem) 25 €, puis 33-61 €. Digestif maison offert sur présentation de ce guide.* Un vrai nid d'aigle joliment situé au cœur de ce village pittoresque accroché aux contreforts des monts de l'Espinouse. Vue panoramique sur la vallée de l'Orb depuis la terrasse ou la véranda, et cuisine gourmande, au goût du jour : foie gras de canard mi-cuit fumé aux sarments, gibier en saison, etc. Bonne option, l'assiette de tapas qui donne un aperçu de la cuisine. Service pro et charmant.

L'HÉRAULT

Randonnées

➢ Les possibilités de rando ne manquent pas dans le coin ! Lamalou-les-Bains est située sur le GR 7 et proche de l'un des chemins de Saint-Jacques-de-Compostelle. Sinon, plusieurs sentiers autour de Lamalou-les-Bains : Notre-Dame-de-Capimont, la croix des Baussels, Saint-Michel-de-Mourcairol. Ce dernier sentier permet de découvrir le château de Mourcairol, l'église Saint-Michel et le pic de la Coquillade. Ces boucles font entre 9 et 12 km ; balisage jaune. Gourde et bonnes chaussures indispensables. Il y a aussi la voie verte *Passa païs,* aménagée sur 82 km entre Bédarieux et Mazamet (Tarn). Documentation sur les randos disponible à l'office de tourisme.

On peut bien sûr se lancer aussi à l'assaut du Caroux, par exemple à partir du pittoresque ***hameau montagnard de Douch,*** sur la commune de Rosis, à environ 15 km au nord de Lamalou. Une variante – plus facile – de la rando via les gorges d'Héric proposée plus haut au départ de Mons-la-Trivalle. Au programme, des mouflons, et l'exceptionnel belvédère du col de l'Ourtigas dominant les vallées de l'Orb et du Jaur, de Bédarieux à Olargues. Compter 3h de marche. À Douch, détour par la *Maison du mouflon (mai-sept, mer-dim 15h-18h).* Gîtes sur place. Il y a aussi la voie verte *Passa païs,* aménagée sur 75 km entre Bédarieux et Mazamet (Tarn). Documentation sur les randos disponible à l'office de tourisme.

Festival

– **Festival d'opérettes :** *fin juil-fin août, au théâtre municipal. ☎ 04-67-95-63-07 (en saison).* À travers un riche répertoire, troupes d'artistes, musiciens et techniciens font renaître le Festival d'opérettes dans ce lieu majestueux. L'ensemble architectural construit en 1894 dans le style moderne Belle Époque comprend le casino et un théâtre de 600 places, petite bonbonnière à l'italienne qui fait le plein à chaque représentation.

DANS LES ENVIRONS DE LAMALOU-LES-BAINS

SAINT-GERVAIS-SUR-MARE (34610)

Un petit village pittoresque avec ses calades (rues pavées) entrecoupées de passages et d'arches. Un haut lieu des châtaigneraies, à la croisée des monts d'Orb, du Caroux et de l'Espinouse. Belle route pour repartir vers le plateau des lacs (voir plus haut « La Salvetat-sur-Agout »).

Où dormir à Saint-Gervais et dans les environs ?

Prix moyens

Chambres d'hôtes Chez Camille : *8, pl. du Quai. ☎ 04-67-23-07-22. 06-71-37-96-55. • chezcamille.stgervais@orange.fr • chezcamille.jimdo.com • Résa vivement conseillée. Doubles 75 €. Table d'hôtes 25 €.* 4 chambres simples et spacieuses (25 m² environ), idéalement situées au cœur du village ; 2 ont vue sur un joli jardin. Petit déj servi dans la véranda, donnant le jardin. Calme et repos assurés entre 2 escapades.

À voir. À faire

Le musée des Arts et Traditions populaires : *à la Maison cévenole, 12, rue du Pont. ☎ 04-67-23-68-88. • saintgervais-hautlanguedoc.fr • Ouvert tte l'année (se renseigner pour les horaires). GRATUIT.* Rassemble de nombreux objets usuels, outils de métiers anciens et photos d'époque offertes par les habitants. Expos temporaires. Visites guidées (payantes) du village et du site archéologique de Neyran, perché sur un éperon rocheux, ainsi que des activités autour du patrimoine naturel et des traditions locales.

➢ À La Croix-de-Mounis (10 km par la D 922), monter au ***sommet de l'Espinouse*** par le GR 71. Panorama magnifique jusqu'au belvédère de l'Ourtigas. Attention, réserve nationale de chasse. On peut croiser une faune intéressante, mais il ne faut pas la déranger (on parle des animaux...).

HÉRÉPIAN (34610)

Village méridional construit autour de ses églises, avec de vieilles maisons parées de pierres du pays. L'importance de ce bourg fondé au XIIe s est dû à sa situation, au croisement des routes vers la plaine et vers la montagne. Il n'est pas peu fier d'un passé un peu industriel : une verrerie fondée en 1767 mais aussi et surtout la fonderie de cloches Granier dont le souvenir se perpétue à travers un passionnant musée.

Adresse utile

Point i-mobile : *à l'accueil du musée de la Cloche (lire ci-dessous).*

Où dormir ? Où manger ?

Chambre d'hôtes Des Lits sur la Place : *12, pl. de la Croix. 06-41-61-43-44. • contact@deslitssurlaplace.fr • deslitssurlaplace.fr • Resto ouv ts les soirs. Congés : de début déc à mi-janv. Doubles 78-95 € ; familiales. Menus 27-39 €. Apéritif offert sur présentation de ce guide.* Grosse maison de maître début XIXe s sur une jolie placette du bourg, qui fut en son temps un relais de poste. L'album des travaux témoigne du labeur accompli par les propriétaires pour lui redonner vie. Elle abrite aujourd'hui 5 chambres récentes et confortables, pas particulièrement lumineuses, en revanche. Terrasse bien aménagée, avec un espace thé/café. Tout y est très soigneusement arrangé. Petit déj aussi complet que bon : yaourts, gâteaux, beau choix de confitures. Resto sur place (le chef est maître restaurateur), ouvert à tous. Accueil aimable et posé.

À voir

Le musée de la Cloche et de la Sonaille : *espace campanaire André-Malraux, av. de la Gare. ☎ 04-67-95-39-95. • grandorb.fr • Mai-oct, tlj sauf lun 14h-19h. Entrée : 5 € ; réduc ; gratuit moins de 7 ans.* Dans l'ancienne gare, au bord de la Voie Verte 'Passa Païs', un bel espace contemporain de plus de 1 000 m² (sonorisé évidemment !) pour évoquer tout l'art campanaire (celui de faire sonner les cloches !). Un lieu ouvert en souvenir de la fonderie Granier : créée dans un hameau de montagne vers 1580, installée à Hérépian dans les années 1970, cette fonderie qui a cessé toute activité en 2011 exportait ses sonnailles jusqu'en Argentine. Et ses grelots jusqu'à Rio, pour les costumes des carnavaliers ! Visite donc riche en anecdotes, où l'on découvre toutes les techniques de fabrication des sonnailles comme des cloches d'églises (la fonderie Granier était la seule d'Europe à fabriquer les 2), leurs différents usages... Intéressant. Vraiment.

BÉDARIEUX

(34600) 6 500 hab. *Carte Hérault, B2*

Situé de part et d'autre de l'Orb, ce gros bourg hier industriel est désormais le carrefour économique et touristique du territoire. Autrefois, Bédarieux était connu pour ses tanneries et ses fabriques de biscuits, que l'on peut redécouvrir en suivant le plan du circuit patrimonial édité par l'office de tourisme. Depuis quelques années, le lieu a su se développer en proposant de multiples sports et activités de pleine nature (VTT, canoë, planeur, randonnées, escalade...). Sur les quais, curieuses maisons étroites tout en hauteur.

Adresses et infos utiles

Office de tourisme Grand Orb : *1, rue de la République. ☎ 04-67-95-08-79. • tourisme.grandorb.fr • Ouv tte l'année.* En plus des infos touristiques, sélection de produits du terroir.

Gare SNCF : *route de Saint-Pons. ☎ 36-35 (prix d'un appel local). • ter.sncf.com/occitanie •* Gare située sur la ligne « de l'Aubrac » permettant de rejoindre Béziers au sud et Millau, les Grands Causses, Clermont-Ferrand puis Paris au nord. Régulièrement, des trains pour Béziers ou Millau pour 1 €.

Hérault Transport : *route de Clermont. ☎ 04-34-888-999. • herault-transport.fr •* Plusieurs liaisons/j. avec Montpellier, Béziers, Lunas, Lamalou-les-Bains et Saint-Pons-de-Thomières.

– **Produits du terroir :** ***SICA du Caroux,*** *route de Saint-Pons. ☎ 04-67-95-00-74. Lun-sam 9h-12h30, 15h-19h30.* S'approvisionner en produits locaux pour concocter son pique-nique ou rapporter à la maison.

– **Marchés :** *lun mat, et marché bio sam mat.*

Où manger ? Où boire un verre ?

La Forge : *22, av. Abbé-Tarroux. ☎ 04-67-95-13-13. • restaurant laforge@sfr.fr • Face à la Maison des arts. Tlj sauf lun, plus le soir mer et dim hors saison. Menus 18-37 € ; carte env 45 €.* Très belle salle voûtée en pierre, qui abrita en son temps... une forge, pardi ! La cheminée trône au milieu de la pièce meublée avec goût dans un style rustique chic. Également une grande terrasse, déployée dans la cour pavée, sous les platanes. Bonne et solide cuisine traditionnelle, dont la spécialité : l'escalope de foie gras au vinaigre de framboise.

Chai Christine Cannac : *3, sq. Robert-Schumann. ☎ 04-67-95-86-14. • christine.cannac@gmail.com • En face de la mairie. Juil-août ts les soirs 18h-minuit ; hors saison, tlj sauf lun-mar midi. Tapas et planches simples à partir de 5 € ; planches 15-22 €.* Sommelière de formation, Christine a concrétisé sa passion pour le vin en ouvrant son « Chai ». Elle y fait découvrir sa sélection de vins bio – la région est bien représentée – dont elle parle avec animation. Pour les accompagner, quelques produits simples et bien choisis : tapenades, charcuterie, fromages... Le tout à découvrir autour de la longue table d'hôtes ou dehors en terrasse.

À voir. À faire

Le viaduc : en flânant à l'ombre des 37 platanes bicentenaires, on peut admirer les 37 arches du viaduc de 710 m de long, construit au XIXe s pour le transport ferroviaire du charbon. Un sentier au bord de l'Orb y conduit. En empruntant le chemin de Dio, on peut quitter la ville en longeant l'Orb jusqu'à l'aire de pique-nique de la Barque.

Les orgues : la ville compte 2 orgues romantiques, dans l'église Saint-Alexandre et dans l'église Saint-Louis.

Musée du Patrimoine : *au 1er étage de la Maison des arts, 19, av. Abbé-Tarroux. ☎ 04-67-95-48-27. Ouv sam 14h-18h plus mer vac scol 14h-18h. GRATUIT.* L'ancien hospice Saint-Louis abrite désormais, à travers 6 salles, une reconstitution minutieuse de la vie au début du XXe s des habitants des Hauts Cantons (costumes et coiffes d'époque), un réjouissant musée du train, avec une maquette de Bédarieux et le bureau du chef de gare et un intérieur rural. Dans l'espace Auguste Cot, de belles toiles du peintre natif de Bédarieux.

– Le même bâtiment abrite au rez-de-chaussée un ***espace d'Art contemporain*** *(ouv mar 14h-18h, mer et ven-sam 9h30-12h, 14h-18h, jeu 9h30-12h)* dévolu aux expositions temporaires.

La chapelle Saint-Raphaël : classée Monument historique, cette petite chapelle du XIIe s construite en plein cœur du vignoble est accessible par un sentier au bord de l'Orb. *Se renseigner à l'office de tourisme.*

La voie verte Passa Païs : • *voiesvertes-hautlanguedoc.fr* • 82 km de piste verte entre Bédarieux et Mazamet (Tarn), sur une ancienne voie de chemin de fer réaménagée.

Manifestations

– ***Foires traditionnelles de printemps :*** *1er mai.* Plus de 250 exposants.
– ***Journées botaniques et mycologiques :*** *mi-mai et fin oct. Rens : ☎ 04-67-23-03-66.* Expos, conférences et sorties découverte.
– ***Festival vigneron les Vin'dredis :*** rencontres avec les vignerons dans leurs caveaux.

L'HÉRAULT

DANS LES ENVIRONS DE BÉDARIEUX ET DES MONTS D'ORB

FAUGÈRES (34600)

À 9 km de Bédarieux.
Célèbre pour ses vins, la mignonne petite cité l'est également pour ses 3 magnifiques moulins à vent (dont un est toujours en état de marche).

Le pic de Tantajo : de là-haut (518 m), panorama d'enfer sur le Caroux (table d'orientation), l'Espinouse, la vallée de l'Orb, la plaine du Biterrois, les monts de Faugères, les contreforts du Lazarc et le littoral.

LA TOUR-SUR-ORB (34260)

La commune la plus étendue du pays d'Orb avec ses 3 000 ha abritant l'un des plus grands vergers de cerisiers d'Europe. Une halte bienvenue avant d'attaquer les monts d'Orb.

➢ ***Randonnée avec un âne de bât :*** *association **Balladânes,** mas de Riols. ☎ 04-67-23-10-53. 📱 06-72-15-51-54.* • *balladanes.fr* • Une façon plus originale de randonner sur le Caroux (à partir de 2 jours).

***Boussagues** (34260) : à 2 km à l'ouest de La Tour-sur-Orb. Visites organisées par* Les Amis du vieux Boussagues *: ☎ 06-21-71-65-59.* Niché dans une vallée semée d'arbres fruitiers, un ancien village fortifié, véritable petit musée à ciel ouvert. Tout est beau dans ce village : les remparts, l'église romane très pure avec sa tour carrée et, enfin, la maison du Bailli, belle maison seigneuriale Renaissance construite à l'emplacement de l'ancien château. Elle a appartenu un temps à la famille de Toulouse-Lautrec.

CEILHES-ET-ROCOZELS (34260)

À 24 km de Lodève. Gare de Ceilhes-Roqueredonde à 4 km du bourg via le GR 71.
Petit village tranquille lové dans une vallée verdoyante, au bord de l'Orb. Côté architecture, coup d'œil au hameau de Rocozels, à l'église

Saint-Jean-Baptiste, érigée au XIIe s et fortifiée au XIVe s, aux remparts, aux nombreuses voûtes, fenêtres à meneaux, porches...
Côté nature, le petit *plan d'eau du Bouloc* se prête à de beaux après-midis de pêche et de baignade (plage aménagée, buvette). Jolies balades dans les collines et forêts environnantes.

Où dormir ? Où manger ?

Camping

Le Bouloc : *av. du Lac. ☎ 04-67-97-81-85 (mat). • bouloc.contact@orange.fr • camping-bouloc.fr • Ouv avr-oct. Forfaits tente 10-16 € en hte saison ; mobile homes 520-910 €/sem selon saison. CB refusées. 47 empl.* Petit camping familial, posé dans l'herbe au bord du plan d'eau. Simple, tranquille et pas cher. Commerces et restos dans le village au patrimoine remarquable. Un cadre des plus bucolique.

Prix moyens

Le Relais de Ceilhes : *10, av. du Lac. ☎ 04-67-23-42-09. • hotel.bessiere@wanadoo.fr • accueil-avene.fr • Resto tlj sauf dim soir et lun midi. Fermé nov-mars. Double 62 €. Formule 24 € et carte env 34 €. Apéritif offert sur présentation de ce guide.* Cet ancien relais de diligences perpétue fidèlement une tradition familiale débutée en 1850. Le couple Bessière y sert une cuisine de terroir sérieuse, à la hauteur de produits récoltés dans les fermes du Larzac et du Lodévois. Belle terrasse sous une pergola, ou grande salle à manger d'un sage classicisme. 5 chambres également, dans le même esprit, avec salle d'eau privée. Si vous êtes conquis, pourquoi ne pas repartir avec une conserve maison ?

AU CŒUR DE L'HÉRAULT, ENTRE SALAGOU ET LARZAC

LE LAC DU SALAGOU

Carte Hérault, B-C2

Un paysage lunaire, ou martien peut-être ; en tout cas très dépaysant. Un lac artificiel étonnant bordé de ruffes, un grès rouge qui compose avec le ciel, l'eau et la végétation un extraordinaire tableau. Créé en 1969 pour servir de réserve d'eau aux agriculteurs, on s'y retrouve désormais pour pêcher le sandre ou le brochet, s'essayer à la planche à voile ou simplement piquer une tête. Le sol alentour est couvert de bombes volcaniques. Il y a fort longtemps (255 millions d'années), les dinosaures peuplaient la vallée. Pour vous en persuader, à Lieude, entre Octon et Salasc – jolie place principale –, juste après Mérifons, une dalle inclinée porte les empreintes de reptiles fossilisés.

Où dormir ? Où manger dans le coin ?

Camping

Les Vailhés : *lac du Salagou, berge des Vailhés, 34700* ***Celles.*** *☎ 04-11-95-01-82. • contact@campinglesvailhes.com • campinglesvailhes.com • ♿ Fléché depuis la D 148 en allant vers Octon. Ouv avr-fin sept.*

L'HÉRAULT

Forfaits pour 2, 13,70-16 € selon saison. 239 empl. Grand (mais encore familial) camping en terrasses, dévalant la colline jusqu'aux rives du lac, au côté d'une base nautique et d'une plage surveillée pour la baignade. Emplacements bien délimités et relativement ombragés. Vaut mieux, ça cogne en été ; d'ailleurs, les barbecues sont interdits. Pas grave, on se rabattra sur le snack-buvette.

De prix moyens à chic

La Réserve du Bosc : *Cartels-du-Bosc, 34700* **Le Bosc.** *☎ 04-67-88-50-22. • lareservedubosc@live.fr • Tlj sauf dim soir-mar. Menus 24-59 € ; carte env 35 €.* Passé la surprise de trouver le restaurant au bord de la route (on n'a pas dit « autoroute »), on découvre un intérieur sobre, contemporain et lumineux, et une terrasse abritée au bord de la piscine. Et dans les assiettes bien présentées, des produits de saison joliment préparés. Service aimable et pro.

La Palombe : *hameau de Basse, 34800* **Octon.** *☎ 04-67-95-40-07. • hotel@lapalombe.com • lapalombe.com • Depuis le lac de Salagou, rejoindre Octon ; à la sortie du village, bifurquer à droite direction Brenas. Resto le soir mar-sam et dim midi. Congés : déc-mars. Doubles 68-114 €. Menus 33-42 € ; carte env 50 €.* Un hôtel d'une quinzaine de chambres, perché tout là-haut, sur le versant d'une montagne d'où la vue embrasse l'horizon et les collines environnantes. Un petit bout du monde. Toutes différentes, les chambres (un peu sonores entre elles), presque toutes orientées à l'ouest, ont une déco volontairement dépouillée. Quelques-unes disposent de terrasse privée ou commune, parfois avec une vue vertigineuse, et ce ne sont pas forcément les plus chères. Salle de bains parfois ouverte sur la chambre. Également 2 chambres avec petite cuisine. Piscine et tennis. Terrain de pétanque. Location de VTT. Au resto, cuisine traditionnelle sérieuse.

L'HÉRAULT

À faire

– ***Sports nautiques :*** *base de plein air du Salagou. ☎ 04-67-96-05-71. • basenautique-salagou.com • En été, tlj 9h-19h30. Hors saison, horaires variables.* Canoë, catamaran, planche à voile, caravelle... Très couru en été. Propose cours particuliers et stages collectifs. Autre base nautique à ***Celles*** *(berge des Vailhés ; 06-52-71-01-61 ; juil-août, tlj 10h-19h ; de mi-mars à juin et sept-oct, mer-dim 10h-18h).*

DANS LES ENVIRONS DU SALAGOU

Le village et le cirque de Mourèze *(34800) : en saison, parking payant à l'entrée du village. Point d'infos touristiques (ouv tlj).* Un vieux village dont les pierres et les tuiles se confondent avec les roches dolomitiques (la dolomie est une roche), des centaines de pitons de calcaire et de magnésium tordus, sculptés par l'érosion naturelle et comme jetés en vrac à travers la garrigue. Un petit air de Cappadoce. Au fil de la balade et de l'imagination, on pourra distinguer dans ces configurations fantastiques des géants, des monstres ou des génies, des animaux légendaires. Et si celle-ci était un sphinx, celle-là une sirène, là-bas un démon, une religieuse, une affreuse et gigantesque tête de mort ! Plusieurs circuits balisés de 1h à 4h, le plus long grimpant sur la crête, via le prieuré de Saint-Jean-d'Aureillan puis le col de Portes. En haut, le panorama se partage alors en 2 : d'un côté Mourèze, de l'autre le Salagou. Grandiose. Également un chemin de la Poésie, jalonné de sculptures et de très courts poèmes de Dieter Baumgart.

Hôtel Les Hauts de Mourèze : *le Pioch Rascas. ☎ 04-67-96-04-84. • hotel-moureze@orange.fr • hotelmoureze.fr • Congés : déc-fév.*

Résa conseillée longtemps à l'avance. Doubles 93-97 € ; familiale. Un petit déj/pers et par nuit offert sur présentation de ce guide. Une construction des années 1970, à 200 m à peine du village mais pourtant déjà isolée ; on est en pleine nature. Les chambres classiques à l'aménagement soigné sont tenues au cordeau ; pas bien grandes mais on s'y sent bien, d'autant que certaines ont un balcon ou une terrasse avec accès au jardin. Belle piscine.

La Lieude et le château de Malavieille : 2 km avant Octon, on traverse le village de Malavielle. La piste (balisée en vert) débute 500 m plus loin, sur la droite. À La Lieude, ***site paléontologique*** connu pour ses quelque 800 empreintes de pas de reptiles prémammaliens (plus vieux encore que les dinosaures !). Vues plongeantes sur le lac. On dirait presque un « mini-Arizona » avec ses rochers étranges. De Lieude, compter environ 30 mn pour se rendre au château de Malavielle.

CLERMONT-L'HÉRAULT

(34800) 8 640 hab. *Carte Hérault, C2*

Pays du vin mais aussi de l'huile d'olive et du bien-vivre en général, le « cœur d'Hérault », une appellation chère aux politiques locaux, s'est développé autour de cette ancienne capitale du raisin de table. Une bourgade dynamique, dotée d'un petit centre ancien qui se parcourt sans déplaisir si on passe dans le coin.

Adresses utiles

Office de tourisme : *pl. Jean-Jaurès. ☎ 04-67-96-23-86. • destination-salagou.fr • Juil-août, tlj sauf dim ; le reste de l'année, tlj sauf w-e.* Visites guidées de Mourèze et Clermont, ainsi que des communes du Clermontais.

Gare routière : *devant l'office de tourisme.* Plusieurs lignes de bus font la liaison avec Montpellier, dont la n° 303.

Où manger ?

Le Tournesol : *2, allée Roger-Salengro. ☎ 04-67-96-99-22. • azemard.christophe@wanadoo.fr • Tlj. Formules 16-22 € déj en sem, puis 29-44 € ; carte env 35 €.* Un resto dans l'air du temps, aux multiples terrasses, toutes fort séduisantes. L'une est posée sous les platanes de l'allée piétonne, l'autre se perche au-dessus de la cour et de sa piscine... privée, malheureusement. On se rafraîchira les yeux, c'est déjà ça ! Côté cuisine (classique, sans fausse note), on choisit entre les plateaux de coquillages et l'éventail de menus, qui satisferont toutes les bourses. Véranda, en cas de coup dur.

À voir. À faire

L'église Saint-Paul : le plus bel édifice gothique de la région. Magnifique avec ses 3 nefs, sa rosace et son clocher-tour. À l'intérieur, voûte d'environ 19 m. Piliers octogonaux flanqués de colonnettes.

Les vestiges du château féodal : édifié au XIIIe s par les Guilhem, seigneurs de Clermont, il domine la vallée, protégé par des remparts et un fossé visible au nord. Si les ruines ne sont pas accessibles au public, on distingue toujours le donjon carré à 2 étages.

➢ ***Randonnées pédestres*** au départ de Clermont-l'Hérault. *Infos et topoguides en vente à l'office de tourisme.*

DANS LES ENVIRONS DE CLERMONT-L'HÉRAULT

Villeneuvette *(34800) : à env 3 km de Clermont-l'Hérault, en direction de Bédarieux.* Une ancienne manufacture royale du XVIIe s, présentant une belle et rare unité architecturale. Elle est flanquée de logements ouvriers, où l'on vivait jadis en communauté selon les règles strictes établies par le patron : se coucher tôt et se lever tôt, fermeture des portes à la tombée de la nuit ! Désormais, ces quartiers sont partiellement habités par des artisans. De l'usine elle-même, il ne reste que des pans de murs et une haute cheminée en brique. Pourtant, l'ensemble déborde de charme avec ses bosquets romantiques, ses maisons aux pierres blondes, sa fontaine monumentale, son église Notre-Dame-du-Peyrou, ses fleurs et ses ruelles pavées. Autour, un ruisseau, des potagers, un bois touffu parcouru de sentiers pour piétons et VTT. De retour de balade, pause bucolique sur la terrasse du coquet *Café des Artistes.*

Hôtel La Source : *rue La Calade. ☎ 04-67-96-05-07. • info@hoteldelasource.com • hoteldelasource.com • Resto tlj sauf midi lun-mar, plus le soir dim-lun hors saison. Congés : nov-fin mars. Doubles 86-131 €. Formule et menu déj sem 19-24 € ; menu 35 € ; carte env 45 €.* Un beau domaine, confortablement installé aux portes de l'ancienne manufacture royale, en surplomb du ruisseau. Devant la bâtisse principale du XVIIe s s'étend un grand parc planté d'arbres et de bambous. Tennis et piscine, entourés par une pelouse grasse jonchée de transats. Parmi les chambres, toutes différentes et rénovées avec soin, on adore vraiment celles qui se dissimulent à l'écart, dans les anciennes maisons de tisserands. Dur de se décider, mais chacune a une touche personnelle très réussie. Partout, de jolies têtes de lit, un coin salon et du charme à revendre ! Enfin, sous la tonnelle du resto, la cuisine, de belle tenue, se balade adroitement entre terroir, montagne et mer. Petit déj servi au bord de la rivière en été.

Le pic Vissou : *à 4 km de Villeneuvette.* Le point de vue du haut de ses 480 m vaut la grimpette. Autrefois, nos ancêtres les Gallo-Romains avaient choisi d'y habiter. Laissez votre voiture à Cabrières.

DE CLERMONT-L'HÉRAULT À SAINT-GUILHEM-LE-DÉSERT

GIGNAC (34150)

Grosse bourgade très animée, aux allures presque provençales avec son esplanade ombragée de platanes et ses cafés. En partie enserré dans ses anciens remparts, le vieux village est dominé par une massive tour fortifiée, et devint lieu de pèlerinage après que la Vierge aurait miraculeusement guéri un petit garçon aveugle, un 8 septembre du XIVe s. Détour par le promontoire pour suivre, au départ de la chapelle Notre-Dame-des-Grâces à la façade presque florentine, le chemin de croix constitué de 14 chapelles dominant la plaine. À la sortie du bourg, très beau pont du XVIIIe s, long de 174 m, qui enjambe l'Hérault de ses 3 arches.

Adresse et info utiles

Office de tourisme : *3, parc d'activités de Camalcé. ☎ 04-67-57-58-83. • saintguilhem-valleeherault.fr • Juil-août, lun-ven 10h-12h30, 15h-17h30 ; sept-juin 10h-12h, 15h-17h ; fermé lun nov-mars.*
– **Marché traditionnel :** *sam mat.* Un marché très pittoresque où faire le plein de produits du terroir.

Où dormir dans le coin ?

Chic

Domaine de Pélican : *chemin de Pélican. ☎ 04-67-57-68-92. 06-22-25-43-19. • info@domainedepelican.fr • domainedepelican.fr • Ouv Pâques-Toussaint. À 3 km au sud de Gignac. De l'autoroute, sortie no 60 direction Gignac, puis au 1er carrefour, à gauche et tt droit. Résa obligatoire. Compter 15 € l'empl. pour 2. Chambres d'hôtes 90-100 €. Table d'hôtes 30 € tt compris. 12 empl.* Perdu entre les vignes du domaine et la garrigue, ce mas caractéristique distille une atmosphère éminemment languedocienne. Chambres agréables ou pinède au calme pour planter sa tente, dans un environnement très sauvage. Tout concourt à faire de ce lieu une étape de choix... Dégustation et vente de vins du domaine. L'été, sympathiques *Lundis vignerons,* repas-dégustation en musique, autour de producteurs du coin. Piscine réservée aux chambres d'hôtes et au gîte, balançoires.

ANIANE (34150)

À un jet de pierre des gorges de l'Hérault, ce gros village aux ruelles tortueuses profite d'un riche patrimoine historique, malheureusement peu mis en valeur, notamment l'abbaye de Saint-Benoît, fondée en 782 et aujourd'hui fermée au public, après avoir été convertie en filature de coton après la Révolution, puis en centre de détention jusqu'au tournant du XXIe s. Pour les « têtes en l'air », observatoire astronomique sur les hauteurs du bourg, proposant par ailleurs des hébergements insolites. *Rens sur le site • astronarium.fr •*

SAINT-GUILHEM-LE-DÉSERT

(34150) 220 hab. *Carte Hérault, C1*

Posté en surplomb des gorges de l'Hérault si propices à la baignade, bâti en forme de nef à l'entrée d'un cirque naturel, tapi autour de son abbaye – sans doute la plus belle du département – entre les falaises de rocaille et de garrigue, c'est sûr qu'il ne manque pas d'attraits, ce village médiéval. Et ça se sait. L'étape prestigieuse sur le chemin de Compostelle (le GR 653) que les pèlerins appelaient « la rose au cœur des montagnes » est aussi devenue un spot incontournable du circuit touristique héraultais.
Alors, si votre emploi du temps le permet, venez plutôt explorer Saint-Guilhem à la mi-saison, ou du moins en début ou en fin de journée, quand la foule s'éclaircit un peu, que l'on peut mieux humer le charme de la nature et des vieilles pierres, trouver plus facilement un coin où poser sa serviette au

bord de la rivière. Certes, l'opération Grand Site a permis de mieux maîtriser la surfréquentation des lieux. Mais si jusqu'en 1957 la procession des escargots ne se déroulait que le Jeudi saint, commémorant le passage des pèlerins de Saint-Jacques, désormais c'est tous les jours de l'été qu'on avance à la vitesse d'un gastéropode, affluence oblige.
En été, les places de stationnement dans le bourg étant vite occupées, laissez votre voiture dans le vaste parking aménagé près du pont du Diable, destiné tout à la fois aux baigneurs et aux visiteurs, et prenez la navette (gratuite) pour ensuite rejoindre le village. Puis prenez le temps de flâner.

UN PEU D'ÉTYMOLOGIE

Le village prend le nom de Saint-Guilhem-le-Désert au XIIe s, quand Guilhem, guerrier puis moine, est canonisé en 1066. C'est lui qui fonde le 1er monastère Saint-Sauveur, en 804, autour des reliques de la Vraie Croix (minuscule fragment de la croix sur laquelle aurait été crucifié Jésus-Christ *himself*). Ses hauts faits d'armes ont été relatés à travers les récits de Guillaume d'Orange. Quant au désert, il ne renvoie à aucune zone aride mais à la quasi-absence de population à l'époque où Guillaume découvre le coin.

Adresses et infos utiles

ℹ ***Office de tourisme :*** *2, pl. de la Liberté. ☎ 04-67-57-58-83. • saintguilhem-valleeherault.fr • Au pied de l'abbaye, sur la place principale. Avr-sept, tlj 9h30-13h, 14h-18h (en continu 9h30-18h30 juil-août) ; hors saison, tlj sauf lun et mat en sem, et ferme vers 17h30-18h le soir.* Vente de topoguides pour les randonnées ; réductions pour la grotte de Clamouse, Argileum et le musée Le Village d'antan. *Sur résa en été, visite guidée du village et de l'abbaye mar et jeu à 10h30 (compter 4 € et 1h30).*

■ ***Association des amis de Saint-Jacques :*** *• chemin-arles-en-lr.com •* Association qui restaure et anime les routes de Saint-Jacques.

ℹ ***La Maison du Grand Site de France :*** *en bordure de parking du pont du Diable, à env 3,5 km du village. ☎ 04-67-57-58-83. • saintguilhem-valleeherault.fr • Ouv avr-Toussaint ; en saison, tlj 10h30-18h (19h juil-août).* Un beau bâtiment tout en longueur et semi-enterré, avec toit végétalisé. Point d'accueil de l'office de tourisme et espace d'interprétation sur Saint-Guilhem et la vallée de l'Hérault. Également vente de produits du terroir et artisanaux, dégustation de vins ainsi qu'une brasserie.

– ***Stationnement et navette d'accès :*** il existe 2 parkings payants à Saint-Guilhem *(env 250 places, 5 € pour 2h30, 7 € pour 4h, 9 € pour 18h, gratuit les 20 premières mn).* Mais pour désengorger le village, un grand parking (moins cher) a été aménagé à l'entrée de la Maison du Grand Site, à proximité du pont du Diable *(payant les w-e et j. fériés avr-juin et sept, et tlj juil-août : 6 €/j. ; 1 € pour les motos ; accès libre le reste de l'année).* De là, des navettes gratuites relient toute la journée le parking au village *(fonctionne les w-e, j. fériés et vac scol, mai-juin et sept, tlj juil-août ; en pleine saison, passage ttes les 15 mn 10h-21h, puis ttes les 30 mn jusqu'à 23h).* Arrêt possible au niveau de la grotte de Clamouse.

🚌 ***Hérault Transport :*** *☎ 04-34-88-89-99. • herault-transport.fr •* Liaisons en bus avec Montpellier, Gignac, Clermont-l'Hérault (ligne n° 668).

Où dormir ? Où manger ?

🏠 🍽 ☂ ***Hôtel Le Guilhaume d'Orange :*** *2, av. Guillaume-d'Orange. ☎ 04-67-57-24-53. • hotelguilhaumedorange@orange.fr • guilhaumedorange.fr • ♿ Au pied du village, en surplomb de l'Hérault. Tlj* *(appeler avt). Doubles 95-105 €. Formule déj 20 € ; menu 24 €.* La solide maison de pierre posée à l'entrée du village a des airs de pension d'autrefois, avec un confort bien actuel. De belles chambres meublées avec soin, dotées de salles de bains ouvertes pour gagner en espace. Au resto, courte sélection de plats du terroir et de vins du coin, à prix raisonnables. Du coup, il n'est pas toujours évident de décrocher une table sur la terrasse à l'ombre des platanes ou dans la salle très coquette. Accueil vraiment charmant enfin. Bref, que du bon !

Chez Barmy : *7, rue Font-du-Portal. ☎ 04-99-65-25-59. • chezbarmy@orange.fr • Dans le bas du village. Tlj de mi-mars à fin sept 12h-15h, 18h30-21h30. Menu 27,50 €. Café offert sur présentation de ce guide.* D'abord, comme tout le monde, on focalise sur la petite terrasse-jardin avec son bassin. Ensuite, on rencontre le patron, un personnage, aussi chaleureux que passionné par l'histoire du village. Puis on se régale de bons produits (bio souvent), de plats généreux (feuilleté d'agneau confit, truite de rivière). Et comme on n'a plus vraiment envie de quitter les lieux, on passe sous les vieilles voûtes de pierres du pub (à l'irlandaise, avec sport à la télé et concerts)...

O'Bistrot : *14bis, rue Corniche-de-Nostra-Dona. ☎ 04-67-57-33-99. • obistrot34150@orange.fr • Devant l'abbaye. Tte l'année, tlj 9h-20h. Congés : janv. Compter 30-35 € à la carte.* Perché en hauteur, dans une rue piétonne face à l'Abbaye de Gellone, ce bistrot vous accueille sur 3 terrasses ou dans petite salle intérieure aux murs de pierre. Au menu, une cuisine du marché et de saison, simple, sincère, élaborée à base de produits bruts et frais. Cerise sur le gâteau, la chef est aussi pâtissière : gardez une place pour le dessert !

Où dormir ? Où manger dans les environs ?

Auberge de Saugras : *domaine de Saugras, 34380* ***Argelliers.*** *☎ 04-67-55-08-71. • auberge.saugras@wanadoo.fr • aubergedesaugras.fr • (resto seulement). À 17 km à l'est de Saint-Guilhem par la D 32. Aller jusqu'à l'entrée de Viols-le-Fort (et non pas à Argelliers), puis suivre la direction de Saugras sur 5 km. Tlj sauf mer. Doubles 47-95 €. Formules en sem 21-26 € ; menus 35-80 € ; carte 65 €. Réduc de 10 % sur le prix de la chambre (oct-mars) ou sur le prix des menus sur présentation de ce guide.* Perdue en pleine garrigue, une auberge typique à ne pas manquer, qui a servi de halte aux pèlerins sur la route de Saint-Jacques-de-Compostelle avant d'attirer les épicuriens. Gibier en saison et grand choix de plats parfumés revisitent le terroir avec amour, et sont servis dans la salle voûtée ou sous les arbres, en terrasse. Si l'on vient surtout pour la table et le cadre, le lieu compte également quelques chambres simplettes et rustiques, assez datées, avec terrasse pour certaines. Piscine.

À voir à Saint-Guilhem et dans les environs

L'abbaye de Gellone : *tlj 7h30-18h ; fermée à la visite pdt les messes et j. de fête religieuse ; cloître fermé 12h-12h45. Audioguide gratuit disponible au musée. Visites guidées en juil-août mar et jeu à 10h30 (4 €, résa préalable auprès de l'office de tourisme). Musée : 1er avr-Toussaint, tlj 13h30-17h30.*

L'abbaye, sobre et massive, est inscrite au Patrimoine mondial de l'Unesco au titre des chemins de Saint-Jacques-de-Compostelle en France. Portail en plein cintre surmonté d'un clocher ajouré, pas d'origine mais du XVe s tout de même. Contourner vers la gauche pour admirer le chevet flanqué de ses absidioles.

Construite au XIe s, elle est dédiée à Guilhem, un vaillant compagnon de Charlemagne qui, 2 siècles plus tôt, en 801, avait assiégé et pris Barcelone. En 804, il choisit de déposer les armes et s'en va à la recherche de Dieu dans le val de Gellone. Il fonde alors cette abbaye, où il mène jusqu'à sa mort, en 812, la vie d'un simple moine. Sa sépulture et les reliques de la Vraie Croix font l'objet d'un pèlerinage, qui participe au développement du site. À gauche du chœur, une relique du saint est exposée avec une partie de son fémur.
Son sarcophage, placé dans la crypte, fut victime des guerres de Religion. Le cloître, en partie démantelé (on peut admirer le reste à New York et à Montpellier), mérite une visite pour ses fenêtres géminées et son petit bassin. Il donne accès au musée installé dans l'ancien réfectoire, avec une collection de chapiteaux, de fragments de gisants et de divers éléments de réemploi. Film de 15 mn également, retraçant l'histoire de l'abbaye.

Le village : l'ensemble s'étend en suivant la rivière Verdus et a su conserver une identité médiévale, avec quelques beaux éléments d'architecture romane et Renaissance. Ruelles étroites, passages couverts, maisons en vieille pierre et toits de tuiles constituent un délicieux dédale où se laisser porter jusqu'à la place de l'abbaye, ses terrasses de café et son plantureux platane (6 m de circonférence tout de même). En chemin, une multitude de boutiques d'artisans, artistes et autres bibelotiers. Les ruines du château du Géant, perché en haut d'une falaise, dominent le village, mais le sentier qui y mène est interdit d'accès par arrêté municipal.

Le musée du Village d'antan : *15, rue de la Chapelle-des-Pénitents. ☎ 04-67-57-77-07. Tlj 10h-12h, 14h-19h (18h en hiver). Salon de thé ouv au déj. Ouverture aléatoire en déc. Fermé janv-début fév. Entrée : 4 € (3 € sur présentation de ce guide) ; gratuit moins de 12 ans.* Des santons ici ? On entre, et c'est un joli voyage dans le passé qui commence en descendant dans les entrailles de cette ancienne maison du XIIe s qui a gardé le souvenir de ses habitants. Seule maison à avoir conservé ses cuves à vins superposées, elle abrite aussi les outils du dernier sabotier du village. Assez émouvant. Jacques Prouget, maître santonnier, fabrique des crèches au rez-de-chaussée, tandis que sa femme s'occupe des visites et du salon de thé aménagé dans l'esprit du musée, dans un coin terrasse avec vue sur la vallée. En tout, 3 étages de santons de taille humaine, et un panorama représentant 11 000 heures de travail. Les soirées d'hiver sont longues à Saint-Guilhem...

La grotte de Clamouse : *☎ 04-67-57-71-05. • clamouse.com • À 3 km au sud de Saint-Guilhem. Tlj 10h30-18h30 juil-août, 17h30 juin et sept, 16h30 fin janv-mai et oct-nov. Fermé 25 et 31 déc et 1er janv. Entrée : 11,60 € (réduc de 1,50 € auprès de l'office de tourisme) ; réduc. Durée de la visite classique : env 1h20. 900 m de parcours. Spéléopark (parcours sportif à travers la grotte) sur résa : 32-50 € ; à partir de 8 ou 12 ans. Fait partie des Sites d'exception en Languedoc.* La visite des différentes salles de la grotte met l'accent sur ses riches concrétions. En prélude, un film immersif qui explique la formation des concrétions et l'origine des eaux de Clamouse. Également un film montrant la rivière en crue. Car ce magnifique ensemble de galeries se distingue par l'activité des eaux souterraines qui l'envahissent lors des crues et ne cessent de l'embellir. Puis les guides vous entraînent dans les entrailles de Clamouse à la rencontre de ses fameuses aragonites, mais aussi de fistuleuses et autres buffets d'orgues. Visite émouvante sur fond musical, avec jeux de lumière. Prévoir une petite laine car la température y est de 15 °C. Snack, boutique. Aires de pique-nique et de jeux, parcours botanique jusqu'aux parkings.

Le pont du Diable : *à 3 km de Saint-Guilhem. Accès par la « passerelle des Anges » depuis l'aire de stationnement (voir plus haut « Adresses et infos utiles »).* Les 2 abbayes voisines d'Aniane et de Saint-Guilhem s'entendirent pour faire bâtir au XIe s, afin de faciliter le « trafic » des pèlerins, ce qui reste aujourd'hui l'un des plus anciens ponts médiévaux de France. Au pied du pont, grande plage de galets aménagée pour la baignade (les sauts du pont sont strictement interdits !). Pas mal de monde. Descendre le long de la rivière pour trouver un coin plus tranquille.

Les gorges de l'Hérault : en complément de la grande plage surveillée du pont du Diable, les téméraires pourront partir explorer les spots encaissés entre les falaises, très fréquentés en été par les Montpelliérains et autres amateurs d'eau fraîche, pour une baignade dans l'eau verte bouillonnante au creux des marmites de géant. On gare sa voiture au parking du pont du Diable, et on part en exploration pour dénicher un bout de rocher où étaler sa serviette. Précisons tout de même que la baignade dans les gorges reste en principe déconseillée.

Argileum, la Maison de la poterie : *6, av. du Monument, 34150* ***Saint-Jean-de-Fos.*** *☎ 04-67-56-41-96. • argileum.fr • À env 1 km du pont du Diable (navette gratuite en été depuis le parking ttes les 30 mn). Avr-oct, tlj sauf lun, 10h-12h30, 14h-18h (tlj 10h-13h, 14h30-18h30 juil-août) ; nov-déc, mer-sam 14h-17h30 ; vac de fév (zone C), mar-sam 10h-12h30, 14h-18h. Entrée : 6 € ; réduc ; gratuit moins de 10 ans.* Bel espace à la muséographie moderne, qui fait revivre un authentique atelier de potier du XIXe s. L'originalité réside dans les installations ludiques et interactives (vidéos, reconstitutions), qui entraînent le visiteur à la découverte des différentes techniques de fabrication de céramiques. Le musée organise également des ateliers pour s'initier à la poterie *(9 €/pers, enfant 7 €, sur résa).* Vivant et pédagogique. Si vous souhaitez faire des emplettes, demandez à l'accueil la liste des potiers du village.

L'HÉRAULT

À faire

Le Bout du Monde ou cirque d'Infernet : prendre la rue du Bout-du-Monde et s'engager en direction du cirque, superbe. Une belle balade dans les rochers sur les traces des pèlerins. Prendre le GR 653 balisé en rouge et blanc qui démarre juste avant le stade de foot, sur la gauche ; continuer en suivant le balisage jaune jusqu'au lieu-dit les Fenestrettes (compter 3h30 pour la boucle ; voir le topoguide *L'Hérault à pied* en vente à l'office de tourisme). Le Bout du Monde porte bien son nom. Que de la garrigue et des collines de rocaille, à perte de vue.

Le causse de Puéchabon : Saint-Guilhem vu du ciel... Belle boucle d'environ 6h, sur un causse qui s'élève de l'autre côté de l'Hérault (on parle du fleuve, rassurez-vous). Se rendre d'abord en voiture par la D 32 (fléché depuis le pont du Diable) jusqu'au charmant village en *circulade* de Puéchabon, avec ses maisons de pierre dorée par le soleil. À l'entrée du bourg, au calvaire, prendre à gauche, puis à droite une petite route goudronnée et se garer au niveau de la bergerie. De là, ascension facile le long d'une large piste, puis suivre le balisage jaune. En chemin, on croise chênaies, lavognes (des bassins en pierre plate où venaient s'abreuver les brebis) et hameaux en ruine jusqu'à atteindre le bout du plateau. Panorama splendide sur Saint-Guilhem et sa forme de nef.

Manifestations à Saint-Guilhem-le-Désert et dans les environs

– ***Fête de la Nature au pont du Diable :*** *1 w-e en mai.* Animations et sorties nature.
– ***Saison musicale de Saint-Guilhem :*** *• amisdestguilhem.fr •* En septembre, festival de musique et chants sacrés. De mai à décembre, récital d'orgue dans l'abbaye.
– ***Marché des potiers :*** *2 j. début août, à* ***Saint-Jean-de-Fos.***
– ***Soirées Place au Terroir :*** *tout l'été, dans les villages de la vallée de l'Hérault.*

DE SAINT-GUILHEM-LE-DÉSERT À LODÈVE PAR LES CHEMINS VITICOLES

Quittez Saint-Guilhem en prenant cette fois la route des vignobles qui traverse quelques villages fièrement méridionaux pour amoureux du vin, de la table et de la vie en général. Ils échapperont aux visiteurs pressés de l'A 75. Une vallée dorée à découvrir en prenant son temps, entre Saint-Jean-de-Fos et Saint-Jean-de-la-Blaquière, en passant par Saint-Saturnin et bien sûr Montpeyroux, berceau du renouveau de la viticulture languedocienne, dominé par un *castellas* médiéval accroché à flanc de colline.

Où dormir ? Où manger ? Où boire un verre ?

Chambres d'hôtes L'Ostal del Poeta : *11, rue de l'Église, 34150* **Montpeyroux.** ☎ *04-67-96-64-79.* • *creissac@wanadoo.fr* • *creissac.free.fr* • *Compter 65 € pour 2. Table d'hôtes (sauf dim) 20 €.* Dans cette vieille maison vigneronne bien cachée au cœur du village flotte l'âme du Languedoc : les 2 chambres confortables ont hérité du mobilier de famille, la jolie salle commune est remplie de bouquins sur le pays, les gâteaux du petit déj sont maison, les vers du vigneron-poète, maître de céans, sont déclamés en occitan, l'accueil est discret et plein de simplicité !

La Terrasse du Mimosa : *23, pl. de l'Horloge, 34150* **Montpeyroux.** ☎ *04-67-44-49-80.* • *contact@terrassedumimosa.fr* • *terrassedumimosa.fr* • *Tlj sauf mer, plus mar hors saison ; cave ouv 10h-15h, 18h-23h. Congés : janv. Formule déj 15-23 € ; le soir, menus 34-44 € ; carte env 40 €.* Un caviste-bistrotier où s'offrir une pause gourmande. On se cale au comptoir, les bouteilles de crus du soleil alignées dans le dos, ou en terrasse, sur la jolie place de l'Horloge flanquée de sa halle voûtée. Cuisine de marché faisant la part belle aux produits de région mis en valeur avec un zeste d'inventivité. Quant au sommelier, il connaît son métier et propose une grande sélection de vins du coin, au verre ou à emporter. De vraies découvertes.

Chambres d'hôtes Château de Jonquières : *26, Grande-Rue, 34725* **Jonquières.** ☎ *04-67-96-62-58.* • *chambre@chateau-jonquieres.com* • *chateau-jonquieres.com* • *Congés : oct-mai et août. Compter 115 € pour 2. Une boisson non alcoolisée offerte sur présentation de ce guide.* Encerclée par les vignes, la demeure, immense, impressionne avec son clocher surplombant une galerie et son escalier double. Édifié au XIIe s, remanié au XVIIe, ce château exportait déjà du pinard au Canada à la fin du XIXe s et appartient à la même famille depuis près de 900 ans ! Pourtant, nul besoin de chevalière armoriée pour y séjourner. L'accueil des propriétaires viticulteurs est simple et convivial, si bien qu'on a tôt fait de s'y sentir invité par des amis ! Et ce ne sont pas les 4 belles chambres de caractère, confortables et aménagées à l'ancienne, qui gâcheront cette 1re bonne impression. On ne se lasse pas de la vue sur le magnifique parc verdoyant. Baignade dans le bassin, un peu à l'écart du château. Dégustation en fin de journée.

Le Pressoir : *17, pl. de la Fontaine, 34725* **Saint-Saturnin-de-Lucian.** ☎ *04-67-96-70-59.* • *vincent.bedos@gmail.com* • *Tlj sauf lun-mar. Formules 14,50 € midi en sem, puis 25,50-38,50 €. Apéro maison offert sur présentation de ce guide.* Une adresse conviviale comme on pouvait s'y attendre dans un village vigneron. La spécialité du resto, ce sont les grillades au feu de bois, cuites dans la cheminée, sous vos yeux. Vraiment savoureuses ! Si vous passez un midi, ne cherchez pas plus loin que la formule, avec verre de vin de la cave coopérative inclus.

LODÈVE

(34700) 7 500 hab. *Carte Hérault, B1*

Installée au pied des contreforts du Larzac, Lodève s'étend au confluent de 2 rivières, la Lergue et la Soulondre. Au bord de l'eau, au pied des maisons aux façades parfois colorées, les jardins potagers sagement alignés rappellent le passé ouvrier d'une cité qui vécut longtemps de l'industrie textile.

Petite ville à la population métissée, Lodève est aussi riche d'un patrimoine historique et préhistorique diversifié. Une balade dans la ville permet de découvrir des hôtels particuliers des XVIIe et XVIIIe s, et la cathédrale Saint-Fulcran. Lodève est enfin célèbre pour sa manufacture de la Savonnerie (annexe de la fameuse manufacture des Gobelins à Paris), réputée pour ses tapis qui ornent les ambassades et même l'Élysée.

Adresses et info utiles

Office de tourisme : *7, pl. de la République. ☎ 04-67-88-86-44. ● tourisme-lodevois-larzac.com ● ♿ Juin-oct, tlj 10h-13h, 14h-18h ; avr-mai, fermé dim ; nov-mars, fermé sam ap-m et dim-lun.* Résa de visites guidées, billetterie et vente de fiches randos.

Gare routière : *pl. de la République. ☎ 04-67-88-86-44. Face à l'office de tourisme.* Avec ***Hérault Transport*** *(☎ 04-34-88-89-99 ; ● herault-transport.fr ●)*, lignes n°s 661 et 681 pour Montpellier.

– ***Marchés :*** *marché* ***paysan*** *mar 16h30-19h30, de juin à fin sept. Marché* ***traditionnel*** *ts les sam mat.*

Où dormir ? Où manger ? Où prendre le thé ?

Camping

Camping des Sources : *1445, chemin d'Aubaygues, 34700* ***Soubès*** *(à 5 km au nord-est). ☎ 04-67-44-32-02. ● campingdessources@gmail.com ● campingdessources.fr ● ♿ Fléché depuis le village. Ouv avr-sept. Empl. pour 2 pers 20-28 € selon saison ; chalets et bungalows toilés 280-710 €/sem. CB refusées. 51 empl.* Isolé au bord d'une toute petite route, ce camping bucolique et ombragé descend en terrasses jusqu'au lit de la rivière Brèze. On peut s'y baigner dans un trou d'eau, et même sauter des rochers si on se sent la fibre d'un aventurier. Les plus sages opteront pour la piscine. Départ de rando directement depuis le camping. Bref, un plan tranquille, idéal pour des vacances en famille. Accueil très sympathique.

Bon marché

Le Grand Minuscule : *2, Grand-Rue. ☎ 04-67-88-50-35. ● cafe@restaurantminuscule.fr ● En saison, tlj sauf lun ; sinon le midi mar-sam et le sam soir. Formules déj 14,80-18 €.* Charmant et accueillant, ce café vous propose une cuisine simple et fraîche, inspirée par le panier du marché. Plats végétariens aussi. En dessert ou pour une pause sucrée dans la journée, des gâteaux qui rappellent les goûters du dimanche. À savourer sur la terrasse ombragée aux beaux jours.

De prix moyens à chic

Le Petit Sommelier : *3, pl. de la République. ☎ 04-67-44-05-39. ● lepetit.sommelier@orange.fr ● ♿ Tlj sauf dim soir-lun, ainsi que jeu soir hors saison. Congés : fêtes de fin d'année.*

Formules et menus 21-25 € déj en sem ; carte env 35 €. Un décor de brasserie, et une cuisine qui va avec (aïoli de morue, souris d'agneau aux pruneaux...). La terrasse s'étend aux beaux jours sous les platanes.

À voir. À faire

La cathédrale Saint-Fulcran : imposant édifice gothique de 1280. La cathédrale est fortifiée et dominée par une tour carrée de 57 m. Un des fleurons du gothique méridional, dédié au célèbre évêque Fulcran (946-1006) et siège d'un évêché du Ve s jusqu'à la Révolution. La nef est ornée d'un lustre de cristal, cadeau de la reine Victoria à Napoléon III. Sans oublier les orgues des XVIIIe et XIXe s, les vitraux de Mauvernay (1856) et la chaire sculptée du XVIIIe s.

Le musée de Lodève : *sq. Georges-Auric. ☎ 04-67-88-86-10. • museedelodeve.fr • ♿ Tlj sauf lun 10h-18h. Entrée : 5-7 € selon expos ; réduc.* Cet hôtel particulier des XVIIe et XVIIIe s (bel escalier d'honneur) ayant appartenu au cardinal de Fleury abrite le musée de Lodève, rouvert en 2018 après 4 ans de travaux. Ce bel espace, où cohabitent la pierre ancienne et l'architecture contemporaine, abrite 3 expositions permanentes, principalement tournées vers l'archéologie et les sciences naturelles. On débute par ***L'Empreinte de l'homme,*** qui nous raconte le quotidien des 1ers habitants de la région. Ludique, animée, bien fichue, un modèle de muséographie ! Entre les films d'animation, les ambiances sonores et les vitrines joliment éclairées, on ne s'ennuie pas une seconde. On remonte encore un peu plus le temps dans la section suivante, ***Traces du vivant,*** centrée sur la vie sur Terre avant l'Homme, qui présente une impressionnante collection de fossiles, d'empreintes et de squelettes. Là encore, beaucoup d'écrans (dont un géant à l'entrée) pour égayer le propos. Section un peu plus « technique » que la précédente, mais tout aussi intéressante. Enfin, sans aucune transition, une dernière salle consacrée aux œuvres du sculpteur ***Paul Dardé*** (1888-1963), dont le fascinant *Faune,* de 4 m de haut, mérite à lui seul le détour. Expos temporaires (beaux-arts) tout au long de l'année.

La manufacture nationale de tapis de la Savonnerie de Lodève : *visite seulement sur rdv jeu-ven ; résa à l'office de tourisme. Entrée : 7 € ; réduc.* Un lieu insoupçonné ! Unique annexe de la manufacture de la Savonnerie de Paris (créée au XVIIe s dans une fabrique de savon), cet atelier national de tapis rappelle le riche passé textile de la ville. C'est ici que l'on restaure et réalise des tapis destinés aux ambassades, à Matignon, à l'Élysée...
– À visiter également, toujours sur rendez-vous auprès de l'office de tourisme *(mar ; 7 €, réduc),* l'***Apothicairerie de l'hôpital Saint-Jean,*** une ancienne pharmacie du XIXe s, avec ses boiseries et ses bocaux en verre et porcelaine.

➢ Plus bucolique, l'agréable ***balade le long de la rivière*** et des jardins potagers. Les plus sportifs grimperont ***jusqu'à la Vierge,*** perchée sur son rocher.

Manifestation

– ***Festival Résurgence :*** *pdt env 4 j. fin juil.* Une quarantaine de rendez-vous poésie, théâtre, danse, concerts, le tout dans une ambiance conviviale.

DANS LES ENVIRONS DE LODÈVE

À ***Roqueredonde,*** à environ 10 km à l'ouest de Lodève, possibilité de visiter l'un des plus grands temples d'architecture bouddhique tibétaine en France,

Lérab Ling *(☎ 04-67-88-46-00 ; • lerabling.org • ; avr-fin oct, dim 14h-17h ; visite guidée : 8 €, gratuit moins de 15 ans ; centre d'accueil ouv tlj).*

BOUDDHA VOYAGEUR

Le bouddha assis de 7 m de haut du temple de Lérab Ling, à Roqueredonde, a été conçu bien loin du Larzac, à Mandalay, au Myanmar (ex-Birmanie). Les différentes parties de la statue ont ensuite été transportées par cargo jusqu'en France, puis assemblées dans le temple par des artisans birmans dépêchés pour l'occasion.

Lauroux *(34700)* **:** en partant sur le Larzac, faites une escapade à la ***grotte de Labeil*** et son cirque sauvage *(☎ 04-67-96-49-47 ; • grotte-de-labeil.com • ; ouv de mi-mars au 1er nov tlj 10h-18h en juil-août ; entrée : 9,90 €, réduc, gratuit moins de 3 ans).* Jolies balades au départ du hameau.

À ***Soumont,*** à environ 8 km à l'est de Lodève, possibilité de visiter le ***prieuré Saint-Michel-de-Grandmont.*** *☎ 04-67-44-09-31 ; • prieure-grandmont.fr • ; visite libre – avec fascicule ou audioguide – avr-oct, tlj 10h-18h – 19h mai-sept, 17h hors saison ; fermé lun fév-mars et nov ; fermé en janv ; tarif : 7 €, réduc ; fait partie des Sites d'exception en Languedoc.* C'est l'unique monastère de l'ordre de Grandmont (XIIe-XIIIe s) qui subsiste dans son intégralité : église romane, cloître, salle capitulaire, salle des moines, chapelle Saint-Michel. Il est entouré d'un domaine de 30 ha de forêts, semé de quelques dolmens. On peut même y apercevoir des biches. Des terrasses du prieuré, superbe panorama sur la vallée.

LE CAYLAR-EN-LARZAC

(34520) 450 hab. *Carte Hérault, B1*

Ne pas manquer la virée sur le Larzac jusqu'au Caylar, village étape pour randonneurs (nombreux commerces) blotti à 750 m d'altitude contre le roc Castel. C'est déjà la montagne, les 1ers conifères puis les espaces sauvages et désolés du causse. Et puis, tant que vous y êtes, La Couvertoirade, commanderie des Templiers, n'est pas loin (Aveyron)... Quant au somptueux cirque de Navacelles, il est carrément sur votre route pour rejoindre Ganges. Toute cette zone de l'Hérault, voisine de l'Aveyron et de la Lozère, fait partie intégrante de la région Causses et Cévennes inscrite en 2011 au Patrimoine mondial de l'Unesco.

Où dormir ?

Gîte d'étape Co'Gite : *Les Rocailles. 06-22-90-15-27. • randolarzac@gmail.com • randolarzac.com • Nuitée env 15 €/pers ; double 35 €. Café offert sur présentation de ce guide.* Xavier Chabanne est accompagnateur en montagne et moniteur VTT, mais il a d'autres cordes à son arc : balade avec des ânes, jeux GPS... Et ce gîte moderne, que vous pouvez louer complètement, sert de point de départ à toutes ces activités. Nickel, avec cuisine équipée, il peut héberger jusqu'à 15 personnes (dortoirs de 4 à 6 lits et 1 double). Un point de chute sympa malgré un environnement pas franchement idyllique, à la sortie de l'autoroute. Location de VTT et de vélos électriques.

Chambres d'hôtes Les Capitelles du Caylar : *41, rue du Quai. ☎ 04-67-44-55-70. • les.capitelles@yahoo.fr • lescapitellesducaylar.cabanova.com • Doubles 75 € ; familiale.* Dans un cadre rustique purement caussenard, 3 chambres bien accueillantes à la pierre apparente.

DANS LES ENVIRONS DU CAYLAR

La Vacquerie *(34520)* **:** pittoresque petit village larzacien bordé de forêts et de dolmens, aux maisons serrées les unes contre les autres, comme pour se protéger des rigueurs de l'hiver caussenard. Sur les portes, impérissable tradition locale, on cloue des *cardabelles,* des fleurs de chardon. Au village, possibilité de partir en rando avec un âne de bât via *Sherp'ânes (06-22-23-97-99 ; ● sherpanes.com ●)* qui propose également un gîte d'étape. Par la D 9, belle descente panoramique vers Montpeyroux et Saint-Guilhem via Arboras.

Le cirque de Navacelles : *pour une première vue (d'en haut), rdv au belvédère de* ***La Baume-Auriol.*** *De mi-juil à fin août, navette tlj 10h-18h environ entre les différents belvédères et le hameau.* Un ancien méandre de la Vis a créé ce site absolument unique, hyper connu, hyper touristique, hyper beau, labellisé Grand site de France et Grand site Occitanie. Depuis le parking du belvédère, en faisant juste quelques pas, on a un panorama à couper le souffle sur cette immense étendue caussenarde pelée, où le cirque s'est formé comme une balafre dans la roche calcaire, créant un paysage d'une beauté sauvage époustouflante. Il y a 200 millions d'années, les causses étaient recouverts par la mer, ce qui explique le relief si particulier et chaotique. Le chemin du facteur permet de descendre au cœur de l'abîme, jusqu'au hameau de Navacelles, par un itinéraire balisé. Compter environ 4h30 de marche (12 km). Bonnes chaussures et eau indispensables. Pour les paresseux : suivre la route en corniche, donc quelque peu spectaculaire, jusqu'à ce même Navacelles. Au bout du bout, on peut trouver un peu de fraîcheur à proximité des eaux pures de la cascade de la Vis (baignade non surveillée). ***L'Auberge de la Cascade,*** presque en face, est tout indiquée pour un rafraîchissement sous la treille. De Navacelles, autre rando possible vers la ***résurgence de la Vis*** et les ***moulins de la Foux*** (environ 3h aller-retour).

Les gorges de la Vis : suivre la sinueuse et très pittoresque route qui longe ces gorges encaissées jusqu'à Ganges. Haltes fraîcheur assurées. L'une des plus belles vallées du pays !

AU NORD DE MONTPELLIER

LA HAUTE VALLÉE DE L'HÉRAULT

GANGES

(34190) 4 000 hab. *Carte Hérault, C1*

Petite ville populaire et métissée, Ganges est située à la jonction de la vallée de la Vis et de l'Hérault. Autrefois capitale de la soie grâce aux mûriers des campagnes environnantes, c'est aujourd'hui un carrefour d'échanges avec les Cévennes, au point qu'on a du mal à l'évoquer sans parler des villages gardois des environs. Le vendredi matin, les paysans cévenols descendent de leurs montagnes pour venir écouler leurs produits au grand marché, véritable mine d'or gustative. Après les emplettes, arrêt obligatoire à la terrasse d'un des nombreux troquets qui parsèment le centre-ville. Dans les environs, les terrasses retenues par des murets de pierre (les *faïsses*) servent à la culture de l'oignon doux, qui bénéficie d'une AOP.

Adresse et info utiles

Office de tourisme : *26, av. Pasteur. ☎ 04-67-73-00-56. ● ot-cevennes.com ● Tte l'année, lun-ven et j. fériés, plus les sam et dim mat en juil-août.* Nombreuse documentation sur les balades dans le parc des Cévennes.

➢ **Bus :** la ligne n° 608 assure des liaisons avec Montpellier. Compter env 1h de trajet. ● *herault-transport.fr* ●

Où dormir ?

Hôtel de la Poste : *8, plan de l'Ormeau. ☎ 04-67-73-85-88. ● hoteldelaposte34@gmail.com ● hotel-ganges.fr ● Face à la mairie. Doubles 50-60 €. Un petit déj/chambre et par nuit offert sur présentation de ce guide.* Idéalement posté face aux platanes de la place principale, cet hôtel à la façade bleu et blanc a dû en accueillir, des générations de voyageurs partis explorer les Cévennes ! Pas de luxe superflu, mais les chambres fraîches et lumineuses avec leurs couettes blanches sur les lits ne manquent pas de confort. Évidemment, les salles de bains ne sont pas à la dernière mode, mais rien de grave pour le prix. Les chambres moins chères ont les sanitaires sur le palier. Très bon accueil, familial.

DANS LES ENVIRONS DE GANGES

Randonnée par le GR 60, la route de Castanet et de nouveau le GR 60 ***jusqu'à Pont-d'Hérault.*** En automne, c'est somptueux. Altitude moyenne : de 600 à 700 m. Des châtaigniers, des bruyères, des arbousiers et peut-être des sangliers. Mais surtout, une vue et un air inoubliables. Topoguides en vente à l'office de tourisme.

Le chemin des Meuses *(ou chemin des Norias)* **:** *à* ***Cazilhac*** *(34190). Balade de 2,5 km env depuis le centre de Ganges. On peut s'y rendre en voiture ou à pied en traversant le pont Neuf qui enjambe l'Hérault. Emprunter ensuite le chemin goudronné qui longe la rivière sur la gauche.* Le chemin suit l'ancien canal d'irrigation, construit au XIIIe s, qui amène les eaux de la Vis à la plaine de Cazilhac. Le long du parcours, plusieurs norias (grandes roues hydrauliques) qui permettaient l'irrigation des jardins potagers. Tout au bout, un château privé (ne se visite pas). L'occasion d'une belle balade.

Saint-Laurent-le-Minier *(30440)* **:** petit village cévenol, situé dans le département du Gard mais à seulement 5 km à l'ouest de Ganges par la D 25 (fléché). Sur le bord de la route, avant le village en arrivant de Ganges, une ancienne papeterie. Comme son nom l'indique, Saint-Laurent fut marqué par l'activité minière (plomb et zinc). À 2 pas de la route, les belles cascades de la Vis, superbe spot de baignade très couru en été. Buvette. Dans le village, balade pittoresque à l'ombre des ruelles serrées au creux d'un vallon et reliées par de petits ponts, puis le long de la rivière bordée de jardins ouvriers.

SAINT-BAUZILLE-DE-PUTOIS

(34190) 1 960 hab. *Carte Hérault, C1*

Étape obligée pour visiter la grotte des Demoiselles... ou prendre un bol d'oxygène en s'essayant à l'une des nombreuses activités nature proposées

dans le coin : escalade, *via ferrata,* spéléo, canoë ou, tout simplement, un plouf dans l'Hérault ; on peut faire trempette au niveau du pont suspendu, à la sortie du village direction Brissac. Côté étymologie, désolés de jouer les rabat-joie, mais le Putois accolé à Saint-Bauzille n'a rien d'animal ni d'olfactif. Il est le résultat de la déformation au cours des siècles du mot *Pedoxinis,* nom de la villa carolingienne qui donna naissance au village, vers l'an mille.

Où dormir ? Où manger à Saint-Bauzille et dans les environs ?

Auberge de la Filature : *57, rue de l'Agantic. ☎ 04-67-73-74-18. • aubergedelafilature@wanadoo.fr • aubergedelafilature.com • ♿ (resto seulement). Congés : de mi-janv à mi-fév. Résa conseillée et resto uniquement sur résa. Doubles 50-60 € ; familiales. Menu 20 € hors boissons. CB refusées. Apéritif maison offert sur présentation de ce guide.* Une adresse originale, sise dans une ancienne filature, bâtie en 1859 pour confectionner des bas de soie. Accueil chaleureux et cadre très agréable : un petit jardin bucolique à souhait et une grande salle voûtée meublée comme un bistrot à l'ancienne, non dénuée d'un petit côté joyeusement excentrique. Si vous séjournez, régalez-vous avec les recettes familiales de la (charmante) patronne, à arroser de liqueurs maison. 4 gîtes de 4 à 6 chambres bien sympathiques eux aussi, clairs et colorés, que l'on peut également louer à la chambre, tout en profitant de la cuisine équipée.

Le Mas de Coulet : *route de Montpellier, 34190* ***Brissac.*** *☎ 04-67-83-72-43. • contact@masdecoulet.com • masdecoulet.com • ♿ À 2,5 km au sud de Saint-Bauzille-de-Putois direction Montpellier, en retrait de la D 986. Doubles 89-118 €.* Nichée dans une chênaie avec un enclos pour poneys, la bâtisse en pierre sèche ne manque pas d'allure. Elle abrite 5 chambres voûtées entièrement restaurées, organisées autour d'une cour avec piscine intérieure. Fraîcheur garantie en été ! Dans le jardin, une 2de pistoche. Jolie déco ethnico-colorée qui met merveilleusement en valeur les vieilles pierres (certaines remontent au XIIe s !), les anciennes portes et poutres juste décapées. Le soir, l'atmosphère est intimiste et la terrasse fort paisible. Spa, jacuzzi, sauna. Le jour, en revanche, la rumeur de la départementale fait malheureusement concurrence au chant des cigales...

À voir. À faire

La grotte des Demoiselles : *à 2 km du village. ☎ 04-67-73-70-02. • grotte-des-demoiselles.fr • Fermé 3 sem de mi-janv à début fév. Avr-sept, tlj en principe 10h30-19h (dernier départ à 17h) ; visites guidées ttes les heures (en continu 10h-18h en juil-août). Le reste de l'année, visites tlj, se renseigner sur le site internet. Entrée : 12,50 € ; réduc ; gratuit moins de 4 ans. Visite guidée : env 1h15. N'oubliez pas qu'il fait 14 °C à l'intérieur : petite laine de rigueur. Borne info de l'office de tourisme à l'entrée de la grotte. Fait partie des Sites d'exception en Languedoc.*
Petite merveille du monde souterrain, découverte en 1760 mais connue depuis la préhistoire. La grotte fut le refuge des camisards pendant les guerres de Religion. On y accède facilement par le funiculaire (inauguré en 1932). Un peu plus loin, l'entrée « naturelle » de la grotte donne une bonne idée de qui furent ses 1ers usagers (aujourd'hui, seules les chauves-souris peuvent passer à travers les grilles)... Le parcours, aménagé pour entretenir le suspense, viendra à bout des cœurs les moins sensibles aux beautés souterraines. Déjà impressionnantes, les draperies géantes formées par les stalagmites et les stalactites ne sont qu'un avant-goût

de la « cathédrale des abîmes », point d'orgue de la visite que l'on découvre tout à coup du haut d'un belvédère. La mise en lumière réussie et les scénographies pariétales accentuent encore l'impressionnante majesté de la grotte. Acoustique extraordinaire, qui donne envie de revenir le temps d'un concert organisé en saison estivale. En sortant, arrêt à la terrasse panoramique pour boire un verre ou avaler une pizza, le regard perdu dans la vallée.

Descendre les gorges de l'Hérault en canoë-kayak : plusieurs bases de canoë-kayak dans le coin. Notamment, à Saint-Bauzille, canoë *Le Pont Suspendu* *(au niveau du pont direction Brissac ; ☎ 04-67-73-11-11 ; • canoepontsuspendu.com • ; ouv avr-sept).* Location de canoës-kayaks (à partir de 6 ans) et bivouac sur 2 jours. Possibilité de transport au départ de Montpellier. Autre base, canoë *Le Moulin* *(à la sortie de Saint-Bauzille direction Ganges ; ☎ 04-67-73-30-73 ; • canoelemoulin.fr •).*

➢ ***Escalade :*** les falaises du plateau du Thaurac sont très prisées par les adeptes d'escalade, avec pas moins de 600 parcours différents. Départ depuis le parking de la grotte des Demoiselles. Orientation, hauteur et niveaux de difficulté variables. Renseignements et topoguide en vente à l'office de tourisme de Ganges.

➢ ***Activités de pleine nature :*** ***Aupalya Aventure,*** *route de Montpellier, à Saint-Bauzille. ☎ 04-67-73-01-01. • apn34.com •* Canyoning, *via ferrata,* spéléologie, escalade, aventure aquatique... Activités encadrées par des moniteurs diplômés d'État. Sorties nocturnes *(juil-août, sur résa).*

DANS LES ENVIRONS DE SAINT-BAUZILLE-DE-PUTOIS

BRISSAC (34190)

Paisible village installé aux portes de la vallée de la Buèges, au pied du massif de la Séranne. Longue de 25 km, grimpant entre 700 et 942 m d'altitude, cette montagne sèche forme le dernier rempart avant le causse du Larzac. Au cœur du village, l'Avèze se faufile le long d'un parc rafraîchissant de 4 ha, hérissé de platanes. En levant les yeux, on aperçoit la tour du château du XIe s (ne se visite pas). Jetez un coup d'œil à l'église romane du XIIe s.

Où dormir ? Où manger ?

Camping

Domaine d'Anglas : *☎ 04-67-73-70-18. • contact@camping-anglas.com • camping-anglas.com • ♿ À mi-distance de Brissac et Saint-Bauzille-de-Putois, sur la D 108. Ouv début avr-fin sept. Compter 18-44 € pour 2 selon saison et type d'emplacement ; loc de roulottes, cottages, et gîtes en pierre sèche. 100 empl.* En contrebas de la modeste départementale, un camping de charme étendu au bord de la rivière, où une plage a été aménagée. Les emplacements sont disséminés sur un espace herbeux et ombragé, intégré dans un domaine viticole en culture biologique. 115 ha de nature préservée, on ne manque pas d'espace ! Cadre bucolique très agréable, idyllique pour les enfants : grande piscine d'eau naturelle, trampoline, tyrolienne, ping-pong, jeux, balançoires, tables de pique-nique. Belles roulottes, cottages très agréables et gîte en pierre sèche. Petit *resto* en saison *(salades, pizzas et burgers pour 10-15 €).* Dégustation et visite du vignoble (debout dans la benne des vendanges !). Location de vélos.

Chic

Le Jardin aux Sources : *30, av. du Parc, au centre du village.*

☎ 04-67-73-31-16. • contact@lejardinauxsources.com • lejardinauxsources.com • Resto tlj sauf dim soir-lun, plus mer hors saison. Congés : 2 sem en janv et 2 sem à la Toussaint. Résa demandée, même au resto. Doubles 97-107 €. Formule et menu déj en sem 23-29 € ; menus 38-59 €. Réduc de 10 % sur le prix de la chambre sur présentation de ce guide. Le patron est un chef voyageur qui a su multiplier ses sources d'inspiration : chaque assiette est une petite œuvre d'art, qui prend du temps. Gentillesse et savoir-faire sont là pour pallier l'attente, et on passe un agréable moment, en terrasse, côté jardin, ou dans la petite salle. Quant aux 3 chambres-suites, spacieuses, fraîches entre leurs pierres apparentes, elles promettent une étape propice à la détente, d'autant que l'on peut aussi profiter de la piscine (réservée aux résidents).

Où dormir dans les environs ?

Chambres d'hôtes Les Hauts d'Issensac : *Bougette, 34380* ***Causse-de-la-Selle.*** *☎ 04-67-73-37-09. • o.issensac@gmail.com • hauts-issensac.com • À 5 km de Causse-de-la-Selle vers Ganges. Congés : de mi-nov à mi-mars. Doubles 65-80 € ; familiale. Réduc de 10 % sur le prix de la chambre pour tt séjour de 3 nuits min (hors juil-août) sur présentation de ce guide.* Un mas du XVIIe s aux chambres pleines de charme, spacieuses et coquettes. Les 3 doubles sont à l'étage, la familiale au rez-de-chaussée. Petit déjeuner entièrement fait maison, servi dans une salle voûtée en vieille pierre ou sur une terrasse bien agréable, avec vue panoramique sur la vallée de l'Hérault. Table d'hôtes généreuse qui respecte l'authenticité des produits et du pays. Sinon, kitchenette (frigo et micro-ondes) pour faire réchauffer son frichti. Piscine.

Où se baigner dans les environs ?

De Saint-Bauzille ou de Brissac, pendre la D 4 en direction de Causse-de-la-Selle. Après une dizaine de kilomètres, on atteint le lieu-dit ***Issensac*** et son vieux et étroit pont de pierre enjambant l'Hérault, ici apaisé (parking, buvette). Un agréable coin de nature, très prisé des baigneurs en été. En juillet-août, la baignade est surveillée, on ne sait plus où poser sa serviette, c'est la plage à la rivière ! Pour fuir la foule, descendre le long de l'Hérault jusqu'à trouver, au bord de l'eau, la clairière déserte qui n'attendait que vous. N'essayez pas de sauter du pont, il y a des accidents tous les ans. Pour le retour, possibilité de rejoindre le col de la Cardonille sur la D 986 par une étroite route en lacet, pour continuer ensuite vers Montpellier. Il faudra cependant au préalable traverser le pont qui, on le rappelle, est très étroit. En principe, avec une voiture normale, ça passe. Attention, en juillet-août, cette petite route n'est accessible que dans le sens Issensac-D 986.

SAINT-JEAN-DE-BUÈGES

(34380) 197 hab. *Carte Hérault, C1*

L'un des villages les plus pittoresques de cette vallée perdue, au pied de la Séranne. Un espace naturel sauvage, protégé, encore mal connu, niché sur les 1ers contreforts du plateau du Larzac. Le village, étroit, est encaissé entre les falaises au pied d'un éperon rocheux, le Trascastel. Traversé par la Buèges que sautent de petits ponts, il est aussi coiffé d'un château médiéval.

Les alentours sont le territoire des vignes, des oliviers et d'un troupeau de vaches aubrac dont la viande – *Puech Séranne* – est réputée bien au-delà des limites de la vallée !

Où dormir ? Où manger ?

Prix moyens

Chambres d'hôtes Le Grimpadou : *rue du Château. ☎ 04-34-46-91-84. 06-07-78-57-24. • legrimpadou@hotmail.fr • Congés : nov. Uniquement sur résa. Doubles 62-73 € ; familiales. Réduc de 10 % sur le prix de la chambre, hors juil-août, sur présentation de ce guide.* Au cœur du village, une maison mignonne comme tout, à l'abri des regards indiscrets, dans une cour intérieure accessible par un petit passage couvert. 6 chambres fraîches et de bon confort, quelques-unes avec vue sur les toits du vieux village et la campagne. Salon et grande cuisine à disposition (pas de table d'hôtes). Joli petit jardin de curé en terrasses. Accueil simple et gentil de Jean-Luc, oléiculteur et vigneron à la retraite.

Auberge de la Vallée : *le Grand-Chemin. ☎ 04-67-73-12-79. • contact@auberge-lavallee.com • auberge-lavallee.com • À env 800 m du centre du village. Doubles 50-65 €. Table d'hôtes sur résa 19,50-24 €.* Face au rocher de Trascastel, à la lisière des vignes, tout au bout du grand chemin, une auberge installée dans une maison moderne, dotée de 3 chambres confortables pour un séjour au calme. Dans l'assiette, cuisine de terroir selon les saisons ; grillades au feu de bois en été. Grande terrasse donnant sur la Séranne.

Bar du château : *en plein centre du village. ☎ 04-67-73-13-73. • lehirfrancois@sfr.fr • Tlj ; fermé mer hors saison. Carte 15-25 €.* Avec sa délicieuse terrasse ombragée surplombant le ruisseau, au cœur du village, la halte est ressourçante. Plantureuses salades-repas, burger à la viande d'Aubrac, truite de la Buèges... Rien de compliqué mais que des bons produits de la vallée ! Accueil franchement sympa.

À voir à Saint-Jean-de-Buèges et dans les environs

Le Jardin des senteurs : *dans la cour du château de Baulx. • les-compagnons-de-tras-castel.fr • En principe, ouv mer-dim 11h-19h. GRATUIT. En été, visite commentée de l'ensemble du château de Baulx dim à 17h (5 € ; gratuit moins de 12 ans).* Un beau jardin avec différentes variétés de plantes odorantes (thym, sauge, romarin...).

Pégairolles-de-Buèges *(34380)* **:** *sur la D 122, en montant vers Arboras.* Un minuscule village, magnifique, perché sur un piton rocheux en surplomb de la vallée, égaré loin, bien loin des sentiers rebattus. Joli voyage dans le temps au pied de l'église trapue et du donjon carré, le long des ruelles pavées et fleuries se tortillant entre les maisons biscornues. Chaque trouée offre un panorama à couper le souffle sur les collines, la garrigue, les vignes et les oliviers. En contrebas du bourg, une forêt dans laquelle dégringole un sentier de randonnée. Avant le village en arrivant de Saint-Jean-de-Buèges, arrêt à la ***source de la Buèges,*** qui forme là une retenue d'eau cristalline, aux reflets turquoise (baignade interdite). Départs de GR également.

De Pégairolles, on peut poursuivre la D 122, étroite et sinueuse (croisements difficiles et virages sans visibilité), jusqu'à Arboras, en traversant des paysages nus et sauvages, ponctués d'un seul hameau, celui des Lavagnes. D'Arboras, retour progressif à la civilisation en gagnant ***Gignac*** par la D 9. Vous revoilà sur l'A 75, prêt à rejoindre le flot des véhicules descendant vers Montpellier. Si vous préférez prolonger le plaisir, on vous emmène faire un dernier petit tour côté garrigue.

Lou Regalido : *hameau du Méjanel. ☎ 09-50-31-45-03. • louregalido@gmail.com • louregalido.com • Juste avt Pégairolles en arrivant de Saint-Jean. En saison, ouv le soir tlj, plus le midi sam-dim et j. fériés ; hors saison, ouv seulement ven soir-dim et j. fériés. Carte env 18 €. CB refusées.* Une étape écolo, militante même, au cœur d'un hameau paysan. Cuits dans l'ancien four communal, pizzas, truites de la pisciculture de la Buèges, magrets, pain maison, légumes bio, etc. se dévorent sur de grandes tablées, dehors, les pieds dans les herbes folles, ou à l'abri, dans la salle voûtée en vieille pierre. En dessert, glaces artisanales. Régulièrement des concerts, soirées-débats...

SAINT-MARTIN-DE-LONDRES

(34380) 2 755 hab. *Carte Hérault, C1*

Joli bourg avec sa splendide église romane du XIe s enserrée dans une fortification entourant le centre ancien. Pourquoi « Londres », au fait ? Rien à voir avec la capitale anglaise, à moins que l'on ne remonte aux racines pré-indoeuropéennes (*lun* signifiant « marécage » !). Bon, d'accord, aujourd'hui, surtout à l'approche de l'été, c'est plutôt sec... mais aussi plus frais qu'ailleurs ! Étape sympa dans l'un des troquets de la place principale.

Adresse utile

Office de tourisme du Grand Pic Saint-Loup : *sur la place de la mairie. ☎ 04-67-55-09-59. • tourisme-picsaintloup.fr • Juil-août, tlj sauf dim ap-m 9h30-13h, 14h-18h ; le reste de l'année, lun-ven (plus sam mat de mi-juin à mi-sept) 9h-13h, 14h-17h30.*

Où manger dans les environs ?

La Récrée : *47, av. du Castellas, 34380* ***Viols-le-Fort.*** *☎ 04-67-57-28-85. • Facebook • À 6 km au sud de Saint-Martin par la D 32. Congés : fév et 15 jours en nov. Ouv lun et jeu midi et ven et w-e en basse saison ; lun et jeu-dim haute saison. Résa conseillée. Formule midi 15 €. Le soir, compter 22 € à la carte. Apéritif maison offert sur présentation de ce guide.* Si cette adresse modeste et joyeuse s'est installée dans l'ancienne école de ce pittoresque village, elle n'a rien d'une vulgaire cantoche. Au tableau noir, pas d'équation à double inconnue, mais une petite cuisine maison, de pays et de saison, qui a le goût du sud et des produits du coin. Les vins aussi viennent en voisins, de domaines copains dénichés plus que renommés. Tout plein de bons journaux à dispo et une jolie terrasse, enfin. Encore une bonne note dans le bulletin ! Concerts de temps à autre.

À faire

➢ Randonnée au ***ravin des Arcs,*** par le PR, balisage jaune (boucle de 4 km, 1h30 env). Départ du pont de la D 986, 5 km au nord de Saint-Martin en allant vers Ganges. Une petite rivière, le Lamalou, a creusé un beau canyon et une séduisante arche dans le calcaire. Le circuit est praticable dans sa totalité uniquement lorsque le cours d'eau est à sec (possibilité de passer dans le lit du ruisseau pendant l'été). Prudence aux abords des falaises, restez bien sur le chemin balisé ! Tennis et nu-pieds à proscrire, ça glisse et ça grimpe.

LES GARRIGUES MONTPELLIÉRAINES

À quelques dizaines de minutes de Montpellier, suivez-nous à l'ombre des pierres levées ou dans la fraîcheur des ruelles des villages médiévaux, sur les chemins des verriers ou dans les chais, pour déguster des vins dont les prix sont (désormais !) à la hauteur des paysages qui les ont vus naître.
L'avancée du béton, au nord de Montpellier, a fait reculer la garrigue, sans enlever pour autant son charme à cette vaste étendue de landes à sols pierreux et calcaires, traversée par les affluents de l'Hérault. De la blanche Séranne au majestueux pic Saint-Loup qui lui donnent forme et relief, c'est partout le royaume du chêne kermès et des genêts épineux, des cistes, du thym et du romarin. Un milieu en perpétuelle recherche d'équilibre mais d'une grande fragilité, né tout à la fois de l'exploitation outrancière des bois, du pâturage de milliers de moutons et, il faut bien le reconnaître, des facteurs climatiques.

LES MATELLES (34270) 2 000 hab. *Carte Hérault, D1*

Enserré dans ses remparts du XVe s, un superbe petit bourg aux ruelles pavées pittoresques, frangées de maisons fleuries qui sentent bon la vieille pierre et le vieux bois. Clocher fortifié, fenêtres à meneaux et passages couverts sont autant de témoins évoquant les grandes heures du passé. On a envie de s'attarder sur la petite place entourée de platanes où a lieu le marché. C'est dans les environs que le Lez prend sa source sous forme de résurgence, avant d'aller faire ses caprices, plus loin, en direction de la mer.

Où manger aux Matelles et dans les environs ?

|●| ☂ ***Le Pic Saint-Loup :*** *176, route de Montpellier. ☎ 04-67-84-35-18. Ouv mer-dim midi et soir sauf dim soir. Menu surprise env 45 € ven-dim seulement ; petite carte env 45 €.* Un ancien chai, aux portes du vieux village, doublé d'une terrasse délicieuse ombragée de généreux micocouliers, qui prend des airs de guinguette quand les lampions s'allument à la nuit tombée. Dans l'assiette, une cuisine du soleil, qui se réinvente chaque semaine en fonction des saisons, du marché, des herbes disponibles dans le potager attenant au resto. Le week-end, on se laisse porter par l'inspiration du chef, pour un menu surprise en 5 temps.

|●| ☂ 🧺 ***Le Bistrot Vinaigrette :*** *182, rue de la Ducque, 34730 **Prades-le-Lez.** ☎ 04-67-59-61-71. • lebistrotvinaigrette34@gmail.com • À env 8 km au sud des Matelles par la D 112. Ouv mar-sam midi et soir, sauf sam midi. Fermé dim-lun. Formules midi 13-19,50 € ; carte 35-40 €.* Voici un bistrot qui n'usurpe pas son nom. Le cadre, d'abord, est convivial, avec son comptoir et ses chaises cannées, ses pierres apparentes et ses lourdes poutres, son vaste et délicieux patio l'été. La cuisine, généreuse, s'appuie sur les recettes de toujours, simples, efficaces, nourries de beaux produits de région et de saison, et se conclut par de jolis desserts maison. Mais la

vraie vedette, ce sont les vins. La maison fait aussi caviste et offre un tour d'horizon de ce que le vignoble environnant produit de plus séduisant. Propose également 3 chambres à louer *(65-85 € selon taille).*

À voir

La Maison des consuls – Musée d'Art et d'Archéologie : *rue des Consuls. ☎ 04-99-63-25-46. • maisondesconsuls.fr • Juil-août, tlj 10h-13h, 14h-19h ; mai-juin et sept-nov, mer-dim et j. fériés 14h-18h. Fermé déc-avr. Entrée : 3 € ; gratuit moins de 16 ans. Fait partie des Sites d'exception en Languedoc.* Installé dans l'ancienne maison consulaire du XIIIe s, voici le plus vieux musée d'archéologie de l'Hérault. À l'issue de sa rénovation, ce site s'est métamorphosé en musée d'Art et d'Archéologie, créant ainsi un dialogue vivant entre notre époque et la préhistoire, l'archéologie et l'art contemporain. Les salles voûtées sont dédiées, à travers une scénographie moderne, à la collection archéologique du musée du paléolithique supérieur au néolithique : silex, bijoux, ossements d'animaux, stèles anthropomorphes, etc. Le 1er étage accueille des expos temporaires autour des thématiques du savoir-faire et de la capacité de l'artiste à transformer son environnement.

SAINT-MATHIEU-DE-TRÉVIERS

(34270) 4 790 hab. *Carte Hérault, D1*

Au pied du pic Saint-Loup, gros bourg sur la D 17 Montpellier-Alès-Mende.

Où dormir ? Où manger à Saint-Mathieu et dans les environs ?

De prix moyens à chic

Chambres d'hôtes L'Ostal du Pic Saint-Loup : *441, chemin de Bassac, 34270* ***Saint-Jean-de-Cuculles.*** *06-59-61-98-34. • contact@lostaldupicsaintloup.com • lostaldupicsaintloup.com • À la sortie du village direction Les Matelles (fléché ; à 5 km de Saint-Mathieu). Double 70 €. Table d'hôtes 25 €.* Enfouie dans un jardin luxuriant avec piscine, cette jolie maison, entre modernité et tradition, accueille une poignée de belles chambres indépendantes, toutes s'ouvrant sur la végétation. Le style est sobre, les matériaux bruts, avec quelques touches de déco rétro. Sympa : vos hôtes organisent des balades vigneronnes à la découverte des crus du pic Saint-Loup. Également une formule soins et massages.

Le Mas de Baumes – Restaurant La Cour : *34190* ***Ferrières-les-Verreries.*** *☎ 04-66-80-88-80. • accueil@masdebaumes.com • masdebaumes.com • Prendre la D 107 entre Ferrières et Claret. Resto tlj sauf dim soir-lun et mar midi en saison, le reste de l'année ven-dim midi seulement. Congés : janv. Doubles 89-117 €. Formule déj sem env 20 € ; menus 32-68 €.* Isolée dans l'environnement superbe et sauvage de l'Horthus, une ancienne verrerie forestière reconvertie en hôtel sur 90 ha de terrain ! 10 chambres seulement, d'un confort classique, dotées d'un atout exceptionnel : la garrigue à perte de vue. Piscine clôturée. Côté restauration, cuisine inventive d'un ancien de chez Pourcel. Vaste terrasse aux beaux jours, ou salle vitrée pour ne pas perdre de vue le causse, avec plafonds voûtés. Petit déj de qualité, pour bien commencer la journée.

La Belle Vigne : *pl. Gabriel-Calmels, 34270* ***Valflaunès.*** *☎ 04-67-29-14-43. • labellevigneenpicstloup@gmail.com • À 3 km au nord de Saint-Mathieu-de-Tréviers. Tlj sauf mar-mer soir seulement, plus dim midi. Carte env 25 €.* Sur la place du village, la cave à vins joue les prolongations en fin de semaine, et les assiettes ne sont qu'un prétexte pour s'initier aux vins du pic Saint-Loup. Un bel éventail de 40 domaines pour balayer le terroir, à déguster au caveau ou dans la salle voûtée, ouverte sur la terrasse étendue dans la ruelle. En hiver, on se réfugie près de la cheminée, confortablement installé dans un fauteuil. Dans l'assiette, légumes, charcuterie, petits plats de viande et de poisson aussi, et des sushis sur réservation les dimanche et lundi.

Chic

L'Auberge du Cèdre : *969, domaine de Cazeneuve, 34270* ***Lauret.*** *☎ 04-67-59-02-02. • welcome@auberge-du-cedre.com • auberge-du-cedre.com • À 8 km au nord de Saint-Mathieu, à l'écart de Lauret ; fléché. Congés : de mi-nov à fin mars. Résa conseillée. Doubles 84-122 € ; familiales. 4 emplacements de camping (10-14 €). Formule midi sem 16-26€ ; menus 37-43 €. Carte env 37€ ; Table d'hôtes 20 €.* Perdu en pleine nature, un très bel endroit, accueillant, chaleureux, sans chichis. Une ancienne maison de maître d'un domaine viticole, reconvertie en petit hôtel sans pour autant jouer le haut de gamme, et on ne va pas s'en plaindre. Chambres simples mais agréables, pour 2 à 4 personnes, toutes différentes. Chacune a son charme, et la vue sur le grand jardin est apaisante. Seulement 4 emplacements pour planter sa tente, bien à l'écart. Les repas sont servis dans l'orangerie, dont la verrière ouvre sur le parc arboré. Là ou en terrasse, on se sustente le midi de 2 menus qui laissent le choix entre viande et poisson, le week-end d'une cuisine du soleil plus élaborée, s'appuyant sur des produits régionaux. Belle cave également. Piscine. Départ de balades depuis le village.

Randonnées

Le pic Saint-Loup : la montagne incontournable de la région, dominant de ses 658 m l'arrière-pays montpelliérain. Le plus simple est de faire l'ascension depuis le parking de ***Cazevieille*** et de suivre le balisage jaune (env 2h30 A/R pour 6 km). Au sommet, une chapelle et, bien sûr, un superbe panorama, surtout par temps clair. D'un côté la plaine littorale jusqu'au golfe du Lion, de l'autre les Cévennes et le mont Aigoual. Prudence aux abords des falaises au sommet du pic. On peut aussi partir à pied de Saint-Mathieu en suivant le GR (balisage blanc et rouge). Évidemment, c'est plus long (env 5h A/R pour 13 km).

Le causse de l'Hortus : face au pic Saint-Loup, sur l'autre versant de l'étroite combe de Fambetou, se dresse ce plateau tapissé de maquis, moins abrupt et moins fréquenté que son illustre voisin. Un parcours balisé, le *chemin des Verriers,* y suit les traces de cette activité que l'on y pratiquait jadis. Passage par ***Ferrières-les-Verreries,*** un minuscule village, presque un lieu-dit, aux bâtisses en pierre sèche joliment restaurées. À la sortie du village, vestiges retapés de la *verrerie de Couloubrines* (XVIe s).

DANS LES ENVIRONS DE SAINT-MATHIEU-DE-TRÉVIERS

Le lac de Cécélès : *sur la D 26, à env 2 km au nord-est de Saint-Mathieu-de-Tréviers (fléché).* Baignade sympa dans ce joli plan d'eau au cadre sauvage, entouré de pins. Venir plutôt en début ou fin d'été, quand il y a moins de monde. En juillet-août, l'accès est payant la journée (4 €), mais la baignade est alors surveillée. Seules les embarcations de type pédalos ou barques à rames sont autorisés. Resto (lire plus haut).

La Halle du Verre : *50, av. du Nouveau-Monde, 34270* ***Claret.*** *☎ 04-67-59-06-39. • halleduverre.fr • Juil-août, tlj 10h-13h, 14h-19h ; mai-juin et sept-nov, mer-dim et j. fériés 14h-18h. Fermé déc-avr. Entrée : 4 €. Fait partie des Sites d'exception en Languedoc.* Bel espace muséographique dédié au verre sous toutes ses formes, comme objet usuel ou comme œuvre d'art. Au rez-de-chaussée, l'expo permanente, à la fois dense et très digeste, s'appuie sur de nombreuses vidéos pour détailler savoir-faire et histoire de ce matériau, de l'Antiquité à nos jours, avec un focus sur les verreries du massif de l'Hortus. ***Démonstrations d'artistes verriers*** tous les après-midi durant les vacances scolaires, les week-ends et jours fériés le reste du temps. À l'étage, grande expo à thème, différente d'une année à l'autre. Boutique d'artisanat verrier.

La Distillerie des Cévennes : *913, av. des Embruscalles, 34270* ***Claret.*** *☎ 04-67-59-02-50. • distilleriedescevennes.com • Ouv mar-sam 10-12h, 15h-18h.* Distillerie d'huile de cade (un arbrisseau de l'espèce des genévriers), la dernière de ce type en France, voire en Europe. L'huile de cade est réputée, entre autres, pour ses propriétés dermatologiques et cosmétiques, mais aussi pour soigner les moutons, et même les ceps de vigne. Vente d'huile essentielle, de savon, de shampoing, etc. Se faire expliquer le processus de distillation.

CASTRIES

(34160) 6 100 hab. *Carte Hérault, D1*

Le château du XVIe s domine la plaine, au nord-est de Montpellier (à 12 km, sur la D 610). En langue d'oc, *castrum* se prononçait « castre » ; l'usage a maintenu la prononciation. On peut se balader l'été dans les jardins aujourd'hui restaurés.

Adresse utile

Office de tourisme : *25, rue Sainte-Catherine. ☎ 04-67-52-04-24. • montpellier-tourisme.fr • Juil-août seulement, lun-ven 9h30-12h30, 14h-17h.*

Où dormir ? Où manger à Castries et dans les environs ?

Camping

Camping de Fondespierre : *277, chemin du Pioch-Viala. ☎ 04-67-91-20-03. • campingfondespierre@outlook.fr • campingfondespierre.com • Sortie n° 28 sur l'A 709, puis traverser Castries, et suivre la route d'Alès sur env 2 km, puis fléché sur la gauche.*

Voir plus haut la rubrique « Où dormir ? Campings » à Montpellier.

De prix moyens à chic

Chambres d'hôtes La Ferme du Château : *79, av. de Saint-Christol, 34160* ***Saint-Geniès-des-Mourgues.*** *• dominique.reysz@free.fr • gites-de-france-herault.fr • À 6 km au nord de*

Castries. Congés : déc. Compter 70€ pour 2. Dans l'ancienne ferme du château de Saint-Geniès-des-Mourgues (un couvent en réalité), postée face au vieux village qui ne manque pas de caractère. La bâtisse, elle, n'a conservé de ses vieilles pierres que sa façade extérieure. À l'intérieur, 3 chambres d'hôtes climatisées simples mais modernes et confortables. Grande salle à manger vitrée, prolongée d'un salon-bibliothèque avec coin cheminée.

Chambres d'hôtes La Maison d'Isabelle : *1, plan de la Croix, 34820* **Teyran.** *☎ 04-67-70-92-95. 06-64-85-39-62. • maisonisabelle@orange.fr • maisonisabelle.com • À 7 km à l'ouest de Castries. Compter 100 € pour 2 ; table d'hôtes 30 €.* La grosse maison de pierre, adossée aux remparts de l'ancien château, domine le village. Les chambres, réparties sur 3 niveaux, ont été rénovées et meublées avec goût : tomettes, décoration raffinée, et vue imprenable sur le pic Saint-Loup depuis certaines. Un bon point de départ entre Montpellier et garrigue.

Domaine Saint-Jean de l'Arbousier : *à env 4 km de Castries, direction Guzargues. ☎ 04-67-87-04-13. • contact@domaine-arbousier.fr • domaine-arbousier.fr • Nuit en cabane env 140 € pour 2, petit déj compris. Également un gîte pour 4 pers et une aire d'accueil de camping-cars. Panier-repas 25 €.* Déjà, le cadre est superbe. Un domaine viticole de 110 ha doublé d'une petite ferme, installé dans une ancienne propriété des Templiers de 1235 perdue en pleine cambrousse, dans une forêt de pins parasols, d'arbousiers et d'oliviers. On loge dans 4 cabanes de Robinson perchées au sommet des arbres, auxquelles on accède par des échelles ou des escaliers en colimaçon. Au sommet, petits nids tout en bois pour 2 à 4 personnes, avec toilettes sèches (sanitaires conventionnels en bas), chauffage d'appoint, et une terrasse pour prendre son petit déj en compagnie des oiseaux. Génial ! On peut même hisser un panier apéro, mais faire alors gaffe en redescendant... Également un sentier balisé à la découverte du domaine et une chasse au trésor pour les enfants.

Très chic

Hôtel Disini : *1, rue des Carrières. ☎ 04-67-41-97-86. • contact@disini-hotel.com • disini-hotel.com • À env 300 m à la sortie de Castries, en direction d'Alès, fléché sur la gauche. Doubles 99-349 € ; petit déj 16 €. Formule déj 21 €, puis 31-69 € ; carte env 40 €.* 2 têtes de bouddha marquent l'entrée de cet univers zen d'inspiration balinaise, posé au milieu d'une chênaie. La quinzaine de chambres, spacieuses, au top du confort, ont été aménagées dans un esprit contemporain (salle d'eau ouverte sur la chambre, moquette moelleuse...). Également un resto gastronomique, doté d'une terrasse paisible. Superbe piscine. Spa indépendant (massages, soins du visage...).

À voir. À faire

L'aqueduc : sur 6,8 km, Pierre-Paul de Riquet a construit, entre 1670 et 1676, cet aqueduc destiné à alimenter en eau le parc et le château. Très belle promenade, suivre les arceaux puis les sentiers lorsque l'ouvrage se trouve au niveau du sol (fiche gratuite disponible à l'office de tourisme et visites guidées payantes sur résa). En pleine garrigue, évidemment. Ne pas manquer non plus de faire une petite balade dans le village historique datant de l'an mille, suivant un plan semi-circulaire.

DANS LES ENVIRONS DE CASTRIES

Le château d'Assas : *1, route de Saint-Vincent, 34820* **Assas.** *06-80-93-08-63. Accès par la D 26 puis la D 109. Visite sur rdv. Entrée : 10 €.* Ici fut édifiée l'une des rares « folies » montpelliéraines encore habitées et visitables. Le château d'Assas a prêté son cadre à des tournages de films *(La Belle Noiseuse, Le Retour de Casanova...)*, et son nom à un terroir viticole qui fait toujours honneur à un village qui s'enorgueillissait, au XVIIIe s, d'exporter ses vins jusqu'en Suisse. Le château date de cette époque. Il se distingue par ses vestiges d'architecture féodale et médiévale. À l'intérieur, un clavecin exceptionnel du XVIIIe s et une petite collection de modèles réduits de machines à vapeur du XIXe s. Concerts de musique baroque à l'automne et au printemps. Jardins à la française, à l'ouest, et à l'anglaise, à l'est, comme il se doit. Et si vous êtes intéressé, demandez à visiter la jolie église romane attenante.

Le domaine de Puech-Haut : *2250, route de Teyran, 34160* ***Saint-Drézéry.*** *☎ 04-99-62-27-27 ou 06-24-25-40-28. • puech-haut.fr • Tlj sauf dim et j. fériés, 10h-12h, 14h-19h.* Une longue allée bordée d'oliviers mène à la cave de ce domaine réputé, où s'offrir une visite dégustation. Un grand domaine et de grands vins.

LUNEL

(34400) 25 000 hab. *Carte Hérault, D1*

Trait d'union entre Montpellier et Nîmes, porte d'entrée parmi d'autres de la Petite Camargue, Lunel est posée au centre d'une vaste plaine agricole entre garrigues et vignobles parcourue de grands axes routiers et semée de zones d'activités. Intra-muros, une fois la bagnole abandonnée au parking, la ville dévoile son accent du Sud, celui des platanes, des arènes, des courses camarguaises de renom.

Si le sud de la commune est le territoire des taureaux, chevaux blancs et flamants roses qui font de leur mieux pour retenir ici les amateurs de traditions camarguaises, le nord est le domaine du vignoble implanté à flanc de coteaux, qui, à force de discipline, a créé de petites merveilles : AOC languedoc, vin de pays et vin de cépages rares, sans oublier l'excellent muscat-de-lunel, plein de soleil et de générosité, fort lui aussi de son AOC.

UN PEU D'HISTOIRE

Aux XIIe et XIIIe s, la ville abrita une vigoureuse communauté juive qui acquit une importante réputation culturelle ; on parla même de « petite Jéricho médiévale ». Une intense vie intellectuelle qui donna ses 1ers doyens à l'université montpelliéraine et des ouvrages célèbres dans le monde entier.

Tout s'arrêta en 1306, lorsque Philippe le Bel chassa les juifs du royaume de France. Ce fut au tour des Templiers, des Carmes, des Franciscains de marquer l'histoire de la cité. Aujourd'hui, il suffit de se balader en ville pour comprendre qu'elle est, à nouveau, au carrefour des cultures.

Adresse et info utiles

Office de tourisme : *16, cours Gabriel-Péri. ☎ 04-67-71-01-37. • ot-paysdelunel.fr • Juil-août, tlj 9h-19h (13h dim). Le reste de l'année, lun-sam 9h-12h, 14h-18h ; dim mat.* Le ***musée de la Tour des Prisons*** *(GRATUIT)* s'est également installé ici, dans la tour du XIe s qui fut un bâtiment défensif avant de devenir une prison pendant les guerres de Religion. À la lumière d'une lampe torche, on décrypte les 300 graffitis gravés dans la pierre. Parmi les motifs religieux (ostensoirs, calvaires), un graffiti érotique détonne ! Un indice pour le trouver : cherchez dans la salle des gardes.

– **Marchés :** *le mat, tlj sauf lun, dans les halles couvertes ; également un marché de plein air, allées Baroncelli,* ***alimentaire*** *jeu et* ***aux fleurs*** *dim mat et un* ***marché aux puces*** *le sam mat av. des Abrivados.*

Où dormir ? Où manger ?

Ceux qui souhaitent dormir dans la région de Lunel opteront plutôt pour les villages environnants, histoire de gagner en charme et en tranquillité.

Camping

⛺ ***Le Pont de Lunel :*** *route de Nîmes (D 613).* ☎ *04-67-71-10-22.* • *nb.pontdelunel@wanadoo.fr* • *camping-du-pontdelunel.com* • ♿ *Par l'A 9 et la N 13, à la sortie de Lunel, direction Nîmes. Ouv 15 mars-30 sept. Compter 15-18 € pour 2 selon saison ; mobile homes. 81 empl.* Camping familial propret et accueillant, autrefois au milieu des vignes et désormais dans une zone commerciale. Emplacements bien délimités et ombragés, surtout occupés par des mobile homes. Petite buvette sympathique où l'on organise à l'occasion des soirées. Dépôt de pain tous les matins. Ping-pong, terrain de sport, minigolf, jeux pour enfants.

De bon marché à prix moyens

🏠 ***Chambres d'hôtes Mas Saint-Ange :*** *629, chemin des Saintes-Maries.* ☎ *04-99-92-04-61.* • *contact@massaintange.com* • *massaintange.com* • ♿ *À 2 km au sud-est de la ville par la D 61 direction La Grande-Motte (suivre le fléchage). Compter 69-85 € pour 2 ; familiales. Une bouteille de muscat de Lunel offerte sur présentation de ce guide.* Face aux vignes, cet ancien mas viticole abrite 5 chambres impeccables et climatisées, au rez-de-chaussée et à l'étage. C'est un parfum de vacances qui flotte ici : on passe de la piscine au tennis avant une partie de pétanque dans une ambiance forcément détendue. Accueil très sympa et pro. D'ailleurs, une cuisine est à la disposition des hôtes et les propriétaires prêtent des VTT.

🍴 ⛱ ***Le Bistrot de Caro :*** *129, cours Gabriel-Péri.* ☎ *04-67-15-14-55.* • *lebistrotdecaro@gmail.com* • ♿ *En plein centre. Ouv jeu-sam midi et soir, plus le midi dim-lun. Fermé mar-mer. Menus 30-35 € ; carte 25-30 €.* Un bistrot, un vrai, jusqu'au mobilier et aux serveurs en tablier, qui pioche sur les étals du marché voisin de quoi concocter une cuisine traditionnelle faite maison, des frites au dessert. Les recettes de toujours se bousculent à l'ardoise, avant d'être dévorées sous la tonnelle de la grande cour mangée par le lierre, ou dans la salle sympathique. Bon, frais, efficace.

🍴 ⛱ ***Du Côté de Chez Eux :*** *au bord de la N 113, entre Lunel et Lunel-Viel, 34400* ***Lunel-Viel.*** ☎ *04-67-83-93-44.* • *contact@pmc-restaurant-lunel.fr* •*. Ouv au déj tlj sauf sam plus le soir mer et sam. Fermé lun juil-août. Formule midi 17,90 € ; menus 27 € ; carte env 30 €.* Voici une adresse que l'on ne s'attendrait pas à trouver en bord de nationale. Pourtant, la mignonne terrasse noyée sous les mûriers platanes fait déjà oublier la route. Puis vient la carte, courte, saisonnière, méditerranéenne. Une cuisine traditionnelle, du marché, et de généreuses salades-repas, le tout joliment rafraîchi par une chef qui aime le produit, glané au plus près autant que faire se peut. Sélection de vins dans le même esprit. Une étape agréable et sincère.

Où dormir dans les environs ?

Camping

⛺ ***Domaine de Gajan :*** *651, rue de Pie-Bouquet, 34160* ***Boisseron.*** ☎ *04-66-80-94-30.* • *info@campingdomainedegajan.com* • *campingdomainedegajan.com* • ♿ *À env 13 km au nord de Lunel par la D 34 direction*

L'HÉRAULT

Sommières (fléché à la sortie du village). Ouv début avr-fin sept. Compter 14,50-38 € pour 2 ; mobile homes, tentes safari sur pilotis et chalets. 115 empl. Étendu sous une chênaie, un camping 4 étoiles plat et bien équipé : petit resto, club, piscine, terrain de volley, frigos... Animations le soir en saison.

De chic à plus chic

Chambres d'hôtes Le Mas de l'Olivier : *4, rue du Laurier-Tin, 34400* ***Vérargues.*** *06-43-11-33-62. • lemasdelolivier@orange.fr • lemasdelolivier.fr • À env 7 km au nord de Lunel par la D 34 direction Sommières. Doubles 30-130 € ; familiales. Table d'hôtes 25 €. CB refusées.* Dans un mas du XVIIIe s. À l'extérieur, élégante tonnelle et piscine creusée à l'ombre de grands pins. Côté intérieur, rencontre réussie entre hier et aujourd'hui, entre un carrelage d'origine et des salles d'eau contemporaines (mais partagées pour les chambres les moins chères). Une chambre, indépendante, dispose d'une terrasse et d'un coin cuisine.

Chambres d'hôtes Villa Vanille : *400, rue des Chênes-Verts, 34160* ***Boisseron.*** *☎ 04-67-86-40-06. • contact@villa-vanille.com • villa-vanille.com • À 13 km au nord de Lunel par la D 34 direction Sommières. Fermé de mi-oct à fin mars. Compter 140-230 € pour 2. Apéritif maison offert sur présentation de ce guide.* Dispersées sous les chênes dans un parc luxuriant à souhait, une poignée de maisonnettes en lattes de bois façon cases créoles, tout équipées (cuisine, TV, machine à laver...). Et puis aussi une case africaine, un *mazet* en pierre sèche, une cabane en rondins pour les romantiques... Surtout, un décor colonial à s'y tromper, avec une piscine en forme de lagon, des hamacs, des vérandas ouvertes sur le jardin. Original et exotique. Spa, espace massage. Bar à vins et tapas en saison.

L'HÉRAULT

À voir

La vieille ville : passage par la rue des Caladons, une enfilade de voûtes du début du XIIIe s, vestiges de la maison des Templiers. Le matin, n'hésitez pas à faire un tour sous les ***halles couvertes,*** construites au début du XXe s dans le style des halles Baltard. Parmi les curiosités de la ville, signalons aussi la ***maison médiévale Philippe-le-Bel,*** grande demeure de style gothique typique de l'architecture civile des XIIIe et XIVe s, et l'église ***Notre-Dame-du-Lac,*** dont le clocher repose sur une ancienne tour de guet. À l'intérieur, très bel orgue d'Aristide Cavaillé-Coll. En face, le ***musée Médard*** *(musée du Livre et du Patrimoine écrit),* labellisé Musée de France, abrite une collection de 5 000 ouvrages constituée par le bibliophile Louis Médard *(mer-ven 14h-18h, sam 10h-18h ; GRATUIT).*

LES PÊCHEURS DE LUNE

Pescalune... Ce terme occitan fleurit partout au pays de Lunel. Il désignait à l'origine les pêcheurs d'anguilles au milieu des étangs, et qui ne sortaient leurs nasses que durant les nuits les plus noires. En effet, le poisson choisit les nuits sans lune pour partir en chasse. En ces temps d'obscurantisme – on est au VIe s –, on crut alors que c'était les pêcheurs eux-mêmes qui capturaient la Lune dans leurs paniers. D'où leur nom, pescalune, *« pêcheurs de lune »...*

DANS LES ENVIRONS DE LUNEL

Le site d'Ambrussum : *34400* ***Villetelle*** *(fléché depuis la D 34, direction Sommières). ☎ 04-67-02-22-33. • ambrussum.fr • Site archéologique en accès libre tte l'année. Musée ouv tlj sauf lun : juin-sept, 10h-12h30, 14h30-19h*

(14h-17h30 juin et sept) ; oct-mai, 14h-17h30. Fermé janv, 1er mai, 1er nov, 11 nov et fêtes de fin d'année. GRATUIT. Visites guidées sam à 15h (sur résa en sem) : 5 € ; réduc.

Il s'agit d'un important site archéologique gallo-romain, vestige de l'un de ces oppidums développés le long de la voie Domitienne. Ces relais jalonnaient la formidable autoroute antique, qui traversait tout le Languedoc et reliait les Alpes aux Pyrénées, allant de Rome à Cadix. Ambrussum est la seule étape routière de la voie qui n'est plus habitée aujourd'hui, du pain bénit pour les archéologues ! Les fouilles ont permis de dégager les fondations d'un quartier haut, d'un quartier bas et d'une voie pavée, et de protéger l'unique arche d'un pont romain, le pont Ambroix, qui permettait de franchir le Vidourle. Le pont comptait 11 arches à l'origine, et encore 2 au début du XXe s, mais les violentes crues de la rivière en ont eu raison. Il a été peint, entre autres, par Gustave Courbet ; le tableau est exposé au musée Fabre de Montpellier.

On découvre ces différents vestiges via un sympathique parcours de 2,3 km balisé de panneaux explicatifs. Avant d'entamer la promenade, passage par le musée du site, qui évoque l'histoire d'Ambrussum avec exposition de quelques objets issus de fouilles, reproduction de tableaux du pont Ambroix.

➢ Après la visite, possibilité de faire une petite balade facile et sympathique, de 2,5 km, le long du ***chemin des Capitelles.*** Il est jalonné d'abris en pierre, les *capitelles,* qui servaient (entre autres) de refuge aux bergers et aux chasseurs. Brochure disponible à l'office de tourisme du Pays de Lunel.

LE GARD

• Carte *p. 416-417*

ABC du Gard

- *Superficie :* 5 848 km^2.
- *Population :* 750 025 hab.
- *Préfecture :* Nîmes.
- *Sous-préfectures :* Alès, Le Vigan.
- *Signe particulier :* 1er producteur de vin issu de l'agriculture biologique en France ; 9 000 km d'itinéraires balisés ; 300 jours d'ensoleillement/an.

Gard... à vous ! Rompez les rangs, fuyez les bouchons autoroutiers, les sorties de villes encombrées, pour prendre les chemins de traverse, entre vignes et garrigues. Le Gard, il faut prendre du temps pour l'aimer. Si on voulait résumer la variété de ses paysages, on dirait : un peu de Méditerranée, un beau morceau de Camargue, beaucoup de garrigue, et un majestueux arrière-plan de montagnes, les Cévennes, qui culminent au mont Aigoual. Ajoutez-y une kyrielle de petites villes au caractère très marqué (Aigues-Mortes, Uzès, Sommières, Anduze) et de très beaux villages (Aiguèze, La Roque-sur-Cèze, Castillon-du-Gard, Lussan, Sauve, Montclus...) offerts à la lumière bleu argenté du Languedoc. Trop longtemps réduit à l'image du pont du Gard, l'un des monuments les plus visités de France, le Gard cache bien des trésors inconnus, des gorges secrètes où les rivières émeraude coulent entre de grosses pierres chauffées par le soleil.
Carrefour des influences romaines et protestantes, Nîmes marque le centre de gravité de ce pays que traverse depuis plus de 2 000 ans la route de l'Europe du Sud. L'ancienne voie Domitia a laissé place à une autoroute (l'A 9) baptisée tout naturellement « la Languedocienne », qui croise l'A 54 à Nîmes pour rejoindre Arles et Marseille. Le Gard, c'est le contraire d'un lieu fermé : depuis toujours on y a circulé, on s'y réfugia (les protestants), on s'y embarqua pour les pays d'Orient (Aigues-Mortes), et on y vient aujourd'hui chercher, à quelques minutes seulement de bourgs et bourgades où la vie n'est pas rose tous les jours, le charme authentique d'une nature rude et harmonieuse à la fois, modelée sans cesse par l'homme.

Adresses utiles

Gard Tourisme : ☎ *04-66-36-96-30.* • *tourismegard.com* • Informations uniquement par téléphone ou sur le site internet. Utile pour les randonneurs, l'appli *Gard Evasion*, à télécharger gratuitement sur son smartphone, propose un gps avec guidage vocal précis pour les activités de pleine nature.

■ ***Relais départemental des Gîtes de France :*** ☎ *04-66-27-94-94.* • *gites-de-france-gard.fr* •

Le Vigan
Lieux traités
Monoblet
Adresses et lieux dans les environs
Bourdic
Repères
Sites inscrits au Patrimoine mondial de l'Unesco
Pas de côté
A
B
1
2
3
4
LOZÈRE (48)
AVEYRON (12)
HÉRAULT (34)
PARC NATIONAL DES CÉVENNES
LES CÉVENNES
Villefort
Concoules
Le Cheylard d'Aujac
Belvédère des Bouzèdes
Génolhac
Aujac
Chamborigaud
Peyremale
La Vernarède
Portes
La Grand-Combe
Florac
St-Laurent-de-Trèves
Saint-Germain-de-Calberte
L'Hospitalet
Molezon
Pont-Ravagers
N.-D. de Valfrancesque
St-Étienne-Vallée-Française
Cendras
Bassurels
Ste-Croix-Vallée-Française
Meyrueis
Cabrillac
St-André-de-Valborgne
Moissac-Vallée-Française
Le Martinet
Mialet
Grotte de Trabuc
Lanuéjols
Gorges du Trévézel
Abîme de Bramabiau
1 565
Mont Aigoual
Les Plantiers
Saint-Jean-du-Gard
Générargues
Camprieu
Valleraugue
Bambouseraie
L'Espérou
Trèves
Dourbies
St-Martial
Lasalle
Anduze
Colognac
Arphy
Saint-André-de-Majencoules
Vabres
Mandagout
Monoblet
Lézan
Aulas
Pont-d'Hérault
Bréau-et-Salagosse
Le Vigan
Sumène
Avèze
Arre
St-Hippolyte-du-Fort
Sauve
CAUSSE DE BLANDAS
Ganges
Montdardier
Blandas
Quissac
Cirque de Navacelles
Rogues
Carnas
Lodève
Clermont-l'Hérault
Montpellier
Mauguio
N 106
D 996
D 983
D 907
D 986
D 159
D 157
D 151
D 48
D 999
D 57
D 910a
D 39
D 982
D 113
D 7
D 158
D 25
D 17
D 35
D 610
D 65
D 906
D 908
D 609
D 613
D 612
D 62
N 109
A 75
E 11
A 750
A 9
E 80
E 15
0
5
10 km

LE GARD

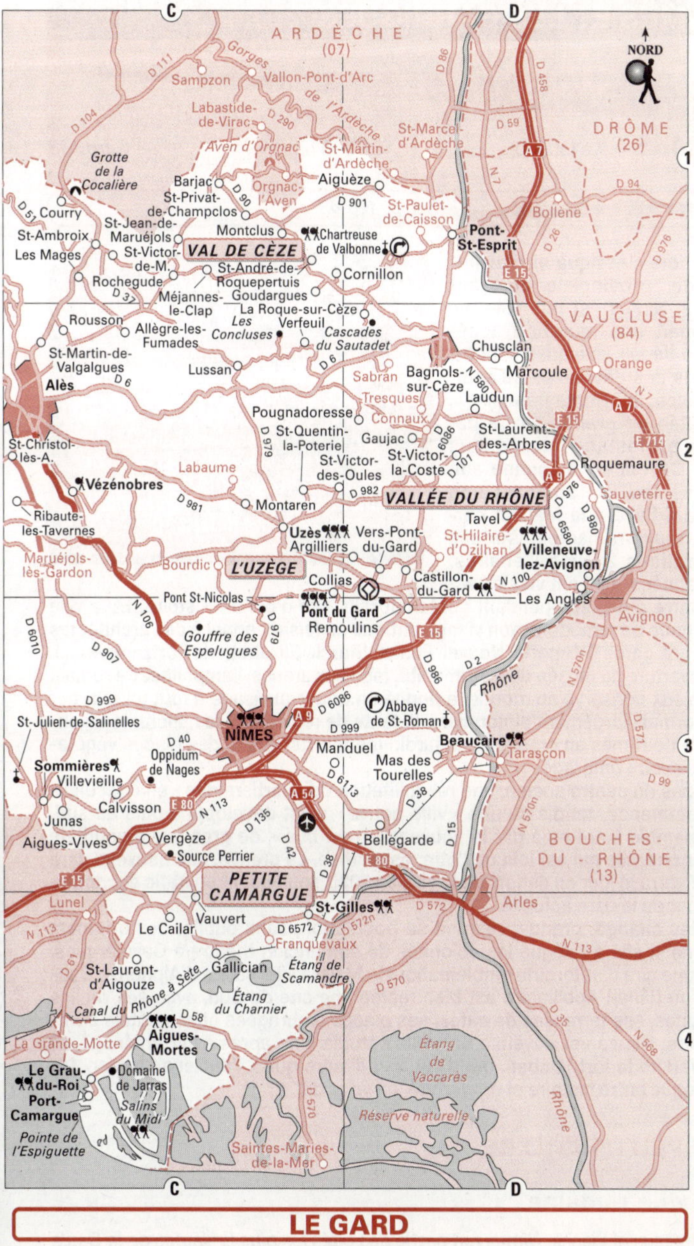

C
D
NORD
ARDÈCHE (07)
DRÔME (26)
VAUCLUSE (84)
BOUCHES-DU-RHÔNE (13)
1
2
3
4
Gorges de l'Ardèche
Sampzon
Vallon-Pont-d'Arc
Labastide-de-Virac
Aven d'Orgnac
Orgnac-l'Aven
St-Martin-d'Ardèche
St-Marcel-d'Ardèche
Aiguèze
St-Paulet-de-Caisson
Bollène
Grotte de la Cocalière
Courry
Barjac
St-Privat-de-Champclos
St-Ambroix
St-Jean-de-Maruéjols
Les Mages
St-Victor-de-M.
VAL DE CÈZE
Montclus
Chartreuse de Valbonne
Pont-St-Esprit
Rochegude
St-André-de-Roquepertuis
Cornillon
Méjannes-le-Clap
Goudargues
La Roque-sur-Cèze
Rousson
Allègre-les-Fumades
Les Concluses
Verfeuil
Cascades du Sautadet
St-Martin-de-Valgalgues
Alès
Lussan
Sabran
Bagnols-sur-Cèze
Chusclan
Marcoule
Orange
Tresques
Laudun
Pougnadoresse
Connaux
St-Christol-lès-A.
St-Quentin-la-Poterie
Gaujac
St-Laurent-des-Arbres
Labaume
St-Victor-des-Oules
St-Victor-la-Coste
Roquemaure
Vézénobres
Sauveterre
Montaren
VALLÉE DU RHÔNE
Ribaute-les-Tavernes
Tavel
Uzès
Vers-Pont-du-Gard
Argilliers
St-Hilaire-d'Ozilhan
Villeneuve-lez-Avignon
Maruéjols-lès-Gardon
Bourdic
L'UZÈGE
Collias
Castillon-du-Gard
Les Angles
Avignon
Pont St-Nicolas
Pont du Gard
Remoulins
Gouffre des Espelugues
Rhône
Abbaye de St-Roman
St-Julien-de-Salinelles
NÎMES
Manduel
Beaucaire
Tarascon
Oppidum de Nages
Mas des Tourelles
Sommières
Villevieille
Calvisson
Junas
Aigues-Vives
Vergèze
Bellegarde
Source Perrier
PETITE CAMARGUE
St-Gilles
Arles
Lunel
Le Cailar
Vauvert
Franquevaux
St-Laurent-d'Aigouze
Gallician
Étang de Scamandre
Étang du Charnier
Canal du Rhône à Sète
La Grande-Motte
Aigues-Mortes
Le Grau-du-Roi
Domaine de Jarras
Port-Camargue
Salins du Midi
Pointe de l'Espiguette
Étang de Vaccarès
Réserve naturelle
Saintes-Maries-de-la-Mer
A 7
A 9
A 54
E 15
E 80
E 714
N 7
N 106
N 113
N 100
N 580
N 570n
N 568
D 111
D 104
D 290
D 90
D 901
D 86
D 458
D 59
D 94
D 26
D 976
D 51
D 37
D 6
D 979
D 981
D 982
D 6086
D 101
D 6580
D 980
D 6010
D 907
D 999
D 40
D 986
D 2
D 571
D 6113
D 38
D 135
D 42
D 15
D 99
D 6572
D 572n
D 572
D 570
D 61
D 58
D 35

LE GARD

NÎMES ET LES GARRIGUES

NÎMES (30000) 151 000 hab. *Gard, C3*

• Plan *p. 420-421*

À la fois classique et d'avant-garde, provinciale et branchée, Nîmes est une ville qui connaît une mutation accélérée depuis quelques années. Après des décennies de somnolence, la « Rome française », habitée en grande partie par des protestants descendus des Cévennes, bichonne son passé tout en soignant son avenir. Face à la Maison carrée, toujours campée sur ses fondations 2 fois millénaires, les années 1990 ont vu s'élever le Carré d'Art, son pendant contemporain, clin d'œil à l'Histoire. Et la ville continue de remodeler son visage antique en faisant appel à des architectes d'avant-garde (Wilmotte, Nouvel, Foster, Starck, Elizabeth de Portzamparc...). L'ouverture du musée de la Romanité, face aux arènes, l'amphithéâtre romain le mieux conservé au monde, a donné un nouveau visage à tout un quartier désormais largement piétonnier, qui tente de remédier à la minéralité légendaire de Nîmes en créant ici un jardin méditerranéen, là des places végétalisées voire ombragées.

À 2 pas du centre ancien, une réhabilitation de quartiers dits « en difficulté » a commencé, tandis qu'une « ville active » s'est développée plus au sud, l'ensemble étant relié par le nouveau « tram-bus », de gros bus à soufflets pour une ville qui est loin de l'être, essoufflée. La preuve, une nouvelle gare TGV verra le jour en dehors de la ville en 2020, soulageant un trafic encombré autour de la gare actuelle.

Nîmes change, grandit, rajeunit sa population, sans oublier ses origines, même si elle a relégué les colonnes de son ancien théâtre à Caissargues, sur une aire d'autoroute emblématique... Mais la ville natale d'Alphonse Daudet où flânait Apollinaire est bien restée une cité du Sud, avec ses ruelles fraîches, ses terrasses de cafés, ses places ombragées et ses hôtels particuliers. Nîmes est devenue une ville estudiantine après avoir aménagé en université le fort Vauban, qui n'est rien d'autre que... l'ancienne prison. Un dialogue entre histoire et modernité, on vous dit.

QUAND LES *GARDIANS* JOUENT AUX COW-BOYS

En 1905, l'impressionnant spectacle de Buffalo Bill *débarqua à Nîmes (800 figurants, 500 chevaux). Le marquis de Baroncelli, grand éleveur en Camargue, prêta même ses* gardians*, qui se déguisèrent en cow-boys. Épatés par le paysage et la dextérité des* gardians*, les Américains revinrent ensuite y tourner les 1ers westerns muets.*

LE GARD

UN PEU D'HISTOIRE

La ville romaine

Avec Autun et Vienne, ***Nîmes fait partie des cités les plus brillantes de la Gaule romaine.*** Capitale de la population gauloise des Volques Arécomiques (on se croirait dans une B.D. d'Astérix) comprise dans le territoire de la province de la Narbonnaise,

elle ne saura pas résister aux ***légions romaines, en 120 av. J.-C.*** Elle est considérée comme « colonie de droit latin » dès l'an 40 av. J.-C. La *via Domitia* (« voie Domitienne ») relie alors Rome à l'Espagne, où l'Empire va chercher ses précieux minerais. Des bornes milliaires y balisent la route tous les 1 480 m. Nîmes est alors le passage obligé des marchands et des conquérants qui franchissent le Rhône.
Les Romains pratiquent le culte de Nemausus, dieu de la Source et génie de la Fontaine (non, ce n'est pas une fable !), qui a donné son nom à la ville. ***C'est la ville de cœur de l'empereur Auguste.*** D'où sa richesse monumentale, sa prospérité antique, son ***rayonnement culturel.*** On l'aménage, on l'embellit, à l'image de Rome, la ville mère. On construit une enceinte de 7 km, on édifie la Maison carrée en l'honneur des petits-fils adoptifs d'Auguste, le temple de Diane, un théâtre, un amphithéâtre (les arènes), et, pour alimenter Nîmes en eau, on va capter les sources d'Eure et d'Airan, près d'Uzès. Un immense aqueduc de 50 km de long traverse la garrigue, enjambant le Gardon par un superbe édifice toujours debout : le pont du Gard. Sous Auguste, la ville se dote également d'une basilique civile, d'une curie, d'un gymnase, d'un jeu de balle, d'un cirque, et bien sûr de thermes.

La fin de la prospérité

Hélas, presque tous ces monuments ont disparu. Des invasions successives, l'arrivée des Wisigoths, mettent ***fin à la prospérité.*** Au VIIe s, la population se réfugie dans l'amphithéâtre pour se protéger, les remparts servent de carrière où tout le monde se sert. Il faudra laisser passer les grandes peurs de l'an mille pour que Nîmes sorte de son repli. Une nouvelle enceinte s'élève, le commerce reprend grâce à la vigne, à l'olivier, à l'élevage.

La ville protestante

Au XVIe s, les idées de la Réforme se répandent dans les Cévennes et à Nîmes. La noblesse et la bourgeoisie se convertissent au protestantisme. Devenue une ***place forte de la religion réformée,*** la ville est entraînée dans la spirale de la violence : combats, massacres et ***guerres de Religion vont marquer la cité pendant le XVIIe s*** et durer jusqu'au milieu du XVIIIe s. La cause de ce chambardement : la révocation de l'édit de Nantes en 1685 par Louis XIV, qui prive les protestants de la liberté de culte. Mais le Grand Siècle à Nîmes, c'est aussi ces nombreux et majestueux hôtels particuliers : Mazel, de Bernis, de Régis, de Balincourt, Fontfroide, décorés par de puissantes familles enrichies dans les manufactures, la banque, les affaires. Et le Siècle des lumières y sera synonyme d'***industrie de la soie et du textile,*** les 2 piliers de la nouvelle richesse.

La ville industrielle

Au XIXe s, 30 années de réussite fulgurante vont faire de la ville besogneuse une capitale européenne de la soie et du textile, mais la concurrence lyonnaise est féroce, et ***c'est de la vigne que viendra une nouvelle richesse,*** dont témoignent les hôtels particuliers et immeubles construits autour d'une gare témoin de ce temps de folie. Une gare aux portes mêmes de la ville qui devrait accueillir avec soulagement l'ouverture, à Manduel, au sud-est de Nîmes, d'une 2de gare

LE JEAN *MADE IN* NÎMES ?

Au XVIIe s, les manufactures de Nîmes importaient du coton d'Égypte pour fabriquer une toile connue pour sa solidité et sa couleur bleue. On exporta cette toile robuste et bon marché dans toute l'Europe ainsi qu'aux États-Unis. En 1848, à San Francisco, un certain Levi Strauss, tailleur de génie, eut l'idée de fabriquer des vêtements très résistants pour les cow-boys et les chercheurs d'or, à partir de cette toile de Nîmes. Denim ! Teintée au bleu de Gênes (blue-jean !). L'histoire du « jean made from denim » *était née...*

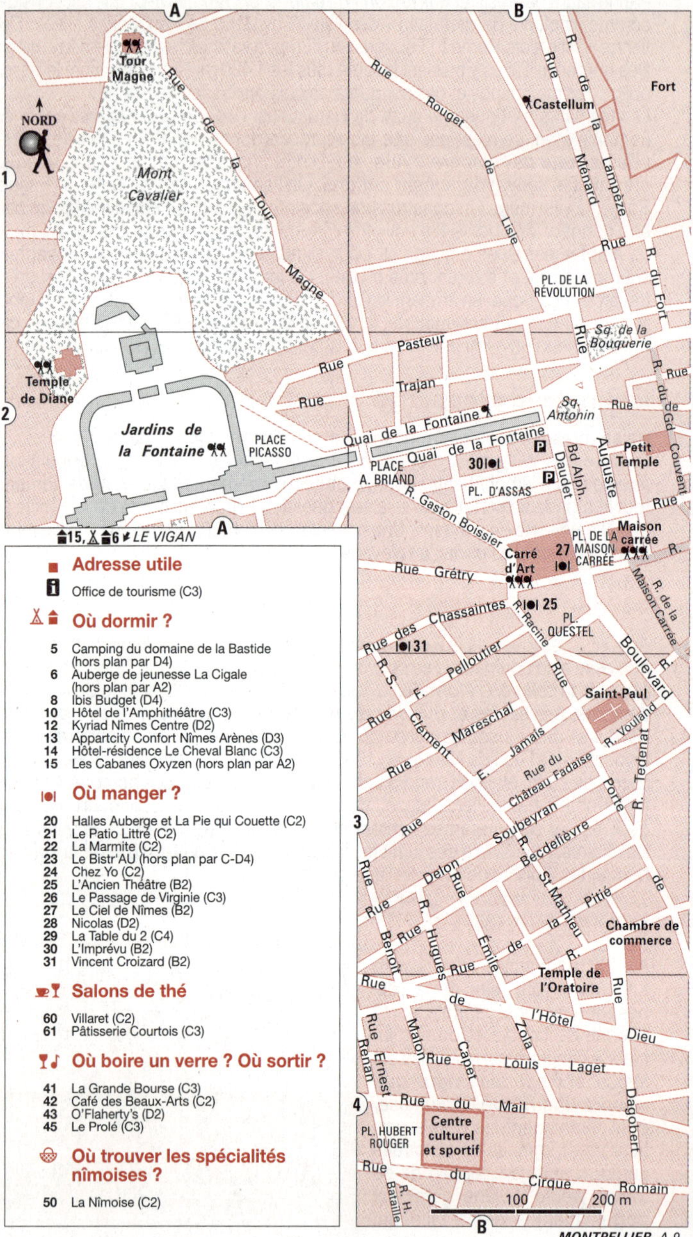

Adresse utile

Office de tourisme (C3)

Où dormir ?

- 5 Camping du domaine de la Bastide (hors plan par D4)
- 6 Auberge de jeunesse La Cigale (hors plan par A2)
- 8 Ibis Budget (D4)
- 10 Hôtel de l'Amphithéâtre (C3)
- 12 Kyriad Nîmes Centre (D2)
- 13 Appartcity Confort Nîmes Arènes (D3)
- 14 Hôtel-résidence Le Cheval Blanc (C3)
- 15 Les Cabanes Oxyzen (hors plan par A2)

Où manger ?

- 20 Halles Auberge et La Pie qui Couette (C2)
- 21 Le Patio Littré (C2)
- 22 La Marmite (C2)
- 23 Le Bistr'AU (hors plan par C-D4)
- 24 Chez Yo (C2)
- 25 L'Ancien Théâtre (B2)
- 26 Le Passage de Virginie (C3)
- 27 Le Ciel de Nîmes (B2)
- 28 Nicolas (D2)
- 29 La Table du 2 (C4)
- 30 L'Imprévu (B2)
- 31 Vincent Croizard (B2)

Salons de thé

- 60 Villaret (C2)
- 61 Pâtisserie Courtois (C3)

Où boire un verre ? Où sortir ?

- 41 La Grande Bourse (C3)
- 42 Café des Beaux-Arts (C2)
- 43 O'Flaherty's (D2)
- 45 Le Prolé (C3)

Où trouver les spécialités nîmoises ?

- 50 La Nîmoise (C2)

MONTPELLIER, A 9

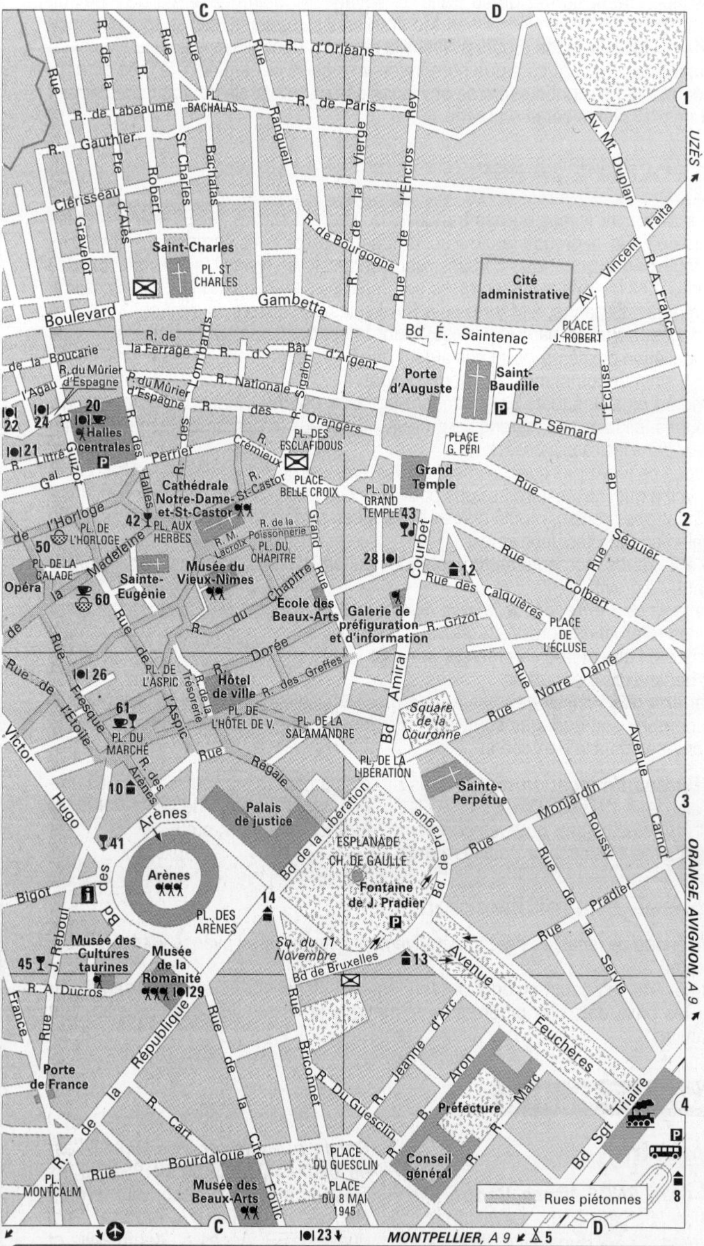

R. d'Orléans
R. de Paris
R. de Labeaume
PL. BACHALAS
R. Gauthier
Rue Clérisseau
Rue Gravelot
R. de la Pte d'Alès
R. Robert
Rue St Charles
Rue Bachalas
Rue Ranguell
R. de la Vierge
Rue de l'Enclos Rey
R. de Bourgogne
Av. Mt. Duplan
Av. Vincent Faïta
R. A. France
UZÈS
Saint-Charles
PL. ST CHARLES
Cité administrative
Boulevard Gambetta
Bd É. Saintenac
PLACE J. ROBERT
R. de la Ferrage
R. du Bât d'Argent
de la Boucarie
R. du Mûrier d'Espagne
l'Agau
R. Nationale
R. des Lombards
R. Sigalon
R. des Orangers
Porte d'Auguste
Saint-Baudille
R. P. Sémard
PLACE G. PERI
Rue de l'Écluse
20
22
24
21
Halles centrales
R. Littré
R. Guizot
R. des Halles
R. des Perrier
R. Crémieux
PL. DES ESCLAFIDOUS
PLACE BELLE CROIX
Grand Temple
PL. DU GRAND TEMPLE
43
Rue Séguier
Cathédrale Notre-Dame-et-St-Castor
R. St-Castor
42
PL. AUX HERBES
R. de la Poissonnerie
R. M. Lacroix
PL. DU CHAPITRE
Grand Rue
de l'Horloge
PL. DE L'HORLOGE
50
PL. DE LA CALADE
Opéra
Madeleine
Sainte-Eugénie
Musée du Vieux-Nîmes
60
28
Bd Amiral Courbet
12
Rue des Calquières
Rue Colbert
R. du Chapitre
École des Beaux-Arts
Galerie de préfiguration et d'information
R. Grizot
PLACE DE L'ÉCLUSE
R. Dorée
Hôtel de ville
R. des Greffes
26
Rue de l'Étoile
Rue Fresque
PL. DE L'ASPIC
R. de la Trésorerie
Rue Notre Dame
61
PL. DU MARCHÉ
Rue de l'Aspic
PL. DE L'HÔTEL DE V.
PL. DE LA SALAMANDRE
Square de la Couronne
Victor Hugo
R. des Arènes
Rue Régale
PL. DE LA LIBÉRATION
Sainte-Perpétue
Avenue Carnot
10
Arènes
Palais de justice
Bd de la Libération
Rue Monjardin
Rue Roussy
41
ESPLANADE CH. DE GAULLE
Bd. de Prague
Bigot
Bd des Arènes
Arènes
Fontaine de J. Pradier
14
PL. DES ARÈNES
Rue Pradier
Rue de la Servie
J. Reboul
Musée des Cultures taurines
Musée de la Romanité
45
Sq. du 11 Novembre
Bd de Bruxelles
13
Avenue Feuchères
R. A. Ducros
29
ORANGE, AVIGNON, A 9
Rue France
Rue de la République
Rue de la Cité Foulc
Rue Briçonnet
R. Jeanne d'Arc
R. B. Aron
Porte de France
R. Carl
R. Du Guesclin
Préfecture
R. Marc
Bd Sgt Triaire
R. de Bourdaloue
Rue
PLACE DU GUESCLIN
Conseil général
PL. MONTCALM
Musée des Beaux-Arts
PLACE DU 8 MAI 1945
Rues piétonnes
8
23
MONTPELLIER, A 9
5

NÎMES

destinée autant au frêt qu'au trafic de voyageurs, bien dense. La LGV devrait permettre au TGV de rallier Nîmes-Montpellier plus rapidement et surtout plus facilement. Une jolie façon d'offrir à Nîmes la situation dont elle rêve sur l'échiquier du Grand Sud, d'autant plus que nombre de voyageurs venant pour la feria ou pour découvrir la ville continueront de privilégier une gare centrale donnant directement sur un mail piétonnier et ombragé.

LA FOLIE DE LA FERIA

Pour découvrir Nîmes au pas tranquille du rêveur solitaire, mieux vaut éviter les jours de Feria, la grande fête qui accompagne toujours les corridas. C'est la folie. La foule des aficionados – certains venus de très loin – envahit le moindre coin des arènes. Les bistrots et les terrasses des cafés sont noirs de monde. Nîmes exulte. Comme en Espagne, à Madrid ou à Séville, les particuliers ouvrent chez eux des bodegas, sorte de bars improvisés pour la circonstance. On y boit les vins de l'appellation costières-de-nîmes autant que le champagne, le pastis et la sangria ; c'est, sinon recommandé, du moins obligatoire.
Pendant plusieurs jours se succèdent fanfares, *bandas,* concerts sur les places, groupes folkloriques, marché de produits régionaux et nombreux lâchers de taureaux dans les rues *(abrivados).*
Si vous ne tenez pas spécialement à assister à une corrida mais que vous souhaitez voir à quoi ça ressemble, vous pouvez acheter des places d'amphithéâtre (tout en haut des arènes), moins chères et vendues parfois jusqu'au dernier moment. Également un « tarif jeunes »...
Il y a 2 grands moments tauromachiques par an à Nîmes, dont les arènes sont le centre de gravité :
– ***la feria de Pentecôte :*** *elle dure 5 j. (mer soir-lun).* Les *novilladas* (corridas pour jeunes toreros) ou corridas à cheval ont lieu le matin généralement, vers 11h. La corrida en elle-même commence vers 17h30. Le jeudi, grand défilé populaire sur les boulevards *(pégoulade)* ;
– ***la feria des Vendanges :*** *3 j. autour du 3e w-e de sept.* À cette occasion aussi, de nombreuses bodegas sont ouvertes dans les rues. Plus authentique et plus spontanée qu'à la Pentecôte.

■ ***Bureau de location des arènes :*** *4, rue de la Violette. Résas : ☎ 0891-701-401 (0,20 €/mn) pour les corridas.* • *arenesdenimes.com* • Pour les autres événements se déroulant dans les arènes, voir les points de vente habituels (grandes surfaces, etc.).

Conseil et avertissement

En période de feria, réservez impérativement longtemps à l'avance votre chambre d'hôtel.
En général, les commerçants ont tendance à y faire leur beurre en faisant flamber les prix. Mais de nombreuses animations (à l'exception des corridas) sont gratuites.

Arriver – Quitter

En train

🚂 ***Gare SNCF Nîmes Centre*** *(plan D4)* ***:*** *bd Sergent-Triaire. Infos voyageurs et résas : ☎ 36-35 (prix d'un appel local). À 10 mn à pied des arènes (mail piéton).*
🚂 ***Gare SNCF LGV Nîmes Pont du Gard : à Manduel.*** *À 14 km à l'est du centre.* Depuis fin 2019, tous les TGV empruntant le contournement Nîmes-Montpellier s'y arrêtent, ainsi que les TER. Accès au centre-ville et connexion entre les 2 gares en navettes TER et bus (8 mn).

➢ ***Paris :*** tlj, une douzaine de TGV directs.
➢ ***Marseille*** *(direct ou via* ***Avignon****)* ***:*** tlj en TGV ou en TER.
➢ ***Clermont-Ferrand :*** en TER, via ***Alès*** et ***Génolhac.***
➢ ***Aigues-Mortes, Le Grau-du-Roi et Alès :*** nombreux TER directs tlj.

En bus

🚌 ***Gare routière*** *(plan D4) : à l'arrière de la gare SNCF du centre. Transport régional* ***liO*** *(☎ 0810-33-42-73 ; • lio.laregion.fr •), tte l'année lun-ven 8h-12h30, 13h30-18h. Ticket env 1,60 €, carnet de 10 tickets 13 €.* Dessert notamment *La Grande-Motte (via Aigues-Mortes et Le Grau-du-Roi), Sommières, Le Vigan, Saint-Jean-du-Gard, Alès, Uzès, Saint-Quentin-la-Poterie, Saint-Ambroix, Pont-Saint-Esprit* ou encore *Bagnols-sur-Cèze* et *Beaucaire.* Au-delà du département : *Arles, Tarascon* et *Avignon.*
Lignes nationales ***Flixbus, Blablabus*** *: résas sur Internet.*

En avion

✈ ***Aéroport de Nîmes-Alès-Camargue-Cévennes*** *(hors plan par C4)* ***:*** *à 8 km au sud, 30800* ***Saint-Gilles.*** *☎ 04-66-70-49-49. • nimes.aeroport.fr •* Des vols avec *Ryanair* vers Charleroi (Belgique). Également des liaisons avec Fès, Marrakech et Londres. Des navettes de bus assurent la liaison entre l'aéroport et la gare routière de Nîmes, synchrones avec les vols.

LE GARD

Adresses et infos utiles

i ***Office de tourisme*** *(plan C3)* ***:*** *6, bd des Arènes. ☎ 04-66-58-38-00. • nimes-tourisme.com • Tte l'année sauf 1er janv et 25 déc : avr-oct, lun-sam 9h-19h, dim et j. fériés 10h-18h ; hors saison, lun-sam 9h-18h, dim et j. fériés 10h-17h.* Réservation d'hôtels. Boutique. Balades historiques dans le vieux Nîmes et visites à thème par des guides-conférenciers *(juil-août, tlj; le reste de l'année, sam et certains j.).*
– Le billet « Nîmes romaine » permet désormais la visite cumulée des 3 monuments emblématiques (les arènes, la Maison carrée et la tour Magne) pour 13 € (réduc). *Rens sur les sites ou au ☎ 04-66-21-82-56. • arenes-nimes.com •*
– On trouve du wifi gratuit un peu partout désormais, consultez le site *• nimes-metropole.fr •*
■ ***Piscines :*** ***Parc Aquatropic,*** *39, chemin de l'Hostellerie, Ville Active. ☎ 04-66-38-31-00. • nimes-aquatropic.com •* Rivière rapide, jacuzzi, toboggan géant, jets d'eau et 2 bassins extérieurs. *Également* ***stade nautique Nemausa,*** *120, av. de la Bouvine. ☎ 04-66-70-98-80.* Une piscine olympique avec de nombreuses activités.

Transports

■ ***Bus urbains et vélos en libre-service :*** *Tan (☎ 09-70-81-86-38 ; non surtaxé). • tangobus.fr •* Outre le « tram-bus » urbain, les bus desservent notamment Saint-Gilles, Générac et l'aéroport. TanGO propose aussi un système de location de vélos en libre-service, style Vélib', à coût modéré.
■ ***Location de voitures : ADA*** *(libre-service aux arènes, parking Indigo, 5, bd de Bruxelles), ☎ 04-66-04-79-99 et possibilité de livraison de véhicule en gare ;* ***Avis*** *(gare), ☎ 04-34-14-80-15, • avis.fr • ;* ***Europcar*** *(gare), ☎ 04-66-29-07-94, • europcar.fr • Sixt 04-11-54-00-53.*
🚕 ***Taxis TRAN :*** *☎ 04-66-29-40-11.*

Où dormir ?

Nîmes connaît un vrai déficit côté hôtellerie traditionnelle, notamment pour qui cherche le charme et l'originalité. Nombreux hôtels de chaîne, en revanche, pratiques et bien situés. Et si vous avez envie de casser la cagnotte, offrez-vous un séjour à l'***Imperator,*** l'adresse mythique de la ville, rouverte à l'été 2019. *Attention,* tous les hôtels augmentent leurs tarifs durant les ferias.

CAMPING

Camping du domaine de la Bastide *(hors plan par D4,* ***5****) : route de Générac. ☎ 04-66-62-05-82. • bastide@capfun.com • camping-nimes.com • ♿ Sortie Nîmes-Ouest, direction Nîmes-Centre ; au rond-point au feu à droite, tt droit direction Générac, puis fléché. En bus, ligne D depuis la gare. Ouv tte l'année. Compter 25,5-46 € pour 2 (électricité comprise) ; mobile homes. 200 empl.* Bien équipé et correctement ombragé. Parc aquatique avec 2 piscines chauffées (en saison) et toboggans. Un camping sans concurrence à la ronde, pratique pour un court séjour.

APPARTS-HÔTELS

Hôtel-résidence Le Cheval Blanc *(plan C3,* ***14****) : 1, pl. des Arènes. ☎ 04-66-76-05-22. • lechevalblanc@odalys.fr • ♿ Doubles 75-125 € selon saison.* Un hôtel autrefois mythique, ancien couvent du XVIIe s où Picasso et Cocteau avaient l'habitude de séjourner. Géré comme une résidence hôtelière, donc plus impersonnel aujourd'hui. Le lieu, rénové, s'avère tout de même judicieusement situé, face aux arènes, et abordable (surtout pour les familles). Resto-bar à vins juste à côté.

Appartcity Confort Nîmes Arènes *(plan D3,* ***13****) : 1, bd de Bruxelles. ☎ 04-56-60-26-70. • nimes-arenes@appartcity.com • appartcity.com • ♿ Doubles 89-170 € ; familiales. Parking public voisin. Réduc de 10 % sur le prix de la chambre, sauf événements et juil, pour tte résa en direct sur présentation de ce guide.* Intelligente réhabilitation de l'ancien hôtel particulier de la famille Dions-Bézard devenu hôtel des postes dans les années 1920. On retrouve le cachet de l'ancien dans le hall, autour du grand escalier, mais les chambres jouent la carte modernité et tranquillité, à 2 pas de l'esplanade menant à la gare d'un côté, aux arènes de l'autre.

AUBERGES, CHAMBRES D'HÔTES ET HÔTELS

De bon marché à prix moyens

Auberge de jeunesse La Cigale *(hors plan par A2,* ***6****) : 257, chemin de l'Auberge-de-Jeunesse. ☎ 04-66-68-03-20. • nimes@hifrance.org • Bus n°9 depuis la gare SNCF, direction Alès-Villeverte, arrêt Stade-Route-d'Alès. ♿ À 2 km du centre. Fléché à partir du jardin de la Fontaine. Accueil 24h/24 en été, sinon 8h-23h. Fermé nov-fév (sauf pour les groupes). Camping env 8 €/pers. Nuitée env 23 €/pers en dortoir, petit déj inclus ; double 50 €.* Excentrée (et si vous êtes à pied ou à vélo, ça grimpe !) dans un quartier tranquille, à flanc de colline, dans un beau jardin botanique. En dortoir de 4 à 8 lits, plus quelques chambres dans le bâtiment principal ou dans de petits bungalows. Possibilité de camper sous les oliviers. Cuisine à disposition, laverie, local à vélos et bar.

Ibis Budget (plan D4, **8**) *: av. de la Méditerranée. ☎ 0892-682-036 (0,50 €/mn). • h7467@accor.com • accorhotels.com • Doubles 47-87 €. Parking (payant) au 5, av. de la Méditerranée.* Comme son nom de chaîne l'indique, une adresse pour qui songe d'abord à son budget, située juste derrière la gare, dans un quartier rénové. Très fonctionnel, bien sûr, mais pas très cher non plus, même en été. Demander une chambre au 6e étage avec vue sur la ville.

De prix moyens à chic

Hôtel de l'Amphithéâtre (plan C3, **10**) *: 4, rue des Arènes. ☎ 04-66-67-28-51. • contact@hoteldelamphitheatre.com • hoteldelamphitheatre.com • À 30 m des arènes. Congés : vac de la Toussaint et de Noël. Doubles 75-110 €. Garage (public) payant. Réduc de 10 % sur le prix de la chambre sur présentation de ce guide.* Un hôtel sérieux, bien placé, refait à neuf, comme on disait naguère, installé dans une grande maison ancienne (XVIIIe s).

LE GARD

Une douzaine de chambres, décor sobre et plutôt raffiné. Meubles anciens pour la plupart et rénovation inspirée.

Kyriad Nîmes Centre (plan D2, **12**) : *10, rue Roussy. ☎ 04-66-76-16-20. • kyriad.nimescentre@orange.fr • nimes-centre.kyriad.com • Fermé à Noël. Doubles 55-108 €. Parking payant. 1 petit déj/pers et par nuit offert sur présentation de ce guide.* Dans une rue paisible, une adresse un poil vieillissante. Défaut compensé par la gentillesse de l'accueil et le petit effort de déco (affiches de corrida ou d'opéra dans les couloirs). Chambres petites mais climatisées. Au 4e étage, 2 d'entre elles ont une petite terrasse avec vue sur les vieux toits de tuiles pour le même prix.

Les Cabanes Oxyzen (hors plan par A2, **15**) : *80, impasse du Couchant (même direction que l'AJ). 06-08-01-07-05. • contact@lescabanes-oxyzen.com • lescabanes-oxyzen.com • Doubles 150-170 €, petit déj compris.* 3 cabanes insolites dans la garrigue, qui exigent un GPS pour les trouver, de l'humour pour en apprécier tout le charme, et une envie profonde de calme, d'authenticité, de vrai confort aussi. La terrasse du petit déj flotte au milieu des arbousiers et des chênes, la piscine est baignée de verdure et entourée d'une grande terrasse. Sébastien est un hôte discret, souriant et de bon conseil, profitez-en !

Où manger ?

Bon marché

Halles Auberge (plan C2, **20**) : *dans les halles centrales (entrée rue Guizot). ☎ 04-66-21-96-70. • hallesauberge@gmail.com • Tlj sauf lun, 10h30-14h (14h30 le w-e). Compter env 20 €. Café offert sur présentation de ce guide.* Un comptoir plus qu'agréable pour goûter des petits plats mitonnés sur place à base des produits repérés sur l'étal de la Ferme du Cantal, dans le marché couvert. On se régale de tripes à la marseillaise, rognons, seiches, andouillettes, brandade et même d'une spécialité cuite du cru : l'agrillade saint-gilloise (à base de paleron mariné et d'oignons). Quelques tables à réserver très vite.

Chez Yo (plan C2, **24**) : *5, rue de l'Agau. 06-27-20-79-86. • chezyo.restaurant@gmail.com • Tlj le midi sauf dim, plus le soir jeu-ven en juil-août, et ven-sam hors saison. Sinon, sur résa. Formule 14 € ; le soir, carte 20-25 € ; brunch 1 fois/mois déc-avr env 20 €.* Yo est passé d'un *foodtruck* à la petite cantine du midi qui va bien et réjouit les cœurs comme les estomacs. À 2 pas des halles, il fait dans la fraîcheur et la bonne humeur. Cuisine d'ici et d'ailleurs, le rougail saucisse concurrençant le filet mignon pommes de terre dans les plats préférés des habitués. Aux beaux jours, on sort les tables et tire les chaises dans la ruelle.

Prix moyens

La Pie qui Couette (plan C2, **20**) : *dans les halles centrales. ☎ 04-66-23-59-04. Tlj sauf lun, 11h30-14h30. Pas de résa. Plats 6-17 €.* Mieux vaut arriver tôt pour réussir à se poser sur l'une des chaises hautes alignées le long du comptoir en U. Emmanuel Leblay fait partie de ces chefs qui ont tout plaqué pour ouvrir non pas un bistrot, mais un comptoir dans des halles. Choix restreint, mais que du bon. On se laisse tenter par le carpaccio de maigre que le chef au catogan a envie de travailler ce jour-là. À moins qu'un tartare de Salers avec de grosses frites et un canon qui va bien... Au milieu des familles, des habitués, on a même droit à une explication. *La Pie qui Couette,* c'est comme ça que le grand-père appelait les drôles d'oiseaux de nuit qui jouaient autrefois les piliers de comptoir.

Le Patio Littré (plan C2, **21**) : *10, rue Littré. ☎ 04-66-67-22-50. • restaurant.patio@gmail.com • Tlj sauf lun-mar. Formule déj 19 € sauf dim, et menus 26-33 € ; carte env 45 €. Café offert sur présentation de ce guide.*

Du beau, du bio, du local, du bon, du savoureux, du discret, du caché ; ici, vous profitez tout à la fois du calme côté patio, et de l'inventivité, côté cuisine. Après avoir travaillé auprès d'étoilés célèbres, le chef a choisi la simplicité, la véracité, mais pas la facilité. Une adresse rassurante, dans un quartier proche des halles où l'on serait curieux de connaître le nombre de cuisiniers se fournissant réellement sur le marché. Accueil d'une vraie gentillesse.

La Marmite (plan C2, **22**) : *13, rue de l'Agau. ☎ 04-66-29-98-23. Ouv mar-sam midi, plus le soir jeu-sam et pour le brunch le 1er dim du mois. Congés : 1 sem à Noël. Résa conseillée. Menus 15 € (déj)-25 €.* Un resto incroyable qui n'a eu que quelques mètres à faire, dans la même rue, pour passer du statut de bouchon à celui d'adresse dans l'air du temps. Grand comptoir, cuisine ouverte, service plein de bonne humeur et carte qui donne faim autant que soif. Un drôle d'endroit pour des rencontres, autour d'un vin nature et de plats évocateurs d'un terroir sans frontière. Profitez de l'aubaine, si les habitués veulent bien vous laisser une place...

L'Ancien Théâtre (plan B2, **25**) : *4, rue Racine. ☎ 04-66-21-30-75. • lancientheatre@icloud.com • Fermé sam midi, dim-lun et j. fériés. Congés : vac d'hiver et 3 sem en août. Menus 20-35 €. Café offert sur présentation de ce guide.* On dit qu'à la place du Carré d'Art tout proche il y eut un théâtre incendié par une cantatrice folle de rage de n'y avoir pas été engagée ! Mais ne craignez pas le fantôme de l'opéra : l'accueil très attentionné et la cuisine du patron, mitonnée, personnelle, méditerranéenne, devraient vous rassurer ! Uniquement des produits de la mer, avis aux amateurs. Cadre intime sur fond de tissus et pierre apparente. Une très bonne adresse à prix doux.

Le Passage de Virginie (plan C3, **26**) : *15, impasse Fresque. ☎ 04-66-38-29-26. Tlj sauf dim-lun et j. fériés, plus le soir mar-mer hors saison. Congés : vac d'hiver et de la Toussaint, et 1 sem en sept. Formule déj 17 € ; carte env 40 €. Café offert sur présentation de ce guide.* Virginie est devenue en 10 ans l'une des personnalités incontournables de la cuisine locale. Arcades rouges et déco haute en couleur, ambiance bon enfant, on se régale avec les délicieux produits de la mer cuisinés de façon créative, sans oublier la traditionnelle brandade de morue maison. En été, les tablées s'alignent dans la rue. Ne passez pas *Le Passage.*

Nicolas (plan D2, **28**) : *1, rue Poise. ☎ 04-66-67-50-47. • restaurant.nicolas@orange.fr • ♿ Dans le vieux Nîmes, à côté du Musée archéologique. Tlj sauf sam midi et dim soir-lun. Congés : 2 sem début août, 24-26 déc et 31 déc-2 janv. Menus 16,50 € en sem, puis 22-29 €.* La vieille adresse traditionnelle, bien tenue, avec son carrelage d'origine, ses poutres et ses murs en pierre. En salle, vous croiserez peut-être la maman, qui occupe les lieux depuis plus de ½ siècle. Aux fourneaux, le fiston, Pascal, qui a pris la succession. La carte, immuable, continue d'égrener les classiques familiaux, tels que la terrine maison et le feuilleté de brandade dès le petit menu. Sinon, gardiane de taureau de Camargue et loup flambé au pastis. Rien d'exceptionnel, mais on aime l'atmosphère.

De prix moyens à chic

On peut avoir envie de prendre l'air du temps en terrasse, après la visite d'un musée. Les 2 plus originaux de la ville, Carré d'Art et le musée de la Romanité, proposent un service de restauration au dernier étage.

Le Ciel de Nîmes (plan B2, **27**) : *16, pl. de la Maison-Carrée. ☎ 04-66-36-71-70. • jeremy-paes@hotmail.fr • ♿ Mar-dim 12h-15h et jeu-sam 20h-22h. Formules 16,50 € le midi, 32 € env le soir. Café offert sur présentation de ce guide.* Sur le toit du Carré d'Art, une belle terrasse avec vue dégagée sur la Maison carrée, les clochers et les toits du vieux Nîmes. Cuisine méditerranéenne qui ne cherche pas à en mettre plein la vue mais qui fait son job.

La Table du 2 (plan C4, **29**) : *16, bd des Arènes. ☎ 04-48-27-22-22. Tlj midi et soir. Formule 19,90 € le midi ; menu le soir 32 € ; plats 18-36 €.* Le *rooftop* le plus couru de Nîmes, depuis l'ouverture du musée de la Romanité.

Pas besoin de prendre un billet, l'entrée se fait sur le côté du musée, mais la réservation est plus que recommandée. Carte de brasserie chic imaginée par Franck Putelat, le chef étoilé de Carcassonne. Grande terrasse et service décontracté, mais les prix, le soir, peuvent mettre un frein à l'enthousiasme. La vue sur les arènes rattrape tout (ou presque).

|●| L'Imprévu *(plan B2,* ***30****) : 6, pl. d'Assas. ☎ 04-66-38-99-59. • contact@l-imprevu.com • ♿ Tlj sauf mer (plus mar hors saison). Congés : vac de fév et de Noël. Formule et menu 19-22 € (sauf dim) ; autres menus 25-35 € ; carte env 33 €.* Sur cette place contemporaine très solennelle qui prend tout de même, en été, des airs de fête, la terrasse et le patio invitent à la pause gourmande. Des plats qui jouent la carte du terroir, et surprennent par la qualité des produits, la justesse des cuissons : *pluma de pata negra,* risotto du moment. L'accueil est tonique, le service agréable.

|●| Le Bistr'AU *(hors plan par C-D4,* ***23****) : dans le parc Georges-Besse, 351, chemin Bas-du-Mas-de-Boudan. ☎ 04-66-40-65-65. • contact@jerome-nutile.com • ♿ Tlj sauf dim. Menu déj 25 € ; 35 € boisson comprise ; carte 35 €. Café offert sur présentation de ce guide.* Jérôme Nutile a quitté Collias pour retrouver ici, dans ce curieux parc, sa bonne étoile... Mais pour des raisons pécuniaires évidentes, on s'est intéressé à son annexe, *Le Bistr'AU.* Et on n'a pas été déçu. Ambiance de ruche dans une salle au goût du jour, où l'expatriation du centre-ville est vite oubliée. Dans l'assiette, des saveurs et des couleurs, comme ce superbe *ceviche* de daurade, véritable tableau champêtre. Au fil du marché et des saisons, du gastro-bistrot réjouissant avec des menus d'un rapport qualité-prix-plaisir imbattable.

Plus chic

|●| ⛱ Vincent Croizard *(plan B2,* ***31****) : 17, rue des Chassaintes. ☎ 04-66-67-04-99. • restaurantvincentcroizard@orange.fr • ♿ Tlj sauf lun-mar. Congés : de fin août à mi-sept et vac de Noël. Formule déj (sauf dim) 32 € ; menus 60-110 € ; carte env 65 €. Apéritif ou café offert sur présentation de ce guide.* L'une des plus belles tables de la ville. On sonne. Le quartier est désert, la porte s'ouvre et c'est la divine surprise : un jardin abrité, une salle aux couleurs contemporaines, qui prennent la nuit venue des allures festives. Vincent Croizard fait partie de ces chefs discrets à qui la reconnaissance tardive va bien. Dans l'assiette, uniquement des produits qu'il aime et que l'on aime, une fois préparés à sa façon. Car cet amoureux des voyages adore travailler les épices et privilégie les produits locaux bio ou issus de l'agriculture raisonnée. Superbe carte des vins.

Salons de thé

☕ 🧺 Villaret *(plan C2,* ***60****) : 13, rue Madeleine. ☎ 04-66-67-41-79. • maison-villaret@orange.fr • Lun-sam 7h-19h30, dim 7h30-19h.* La spécialité, c'est le croquant. Des aficionados s'y cassent les dents depuis 1775. Il fut inventé, à l'époque... pour rendre la monnaie. Un conseil, faites-le fondre un peu en bouche avant d'y aller de votre molaire ! Et profitez du salon de thé et de la terrasse qui s'étend aux beaux jours sur la place. Brunch le dimanche.

☕ 🍷 ⛱ Pâtisserie Courtois *(plan C3,* ***61****) : 8, pl. du Marché. ☎ 04-66-67-20-09. Tlj sauf mar-mer en basse saison. Congés : 1 sem en fév, 1 sem en juin, 1 sem en nov.* Depuis le XIXe s, cette maison est passée du statut de pâtisserie à celui d'institution. Une terrasse, mais surtout une belle salle avec des miroirs au tain usé, corniches, moulures, dorures et bas-reliefs. Un lieu idéal pour un thé ou une gourmandise comme le Nelusko : un gâteau praliné créé ici.

Où boire un verre ? Où sortir ?

À Nîmes, ville du soleil, des micocouliers et des corridas, les bonnes terrasses sont des salons en plein air où l'on cause tauromachie, foot, littérature ou art moderne. À vous de jouer... Longtemps désertée la nuit par la jeunesse locale, qui lui préférait Montpellier ou la côte, Nîmes rattrape son retard. Animation sympa, notamment lors des *Jeudis de Nîmes,* en été, ou dans quelques « cafés chantants ». Le soir, on vous conseille de traîner un peu sur les boulevards ou dans la ***rue Fresque*** *(plan C2-3),* souvent animée, notamment à la ***Casa Blanca,*** au ***421*** ou, en face, à ***El Trio.***

La Grande Bourse *(plan C3,* ***41****) : 2, bd des Arènes. ☎ 04-66-67-68-69. Tlj 6h30-minuit.* L'un des plus vieux cafés de France et l'une des institutions de la ville, pile-poil face aux arènes. Belle salle à l'ancienne, constellée de têtes de taureaux. Terrasse très fréquentée aux beaux jours, alors pendant les ferias !

Café des Beaux-Arts *(plan C2,* ***42****) : 17, pl. aux Herbes. ☎ 04-66-67-97-97. Tlj sauf dim et j. fériés. CB refusées.* Sur une placette pleine de charme, dans le vieux Nîmes, une terrasse ensoleillée le matin où, depuis un demi siècle, on prend son p'tit noir en admirant la frise de la cathédrale juste en face. On y revient, bien plus tard, pour l'apéro en compagnie des étudiants de l'école des beaux-arts, toute proche.

Le Prolé *(plan C3,* ***45****) : 20, rue Jean-Reboul. ☎ 04-66-21-67-23. Tlj sauf dim et j. fériés 8h-22h.* Dans l'immeuble où naquit l'écrivain-éditeur-résistant Jean Paulhan (1884-1968), un bar de prolos, un vrai de vrai, à fréquenter quand il prend ses quartiers d'été dans une cour intérieure. Déco réduite, demis pas chers, clientèle marginale et militante, l'*Huma* sur le zinc. Concerts en été (le jeudi) et ambiance indescriptible pendant les ferias.

Autour du Carré d'Art et de la place d'Assas, profusion de petits bistrots sympa, aux terrasses largement ensoleillées ou ombragées selon l'heure. Poussez jusqu'au ***Napoléon,*** qui a retrouvé ses dorures et ses lustres, en haut du boulevard Victor-Hugo.

O'Flaherty's *(plan D2,* ***43****) : 21, bd Amiral-Courbet. ☎ 04-66-67-22-63. Tlj sauf le midi des sam-dim et j. fériés.* Le pub irlandais dans toute sa splendeur, à la carte de whiskies longue comme le bras. Scène ouverte le mercredi, concerts country, folk irlandais ou pop-rock en fin de semaine (en particulier le jeudi). Carte brasserie sympa pour éponger (bœuf à la Guinness, notamment).

Où trouver les spécialités nîmoises ?

Pour acheter de la ***brandade de morue fraîche,*** la spécialité locale par excellence, allez donc à ***La Nîmoise,*** chez Christophe Mouton *(plan C2,* ***50*** *; 9, rue de l'Horloge. ☎ 04-34-28-67-43. Tlj sauf dim-lun 9h-13h, 15h30-19h).* Demandez de la brandade de Mouton pour faire sourire la patronne... Sinon, vous en trouverez chez ***Daniel,*** aux ***halles*** *(plan C2),* ainsi que le ***petit pâté nîmois,*** qui s'apparente à celui de Pézenas mais qui diffère dans ses ingrédients et sa préparation. Pour goûter à la navette de Nîmes (un fromage de chèvre), faites un tour à la ***fromagerie Vergne***. Le dimanche matin, les halles sont le lieu de rendez-vous par excellence ! Les autres jours aussi, bien sûr, si vous comptez déjeuner sur place (voir « Où manger ? »).

À voir

Le cœur ancien, c'est à pied évidemment qu'il faut le découvrir : écartez toute idée de visiter en voiture le vieux Nîmes. Laissez impérativement votre véhicule à l'hôtel, sous les arbres des avenues ou dans l'un des parkings souterrains.

Prenez le temps de souffler, sur un banc ou en terrasse, avant de découvrir les arènes et le nouveau musée de la Romanité, point de départ obligé de toute balade dans cette ville mutante. Ici, le temps est de toute façon une notion toute relative.

Plusieurs forfaits sont disponibles pour visiter Nîmes :
– le ***pass Romanité*** (vendu dans les monuments et au musée de la romanité) et un ***pass musées de Nîmes*** (vendu au musée de la romanité), tous 2 à 17 €, sont valables plusieurs jours. L'office de tourisme propose un ***CityPass*** de 2 à 7 jours *(29-39 €)* qui inclut la visite des monuments, musées, train touristique (et le pont du Gard pour les *passes* de 4 et 7 jours).

Autour des arènes

***Les arènes** (plan C3) : ☎ 04-66-21-82-56. • arenes-nimes.com • Tte l'année, tlj sauf pdt les ferias et j. de spectacles : avr-mai et sept, 9h-18h30 ; juin, 9h-19h ; juil-août, 9h-20h ; nov-fév, 9h30-17h ; mars et oct, 9h-18h. Entrée : 10 € ; réduc. Billet combiné avec le musée de la Romanité, la Maison carrée et la tour Magne (valable 3 j.) : 17 €. Visite guidée gratuite juil-août. Sinon, audioguide gratuit ou tablette numérique à 5 €.*

POUCE, LES IDÉES REÇUES !

La visite des arènes permet de réviser pas mal d'idées fausses concernant les gladiateurs. Ces professionnels, véritables vedettes de l'époque, pouvaient être esclaves, prisonniers ou condamnés, mais la majorité d'entre eux était volontaires. L'issue des combats n'était pas forcément fatale, et le magistrat graciait souvent. Le pouce renversé comme dans les films pour condamner le perdant n'a jamais existé. C'est une invention du peintre Jean-Léon Gérôme au XIXe s !

La « Colonia Augusta Nemausus » était déjà bien alimentée en eau par l'aqueduc de Nîmes (et son fameux pont du Gard) quand on décida de construire cet amphithéâtre, autour de l'an 100, destiné essentiellement aux combats de gladiateurs. L'eau d'abord, le sang ensuite. Bien qu'effritée par les intempéries, la pierre des arènes a tenu le choc des siècles. Résultat : près de 2 000 ans après sa naissance, c'est le monument le mieux conservé du monde romain. Ce qui n'empêche pas une surveillance de tous les instants.
Programmée jusqu'en 2034, la remise en état intégrale des arènes de Nîmes mobilise tous les corps de métier, mais ce chantier colossal (une cinquantaine de millions d'euros) ne se veut pas spectaculaire. Un soin méticuleux qui devrait peser lourd cependant pour appuyer la candidature de l'ensemble urbain historique de Nîmes au Patrimoine mondial de l'Unesco.
Inspirée du Colisée de Rome, son architecture est un modèle d'harmonie et d'équilibre. En tournant autour, il vous suffira de lever la tête pour découvrir, du côté du palais de justice, une louve, des oiseaux, un combat de gladiateurs ou des têtes de taureaux. Des 75 amphithéâtres romains toujours debout à travers le monde, celui de Nîmes n'est qu'au 20e rang par la taille : une ellipse parfaite de 133 m sur 101 m, construite en une trentaine d'années, à la fin du Ier s de notre ère.
À l'époque romaine, les arènes étaient une immense salle de jeux en plein air, ouverte au peuple comme à l'élite de la ville. 24 000 spectateurs en tout, répartis sur 34 niveaux de gradins : ça fait du monde. On est frappé par l'ingéniosité de l'architecture : l'accès devait y être aussi rapide que possible afin d'éviter les embouteillages de spectateurs à l'entrée comme à la sortie (des sorties appelées « vomitoires »...). Conformément aux hiérarchies sociales en vigueur, ceux d'en bas ne rencontraient jamais ceux d'en haut. Pour ce faire, 2 étages d'arches voûtées cachent 5 galeries concentriques, sur plusieurs niveaux, et pas moins de 126 escaliers internes. De sanglants combats de gladiateurs s'y déroulèrent, mais aussi des courses de chars, de chevaux, des pantomimes. Les jeux cessèrent à la chute de l'Empire.
Au Moyen Âge, l'ancienne *arena* (mot latin signifiant « sable » et qui avait donné son nom à ce vaste espace recouvert de sable après les combats) était

méconnaissable : on y trouvait des habitations, des rues, l'église de Saint-Martin dont la frise est une des curiosités du musée de la Romanité et une sorte de château abritant les « chevaliers des arènes » jusqu'à ce que ceux-ci se voient évincés par les troupes du roi de France ! En 1782, il y avait encore 230 maisons dans l'enceinte, avec des centaines de personnes vivant misérablement. Il faudra attendre 1809 pour qu'elles soient détruites.

- C'est en 1853 qu'eut lieu la 1re ***corrida,*** un scandale à l'époque. Depuis cette date, elles n'ont pas cessé. Dans les années 1990, leur nombre et leur popularité n'ont jamais été aussi importants. Outre les taureaux et les matadors, les arènes accueillent désormais des concerts de rock, des spectacles d'opéra. Elles méritent donc toujours leur surnom romain de « Spectacula ».

- Plongez dans l'atmosphère des arènes en suivant une ***visite guidée en été ou audioguidée.*** À moins que vous ne soyez accro aux images, la tablette numérique (payante) nous a moins convaincus : le soleil nuit à la lecture des images et le son est invasif pour les autres. Arrêtez-vous au *Vestiaire des Gladiateurs* (armes, tenues et vidéos de combats) et à l'espace *Couleurs des Corridas* (tenues, films et images autour des traditions camarguaises et corridas). Intéressants commentaires. Escape game : *Nemaus le trésor des Volques (2-5 pers ; compter 5 € en plus du billet d'entrée).* Résa en ligne.

- ***Les grands jeux romains :*** *avr ou mai. Se renseigner pour les tarifs et dates. Résa longtemps à l'avance.* Un péplum avec près de 500 « reconstituants » rien que pour vos yeux. Et pour vous éviter la tentation de baisser ou de lever les pouces, on vous distribuera un petit mouchoir blanc, afin de l'agiter pour sauver ou non vos gladiateurs préférés.

L'ARME FATALE DU GLADIATEUR

Hommes et femmes adulaient ces gladiateurs malgré leurs balafres et leur espérance de vie faible. Les femmes, hormis les prêtresses, ne pouvaient les observer de près car leur statut social les reléguait en haut de l'amphithéâtre. Mais le fantasme était tenace : on pouvait concocter un philtre d'amour appelé « stimento » à partir de la sueur des gladiateurs. Rien ne dit si son efficacité a été avérée...

Le musée de la Romanité *(plan C3-4)* **:** *16, bd des Arènes. ☎ 04-48-21-02-10. • museedelaromanite.fr • ♿ Ouv tlj avr-oct 10h-19h ; nov-mars, tlj sauf mar 10h-18h. Entrée : 8 € ; réduc.*

Le projet phare de Nîmes est à la hauteur des espoirs placés sur sa tête, ou plutôt sur sa toge de verre. La ville, grâce à lui et au potentiel exceptionnel de ses monuments romains, a désormais de grandes chances de figurer un jour prochain sur la liste du Patrimoine mondial de l'Unesco. Face aux arènes bimillénaires, à ce grand cercle de pierres blondes, c'est un quadrilatère à l'architecture ultra contemporaine, dont la façade ondulée n'est pas sans rappeler en effet le drapé d'une toge romaine, qu'a imaginé l'architecte Elizabeth de Portzamparc.

Le musée s'organise autour d'une rue intérieure qui suit les traces de l'ancien rempart augustéen jusqu'à un jardin archéologique. Un escalier monumental mène le visiteur aux collections archéologiques de Nîmes, selon un parcours chronologique et thématique, abordant tour à tour l'art, l'urbanisme, la vie quotidienne. Bas-reliefs, superbes mosaïques dont celle de Penthée, pièce maîtresse du musée, céramiques, peintures murales... En tout quelque 5 000 pièces, en provenance essentiellement du territoire nîmois, sélectionnées parmi les 25 000 détenues par l'ancien musée archéologique. L'objectif du musée est de montrer que le processus de romanisation ne se limite pas à l'apogée de la ville sous l'Empire romain. On passe de la ville gauloise d'avant à la ville chrétienne d'après, et on continue d'évoluer dans le temps jusqu'au Moyen Âge et même aux collectionneurs du XIXe s. L'écart architectural est contrasté, mais la muséographie s'applique à créer des traits d'union historiques. C'est en fait la plus belle porte d'entrée qu'on pouvait concevoir pour la compréhension de la ville et de son histoire. Depuis le toit-terrasse végétalisé, belle vue à 360° sur les toits de Nîmes et les arènes.

Sur place, ***le Café du Musée*** au rez-de-chaussée, pratique mais vraiment basique, et le restaurant ***La Table de 2.*** Une brasserie chic courue par le tout-Nîmes où il vaut mieux réserver (voir « Où manger ? »).

Le musée des Cultures taurines *(plan C3-4)* **:** *6, rue Alexandre-Ducros. ☎ 04-30-06-77-07. En principe, de la feria de Pentecôte à mi-nov, tlj sauf lun, 10h-18h. Entrée : 5 €, réduc ; gratuit pour ts le 1er dim du mois.* Consacré au monde de la tauromachie et de la *bouvine* (traditions camarguaises), et réservé aux aficionados : affiches, documents sur les corridas et les toreros, bandes dessinées, objets, costumes...

Le musée des Beaux-Arts *(plan C4)* **:** *rue de la Cité-Foulc. ☎ 04-66-76-71-63. À 400 m de la pl. des Arènes. Tlj sauf lun et certains j. fériés, 10h-18h. Entrée : 5 € ; réduc ; gratuit pour ts le 1er dim du mois.* Riche collection de tableaux des écoles italienne, nordique et française du XVe au XIXe s. À signaler, dans la salle centrale, une grande mosaïque romaine représentant les noces d'Admète, entourée par de grands et beaux tableaux historiques du Nîmois Charles-Joseph Natoire.

Promenade dans le vieux Nîmes

Comme dans toutes les villes, la plupart des cours d'hôtels particuliers ne sont plus accessibles autrement que via une visite guidée, dont celles proposées par l'office de tourisme (voir plus haut « Adresses et infos utiles »).

> Des arènes, remonter l'une des ruelles menant à la ***place du Marché*** *(plan C3),* colonisée par d'envahissantes terrasses de restos, avec un palmier planté en 1985 et une curieuse fontaine au Crocodile, dessinée par Martial Raysse. La ***rue Fresque*** *(plan C2-3)* mène à la place de la Calade, toute proche de la Maison carrée. Au no 6, l'*hôtel Mazel* dit *Chouleur* (XVIIe s), surtout remarquable pour sa cour et son escalier. Dans la ***rue de l'Horloge*** *(plan B-C2),* arrêtez-vous au no 13 pour admirer la belle porte de l'hôtel Besserié. La place de l'Horloge est dominée par la tour du même nom ; laissez-vous guider par les cloches jusqu'au campanile (1754). Continuez vers la ***rue de l'Aspic*** *(plan C2-3).* En levant le nez, on voit quelques beaux bâtiments de caractère, avec des gouttières-gargouilles en pierre. Au no 14, l'*hôtel de Fontfroide* (1699) et son bel escalier.

ARMES DE CROCODILES

Palmier et crocodile figurent dans les armes de Nîmes depuis 1535. Ils rappellent la conquête de l'Égypte de Cléopâtre par les troupes de César et la bataille d'Actium en 31 av. J.-C. Un emblème quasi tropical qui ne jure pas sous le ciel du Gard.

> En tournant à gauche, on rejoint l'***hôtel de ville*** *(plan C3)* réaménagé par l'architecte-designer Jean-Michel Wilmotte. C'est un mélange réussi de vieilles voûtes et de style high-tech. Accrochés au plafond, dans la cage du grand escalier, 4 crocodiles naturalisés, emblèmes de la ville. En sortant, ne pas rater la *maison Fourgeaud* en face. Les mascarons de chiens et hures de sangliers ont vraiment de la gueule. La façade porte également un drôle de carillon-automate.

> Direction la Grand-Rue. La ***chapelle des Jésuites*** *(plan C-D2)* abrite des expositions ou des concerts. Construite entre 1673 et 1678, sur le modèle de l'église du Gesù à Rome, elle est attenante à l'ancien collège des Jésuites.

➢ Face à la chapelle des Jésuites, quelques beaux hôtels particuliers ***rue Dorée*** *(plan C2-3)*, aux nos 3, 4 et 5. Au no 16, la superbe porte d'entrée de l'*hôtel de l'Académie* (XVIIe s) cache une cour intéressante, avec des sculptures représentant des soldats casqués du Grand Siècle. Tourner à gauche dans la rue de la Trésorerie. Celle-ci, édifiée sous François Ier, est un beau bâtiment de style Renaissance avec colonnes et fenêtres à meneaux sculptées. Revenir sur ses pas et faire un petit aller-retour vers le plan de l'Aspic pour admirer la belle porte de la *maison des Atlantes* (1676). L'ensemble de la bâtisse est admirable avec ses bas-reliefs végétaux.

➢ Dans la ***rue du Chapitre*** *(plan C2)*, faites une pause au no 14 pour admirer l'*hôtel de Régis* (XVIIIe s). À l'intérieur, une cour pavée avec des calades (galets de rivière). Jetez un œil à l'école des Beaux-Arts en passant dans la Grand-Rue, avant de traverser la place Belle-Croix pour trouver, derrière le bureau de poste, la ***place des Esclafidous*** *(plan C2)*, couleurs chaudes des façades, fontaine, terrasses. En revenant sur ses pas, on rejoint la cathédrale et la ***place aux Herbes*** *(plan C2)*. Quelques terrasses de cafés très sympa, des parasols, du soleil et de l'ombre, et bien sûr la silhouette éclatante de lumière de la cathédrale.

LE GARD

★★ ***Le musée du Vieux-Nîmes*** *(plan C2)* **:** *pl. aux Herbes. ☎ 04-66-76-73-70. Tlj sauf lun et certains j. fériés, 10h-18h (juil-août, nocturne jeu jusqu'à 21h). Entrée : 5 € ; réduc ; gratuit pour ts le 1er dim du mois.* Dans l'ancien palais épiscopal, ce musée, petit (4 salles) mais intéressant, présente le passé de la ville depuis la fin du Moyen Âge. 1er acte : des salons nîmois d'époque XVIIIe s et Empire. Ensuite, le « Bleu au quotidien » relate 3 siècles de production textile nîmoise avec *(of course)* une expo sur le célèbre denim (la toile de Nîmes !).

★★ ***La cathédrale Notre-Dame-et-Saint-Castor*** *(plan C2)* **:** *☎ 04-66-67-27-72. Lun-sam 9h-12h, 14h-18h (en continu mer et ven) et dim mat (messe à 10h).* D'époque romane (XIe s), elle a été détruite et reconstruite plusieurs fois, sans parler des restaurations, dont une assez récente. On remarquera sur la façade la longue frise sculptée qui compte parmi les plus beaux exemples de l'art roman du bas Languedoc. Elle représente des scènes de l'Ancien Testament, dont l'histoire d'Adam et Ève, le sacrifice de Caïn et d'Abel, le meurtre d'Abel, l'arche de Noé. Noter la dimension donnée aux visages des personnages. Tableaux explicatifs très complets à l'intérieur de la cathédrale, où vous trouverez le tombeau du cardinal de Bernis (1715-1794). Favori de la Pompadour, poète libertin, il fut ambassadeur de Louis XV à Venise et à Rome, où il mourut ruiné par la Révolution. À noter également, un beau sarcophage paléochrétien provenant des Alyscamps d'Arles, transformé en autel. Tout au fond, chapelle absidiale du XVIIe s, baroque à souhait.

★ Remonter la rue du Général-Perrier, très commerçante. Les ***halles*** (voir plus haut les rubriques « Où manger ? Où acheter des spécialités de Nîmes ? ») ont été repensées par le designer Jean-Michel Wilmotte et donnent de la vie à tout ce secteur, même le dimanche matin. De là, on accède à l'îlot Littré, ancien quartier des teinturiers, délimité par les rues Littré et du Mûrier-d'Espagne.

De la Maison carrée à la tour Magne

★★★ 👪 ***La Maison carrée*** *(plan B2)* **:** *☎ 04-66-21-82-56. • arenes-nimes.com • Tlj : juil-août, 9h30-20h ; juin, 10h-19h ; avr-mai et sept, 10h-18h30 ; mars et oct, 10h-18h (fermé 13h-14h en oct) ; nov-fév, 10h-13h, 14h-16h30. Tarif : 6 € ; réduc. Billet combiné avec les arènes et la tour Magne (valable 3 j.) : 13 €.*

Ce n'est ni une maison ni un carré, mais un magnifique petit temple romain (rectangle de 25 x 12 m) admirablement conservé. Édifié au cœur du forum, entre l'an III et l'an V apr. J.-C., sous le règne d'Auguste, ce sanctuaire, inspiré de l'architecture du temple d'Apollon de Rome, est dédié à Caius et Lucius César,

« princes de la Jeunesse » et petits-fils adoptifs d'Auguste. Après avoir été un temple romain, l'édifice servit d'assemblée aux juges, de bureau aux consuls (1198), puis devint une maison d'habitation, une écurie et puis une église gardée par les Augustins. Au XIXe s, il a même abrité des fonctionnaires et des tonnes de paperasse... On dit aussi que la duchesse d'Uzès rêvait d'en faire un mausolée pour son mari... Il aurait, en outre, influencé l'architecte de l'église de la Madeleine à Paris, bâtie sous Napoléon Ier.
L'intérieur du temple n'abrite pas de musée, contrairement à ce que l'on pourrait imaginer, mais une salle de projection pour le film *Nemausus, la naissance de Nîmes.* Ce film attachant de 24 mn, conçu comme une bonne série, ravit les scolaires en évoquant le destin d'Adgenix, un Gaulois qui, ayant accepté de combattre pour César, fera la fortune de la cité.

ጰጰጰ ***Carré d'Art – Musée d'Art contemporain*** *(plan B2) : pl. de la Maison-Carrée. ☎ 04-66-76-35-35 ou 70. • carreartmusee.com • Tlj sauf lun, 10h-18h. Entrée : 5 € ; réduc ; expo permanente gratuite le 1er dim du mois.* Un palais de verre et de béton conçu il y a déjà ¼ de siècle par l'architecte anglais Norman Foster. Les 5 fines colonnes blanches sont comme une réponse à celles de la Maison carrée. Il abrite une bibliothèque mais aussi un musée d'Art contemporain, avec un fonds qui tourne tous les 6 mois et illustre la période des années 1960 à nos jours ; elle s'organise autour de l'art français, de l'identité méditerranéenne et des tendances anglo-saxonnes et germaniques : Claude Viallat, Sigmar Polke ou Gerhard Richter et ses *Abstraktes Bild.* Arman aussi, et César, avec une compression réalisée dans une casse de Nîmes ! Également des expos temporaires.
Perché au 3e étage du Carré d'Art, *Le Ciel de Nîmes* vous accueille tous les jours sauf le lundi, bien sûr ! Profitez de la vue et de la terrasse, voire de la carte, si vous avez envie de prendre Nîmes de haut. Voir la rubrique « Où manger ? ».

Les quais de la Fontaine *(plan A-B2) :* promenade ombragée de platanes formant une belle voûte fraîche le long du canal. C'est le quartier des riches familles protestantes et des hôtels particuliers, signe de 150 ans d'opulence et d'affaires. Si vous passez devant, jetez donc un œil à l'*Imperator,* un palace qui accueillit entre autres Picasso, Hemingway et Cocteau, sans oublier les toreros les plus réputés. Il a rouvert en 2019 après de longues années de travaux.

Les jardins de la Fontaine *(plan A2) : tlj 7h30-22h (20h mars et sept, 18h30 oct-fév).* Voici le 1er jardin public de l'histoire de France, aménagé entre 1745 et 1755. Jusqu'à cette date, les jardins servaient d'écrin aux châteaux. Vases et balustrades de pierre, statues de faunes et de nymphes, terrasses et bassins paisibles : c'est le jardin du Siècle des lumières par excellence, marqué par la nostalgie de l'Antiquité. On y voit la fameuse source dédiée à Nemausus, génie des eaux et divinité tutélaire de la cité depuis 2 millénaires. Les Romains y bâtirent, vers 25 av. J.-C., un sanctuaire païen (repris au culte celtique des eaux) où Nemausus côtoyait Vénus, les Nymphes et Hercule ; charmante compagnie, vraiment !
Pour ceux et celles qui ne vivent pas que d'amour et d'eau fraîche, café-glacier *Les Tables de la Fontaine* à l'entrée des jardins de la Fontaine.

Le temple de Diane *(plan A2) :* non loin du bassin de la Source, c'est le monument gallo-romain le plus énigmatique de Nîmes, car on ignore sa fonction primitive. Sauna mystique ? Bibliothèque ? Pas un temple, en tous cas, et pas de Diane, surtout. Partiellement détruit, il a conservé quelques niches murales, des colonnes et des corniches, ainsi qu'un superbe voûtement d'arcs juxtaposés.

La tour Magne *(plan A1) : au sommet du mont Cavalier dans les jardins de la Fontaine. Rens : ☎ 04-66-21-82-56. Tlj : juil-août, 9h-20h ; juin, 9h-19h ; avr-mai et sept, 9h30-18h30 (fermé 13h-14h sept) ; mars et oct, 9h30-13h, 14h-18h ; nov-fév, 9h30-13h, 14h-16h30. Entrée : 3,50 € ; réduc. Billet combiné avec les arènes*

LE GARD

et la Maison carrée (valable 3 j.) : 13 €. C'est un peu le phare de la ville. Une très belle promenade à faire en fin d'après-midi, quand la lumière s'adoucit. « Je te salue, belle rose, ô tour Magne », écrivit Apollinaire. Plus large à la base qu'à son sommet, dotée d'une longue rampe d'accès et d'un escalier intérieur, la tour octogonale, en pierre, de 32,70 m de haut, fut un ouvrage de défense inclus dans les remparts qui ceinturaient la ville. Vue sublime depuis le sommet : par beau temps, on aperçoit les Cévennes, le mont Ventoux, les Alpilles et le pic Saint-Loup vers Montpellier. À l'aide d'une table panoramique, on peut même imaginer la ville telle qu'elle était à l'époque romaine.

Un peu plus loin du centre

***Le castellum** (plan B1)* **:** non loin des jardins de la Fontaine. Vestige du réseau hydraulique romain, c'est ici qu'aboutissait l'aqueduc romain alimentant la ville en eau (dont l'ouvrage d'art le plus spectaculaire reste aujourd'hui le pont du Gard). On reconnaît nettement le système de distribution en étoile. Ce *castellum* est une construction unique en son genre. Il ne reste à ce jour que 2 *castella* romains au monde, l'autre étant à Pompéi.

Manifestations

LE GARD

- ***Ferias :*** lire « La folie de la feria » dans l'introduction de ce chapitre.
- ***Festival flamenco :*** *10 j. en janv.* La célèbre danse espagnole sous toutes ses coutures : traditionnelle, chantée, ou remise au goût du jour grâce à des artistes contemporains comme Rocio Molina.
- ***Biennale européenne de la B.D. :*** *avr ou mai, les années paires.* En présence de nombreux artistes du 9e art, dédicaces, rencontres, etc., parrainées chaque année par un auteur confirmé.
- ***Les grands jeux romains :*** *fin avr ou début mai.* Reconstitution historique durant laquelle la ville remonte le temps jusqu'à l'époque romaine, avec défilé de l'empereur, cérémonie, marché romain, animations et ateliers pour les enfants. Également un spectacle dans les arènes, avec plus de 500 figurants.
- ***Journées méditerranéennes des saveurs :*** *mai ou juin, esplanade Charles-de-Gaulle.* L'olive dans tous ses états : huiles, tapenades, anchoïades, produits du terroir et animations.
- ***Festival de Nîmes :*** *de mi-juin à fin juil, aux arènes.* Peu de temps après ***This is not a love song,*** *à la SMAC Paloma,* festival qui met à l'honneur, en juin, les musiques indépendantes. Les arènes accueillent pléthore d'artistes en tournée estivale. Un cadre magique pour une acoustique idéale.
- ***Les Jeudis de Nîmes :*** *juil-août, 18h-23h30, en centre-ville.* Producteurs, artisans, artistes et brocanteurs, animations enfants sur fond d'animations musicales : rock, blues, flamenco, classique...
- ***Les nuits de Nemaus*** : *début août, aux arènes.* Spectacle son et lumière. Nemaus, dieu protecteur de la ville, se remémore son passé et raconte l'histoire de la ville.

BALADE DE NÎMES À SOMMIÈRES, ENTRE VIGNES ET GARRIGUES

Envie de vous mettre au vert, avant d'attaquer la Camargue et la vallée du Rhône ? Dans les environs de Sommières, c'est un paysage latin aux collines ondulant à l'infini, dorées par le soleil, qui vous attend. Vignes, garrigues, vestiges médiévaux, ponts romains, églises romanes... à vous de voir, dans tous les sens du terme. Si vous avez encore de la place dans le coffre, arrêtez-vous à la ***coopérative agricole de Villevieille,*** avant d'arriver à Sommières, pour acheter la production de l'année.

L'oppidum de Nages : *☎ 04-66-35-05-26 (mairie). À 12,5 km au sud-ouest de Nîmes, sur la route de Sommières.* Ce gros monticule est l'un des sites archéologiques majeurs de la région. À l'époque des Celtes, puis des Romains, il y avait au sommet de l'oppidum un village sur l'ancienne voie Héracléenne. Aujourd'hui, ce ne sont que des ruines, bien sûr. Elles datent de la 1re moitié du IIIe s av. J.-C. On y accède par le petit village de Nages, au sud. Gravir la pente sud de l'oppidum en empruntant un chemin pédestre qui s'appelle l'impasse de l'Oppidum, au nord de Nages : belle promenade. À la mairie de Nages, *musée* lié à la découverte du site *(GRATUIT).*

Calvisson *(30420)* **:** le village est dominé par le roc de Gachonne, où l'on peut admirer les vestiges des moulins à vent qui fournirent à la région les céréales indispensables. Du château médiéval ayant appartenu à la famille Nogaret ne subsistent que les soubassements : on est ici en plein cœur de la Vaunage, belle et grande plaine qui fut le théâtre d'âpres combats entre protestants et catholiques. Belles maisons d'anciens négociants en vin et places avec des fontaines. Maison du boutis, pour ceux et celles qui se passionnent pour le sujet.

Maison d'hôtes Bed & Art, chez Régis et Corinne Burckel de Tell : *48, Grand-Rue. ☎ 04-66-01-23-91. • bedandart@gmail.com • bed-and-art.com • À côté de la mairie de Calvisson. Doubles 68-70 € ; suites 3-4 pers. Parking payant. Réduc de 10 % à partir de 2 nuits sur présentation de ce guide.* Corinne et Régis – elle, historienne d'art, lui, artiste peintre – ont rénové avec beaucoup de goût cette belle demeure du XVe s, en conservant le cachet initial : poutres, vieilles pierres, cheminées et sols rustiques. Avec en prime un patio fleuri, une salle à manger voûtée et une terrasse donnant sur les toits du village !

Junas *(30250)* **:** village célèbre pour ses carrières anciennes, qui servent aujourd'hui de décor aux concerts de jazz de l'été.
– ***Les Rencontres de la pierre :*** *pdt 2 j. début juil. • hec-junas.fr •* Concours de tailleurs de pierre, de pétanque aussi, soirées bodega, aubades, bal...
– ***Festival de jazz :*** *mi-juil. • jazzajunas.fr •*

Le château de Villevieille *(30250)* **:** *situé sur une belle colline à 1,5 km de Sommières. ☎ 04-66-71-65-23. 📱 06-70-61-81-49. • chateau-de-villevieille.fr • Visite guidée (1h) ttes les heures : juil-sept, tlj 14h-19h. Entrée : 10 € ; réduc, notamment sur présentation de ce guide ; gratuit moins de 12 ans.* Magnifique château du XIe s, classé Monument historique, à voir en fin d'après-midi, quand la façade prend des tons ocre. Saint Louis, qui en déposséda le sieur Bermond (le petit-fils du comte de Toulouse), en 1240, y séjournera 30 ans plus tard avant d'embarquer à Aigues-Mortes pour la 8e croisade (qui lui sera fatale). Une aile a été ajoutée à la Renaissance. Et une grande partie de l'édifice, dont la cour d'honneur, date de Louis XIV. Intérieur remarquablement bien conservé : à la Révolution, Villevieille fut épargné car le maître des lieux était un ami intime de Voltaire, de Mirabeau et de Cambacérès. Son descendant, toujours propriétaire des lieux, vous contera d'autres anecdotes tout en vous menant de la salle à manger Louis XIII, avec ses murs tendus de cuir des Flandres, à la chambre qu'occupa Saint Louis (avec son imposante cheminée médiévale), en passant par les gypseries du XVIIIe s du grand salon.
– ***Festival de Villevieille-Salinelles :*** *août. • villevieille.over-blog.com •* Musique de chambre, chants, qui font vibrer les vieilles pierres de la cour d'honneur et la chapelle Saint-Julien (voir ci-après).

La chapelle Saint-Julien : *à* ***Salinelles*** *(30250).* Suivre le chemin dans les vignes qui mène vers ce petit édifice roman, avec son cimetière. Juxtaposition

LE GARD

de 2 chapelles, des XIe et XIIe s, dont le voûtement est unique au monde. Accueille des expos tout l'été et des concerts.

SOMMIÈRES (30250) 5 000 hab. *Carte Gard, C3*

Il faut aller se garer sur le grand parking extérieur et emprunter la passerelle qui enjambe le Vidourle, un fleuve ravageur quand il sort de son lit, pour découvrir la ville, bâtie en escalier au-dessus du fleuve, sous son meilleur jour. Une ville du Midi à l'état brut, avec sa mer de toits de tuiles, ses hauts murs patinés d'hôtels particuliers, ses placettes, son entrelacs de ruelles, voûtes et passages borgnes portant des noms amusants : « rue Traversasse », « rue Bombe-Cul »... Elle bénéficie d'un statut « secteur sauvegardé » qui protège son patrimoine.

UN PEU D'HISTOIRE

L'endroit fut d'abord un lieu de passage important pour les Romains. Au Ier s, la route Nîmes-Lodève y passait et, pour enjamber le fleuve, l'empereur ***Tibère fit édifier un grand pont de 21 arches*** dominé par une place forte. La ville apparaît à son emplacement actuel au XIe s, autour d'un château féodal (dont il ne reste qu'une grosse tour) construit par la puissante maison des Bermond d'Anduze. Elle se développera pendant 3 siècles, noyant peu à peu 9 des arches du pont (on en voit encore des vestiges en pleine ville). Massivement convertie à la religion réformée, place de sûreté protestante pendant la guerre des camisards, la ville a pratiquement été détruite lors des conflits qui ont agité le XVIe s.

Sommières a longtemps aussi été réputée pour son ***industrie du cuir et de la laine.*** Tanneurs, mégissiers, « cuirassiers » ont assuré la prospérité de la ville aux XVIIe et XVIIIe s. Plusieurs beaux hôtels particuliers de cette époque en témoignent. On y distillait aussi les essences aromatiques.

LA TERRE DES CHAUMIÈRES... MONDIALISÉE !

Aujourd'hui, rien de plus tendance, dans les magazines féminins, que la terre de Sommières, ce détachant à sec miraculeux, découvert il y a 150 ans. Adieu taches grasses, le carbonate de magnésie absorbe 80 % de son propre poids en moins de deux ! Pour info, la terre venait de Salinelles, une commune voisine, mais elle était expédiée dans le monde entier depuis la gare de Sommières... Côté économie, pas de miracle, en revanche : la « terre de Sommières », marque pourtant déposée, vient désormais d'Espagne, du Portugal et du Maroc. Et ce, depuis plus de 30 ans !

Adresse et info utiles

i ***Office de tourisme intercommunal Pays de Sommières :*** *1, quai Cléon-Griolet.* ☎ *04-66-80-99-30.* • *ot-sommieres.com* • *En été, lun-sam 10h-12h30, 14h-18h ; dim et j. fériés 10h-13h. Le reste de l'année, fermé sam ap-m, dim et lun ap-m.* Visites guidées pour les groupes, sur résa (compter 1h30 ; programme détaillé sur place). Bonne doc sur les randos en Pays de Sommières. Accueil très pro.

– ***Marché :*** *sam mat tte l'année, avec brocante.* ***Marché nocturne*** *en été (mer soir). Voir aussi le joli marché dominical de* ***Calvisson.***

Où dormir à Sommières et dans les environs ?

De prix moyens à beaucoup plus chic

■ **Hôtel Estelou :** *297, av. de la Gare. ☎ 04-66-53-11-04. • contact@hotelestelou.com • hotelestelou.fr • Congés : de mi-déc à fin fév. Doubles 97-150 €.* Bienvenue dans l'ancienne gare de Sommières, d'où était expédiée la fameuse terre locale dans le monde entier. C'est à un autre voyage que vous invite désormais cet hôtel aussi chic qu'insolite situé juste à l'entrée de la voie verte, avis aux marcheurs invétérés. Belle déco tournée vers le train, le contemporain et l'ethnique. Grand jardin avec piscine. Petit déj sous la tonnelle. Accueil pro.

■ ***Le Mas des Carnassoles :*** *rue du Château, 30260* ***Carnas.*** *☎ 04-66-77-75-20. • masdescarnassoles@wanadoo.fr • lemasdescarnassoles.com • À 12 km au nord-ouest de Sommières : 1re rue à gauche en entrant dans le bourg. Congés : janv. Double 80 € ; familiale. Réduc de 10 %, à partir de 2 nuits, sur présentation de ce guide.* Dans l'ancien château, avec un joli vestige de chapelle du XIIe s pour boire l'apéro tous en chœur. Les chambres sont décorées avec goût par Alain et Lucie, d'avenants routards qui ont parcouru les routes d'Afrique dans le sillage de grands rallyes. Et puis si vous vous languissez de la grande bleue, des aquariums d'eau de mer parsèment la maison. Également 2 gîtes bien aménagés.

Où grignoter sur le pouce ? Où boire un verre ?

Plutôt qu'aux terrasses situées sur les quais, aux trottoirs étroits et à la circulation dense (surtout en été), on s'assoira à celles plus tranquilles du centre (place de la République, du Jeu-de-Ballon, du Docteur-Dax ou encore Jean-Jaurès). Et, pour une immersion dans la vie locale, il y a l'***Esplanade*** (rue Eugène-Rouche, vers les arènes, en bordure du Vidourle), avé les boulistes qui jouent à la longue ou à la pétanque. Affluence garantie les jours de courses camarguaises.

À voir. À faire

Il faut bien sûr découvrir la vieille ville à pied, en flânant au gré des ruelles et des quais. Énormément de charme !

👣👣 ***Le pont romain :*** à l'origine de la ville, il date de l'empereur Tibère (19-31 apr. J.-C.) et mesure 189 m. Un pont antique habité. Il compte parmi les rares ouvrages de ce type en Europe. De ses 21 arches d'origine, 7 restent visibles : les autres ont été absorbées par l'urbanisme. Mais jamais par le Vidourle, ennemi auquel il a toujours vaillamment résisté !

👣 ***La tour de l'Horloge :*** après avoir traversé le Vidourle, on aperçoit la tour, construite à l'époque médiévale avec son campanile et sa cloche, dans le prolongement du pont.

👣 ***Les quais :*** ombragés par les platanes, on y trouve quelques terrasses de bistrots serrées entre la route et le fleuve. En contrebas, juste au bord du Vidourle, c'est le paradis des pêcheurs.

👣 ***La place des Docteurs-Dax*** *(ancienne place du Marché)* **:** curieuse place qu'on rejoint par un petit passage attenant au porche de la tour de l'Horloge. On se trouve en contrebas de maisons qui ont élu domicile sur les arches du pont romain. Endroit calme et agréable. Un coin de la place abrite la pierre dite « de l'inquant » ou « de l'encan », sur laquelle étaient vendus les esclaves, notamment les Barbaresques capturés en Méditerranée... Marché très animé le samedi matin. Également un marché nocturne le mercredi soir en été.

La promenade dans les vieilles rues de Sommières : taillée à flanc de colline, la *rue de la Taillade* est bordée de nombreux hôtels particuliers des XVIIe et XVIIIe s et de vieilles boutiques avec leurs étals d'origine. Voir la *rue Bombe-Cul* et ses voûtes très anciennes. La *rue Antonin-Paris,* belle artère piétonne et marchande. La *montée des Régordanes,* pour remonter le temps. On pourrait y croiser un tanneur du XVIIIe s, un soldat du Grand Siècle ou un vieux moine cordelier égaré. Elle grimpe à flanc de coteau jusqu'à la tour du Château. Superbe vue sur la ville et les environs.

Le château : *☎ 04-66-53-78-32. • chateau-sommieres.fr • Il faut grimper ! Pâques, lun-ven 14h-17h ; de mi-juin à début sept, tlj sauf mar et mat w-e 10h-13h, 15h-19h (juin et sept 14h-17h). Entrée : 3 € (5 € en visite guidée) ; réduc (notamment sur présentation de ce guide : visite libre 2 € et visite guidée 3 €). Ateliers ludiques (4 €) et animations en été.* La tour Bermond, vestige du 1er château de la ville, fut une prison durant les guerres de Religion et une caserne pour les troupes du seigneur de Villevieille. D'ailleurs, le château de Villevieille, toujours habité, est à portée de vue (voir plus haut « Balade de Nîmes à Sommières, entre vignes et garrigue »). Joli panorama une fois grimpé les 74 marches. Ne pas manquer non plus la chapelle royale Saint-Sauveur, restaurée en 2015, qui abrite des graffitis laissés par les prisonniers protestants. Film et bande sonore accompagnent la visite.

Manifestations

- ***Courses camarguaises :*** *avr-fin sept, le plus souvent le dim ap-m.* Vraiment sympa.
- ***Ciné Jazz à la Tour*** : *juin.* Festival de film et concert en plein air dans la tour du château.
- ***Les Estivales de Sommières :*** *lun soir en été.* Rencontre avec les vignerons, et dégustation sur la place des Docteurs-Dax.
- ***Foire aux livres et vieux papiers :*** *15 août.* Également une foire aux vins, le même jour.

LA PETITE CAMARGUE

• Carte *p. 440-441*

La Petite Camargue s'étend à l'ouest du Petit Rhône et confine à l'étang de Mauguio. Côté Gard, *Aigues-Mortes* et *Saint-Gilles* en sont les 2 pôles ; *Beaucaire,* bordant le Rhône plus au nord face à Tarascon, en est l'une des principales portes d'entrée (ou de sortie). Dans le chapitre sur l'Hérault, voir également Lunel et ses environs.
Marécageuse et parsemée d'étangs (Scamandre et Charnier), la Petite Camargue présente sensiblement les mêmes caractéristiques que la Grande Camargue et son delta. Toute cette région jusqu'à Nîmes et ses alentours voue un culte particulier au taureau. Et cela depuis la plus haute antiquité. Des taureaux venus d'Europe centrale se seraient fixés ici, les autres auraient continué vers l'Espagne. 2 races différentes, 2 civilisations.

LA *BOUVINE*

Le taureau camarguais

Il se reconnaît à ses cornes en forme de lyre, le front étroit, les grands yeux vifs et saillants. Cornes longues gris foncé à la base, blanc crème au milieu et noirâtres à l'extrémité. L'encolure mince et allongée, les hanches serrées, la cuisse longue, il dépasse rarement 1,30 m et ne pèse pas plus de 400 kg. Toujours en groupe en bordure des marécages, broutant quelque bouquet de saladelle, il fuit à l'approche de l'homme, se cache dans les roseaux ou se réfugie auprès du ***simbéu*** (« le symbole », un taureau qui joue le rôle de rassembleur). C'est un animal rustique qui ne connaît pas l'étable ; en hiver, il prend des allures de minibison avec son poil frisé. Sa constitution le prédispose aux jeux, dont la course camarguaise ou course à la cocarde est le sommet. ***Tout village digne de ce nom organise des courses.*** Mais avant d'entrer dans l'arène, le ***biou*** (le « taureau ») aura subi quelques épreuves douloureuses : le ***marquage,*** obligatoire pour la course camarguaise, indispensable pour le reconnaître s'il se fourvoie dans un troupeau voisin, et les ***escoussures*** (on coupe un morceau d'oreille selon une forme précise).

La course proprement dite

Pour prétendre connaître la Petite Camargue, il faut s'initier à la course de taureaux. ***Pas question de mise à mort ici, le sang ne coule pas dans les courses,*** sauf parfois – rarement – celui des hommes (les ***razeteurs***), qui peuvent se blesser en ratant une esquive ou un saut. La tradition remonte au XVIe s. Les fermiers s'ennuyaient le dimanche, après la messe. Ils se mirent à braver le taureau. Comme à Saint-Laurent-d'Aigouze, l'un des hauts lieux de la ***bouvine,*** où les arènes font toujours corps avec l'église, toril et sacristie confondus. Ne pas manquer le « ***Printemps des Royales*** », qui marque le début des festivités (8 dimanches consécutifs !) avec tout le village, maire en tête, en habits traditionnels, et casse-croûte bien arrosé dans les prés où sont sélectionnés les taureaux, etc. En fait, on retrouve toujours ici les mêmes rites :

- ***l'abrivado :*** les taureaux sélectionnés se rendent des prés aux arènes encadrés par des gardians à cheval ;
- ***l'encierro :*** les taureaux sont lâchés dans les rues de la ville. Imaginez le spectacle, la musique, les taureaux, les spectateurs qui fuient, grimpent aux arbres ou se réfugient dans les cafés ;
- ***la bandido :*** c'est le retour au bercail de l'arène au *paty* (« pré »), même principe en sens inverse de l'*abrivado.*

Les grandes courses

La saison démarre et s'achève à ***Marsillargues, le 1er dimanche de mars et le dimanche suivant le 11 novembre.*** Le principe de la course est simple : au moyen d'un crochet, il faut enlever, de la façon la plus élégante qui soit, une cocarde et des glands savamment agencés sur le front du taureau et autour des cornes. Un *raset* idéal, beau, élégant, efficace, part de la barrière, attaque le taureau de trois quarts face, puis retourne à la barrière en formant un arc de cercle.

Pendant les fêtes locales, qui durent bien 10 jours, il y a une ***course quotidienne, parfois gratuite en semaine,*** entourée des rites taurins, concerts et animations qui s'imposent. À noter que certaines arènes (Marsillargues, Saint-Laurent-d'Aigouze...) sont classées Monuments historiques en tant que lieux de culture régionale. Pour avoir les dates de ces manifestations, qui ont lieu pour la plupart en juillet et août,

TORÉADOR, PRENDS GARDE !

Dans le célébrissime opéra de Bizet, on voit Carmen se jeter au cou d'un soi-disant toréador qui prend ses grands airs pour lui déclarer sa flamme. Ce n'est pas son allure qui fait sourire les connaisseurs, mais l'erreur de langage. Dans l'Espagne de l'époque, le toréador toréait... à cheval. Le torero allait à pied. Bon, si ça lui chante de l'appeler ainsi...

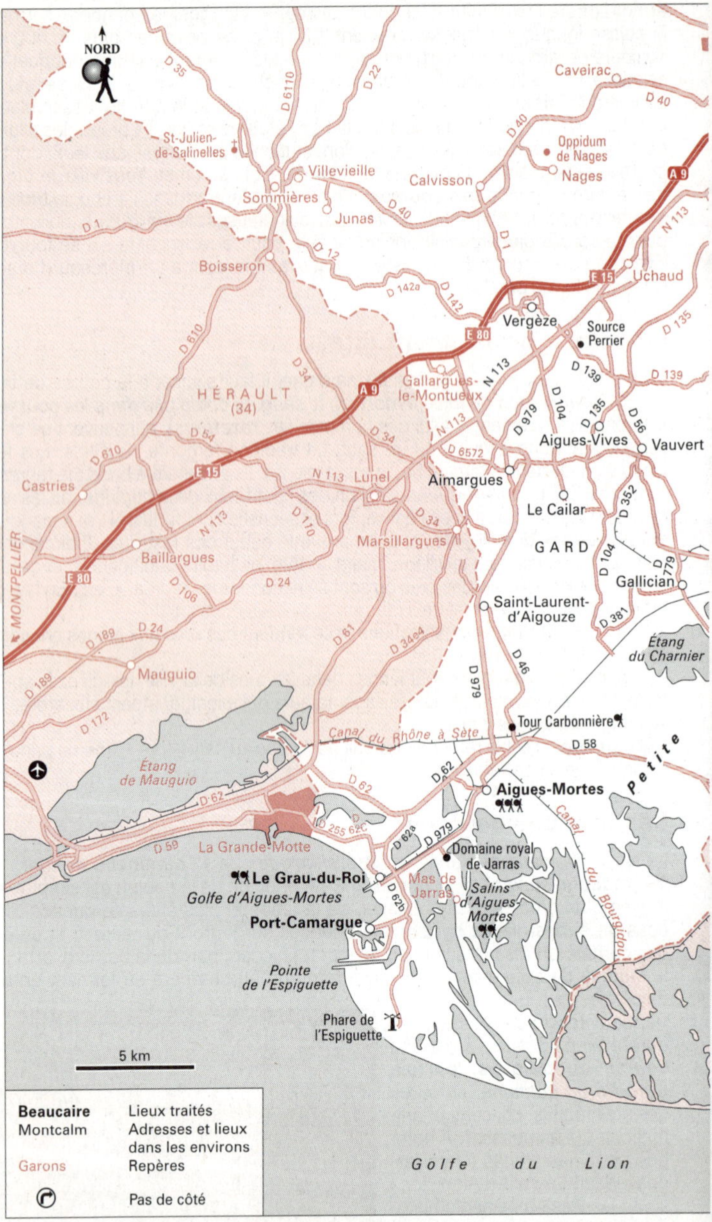
NORD
Caveirac
D 40
D 35
D 6110
D 22
St-Julien-de-Salinelles
Oppidum de Nages
Nages
Villevieille
Calvisson
Sommières
Junas
A 9
N 113
D 1
D 12
Boisseron
Uchaud
E 15
D 142a
D 142
Vergèze
Source Perrier
E 80
D 610
D 34
D 135
D 139
HÉRAULT (34)
Gallargues-le-Montueux
N 113
D 979
D 104
D 56
Aigues-Vives
Vauvert
D 54
D 6572
Castries
E 15
N 113
Lunel
Aimargues
Le Cailar
D 352
D 110
D 34
Marsillargues
GARD
MONTPELLIER
Baillargues
D 104
D 779
Gallician
E 80
D 106
D 24
Saint-Laurent-d'Aigouze
D 381
D 189
D 24
D 61
D 3464
Étang du Charnier
Mauguio
D 46
D 979
D 172
Tour Carbonnière
Canal du Rhône à Sète
D 58
Étang de Mauguio
D 62
Aigues-Mortes
Petite
D 62
Canal
D 255
D 62C
D 62a
D 979
D 59
La Grande-Motte
Domaine royal de Jarras
Le Grau-du-Roi
Mas de Jarras
Salins d'Aigues-Mortes
du Bourgidou
D 62b
Golfe d'Aigues-Mortes
Port-Camargue
Pointe de l'Espiguette
Phare de l'Espiguette
5 km
Beaucaire — Lieux traités
Montcalm — Adresses et lieux dans les environs
Garons — Repères
Pas de côté
Golfe du Lion

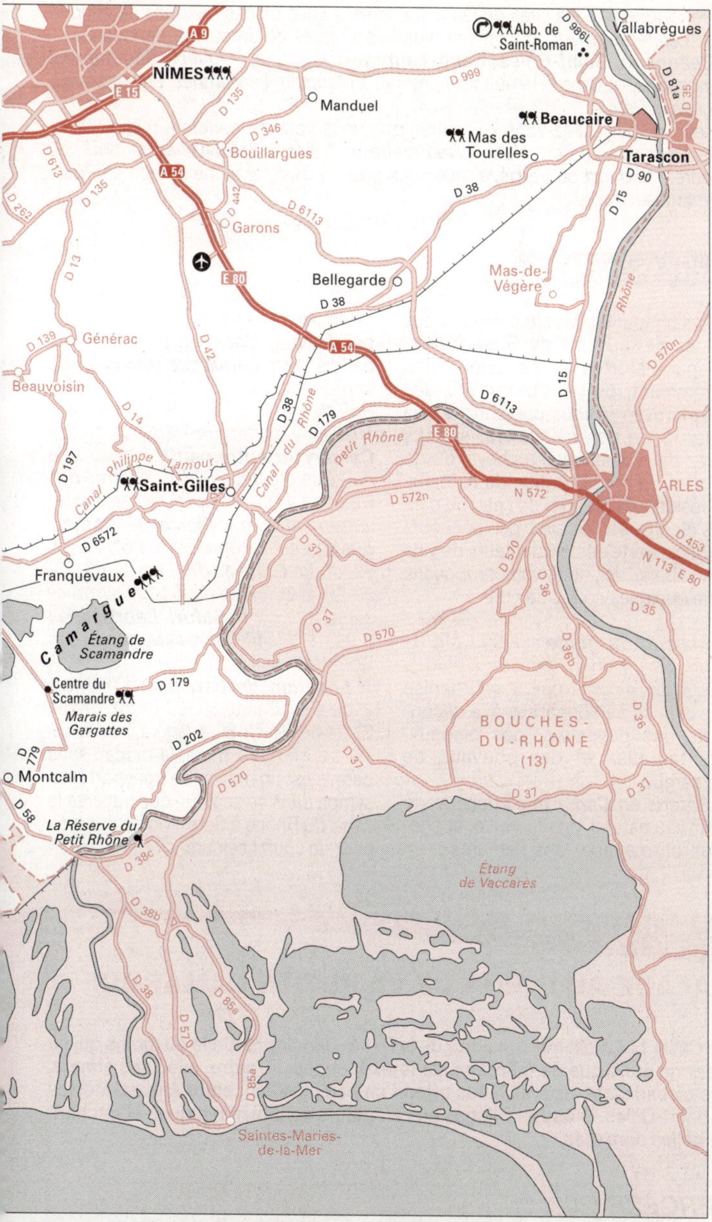

LA PETITE CAMARGUE

se renseigner sur les sites de Gard Tourisme ou des offices de tourisme concernés. Les fêtes et les courses les plus importantes se déroulent, dans le Gard, à ***Beaucaire, Saint-Gilles, Saint-Laurent-d'Aigouze, Vauvert, Sommières, Aimargues,*** et dans l'Hérault tout proche, à *Mauguio, Lansargues, Lunel, Marsillargues* et *Pérols.*
Et les corridas, direz-vous ? D'autres que nous vous en parleront mieux. Mais, si le cœur vous en dit, c'est à ***Beaucaire*** fin juillet, à ***Saint-Gilles*** mi-août, ou encore à ***Vauvert*** ou ***Vergèze,*** que vous pourrez assister à une corrida en Petite Camargue.

Adresses utiles

Faites un tour sur les sites internet des offices de tourisme du Grau-du-Roi, d'Aigues-Mortes et de Saint-Gilles notamment, ou passez les voir dès votre arrivée si vous cherchez à partager la vie des manadiers, si vous rêvez de promenades à cheval ou de balades en mer. Location de bateaux, de résidences au bord de l'eau ou près des étangs, sorties avec des pêcheurs ou découverte des producteurs de vins des sables... Ici, nous vous proposons juste quelques coups de cœur !

■ ***Maison du guide :*** *30600* ***Montcalm.*** *☎ 04-66-73-52-30. 📱 06-12-44-73-52. • camargue.fr •* Organise des circuits personnalisés à la découverte des paysages, des oiseaux, des taureaux et des chevaux de Camargue.

■ ***Safaris en Camargue :*** découverte du milieu naturel, des taureaux et chevaux en manade, des flamants... en véhicule tout-terrain et accompagné par de vrais Camarguais, manadiers parfois. Avec ***Camargue Découverte*** : *6, rue des Alliés, 30240* ***Le Grau-du-Roi.*** *☎ 04-66-53-04-99. 📱 06-85-35-10-04. • camargue-decouverte.fr •* ***Camargue Autrement :*** *1745, route de l'Espiguette, 30240* ***Le Grau-du-Roi.*** *☎ 04-30-08-52-91. • camargue-autrement.com •* ***Pierrot le Camarguais :*** *centre commercial* Port-Royal, *30240* ***Le Grau-du-Roi.*** *☎ 04-66-51-90-90. 📱 06-82-23-00-54. • pierrot-le-camarguais.fr •* ***Safari Labrousse :*** *📱 06-19-11-40-03. • safaricamarguelabrousse.com •*

■ ***Location de bateaux :*** ***Le Boat,*** *2, quai du Canal, 30800* ***Saint-Gilles.*** *☎ 04-68-94-42-80. • leboat.fr • De mi-mars à mi-nov.* Eh oui, le bateau sans permis est un moyen de transport bien sympa dans ce secteur, que traverse le canal du Rhône à Sète. À la semaine ou pour de courts séjours.

BALADE AU CŒUR DE LA PETITE CAMARGUE

Au Cailar bat réellement le cœur de la Petite Camargue. Celle du moins qui ne vit et ne parle que de taureaux, de fêtes taurines... L'autre, avec ses étangs, ses oiseaux, ses rizières, vous attend un peu plus loin, entre Aigues-Mortes et Saint-Gilles. D'autres villages aux alentours sont bien typiques et cachent de belles adresses.

VERGÈZE (30310)

Un joli village à la limite de la Camargue... mais qui ne justifierait pas le détour s'il n'y avait ici une source miraculeuse, aux yeux du moins des actionnaires de l'entreprise qui coince faussement la bulle ici.

Où dormir ? Où manger ?

Hôtel-resto La Passiflore : *1, rue Neuve. ☎ 04-66-35-00-00. • bienvenue@lapassiflore.com • lapassiflore.com • À 8 km au nord du Cailar. Resto fermé le dim. Doubles 68-86 € ; familiales. Carte env 28 €. Au resto, apéritif offert sur présentation de ce guide.* Hôtel bien discret qui ne manque pas de charme : celui d'un mas du XVIIIe s, bien retapé et couvert de vigne vierge, situé dans l'un de ces villages ensoleillés que rien ne semble devoir déranger. Chambres climatisées donnant sur le jardin ou la cour. Possibilité de dîner sur place. Cuisine familiale traditionnelle (poisson, magret au miel, beaucoup de légumes). Accueil très aimable.

À voir à Vergèze et dans les environs

La source Perrier : *Les Bouillens. ☎ 04-66-87-61-01. ♿ (château et parc). Suivre le fléchage depuis le village de Vergèze. Ouverture incertaine, se renseigner. Entrée : parc et arboretum gratuits, musée 5 € (7 € avec la visite guidée) ; réduc ; gratuit moins de 5 ans.*
C'est ici que jaillit la source des Bouillens, d'où est extraite la fameuse boisson gazeuse. On peut apercevoir l'usine en traversant le parc où se trouve le château, dans lequel vous découvrirez le musée, qui nous conte la saga publicitaire de la marque et abrite l'unique boutique Perrier. Un film 3D présente l'embouteillage. Le plus réjouissant, c'est de revoir les publicités depuis les années 1900, devenues avec le temps des modèles d'audace créative. Le petit plus : un Perrier offert à la fin de la visite !

La Botte Gardiane : *ZA Lallemande, RN 113,* ***Aigues-Vives.*** *☎ 04-66-73-20-85. ♿ Magasin d'usine ouv lun-sam 8h (10h sam)-19h. Visite sur rdv, inscription sur • info@labottegardiane.com •* Mieux vaut venir en semaine, et avant 16h, pour voir les artisans travailler. Tous les produits sont fabriqués à la main, dans les mêmes traditions qu'il y a 60 ans.

VAUVERT (30600)

Vauvert est un gentil bourg, pas si loin que ça, posé sur une colline dominant à peine la Petite Camargue, halte sur le chemin de Saint-Jacques-de-Compostelle. Saint Louis y fit halte avant de partir en croisade. Temps forts : les courses camarguaises et la fête votive pendant 10 jours la semaine du 15 août.

Adresse utile

Office de tourisme Cœur de Petite Camargue : *pl. Ernest-Renan. ☎ 04-66-88-28-52. • coeurdepetitecamargue.fr • Au bord de la D 6572, à l'entrée de la ville en venant du Cailar. Mar-ven 9h-12h30, 14h-18h (17h30 nov-mars) ; lun et sam 9h-12h30 (13h juil-août). Également un* ***Point Info Camargue*** *au rond-point de Montcalm sur la D 58. 📱 06-48-17-75-92. Juil-août, mer-dim 10h-13h, 13h30-17h30 ; 2de quinzaine de juin et 1re quinzaine de sept mar-sam aux mêmes horaires.*

À voir. À faire dans les environs

La réserve du Petit Rhône : *pont de* ***Sylvereal.*** *Ouv début avr-début nov mer-dim 9h-17h. Juin-août, tlj 10h-18h. Entrée : 7 € ; 5 € enfants plus de 5 ans. Plus* *d'infos sur • reservedupetitrhone.com •* Arrêt sur la D 202, route de Saint-Gilles, au hameau de Sylvereal, pour qui voudrait profiter des 70 ha de réserve 100 % nature et sauvage d'un domaine laissé dans son jus. Un site privé où, au détour de sentiers balisés, on peut observer la flore et la faune (étangs, cabanes d'observation), mais aussi pique-niquer, se détendre.

LE CAILAR (30740)

Le rond-point par lequel on arrive au village du Cailar est tout un symbole, puisque 3 taureaux s'y retrouvent : l'un en sculpture, l'autre en peinture, le 3e en... sépulture. C'est en effet ici que repose à jamais, debout et sous les tridents du gardian, le fameux « Sanglier ». Aucun doute : on entre là dans « La Mecque de la *bouvine* ». Tous les prés environnants sont occupés par les célèbres manades locales, et la fête votive est ici une institution.

Le village est typique : placette ombragée, ruelles circulaires, arènes classées...

VIVE LA JEUNESSE !

De drôles de dessins illustrent l'encadrement des portes dans les villages de Petite Camargue. Jadis, les conscrits passaient de maison en maison récolter quelque argent. Pour remercier le donateur, l'orchestre jouait l'aubade et on dessinait sur sa façade le signe de l'année. Cette tradition s'est perpétuée aux jeunes organisateurs des fêtes locales. Tous les ans, un signe est choisi (tête de taureau, symboles de la vie locale...) et marqué au pochoir sur les façades, accompagné du millésime et des lettres VLJ (Vive La Jeunesse). On en trouve encore datant d'il y a plus de 100 ans !

SAINT-LAURENT-D'AIGOUZE (30220)

Faites un tour sur la place du village, très vivante avec son ***arène*** accolée à l'église et ses terrasses de cafés tout autour. La seule place ronde du Languedoc- Roussillon où le toril se trouve dans l'ancienne sacristie de l'église ! Faut dire qu'ici, les ***jeux taurins*** sont pratiqués toute l'année : Printemps des Royales, fête des Clubs taurins... Tous les dimanches, au printemps, sélection des meilleurs taureaux sur fond d'ambiance garanti. La fête du mois d'août, le week-end suivant le 15 (jusqu'à 10 nuits et 10 jours plus tard), attire un large éventail d'amateurs partageant la *fe di bioù* (« passion du taureau »).

Où dormir ? Où manger ?

Hôtel Lou Garbin : *210, av. des Jardins. ☎ 04-66-88-12-74. • contact@lou-garbin.com • lou-garbin.com • Sur la droite de la route de Nîmes, à 7 km d'Aigues-Mortes. Congés : oct-fév. Doubles 85-100 €. Café offert sur présentation de ce guide.* Une halte agréable dans un village typique de la Petite Camargue. Jolies chambres à l'ancienne dans une vieille maison de maître, ou plus « vacances en famille » dans des bungalows autour de la piscine (chauffée), avec terrasse plein sud. Déco taurine dans les tons rouges pour exciter les jeunes mariés. Tennis, boulodrome, hamacs à disposition... Au petit déj, riche et varié, vous pourrez goûter au saucisson de taureau et autres spécialités locales.

Le Moulin de Saint-Laurent : *lieu-dit La Gare, route de Marsillargues. 06-52-14-52-28. • lemoulindesaintlaurent@gmail.com • lemoulindesaintlaurent.com • À l'entrée du village. Chambres tte l'année sur résa. Resto ouv jeu-dim. Doubles 90-120 € ; carte env 40 €. Apéro maison offert sur présentation de ce guide.* Drôle de lieu, un poil kitsch, un poil déjanté, au bord de l'eau, où l'on se sent bien. Chambres à thème que l'on quitte pour faire une grande balade à pied sur le chemin qui longe le canal, ou pour buller côté parc. Le petit déjeuner se prend en terrasse ou dans la salle du baby-foot, au milieu de radios anciennes et de pubs détournées. Quant à la salle de resto, elle tient plus de la guinguette et de la broc, mais la cuisine proposée à la carte est aussi précise, originale que savoureuse. Atypique et convivial, du début à la fin.

À voir. À faire au départ de Saint-Laurent

La tour Carbonnière : *sur la D 46.* Cette imposante tour carrée, construite selon la volonté de Louis IX, est visible depuis la route des Saintes-Maries. C'était une barrière de péage avant l'heure. Aigues-Mortes étant le verrou d'accès à la mer dans ce désert de marécages, une petite garnison détachée dans cette tour fortifiée avait pour mission de récolter manu militari le droit de passage des bateaux sur le canal. Un impôt qui rendit la ville richissime. Dans le cadre de l'opération Grand Site Camargue gardoise, joli petit cheminement en bois aménagé pour visiter les marais tout autour.

LE GRAU-DU-ROI (30240) 8 591 hab. *Carte Gard, C4*

À l'origine, un petit port de pêche le long du passage naturel entre l'étang et la mer, le *grau* en occitan. D'Henri IV à Napoléon, nombreux sont les souverains qui se sont penchés sur le destin de ce village. Un village qui a fêté ses 140 ans en 2019, en même temps que les 50 ans de Port-Camargue.

De nos jours, station balnéaire hyper touristique (le village passe de 9 000 à 120 000 personnes en été), Le Grau a su garder son port (le 1er en Méditerranée, devant Sète) et une petite partie de son charme d'antan avec son phare rénové, son pont tournant et son quai bordé de chalutiers et de palmiers... juste en face de son antithèse noyée de boutiques.

Le port de plaisance de Port-Camargue (il a failli s'appeler Port Espiguette) passionnera les amateurs de cliquetis de mâts dans le vent. Et ils seront servis : avec plus de 5 000 anneaux, Port-Camargue est le 1er port de plaisance d'Europe et la 2e marina au monde après San Diego (Californie). La promenade à pied, dans cet univers d'immeubles (certains sont classés au patrimoine du XXe s) et de canaux, est labyrinthique. L'architecte Jean Balladur s'est inspiré de ce qu'il avait vu en Floride. Il a dessiné un port d'escale et un lieu de vie. Les marinas, villas sur l'eau, sont orientées côté mer et les garages sont remplacés par des pontons : on amarre son bateau devant sa terrasse, on se reçoit entre voisins. Un style de vie au fil de l'eau qui fait des envieux : depuis la création de la loi littoral, aucune autre marina de ce type n'a été construite en France.

Cela dit, pour sortir du béton, 18 km de plages vous tendent les bras... que vous devriez songer tout de même à protéger des moustiques ! Surtout si vous avez choisi d'arpenter en fin de journée les 10 km de la plage de l'Espiguette, langue de sable fin unique en Europe, classée Grand Site de France.

Adresses utiles

Office de tourisme : *Villa Parry, rue du Sémaphore. ☎ 04-66-51-67-70. • letsgrau.com • Tlj sauf 1er janv et 25 déc : juil-août 9h-19h ; en avr (vac* *scol), mai-juin et sept-oct 9h30-12h30, 14h-18h ; nov-mars horaires réduits (fermé dim et j. fériés).*

La Maison méditerranéenne des vins, de l'olive et des produits régionaux : *route de l'Espiguette. ☎ 04-66-53-51-16. Tte l'année, tlj sauf 1er-15 janv et 25 déc.* Vente de produits régionaux dans un cadre méridional. Énorme bâtisse, où l'on peut passer des heures si l'on veut être conseillé, car le choix lui aussi est énorme.

Où dormir ?

Campings

Nombreux campings ombragés au bord de la route qui mène du Grau-du-Roi à la plage du phare de l'Espiguette.

Yelloh Village ! : *route de l'Espiguette. ☎ 04-66-51-16-16 ou 04-66-739-739. • info@les-petits-camarguais.fr • yellohvillage.fr • Du Grau-du-Roi, prendre direction Port-Camargue puis l'Espiguette, sur la droite. Ouv Pâques-Toussaint. Compter 19-60 € pour 2 ; mobile homes. 523 empl. sur les 3 campings.* Sur la route des plages, un camping haut de gamme en 3 quartiers et bien arboré qui propose surtout du locatif. Location de mobile homes bien équipés, recouverts de toit-paillote, avec clim et bain de soleil, certains les pieds dans le sable. Pour les familles, le quartier Côté Village possède une piscine-lagon superbe. Un vaste complexe sans complexe.

Camping de l'Espiguette : *route de l'Espiguette. ☎ 04-66-51-43-92. • reception@campingespiguette.fr • campingespiguette.fr • Du Grau-du-Roi, prendre direction Port-Camargue puis l'Espiguette, sur la droite. Ouv Pâques-Toussaint. Compter 14-36 € pour 2 avec une tente ; mobile homes et chalets. 2 000 empl. Réduc de 25 % pour une semaine réservée, hors juil-août, sur présentation de ce guide.* Le plus vieux et vaste camping du Grau, où l'on est sûr de trouver de la place pour sa tente même en haute saison. Immense, ombragé et familial, à défaut d'être moderne. Accès direct à la plage et petit port privé. Petit centre-commercial avec halte-garderie, laverie, supérette, boulangerie, pizzeria et location de vélos, piscine. Parc aquatique inclus dans le tarif.

Domaine Élysée : *980, route de l'Espiguette. ☎ 04-66-35-73-35. • domaine-elysee@odalys.com • odalys-vacances.com • Emplacements tente 22-45 €.* Belle situation au cœur d'un domaine arboré de 17 ha au bord de l'eau. 700 mobile homes avec terrasse individuelle. Ce village-club propose de nombreux équipements : terrains multisports, courts de tennis, kayak, minigolf, boulodrome, aire de jeux ainsi qu'un théâtre de plein air. Restaurant face à une piscine olympique à côté de laquelle a été aménagé un toboggan pour les plus petits. Clubs enfants et ados en juillet-août, et animations.

De prix moyens à chic

Hôtel Café Miramar : *25, av. Frédéric-Mistral. ☎ 04-66-51-40-51. • contactlemiramar@gmail.com • cafe-miramar.fr • Doubles 70-145 €. Petit déj-buffet sympa 12 €. 1 petit déj/chambre et par nuit offert sur présentation de ce guide.* Bien sûr, il y a la plage en face, la vue depuis les chambres, et la déco, marine et épurée, mais il y a surtout un accueil, une atmosphère qui font d'emblée la différence. Petit déjeuner complet servi face à la mer, en terrasse ou dans la salle du café (voir plus loin « Où manger ? »). Un des plus sympa que l'on puisse trouver dans le secteur.

Hôtel Les Acacias : *21, rue de l'Égalité. ☎ 04-66-51-40-86. • contact@lesacaciasencamargue.com • hotel-les-acacias.fr • Congés : déc-janv. Doubles 66-101 € ; familiales.* Un peu en retrait du quai Général-de-Gaulle et de l'agitation, ce petit hôtel 2 étoiles, qui ne paie pas de mine, abrite une trentaine

LE GARD

de petites chambres rénovées. Style contemporain, avec ou sans clim et frigo selon le prix. Également quelques familiales. Location de vélos. Accueil courtois et efficace du patron, un passionné de 7e art (son grand-père fut assistant du cinéaste Abel Gance).

Splendid Camargue : *21, bd du Maréchal-Juin. ☎ 04-66-51-41-29. • contact@splendid-camargue.com • splendid-camargue.com • ♿ Doubles 75-215 €, certaines avec clim. 1 bouteille de vin local offerte sur présentation de ce guide.* L'hôtel de station balnéaire des années 1930 dans toute sa splendeur. Situé pile-poil sur le front de mer, il offre décor et confort, qu'on peut qualifier de moderne. L'accueil est serviable et pro. Les chambres sur mer sont grandes, bien équipées et possèdent des balcons fort agréables en surplomb de la plage (et de la foule, en pleine saison). Sur l'arrière, chambres plus petites avec vue sur les toits, bien calmes. Fait resto. Mais surtout, plage privée bienvenue d'avril à septembre.

L'Oustau Camarguen : *3, route des Marines, à* ***Port-Camargue.*** *☎ 04-66-51-51-65. • oustaucamarguen@wanadoo.fr • oustaucamarguen.com • ♿ Resto fermé au déj lun-jeu. Congés : nov-mars. Doubles 90-180 € ; familiales. Menu 30 €. Apéro maison offert sur présentation de ce guide.* À côté de la marina, préservé de l'agitation, les chambres climatisées se déploient autour d'une grande piscine et d'un spa *(gratuit jusqu'à 16h30 ; payant ensuite),* avec hammam, jacuzzi et bassin chauffé. Excellent buffet au petit déj... mais gare aux *gabians* en terrasse (1 mn d'absence et les croissants partent en vacances !). Très bon resto également (ouvert aux non-résidents), avec un accueil aimable, surtout si vous avez réservé.

Où manger ?

Ville balnéaire, clientèle de passage, la gastronomie peine à séduire au Grau-du-Roi. Tandis que les prix, eux, se la jouent un peu trop. Cela dit, les tables ouvertes par les familles de marins pêcheurs sont l'idéal pour qui veut s'offrir un poisson grillé de la pêche du jour : en longeant le *quai Général-de-Gaulle,* quelques restos tiennent le cap et le quai, avec des terrasses souvent prises d'assaut aux premiers rayons du soleil. Outre *Le Petit Nice,* une adresse sympa sur les bords du canal, à 2 pas du pont tournant : ***Oh frère de la côte !*** Un resto dans l'air du temps baptisé ainsi en mémoire du marin pêcheur habitué du lieu tenu par les anciens propriétaires, qui utilisait cette expression pour les interpeller. Juste en face, sur le quai Colbert, ombragé et noyé de boutiques à touristes, ***L'Huître Rieuse*** a notre préférence pour sa simplicité et ses bons fruits de mer. Une station à découvrir avant la saison, lors des ***Graulinades,*** mi-avril, fête destinée à mettre la gastronomie locale à l'honneur.

De bon marché à prix moyens

Le Petit Nice : *36, quai Général-de-Gaulle. ☎ 04-66-80-00-04. Fermé mer. Congés : de mi-nov à début fév. Formule déj en sem 18 € ; menu 25 €. Café offert sur présentation de ce guide.* Sur le quai ensoleillé, coquillages et crustacés, on a l'air (marin) dans la tête sur cette terrasse pourtant à l'abri du vent, et au soleil. Spécialités : poulpe de roc, thon rouge en tartare ou *a la plancha,* plus escargots murex et soupe de poissons. Énormes salades-repas. Vin des sables bio.

L'Assiette Amoureuse : *11, rue Victor-Granier (pl. du Marché). ☎ 04-66-53-88-46. • babethbeltran@msn.com • En plein centre. En saison, tlj ; fermé mer et ts les soirs hors saison. Congés : déc-janv. Formule déj 24 €, menu 30 €.* Il y a de la couleur sur les murs, de la fraîcheur dans les assiettes et des sourires autour des tables, c'est plutôt bon signe. Idéal pour un poisson grillé, une marmite du pêcheur ou un plat du jour, avec différents légumes cuisinés de manière variée. Une petite affaire familiale qui tourne rond. Terrasse ombragée sur la place.

|●| ⛱ ***L'Oasis :*** *Le Grand Pavois, quai d'Honneur, à* ***Port-Camargue.*** *06-77-51-82-01. • geraldine.bascoul@wanadoo.fr • ♿ Fermé mer et le soir lun-mar hors saison. Congés : 10 j. à la Toussaint et Noël. Formule déj 14,50 € (sauf dim) ; carte env 30 €. Café ou thé offert sur présentation de ce guide.* Dans son petit resto refait au goût du jour, Géraldine a la conversation généreuse et la voix qui porte malgré les tintements des mâts voisins. Sur ce quai d'Honneur, elle met un point d'honneur à servir du poisson frais, que l'on vous conseille *a la plancha,* tout simplement. Nouvelle terrasse accueillante.

LE GARD

De prix moyens à chic

|●| ⛱ ***Café et Playa Miramar :*** *25, av. Frédéric-Mistral. ☎ 04-66-51-40-51. • contactlemiramar@gmail.com • ♿ Le midi, formule 19,50 € ; menu 32 € ; carte env 40 €.* Mieux vaut éviter les grands week-ends pour profiter d'un resto qui affiche sa différence à la carte comme dans l'ambiance, qui rappelle d'autres plages, côté îles. Ceviche de thon, poisson grillé... De Pâques à fin septembre, il y a en plus *Playa Miramar,* le bar de plage, avec ses transats, son bar à cocktails, ses grignotages maison. Très sympa !

|●| ⛱ ***L'Amarette :*** *8, av. Lassere, centre commercial Camargue 2000, à* ***Port-Camargue.*** *☎ 04-66-51-47-63. • contact@l-amarette.com • ♿ Tlj sauf lun en juil-août ; fermé mar-mer le reste de l'année. Congés : de mi-déc à fin janv, 1re sem des vac de Pâques et de la Toussaint. Formules déj en sem 27,50-33 € ; menus 45-55 € ; bouillabaisse pour 2 à 46 €. Café offert sur présentation de ce guide.* D'accord, il faut oublier l'environnement béton, mais l'adresse est une valeur sûre en matière de poisson et de fruits de mer. Très, très clean, et on aime la belle vue sur le golfe. Terrasse panoramique.

Où boire un verre ?
Où grignoter sur le pouce (ou sur la plage) ?

🍷 ⛱ Faites un tour quai Colbert, si la foule ne vous fait pas peur. Le rétro ***Grand Café de Paris*** est ouvert d'avril à septembre. Sur le quai d'Honneur, à Port-Camargue, plusieurs adresses pour faire une pause. On aime bien ***L'After Espiguette*** *(Le Grand Pavois, 4, av de l'Hermione ; tlj sauf mar. 06-61-22-34-09).* Des planches de tapas locales généreuses à partager dans une ambiance très olé-olé. Vins de la région exclusivement. 🍷 ⛱ Entre mai et septembre, la plage de l'Espiguette (parking des Baronnets) accueille l'***Oyat Éco-Plage,*** une cabane dans le vent, face au soleil couchant, pour déguster un cocktail accompagné de tapas, parfois en musique. Mais c'est une quinzaine de bars et cabanes éphémères qui se montent, avant les vacances de Pâques, et qui vous proposent transats, *happy hours, after beach* ou soirées d'été selon l'heure et l'humeur. Un de nos préférés, au Grau, reste le ***Playa Miramar*** (voir « Où manger ? »). Tester aussi la plage privée du ***Splendid Camargue,*** avec matelas, parasols, transats, embarcations à pédales et bar ouvert sur le grand large. À chaque plage son style : bohème, familial, nature chic...

À voir. À faire

🚶 ***Le quai Général-de-Gaulle (rive droite) :*** balade à ne pas faire aux heures de pointe, de préférence, sauf à midi si vous voulez déjeuner chez un marin pêcheur (voir l'intro de « Où manger ? »). Arrêt à la ***villa des Dauphins,*** bâtisse construite en 1900 dans un style « baroque balnéaire » par une riche famille qui avait fait son blé dans la boulangerie. À l'extrémité du même quai, ne pas rater le ***phare,*** datant de 1828 (qui a « passé le fanal » à celui de l'Espiguette). Le plus ancien de la région, habité jusque dans les années 1970 et aujourd'hui réhabilité. Sa placette a été réaménagée en lieu de promenade, en attendant la création de la future « cité de la mer et des pêcheurs ».

Seaquarium : *av. du Palais-de-la-Mer. ☎ 04-66-51-57-57. • seaquarium.fr • Rive gauche, direction Port-Camargue. Oct-mars, tlj 9h30-18h30 ; avr-juin et sept, tlj 9h30-19h30 ; juil-août, tlj 9h30-23h30 ; dernier billet 1h avt fermeture. Entrée : 14,50 € ; 10,50 € enfant ; tarif famille 45 € ; réduc ; gratuit moins de 5 ans.* Vastes aquariums qui accueillent 200 espèces de poissons et invertébrés marins et le *Requinarium* (!) de 1 000 m^2, où nagent 25 espèces de requins. Spectaculaire, l'arrivée des requins qui passent au-dessus de vos têtes et sous vos pieds, dans le tunnel. Ne pas manquer les requins-zèbres ni les raies qui se déplacent façon *Star Wars,* sans oublier le face-à-face avec les mérous-géants, les murènes et autres poissons-pierres... Avec ses fausses statues de l'île de Pâques, le grand bassin des phoques et des otaries est une attraction appréciée des gamins. Voir aussi le dentier reconstitué du Mégalodon, le plus grand squale de la planète, il y a 2 millions d'années. En fin de visite, les enfants apprécieront les « frigos de l'angoisse », bien plus modernes que les questions-réponses au début du parcours. Ils peuvent même toucher de petits requins (sous surveillance !) et contempler le bassin à hippocampes. Un film est d'ailleurs consacré à leur reproduction sur place. Découvrez aussi l'Imaginarium, nouvel espace consacré à l'imaginaire marin. Bar, resto, boutiques, plage, comme il se doit.

La pointe de l'Espiguette : *le parking Espiguette (celui à gauche du minigolf du même nom) est gratuit, mais il faut marcher 500 m jusqu'à la mer. Sinon, parking des Baronnets, payant avr-sept (6 €/j. ; 7h30-18h45). Pensez à emporter une crème anti-moustiques, d'autant que le moustique-tigre est arrivé jusqu'ici !* À droite, un phare du XIXe s, toujours en fonctionnement (qui devrait ouvrir au public en 2020). Par un sentier à travers les dunes, on accède à ce superbe site naturel. Avec la Camargue gardoise, il a été classé Grand Site de France. Une immense plage de quelque 11 km bordée de dunes plantées de pins parasols. La 1re moitié est tout public, avec quelques plages privées qui proposent des sandwichs et des boissons fraîches, et louent des parasols et matelas. Plus loin, c'est plutôt un espace naturiste pas triste.

➢ Pour les plus courageux, le ***cordon de dunes*** de la pointe de l'Espiguette offre l'une des promenades les plus surprenantes du coin : des dunes, la mer, des kilomètres de nature vierge de toute construction. Attention, une dune peut en cacher une autre, est-ce un mirage ? Vous n'y serez pas tout seul en été, mais comme le site est vaste, on sème assez vite les tire-au-flanc. À l'est, on peut aller jusqu'à la prise d'eau des salines d'Aigues-Mortes, 8 km environ. À l'ouest, jusqu'à Port-Camargue, par les campings.

➢ ***Promenades et pêche en mer :*** les catamarans *Providence* et *Picardie* proposent des virées qui ont toujours leurs adeptes. Un peu trop de monde parfois, les bateaux accueillant de 50 à 100 personnes. Réservations et départ au bout du quai Colbert. Croisière vers Sète, Palavas, Les Saintes-Maries-de-la-Mer et parties de pêche. Aboyeurs et aboyeuses savent convaincre les plus réticents, au dernier moment. À Aigues-Mortes, le ***bateau* Saint-Louis** propose désormais des croisières depuis Le Grau *(📱 06-27-24-03-89).*

– ***Kayak, canoë et paddle :*** ***Espace Éco-Pagayeur,*** *base nautique du Vidourle, sur la D 62A. ☎ 04-66-93-88-09.* Location du matériel adéquat et prêt de manuels pour effectuer l'un des 4 parcours (de 1h30 à 3h30), entre le plan d'eau du Vidourle et l'étang du Ponant. Une super idée !

– ***Kitesurf :*** le Grau-du-Roi est un spot incontournable pour les adeptes de ce sport inventé ici dans les années 1995. Un vent favorable toute l'année, une côte bien dessinée et régulière, un climat doux, des températures de l'air et de l'eau clémentes, des mises à l'eau faciles : autant d'atouts qui ont favorisé le développement de ce sport qui fait de plus en plus d'adeptes. Des écoles de *kite* et loueurs de matériel se sont organisés pour enseigner ce sport.

– ***Équitation :*** ***L'Écurie des Dunes,*** *1745, route de l'Espiguette. 06-83-07-84-34. À env 3 km du Grau-du-Roi, sur la gauche de la route. Et* ***Mas de l'Espiguette,*** *1795, route de l'Espiguette. ☎ 04-66-51-51-89. Tte l'année, tlj.* Promenades dans les marais et au bord de la mer, de l'heure à la ½ journée, selon les niveaux.

– ***Cabaret équestre des sables :*** *1745, route de l'Espiguette, D 255B. ☎ 04-66-80-40-42. • cabarets-equestres.fr •* Des chevaux, des cavaliers, une ambiance bohémienne, du flamenco, des repas traditionnels, vous mélangez tout ça, et ça donne une drôle de cuisine familiale, où tout le monde met la main à la pâte pour que la soirée soit réussie. Spectacles avec ou sans repas, sur résa.

– Pour un ***safari en Camargue,*** voir nos adresses dans les « Adresses utiles » au début du chapitre de la Petite Camargue.

Fêtes et manifestation

– ***Les Graulinades :*** *2e sam d'avr.* Fête de la gastronomie méridionale.
– ***Fête de la Saint-Pierre :*** *en juin.* Célébration de la Saint-Pierre. Procession de la statue du saint patron des pêcheurs, bénédiction et sortie en mer des bateaux, joutes languedociennes, concours d'*abrivados,* où les taureaux fous se ruent dans la ville.
– ***Fête locale :*** *2 sem mi-sept.* Avec joutes languedociennes, lâchers de taureaux et courses camarguaises. La fiesta !

AIGUES-MORTES (30220) 8 630 hab. *Carte Gard, C4*

• Plan *p. 451*

Ce modèle d'architecture militaire médiévale destiné à défendre la porte vers l'Orient du royaume de France est devenu un lieu touristique très prisé. Et la vieille cité a été heureusement largement préservée des errances qui ont défiguré d'autres sites en France. Les efforts en matière d'environnement ont payé : en 2014, la Camargue gardoise a obtenu le label Grand Site de France, et une maison d'accueil est implantée depuis à la Marette. Aigues-Mortes offre une part de rêve, un soupçon d'irréel à quiconque l'approche, aux heures de grand reflux surtout, quand la cité retrouve un rythme apaisé.

UN PEU D'HISTOIRE

C'est d'ici, dans un paysage de marais, de sable et d'eau, que le roi ***Louis IX partit pour les croisades*** (après, on ne parla plus que de Saint Louis, pour ceux qui auraient oublié son matricule). Il faut imaginer ce que pouvait être le port d'Aquæ Mortuæ (« eaux mortes ») au tout début de son aménagement, dominé par une

UNE PINCÉE DE SEL POUR RELEVER LE QUOTIDIEN

On récolte le sel dans la région depuis l'Antiquité. Les fonctionnaires chargés de la récolte et de la commercialisation du sel recevaient une partie de leur solde en sel : le salarium, *d'où le mot « salaire ».*

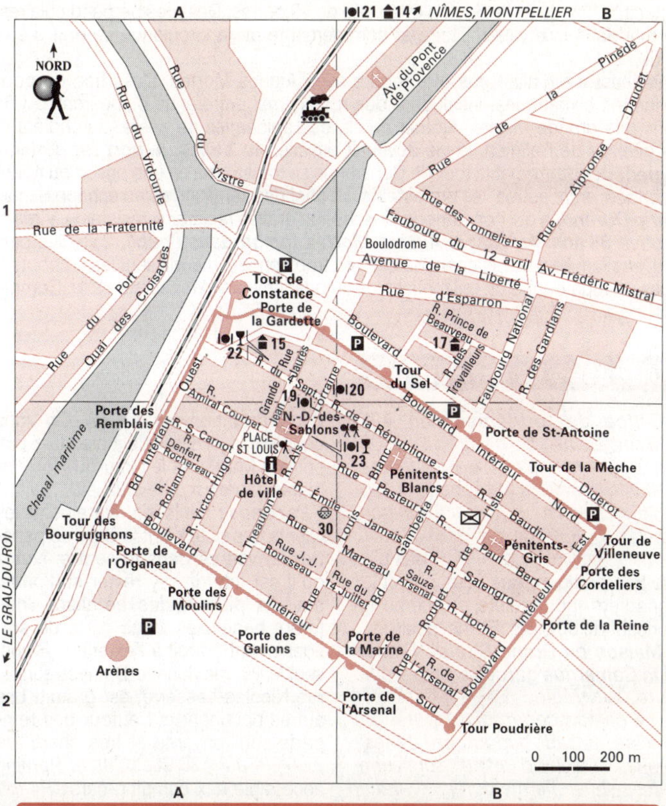

AIGUES-MORTES

■ **Adresse utile**

- Office de tourisme (A2)

Où dormir ?

- **14** Hôtel Canal (hors plan par B1)
- **15** Hôtel Les Remparts (A1)
- **17** B & B Farniente (B1)

Où manger ?
Où boire un verre ?
Où grignoter sur le pouce ?

- **19** L'Aromatik (A1-2)
- **20** L'Atelier de Nicolas (A-B1)
- **21** Boem Restaurant (hors plan par B1)
- **22** Le Dit-Vin (A1)
- **23** Papy Moïse (A2)

Où acheter de bons produits ?

- **30** Chez Olméda – Fougasses d'Aigues-Mortes (A2)

tour en bois édifiée par les Mérovingiens, la « Mafatère », et par l'abbaye des moines de Psalmody. Dotée d'une charte qui en faisait une véritable « zone franche », destinée à attirer les marchands de la Méditerranée, Aigues-Mortes devint rapidement un ***passage incontournable.*** Et donc, par souci de protéger la ville, ***alors seul port méditerranéen du royaume de France,*** Saint Louis fit construire en hâte la tour de Constance. Après sa mort, 20 années suffirent à l'édification de l'enceinte, flanquée de 6 tours et percée de 10 portes. Des rues perpendiculaires, normal dans une ville militaire et commerçante où la circulation se doit d'être fluide.

Mais l'histoire n'allait pas être tendre avec Aigues-Mortes. Désertion du port, désastres climatiques, insalubrité des marais mal entretenus plongèrent la ville dans une grande misère. Ajouter à cela des épidémies de peste, de choléra et les guerres de Religion, la vie devenait difficile. ***Au XVIIe s, le port fut définitivement condamné*** et la tour de Constance se transforma en une prison où furent enfermés, entre autres, les protestants. Le chef des camisards s'en échappa, mais ***Marie Durand,*** à qui l'on attribue l'inscription gravée *register* (« résister »), ***y resta captive 38 ans. Au XIXe s, Aigues-Mortes tomba dans l'oubli.*** 2 siècles plus tard, ses familiers se plaignent qu'elle soit trop connue, maudissent les embouteillages, et regardent d'un œil méfiant les aménagements extérieurs du site. Comme quoi...

Adresses et info utiles

i *Office de tourisme* *(plan A2)* **:** *pl. Saint-Louis.* ☎ *04-66-53-73-00.* • *ot-aiguesmortes.com* • ♿ *Juil-août, tlj 10h-18h ; avr-juin et sept-oct, tlj 10h-12h30, 13h-17h ; nov-mars, lun-sam 10h-12h30, 13h-16h (ouv dim vac scol). Fermé 1er janv et 25 déc.* Plan très bien fait, très pratique, que vous cherchiez manadiers, boutiquiers ou même un fabricant de bougies. Borne tactile.

■ ***Maison du Grand Site de France de la Camargue gardoise :*** *la Marette, route du Môle.* ☎ *04-66-77-24-72.* • *camarguegardoise.com* • *En principe, tlj sauf dim-lun et j. fériés ; horaires variables d'un mois sur l'autre, se renseigner. Fermé oct-janv. Gratuit hors animations.* Espace d'exposition sur le rôle de l'homme dans la Camargue gardoise. Également un espace accueil, une boutique et un sentier d'interprétation sur 1,6 km. On vous conseille la jolie balade à pied (5-6 km) entre la Maison et le Grau-du-Roi : flamants, taureaux, chevaux, etc.

– ***Parkings :*** seuls les riverains et les clients des hôtels ont le droit de pénétrer en voiture dans le centre. Notez qu'il est interdit d'y rester stationné, mais la plupart des hôteliers vous feront bénéficier d'une carte de stationnement gratuit à l'extérieur. Sinon, seul le *P8,* rue Jeanne-Demessieurs et rue Nicolas-Lasserre, est gratuit. Les autres parkings tout autour des remparts sont payants et très chers *(de 2,80 €/h à 31,20 € les 24h !).* Parking accessible aux camping-cars : *P4 (bd Diderot ; env 22 € les 24h)* et aire privée *Les Poissons d'Argent (voie rapide D 62 ;* 📱 *06-77-92-32-60 ;* • *lespoissonsdargent.com* • *; 10-11 €/24h).*

Où dormir ?

Prix moyens

🏠 ***B & B Farniente*** *(plan B1,* ***17****)* **:** *10, rue des Travailleurs.* 📱 *06-87-43-92-50.* • *lacamarguaise@sfr.fr* • *farniente-chambres-dhotes-camargue.com* • *Doubles 73-76 € ; familiale.* Dans une ruelle bien cachée, quasiment en face des remparts, voici le tout petit repaire de Gudrun, tombée sous le charme de la Camargue il y a plus de 30 ans et qui en est devenue l'une des plus ardentes promotrices (elle vous donnera plein de tuyaux !). Chambres simples et petites, à la déco personnelle et colorée. Patio sympa pour papoter et prendre son petit déj.

De chic à beaucoup plus chic

🏠 ***Hôtel Les Remparts*** *(plan A1,* ***15****)* **:** *6, pl. Anatole-France.* ☎ *04-66-53-82-77.* • *contact@hoteldesremparts.net* • *hoteldesremparts.net* • ♿ *Doubles 140-370 € ; familiales. Petit déjeuner 21 €. Réduc de 10 % sur le prix de la* *chambre pour tte résa sur leur site avec le code « Routard » ou sur présentation de ce guide.* Un bel hôtel ancien, entièrement rénové, face à la tour de Constance. Très classe, mais pas classique, loin de là. 14 chambres avec vue, au charme actuel et au confort contemporain. Une terrasse avec vie aussi, face aux remparts. Spa. Ici, mieux vaut réserver, les habitués reviennent, ce qui est toujours bon signe. Très bon petit déj. Piscine.

Hôtel Canal (hors plan par B1, **14**) : *440, route de Nîmes. ☎ 04-66-80-50-04. • contact@hotel-canal.fr • hotel-canal.fr • ♿ En direction de Nîmes, le long du canal du Rhône à Sète. Congés : 2 sem en fév. Doubles 89-158 €. Parking.* C'est l'autre hôtel contemporain d'Aigues-Mortes. Ça ne se voit pas depuis la route, mais il se révèle fort élégant à l'intérieur, voire bucolique du côté du canal et des péniches. Déco dans l'air du temps, soit du métal, du volume et des contrastes de couleurs ! Piscine côté canal. Petit déj-buffet servi en terrasse.

Où manger ? Où boire un verre ? Où grignoter sur le pouce ?

Le Dit-Vin (plan A1, **22**) : *6, rue du 4-Septembre. ☎ 04-66-53-52-76. • le.dit.vin@orange.fr • Tlj midi et soir. Tapas et planches 8-20 € ; formules 11-19 € le midi ; menu 38 €.* Un décor de bistrot bourgeois avec des vieilles pierres, un patio, une verrière, une cave à vins visible sous les pieds et une brocante chic et rassurante. Bar à vins et à tapas, parfait pour l'apéro, un grignotage ou la concrétisation d'un flirt en bonne voie. Pour qui a dépassé le stade du flirt, côte de taureau ou épaule d'agneau à partager.

Papy Moïse (plan A2, **23**) : *10, rue Alsace-Lorraine. 📱 06-13-08-01-40. • vincentculotte@orange.fr • En principe tlj sauf mar hors saison, plus certains mer ; mieux vaut appeler. Au déj, menu 22 € ; plats 22-35 €.* C'est le bar (à huîtres et à coquillages) où l'on vient voir et éventuellement se faire voir... enfin, vous verrez ! Toujours de l'ambiance chez *Papy Moïse,* devenu une petite institution, atypique et incontrôlable. Vous êtes prévenu !

L'Atelier de Nicolas (plan A-B1, **20**) : *28, rue Alsace-Lorraine. ☎ 04-34-28-04-84. • latelierdenicolas@live.fr • ♿ Fermé dim soir et mer-jeu. Menus 34-38 € ; carte env 55 €.* Le néobistrot dans le vent, avec un « militant du goût » qui a tout compris en offrant (façon de parler, mais les prix sont justes !) de bons produits et de la créativité, tout en respectant les envies de terroir de ses clients (taureau de Camargue AOP toute l'année). Petite salle contemporaine avec cuisine ouverte. L'accueil est speed et efficace, la résa indispensable.

L'Aromatik (plan A1-2, **19**) : *9, rue Alsace-Lorraine. ☎ 04-66-53-62-67. • restaurant.aromatik@hotmail.com • ♿ Fermé mer-jeu. Formule 24 € le midi ; carte 38 €.* Bistronomique et *Aromatik,* ça rime, et surtout ça devrait être le cas partout, comme les mots « cuisine maison ». Ici, on a de la chance, tout ça sonne juste, vrai, sans prétention. Une belle adresse avec une petite terrasse qui ne demande qu'à s'étendre au soleil.

Boem Restaurant (hors plan par B1, **21**) : *253, av. du Pont-de-Provence. ☎ 04-34-28-42-30. • boem30@hotmail.fr • Tlj sauf sam (midi seulement hors saison), plus lun-mar hors saison. Congés : janv et nov. Menu déj 24 € ; carte env 39 €. Café offert sur présentation de ce guide.* Ne demandez pas le chemin de *Beeeuhm* à un local, il se moquerait de vous. On l'adore, cette « Bohème » chic... Rien de plus tendance que de venir se réfugier ici, loin de la foule, dans ce cadre moderno-ethnique avec vue sur le canal. Le chef est un passionné de *MediterrAsian food.* Du fait maison à déguster au calme, en terrasse, en regardant au loin la foule qui se presse à l'entrée d'Aigues-Mortes.

Où acheter de bons produits ?

Chez Olméda – Fougasses d'Aigues-Mortes *(plan A2, **30**)* **:** *32, rue É.-Jamais. ☎ 04-66-53-73-42. Tlj sauf mar 6h-13h, 16h-19h. Congés : 2 sem fin janv, 1 sem fin juin et 2 sem fin oct.* Jadis réservée aux 13 desserts de la table de Noël (à l'instar de la *pompe à l'huile* de Provence), voici une sympathique sucrerie aromatisée à la fleur d'oranger pour caler un petit creux ! Également des fougasses salées, *of course !*

À voir

– ***Visites guidées :*** *tte l'année sur résa, avec les associations* En Vadrouille, *06-41-67-90-75 (8 € ; réduc, pour les groupes uniquement), et* Escapades guidées, *06-78-03-87-07 (à partir de 11 €, réduc).* Découverte des chapelles des Pénitents-Blancs, des Pénitents-Gris, ainsi que de l'église Notre-Dame-des-Sablons.

L'enceinte : *accès au chemin de ronde des remparts par la tour de Constance (plan A1). ☎ 04-66-53-61-55. Mai-août, tlj 10h-18h15 (fermeture de la caisse) ; sept-avr, tlj 10h-13h, 14h-16h45. Fermé certains j. fériés. Entrée : 8 € ; réduc ; gratuit moins de 25 ans, et moins de 18 ans accompagnés d'un parent. Compter 1h30 de visite.* Baladez-vous sur le chemin de ronde : le tour fait 1 634 m, on est à 11 m de haut, et on ne se lasse pas d'admirer l'état de conservation parfaite de cette enceinte. Arrêt à la *tour de Constance (plan A1),* la plus pittoresque. Tour principale de l'enceinte à l'origine, elle a servi de phare et de prison (45 templiers y furent enfermés au XIVe s). 190 marches à grimper pour accéder à la terrasse, mais panorama inoubliable. Quant à la *tour des Bourguignons (plan A2),* elle évoque l'un des épisodes sanglants de la guerre entre Armagnacs et Bourguignons : en 1421, ces derniers ayant été saignés, paraît-il, comme des porcs, leurs corps furent empilés ici, avec entre chaque couche une épaisseur de sel ! Raconté ainsi par un guide, on ne sait jamais si c'est du lard ou du cochon... Expos temporaires.

LES TEMPLIERS, GRANDEUR ET DÉCADENCE

Cet ordre très chrétien fut créé en 1120, pour sécuriser les croisés en Terre sainte. Ces moines-soldats avaient droit de vie et de mort. Ils creusèrent un port, près d'Aigues-Mortes, pour les bateaux qui partaient aux croisades. Financiers avisés, ils gardaient même les trésors royaux. Jalousés, les chefs furent brûlés vifs, l'Ordre, dissous en 1291 et leurs biens, confisqués.

L'église Notre-Dame-des-Sablons *(plan A2)* **:** *en principe, tlj 8h30-19h (18h en hiver).* De style gothique primitif, elle a remplacé en 1246, à la demande de Saint Louis, l'ancienne église de bois et de roseaux. On est frappé par son extrême dépouillement. Tables d'autel dépourvues de toute décoration, anciennes tables d'ouvriers de ferme. Statue de Saint Louis du XVIIe s. Les étonnants vitraux modernes sont l'œuvre du peintre contemporain Claude Viallat.

La place Saint-Louis *(plan A2)* **:** envahie par une ribambelle de cafés, de restaurants touristiques et de grandes terrasses noires de monde en été. Arrêtez-vous à l'***ancienne chapelle des Capucins*** si l'exposition du moment vous intéresse, et fuyez vite par les chemins de traverse pour découvrir la ville ancienne. Admirez au passage la ***chapelle des Pénitents-Blancs*** et celle des ***Pénitents-Gris*** *(plan B2)* si elles sont ouvertes.

À faire au départ d'Aigues-Mortes

➢ ***Randonnée pédestre :*** *cartoguide en consultation libre ou en vente (5 €) à l'office de tourisme.* Suivre le chemin de halage vers le nord sur 8 km environ, jusqu'au pont des Tourradons ; tourner à gauche sur une petite route récemment réaménagée (pour les vélos, les rollers), devenue une voie verte sur le trajet de la fameuse *Viarhôna.* Tout à coup, le paysage change : ce sont les prés du Cailar où paissent les taureaux. Une petite route à ornières coupe les champs. Ne jamais traverser les prés, ne jamais ouvrir une barrière, ne jamais exciter les bêtes, un accident est vite arrivé. On longe ces prés jusqu'au Vistre, un petit ruisseau qui serpente, puis par la tour Carbonnière on rejoint les remparts. C'est long, c'est beau, c'est plat !

– ***Balade en péniche :*** *départ de l'embarcadère au pied de la tour de Constance.* **Bateau Iris** *(📱 06-07-25-96-84),* **Péniches Isles de Stel** et **Bateau Constance** *(📱 06-10-90-16-68). Circuits de 2h-2h30. Prestations et tarifs similaires (12-19 €).* Sur les canaux de la Petite Camargue et le Vidourle avec arrêt dans une manade de taureau. Un poil promène-touristes.

Fête et manifestations

Tous les rendez-vous culturels sur le site ● *ot-aiguesmortes.com* ● En voici une petite sélection.

– ***Festival Marguerite :*** *fin juil.* Festival de danse et de musique.
– ***La Saint-Louis :*** *autour du 25 août.* Damoiselles et damoiseaux animent la cité aux couleurs du Moyen Âge. Défilés historiques, marché et bal médiéval, feu d'artifice.
– ***Fête locale :*** *10 j. mi-oct, après les vendanges et la récolte du sel.* À ne manquer sous aucun prétexte. Des arènes hors les murs. Les gradins ? Des « théâtres » de 2 m de large, un par famille ; on tire au sort l'emplacement. Pendant 1 semaine, le *toro* roi à toutes les sauces : *abrivado, bandido,* courses camarguaises. Peu de touristes, mais tous les habitants et les manadiers des environs. Il faut souligner toutefois que ce genre de fête n'est pas sans danger : si les manadiers ont l'habitude d'esquiver les coups de corne ou de faire le mort quand le *toro* leur passe dessus, le néophyte n'a pas de tels réflexes, et risque gros.
– ***Marché de Noël et patinoire :*** *de mi-déc à début janv.*

DANS LES ENVIRONS D'AIGUES-MORTES

Le domaine royal de Jarras : *☎ 04-66-51-17-00.* ● *domainedejarras.com* ● *À 4 km au sud d'Aigues-Mortes, sur la route du Grau-du-Roi, sur la gauche (panneau). Boutique ouv avr-sept, tlj 10h-18h ; oct-mars, ven-sam 10h-17h. Visites avr-sept seulement. Horaires variables, appeler avt. Entrée : 10 €.* Le petit train vous emmènera dans le plus grand vignoble d'Europe (près de 2 000 ha, propriété du groupe *Vranken-Pommery*), qui produit un vin très particulier puisque les ceps poussent dans le sable, ce qui lui a permis d'échapper au phylloxéra au XIXe s. C'est le plus grand domaine viticole conduit en bio d'Europe. Superbes foudres. 2 autres visites possibles sur rendez-vous : la présentation de la manade et des chevaux, et le tri des taureaux par les cavaliers. Sinon, vous aurez l'occasion de découvrir d'autres petits producteurs en suivant la route des étangs, ci-après...

Le salin d'Aigues-Mortes : *route du Grau-du-Roi. ☎ 04-66-73-40-24.* ● *visitesalinaiguesmortes.com* ● *salins.com* ● *Ouv tlj de mi-mars à mi-nov. Compter 1h15 de visite guidée en petit train. En juil-août, départs env ttes les 30 mn, 10h-17h30 (17h avr-juin et sept), plus 1 départ à 19h30 de mi-juil à fin août* *lun-ven, au coucher du soleil ; mars et oct, seulement 4 départs 10h30-15h30. Entrée : 10,80 € ; 8,50 € enfant ; forfait famille 34 €. Sur résa, visites guidées en VTT (à partir de 13 ans ; durée : 3h) ; avr-fin oct, 1 le mat et 1 l'ap-m : 26 € avec son propre VTT, 31 € avec un VTT loué sur place. Balade pédestre guidée mai-sept sur résa : 19 €, 13 € enfant, 55 € famille.* À la fin du XVIIe s, 17 modestes saliniers exploitaient les marais. Dure tâche : leur espérance de vie était de 25 ans. Comme le disait un manadier : « Les femmes pouvaient donc espérer se marier 3 fois ! » Après les graves inondations de 1842, les propriétaires des terres se sont associés à un négociant montpelliérain pour fonder, en 1856, la célèbre *Compagnie des Salins du Midi* qui commercialise désormais le sel sous la célèbre marque *La Baleine.* L'exploitation que l'on visite ici couvre une superficie totale de 9 800 ha (soit l'équivalent de Paris intra-muros !). Le site accueille une faune et une flore intéressantes (et quelques moustiques...). Le faible degré hygrométrique de l'air et le fort ensoleillement favorisent la production : 15 000 t par jour pendant la récolte. Le sel stocké (entre 400 000 et 500 000 t) forme une impressionnante colline (appelée « camelle »), que l'on voit à des kilomètres à la ronde et que l'on peut désormais gravir jusqu'à une terrasse d'observation. Enfin, un espace d'exposition sur les sauniers et leurs outils, ainsi qu'une boutique, à destination des visiteurs, toujours plus nombreux : près de 130 000 par an désormais.

D'AIGUES-MORTES À SAINT-GILLES PAR LE CHEMIN DES ÉTANGS

Au hasard des petites routes qui sillonnent le plat pays se dévoilent des paysages particuliers. D'abord, la Sagne, la plus grande roselière d'Europe de l'ouest où officient encore de grands *sagneurs,* les coupeurs de roseaux qui fournissent le chaume des toits du nord de l'Europe. Et puis, des étangs, des *sansouïres* (zones humides où pousse la salicorne) et des rizières... Les modestes hameaux de Gallician et Franquevaux, tournés vers les étangs, sont charmants. De Gallician à Montcalm, les paisibles D 779 et D 179 traversent des paysages typiques de la Petite Camargue : notamment les étangs du Charnier et de Scamandre, le marais des Gargattes dont une partie est cultivée en rizières. Le tout ponctué de célèbres manades, comme la manade Saint-Louis, où la famille Groul organise l'été, tous les mercredis, des soirées camarguaises dans la grande tradition...

Où dormir ?

Chambres d'hôtes et gîte Les Pierrades : *106, rue du Château, 30600* ***Montcalm.*** *☎ 06-51-31-48-82. • contact@lespierrades.fr • lespierrades.fr • Entre Aigues-Mortes et Les Saintes-Maries-de-la-Mer. Résa conseillée. Double 65 € (80 € pour 4 pers) ; gîtes (5-7 pers) 335-590 €/sem. Réduc de 10 % sur le prix de la chambre (hors juil-août) sur présentation de ce guide.* Dans un hameau un peu perdu au cœur de la Petite Camargue, en face d'un ancien manoir, une adresse très simple chez l'habitant, quasiment à la ferme. Ambiance familiale avec jardin, potager et poulailler. Une seule chambre d'hôtes, indépendante, mais surtout 2 gîtes qui conviendront bien aux familles et aux routards. Piscine avec vue sur les vignes et l'église du village.

À voir. À faire

Le centre du Scamandre : *route des Iscles, à* ***Gallician.*** *☎ 04-66-73-52-05. • camarguegardoise.com • À quelques km de Vauvert en direction de Gallician.*

Mar-sam 9h-18h. Fermé j. fériés. GRATUIT, sauf pour les groupes en visite guidée (10-20 pers sur résa) ; livret découverte 1,50 €. Interdit à nos amis les bêtes, même en laisse, et aux vélos. Pour s'y rendre, on longe le canal dit de Capettes, où, en hiver, les *sagneurs* récoltent les roseaux qui serviront de couverture aux toits des maisons scandinaves. Le centre du Scamandre donne accès au cœur d'une réserve naturelle régionale vouée à la protection et à la mise en valeur du patrimoine camarguais. Des expositions itinérantes y sont régulièrement présentées. Et pour les travaux pratiques, on peut parcourir des sentiers de découverte, comme le *sentier du Butor étoilé* (aller-retour de 2 km au-dessus des marais, adapté aux fauteuils roulants) ou le *sentier de la Fromagère* (3,6 km). Au printemps et en été, vous sympathiserez avec des nuées d'habitants ailés, parmi lesquels des ibis falcinelles ! En hiver, canards et passereaux des roselières.

Cave coopérative de Gallician : *128, av. des Costières, à* ***Gallician.*** *☎ 04-66-73-31-65. • gallician.com • Tlj sauf dim 9h-12h, 14h-18h.* L'endroit idéal pour s'approvisionner en costières-de-nîmes AOC ou en vins de pays, avec environ 70 producteurs locaux qui travaillent le syrah, le grenache et le mourvèdre. Du rouge, majoritairement, mais aussi du rosé et du blanc. Emblème : le coq (ou plutôt 2) : avec un nom pareil, il va sans dire...

SAINT-GILLES

(30800) 14 000 hab. *Carte Gard, C4*

Au cœur du delta du Rhône, à 20 km au sud de Nîmes et à 16 km d'Arles, Saint-Gilles-du-Gard se trouve au centre d'une vaste plaine quadrillée de canaux et de vergers, de rizières (les seules de France) et de vignes (en pleine AOC costières-de-nîmes). Situé à l'emplacement de l'oppidum d'Héraclée, connu dès l'Antiquité, la commune ne possède qu'un seul véritable joyau : son abbatiale, chef-d'œuvre de l'art roman en Languedoc.

UN DES 4 PÈLERINAGES DE LA CHRÉTIENTÉ MÉDIÉVALE

À l'origine au VIIe s, un simple ermitage, fondé par Ægidius (Gilles). Vers l'an 1000, sa vie est connue dans toute la chrétienté. ***Un concile se réunit ici en 1042*** pour consacrer son tombeau autour duquel les miracles se multiplient.

Après Rome, Jérusalem et Saint-Jacques-de-Compostelle, Saint-Gilles-du-Gard, aux XIe et XIIe s, est le 4e ***point de ralliement pour les pèlerins.*** Ils sillonnent à pied les chemins de France et d'Europe et arrivent ici harassés, après avoir franchi l'Auvergne depuis Le Puy-en-Velay et les Cévennes par la voie Régordane, qui aboutit à Saint-Gilles via Alès et Nîmes.

C'est aussi le passage obligé de ceux qui se rendent à Saint-Jacques-de-Compostelle au départ d'Arles. Il y a enfin les Croisés qui attendent de partir pour Jérusalem. Ça faisait pas mal de monde autour du tombeau ! Il a donc fallu construire une grande basilique dès 1116. Moines-soldats, hospitaliers, templiers, banquiers y sont très actifs et le port importe de nombreuses marchandises d'Orient. Mais ***la création d'Aigues-Mortes par Saint Louis ruinera lentement cette prospérité médiévale.*** Et les guerres de Religion affaibliront la ville encore et encore...

Adresse et info utile

Bureau d'informations touristiques : *1, pl. Frédéric-Mistral. ☎ 04-34-03-57-90 ou 06-25-10-83-87. • contact@openimestourisme.com •*

openimestourisme.com • Juil-août, tlj 9h30-12h30 (12h dim), 14h-17h30, fermé dim ap-m ; mai-juin et sept, lun-sam 9h-12h, 14h-17h ; oct-avr, lun-ven 9h-12h, 14h-17h. Fermé j. fériés. Infos sur les visites de manades et de domaines oléicoles et viticoles. Sans oublier le château d'Espeyran, qui abrite les Archives de France et est ouvert lors de visites guidées exceptionnelles.

Où dormir ? Où manger ?

Prix moyens

Hôtel Le Cours : *10, av. François-Griffeuille. ☎ 04-66-87-31-93. • contact@hotel-le-cours.com • hotel-le-cours.com • Congés : 10 déc-10 mars. Doubles 50-110 € ; familiales. Formule déj env 14 € ; menus 21-30 €. Parking payant.* Une maison sous les platanes, abritant une trentaine de chambres. Préférer celles qui ont une déco contemporaine, bien plus agréables que les anciennes, surtout en été quand les prix montent. Cuisine de région de bonne facture. Accueil très aimable.

L'Atelier des Halles : *19, rue Victor-Hugo. ☎ 04-66-08-19-40. • contact@atelierdeshalles.fr • Oct-mai, ouv à midi mar-dim, plus le soir jeu-sam. Fermé à Noël et janv. Formule déj en sem 16 € ; le soir 32 €.* Retour au pays pour un jeune chef qui aime la convivialité, soigne la transparence pour les produits achetés, et joue à fond la carte bistronomique. Et ce n'est pas parce que les halles sont devenues un lieu de culture (non maraîchère, s'entend) que le petit voisin ne se met pas en frais tous les jours. Bon plat du jour le midi. Le soir, on est plus dans le style resto à tapas et bar lounge, et il y a de belles découvertes à faire pour les amateurs de vin régional, surtout quand un des producteurs locaux est de passage.

LE GARD

À voir

Visite de la vieille ville : se garer sur le parking Charles-de-Gaulle gratuit derrière la rue Gambetta, surveillé jour et nuit (excellente initiative), et partir à la découverte du cœur de la ville, intéressant et fort méconnu (document au bureau d'informations touristiques et application gratuite). On parcourt 5 siècles d'histoire entre les façades romanes (XIIe et XIIIe s) et de styles Renaissance ou moderne. Ne pas manquer les remparts et la porte des Maréchaux (face au bureau d'informations touristiques), la mairie (XIXe s) et le panorama qui va avec, place Jean-Jaurès.

L'abbatiale Saint-Gilles : *pl. de la République. Accès libre et gratuit à l'église haute. Découverte de la crypte et visite commentée du célèbre escalier à vis : billetterie dans l'abbatiale ; entrée : 3 €, réduc, gratuit moins de 18 ans. Visites guidées en été : rens au bureau d'informations touristiques.*
Classée au Patrimoine mondial de l'Unesco au titre d'étape sur le chemin de Saint-Jacques-de-Compostelle depuis 1998, l'abbatiale surprend au 1er coup d'œil par sa hauteur modeste. Vu de l'extérieur, l'édifice affiche, en plus de la tour carrée sur la droite, une longue façade ornée de 3 portails. Cette partie s'appelle l'*église haute,* par opposition à l'*église basse,* qui abrite une vaste crypte (l'une des plus grandes de France) où se trouve le tombeau de saint Gilles. Le charme opère : proportions parfaites, lignes sobres et pures, mine de rien on se trouve face à un chef-d'œuvre de l'art roman. De fait, l'abbatiale est l'aboutissement et l'apogée de 2 siècles d'iconographie romane (sur le portail nord, à gauche).
Édifiée au XIIe s, l'abbatiale était au Moyen Âge le 4e lieu de pèlerinage du monde chrétien après Rome, Jérusalem et Saint-Jacques-de-Compostelle. Les guerres de Religion ont réduit de moitié ses dimensions, et les saccages de la Révolution ont achevé de mettre à mal l'édifice. Dommage ! Nombre de visages ont en effet disparu de la façade, ce qui rend assez poignant cet évangile de pierre maltraitée.

– Le *portail* nord, à gauche, présente l'Adoration des mages au tympan. On voit encore de la polychromie qui date de l'époque de sa construction. À droite, le portail sud montre la Crucifixion. Mais c'est le linteau du portail central qui a le plus d'intérêt. Bien qu'abîmé, il est superbe. Notez comme les yeux, les cheveux et le plissé des vêtements des personnages sont finement sculptés.
– La *crypte romane* date de la fin du XIe s. Longue salle à 3 nefs, de 50 x 25 m, basse et voûtée. La crypte renferme, en son milieu, le sarcophage de Gilles, le doux saint à la biche, qui fut redécouvert en 1865 par un abbé. À noter : le plan incliné dit « escalier des Abbés », le puits, et le tombeau de Pierre de Castelnau qui rappelle la croisade contre les albigeois.
– *Le chœur roman en ruine :* situé derrière l'abbatiale, à l'extérieur. Il donne une idée de la grandeur de l'abbatiale au Moyen Âge. Conservé dans un pan de mur, l'escalier à vis fut un modèle de construction pour l'époque médiévale. Son étude demeure encore aujourd'hui une étape incontournable de l'apprentissage des compagnons tailleurs de pierre. Vues du dessous, les marches sont invisibles !

La Maison romane** (musée) :* *pl. de la Maison-Romane (qui communique avec la pl. de l'Abbatiale).* ☎ *04-66-87-40-42.* ***Fermé pour travaux. La maison natale du pape Clément IV (enfin, d'après la tradition...) abrite un musée d'archéologie et d'ornithologie de Camargue qui attend sa rénovation. La pierre des 4 apôtres (XIIe s), une statue polychrome du XIVe s (saint Gilles, *of course !*) et une maquette de l'abbatiale en liège réalisée au XIXe s sont les pièces les plus marquantes.

Fête et manifestations

– ***Feria de la Pêche et de l'Abricot :*** *fin août.* Avec corridas, *novilladas, romeria* et *cabestria.*
– ***Fête de la Saint-Gilles :*** *dernier w-e d'août.* Arrivée des pèlerins, procession le samedi, *abrivados, encierros,* courses camarguaises et *gase* (traversée des troupeaux de taureaux au canal) le dimanche matin.
– ***Crèche vivante :*** *1er sam des vac de Noël.*
– ***Pastrage Calendal :*** *le 24 déc.* Procession des gardians à cheval, bergers et troupeaux jusqu'à l'abbatiale.

DE SAINT-GILLES À BEAUCAIRE EN SUIVANT LE CANAL DU RHÔNE À SÈTE

Le canal, on le suit de loin, on le retrouve avec plaisir au détour d'un chemin, mais c'est lui qui donne tout son sens à cette balade aux portes de la Camargue. Arrêtez-vous pour découvrir la clairette-de-bellegarde, un vin blanc sec et tranquille (une des plus petites AOC de France), ou pour parcourir le *sentier Nature et Paysages* du château Mourgues du Grès *(● mourguesdugres.com ●).* **Le territoire de Beaucaire est très étendu, jetez un œil sur le site de l'office de tourisme si vous désirez dormir sur une péniche, pêcher, randonner dans le secteur** *(● provence-camargue-tourisme.com ●).* **Voici juste quelques-uns de nos coups de cœur.**

Où dormir ? Où manger dans le coin ?

Hôtel Domaine des Clos : *911, chemin du Mas-de-la-Tour, 30300* ***Beaucaire.*** ☎ *04-66-01-14-61.* *● contact@domaine-des-clos.com ● domaine-des-clos.com ●* ♿ *À 7 km au sud-ouest de Beaucaire. Congés :*

LE GARD

janv-fév. Doubles 103-158 € ; familiales. Apparts 2-7 pers. Table d'hôtes le soir sur résa lun en été env 32 € (20 € enfant) ; panier-repas 25 € (15 € enfant). En pleine campagne, ce superbe mas tout en pierre aligne autour de sa vaste cour un pigeonnier, une ancienne cave à vins, des écuries... plus 9 chambres et appartements de charme, hyper cosy, confortables et colorés. Accueil très sympathique de Sandrine et David. Grand parc planté de cyprès, palmiers et méga-piscine. Massages sur résa.

La Halte Nautique : *quai Paul-Riquet, port de plaisance,* ***Bellegarde.*** *☎ 04-66-20-61-69. • halte.nautique@yahoo.fr • Tlj sauf dim soir-lun. Plats 24 € ; formule et menu 28-32 €.* Face au canal, dans cette maison où l'on écluse toujours de bons canons, on goûte à des produits d'un terroir sans frontière : brandade maison, bouillabaisse. Terrasse en été, près du quai, cheminée en hiver. Le chef cuisine à l'humeur et à la minute, et n'est jamais aussi bon que lorsqu'il peut prendre son temps. Les grands week-ends ne sont pas l'idéal pour faire halte ici, mieux vaut le savoir.

À voir

Le mas gallo-romain des Tourelles : *4294, route de Saint-Gilles,* ***Beaucaire*** *(D 38). ☎ 04-66-59-19-72. • tourelles.com • (prévenir l'accueil pour avoir une aide). À env 4 km de Beaucaire, sur la droite. Juil-août, tlj sauf dim, 10h-13h, 14h-19h ; avr-juin et sept-oct, tlj sauf dim, 9h-12h, 14h-18h ; nov-mars, se renseigner sur le site. Vente et dégustation tte l'année, sauf 1er et 11 nov et Noël-Jour de l'an. Entrée : 5,80 € ; gratuit moins de 18 ans. Visite guidée : seulement à partir de 20 pers.* Des amphores découvertes sur le site de cette antique fabrique donnent une patine authentique à cette étonnante cave gallo-romaine en état de fonctionnement. Ne manquez pas la superbe cheminée ni le monumental pressoir *(torcularium)* reconstitué à l'aide d'un tronc d'arbre. Panneaux explicatifs bien faits. Le jardin romain qui mène au vignoble a été lui aussi reconstitué. Mais le nec plus ultra, c'est la dégustation de vins élaborés et élevés selon les méthodes en vigueur il y a 2 000 ans. Comme le *mulsum,* vin miellé que les hommes (seuls à y avoir droit !) buvaient au *gustatio* (l'apéro, quoi !). Ou le *turriculae,* vin blanc à base d'eau de mer et de fenugrec, dont le goût évoque quelque peu le vin jaune du Jura. Et le *carenum,* vin liquoreux à base de coing. Ici, les vendanges se font à l'ancienne. Vêtus de tuniques romaines, les vendangeurs récoltent les raisins à la main et les foulent ensuite de leurs pieds nus. Si vous n'êtes pas là pour voir ça, on vous les présente dans un film de 8 mn.

L'abbaye troglodytique de Saint-Roman : *à 5 mn par la D 38, puis la D 999, en direction de Nîmes ; bien indiqué. 07-81-56-44-51. • abbaye-saint-roman.com • Attention, le parking est gardé, mais le guichet d'entrée se trouve en haut de la butte (15 mn de grimpette). Juil-août, tlj 10h-13h, 14h-19h ; mars, tlj sauf lun, 14h-18h30 ; avr-juin et de sept à mi-oct, tlj sauf lun-mar mat, 10h-13h, 14h-18h30 ; de mi-oct à fév, w-e, plus mar-dim pdt vac scol 14h-17h30. Fermé par très mauvais temps. Mieux vaut vérifier les horaires hors saison. Entrée : env 5,50 € ; réduc ; gratuit moins de 18 ans.* À coup sûr, l'un des monuments les plus étonnants de la région, puisqu'il s'agit d'une abbaye troglodytique entièrement creusée dans le roc à partir du Ve s. La chapelle, les grandes salles, les cellules, tout a été taillé dans la masse ! Sur la terrasse supérieure, nécropole à ciel ouvert, et vue fantastique sur la vallée du Rhône.

Le Vieux Mas : *1352, chemin de Vegère, route de Fourques, D 15,* ***Beaucaire.*** *☎ 04-66-59-60-13. • levieuxmas33300@orange.fr • vieux-mas.com • Horaires variables, voir calendrier sur le site. Fermé janv. Entrée : 9,50-13 € selon spectacle ; réduc.* Reconstitution d'un mas provençal du XIXe s avec les animaux, les outils... et mise en scène de métiers disparus (maréchal-ferrant, bourrelier,

LE GARD

sabotier). Animaux de la ferme également, mêêê bien vivants ! Animations et spectacles *(w-e et pdt vac scol ; programme sur le site internet).* Snack, aire de pique-nique.

BEAUCAIRE

(30300) 17 000 hab. *Carte Gard, D3*

Aux confins du Languedoc et de la Provence, voici une vraie ville du Sud, à la fois traditionnelle et cosmopolite, livrant sans artifice ses beautés comme ses défauts, hôtels particuliers rénovés comme maisons délaissées. Poussez les portes, il y a des secrets et des petits chefs-d'œuvre bien cachés (en provençal, *Beaucaire* signifie « Belles pierres »). Le vieux château monte toujours la garde, les rues étroites bordées de maisons aux tuiles roses s'étirent nonchalamment, ménageant ici ou là un espace où se nichent d'adorables placettes, les plaisanciers accostent en plein centre et le Drac (dragon qui hantait les eaux du Rhône) ne fait plus peur à personne...

UN PEU D'HISTOIRE(S)

Le site est occupé dès l'âge du fer. À l'époque romaine, la ville installée au franchissement du Rhône, sur la célèbre *via Domitia,* s'appelle *Ugernum.*
Mais c'est Louis XI qui, ***en instituant en 1464 la foire de la Sainte-Madeleine,*** permet à Beaucaire, « capitale française des marchandises », de se faire, au fil des siècles, ***un nom dans toute l'Europe.*** Cette foire est particulièrement florissante aux XVIIe et XVIIIe s (50 000 à 60 000 visiteurs par jour pour une ville qui compte à l'époque 8 000 habitants). Un illustre inconnu y dîne, un certain soir de 1793, et rédige le *Souper de Beaucaire,* dialogue inspiré par une conversation avec les négociants sur la situation du pays. C'était Bonaparte. La fin des privilèges fiscaux à la fin de l'Empire et le chemin de fer (qui remplace la diligence immortalisée par Alphonse Daudet) entraîneront le déclin de la Sainte-Madeleine.

Adresse et info utiles

Office de tourisme Beaucaire Terre d'Argence à la Maison du tourisme et du patrimoine : *8, rue Victor-Hugo.* ☎ *04-66-59-26-57.* • *provence-camargue-tourisme.com* • *Sur les quais du port de plaisance. Tte l'année : avr-sept tlj (sauf 1er mai) 9h30-12h30, 14h-18h ; oct-mars, mar-sam 9h30-12h30, 14h-17h ; fermé j. fériés.* Accueil dynamique, efficace et souriant.

– ***Marchés :*** *animés jeu et dim mat, cours Gambetta et pl. Clemenceau (également appelée pl. Neuve, de la Mairie ou même du Marché !).*

Où dormir ? Où manger ? Où boire un verre ?

De bon marché à prix moyens

La Maison d'Olivier : *2, rue de la République.* *06-29-71-42-58.* • *contact@lamaisondolivier.com* • *lamaisondolivier.com* • *Doubles 60-120 €, petit déj inclus.* À 50 m du château de Beaucaire, dans une maison ancienne retapée, 3 chambres refaites au goût du jour, fort convenables pour le tarif demandé. Également 2 appartements équipés de cuisine pour se faire la popote. Accueil plus que gentil, presque timide, d'Olivier (qui, contrairement à ce que son prénom suggère, est ch'ti !), ainsi que de la bretonnante Véronique.

La Pause : *golf de Saint-Roman, 100, chemin de loton, à 10 mn du centre. ☎ 09-50-68-90-08 • bistro@golf-st-roman.fr • Tlj sauf lun-mar, le midi, plus le soir ven-dim. Menu 17,90 € le midi, carte env 38 €. Café offert sur présentation de ce guide.* Pour se mettre au vert, et profiter de la terrasse, de la pinède, du calme. Accueil sympathique, qui ne force pas la note. Déco de bistrot contemporain. En cuisine, Pauline joue la carte fraîcheur et inventivité, à commencer par l'aïoli ou le *fish & chips,* qu'elle interprète à sa façon. Et c'est très bon. Une pause revigorante.

Plus chic

Pour loger dans cette catégorie, pensez au magnifique *Domaine des Clos* dans le chapitre « De Saint-Gilles à Beaucaire en suivant le canal du Rhône à Sète » (lire plus haut).

À voir

– Le service Ville d'art et d'histoire *(situé à la Maison du tourisme et du patrimoine ; ☎ 04-66-59-71-34)* organise des ***visites guidées*** du centre ancien *(compter env 6 €).*

LE GARD

La Maison gothique : *8, rue Victor-Hugo. ☎ 04-66-59-26-57.* Mêmes horaires et ouvertures que l'office de tourisme au rez-de-chaussée. Construite au XVe s, cette maison est l'exemple le plus complet de l'architecture civile médiévale de Beaucaire. Une exposition permanente présente une maquette tactile de la demeure, des films, un plan en relief, un espace « Senteurs de garrigue »... Des expositions temporaires, « Reg'arts d'artistes en Terre d'Argence », présentent toute l'année photographies, peintures, sculptures, dessins...

La forteresse médiévale : *visite libre des jardins classés dans l'enceinte du château. Tlj en juil-août 9h30-18h. Le reste de l'année, tlj sauf lun-mar : 1er avr-15 oct 9h30-18h ; 16 oct-31 mars 10h-17h.* Résidence des comtes de Toulouse et citadelle puissante pendant le règne de Saint Louis, démantelée en 1632. Le château qui domine la ville présente toutefois quelques beaux vestiges du XIIIe s comme la tour ronde, la grande tour triangulaire et la chapelle castrale.

Le musée archéologique Auguste-Jacquet : *dans les jardins du château. ☎ 04-66-59-90-07. D'avr à mi-oct, mer-sam 9h30-12h30, 14h-18h (juil-août, ouv dim) ; de mi-oct à mars, 14h-17h ; fermé lun-mar. Entrée : 5 € ; réduc.* Archéologie, histoire de la ville, arts et traditions populaires, et expositions temporaires.

La collégiale Notre-Dame-des-Pommiers : *pl. Olivier-Lombard. Visible pdt les offices. Programme de visites disponible à la Maison du tourisme et du patrimoine.* Construite par Franque et Rollin au XVIIIe s, de style baroque, sa façade curviligne est ornée de bas-reliefs. Rapportée d'un édifice primitif, remarquable frise romane sur le côté droit figurant les épisodes de la Passion. Décor intérieur en marbre polychrome et nombreux tableaux de maîtres.

Les hôtels particuliers : *certains sont accessibles dans le cadre des visites guidées du centre ancien (voir plus haut).* Nombreux à Beaucaire, datant des XVIIe et XVIIIe s, ils représentent cette période de prospérité liée à la foire de la Sainte-Madeleine. Voir notamment ceux de la rue de la République : l'*hôtel de Clausonnette* au no 21, avec ses mascarons représentant les saisons, ou son voisin l'*hôtel de Margallier,* avec 2 atlantes encadrant l'entrée de beaux médaillons avec le monogramme du maître de céans (Jean-Baptiste Armand de Margallier).

L'hôtel de ville : *pl. Clemenceau.* Rénové, c'est une merveille (XVIIe s). Mais voyez aussi, à côté, une petite halle mignonnette. Et, à l'opposé, l'hôtel de Fermineau avec ses fenêtres à meneaux et gargouilles côté rue des Ursulines.

La place Vieille ou ***place de la République,*** avec ses belles façades, patchwork de styles et d'époques, ses arcades massives et terrasses à l'abri des platanes. Et le Drac, dragon mythique qui en son temps terrorisait la population, est revenu s'y poser à jamais. Cette sculpture en fer a été réalisée par une artiste staffeur de Beaucaire. 2 ateliers d'artisans sont installés sur la place : artiste verrier et céramiste ainsi qu'une jolie boutique de brocante.

Le port de plaisance et les ***quais*** bordés de cafés. Pour les marins d'eau douce, Beaucaire compte aussi une base nautique foisonnant d'activités... nautiques !

Fêtes et manifestations

Programme complet sur le site et dans la brochure de l'office de tourisme Beaucaire Terre d'Argence.
- ***Foire de l'Ascension :*** foire commerciale et brocante monstre occupant les boulevards Gambetta, Joffre et Foch.
- ***Rencontres équestres :*** *juil.* Le plus grand rassemblement de chevaux ibériques de France. Pas olé olé pour autant.
- ***Fête de la Madeleine :*** *fin juil.* Commémorant l'ancienne foire de la Sainte-Madeleine, elle s'ouvre par un défilé le 21 juillet et se clôt par l'*abrivado à l'ancienne* (défilé de gardians à cheval, charrettes, vieux vélos, taureaux, en tenues 1900). Sinon, expos, bodegas, concerts, *encierro* (lâcher de taureaux dans la ville), courses libres et corridas. Très, très grosse ambiance pour l'une des plus extraordinaires fêtes de la région.
- ***Les vendredis de Beaucaire :*** *ven soir en juil-août.* Artisanat, musiciens et spectacles de rue animent les quais du port de plaisance.
- ***Fête de la Vannerie :*** *2e w-e d'août à* ***Vallabrègues.***
- ***Foire aux chevaux :*** *1er dim de sept à* ***Fourques.***

L'UZÈGE ET LE PONT DU GARD

« L'Uzège » désignait par le passé une partie du diocèse d'Uzès. Forte de 193 villages au XVIIIe s, cette microrégion au nord-est de Nîmes ne couvre plus aujourd'hui qu'une quinzaine de communes. Petite mais superbe zone : de jolis patelins nichés dans les collines, des *capitelles* (cabanes de pierre, cousines des bories du Luberon) plantées dans la garrigue et, la perle dans son écrin : Uzès. Si vous nous avez suivis jusqu'ici et arrivez de Beaucaire après avoir visité Nîmes et la Petite Camargue, le contraste sera saisissant : laissez le pont du Gard pour plus tard et rendez-vous directement sur la place du marché à Uzès pour commencer ce chapitre en beauté.

UZÈS

(30700) 8 500 hab. *Carte Gard, C2*

• Plan *p. 465*

De loin, on aperçoit ses 4 hautes tours médiévales dressées au-dessus des toits de tuiles : signes d'un passé glorieux qui lui vaut le titre de « 1er duché

de France ». Un patrimoine digne d'un décor de cinéma, une beauté envahissante, latine jusqu'au bout des ongles.
Places à arcades, hôtels particuliers fiers comme des princes, on songe à ces cités-États de l'Italie médiévale où chaque pierre, chaque pavé est un début d'histoire...

BRÈVE HISTOIRE DU « 1ER DUCHÉ DE FRANCE »

C'est autour de la ***source d'Eure,*** toute proche, que l'on trouve les 1res traces d'ouvrages humains. Les Romains la captèrent, au début de notre ère, ***pour alimenter Nîmes en eau, via l'aqueduc du pont du Gard.*** Puis Uzès devint la « ***cité des évêques*** » ; 64 prélats, dotés d'un pouvoir important (celui de battre monnaie et de rendre justice), vont se succéder de l'an 419 à la Révolution.
Ensuite, en 1565, le roi Charles IX éleva la vicomté d'Uzès en duché. Il devint même en 1632 le « 1er duché de France ». Les ducs d'Uzès se plaçaient, dans la noblesse française, au 1er rang après les princes de sang, ce qui leur conférait droits et honneurs particuliers (dont celui de prononcer la fameuse phrase « le roi est mort, vive le roi », au moment crucial). Le duché est aujourd'hui encore détenu par la famille Crussol d'Uzès, dont l'actuel duc est le 17e du nom. ***C'est le plus ancien duché subsistant en France.***
La ville s'est ralliée à la cause protestante vers 1546. La révocation de l'édit de Nantes par Louis XIV provoqua le départ de la bourgeoisie active et industrieuse enrichie dans le textile. ***Le XIXe s fut synonyme de déclin,*** l'activité textile ayant été sévèrement touchée par la maladie du mûrier. En 1960, Uzès était un bourg méconnu, ruiné, délaissé. C'est à la suite de l'intervention de la marquise de Crussol d'Uzès auprès d'André Malraux, ministre de la Culture à l'époque, que la petite cité fut sauvée du pire.
Aujourd'hui, Uzès attire de riches étrangers désireux de se fixer en France, à commencer par nombre d'Anglais.

LE GARD

Adresses et infos utiles

Office de tourisme Destination Pays d'Uzès Pont du Gard *(plan A-B1)* **:** *chapelle des Capucins, 16, pl. Albert-Ier.* ☎ *04-66-22-68-88.* • *uzes-pontdugard.com* • *Mai-sept, tlj 9h30-18h (18h30 juil-août) ; avr et oct, lun-ven 9h30-13h30 ; nov-mars, lun-ven 9h30-12h30, 14h-17h30 ; sam 9h30-13h30 ; fermé j. fériés.* Efficace et accueillant. Visites guidées du secteur sauvegardé de la ville *(5 €)* sous la conduite d'un guide-conférencier.
– ***Randos pédestres :*** un sentier thématique, reliant la vallée d'Eure, près d'Uzès, à Sernhac, permet de découvrir des portions peu connues de l'aqueduc romain d'Uzès à Nîmes.
Location de vélos : *177, chemin du Pas-de-Loup, Mas d'Azur.* *06-20-94-71-82.* • *locationvelos.decouvriruzes.fr* • Possibilité de livraison gratuite dans l'Uzège (se renseigner).
Bus : *sur l'esplanade de l'av. de la Libération (plan A2). Infos auprès de liO (☎ 0810-33-42-73 ; • edgard-transport.fr •) à Nîmes.* Attention, en raison du marché sam matin, pas d'arrêt sur l'Esplanade mais au Refuge (stade de rugby) ; par ailleurs, peu de bus dim. ***Nîmes (lignes 152 ou 121) :*** horaires consultables en ligne. ***Pont du Gard :*** ligne 115. ***Alès et Avignon :*** ligne 115.

Marchés

– ***Marché des producteurs :*** *mer mat, sur la pl. aux Herbes.* Petit mais sympathique marché. Ne pas le manquer, toute la ville est là.
– ***Grand marché :*** *sam mat, dans tt le centre.* Extraordinaire déballage des produits du Languedoc et de Provence : olives, morue, fleurs séchées, légumes, herbes de la garrigue, miel et bien d'autres choses encore. Entre

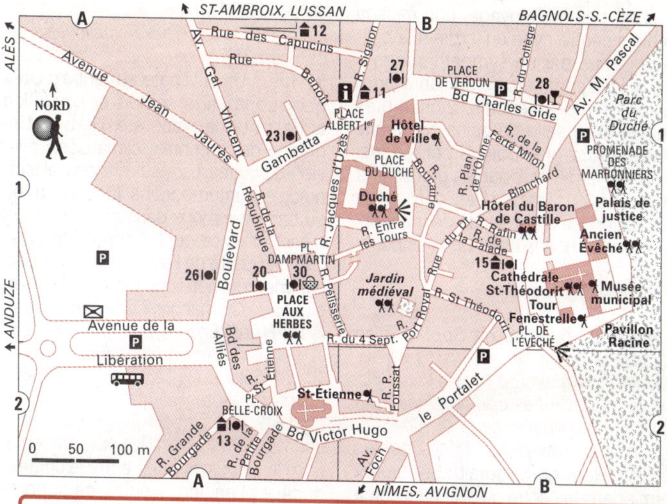

UZÈS

■ **Adresse utile**

- Office de tourisme (A-B1)

Où dormir ?

- **11** Hôtel La Taverne de Sophie (B1)
- **12** Chambres d'hôtes Mio Mundo (A1)
- **13** L'Hostellerie Provençale (A2)
- **15** Hôtel Entraigues (B1)

Où manger ? Où boire un verre ? Où grignoter sur le pouce ?

- **13** La Parenthèse (L'Hostellerie Provençale ; A2)
- **20** Le R (A1)
- **23** Ma Cantine (A1)
- **26** Au Petit Jardin (A1)
- **27** Le Carola (B1)
- **28** Le Comptoir du 7 et Les 2 Frères d'Uzès (B1)
- **30** Terroirs (A1)

Où acheter de bons produits ?

- **30** Terroirs (A1)

décembre et mars, on y trouve de la truffe.
– Et d'autres ***marchés annuels*** (artisanat et créateurs, poterie, laine, plantes, marché de Noël...). Se renseigner sur place ou sur • *uzes.fr* •

Où dormir à Uzès et dans les environs immédiats ?

De façon générale, Uzès propose des hébergements d'un charme relatif ou alors plutôt onéreux. Si ceux du centre sont complets, n'hésitez pas à faire quelques kilomètres pour vous mettre au vert, côté garrigue (voir aussi plus loin nos adresses dans « Les villages de l'Uzège »).

Bon marché

Chambres d'hôtes Mio Mundo *(plan A1,* ***12****) : 26-28, rue des Capucins.* *06-83-66-59-59.* • *miomundo@orange.fr* • *miomundo.fr* • *Doubles 49-59 € (2 nuits min) ; gîte 78-92 €. Parking (payant).* Pour les routards cool et ayant pas mal voyagé, une maison en plein centre avec un jardin à la balinaise, tenue par un sympathique routard qui fait commerce d'artisanat indonésien et sud-américain. 2 chambres d'hôtes avec salle de bains commune et un studio-gîte pour 3 personnes. Accès au jardin et, pour les gentils tout calmes, à la piscine. Pas cher, mais pas de service d'hôtel (pas de ménage, autrement dit). À la cool, on vous dit.

Prix moyens

Hôtel La Taverne de Sophie *(plan B1,* ***11****) : 4, rue Xavier-Sigalon. ☎ 04-66-01-75-18. • lataverne.uzes@wanadoo.fr • lataverne-uzes.com • Dans une petite rue qui donne sur la pl. Albert-Ier. Congés : fin nov-début déc. Doubles 70-80 €.* Pour qui voudrait absolument dormir dans le centre ou aller au cinéma juste à côté, une poignée de chambres dans l'hôtel et 3 autres dans l'annexe juste en face. Toutes climatisées, assez tranquilles et de bon confort. Certaines ont conservé quelques souvenirs de cette vieille maison (plafond à la française, murs de pierre). Accueil courtois.

De chic à plus chic

L'Hostellerie Provençale *(plan A2,* ***13****) : 1, rue de la Grande-Bourgade. ☎ 04-66-22-11-06. • contact@hostellerieprovencale.com • hostellerieprovencale.com • ♿ (avec assistance). Doubles 85-155 €.* Un petit hôtel au centre d'Uzès, qui joue la carte confort et discrétion, à 100 m de la place aux Herbes. Une dizaine de chambres, climatisées, avec vieilles poutres, carreaux anciens, et technologie contemporaine (douche à jets ou bains à remous dans certaines salles d'eau). Mais ce qui fait son vrai charme, c'est la qualité de l'accueil, le professionnalisme, côté hôtel comme côté resto (voir plus loin « Où manger ? *La Parenthèse* »).

Hôtel Entraigues *(plan B1,* ***15****) : 4, pl. de l'Évêché, rue de la Calade. ☎ 04-66-72-05-25. • info@hotel-entraigues.com • hotel-entraigues.com • ♿ Doubles 90-320 €, suites plus chères. Réduc de 10 % sur présentation de ce guide.* Situé entre le château ducal et l'ancien évêché, ce superbe hôtel particulier des XVe-XVIIe s a été entièrement restauré pour rester un hôtel particuliè... rement classe. Belles pierres, ogives et voûtes envoûtantes, bar avec expositions d'artistes, terrasse au 4e étage avec vue sur la cité, piscine... Et des chambres contemporaines, hyper confortables, certes pas toujours bien grandes et plutôt onéreuses, mais le pari esthétique entre l'ancien et le moderne est réussi.

Où manger ? Où boire un verre ? Où grignoter sur le pouce ?

La ***place aux Herbes*** est sans conteste *THE* rassemblement de restos-bars en tout genre. Le site s'y prête à merveille, et, quel que soit votre choix de terrasse, vous profiterez d'un superbe environnement, à défaut de toujours bénéficier d'une vraie cuisine. Autre lieu névralgique : le ***boulevard Gambetta*** (surtout du côté de la mairie). Ici, les occasions de trouver une table sous les platanes ne manquent pas.

De bon marché à prix moyens

Le Carola *(plan B1,* ***27****) : 4, pl. Albert-Ier. ☎ 04-66-22-71-20. • carolabar@hotmail.fr • ♿ Fermé Noël-début janv. Tlj sauf dim, à midi seulement. Formule déj 16 €. Carte env 18 €.* Un petit café populaire, tenu par des femmes souriantes. Rien de bien compliqué, des tartines et des salades, plus des soupes et gratins en hiver, le plat du jour et d'honnêtes desserts. Le tout pas cher et fait avec cœur.

Terroirs *(plan A1,* ***30****) : 5, pl. aux Herbes. ☎ 04-66-03-41-90. • terroirs.uzes@free.fr • ♿ Fermé le soir oct-mars. Carte env 25 €.* Sur la plus belle place de la ville, cette boutique-resto vend bien évidemment du vin et des produits régionaux (voir plus loin). Mais ce qu'on préfère, c'est la terrasse sur la place où l'on peut partager une assiette gourmande, une planche cévenole ou des tartines grillées au milieu d'une clientèle hétéroclite ! Délicieux foie gras au pain d'épice.

Ma Cantine (plan A1, **23**) : 22, bd Gambetta. ☎ 04-66-01-00-07. • ma.cantine@orange.fr • Tlj sauf jeu et dim. Formule et menu déj en sem 14-17 € ; carte 23 €. Cantine du tout-Uzès le midi, peut-être. Mais Fabienne et Thierry jouent la carte bar à vins et grignotage en soirée, et ça leur va bien aussi. Produits du coin : charcuterie d'Anduze, brandade de Nîmes, pélardons de Saint-Maurice-de-Cazevieille ; tout ça, ça donne soif ! Terrasse mi-ombre mi-soleil qui incite au farniente.

Au Petit Jardin (plan A1, **26**) : 66, bd Gambetta. ☎ 04-66-81-56-88. Tlj sauf jeu et dim. Carte 35 €. Pour une ambiance musicale autant qu'amicale, allez tenter votre chance au nº 66 du boulevard le plus célèbre de la ville, avec son patio-jardin et sa jolie cuisine de marché.

De prix moyens à chic

Le R (plan A1, **20**) : 6, pl. aux Herbes. ☎ 09-70-35-98-24. • restaurant-r@orange.fr • Tlj avr-oct ; le reste de l'année, seulement à midi sauf lun, plus ven-sam soir. Carte env 35 €. Dans un recoin de la belle place aux Herbes, quoi de mieux que ce bout de terrasse pour prendre l'*R* du temps aux beaux jours ? Si c'est plein, il y a la petite salle bistrot, vite remplie elle aussi. Il faut dire que la maison cuisine les produits frais et locaux le plus possible, alors forcément ça se sait... Des entrées et des plats du style feuilleté miel-poireaux-chèvre, tête de veau ravigote, burger d'angus (fameux) ou encore le poisson du jour, entre autres. Sélection assez courte qui change chaque jour. Bon accueil.

Le Comptoir du 7 (plan B1, **28**) : 7, bd Charles-Gide. ☎ 04-66-22-11-54. Ouv mar-sam midi et soir. Formule et menu 18-23 € midi ; carte env 40-45 €. Le lieu est chic et branché, avec sa voûte longue comme un tunnel débouchant sur un patio ombragé et tranquille, à l'image d'Uzès. Une cuisine colorée, moderne, enlevée même, qui utilise les produits locaux et de saison, comme ça devrait être le cas partout. 7 toujours aussi remarquable.

Les 2 Frères d'Uzès (plan B1, **28**) : 5, bd Charles-Gide. ☎ 09-81-12-04-00. • les2freresduzes@gmail.com • Tte l'année, ouv lun et ven-dim. Résa indispensable. Menus 19,50-24,50 €. Grignotage et tapas autour d'un verre 8-15 €. Cavistes et restaurateurs, Renaud et Geoffroy sont là toute l'année pour faire plaisir à une clientèle fidèle, parlant souvent le français avec une pointe d'accent anglais. Une clientèle qui aime découvrir le vin d'un producteur du pays, et le plat qui va bien avec. Et ce serait une hérésie d'entrer ici tester les tapas, délicieuses, faites maison (avec la brandade de Monsieur Mouton et d'autres produits que vous avez peut-être déjà testés ici ou là) en commandant un coca !

La Parenthèse (L'Hostellerie Provençale ; plan A2, **13**) : 1, rue de la Grande-Bourgade. ☎ 04-66-22-11-06. • contact@hostellerieprovencale.com • Tlj sauf lun midi. Le midi, menu du marché 24 € ; le soir, menu 34 € ; carte env 45 €. Café offert sur présentation de ce guide. Une adresse cachée, vite remplie par les habitués séjournant dans ce petit hôtel de charme (voir plus haut « Où dormir ? »). Agréable terrasse sur le toit, à l'abri des regards, pour profiter tout à la fois du calme, de la vue et de la cuisine fraîcheur d'un jeune chef déjà récompensé, qui s'approvisionne au marché voisin et respecte les saisons, la tradition et les envies du moment.

LE GARD

Où manger dans les environs ?

Voir aussi, plus loin, nos adresses dans « Les villages de l'Uzège » et « Le pont du Gard ».

La Table 2 Julien : 12, route d'Uzès, 30700 **Montaren-Saint-Médiers.** ☎ 04-66-03-75-38. • lavandet.julien@orange.fr • Ouv mer-sam. Menu bistrot (déj) 30 €, menu du chef ven soir 55€. Le chef, enfant du pays, est revenu sur ses terres, pour le plus grand bonheur des habitués. Déco sobre, petite carte, du frais, du bien cuisiné, tout ce qu'on aime. La terrasse sur 2 niveaux est belle, et l'été se prolonge dans l'assiette, méditerranéenne, au sens le plus large du terme, avec des touches asiatiques. Une très bonne table, respectueuse des produits comme des clients.

Où acheter de bons produits ?

– Faites les ***marchés d'Uzès,*** le mercredi pour l'authenticité, le samedi pour le fun (voir « Adresses et infos utiles ») ; faites un tour au ***moulin à huile Paradis,*** à la sortie de la ville, si vous avez manqué la famille Paradis sur le marché ; et allez faire une provision de bonbons à la ***boutique Haribo*** pour le dessert (lire « À voir. Le musée du Bonbon Haribo »)...

Terroirs *(plan A1,* ***30****)* **:** *5, pl. aux Herbes. ☎ 04-66-03-41-90. ● terroirs.uzes@free.fr ● ♿ Fermé le soir en hiver.* Sur la place aux Herbes (nom donné au marché aux fruits et légumes dans le midi), cette boutique-resto vend surtout du vin et des produits régionaux (huiles, tapenade, herbes, miel, confiture, foie gras). Voir aussi plus haut « Où manger ? ».

Brasserie artisanale Meduz : *42, chemin du Mas-des-Tailles (route d'Alès). 📱 06-76-03-12-23. ● meduz.fr ● Tlj sauf dim 10h-19h. Visite guidée et dégustation (gratuite), sauf en période de production : 3,50 €.* Visite des installations, boutique et dégustation des bières maison, dont l'ambrée, notre préférée, aux parfums de fruits rouges et de caramel. La blonde est très couleur locale, elle aussi.

LE GARD

À voir

Uzès reste l'une des plus belles villes de France à taille humaine. Et si on vous livre ci-dessous quelques-uns des passages obligés du centre ancien, c'est en vous y baladant le nez en l'air que vous découvrirez les charmes et les secrets de la cité ducale.

Dans le centre ancien

Le Duché *(plan B1)* **:** *☎ 04-66-22-18-96. ● duche-uzes.com ● Tlj 10h-12h, 14h-18h (10h-12h30, 14h-18h30 juil-août). Entrée et visite guidée (tour, appartements, chapelle et caves) : 20 € ! Visite du donjon seul : 13 €. Le samedi, visite complète à tarif réduit : 10 € (gratuit moins de 12 ans le sam, moins de 7 ans les autres j.), profitez-en ! Sinon, prix vraiment, vraiment excessifs, dommage.*
C'est le nom donné à cet ensemble exceptionnel formé par le château des ducs d'Uzès, la chapelle, le vieux logis et la majestueuse tour Bermonde (ancien donjon), qui domine toute la ville. Cette propriété privée appartient au 17e duc de Crussol d'Uzès, à qui le château doit sa restauration complète au début du nouveau siècle. D'où le prix de la visite, un moment privilégié voulu par son propriétaire. Si les secrets d'histoire ne sont pas votre tasse de thé, vous pouvez très bien vous contenter de jeter un coup d'œil à la cour depuis le portail : à gauche, la tour de la Vicomté (XIVe s) et, un peu à droite, la silhouette massive de la tour Bermonde.
– *La façade Renaissance du corps de logis :* un chef-d'œuvre à voir à la lumière du soir. Elle date de la fin du XVIe s. C'est l'un des 1ers exemples en France de la superposition des 3 ordres classiques : dorique, ionique et corinthien. À côté, la chapelle gothique.
– *La tour Bermonde :* il faut gravir les 135 marches de l'escalier très étroit. Du sommet de ce donjon, on a une très belle vue sur Uzès et l'Uzège.

– *Les appartements :* le Duché étant habité, on ne visite que quelques pièces et salons en enfilade, décorés et meublés en style Louis XV et Louis XVI. On y voit surtout des souvenirs de famille (cadeaux, nombreux portraits), qui permettent au guide d'évoquer l'histoire des Crussol d'Uzès et de leurs figures les plus marquantes.

UNE DUCHESSE À PLEINE VITESSE

Née en 1847, veuve à 31 ans, la duchesse Anne hérita de son aïeule, l'illustre « veuve Clicquot », l'une des plus grandes fortunes de France. Monarchiste acharnée, elle se lança en politique avec la même passion que pour les chasses à courre (elle tua 2 056 cerfs dans sa vie !). Elle finança le général Boulanger pour renverser la République. Échec total. Féministe avant l'heure, elle milita pour le vote des femmes, fonda l'Automobile Club des Femmes et obtint la 1re (en 1897) un permis de conduire. Et une prune pour excès de vitesse, à 40 km/h. Destin décoiffant !

L'hôtel de ville *(plan B1) : face à l'entrée du Duché.* Bel édifice du XVIIIe s. La cour intérieure peut servir, lors de certains événements, d'espace d'exposition ou d'espace culturel. Très bien restauré.

La cathédrale Saint-Théodorit Saint-Firmin *(plan B1) :* à l'est de la ville, avec l'ancien palais de l'évêché attenant et la tour Fenestrelle, on a un ensemble vraiment beau. On peut tout de même être surpris par la façade plaquée au XIXe s sur l'originale, considérée comme trop pauvre. Tribune inférieure et rampe en fer forgé ont été ajoutées au moment de la révocation de l'édit de Nantes pour donner des places supplémentaires aux protestants désormais contraints d'assister à la messe... Commandé en 1679 et achevé un peu plus tard, l'orgue possède un double buffet peint et doré de toute beauté. Ses volets ont conservé leurs peintures d'origine : une œuvre d'art unique en France.

La tour Fenestrelle *(plan B1) :* campanile du XIIe s connu comme étant l'unique modèle de campanile rond à fenêtres. Malgré sa hauteur (42 m), la tour s'élève avec une légèreté étonnante grâce à ses 6 étages de fenêtres géminées placées en retrait du bâtiment. À l'intérieur, l'escalier en vis de Saint-Gilles permet de grimper au 1er étage. Il n'y a jamais eu d'escalier permettant d'aller plus haut : c'était un clocher avant tout. L'accès est fermé au public.

La terrasse et la promenade des Marronniers *(plan B1) :* un endroit romantique en automne (et un parking pratique en toutes saisons, tout à côté).

L'ancien évêché *(plan B1) :* construit entre 1662 et 1671 à l'emplacement de celui qui avait été détruit pendant les guerres de Religion. Beau portail en fer forgé du XVIIe s. Majestueuse façade classique à 4 niveaux, avec 2 imposants *atlantes* encadrant la porte d'entrée. Le même architecte réalisa également l'hôtel de ville et l'église Saint-Etienne. Ne se visite pas, hormis l'aile droite qui abrite le Musée municipal.

Le musée municipal Georges-Borias *(plan B1) : pl. de l'Évêché. ☎ 04-66-22-40-23. • uzesmusee.blogspot.fr • Juil-août, mer-dim 10h-12h, 14h-18h ; ouv mer et w-e seulement le reste de l'année. Fermé janv, 1er nov et 25 déc. Entrée : 3 € ; réduc.* Préhistoire, histoire, traditions d'Uzès, céramiques des XVIIe-XVIIIe s et souvenirs d'André Gide. Belles expos temporaires.

L'hôtel du baron de Castille *(plan B1) :* quand vous êtes sur la petite place devant la cathédrale, voyez à droite cette étrange demeure dont l'imposant péristyle peine à se faire oublier. À vrai dire, c'est l'un des plus prestigieux hôtels particuliers d'Uzès. Le baron de Castille, Gabriel Joseph Froment d'Argilliers de son vrai nom, est de ces grands voyageurs qu'on pouvait rencontrer sur les routes d'Europe au XIXe s. Grand amateur de l'Antiquité, il fut ébloui par la célèbre colonnade du Bernin à Rome. Alors il y est allé de bon cœur sur la façade de son hôtel particulier, et a même « colonnisé » le pavillon Racine et le château d'Argilliers. Sa 1re femme étant morte de chagrin après la Révolution, il se remaria avec la princesse de Rohan, de 38 ans plus jeune que lui. La grosse cloche de l'église Saint-Étienne a été surnommée « la Baronne » en son honneur.

La rue du Docteur-Blanchard (plan B1) **:** elle aligne quelques jolis hôtels particuliers ; fenêtres à meneaux guignant la rue, comme l'ancien hôtel de la Monnaie où les évêques n'ont jamais battu... monnaie, en fait, l'endroit étant tenu toujours secret manifestement (la plaque apposée sur le bâtiment est fantaisiste).

Le Jardin médiéval (plan B1) **:** *impasse Port-Royal. ☎ 04-66-22-38-21. • jardinmedievaluzes.com • Tlj avr-oct. Avr-15 juin lun-ven 14h-18h, w-e et j. fériés 10h30-13h, 14h-18h ; 16 juin-15 sept tlj 10h30-13h, 14h-18h30 ; 16-30 sept, lun-ven 14h-18h, w-e 10h30-13h, 14h-18h ; oct, tlj 14h-17h30. Entrée : 6 € ; gratuit moins de 12 ans. Visite guidée le matin sur résa (sauf juil-août).* Au pied des tours du Roi et de l'Évêque, en bas d'une chapelle qui servit naguère de prison, ce petit jardin constitue un îlot de tranquillité au cœur de la ville. Vous noterez les graffitis du XIVe s réalisés par les prisonniers. Lieu accueillant également des expositions et des spectacles. À noter que l'on peut monter à la tour du Roi et jouir d'un beau point de vue sur la cité.

L'église Saint-Étienne (plan A2) **:** *à 150 m de la pl. aux Herbes.* Reconstruite à la fin du XVIIIe s sur l'emplacement de l'église primitive détruite pendant les guerres de Religion, sa façade de style néogrec (ou jésuite baroque) est pour le moins sévère. Mais dès qu'un rayon de soleil se montre, la pierre s'enflamme. À l'intérieur, au fond de l'église, *Le Martyre de Saint Étienne,* copie du tableau de Lebrun qui se trouve au Louvre. Dans le chœur, 2 tableaux de l'école italienne : l'*Adoration des bergers* et l'*Adoration des mages.*

La place aux Herbes (plan A1-2) **:** lieu de marché et de rassemblement à l'occasion de victoires, de naissances dans la famille royale, d'épidémies, la place fut de tout temps l'épicentre de la ville. C'est ici qu'on proclama la signature de l'édit de Nantes par Henri IV et sa révocation par Louis XIV. Les protestants durent y abjurer publiquement leur « hérésie ». Au Moyen Âge, on y procédait aux exécutions capitales. Aujourd'hui, tout est plus calme, sauf les jours de marché. On retrouve cette jolie place dans des dizaines de films, dont *Cyrano de Bergerac* (de Rappeneau). Rien de superflu dans ce décor de vieilles maisons du Moyen Âge rhabillées aux XVIIe et XVIIIe s et joliment restaurées. La place, bordée de magnifiques arcades, est construite de manière irrégulière, comme le voulait l'époque. Au no 2, l'*hôtel d'Aigaliers* avec des pilastres à chapiteaux ioniques. Au no 5, maison d'angle avec une tourelle sur trompes. Au no 26, l'*hôtel de la Rochette* avec sa jolie façade du XVIIIe s.

En dehors du centre ancien

Le musée du Bonbon Haribo : *pont des Charrettes. ☎ 04-66-22-74-39. • museeharibo.fr • Juste avt d'entrer dans Uzès, à droite de la route venant de Remoulins. Juil-août, tlj 10h-19h ; le reste de l'année, fermé lun hors vac scol ; dernière entrée 1h avt fermeture. Fermé 3 sem début janv et 25 déc. Entrée : 8 € ; 6 € 5-15 ans. Boutique accessible sans passer par le musée tlj sauf lun hors*

RAMÈNE TA FRAISE, TAGADA !

Le papa de ces fameux bonbons était allemand. Il baptisa son entreprise d'un acronyme mêlant son nom à celui de sa ville d'origine. « Hans Riegel de Bonn » engendra « Haribo ». En revanche, et contrairement à ce que certains imaginent, comme il n'était pas musicien dans l'âme, ce n'est pas à lui que l'on doit l'immortel « Tagada, tsoin, tsoin... ».

juil-août, 10h-19h (20h en août). Près de 300 000 visiteurs par an, presque autant que les arènes de Nîmes, un succès acidulé étonnant. Sur 4 étages, on vous explique l'histoire de la célèbre marque et la fabrication de ces sucreries qui ont, un jour ou l'autre, marqué votre enfance. Les superbes affiches publicitaires sont aussi à l'honneur. Pour s'amuser en famille, espace interactif avec manipulations en tout genre, inspirées de la fabrication et ponctuées de petits défis à relever. Bien sûr, on a droit à un jeton, à insérer dans la salle des machines, pour repartir avec des sachets de bonbons ! Impossible en tout cas d'éviter la terrible boutique...

Le haras national : *chemin du mas-des-Tailles, à la sortie de la ville sur la route d'Alès. • ifce.fr • Visites guidées juil-août (tlj de mi-juil à mi-août sauf w-e et j. fériés) 10h-12h ; tarif : 8 €, réduc. Spectacles juil-août mer à 18h30.* Depuis la fermeture de celui de Rodez, le grand sud-est de la France ne compte qu'un seul haras national et il est à Uzès. C'est là que l'écuyer Lucien Gruss, de la célèbre famille du même nom, a longtemps officié. Aujourd'hui, les spectacles équestres sont renouvelés chaque été, combinant burlesque, tableaux artistiques et performances techniques pour le plus grand bonheur des familles. Gîte d'étape sur place joliment équipé pour 12 personnes avec 3 dortoirs *(compter 16 € la nuit ; 8 € 3-13 ans. Infos et résa : 06-86-46-44-18).*

Fêtes et manifestations

– ***Journée de la truffe :*** *3e dim de janv, sur la pl. aux Herbes.* Démonstrations de cavage (quand les chiens ou les cochons cherchent l'or noir), rencontre avec des trufficulteurs. Menus à base de truffes dans les restos de la ville.
– ***Festival Uzès danse :*** *mi-juin. Rens : ☎ 04-66-03-15-39. • lamaison-cdnc.fr •* Pour les amoureux de la danse contemporaine.
– ***Festival de la BD – Rencontre de l'illustration et de la BD :*** *1er w-e de juil.* Auteurs et passionnés sont au rendez-vous.
– ***Festival nomade des musiques du monde Autres rivages :*** *2de quinzaine de juil, à Uzès et dans les villages alentour. • autres-rivages.com •* Un panorama de toutes les musiques au travers de concerts à des prix abordables.
– ***Festival Nuits musicales d'Uzès :*** *2de quinzaine de juil. • nuitsmusicalesuzes.org • Infos à l'office de tourisme.* Créé en 1970, c'est l'un des moments forts de l'été. Concerts dans la cour du Duché et dans la cathédrale Saint-Théodorit. Au fait, pourquoi les « Nuits » d'Uzès ? Parce que le festival commence à la nuit tombée, mais aussi en souvenir de cette belle phrase de Racine à propos de la ville où il passa des vacances chez son oncle : « Et nous avons des nuits plus belles que vos jours... »
– ***Fête votive :*** *4 j. autour du 1er w-e d'août.* Quand les taureaux pointent leurs cornes dans le centre-ville d'Uzès ! En parallèle, ***festival Les électros d'Uzès***.
– ***Festival Uzès en scène :*** *2de quinzaine d'août. Festival de l'humour qui depuis quelques années, connaît un succès grandissant. Fous rires garantis !*

DANS LES ENVIRONS D'UZÈS

Le pont Saint-Nicolas : *à 9 km au sud d'Uzès.* Voici un très bel ouvrage médiéval, bâti par les Templiers (fini en 1260), plus précisément par leur « filiale » dans les Ponts et Chaussées, la *Confrérie de l'ordre du pont,* qui édifia aussi le fameux pont d'Avignon. À l'époque des croisades et grands pèlerinages, le pont Saint-Nicolas était un point crucial pour la traversée de l'impétueux Gardon entre Nîmes et Uzès, et donc une excellente source de revenus (puisque payant !). Le bel ensemble visible sur la rive gauche est un prieuré contemporain de Philippe le Bel, qui souffrit des guerres de Religion et fut maintes fois partiellement rebâti.

LES VILLAGES DE L'UZÈGE

Carte Gard, C-D2

Un circuit pour vous permettre de découvrir, autour d'Uzès, quelques-uns des trésors cachés de ce pays, avant de vous laisser au pied du pont du Gard, ou presque.

SAINT-QUENTIN-LA-POTERIE *(30700)*

À 5 km au nord d'Uzès.

Faut-il y voir un clin d'œil de l'histoire ? C'est dans ce village labellisé *Ville et métiers d'art* et capitale de la céramique qu'est né en 1823 Joseph Monier, l'un des inventeurs du béton armé... Mais le béton ici n'a pas supplanté les tuiles ni la terre cuite. À l'époque romaine, on y fabriquait déjà des amphores. Les papes d'Avignon se firent livrer 110 000 carreaux vernis pour orner les salles du palais des Papes. On y fabriquait aussi des pipes au XVIIIe s. En 1926, le dernier four de potier disparaissait. Depuis 1983, le village revit sous l'impulsion de la Maison de la terre et d'une vingtaine de céramistes qui vivent, produisent et vendent leurs œuvres sur place. Voyez d'ailleurs les plaques de rues, de factures et d'époques différentes mais toutes de céramique vêtues.

Adresse utile

Bureau d'information touristique Destination Pays d'Uzès Pont du Gard – Office culturel : *15, rue du Docteur-Blanchard. ☎ 04-66-22-74-38. • capitale-ceramique.com/fr/ • Au centre du village. Mai-sept, tlj sauf mer 9h30-13h, 15h-18h30. Office culturel ouv tte l'année.* 25 ateliers de céramistes à retrouver sur le plan de la ville. L'*Atelier Terre* propose des stages sur le travail de la terre toute l'année.

Où dormir ?

Camping

Domaine Le Moulin Neuf : *chemin du Moulin-Neuf. ☎ 04-66-22-17-21 📱 07-81-68-12-85. • lemoulinneuf@yahoo.fr • le-moulin-neuf.fr • ♿ D'Uzès, D 5 direction Saint-Quentin-la-Poterie puis Vallabrix (fléché). Ouv avr-fin sept (loc tte l'année). Compter 15,50-23,50 € pour 2 ; loc de mazets et bungalows. 131 empl.* Beaucoup d'ombre et d'espace dans ce parc de 5 ha situé à 1 km du village. Emplacements de 100 m², donc ce n'est pas une usine à mobile homes ! D'ailleurs, ici, on loue surtout des mazets, soit des maisonnettes en dur. Grande piscine bien agréable en été. Petite restauration. Accueil chaleureux.

Chic

Chambres d'hôtes Le Mas du Caroubier : *684, route de Vallabrix. ☎ 04-66-22-12-72. 📱 06-66-86-60-06. • contact@mas-caroubier.com • mas-caroubier.com • Doubles 100-150 € ; table d'hôtes 25 €.* Dans une vieille et belle bâtisse rénovée, à la lisière d'un quartier résidentiel et de la garrigue. Chambres et appartement bien équipés et calmes. Accès à une cuisine à chaque étage. Beau « bassin de nage » dans le jardin avec rosiers en fleur en saison et cuisine d'été. Bon accueil.

À voir

Le musée de la Poterie méditerranéenne : *14, rue de la Fontaine (dans la Maison de la terre). ☎ 04-66-03-65-86. • musee-poterie-mediterranee.com • Juin-sept, mer-dim 10h-13h (12h sept), 15h-19h (14h-18h sept) ; mai, tlj 14h-18h ; fév-avr et oct, mer-dim 14h-18h. Entrée : 4 € ; gratuit moins de 12 ans. Pass musée/tour de l'horloge 5 €.* Belle collection de poteries anciennes ou contemporaines, collectées dans l'ensemble du Bassin méditerranéen et présentées dans un espace lumineux et bien pensé. Incroyable, tout ce que l'on peut faire avec un peu de terre et d'eau : d'impressionnantes jarres crétoises à 3 anses, des lampes à huile, des pots à miel marocains, etc.

La galerie Terra-Viva : *14, rue de la Fontaine. ☎ 04-66-22-48-78. • terraviva.fr • Mai-sept, tlj 10h-13h, 14h30-19h ; mars-avr et d'oct à mi-nov mar-dim 10h-13h, 14h30-18h ; déc, w-e et vac scol seulement. Fermé janv-fév. GRATUIT.* Exposition-vente d'artistes contemporains qui présentent des pièces uniques de céramique. De superbes objets, bijoux et sculptures.

Manifestations

– ***Festival L'accordéon plein pot ! :*** *sem de l'Ascension.* Dédié à l'accordéon sous toutes ses formes.
– ***Braderie des potiers :*** *1er mai.*
– ***Terralha, Festival européen des arts céramiques :*** *ts les ans autour du 14 juil. Concours de la jeune céramique européenne ts les 2 ans (années impaires).*

LUSSAN (30580)

À 18 km au nord d'Uzès par la D 979.
L'un des plus beaux villages perchés du Gard, d'ailleurs labellisé « Plus Beau Village de France ». Superbe et intact. Un nid d'aigle replié sur ses quelques maisons et sur son château médiéval, tout en grosse pierre et dont la seule coquetterie est le rouge des tuiles de ses 4 tours d'angle. Le *barri* (rempart) autour du village réserve de bonnes surprises : maisons de maîtres austères, panoramas superbes sur l'Uzège, pompe à bras et puits. À la sortie de Lussan, vous pouvez partir à la découverte des ***Concluses*** dans le canyon de l'Aiguillon (voir aussi plus loin à Verfeuil dans « Balade entre Rhône et Cévennes, au fil de la Cèze. De Bagnols à Barjac en suivant les gorges de la Cèze »). Suivre la D 143, direction Verfeuil, puis panneau à gauche : on suit une jolie petite route sur 3,5 km bordée de buis. Après le parking, petite marche de 1 km.

Adresse utile

Bureau d'information touristique Destination Pays d'Uzès Pont du Gard : *Place des Marronniers. ☎ 04-66-22-70-91 ou 04-66-22-68-88. • Au centre du village agence postale. Mai-sept, lun-ven, 9h30-13h, 15h-18h30.*

Où dormir ?

Chambres d'hôtes Les Buis de Lussan : *rue de la Ritournelle. ☎ 04-66-72-88-93. • buisdelussan@free.fr • buisdelussan.free.fr •*

LE GARD

À l'entrée du village, sur le rempart sud. Fermé janv-fév. Double 90 € (dégressif à partir de 2 nuits). Table d'hôtes sur résa 30 € tt compris. Excellent accueil de M. et Mme Vieillot dans leur jolie maison du XIIIe s. Chambres charmantes à la déco provençale. Petit jardin aménagé avec amour (et avec jacuzzi), d'où l'on domine la campagne vallonnée alentour. Aux beaux jours, le petit déj comme le dîner se prennent là, sous la tonnelle. Quelques petits plats emblématiques comme le lapin au romarin, le *crépiou* à la brandade... Au soleil couchant, faites comme les locaux, le tour des remparts !

À voir

Les céramiques de Lussan : *mas de Fan, route de Saint-Ambroix. ☎ 04-66-72-90-92. • ceramique-de-lussan.com • Avr-sept, magasin ouv tlj 9h30 (10h w-e)-19h ; oct-mars, tlj sauf dim, 9h30 (10h sam)-12h, 14h-18h.* Un élevage de volailles bien particulier : ici naissent, depuis 1974, les pintades les plus célèbres de France... Également une boutique à Uzès *(7, rue Jacques-d'Uzès).*

Manifestations

- ***Festival Art et jardin :*** *fin avr.*
- ***Entre ciel et garrigue, festival art lyrique, théâtre, musique*** *: fin juil-début août. • festival-lussan.f •*
- ***Lussan se livre :*** *dernier dim d'août. • lussan-se-livre.fr •* Rencontre avec des écrivains et auteurs.

LE GARD

POUGNADORESSE (30330)

Lussan marquant la frontière entre l'Uzège et la vallée de la Cèze, vous pouvez emprunter, pour revenir vers Uzès, les chemins de traverse plutôt que de reprendre la D 979. À 15 km au nord-est d'Uzès, une fois passé Saint-Laurent-la-Vernède, faites une pause à Pougnadoresse. Un village au château massif, avec des maisons aux pierres roses et blanches donnant un joli relief aux murs. Vous êtes déjà presque arrivé au cœur des vignes vallonnées des Côtes du Rhône.

Où dormir ?

Chambres d'hôtes Maison Pons : *mas Carrière. ☎ 04-66-82-91-88 ou 06-08-32-46-44. • maison.pons@wanadoo.fr • maisonpons.com • ♿ À 2 km de Pougnadoresse par la D 166, vers Cavillargues, à droite (fléché). Double 70 € ; familiale. Table d'hôtes sur résa 25 €.* Au milieu des vignes et des cyprès, cette ancienne bergerie a pu renaître de ses cendres grâce à Florence et Mathieu. Dans la maison, plein d'affiches et de CD de jazz, leur grande passion. Florence, violoniste, a également à cœur de gâter ses hôtes à table, sous la tonnelle, d'une cuisine méditerranéenne à base de produits du jardin ou de la région. Piscine. Accueil très chaleureux.

SAINT-VICTOR-DES-OULES (30700)

À 8 km au nord-est d'Uzès.
Tranquille petit village célèbre pour ses carrières de quartzite et ses rochers de grès aux formes étranges. On y trouve encore des bois fossilisés, en cherchant bien... Allez donc visiter le ***jardin des Oules*** *(11, rue du Château,*

06-64-47-55-75 ; • lejardindesoules.com • ; juil-août, tlj sauf lun 15h-18h30, plus 3 premiers w-e de sept ; entrée : 5 €, réduc). Un jardin typique des belles demeures du XIXe s, avec bassins, grottes et rocailles, sculptures monumentales, labyrinthe d'oliviers et théâtre de verdure. Parcours rapide mais sympathique.

VERS-PONT-DU-GARD (30210)

Village fleuri, pittoresque et joli. Anciens lavoirs ombragés par des platanes, où il fait bon s'arrêter le temps de casser la croûte entre 2 gorgées de côtes-du-Rhône. Carrière de molasse (c'est le nom de la pierre !) exploitée depuis les Romains. Vestige de voie antique avec profondes ornières dans le roc et plein de balades possibles vers un certain pont qu'on vous présente plus loin, au cas où vous l'auriez loupé.

Où dormir ? Où grignoter et boire... à Vers et dans les environs ?

Camping

Camping international Les Gorges du Gardon : *762, chemin de la Barque-Vieille. ☎ 04-66-22-81-81. • gorges-gardon@capfun.com • camping-gorges-gardon.fr • Depuis Remoulins, route d'Uzès sur 4 km (fléché). Ouv fin mars-sept. Compter 19-40 € pour 2 ; mobile homes et chalets 245-1 022 €/sem. 200 empl.* Un camping très équipé, très fréquenté en été, avec un vaste terrain arboré. L'accès à la rivière est direct. Location de canoës, nombreuses activités sportives aux alentours, dont le kayak, le vélo et l'escalade. Espace aquatique avec 2 bassins et 2 toboggans géants.

Chic

Chambres d'hôtes À Gauche du Pont : *13, rue de La Rochelle. 06-85-47-38-74 ou 06-62-00-06-61. • contact@agauchedupont.com • agauchedupont.com • Dans le village même. Doubles 70-150 € (dégressif dès la 2e nuit) ; familiales.* On est accueilli avec chaleur par Véronique et Fabien dans leur belle maison située dans une ruelle étroite au cœur du village. Une chambre en rez-de-jardin, une suite familiale à l'étage et une autre chambre indépendante, mitoyenne d'un beau gîte, vous avez le choix. Le tout a été restauré en respectant les vieilles pierres, avec le confort d'aujourd'hui. Cerises sur le gâteau : le jardin, la piscine et... les confitures maison. Fabien vous indiquera ses meilleures balades, dont une qui permet une approche des vestiges du pont, vous savez, le pont du...

Chambres d'hôtes La Bastide de Boisset : *impasse des Micocouliers, 30210* ***Argilliers.*** *06-17-17-41-11. • phdecorneillan@yahoo.fr • bastidedeboisset.com • Sur la route d'Uzès ; à l'entrée du village, prendre à gauche, puis c'est fléché. Congés : de mi-nov à début mars. Doubles 80-90 € (+ 5 € pour 1 seule nuit) ; familiales. Table d'hôtes 23 €.* Bastide pleine de charme, qui cache 3 chambres et 2 suites, vastes et joliment décorées, chacune à sa façon. Petit déj délicieux. Une piscine (au sel), un spa, mais surtout un petit jardin extraordinaire : 350 variétés de plantes, des oiseaux, des batraciens et même des salamandres. Accueil enjoué. Excellent rapport qualité-prix au regard du cadre et du confort de cette adresse idéalement située.

La Grange : *1, pl. de la Fontaine. ☎ 04-66-72-65-45. • lagrange.vers@gmail.com • Ouv mer-sam 9h-21h, dim 10h-17h. Fermeture à minuit jeu en juil-août en cas de concert (programme sur le site • lagrangedevers.com •). Congés : 15 j. en janv et 1re quinzaine de nov. Tapas 4-10 €.* À côté du café du village... et pourtant si loin ! En surplomb de la place aux lavoirs, une

LE GARD

grange d'aujourd'hui, couleur métal rouillé. Café bobo par excellence, tenu par une Zimbabwéenne et une Américaine qui vendent leurs propres produits : cafés de petits producteurs et vin de la propriété. Pour ne pas défaillir, planches, charcuterie, tapas et bons gâteaux maison.

CASTILLON-DU-GARD *(30210)*

L'un des plus beaux villages du Gard, bâti sur une colline au-dessus du vignoble. Le seul de la région d'où l'on aperçoive au loin la silhouette du pont (juste derrière l'église). Ambiance médiévale et cadre préservé avec des mâchicoulis, maisons massives ou percées de fenêtres à meneaux, le tout baigné par la couleur miel de la pierre. La douceur de l'endroit appelle plutôt à la sérénité, et pourtant, il connut des épisodes tumultueux. Village catholique dans un environnement protestant, il fut pris et incendié à plusieurs reprises, en 1570, 1573 et 1626. Voir la ravissante chapelle romane Saint-Caprais, construite au milieu des vignes, qui revit grâce à des concerts de musique classique.

Où manger ?

I●I ***Le Clos des Vignes :*** *9, pl. du 8-Mai-1945. ☎ 04-66-37-02-26. • jean.vidau@neuf.fr • ♿ Fermé jeu, plus mer hors saison. Formule déj 19 €, menus 28-35 € ; carte env 35 €.* Certes, la salle est un peu kitsch (il ne manque que les ceps de vigne !), mais il y a la terrasse aux beaux jours. Et puis on s'en fiche un peu car, sans être vraiment gastro, la cuisine est généreuse et roborative, on ne se moque pas de vous. Gros appétits, c'est la bonne adresse du coin. Accueil très gentil.

LE GARD

COLLIAS *(30210)*

À mi-chemin entre Uzès et le pont du Gard, Collias fut le carrefour des hippies dans les seventies, au grand dam des gens du cru. Cela lui valut le sobriquet de « Katmandou-sur-Gardon ». Aujourd'hui, c'est devenu l'un des villages les plus recherchés, les plus chics, les plus secrets aussi du pays.

MA QUÉ CALOR !

Film d'Henri-Georges Clouzot, sorti en 1953, Le Salaire de la peur, *avec Montand, Ventura et Vanel, situe son action dans une contrée d'Amérique centrale... mais il fut tourné à Collias !*

Où dormir ?

Camping

⛺ ***Camping Le Barralet :*** *6, chemin du Grès. ☎ 04-66-22-84-52. • contact.barralet@gmail.com • barralet.fr • Avt le village en venant du pont du Gard (fléché). Ouv avr-sept. Compter 17,90-23,80 € pour 2 en hte saison ; mobile homes 4-8 pers 280-795 €/sem. 120 empl.* Merveilleusement situé sur un éperon dominant les gorges du Gardon : on jouit d'une belle vue depuis certains emplacements. Plage de rochers plats sur le Gardon. Kayak et varappe sur place. Piscine. En juillet-août, activités sportives tous les jours et soirées moules-frites tous les mercredis.

Chic

🏠 I●I ***Hôtel-restaurant Le Gardon :*** *9, rue de Campchestève. ☎ 04-66-22-80-54. • contact@hotel-le-gardon.com • ♿ Congés : déc-mars. Doubles 64-119 € ; familiales. Menu 25 € ;*

carte env 37 €. Parking privé gratuit. Apéro maison offert sur présentation de ce guide. Un charmant petit hôtel. Du solide, du nickel, du béton, certes, mais du beau travail. Lumières, confort, tout a été étudié, du lit à la salle de bains. Du sérieux, on peut le dire. Au calme, dans un environnement agréable, avec parc, jardin et piscine. Bon petit déj. Fait resto le soir.

À voir. À faire

➢ ***Balade en kayak :*** ***Kayak Vert,*** *☎ 04-66-22-80-76 ; • kayakvert.com •* ***Canoë-Collias,*** *☎ 04-66-22-87-20 ; • canoe-collias.com •* ***Le Tourbillon,*** *☎ 04-66-22-85-54 ; • canoeletourbillon.com • ; loue aussi des kits de* via ferrata. ***Natu'Rando** (à **Remoulins**),* *06-67-11-49-19 ; • natu-rando.com • Loue aussi des VTT.* Descentes faciles jusque sous le pont du Gard (géant !) ou remontées magnifiques dans les gorges, vers le pont Saint-Nicolas pour ceux partant de Collias.

➢ Un bain s'impose dans les petits rapides, puis grimper jusqu'à la *chapelle Saint-Vérédème* enfouie dans la pierre, ou encore à l'*ermitage Notre-Dame de Laval,* site occupé depuis la préhistoire, sanctuaire de source préromain et gallo-romain. Et puis, à la tombée de la nuit, pourquoi ne pas aller voir les castors qui reviennent timidement au Gardon ?

LE PONT DU GARD (30210) *Carte Gard, D2-3*

Le monument antique le plus célèbre et le plus visité de France, et ça ne date pas d'hier. De tout temps, cette majestueuse construction romaine, inscrite au Patrimoine mondial de l'Unesco, a suscité l'admiration. « L'âme est jetée dans un long et profond étonnement. C'est à peine si le Colisée, à Rome, m'a plongé dans une rêverie aussi profonde. On n'y trouve aucune apparence de luxe et d'ornement : les Romains faisaient des choses étonnantes, non pour inspirer l'admiration, mais simplement et quand elles étaient utiles. » Stendhal, l'auteur de ces lignes, est venu, a vu et a vécu le pont comme un choc.
Certes, aujourd'hui, on a peu de chance de découvrir cette merveille comme le promeneur solitaire en son temps : 1 000 000 touristes s'y pressent chaque année... L'idéal : y aller à pied au cours d'une rando via le GR 6, ou même à VTT ou en kayak, d'autant que dans ces cas-là, l'accès est gratuit. En voiture, venez très tôt le matin, ou le soir vers 18h ou 19h. Évitez absolument l'après-midi du 15 août, par exemple... L'entrée donne accès aux espaces culturels (musée, film, etc.).

UN PEU D'HISTOIRE

Cet aqueduc (qui n'avait donc rien d'un pont) a été ***construit par les Romains il y a 2 000 ans environ,*** sans doute entre 40 et 60 apr. J.-C. Objectif : alimenter la colonie nîmoise, fraîchement urbanisée, en eau potable. Pour cela, les hydrologues romains sont allés jusqu'à Uzès pour capter l'eau des sources d'Eure et de Plantéry, qui existent encore aujourd'hui. Puis on construisit un immense aqueduc de 50 km de long, lequel, souterrain en grande partie, devenait aérien à partir du lieu-dit Bornegre et dont les arches franchissaient les gorges du Gardon : c'est le pont du Gard. La déclivité entre ces 2 villes n'étant que de 12 m, soit 24 cm par kilomètre seulement ; cela suppose de savants calculs et beaucoup d'ingéniosité dans la construction.

Pourquoi est-il si bien conservé ?

Après environ 450 ans d'usage plus ou moins intensif, les Nîmois ont fini par capter des sources plus proches de leur ville. Le pont n'avait plus vraiment sa raison d'être en tant qu'aqueduc. Bien plus tard, au milieu du XVIIIe s, on a bâti le petit pont routier qui le longe. Il est (heureusement) désormais interdit aux voitures en raison des vibrations qu'elles provoquent sur sa structure.

À part un vague ciment romain dans les jointures du canal, aucun mortier ne sert à maintenir les pierres les unes aux autres. Depuis 2 000 ans, l'aqueduc est presque intact. Il n'a jamais été pris comme cible par les guerres, ni par les révolutions. On sait toutefois qu'il y avait des fuites dans la canalisation... Seule restauration importante, celle menée sous Napoléon III après la visite de Prosper Mérimée, mais il s'agissait plutôt d'une consolidation de l'édifice. Depuis les inondations de septembre 2002, il est question de consolider les arches du pont et de renforcer ses soubassements. Cela dit, les arches ne s'étaient pas fissurées. Les Romains étaient des ingénieurs prévoyants. Grâce aux « avant-becs », blocs de pierre en forme de pointe, les piliers du pont ont été protégés de la puissance destructrice des flots.

UN CHEF-D'ŒUVRE IMPARFAIT

La magnificence du pont du Gard fait oublier que l'aqueduc était plein de défauts. D'abord, la pente étant trop faible (24 cm/km), l'eau débordait souvent. Ensuite, l'aqueduc fuyait à plusieurs endroits. On sait également que l'eau arrivait de moins en moins facilement en raison du calcaire qui obstruait les canalisations. C'est pour cela que l'édifice fut abandonné.

LE GARD

Le nouvel aménagement du site

Certes, il est plus économique et plus poétique de visiter le pont à pied, à vélo ou en kayak. Mais inutile de paniquer si vous arrivez en voiture. Ne faites pas demi-tour maintenant que vous avez affronté la chaleur et les embouteillages. Les parkings ont été éloignés du site, la route d'accès rendue aux piétons. Et les 2 gros bâtiments construits de part et d'autre du Gardon (rive droite et rive gauche) se fondent pas trop mal dans le site : couleur sable, ils abritent bars, boutiques, restos et des espaces culturels (lire plus loin) qui « racontent » l'aqueduc, dont un remarquable musée. La contrepartie à ces aménagements est de réclamer au visiteur motorisé un forfait global. Évidemment.

Adresses utiles

i *Accueil du pont du Gard :* *à* ***Vers-Pont-du-Gard*** *(après le parking du site, rive gauche).* ☎ *04-66-37-50-99.* • *pontdugard.fr* • Application « Pont du Gard Tour » à télécharger sur son téléphone *(gratuite).* Également le livret *Mémoires de garrigue (5 €)* et un livret *Chasse aux trésors (2 €)* pour les bambins.

i *Bureau d'information touristique de Remoulins - Office de tourisme Destination Pays d'Uzès Pont du Gard :* *pl. des Grands-Jours, 30210* ***Remoulins.*** ☎ *04-66-37-22-34.* • *uzes-pontdugard.com* • *Mai-sept, lun-ven 9h30-13h, 15h-18h30, sam 10h-13h.*

La visite du pont du Gard

– ***Périodes et horaires d'ouverture :*** *tlj, tte l'année ; juil-août, 9h-23h ; juin et sept 22h ; mai 21h ; avr et oct, 20h ; janv-mars et nov-déc, 18h (les boutiques et activités culturelles ferment entre 17h et 20h suivant la saison).*

– ***Tarif d'entrée du site :*** *adulte 9,50 € (9 € billetterie en ligne) ; réduit 7 € ; gratuit moins de 18 ans.* Il comprend la visite du pont, des espaces de découvertes (musée, ludo, ciné, Mémoires de garrigue et de l'exposition temporaire).
– ***Tarif expositions temporaires :*** *3 € ; gratuit moins de 6 ans. Entrée site à prévoir en plus.*
– ***Tarif visites guidées et animations ou ateliers :*** *6 € ; gratuit moins de 6 ans. Entrée site à prévoir en plus.*
– ***Tarif soirées été :*** *5 € ; réduc ; gratuit moins de 18 ans.*
– ***Carte d'abonnement annuel :*** *15 €/adulte ou 40 €/famille 4 pers (voir conditions sur site ● pontdugard.fr ●).*
– ***Accès piétons et cyclistes :*** le site entretient plusieurs chemins GR et PR depuis Vers ou Castillon-du-Gard pour les randonneurs à pied ou à vélo avec un accès libre au pont du Gard.
– ♿ ***Accès personnes handicapées :*** *mise à disposition gratuite de fauteuils roulants et de fauteuils électriques et tarif réduit.*
– ***Transport en commun :*** lignes 115 (Alès-Avignon) et 121 (Pont-Saint-Esprit-Nîmes) de la compagnie *liO* (ex *Edgard),* arrêt Parking-Pont-du-Gard-Rive-Gauche. Compter 1,60 € par personne ou carte de 10 voyages 13 €. Mais on est tributaire des horaires *(● edgard-transport.fr ●).*
– ***Durée de la visite :*** compter ½ journée en prenant votre temps pour visiter le musée, traverser le pont paisiblement, puis flâner dans la garrigue, sur la rive opposée. Avec les arrêts terrasses pour grignoter ou boire un verre, sans parler de la plage, le temps lui aussi peut s'allonger vite.
– ***Le meilleur point de vue :*** depuis les belvédères de la rive droite aussi bien que de la rive gauche, à condition de suivre le sentier jusqu'au sommet de la butte couverte de garrigue. De là, on peut découvrir ce pont en plongée, légèrement de côté.
– ***Quelques chiffres :*** il mesure 275 m de long à sa partie supérieure et 48,77 m de haut. C'est le plus haut de tous les ponts-aqueducs romains. Chaque étage est différent. Plus on monte, plus les arches sont petites et rapprochées. Certains blocs de pierre des 2 ponts inférieurs ont un volume de plus de 2 m^3 et pèsent près de 6 t.

À voir. À faire sur le site

– ***Le musée :*** à ne pas rater, car c'est ici que vous apprendrez le plus de choses. Magnifique exposition multimédia qui retrace l'histoire de la construction de l'aqueduc, son utilité à l'époque romaine, ainsi que son évolution au Moyen Âge. Projections d'images, effets d'optique, mais aussi des pièces originales, sur fond d'ambiance assez étonnante, avec un son très « spatial »... Oubliez l'entrée, assez décourageante (digne d'un palais des congrès des années 1980), et laissez-vous emporter dans cette étonnante machine à remonter le temps. Expos temporaires.
– ***Mémoires de garrigue :*** un parcours de plein air par lequel on découvre les différentes cultures méditerranéennes et l'évolution du paysage au cours de l'histoire. Livret facultatif payant *(5 €).*
– ***Le ciné :*** dans le bâtiment du musée. « Un pont traverse le temps » : film de 15 mn environ, projeté sur un écran de 45 m^2 avec son stéréo dolby. Si l'ancien film documentaire passait pour désuet, celui-ci, volontairement très visuel (afin de satisfaire un public jeune et international, sans doute) se passe quasiment de tout commentaire. Pour les infos, il faudra aller (ou retourner) au musée...
– ***Ludo :*** parcours de découverte et de jeux pour les 5-12 ans. Si vos bambins veulent se transformer en écolier gallo-romain, en archéologue en herbe, en ingénieur tentant d'orienter l'eau dans un aqueduc...
– ***Mise en lumière du monument*** tous les soirs en été *(5 €/pers, réduc ; gratuit jusqu'à 16 ans).*
– ***Garrigue en fête :*** fête de la nature dimanche et lundi de Pâques.

DU PONT DU GARD AU PONT D'AVIGNON

REMOULINS (30210)

À 1,5 km de la rive droite du pont du Gard.
Dans le vieux village, on trouve l'église Notre-Dame-de-Bethléem, la tour et la porte des Escaravats, qui appartenaient à l'enceinte fortifiée du XIIe s.

Où dormir ?

Camping

Camping La Sousta : *28, av. du Pont-du-Gard. ☎ 04-66-37-12-80. • info@lasousta.com • lasousta.com • ♿ À Remoulins, suivre « Pont du Gard rive droite » (fléché). Ouv de mi-mars à fin oct. Compter 21,20-33 € pour 2 ; mobile homes. 330 empl. Sur présentation de ce guide, 1 sem achetée en camping = 1 sem offerte, et 1 sem achetée en loc = 1 sem moitié prix.* Un beau 4-étoiles avec certains emplacements ayant vue sur la rivière (spectacle gratuit des castors à la tombée de la nuit...). Ombragé et à 800 m du pont du Gard. Soirées à thème en été. Location de canoës-kayaks. Piscine. Épicerie et resto.

Chic

Chambres d'hôtes Bize de la Tour : *2, pl. du Portail. ☎ 04-66-22-39-33. • contact@bizedelatour.com • bizedelatour.com • Dans le centre. Double 100 € ; familiale.* Cette demeure a bien du cachet, celui de la rondeur mielleuse de la pierre du pont du Gard. Passé la porte, rien ne dépareille : l'accueil avenant de Pierre, les 2 petits salons chaleureux pour bouquiner et, surtout, de superbes chambres. Chacune a sa couleur dominante, déclinée sur les tissus tendus aux murs, ciels de lit, rideaux, et sert d'écrin au très beau mobilier de style. Terrasse joliment aménagée. Mention spéciale au petit déj « de gourmet » !

LA VALLÉE DU RHÔNE

De Villeneuve-lez-Avignon à Pont-Saint-Esprit (à 40 km au nord à vol d'oiseau !), prenez les chemins du vignoble plutôt que les voies à grande circulation pour aller à la découverte de la vallée du Rhône côté Gard, qualificatif qu'on préfère à celui de Gard rhodanien...

VILLENEUVE-LEZ-AVIGNON

(30400) 12 750 hab. *Carte Gard, D2*

Ville la plus orientale de la région Languedoc-Roussillon (pardon, de l'Occitanie), et déjà on y respire l'ambiance de la Provence. Assise au bord du Rhône, appuyée à des collines, Villeneuve-lez-Avignon a trop longtemps vécu à l'ombre d'Avignon. Pourtant, grâce à la métamorphose de la Chartreuse en centre de création ouvert aux artistes, la rive droite a retrouvé voilà déjà quelques décennies une sorte d'autonomie culturelle. Son patrimoine historique est exceptionnel. D'ailleurs, vous ne serez pas seul(s) à le visiter...

UN PEU D'HISTOIRE

HISTOIRE DE VOUS METTRE À LEZ !

On se demande tous un jour pourquoi les noms de certaines villes admettent un « lez » ou « lès » en leur sein ? Simple raccourci du bas latin latus *qui signifie « à côté de ». Tortueuse langue française !*

À Villeneuve, on était en royaume de France. En Avignon, c'était le domaine des papes et des cardinaux. Au milieu, le Rhône, frontière naturelle et historique. À l'origine de Villeneuve, Casarie, une sainte femme, fille d'un roi wisigoth, morte en 586 apr. J.-C. C'est sur sa tombe que fut érigée l'abbaye Saint-André, que l'on voit aujourd'hui, juchée sur son rocher, et qui donne une allure de forteresse andalouse à ce nid d'aigle du mont Andaon. Conscient de l'intérêt stratégique de la ville, terre française face à Avignon, ***Philippe le Bel fit édifier un donjon*** au débouché du pont Saint-Bénezet, et fortifia l'abbaye Saint-André au XIVe s. ***Un symbole de la puissance royale face au palais des Papes.*** L'âge d'or de Villeneuve coïncide d'ailleurs avec celui d'Avignon. De riches cardinaux s'installèrent dans de somptueux palais, les « livrées cardinalices ». Le musée Pierre-de-Luxembourg en est un superbe exemple, et la chartreuse est construite autour d'une autre de ces résidences ayant appartenu à Étienne Aubert, plus connu sous le nom d'Innocent VI, le pape amoureux de Villeneuve.
La Révolution marqua la fin de cette splendeur liée à la puissance de l'Église, et le retour de la cité à une vie plus modeste dans l'ombre d'Avignon. Le temps a passé, aujourd'hui ***Villeneuve revit*** et savoure même plus que jamais cette vie préservée, fière de ses belles maisons anciennes, sur les hauteurs.

Arriver – Quitter

➢ ***En train :*** *rejoindre la gare TGV d'Avignon. ☎ 36-35.* Avignon-Paris en TGV : 2h40. Avignon-Marseille : 20 mn.
➢ ***En avion :*** *aéroport d'Avignon, à 15 km.*
➢ ***En bus n° 5 pour Avignon :*** *arrêt devant l'office de tourisme.* En moyenne, 3 bus/h. Durée : env 10 mn.
En Vélopop : *station libre-service face à l'office de tourisme. • velopop.fr •*

Adresses et info utiles

Office de tourisme : *pl. Charles-David. ☎ 04-90-03-70-60. • avignon-tourisme.com • Le long de l'av. Charles-de-Gaulle (grand parking gratuit). Tte l'année, lun-sam 9h-12h30, 14h-18h (17h en hiver) ; juil-août, tlj 9h-18h (13h dim). Fermé certains j. fériés.* Accueil dynamique. En juillet-août, visites guidées de la cité médiévale les lundi et jeudi à 17h, ainsi que des nocturnes. De plus, tout le long de l'année, des visites à thème sont proposées.
Les Taxis Villeneuvois : *pl. Jean-Jaurès. ☎ 04-90-25-88-88.*
– ***Marché provençal :*** *jeu mat pl. Charles-David.*
– ***Grande brocante :*** *sam mat sur la même place.*

Où dormir ? Où manger ?

Camping

Camping Les Avignon : *chemin Saint-Honoré. ☎ 04-90-25-76-06. • campinglesavignon@gmail.com • camping-villeneuvelezavignon.com • Bus n° 5. Au pied du flanc nord du fort Saint-André, direction Sauveterre ; c'est à env 1 km (fléché). Bus n° 5. Ouv de mi-mars à fin sept. Compter*

12-30,50 € pour 2. Locatifs 280-581 €/sem. 127 empl. Calme et bien ombragé, avec beaucoup d'espace entre les emplacements. Également des mobile homes toilés (avec cuisine, mais sanitaires communs). Piscine couverte et découverte, parcours santé. Épicerie et petit snack.

Bon marché

Centre YMCA : *7 bis, chemin de la Justice. ☎ 04-90-25-46-20. • ymca-avignon@orange.fr • ymca-avignon.com • ♿ À gauche de la route qui monte vers Les Angles (bonne signalétique). Congés : sem de Noël. Compter 42-60 € pour 2. Petit déj 7 €. Menu 15 €.* Perché sur une colline, un centre international de séjour avec une piscine extérieure, un bar et surtout une vue fabuleuse sur la cité des Papes. Très vivant, surtout quand toute une jeunesse l'anime. Folle ambiance pendant le Festival... d'Avignon.

LE GARD

De prix moyens à chic

O'Cub Hôtel : *10, impasse du Rhône. ☎ 04-90-25-52-29. • contact@ocubhotel.fr • ocubhotel.fr • Sur les rives du Rhône, à côté du pont du Royaume. Doubles 68-86 € (hors festival). 1 petit déj/chambre et par nuit offert sur présentation de ce guide.* Transformer du béton en adresse de charme, il fallait être une fée ou un mage. Eh bien, c'est réussi ! D'autant que la prévenance de l'accueil adoucit les arêtes de ce cube aux couleurs flashy. Les chambres, sur l'avant, donnent sur le Rhône et le palais des Papes, avec une déco des années 1970, clim, minibar, TV, balcon. Petit déj servi sur la terrasse panoramique.

Chambres d'hôtes et restaurant Les Jardins de la Livrée : *4 bis, rue du Camp-de-Bataille. ☎ 04-90-26-05-05 (resto) ou 04-86-81-00-21 (chambres d'hôtes). • la-livree@numericable.fr • la-livree.fr • Resto fermé lun-mar (ouv mar soir juil-août). Congés : janv-mars pour les chambres d'hôtes. Doubles 100-140 €. Carte env 35 €.* Maison d'hôtes où il fait bon séjourner. Accueil remarquable de gentillesse et d'attention de la famille Grangeon. Si vous le pouvez, préférez les chambres « confort », joliment décorées et climatisées, donnant sur la cour intérieure ou sur la piscine entourée de fleurs et d'arbustes. Au restaurant, une cuisine sincère et rassurante.

NaturAbsolu : *10, pl. Saint-Marc. ☎ 09-50-76-05-97. • naturabsolu@gmail.com • Tlj sauf dim et mer. Carte seulement, env 28 €. CB refusées.* Petit resto très discret à côté des terrasses touristiques. Le créneau maison, c'est le bio végétarien et même végétalien, sans gluten, ouvert aux cuisines du monde. Une « cuisine vivante » qui correspond à l'éthique de Léna et Saïd et fait de plus en plus d'adeptes. Une adresse pour manger sainement, autrement, ce qui n'empêche pas de boire du vin issu de la biodynamie. Sinon, cocktails de jus de fruits.

Aubergine : *15, rue de la République. ☎ 04-90-90-05-64. • auberginevilleneuve@yahoo.fr • ♿ Tlj. Formule déj en sem 16 € ; carte env 28 €. Digestif maison offert sur présentation de ce guide.* C'est l'adresse sur la place, comme le nez au milieu de la figure. Pour ceux qui veulent prendre le soleil sans se prendre la tête côté cuisine. Accueil sympathique, voire drôle lorsque les serveurs se fatiguent à transporter à vos pieds l'énorme ardoise du jour. Rien de transcendant, mais de grosses salades, burgers, etc.

L'Annexe : *7, pl. Saint-Marc. ☎ 09-73-16-22-81. Ouv tlj sauf dim-lun. Plats 14-22 €.* Au départ, c'était l'annexe de *La Petite Cuillère,* autre adresse qui cartonne à Villeneuve, sur la place du Marché. Mais on préfère ce néobistrot, ce café bon enfant, rempli d'habitués, animé et souriant, avec sa terrasse tranquille. Cuisine simple et créative, plutôt généreuse. Planche à partager pour un apéro prolongé, plat du jour qui joue la carte fraîcheur ou tradition.

De chic à plus chic

Hôtel de l'Atelier : *5, rue de la Foire. ☎ 04-90-25-01-84. • contact@*

hoteldelatelier.com • hoteldelatelier.com • Résa conseillée en été. Doubles 77-169 €. Un petit déj/chambre et par nuit offert sur présentation de ce guide. Nichée au cœur du vieux Villeneuve, cette bâtisse du XVIe s, ancien atelier de soie, a su préserver une douceur de vivre toute provinciale avec des chambres meublées à l'ancienne, toutes différentes. Calme et confortable. Il y a un patio fleuri pour le petit déj, une terrasse sur les toits (avec transats) et un coin salon de thé. Beaucoup de charme.

Chambres d'hôtes Les Saisons : *7, pl. de l'Oratoire. ☎ 04-90-87-65-59. • info@lessaisonsavignon.com • lessaisonsavignon.com • Doubles 100-140 € ; suites 2-3 pers 140-200 €.* Dans un hôtel particulier du XVIIe s, 4 chambres comme les 4 saisons, toutes de caractère et de charme, ouvertes sur une placette paisible ou sur l'agréable jardin. Un endroit pour amoureux du théâtre sous toutes ses formes, le propriétaire ayant réalisé lui-même le décor d'une maison très courue par les festivaliers, qui en apprécient les recoins, les charmes secrets. Amateurs de design, s'abstenir ; amateurs de baroque, bienvenue à la maison.

Le Bistrot du Moulin à huile de la Chartreuse : *74, rue de la République. ☎ 04-90-25-45-59. • contact@maisonbronzini.com • Ouv tlj. Fermé Noël et Jour de l'an. Formules et menus 30-37 € ; carte env 40 € ; brunch dominical 35 €.* À côté de la chartreuse, un espace aménagé avec malice dans l'ancienne grange du moulin, où l'on peut déjeuner et surtout dîner en terrasse, près des oliviers, comme en salle, près de la cheminée, d'une cuisine dans l'air du temps. Gardez de la place pour la table des desserts... Très agréable pour une pause l'après-midi également. Fait aussi salon de thé et boutique.

Où boire un verre ?
Où faire une pause salée-sucrée ?

Les Jardins d'Été de la Chartreuse : *58, rue de la République, dans le cloître Saint-Jean. ☎ 04-90-15-24-24. • accueil@chartreuse.org • Dans la chartreuse (accès libre). Tlj midi et soir, fin mai-début sept.* On y vient pour le cadre, celui de jardins monastiques du XIVe s, avec une belle terrasse ombragée et une autre avec vue sur les toits de la ville. Bucolique le jour, romantique le soir. En revanche, l'accessibilité pour les personnes handicapées et les poussettes, c'est pas gagné...

Pâtisserie Marcellin : *18, rue de la République. ☎ 04-13-66-23-79. Tlj sauf lun 7h-19h30.* La petite terrasse, devant, c'est pour un petit déjeuner de soleil, ou s'offrir une tarte salée à midi, une glace l'après-midi. LA pâtisserie de la ville, que les Américains adorent.

À voir. À faire

Tous les monuments de la ville sont gratuits pour les mineurs. À noter, les ***Avignon City pass*** *(21 € pour 24h ou 28 € pour 48h)* et ***Vaucluse Provence Pass*** *(29-48 € pour 2-5 j.)* donnent un accès libre aux musées et monuments d'Avignon et de Villeneuve-lès-Avignon, avec des réductions sur les visites guidées proposées par l'office de tourisme. Plus d'infos sur *• vaucluse-provence-pass.com •*

La chartreuse de Villeneuve-lez-Avignon : *au pied du versant ouest du mont Andaon ; entrée 58, rue de la République. ☎ 04-90-15-24-24. • chartreuse.org • ♿ Tlj : avr-sept, 9h30-18h30 ; oct-mars, 10h-17h ; dernière entrée 30 mn avt. Fermé la 1re quinzaine de janv. Entrée : 8 € ; 6,50 € sur présentation de ce guide. Excellent parcours « non-voyants ». Espaces numériques : restitution des décors de l'église, du pont d'Avignon, détails de la chapelle des fresques, périodes de construction et activités culturelles. Jeu visite-enquête pour les familles.*

D'Innocent VI, pape d'Avignon, qui fonda ce monastère au XIVe s, à Pierre Boulez et Patrice Chéreau, qui y donnèrent des spectacles pendant le Festival d'Avignon, sans parler de leurs successeurs actuels, ce haut lieu est consacré à l'esprit et à la création. Il captive ceux qui viennent s'y ressourcer.
À l'origine, ce fut le plus riche et le plus vaste monastère de chartreux de France : 2,7 ha d'un seul tenant sur la rive droite du Rhône. À la Révolution, les moines durent l'abandonner. La plupart des bâtiments furent vendus, les autres tombèrent en ruine. Redécouvert en 1835 par Mérimée, classé par l'État en 1905, le monument abrite depuis 1991 le CNES (Centre national des écritures du spectacle), qui y organise les *Samedis de la Chartreuse* tout au long de l'année, ainsi que les *Rencontres d'été* (spectacles, concerts, expos, conférences...). Aujourd'hui, la chartreuse continue d'être restaurée tout en restant ouverte à la création contemporaine et aux visiteurs.
À l'aide de bourses d'aide à l'écriture et à la création, des écrivains et des compagnies de théâtre peuvent y mener à terme leur travail. Ils sont logés dans les anciennes cellules des moines.
Visiteurs et artistes, amoureux des vieilles pierres et des jardins se croisent sur les terrasses ombragées du restaurant-saisonnier *Les jardins d'été,* sous les jasmins de la *bibliothèque-Café Saint-Jean* ou à la *librairie*. Parcourez donc les couloirs et les cours jusqu'au cloître Saint-Jean, du XIVe s. À découvrir également : le tombeau du pape Innocent VI, le petit cloître, les cellules des moines où la vie contemplative des chartreux est bien représentée, les jardins de simples ainsi que la *bugade* (la « buanderie » en français moderne), ou encore la chapelle des fresques peintes par Matteo Giovannetti.

LE GARD

Le fort Saint-André : *en haut du mont Andaon. ☎ 04-90-25-45-35. Tlj 10h-13h, 14h-17h (10h-18h juin-sept). Fermé certains j. fériés. Entrée : 6 € ; réduc.* Perché sur sa colline et entouré d'une extraordinaire ceinture de murailles, il fut construit sur ordre du roi de France Jean II le Bon, entre 1362 et 1368. Pour quoi faire ? Pour protéger le petit bourg et l'abbaye Saint-André, mais aussi et surtout pour affirmer la puissance du roi face aux terres de la papauté et de l'Empire (romain germanique), de l'autre côté du Rhône. Vue exceptionnelle sur Avignon.

Les jardins de l'abbaye Saint-André : *dans l'enceinte du fort. ☎ 04-90-25-55-95. Mai-sept, tlj sauf lun, 10h-18h ; avr et oct, tlj sauf lun, 10h-13h, 14h-17h (18h avr). Entrée : 7 € ; visite guidée de l'intérieur de l'abbaye et des jardins sur résa pour groupes min 10 pers.* On ne saurait que trop conseiller de pousser cette porte qui donne accès à un lieu hors du temps, où les jardins suspendus se peuplent d'essences diverses et de recoins apaisants jouissant d'une vue imprenable. Jardins à l'italienne, avec rosiers anciens, lauriers et santolines, mais aussi bassins, tables rondes et bancs circulaires. Le jardin méditerranéen, qui compte bien sûr nombre d'oliviers, offre le plus beau des panoramas sur le palais des Papes et, au-delà, sur le mont Ventoux et les Alpilles.

Le musée Pierre-de-Luxembourg : *3, rue de la République. ☎ 04-90-27-49-66. ♿ À 50 m de la collégiale Notre-Dame. Avr-oct, tlj sauf lun, 10h-12h30, 14h-18h ; nov-mars, tlj sauf lun, 14h-17h, plus mer 10h-12h. Fermé janv et certains j. fériés. Entrée : 3,80 € ; réduc ; gratuit moins de 18 ans.* Un bel hôtel particulier aménagé dans l'ancienne livrée du cardinal de Ceccano. Outre des tableaux provençaux des XVIe et XVIIe s, le musée abrite plusieurs chefs-d'œuvre : au rez-de-chaussée, *La Vierge en ivoire* (XIVe s) taillée dans une défense d'éléphant ; et surtout, au 1er étage, *Le Couronnement de la Vierge* (XVe s), superbe retable d'Enguerrand Quarton.

La tour Philippe-le-Bel : *av. Gabriel-Péri, sur la route d'Avignon. Mêmes horaires que le musée Pierre-de-Luxembourg. Fermé déc-janv. Entrée : 3,50 € ; réduc.* Achevée en 1307, elle servait à surveiller l'entrée du fameux pont

Saint-Bénezet. « Sur le pont d'Avignon, on y danse, on y danse... » Très belle vue de la terrasse du dernier étage, accessible par un remarquable escalier à vis. Exposition permanente « D'une rive à l'autre » autour de la reconstitution en 3D du pont.

L'église collégiale Notre-Dame et son cloître : *mai-oct, tlj sauf lun, 10h-12h30, 14h-18h ; nov-avr, tlj sauf lun, 14h-17h, plus mer 10h-12h. Office le dim matin. Fermé janv et certains j. fériés. Accès libre.* Construite en 1320 par le cardinal Arnaud de Via, neveu du pape Jean XXII. On y voit la copie de la *Pietà de Villeneuve-lez-Avignon,* dont l'original siège au Louvre. Superbe autel de marbre avec un gisant du Christ de 1745. Le cloître est adossé au flanc nord de la collégiale.

Le parc du Cosmos : *av. Charles-de-Gaulle, 30133* ***Les Angles.*** *☎ 04-90-25-66-82. • contact@parcducosmos.eu • parcducosmos.eu • ♿ Ouv mer et w-e l'ap-m, plus pendant les vac scol. Fermé à Noël. Horaires des visites guidées variables, se rens sur le site. Visite + planétarium : 14 € ; réduc.* Garrigue de 3 ha aménagée présentant le système solaire et le cosmos en général (visites guidées exclusivement). Grand planétarium numérique. En août, *Grande Nuit des étoiles* et une foule d'autres événements (programme sur le site) ! Conférences et soirées d'observation tout au long de l'année.

Fête et manifestations

– ***Fête de la Saint-Marc :*** *3e ou 4e w-e d'avr.* Depuis le XIIe s, fête traditionnelle de la vigne et du vin.
– ***Conférences thématiques sur l'astronomie :*** *nocturne 1 ven sur 2 à 20h30 en juil-août.* Télescopes à disposition pour l'observation. En été, circuit à la torche.
– ***Villeneuve en scène :*** *10 j. en juil. • festivalvilleneuveenscene.com •* Pour ne pas rester les bras croisés, Villeneuve a greffé son propre festival au Festival off d'Avignon. Il ouvre ses portes à une vingtaine de compagnies itinérantes sous chapiteau ou en plein air (plaine de l'Abbaye...).
– ***Festival du polar :*** *3 j. en nov. • polar-villeneuvelezavignon.fr •* Rencontres d'auteurs de polars, interviews, débats, dédicaces, projections dans la chartreuse... à vos *Cluedo* !

LA CÔTE DU RHÔNE

Carte Gard, D2

Cette côte du Rhône est facile à remonter : elle s'étend à l'extrémité nord-est du Gard, là où les champs de vigne, bien exposés au soleil du Midi, occupent les pentes douces de la garrigue qui descendent vers le grand fleuve.
Dès le VIe s av. J.-C., les Grecs importèrent ici leurs cépages. Les Romains contribuèrent à en faire un vin renommé, et nombreux sont les rois de France qui en ont passé

UN PUCERON QUI FAIT TACHE

C'est de Roquemaure que partit le terrible phylloxéra. En 1862, un certain Joseph-Antoine Borty importa des ceps de vigne du Nouveau Monde... pour voir. Et avec eux, un puceron aussi microscopique que ravageur, qui se répandit et détruisit une grande partie des vignes françaises. Il a vu ! Pour l'histoire, seules les vignes cultivées dans un sol sableux échappèrent à ce fléau... d'où la préservation miraculeuse du « vin de sable » en Petite Camargue.

commande à leur table. C'est sur cette rive gardoise qu'est véritablement née l'appellation côtes-du-rhône. Dès le XVIe s, les vignerons avaient l'habitude de marquer au fer rouge leurs tonneaux des lettres CDR, avec mention du lieu d'origine. Et les producteurs étaient soumis à un règlement très strict, précurseur des AOC. L'extension de ces pratiques à toute la vallée du Rhône et l'emploi du pluriel « côtes-du-rhône » n'apparaîtront qu'après 1864. Rouge, rosé ou blanc, il est gouleyant, généreux, léger. Les grands crus sont le tavel, dont le petit village qui lui a donné son nom est la capitale du 1er rosé de France ; le lirac, cru aux 3 couleurs, qui s'étend sur les communes de Lirac, Saint-Laurent-des-Arbres, Roquemaure et Saint-Geniès-de-Comolas ; et, plus au nord, une série d'appellations villages comme les chusclan, laudun et saint-gervais. La destination, labellisée Vignobles et Découvertes, propose toute l'année des animations autour du vin (renseignements à l'espace Rabelais, à Bagnols-sur-Cèze).

ROQUEMAURE *(30150)*

Ce village en bordure du Rhône (ce dernier joue les arlésiennes et ne s'y montre guère) possède une belle collégiale, où sont conservées les reliques de saint Valentin, patron des amoureux.
En 1314, Clément V, le 1er pape d'Avignon, mourut ici. Ce fut longtemps le port le plus important de cette partie de la rive droite du Rhône. Les tonneaux de vin s'y embarquaient pour Paris, l'Angleterre ou la Hollande...

Adresse et info utiles

Bureau d'information touristique de Roquemaure : *2, rue de la Liberté. ☎ 04-66-82-12-32. Juil-août, lun-sam 9h-12h (13h sam), 14h-18h, fermé sam ap-m ; le reste de l'année, lun-ven 9h-12h, 13h30-17h30.* Visite guidée de la collégiale (appeler avant).
– ***Marché :*** *mar mat.*

Où manger ?

L'École Buissonnière : *32, rue de la Liberté. ☎ 04-66-79-20-28. Derrière la place du marché. Ouv le midi tlj (sauf dim et j. fériés), et le soir ven-sam en été. Menu du jour en sem 15,50 € ; formule soir et w-e 25 €. Café offert sur présentation de ce guide.* Coup de cœur pour ce petit restaurant un peu à l'écart de tout, tenu par un jeune couple sympathique, heureux de recevoir et de faire partager une cuisine à base de produits simples mais de qualité. Lui aux fourneaux, elle en salle, comme souvent. Goût, fraîcheur des produits, petits prix. Un rapport accueil-qualité-prix qui se maintient. Petite terrasse.

À voir

La collégiale : *pour la visite, infos à l'office de tourisme.* Architecture gothique provençale du XIVe s. Dédiée à saint Jean-Baptiste et saint Jean l'Évangéliste, patrons des vignerons et des tonneliers, elle abrite depuis 1868 les reliques de saint Valentin, patron des amoureux. À l'intérieur, remarquable orgue de 1690, autrefois installé dans l'église avignonnaise des Cordeliers et classé Monument historique.

Fête et manifestation

– **La Saint-Valentin :** *le w-e le plus proche du 14 fév, les années impaires.* Reconstitution historique de l'arrivée des reliques du saint en 1868, marché à l'ancienne, festival d'orgues de Barbarie (les Manivelles de l'Amour). Le concours de la plus belle lettre d'amour a muté : il se pratique désormais sur Internet, *kan sé pa par sms* !
– **Fête votive :** *autour du 15 août.*

SAINT AMOUR BRADÉ

C'est « grâce » au phylloxéra que saint Valentin est venu à Roquemaure. En effet, victime de ce fléau, un riche et pieux viticulteur s'en fut chercher à Rome un dernier recours pour guérir la vigne. Le clergé lui proposa alors le catalogue des reliques à vendre. Et, ma foi, celles de saint Valentin se négociaient à un prix acceptable. Marché conclu. La maladie disparut et le vin de messe se remit à couler !

TAVEL (30126)

L'autoroute la Languedocienne passe à 1,5 km de ce paisible village réputé pour son rosé. Plus de choses à déguster qu'à voir à Tavel, encore qu'on peut s'offrir une promenade digestive dans les vieilles rues, ou sur la si charmante place de la Fontaine, juste derrière l'église. Chapelle romane du XIIe s.

Où dormir ? Où manger ?

Auberge de Tavel : *77, route Romaine. ☎ 04-66-50-03-41. • info@auberge-de-tavel.com • auberge-de-tavel.com • Ouv tlj (hôtel) ; resto fermé mer-jeu. Congés : de mi-fév à mi-mars. Doubles 80-200 €, petit déj offert. Menus lun-sam 20,90 € le midi, sinon 26,90-59,90 €. Réduc de 10 % sur le prix de la chambre de mi-oct à mi-avr sur présentation de ce guide.* Un hôtel d'hôtes, pour reprendre les mots de la maîtresse de maison, avec jardin fleuri, jolis volets bleu lavande, gros chat platonique. Une dizaine de chambres, avec des meubles anciens chinés ici et là, pleines de charme. La salle de classe de l'ancienne école du village est devenue la salle à manger, avec pierres et poutres apparentes, et atmosphère de pension de famille moderne. Corinne et son équipe en cuisine travaillent de beaux produits. Parler de terroir ici n'est pas interdit, surtout quand son sommelier de mari, intarissable sur les vins, vous invite à découvrir un des nombreux vins de producteurs de sa cave. Piscine extérieure pour se mettre à l'eau, terrasse pour prendre le soleil.

La Courtille : *clos de la Genestière, 208, chemin des Cravailleux. ☎ 04-66-82-37-19. Fermé dim-lun en saison, plus mar et mer le soir hors saison. Formule 19 € le midi ; carte 35-40 € le soir.* La bâtisse en elle-même est impressionnante. Une ancienne magnanerie qui a connu d'autres vies, au fil du temps. Le décor comme l'assiette jouent la carte de l'épure et du goût. Tourte aux blettes et parmesan, joue de bœuf croustillante, ris de veau, les intitulés tiennent leurs promesses. Le soir, c'est plus travaillé, mais pas plus compliqué pour autant. Ici, on goûte les vins du domaine de l'Anglore, c'est bon signe. Du naturel dans l'assiette comme dans les verres.

À voir

Les jardins de la Condamine : créés juste après la Révolution, chacun d'eux a pris un morceau de terre ayant appartenu au seigneur du village. Le nom

LE GARD

désignait au Moyen Âge, parmi les terres d'un domaine, celles qui étaient mises directement en culture par le seigneur. Les murs de pierres ont été probablement érigés autant pour délimiter le terrain que pour le protéger du vent et des chèvres. Leur restauration, en prolongement du lavoir, est réellement magnifique et vaut la visite.

Cave coopérative des Vignerons de Tavel et de Lirac : *route de la Commanderie. ☎ 04-66-50-03-57. Tlj 9h-12h, 14h-18h.* Cave coopérative inscrite au patrimoine national pour son originalité et sa richesse architecturale. Seule cave à avoir été inaugurée par un président de la République (Albert Lebrun, en 1938). Devant l'espace de dégustation, un jardin ampélographique reprend l'ensemble des cépages et des terroirs de l'AOC Tavel. 3 terroirs très distincts font tout l'intérêt de ce petit vignoble : les galets roulés, les lauzes, les sables. Dégustation pour découvrir la belle évolution de ce vin rosé qui n'a plus à rougir.

SAINT-LAURENT-DES-ARBRES *(30126)*

À 3 km au nord de Lirac.
Ce petit village au caractère médiéval marqué possède 3 édifices classés Monuments historiques : tour Ribas, église fortifiée et donjon. Propriété des évêques d'Avignon dès le XIIIe s, Saint-Laurent est devenu une place forte catholique lors des guerres de Religion. Ce village du Languedoc au milieu des vignes est également connu depuis des décennies pour son appellation Lirac. À découvrir en vous posant à la terrasse du restaurant du village, ***Le Papet***, place de la mairie. Si vous ne voulez ou ne pouvez plus repartir, tentez votre chance au *Saint-Laurent*, un boutique-hôtel plein de charme.

LE GARD

Adresses utiles

Cave des Vignerons de Tavel et Lirac : *685, av. Baron-le-Roy. ☎ 04-66-50-01-02. Tlj 9h-12h, 14h-18h (18h30 juil-août).* Dégustation et vente.
– Autre possibilité de dégustation au ***caveau des Vignerons*** : *chemin des Chênes, 30126* ***Lirac.*** *☎ 04-66-50-25-45. • vin-lirac.com • Tte l'année, lun-sam 9h-12h, 13h-18h ; fermé sam janv-mars.*

À voir

Le donjon : *accessible seulement dans le cadre des visites guidées, en saison. Rens auprès de la mairie : ☎ 04-66-50-01-09.* ***L'église Saint-Laurent,*** *romane, est comprise dans la visite.* Elle a été fortifiée (et surélevée de 15 m !) par Jacques Duèse, futur pape Jean XXII. À l'intérieur, coupole de 1150 d'une superbe sobriété, vitraux du XIXe s. Contigu à l'église, un massif donjon (les murs ont 1,50 m d'épaisseur à la base) construit entre les XIIe et XIVe s. L'intérieur a été joliment rénové et aménagé en situation de l'époque : escaliers de bois, tourelles d'angle...

SAINT-VICTOR-LA-COSTE *(30290)*

Certains considèrent ce village, avec Montclus et Lussan, comme l'un des plus ravissants de cette partie du Gard. C'est un bourg médiéval dominé par les ruines du *castellas,* d'où l'on a une belle vue sur l'arrière-pays. Tout autour, des vignes, encore des vignes et une kyrielle de chênes dans le maquis. Au centre du bourg, une église fortifiée flanquée d'une tour-donjon très intéressante. Et puis, histoire d'améliorer son arithmétique, on boira de l'eau de la *fontaine du Savoir* (sur la place du village), couverte de noms de savants et d'inscriptions liées aux sciences.

Où dormir ? Où manger ?

🏠 🍴 ***Maison d'hôtes Mas du Vieux Chemin :*** *rue du Vieux-Chemin. ☎ 04-66-50-43-21. • charmassonf@wanadoo.fr • masduvieuxchemin.com • Double 65 €. Gîte 5 pers et studio.* On sent qu'Anne-Marie, agricultrice reconvertie dans l'œnotourisme, est vraiment heureuse d'accueillir des hôtes dans son ancienne maison vigneronne du XVIIIe s. Chambre donnant sur une terrasse avec vue sur les toits, et un studio. Gîte agréable pour une petite famille. Chez elle on parle vin, randonnée...

🍴 ***L'Industrie :*** *13, pl. de la Mairie. ☎ 04-66-50-31-61. • industrie30@gmail.com • ♿ Tlj le midi et le soir mer-sam. Formule déj en sem 15 € ; menus 19-26 €.* Sur la belle place, un restaurant populaire qui propose des menus de cuisine tradi depuis plus de 40 ans (les enfants ont pris la succession). Foie gras aux figues, magret aux morilles, que de la valeur sûre. Reçoit volontiers des groupes (salles climatisées), mais ce n'est pas l'usine pour autant... Belle terrasse sous les platanes centenaires.

GAUJAC (30330)

*À 2 km à l'ouest de Gaujac, allez jeter un œil sur l'**oppidum Saint-Vincent.** Compter 30 mn de grimpette (ombragée). Accès libre.* Ce site gallo-romain de 1re importance fut une forteresse celto-ligure au Ve s av. J.-C., puis un centre de marché gallo-grec, avant que César n'en fasse à nouveau un important camp fortifié. Le site était occupé jusqu'au Moyen Âge. Fortifications d'époque romaine, ruines des thermes, etc. Le produit des fouilles est exposé au petit musée archéologique Léon-Alègre de Bagnols-sur-Cèze.

Où manger ?

🍴 ***La Maison :*** *rue du Presbytère. ☎ 04-66-39-33-08. • lamaison@gaujac.com • Juil-août, tlj le soir seulement ; reste de l'année lun-ven midi et soir, sauf mer midi. Résa nécessaire le soir. Formule déj en sem 25 € ; menu 38 €.* On dîne dans une maison vigneronne du XVIIe s, encastrée dans les remparts, avec salle voûtée et patio. Si cette noble maison vise un peu haut, avec son menu unique et hebdomadaire, il faut reconnaître qu'elle s'y hisse avec talent et même avec créativité ! Cuisine d'une chef amoureuse de son terroir, avec ici et là des influences voyageuses, osées et assumées. Un délice et de l'originalité pas superficielle ! Ambiance chaleureuse. Ça donne déjà envie de rentrer à *La Maison.*

LAUDUN (30290)

À 18 km de Gaujac.

Joli bourg bâti à flanc de colline autour d'une église du XIVe s. Côté vins, Laudun s'enorgueillit de ses blancs déjà (re)connus au XVIe s par Olivier de Serres. Et de posséder un ***camp de César*** (bien signalé depuis le village). Derniers 500 m à pied. L'un des grands sites antiques de la région. On distingue encore bien tous les bâtiments d'une petite ville romaine qui a suivi son chemin du Ve s av. J.-C. au VIIe s de notre ère : remparts, quartiers d'habitations, basiliques, forum... 200 m plus loin, dans une petite combe, l'***aqueduc de Balouvière*** enjambe un frais repli boisé dans le faubourg de Laudun. Le petit frère du pont du Gard ! Au départ du bourg, boucle vigneronne à parcourir à vélo (24 km). Petit marché sympa le dimanche matin (tte l'année). Dégustations dominicales en été organisées par le syndicat des vins de Laudun sur la place de l'église (10h30-13h).

CHUSCLAN (30200)

À 5 km au sud de Bagnols.
Le village passerait inaperçu tant il est coincé entre l'industrieuse N 580 et le site de Marcoule. Visite des vignobles possible, renseignez-vous à la cave coopérative qui regroupe les vignerons de Laudun et Chusclan : ***La maison Sinnae*** *(route d'Orsan. ☎ 04-66-90-53-46. • sinnae.fr •.*

À voir. À faire

Le Visiatome : *à* ***Marcoule*** *(30207). ☎ 04-66-39-78-78. • visiatome.fr • À 2 km à l'est de Chusclan (très bien fléché).* ***Fermé jusqu'à l'automne 2021, se renseigner.*** Ça commence par un mur de déchets où chacun reconnaît son quotidien. Des caddies de supermarchés interactifs présentent le traitement des déchets domestiques, industriels, chimiques plus ou moins nocifs. Puis explication bien faite sur les différents centres de stockage. Un passage amusant rappelle que tout est radioactif (poisson, pomme de terre, lait, nous...). Un exposé très cocorico explique les avantages des choix français... et les inconvénients des méthodes des voisins. De bonne guerre (tant qu'elle n'est pas nucléaire !). Tout comme le fait de passer sous silence les risques liés à cette industrie.

LE GARD

PONT-SAINT-ESPRIT

(30130) 10 360 hab. *Carte Gard, D1*

Au confluent d'une rivière et d'un grand fleuve (l'Ardèche et le Rhône), à la jonction de 3 régions (Occitanie, Provence-Alpes-Côte d'Azur et Auvergne-Rhône-Alpes) et de 4 départements (Gard, Vaucluse, Drôme et Ardèche), Pont-Saint-Esprit a été appelée la « porte d'or de la Provence » par le poète Frédéric Mistral. Les rois Philippe le Bel, Saint Louis, Louis XI et François Ier y firent escale. Selon leur habitude, ils y dormaient après avoir traversé le Rhône.
Cette petite ville connut longtemps une opulence certaine, dont témoignent les églises monumentales ou encore le musée d'Art sacré, installé dans l'un des plus anciens et des plus remarquables bâtiments du département. Cet excellent musée vaut le détour à lui seul. Tout comme le vieux pont.

Adresse et info utiles

Office de tourisme : *162, av. Kennedy (résidence Welcome). ☎ 04-66-39-44-45. • provenceoccitane.com • Juil-août, lun-sam 9h30-19h, plus dim 9h30-12h30 ; le reste de l'année, lun-ven 9h30-12h30, 13h30-18h (19h juin et début sept), sam 9h30-12h30.*

– **Marché :** *sam mat, sous les platanes de l'allée Frédéric-Mistral.* Un vrai, un beau, un grand marché du Sud. Sur 1 km de long, on trouve des éventaires de tous les styles, avec de nombreux produits de la région.

Où dormir ? Où manger ?

De bon marché à prix moyens

Chambres d'hôtes du Domaine de Lamartine : _636, chemin de Lamartine. ☎ 04-66-79-20-24. • contact@domaine-lamartine.com • domaine-lamartine.com • À 2,5 km au nord de Pont-Saint-Esprit. Double 80 € ; familiale. Gîte de groupe à 22,50 €/pers et gîte 6 pers. Table d'hôtes sur résa 25 €._ Situé derrière la croquignolette voie de chemin de fer, un superbe château à tourelles du XVe s, avec allée de platanes, tours rondes aux angles et magnifique parc à l'arrière avec piscine. À l'intérieur, escalier à vis, portraits de famille et meubles de belle facture qui agrémentent les 4 chambres. Attention, cela dit, pas mal de mariages et autres réceptions en saison. Bon accueil.

Chambres d'hôtes du Domaine Pont-d'Ardèche : _route de Bourg-Saint-Andéol. ☎ 04-66-39-29-80 ou 06-87-14-89-96. • pontdardeche@orange.fr • pont-dardeche.com • 500 m après le Domaine de Lamartine, juste avt le pont à gauche. Doubles 90 € ; familiales. Gîte d'étape 14 places à 25 €/pers._ Grande maison environnée de verdure et en bordure de l'Ardèche. Une propriété de famille dont on se laisse volontiers conter l'histoire par l'hôtesse des lieux (même famille que le _Domaine de Lamartine_). Chambres spacieuses décorées avec goût et de belles couleurs. Une adresse qu'on aime beaucoup. Piscine.

Le Café des Fleurs : _29, allées F.-Mistral. ☎ 06-49-13-94-25. • blaseludomegane@gmail.com • ♿ Ouv mar-sam midi et soir, plus dim midi. Formule déj 15 € ; carte env 30 €._ Un concept amusant que ce fleuriste restaurateur... On s'assied à une table au milieu des pots de fleurs avec l'impression d'être une plante en serre. Il y a du sourire aux lèvres et une cour cachée, abritée du vent et des regards. Côté bar, des jus de fruits frais pressés et des vins de pays.

À voir

Le pont de Saint-Esprit : il a donné son nom à la ville, dont les habitants s'appellent les Spiripontains. Long de 1 km, il jette audacieusement ses 20 arches en travers du Rhône. Enfin... plutôt 19, la 20e ayant été détruite pour faciliter le transit des bateaux. Construit entre 1265 et 1309, il a fallu 44 ans de travail pour arriver à le faire tenir debout. Et ce serait le plus vieux pont sur le Rhône encore en activité. Un nouvel ouvrage, plus au sud, a permis de soulager la circulation sur cette unique voie.

LE PAIN DU DIABLE

En août 1951, plusieurs habitants de Pont-Saint-Esprit furent victimes d'un empoisonnement mystérieux. La délation et les rumeurs les plus nauséabondes échauffèrent... les esprits. On mit du temps à comprendre que la farine du boulanger avait été coupée avec du seigle. Or, l'ergot de seigle peut être un poison. On décompta 7 morts. Opération du diable contre le Saint-Esprit ?

La collégiale _(la citadelle) :_ _à gauche de la route, juste avt le pont._ Il faut grimper sur une terrasse pour découvrir cet étonnant édifice, en contrebas, embastillé dans les murs de la citadelle. Plutôt dégradée (la ville a subi de terribles bombardements pendant la Seconde Guerre mondiale), elle conserve pourtant un portail splendide, de style flamboyant.

L'église Saint-Saturnin et le prieuré Saint-Pierre : par le quai Albert-de-Luynes, on gagne la place Saint-Pierre par les escaliers à double volée où trônent 2 monumentales églises, Saint-Saturnin (du XIIIe s, restaurée au XIXe s) et

Saint-Pierre, récemment restaurée. La 1re possède un portail gothique. Belle vue sur le Rhône et sur le mont Ventoux depuis la place. Juste en face, la chapelle des Pénitents, du XVIIe s, petit bijou magnifiquement rénové et transformé en théâtre intercommunal.

Le musée d'Art sacré : *maison des Chevaliers, 2, rue Saint-Jacques. ☎ 04-66-39-17-61. • musees.gard.fr • Tlj sauf lun, 10h-12h, 14h-18h (10h-12h30, 15h-18h30 en été). Fermé j. fériés sauf le 15 août. GRATUIT.* Superbe bâtiment du XIIe s, dont la restauration a permis de retrouver d'exceptionnels décors médiévaux dans les salles d'apparat de la maison et dans la pièce de la Cour royale de justice (XIVe s). Cet étonnant musée laïc d'art sacré aborde la religion en termes de culture. Le portrait du Fayoum voisine avec une cuve baptismale en plomb de l'Aveyron, une vierge romane auvergnate en pierre noire ou encore une crèche du XIXe s. Levez le nez pour admirer des plafonds peints où apparaît le blason du roi de France, qui fit sans doute l'honneur de visiter la famille Piolenc, le seigneur maison. Au sous-sol, un blouson de Johnny et un ballon de foot trouvent leur place aux côtés d'un autel paléochrétien et de statuettes sacrées issues de cultures lointaines. Ne pas manquer non plus l'ange de Pondichéry ni le Christ à l'agonie (dans la cour de l'entrée), le retable du Mystère de la chute des anges... Bornes interactives et audioguides expliquant le pourquoi du comment des pratiques et rites religieux. Collection de pots à pharmacie de l'hôpital du Saint-Esprit.

DANS LES ENVIRONS DE PONT-SAINT-ESPRIT

AIGUÈZE (30760)

À 9 km au nord-ouest de Pont-Saint-Esprit.

Un des « Plus Beaux Villages de France », suspendu en à-pic sur les gorges de l'Ardèche, et qui aligne 16 km de berges le long du canyon. À voir, notamment, l'église restaurée avec son joli mobilier baroque, et les petites ruelles médiévales. Et puis cette plaque : « Dans cette maison a vécu de 1706 à 1776 Honoré Agrefoul, distillateur, inventeur de l'absinthe, plus connue de nos jours sous le nom de pastis. » Surtout, ne pas manquer le chemin de ronde qui offre un panorama époustouflant sur l'Ardèche (la rivière !). Du monde, bien sûr...

Adresse utile

Office de tourisme : *☎ 04-66-39-26-89. • provenceoccitane.com • Mai-sept, tlj (sauf mar-mer et dim ap-m mai-juin et sept) 10h-13h, 14h-18h (14h30-19h juil-août).*

Où dormir ? Où manger ?

Résidence Le Castelas : *Grand-Rue. ☎ 04-66-82-18-76. • hventajol@wanadoo.fr • residencelecastelas.com • Dans le village. Doubles 95-115 € ; apparts 2-5 pers.* Dans la résidence principale, belle piscine centrale, et, pour certaines chambres avec terrasse, vue sur les gorges de l'Ardèche. Dans l'annexe *(Le Castel)*, à 2 rues de là, bon confort et une piscine, petite mais vraiment sympa. Patron courtois et serviable. Prêt de vélos, conseils sur les randos, descentes en canoë-kayak, etc.

Bar à vins Le Bouchon : *pl. du Jeu-de-Paume. ☎ 04-66-39-47-70. • lebouchon30@gmail.com • Tlj. Carte 25 €. Café offert sur présentation de ce guide.* 2 vignerons indépendants se sont associés pour pousser ce

Bouchon sur la route de vos vacances, question de vous laisser reposer un peu à l'ombre des platanes ou dans la cour intérieure ensoleillée. Cuisine de bistrot maison, produits frais locaux, fermiers, légumes de saison. Vente de vins du domaine (à emporter) au tarif cave.

Le Drillo : *97, impasse de la Blanchisserie (au pont de Saint-Martin-d'Ardèche). ☎ 09-86-12-84-80. • restaurantledrillo@outlook.fr • Tlj sauf dim soir, lun-mar, plus mer midi hors saison. Congés : janv. Plat du jour 13,50 € midi sem ; menus 34-42 € ; carte env 36 €.* Cadre bien agréable au bord de la rivière pour découvrir la cuisine d'un jeune chef passionné, passé chez Marcon et Ducasse. Déco chic et sobre. Dans l'assiette, du beau, du bon, du précis. Craquant, tout simplement. Petite équipe mais grande cuisine. Terrasse très agréable.

LA CHARTREUSE DE VALBONNE

À env 10 km au sud-ouest de Pont-Saint-Esprit. ☎ 04-66-90-41-24. • chartreuse-de-valbonne.com • Avr-sept, tlj, se renseigner sur le site pour les horaires ; fermé oct-mars. Visite guidée juil-août (3 visites/j.). Entrée libre : 5 € ; visite guidée 6 € ; gratuit jusqu'à 12 ans.

Comment ne pas admirer d'abord les superbes toits aux tuiles vernissées qui chapeautent le monastère ? Fondé au Xe siècle, fortifié, il ressemble à un véritable petit village avec ses maisons et son église. Très endommagé par les guerres de Religion. Reconstruite au XVIIe s, abandonnée définitivement en 1901, la chartreuse devint un centre de traitement des maladies tropicales en 1926.

On entre par la chapelle des Étrangers (réservée aux visiteurs qui voulaient assister à l'office) avant d'accéder à l'église conventuelle. Cette dernière a conservé un beau jubé de bois qui séparait les moines de chœur (les nobles) des frères convers (les manuels). Belles stalles en bois : très ouvragées et marquetées pour les 1ers, simples pour les 2ds. Autel baroque à colonnes et panneaux de faux marbre donnent un fond d'opulence au lieu. Le grand (l'immense) cloître ouvre sur 24 cellules sur un périmètre de 356 m ! Et le petit cloître (très mignon avec ses doubles arches brisées) réservé aux prieur et procureur de la chartreuse. Tout autour, une forêt de hêtres et de chênes remarquables ; sentier botanique et circuit pédestre. Le domaine a été replanté par l'association propriétaire et 16 ha sont gérés par un ESAT (établissement et service d'aide par le travail). Et si ce sont les vignes du Seigneur qui vous intéressent, dégustation sur place et vente à la boutique du côtes-du-rhône maison.

L'été, Festival Forêt créative dans la forêt de Valbonne. Des activités nature, à partager en famille.

D'avril à septembre, possibilité de dormir dans les anciennes cellules des chartreux. 13 chambres aménagées avec simplicité et 2 gîtes : *☎ 04-66-90-41-13.* Resto avec terrasse dans la cour : *☎ 04-66-90-41-19.*

LE GARD

BALADE ENTRE RHÔNE ET CÉVENNES, AU FIL DE LA CÈZE

La Cèze prend sa source au mont Lozère, dans les Cévennes, fait un bout de chemin avec les pèlerins de la Régordane, folâtre loin des flux touristiques du côté d'Aujac à Saint-Ambroix, et descend ensuite en s'éclatant à gorges déployées de Barjac à Bagnols-sur-Cèze, où elle épouse le

Rhône. Notre itinéraire en remonte le cours, côté Gard, parcourant monts et vaux, ponctués de villages de caractère. On y retrouve les senteurs et la magie de la garrigue, les collines lumineuses sous le soleil du Midi. Amis randonneurs, kayakistes et même naturistes, vous serez ici dans votre élément.

BAGNOLS-SUR-CÈZE *(30200)*

Bagnols a tout d'une ville de transition, à cheval entre Languedoc et Provence, entre 2 cultures... En lui accordant le droit de « tenir marché », Louis VIII transforma cette bourgade rurale en une place commerciale : la soie lui offrit une prospérité qui dura 3 siècles. Dans les années 1950, l'usine atomique de Marcoule multiplia la population par 4 (20 000 habitants aujourd'hui). De nouveaux quartiers pas folichons ont été construits à la hâte, au milieu du flot de bagnoles... Il reste néanmoins un tout petit centre ancien.

Adresse et info utiles

ℹ ***Office de tourisme :*** *espace Saint-Gilles, av. Léon-Blum. ☎ 04-66-89-54-61. • provenceoccitane.com • Juin-sept, lun-sam 9h30-19h (18h juin et début sept), dim 9h30-12h30 ; oct-mai, lun-ven 9h30-12h30, 13h30-17h, sam 9h30-12h30.* Doc sur Bagnols, la vallée de la Cèze et les départements limitrophes.

– ***L'Espace Rabelais :*** *pl. Auguste-Mallet. ☎ 04-66-89-73-85. Ouv mer-sam 9h30-12h30.* Espace muséographique moderne pour découvrir l'univers des Côtes du Rhône gardoises. Dégustations gratuites mercredi matin, balades dans les vignes, etc.

– ***Marchés :*** *mer mat, plus sam mat juin-sept.*

À voir

La ***place Mallet*** reste le véritable centre de la cité depuis le XIIIe s. Arcades sous lesquelles s'abritaient les marchands, sol pavé... Quelques belles demeures de style classique, construites au XVIIe s : l'hôtel de ville, l'hôtel de Luynes et l'hôtel Mallet, reconnaissable à sa tour à 3 pans crénelés.

Le musée de peinture Albert-André : *19, pl. Mallet. ☎ 04-66-50-50-56. Dans l'hôtel de ville, 2e étage. Tlj sauf lun et j. fériés, 10h-12h, 14h-18h. Fermé fév. GRATUIT.* En 1917, le peintre Albert André, ami intime de Renoir, devient conservateur du musée et rassemble une jolie collection d'art contemporain. En 1923, un incendie provoqué, involontairement, par des... pompiers, ravage les collections. Plutôt que de fermer boutique, Albert André demande de l'aide à ses amis, qui lui offrent quelques tableaux. De belles pièces comme *La Fenêtre ouverte de Nice,* de Matisse, *Le Portrait d'Adèle Besson,* par Van Dongen, *Le 14 Juillet au Havre,* de Marquet, ou le *Bouquet de roses* de Suzanne Valadon. Et puis encore, Maurice Denis, Félix Valloton... 2 salles sont consacrées au postimpressionnisme, une à la peinture lyonnaise du XIXe s. Dans la salle des dessins, ne pas manquer Renoir, Signac et Berthe Morisot.

Le musée d'archéologie Léon-Alègre : *24, av. Paul-Langevin. ☎ 04-66-89-74-00. Mar et jeu-ven 10h-12h, 14h-18h. Fermé fév. GRATUIT.* Importante section archéologique couvrant les périodes de l'âge du fer à la fin de l'Antiquité romaine. Petite section consacrée à l'histoire de Bagnols.

LA ROQUE-SUR-CÈZE (30200)

Les belles bâtisses aux pierres miel et blanc bordent des ruelles en calade qui se tortillent à flanc de colline, toujours plus haut, à l'assaut du château médiéval. Véritable puzzle de pierres artistiquement agencées, la calade ponctue les vieux villages du Sud-Est de la France. Pour seul ciment, la patience du *caladier* ajustant les uns aux autres, galets ou pierres calcaires. Et la magie du geste a fait traverser les siècles à ces ruelles en pente, conçues pour résister aux étés torrides, hivers plus rigoureux qu'il n'y paraît, orages violents et autres exubérances de la nature. Rendu au faîte, on se tourne, et le village montre un autre visage : celui des tuiles romaines sur fond de panorama sur la vallée de la Cèze. Avec son « pont romain » du XIIIe s, La Roque est l'un des « Plus Beaux Villages de France » !
Poussez jusqu'aux ***cascades du Sautadet*** : marmites, cascatelles, crevasses taillées par la rivière. Impressionnant et dangereux. La baignade y est interdite : on s'en serait douté !

CORNILLON (30630)

À 4 km au nord-est de Goudargues.
Immanquable depuis la D 980, très joli village s'étirant sur un piton rocheux. Remparts et vestiges d'un château appartenant depuis 4 siècles à la même famille, comme le revendique la plaque à l'entrée. De là-haut, belle vue sur la vallée.

LE GARD

GOUDARGUES (30600)

Goudargues fut fondée autour d'une abbaye bénédictine au IXe s. Ce sont les moines qui, les 1ers, ont canalisé l'eau de l'étang qui occupait la place. Ils purent ainsi cultiver les riches terres des environs. Et toute la vie de la cité s'ordonna durant de longs siècles autour de cette abbaye. Aujourd'hui encore, le visiteur peut apprécier sa tranquillité, ses platanes, sa fontaine et son église. Face au lavoir, ne pas manquer la *salle capitulaire* (XIIe s), où se tiennent des expos temporaires en été. Les bistrots et restos ne manquent pas, si la faim ou la soif vous tenaillaient, du *Café des Sources* à la bonne franquette à la chic *Galantine.*

Adresse et info utiles

Office de tourisme : *4, route de Pont-Saint-Esprit. ☎ 04-66-82-30-02. • provenceoccitane.com • ♿ Juil-août, lun-sam 9h30-19h, dim 9h30-12h30 ; juin et début sept, lun-ven 9h30-12h30, 13h30-18h, w-e 9h30-12h30 ; le reste de l'année, lun-ven 9h30-12h30, 13h30-17h et sam matin.* Beaucoup de doc. Profitez-en pour préparer la suite de votre balade au fil de la Cèze. À pied, en voiture ou même en kayak.
– **Balades en kayak : Cèze Canoë,** *14 bis, route de Pont-Saint-Esprit. 📱 06-88-69-74-09 ; • ceze-canoes.com •* et **Goud Canoë,** *📱 06-95-80-53-02 ; • goud-canoe.fr •* Parcours de ½ journée à la journée. Choisissez entre l'amont et l'aval... depuis Goudargues, les 2 ont leur charme.

Où camper ?

Camping La Grenouille : *av. du Lavoir. ☎ 04-66-82-21-36 📱 06-62-13-10-83. • camping.grenouille@orange.fr • camping-la-grenouille.com • ♿ Dans le village ; fléché. Ouv d'avr à mi-oct. Compter 15,90-34 € pour 2 ;*

bungalows et mobile homes sem. 50 empl. Au bord de la Cèze. Terrain de petite taille, planté de peupliers. Emplacements séparés par des haies. Bien équipé et très agréable. Barbecue collectif pour chauffer l'ambiance et piscine pour se rafraîchir.

VERFEUIL (30630)

À 7 km au sud-ouest de Goudargues par la D 23 puis la D 143.

Superbe route pour gagner ce mignon village à l'écart des circuits touristiques. Là encore, vieilles maisons de pierre, vestiges d'un château du XIe s, campanile... Dans les environs, petite balade sympa vers **Les Concluses** (voir plus haut à Lussan).

Où manger ?

Auberge des Concluses : *62, rue de la République. ☎ 04-66-72-90-78. • dominique.boutillot@orange.fr • Tlj sauf dim soir-lun ; plus mar hors saison. Congés : déc-janv. Menus 22,50-32,90 € ; carte env 37 €. Café offert sur présentation de ce guide.* Surprenant resto tenu par un couple sympa et soucieux de proposer depuis un quart de siècle une cuisine méditerranéenne de qualité, autour de recettes personnelles : *tabesson, caillou* (excellente crêpe à la brandade et au jambon...), ou encore *moussagne,* à découvrir sur ces vertes terrasses ombragées.

LE GARD

SAINT-ANDRÉ-DE-ROQUEPERTUIS (30630)

À 5 km au nord-ouest de Goudargues.

Les toits de tuiles se serrent autour du robuste clocher percé de meurtrières de l'église fortifiée.

Où dormir ? Où manger ?

Les Terrasses du Roc : *9, pl. de la Promenade. ☎ 04-66-50-82-68 ou 06-73-91-03-31. • lesterrassesduroc@gmail.com • les-terrasses-du-roc.com • Ouv tlj avr-oct. Compter 19 €/pers en gîte ; double 55-65 € ; familiales. Menu 19 € ; carte env 25 €. Digestif maison offert sur présentation de ce guide.* Pour qui chercherait un camp de base original à partager entre amis ou en famille. Ce gîte-hôtel tout neuf, aéré et accueillant, a été installé dans l'ancienne école du village. Banquettes sur le toit-terrasse pour se dorer au soleil tout en buvant un verre.

Guinguette La Frigoulette : *le Courau. ☎ 04-66-82-21-26. Passer le pont sur la Cèze direction Méjannes, le resto se trouve sur l'autre rive de la Cèze. Juin-août, tlj. Congés : sept-fin mai. Carte env 25 €. CB refusées.* Depuis plus de 35 ans, une adresse où les nombreux campeurs des environs et tous les visiteurs d'un jour aiment se retrouver, bien calés sur les chaises en plastoc pour avaler ensemble une cuisine de jardin et de copains sans prétention (grillades, pieds paquets, escargots à la provençale, frites maison) et vider de bons gros pichets de vin... À bas l'ascèse, vive la Cèze !

MONTCLUS (30630)

À 8 km au nord-ouest de Goudargues par la D 980.

Un des « Plus Beaux Villages de France » lové, telle une coquille d'escargot, dans une boucle de la Cèze. Le tout dominé par le donjon du château en ruine et un campanile finement ouvragé du chapeau.

BARJAC (30430)

Une petite ville méridionale, bien située, entre gorges de l'Ardèche et vallée de la Cèze. Le château du XVIIe s, l'église, les vieilles maisons forment un ensemble vraiment sympathique. Places et fontaines, tours et hôtels particuliers, tout un patrimoine Renaissance à découvrir en flânant, avant d'aller déjeuner ou boire un verre dans un restaurant-salon de thé bio. À ne pas manquer, le marché hebdomadaire du vendredi matin. Le « sentier des dolmens » vous mènera vers une nécropole de 15 dolmens de l'âge du bronze.

Adresse et infos utiles

Office de Tourisme Cèze Cévennes, antenne de Barjac : *120, pl. Charles-Guynet. ☎ 04-66-24-53-44. • tourisme-ceze-cevennes.com • En plein centre. En été, lun-sam 9h30-13h, 15h-18h30 et dim lors des manifestations ; hors saison, lun-mar et jeu-ven 9h30-12h30, 14h-17h30, plus certains mer et sam matin (voir site internet). Dépliant circuit-découverte gratuit. Visites guidées sur inscription en juil-août. Chasse aux trésors pour les familles et jeu « Escapade Game » pour partir à la découverte du territoire.*

– **Marché provençal :** *ven mat tte l'année.*

– **Marché nocturne :** *lun en juil-août.*

– **Marché de petits producteurs :** *17h-20h mar en juil-août.*

LE GARD

Où dormir dans le coin ? Où manger ?

Camping

Camping naturiste du Domaine de la Sablière : *30430* ***Saint-Privat-de-Champclos.*** *☎ 04-66-24-51-16. • contact@villagesabliere.com • villagesabliere.com • ♿ À 6 km de Barjac par la D 901 direction Bagnols, puis fléché. Ouv fin mars-début oct. Compter 18-49 € pour 2 ; loc de tentes meublées, mobile homes et chalets. Consulter le site, nombreuses promos. 503 empl.* Dans un lieu superbe au bord de la Cèze, 62 ha réservés aux naturistes (même si certains iront peut-être se rhabiller après le rachat par CapFun). Au milieu des arbres, le site est vraiment exceptionnel et très bien tenu. Tous les équipements souhaités, avec un sauna et 2 piscines (dont une couverte et chauffée), en accès libre. Nombreuses animations gratuites en été.

De prix moyens à plus chic

Nature et Thé : *7, rue Salavas. ☎ 04-66-24-77-68. • nature.et.the@gmail.com • Juil-août, tlj 9h-22h ; les autres mois, tlj sauf lun 9h-14h, 19h-22h. Congés : nov-mars. Carte env 20 €. Café offert sur présentation de ce guide.* Dans cette rue typique, une adresse atypique, qui plaira aux *vegans* comme aux amateurs de viande. Il y a même une assiette de charcuteries locales qui est à se damner. Sinon, grandes salades, « bowls » pour faire tendance et fameux fromages de brebis. Madame cuisine, monsieur fait la causette, prenez place en terrasse, c'est encore mieux.

Chambres d'hôtes Moulin de Courlas : *2023, route de Saint-Sauveur-de-Cruzières, 30430* ***Saint-Jean-de-Maruéjols.*** *☎ 06-52-81-63-00. • mariel30@wanadoo.fr • moulindecourlas.com • À 3 km de Saint-Jean, dans le hameau de Moulin-de-Courlas. Doubles 70-85 €. Gîte 2-4 pers. Table d'hôtes 26 €.* Entre Gard et Ardèche, Marielle accueille les amoureux de l'authentique dans sa belle ferme restaurée, au bord d'une rivière nommée la Claysse (canoë à disposition). 5 chambres douces à vivre, pleines de souvenirs et d'humour, plus un gîte face à la piscine, sans oublier le jardin... Bref, le bonheur ! Ne manquez pas le repas du soir à l'ombre de vieux platanes, des peupliers et des sureaux.

Fêtes et manifestations

– ***Foires internationales à la brocante et aux antiquités :*** *à Pâques et autour du 15 août.* Elles rassemblent plus de 400 exposants professionnels et des acheteurs du monde entier.
– ***Barjac m'en chante :*** *fin juil-début août. Résa • barjacmenchante.org •* Festival de chansons françaises.
– ***Barjac en Jazz :*** *fin août.* Parade dans le village et concerts dans la cour du château.

À voir. À faire dans les environs

Prenez les chemins de traverse pour rejoindre Allègre-les-Fumades. Faites une pause à ***Saint-Jean-de-Maruéjols*** pour ses charcuteries artisanales et sa tour de l'horloge au toit vernissé. Pour les amateurs de bière artisanale, détour par la ***brasserie Laskar,*** qui s'est implantée dans le cadre atypique des anciennes mines d'asphalte *(ZAE Terre de Barry, contact 07-72-66-55-19).* D'origine franco-belge, Serge Laskar propose une bière blonde du même nom que le rivière (la Cèze, pour qui aurait un doute !) aux notes d'agrumes et d'épices des Cévennes.

Arrêt à ***Avéjan*** pour y découvrir la chapelle romane Saint-Pierre, entourée d'un petit jardin. Elle est datée de la 2de moitié du XIIe s. Y reposent les représentants de la famille Banne d'Avéjan, bien que certains d'entre eux aient embrassé le calvinisme. Son tympan a été martelé, sans doute en 1703 lors des guerres de religion. Joli marché saisonnier à Saint-Jean-de-Maruejols les dimanches matin en juillet-août.

Rejoindre Allègre-les-Fumades en passant par ***Tharaux*** et faire une halte à ***Rochegude,*** un beau petit village aux maisons en pierre, couleur miel, agglomérées sur la roche telle une ruche. On y grimpe au gré de ruelles tortueuses qui aboutissent aux restes du château de Barjac. Détour par la grotte de la Salamandre avant de rejoindre Allègre, pour se mettre au frais.

La grotte de la Salamandre : *30430 **Méjannes-le-Clap.** ☎ 04-66-60-06-00. • contact@grottedelasalamandre.com • (belvédère seulement). De mi-mars à la Toussaint (les chauves-souris hibernent en hiver). Visites guidées tlj : en été, 10h30-17h30 ; 10h30-17h mai-juin et sept ; 11h-16h mars-avr et oct. Entrée : 13 € (belvédère seulement 9 €) ; réduc ; gratuit jusqu'à 6 ans ; tarif famille : 38 €. Le Grand Rappel (descente en rappel à 50 m) : 42 € ; les Coulisses de la Salamandre : 42 €.* Une immense salle d'une centaine de mètres de diamètre et d'une trentaine de mètres de haut, découverte en 1964, remarquablement mise en scène et en lumières. Le vol en aéroplume dans la grotte, durant les vacances de Pâques, fait partie des attractions qui expliquent le succès public croissant pour cette découverte originale des entrailles de la terre. Notez que la grotte est à 13 °C toute l'année.

ALLÈGRE-LES-FUMADES *(30500)*

Ce village est composé de 7 hameaux, dont Les Fumades-les-Bains, la seule station thermale du Gard proposant des soins de remise en forme ouverts à tous et des cures spécialisées dans les affections buccales, la rhumatologie, les voies

respiratoires et les affections de la peau. Les vertus de ses eaux sont connues depuis l'époque romaine, comme l'attestent les découvertes archéologiques des Fumades et d'Arlende.
Développée à la fin du XIXe s, la station thermale appartenait alors à une société anglaise dont le siège était à Londres avec des capitaux allemands. L'Arche dite romaine date en fait de cette époque (inaugurée en 1907, elle prend pour modèle la porte de Brandebourg en Allemagne). La Maison du Kronpritz, construite pour le fils de Guillaume II, en direction des Vieilles Fumades, est un autre témoignage de cette population allemande affluant ici. Les guerres l'empêcheront évidemment de profiter de cette résidence secondaire.
Un château est accroché à flanc de falaise le long de la coste d'Allègre. On peut randonner en sa direction en empruntant le « défilé de l'Argensol », petit ruisseau translucide prenant des couleurs bleues et vert bouteille. À Boisson, halte pour écouter l'angélus d'un rare carillon à 10 cloches.

Adresses et infos utiles

i *Office de tourisme Cèze Cévennes, antenne d'Allègre-les-Fumades :* *Maison de l'eau, sur la D 16.* ☎ *04-66-24-80-24.* • *tourisme-ceze-cevennes.com* • ♿ *Juil-août, lun-jeu 9h-13h, 14h-17h30, sam 14h-17h30 et dim 9h-12h30 (fermé ven) ; le reste de l'année, consulter le site internet.* Une chasse au trésor vous attend. Visite guidée (jeu en été) du castrum d'Allègre (château et village d'époque médiévale).

– ***Station thermale des Fumades :*** *Les Fumades-les-Bains.* ☎ *04-66-54-08-08.* • *info@fumades.com* • *Cures thermales mars-oct. Formules à partir d'env 40 €.* Une station thermale à taille humaine qui, grâce à la qualité de ses eaux sulfurées et magnésiennes, fait, paraît-il, des miracles sur l'organisme.

Où manger ? Où acheter de bons produits ?

|●| *La Nougaterie des Fumades :* *D 16, hameau d'Auzon.* ☎ *04-66-24-26-85.* • *nougaterie-fumades.com* • *Juil-août, tlj 9h30-18h30 ; sept-juin, tlj sauf lun 9h30-12h, 14h-18h. Congés : 2 sem en janv. Démonstration gratuite.* Une ancienne cave coopérative réhabilitée dans un style factory. Aux nombreuses variétés de délicieux nougats constitués à 50 % d'amandes torréfiées sur place s'ajoutent guimauves, pâtes de fruits, chocolats... Ne manquez pas la démonstration, et notamment le moment où l'on fait couler le nougat chaud.

Le Glacier des Fumades : *rue de l'Esplanade.* ☎ *04-66-56-81-06.* Dans le parc thermal. Plus de 40 parfums. Thierry Aigon est réputé dans la région pour ses glaces bio.

|●| *La pisciculture La Fontaine d'Arlende :* *hameau d'Arlende, chemin de la Fontaine.* ☎ *04-66-24-81-15.* Pêche en bassin ou en parcours naturel (sans permis pêche). Tables, transats, barbecue à disposition. Produits artisanaux.

SAINT-AMBROIX (30500)

Les Cévennes à l'ouest, les gorges de l'Ardèche au nord-est, l'Uzège au sud. Faites une petite halte à Saint-Ambroix, ville porte du Parc national des Cévennes, pour voir un bourg endormi qui s'anime les jours de marché (chaque mardi depuis... 1362 !) et des ruelles médiévales restées authentiques. Et surtout pour voir le rocher, couronné des restes du château et d'une ostentatoire église, la chapelle du Dugas. Érigée en 1868, elle surplombe Saint-Ambroix de son style néo-éclectique tendance mélange des genres. Elle est sise dans l'enceinte de l'ancien château du XIIe s, détruit sous Louis XIII. De là-haut, beau panorama.

Adresses et infos utiles

Office de tourisme Cèze Cévennes, antenne de Saint-Ambroix : *pl. de l'Ancien-Temple. ☎ 04-66-24-33-36. • tourisme-ceze-cevennes.com • En retrait de la rue principale. Juil-août, lun-sam 9h-13h, 15h-18h30 ; dim 10h-12h. Le reste de l'année, consulter les horaires sur le site internet.* Visites guidées (payantes) sur inscription en juillet-août. L'office est un relais d'information du parc national des Cévennes, profitez-en ! Chasse au trésor et jeu « Escapade Game » pour partir à la découverte du territoire.

– ***Descente en canoë :*** ***Cap Canoë,*** *route de Barjac. ☎ 04-66-24-25-16. • capcanoe@orange.fr • capcanoe.com • Canoë 2 places à partir de 30 €.* Parcours de 4 à 29 km sur la Cèze pour les familles (à partir de 4 ans).

Où dormir ? Où manger dans les environs ?

De prix moyens à chic

Le Clos des Arts : *domaine de Villaret, Larnac, 30960* **Les Mages.** *☎ 04-66-25-40-91. • contact@closdesarts.com • closdesarts.com • ♿ À 3,5 km au sud-ouest de Saint-Ambroix par la D 904 ; bien fléché. Resto fermé le midi lun et sam, plus dim soir. Doubles 66-79 € ; familiales. Formule déj 15,50 € en sem ; menus 22,80-29,80 €.* Rachetée par la famille Schoenenberger, cette ancienne magnanerie et filature de soie abrite désormais de belles chambres claires, dont certaines de plain-pied, toutes climatisées. Musée dans la propriété consacré aux sculptures de Marcel Schoenenberger et d'un de ses fils. Une piscine, pour le cocooning.

La Grange Neuve : *30500* **Potelières.** *06-62-83-85-94. • la-grangeneuve@wanadoo.fr • lagrangeneuve.com • À 5 km au sud de Saint-Ambroix. Double 120-140 €.* Une ancienne ferme de la vallée de la Cèze, devenue un refuge pour amateurs de tranquillité, de beauté... et de peinture décorative. Stages possibles organisés par Emmanuelle et Denis Richard, dans leur atelier. Mais vous pouvez vous contenter de jouir de la piscine, et de la vue sur les Cévennes.

Hôtel-restaurant La Bastide des Senteurs : *5, rue de la Traverse, 30500* **Saint-Victor-de-Malcap.** *☎ 04-66-60-24-45. • bastidedessenteurs@gmail.com • bastide-senteurs.com • ♿ Resto fermé le midi lun et sam, plus le soir dim-lun hors saison. Congés : nov-fév. Doubles 72-115 €. Côté bistrot de Mamie Georgette, formules 19,50 € le midi, menus au gastro 32-90 €. Café offert sur présentation de ce guide.* Dans un joli village, un ensemble de maisons de pays rénovées sans ostentation. Jolies chambres à la déco couleur locale (murs de pierre, fer forgé...) et aux noms de cépages. Belle piscine à débordement, qui, comme la terrasse du resto, domine la vallée de la Cèze. Frank Subileau, chef et patron, propose, au gré des saisons, une cuisine de senteurs bien inventive. Une belle et bonne adresse, avec en plus un bistrot qui joue la carte rétro.

Fête

– ***Fête médiévale :*** *13-14 juil.* Autour de la légende du Volo Biòu ou du bœuf volant, animal totémique de la ville.

À voir. À faire dans les environs

La grotte de la Cocalière : **Courry** *(30500). ☎ 04-66-24-34-74. • accueil@grotte-cocaliere.com • À 6 km au nord-ouest de Saint-Ambroix par la D 904. De*

mi-mars à juin et sept-vac de la Toussaint, tlj 10h-17h ; juil-août, tlj 9h30-19h. Résa par tél conseillée en juil-août. Tarif : 13,50 € ; 9,50 € enfant ; gratuit moins de 6 ans. Salles, concrétions, draperies de pierre, bassin, rivière souterraine, vestiges préhistoriques : la grotte de la Cocalière a quelques merveilles à vous dévoiler. On visite à pied, on revient en petit train. Petit tour à l'air libre sur le sentier découverte. Un cheminement encore plus intéressant si on a la chance de tomber sur un des 2 frères Bouquet, les fils de celui qui découvrit jadis la grotte. D'un mot, d'un geste, on comprend ce qui fait toute la richesse de l'environnement ici préservé.
Original : une nuit sous la pyramide aménagée dans une des salles (si l'on n'est pas claustro, c'est la chambre d'hôtes la plus dingue qu'on puisse trouver dans le secteur. Prix à la hauteur, si l'on peut dire quand on dort dans une grotte).

AUJAC (30450)

La D 51 suit le cours de la rivière jusqu'à Aujac, un village tout mignon rassemblé autour de son église romane surmontée du traditionnel clocher à peigne. Accolé à celle-ci, un ancien prieuré. Vallée encaissée qui semble n'avoir pas bougé depuis des siècles, encore surveillée par de robustes forteresses médiévales. Un coin encore intact, peu touristique hors saison.

LE GARD

Où dormir ? Où manger à Aujac et dans les environs ?

Ferme de la Baraque : *☎ 04-66-61-12-77. • fermedelabaraque@laposte.net • À l'est d'Aujac, en contrebas de la D 51 (bien fléché). Ouv avr-oct. Résa impérative. Double 56 €, petit déj inclus. Tipi 28 €/nuit pour 2 (supplément au-delà), literie en supplément ; nuit en camping env 18 € pour 2. Menu 23 €.* Baudets et moutons entourent la ferme qui, dans un joyeux bric-à-brac, abrite 3 chambres. On peut aussi camper ou dormir dans le tipi. Petit déj et repas accommodent des produits bio du cru. Possibilité de trempette dans la rivière ! Un lieu un brin communautaire pour qui veut cultiver l'authentique. Confort et sobriété éthique et joyeuse, qu'ils disaient.

Camping Le Moulin du Luech : *30160 **Peyremale**. 06-28-34-54-62. À 12 km au sud-est d'Aujac. • lemoulindeluech@gmail.com • camping cevennes-atypique.com • Ouv mai-fin sept. Forfaits 14-17,50 € pour 2 avec tente et voiture. Réduction de 10 % à partir de 2 sem de séjour sur présentation de ce guide.* Au bord de la rivière, bien en retrait de la route, un adorable petit camping. Pour les campeurs, des emplacements entourés de hautes haies ou plus ouverts, sur les pelouses centrales. Et pour tous, une ombre bienfaisante. Au fond du site, 4 « Châtaignes » sympathiquement insolites : des tentes prêt-à-camper avec un vrai lit, une petite terrasse et un accès à une cuisine sommaire réservée à ces hébergements. Autre très gros atout : la rivière et le plan d'eau adjacent, avec une belle profondeur, même au cœur de l'été. Accueil charmant.

Café-restaurant-épicerie Le Secret d'Aujac : *le Village, à **Aujac**. 06-58-20-98-07. En juil-août, tlj sauf mer, midi et soir ; le reste de l'année, ouv le midi tlj sauf mer, plus le soir jeu-sam. Menu déj en sem 16 € ; le soir, 26-32 € ; carte 30-35 €.* Au cœur du village, un resto proposant au déjeuner un menu efficace. Le soir, on monte légèrement en gamme, avec des plats plus travaillés, où les bons produits locaux sont joliment mis en valeur et se teintent volontiers d'influences sud-américaines (madame est bolivienne !).

À voir. À faire

Le cheylard d'Aujac : *accès fléché depuis Aujac. 06-86-66-20-66. • chateau-aujac.org • Ouv Pâques-Toussaint : de mi-juil à fin août, tlj sauf lun 14h-19h ; le reste du temps dim et j. fériés 14h-18h. Entrée : 8 € ; 6 € enfant. Visite guidée 45 mn. Animation « La Malabestia » 1er w-e d'août.* On y grimpe à pied en 15 mn. Un de ces châteaux du Moyen Âge se dressant magnifiquement sur son éperon rocheux, à 600 m d'altitude, en surplomb de la vallée de la Cèze. Celui-ci a la particularité d'avoir toujours été habité et donc d'être bien conservé, même s'il a connu quelques transformations au fil des siècles selon les besoins de ses occupants. Tour carrée, tour ronde, hameau fortifié... un pont levis disparu à la Révolution y a même été reconstitué après que son existence eut été fortuitement découverte grâce à une rupture de canalisation.

LA PETITE HISTOIRE DANS LA GRANDE

Un château racheté à la Révolution par les métayers qui géraient ses terres, ce n'est déjà pas si commun. Ce qui l'est encore moins, c'est qu'il soit depuis resté dans la même famille. Or un jour, l'écrivain Gilbert Léautier (1945-2018), alors jeune dramaturge de 18 ans, vint demander à la châtelaine s'il pourrait y jouer une pièce. La châtelaine avait une petite-fille nommée Marlène. Ils ne se marièrent pas mais, des décennies durant, ils entretinrent et restaurèrent avec amour cette bâtisse que l'on surnomme aussi « la sentinelle des Cévennes »...

➢ ***Les chemins de la Cézarenque :*** un sentier de 7,5 km (brochure à l'office de tourisme de Génolhac, voir plus loin : les Cévennes gardoises, autour d'Alès) permet de découvrir nature et habitat cévenols, avec comme point d'orgue la clède Peyric (séchoir à châtaignes) au hameau des Bouschets.

LES CÉVENNES

Les Cévennes, c'est le pays des irréductibles camisards et des guerres de Religion, mais aussi la terre où la soie valait de l'or, où les châtaignes servaient de pain quotidien. D'innombrables hameaux de schiste ou de granit constellent ces montagnes impénétrables, du mont Lozère au mont Aigoual. Un univers de liberté et d'indépendance, où l'homme a souvent trouvé refuge. Bergers, pèlerins, protestants persécutés, rebelles, hippies des années 1970, minorités... venaient dans les Cévennes pour oublier la loi et les bruits du monde. Cette vocation demeure. Mais à l'heure du grand retour à la nature, voici l'une des régions françaises les mieux conservées pour ses sites et ses paysages. Les Cévennes sont une réalité géographique. Mais ce pays secret, qui ne se révélera qu'à ceux qui prendront le temps de le découvrir, est avant tout un état d'esprit, un mythe, presque une religion. Le caractère cévenol imprègne chaque pierre, chaque arbre, chaque chemin, prolongeant une histoire écrite dans le sang.

PARPAILLOT

Ce mot signifie « papillon ». Les protestants portaient autrefois de grandes aubes blanches pour aller au temple. De loin, ils ressemblaient à des nuées de papillons blancs qui se déplaçaient ensemble. Le surnom est resté.

UN PEU D'HISTOIRE

La guerre des camisards

À l'origine de cette « ***guerre des camisards*** », on trouve la décision prise par Louis XIV de ***révoquer l'édit de Nantes en 1685,*** lequel accordait depuis la fin du XVIe s la liberté religieuse aux protestants de France. La religion « réformée » s'est très vite répandue dans le sud de la France, et notamment dans les Cévennes, loin du pouvoir central... Brutale, arbitraire, la révocation de l'édit de Nantes enlève aux protestants le droit de pratiquer leur religion. L'intolérance devient loi puis répression : on brûle les temples, on pourchasse les pasteurs, qui doivent abjurer leur foi ou quitter la France dans les 15 jours, les assemblées sont interdites, les parents contraints de faire baptiser leurs enfants dans la religion catholique. Il est suspect de posséder et de lire la Bible. ***Tout protestant qui n'abjure pas est passible de prison.*** En outre, on les prive d'état civil.

Nourris d'Ancien Testament, les huguenots des Cévennes refusent de plier l'échine. Le petit peuple de la montagne entre alors en rébellion contre l'absolutisme royal. Des gens du peuple se mettent à prophétiser, appelant à la vengeance divine au nom de leurs frères persécutés pour leur foi. ***De pacifique, la révolte devient une lutte armée.*** Menacés dans leur vie, ils se réfugient dans les montagnes où se tiennent des assemblées secrètes, puis partent affronter les dragons du maréchal de Villars. ***Ils portent des chemises blanches la nuit en signe de reconnaissance, d'où leur nom : « camisards ».***

De 1702 à 1704, ces « fous de Dieu » tiennent en échec les soldats de Louis XIV. Une guérilla mystique et populaire qui oppose quelque 3 000 bergers et leurs chefs improvisés à 25 000 soldats bien équipés. Le cadre ? Des montagnes et des vallées impénétrables, redoutable labyrinthe relié par des *drailles* (chemins de transhumance), familières aux bergers des Cévennes, et parcourues par des rivières qui s'appellent toutes *Gardon*...

La guerre des camisards s'achève par un compromis qui laisse la porte ouverte à la répression. ***Tout au long du XVIIIe s, les huguenots seront pourchassés,*** emprisonnés, envoyés aux galères. Beaucoup s'exilent de par le monde : d'Afrique du Sud en Amérique et d'Allemagne en Russie. Les pasteurs sont exécutés. Les enfants enfermés dans des couvents et des écoles catholiques. Parmi les « martyrs de la résistance », Marie Durand fait figure d'héroïne de la liberté de conscience : elle est enfermée 38 ans dans la tour de Constance à Aigues-Mortes. Mais la liste des persécutés est bien longue. Un édit de Tolérance sera signé en 1787, autorisant les protestants à avoir un état civil sans passer par l'Église catholique.

L'ARBRE D'OR OU L'AVENTURE DE LA SOIE DES CÉVENNES

C'est dans la région d'Anduze, au XIIIe s, que l'on fait mention pour la 1re fois de la soie et du mûrier, arbre importé d'Orient par les croisés. Au XVIe s, l'agronome Olivier de Serres donne sa 1re impulsion à cette nouvelle activité : la sériciculture. Mais c'est aux XVIIe et XVIIIe s qu'elle va s'étendre à l'ensemble des Cévennes, se substituant progressivement aux châtaigniers détruits par le terrible hiver de 1709. Le XIXe s est l'âge d'or de la soie pour les Cévenols, qui en tirent une grande partie de leurs revenus. Les mûriers, appelés « arbres d'or », foisonnent. Dans chaque ferme, il y a une grange pour l'élevage des cocons. Les filatures de soie cévenoles vendaient leurs tonnes de fil à des manufactures de Nîmes ou de Lyon où l'on tissait des bas, des bonnets et toute sorte de vêtements en vogue à l'époque.

UNE HISTOIRE COUSUE DE FIL BLANC

Confucius raconte qu'une princesse chinoise – Dame Xi Ling Shi – aurait découvert le fil de soie vers l'an 3000 av. J.-C. Comment ? En s'amusant avec un cocon sauvage tombé par hasard dans sa tasse de thé, elle en sortit un fil délicat ! Cette trouvaille bouleversa la civilisation chinoise et assura, près de 50 siècles plus tard, la prospérité des Cévennes grâce à la plantation de mûriers. Seuls ces arbustes nourrissent et hébergent les vers à soie.

La concurrence des fils synthétiques, les maladies du ver à soie et l'abandon de la soie dans la tenue vestimentaire des bourgeois du XIXe s provoquèrent le déclin de la sériciculture cévenole. La dernière filature à l'ancienne a fermé ses portes en 1965. Reste une formidable aventure économique et humaine, fort bien expliquée à Maison Rouge à Saint-Jean-du-Gard et au musée de la Soie de Saint-Hippolyte-du-Fort.

LE CHÂTAIGNIER OU L'ARBRE À PAIN

Pendant des siècles, les habitants d'ici ont mangé des châtaignes matin, midi et soir. Symbole des Cévennes, rude à l'extérieur, douce à l'intérieur, la châtaigne a engendré un mode de vie original. Le châtaignier était surnommé l'« arbre à pain » car il assurait la subsistance quotidienne des montagnards. Au XVIe s, tous les versants des Cévennes entre 500 et 800 m étaient plantés de ces beaux arbres dont chaque partie avait son emploi : les feuilles pour le fourrage des moutons et chèvres, le bois imputrescible pour la fabrication des charpentes, des tuiles, des planchers, des meubles, des tonneaux, des berceaux, des paniers, des outils... Une fois ramassées, les châtaignes, séchées dans la *clède* (construite à part), décortiquées avec des *soles* (chaussures à pointes), étaient consommées fraîches *(blanchettes)*, grillées ou sous forme de soupe, le *bajanat*. De nos jours, le châtaignier a régressé au profit du chêne vert et du pin maritime (Cévennes méditerranéennes), du chêne blanc et du hêtre (en altitude).

L'HABITAT : SCHISTE, GRANIT, CALCAIRE

Au détour des toutes petites routes cévenoles, où 2 voitures ne se croisent pas sans compromis, on est frappé par la beauté et le caractère de l'habitat. Grosses fermes en granit du mont Lozère, hameaux – hauts et sombres – des vallées et des vallons cévenols, mas aux toits de tuiles à l'allure souriante sur les flancs méditerranéens : on trouve une architecture frappante de rusticité.
On remarque aussi les petits cimetières à l'ombre des cyprès qui ponctuent la campagne. Les protestants n'avaient pas le droit d'enterrer leurs morts à côté des catholiques. Alors ils les inhumaient « de nuit et sans rassemblement » autour de la ferme.
Le parc national des Cévennes a restauré et ouvert à la visite quelques très vieux hameaux traditionnels. Nous vous les signalerons au fil de la balade.

LES CÉVENNES DANS LES PAS DE STEVENSON

Ce jeune Écossais n'avait que 27 ans lorsqu'il décida de traverser les Cévennes. L'écrivain était encore peu connu (il deviendra célèbre avec *L'Île au trésor* 7 ans plus tard). Le point de départ de son voyage solitaire ? Une peine de cœur ! Un amour impossible avec une Américaine, Fanny, mariée et mère de 2 enfants, repartie en Californie. Il ne cessera de penser à elle au cours de sa traversée. Rien que de très banal, direz-vous ! Seulement, son périple va se transformer en voyage initiatique.
Stevenson se sent viscéralement attiré par ce coin de France meurtri par les guerres de Religion. À tel point que, dans son récit, il commettra des oublis impardonnables, gommant tout ce qui touche au catholicisme. Son récit, *Voyage avec un âne dans les Cévennes,* pétille d'humour et d'intelligence. Le 3e personnage important de la traversée, après Stevenson et les Cévennes, s'appelle Modestine, une ânesse pleine de caractère et de courage.
Plus de 1 siècle après ce voyage en solitaire, Stevenson inspire encore de nombreux randonneurs qui effectuent scrupuleusement le même parcours. Un topoguide, très officiel (édité par la FFRP et Chamina) : *Le Chemin de Stevenson.* Une mine indispensable pour les passionnés.

DES HIPPIES AUX « NÉO-CÉVENOLS »

C'était l'époque où l'on criait « Gardarem lou Larzac » sur le causse menacé par l'implantation d'un camp militaire. Les 1ers routards partaient pour Katmandou chercher le nirvana. D'autres, plus sédentaires, montaient dans les Cévennes élever des chèvres, faire du yoga, lire Lanza del Vasto, Marcuse ou Rousseau. Partisans d'une vie plus simple, animés d'un idéal mi-californien, mi-chinois, ces rebelles pacifiques fondèrent des communautés dans les hameaux les plus reculés des Cévennes. Les paysans restaient sceptiques, ricanant dès qu'ils parlaient de ces « zippies » décidés à vivre de la terre. Pour beaucoup, l'aventure ne dura qu'une brève saison. Quelques irréductibles sont restés. Puis sont arrivés les « néo-Cévenols ». Plus discrets, mieux intégrés dans le tissu économique et social du pays : animateurs, restaurateurs, hôteliers, agriculteurs, fonctionnaires, commerçants...

LE PARC NATIONAL DES CÉVENNES

Créé en 1970, le parc s'étend sur 295 298 ha et couvre 118 communes (environ 67 000 habitants). Il embrasse des terroirs contrastés : le mont Lozère

(1 699 m), le mont Aigoual (1 565 m) et le Lingas, les vallées des Gardons (vallées Longue, Borgne et Française), la montagne du Bougès (1 421 m) et le causse Méjean, vaste plateau calcaire austère et superbe.
Dans le cœur (93 500 ha), joyau du parc, une réglementation spécifique permet d'encadrer les activités humaines, de limiter les atteintes à l'environnement, ainsi que de préserver la qualité des sites et le caractère de ce territoire d'exception. Le parc est intégré depuis 1985 au réseau mondial des réserves de biosphère (programme de l'Unesco « L'homme et la biosphère »), et en 2011, le paysage culturel de l'agropastoralisme méditerranéen des Causses et des Cévennes a été inscrit sur la liste du Patrimoine mondial de l'Unesco. Le parc national des Cévennes a presque décroché la lune en 2018 avec l'obtention du label « Réserve internationale de ciel étoilé » qui reconnaît l'exceptionnelle qualité du ciel.
Globalement, c'est une région qui a connu depuis plusieurs décennies un enrichissement biologique très important, grâce à plusieurs réintroductions menées dans le parc national (vautours fauve et moine, castor, cerf, chevreuil, grand tétras) et à la protection de biotopes ayant permis leur recolonisation naturelle par certaines espèces de grande valeur patrimoniale : aigle royal, loutre, pic noir, chouette de Tengmalm, vautour percnoptère...

Adresses utiles

Centre d'information du parc national des Cévennes (PNC) **:** *au château de* ***Florac,*** *en Lozère.* ☎ *04-66-49-53-00.* • *info@cevennes-parcnational.fr* • *cevennes-parcnational.fr* • *Nov-mars, ouverture réduite ; avr-oct, tlj.* Documentation abondante sur le parc. Le siège administratif du parc est toujours au château, mais le centre ouvert au public a déménagé dans l'ancienne gare de Florac (en Lozère, voir plus loin), avec le nouvel office de tourisme.

Autres relais d'information du parc côté gardois principalement dans les offices de tourisme : Alès, Anduze, Thoiras, Saint-André-de-Valborgne, Valleraugue, Saint-Jean-du-Gard, Lasalle, Le Vigan, Génolhac, La Grand-Combe, Sumène, Ganges, Saint-Hyppolite-du-Fort et au col de Serreyrède (à côté du mont Aigoual). *Certains ouv en été seulement.*

Les animations du parc

De nombreuses activités gratuites sont proposées d'avril à septembre : sortie avec un botaniste, observation de la faune, lecture de paysages, découverte du ciel nocturne, rencontre avec un berger... Renseignements auprès du parc national des Cévennes.

Sentiers de randonnée

Le parc national des Cévennes est quadrillé par maints sentiers de grande randonnée : GR 7 (Vosges-Pyrénées), GR 6 et GR 60 (Rhône-Cévennes), GR 66 (tour de l'Aigoual), GR 67 (tour des Cévennes), GR 68 (tour du mont Lozère) et bien sûr le GR 70 (chemin de Stevenson). Des balades vraiment superbes, pour lesquelles de nombreux gîtes d'étape ont été aménagés chez des particuliers avec l'aide du parc.
S'y ajoutent près de 300 sentiers de promenade dans tout le parc : des boucles de ½ journée ou de 1 journée, toutes balisées. Ces promenades sont rarement difficiles, profitez-en.
– ***Renseignements sur les sentiers, les topoguides, les gîtes d'étape et les prestataires touristiques :*** au centre d'information du parc à Florac, dans tous les

centres d'information (ouverts en été dans la région) et les autres offices de tourisme. ● *destination.cevennes-parcnational.fr* ●

LES CÉVENNES GARDOISES

C'est la partie méridionale des Cévennes, une région où l'air chaud est encore là, le ciel bleu méditerranéen, et l'accent bien chantant. Oliviers, châtaigniers et vignes cohabitent dans ces beaux paysages que l'on traverse obligatoirement en venant de Nîmes ou de Montpellier. D'Alès au Vigan, en passant par Anduze et Saint-Hippolyte-du-Fort, c'est ici que l'on aborde le pays des camisards.

LA ROUTE RÉGORDANE (AU NORD D'ALÈS)

➢ La D 906, entre Langogne et Alès, reprend le tracé de la ***voie Régordane,*** très ancien itinéraire reliant le Gévaudan au Languedoc. Au Moyen Âge, le chemin était fréquenté par des foules de pèlerins venus du Puy-en-Velay et se rendant à Saint-Gilles, en Camargue, l'un des grands pèlerinages de la chrétienté. Cette route était jalonnée d'« hôpitaux », où les voyageurs étaient hébergés, et de belles églises romanes (Concoules, Prévenchères...). La place forte de La Garde-Guérin (voir le chapitre « La Lozère »), la grand-rue de Génolhac, le château de Portes sont autant de lieux marqués par ces grandes migrations d'autrefois (topoguide du GR 700 – Chemin Régordane en vente partout).

LA CARAVANE PASSE...

Les rigourdiers, simples muletiers, ont donné leur nom à la fameuse route Régordane. C'est par elle que leurs caravanes descendaient du Massif central, chargées de fromages et de laitages. Ils remontaient avec des châtaignes, du sel, de la houille et du vin.

GÉNOLHAC *(30450)*

Gros bourg niché au fond de la vallée de la Gardonnette, au pied du mont Lozère. Balade conseillée dans le centre ancien, qui a conservé toutes les caractéristiques des villages-rues de la voie Régordane : opulentes maisons de ville, comparées aux maisons paysannes des environs, de part et d'autre d'une très longue rue.

Adresses et infos utiles

ℹ ***Maison du tourisme et du parc national des Cévennes :*** *15, pl. du Colombier.* ☎ *04-66-61-09-48.* ● *cevennes-tourisme.fr* ● *Juil-août, tlj sauf dim ap-m 9h-13h, 15h-18h ; mars-juin et sept-oct, tlj sauf mer ap-m et dim 9h30-12h30, 13h30-16h ; fermé nov-fév.* Plein d'infos, de brochures et de cartes sur les balades à faire dans le bourg et dans la vallée.

ℹ ***Maison Font-Vive – Centre de documentation du parc national des Cévennes :*** *3, Grand-Rue.* ☎ *04-66-61-19-97.* ● *cevennes-parcnational.fr* ● *À l'étage. Lun-mar et jeu-ven 9h-12h, 13h30-17h30, ainsi que mer mat ; sur* *rdv de préférence.* Cette maison de la fin du XVIe s abrite un des plus importants fonds de documentation sur les Cévennes en Europe avec plus de 17 000 ouvrages, en consultation libre.

Gare SNCF : *en bas du village. ☎ 36-35 (prix d'un appel local).* Situé sur la ligne qui relie Nîmes à Clermont-Ferrand, env 3 trains/j. Plusieurs liaisons/j. aussi avec Alès et Mende.

« LA LIGNE DES CÉVENNES »

Dans les années 1850 germe la folle idée de construire une ligne de chemin de fer reliant Paris au Midi en passant par le Massif central. Le plus difficile est de rejoindre Villefort et Langeac à travers les gorges de l'Allier. Cet exploit technique et humain est réalisé en 1870, et la ligne des Cévennes est inaugurée. Elle aura nécessité la construction de plus de 171 ouvrages d'art (dont le viaduc de Chamborigaud qui est un magnifique exemple). À partir de 1955, le train Paris-Marseille empruntant cette ligne est baptisé *Le Cévenol*. Aujourd'hui il ne circule plus qu'entre Nîmes et Clermont-Ferrand et bien que n'existant plus officiellement (le nom de « TER » est tellement plus chic !), ce nom est encore couramment employé.

Où dormir ? Où manger à Génolhac et dans les environs ?

Hôtel Le Commerce : *46, Grand-Rue. ☎ 04-66-25-01-35 Double 55 €. Plat du jour 12 € ; menus 16-29 € env.* Une adresse bon marché pour qui voudrait dormir sur place. Nos chambres préférées : les nos 11 et 12 avec vue sur le mont Lozère (les plus chères). On peut aussi y manger en toute simplicité des plats simples, dans une salle simple, au service simple (mais non sans humour parfois). Ou, mieux encore, s'il fait beau, en terrasse, autour de la fontaine.

Chambres d'hôtes Le Mas Nouveau : *route du Mont-Lozère. ☎ 04-66-61-15-72. 06-84-07-00-51. • christine.gerbino@wanadoo.fr • masnouveau.com • À 5 km de Génolhac par la D 362. Congés : janv-fév. Doubles 82-98€ ; familiales. Table d'hôtes 26 €.* Une ancienne ferme des XIIe et XVe s en contrebas d'une route peu fréquentée menant au Mas-de-la-Barque. Chambres d'hôtes originales, créées avec amour et intelligence par Christine Gerbino, qui a su conserver l'authenticité des lieux. Belle cheminée pour les jours gris, grande terrasse d'où l'on découvre le mont Lozère pour prendre l'apéritif aux beaux jours. Spa en plein air, hammam, massages. Bonne cuisine de terroir pour reprendre ensuite des forces.

Le Mas du Seigneur : *Altayrac, 30530* ***Chamborigaud.*** *☎ 04-66-61-41-52. • horsy.bike@outlook.fr • À 8 km au sud de Génolhac; très bon fléchage depuis Chamborigaud sur 4,5 km d'une route qui tortille. Congés : déc-janv. Double 66 € ; familiales ; gîtes 4 pers. Table d'hôtes 25 €.* Yvonne et Serge Ornung ont aménagé les anciennes magnanerie, clède et autres bâtiments agricoles de ce corps de ferme qui domine une superbe vallée. Agréables gîtes et chambres d'hôtes, cévenoles à souhait, avec poutres en châtaignier comme il se doit. L'une d'entre elles vous accueille néanmoins avec armure et baldaquin. Belle piscine panoramique aux flots bleus comme suspendus au-dessus d'un océan de verdure. Jacuzzi. Accueil paisible et courtois.

Chambres et gîte d'étape de Touréves : *lieu-dit Touréves, 30450* ***Génolhac.*** *☎ 04-66-61-10-01. À 5 km de Génolhac par la D 362, direction Le Mas-de-la-Barque. Congés : 11 nov-Pâques. Double 48€ En gîte d'étape, nuitée 15€/pers. Classé Gîte Panda.* Dans une vieille ferme joliment rénovée, solitaire sur les 1res pentes du mont Lozère. Panorama exceptionnel : jusqu'au mont Ventoux les jours de grand beau temps. 2 formules : un sympathique dortoir de 10 lits cloisonnés; et 4 agréables chambres. Cuisine en accès libre. Excellent accueil.

Ferme-atelier de la Cézarenque : *D 906, 30450* **Concoules.** *☎ 04-66-61-10-52. • magasin@lacezarenque.fr • ♿ (resto seulement). Magasin ouv mar-sam 9h-12h30, 14h-18h. Assiettes-repas (chèvre ou grillades) au déj juil-août env 10 € l'assiette (sur résa).* Visite libre des élevages (chèvres, volailles). Magasin de vente de produits naturels, donc sains : charcuterie du pays, volailles, viandes, conserves. Tout est fait artisanalement par un groupe de travailleurs handicapés dépendant du centre attenant au magasin. C'est bon et les prix sont doux.

Où acheter de bons produits ?

Le magasin de producteurs **La Lausete,** *10, rue Pasteur.*

À voir. À faire

Les maisons des XIVe et XVe s : les plus belles bâtisses se voient dans la Grand-Rue. Au rez-de-chaussée, jetez un œil sur les devantures des anciennes échoppes et autres tavernes où s'arrêtaient les voyageurs. On peut suivre un des circuits proposés (brochures à l'office de tourisme) pour mieux comprendre l'histoire des maisons ou flâner le nez au vent. Certaines pierres gravées sur les façades se lisent comme les bulles d'une B.D., d'autres, celles du n° 62 par exemple, n'ont pas encore révélé tous leurs secrets.

Le belvédère des Bouzèdes et le belvédère Pré de la Dame : *par la D 362.* Une superbe route de montagne qui, depuis Génolhac, monte jusqu'au mas de la Barque (voir « dans les environs de Villefort»). À 1 232 m d'altitude, un 1er belvédère, celui des **Bouzèdes**, offre un beau panorama sur la vallée de la Cèze (et notamment les châteaux de Portes, Brésis et du Cheylard), mais aussi, par beau temps, jusqu'aux Alpes et l'Aigoual. En poursuivant votre ascension, vous tomberez sur celui du ***Pré de la Dame*** (1450 m) qui, pour sa part, offre un point de vue de choix sur Villefort, son lac et les monts Ardéchois.

La Coste : un sentier de 10 km (fiche au bureau d'information touristique de Génolhac) serpente et grimpe diablement au-dessus du bourg suivant une ancienne draille de transhumance. Beaux points de vue sur la vallée de la Cèze.

Le tumulus de l'Elzière : *départ du hameau de Dieusses (Le Chambon), au sud de Génolhac.* De là, 15 mn de marche jusqu'à ce bel agencement de pierre en gradins datant de l'âge de bronze, large de 20 m et haut de 3 m. Très beau point de vue sur la vallée du Luech.

LE CHÂTEAU DE PORTES

Au bord de la voie Régordane (et aujourd'hui de la D 906, juste après le village de Portes en direction d'Alès), l'association de bénévoles œuvrant au fil des années pour la renaissance du château de Portes se fera une joie de vous accueillir pour évoquer l'histoire de ce château et d'un village disparu. Ce dernier fut en effet évacué sous la menace d'effondrement d'une montagne minée par l'exploitation du charbon, et reconstruit plus loin. Menacé lui aussi, le château fait, depuis ½ siècle, l'objet d'une patiente restauration.

Le château de Portes : *☎ 04-66-54-92-05. • chateau-portes.org • Avr-sept, ts les w-e et j. fériés 11h-18h, dernière visite à 17h. Entrée : 5,50 € ; réduc.* Cette forteresse, perchée sur une ligne de crête, servit naguère de refuge aux pèlerins en route pour Saint-Gilles. Élevée au XIe s sur un plan carré, on lui ajouta à la Renaissance une belle habitation seigneuriale sur 3 étages, formant un éperon

LES CÉVENNES

orienté à l'est, telle une proue de navire. Du château, la vue sur les vallées est magnifique et sur le versant qui lui fait face, on aperçoit encore les traces d'anciennes mines à ciel ouvert.

LE PAYS D'ALÈS

ALÈS (30100) 42 000 hab. *Carte Gard, C2*

La capitale des Cévennes gardoises tente de tourner la page. Le terril domine toujours Alès, mais plus de chevalements, plus d'asphyxiante poussière des mines. Le centre-ville reprend des couleurs.

UN PEU D'HISTOIRE

L'histoire d'Alès remonte à plus de 10 000 ans avant notre ère, comme l'atteste le site de l'Ermitage, mais la période qui la caractérise le plus est celle des guerres dites de Religion. ***La ville fut longtemps une place de sûreté protestante.*** La 1re Église réformée de France y a été fondée en 1560. Puis Alès fut entraînée dans la spirale cévenole des guerres de Religion.

Un tableau situé dans le hall de l'hôtel de ville rappelle que le 16 juin 1629 fut signée, en ce lieu, la « paix d'Alais ». L'édification du fort Vauban, en 1688, sera une autre date mémorable pour la ville.

UN TERRIL QUI FAIT LONG FEU

Le terril de Ricateau qui domine Alès au nord s'était couvert d'une verte forêt, mais un incendie a fait feu de tout bois en 2004. Et depuis... la colline s'est consumée ! Arroser le charbon ne sert à rien ! Il faut encore quelques années pour venir totalement à bout de cette autocombustion. En attendant, les plantes tropicales favorisées par la chaleur humide viennent transformer petit à petit le paysage...

Au XVIIIe s, le mûrier est l'arbre d'or des Cévennes. ***Alès vivait essentiellement de l'industrie du drap et de la soie :*** à l'entrée du jardin du Bosquet se dresse la statue de Louis Pasteur, qui séjourna à Alès entre 1865 et 1869, le temps de découvrir le remède à la maladie qui décima le ver à soie et ruina l'économie locale. Mais avec l'avènement de la révolution industrielle, ***c'est le charbon qui prend la relève*** comme pilier de l'économie locale. En effet, le sous-sol autour d'Alès, dans un rayon de 20 à 30 km au nord-ouest, est rempli d'anthracite. Entre 1850 et 1880, 100 puits environ vont ouvrir leurs galeries aux foules de mineurs, tous des Cévenols descendus de leurs montagnes pour trouver du travail dans la vallée. À son apogée, la production minière a atteint 2 millions de tonnes par an. Dans les années 1950, les puits fermeront un à un, entraînant une grave crise de société.

Arriver – Quitter

En bus

Anduze et Saint-Jean-du-Gard : *avec* ***NTECC,*** *☎ 04-66-52-31-31.* • *ntecc.fr* • De la gare routière, ligne 72 vers Saint-Jean-du-Gard via Anduze tlj sauf dim et j. fériés. Trajets respectifs : env 30 et 50 mn.

En train

Nîmes : nombreuses liaisons quotidiennes (ou bus SNCF). Dont 1 Cévenol/j. (de Marseille à Clermont-Ferrand). Trajet : env 45 mn.

Adresses utiles

Bureau d'information touristique : *pl. de l'Hôtel-de-Ville. ☎ 04-66-52-32-15. • cevennes-tourisme.fr • Juil-août, lun-sam 9h30-12h30, 14h-18h30 ; dim 10h-12h30, 14h-18h. Mars-juin et sept-oct, lun-sam 9h30-12h, 13h30-17h30.* Doc et infos sur le parc national des Cévennes. Visites guidées de la ville sur résa (payant).

Gare SNCF : *pl. Pierre-Sémard. ☎ 36-35 (prix d'un appel local). Au nord du centre-ville.* C'est à partir d'Alès que le trajet du Cévenol vers Clermont-Ferrand devient intéressant. 1 train/j. dans les 2 sens.

Gare routière : *15, av. du Général-de-Gaulle. ☎ 04-66-52-31-31. À côté de la gare SNCF.*

Où dormir ?

Si vous ne voulez pas loger en ville, pensez à nos adresses plus loin, dans les environs...

Camping

Camping La Croix Clémentine : *route de Mende, 30480* ***Cendras.*** *☎ 04-66-86-52-69. 06-12-21-19-17 • clementine@clementine.fr • clementine.fr • Depuis Alès, direction Mende, puis route de Cendras (D 916) ; à La Blaquière, prendre la D 32 sur 1,5 km (fléché). Ouv de mi-avr à mi-sept. Compter 35-140€ pour 2 selon confort et saison ; loc de bungalows et chalets. 230 empl. Réduc de 10 % dès 7 j. puis de 20 % dès 14 j. sur présentation de ce guide.* Camping très bien équipé et fleuri, axé sur une clientèle jeune. Emplacements ombragés et grande piscine agréable. Resto, salle de jeux, tennis... Randonnées pédestres organisées.

Prix moyens

Hôtel Durand : *3, bd Anatole-France. ☎ 04-66-86-28-94. • ales.hotel.durand@gmail.com • hotel-durand-ales.com • Congés : Noël-Nouvel An. Doubles 50-66 € ; familiales. Apéro maison offert sur présentation de ce guide.* Simplissime petit hôtel, à 80 m de la gare. Chambres pas bien grandes, certes, et rénovées dans un style contemporain basique, mais vraiment pas chères. Et on y accueille tout le monde (en particulier les cyclistes et les randonneurs). Petite cour intérieure.

LES CÉVENNES

Où manger ?

Prix moyens

Le Mandajors : *17, rue Mandajors. ☎ 04-66-52-62-98. • le-mandajors@orange.fr • Tlj sauf sam midi et dim; service seulement 12h-13h30, 19h30-21h30. Formule déj en sem 13,20 € ; menus 18-28 €. CB refusées. Digestif maison offert sur présentation de ce guide.* L'ambiance n'a guère changé depuis près de 30 ans. La petite salle climatisée est décorée de billets de banque. Tous les matins, le patron rapporte ses produits du marché. Il concocte une cuisine de « grand-mère » à forte empreinte cévenole. Il n'hésitera donc pas à refuser de vous accueillir si vous arrivez en dehors des horaires ! Et puis sa carte ressemble à un programme électoral pour la *slow food.* Alors, ne soyez pas pressé ! Terrasse le soir en été.

Épices & Tout : *15, av. Carnot. ☎ 04-66-52-43-79. • contact@epicesettout.fr • Tlj sauf sam midi, dim et mer soir. Résa nécessaire. Formules déj 16-21€; menus-carte 31-40€.* C'est le resto tendance sur le quai, pour lequel il vaut mieux réserver sous peine de se fracturer l'appendice nasal. Dans une salle de bistrot contemporain, une cuisine qui l'est tout autant, colorée et enlevée, agréable et légère. À la carte, des plats labellisés « Militant du goût », ce qui garantit des produits de la région. Asperges en saison et fraises Tagada parsemant les desserts, voilà en résumé l'esprit de la maison (et puis c'est tout !).

Où dormir ? Où manger dans les environs ?

De prix moyens à chic

Le Mas Cauvy : *559, chemin du Mas-Cauvy, 30380* ***Saint-Christol-lès-Alès.*** *07-69-55-15-79. • mas.cauvy@hotmail.fr • camping-mascauvy.com • À 3 km d'Alès. Résa fortement conseillée en hte saison. Camping 16,50-24,50 € pour 2 pers. Doubles 66-71 € ; familiales. 25 empl. CB refusées.* Camping calme et convivial avec un beau panorama sur les Cévennes, jeux pour enfants, piscine. Quelques chambres simples et bien tenues.

Chambres d'hôtes Le Mas de Mercouly : *1838, chemin de la Coste, 30520* ***Saint-Martin-de-Valgalgues.*** *06-86-07-49-22. • landwerlin.andre@orange.fr • masmercouly.free.fr • À 6 km au nord d'Alès. Doubles 65-75 € ; familiales. Table d'hôtes 28 € tt compris.* Adossé à une colline boisée, ce grand mas du XVIIIe s, tout en pierre du pays, abrite 3 chambres de charme. Bel accueil d'André Landwerlin, qui a fait le pèlerinage à pied de Saint-Jacques-de-Compostelle et le chemin jusqu'à Rome puis Jérusalem à vélo ! C'est un authentique routard médiéval. Grande piscine et salle de billard.

Où boire un verre ?

Le Baroque Café : *17, av. Carnot. 06-14-08-58-57. Jeu-sam 18h-1h.* En sortant du resto *Épices & Tout* (voir plus haut), voici le bar musical du coin pour finir la soirée si on est d'humeur joyeuse. Les murs sont pétants de couleurs vives et les miroirs exubérants. Soirées à thème avec DJ.

À voir

Dans le centre

La cathédrale Saint-Jean : *au cœur de la vieille ville.* Ancienne église romane bâtie sur les ruines d'un temple romain. De l'édifice du Moyen Âge, il ne reste que la façade occidentale, cachée en partie par le clocher massif qui y fut accolé au XVe s. Après la coupole et l'extérieur, c'est au tour de l'intérieur d'être restauré. En attendant la restauration complète, certains grands tableaux sont exposés au musée du Colombier (voir plus loin).

Le fort Vauban et les jardins du Bosquet : *sur la butte de la Roque.* ***Fermé pour une durée indéterminée.*** *Les jardins sont toujours accessibles.* Lors de la prise d'Alès, en 1629, Louis XIII et Richelieu ordonnèrent la démolition du château des Barons. Il fut reconstruit en 1635, mais l'intendant du Languedoc décida vite l'édification d'un fort à Alès pour asseoir le prestige de Louis XIV, garantir la sécurité de la garnison royale et embastiller les protestants. La citadelle fut édifiée en 1688. Dans les jardins, Les Terrasses du Bosquet sont un jardin ethnobotanique et d'acclimatation consacré à la botanique et au développement durable.

L'hôtel de ville : belle façade du XVIIIe s réalisée par l'architecte Rollin Guillaume pour les consuls d'Alès. On peut voir à l'intérieur un plafond à caissons illustré de peintures représentant des monuments alésiens. Borne de nivellement visible en façade. Les 2 consoles du balcon sont fort belles.

Le musée du Colombier : *rue Jean-Mayodon. ☎ 04-66-86-30-40. Dans le parc du Colombier, au nord de la ville, au-dessus de la sous-préfecture. Tlj sauf mar (sauf certains fériés), en principe 14h-17h. Fermé 2 sem en fév. GRATUIT (expos temporaires : 5 € ; réduc).* Situé dans une maison de maître du XVIIIe s, en face d'un pigeonnier Louis XIII (aujourd'hui la maison du gardien) et d'un jardin à la française. Ce petit musée abrite une collection archéologique assez étendue (belles statues-menhirs) et des peintures du XVIe s au XVIIIe s. Voir les 2 tableaux attribués à Bruegel de Velours (*La Terre* et *La Mer*) et le *Triptyque de la Trinité* attribué à Bellegambe. Ne pas manquer non plus les toiles de la cathédrale, exposées ici en attendant la fin des travaux.

Un peu à l'écart de la ville

Le musée-bibliothèque Pierre-André-Benoît *(musée PAB)* **:** *rue de Brouzen, quartier de Rochebelle. ☎ 04-66-86-98-69. Rive droite du Gardon (accès fléché depuis le centre-ville). Tlj sauf certains j. fériés, en principe 14h (11h-18h de mi-juil à août)-17h. Fermé 2 sem en fév. GRATUIT (expos temporaires : 5 € ; réduc).* On doit ce musée, installé dans un élégant petit château du XVIIIe s, à Pierre-André Benoît (1921-1993), peintre, éditeur, sculpteur et poète. Les œuvres d'artistes contemporains qu'il connut et qui, pour certains, furent des amis proches sont ici exposées. Picabia, Arp, Braque, Survage, Miró, Picasso, entre autres... Dans le parc, des œuvres d'Alechinsky. P.-A. B. réalisa aussi des vitraux et plein de précieux petits livres tout poétiques qu'on aimerait avoir chez soi, pour le seul plaisir des yeux.

Les Camellias de la Prairie : *2396, chemin des Sports (quartier Prairie-Sud). 06-42-74-30-13. • camellia.fr • Tlj 10h-12h, 14h-17h30. Entrée : 8,50 € ; réduc 6,50€ enfant.* Créé au début du XXe s par Jean Ignal, horticulteur et maraîcher à Alès, ce parc comprend plus de 200 variétés de camélias, magnolias et hortensias, dont les plus anciens sujets ont près de 100 ans. Possibilité de déguster leur propre production de thé. Pépinière spécialisée, aire de pique-nique, boutique.

Manifestations

– ***Festival de cinéma Itinérances :*** *fin mars. • lecratere.fr •* Le festival de cinéma d'Alès réunit depuis plus de 30 ans plus de 40 000 cinéphiles et des invités prestigieux venus du monde entier. Compétitions de courts-métrages, avant-premières, hommages et nuits thématiques.
– ***Feria :*** *à l'Ascension.* Alès vit intensément durant 5 jours au rythme des bodegas, des *encierros,* des *pégoulades,* des *peñas,* du *paquito,* des *abrivados,* corridas et autres spectacles dans les arènes.
– ***Estiv'Alès :*** *ts les soirs de mi-juin à fin août. • estiv-ales.fr •* Les concerts et les spectacles s'enchaînent, dans les arènes ou dans le théâtre de verdure du Bosquet. Jazz, classique, grands noms de la chanson, théâtre, humour ou folklore... tous les styles sont invités.

– ***Cratère Surfaces :*** *fin juin-début juil.* • *cratere-surfaces.com* • Festival des arts de rue (théâtre, fanfare), proposé par le Cratère Théâtre d'Alès, scène nationale. Un peu déjantés, un peu fous et très originaux, les spectacles des compagnies de théâtre de rue débarquent à l'impromptu aux 4 coins d'Alès.
– ***Les Fous chantants :*** *fin juil-début août.* • *fouschantants.com* • 1 000 choristes venus de toute l'Europe convergent à Alès. Une soirée unique et magique dans les arènes, complétée par un festival de la voix.
– ***Semaine cévenole :*** *oct ; se renseigner à l'office de tourisme.* Spectacles historiques, défilés en costumes, expos, conférences et marché artisanal. On peut même louer un costume sur place !

DANS LES ENVIRONS D'ALÈS

Le Préhistorama : *Pont-d'Avène, 30340* ***Rousson.*** ☎ *04-66-85-86-96.* • *contact@prehistorama.com* • *Sur la D 904 entre Alès et Saint-Ambroix. Juil-août, tlj 10h-19h ; fév-juin et sept-nov, tlj 14h-18h. Congés : déc-janv. Entrée : 6 € ; 4 € 6-14 ans ; tarif réduit sur présentation de ce guide.* Enfin un musée insolite, scientifique et humoristique. Même si on n'échappe pas à la collection de fossiles, Eirik Granqvist, sympathique Scandinave, taxidermiste réputé et artiste, nous épargne les sempiternelles vitrines de squelettes et de crânes. Le résultat est surprenant. Dans la pénombre de ce musée, on découvre une série de mannequins préhistoriques grandeur nature, fabriqués selon la méthode Gerassimov, du nom de son inventeur, à partir de résine de polyester et de fibres de verre. Scènes réalistes de la vie quotidienne : *Erectus* mange *Robustus,* femme allaitant sous sa cabane de branchage, *Homo habilis* dépeçant une antilope, enterrement dans une famille. Cro-Magnon n'était pas une brute, on vous l'assure...

La Maison du mineur : *vallée Ricard, 30110* ***La Grand-Combe.*** ☎ *04-66-34-28-93. À 14 km au nord d'Alès. Tlj sauf lun : juin-août, 10h-18h ; le reste de l'année, 9h-12h, 14h-17h30. Fermé fin déc-fin fév. Entrée : 5 € ; réduc.* Visite guidée (sur rendez-vous) fort intéressante pour avoir une idée du quotidien des mineurs. Chevalement du puits Ricard, classé à l'inventaire supplémentaire des Monuments historiques, tout comme l'ensemble du site, d'ailleurs !

LES CÉVENNES

VÉZÉNOBRES (30360) 1 800 hab. *Carte Gard, C2*

À 11 km au sud-est d'Alès par la N 106.

1er Village de caractère du Gard. Un label témoignant des efforts engagés pour sa préservation touristique. Étagé à flanc de colline, parmi les oliviers et surtout les figuiers, Vézénobres domine la belle région de la Gardonnenque. Il est situé sur l'historique chemin de Régordane, cette voie ancienne qui reliait le Massif central à la vallée du Rhône, et que fréquentaient naguère les pèlerins et les marchands. Vézénobres a joué un rôle important durant la 2e phase des guerres de Religion. Le château seigneurial fut assailli en 1628 et dévasté par les huguenots du duc de Rohan.

SOUS LE SIGNE DE LA FIGUE

Arbre venu d'Orient, le figuier est l'emblème ancestral de Vézénobres. La culture, la récolte, le séchage sous les « calaberts » (terrasses couvertes) et la consommation des figues font partie depuis des siècles des habitudes locales. Naguère, près de 400 quintaux de figues sèches étaient vendus chaque année, représentant 2 000 quintaux de figues fraîches ! Aujourd'hui encore, on célèbre la figue au moins 2 fois dans l'année...

LE FRUIT DE L'IMAGINATION

Les érudits prétendent que c'est la dégustation d'une figue, et non d'une pomme, qui aurait valu à Adam et Ève le bannissement du Paradis. Pourtant, contrairement à ce que l'on pourrait imaginer, la figue ne peut être un fruit défendu... car ce n'est pas vraiment un fruit ! Il s'agit, en fait, d'un sac qui renferme en son sein des milliers de fleurs non fertilisées (ce qu'on prend pour des pépins). Nuance.

Adresses et info utiles

i ***Maison de la figue et du tourisme :*** *les terrasses du Château. ☎ 04-66-83-62-02. • contact@cevennes-tourisme.fr • cevennes-tourisme.fr • Juil-août, lun-sam 9h30-13h, 14h30-18h ; dim et j. fériés 10h-13h ; mars-oct, mar-sam 9h30-12h30, 14h-17h30 ; nov-fév mer-sam. Dans un bâtiment médiéval sous l'hôtel de ville (à proximité du parking, terrasse panoramique).* Très bien organisé et accueillant. Topoguide de rando pour découvrir la région. Visites guidées du village sur réservation en juillet-août.

La Tourmentine : *6, rue du Haut-Plan. ☎ 04-66-60-34-80. Ouv tlj 9h30-18h.* Plus qu'une boutique, un lieu de vie et un univers féerique pour petits et grands. Livres pliés, céramiques, figues... Kitsch pour les uns, charmant pour les autres.

– En septembre, on célèbre la figue pendant les ***Journées de la figue*** où se réunissent producteurs et inconditionnels.

Où dormir ? Où manger à Vézénobres et dans les environs ?

Camping

Camping Les Vistes : *1, route des Vistes, 30360* ***Saint-Jean-de-Ceyrargues.*** *☎ 04-66-83-28-09. 📱 06-09-47-72-01. • info@lesvistes.com • lesvistes.com • ♿ Sur la D 7 vers Saint-Maurice, à droite en sortant de Saint-Jean. Ouv 31 mars-11 nov (loc sur résa en hiver). Compter 16,70-28,70 € pour 2 selon saison et confort ; locatif. CB refusées. 52 empl. Réduc de 20 % sur le forfait emplacement sur présentation de ce guide.* Tenu par un charmant couple, camping agréablement situé sur une petite colline, ancien terrain horticole, couvert de pins et d'oliviers. Joli panorama sur les Cévennes. Beaucoup de solutions de location en dur. Idéal pour des vacances en famille. Piscine.

Prix moyens

Le Relais Sarrasin : *1870, chemin du Mas-de-la-Corse, D 936. ☎ 04-66-83-55-55. • relais-sarrasin@orange.fr • le-relais-sarrasin.com • Sous les remparts, sur l'ancienne route de Nîmes. Resto fermé dim-lun et j. fériés. Doubles 60-72 € ; familiales. Formules déj mar-sam 17-25 € ; menus 28-35 € ; carte env 33 €. Apéro maison offert sur présentation de ce guide.* Chambres à thème, sympathiques et contemporaines, quoique pas toujours bien grandes. Dans la salle à manger, qui ravira les amateurs de vieilles pierres et de fer forgé, on vous servira une cuisine parfumée qui joue sur tous les tableaux au meilleur sens du terme. Goûtez l'opéra de foie gras aux figues locales ou les moules et pélardon à l'émulsion de citron. Accueil efficace. Piscine et spa.

Au Grenier d'Aladin : *pl. de la Mairie. ☎ 04-66-83-50-24. • grenierdaladin@orange.fr • En saison, tlj sauf lun midi, mer midi et sam midi ; hors saison, fermé lun-mer plus sam midi et dim soir. Assiette-repas ou menu déj en sem 13,50-17 € ; le soir, menu-carte de saison 32 €.* Au cœur du village, on s'installe dans la salle ornée d'une belle cheminée ou sur la terrasse accoudée à la margelle d'un puits, sous un bienfaiteur érable. Les formules et menus du midi ne sont pas chiches : avec mise en bouche et café, s'il vous plaît ! Quant aux marcheurs, ils pourront commander l'une des « omelettes du routard » ! Au-delà, les menus taquinent la figue *(of course !)*, les saveurs locales et les produits frais.

À voir

La vieille ville : on abandonne son véhicule au pied du village (parking *Cité Médiévale*), puis on grimpe vers le centre par des rues inchangées depuis le Moyen Âge. La découverte de cette petite cité de caractère se fait ensuite au hasard des ruelles. Bordée de bâtisses du XIIIe s, la Grand-Rue traverse le village en montant. Chemin faisant, jetez un œil sur les nombreux passages voûtés entre les immeubles, nommés « endrounes ». La rue1 des Maisons-Romanes témoigne de la prospérité du village autrefois. Dans la cité haute, tout près de la place de la Mairie, le temple protestant daterait de 1793, donc peu après la proclamation par la République de la liberté de culte. Compter 10 petites minutes de montée pour apprécier un très beau panorama sur les Cévennes depuis la table d'orientation.

L'église paroissiale : *en contrebas du village.* Elle date de la Contre-Réforme et abrite une belle fresque de cette époque.

La Maison de la figue et le Verger conservatoire du figuier : *les terrasses du Château (même adresse que l'office de tourisme). ☎ 04-66-83-62-02. Juil-août, lun-sam 9h30-13h, 14h30-18h, dim et j. fériés 10h-13h ; mars-juin et sept-oct, mar-sam 9h30-12h30, 14h-17h ; nov-fév, mer-sam. Fermé dim-lun. GRATUIT ; visites guidées (payantes) en été.* 3 salles pour passer en revue les différentes variétés de figues et son histoire. La visite se poursuit avec le verger-conservatoire, en contrebas du village, qui recense une riche collection de figuiers.

DANS LES ENVIRONS DE VÉZÉNOBRES

La campagne autour de Vézénobres – bastion du protestantisme – forme le Piémont cévenol, une microrégion particulièrement attachante, faite de petites collines à garrigue, plaines fertiles, vignes, oliviers. Les Gardons d'Alès et d'Anduze y célèbrent leurs épousailles, donnant naissance au terroir de la **Gardonnenque.**

À 7 km à l'ouest de Vézénobres, **Ribaute-les-Tavernes** a conservé les vestiges du château médiéval des Bermond de Sauve. Le **château des Mandajors** se visite en été *(📱 06-63-65-48-02 ; de mi-juil à fin août, tlj 15h-19h, le mat sur rdv ; tarif : 7 €, gratuit jusqu'à 12 ans).*

GARDON-NOUS BIEN !

Par ici, toutes les rivières s'appellent Gardon. Certes, il y a les 2 principaux affluents, le Gardon d'Anduze et le Gardon d'Alès, mais à chaque fois (ou presque) que l'on remonte un Gardon, ça ne loupe pas, il donne naissance à 2 autres Gardon et ainsi de suite... On passe donc facilement d'un vallon à un autre sans vraiment s'en rendre compte, quitte à se retrouver en face d'un lieu que l'on croyait très loin de là... en voiture ! Baladez-vous du côté de Corbès et de Générargues, vous comprendrez. Pas étonnant que les catholiques se soient arraché les cheveux en traquant les camisards...

Très élégant, partiellement classé Monument historique. Construit au XIIIe s, redécoré et aménagé au XVIIIe s. On visite les salons et appartements qui ont conservé leur mobilier d'époque. Ne manquez surtout pas le superbe escalier à double révolution, entièrement restauré, qui a retrouvé son faste du XVIIIe s...

ANDUZE ET SA RÉGION

ANDUZE

(30140) 3 320 hab. *Carte Gard, B2*

À 13 km au sud-ouest d'Alès, Anduze, « porte des Cévennes », est une petite ville médiévale qui serre ses toits rouges, au fond d'une cluse, entre le Gardon (très violent les jours de crue) et les falaises calcaires du plateau de Peyremale. Un site stratégique, en somme, qui était le quartier général des forces protestantes du Midi en 1570. Verrou de la fameuse vallée des Camisards (voir plus loin la découverte de 3 sites incontournables), c'est la dernière station avant... la « montagne » ! Une cité agréable dont la réputation s'est bâtie aussi, sans pour autant s'enliser, sur la notoriété de ses fameux vases.

QUOI QU'ON ANDUZE...

La céramique est LA spécialité d'Anduze depuis le XVIIe s avec la naissance du célèbre vase d'Anduze. S'inspirant des vases Médicis, ces grands vases vernissés de jardin aux couleurs chaudes et à guirlandes de fruits et de fleurs contribuent largement à la notoriété de la ville. À l'origine, les maîtres potiers signaient avec leur écusson. Louis XIV en aurait commandé pour l'Orangerie de Versailles. Les vases d'Anduze égayèrent ensuite les riches demeures du Midi comme les jardins parisiens. La tradition perdure.

Adresse et infos utiles

Office de tourisme : *2, Plan-de-Brie.* ☎ *04-66-61-98-17.* • *cevennes-tourisme.fr* • *Face à la tour de l'Horloge. Juil-août, lun-ven 10h-18h, sam 10h-12h30, 14h-18h, dim et j. fériés (sauf 1er mai) 10h-13h30 ; mars-juin et sept-oct, lun-sam 10h-12h30, 14h-17h.* Guide des loisirs *(gratuit)*, circuit de découverte du patrimoine et cartoguides de rando et VTT *(payants)*. Visites guidées de la ville sur résa *(payant)*.

Bus : Anduze sert d'étape entre Alès et Saint-Jean-du-Gard (5 bus/j. en période scolaire, 3 bus/j. pdt vac scol ; pas de service dim et j. fériés). Trajets respectifs : 30 et 20 mn. *NTECC :* ☎ *04-66-52-31-31.* • *ntecc.fr* • Également des liaisons tlj avec Nîmes : 4 bus/j., 1h de trajet. *liO :* ☎ *0810-33-42-73 (prix d'un appel local depuis un poste fixe).* • *edgard-transport.fr* •

– **Marchés : marché traditionnel** *jeu mat tte l'année.* **Marché aux puces** *dim mat tte l'année.* **Marché nocturne** *mar soir juil-août.*

Où dormir ? Où manger ?

Campings

Aire naturelle de camping Les Hauts de Labahou : *140, les Hauts-de-Labahou.* ☎ *04-66-61-77-90.* 📱 *06-03-93-38-88.* • *camping.*

labahou@wanadoo.fr • campinglabahou-anduze.c.la • À 3 km au nord par la D 907, direction Saint-Jean-du-Gard ; non loin de l'hôtel La Porte des Cévennes. *Ouv mai-nov. Compter 18-50 € pour 2 selon saison et électricité. Mobile homes et tentes lodge. 25 empl. CB refusées.* Petit camping familial, où les tentes sont plantées pour la plupart sur des terrasses à l'ombre d'une pinède. Sanitaires simples et propres. Barbecue en accès libre. Lieu idéal pour les amoureux de la nature.

Camping Cévennes Provence : *30140* **Corbès-Thoiras.** *☎ 04-66-61-73-10. • info@campingcp.com • campingcp.com • ♿ D'Anduze, route de Saint-Jean-du-Gard sur 4 km, puis descendre à droite à Corbès ; c'est à droite après le pont (fléché). Ouv 20 mars-1er oct. Compter 23-36,50 € pour 2 selon saison. Loc de chalets. 220 empl. Une crêpe au sucre ou à la confiture/pers, une partie de minigolf/j. ou 1h de tennis/j. offerte sur présentation de ce guide !* Un magnifique camping dans un site superbe, où coule le Gardon sur son lit de galets... On plante la tente sur le plat ou sur les versants ombragés, car le terrain occupe une colline entière. On y trouve tout : épicerie, rôtisserie, bar, ping-pong, tennis. Très bon accueil. Camping géré par la même famille depuis plus de 60 ans. Sentiers de randonnée dans le camping et autour dans les collines. Même les toutous sont bien reçus (parcours pour chiens). Et puis tiens, en traversant la rivière (prudemment, s'il vous plaît), on arrive à l'accrobranche *Parfum d'Aventures* (voir plus loin). C'est pas chouette, ça ?

De bon marché à prix moyens

Gîte d'étape : *11, rue du Luxembourg. ☎ 04-66-61-70-27. • gite.etape.anduze@orange.fr • gite-etape-anduze.com • À 100 m de la mairie. Résa conseillée en juil-août. Env 17 €/pers en dortoir ; chambres 57-67 € pour 2, déjeuner inclus. Petit déj 6 €. Repas possible 15 €. CB refusées.* Gîte au départ des GR 61 et 67 (et sur le chemin du GR 6 et du circuit Urbain V). Dans une petite maison toute biscornue, avec ses vieux pavés et ses plafonds bas, un dortoir de 6 lits et 3 doubles (ces dernières se partageant une jolie terrasse). Ensemble plutôt rustique, mais bien tenu et accueil excellent. Et pour les longues balades, Sébastien, le propriétaire, propose un service (payant) de transport des bagages vers votre étape suivante.

Chambres d'hôtes et camping à la ferme chez Max et Jeanine Tirfort : *130, chemin du Tanque. ☎ 04-66-60-53-29. 📱 06-83-08-26-14. D'Anduze, direction Nîmes ; à env 2 km, petite route à droite direction Veyrac. Fermé oct-avr. Double 70 €.* Une maison d'hôtes entourée de vergers et de bois de pins. Le matin, on trouve sur le seuil de sa porte un panier avec le petit déj. Camping également : 25 places sur un terrain bien ombragé.

L'O à la Bouche : *11, rue Notarié. ☎ 04-66-24-57-14. • sylvain.pellegrin@orange.fr • ♿ Fermé dim soir et lun, plus mar et le soir mer-jeu hors saison. Congés : janv-fév. Formules déj 17-20 € ; carte env 24 €.* Après le marché couvert, un lieu culte chez les Anduziens et pour tous les amateurs de légumes et de produits de saison. Sylvain a l'art et la manière de les cuisiner tout simplement et ses multiples accompagnements permettent de « piocher » et de voyager dans l'assiette du voisin. Carte courte mais juste, tout comme le prix d'ailleurs ! Excellente adresse.

Saveurs du Sud : *11, rue Bouquerie. ☎ 04-30-38-63-66 ou 📱 06-75-83-50-92. • saveursdusud30@gmail.com • ♿ Fermé lun-mar hors saison. Congés : nov. Formule déj 22 € ; menu ou carte env 25 €. Apéro maison offert sur présentation de ce guide.* Un resto de femme, et de femme seule en cuisine, comme on en trouve beaucoup dans le pays aujourd'hui, qui sauvent la restauration de l'ennui et du sous-vide, car la carte, courte, éclate de fraîcheur. Patricia Koskas a « gratté la terre pendant 10 ans », et cette militante du goût aime le bon, le beau, le bio si possible. Plein de surprises, de l'entrée au dessert. Une cuisine généreuse, pleine de saveurs, ça tombe bien. Terrasse.

Chic

La Ferme de Cornadel : *route de Générargues. ☎ 04-66-61-79-44. • auberge@cornadel.fr • ♿ 500 m avt la bambouseraie, sur la droite de la route (panneau). Tte l'année, tlj sauf dim soir hors saison. Doubles 88-153 €. Formule déj en sem 19 € ; menus 33-47 €. Café offert sur présentation de ce guide.* Une ancienne ferme vinicole restaurée, visible de loin et de la route, où l'on vient profiter de l'excellent rapport qualité-prix du déjeuner, à prendre en terrasse aux beaux jours, ou du décor rustico-chic le soir. Bonne cuisine aux accents du sud et aux aromates du jardin. Loue également des chambres de luxe, du style « branché à la ferme », avec piscine.

Où dormir ? Où manger dans les environs ?

De prix moyens à chic

L'Auberge du Temps : *329, route des Deux-Ponts, Le Roc-Courbé, 30140* ***Corbès****. ☎ 04-66-61-94-75. ♿ Fermé mar. Doubles 60-75 €. Menu 20 €. Café offert sur présentation de ce guide.* Un site de rêve, qui porte tellement bien son nom... Au fond d'un vallon, un ancien et très beau moulin à eau retapé pierre par pierre. La roue à aubes, créée de toutes pièces par le vaillant Daniel, est actionnée par le Gardon de Saint-Jean, qui coule au pied de l'auberge. Des chambres simples, de bon confort et fort abordables. Une adresse hors du temps, accueillante, qui fait aussi restaurant : charcuterie maison et cuisine cévenole à l'ancienne, mijotée par la facétieuse Josette.

Chambres d'hôtes Le Mas de Suéjol : *1405, chemin du Fraisal-Suéjol à* ***Anduze****. ☎ 04-66-60-92-55. 📱 06-07-99-61-93. • contact@suejol.com • suejol.com • À 2,5 km de la mairie . Fermé de mi-janv à mi-fév. Doubles 85-130 €; familiale. Gîtes 310-1 550 €/sem. Tabe d'hôtes sur résa 26 €, planches apéritives 12-20 €.* À l'écart d'Anduze sans en être loin, un site magnifique entouré de montagnes boisées, où l'on vient volontiers poser ses valises pour quelques jours. Beau mas ancien retapé dans lequel ont été aménagées 4 chambres d'hôtes plus élégantes les unes que les autres. Notre préférence va aux chambres « Est », avec sa terrasse privée, et à la « Camisards » au 2e étage, sur 2 niveaux. Également 3 gîtes impeccables. Accès à une piscine avec cuisine d'été et à un terrain de pétanque. Possibilité de balades dans le coin.

Chambres d'hôtes Le Mas de Prades : *30140* ***Thoiras****. ☎ 04-66-85-09-00. 📱 06-80-28-51-46. • mas-de-prades@wanadoo.fr • masdeprades.com • À 10 km à l'ouest d'Anduze (D 907), direction Saint-Jean-du-Gard ; puis à gauche vers Lasalle sur 7 km (D 57). Fermé de mi-sept à mi-mai. Doubles 120 € ; familiales. Réduc de 10 % sur le prix de la chambre sur présentation de ce guide.* Dans un beau mas du XVIIe s, avec vue sur la corniche des Cévennes. 5 jolies chambres ordonnées autour d'un patio où se prennent les repas, à la table commune ; cuisine de marché, produits bio. Belle piscine (chauffée) dans un immense jardin. Accueil courtois.

Les Plans : *217, route de Saint-Jean-du-Gard, 30140* ***Mialet****. ☎ 04-66-85-02-46. 📱 06-60-50-19-63. • info@camping-les-plans.fr • camping-les-plans.fr • ♿ À 13 km au nord-ouest d'Anduze. Ouv fin avr-sept. Compter 15-35 € pour 2 selon saison ; bungalows. 303 empl. Apéritif maison offert sur présentation de ce guide.* Possibilité de se baigner dans le Gardon ou dans l'une des 2 piscines. Jardin aquatique en été. Terrain plat et ombragé. Loue également des chambres et fait aussi resto *(sauf lun en basse saison).*

Chez Mialet : *rue Jacques-Bernard, 30140* ***Mialet****. ☎ 04-66-54-18-90. • chezmialet@free.fr • À 10 km au nord-ouest d'Anduze. Ouv le midi tlj sauf dim-lun et j. fériés plus ven soir si animations. Formule 15 € en saison.* Une épicerie associative bio et traditionnelle, tenue par une poignée de bénévoles engagés à maintenir les rencontres et échanges entre les habitants et les voyageurs de passage. Une cuisine vraiment maison, un plat unique chaque jour. Des produits frais en provenance des agriculteurs et producteurs voisins... parfois eux-mêmes aux fourneaux ! Soirées musicales de temps en temps.

Les Secrets de Céline : *1, pl. du Portail-d'Alès, 30350* ***Lézan.*** *☎ 04-66-83-03-52. • secretsdeceline@wanadoo.fr • À 8 km au sud-est d'Anduze. Normalement, tlj sauf mer en été, plus mar hors saison. Menus 21 € (déj en sem)-50 €.* Adossée aux remparts, une salle chaleureuse récemment rénovée. Tables honorablement espacées, musique d'ambiance, plats aux noms prometteurs, largement inspirés par les souvenirs de voyage et le goût de l'inattendu. Le gingembre joue les stars, apprêté avec brio par Céline, une virtuose du piano et du sucré-salé, qui ne fut l'apprentie d'aucun grand chef mais en rejoint le peloton de tête.

Achats

Incontournable, la poterie d'Anduze a donné à la ville une notoriété internationale. Pour faire le tour des potiers, procurez-vous à l'office de tourisme le dépliant « Route du vase d'Anduze » qui répertorie 10 fabricants. Le modèle classique dit « flammé » est emblématique, mais les variations colorées ou vieillies valent aussi le coup d'œil.

Poterie d'Anduze, Les Enfants de Boisset : *route de Saint-Jean-du-Gard. ☎ 04-66-61-80-86. • poterie-anduze.fr • Magasin d'exposition-vente ouv tlj sauf mat des dim et j. fériés, 9h-12h, 14h-19h (18h hors saison). Congés : 2 sem en août et de fin déc à mi-janv. Visite possible des ateliers lun-mer 9h-12h, 14h-17h (sauf 2 sem en août).* C'est la poterie la plus ancienne et la plus connue, dont l'origine remonte au moins au XVIe s, d'abord sous le nom de poterie Gautier, puis rachetée au XVIIIe s par les Boisset. Fabrication à base de terre extraite localement.

– Outre cette adresse célébrissime, 7 autres poteries fabriquent les fameux vases : *La Madeleine, Le Chêne Vert, Les Cordeliers, Ampholia, Les Terres Anciennes, Terre Figuière* et *Montredon.* Plus de renseignements sur le site *• vase-anduze.fr •*

Terroir Cévennes : *route d'Anduze, la Châtaigneraie, 30140* ***Thoiras.*** *☎ 04-66-85-15-26. Tlj sauf lun, 9h30-13h, 15h-19h (non-stop juil-août et 2de quinzaine de déc).* On trouve un peu de tout dans ce beau magasin de producteurs bien achalandé : cela va des pâtés à la châtaigne aux miels de tout poil, mais aussi d'excellents pains, de la viande, des boissons ou des articles en vente directe.

En centre-ville, place de la gare, la ***poterie les Cordeliers*** *(☎ 04-66-60-79-84 ; • poterie-cordeliers.fr •)* fait aussi un très beau travail et innove dans les couleurs, avec un rouge particulièrement réussi.

À voir. À faire

Pour parcourir le joli ***centre d'Anduze***, retirez à l'office de tourisme le circuit découverte de la ville : il vous fera découvrir la cité sous son plus bel angle. Il vous amène de la ***tour de l'Horloge,*** érigée au XIVe s, au ***temple protestant,*** un des plus grands de France. Il faut dire qu'il en impose avec son péristyle à 4 colonnes et son fronton classique. Puis en empruntant la ***rue Droite,*** accès au très plaisant quartier piétonnier, avec son lacis de ruelles, de places et de placettes. Au sein de celui-ci, la ***place Couverte*** construite au XVe s pour servir de place au marché aux grains. Elle demeure aujourd'hui très vivante. À côté de la grande halle, la ***fontaine Pagode***, une curieuse et belle fontaine de style oriental, avec un clocheton au toit de tuiles vernissées. Elle fut construite en 1649 d'après les plans d'un sériciculteur anduzien revenu d'Asie où il était allé chercher des cocons de vers à soie.

LES CÉVENNES

Le parc des Cordeliers : *à 300 m du centre-ville vers Nîmes, à flanc de colline. Pour suivre le parcours botanique, livret gratuit disponible au bureau d'information touristique.* Un beau et grand parc, tache de verdure et de fraîcheur réparatrice au pays du soleil et des sèches garrigues. Marronniers, chênes et même bambous (on est à Anduze, non ?). Tables pour le pique-nique, bassin à poissons et autres cygnes. Et puis, tout en haut, des terrasses agréables, un peu à l'écart, pour un moment de quiétude.

Le train à vapeur des Cévennes (TVC) **:** *pl. de la Gare. ☎ 04-66-60-59-00. • trainavapeur.com • Fonctionne Pâques-oct : tlj début juil-fin août ; avr-début juin et sept, tlj sauf certains lun et ven ; en oct, c'est encore réduit ; consulter le site internet ou téléphoner. 4 A/R par j. en été (3/j. avr-juin et oct, plus 1 les j. de marché). A/R 16,50 € ; 11,50 € 4-12 ans ; forfaits famille 4-5 pers 50-56 €.* Circule d'Anduze à Saint-Jean-du-Gard (avec un arrêt à la Bambouseraie). On peut donc embarquer soit à Anduze, soit à la Bambouseraie, soit à Saint-Jean-du-Gard. Une chouette promenade d'une durée de 1h40 (aller-retour) en authentique tchou-tchou, avec bruit et vapeur comme si l'on y était, façon *Mystères de l'Ouest* (attention, hors saison, la loco à vapeur est remplacée par une locomotive diesel en fin d'après-midi).

Manifestation

– ***Festival de la céramique :*** *en août.* Démonstrations, marché, ateliers...

DANS LES ENVIRONS D'ANDUZE

La jolie vallée du ***gardon de Mialet*** (aussi appelée « ***vallée des Camisards*** ») recèle de magnifiques endroits où se baigner dans la rivière, comme au pied du *pont des Abarines*, mais ce n'est pas le seul. Demandez ou ouvrez l'œil ! Par contre, ne laisser rien de visible dans les voitures !

La Bambouseraie en Cévennes : *522, rue de Montsauve, 30140* ***Générargues.*** *☎ 04-66-61-70-47. • bambouseraie.com • Ouv tlj de mars à mi-nov : avr-sept 9h30-19h (20h juil-août), mars et d'oct à mi-nov 10h-18h (17h nov). Entrée : 12,50 € ; réduc. Audioguide gratuit et très instructif.* Eugène Mazel, commerçant cévenol et grand voyageur, était négociant-grainetier de son état. Originaire du Gard, il hérita d'un négoce d'épices à Marseille avec lequel il fit fortune, ce qui lui permit de réaliser son rêve : créer un jardin extraordinaire, la Bambouseraie. C'était en 1856. Les travaux et l'entretien du domaine le menèrent à la ruine ! Mais le résultat est là : dans un domaine de 12 ha, plus de 180 variétés de bambous s'épanouissent sous le soleil du Midi, dont le *Phyllostachys edulis* : sorte de bambou géant, le plus gros d'Europe, qui mesure 20 à 25 m de haut. Sa tige atteint parfois 20 cm de diamètre. Mais il n'y a pas que des bambous à La Bambouseraie, on trouve aussi des séquoias et de nombreuses autres variétés d'arbres et de plantes, un *village laosien*, un *labyrinthe végétal* et on en passe !

UNE HERBE ORIGINALE, UN PEU FOLLE ET SACREMENT RESISTANTE !

Le bambou est le matériau naturel le plus léger et le plus résistant qui soit. En Asie, il sert à tout : berceau du bébé, fauteuil du mandarin, chapeau conique, case, barque, meubles, échafaudages. Sa fibre, dure comme l'acier, a une résistance de 3 500 kg/cm² ! Et certaines jeunes pousses croissent de 1 m par jour quand le temps est favorable.

Le parc Parfum d'Aventure : *Le Roucan, 2075, route de Mialet, 30140* ***Générargues.*** *☎ 04-66-60-65-75. • parcparfumdaventure.com • Ouv juil-août : tlj 9h30-19h30 ; juin : tlj 11h-17h30 ; avr-mai et sept-oct : w-e, vac scol et j. fériés. Entrée : 4,80-24 € selon âge et parcours ; réduc. Entrée parc simple : 6 €.* Un parc pas comme les autres, né du rêve d'un aventurier et d'une amoureuse de la nature. On peut y passer la journée en se baladant, en profitant de la baignade dans l'eau fraîche, du gardon et du coin hamac, en s'essayant aux jeux en bois à l'ancienne, en flânant le long des sentiers de découverte ou... en grimpant dans les arbres, bien sûr. Pour toute la famille, 3h de parcours de 2 à 18 m de haut avec des tyroliennes et des ateliers comme l'équilibre du funambule, le pont du calus, la toile d'araignée, la liane, l'escalarbre.

Et un ***coin buvette*** où l'on vous proposera des paniers pique-nique *(10,50-21 €)* avec les légumes du potager (qui se visite), pâtés et fromages des producteurs voisins.

Le musée du Désert : *au Mas-Soubeyran, 30140* ***Mialet.*** *☎ 04-66-85-02-72. • museedudesert.com • Juin-sept, tlj 9h30-18h30 ; mars-juin et sept-nov, tlj 10h-12h, 14h-18h. Fermé déc-fév. Entrée : 6 €. Visite libre ou guidée. Librairie bien fournie.*
Pour les protestants, le « Désert » désigne la période entre la révocation de l'édit de Nantes en 1685 et la Révolution française (quand la liberté de culte est reconnue), soit 1 siècle durant lequel ils devront s'exiler ou se cacher dans les coins les plus reculés des Cévennes pour pratiquer leur culte.
Ce musée appartenant à la Société d'histoire du protestantisme français fut créé dès 1910. D'abord installé dans la seule maison natale du chef camisard Pierre Laporte (dit Rolland), il s'est agrandi et occupe à présent 3 maisons du hameau, chacune correspondant une période différente.
La 1re, en s'appuyant sur une collection riche d'objets et de documents relatifs à l'histoire du protestantisme, est consacrée à la naissance de cette religion jusqu'à la révocation de l'édit de Nantes. La 2e, dans la maison de Rolland, évoque la période du Désert dans les Cévennes et la guerre des Camisards. Des pièces très révélatrices de l'esprit de résistance des protestants sont ici exposées, tel cette chaire portative qui, en se repliant, prend l'aspect anodin d'un tonneau à grains ou d'un escabeau. Enfin, le *mémorial,* comme son nom l'indique, célèbre la mémoire et rend hommage aux héros de la liberté de culte. Et pour compléter le tout : des expos temporaires proposées dans la magnifique cave voûtée (XVIIe s) de la maison de Rolland.
– ***L'assemblée du Désert :*** *le 1er dim de sept.* Chaque année depuis 1911, 15 000 à 20 000 protestants affluent de toute l'Europe pour célébrer un culte dans l'esprit des assemblées interdites au temps du Désert. La journée se termine en chantant l'hymne *La Cévenole...*

La grotte de Trabuc : *à 2 km au-dessus du musée du Désert, à* ***Mialet.*** *☎ 04-66-85-03-28. • grotte-de-trabuc.com • Ouv des vac d'hiver à mi-déc. Visites audioguidées hors saison, visites guidées (1h) 10h-18h juil-août. Entrée : 11,60 € ; réduc. Propose aussi, ponctuellement, des visites insolites à la lampe à carbure ou avec le site uniquement éclairé par plus d'un millier de bougies.* La grotte de Trabuc servit d'abord de refuge aux camisards, puis de cachette aux bandits de grands chemins. Un 1er réseau de galeries est découvert en 1823. À partir de 1945, Georges Vaucher et ses fils poussent plus avant l'exploration de ce réseau et découvrent un « nouveau Trabuc », plein de curiosités naturelles, dont les fameux « 100 000 soldats », soit une salle souterraine couverte d'une multitude de concrétions évoquant une sorte d'armée. Aujourd'hui, sur un parcours d'un km, le public découvre l'univers mystérieux et merveilleux de la salle du Lac de Minuit, les gours, les aragonites noires, la salle du Gong, le pont du Diable, les cascades Rouges...

SAINT-JEAN-DU-GARD (30270)

Au bord du Gardon, l'ancienne « petite capitale du pays camisard », connut son âge d'or entre le XIXe s et la 1re moitié du XXe s, grâce à ses filatures de soie. Et c'est dans l'un des établissements emblématiques de la ville que vous trouverez un formidable musée qui vous donnera les clés pour mieux appréhender le territoire, l'histoire et le patrimoine des vallées cévenoles : *Maison Rouge*, la première filature de soie à avoir employé le procédé Gensoul en Europe et la dernière, en France, à avoir fermé ses portes en 1965.

Adresse et info utiles

Point d'information touristique : *Maison Rouge, musée des Vallées cévenoles, 5, rue de l'Industrie. ☎ 04-66-85-32-11. • cevennes-tourisme.fr • Juil-août, tlj 10h-18h ; avr-oct, lun-sam 10h-12h30, 14h-17h, dim 10h30-12h30, 14h-16h30. Fermé nov-mars.*

– **Marchés :** *marché très animé mar mat tte l'année. Juil-août,* ***marché nocturne*** *jeu. Pâques-Toussaint,* ***marché paysan*** *sam mat.*

Où dormir ? Où manger ?

Campings

Camping Le Mas de la Cam : *route de Saint-André-de-Valborgne. ☎ 04-66-85-12-02. • camping@masdelacam.fr • camping-cevennes.info • En venant de Saint-Jean-du-Gard, route de Saint-André-de-Valborgne sur 4 km, puis à gauche (fléché). Ouv de mai à mi-sept. Compter 18-39 € pour 2 selon saison ; gîtes. 140 empl.* Site au bord du Gardon, vraiment sympa, avec un beau panorama sur les Cévennes. Terrain avec équipements choc pour clientèle chic. Un des rares campings à ne pas avoir de mobile homes ni de chalets. Piscine chauffée, sinon y a la rivière... Tennis, terrain multisport, pétanque, salle de bridge etc. On en a pour ses 4 étoiles, mais si le lieu ne vous convient pas, avancez d'une case jusqu'à *La Vernède*.

Aire naturelle de La Vernède : *Cap-del-Prat. ☎ 04-66-85-33-04. • postmaster@camping-vert.com • camping-vert.com • De Saint-Jean-du-Gard, route de Saint-André-de-Valborgne sur 4 km, puis à gauche (fléché). Ouv de mi-avr à sept. Compter 11-16,50 € pour 2. CB refusées. 25 empl.* Au bord du Gardon, dans un coin tranquille et assez bucolique. Les sanitaires sont simplissimes mais corrects. Baignade et pêche possibles. Tout petit terrain avec barbecues. Si vous cherchez le luxe, reculez d'une case jusqu'au *Mas de la Cam*.

Prix moyens

Friterie – Snack Chez Sam & Isa : *parking de la Poste. 07-69-91-47-04. Juil-août, fermé sam soir et dim midi ; hors saison, fermé le soir et dim. Repas 10-15€.* Oui, c'est un snack ! Et la cabane en bois est posée sur un parking ! Mais elle est jolie, et puis ici, le pain des burgers ou panini vient de chez un vrai boulanger, la viande de chez un bon boucher et les frites sont maison. Quelques tables sous les parasols pour savourer son snack en toute simplicité et convivialité.

Chambres d'hôtes Les Fromentières : *Les Plaines. ☎ 04-66-85-10-25. • gladys.chagnolleau@wanadoo.fr • les-fromentieres.com • Devant la gare, direction Les Plaines. Fermé de mi-nov à début avr. Double 74 € ; familiales.* Au milieu des bois, un chemin tortueux mène à la vieille ferme du XVIe s de Laurent et Gladys. Ils cultivent des fruits, des plantes aromatiques bio, et élèvent moutons et ânes. Dans l'ancienne bergerie, belle pièce à vivre avec poutres, cheminée et murs chaulés (petite cuisine à disposition des hôtes). À l'étage, 4 chambres

LES CÉVENNES

coquettes et colorées avec mezzanine, toutes donnant sur la terrasse du patio. Petit déj avec confitures maison. Accueil dynamique.

Hôtel Les Bellugues : *13, rue Pelet-de-la-Lozère. ☎ 04-66-85-15-33. • contactbellugues@orange.fr • hotel-bellugues.com • ♿ En plein centre-ville. Doubles 66-72 € ; familiales.* Une ancienne filature reconvertie en un petit hôtel. Les chambres de plain-pied sont assez neutres, mais fonctionnelles. De plus elles donnent sur un charmant jardin avec piscine. Accueil avenant.

Hôtel Château de Cabrières : *depuis le centre, traverser le pont Vieux, c'est un peu plus haut à droite. ☎ 04-66-85-34-34. • chateau-cabrieres@wanadoo.fr • hotel-cabrieres.com • Ouv avr-oct. Doubles 65-87 € ; familiales. Resto uniquement sur résa, env 25 €.* Une belle demeure du XVIIIe s un peu isolée du centre, dans un immense parc verdoyant qui ravira les enfants ! Le lustre de la maison s'est patiné, mais elle garde un cachet indéniable avec ses chambres immenses meublées à l'ancienne, avec vue dégagée sur la vallée. Accueil un peu sec au premier abord, mais le propriétaire connaît bien la région, et renseigne volontiers les esprits curieux. Piscine et tennis ombragé. Une adresse atypique !

À voir. À faire

Maison Rouge – Musée des Vallées cévenoles : *5, rue de l'Industrie. ☎ 04-66-85-10-48. • maisonrouge-musee.fr • ♿ Avr-oct, tlj 10h-12h30, 13h30-18h (en continu juil-août) ; fév-mars et nov-déc, mer-dim 14h-18h. Fermé en janv. Entrée : 8 € ; réduc ; gratuit moins de 12 ans. Billet valable toute la journée (possibilité, donc, de sortir déjeuner et revenir) ; audioguide (adapté aussi pour les enfants) inclus dans le prix.*
Vous voulez comprendre pourquoi presque chaque village ou ville des vallées cévenoles abrite à la fois un temple et une église ? Ce qu'est cette fameuse guerre des camisards ou pourquoi, plus généralement, on parle des Cévennes comme d'une terre de résistance ? Foncez à Maison Rouge ! À travers une muséographie belle, vivante et efficace, tout cela vous est expliqué avec concision, clarté et à travers une collection d'objets parfois insolites et, surtout, d'une richesse époustouflante. Par contre, c'est dense, car très complet puisque l'on vous parle aussi de ces paysages façonnés par l'homme et ses activités (agriculture, élevage, artisanat), de l'éducation des vers à soie (car, oui, les vers à soie s'éduquent !) et, bien sûr, du monde des filatures. Mais que cela ne vous empêche pas de prendre aussi le temps de visiter les extérieurs (notamment le jardin ethnobotanique) et les expos temporaires.

Le train à vapeur des Cévennes *(TVC)* **:** lire plus haut « À voir. À faire » à Anduze.

Randonnées

Le Merlet : *20, rue Pellet-de-Lozère. ☎ 04-66-85-18-19. • lemerlet.asso.fr • Ouv tte l'année.* Une association qui propose randonnées, spéléo, escalade et canyoning dans la région. Groupes constitués seulement (8 ou 10 personnes minimum).

➢ **Sur les traces de Stevenson, sentier du signal Saint-Pierre :** tronçon de 16 km (compter 5h30 aller et retour sans les arrêts) de sa (presque) dernière étape (le trajet complet dure 12 jours, sur 220 km, du Puy-en-Velay à Alès). Le magnifique panorama du col et du signal de Saint-Pierre couvre une partie des Cévennes. Attention, de bonnes dénivelées. Réf. : *Le Chemin de Stevenson,* éd. Chamina-FFRP. Carte IGN au 1/25 000, n° 2740 ET.

Fête et manifestations

– ***Boulegan à l'Ostal :*** *w-e de Pâques, pdt 3 j.* Festival de musiques d'ici et d'ailleurs au son des cornemuses et des violons. Salon international des luthiers.
– ***Festival de la randonnée en Cévennes :*** *juin.*
– ***Fête votive :*** *1er w-e d'août.* Jusqu'au mardi, c'est la fête : manèges, orchestres, défilés de chars, feux d'artifice.
– ***Rallye des camisards :*** *fin sept. Vroum,* des voitures, des virages, de belles pentes. Tout pour une belle course auto.
– ***Journées de l'arbre, de la plante et du fruit :*** *dernier w-e de nov.* Expo, ateliers et débats sur des thèmes 100 % naturels.

BALADE AU SUD DES CÉVENNES

ENTRE MONTS ET GARRIGUE

Prenez les chemins de traverse et les petites routes, où chaque rencontre avec une autre voiture provoque une montée d'adrénaline. Voici, entre Saint-Jean-du-Gard et Le Vigan, la partie la moins connue de ce territoire du sud des Cévennes inscrit sur la liste du Patrimoine mondial de l'Humanité au titre des paysages liés à l'agropastoralisme. Entre Causses et Cévennes, mont Aigoual et garrigues, les découvertes ne manquent pas. Arrêtez-vous souvent, le temps d'un marché, d'un café, d'une balade à dos d'âne ou d'une nuit en chambre d'hôtes...
Signalons une belle initiative : *Le Carré de soie*, soit **4 sentiers d'interprétation** liés à la sériciculture entre ***Colognac et Lasalle,*** à ***Cros,*** au ***Monoblet*** et à ***Saint-Hippolyte-du-Fort.*** Rien ne vous oblige, bien sûr, à les enchaîner tous dans la même journée. Nous le déconseillons même, car certains sont assez longs. L'idéal serait de commencer par la visite du musée de la Soie à Saint-Hippolyte-du-Fort, histoire d'avoir un premier aperçu (et de récupérer, au passage, le dépliant des sentiers).

LES CÉVENNES

LASALLE (30460)

Des prairies et des vergers au fond du vallon de la Salindrenque, des versants plantés de châtaigniers, des hameaux de granit éparpillés et de beaux châteaux noyés dans la verdure. Lasalle fut très tôt convertie au protestantisme. Les maisons cossues qui bordent la longiligne Grand-Rue témoignent de l'ancienne prospérité du village, liée, comme un peu partout ici, à la sériciculture (l'élevage du ver à soie, ça va de soi !).

Adresse utile

ℹ ***Office de tourisme :*** *centre François-Viala, 83, rue de la Place.* ☎ *04-66-85-27-27.* • *sudcevennes.com* • ♿ *Juil-août, fermé jeu-ven et dim ap-m ; hors saison, fermé w-e.* Infos sur les sentiers de découverte et d'interprétation de Lasalle et Soudorgues. Vente du topoguide *Sentiers de découverte de la Salindrenque (5 €).* Boutique.
– ***Marché :*** *lun.*

Où dormir ? Où manger dans le coin ?

Camping

⛺ ***Camping La Salendrinque :*** *route de Saint-Hippolyte-du-Fort. ☎ 04-66-85-24-57. • info@campinglasalendrinque.fr • campinglasalendrinque.fr • À 1 km par la D 39 vers Saint-Hippolyte. Ouv avr-nov. Compter 16,50-30,50 € pour 2. Lodges et mobile homes. 99 empl. Réduc de 10 % hors saison sur présentation de ce guide.* Un camping aménagé dans un agréable site naturel. Au bord de la Salindrenque (qui, en fait, s'écrit ainsi), habitée par des castors, où l'on peut aussi se baigner, mais gare à la cascade avec des enfants. Cela dit, mieux vaut dormir côté cascade que côté route (un peu passante en saison). Bons sanitaires. Piscine chauffée.

De bon marché à prix moyens

|●| ***La Balade Gourmande :*** *30460, **Soudorgues.** ☎ 04-66-85-43-94. • labaladegourmande30@orange.fr • labaladegourmande.fr • Ouv tlj sauf mar en été, fermé lun-mer et dim soir hors saison. Fermé déc-fév. Carte env 28 €. Café offert sur présentation de ce guide.* On s'assied avec plaisir sous l'auvent de ce joli mas en pierre, en se disant qu'ici, on a bien le temps de le prendre, le temps (et il vaut mieux, la célérité n'étant pas la principale caractéristique des lieux). Accueil tout en douceur pour une cuisine qui ravit les palais avec une carte de saison à base de produits du terroir, mais qui se teinte volontiers de parfums plus exotiques.

À faire au départ de Lasalle

■ ***Centre équestre de Vabres :*** *lieu-dit La Garnarié, à **Vabres.** ☎ 04-66-85-28-77. • a-cheval-en-cevennes.com • À 4,5 km à l'est de Lasalle.* Odilon Jemma organise des promenades à cheval de 1 à 3h et des randonnées de 1 à 6 jours pour les cavaliers plus confirmés. Également 2 gîtes ruraux aménagés dans des maisons cévenoles bien équipées. Location à la semaine ou au week-end.

■ ***Les Poneys du Val d'Émeraude :*** *La Borie Neuve, à Lasalle. ☎ 04-66-85-41-69. • poneydemeraude.com • À 2 km de Lasalle.* Pour les *pichonets* (enfants) seulement. Balades à poney, monté ou en calèche.

➢ Très jolie route (la D 153) jusqu'à ***Sumène*** (bourgade typiquement cévenole dont on vous reparle un peu plus loin, à propos de la vallée du Rieutord) par les villages de ***Colognac*** – merveilleusement situé sur un replat avec son très beau et ancien moulin retapé – et ***Saint-Roman-de-Codières.***

Faites une pause revigorante à ***Saint-Roman-de-Codières*** *(30440).* En été, marché le samedi matin avec possibilité de restauration sur place. Si vous préférez être seul au monde dans un cadre magnifique, poussez jusqu'à ***La Fabrié,*** un mas cévenol à 600 m d'altitude.

|●| ***Chambres d'hôtes La Tour de Saint-Roman :*** *☎ 04-67-81-35-34. • adrienne.lautric@gmail.com • la-tour30.com • Ouv juin-oct. Café sur place ouv tlj en été avec assiettes de pays. Double 78 € la 1ère nuit, 58 € à partir de la 2e nuit. Menu 14,50 € à commander la veille.* La tour du village joue son rôle d'accueil depuis 1 000 ans, d'où une reconversion logique en chambres d'hôtes. On a le béguin pour la chambre du 1er étage, prolongée par une immense terrasse avec vue imprenable sur les montagnes des Cévennes. Un escalier en colimaçon mène à une autre chambre, charmante elle aussi, mais sans dégagement extérieur. Salle de bains confortable dans chacune. À table, les légumes du jardin régalent randonneurs de passage et habitués ! Accueil charmant d'Adrienne.

LES CÉVENNES

Fêtes et manifestations

- ***Festival du film documentaire :*** *w-e de l'Ascension.* Un thème différent chaque année.
- ***Y'a d'la voix :*** *de mi-mai à mi-juin.* Des chants d'ici et d'ailleurs, avec ateliers de tous styles.
- ***Fête de l'Alto :*** *1 sem fin août.* Concerts et classes de maîtres.
- ***Fête de la Châtaigne :*** *1er nov.*

SAINT-HIPPOLYTE-DU-FORT (30170)

Au pied des Cévennes méridionales, sur la route de Nîmes au Vigan, Saint-Hippo, comme disent les habitués, n'a rien d'extraordinaire. L'industrie, de la soie à la chaussure de sécurité, n'a jamais pris pied ici que provisoirement. Mais en été, sous les platanes, on se sent bien pour méditer quelques balades dans l'arrière-pays.

Adresse utile

Bureau d'information touristique : *2, pl. du 8-Mai-1945. ☎ 04-66-77-91-65. • piemont-cevenol-tourisme.com • Juin-sept lun-sam (sauf jeu) 9h30-12h30, 14h-18h ; oct-mai, mar et ven seulement 10h-12h, 14h-17h.*

Où dormir ? Où manger dans les environs ?

Auberge de Valestalière : *entre Saint-Hippolyte-du-Fort et Lasalle (D 39), 30170* ***Monoblet.*** *☎ 04-66-85-45-79. • info@aubergedevalestaliere.fr • aubergedevalestaliere.fr • ♿ À la sortie de la ville. Tlj sauf lun, mar et jeu midi juil-août ; fermé dim soir-jeu midi hors saison. Congés : de mi-déc à fév. Menu 34 € ; carte env 32 €.* En pleine nature, pour profiter de la terrasse sous les arbres, de la vue et de petits plats du terroir bien faits. Cuisine simple, savoureuse, qui s'évade parfois vers des horizons plus lointains.

Où acheter de bons produits ?

Entre Thym et Châtaigne : *2, pl. de la Couronne (route de Nîmes). ☎ 04-66-77-21-68. Juste avt la sortie de la ville. Tlj sauf dim 9h-12h30, 15h-19h.* Une boutique paysanne de produits locaux pour faire le plein de miel, vins, produits à base de châtaigne, etc.

Les Terrasses Cévenoles : *route de Nîmes. ☎ 04-66-77-21-30. Tlj sauf dim, 9h-12h30, 14h-19h.* Cave viticole coopérative.

Les Jardins de Mazet : *Pailhes, 30170* ***Monoblet.*** *☎ 04-66-85-22-40. • mariedemazet.com • Jardins ouv mai-sept, lun-ven, 10h-18h. Entrée : 8 € ; réduc. Boutique ouv tte l'année (appeler avant).* Production de tisanes, jus de fruits bio, confitures... sur cette exploitation de plantes aromatiques et médicinales fondée par Marie d'Hennezel. Visites guidées pour les groupes sur rendez-vous *(60 € jusqu'à 6 pers),* journées initiation et cueillette sur résa, boutique.

À voir. À faire

Le musée de la Soie : *3, pl. du 8-Mai-1945. ☎ 04-30-67-26-94. • museedelasoie-cevennes.com • Juil-août, tlj 10h30-12h30, 14h-18h ; le reste de l'année, mer-dim. Fermé janv-début fév et 25 déc. Entrée : 6 € ; réduc.* Cet écomusée, qui

LES CÉVENNES

a tissé son cocon dans une ancienne caserne réaménagée, tout à côté de l'office, a fait peau neuve. De la magnanerie au *taulier* (avec un élevage de vers à soie en saison), de l'arbre d'or (le mûrier) aux filatures, du ver à soie au moulinage et au tissage, toute l'histoire de cette belle et noble culture qui fit la prospérité des Cévennes au XIXe s vous attend. C'est aussi le centre de promotion de la soie cévenole.

➢ Sentier d'interprétation « Convicéncia et resisténcia » : en marchant le long des berges du Vidourle, découverte du patrimoine culturel (tour Saint-Jean, moulins, anciennes filatures, tanneries, fontaines, château des Graves...).

T'AS PAS L'HEURE ?

En vagabondant dans les rues de Saint-Hippolyte, on peut s'étonner du nombre de cadrans solaires (21, dit-on). Souvent flanqués machinalement sur les façades, ils n'ont pas toujours la bonne orientation et donnent une heure fantasque. Patrimoine historique très récent, ils sont le fait d'un artisan très persuasif qui a su convaincre une nuée de Cigalois.

Fête et manifestations

– ***Total Festum :*** *3e sam de juin.* Fête occitane avec expo d'artisanat, lectures, visites de sites, orchestres, défilés aux flambeaux, feux de la Saint-Jean.
– ***Les Caminades cigaloises :*** *fin juin-fin sept.* Visites contées et chantées de la ville.
– ***Fête de Saint-Hippolyte :*** *quelques j. entre fin juil et mi-août.* Marché nocturne, défilé...

LES CÉVENNES

SAUVE *(30610)*

Petite cité accrochée à une falaise rocheuse, prospère au Moyen Âge (la « viguerie » de Sauve englobait Anduze, Alès et Sommières), Sauve a préservé son dédale de ruelles, ses placettes, vieilles maisons et hôtels particuliers.

Adresse et info utiles

Office de tourisme : *« Les Cazernes », 26, rue des Boisseliers. ☎ 04-66-77-57-51. • piemont-cevenol-tourisme.com • Juin-sept, lun-sam 9h30-12h30, 14h-18h, plus dim mat juil-août ; oct-mai, jeu et sam seulement.*
– ***Marché :*** *sam mat dans le centre.*

Où manger ?

Le Comptoir de l'Evesque : *Domaine de l'Évesque. ☎ 04-66-71-86-89. • meilhacv@yahoo.fr • Route de Quissac, après les chambres d'hôtes* Le Mas Moïse, *dans le virage. Tlj sauf lun et mar midi en été ; fermé dim soir et lun-mar hors saison. Menus déj 16,50 €, puis 24,50-28,50 € ; carte 30 €.* Dans l'ancien hangar agricole familial en pierre, avec jardin et piscine, un resto militant du goût et du Gard, plus tourné vers les plaisirs de la bonne chère que vers le confessionnal. Dans l'assiette, des menus qui ne feraient pas rougir la bourse d'un évêque. Sinon, à la carte, suivant la saison, cuisses de grenouilles, cochon et chevreau de lait à la broche ou encore ris d'agneau aux asperges.

Où acheter de bons produits ?

Épicerie Chez Fouzia : *28, rue du Pont-Vieux. ☎ 04-30-08-55-50. Au cœur du vieux village. Mer-dim 8h30-12h30, 16h-19h.* Une ambiance de quartier avec ses habitués qui papotent, un cadre aussi adorable que l'accueil, une belle sélection de produits du terroir et d'ailleurs, parfois bio : châtaignes, confitures, miel, épices, dépôt de pain (excellent). Coup de cœur pour cette épicerie très en couleur et pas comme les autres.

À voir. À faire

Le vieux village : c'est à pied qu'il faut flâner dans Sauve... surtout s'il y a encore des travaux. Garez-vous sur la place de la Vabre et traversez le Vidourle par le pont Vieux (XIe s). Grimpez ensuite vers le cœur du village : traversez la place Jean-Astruc, bordée par l'église et le temple et découvrez les jolies arcades de la Fusterie. Au bas de la rue de l'Évêché, monumentales fenêtres à meneaux du XVe s. Entre la place et la Grand-Rue, un dédale de ruelles pittoresques (rues du Four, de la Curaterie). En grimpant vers le haut du village et la mer de Rochers par la montée des Capucins (jolie calade de galets), voir l'ancien hôtel de la Monnaie (à l'angle de la rue Caravalesque) et l'élégante maison des comtes de Sauve.

La Mer de rochers : juste au-dessus du village, passé les ruines du Castellas, surgit un étonnant paysage de roches calcaires déchiquetées hérissant la garrigue. Surprenant chaos qui ressemble à une mer démontée, figée dans la pierre pour l'éternité. Au milieu de ce superbe paysage sauvage, les ruines du château de Roquevaire (XIIIe s). 2 circuits balisés permettent de découvrir le site. Le 1er, balisé en jaune, dure 1h. Le 2d, un peu plus long (1h30), fait passer devant l'Aveu, un gouffre impressionnant, il faut bien l'avouer. Dans les 2 cas, balades très agréables et faciles. Infos à l'office de tourisme.

Le conservatoire de la Fourche : *rue des Boisseliers. ☎ 04-66-80-54-46. • fourchedesauve.free.fr • Avr-oct, mar-sam 10h-12h, 14h-17h (18h juil-sept) ; nov-vac de Noël mar-ven 10h-12h, 13h30-17h. Fermé janv-mars. Visite : 4 € ; 2,50 € enfant.* Un atelier-musée étonnant. Ce conservatoire, unique en son genre en France, fabrique des fourches en micocoulier, spécialité de Sauve, depuis au moins le XIIe s. Élevées et taillées dans les rejets de souche de cet arbre qui affectionne les sols rocheux, ces fourches sont encore utilisées dans les haras parce qu'elles sont plus légères.

Fête et manifestations

- **Fête des violons populaires :** *1er w-e de juin.* Musique, danse, stages de découverte...
- **Les Jeudis de Sauve :** *jeu soir de juil à mi-août.* Concerts gratuits de musique du monde.
- **Sauv'in :** *mer soir de juil à mi-août.* Dégustations de vins et produits locaux.

LA VALLÉE DU RIEUTORD, DE SUMÈNE À SAINT-MARTIAL

Préservée des développements urbains, cette vallée a su garder son caractère montagnard, avec quelques improbables villages agrippés à la colline. Les **cols de la Triballe** et **de l'Asclier** sont également de toute beauté.

Bâtie au confluent de 2 rivières, le Recodier et le Rieutord, sur la faille des Cévennes, en périphérie du parc national, ***Sumène** (30440)* est une terre de transition avant d'atteindre la garrigue et ses essences odorantes. Ne pas manquer les **Transes cévenoles** le dernier week-end de juillet : un festival de musique et de théâtre de rue décapant. Pour vous remettre en jambes, randonnée le ***Ranc de Banes*** sur les traces des ermites et des Romains (sur 14 km, surtout !).

Au nord de Sumène, ***Saint-Martial*** *(30440)* est un village pittoresque bâti sur un promontoire aux maisons blotties contre l'église, qui date des 1res années de la féodalité. Cet îlot a toujours été fidèle au catholicisme au milieu d'une région conquise par la Réforme.

Chambres d'hôtes La Maisonnette : *chez Françoise et Philippe Léonard, Isserviel. ☎ 04-67-81-35-97. • maisonnette@orange.fr • chambres-hotes-cevennes.fr • Doubles 56-67 €. Table d'hôtes le soir sauf jeu-ven 21 €. Une confiture à l'oignon maison offerte sur présentation de ce guide.* Dans le village de Saint-Martial, une reconversion réussie pour ces producteurs d'oignons doux des Cévennes. Une poignée de chambres agréables au milieu des châtaigniers et des champs, qui peuvent être louées en gîte, avec une piscine bien accueillante elle aussi.

Chambres d'hôtes et restaurant Lou Régalou : *dans le centre du village. ☎ 04-67-81-33-11. • contact@lou-regalou.fr • lou-regalou.fr • Juil-août, tlj sauf dim soir-lun ; hors saison, fermé le soir dim-mar et mer tte la journée. Double 60 €. Menus 27-32 €.* Un lieu accueillant et sympathique tenu par Julie et Cyril, qui ont d'abord fait leurs classes dans les grandes maisons de la Côte d'Azur avant d'ouvrir cette belle table. La seule lecture du petit menu à l'ardoise provoque une montée de salive. Les produits du terroir sont ici joliment travaillés, avec finesse et créativité. Propose aussi des chambres.

LE VIGAN

(30120) 4 450 hab. *Carte Gard, A2*

Le Vigan n'a rien d'une bourgade austère ou ennuyeuse. C'est le terroir de la fameuse reinette dite « du Vigan », une pomme dorée à souhait ! Versants de montagnes naguère couverts de vignes et d'oliviers, toits de tuiles, murmure des fontaines sous les tilleuls, pastis et jeux de boules. C'est peut-être l'une des rares villes du Gard où tous les habitants peuvent boire au robinet de l'eau de source à longueur d'année, même en période de sécheresse.
Aujourd'hui, c'est à pied, à rollers, à vélo, en poussette qu'on s'offre une balade sur la voie verte, empruntant l'ancienne ligne de chemin de fer Tournemire – Le Vigan.

Adresse utile

Office de tourisme Cévennes et Navacelles : *Maison de pays, pl. du Marché, dans le centre. ☎ 04-67-81-01-72. • tourismecevennesnavacelles.com • Juil-août, tlj sauf dim ap-m ; mi-saison, tlj sauf dim (plus sam ap-m Toussaint-Pâques).* En été, visites guidées de la ville et du cirque de Navacelles, mais aussi de lieux insolites plus rarement ouverts au public, plus des « rendez-vous paysans » (apiculteurs, oignons, fromages...). Nombreuses randonnées (pédestre, équestre et VTT)...

Où dormir ? Où manger dans le coin ?

Campings

Camping Le Val de l'Arre : *route du Pont-de-la-Croix, mas de Roudoulouse. ☎ 04-67-81-02-77. 06-82-31-79-72. • valdelarre@wanadoo.fr • camping-levaldelarre.com • À 2,5 km du centre du Vigan ; en venant de Ganges, prendre à gauche* *au rond-point (fléché). Ouv avr-sept. Compter 16-28,50 € pour 2 . Loc de mobile-homes (210-850 €/sem). 170 empl. Boisson offerte sur présentation de ce guide.* Un vaste site, ambiance nature, bien qu'à proximité de la ville. D'un côté de la route, les hébergements locatifs, de l'autre les emplacements réservées aux campeurs, avec des pelouses plantées d'arbres, qui semblent s'étendre à perte de vue. Elles descendent jusqu'à la rivière. Ensemble bien équipé avec piscine, épicerie et snack.

Camping Laparot : *route de Laparot, 30120* ***Molières-Cavaillac.*** *☎ 04-67-81-13-82. 07-69-20-67-25. • camp.laparot@gmail.com • camping-laparot.com • À 6 km à l'est du Vigan. Ouv avr-oct. Compter env 15 € pour 2 pers. 50 empl.* Des emplacements répartis sur une grande prairie arborée, au bord de la rivière (baignade possible). Piscine sécurisée, boulodrome, ping-pong. Snack. Plein de randonnées à pied ou à vélo. Une petite adresse nature et champêtre, pour ceux qui rêvent de calme et de détente ! En prime, Valérie et Stéphane vous donneront des conseils pour visiter la région.

Camping Isis en Cévennes : *au domaine de Saint-Julien, 34440* ***Saint-Julien-de-la-Nef.*** *☎ 04-67-73-80-28. 06-83-86-26-71. • routard@isisencevennes.com • isisencevennes.fr • De Ganges, D 999 sur 6 km ; à Saint-Julien, prendre le pont, ensuite c'est fléché. Ouv Pâques-Toussaint. Compter 18,80-27 € pour 2. 179 empl. Bébé arbre offert sur présentation de ce guide.* Un camping très agréable et parfaitement organisé, où l'accueil joue un rôle aussi important que le cadre naturel. En bordure de rivière, sous les arbres... un beau terrain plat. Également de multiples possibilités de location . Resto en saison, bar, piscine, sauna, massage et soirées à thème (musique classique dans la chapelle romane). Parcours acrobatique pour les enfants. Vente de confitures maison.

De bon marché à prix moyens

La Maison des Cévennes : *à Puechagut, 30120* ***Bréau-et-Salagosse.*** *☎ 04-67-68-08-75. 06-32-34-88-55. • eurlplaisirscevenols@gmail.com • maison-des-cevennes.fr • À pied par le GR 7 ; en vélo ou en voiture par la D 48 (ne pas sélectionner le chemin le plus court sur le GPS). Nuitée en refuge 20-22 €/pers, chambre double 60-70 € et 2 gîtes 7 et 10 pers. Au resto, formule sem 15 €, menus 21-26 €. Café offert sur présentation de ce guide.* Une ancienne maison forestière à 1 000 m d'altitude, idéale pour les randonneurs du GR 7 car elle fait à la fois refuge, gîte, chambre d'hôtes et auberge.

Auberge La Borie : *30120* ***Mandagout.*** *☎ 04-67-81-06-03. • contact@aubergelaborie.fr • aubergelaborie.fr • À 10 km du Vigan par la D 170. À 9 km, à droite vers Mandagout puis continuer vers Saint-André-de-Majencoules ; là, un chemin qui monte sur la gauche à l'auberge. Tlj sauf mar soir-mer hors saison. Congés : janv-fév. Doubles 62-77 € ; familiales 88-98 €. ½ pens 29,50 €/pers (demandée en juil-août). Formules 19-23,50 €.* Sur un versant ensoleillé de montagne, un vieux mas cévenol, avec piscine et vue époustouflante : une forêt de châtaigniers et de figuiers ondulant sous un ciel bleu à l'infini. Bonne cuisine familiale authentique et régionale (foie gras mi-cuit, délice à la châtaigne...). Chambres rustiques cévenoles. Excellent accueil.

À voir

La place du Quai : c'est le centre de l'animation (marché en été). Belle fontaine du XVIIIe s où coule l'eau de la source d'Isis.

Le Musée cévenol : *1, rue des Calquières. ☎ 04-67-81-06-86. • museecevenol-levigan.fr • Juil-août, tlj sauf mar, 10h-13h, 15h-18h30 ; avr-juin et sept-oct, tlj*

sauf lun-mar, 10h-12h, 14h-18h ; fermé nov-mars. Entrée : 5 € ; réduc ; gratuit moins de 18 ans. Installé dans une ancienne filature de soie du XVIIIe s. Tout ou presque sur les métiers et les traditions populaires des Cévennes. Dans la salle des métiers : artisanat traditionnel, comme la vannerie (impressionnant panier à grain appelé *boudoun,* fauteuil de châtaignier fabriqué par des gitans, d'où son style très Europe centrale), la poterie, la verrerie, la ferblanterie (belle série de lanternes), et l'occasion (enfin !) de tout savoir sur la fabrication des boules de pétanque. Intéressante reconstitution d'un intérieur cévenol du massif de l'Aigoual, dans les années 1950, évocation de la sériciculture (beaux costumes de soie des XVIIIe et XIXe s) et des autres cultures traditionnelles du massif. La salle du Temps retrace l'histoire des Cévennes. Une salle, enfin, est consacrée à l'écrivain et académicien André Chamson, qui passa sa jeunesse au Vigan et dont l'œuvre s'inspire en partie des Cévennes.
– Juste au pied du musée, on ne peut qu'admirer le ravissant ***pont du XIIIe s*** qui semble échappé d'une autre époque.

Les vieux hôtels particuliers : l'*hôtel Daudet d'Alzon* avenue Emmanuel-d'Alzon, et le *château d'Assas* (XVIIIe s) qui abrite le pôle culturel du conseil général, comprenant notamment une médiathèque.

Fête et manifestations

– ***Marché des potiers :*** *dim et lun de Pâques, sur la pl. du Marché.*
– ***La Main verte :*** *1er mai au château d'Assas.* Expo-vente et ateliers de pépiniéristes et maraîchers.
– ***Marché paysan :*** *mar mat de mi-mai à mi-oct.* Nombreux producteurs bio.
– ***Festival du Vigan :*** *juil-août.* • *festivalduvigan.fr* • Depuis plus de 40 ans. Soirées musicales. Concerts classiques au Vigan et dans quelques villages alentour.
– ***Foire de la Pomme et de l'Oignon :*** *4e dim d'oct.*

DANS LES ENVIRONS DU VIGAN

LE CAUSSE DE BLANDAS

À env 10 km au sud-ouest du Vigan par la D 999 direction Millau, puis la D 48 vers Avèze. Passé le joli village perché de Montdardier *(carte Gard, A3)* et son étonnant château restauré par Viollet-le-Duc, le causse se dévoile d'un coup. Un large plateau calcaire (10 000 ha) qui s'étend entre les vallées de l'Arre et de la Vis. C'est le plus méridional des causses, classé désormais au Patrimoine mondial de l'Unesco. De part et d'autre de la rectiligne D 48, une sorte de steppe d'herbe jaune, légèrement ondulée, où les fermes, trapues, se cachent presque. Comme chez ses voisins (causse Méjean, causse Noir, Larzac), on s'y sent franchement ailleurs. Magique mais hostile nature où l'eau se fait rare. Puis, soudain, c'est le cirque de Navacelles et les gorges de la Vis, une sorte de grand canyon à la cévenole qui entaille littéralement le causse et donne le vertige au visiteur. Depuis la Maison du site, un sentier aménagé accessible également aux personnes handicapées mène à 4 belvédères en bordure des gorges.

Adresse utile

Maison du Grand Site du cirque de Navacelles – Bureau d'information touristique : ☎ *09-62-64-35-10.* • *tourismecevennesnavacelles.com* • *Ouv juil-août, tlj 10h-18h ; avr-nov, tlj 11h-17h.* Également un bar-restaurant sur place.

Où dormir ? Où manger sur le causse ?

Nomad-Elze : *Mas de l'Elze, 30120 **Rogues**. 06-84-10-88-09. • nomadelze30@gmail.com • nomadelze.com • De la D 48, après Rogues, tourner à droite sur la D 158, laisser les belvédères de Blandas et tourner à gauche vers l'Elze. Yourte (tte l'année) 38 €/pers avec petit déj. Une chambre d'hôtes 5 pers 115 € pour 2 et familiale. Menu du soir sur résa 23 €.* Un vrai petit bout du monde, qui aurait pu s'appeler *Nowhere Elze...* En marchant 5 mn, on a une vue époustouflante sur les gorges de la Vis et le cirque de Navacelles (mais gare aux jeunes enfants, il n'y a pas de barrière de protection). La charmante Isabelle Durand est la 7e génération aux commandes de cette ferme qu'elle a convertie au tourisme. Pas n'importe quel tourisme. Tournée vers la nature et les peuples indigènes, elle monte des tipis aux beaux jours et loue des yourtes le reste de l'année. Également un dortoir et une belle chambre d'hôtes dans l'ancienne bergerie. Table d'hôtes à base de produits du terroir. Visite de la ferme pédagogique (chèvres, agneaux, potager, jardin botanique). Organise une *rencontre des peuples* à différents moments de l'année et fait résidence d'artistes.

Le Revel : *11, impasse du Revel, 30120 **Rogues**. ☎ 04-67-81-50-89. 06-17-02-54-91. • contact@gite-le-revel.fr • gite-le-revel.fr • Au croisement de la D 48 et de la D 158, peu avt les belvédères de Blandas. Congés : de mi-déc à mi-janv. Camping 14 € pour 2 ; dortoir 20 €/pers ; double 57 € ; familiales. Petit déj 5 € (compris pour les chambres). Menu du soir 22 €. CB refusées. Apéritif maison offert sur présentation de ce guide.* Ce gîte-camping-chambres d'hôtes avec piscine accueille les randonneurs toute l'année dans une ferme située peu avant l'accès au cirque de Navacelles. Organise aussi des stages très divers (yoga, développement personnel, botanique ou encore clown...).

À faire

Le cirque de Navacelles et les gorges de la Vis : *sentiers d'observation (aménagés pour les fauteuils roulants) qui partent devant la Maison de Site.* En 2 mn, on voit le causse plonger dans le fameux cirque de Navacelles (voir plus haut « Dans les environs du Caylar » dans « L'Hérault »), parfois survolé par les aigles royaux et les vautours. Superbe et impressionnant ! De là, possibilité de descendre en voiture la route en lacet qui va jusqu'au hameau tout au fond..., mais c'est déconseillé en pleine saison (imaginez les embouteillages !). Profitez plutôt des navettes ! Mieux : 3 sentiers de rando nécessitant de 1 à 3h de marche pour descendre... mais pensez à la dure grimpette du retour. De mi-juillet à mi-août, possibilité de remonter en navette *(en principe, 6 A/R par j., env 11h-17h30 ou 18h).* En bas, toujours en été, visites commentées et gratuites réalisées par des « écovolontaires ».

Le sentier botanique, la résurgence de la Vis et les moulins de la Foux : une fois au fond du cirque de Navacelles, reste à parcourir 6 km par un chemin facile et agréable sous les frondaisons. Possibilité de télécharger la *randofiche Le Cirque de Navacelles-Les Moulins de la Foux* sur le site internet de l'office de tourisme (voir plus haut).

➢ ***Le circuit des Mégalithes :*** intéressante découverte de dolmens, cromlechs, menhirs, autour de Montdardier et Blandas. Itinéraire explicatif dans les offices de tourisme.

– ***Parcours d'aventures :*** **Les Accros d'Anjeau,** *06-08-53-93-70. Ttes les infos et actualités sur le site • lesaccrosdanjeau.fr •* Bel accrobranche à 2 mn de Montdardier, au pied du pic d'Anjeau, dans un site à la géologie étonnante et aux arbres impressionnants. Il y a même des parcours faciles pour les tout-petits.

LE MONT AIGOUAL ET SA RÉGION

LE MONT AIGOUAL

Carte Gard, A2

• Carte *p. 535*

On peut le considérer comme une sorte de montagne sacrée des Cévennes. Une vue à vous couper le souffle : la Méditerranée au loin, le mont Ventoux, les Alpes. « Cette coupole d'herbe rase », comme disait l'écrivain et académicien André Chamson, dont la tombe se trouve sur l'un des versants de l'Aigoual.

On est à 1 567 m d'altitude, et la Méditerranée n'est qu'à 70 km d'ici. Si vous êtes fan de panoramas, on vous conseille d'ailleurs d'y grimper à l'automne ou en hiver (chaussez les skis !) parce que, en été, la brume noie souvent le littoral.

L'Aigoual, promontoire sublime, boussole des nuages et des eaux : d'un côté, les rivières qui dévalent vers le Bassin méditerranéen ; de l'autre, celles qui vont à l'Atlantique après s'être jetées dans le Tarn puis dans la Garonne. L'Aigoual garde un on-ne-sait-quoi de la magie primitive des hauts lieux.

– Un conseil : avt de monter, consultez le site internet de l'observatoire • aigoual.fr • qui devrait vous donner les conditions météo, justement, là-haut, parfois rigoureuses...

Comment y aller ?

➢ ***De L'Espérou :*** le village le plus proche du mont Aigoual (ravitaillement, hôtels, restos...). À 9 km au sud. Les routes du Vigan et de Valleraugue y confluent.

➢ ***Du Vigan :*** c'est une superbe route qui inspira André Chamson. Comptez une quarantaine de kilomètres du Vigan à l'Aigoual.

➢ ***De Valleraugue :*** assez difficile pour les cyclotouristes à cause de la forte pente de la D 986.

➢ ***De Meyrueis (en Lozère) :*** il y a en fait 2 routes au départ de cette petite ville. La D 986, qui passe par Camprieu et le col de Sereyrède (env 32 km) ; nous préférons la D 18, qu'on rejoint au col de Perjuret, au pied du causse Méjean (env 26 km).

Où dormir ? Où manger ?

IOI *Gîte d'étape et café-restaurant de l'observatoire de l'Aigoual :* *à l'Aigoual, derrière l'observatoire. ☎ 04-67-82-62-78. • valdaigoual.fr • Situé sur le GR 66 (tour de l'Aigoual). Ouv mai-sept. Nuitée en dortoir 4-10 pers, env 18 €/nuit ; 40 €/pers en ½ pens. Café-resto, tlj 9h30-17h. Carte 15-20 €.* Génial pour toucher les nuages du doigt, compter les étoiles, en ayant l'impression d'être entre ciel et terre. Petite cuisine équipée. Sur place également, un petit café-resto tout beau tout propre avec une grande baie vitre pour s'en mettre pleine la vue en buvant un verre ou en savourant un sandwich, une salade, une planche de fromage ou charcuterie, un dessert. C'est simple, bon... et encore meilleur (après l'effort) quand on vient de monter les 4000 Marches.

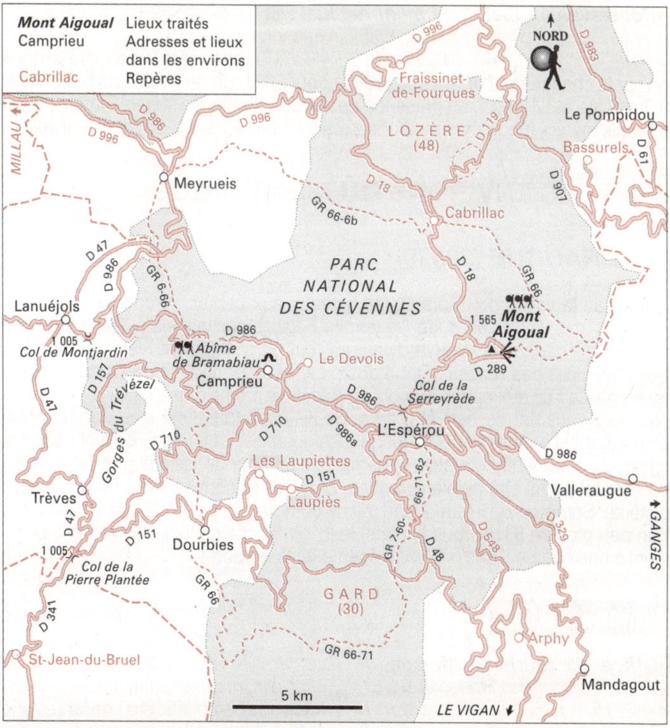

LE MONT AIGOUAL ET SES ENVIRONS

Que faire là-haut ?

➢ Balisés par le parc, ***2 circuits autour du sommet.*** Départ de l'observatoire de l'Aigoual. L'intérêt de cette balade est de découvrir les 3 flancs d'un même lieu. Le sentier du « Menhir de Trépaloup » (2,9 km) traverse les pelouses d'altitude, avant de passer sur le versant est, moins desséché que le sud. Ensuite, on chemine sur le versant nord, froid et venteux, peuplé de hêtres et de sapins, contrairement au flanc sud planté de pins et d'épicéas. Vous pouvez également faire un tour à l'arboretum de « l'Hort de Dieu », un sentier de 4,7 km qui emprunte le dernier tronçon du sentier des 4 000 Marches.

➢ L'Aigoual est traversé par plusieurs ***sentiers de grande randonnée*** : le GR 6 Alpes-Océan, le GR 7 Vosges-Pyrénées. Le GR 66 permet de faire une boucle de 1 semaine à pied autour du massif. Départ de L'Espérou, traversée du plateau du Lingas au sud. Par le pic Saint-Guiral, on gagne Dourbies, Meyrueis, puis on remonte à l'est vers Cabrillac, Aire-de-Côte. De là, grimpette au sommet du mont Aigoual, et ensuite, redescente à L'Espérou par le col de la Serreyrède. Environ 79 km au total. Il existe un topoguide de cette rando. Plusieurs gîtes d'étape jalonnent le parcours, dont certains sur le versant lozérien du mont Aigoual (renseignements à la Maison de pays de Valleraugue ou à l'office de tourisme de L'Espérou).

L'observatoire météo du mont Aigoual : *☎ 04-67-42-59-83. • aigoual.fr • Visite de l'espace Météo-France : mai-juin et sept, tlj 10h-13h, 14h-18h ; juil-août, 10h-19h, oct 10h-12h30, 14h-17h30. GRATUIT.* En attendant la nouvelle exposition sur le changement climatique prévue pour 2021, on peut toujours visiter celle sur la météo et l'Aigoual, en présence de météorologues de Météo-France : vieux appareils météo, maquettes et panneaux explicatifs sur les techniques utilisées.

DANS LES ENVIRONS DU MONT AIGOUAL

VALLERAUGUE (30570)

Au fond de la vallée de l'Hérault, les coteaux aux pentes abruptes furent aménagés par des générations de Cévenols. *Faïsses* ou *bancels* (« terrasses », en patois local), canaux et réserve d'eau, partout on distingue la main de l'homme, qui cultive dans ces terres l'oignon doux. La *raïolette,* comme on l'appelle ici, ne ressemble en rien aux autres oignons et bénéficie même d'une AOC.
Joli bourg construit de part et d'autre de l'Hérault (qui n'est ici qu'un torrent à peine assagi). La route sinueuse jusqu'à l'Aigoual est vraiment exceptionnelle. Un sentier, dit des « 4 000 Marches », permet de grimper de Valleraugue au sommet de l'Aigoual parmi châtaigniers, landes, bruyères et hêtres. On termine dans les conifères. Somptueux ! Il faut quand même compter 4h, pour 1 227 m de dénivelée et un peu plus de 8 km. Tous les ans, le 1er dimanche de juin, des allumés participent à une course. Mais pas en descente. Vive le sport !

Adresse utile

Office de tourisme Maison de pays : *7, quartier des Horts. ☎ 04-67-64-82-15. • sudcevennes.com • Au bord de la D 986, en limite du centre-ville vers L'Espérou. En été, tlj ; sept-juin, mar-sam, dim mat et j. fériés.* Infos très complètes sur une large zone autour du mont Aigoual.

Où dormir ? Où manger dans le coin ?

Camping Le Mouretou : *route de l'Aigoual,* ***Valleraugue.*** *☎ 04-67-82-22-30. • camping-mouretou.com • ♿ À 3 km du village par la route de l'Aigoual. Ouv de mi-avr à mi-oct. Pour 2 avec tente et voiture, 16-25 €. Repas env 25 €. Apéritif maison offert sur présentation de ce guide.* Un excellent petit camping aux emplacements spacieux, volontiers délimités par de hautes haies ou alors retirés sous les arbres, près de la rivière qui borde le site (accès direct). Également quelques hébergements locatifs nature et de qualité (bungalow toilé, tente sur pilotis 230-679 €/sem), une piscine, ainsi qu'un sympathique petit bar-resto-pizzeria (ouvert aux non-résidents).

Chambres d'hôtes et gîte d'étape Le Cagnel : *Le Cagnel, à* ***Valleraugue.*** *☎ 04-67-82-24-12. • lecagnel.fr • Dans le village. Nuitée en dortoir 17-20 € ; en chambre d'hôtes avec sdb, 60 € pour 2, petit déj inclus. ½ pension possible.* Au rez-de-chaussée de l'ancienne magnanerie, le dortoir du gîte d'étape (5 lits superposés) et ses sanitaires partagés. Dans les étages, les 3 chambres d'hôtes. C'est simple, pratique. Et pour tout le monde : cuisine à disposition et terrasse.

Chambres d'hôtes et gîte du hameau de Valbonne : *Valbonne-le-Haut, 30570* ***Saint-André-de-Majencoules.*** *06-21-48-38-90. • hameaudevalbonne-cevennes.com • À 14 km au sud-est de Valleraugue. Double en chambres d'hôtes à partir de 65 €. Gîte 8 pers. Table d'hôtes 20 €.* Il y avait là tout un hameau qui se déversait sur le flanc de la colline. Les années passant, les lieux se désertant, nombre de maisons tombèrent en ruines. Pas toutes, heureusement ! Les rescapées abritent un grand gîte, très agréable à vivre avec sa cuisine-salon tout en longueur dotée d'une cheminée. Et 2 belles chambres d'hôte. L'une toute simple : murs blanchis à la chaux, une amusante mezzanine au-dessus du grand lit, un poêle ; il n'en faut pas plus pour se sentir bien. L'autre conçue avec les matériaux les plus écolos possibles. Aux beaux jours, petite cuisine à disposition. Accueil charmant.

Chambres d'hôtes des Sambucs (Chez M-Lou) : *le Villaret, 30570* ***Saint-André-de-Majencoules****. ☎ 04-67-42-25-87. • jardinsambucs.com • Double 68 €. Table d'hôtes 22 € (en grande partie végétarienne).* Dans la famille « des Sambucs », je choisis la fille, Marie-Lou, dont les 2 chambres (3-4 pers) et le gîte se trouvent dans le hameau, au-dessus du jardin des parents. Il y règne la même sensibilité et fantaisie. Les passages et salons sont volontiers colorés, les chambres voûtées, le tout imbriqué, même si chacun dispose de son joli espace extérieur privé. Un vrai sens de l'accueil continue de rendre cette maison très attachante.

À voir. À faire au sud de Valleraugue

Le jardin des Sambucs : *hameau le Villaret, 30570* ***Saint-André-de-Majencoules.*** *06-82-49-59-19. • jardinsambucs.com • De mi-mai à mi-sept, tlj 10h-19h ; de mi-avr à mi-mai, w-e et j. fériés 10h-18h. Fermé de mi-sept à mi-avr. Entrée : 7 € ; réduc. Sur place, espace restauration réservé aux visiteurs (et sur résa) : de mi-juin à mi-sept, ts les midis et en ap-m pour le croque-goûter ; de mi-avr à mi-juin, ouv w-e et j. fériés. Assiette végétarienne 14,50 €.* C'est un couple d'anciens maraîchers qui a créé ce jardin qui ne se prend pas au sérieux, mais cultive la complicité entre la nature et les jardiniers, et qui ravira petits et grands. Fleurs des champs, plantes rares et « arbres de pierres » s'y côtoient dans un univers vivant, touffu, sans désherbants, plein de fantaisie, où les poêles (pour se chauffer !) finissent dans les arbres, où le« banc-sieste » encastré dans une demi-coque de pierres invite à la paresse... Mention spéciale pour l'excellente assiette végétarienne du midi concoctée par la 2de fille dans la « famille des Sambucs ».

LES CÉVENNES

L'ESPÉROU *(30570)*

À 9 km au sud-ouest du mont Aigoual.
Plutôt qu'un village, une station d'altitude, entourée de forêts profondes et d'alpages, à 1 250 m.

Adresse utile

Maison de l'Aigoual : *col de la Serreyrède. ☎ 04-67-82-64-67. • sudcevennes.com • Tlj 9h30-19h en juil-août, jusqu'à 17h ou 18h hors saison.* Abrite à la fois l'office de tourisme et la maison du Parc national (qui propose une petite expo à l'étage).

Où acheter de bons produits ?

Terres d'Aigoual : *Maison de l'Aigoual, col de la Serreyrède. ☎ 04-67-82-65-39. De mi-mai à mi-oct, tlj 10h-19h ; le reste de l'année, horaires restreints et fermé lun de mi-nov à mi-avr.* Une association de producteurs locaux qui vend confiture d'oignons doux, saucissons, fromages, miel, jus de pomme reinette du Vigan, sirops de fleurs : de quoi finir le foie gras (il y en a aussi) !

DANS LES ENVIRONS DE L'ESPÉROU

Sentier de découverte Sur les traces du mouflon : *sur la D 329, à 2 km du col de la Lusette.* On comprend qu'André Chamson ait demandé à être enterré ici. Quelle vue ! Et elle vous accompagne durant toute une partie de ce parcours où vous apprendrez à mieux connaître ce cousin du mouton domestique, qui fut introduit sur le massif en 1954. Avec un peu de chance, peut-être en apercevrez-vous même un. Sinon, tentez votre chance depuis ***l'observatoire à mouflons*** discrètement installé (dans un virage !) sur la magnifique route montant de Valleraugue à l'Espérou (D 986). Sortez les jumelles et pointez-les vers le fond du ravin : mouflons et mouflonnes traînent souvent par là.

Fête

– ***Fête de la Transhumance :*** *2e w-e de juin.* C'est ici qu'a lieu le tri des troupeaux de brebis qui rejoignent les hauts pâturages. L'occasion d'une belle fête. Buvettes, animations, démonstrations du travail du chien de berger, tonte et stands de produits locaux : laine, bien sûr, mais aussi miel, charcuterie ou artisanat.

CAMPRIEU (30750)

Modeste village situé à une quinzaine de kilomètres à l'ouest du mont Aigoual, sur un superbe plateau calcaire bordé par des versants reboisés.

Vers l'an mille, le baron de Roquefeuil, âme chevaleresque et bienfaitrice, édifia une « maison de secours » sur la montagne de L'Espérou pour accueillir les voyageurs, pèlerins, colporteurs, marchands ambulants. Les nuits de brouillard, un homme sonnait une grande cloche de 4 quintaux afin de les guider. Les loups étaient nombreux à l'époque. Le chemin s'appelait d'ailleurs la draille du Parc-aux-Loups. Des moines hospitaliers y fondèrent ensuite un monastère, connu au XIIe s sous le nom de *Boni Hominis,* puis *Bona Aura* (« Bon Accueil »), enfin *Bonahuc* et de là *Bonheur...*

QUI VEUT NAGER DANS LE BONHEUR ?

Nous avons trouvé le Bonheur. Eh oui ! Il s'agit d'une rivière baptisée ainsi. Elle prend sa source du côté de L'Espérou, se jette dans le Trévézel pour finir dans l'Atlantique. Un cours d'eau dans lequel, soit dit en passant, on peut se baigner. Nager dans le Bonheur, quel luxe ! Et n'oubliez pas de photographier le panneau !

À voir. À faire

L'abîme de Bramabiau : *à env 1 km de Camprieu.* ☎ *04-67-82-60-78.* • *abime-de-bramabiau.com* • *Visite guidée de 1h tlj : Pâques-juin et sept, 10h-17h ; juil-août, 10h-18h ; oct-Toussaint, 11h30-15h45. Départ ttes les 30 mn (20 mn en été). Entrée : 10 € ; réduc.*

C'est au lieu-dit la Perte-du-Bonheur que le cours d'eau le Bonheur disparaît pour un périple souterrain de 800 m, comme quoi même les cours d'eau ont un psychisme. Il ressort à l'air libre au-dessus de l'abîme de Bramabiau. Cette grande cascade fait un tel vacarme contre le rocher que les gens d'ici la baptisèrent : « le bœuf qui brame », *brame biou* en patois local. D'où son nom actuel.
À pied, accès par le fond du cirque, on suit la rivière dans sa faille (diaclase), dans des galeries jadis creusées par l'eau, pour ressortir 25 m au-dessus de la rivière. De nombreuses découvertes préhistoriques ont donné un intérêt scientifique à l'abîme. Dont des traces de dinosaures qu'on suit pour sortir : un phénomène qu'on vous expliquera sur place fait qu'elles se trouvent... au plafond des galeries !

BALADE ENTRE MONT AIGOUAL ET CAUSSE

Carte Gard, A2

Petit circuit en boucle de Camprieu à L'Espérou, à travers le causse Noir, les montagnes et les forêts du versant atlantique du mont Aigoual, les gorges du Trévézel. Superbe variété de paysages. Environ 100 km de magnifiques routes de montagne (comprendre étroites et sinueuses !). De Camprieu, prendre la D 986 pour gagner Lanuéjols via le col de Montjardin.

LANUÉJOLS (30750)

À ne pas confondre avec l'autre Lanuéjols, dans la région de Mende. Ce Lanuéjols-ci est un petit village adorablement niché dans un creux du causse Noir.

Où dormir ? Où manger ?

Domaine de Pradines : *route de Millau (D 28). ☎ 04-67-82-73-85. • contact@domaine-de-pradines.com • domaine-de-pradines.com • À 900 m d'altitude. Empl env 20 € pour 2 ; mobile homes, chalets, gîtes, tentes canadiennes, yourtes.* Ancien site templier puis ferme caussenarde, ce domaine de 150 ha fera le bonheur des amoureux des vieilles bâtisses cévenoles et des amateurs de camping en pleine nature. Vastes emplacements dispatchés sur l'immense terrain et plusieurs hébergements insolites, eux aussi faits pour profiter au maximum de ce magnifique environnement. C'est aussi un superbe endroit pour faire des observations nocturnes. En haute saison, supérette, piscine, tennis, jeux, etc.

Randals Bison : *Les Randals, à **Lanuéjols**. ☎ 04-67-82-73-74. • contact@randals-bison.com • randals-bison.com • À env 6 km au sud-ouest de Lanuéjols, vers Revens. En été, tlj ; hors saison, w-e. Fermé Toussaint-Pâques. Doubles 70-79 € ; familiales. Menu 26 €.* Encore une adresse un peu perdue, très proche de la nature, qui devrait plaire à vos bambins. On peut dormir dans une belle et grande cabane de rondins façon trappeur. 3 chambres plutôt confortables, et environnement dépaysant : que vienne paître à proximité quelque bébé bison (leur parc jouxte la cabane) et vous voudrez jouer aux cow-boys et aux Indiens. Au resto, bonne viande et charcuterie de bison à des prix très corrects.

À voir

Randals Bison (élevage de bisons d'Amérique) : *voir coordonnées plus haut. Juil-août, tlj 10h-22h (dernière visite à 18h) ; avr-juin 11h-17h ; sept-oct 14h-17h (dernière visite à 16h). Visite en chariot : 7,50 € ; 5 € enfant ; réduc. À cheval (en été seulement) : 25 € (1h). Spectacle « western tri du bétail » mer soir en juil-août : 9 € ; 6,50 € enfant.* Visite de l'élevage en chariot. En juillet et août, démonstration de rassemblement et tri des bisons à cheval. Yiiiihaaaaa !

TRÈVES (30750)

De Lanuéjols, si vous prenez la D 986, arrêtez-vous à ***l'arboretum de La Foux***. On se sent tout petit au milieu de ces arbres plantés entre 1900 et 1910. Puis prendre la D 157 : la petite route étroite longe alors les ***gorges du Trévezel*** qui débouchent sur Trèves, un ravissant et tranquille village dominé par les escarpements du causse Bégon, du causse Noir et par le flanc ouest de la montagne du Lingas. La petite place, le murmure de la fontaine, quelques arbres pour causer, l'épicerie, le café et des ruelles bien calmes autour de l'église. Définitivement un de nos villages préférés dans cette magnifique région entre Aigoual et causses, à l'écart des foules des gorges du Tarn.

➢ De Trèves, prendre la D 47 qui monte au col de la Pierre-Plantée.

DOURBIES (30750)

Encore un bout du monde, au pied de la mystérieuse montagne du Lingas. Région de pâturages et de gorges sauvages. Quelques toits de chaume dans les prés rocailleux.

Au centre du village, une église qui semble démesurément grande pour un si petit village. Une taille qui lui valut d'ailleurs le surnom de « cathédrale des Cévennes » (mais son intérieur se révèle beaucoup moins imposant).

Où dormir ? Où manger ?

Chez Sylvie : *au centre du village, route de Saint-Jean-de-Bruel. ☎ 04-67-81-49-74. • sylviedourbies@orange.fr • chezsylvie.perso.sfr.fr • Gîte d'étape : 14 € en dortoir. ½ pens 34,70€/pers. Repas (uniquement midi hors saison) 14-20 €.* La bonne petite adresse de village, un bar-snack-épicerie de produits « courrants » qui fait aussi gîte d'étape, où l'on est fort bien accueilli. Sylvie bosse comme une malade et vous met d'office sur la table, le soir, un pot de rillettes ou de pâté à partager, le temps pour elle de préparer salade, pommes de terre au roquefort ou plat du moment. Que du frais et du bon, venu des producteurs de la région. Terrasse au pied de l'église.

Auberge de Dourbies : *pl. des Trois-Ermites. ☎ 04-67-82-70-88. • aubergededourbies@wanadoo.fr • Ouv en été en continu ; sur résa pour les groupes hors saison. Fermé nov-mars. Double 39 € ; familiale. ½ pens 41 €/pers. Café offert sur présentation de ce guide.* Chambres bon marché, toute simples. Certaines disposent d'une petite terrasse. Cuisine régionale et familiale comme on aime en trouver après une rando.

➢ De Dourbies, rejoindre ***L'Espérou*** par la D 151 qui suit, peu ou prou, le cours de la Dourbie, en passant par les hameaux de *Laupiès* et *des Laupiettes,* terroir des troupeaux de brebis et de bovins. Très belle vue sur le versant nord de la montagne du Lingas.

LA VALLÉE BORGNE

Carte Gard, B2

On la rejoint, au prix d'une route osée, depuis le mont Aigoual. Il faut donc ouvrir l'œil et le bon, mais quel bonheur, en été ! De L'Espérou à Saint-André-de-Valborgne, une incroyable route de montagne qui n'en finit plus permet de rejoindre la vallée et la D 907.
Au pied de la corniche des Cévennes, cette longue « vallée des sources » où coule le Gardon de Saint-Jean est une sorte de cul-de-sac grandiose, ponctué de hameaux traditionnels, de petits cimetières huguenots et de vieux châteaux nichés dans les châtaigniers. Un très joli cheminement au départ de Saint-André-de-Valborgne, perdu au fond de sa vallée, permet de rejoindre Saint-Jean-du-Gard en passant par Saumane et L'Estréchure. Et de boucler ainsi notre balade dans les Cévennes gardoises.

SAINT-ANDRÉ-DE-VALBORGNE (30940)

Niché dans la vallée, à 25 km de Saint-Jean-du-Gard, dont vous pourrez ensuite repartir découvrir la Lozère, voici un très beau village ancien avec son vieux pont et ses maisons construites en surplomb du Gardon. Église romane du XIIe s et temple protestant un rien disproportionné par rapport à la taille du village. La comédienne Bernadette Lafont, qui repose dans le mas familial aux environs, a prêté son nom et sa voix à l'espace consacré aux camisards, situé entre le château et la mairie.
Autour de Saint-André-de-Valborgne, plusieurs châteaux privés : celui des Barbuts, style grosse ferme fortifiée, celui de Nogaret, sur l'ancienne route royale du Pompidou, et le château de Folhaquier, sur la route de Florac (D 907).

Où dormir ? Où manger à Saint-André et dans le coin ?

Camping

⛺ ***Camping Le Pont de l'Elze :*** *pont de l'Elze.* ☎ *04-66-60-30-08.* • *mairie.valborgne@wanadoo.fr* • *En venant de Saint-Jean-du-Gard, à gauche 1 km avt le village de Saint-André-de-Valborgne. Ouv mai-sept (loc mai-nov). Compter env 10,90 € pour 2 ; loc de chalets 5-7 pers. CB refusées. 26 empl.* Terrain en bordure de la rivière, où l'on plante sa tente sur des emplacements gentiment clos d'arbustes. De l'ombre et un accueil sympathique, rien de plus.

🏠 |●| ***Gîte d'étape Aire-de-Côte :*** *48400* ***Bassurels.*** ☎ *04-66-44-70-47.* • *airedecote.com* • *[HAN Attention, adresse trompeuse ! À 16 km au sud-ouest de Saint-André-de-Valborgne. Prendre la D 10, direction Valleraugue ; au col de l'Espinasse, tourner à droite. Ouv tte l'année. Nuitée 20 €/pers ; ½ pension 40 €.* Stratégiquement et joliment situé, dans le massif forestier de l'Aigoual, à la croisée de nombreux GR, ce gîte d'étape fut une ferme puis une maison forestière, avant d'être racheté par le parc. Chambres et dortoirs aérés, fonctionnels et impeccablement tenus. Salle de bains dans chacun d'entre eux et pour tous, une cuisine et salle à manger à disposition. Espace de bivouac à l'extérieur, accueil cavalier avec box et enclos pour les chevaux. Bon accueil. Et, non loin de là, un étonnant belvédère avec sa table de pique-nique.

De prix moyens à chic

🏠 ***Chambres d'hôtes Cocon des Cévennes et gîte Paradis Cévenol :*** *La Calquière.* 📱 *06-88-77-93-61.* • *contact@cocondescevennes.com* • *cocondescevennes.com* • *Ouv* *avr-20 nov. Double 80-95 € ; familiales ; tarif dégressif dès la 2e nuit. Gîte 5 pers 160 € le w-e hors saison.* Juste après le vieux pont, cette ancienne coconnière de soie domine superbement le Gardon, avec vue sur le château du XVIe s. Dans la famille de Béatrice Galzin, on était filateur jusqu'en 1905. Elle a restauré sa maison avec Bernard, ingénieur forestier, en décorant avec beaucoup de goût ses 2 chambres d'hôtes. « Cocon de Soie » est la plus petite, la plus boisée, la plus intime. « Pierre de Lune » est plus spacieuse, avec du parquet et du mobilier bien chiné, sans oublier le son de la rivière et l'odeur de la glycine dans les narines... Super petit déj maison à prendre en terrasse. Salon et cuisine en accès libre. Et pour ceux qui voudraient s'isoler un peu, le gîte en pierre, typiquement cévenol et situé dans les hauteurs, ne s'atteint qu'à pied... Une adresse et un accueil en or.

Chambres et table d'hôtes Auberge du Valgrand : *30122* ***Les Plantiers.*** *☎ 04-66-83-90-11. 06-33-15-78-53. • sarl.valgrand@orange.fr • auberge-valgrand.com • À 9,5 km à l'est de Saint-André-de-Valborgne). Ouv fin avr-début nov. Repas tlj sauf dim, uniquement le soir, 26 €. Double 86 € ; familiale.* Dans un village « comme on les espère, avec une placette pour jouer aux boules, des arbres pour l'ombre, juste ce qu'il faut », comme le dit la charmante et énergique Catherine Robineau. Elle fait partie de ces femmes qui ont voyagé, en l'occurrence au Sénégal, et sont rentrées avec le sourire et un bel esprit d'indépendance. Sa maison qui surplombe la rivière abrite 5 chambres, sobres et élégantes, égayées de quelques tableaux africains. Mais c'est aux fourneaux que Catherine brille particulièrement. Sa cuisine, faite avec cœur, remporte tous les suffrages par ici. Attention, elle est réservée à ceux qui dorment. Comme à la maison, donc, disent les habitués qui reviennent en amis...

Auberge La Pradelle : *30125* ***Saumane.*** *☎ 04-66-56-29-20. • auberge.lapradelle@gmail.com • Resto ouv tlj sauf mer-dim midi mai-sept. Congés : 1 sem en fév et fêtes de fin d'année. Double 50 €, petit déj inclus. Gîtes 6-8 pers. Menus déj 19,50-23 €. Apéro maison offert sur présentation de ce guide.* Cette ferme-auberge-boutique, qui emploie des personnes autistes, propose des chambres d'hôtes et des gîtes bien tenus et fonctionnels. C'est aussi et surtout une bonne auberge, avec une grande salle sans charme particulier et une jolie terrasse aux beaux jours pour se mettre au vert. Dans les excellents petits menus : produits de la ferme, notamment la charcuterie, plat du jour et dessert maison. Un bon rapport qualité-prix-accueil.

À voir. À faire dans les environs

➢ De superbes ***routes de montagne*** comme la D 907 qui grimpe jusqu'au *col du Marquairès,* puis redescend par la vallée du Tarnon jusqu'au village des Rousses ; ou la D 10 qui, via les cols de l'Espinas et du Pas (splendide panorama), permet de rejoindre Valleraugue au pied de l'Aigoual; on vous prévient, par endroits, elle est vraiment serre-fesses (comprendre sinueuse et, surtout, très étroite). Plus bas dans la vallée, au niveau de ***L'Estréchure*** possibilité de grimper jusqu'au col de l'Asclié où la route passe sous un joli pont moutonnier, seul exemple de ce type en France.

Pour rejoindre la ***corniche des Cévennes,*** il faut monter au Pompidou par la D 61, qui offre de superbes échappées sur la vallée Borgne.

La Maison de l'eau : ***Les Plantiers*** *(30122). ☎ 04-66-30-36-55. • caussesaigoualce*

SAUTE MOUTON !

Eh bien, non, c'est justement parce qu'on ne veut pas les faire sauter ces moutons qu'un pont enjambant la route fut construit au col de l'Asclié, afin de permettre à ces derniers de cheminer tranquillement vers l'Aigoual lors des transhumances.

vennes.fr • À Saumane (9,5 km à l'est de Saint-André-de-Valborgne), prendre la D 20 sur 4,5 km. Mai-sept, mer, w-e et j. fériés sauf 1er mai 14h-18h ; juil-août, tlj 11h-17h. Entrée : 4 € ; réduc. Quoi de mieux qu'un ancien moulin pour parler de l'eau ? La présentation ludique coule très bien. Elle traite de la rareté de l'eau, de son utilité, de ses bienfaits, mais aussi de ses dangers.

LES CÉVENNES LOZÉRIENNES

• Carte La Lozère *p. 576-577*

Cette région sauvage de la Lozère couvre 80 % de la superficie totale du parc national des Cévennes. Tous les chemins mènent à la petite capitale : Florac-Trois-Rivières, ville tranquille et bien agréable à l'orée du parc.
À pied, à dos d'âne, en voiture ou à vélo, de nombreux itinéraires permettent de parcourir ces sublimes paysages. Si vous êtes avide d'émotions et de panoramas à couper le souffle, vous pouvez très bien cumuler ces circuits de découverte : chemin de Stevenson, corniche des Cévennes, vallée Longue, vallée Française... Passez par ici, repassez par là. Le territoire des Causses et des Cévennes a été inscrit en 2011 par l'Unesco au Patrimoine mondial de l'Humanité dans la catégorie « paysage culturel évolutif vivant » au titre de l'agropastoralisme méditerranéen...

Adresses utiles

i ***Maison du parc national des Cévennes :*** *au château de* ***Florac.*** *☎ 04-66-49-53-00. • cevennes-parcnational.fr • Voir détails plus loin à Florac.* Un certain nombre de points infos du parc dans les offices de tourisme ; regardez sur le site internet ceux qui pourraient se trouver sur votre route. Si le siège du parc se trouve toujours là, l'accueil au public se trouve au même endroit que l'office de tourisme :

i ***Maison du tourisme et du parc national des Cévennes :*** *pl. de l'Ancienne-Gare,* ***Florac.*** *☎ 04-66-45-01-14. • cevennes-gorges-du-tarn.com • cevennes-parcnational.fr • ♿ Juil-août, tlj 9h30-12h30, 14h-18h30 ; avr-juin et sept-nov, tlj sauf dim ; nov-mars ouv lun, mer et ven.* Dans cette belle bâtisse sont réunies l'office de tourisme et la maison du Parc national. Bel espace présentant ce dernier. Sur place également, la boutique, avec ses ouvrages, ses cartes et topoguides.

i ***Sur le chemin de R.-L. Stevenson :*** *mairie, rue des Écoles, 48220* ***Le Pont-de-Montvert.*** *☎ 04-66-45-86-31. • chemin-stevenson.org •* L'association milite pour un tourisme responsable et accompagne les marcheurs dans la préparation de leur randonnée, avec ou sans âne (voir ci-après). Une brochure (gratuite), un site internet ainsi qu'une application mobile recensent l'ensemble des étapes d'hébergement et de restauration sur le fameux chemin Stevenson. Sans oublier le détail du circuit et les sites à visiter en route. Possibilité d'organiser le transfert des bagages via des prestataires. Environ 200 prestataires (hébergeurs, restaurateurs, commerçants, loueurs d'ânes) disponibles sur la brochure à télécharger sur le site internet.

Le chemin de Stevenson, avec ou sans âne

Sur le chemin de Stevenson, long de 275 km qui part du Puy-en-Velay (Haute-Loire) pour rejoindre Saint-Jean-du-Gard (Gard) via, en Lozère,

Langogne, Le Bleymard, Le Pont-de-Montvert et Saint-Germain-de-Calberte, on trouve suffisamment de moyens de location d'ânes et d'hébergement pour refaire presque à l'identique l'itinéraire du fameux écrivain-voyageur (auteur, entre autres, de *L'Île au trésor*). En bonne compagnie, donc, car l'âne, contrairement à l'homme, ne déçoit jamais. Voici, en dehors du gîte de Valès (voir pages suivantes : Saint-Germain-de-Calberte), une sélection pour en louer sur ce trajet (liste exhaustive sur la brochure à télécharger • *chemin-stevenson.org* •

■ ***Le Mas des Ânes :*** *Marie-Ange Benoît, Lasseze, 07590* ***Le Plagnal.*** *06-61-81-66-69.* • *lemasdesanes.com* •

■ ***Gentiâne :*** *Mickaël Schumm, Castagnols, 48220* ***Vialas*** *(mont Lozère).* ☎ *04-66-41-04-16.* • *ane-et-randonnee.fr* •

■ ***Tramontâne :*** *La Rouvière, 48110* ***Saint-Martin-de-Lansuscle*** *(vallée Française).* ☎ *04-66-45-92-44.* • *tramontane-en-cevennes@laposte.net* •

■ ***Gîte du Pont-de-Burgen :*** *La Frégère, 48330* ***Saint-Étienne-Vallée-Française.*** ☎ *04-66-45-75-30.* *06-50-58-08-43.* • *contact@gites-randos-cevennes.com* • *gites-randos-cevennes.com* • Pour le gîte et le couvert, voir nos adresses ou se renseigner auprès de l'association ***Sur le chemin de R.-L. Stevenson*** (voir plus haut) ou encore les ***offices de tourisme du Puy-en-Velay*** *(☎ 04-71-09-38-41),* ***du Monastier*** *(office intercommunal du Mézenc, ☎ 04-71-08-31-08),* **de Langogne, du Pont-de-Montvert** ou **de Florac** *(adresses aux chapitres correspondants).*

LA CORNICHE DES CÉVENNES

Carte Lozère, C4

La corniche des Cévennes reste « LA » voie stratégique, empruntée de tout temps pour gagner les plaines du Languedoc depuis les hautes Cévennes (et vice versa !). Même si une voie romaine existait déjà au long de la corniche, c'est au début du XVIIIe s qu'on aménage une vraie route sur cette crête pour faciliter le déplacement des troupes de Louis XIV en guerre contre les camisards. Route qui sera pourtant pratiquement abandonnée de la fin du XIXe s jusqu'aux années 1930 où le tourisme lui offre une 2e vie. Au long de cette corniche, au-dessus de vallées infinies, la route large, bien revêtue, légèrement tortueuse mais sans mauvaises surprises relie Saint-Jean-du-Gard à Saint-Laurent-de-Trèves. Au total : 43 km.

À NE PAS MANQUER

De la basse vallée de Saint-Jean-du-Gard, la route grimpe vers la corniche à travers forêts et châtaigneraies. Après le village du Pompidou s'étend la Can de l'Hospitalet, grand plateau désolé d'une austère beauté (qui nous a bien plu !) dont les falaises plongent vers la vallée du Tarnon juste après Saint-Laurent-du-Trèves.

DE LA CORNICHE À WALL STREET

Quand, à l'automne 1687, le jeune protestant Antoine Pintard quitta Saint-Romans-de-Tousque, il était très loin de se douter qu'il ferait rapidement fortune à New York. Et où son arrière-petit-fils, John Pintard, est aujourd'hui considéré comme une des 400 personnalités qui ont fait l'histoire de la Grosse Pomme : notamment pour avoir été un des 1ers « traders » de Wall Street.

LE COL SAINT-PIERRE

C'est ici que débute la D 9, officiellement baptisée route de la corniche des Cévennes depuis le 17 août 1930. Après le passage du col (à 597 m d'altitude), la vue s'ouvre sur les vallées et les monts cévenols : magnifique ! Surtout par beau temps, évidemment...

Où dormir ? Où manger ?

Auberge La Patache : *Saint-Romans-de-Tousque, 48110* ***Moissac-Vallée-Française.*** *☎ 04-66-44-73-76. • jeanmarcpetit48@orange.fr • lapatache.com • Sur la D 9, à 8 km du col Saint-Pierre, sur la gauche, à la sortie de Saint-Romans. Tlj sauf mer hors juil-août. Congés : de mi-déc à fin janv. Résa conseillée le w-e. Doubles 49-59 €. Menus 19 (sem)-28 €. CB refusées. Garage.* La bonne auberge de campagne. Terrasse avec vue (naturellement) ou salle avec murs de pierre et cheminée pour une cuisine de terroir aussi généreuse que bien amenée, à base de produits de saison. Le sympathique patron est un grand amateur de pêche à la truite et sera ravi de vous donner ses tuyaux. Une grosse poignée de chambres toutes simples mais impeccables (avec vue également pour certaines).

LE POMPIDOU *(48110)*

À la frontière des Cévennes schisteuses et du plateau calcaire, un tout petit village qui étire ses maisons au long de la route de la corniche. À 1 km au nord, un chemin de terre conduit à la charmante petite église Saint-Flour (ses origines remontent au XIIe s). En été, ***marché paysan*** tous les vendredis matin.

ℹ Petit ***bureau d'informations touristiques du parc,*** ouvert en été.

Où dormir ?

Chambres d'hôtes Le Poulailler des Cévennes : *06-98-28-80-96. • causse.cevennes@gmail.com • À l'entrée du village, sur la droite de la D 9. Congés : 20 déc-10 janv. Double 60 €. Repas 21 €. Réduc de 10 % sept-juin pour 2 nuits consécutives sur présentation de ce guide.* Vous êtes dans une famille d'éleveurs (agneau, canard, poulet) qui se feront un plaisir de vous gaver si vous avez suffisamment marché pour pouvoir avaler charcuterie, omelette aux cèpes, pintade en sauce, clafoutis (le tout biologique !)... Le bonheur étant dans le pré, demandez les chambres qui donnent dessus ! Dont une, avec entrée indépendante, entièrement refaite par le proprio, maçon dans une vie antérieure. Petit coin salon avec toute la doc sur la région. Conserves maison (canard) à emporter. Accueil très aimable.

LA CAN DE L'HOSPITALET

Ou « cham », voire « chaume » : c'est le nom donné à ce haut plateau aux herbes jaunies par le soleil d'été, parsemé de rochers, creusé d'avens et de cavités souterraines, parcouru de drailles et de chemins bordés de muretins de pierre. Un causse de la même origine que le causse Méjean voisin mais en modèle réduit.

À une altitude qui partout dépasse les 1 000 m, il faut imaginer ce plateau autrefois longuement enfoui sous la neige et battu par les vents d'hiver : les voyageurs égarés étaient guidés par ces grandes pierres taillées (montjoies) que

LES CÉVENNES

l'on voit encore le long des chemins. À la ferme, on faisait sonner la fameuse « cloche de tourmente », une cloche spéciale pour les jours de brume ou de tempête. Un monde à part...

VÉBRON

Dans la vallée du Tarnon, bordé par la rivière, lové autour de sa grande place centrale, un petit village plaisant comme tout avec ses constructions où se mêlent gaiement schiste, galets et calcaire. Comme Florac, Vébron se trouve stratégiquement situé, à la croisée des chemins : au pied du mont Aigoual, des vallées cévenoles, des gorges du Tarn et de la Jonte et au pied du causse Méjean.

Où dormir ? Où faire ses courses ? Où manger ?

Camping La Molière : *La Molière, 48400* ***Vébron.*** *☎ 04-66-44-02-40. • campinglamoliere.fr • Ouv de mi-avr à mi-sept. Pour 2 avec tente et voiture 14-16 € (ou 26 € pour un emplacement avec sanitaires privés !) ; loc chalet 5-6 pers. 46 empl.* Un camping très nature, ombragé, parfaitement tenu et familial. Ici, pas besoin de piscine, il y a le gardon juste à côté pour les ploufs rafraîchissants.

Gîte de l'Hospitalet : *ferme de la Can de l'Hospitalet, 48400* ***Vébron.*** *☎ 04-66-44-01-60. • gite@hospitalet.fr • hospitalet.fr • Dans le hameau de l'Hospitalet, traversé par la D 9. Fermé Toussaint-Pâques. Sur résa, nuitée en dortoir 12 € ; petit déj 6 €. Double 30 €. Repas sur résa 12 €.* Dans une ferme en activité (seul lieu habité du plateau, d'ailleurs), une dizaine de places pour les randonneurs, avec douche et coin cuisine et 2 chambres dont une familiale. C'est tout simple mais l'accueil est charmant.

Ma p'tite cabane en Lozère : *rue Lou-Sourel. ☎ 04-66-44-09-94. • ma-cabane-en-lozere.com • Cabanes ou logements insolites 170-274 €/nuit, petit déj inclus. Possiblité de repas.* Pour les familles, les amoureux, les contemplateurs d'étoiles, à chacun sa cabane dans cette jolie « réserve ». Étonnante piscine de pierre, espace spa (ouvert aux non-résidents sur résa) et, enfouies dans la nature et éparpillées sur le site, des cabanes tout confort. Le top : la pyramide de verre pour l'observation des étoiles. Une adresse qui a du ressort et tenue par des hôtes qui aiment recevoir et partager.

Sinon, il y a aussi une épicerie, ***La Chopa***, où s'approvisionner en bons produits locaux. Et puis ***l'Auberge du Tarnon*** pour casser la croûte dans une ambiance simple et chaleureuse.

SAINT-LAURENT-DE-TRÈVES *(48400)*

Dans ce minuscule village accroché au rebord du causse, surplombant la vallée du Tarnon (superbes horizons, comme on s'en doute), on a rendez-vous avec les dinosaures. Un site, classé Monument historique, permet de découvrir une vingtaine d'empreintes laissées dans ce sédiment argileux il y a 190 millions d'années. À cette époque (début du Jurassique), des lagunes peu profondes, selon les paléontologues, s'étendaient dans la région. Un petit sentier d'interprétation permet de découvrir ces empreintes de dinosaures théropodes « à pattes de fauve », carnivores, bipèdes et hauts d'environ 4 m. Soyons honnêtes, il faut un œil averti pour les distinguer. Le panorama, lui, en revanche, vous en met plein la vue !

– Plus prosaïquement, c'est aussi à Saint-Laurent-de-Trèves que sont brassées les excellentes bières artisanales de la Brasserie du Tarnon : *La Tarnonaise* (blanche, blonde, rousse, brune, il y en a pour tous les goûts !).

LA VALLÉE FRANÇAISE

Carte Lozère, C4

Dans cette région difficilement pénétrable, enclavée dans ses montagnes, les paysages sont encore bien préservés. Lignes ondulantes des *serres* (collines, monts) et monde secret des *valats* (vallons). Sur les versants, l'homme a laissé sa marque et les traces de son activité : les *bancels* – terrasses aménagées pour la culture des oignons doux, de la vigne et des mûriers – s'ordonnent encore autour des hameaux de schiste, reliés aux crêtes par des drailles, les vieux chemins caillouteux des Cévennes. Les troupeaux de moutons les empruntaient pour monter aux pâturages d'estive afin d'y passer toute la belle saison.
Quant au nom – vallée Française –, il pourrait faire référence à une « vallée franche », c'est-à-dire libre d'impôts, mais on parle aussi d'une vallée libérée par les Francs lors des invasions sarrasines... Puisque nous étions quelques lignes plus haut à Saint-Laurent-de-Trèves, notre itinéraire de découverte de cette vallée typique des Cévennes lozériennes commence à Barre-des-Cévennes, que l'on rejoint par la D 983.

BARRE-DES-CÉVENNES (48400)

Bâti sur le versant sud d'un lambeau de causse appelé Castelas, qui barre la vallée Française (d'où son nom), ce beau village abrité du vent du nord est situé à 3 km de la route de la corniche des Cévennes. Son plan général est celui d'un long village-rue, bordé de maisons à l'architecture traditionnelle dont de nombreuses demeures des XVIIe et XVIIIe s, plus hautes que larges, dotées de petits jardins construits en terrasses. L'*église Notre-Dame-de-l'Assomption,* au-dessus du village, date du XIIe s mais a été remaniée à l'époque gothique, à la Renaissance puis au XIXe s : le mélange est étonnant mais magnifique ! Un sentier (en boucle, compter 2h) aménagé par le Parc national des Cévennes permet de découvrir le village et ses environs immédiats.

i ***Bureau d'information du parc :*** *en été seulement, sur la pl. de la Loue, à l'entrée du village.*

Où dormir ? Où manger ?

Chambres d'hôtes chez Claude Boissier : *Le Mazeldan. ☎ 04-66-45-07-18. • chambresdhotes.boissier@wanadoo.fr • À 5 km, dans le hameau du même nom, sur la D 62 entre Barre-des-Cévennes et Le Pompidou. Double 58 €. Dîner 17 €.* Une ancienne magnanerie avec une vue magnifique sur les Cévennes. Des chambres accueillantes et des maîtres de maison très agréables.

Gîte d'étape La Croisette et camping Combes : *La Croisette. ☎ 04-66-45-05-28. 📱 06-68-26-28-38. • j.combes@wanadoo.fr • cevennes-gitetape.fr • À la sortie du village, direction Saint-Germain-de-Calberte. Compter env 12 € pour 2. Nuitée en dortoir 20 € ; petit déj 7 €. Dîner sur résa 20 €.* Accueil dans de petites chambrées de 2, 4 et 6 lits. Une cinquantaine de places au total. Camping dans un beau site, avec une vue superbe. Produits de la ferme servis à la table d'hôtes. Très bon accueil.

MOLEZON (48110)

Entre Barre-des-Cévennes et Sainte-Croix-Vallée-Française, une vaste commune qui répartit ses hameaux de part et d'autre de la vallée. Au long de la D 983, beau

LES CÉVENNES

château du Mazel du XVIIe s. Quelque 2 km plus loin, se dresse, sur les hauteurs, la tour du Canourgue, haute de 15 m, un ancien donjon d'un *castrum* (ensemble constitué au Moyen Âge d'un château et d'un village fortifié), abandonné au début du XVe s. Un très intéressant sentier découverte permet d'y accéder et de mieux comprendre les lieux. Mais garder des forces, car non loin de là se trouve un autre sentier de découverte d'un grand intérêt : celui du ***mas de La Roquette.***

À voir

La magnanerie de la Roque : *☎ 04-66-49-53-00 (parc des Cévennes). • cevennes-parcnational.fr • Entre Barre-des-Cévennes et Sainte-Croix-Vallée-Française. Juil-août, visites mar-sam à 10h et 14h30 avec un agent du parc national pour une visite commentée. GRATUIT.* Dans cette ancienne magnanerie au cœur d'une superbe nature, maquettes, photos, enregistrements sonores vous apprennent tout sur l'histoire et la technique de la sériciculture (l'élevage, pardon, l'« éducation » du ver à soie). Une activité essentielle pour les Cévennes du XVIIe s jusqu'au début du XXe s. Vous pourrez également observer des petits rhinolophes (chauve-souris) qui ont pris leurs quartiers dans ce beau bâtiment. Sentier naturaliste sur le thème des insectes pour explorer les environs de la magnanerie.

SAINTE-CROIX-VALLÉE-FRANÇAISE *(48110)*

Village patiné par le temps, aux maisons de schiste posées de part et d'autre d'une de ces petites rivières qu'on appelle ici « gardons », propice à la baignade aux beaux jours. Un petit (330 Saint-Crussais) village mais vraiment dynamique avec bars, restos et divers commerces.

Adresse utile

Antenne de Sainte-Croix-Vallée-Française : *au cœur du village. ☎ 04-66-45-81-94. • cevennes-montlozere.com • Juil-août, lun, mer, ven, sam 10h-12h30, 15h30-19h plus dim mat. Le reste de l'année, mer-sam 10h-12h30, 14h-17h30.* Petite antenne mais beaucoup de doc sur la vallée, les Cévennes et la Lozère. Application smartphone et plan gratuit pour partir à la découverte des commerces et autres lieux de vie qui animaient autrefois le village.

Où boire un verre ?

Le Café du Globe : *en bordure du Gardon. ☎ 04-66-44-08-37.* À l'intérieur, ambiance typique de vieux café populaire, tout en bois, avec un frigo-armoire (une curiosité). Et surtout, une agréable terrasse ombragée en bordure de la rivière. Une bonne pause pour se désaltérer après la rando ou simplement prendre du bon temps.

NOTRE-DAME-DE-VALFRANCESQUE

Au hameau de la Boissonnade, entre Sainte-Croix et Moissac. Très belle église du XIe s, toute de fraidonite (un cousin du granit). C'est, de fait, la plus ancienne église des Cévennes, transformée en 1823 en temple protestant. Il se raconte que cette église, d'une sobriété toute romane, aurait été édifiée en hommage à Roland, neveu de Charlemagne et vainqueur des Sarrasins en ce lieu. Sans doute aidé par sa fière épée Durandal...

Où camper dans les environs ?

La Pélucarié : *route d'Appias, 48110* ***Moissac-Vallée-Française.*** *☎ 04-66-45-75-57. • florence.plantier48@orange.fr • campinglapelucarie.fr • Entre Moissac et Saint-Étienne. Ouv de mi-avr à mi-sept. Compter 12-16 € pour 2 selon saison ; loc (2-4 pers) 265-405 €/sem. 33 empl.* Petit camping ombragé et convivial, avec pelouse. Location de bungalows toilés et de Coco Sweet (entre la tente et le mobile home). Environnement agréable en bordure du Gardon. Barbecue à disposition, baignade et pêche dans la rivière pour profiter pleinement du site, et une grande pièce aménagée pour se retrouver. Accueil charmant.

Où acheter de bons produits ?

Coopérative La Fromagerie des Cévennes : *La Pélucarié, 48110* ***Moissac-Vallée-Française.*** *☎ 04-66-45-72-35. Tlj 9h-16h.* Née en 1959, alors que la vallée se vidait de ses habitants, afin de mettre en place une activité créatrice d'emplois, la coopérative, c'est aujourd'hui 18 salariés, 14 producteurs et 1 500 chèvres produisant pélardon, moissac des Cévennes, seillou et parpaillotes. Faites des provisions pour le pique-nique (mais attention à la chaleur !).

SAINT-ÉTIENNE-VALLÉE-FRANÇAISE (48330)

Posé sur la rive droite du Gardon, le village le plus au sud de la Lozère sert son centre ancien autour de l'église, au pied d'une colline coiffé des ruines d'un château. 1,5 km avant, arrêtez-vous au ***Martinet,*** un beau site au confluent du Gardon de Sainte-Croix et du Gardon de Mialet.

Adresse utile

Antenne de Saint-Étienne-Vallée-Française : *Les Prats. ☎ 04-66-45-81-94. • cevennes-montlozere.com • Ouv mar-ven 10h-12h30, 14h30-18h ; juil-août, tlj sauf mer et dim 10h-12h, 15h30-19h.*

Où dormir ?

Camping et village de gîtes Le Martinet : *Les Deux-Routes, Le Martinet. ☎ 04-66-45-74-88. • vacanceslemartinet@orange.fr • village-vacances-cevennes.com • ♿ À 1,5 km du village, direction Moissac-Vallée-Française. Ouv de mai à mi- sept. Compter 14,50-16,50 € pour 2 selon saison ; gîtes 2-8 pers. 45 empl.* Emplacements pour les campeurs et surtout pas mal de « gîtes » modernes, sans charme mais bien tenus et tout équipés. Tennis (prêt de raquette gratuit en été) et proposition de randos accompagnées. Snack *Au P'tit Cévenol* tout proche, sympa et plus que correct, avec tables en terrasse sous les arbres.

SAINT-GERMAIN-DE-CALBERTE

(48370) 500 hab. *Carte Lozère, C4*

Au creux d'un vallon bien abrité, ce village cévenol jouit d'un microclimat. Chênes verts, pins maritimes et châtaigniers se côtoient sur les pentes des

montagnes de la Vieille-Morte et du mont Mars, 2 toponymes qui en disent long sur l'imaginaire de ce pays. Ainsi raconte-t-on qu'une méchante fée (ou sorcière, allez savoir !) habitant sur le mont Mars voulut punir une vieille veuve de ce qu'elle avait fauté et mis un enfant au monde. Pour cela, elle l'obligea à arracher une grosse pierre au flanc de la montagne et à prendre la route avec son âne, son chien, son enfant et sa pierre ! L'enfant, fragile, mourut le 1er en passant le col, appelé depuis le Plan-de-Fontmort (l'*efont-mort*). Puis ce fut au tour de son chien de tomber dans une crevasse, le *Cros del chi* (la « Tombe du chien »). La vieille veuve, toujours poursuivie par la hargne de la fée, voulut se protéger de la pluie sous une avancée rocheuse : *Escota se plou* (« Écoute s'il pleut »). Peu après, c'est son âne qui se noya au passage du gué. D'où le lieu-dit *Négase* (« noie âne »). Morte de fatigue, de faim et de chagrin, elle finit par planter là la lourde pierre qu'elle avait été condamnée à porter sa vie durant. À ce même endroit se trouve la pierre de la Vieille, une grande dalle de schiste dressée sur la montagne. Furieuse, la fée la foudroya sur-le-champ ! Et c'est en souvenir de cette pauvre malheureuse que la montagne est appelée la Vieille-Morte. Si de nos jours encore l'hiver se prolonge, ne cherchez pas, c'est elle qui se venge en faisant souffler un air froid.

UN PEU D'HISTOIRE

En 1686, l'abbé du Chayla vint s'installer ici pour reconquérir les Cévennes « impies » et créa un séminaire. Le 24 juillet 1702, l'assassinat de l'abbé au Pont-de-Montvert mit le feu aux poudres et déclencha la guerre des camisards. Il est enterré dans « son » église.

Durant la Seconde Guerre mondiale, les habitants de Saint-Germain accomplirent un acte des plus héroïque. Toute la population, avec, à sa tête, les patrons de l'*hôtel Martin,* le pasteur et l'instituteur, sauva 25 juifs des griffes odieuses des nazis. 4 de ces héros reçurent de l'État d'Israël la médaille des Justes des Nations, la plus haute distinction accordée par cet État à des personnes ayant sauvé des juifs en Europe pendant l'occupation allemande.

Adresse utile

Antenne de Saint-Germain-de-Calberte : *pl. de l'Église. ☎ 04-66-45-81-94. • cevennes-montlozere.com • Juil-août, ouv mer-dim 10h-12h30, 15h30-19h ; le reste de l'année, mar-sam 10h-12h30, 14h30-18h.* Infos sur le circuit de 2h dans le village.

Où dormir à Saint-Germain et dans les environs ?

Camping

La Garde : *La Garde. 06-66-36-53-29. • campinglagarde@orange.fr • cevennes-voyages.com • À 1 km du village. Ouv mai-sept. Forfaits pour 2 pers 22,50-26,50 € ; 25 €/pers en dortoir ; cabanes et chalets (jusqu'à 4 pers). CB refusées. 25 empl.* Mignon petit camping à la ferme, avec des emplacements en terrasses et nettement séparés par la végétation, dans une châtaigneraie. Buvette et barbecue. Chalets en bois et lodges à louer. Installations bien intégrées dans le paysage. Piscine.

De prix moyens à chic

Chambres d'hôtes La Ferme de Lancizolle : *Lancizolle. ☎ 04-66-45-92-82. • lafermedelancizolle@*

gmail.com • lancizolle.com • À 3 km du village par la D 13 direction Saint-Michel-de-Dèze. Fermé Toussaint-Pâques. Double 70 € ; table d'hôtes le soir 23 €. Cette famille d'agriculteurs propose 2 roulottes colorées, façonnées par un artisan alsacien, 2 cabanes perchées sur pilotis au milieu des châtaigniers, construites par Stéphane *himself,* et une chambre dans le corps de ferme « la tête dans les étoiles ». Le petit déj est déposé sur la petite table extérieure des roulottes, et installé au bout d'un système de poulie pour la cabane. Anne et Stéphane proposent aussi une table d'hôtes, qui fait la part belle aux produits à base de châtaigne. Accueil vraiment très sympa.

Chambres d'hôtes du Mas Lou Abeilhs : *La Fare. ☎ 04-66-45-94-91. 06-60-86-85-49. • bonnal-julien@orange.fr • chambres-cevennes.fr • À 6 km au nord (dont 500 m de piste). Prendre la direction du Serre de la Can, puis le Cros ; ensuite, c'est fléché. Doubles 60-75 € ; table d'hôtes 20 €.* Petite maison joliment restaurée et décorée avec soin. Tapis de mosaïque à l'entrée des chambres, confortables et très agréables, toutes indépendantes et avec terrasse. L'ensemble surplombe un vallon sauvage et offre une vue dégagée sur les serres et les vallées. L'activité agricole familiale vous permet de goûter toute l'année aux produits du terroir : miel, confitures, pommes, brioches, sans oublier les légumes du jardin à la table d'hôtes. Plein de sentiers alentour et possibilité de balades à dos d'âne.

Chambres d'hôtes et gîte d'étape Le gîte de Valès : *Valès, 48240* ***Saint-André-de-Lancize.*** *06-61-37-58-58. • anesvales@wanadoo.fr • À 11 km de Saint-Germain-de-Calberte. À Saint-André-de-Lancize, prendre à droite vers le Valès ; il reste encore 3 bons km. Fermé nov-mars. Résa obligatoire. Nuitée 21 €/pers (+ 5€ pour les lits faits). En chambre d'hôtes, double avec sdb 68 €. Table d'hôtes (végétarienne) 21 €.* Dans cette ancienne ferme monastique du XIIe s, 2 types d'hébergement : d'un côté, les 3 chambres d'hôtes, sobres, chaleureuses. De l'autre, le gîte d'étape avec sa cuisine à dispo, son petit salon, la salle d'eau et les toilettes communes, et une petite dizaine de couchages répartis entre 4 chambrées sous les toits. Entre les 2 hébergements, la grande salle rustique où sont servis les repas.

Chambres d'hôtes de Vernet : *Vernet, 48370* ***Saint-Germain-de-Calberte.*** *☎ 04-66-45-91-94. • gerardsabine.lamy@orange.fr • vernetcevennes.com • À 10 km au nord de Saint-Germain par la D 984 direction Florac ou Saint-André-de-Lancize ; à 7 km, suivre le chemin à gauche ; Vernet est à 3 km de là. Fermé de mi-nov à mi-avr. Double 68 €. Dîner 19 €.* Dans un hameau perdu dans la verdure. Accueil à la ferme (ici on élève des moutons) mais dans un bâtiment indépendant, tout de schiste et de lauzes. Chambres simples mais avenantes, confortables et impeccablement tenues.

Chambres d'hôtes Lou Pradel : *Le Pradel, 48370* ***Saint-Germain-de-Calberte.*** *☎ 04-66-45-92-46. • lou.pradel@wanadoo.fr • loupradel.com • À 10 km à l'est par la D 13 direction col de Pendédis. Fermé Toussaint-Pâques. Doubles 92 €. ½ pens 85 €/pers. Table d'hôtes 38 €.* Environnement vraiment sublime pour cette adresse tenue par des Flamands amoureux de la région, qui vous réservent un accueil chaleureux. 3 chambres d'hôtes dans un petit bâtiment indépendant cosy, aux murs badigeonnés à la chaux et à la déco personnalisée. Salon avec cheminée, bibliothèque, machine à expresso, petite vitrine avec les confitures maison... Vue époustouflante sur la vallée et beau jardin fleuri. Au dîner, savoureuse cuisine de marché aux produits du terroir et légumes du potager, dont on profite parfois en terrasse quand le temps le permet.

Café-restaurant Au Figuier des Cévennes : *le Village, à* ***Saint-Germain-de-Calberte.*** *☎ 04-66-32-07-67. Ouv tte l'année, tlj en saison. Menu 15 € ; carte env 20 €.* Le menu et les plats sont très simples, les viandes ou la charcuterie très présentes, mais c'est parfait pour se requinquer après une bonne journée d'activités. Ou pour une pause-café en journée, sur la terrasse dans la rue. Côté boutique, on peut aussi y acheter pains et viennoiseries et une sélection d'articles *made in* Saint-Germain-de-Calberte.

À voir. À faire

Le château Saint-Pierre : *sur la route de Pendédis, en contrebas du village. ☎ 04-66-45-90-30. 06-63-64-62-09. De mi-juil aux Journées du patrimoine, tlj 16h-20h sur rdv. Entrée : 5 €.* Il appartenait à l'époque aux seigneurs d'Anduze. Au XVe s, il est abandonné. En 1964, il est racheté par Daniel Darnas, orfèvre passionné d'art roman, et son épouse Irène. Ils passeront les décennies suivantes à restaurer dans les règles de l'art cette forteresse alors à l'état de ruine. Un travail titanesque, mais aujourd'hui, celle-ci se dresse magnifiquement sur un piton rocheux, au milieu des arbres, et l'on peut de nouveau y admirer le logis rectangulaire auquel est adossé le donjon carré, la tour ronde, une chapelle et les dépendances. Autour de ceux-ci, les vestiges d'un village qui comptait une quinzaine de maisons.

DANS LES ENVIRONS DE SAINT-GERMAIN-DE-CALBERTE

➢ ***Le plan de Fontmort :*** col (896 m) situé à 14 km à l'ouest de Saint-Germain-de-Calberte par la D 13. Un monument commémore l'édit de tolérance (1787) qui autorisa à nouveau la religion protestante en France : geste symbolique 2 ans avant la Révolution française.

LA VALLÉE LONGUE

Carte Lozère, C3

Après avoir sillonné les (toutes) petites routes des vallées voisines, cette large et confortable nationale qui suit le fond de la vallée peut surprendre. Parmi les vallées cévenoles, elle est celle où la mine et les mineurs ont laissé la plus forte empreinte. Cette vallée longue a également été fortement marquée par le protestantisme : le plus ancien temple de France (1646) est installé au Collet-de-Dèze.

LE TEMPLE DU COLLET-DE-DÈZE, UN RESCAPÉ

Contrairement à pratiquement tous les temples des vallées cévenoles, celui-ci, construit en 1646, n'a pas été détruit quand, à partir de 1661, ces édifices devaient être rasés ou convertis en église. Et ce grâce à des représentants de la paroisse bien avisés qui jugèrent bon d'en faire don à la marquise de Portes ! Celle-ci intervint personnellement auprès de la Cour pour qu'il ne soit pas démoli.

Adresse utile

Antenne du Collet-de-Dèze : *dans la rue principale, 48160,* ***Le Collet-de-Dèze.*** *☎ 04-66-45-01-14. ● cevennes-montlozere.com ● Juil-août, mar-sam 10h-12h30, 15h-18h30 et dim mat ; hors saison, mar-sam 10h-12h30, 14h30-18h.*

Où dormir ? Où manger ?

De bon marché à prix moyens

Chambres d'hôtes La Vallée de Gaïa : *le Cap, 48160* **Saint-Hilaire-de-Lavit.** *07-78-32-11-55. • lavalleedegaia.com • Double 60 €. Table d'hôtes 20 €.* Accolé au temple, dans un ancien prieuré. Chambres de belle taille, d'une grande simplicité mais dans lesquelles on se sent bien : un large escalier, une rambarde en bois costaud, des murs blancs, de vieux parquets qui grincent (pensez aux autres, marchez à pas de loup !). Et quel cadre ! On se repaît de la vue depuis la terrasse-préau où sont servis les petits déj et les délicieux dîners. Une adresse tout en simplicité et gentillesse, où les hôtes discrets prennent grand soin des voyageurs.

Chambres d'hôtes Le Lauzas : *le Lauzas, 48160* **Saint-Andéol-de-Clerguemort.** *06-07-23-32-89. • tounezi@gmail.com • Sortir du Collet-de-Dèze direction Florac, prendre la 1re à droite sur la N 106 et continuer encore 8 bons km. Et la dernière portion pour accéder à la maison est un peu raide ! Double 80 €. Table d'hôtes 25 €.* Superbe mas cévenol traditionnel, isolé dans un magnifique paysage de montagne et déjà dans le Parc des Cévennes ; en réalité, un hameau escarpé, en terrasses, au milieu d'une végétation étonnante et quasi sauvage, sillonnée par un petit torrent de montagne où l'on peut se baigner. 2 chambres d'hôtes indépendantes et 1 gîte de 6 personnes. Une grande salle avec bibliothèque et documentation est à la disposition des hôtes. Rare et superbe !

La Source : *la Devèze, 48160* **Le Collet-de-Dèze.** *04-66-45-42-34. À 3 km du Collet en direction d'Alès. Juin-sept, tlj ; hors saison, ouv mar-dim au déj ainsi que sam soir. Fermé de mi-nov à mi-mars. Formule déj 15 € ; menus 18-26 €.* Un resto qui pourrait passer inaperçu derrière cette aire de repos de la nationale, mais qui mérite vraiment l'arrêt ! Dans l'assiette, de beaux produits du pays simplement mais joliment travaillés, pour une addition sans excès. Accueil et service d'une charmante discrétion. Petite salle toute simple mais plaisante (avec cheminée), prolongée en été d'une terrasse de poche. Et pas loin, un robinet d'où coule la fameuse source, qui permet d'alimenter les carafes. La bonne adresse, quoi.

FLORAC-TROIS-RIVIÈRES

(48400) 2 100 hab. *Carte Lozère, C3*

Au pied de la corniche du causse Méjean, la ville occupe le fond d'une vallée encaissée où se rencontrent 3 rivières – le Tarn, le Tarnon, la Mimente – et un petit ruisseau, le Vibron, qui jaillit à la source du Pêcher et qui traverse le centre de Florac. C'est aussi le lieu où se rencontrent le granit du mont Lozère, le schiste des Cévennes et le calcaire du Causse, réunion géologique rare. Cette petite sous-préfecture est aujourd'hui le siège du parc national des Cévennes.

LE PARC NATIONAL DES CÉVENNES

Depuis 1985, le parc national des Cévennes est reconnu comme « réserve de la biosphère » par l'Unesco. Ce parc, majoritairement situé en Lozère, profite d'une diversité climatique exceptionnelle. Des hautes terres granitiques du mont Lozère aux majestueuses forêts de l'Aigoual, des vastes plateaux calcaires du causse Méjean entaillés des spectaculaires gorges du Tarn et de la Jonte aux serres des Cévennes schisteuses, les paysages sont somptueux ! Il abrite, sur 93 728 ha, 2 300 espèces végétales, plus de 2 400 espèces faunistiques, et on y a réintroduit le cerf, le castor, le grand tétras, le gypaète barbu, sans oublier, bien sûr, le fameux vautour fauve. Et le loup semble, discrètement, être lui aussi revenu dans les Cévennes.

Pour ceux qui séjournent plus longtemps et veulent s'informer, le parc édite une série de ***fiches thématiques*** très pratiques (menhirs et dolmens, vautour fauve, castor, mouflon...), téléchargeables sur le site internet. On trouve à la Maison du parc et à l'office de tourisme tous les topoguides des GR.

Quant aux animations estivales, demandez le programme de la saison en cours ou consultez-le sur le site *● cevennes-parcnational.fr ●* Le parc vous accueille également dans les Maisons du parc à Génolhac et au Vigan. Plus de 20 relais d'information partenaires du parc sont aussi ouverts en été.

Les sentiers de découvertes (2 km en moyenne) sont une superbe façon de découvrir la culture et les paysages des Cévennes : *● destination.cevennes-parcnational.fr ●*

ATTENTION : le parc ne s'occupe pas de la réservation des nuitées dans les gîtes d'étape ni dans les gîtes ruraux.

Arriver – Quitter

➢ ***Navette bus : Voyages Boulet,*** *☎ 04-66-65-19-88 ; ● voyages-boulet.com ●* Entre Mende et Florac, 2 bus/j. lun-sam tte l'année. Entre Alès et Ispagnac via Florac, 1 bus/j. lun-sam (sauf j. fériés) de mi-avr à fin oct. Plusieurs étapes à travers la vallée Longue (Cassagnas, Saint-Julien-d'Arpaon, Le Collet-de-Dèze).

Taxis : Cars Boulet, *☎ 04-66-65-19-88 ;* ***Les Sources,*** *☎ 04-66-45-14-74 ;* ***Blanc Frères,*** *☎ 04-66-45-00-44.*

Adresses et infos utiles

Maison du tourisme et du parc national des Cévennes : *pl. de l'Ancienne gare. ☎ 04-66-45-01-14. ● cevennes-gorges-du-tarn.com ● cevennes-parcnational.fr ● ♿ Juil-août, tlj 9h30-12h30, 14h-18h30 ; avr-juin et sept-oct, tlj sauf dim ; nov-mars ouv lun, mer et ven.* Dans cette belle bâtisse sont réunies l'office de tourisme et la maison du Parc national. Bel espace présentant ce dernier. Sur place également, la boutique, avec ses ouvrages, ses cartes et topoguides.

■ ***Cévennes Évasion :*** *6, pl. Boyer. ☎ 04-66-45-18-31. ● cevennes-evasion.com ● Tte l'année, lun-ven 9h-12h30, 14h-18h (tlj en juil-août, jusqu'à 19h).* Loue des vélos tout-terrain et vélos électriques, à la ½ journée ou à la journée. Location également de canoës pour pagayer dans les gorges du Tarn. Organise des randonnées accompagnées, à pied et à VTT ; spéléologie, escalade, canyoning, *via ferrata.*

■ ***Sport Nature Lozère :*** *11, esplanade Marceau-Farelle. 📱 06-83-41-73-08. ● sport-nature-lozere.com ● Tte l'année. Accueil en boutique en été tlj sauf sam 9h-12h30, 16h-19h.* Spécialisé dans l'encadrement d'activités de pleine nature : canyoning, spéléo et bivouac sous terre, *via ferrata,* parcours d'aventure.

– ***Marché :*** *jeu mat, pl. de la Mairie.* ***Marché de producteurs :*** *dim mat (juil-août).* ***Marché artisanal :*** *mar soir (juil-août).*

Où dormir ? Où manger ?

Camping

⛺ ***Ecocamping de La Tière :*** *La Tierre. ☎ 04-66-48-19-91. ● camping-la-tiere.fr ● Ouv avr-sept. Pour 2 avec tente et voiture 11,50-13,50 €. 55 empl.* En contrebas d'une petite départementale, un charmant camping bien tenu, très nature, avec son propre accès à la rivière. Et un peu bohème aussi, à l'image de son « Drôle d'endroit », le café, bar-épicerie, lieu de causerie, avec terrasse couverte, hamac, canapé et piano ! Emplacements assez grands, sous les arbres, délimités par des tronçons de haies. Également quelques hébergements insolites, comme les roulottes ou tentes inuites « prêt-à-camper ».

Flower Camping Le Pont du Tarn : *route du Pont-de-Montvert. ☎ 04-66-45-18-26. • contact@camping-florac.com • camping-florac.com • ♿ À 2 km du centre-ville, au carrefour de la route d'Ispagnac et du Pont-de-Montvert. Ouv 7 avr-15 oct. Tentes 17-28 € ; locatifs ; frais de dossier 13 €. 181 empl. Réduc de 5 % de réduc (hors juil-août en location) sur présentation de ce guide.* Bordé d'un côté par la route et de l'autre par le Tarn, un grand site, bien équipé (sanitaires en nombre, piscine chauffée, jeux pour enfants) où l'on plante sa tente sur les grandes pelouses généreusement ombragées par une belle variété d'arbres plantureux. Plusieurs types d'emplacement : les plus chers et les plus confortables, en bord de rivière, ont leur propre pergola ! Également des hébergements locatifs, mais à chacun son espace.

De bon marché à prix moyens

Chambres d'hôtes La Ferme de Saliègès : *hameau de Saliègès. ☎ 04-66-45-22-51. • lafermedesalieges.com • ♿ À env 2 km du centre-ville, au bord du Tarn. Doubles 54-56 €.* On est déjà à la campagne ici. D'ailleurs, c'est une petite exploitation fruitière et l'on peut y acheter les confitures maison. D'un côté, la maison des propriétaires ceintes de son haut mur dans le jardin duquel sont servis les petits déj, avec une petite cuisine à disposition des hôtes. De l'autre, la maisonnette sur 2 niveaux avec, à chaque étage, une chambre, à la fois simple et chaleureuse.

Restaurant Le Subvers : *7 bis, rue du Four. 📱 07-69-00-38-37. Tlj sauf mar (et lun hors saison). Repas 10-15 €.* Ici, tout est confectionné sur place et d'une grande fraîcheur, y compris le pain qui sert à la confection des *Subvers*, ces sortes de panini maison, mais en nettement meilleur ! Idem pour les chips qui les accompagnent, les salades et les desserts du jour. Ce n'est pas nécessairement très copieux, mais c'est très bon et les propositions sortent un peu de l'ordinaire, même si les produits sont locaux ! Jolie petite salle intérieure ou très agréable terrasse à l'écart de l'agitation.

Chambres d'hôtes Les Tables de la Fontaine : *31, rue du Théron. ☎ 04-66-65-21-73. 📱 06-81-44-89-56. • denis.dessaint@orange.fr • tables-de-la-fontaine.com • Dans une rue tranquille du centre. Double 73-85 €. Resto tlj sauf mer, sam midi et dim soir. Menus 14 € midi sem, 22-25 € le soir. Café offert sur présentation de ce guide.* Un patio fleuri pour les jours de soleil et une jolie salle dans l'air du temps avec cuisine ouverte et expos d'art aux murs. Côté ambiance, l'impression d'être invité chez des amis. Côté cuisine, des produits locaux préparés simplement mais avec envie et doigté. Et si vous n'avez plus envie de repartir, 4 chambres d'hôtes, mignonettes.

Chic

Hôtel des Gorges du Tarn – Restaurant L'Adonis : *48, rue du Pêcher. ☎ 04-66-45-00-63. • gorges-du-tarn.adonis@orange.fr • hotel-gorgesdutarn.com • ♿ Resto tlj sauf mer midi hors saison. Fermé Toussaint-Pâques. Doubles 72-95 € ; familiale. Formule déj 11 € ; menus 29-57 € ; carte env 50 €.* Cette maison n'attire pas l'œil. Et pourtant ! Sous ses dehors anonymes se cache une adresse de qualité, vraiment. Que ce soit pour l'hôtel, avec des chambres plus ou moins grandes, mais impeccablement tenues, confortables et avenantes ; pour le petit déj, pas ostentatoire, mais de qualité. Ou pour le restaurant, où la qualité des produits et la maîtrise du chef garantissent une étape de choix.

Et si, dans certaines chambres, l'insonorisation montre quelques défaillances (rien de grave), il y a même les bouchons d'oreille fournis !

Où dormir ? Où manger dans les environs ?

Voir aussi nos adresses sur le causse Méjean dans le chapitre « La Lozère ».

Campings

⛺ ***Chantemerle :*** *La Pontèze, 48400* ***Bédouès.*** *☎ 04-66-45-19-66. • chante-merle@wanadoo.fr • camping-chantemerle.com • ♿ À 4 km du centre de Florac, sur la D 998 (route du Mont-Lozère). Ouv avr-nov. Compter 15-22 € pour 2 ; mobile homes 4-6 pers. 77 empl.* Cadre champêtre bien agréable pour ce petit camping au bord du Tarn, avec plage herbeuse et transats. Emplacements au calme et bien ombragés. Aire de barbecue. Resto-pizzeria. Et pour les balades, le chemin de Stevenson passe au milieu du camping ! Accueil charmant de la nouvelle proprio.

⛺ ***Camping de la Quillette :*** *Lou-Mouly, 48400* ***Rousses.*** *☎ 04-66-44-00-29. 📱 06-09-51-88-27. • argenson.c@wanadoo.fr • À env 20 km de Florac. À Rousses, prendre, à droite, la D 119. Ouv 1er juil-31 août. Compter 11,60 € pour 2. CB refusées. 25 empl.* On l'aime bien cette aire naturelle toute simple, disposant d'emplacements semi-ombragés, dans un site superbe au bord de la rivière Tarnon (où l'on peut se baigner).

Bon marché

⛺ 🏠 🍽 ***Espace Stevenson :*** *ancienne gare, 48400* ***Cassagnas.*** *☎ 04-66-45-20-34. • contact@relais-stevenson.fr • relais-stevenson.fr • ♿ (resto). Dans la vallée de la Mimente, à 16 km de Florac sur la N 106 en direction d'Alès. Accès par une petite route pentue (1,5 km), sur la droite. Ouv Pâques-Toussaint. Forfait camping 13 € pour 2. Mobile homes et hébergements locatifs 320-450 € selon saison. ½ pens en chambre d'hôtes 53 €/pers ou 45 € en gîte d'étape. Repas 14 (déj)-18 €. 20 empl.* Au bord de la rivière, dans l'ancienne gare de Cassagnas, un des plus grands « relais » sur le chemin de Stevenson. Le confort est simple. Resto avec ses formules « buffets » pour marcheurs épuisés donc affamés ! On peut aussi simplement se désaltérer au bar. Également un point poste et un camping dans un site agréable, verdoyant et très calme, avec des emplacements séparés par des haies, et une pelouse ombragée.

🏠 🍽 ***Chambres d'hôtes La Ferme des Cévennes :*** *la Borie, 48400 Florac (anciennement La Salle-Prunet). ☎ 04-66-45-10-90. • accueil@lafermedescevennes.fr • lafermedescevennes.com • ♿ À 6 km de Florac ; on y arrive par une route sinueuse qui part de la N 106 ; c'est indiqué. Ouv avr-oct. Doubles 43-55 € ; familiale. Petit déj 7 €. Repas 20 €. 1 petit déj/chambre et par séjour offert sur présentation de ce guide.* Occupant tout un hameau, c'est avant tout une ferme authentique, tenue par de sympathiques fermiers bio qui élèvent chèvres et cochons et font du pélardon et de la charcuterie. Un ensemble assez surprenant de joyeux souk et de confort rustique pour les chambres : planchers en châtaignier, murs badigeonnés de chaux, meubles anciens... Diverses activités sont proposées : traite ou sortie des chèvres et visite de la fromagerie (pélardon AOP) et des caves et du petit écomusée installé sur place, balade à la journée avec un âne...

🏠 🍽 ⛱ ***L'Auberge Cévenole :*** *48400* ***La Salle-Prunet.*** *☎ 04-66-45-11-80. • auberge-cevenole.fr • À 2 km de Florac, sur la route d'Alès. Tlj sauf dim soir-lun (voire mar) hors saison. Fermé de nov à mi-mars. Résa souhaitée. Double env 50 €. Formule 14,80 € et menus 22-30 €.* Une vieille maison en pierre du pays, nichée au fond de la vallée de la Mimente et noyée sous la végétation. Cette adorable auberge, légèrement en retrait de la route, offre une poignée de chambres, petites mais gentiment rénovées et bien tenues. La cuisine, de terroir, fait la part belle à la charcuterie du pays et aux champignons... Idéal donc pour une étape ! L'auberge ne manque pas, d'ailleurs, de faire le plein chaque dimanche pour les traditionnels repas en famille. Excellent accueil. Jolie terrasse sous sa treille pour l'été.

De prix moyens à chic

La Lozerette : *Cocurès, 48400 Florac. ☎ 04-66-45-06-04. • lalozerette@wanadoo.fr • lalozerette.com • À 6 km de Florac sur la route du mont Lozère (D 998). Resto tlj sauf midi lun-mer (plus mar soir hors saison). Fermé 11 nov-Rameaux. Doubles 71-115 €. Menu du jour 30 € ; menus-carte env 38,50-56 €.* Une affaire de famille depuis 3 générations. Des spécialités du pays traitées avec imagination et des propositions de menus à composer soi-même en choisissant les plats à la carte. Belle carte de vins (riche en Languedoc, cela va de soi). Service pro. Côté hébergement, des chambres décorées avec le même raffinement que la salle.

Chambres d'hôtes et roulottes Domaine des Trois Tilleuls : *48400 Saint-Julien-d'Arpaon. ☎ 04-66-45-25-94. • info@les3tilleuls.com • les3tilleuls.com • À 8 km au sud-est de Florac par la N 106. Fermé de nov à mi-avr. Compter 60-70 € pour 2 en chambre ou roulotte. ½ pens 20 €. CB acceptées.* Gîtes, chambres d'hôtes et roulottes sont répartis au-dessus de la vallée de la Mimente, sur une propriété dont l'histoire remonte au XVIIIe s. Environnement plutôt agréable, avec les ruines du château de Saint-Julien juste à côté et une belle terrasse pour profiter de la vue en dînant à la fraîche. Chambres toutes simples : on conseille (si possible) d'en visiter plusieurs avant de faire son choix. Roulottes pour les amateurs. Piscine chauffée, jacuzzi, salle de jeux (billard, baby-foot)...

Où acheter de bons produits ?

Florac connaît une concentration sans pareille de boutiques « paysannes », proposant des produits fermiers, locaux et artisanaux, le plus souvent gérés par les producteurs eux-mêmes. Un petit marché paysan se tient chaque dimanche matin en juillet-août.

L'Atelier du Miel et de la Châtaigne : *64, av. Jean-Monestier. ☎ 04-66-45-28-41. À proximité de l'office de tourisme. Tte l'année, mar-sam (dim mat vac scol et été).* Beaucoup de spécialités à base de farine de châtaigne : pains d'épice au miel de châtaigne, tuiles, biscuits. Et aussi des confitures, des chocolats, plusieurs variétés de miel...

Atelier Tuffery : *ZA Saint-Julien-du-Gourg. ☎ 04-66-45-00-94. • ateliertuffery.com • Lun-sam.* La collection comprend des jeans, quelques vestes ou jupes. Les beaux produits ont, certes, un coût, mais au moins, ici, vous pouvez voir qui œuvre à la fabrication des produits (l'atelier est derrière) ! En plus, on vous fait l'ourlet sur place, en 10 mn. L'accueil, très pro, est extra, comme la qualité et les coupes ! (Par contre, ils taillent petit – ou en tout cas, c'est ce qu'on préfère se dire !).

LES CÉVENNES

À voir

Le château de Florac : *tte l'année, lun-ven. GRATUIT.* Une grosse bâtisse du XVIIe s, flanquée de 2 tours rondes à toit pointu. Le château a été construit sur un emplacement très ancien (XIIIe s) appartenant à la baronnie de Florac (Raymond d'Anduze). Tour à tour château féodal, grenier à sel, prison et hôpital militaire au XIXe s, colonie de vacances dans les années 1950-1960, il a été acquis par le Parc national des Cévennes en 1973, qui l'a restauré pour organiser des expos temporaires en été. Espaces pour pique-niquer.

Au dos du plan distribué par l'office de tourisme se trouve une ***promenade*** de 1h30 pour ***découvrir la ville.*** Elle vous emmène de l'***ancienne gare*** (Maison du tourisme et du Parc national des Cévennes) jusqu'à l'***église*** puis au ***temple,*** en passant, rue de l'Église, par l'imposante ***Maison de la congrégation*** du XVIe s et le délicieux ***parc Paul-Arnal*** et la ***source du Pêcher.*** De cette superbe petite ceinture verte sur les hauteurs de la ville, on redescend ensuite vers le ***château*** qui, de là-haut, semble prendre la pose pour la photo. En déambulant ainsi dans les ruelles pavées et volontiers pentues, ses escaliers et ses passages, Florac-Trois-Rivières devient tout à coup plus riante et apparaît comme une toute petite ville plantée dans un décor majestueux, où pratiquement chaque rue débouche sur la campagne.

À faire

Randonnées

➢ ***Les sentiers de randonnée et sentiers découvertes dans le parc national :*** de nombreux sentiers en boucles tout public (1h30-5h) permettent de découvrir la belle nature des environs. Plus de détails dans la collection de topoguides (payants) ou sur : • *http://destination.cevennes-parcnational.fr* •

➢ ***Le GR 68 (tour du mont Lozère) et le GRP tour des Causses :*** plus sauvages que le tour de l'Aigoual, ces magnifiques balades à pied font l'objet d'un topoguide que vous trouverez au centre d'information du parc à Florac ou dans les librairies. Le GR 68 passe à 1 km au nord de Florac, au Pont-du-Tarn (camping et gîte). Mieux vaut commencer le tour du mont Lozère ici en raison des facilités d'accès et de ravitaillement. Cette rando inoubliable est décrite un peu plus loin dans « Le mont Lozère ».

Via ferrata

➢ **La via ferrata *du Rochefort :*** la plus aérienne des *via ferrata* de Lozère ! Installée sur l'imposant rocher qui domine la ville, la voie propose 2 itinéraires qui s'ouvrent sur la vallée : l'un moyen, l'autre plus difficile. En libre accès ou accompagnés par les guides locaux (se renseigner à l'office de tourisme). Elle bénéficie de la marque *Esprit parc national.*

Manifestations

Consulter l'agenda en ligne jour par jour, toute l'année sur le site : • *cevennes-gorges-du-tarn.com* •

– ***Fête de la Soupe :*** *autour du w-e de la Toussaint.* Musiciens, fanfares, arts de rue, concours de soupes, dégustation de soupes de quartier, spectacles et ambiance des veillées et des saveurs d'antan...

LE MONT LOZÈRE

Carte Lozère, C3

C'est hors saison qu'il faudrait admirer cette grande dame à l'austère beauté, géante de granit endormie sous ses herbages jaunis, usée par des siècles de vent et de pluie. 1 699 m à son sommet ! En hiver, ses flancs sont tout blancs et les rares hameaux habités semblent surnager péniblement au-dessus de cette mer de neige.
Dès le printemps, la montagne change de visage, se couvrant de genêts. Les skieurs de fond partis, voici les randonneurs qui se lancent dans le tour du

mont Lozère par le GR 68. Les hameaux se dessinent dans le paysage : îlots de vie repliés sous d'épais murs de granit. Et puis, soudain, des silhouettes dressées jaillissent dans cette immensité vide : un champ de menhirs ! Sur la Cham des Bondons, à plus de 1 000 m d'altitude, il y en a exactement 154 éparpillés sur quelques 10 km^2 (mais seule une centaine a, pour l'instant, été relevée). C'est le 2e site mégalithique de France.

UN PEU D'HISTOIRE

Le mont Lozère, ***grande barre granitique,*** a toujours marqué une limite entre 2 mondes : frontière entre le royaume de France (au nord) et le comté de Toulouse (au sud), et, depuis la Réforme, frontière spirituelle entre le Gévaudan catholique et la Cévenne protestante.
Du XIIe s à la Révolution française, le mont Lozère et ses hautes terres étaient sous la ***juridiction de l'ordre de Malte,*** issu de la chevalerie médiévale, qui levait des impôts et percevait des droits de passage sur les transhumants. Leur vaste domaine, le cap Francès (5 000 ha), était balisé par de nombreuses bornes et ces rochers gravés d'une croix de Malte que l'on découvre aujourd'hui au hasard de la promenade.
De nos jours, les seules ressources agricoles du massif sont les pâturages d'estive et l'élevage des bovins. Les troupeaux de moutons, hier très nombreux, ne jouent plus le rôle économique d'antan.

LE TOUR DU MONT LOZÈRE À PIED

Compter 110 km environ et ***1 semaine de marche*** en suivant toutes les étapes du ***GR 68*** balisé en blanc et rouge. Ce très beau circuit pédestre permet de faire le tour du massif étendu sur plus de 30 km d'est en ouest. Généralement, le voyage commence à Villefort par les pentes du versant nord, Le Bleymard, Bagnols-les-Bains. Puis on passe le col de la Loubière, on traverse les étendues dénudées de La Fage et on descend à Florac par la crête calcaire de l'Eschino d'Ase (quel nom exotique !). De là, le sentier quitte le mont Lozère pour grimper sur le sommet de la montagne du Bougès au sud, d'où l'on découvre l'ensemble du mont Lozère. Par la variante GR 72, on traverse les vieux hameaux de Mas-Camargues, Bellecoste, Mas-de-la-Barque.
Mais rien ne vous empêche de le faire en sens inverse, et de partir de Florac, avec en poche la carte dénichée au centre d'information du parc (voir à Florac plus haut).

Sentiers de promenades (en boucles)

4 topoguides (n°s 1, 4, 10 et 19) de la collection *Autour du parc national des Cévennes* proposent chacun une quinzaine de sentiers. De difficulté variable, ces belles balades prennent autour de 3h pour la plupart. Prenez soin de vous renseigner sur les conditions météo au préalable, ce superbe massif granitique étant réputé pour son climat contrasté : orages violents en été, brouillard et tempêtes de neige hors saison.

Où dormir ? Où manger ?

Voir nos adresses dans les pages suivantes ; sinon, plusieurs gîtes d'étape sur le trajet : à Génolhac (dans les Cévennes gardoises), au Bleymard, à Saint-Étienne-du-Valdonnez... Se renseigner au *centre d'information du parc national des Cévennes* et se reporter aux pages correspondantes. Dans tous ces lieux, il est préférable de téléphoner à l'avance.

LE PONT-DE-MONTVERT

(48220) 300 hab. *Carte Lozère, C3*

À 18 km à l'est de Florac, par une très belle route.

Blotti au creux de la vallée du haut Tarn, ce petit bourg en granit ne manque pas de caractère avec, ses vieilles baraques aux murs épais comme ceux des forteresses et sa paire de cafés perchés au-dessus du Tarn. Sur l'ancien pont qui l'enjambe, on croise jeunes et vieux randonneurs au départ ou à l'arrivée des divers sentiers alentour. De quoi faire du village un bon point de chute, entre rivière et montagne.

UN ABBÉ MEURTRIER

C'est au Pont-de-Montvert, le 24 juillet 1702, que fut tué l'abbé du Chayla, archiprêtre des Cévennes. Après avoir été un martyr chrétien en Chine, il devint le persécuteur des protestants. Les camisards prirent d'assaut sa maison, capturèrent l'abbé, puis abandonnèrent son cadavre percé de 52 coups de couteau. Les rebelles délivrèrent les prisonniers qu'il avait enfermés et torturés dans sa maison. Cette nuit tragique déclencha la guerre des camisards, dans les Cévennes.

Adresse utile

Antenne du Pont-de-Montvert : *au centre du bourg, rive droite du Tarn. ☎ 04-66-45-81-94. • cevennes-montlozere.com • Tlj sauf dim juil-août. Pour le chemin de Stevenson, infos à l'association* **Stevenson** *(☎ 04-66-45-86-31 ; • chemin-stevenson.org •).*

Où dormir ? Où manger ?

Camping

Camping municipal : *RD 20 Village. ☎ 04-66-45-82-88. • campingmunicipal-pontdemontvert.fr • Ouv avr-oct. Forfait 2 pers 11-14 €. 100 empl.* Camping tranquille étagé sous les arbres dans le haut du village, avec accès direct à un joli spot de rivière (baignade possible).

La Truite Enchantée : *le Quai. ☎ 04-66-45-80-03. Fermé nov-mars. Double 51 € ; familiale. ½ pension 53 €/pers. Restauration slt hors saison et sur résa. Café offert sur présentation de ce guide.* Une discrète adresse qu'on gagne en quelques marches, après avoir franchi la porte cochère. 8 chambres spacieuses, claires et propres (avec w-c sur le palier), donnant sur le Tarn ou le jardin. Au resto, salle colorée pour une bonne petite cuisine familiale et généreuse à base de produits régionaux (truite, évidemment au menu !). Accueil d'une vraie gentillesse.

Où dormir dans les environs ?

Chambres d'hôtes Le Merlet : *Le Merlet, 48220* **Le Pont-de-Montvert.** *☎ 04-66-45-82-92. • lemerlet@wanadoo.fr • lemerlet.com • À 8 km à l'est du Pont-de-Montvert. Résa conseillée. Double 78 €, ou 63 €/pers en ½ pens. Table d'hôtes 27 €.* Une grosse ferme en granit, accrochée au versant sud du mont Lozère, dans un paysage superbe. Jolie vue d'ailleurs depuis les chambres, confortables et avec un petit souci de déco (œuvres des artisans d'art du village). Possibilité de prendre les repas en commun à la table d'hôtes et d'acheter des produits fermiers (notamment le jus de pomme maison). Les Galzin organisent aussi des veillées au coin du feu. Un merveilleux bout du monde !

Achats

Espace Boutique des Métiers d'art : *Grand-Rue. ☎ 04-34-35-21-24. Juil-août mar-sam 10h30-12h30, 15h30-19h ; avr-oct, mar-sam 10h-12h30, 14h30-18h.* Des artistes et artisans du département se sont regroupés en association et présentent leur travail dans cette galerie. Ils travaillent papier, métal, bois, textile, peinture...

DANS LES ENVIRONS DU PONT-DE-MONTVERT

Le hameau de L'Hôpital et le Mas-Camargues : *à env 8 km du Pont-de-Montvert par la D 20 direction Finiels puis la 1re petite route sur la droite (c'est indiqué).* Plusieurs autres petits hameaux (Le Mazel, Villeneuve...) se suivent sur cette étroite route vicinale qui s'arrête à L'Hôpital, à l'architecture typique des pentes du Mont-Lozère avec ses maisons aux linteaux de granit et ses toits de chaume (dont celui du moulin). Une piste (carrossable) mène ensuite au Mas-Camargues, superbe ensemble de bâtiments agricoles, mentionné dès le XVe s, un endroit magique situé juste en dessous des sources
du Tarn. Plusieurs boucles possibles autour du site, Plusieurs boucles possibles autour du site, dont un très beau ***sentier de découverte*** de 3 km.

CIRCUIT DE DÉCOUVERTE DU MONT LOZÈRE

À l'instar de l'Aigoual, son rival méridional, le mont Lozère est le royaume des sources. Une ribambelle de ruisseaux y prennent naissance. Le Tarn est là, non loin du col de Finiels, mais aussi tous les inconnus du mont Lozère aux noms chantants : le Finialette, le Galadet, le Bramon, le Malpertus, les ruisseaux de Mère l'Aygue, de Gourdouse, de Rieumalet. Quant au Lot et à l'Allier, ils prennent leur source en face du mont Lozère, sur les pentes de la montagne du Goulet. Voici un petit circuit désaltérant à faire au départ du Pont-de-Montvert.

LE COL DE FINIELS

Prenez le temps de respirer, vous êtes à 1 541 m d'altitude. Plusieurs chemins de randonnée vers le sommet de Finiels (1 699 m) ou vers les sources du Tarn (à l'est).

Où dormir ?

Aire naturelle de camping La Barette : *48220* ***Finiels.*** *☎ 04-66-45-82-16. • lucile.camping@gmail.com • gites-mont-lozere.com • Ouv mai-sept. Compter 13 € pour 2. 25 empl.* Accueil chaleureux dans ce camping aux emplacements en terrasses, herbeux et ombragés, dotés d'un vrai confort. Sanitaires impeccables, salle commune avec cheminée et bibliothèque... Une bonne adresse.

Chambres d'hôtes Maison

Victoire : *48220* ***Finiels.*** *☎ 04-66-45-84-36. • jacq.galzin@gmail.com • gites-mont-lozere.com • ½ pens seulement, 122 € pour 2. Gîtes 4 pers.* À quelques mètres du GR 70, dans le tout petit village de Finiels, une grande maison cévenole qui plaira aux amoureux de coins tranquilles : pas de TV, pas de réseau téléphonique ! Mais une très belle ambiance conviviale et sans chichis ; le tutoiement est d'ailleurs de rigueur... Belle salle à manger où sont servis les repas de la table d'hôtes, près de l'immense cheminée et au milieu des meubles fabriqués par Mario, menuisier-charpentier qui a par ailleurs aussi reconstruit sa robuste maison pierre par pierre. 5 chambres simples mais confortables, spacieuses et impeccablement tenues. Au dîner, bonne cuisine familiale à base de produits maison ou locaux.

LE BLEYMARD *(48190)*

La route qui descend au Mazel, le versant nord du mont Lozère, traverse d'abord une petite station de sports d'hiver familiale (loc de VTT l'été) avant de rejoindre cette bourgade traversé par le Lot, où la population vit encore plus de l'élevage bovin que du tourisme. Le village est d'ailleurs sans grands attraits mais s'anime sérieusement le week-end de l'Ascension avec les concerts de musiques actuelles et autres spectacles de rue du festival d'Olt. *• festivaldolt.org •*

Où dormir ? Où manger dans les environs ?

LES CÉVENNES

Hôtel Bargeton : *pl. de la Fontaine, 48190* ***Cubières.*** *☎ 04-66-48-62-54. • hotel.bargeton@orange.fr • hotel-bargeton.com • À 6 km au sud-est du Bleymard. Tlj sauf dim soir. Congés : nov-janv. Doubles 56-62 € ; familiales. Formule déj sauf dim 14 € ; menus 24-31 €.* Petit coup de cœur pour cet hôtel-resto dans la famille Bargeton depuis 4 générations. Établi au cœur d'un charmant village niché au fond d'un vallon, il abrite des chambres toutes simples d'indémodable auberge de campagne. Au resto, prix tout aussi tranquilles pour une bonne et généreuse cuisine de terroir avec, au hasard des plats, quelques idées bien actuelles. Véranda et terrasse. Accueil sympathique, à l'image des lieux.

À voir dans les environs

Les hameaux aux « clochers de tourmente » : entre Le Bleymard et Bagnols, reliés par de petites routes grimpant sur le flanc du mont Lozère, les hameaux de *Serviès, Les Sagnes, Auriac* et *Oultet* arborent toujours de robustes et salutaires « clochers de tourmente » qui servaient autrefois à guider les voyageurs égarés dans la brume.

Saint-Julien-du-Tournel *(48190)* **:** joli village aux tons de schiste, perché au-dessus du Lot. Depuis la D 901, vue spectaculaire sur les ruines d'un château du XIIe s appartenant aux barons de Tournel.

BAGNOLS-LES-BAINS *(48190)*

Vous ne ferez que traverser cette station thermale dont l'eau (et ses vertus) était déjà connue et exploitée au temps des Romains. Ce gros bourg, tranquille, est encore fréquenté par les curistes de nos jours. Possibilité de faire ½ journée de remise en forme, si ça vous chante.

Où dormir ? Où manger ?

Les Chemins Francis : *9, pl. du Pont. ☎ 04-66-47-60-04. • contact@hotel-cheminsfrancis.com • hotel-cheminsfrancis.com • Congés : début mars-vac de Pâques et début nov-début fév. Doubles 65-70 €. Menu ou formule déj 16-30 €.* Sous cette enseigne sont regroupés 3 hôtels : rive gauche, c'est l'historique *Modern Hotel* avec bar, resto, piscines chauffées, jacuzzi, hammam, balnéothérapie. De l'autre côté du pont (rive droite, donc !), *Le Moreau* avec jardin au bord du Lot et *Le Malmont,* immeuble moderne façon résidence. Les différents établissements ont plus ou moins de charme, mais l'ensemble est impeccablement et très gentiment tenu. On se démène pour que les résidents gardent un bon souvenir de leur séjour en ces lieux, notamment au resto, avec une cuisine traditionnelle très copieusement servie. Pas mal de possibilité de séjours (rando, balnéo, pêche...).

À voir dans les environs

Le vallon du Villaret : *☎ 04-66-47-63-76. • levallon.fr • Juil-août, ouv tlj 10h-18h45 ; avr-juin, tlj 10h30-18h45 ; sept-oct, w-e (et tlj vac de la Toussaint) 11h-18h. Attention, derniers billets 2h15 avt fermeture. Compter 12,50-13,50 € selon saison ; gratuit enfants de moins de 1 m.* Un concept original : une balade en boucle de 2 km, plus poétique que sportive, entre arbres et rivière, jalonnée de ponts de cordes, jeux d'eau, toboggan, sculptures musicales et installations savamment concoctées par des artistes contemporains, bref, un espace ludique et sensoriel qui plaira aux enfants comme aux grands ; les flemmards peuvent longer les jeux par un petit chemin. Comptez 3 à 5h, le temps de décider vos enfants à repartir. Certains y passent même la journée. À mi-parcours, boutique des fantasmes, auberge et tour du XVIe s pour des expos d'art contemporain, et des nouveautés chaque année. Tables de pique-nique... presque sur le parking.

LE COL DE LA LOUBIÈRE

La plutôt étroite D 41 (ancienne route de Mende au Vivarais) grimpe jusqu'à ce col à 1 181 m d'altitude, où passait autrefois la draille des troupeaux de transhumance vers la Margeride. En redescendant, la route traverse une partie de la belle et grande forêt de la Loubière, résultat du reboisement mené depuis le début du XXe s.

LANUÉJOLS (48000)

À ne pas confondre avec l'autre Lanuéjols, dans le Gard (près de Trèves, sur le causse Noir). Ce Lanuéjols-là est niché dans la jolie vallée du Valdonnez, déjà cher aux Romains. Ils y ont laissé quelques souvenirs, notamment dans ce village, en contrebas de la D 41, avec un mausolée, daté de la fin du IIe s apr. J.-C. Surmonté d'un arc en plein cintre avec une frise évoquant l'activité agro-pastorale, c'est un monument funéraire remarquable, dédié à la mémoire des 2 enfants de Lucius Julius Bassianus. À voir aussi une belle église romane du XIIe s. De Lanuéjols, le circuit se poursuit autour du mont Lozère, via la N 106 et le col de Montmirat.

LA FAGE (48000)

Modeste hameau, sorte de bout du monde battu par les vents, emblématique de l'architecture du mont Lozère avec sa poignée de maisons aux épais murs de granit, son lavoir, son four à pain... Se dresse également à La Fage le 5e « clocher de tourmente » du Mont Lozère (ils n'existent en fait qu'ici). Quand on connaît la région en hiver, on comprend bien son utilité...

Où dormir ? Où manger ?

Gîte d'étape et chambre d'hôtes de La Fage : *La Fage, 48000* **Saint-Étienne-du-Valdonnez.** *☎ 04-66-48-14-63. • gite-de-la-fage@orange.fr • gite-mont-lozere.com • Nuitée (prévoir son duvet ; loc de draps possible) 16 €. Petit déj 7 €. Dîner sur résa (sauf dim et j. fériés) 18 €. Double 69-74 € avec petit déj.* De prime abord, la bâtisse n'est pas la plus attirante du hameau, mais le petit intérieur se révèle à la fois simple, chaleureux et intime avec la cuisine et le petit salon autour de la cheminée. À l'étage, sous les toits, chambres de 2, 4 ou 6 personnes. Également 2 chambre d'hôtes indépendante en face du gîte.

Auberge du col de Montmirat : *col de Montmirat, 48000* **Saint-Étienne-du-Valdonnez.** *☎ 04-66-48-01-93. Sur la N 106, à la jonction avec D 35. Tlj sauf dim soir et lun. Petit déj et pique-nique 8-10 €. Menu 16 €. Résa conseillée.* Solidement calée sur le col, une revigorante auberge de montagne, où se taper un petit déj de champion avant d'entamer la rando, fourrer dans le sac-à-dos un pique-nique roboratif, et finalement savourer en redescendant un menu rustique et bien mérité, à base de sac d'os et de quiche aux cèpes. À la vente, également, les spécialités de la maison (tripoux, daubes, pâtés, etc.). Accueil sympa.

LA CHAM DES BONDONS

Il s'agit du plateau des Bondons, immense paysage désolé dominé par quelques buttes-témoins comme ces *puechs,* sortes de mamelons aux formes arrondies par l'érosion.
Notre coin préféré sur le mont Lozère. Pas d'arbres, un horizon infini, presque inquiétant. Pour voir le champ de menhirs (avec 154 menhirs recensés, il s'agit de la 2e plus grande concentration d'Europe, mais ne rêvez pas, ce n'est pas Carnac !), il faut laisser la voiture et se diriger à pied dans les prés où 2 boucles balisées (2-6h) permettent de les découvrir.

RÛNES (48220)

Joli hameau à l'architecture traditionnelle dans un paysage intact, superbe. Runes, c'est aussi le nom du ruisseau qui prend sa source sur le versant méridional du mont Lozère et qui, aux abords du village, forme une jolie cascade, haute de 70 m (accès en une vingtaine de minutes à pied depuis le parking à la sortie du hameau, en direction du Pont-de-Montvert).

VIALAS

(48220) 420 hab. *Carte Lozère, D3*

Après Le Pont-de-Montvert, prendre la D 998 vers la croix de Berthel, autrefois carrefour important de routes et de drailles. Pour qui voudrait s'offrir le tour complet du mont Lozère, on ne peut que conseiller un arrêt pour reprendre des forces à Vialas, qui a déjà des allures de village méditerranéen.

Où dormir ?

🏠 ⛺ 🍽 ***Chambres d'hôtes Mas La Donzelenche – ferme de séjour :*** *La Donzelenche.* ☎ *04-66-41-08-23.* • *mas@donzelenche.com* • *donzelenche.com* • *À env 4 km de Vialas par la D 998 direction Génolhac, la maison est fléchée (discrètement) sur la droite. Fermé de mi-nov à mi-déc et 1 sem en avr (oct-avr pour le camping). En camping 15,50-17,50 € pour 2. Nuitée en gîte d'étape 17,50-22,50 €. Doubles 80-100 € (tarifs dégressifs pour séjour) ; familiales. Table d'hôtes le soir sur résa 20 €.* Un mas fortifié datant en partie du XVIe s, rénové avec passion par un couple de Néerlandais, artistes dans l'âme. Toutes sortes de coins et recoins qui permettent de goûter l'atmosphère si particulière de cette maison fortement escarpée. Les chambres en duplex combinent vieilles pierres et art contemporain. Le gîte d'étape, avec son dortoir dans l'ancienne grange, est plutôt atypique (avec lits à baldaquin contemporains) et comprend aussi 2 jolies chambres familiales, 1 double et 1 simple (dans la maison pour ces dernières). Et la poignée d'emplacements du camping vraiment nature (yourte et tente safari équipées) ; en revanche, on n'y accède qu'à pied, la voiture reste sur le parking.

🏠 🍽 ***Chambres d'hôtes Le Mas du Coupétadou :*** ***Souteyrannes.*** ☎ *04-66-41-05-49.* • *coupetadou@orange.fr* • *chambre-hote-cevennes.fr* • *À 5 km au sud-est de Vialas. Fermé nov-mars. Doubles 90-100 €. Table d'hôtes 27 €. 30 mn de massage offertes (3 nuitées min) sur présentation de ce guide.* Dans un beau et lumineux volume éclairé par un toit-verrière, Stéphane a aménagé 5 chambres thématiques avec autant de goût et de caractère que de bonnes idées. 4 d'entre elles donnent sur les vallées. À l'extérieur, des tables et des chaises profitent aussi de cette vue splendide. Grand salon confortable, hammam et possibilité de massages. Légumes du jardin et produits locaux pour une table d'hôte que Stéphane, féru d'Asie, teinte parfois de touches exotiques. Le tout dans un bien bel environnement, que le chat Rip a aussi adopté.

🏠 🍽 ***Chambres d'hôtes La Source de Castagnols :*** ***Castagnols.*** ☎ *04-66-41-05-79.* • *info@castagnols.com* • *castagnols.com* • *À 6 km au sud-ouest de Vialas (chemin carrossable sur la fin). Fermé de mi-oct à début mai. Compter 105 € pour 2 (tarif dégressif pour séjour). Dîner (sauf ven) 27,50 €.* Un ensemble de petits bâtiments (avec fours à pain, moulin...) entoure cette ancienne ferme du XVIIIe s, posée au cœur de paysages sublimes (comme souvent dans ces Cévennes !). Une accueillante famille d'origine hollandaise y a aménagé 4 chambres de bonne taille, d'une charmante rusticité et d'un calme olympien dans ce bout du monde. La table d'hôtes végétarienne (à base de produits locaux) offre souvent l'occasion de faire quelques progrès en langues étrangères (Henk-Jan et Marjoleine en parlent quelques-unes !).

🏠 🍽 ***Chambres d'hôtes La Bastide de Trémiéjols :*** *Trémiéjols.* ☎ *04-66-41-08-19.* • *bastide-cevennes.com* • *Ouv Pâques-Toussaint. Doubles env 85-100 €. Table d'hôtes 27 €.* On est accueilli en ami dans cette maison nichée en pleine nature dans un cadre luxuriant où même les palmiers trouvent bon de pousser. Elle a conservé une grande partie du mobilier qui était déjà le sien quand Marc et Michael ont investi et retapé les lieux, ce qui lui confère un joli supplément d'âme. En plus, bonne literie (à l'allemande : à chacun sa couette) et des salles de bains plus contemporaines. 3 des chambres se trouvent à l'étage, la suite familiale (avec petite chambre séparée) est en rez-de-jardin. Et pour tout le monde : grande terrasse et jolie vue.

DANS LES ENVIRONS DE VIALAS

🚶🚶 ***Le sentier de découverte des mines du Bocard :*** *sur la rive droite du Luech, au niveau du pont de la Planche.* Ce sentier vous emmène découvrir les ruines de ce qui fut, entre 1781 et 1894, une mine de galène, le minerai de plomb argentifère qui, à partir de 1827, était aussi fondu sur place (auparavant, il était acheminé à dos de mulet jusqu'à Villefort).

La route des Crêtes (D 35) et le hameau de l'Espinas : sur la D 35 ; à env 8 km au sud-ouest de Vialas. Rien que pour sa situation, sur la route des Crêtes, ce hameau mérite le détour. Il se trouve sur un axe de communication très ancien où voyageurs et transhumants avaient pour habitude de faire étape. L'auberge ferma en 1862, la dernière habitante quitta les lieux en 1920. À la fin des années 1990, un collectif décida de lui redonner vie et d'en faire un lieu d'échange. Depuis 2002, il est aussi le ***siège de l'École professionnelle de la pierre sèche,*** unique en son genre en France. Sur place, un ***sentier de découverte de la pierre sèche*** permet de mieux comprendre la complexité, la beauté et l'ingéniosité de cet art que sont les murs de pierres sèches. Des exemples concrets (les ouvrages des élèves de l'école) viennent illustrer les explications techniques. Surtout, ne manquez pas de monter jusqu'au ***panorama géologique,*** qui offre un magnifique point de vue sur, d'un côté, le mont Lozère et la vallée du Luech et, de l'autre, le sud des Cévennes et la vallée Longue.

LE CHEMIN DE RÉGORDANE EN LOZÈRE

La Régordane est un petit pays qui s'étendait, au Moyen Âge, grosso modo d'Alès (dans le Gard) au château du Luc. C'est aussi et surtout une voie de passage naturelle fréquentée depuis l'Antiquité où les randonneurs du GR 700 ont aujourd'hui remplacé les pèlerins de Saint-Gilles et les caravanes descendant du Massif central, chargées de fromages et de laitages, qui croisaient celles remontant avec le précieux sel, le vin, les châtaignes...

VILLEFORT

(48800) 630 hab. *Carte Lozère, D3*

Au pied du mont Lozère, sur son flanc oriental, Villefort constitue une des portes d'entrée (ou de sortie !) du parc national des Cévennes. De tout temps, elle fut aussi une importante ville de passage. Située sur la voie Régordane au Moyen Âge, elle profite aussi en 1870 de l'ouverture de la ligne de chemin de fer Paris-Marseille (réduite depuis à Nîmes-Clermont-Ferrand).
Un siècle plus tard, en 1964, c'est la création du lac de Villefort qui la dynamise et la transforme en une gentille cité touristique. C'est dans ce même lac de barrage qu'est aujourd'hui élevée en bio la truite du mont Lozère (les produits transformés peuvent s'acheter directement à l'atelier, sur les marchés et dans plusieurs épiceries).

Adresses et infos utiles

Office de tourisme : *pl. du Bosquet. ☎ 04-66-46-87-30. • destination-montlozere.fr • Juin-août : lun-sam 9h30-12h30, 15h-19h et dim mat. Début sept et vac scol : lun-ven 9h30-12h30, 15h-18h et sam matin ; le reste de l'année, fermé mer et l'ap-m des lun, jeu et sam.*

– ***Grandeur Nature :*** *au lac. ☎ 04-66-46-80-62. • grandeurnature48.com •* Canotage sur le lac, mais aussi canyoning dans les gorges du Chassezac, escalade, via ferrata... Également un parcours accrobranche.

🚂 ***Gare SNCF :*** *rens au ☎ 36-35.* Villefort est située sur la ligne Nîmes-Clermont-Ferrand ; env 3 trains/j. Quelques liaisons/j. aussi avec Mende et Alès.

– ***Marchés :*** *jeu mat. Et **marché nocturne** lun en juil-août.*

Où dormir ? Où manger ?

Hôtel Balme – Restaurant La Clède : *pl. du Portalet. ☎ 04-66-46-80-14. Au centre, dans la rue principale. Resto tlj le soir sauf mar. Accueil hôtel 17h-23h. Double 58 € (tarif dégressif dès la 2e nuit). Carte env 27 €.* Une institution du bourg. Certes, la vieille maison est sonore et semble d'une autre époque (grand escalier, couloir moquetté, vieux carrelages, fenêtres immenses, mobilier ancien), mais c'est peut-être justement ce qui fait tout son charme et lui donne cette âme (en plus de l'accueil, excellent). Et côté resto, la cuisine, elle, est bien d'aujourd'hui : de beaux produits locaux pour des plats pleins d'idées sous leurs airs de ne pas y toucher.

Chambres d'hôtes Mas de l'Affenadou : *4, rue de l'Affenadou. ☎ 04-66-46-97-23. • nelly.manifacier@orange.fr • gite-lozere.com • À 1,5 km du centre. Fermé de mi-nov à mi-mars. Compter 102 € pour 2 en ½ pens.* Rénovation réussie pour ce beau mas du XVIe s, sur le GR 44/68, en plein cœur des Cévennes. Vaste maison rustique aux chambres cosy et à l'atmosphère chaleureuse. Accueil à l'unisson et bonne cuisine familiale. Piscine chauffée, espace bien-être (sauna, jacuzzi, massages sur réservation).

Où dormir dans les environs ?

Camping La Palhère : *route du Mas-de-la-Barque (D66), 48800 **Pourcharesses.** ☎ 04-66-46-80-63. 📱 06-81-51-80-10. • contact@campinglapalhere.com • campinglapalhere.com • ♿ À 5 km de Villefort. Ouv de mi-avr à mi-nov (tte l'année pour les chalets). Compter 11,90-16,90 € pour 2 ; locatif (6-8 pers). 30 empl.* Un site ombragé, dans un cadre magnifique bien en retrait de la route, avec accès à une jolie rivière et à une belle piscine chauffée. Grand choix de locatifs : tipis, roulottes, sans oublier les classiques chalets et mobile homes. Ensemble très bien tenu et sanitaires impeccables. Épicerie, snack, fiches balades.

Chambres d'hôtes Au Portaou : *Valcrouzès, 48800 **Saint-André-Capcèze.** ☎ 04-66-46-20-10. • au-portaou@wanadoo.fr • au-portaou.com • ♿ À env 4 km au sud de Villefort, par la D 906, puis une petite route sur la gauche (panneaux discrets !). Fermé nov-fév. Double 60 € (2 nuits consécutives demandées).* Mas cévenol de la fin du XVIIIe s, superbement restauré par Patricia et Hans, un couple belgo-allemand très accueillant. Il y a là 1 petite chambre d'hôtes (2 personnes), aménagée dans l'ancienne clède, en mezzanine. Les autres chambres peuvent aussi se louer en gîtes : l'adorable Bergerie, avec chambre à l'étage et kitchenette au rez-de-chaussée, ou encore la Magnanerie (2 chambres) avec sa belle salle. Pour tous, accès à une cuisine (y compris la clède), terrasse, de beaux matériaux, beaucoup de cachet et des installations écolo : panneaux solaires, récupération d'eau... Une adresse rare et simple à la fois, propice aux séjours prolongés... Possibilité de séjours et de stages à thème.

L'Arbre à Pain : *route de Mende (D 901), 48800 **Altier.** ☎ 04-66-46-81-05. À env 11 km au nord-ouest de Villefort. Fermé mar soir et mer. Menus 14 € (midi en sem), puis 19-45 €.* En bord de route, cette maison en bois avec sa tour en pierre et sa terrasse joliment végétalisée (y a même un p'tit châtaignier) constitue une agréable étape pour qui souhaite se régaler d'une bonne cuisine du terroir.

Où acheter de bons produits ?

Mas de l'Affenadou : *voir plus haut « Où dormir ? Où manger ? ».* Nelly et son mari assurent également la production et la vente de produits fermiers : foie gras, confit...

DANS LES ENVIRONS DE VILLEFORT

Le château de Castanet : *sur une des rives du lac, à 5 km au nord-ouest par la D 901. Juil-août, tlj sauf sam ; visite guidée seulement à 18h, visite libre 14h-18h. Entrée : 3 € ; réduc.* Joli château Renaissance d'allure médiévale aujourd'hui agréablement baigné par les eaux du lac. À l'intérieur, expo sur le thème de l'art abstrait réunissant sculpteurs et peintres. Tout l'été : conférences, concerts, visites à thème.

Le Mas-de-la-Barque (48220) **:** *à 16 km au sud-ouest de Villefort par la D 66 qui grimpe gentiment à travers des paysages franchement superbes. ☎ 04-66-46-92-72. • lemasdelabarque.com •* Dans la partie boisée du mont Lozère (résineux et hêtres), très joli site pour « casse-croûter », et dormir dans un village de gîtes (3 nuits min). Et même si c'est loin de tout, impossible de s'y ennuyer ; nombreuses activités, été comme hiver : ski de fond, luge, raquettes, VTT électriques, marche nordique, etc.

Auberge du Mas de la Barque : *☎ 04-66-46-97-22 (auberge du Mas). • aubergedumasdelabarque@laposte.net • ♿ Nuitée 35 €/pers et menus 17 € ; ½ pens 60 €.* Sur les contreforts du mont Lozère, à 1 400 m d'altitude. En pleine nature, un complexe comprenant une auberge, des chambres, des studios et des appartements de grand confort, un gîte d'étape, etc., le tout dans de jolies petites maisons de pierre bien intégrées au paysage. Idéal pour familles et randonneurs.

LA GARDE-GUÉRIN

(48800) 13 hab. *Carte Lozère, D3*

Sa haute tour carrée se dresse au-dessus des vertigineuses gorges du Chassezac, taillées à la hache dans les chênes et le granit. À ses pieds, des maisons en grosse pierre, refuges d'intellectuels et d'artistes dès la belle saison. Comme surgit quasi intact du Moyen Âge, l'endroit est superbe. C'est l'un des plus beaux villages de Lozère, sans nul doute. Mais le revers de la médaille, c'est la foule qui débarque en été. Vous nous avez compris, venez de préférence hors saison ! La circulation est interdite dans le village. On laisse sa voiture au parking en arrivant.

UN PEU D'HISTOIRE

Ce village n'est pas le fruit du hasard : c'était une étape importante sur le chemin de Régordane. Peut-être l'une des plus attendues par les pèlerins, venus du Puy-en-Velay et se rendant à Saint-Gilles-du-Gard, en Camargue, mais aussi par les marchands, et les voyageurs en général. Une 1re citadelle, fondée au Xe s par les seigneurs de Tournel, servait en effet de base aux puissants seigneurs *pariers,* chargés d'assurer le guidage et la protection des voyageurs. Ils jouaient le rôle de gendarmes, percevant une taxe sur chaque passage. D'où leur fortune et les nombreux ennuis qu'ils connurent par la suite. Jaloux de leur pouvoir, l'évêque de Mende fit démanteler la citadelle de La Garde-Guérin au XIIe s afin d'y rétablir sa suzeraineté.

Où dormir ? Où manger ?

Auberge Régordane : ☎ 04-66-46-82-88. • aubergeregordane@orange.fr • regordane.com • (resto). *Resto fermé lun-mer. Congés : d'oct à mi-avr. Doubles 73-84 €. Menu 27 €.* Un vieux manoir du XVIe s aux murs épais. C'est l'une des bonnes tables de Lozère, où l'on sert truites, bœuf de l'Aubrac, agneau des causses, dans une jolie salle voûtée ou dans la charmante courette. Au long de l'escalier à vis, un salon où passer agréablement les heures chaudes ou une soirée, et de petites chambres sobrement mais joliment arrangées. Le cadre et l'accueil impeccable de Pierre et Philippe Nogier, 2 frères qui ont travaillé dur pour remettre d'aplomb ces bâtiments, en font une belle étape sur le chemin de Régordane.

Le Comptoir de la Régordane : ☎ 04-66-46-83-38. • le-comptoir-la-regordane@orange.fr • *Tlj 10h-18h en saison ; sinon mer-dim 10h-18h. Service le midi seulement, 12h-14h30. Congés : janv. Plats 10,50-19,50 €.* Au cœur du village, cette grange associative réunissant producteurs et artisans compte 3 ou 4 tables en terrasse, au pied du château, et à peine plus à l'intérieur. L'accueil est jeune, souriant et motivé ; les prix très démocratiques, surtout pour une telle qualité de produits. Assiettes de charcuteries locales, de fromages, truite bio, crêpes aux marrons, etc., le tout arrosé d'un vin des Cévennes ou d'une bière de châtaigne artisanale. À la boutique, choix pantagruélique de produits du pays.

À voir à Lagarde-Guérin et dans les environs

Le village : sillonner ses 2-3 rues pavées, bordées de solides maisons de pierre avec linteaux gravés, fenêtres à croisée ou à meneaux. Jolis chapiteaux dans la petite église romane. L'immanquable donjon, ultime vestige du château des seigneurs *pariers,* dresse ses 22 m au bout du village. Ascension possible mais l'escalier métallique est vraiment raide ! De là-haut, superbe vue sur les gorges du Chassezac. On peut également les contempler depuis un belvédère, accessible par un court sentier démarrant à 1 km au nord du village. Pour descendre dans les gorges en **canyoning,** rens à la *Maison de l'Aventure,* près du donjon (06-71-08-29-17 ; • lamaisondelaventure.com •).

Prévenchères : *à 6 km au nord de Lagarde.* Petit village tranquille, qui se distingue par sa mignonne église romane au plan en trèfle et, sur la place devant celle-ci, par son vénérable tilleul planté en 1601 sur ordre de Sully pour fêter la naissance du futur Louis XIII. En cas de fringale, modeste *Auberge du Vieux Tilleul* à 2 pas, ouverte tous les midis (☎ 04-66-46-85-86). Dans les proches environs, on peut pêcher dans le petit lac de barrage du Rachas.

LA BASTIDE-PUYLAURENT

(48250) 160 hab. *Carte Lozère, D2*

Tout n'est pas roman et chargé d'histoire médiévale en Lozère. Même ce département, dont on disait au XIXe s dans les salons parisiens qu'il était tellement perdu qu'on ne pouvait y aller sans courir de risque, a connu les

effets de la révolution industrielle. La Bastide en est un exemple flagrant. Le village s'est développé grâce à la création de la ligne de chemin de fer Paris-Nîmes.

Où dormir ?

Maison d'hôtes L'Étoile : *5, route de Mende. 06-83-99-70-86. • papadimitriou4@hotmail.com • etoile.fr • Fermé 15 sept-31 mai. En ½ pens seulement 50-70 €/pers en dortoir ou chambre double.* Dans un ancien hôtel des années 1920 à la façade rétro, une adresse qui, avec son grand dortoir (8 lits), reçoit beaucoup de randonneurs. Dans les étages, chambres d'hôtes, plus tranquilles, vastes et bien nettes. Copieux petit déj (pain maison) et repas pantagruélique (arrosé de bières belges). L'accueil sympa du proprio (qui s'est posé ici après une vie de vadrouille !), la véranda et le grand jardin en bord de rivière en font un vrai lieu de détente.

DANS LES ENVIRONS DE LA BASTIDE-PUYLAURENT

Le château de Luc (48250) **:** *à 9 km au nord par la D 906, fléché depuis l'entrée du village.* Déjà peuplé à l'époque celtique, *Lucus* fut ensuite dédié au dieu Mercure. Au XIIe s, la forteresse gallo-romaine est remplacée par un château fort, un vrai, détruit au XVIIe s sur ordre de Richelieu. Mais ce qu'il en reste témoigne encore de son ancienne puissance : solide corps de logis et donjon (on peut grimper au sommet) impossible à rater avec cette Vierge Marie particulièrement kitsch, qui le coiffe depuis sa transformation en chapelle en 1878 ! Joli site en tout cas qui offre une vue panoramique sur les environs.

CHASSERADÈS (48250)

À env 10 km de La Bastide-Puy-Laurent par la D 6.
Établi à 1 150 m d'altitude, sur le chemin de Stevenson (GR 70) face à la montagne du Goulet, ce bourg montagnard tourné vers le panorama se blottit de part et d'autre d'un torrent alimentant 2 vieux lavoirs. Au sommet du village, une solide église du XIIe s à laquelle s'agrippent de grosses maisons, tandis que plus haut dans la montagne naissent les sources de l'Allier.

Où dormir ? Où manger ?

Camping

Camping municipal Sources de l'Allier : *route de Grossefage, à env 1,5 km du village direction Puylaurent. 06-49-59-06-65 ou ☎ 04-66-46-01-16 (mairie). • campingmunicipalchasserades@orange.fr • Ouv mai-sept. Forfait 2 pers env 9 €. 60 empl.* Beau camping de montagne, étalé entre sous-bois et prairies d'altitude, dans un site isolé assez sauvage. Sanitaires impeccables. Loc d'un bengali équipé (cuisine) pour 5 personnes, et d'un autre avec seulement des lits, façon gîte d'étape pour randonneur *(4,80 €/pers).*

De bon marché à prix moyens

Hôtel-restaurant des Sources : *D 6. ☎ 04-66-46-01-14. • info@hotel-lozere.fr • hotel-lozere.fr • Env 500 m avant le village en venant de La Bastide. Tlj sauf dim soir et lun soir pour le resto. Fermé nov-avr. Doubles 45-58 € ;*

58 €/pers en ½ pens ; familiales. Menus 15,90 € (sauf dim) puis 26-31,50 €. Maison plutôt récente, un peu en bord de route (mais elle n'est pas très passante). Chambres banales et bien nettes, avec douche sur le palier pour les moins chères. Au resto, cuisine traditionnelle de bon aloi : charcuterie maison, grenouilles, écrevisses, tête de veau... Terrasse.

Maison d'hôtes Le Relais de Modestine : *D 6 village. ☎ 04-66-46-29-16 ou 06-69-52-75-90. • contact@stevenson-en-cevennes.fr • stevenson-en-cevennes.fr • Double 72 € ; 55 €/pers en ½ pens.* À l'entrée du village, tournée vers la vue et bordée d'une terrasse-jardin pour en profiter, cette belle maison en granit abrite des chambres claires et champêtres, et propose même un enclos pour loger sa Modestine (du nom de l'âne de Stevenson).

LA LOZÈRE (LE GÉVAUDAN)

• Carte *p. 576-577*

ABC de la Lozère

- ***Superficie :*** 5 167 km².
- ***Population :*** 76 600 hab (2019).
- ***Préfecture :*** Mende.
- ***Sous-préfecture :*** Florac.
- ***Signes particuliers :*** département le moins peuplé de France (15 hab./km²), la Lozère compte plus d'ovins que d'humains ; c'est le département à l'altitude moyenne la plus élevée. Avec 20 sites et 163 000 ha (soit 31 % du département) classés Natura 2000, la Lozère détient un autre record.
- ***Sites classés par l'Unesco :*** le territoire des Causses et des Cévennes et la portion des chemins de Compostelle comprise entre Nasbinals, Aubrac et Saint-Chély-d'Aubrac (soit 17 km).

Avec un peu plus de 76 000 habitants, soit environ 15 habitants au kilomètre carré (de quoi faire rêver n'importe quel citadin !), la Lozère est le département le moins peuplé de France. À une époque où l'on recherche calme, tranquillité et retour à la nature, elle possède quelques longueurs d'avance sur les autres départements.

Des vallées accidentées des Cévennes, pays de rivières et de châtaigniers, aux Grands Causses, vastes plateaux aux horizons infinis, ce n'est pas l'espace qui manque. Au nord, s'étend l'Aubrac, montagne aplanie, immense terre de transhumance, où l'on peut faire des kilomètres à pied dans la solitude des pâturages et des burons. Et la Margeride, terroir inconnu de la France profonde, succession de forêts et de pâturages (jaunis l'été par la sécheresse, blanchis l'hiver par la neige), de ruisseaux à truites et de villages en granit.

PORTER LA FADE !

La Lozère, terre de légendes, voue un véritable culte aux fées. Autant craintes qu'admirées, elles pouvaient être gentilles (les fades) ou méchantes (les fascinièras). Il était donc important que le nouveau-né soit visité par la bonne fée ! Certaines prenaient possession de l'enfant, faisant de lui un fada ou une fadette... Des simplets que l'on se gardait bien de contrarier de peur de les vexer !

Une nature âpre, rude, mais furieusement belle. Pas de bruit inutile, nulle construction superflue. Et quelque chose comme une grandeur dans cet horizon qui n'en finit pas de s'enfuir au loin... La Lozère, département panoramique ! Territoire profondément rural aussi, qui s'explore

Crédits photos : Regis Domergue - CDT Lozère

au hasard des petites routes bordées de vert sur les cartes routières. Et où chaque repas, ou presque, se conclut par un formidable plateau de fromages.
Les limites de l'actuel département correspondent grosso modo à celles de l'ancien Gévaudan, comté de l'Ancien Régime, où sévissait la fameuse Bête. Le Tarn, le Lot, l'Allier et quelques autres rivières, moins connues, y prennent leur source et parcourent le département en tous sens. Le mont Lozère et le mont Aigoual font figure de véritables châteaux d'eau pour toute une partie de la France. Et toutes ces vallées, creusées au gré des lits capricieux de ces cours d'eau, cassent l'apparente uniformité des plateaux et transforment la nature en paysage grandiose, à l'image des gorges du Tarn.
Le territoire des Causses et des Cévennes a été inscrit en 2011 par l'Unesco au Patrimoine mondial de l'Humanité dans la catégorie « paysage culturel évolutif vivant » au titre de l'agropastoralisme méditerranéen. Il comprend une bonne partie de la Lozère et des régions naturelles citées ci-dessus (causse Méjean, causse de Sauveterre, gorges du Tarn ou de la Jonte, les Cévennes, bien sûr, le mont Lozère, l'Aigoual...) et recouvre les 2 grands parcs naturels (des Cévennes et des Grands Causses).

Adresses et infos utiles

Comité départemental de tourisme de la Lozère : *rue du Gévaudan, 48000* ***Mende.*** *☎ 04-66-65-60-00. • lozere-tourisme.com • Facebook •* Pas d'accueil du public, mais renseignements téléphoniques et envoi de brochures avec listes des logements et des restos, possibilités de randonnées pédestres ou à vélo, de canoë-kayak, de spéléologie... Répertoire des ***Gîtes de France*** sur le site internet.

■ ***Maison de la Lozère à Paris :*** *1 bis et 4, rue Hautefeuille, 75006 Paris. ☎ 01-43-54-26-64. • lozere-a-paris.com • Ⓜ Odéon ou Saint-Michel. Lun 13h30-18h30 ; mar-sam 10h-12h30, 13h30-18h30.* Renseignements touristiques, expos, vente de produits lozériens et service de réservation (gîtes ruraux, hôtels, villages de vacances, stages...).

Maison de tourisme de l'aire de la Lozère : *☎ 04-66-31-94-06. Tlj : juil-août 9h-19h ; avr-juin 9h-18h ; sinon, 10h-17h.* Si vous arrivez du nord par l'A 75, la 1re sortie dans le département (sortie n° 32) vous met tout de suite dans le bain avec ce point d'accueil, annexe du comité départemental de tourisme. Toutes infos, documentations, réservations sur le département et une librairie.

– ***Transports :*** bus et trains locaux sont gérés par la région Occitanie. Lignes régulières de Mende vers les principales « villes » de Lozère (Langogne, Florac, Marvejols, Saint-Chély-d'Apcher et La Canourgue). L'été, des navettes saisonnières viennent compléter le maillage (gorges du Tarn, Aubrac, etc.). Détails sur : *• lio.laregion.fr •*

À faire

Visites de fermes : d'un élevage de brebis à une ferme productrice de châtaignes, de miel et de fruits, on part à la découverte des exploitations de Lozère, guidé par les agriculteurs eux-mêmes. Visites gratuites ou payantes, souvent avec goûter, à réserver au moins 2 jours à l'avance. Infos et résas sur *• visitedeferme.fr •*

MENDE ET SES ENVIRONS

MENDE

(48000) 12 967 hab. *Carte Lozère, B3*

• Plan *p. 579*

Cette préfecture de la Lozère (l'une des plus petites de France, et l'une des rares où l'on pêche à la ligne le long des boulevards...) a le charme des romans du XIXe s.
C'est à Urbain V, né du côté du Pont-de-Montvert, que Mende doit sa célébrité. Il fut élu pape de la chrétienté en 1362. 4 ans après, il décidait d'élever la cathédrale. Blotti autour de cette cathédrale asymétrique, le centre de Mende manque peut-être d'animation mais pas de caractère, avec ses maisons patinées par les ans, ses rues pavées, ses toits en écailles de schiste... Du temps des Louis (de XIV à XVI), on y fabriquait beaucoup de tissus, les « cadis » et les serges. Située au centre du département, la ville, qui a obtenu le label Grand Site, est un point de départ pour toutes les contrées si diverses qui font la richesse de la Lozère : Margeride, Aubrac, gorges du Tarn, Causses et Cévennes.

HALTE AU FEU ?

La Lozère ne compte qu'un seul feu de signalisation, à Mende, en bas de l'avenue du 11-Novembre... et il clignote en orange la plupart du temps !

Arriver – Quitter

Gares SNCF et routière *(hors plan par B1)* **:** *à 600 m du centre historique, accessibles par le bus urbain* TUM *(tlj sauf dim).* Pas de trains directs depuis Paris. Changement à Clermont-Ferrand, puis autocar (env 6h30 de trajet). Sinon, TGV Paris-Nîmes, puis TER directs jusqu'à Mende (env 6h10 de trajet). Cars pour Millau et Rodez.

Adresses et infos utiles

Office de tourisme intercommunal Mende – Cœur de Lozère *(plan A2,* **1***)* **:** *pl. du Foirail. ☎ 04-66-94-00-23. • mende-coeur-lozere.fr • Juil-août, lun-sam 9h-18h, dim 10h-13h. Le reste de l'année, lun-sam (fermé sam ap-m oct-mai).* Hébergements, mais aussi circuits périurbains, topo-guides, circuits VTT (de 2,3 à 53 km) et quantité d'activités sportives ou culturelles, dont un *explore game* (avec tablette numérique à louer) sur le thème de la bête du Gévaudan. Visites de la ville et de la cathédrale (dont des visites le soir en été, certaines avec intermèdes musicaux ou théâtraux).

– Le ***Pays d'art et d'histoire Mende et Lot en Gévaudan*** propose aussi de nombreuses expositions et manifestations, visites guidées et balades animées. Renseignements à l'office de tourisme ou sur *• pah-mende-et-lot.fr •* et *• culture.lozere.fr •*

Taxis : ***Taxi Gomar,*** *☎ 04-66-65-00-53 ;* ***Taxi Mendois,*** *06-71-85-42-49.*

– ***Marchés :*** *marché des produits du terroir sam mat et marché vestimentaire mer tte la journée.* Les

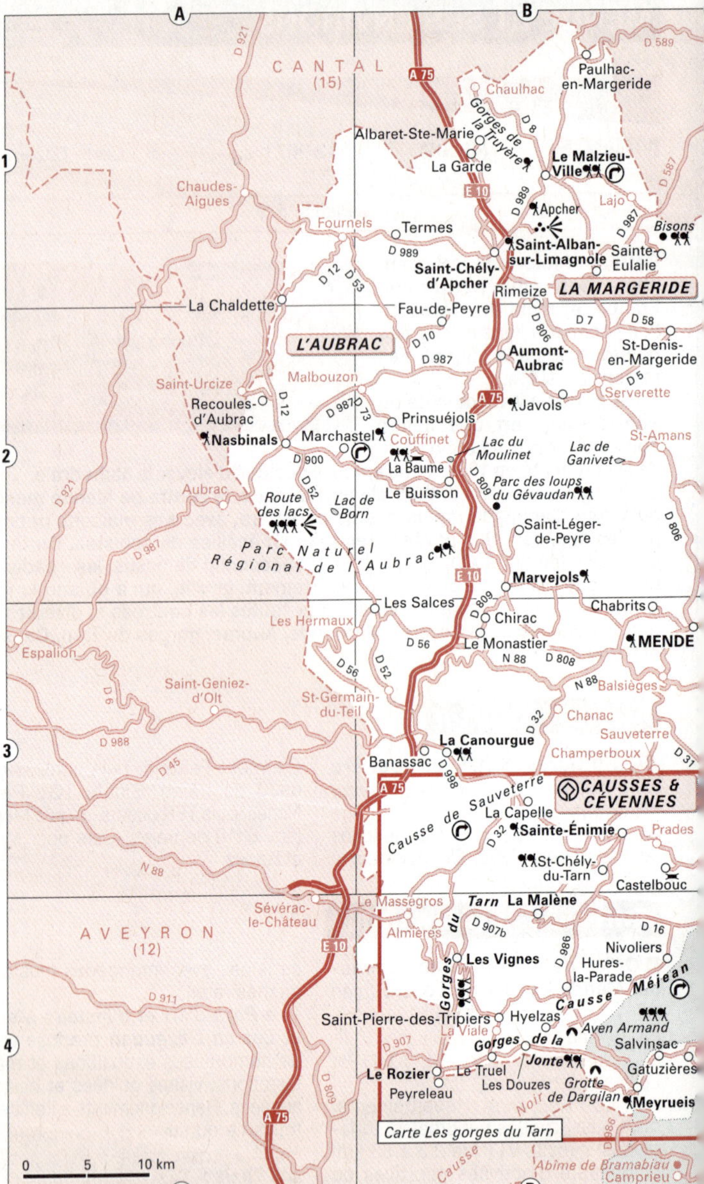
CANTAL (15)
AVEYRON (12)
L'AUBRAC
LA MARGERIDE
CAUSSES & CÉVENNES
Parc Naturel Régional de l'Aubrac
Paulhac-en-Margeride
Chaulhac
Gorges de la Truyère
Albaret-Ste-Marie
La Garde
Le Malzieu-Ville
Lajo
Apcher
Bisons
Sainte-Eulalie
Saint-Alban-sur-Limagnole
Saint-Chély-d'Apcher
Chaudes-Aigues
Fournels
Termes
Rimeize
La Chaldette
Fau-de-Peyre
Aumont-Aubrac
St-Denis-en-Margeride
Serverette
Malbouzon
Saint-Urcize
Recoules-d'Aubrac
Javols
Prinsuéjols
Nasbinals
Marchastel
Couffinet
La Baume
Lac du Moulinet
Lac de Ganivet
St-Amans
Aubrac
Route des lacs
Lac de Born
Le Buisson
Parc des loups du Gévaudan
Saint-Léger-de-Peyre
Marvejols
Les Salces
Les Hermaux
Chirac
Chabrits
Le Monastier
MENDE
Espalion
Saint-Geniez-d'Olt
St-Germain-du-Teil
Balsièges
Chanac
Sauveterre
Champerboux
La Canourgue
Banassac
Causse de Sauveterre
La Capelle
Sainte-Énimie
Prades
St-Chély-du-Tarn
Castelbouc
Sévérac-le-Château
Le Massegros
Almières
Gorges du Tarn
La Malène
Les Vignes
Nivoliers
Hures-la-Parade
Causse Méjean
Saint-Pierre-des-Tripiers
La Viale
Hyelzas
Aven Armand
Salvinsac
Gorges de la Jonte
Le Rozier
Le Truel
Les Douzes
Peyreleau
Grotte de Dargilan
Gatuzières
Meyrueis
Causse Noir
Carte Les gorges du Tarn
Abîme de Bramabiau
Camprieu
A75
E10
D 921
D 987
D 988
D 45
N 88
D 911
D 6
D 809
D 806
D 589
D 587
D 8
D 989
D 12
D 53
D 10
D 7
D 58
D 5
D 73
D 900
D 52
D 56
D 808
D 32
D 998
D 31
D 907b
D 986
D 16
D 907
0 5 10 km

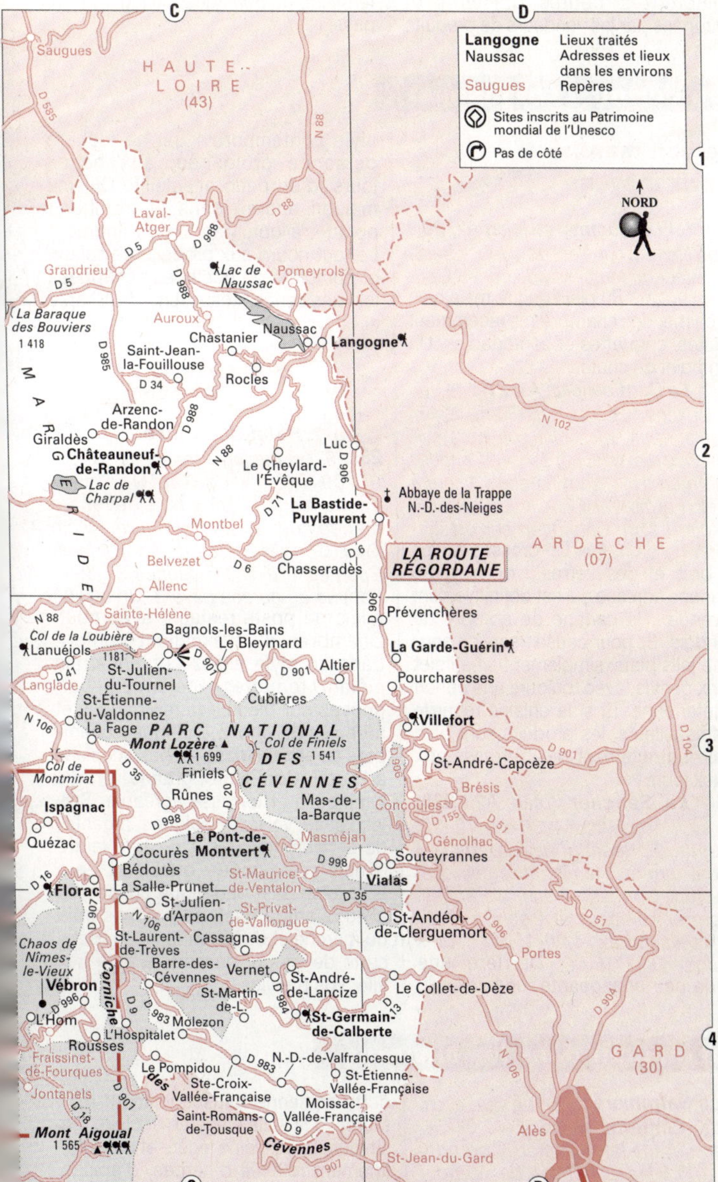

Langogne
Lieux traités
Naussac
Adresses et lieux dans les environs
Saugues
Repères
Sites inscrits au Patrimoine mondial de l'Unesco
Pas de côté
NORD
HAUTE-LOIRE (43)
ARDÈCHE (07)
GARD (30)
MARGERIDE
PARC NATIONAL DES CÉVENNES
LA ROUTE RÉGORDANE
Corniche des Cévennes
Saugues
Laval-Atger
Grandrieu
Lac de Naussac
Pomeyrols
La Baraque des Bouviers
1 418
Auroux
Naussac
Chastanier
Langogne
Saint-Jean-la-Fouilloux
Rocles
Arzenc-de-Randon
Giraldès
Châteauneuf-de-Randon
Lac de Charpal
Luc
Le Cheylard-l'Évêque
Abbaye de la Trappe N.-D.-des-Neiges
La Bastide-Puylaurent
Montbel
Belvezet
Chasseradès
Allenc
Sainte-Hélène
Prévenchères
Col de la Loubière
Bagnols-les-Bains
Le Bleymard
Lanuéjols
1181
La Garde-Guérin
St-Julien-du-Tournel
Altier
Langlade
Cubières
Pourcharesses
St-Étienne-du-Valdonnez
Villefort
La Fage
Mont Lozère
1 699
Col de Finiels
1 541
Col de Montmirat
St-André-Capcèze
Finiels
Brésis
Ispagnac
Rûnes
Mas-de-la-Barque
Concoules
Quézac
Le Pont-de-Montvert
Masméjan
Génolhac
Cocurès
Souteyrannes
Bédouès
St-Maurice-de-Ventalon
Vialas
Florac
La Salle-Prunet
St-Julien-d'Arpaon
St-Privat-de-Vallongue
St-Andéol-de-Clerguemort
Chaos de Nîmes-le-Vieux
St-Laurent-de-Trèves
Cassagnas
Portes
Barre-des-Cévennes
Vernet
St-André-de-Lancize
Le Collet-de-Dèze
Vébron
St-Martin-de-L.
L'Hom
Molezon
St-Germain-de-Calberte
Rousses
L'Hospitalet
Fraissinet-de-Fourques
Le Pompidou
N.-D.-de-Valfrancesque
St-Étienne-Vallée-Française
Ste-Croix-Vallée-Française
Jontanels
Moissac-Vallée-Française
Saint-Romans-de-Tousque
Mont Aigoual
1 565
Alès
St-Jean-du-Gard
D 585
N 88
D 88
D 5
D 988
D 985
D 34
N 102
D 906
D 71
D 6
D 901
D 41
N 106
D 35
D 20
D 998
D 155
D 51
D 104
D 16
D 907
D 996
D 9
D 983
D 984
D 13
D 904
D 18
C
D
1
2
3
4

LA LOZÈRE

nombreuses petites places sont occupées par les vendeurs de produits fermiers, de fromages, de légumes du pays...

Où dormir ? Où manger ?

De bon marché à prix moyens

Hôtel Le Commerce *(plan A2,* ***20****) : 2, bd Henri-Bourrillon. ☎ 04-66-65-13-73. • lecommerce-mende.com • Doubles 59-62 €.* En plein centre mais bien au calme, des chambrettes récemment refaites, coquettes et confortables. Un bon point de chute.

La Cantine *(plan A1,* ***21****) : 25, rue du Collège. ☎ 04-66-32-86-12. Tlj sauf dim-lun, plus mar soir hors saison. Ouv dim midi hte saison. Congés : 1 sem en avr, 2 sem fin août, 1 sem à Noël. Formule 16 € le midi, 19-26 € le soir et sam. Café offert sur présentation de ce guide.* De grosses tables de bois et des verres... de cantine, pour une adresse qui est définitivement devenue... la cantine de nombre de Mendois. Et pour cause : service souriant, jolis plats, simplement créatifs et à prix gentils, avec toujours une option végétarienne. Et si la cuisine regarde parfois ailleurs, les produits sont bien d'ici et strictement bio. Terrasse aux beaux jours.

Le Sanglier *(plan A2,* ***22****) : 5, av. Foch. ☎ 04-66-65-12-62. • restaurantlesanglier@orange.fr • Fermé dim et j. fériés, et le soir sauf jeu-sam. Congés : 1 sem à Pâques, 1 sem en juil-août et 2 sem à Noël. Formules midi 14,90-15,90 € puis menus 18-27,50 €.* Derrière une vitrine peu engageante, une salle au style contemporain qui ne fâchera personne prolongée, aux beaux jours, d'un patio ensoleillé. Cuisine maison ancrée dans la tradition : potage, aligot, viande de l'Aubrac... Le tout nourri aux produits de saison et complété de quelques échappées loin des sentiers caussenards. Simple et bon.

Chic

Hôtel de France *(plan B1,* ***23****) : 9, bd Lucien-Arnault. ☎ 04-66-65-00-04. • contact@hoteldefrance-mende.com • hoteldefrance-mende.com • Resto fermé sam midi. Congés : fêtes de fin d'année. Doubles 110-120 €. Menus 27-39 €. Parking ou garage payant.* Un ancien relais de poste restauré avec goût. Chambres d'un excellent confort, dans un style assez contemporain mêlant tomettes anciennes, baignoires sur pieds, teintes douces et mobilier de choix. Quelques chambres en annexe dans 2 villas accolées à l'hôtel. Côté resto, grande verrière lumineuse et terrasse agréable. Service stylé, vaisselle soignée, argenterie et fleurs fraîches. Un cadre feutré – mais pas guindé – qui sied bien à la cuisine gastronomique concoctée avec talent, à base de produits frais du marché et du terroir lozérien. Belle carte de vins et desserts à faire frétiller vos papilles...

Où manger dans les environs ?

La Safranière *: 52, rue du Lavoir, 48000* ***Chabrits****. ☎ 04-66-49-31-54. • restaurant-la-safraniere@orange.fr • À 5,5 km à l'ouest de Mende. Ouv jeu-sam et le midi dim. Congés : 4 sem de mi-fév à mi-mars et 1 sem en sept. Résa conseillée. Formule midi 28 € ; menus 32-36 €.* C'est la table gastro des environs de Mende. Dans cette ancienne bâtisse joliment restaurée, à la salle élégante et claire, on savoure une cuisine légère et délicate, finement relevée d'herbes, d'épices et d'aromates parfois exotiques. Une cuisine de saison aux accents méditerranéens, avec quelques échappées vers l'Asie.

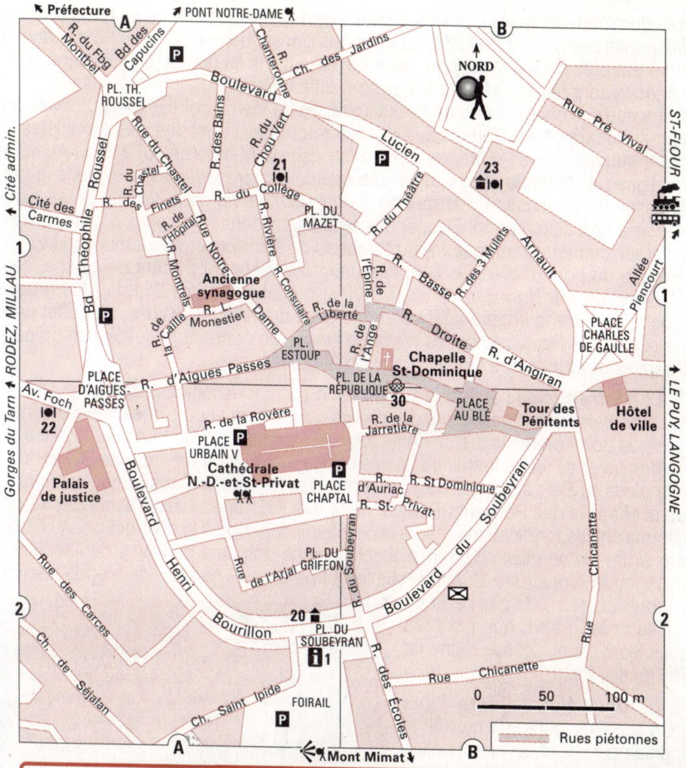

MENDE

■ **Adresses utiles** 1 Office de tourisme intercommunal Mende – Cœur de Lozère (A2) **Où dormir ? Où manger ?** 20 Hôtel Le Commerce (A2)	21 La Cantine (A1) 22 Le Sanglier (A2) 23 Hôtel de France (B1) **Où acheter de bons produits ?** 30 Pâtisserie Maison Majorel (B1-2)

Où acheter de bons produits ?

Pâtisserie Maison Majorel *(plan B1-2,* ***30****) : 2, pl. de la République. ☎ 04-66-65-17-85. Ouv mer-sam et dim mat.* Enseigne rétro pour cette pâtisserie où l'on confectionne de génération en génération depuis 1901 le « croquant de Mende », biscuit aux amandes et noisettes, entre autres gourmandises.

À voir

La cathédrale Notre-Dame-et-Saint-Privat *(plan A-B2)* **:** *pl. Urbain-V (entrée par les portes latérales).*

Elle domine toute la ville de sa superbe. C'est Urbain V, pape né en Lozère, qui l'a fait construire à partir de 1368. Interrompus par la guerre de Cent Ans, les travaux durèrent près de 5 siècles, pour un achèvement à la fin du XIXe s seulement. Votre sagacité aura noté que les 2 flèches sont différentes.
Dans une des chapelles du déambulatoire, petite Vierge noire en bois d'olivier, qui aurait été rapportée d'Orient au XIIIe s, au retour des croisades. Les calvinistes lui firent subir quelques outrages lors de la prise de Mende en 1579. On remarque les lignes byzantines et ses traits très masculins, presque sévères. Dans la nef, tapisseries d'Aubusson illustrant en 8 panneaux la vie de la Vierge, de sa naissance à son assomption. Descendre également dans la crypte de style roman, à l'emplacement – supposé... – du tombeau de saint Privat, fondateur de la ville.
À droite du porche d'entrée est posé un impressionnant battant de cloche, seul souvenir de « la Non-Pareille » : au XVIe s, c'était, avec ses 25 t, la plus grosse cloche de toute la chrétienté. Grandes orgues du milieu du XVIIe s, au buffet orné de sculptures Renaissance, sauvées de l'incendie pendant la Révolution grâce à l'organiste qui joua une *Marseillaise...* enflammée !

Le centre ancien : petit circuit explicatif disponible à l'office de tourisme. Depuis la cathédrale, on se glisse dans des ruelles qui cachent encore quelques maisons à pans de bois comme la *rue de l'Arjal (plan A2)* au départ de la toute petite *place du Griffon* (avec sa vieille fontaine). La très étroite *rue de la Jarretière (plan B2)* conduit à la *place au Blé* ; à 2 pas se dresse la *tour des Pénitents.* Transformée en clocher de la chapelle des Pénitents-Blancs, cette tour « d'Auriac » est la seule des 15 qui jalonnaient les fortifications médiévales à avoir échappé à la destruction. Au *n° 17, rue Notre-Dame (plan A1),* remarquable porche gothique du XIVe s de l'ancienne synagogue. Construite au XIIIe s, elle faisait partie du « ghetto » de Mende jusqu'à l'expulsion des juifs par l'évêque Guillaume Durand, qui récupéra tous leurs biens, sous le règne de Philippe le Bel.

Le pont Notre-Dame *(hors plan par A1)* **:** construit au XIIIe s, il enjambe le Lot de ses 2 belles arches. Le coin est plutôt photogénique avec, sur les rives, quelques maisons typiques avec leur toit en forme de coque de bateau renversée.

À FOND DE CALE

De nombreuses bâtisses de la vallée du Lot se distinguent par leurs toits en forme de coque de bateau renversée, dits à la Philibert. Étonnant comme technique si loin de la mer ! Cette mode du début du XIXe s permettait d'augmenter considérablement la capacité de stockage du foin. Comme dans une cale de navire, en somme.

Fêtes et manifestations

– ***Festival de la randonnée :*** *au printemps.* Initiation à la randonnée, à la spéléologie, conférences, témoignages de voyageurs, projection de films.
– ***Festival musical Mende et Lot en Gévaudan :*** *juil-août. Rens au Pays d'art et d'histoire : ☎ 04-66-31-27-39. • pah-mende-et-lot.fr •* Une petite dizaine de concerts de musique baroque et classique donnés dans les églises du secteur.
– ***Festival 48e Rue :*** *début juil. GRATUIT.* Festival de théâtre de rue.
– ***Fêtes de Mende :*** *3e w-e d'août.* Avec manèges, corso fleuri, bal et feux d'artifice.

DANS LES ENVIRONS DE MENDE

Le mont Mimat : accessible en voiture en prenant la direction de l'aérodrome (où, pour la petite histoire, a été tournée la scène finale de *La Grande Vadrouille* dans laquelle nos héros s'échappent en avion). Possibilité aussi d'y aller

à pied de la place du Foirail. Compter alors 2h aller-retour, via l'ermitage Saint-Privat. Attention, ça grimpe (et ça descend forcément) !
Culminant à 1 068 m d'altitude, le mont Mimat est une des extrémités du très boisé causse de Mende, lieu de balade prisé des locaux. Vue panoramique imprenable sur Mende et la vallée du Lot depuis la croix (illuminée chaque nuit depuis 1965 !). Pas mal de possibilités de balades dans l'épaisse forêt (notamment pour découvrir 2 villages abandonnés au XIXe s), accrobranche, *via ferrata,* grande aire de jeux pour les gamins, etc. *(infos à l'office de tourisme).*

LA MARGERIDE

Comme l'Aubrac, en bien moins aride, la Margeride reste l'un de ces no man's land dont la Lozère a le secret. Sur les cartes, on l'appelle les monts de la Margeride : c'est plutôt un long et haut plateau, battu par les vents de l'hiver, parsemé de forêts profondes et ponctué de petits villages, « concentrés » d'humanité au milieu de ces immenses étendues. On y pratique la cueillette en tout genre : champignons, lichens, myrtilles, narcisses.
60 kilomètres de long sur une trentaine de large, ce beau terroir, naguère inclus dans le Gévaudan, commence à s'élever vers Saint-Flour, dans le Cantal, puis s'achève vers Mende et la vallée du Lot, au sud. À l'est, Langogne marque sa limite et le début du Velay et du Vivarais, autres pays aux noms évocateurs. La partie la plus dépeuplée du massif se situe entre Grandrieu et Châteauneuf-de-Randon
Amateurs d'horizons lointains, amoureux du silence, bienvenue sur cette terre où quelques bonnes rivières à truites prennent leur source, avant de caracoler entre les muretins de pierre des pâturages à vaches. Au gré des petites routes sautillant de vallon en vallon, on laisse courir le regard sur des panoramas dorés par la lumière du soir, prenant des tonalités plus graves les jours d'orage. Des paysages parfois désolés, certes, mais non dénués de grandeur.

Y'A UN LOUP

Elle terrorisa la région pendant 4 ans, de 1764 à 1767, dévora des dizaines d'innocents, mobilisa troupes royales et chasseurs dépêchés par la cour, affola les gazettes et les prières des paroissiens. Si plusieurs canidés furent bel et bien abattus, la bête du Gévaudan garde bien des mystères. S'agissait-il d'un croisement entre un chien et un loup ? De plusieurs loups ? D'un animal exotique ? A-t-elle seulement existé ? Une seule certitude, elle ne hante plus les bois de Margeride.

CHÂTEAUNEUF-DE-RANDON

(48170) 558 hab. *Carte Lozère, C2*

Ne vous fiez pas aux pavillons genre sam'suffit qui cernent cette grosse colline dominant toute la région. Ces modernes faubourgs mènent à une curieuse grande place pavée à l'ancienne, presque disproportionnée par rapport à la taille du village, où l'on ne voit aucune boutique de souvenirs, rien de tapageur dans le décor patiné. On a bien aimé cette place, parfois balayée par les vents, avec sa statue de Du Guesclin, et ses petits cafés, qui n'ouvrent plus, pour

certains, qu'aux grandes occasions. À 2 pas, point de vue sur la région depuis le calvaire, flanqué d'une massive « tour des Anglais » à demi effondrée.

Adresse et info utiles

Office de tourisme intercommunal Cœur Margeride : *av. Adrien-Durand.* ☎ *04-66-47-99-52.* • *oti-coeurmargeride.fr* • *Juin-sept, mar-ven 10h-12h30, 13h30-17h30, sam 10h30-12h30 ; oct-mai, mar-ven et sam mat.*

– **Marché :** *mer de mi-juin à fin sept.*

Où dormir ? Où manger à Châteauneuf et dans les environs ?

Hôtel de la Poste : *l'Habitarelle.* ☎ *04-66-47-90-05.* • *contact@hoteldelaposte48.com* • *hoteldelaposte48.com* • ♿ *Au pied de la colline, au carrefour de l'Habitarelle. Resto tlj sauf dim soir-lun. Congés : fin juin-début juil et 2e sem de nov. Doubles 64-69 €. Formule 13 € déj sem ; menus 22,50-45 €.* L'emplacement de cette bonne adresse familiale (devant un gros carrefour) n'est pas rêvé, mais la circulation nocturne pas des plus forcenée. Chambres à la déco contemporaine, plaisantes et confortables. Mais c'est surtout la table qui mérite l'arrêt. Généreuse cuisine dans la tradition lozérienne mais avec des idées d'aujourd'hui, rehaussée par une jolie carte des vins. La salle, aménagée dans l'ancienne grange de ce relais de poste, est presque spectaculaire, le rapport qualité-prix remarquable et le service aux petits soins.

Chambres d'hôtes L'Ousta de Baly : *le Giraldès, 48170* **Arzenc-de-Randon.** ☎ *04-66-47-93-62.* • *loustadebaly@gmail.com* • *loustadebaly.unblog.fr* • *À 10 km à l'ouest de Châteauneuf-de-Randon, 4 km après Arzenc-de-Randon. Ouv mai-fin oct. Chambre double 55 €, 50 €/pers en ½ pens.* Cadre et chambres (dont une pouvant accueillir jusqu'à 8 personnes) rustiques et agréables, comme indifférents au passage du temps, dans cette bonne vieille maison posée sur la toute petite route qui traverse ce hameau de la Margeride. À la table d'hôtes des Valy, charcuterie maison, légumes du jardin et œufs de leurs poules. Si vous n'avez pas encore goûté la *maôche,* la *flecque,* la *coupetade,* vous n'y couperez pas ! Accueil charmant.

Chambres d'hôtes et gîte d'étape chez Marie Amarger : *le Giraldès, 48170* **Arzenc-de-Randon.** ☎ *04-66-47-92-70.* 📱 *06-48-58-31-96.* • *marie_amarger@orange.fr* • *vacancesalaferme-lozere.com* • *À 10 km à l'ouest de Châteauneuf-de-Randon, 4 km après Arzenc-de-Randon. Compter 70 € pour 2 ou 52 €/pers en ½ pens. En gîte, ½ pens 40 €/pers.* Une ferme en activité au cœur d'un tranquille hameau (et d'une belle nature, où passe le GR du tour de Margeride !). 1 gîte d'étape (dortoirs de 3 à 5 lits) et 4 chambres, simplement rustiques. À table, tout est fait maison et tous les produits viennent de la ferme. Visite possible de l'exploitation d'ailleurs, pour découvrir quelques races venues de la nuit des temps : aurochs et chevaux tarpan.

À voir

Le cénotaphe de Du Guesclin : *à côté de l'Hôtel de la Poste, au carrefour de l'Habitarelle.* Petit monument en granit élevé au XIXe s, à l'emplacement du campement de Du Guesclin, « général » de la guerre de Cent ans. Le connétable de France, né vers 1320 en Bretagne, est représenté allongé en tenue de chevalier, les pieds posés sur un lion. L'inscription dit : « Ici le 13 juillet 1380 Bertrand Du Guesclin a reçu sur son lit de mort les clefs de Châteauneuf-de-Randon pris aux dernières compagnies. Précurseur de Jeanne d'Arc dans l'œuvre de relèvement national. » Il y a quelque chose de tragicomique dans sa mort puisqu'il se raconte qu'il est décédé après avoir bu une eau trop froide, assoiffé d'avoir combattu en plein soleil. Sorte d'hydrocution, en somme. Un petit musée lui est consacré, dans l'hôtel de ville de Châteauneuf *(☎ 04-66-47-99-52 ; juil-août, tlj 10h-12h, 14h30-18h30 ; juin et sept, w-e seulement ; GRATUIT).*

1 VOYAGE ET 4 ENTERREMENTS

Du Guesclin souhaitait être inhumé en Bretagne. Charles V choisit plutôt pour son connétable la dilaceratio corporis *(division du corps). Sur le chemin du retour, le corps de Du Guesclin a donc été « enterré » 4 fois : ses viscères au Puy-en-Velay, ses chairs (séparées des os dans une marmite bouillonnante...) à Montferrand, ses os dans la basilique de Saint-Denis et son cœur, finalement, à Dinan, près de son château natal.*

DANS LES ENVIRONS DE CHÂTEAUNEUF-DE-RANDON

La ferme de la Toison d'Or : *à Meyrilles, 48170* ***Saint-Jean-la-Fouillouse.*** *06-84-93-02-04. • toisondor.fr • À 7 km au nord de Châteauneuf-de-Randon. Ouv juil-août seulement, tlj 10h-18h. Visite : 7 € ; 5 € enfant.* Un site magnifique, réparti sur 6 ha de prés et de sous-bois, au beau milieu de la Margeride. René et Joëlle vous y feront partager leur passion des animaux à laine : chèvres, lapins rex ou angora, chinchillas, lamas, alpagas et... cochons ! Tous sont élevés en quasi-liberté dans de grands et beaux enclos (avec quelques spécimens de poules rigolotes). Également un diaporama sur la vie d'autrefois dans le coin, une aire de jeux et un musée, où voisinent d'anciennes machines agricoles et une galerie de jeux d'adresse bricolés en bois par René. Génial ! Un endroit que l'on adore, à ne pas manquer en famille ; aire de pique-nique dans le parc.

Le lac de Charpal : *à 13 km à l'ouest de Châteauneuf-de-Randon.* Dissimulé au creux d'une profonde forêt, au cœur de paysages encore sauvages qui peuvent évoquer le Canada, c'est le plus grand lac de France (190 ha) pour la pêche au brochet *(no-kill !)*. Un agréable sentier (avec des passerelles au-dessus des tourbières) en fait le tour *(9 km ; compter 3h)* ; idéal pour une balade en famille, à pied ou à VTT. Baignade interdite en revanche, le lac alimente en eau potable la ville de Mende. Pour faire trempette, il faudra pousser 30 km à l'ouest jusqu'au ***lac de Ganivet,*** près de Saint-Amans. Baignade surveillée les après-midis en juillet-août. Loc de canoës et pédalos.

UN LAC DÉTONANT

Ce n'est pas pour fournir de l'électricité qu'un barrage a été construit sur le cours de la Colagne, mais pour se débarrasser des armes et munitions de la Première Guerre mondiale ! Pas de panique, le projet n'a jamais abouti et il n'y a aujourd'hui que des poissons dans les eaux du lac de Charpal.

LANGOGNE

(48300) 3 085 hab. *Carte Lozère, C2*

Aux confins de la Margeride, du Velay et du Vivarais, sur les chemins de Regordane et de Stevenson, ce gros bourg agricole et commerçant traversé

par la nationale conserve un vieux pont de pierre enjambant le Langouyrou et une intéressante église curieusement encerclée par de hautes maisons anciennes. Mais ce qui mérite aussi une halte, c'est son passionnant musée de la filature, tandis qu'à proximité s'étend, avec le lac de Naussac, le plus grand plan d'eau de Lozère.

GARGANTUA OU L'APPÉTIT... DE VIVRE !

Selon la légende, Gargantua serait passé par Langogne, où sa joie de vivre aurait conquis tous les habitants. Pour lui rendre hommage, une tête monumentale du géant de Rabelais parcourt la ville lors du corso fleuri de la fête votive (le 1er week-end d'août), et ce depuis 1869 !

Adresse et info utiles

i ***Office de tourisme Langogne-Haut-Allier :*** *15, bd des Capucins. ☎ 04-66-69-01-38. • ot-langogne.com • Juil-août, lun-sam 9h-12h, 14h30-18h, mat dim et j. fériés 10h-12h. Hors saison, lun-sam.* Petit circuit de découverte du centre ancien.

– ***Marché :*** *sam mat, plus mar mat en été.* L'un des plus beaux de la région, doublé d'une petite brocante samedi matin en juillet-août.

Gare : bus directs pour Mende, Marvejols et Le Puy-en-Velay. TER pour Clermont-Ferrand.

Où dormir ? Où manger ?

De bon marché à prix moyens

Maison d'hôtes Villa Les Roches : *☎ 04-66-46-69-53. • info@villa-les-roches.com • villa-les-roches.com • À 2 km du centre par la N 88 vers Mende, fléché ensuite sur la gauche. Congés : fin sept-début avr. Doubles 60-72 €.* Superbe adresse à l'écart du bourg. Une grande villa des années 1930, surplombant la rivière. 3 chambres à thème, coquettes, spacieuses et claires. Calme absolu et environnement verdoyant. Belles vérandas Art déco où prendre le petit déj. Atmosphère cosy à souhait (parquet, meubles chinés) et ambiance british, à l'image de votre hôtesse, charmante.

Le Boulodrome : *7, rue du Boulodrome. ☎ 04-66-69-06-49. • le-boulodrome@orange.fr • Tlj sauf soir mar-mer plus jeu soir hors saison. Congés : 2 sem fin juin-début juil et vac de Noël. Menus 14 € (déj sauf dim) et 20,50 €.* La bonne adresse populaire avec son zinc à l'entrée, sa salle généreusement vitrée ouverte sur un boulodrome privé (si une partie vous tente...) et sa terrasse à 2 pas de la petite rivière. Modeste et généreuse cuisine familiale servie dans la bonne humeur. Du traditionnel pur jus : tête de veau ravigote, manouls (dont le chef est un fervent défenseur)... On a bien aimé.

Où dormir ? Où manger dans les environs ?

Campings

Camping du Pont de Braye : *Les Berges du Chapeauroux, 48300* ***Chastanier.*** *☎ 04-66-69-53-04. 06-70-16-32-49. • accueil@camping-lozere-naussac.fr • camping-lozere-naussac.fr • À 10 km à l'ouest de Langogne. Ouv 1er mai-20 sept. Forfait 2 pers env 13,40-19,40 €. 1 apéritif offert sur présentation de ce guide.* On adore ce petit camping tranquille et bien équipé, situé dans un site verdoyant au bord de la rivière Chapeauroux (très prisée des pêcheurs de truites), et semé de petits coins aménagés pour buller (hamacs, chaises-longues). Charmant, familial, écolo, il est (bien) tenu par un jeune couple sympathique, qui loue également des yourtes mongoles prolongées par une terrasse en bois, ainsi que de beaux écolodges et de grandes tentes confortables. Snack-pizzéria et location de vélos.

Camping Les Terrasses du Lac : lac de Naussac. *☎ 04-66-69-29-62. • bonjour@naussac.com • naussac.com • À 3 km au nord de Langogne. Ouv avr-sept. Forfait 2 pers env 15,20-20 €. 171 empl.* Camping vaste et bien équipé, étalé sur des mamelons dominant le lac, au-dessus de la base nautique. Piscine. Loc de chalets et mobile homes. Tout en bas, un resto tourné terroir *(menus 22-32 €)* et quelques chambres d'hôtel.

De bon marché à prix moyens

La Table du Lac : lac de Naussac *(à la base nautique). ☎ 04-66-46-91-86. À 3 km au nord de Langogne. Ouv tlj sauf lun. Formule midi en sem 13,50 €. Menu 23,50 €. Résa conseillée.* Un rien classieux, le cadre ne manque pas d'attraits : posée sur les berges du lac, une grande véranda qui se fait terrasse l'été, toute entière tournée vers la vue. La cuisine, soignée, travaille les produits du pays en s'autorisant un peu de créativité, le tout avec l'efficacité et les tarifs d'une brasserie, en accord avec le budget des campeurs voisins. Une affaire.

Refuge du Moure : *48300* **Cheylard-l'Évêque.** *☎ 04-66-69-03-21. • info@lozere-gite.com • lozere-gite.com • À 10 km au sud de Langogne, en bordure de la forêt de Mercoire. Congés : 15 oct-1er avr. En double, compter 54-56 €/pers en ½ pens ; 44 €/pers en dortoir.* Gîte d'étape (2 dortoirs de 5 personnes) et chambres d'hôtes impeccables, avec vieux parquet et salles de bains nickel (sur le palier pour les moins chères). Le tout dans une solide maison de granit au cœur d'un tranquille village. Environnement sauvage propice aux randos (on est sur le chemin de Stevenson). Et de joyeux moments à partager, le soir seulement, autour de la table unique.

Le Relais de Palhères : *Palhères, 48300* **Rocles.** *☎ 04-66-69-21-41 ou 06-85-71-75-04. • infos@relais-palheres.com • relais-palheres.com • ♿ À 9 km à l'ouest de Langogne. Congés : de nov à mi-avr. Repas le soir seulement. Double 60 €. ½ pens 60 €/pers. Apéritif maison offert sur présentation de ce guide.* Un relais équestre en pleine nature, entouré de forêts et surplombant le lac de Naussac (caché par les arbres). Les chambres, simples et fraîches, logent dans un petit bâtiment tout en longueur. Le soir, bonne petite cuisine de terroir, servie copieusement à même le plat. Accueil sympathique et chaleureux. Et si vous êtes partant pour une balade à cheval, c'est le moment.

Chambres d'hôtes Les Genêts d'Or : *Pomeyrols, 48300* **Naussac.** *☎ 04-66-69-17-47. 06-73-61-89-10. • paul.bandon@nordnet.fr • lesgenetsdor.fr • À 7 km au nord-ouest de Langogne, sur les hauteurs du lac de Naussac. Congés : Toussaint-Pâques. Double 55 €.* Jolie maison dans un hameau tranquille. Dans les chambres, dotées chacune d'un nom de fleur, belles peintures murales, en accord avec la décoration de l'ensemble de la maison.

Où acheter de bons produits ?

Maison Fages : *27, bd Charles-de-Gaulle. ☎ 04-66-69-06-58. Fermé dim ap-m, plus lun hors saison.* Fricandeaux du Gévaudan, caillettes aux herbes, pâté de cèpes ou aux orties, *maôche* (spécialité régionale), manouls, on trouve de quoi remplir le panier pique-nique chez Mme Fages, une bonne partie des produits ayant été primés par le département.

Secrets de Cacao : *15, pl. de la Halle. ☎ 04-66-46-28-81. Ouv mar-sam (plus dim en juil-août).* La boutique d'une maître-chocolatière (ancienne de chez *Bernachon* à Lyon) intraitable sur la provenance de ses cacaos (goûtez ses ganaches d'origine) et d'une vraie créativité. Quelques pâtisseries également : moelleux marron-chocolat, cakes...

À voir. À faire à Langogne et dans les environs

★★ *L'église Saint-Gervais-et-Saint-Protais :* étonnant paysage urbain d'abord : la place sur laquelle se dresse cette église du XIIe s est encerclée de hautes et vieilles maisons, qui, en fait, suivent le tracé des remparts dont subsistent 5 demi-tours, également habitées.
À l'intérieur, la nef abrite 85 chapiteaux sculptés dans le granit, qui en font la plus belle église de style roman bourguignon du Gévaudan. La 1re chapelle à droite, située à l'emplacement d'un sanctuaire plus ancien, est dédiée à Notre-Dame-de-Tout-Pouvoir (toujours utile, donc). On y découvre sa statue (elle est en bois, sous sa robe !). Angelmodis, vicomtesse de Langogne, fondatrice de l'église, aurait rapporté cette statue de Rome, au XIe s. Peinée que l'église soit sous la protection de saint Gervais et de saint Protais et que la Vierge soit reléguée au 2d rang, elle avait rendu visite au pape, qui, pour la consoler, lui avait offert cette statue un peu reléguée dans un coin d'escalier de son palais. De retour à Langogne, la statue fut spontanément vénérée par la population. Elle est aujourd'hui encore célébrée chaque année avec une procession.

★ *La halle :* avec ses piliers en granit, son toit de lauzes, ce joli bâtiment de 1742 abrite toujours le marché de Langogne.

★★ *Le Monde de Filaine, à la filature des Calquières :* *23, rue des Calquières. ☎ 04-66-69-25-56. • mondedefilaine@orange.fr • musee-lozere.com • Juil-août, tlj sauf mar 10h-12h, 14h-19h (dernière entrée à 17h30) ; hors saison (téléphoner avt), mar-sam 10h-12h, 14h-18h. Visite libre : 6,50 €. Visite guidée : 8,50 € ; réduc ; gratuit moins de 4 ans.* ***On vous conseille la visite guidée*** *(env 1h30), pour voir les machines en action.* Ne manquez pas ce fascinant lieu d'histoire, ancien moulin converti en filature au milieu du XIXe s, témoignage bien vivant d'une activité autrefois essentielle dans la région. On découvre la richesse d'un patrimoine industriel intact (classé Monument historique, le site n'a cessé son activité qu'en 1980) et la pratique d'un métier qui, ici, faisait vivre bien des ouvriers. Actionné par la roue à aubes et la magie de l'eau, un ensemble unique de nombreuses machines du XIXe s (dont la fabuleuse mule-jenny, fileuse d'une longueur impressionnante) transforme devant vos yeux la laine brute en un écheveau prêt à être tricoté. L'espace muséographique permet parfois de toucher, de manipuler cardes et métiers à tisser. Une (intéressante) vidéo sur l'histoire de la laine, un diaporama (en l'occurrence sans grand intérêt), du cinéma dynamique (avec fauteuils qui bougent et autres effets spéciaux) et une boutique artisanale complètent la visite, menée par des guides passionnés, et passionnants. Également des ateliers pédagogiques de tissage et de tricot pour tous âges (programme sur le site), et un espace pour les plus petits. Un de nos coups de cœur en Lozère !

★ *Le lac de Naussac :* *à 3 km au nord de Langogne.* Mis en eaux dans les années 1970, le lac s'étire en longueur entre champs et forêts. Comme dit la pub, « 1 000 ha de loisirs en Lozère » ! Nombreuses activités nautiques et sportives : voile, planche à voile, canoë, *paddle,* VTT, équitation, parc-aventure, pêche... à pratiquer depuis la base nautique de Naussac ou celle, plus petite et sauvage de *Rondin des Bois,* rive ouest (par la route de Rocles). Renseignements à l'office de tourisme de Langogne.

LA ROUTE DU LAC DE NAUSSAC À SAINT-ALBAN-SUR-LIMAGNOLE

Entre le lac de Naussac et Saint-Alban grimpent de petites routes étroites, serpentant entre bois et torrents jusqu'à atteindre le bourg d'altitude de Grandrieu, pour se hisser ensuite vers la Baraque des Bouviers (1 418 m) au travers de paysages montagnards encore sauvages. Défilent des forêts profondes et giboyeuses, où se cachent moult champignons, des prairies où paissent tranquillement les belles vaches aubrac, des landes couvertes de genêts et de fleurs sauvages au printemps, de muretins et de blocs de granit érodés par la pluie et la rigueur des hivers. Des dizaines de kilomètres de bonheur où l'on ne croise souvent que la voiture du facteur !

LA BARAQUE DES BOUVIERS

Le col culmine à 1 418 m, dans un beau paysage typique de la Margeride. Pendant longtemps, ce coin perdu fut oublié du reste de la Lozère. Puis le département décida d'en faire une petite station pour les skieurs de fond, d'ailleurs devenue un lieu d'entraînement pour l'équipe de France. Une dizaine de petits chalets en bois, un bureau d'information, des studios à louer : tout ce qu'il faut pour accueillir les amateurs de balades à ski... ou à pied, avec de nombreuses ***randonnées*** à faire dans les environs (le GR 43 passe ici). La *station de pleine nature* *(☎ 04-66-47-41-54 • lesbouviers.com •)*, en face de la *Baraque des Bouviers,* fournit quelques infos et propose location de VTT et diverses activités (brame du cerf, balades à cheval...). Infos plus complètes à l'office de tourisme de Grandrieu *(☎ 04-66-46-34-51 ; • oti-coeurmargeride.fr •).*

Où dormir ? Où manger ?

Auberge de la Baraque des Bouviers : *sur la D 5,* ***au passage du col,*** *48700 Saint-Denis-en-Margeride. ☎ 04-66-48-36-65. • aubergedesbouviers@orange.fr • ♿ (resto). Doubles 55 €, petit déj inclus. Formules et menus 15 € (déj en sem), puis 17-22 €.* Autrefois, on sonnait la cloche suspendue au-dessus de l'entrée pour orienter les pèlerins et voyageurs surpris par la « tourmente ». Aujourd'hui, on y fait une simple pause autour de casse-croûte, de boissons et de menus simples, copieux et roboratifs. Grande salle ou tables en terrasse au bord de la route. Quelques chambres pour dépanner.

SAINT-DENIS-EN-MARGERIDE

Tout petit village isolé au milieu d'un vaste paysage de bois et de prairies, dans le creux d'un vallon. Remarquer le vieux manoir en granit, très imposant, à gauche en sortant du bourg, et la petite église juste en face.

Saint-Denis est le point de départ d'un joli sentier de randonnée, le PR Truc de Malbertès, 11 km de balade (3h) à la découverte des rocs granitiques et croix bordant le chemin.

Où manger ?

Café-restaurant Le Margeride : *dans la rue principale. ☎ 04-66-47-41-09. Tlj, le midi seulement. Fermé en janv. Menu 17 €. CB refusées. Café offert sur présentation de ce guide.* Ce petit bistrot de village est l'une de

LA LOZÈRE (LE GÉVAUDAN)

nos bonnes adresses en Margeride. La spécialité de Viviane Bonnet, ce sont, sur résa, le week-end, les plats à base de pommes de terre (truffade, aligot). En semaine, la cuisine est familiale et l'ambiance celle d'un petit resto ouvrier de campagne. Viviane pourra vous dire quels sont les bons coins de forêt pour ramasser des champignons.

SAINT-ALBAN-SUR-LIMAGNOLE

(48120) 1 380 hab. *Carte Lozère, B1*

Gros bourg un peu vieillissant construit sur le flanc ouest de la Margeride, tout en escaliers et ruelles en pente. Au bord de la rue principale, une belle église romane, et tout en haut du bourg, dominant la vallée, un château à l'origine forteresse médiévale, bâtie sur les ruines d'un antique « castel ». Construit en arkose, un grès rose et jaune, on peut dire qu'il en impose ! Il abrite depuis 1821 un hôpital psychiatrique dont les médecins ont, dès les années 1940, agité la psychiatrie française.

FOUS À DÉLIER

Fuyant l'Espagne franquiste, le docteur François Tosquelles jeta à Saint-Alban les bases d'une nouvelle psychiatrie, rompant l'isolement de l'asile pour en faire un hôpital ouvert sur la ville et la vie. Ouvert aux résistants aussi, qui y trouvèrent refuge pendant l'Occupation. Parmi eux, le poète Paul Éluard.

Adresse utile

Office de tourisme Margeride en Gévaudan : *dans le château, en haut du village. ☎ 04-66-31-57-01. • margeride-en-gevaudan.com • Juil-août, lun-sam et dim mat 9h-12h (12h30 dim), 13h-18h ; le reste de l'année, lun-sam (fermé sam nov-mars).*

Où dormir ? Où manger dans les environs ?

L'Oustal de Parent : *Les Faux. ☎ 04-66-31-50-09. • oustaldeparent@gmail.com • oustaldeparent.com • ♿ (resto). À 5 km au nord de Saint-Alban. Resto fermé lun-mar (sauf pour les hôtes). Congés : nov-mars. Nuitée en dortoir 15,20 € ; doubles 55 € (w-c sur le palier)-70 €. Menus 21-24 €.* Bordée par un vaste pré semé de quelques tables pour buller, cette grande maison restaurée (c'était une ferme) abrite un gîte d'étape et de petites piaules simples et propres. Au resto, cuisine de région gentiment revisitée.

À voir. À faire à Saint-Alban et dans les environs

Scénovision de Saint-Alban – La Margeride à la Folie : *route de Saint-Chély. ☎ 04-66-31-32-85. • scenovisionstalban.com • ♿ Mai-oct, séances mar-ven ttes les 45 mn 10h30-12h et 13h30-18h ; le w-e, seulement l'ap-m. Fermé lun (et mar-mer nov-avr, sauf vac scol). Entrée : 6 € ; réduc ; gratuit moins de 6 ans ; résa conseillée.* Un musée-spectacle interactif et ludique, où le visiteur, après un café (virtuel !) pris dans la reconstitution d'un bureau de poste de campagne, suit, installé sur de drôles d'engins, Auguste, le facteur du village pour sa dernière tournée avant la retraite. Des projections sur de multiples supports permettent de découvrir l'histoire de Saint-Alban (étonnante évocation de l'hôpital psychiatrique, cher aux surréalistes), les paysages de la Margeride, la bête du Gévaudan... Une jolie balade immobile !

Les Bisons d'Europe : *à* ***Sainte-Eulalie*** *(48120). ☎ 04-66-31-40-40. • contact@bisoneurope.com • bisoneurope.com • Mai-sept, tlj 10h-17h (18h juil-août) ; sinon, fermé mar et jeu (hors vac scol). Fermé de mi-nov à mi-déc. Résa indispensable. Entrée : env 6 € à pied (possible en juil-août seulement) ; 16 € en calèche ; 19 € en traîneau ; réduc enfants (tarifs réduits en ligne).* Voici des bisons d'Europe, plus grands mammifères terrestres européens, importés du parc de Bialowieza en Pologne, dans un domaine de 200 ha. Le troupeau vit en semi-liberté sur ce vaste espace forestier que l'on visite en calèche (ou en traîneau quand l'enneigement le permet), avec un guide. L'occasion d'approcher cet animal sauvage et méconnu dans son habitat. En complément de la visite, petit musée qui retrace l'histoire du bison d'Europe de la préhistoire à nos jours.

LE MALZIEU-VILLE

(48140) 745 hab. *Carte Lozère, B1*

2 sculptures le rappellent aujourd'hui : ce village, bien calé dans un méandre de la Truyère, a servi, pendant l'été 1765, de camp de base aux chasseurs venus de Paris traquer la fameuse bête du Gévaudan. Toujours bien à l'abri derrière ses remparts flanqués de grosses tours, la petite cité a conservé un caractère médiéval marqué, prétexte à une courte mais charmante balade au hasard de ses ruelles : maisons à pans de bois, belles portes de granit aux linteaux gravés, ancien beffroi du château (la tour de l'Horloge)... Autour, tout n'est que vert, des pentes du mont Mouchet aux gorges de la Truyère.

Adresse utile

Office de tourisme Margeride en Gévaudan : *dans la tour de Bodon, près de la mairie. ☎ 04-66-31-82-73. • margeride-en-gevaudan.com • Juil-août, lun-dim mat 9h-12h30, 14h-19h ; le reste de l'année, ouv lun-sam (fermé mar et sam oct-mars).* Visites guidées de la cité médiévale *(juil-août mer soir, sur résa).* On peut aussi, pour la vue, grimper au sommet de la tour (1 €). Vente de produits locaux.

Où dormir ? Où manger au Malzieu et dans les environs ?

Camping

Camping de la Piscine : *au complexe sportif,* ***Le Malzieu-Ville.*** *☎ 04-66-31-47-63. À env 1 km du centre. Ouv de mi-mai à fin sept. Forfait 2 pers env 12 €. 50 empl.* Sur l'autre rive de la Truyère, en bordure de la piscine (avec toboggan), du stade et des tennis municipaux, un camping très simple. Grands emplacements dans l'herbe encadrés par des haies et quelques arbres. Sanitaire nickel.

De bon marché à prix moyens

Hôtel des Voyageurs : *av. de Saugues,* ***Le Malzieu-Ville.***

☎ *04-66-31-70-08. • contact@lozere-hotel-voyageurs.com • lozere-hotel-voyageurs.com • ♿ Dans le village, le long des remparts. Resto fermé sam midi, plus dim soir hors saison. Congés : 20 déc-16 janv. Double 50-65 €. Formule midi 15 €. Menus 22-33 €.* Le classique hôtel de campagne avec son bar-tabac au pied d'un bâtiment sans charme réel. Mais l'accueil est vraiment sympa et les chambres, certes un peu désuètes, confortables et de bonne taille. Resto si besoin.

Auberge Le Bon Accueil : *Le Bourg, 48140* **Paulhac-en-Margeride.** ☎ *04-66-31-73-46. ♿ À 14 km du Malzieu en direction du Puy. Resto le midi seulement (et le soir pour les hôtes). Congés : déc. Nuitée 14,50 €/pers. Double 37 €. Menu 15 €. CB refusées. Café offert sur présentation de ce guide.* À 1 160 m d'altitude, en bord de route au pied du mont Mouchet, l'auberge, modeste et bien nommée, sert le midi un inusable menu ouvrier, format rural. Également un gîte d'étape et, à l'étage, 4 chambres, très simples et propres, avec lavabo (et bidet).

Chez Pierrot : *pl. du Foirail,* **Le Malzieu-Ville.** ☎ *04-66-31-63-88. • homadom974@gmail.com • Tlj sauf lun-mar. Menu 24 € ; carte 20-25 €.* Chez Pierrot, on ne travaille que de beaux produits du coin, rassemblés sur une carte aussi courte que variée. Au choix, un joli menu du moment, des grillades de viande, de truite, des salades repas et même des tapas (escargots, truite fumée...), à arroser de vins choisis et d'une large sélection de bières du pays. C'est simple, frais, maîtrisé. Une cuisine sans esbroufe et qui a du métier, à apprécier dans la salle claire ou en terrasse. Chapeau, Pierrot !

De prix moyens à chic

Maison d'hôtes Le Pré de l'Hiver : **Le Nozier,** *48140 Le Malzieu-Forain. 📱 06-33-72-84-14. • lepredelhiver@gmail.com • lepredelhiver.com • À 4 km au nord du Malzieu-Ville, direction Paulhac. Doubles 90-110 €. Familiales. Table d'hôtes 19 €.* Coup de cœur pour cette ancienne ferme familiale, nichée dans un verdoyant vallon où dégringole en cascade un étroit ruisseau. Rénovées dans un esprit chic et champêtre, les chambres rivalisent de charme et de confort avec leurs salles d'eau ouvertes, leurs matériaux bruts. Aux alentours, la maîtresse des lieux a dessiné 3 sentiers de rando pour ses hôtes, de quoi se mettre en appétit avant de s'attabler autour des produits fabriqués maison, de la charcuterie aux apéritifs en passant par les légumes du potager. Jacuzzi sur la terrasse ensoleillée, bercé par le tintement de cloches de mouton. Prêt de vélos.

Hôtel Brunel – Le Rocher Blanc : *route du Gévaudan, 48200* **La Garde.** ☎ *04-66-31-90-09. • hotel@lerocherblanc.com • lerocherblanc.com • À 10 km au nord-ouest du Malzieu et 1 km de la sortie n° 32 de l'A 75. Resto ouv le soir et dim midi. Doubles standard ou à thème 65-90 €. Menus 28-32 €.* Chambres plus ou moins spacieuses, calmes et rénovées au goût du jour, avec superbe déco thématique pour les plus chères (assortie d'un confort optimal !). Non moins superbe espace bien-être (la grange à bulles) avec piscine, sauna, jacuzzi, massage sur réservation. Également un tennis et une piscine (juin-septembre). Au resto, cuisine traditionnelle.

Où acheter de bons et beaux produits ?

Boulangerie-pâtisserie Aux Délices de la Tour : *rue de l'Église.* ☎ *04-66-31-71-73. Tlj sauf dim ap-m et lun. Fermé 3 sem en fév et 3 sem en sept.* Une bien bonne boulangerie-pâtisserie, mais pas seulement puisque Michel Besse est aussi chocolatier, et un bon ! Propose aussi des glaces, et 2 petites tables pour avaler un gâteau accompagné d'un savoureux chocolat chaud...

Poteries Agnès Farges : *rue des Pénitents. ☎ 04-66-31-36-03. En principe, ouv tlj sauf dim en juil-août ; sinon, l'ap-m lun-ven.* Vous ne trouverez pas un grès aux couleurs si douces ailleurs. Très jolis vases, objets de déco, entonnoirs à confitures, etc. Un large choix de qualité et à prix raisonnables. Également des bijoux et tableaux à partir de matériaux de récupération.

DANS LES ENVIRONS DU MALZIEU-VILLE

Les gorges de la Truyère : méconnues mais très belles. On ne peut malheureusement pas vraiment les longer, en voiture en tout cas. À pied ou à VTT, divers sentiers autour du Malzieu (regroupés dans un topoguide de randonnées) permettent de les approcher sur quelques km. Et de découvrir, par exemple, les curieux rochers de la Porte-des-Fées (superbe point de vue sur les gorges en prime) ou le cirque de Paladines. Quelques autres activités sportives : tyrolienne géante, *via ferrata* (accessible aux déficients visuels), voies d'escalade... Se renseigner à l'office de tourisme.

Le site médiéval d'Apcher : *sur la commune de* ***Prunières,*** *à 9 km au sud-ouest du Malzieu. Visite commentée en juil-août avec montée dans le donjon (rens à l'office de tourisme du Malzieu). Accès libre.* Le site, culminant à 1 060 m d'altitude, a fait depuis 2000 l'objet de fouilles archéologiques et de travaux de restauration. Après la petite chapelle castrale du XIIe s (donc romane) se dresse le donjon, haut de 18 m, que gagne un escalier métallique très contemporain (mais en forme de catapulte médiévale !). À ses pieds, les ruines du château et, dans une ancienne cave à fromage, une expo sur le site et ses fouilles. Beau panorama et agréable flânerie dans les ruelles du hameau.

Albaret-Sainte-Marie : *à 11 km au nord-ouest du Malzieu.* Posté sur un mamelon dominant un panorama moutonnant de plateaux en vallons, un village typique de la Margeride, avec ses robustes maisons en granit, son clocher à peigne et, dans l'ancien four à pain, un minuscule musée (accès libre), estampillé le plus petit de France par le Guinness des records. Touchante collection de documents sur l'histoire du coin et maquette du château de Lagarde, érigé par les barons d'Apcher au XIVe s avant d'être brûlé à la Révolution. Ses ruines, difficilement accessibles, hantent toujours les environs.

Manifestations

– **Les Médiévales du Malzieu :** *w-e de l'Ascension.* ● *lesmedievalesdumalzieu.org/fr/* ● Tournois de chevaliers, jongleurs et cracheurs de feu, archers et banquet à l'ancienne...
– **Rencontres musicales du Malzieu :** *1re sem d'août.* ● *rencontresmusicalesdumalzieu.fr* ● Concerts de musique classique à la collégiale Saint-Hippolyte et sur la place des Ursulines.

ENTRE MARGERIDE ET AUBRAC

Grosso modo, l'A 75 qui remonte de Marvejols vers le Cantal sert de frontière entre ces 2 terroirs si différents. Climat, paysages, traditions et même les hommes changent. Pour marquer la transition et s'initier à la découverte de l'Aubrac, étape possible à Saint-Chély-d'Apcher ou à Aumont-Aubrac, avant de se lancer sur les petites routes environnantes.

SAINT-CHÉLY-D'APCHER

(48200) 4 750 hab. *Carte Lozère, B1*

Paysage insolite : de vastes usines et des cités ouvrières. Comme si, d'un coup, la révolution industrielle avait rattrapé la Lozère. Depuis le début du XXe s, la métallurgie, toujours très active, façonne la petite ville de Saint-Chély. Animée, surtout le jeudi matin, jour du marché, elle ne possède pas, malgré le caractère rustique de son centre historique, le charme des villages voisins de l'Aubrac, et ne mérite donc pas qu'on s'y attarde plus que ça.

Adresse et info utiles

Office de tourisme : *48, rue Théophile-Roussel. ☎ 04-66-31-03-67. • margeride-en-gevaudan.com • ♿ Juil-août, lun-sam 9h-13h, 14h-18h ; dim 9h-12h30. Le reste de l'année, lun-sam (fermé sam nov-mars).* Dépliant pour une balade au fil du patrimoine, visites guidées de la ville pour les enfants et montée au clocher en été, randonnées accompagnées et randonnées nocturnes.

– ***Marché de petits producteurs :*** *jeu mat, dans le centre.* Miel, fromages, charcuteries, etc.

Où dormir ? Où manger ?

Hôtel Les Portes d'Apcher : *av. de Saint-Flour. ☎ 04-66-31-00-46. • les.portes.dapcher@orange.fr • hotels-brunel.com • ♿ À 3 km au nord du centre, sur la D 809 (près de l'A 75). Doubles 65-90 €. Formules déj en sem 11-14,50 € ; carte env 16-20 €.* Un hôtel dont on ne vantera ni les bâtiments ni l'emplacement. Mais l'intérieur se révèle finalement séduisant, avec des chambres impeccables, d'un sobre mais travaillé style contemporain et d'un très bon confort. Salle de resto spacieuse et panoramique, bien agréable et largement ouverte sur les prés (terrasse), pour une cuisine entre causses et Méditerranée, servie sous forme de planches-repas. Accueil aimable.

Où dormir dans les environs ?

Prix moyens

Chambres d'hôtes La Narce : *La Narce 48310 **Termes.** ☎ 04-66-31-64-12. 📱 06-82-56-62-95. • lanarce@orange.fr • À 10 km de Saint-Chély-d'Apcher par la D 989 en direction de Chaudes-Aigues. À 1,5 km (en voiture, 600 m à pied) du village. Compter 65 € pour 2. ½ pens 50 €/pers. Familiale.* Cadre enchanteur pour cette ancienne ferme en grosses pierres posée dans un pré, à l'orée des bois, et encadrée d'un immense jardin où pendent quelques hamacs. Dans la bâtisse, des chambres rustiques, mignonnes et confortables (dont une communicante). On peut aussi louer la maison en format gîte l'été.

Où acheter de bons produits dans les environs ?

Les Abeilles du Cantou : *chez Gisèle Ponsonnailles, à **Termes.** ☎ 04-66-31-68-51. 📱 06-07-73-68-59. À 10 km par la D 989, direction*

LA LOZÈRE (LE GÉVAUDAN)

Chaudes-Aigues. Avr-fin sept tlj sauf dim 14h30-18h30 ; moins souvent ou sur résa le reste de l'année. Apéritif au miel, sablés au miel, pots de miel, nougat, ainsi que des produits de Lozère fabriqués par les agriculteurs du pays, et primés par le département pour certains. On peut assister à la récolte du miel, renseignez-vous !

À voir. À faire

Le musée de la Métallurgie : *av. de Fournels. ☎ 04-66-31-29-38. De mi-juin à mi-sept, mar-sam 9h30-12h, 14h-18h ; de mi-avr à mi-juin et de mi-sept à mi-oct, jeu seulement. Entrée : 6 € ; réduc.* Sympathique petit musée animé par des retraités ayant à cœur de faire revivre, à travers machines, outils, documents anciens, toute l'histoire de la métallurgie dans le coin (sans oublier les luttes sociales).

➢ **Le sentier nature de l'arboretum de Civergols :** *en direction du Malzieu.* Consacré à la flore de Margeride, il est géré par le lycée agricole. Compter env 30 mn de balade.

AUMONT-AUBRAC

(48130) 1 135 hab. *Carte Lozère, B2*

Ne pas confondre avec Aubrac, dans l'Aveyron. Rien de particulier à voir dans ce chef-lieu de canton posé sur un axe routier, hormis l'église avec son chœur roman et ses chapelles latérales gothiques.

Où dormir ? Où manger ?

De bon marché à prix moyens

Le Relais – Chez Linette : *9, route du Languedoc. ☎ 04-66-42-85-88. • hotel-restaurant-linette.com • Resto tlj sauf dim en saison (fermé le soir sauf sam hors saison). Double 70 €. Formule midi en sem 15,50 €. Carte 20-25 €.* Cyril Attrazic, grand chef voisin de *Chez Camillou*, s'est attaché à donner un coup de frais à cet hôtel-resto où officia longtemps sa grand-mère. La halte classique des voyageurs et travailleurs en pause déjeuner revêt désormais des habits bien d'aujourd'hui côté chambres, sobres, contemporaines, d'un très bon niveau de confort, comme côté cuisine, avec une sélection de plats bistrotiers bien ficelés, quelques pizzas maison et burgers, et même des crêpes en journée. Terrassette en bord de route. Une étape très honnête.

Chic

Chez Camillou – Restaurant Cyril Attrazic : *10, route du Languedoc. ☎ 04-66-42-80-22 (hôtel) ou 04-66-42-86-14 (resto). • chezcamillou@wanadoo.fr • camillou.com • Resto tlj sauf lun-mer (ouv mar-mer en juil-août). Brasserie ouv tlj tte l'année. Congés : 24 nov-20 mars. Doubles 95-126 €. Au resto, menus 40 € déj en sem, puis 65-115 €. À la brasserie, formule midi 18,80 € et menu 28,80 €. Résa conseillée.* Si le bâtiment est sans charme, les chambres, esprit design, sont parfaitement équipées. Pour compléter, terrasse, jardin, hammam, spa et piscine chauffée. Reste que l'adresse vaut surtout pour la cuisine de Cyril Attrazic, une merveille de justesse, de saveurs, d'équilibre et d'inventivité. Grande salle contemporaine, sobre et feutrée, prolongée de quelques tables sur la petite terrasse qui court le long du bâtiment (réserver). Brasserie à prix plus doux au rez-de-chaussée, *La Gabale,* qui travaille les produits du pays (terrasse).

Où dormir ? Où manger dans les environs ?

De bon marché à prix moyens

Gîte d'étape et maison d'hôtes Les Granges de Bigose : *Bigose, 48200* ***Rimeize.*** *☎ 04-66-47-12-65. • contact@grangesbigose.com • grangesbigose.com • ♿ À env 6,5 km au nord d'Aumont-Aubrac. Ouv tte l'année. Nuitée en gîte 40 €/pers en ½ pens. Doubles 65-120 € ; familiales. Table d'hôtes 18,50 €. Café offert sur présentation de ce guide.* Dans un hameau isolé au creux d'un ruisseau, en bordure de forêt, de vieilles granges retapées et transformées en auberge. Chambrettes bien nettes sous les toits, plus élégantes au rez-de-chaussée, et 2 dortoirs pour les marcheurs, bien au frais entre leurs vieux murs. Salon avec coin cheminée en hiver, et terrasse pour l'été, ouverte sur la nature. Un bel endroit, cosy et confortable, prisé des randonneurs (le « tour de Margeride » et le GR 65 traversent la propriété). Accueil des cavaliers, qu'ils soient à cheval ou à dos d'âne. Cuisine de terroir : truffade, aligot-saucisse... Sauna, prêt de raquettes l'hiver, etc. Accueil dynamique.

Le Regimbal : *Le Regimbal, 48130* ***Javols.*** *☎ 04-66-42-89-87. • line-et-louis@wanadoo.fr • hotel-le-regimbal.com • ♿ Congés : 23 déc-24 mars. Double 57 €. Formule 23,50 € (déj sem) et menu 28,50 € (soir et w-e). Résa obligatoire.* Dominant ce qui fut l'ancienne capitale gallo-romaine du Gévaudan pendant 8 siècles (voir plus loin), 9 chambres impeccables, où l'on dort du sommeil du juste. Toutes donnent sur le mignon village de Javols et l'ancien forum gallo-romain. Au resto, bonne cuisine du terroir servie dans la salle à manger près de la cheminée en granit, dans la véranda, ou en terrasse, pour profiter de la vue. Accueil très aimable.

DANS LES ENVIRONS D'AUMONT-AUBRAC

Javols Anderitum – Musée et site archéologique : *48130* ***Javols.*** *☎ 04-66-42-87-24. • archeologie-javols.org • ♿ À env 7 km d'Aumont-Aubrac. Accès libre au site. Musée : juil-août, tlj sauf dim mat, 10h-12h, 14h-18h30 ; vac scol de printemps, juin et sept, lun-ven 10h-12h, 14h-17h30. Entrée : 3 € ; réduc ; gratuit moins de 12 ans.* Difficile d'imaginer que le paisible village de Javols, blotti au creux des collines le long du Triboulin, fut l'antique *Anderitum,* capitale gallo-romaine des Gabales (autrement dit, les Gaulois du Gévaudan), qui connut son apogée au IIe s apr. J.-C. Si le site était déjà plus ou moins localisé au XVIIIe s (la mémoire populaire avait gardé le souvenir d'une « ville engloutie »), il fallut attendre le XIXe s pour que des fouilles mettent au jour les vestiges que l'on peut aujourd'hui découvrir en suivant un circuit extérieur balisé (compter 1 à 2h), aménagé en accès libre sur 4 hectares. Ceci dit, pour imaginer ce que fut la ville, faire preuve de pas mal d'imagination... Un petit ***musée*** présente quant à lui le résultat des fouilles. On y trouve les habituels maquettes, outils, monnaies, poteries et bijoux, ainsi que quelques pièces originales intéressantes. Les enfants n'ont pas été oubliés, avec jeux, ateliers et coin lecture (avec l'intégrale d'*Astérix* !).

L'AUBRAC

Comme devant d'autres grands espaces (le Sahara, la vallée de la Mort... liste évidemment non exhaustive) nous sommes restés ébahis devant l'Aubrac !

Car, aux confins du Cantal, de l'Aveyron et de la Lozère, nous avons eu la déroutante impression d'être arrivés dans un bout du monde. Sur ce haut plateau (altitude moyenne : 1 200 m), dénudé, austère mais terriblement beau, pointent ici ou là de bien vieux volcans, dômes arrondis, monts chauves couverts de prairies, de landes à genêts, à fougères ou à bruyères, où le vent souffle parfois violemment car il n'a aucun obstacle à heurter.
Des ruisseaux à truites courent dans cette immensité vide où l'horizon semble n'avoir jamais été aussi vaste. Rien pour arrêter le regard, sinon la silhouette humble de ces burons couverts de lauzes ou de ces clochers-peignes qui semblent vouloir coiffer les cheveux du ciel tellement ils s'en approchent. Légitimement promu Parc naturel régional en 2018, l'Aubrac compte 1 300 espèces de plantes sur les monts chauves, ses lacs d'altitude sont des merveilles pour les amateurs de pêche, et son domaine skiable s'étend sur 150 km en hiver.
En voiture, à vélo, il faut emprunter la *route des Lacs* (D 52), ente Nasbinals et Les Salces, pour se laisser aspirer par la solitude grandiose de ce panorama sans limite, que seuls semblent peupler des troupeaux de vaches rousses et de rochers gris, et quelques rares fermes fascinantes d'isolement. Un bout du monde, donc, mais qui fut parmi les 1ers à conquérir Paris à l'époque des bougnats, des loufiats, des porteurs d'eau et des limonadiers.

LA FÊTE DE LA TRANSHUMANCE

Chaque année autour du 25 mai, quand la campagne est en fleurs, les troupeaux de vaches (en majorité de race aubrac) quittent leurs étables après un long hiver rigoureux. Les bêtes montent sur les dômes de l'Aubrac, où elles passeront l'été dans les hauts pâturages. C'est la transhumance, qui dure en général une quinzaine de jours. Un dimanche y consacre une fête haute en couleurs. Les vaches portent des sonnailles autour du cou. On leur accroche des fanions et des drapeaux tricolores ; des bouquets de fleurs, des branches de genévrier, des rameaux de houx, au-dessus des cornes. Ainsi parées, les bêtes cheminent sur les routes et les chemins jusqu'à Aubrac dans le Cantal, où elles sont rassemblées dans un enclos. Puis un jury agricole décerne un prix au plus beau troupeau. Dans les burons et les auberges du pays, on célèbre l'événement en préparant des kilos d'aligot dans une ambiance chaleureuse. Le reste des troupeaux est transporté à bord de camions. Ça va plus vite.

LES BURONS DE L'AUBRAC

Le buron abrite 2 ou 3 pièces exiguës : une où les bergers dorment, une autre où l'on fabrique la fourme ou la tomme, une 3e pour stocker les fromages. Dans les années 1930, il y en avait 300 sur l'Aubrac, parsemant ces immensités dénudées tels des petits repaires de pierre noyés sous la neige de l'hiver.
Aujourd'hui, il n'en reste que quelques-uns en activité, pour les touristes avant tout. Toutefois, depuis une vingtaine d'années, la fraternité de Jérusalem a entrepris un programme de réhabilitation des burons. Elle signe un contrat avec les propriétaires et restaure les habitats. En échange, elle les utilise 15 jours par an comme lieu de méditation. Une initiative qui a permis de conserver une vingtaine (sur une centaine à sauver) de burons.

LE TOUR DE L'AUBRAC À PIED

Une superbe randonnée à faire en une bonne semaine. On commence souvent le tour à partir d'Aumont-Aubrac, mais il existe des variantes, et le GR 65 vous permet de rejoindre le GR du tour de l'Aubrac en de multiples endroits. Ne pas manquer la partie entre le hameau de Trémouloux et Saint-Laurent-de-Muret, qui vaut largement qu'on y use ses semelles !

LE GR 65 OU CHEMIN DE SAINT-JACQUES-DE-COMPOSTELLE

« Le séjour de l'horreur et des vastes solitudes », ce verset biblique ornait naguère le fronton d'entrée de l'hospice d'Aubrac, où des milliers de pèlerins du Moyen Âge (XIIIe-XIVe s), venus du Puy, faisaient escale avant de repartir vers Conques et Saint-Jacques-de-Compostelle (Espagne).
De fait, la traversée de ce désert d'altitude, à l'époque, avait quelque chose d'une aventure terrible. Le marcheur devait affronter les brumes et les tempêtes hivernales, les bandits de grand chemin (appelés alors les routiers ; depuis ce temps, ils sont devenus sympa), les loups (l'Aubrac était alors couvert de forêts), la faim, la soif, la solitude. Des moines-soldats étaient chargés d'assurer la protection des pèlerins en cours de route.
Les chemins rocailleux montaient à l'assaut de la montagne. Ils passaient par Fournels, Saint-Urcize, Laguiole ou par la « haute route » : Fau-de-Peyre, Malbouzon, Nasbinals, Aubrac, puis redescendaient vers des cieux plus cléments jusqu'à Espalion.
Aujourd'hui, le GR 65 reprend en partie ce très vieux chemin médiéval, sans doute l'une des meilleures façons de découvrir ce pays. Se munir évidemment du topoguide adéquat avant de partir.
Autre parcours, le chemin ***Urbain V*** trace un itinéraire pédestre (labellisé GR) de 329 km entre Nasbinals et Avignon. Compter environ 13 jours de rando à travers Aubrac, Causses, vallée du Lot, gorges du Tarn, Cévennes, garrigues et vallée du Rhône. Plus d'infos sur • *randonnée-urbain-v.com* •

NASBINALS (48260) 557 hab. *Carte Lozère, A2*

Sur le chemin de Compostelle, un gros et sympathique village : de robustes maisons aux murs de granit et de basalte, une belle église romane au clocher octogonal et des échappées formidables sur l'Aubrac. À Nasbinals, on croise autant de pèlerins, de marcheurs, de skieurs de fond en hiver, de chevaux et de troupeaux que de pêcheurs euphoriques, de rêveurs inspirés, de naturalistes heureux. C'est là le secret de ce bout du monde.

HABILE RHABILLEUR

Sur la place centrale de Nasbinals trône un buste de Pierre Brioude (1832-1907). Vous ne connaissez pas ? Pourtant, certains venaient du Canada ou des États-Unis consulter ce « rhabilleur » comme on dit par ici qui « remettait » luxations, entorses, voire fractures, « levait » les brûlures et soignait quelques autres maladies. 3 hôtels avaient même été construits pour accueillir ses patients.

Adresse et info utiles

i @ ***Bureau de tourisme :*** *maison Charrier. ☎ 04-66-32-55-73. • otnasbinals.fr • Juil-août, en principe tlj ; le reste de l'année, lun-sam.*

■ ***Randonnées :*** vous pouvez demander Gonzalo Díaz à ***Aubrac Randonnée*** (*📱 06-07-08-66-04*). Insistez car il est souvent par monts et par vaux.

Très sympa et très compétent, il propose des randonnées accompagnées thématiques : faune, flore, tourbières, brame du cerf...

Aubrac Électro Vélo : *rue du 19-Mars. ☎ 04-66-48-32-38. • aubrac-electro-velo.com • En saison, tlj 8h30-19h30 ; hors saison sur résa.* Loc de VTT et de VTT électriques. Tenu par un passionné qui vend ses cartes (1 €) de circuits balisés au départ de Nasbinals. 8 circuits de 16 à 44 km. Super explications sur les randos à travers des paysages splendides.

Où dormir ? Où manger à Nasbinals et dans les environs ?

Camping

Camping municipal : *route de Saint-Urcize. ☎ 04-66-32-51-87 ou 04-66-32-50-17 (mairie, hors saison). 06-10-10-52-87. • camping.nasbinals@orange.fr • nasbinals.fr/camping-municipal/ • À 900 m du village. Ouv début mai-fin sept. Forfait 2 pers env 8,90 €. 25 empl.* Ambiance montagne dans ce petit camping très nature, dispersé dans un pré. Dommage que la route longe le site (on peut s'installer en retrait). C'est pas l'autoroute, mais bon... Salle commune avec congélo, micro-ondes, etc. Sanitaires impeccables. Également une roulotte à louer.

Bon marché

Gîte Nada : *au village. ☎ 04-66-32-50-42 ou 06-32-18-43-53. • contact@nada-aubrac.com • nada-aubrac.com • Nuitée 12-17 €/pers en chambre ou dortoir.* Bordé d'un grand parc, cet immense gîte installé dans l'ancien pensionnat de l'école catholique attenante est géré par des bénévoles qui utilisent les fonds pour le fonctionnement de ladite école. Chambres monacales mais impeccables, de 2 à 7 lits. Sanitaires communs, cuisine. Bonne ambiance de rencontres entre randonneurs. Plusieurs autres gîtes d'étape dans le village (rens à l'office de tourisme).

De prix moyens à chic

La Route d'Argent – Maison Bastide : *au village. ☎ 04-66-32-50-03. • contact@bastide-nasbinals.com • bastide-nasbinals.com • C'est la grande maison derrière l'église. Tte l'année. Resto tlj en continu, dès le petit déj. Doubles 45-70 €. Menus 22-29 €.* En Aubrac, le resto de la famille Bastide (également aux manettes du buron de Born, lire plus loin) est une institution, et c'est souvent l'affluence. Faut avouer que la cuisine, rustique, est des plus copieuse : ris de veau aux cèpes, rognons au madère, plantureux plateau de fromages... Un repas à honorer en retour de rando, sûrement pas au départ ! Pour prolonger la soirée, le bar reste ouvert jusqu'à 1h, le tout dans une ambiance villageoise, chaleureuse et familiale. Terrasse. Les chambres sont en revanche un peu vieillottes, mais elles pourront dépanner tout comme celles, plus modernes, de ***l'hôtel La Randonnée*** (même maison), situé à 400 m du village et tourné vers le panorama (même tarifs). Vente de topoguides.

Le Relais de l'Aubrac : *Le Pont-de-Gournier, 48260* ***Recoules-d'Aubrac.*** *☎ 04-66-32-52-06. • relais-aubrac@orange.fr • relais-aubrac.com • À 3,5 km du village. Resto tlj sauf dim soir-lun hors saison. Congés : de mi-nov à mi-mars. Doubles 62-77 € ; familiales. Menus 29,50-40 €.* Une belle maison en granit de l'Aubrac, tenue par une famille qui a le sens de l'accueil. Jolie salle, un peu sonore, dotée d'une grande cheminée et complétée d'une mignonne terrasse à l'ombre des arbres. Cuisine de terroir sérieuse et soignée : aligot (le chef a gagné plusieurs concours), tarte aux myrtilles... Côté hôtel, chambres simples et chaleureuses, certaines récemment rénovées, d'autres un peu désuètes.

Le Buron du Ché : *le Cher, 48260* ***Nasbinals.*** *☎ 04-66-32-55-72. • bessierearlette@orange.fr • À 3,2 km de Nasbinals par la D 987 ; très bien fléché. Tlj sauf lun (ouv août et j. fériés), fermé le soir mar et dim. Dans tous les cas, mieux* *vaut appeler avant. Congés : de mi-nov à mi-fév. Menus 28-49 € ; carte 40 €.* Une savoureuse cuisine de terroir, concoctée avec les meilleurs produits du pays et soigneusement présentée. Viandes locales et aligot au feu de bois, touillé à bout de bras par le jovial patron qui enfile son accordéon à l'heure du dessert ! On déguste le tout dans la petite salle à manger rustique et chaleureuse ou dans la salle récente, vaste et assez moderne (voire un peu kitsch), dotée d'une véranda avec (superbe) vue sur l'Aubrac.

Plus chic

Chambres d'hôtes La Borie de l'Aubrac : *La Grange des Enfants. ☎ 04-66-45-76-97. • contact@borie-aubrac.com • borie-aubrac.com • ♿ À 4,5 km de Nasbinals par la D 900 en direction de Marvejols. Compter 100-140 € pour 2 ; familiales. Dîner 35 € (sauf mer).* Une ancienne grange isolée, à 1 150 m d'altitude, sur le plateau, au cœur d'un paysage sublime et solitaire. Des espaces communs aux chambres, toutes avec baie vitrée ou fenêtre panoramique, très belle déco au goût du jour, dans un style contemporain tout à fait réussi. Excellente table d'hôtes, à base de produits locaux. Accueil et service impeccable (vos hôtes avaient, auparavant, fait carrière dans l'hôtellerie de luxe).

Où manger dans un buron ?

Le Buron de Cap Combattut : *route des Lacs, 48260* ***Marchastel.*** *06-74-81-89-19. • maite@buron-aubrac.fr • À 6 km de Nasbinals par la D 52 direction Les Salces (suivre le fléchage du Buron de Born). Ouv tlj avr-oct, le midi seulement. Menus 22-28 €. Résa conseillée.* Un modèle du genre que cette solide bâtisse perdue au milieu du plateau, en retrait d'un petit lac. La cuisine y a le bon goût du rustique, des produits de la ferme (viande, fromages, aligot...) et du fait maison. Quelques grosses tables en terrasse.

Le Buron de Born : *lac de Born, 48260* ***Marchastel.*** *☎ 04-66-32-52-20. ♿ À 6 km de Nasbinals par la route de Salces (D 52) ; très bien fléché. Ouv tlj mai-oct. Menus 23-29,50 €. Résa conseillée.* En saison, l'atmosphère évoque plus les abeilles affairées à la ruche que la placidité des vaches, dans ce buron parmi les plus courus du plateau, idéalement campé en surplomb du petit lac de Born. Au menu, les classiques du genre : aligot, saucisse, grillades, fromages. Et si le vent ne souffle pas trop fort, une belle terrasse permet de profiter du panorama. Soirées accordéon.

Où acheter de bons produits ?

Au village, allez glaner fougasses et chaussons aux pruneaux chez ***Chassang-Brunel,*** en face de l'église, et préparez de quoi « casse-croûter » à la ***charcuterie Souchon,*** route de Marvejols, qui fait aussi boutique de produits régionaux.

La Grange au Thé : *pl. du Foirail. 06-07-76-36-81. De juin à mi-sept, tlj sauf lun 10h-12h, 15h-19h ; au printemps et de mi-sept à fin oct, l'ap-m seulement. Congés : nov-début avr.* Du thé sur l'Aubrac ? C'est, en fait, la couleur, une fois infusée, de cette plante sauvage (le calament à grandes fleurs) qui lui a valu ce surnom. Un parfum entre menthe et mélisse, aux vertus digestives, et une déclinaison en meringues, sablés, sirops, baumes, savons, etc., à découvrir dans cette jolie boutique-salon de thé.

À faire

– ***Centre équestre des Monts d'Aubrac :*** *route de Saint-Urcize. ☎ 04-66-32-50-65. • equitation-aubrac-lozere.fr • Ouv tte l'année.* Balades, cours et stage d'équitation à la semaine (avec ou sans hébergement ; gîte sur place).

DANS LES ENVIRONS DE NASBINALS

La Chaldette *(48310)* **:** un hameau d'une poignée de maisons typiques au creux d'un vallon : pas vraiment l'idée qu'on se fait d'une station thermale. Pourtant, c'en est une avec un centre thermal (construit au mitan des années 1990 et joliment intégré dans le paysage) alimenté par une eau qui, comme le suggère ce « chaldette », sort du sous-sol à 35 °C. Des eaux connues depuis le Moyen Âge et utilisées pour le traitement des affections ORL.

Où dormir ? Où manger ?

Maison d'hôtes Une Parenthèse en Aubrac : *dans le village. ☎ 04-66-31-61-06. • parenthese.en.aubrac@gmail.com • parenthese-en-aubrac.fr • Doubles 80-90 €. Table d'hôtes sur résa (72h à l'avance) 18 €. Piscine chauffée (dispo dès 2 nuits de loc).* La famille Osty accueille les visiteurs dans la belle maison familiale en granit, où les générations se suivent depuis 1853. 5 chambres cossues et confortables avec vue sur les pâturages. Agréable terrasse commune.

Résidence thermale de La Chaldette : *☎ 04-66-31-85-00. • residence@france48.com • lachaldette.com • Ouv de mi-fév à fin nov. Pour un T2, compter 90-138 € la nuit (tarifs dégressifs). Possibilité de forfaits « remise en forme ».* L'ancien hôtel thermal a été transformé en résidence contemporaine offrant duplex et appartements pour 2 à 6 personnes (avec kitchenette et salon pour les plus grands). L'architecte a réussi à préserver le cachet du bâtiment, et l'ambiance thermale est tout sauf pesante. Envie d'un massage ? Le centre n'est qu'à 100 m !

À faire

– **Le centre thermal La Chaldette :** *☎ 04-66-31-68-00. • lachaldette.com • Ouv début fév-fin nov. Résa obligatoire. Pour une ½ journée, accès au spa thermal 26-30 € ; nombreuses formules soins également.* Superbe bâtiment moderne offrant une vue imprenable sur la rivière du Bès, les arbres, la verdure et les vaches, sans défigurer le paysage. L'occasion d'une trempette dans le joli bain (avec sauna, jacuzzi, solarium, fitness, etc.), accompagnée de soins esthétiques ou balnéo, pour un après-midi détente.

LES VIEUX VILLAGES DE L'AUBRAC

Carte Lozère, A-B2-3

À pied ou en voiture, peu importe, il faut partir à la découverte de ces villages à la beauté austère où les pierres, comme les gens, ont des histoires à raconter. L'occasion, aussi, de s'enfoncer plus avant dans ce panorama qui repousse l'horizon. Voici quelques-uns de nos coups de cœur en Aubrac.

MARCHASTEL (48260)

À 7 km à l'est de Nasbinals, à l'écart de la route de Marvejols.

En retrait de la panoramique D 900, un discret petit village du bout du monde, adossé à une sorte de grosse butte d'où l'on a une superbe vue sur le pays.

Remarquez, au centre du bourg, ce curieux « travail » avec ces 4 piliers de granit, qui servait à ferrer les chevaux. Autour, de très belles maisons trapues en pierre volcanique et aux toits de schiste et de lauzes donnent un bel aperçu de l'architecture de l'Aubrac. Marchastel est souvent considéré – à juste titre – comme l'un des plus beaux villages de Lozère.

Où dormir ? Où manger ?

Chambres d'hôtes Château de Marchastel : *☎ 04-66-32-59-50. 06-74-46-08-18. • malherbe@aubrac2000.com • aubrac2000.com • Compter 76-86 € pour 2 (tarifs dégressifs).* Des routards qui se sont faits châtelains ont décidé il y a quelques années de rénover une ruine de 500 m². Si on n'y mène pas, pour autant, la vie de château, la vue exceptionnelle que l'on s'offre ici est un luxe qui n'a pas de prix... Chambres charmantes, en bois et pierres apparentes, et gîtes ruraux *(4-6 pers)* profitent en outre d'une piscine intérieure, d'une cuisine commune, d'une table de ping-pong et de VTT laissés à disposition.

Auberge de La Tourre : *☎ 04-66-45-68-73. • aubergedelatourre@orange.fr • Ouv tlj sauf mer-jeu. Congés : 15 j. fin juin et déc-janv. Formule 17 € ; menus 25-32 €.* Au cœur de ce joli village, une auberge de campagne tenue par un couple accueillant et motivé. Au menu, que du bon, que du local ! Charcuteries maison ou artisanales, viandes d'Aubrac, saucisse de pays et aligot, magnifique plateau de fromages fermiers (dont une tomme du Gévaudan plus redoutable encore que la Bête !), tartes aux fruits... Spécialité de « fondues de l'Aubrac » (viandes ou fromages). Cadre simple et rustique lui aussi, doublé d'une jolie terrasse avec vue sur l'église et le monument aux morts. Une vraie carte postale !

PRINSUÉJOLS *(48100)*

Sur le chemin de Compostelle, entre Malbouzon et le château de la Baume (le « Versailles du Gévaudan » !), un minuscule village avec à peine quelques maisons, une mairie de poupée et une église romane du XIIe s coiffée par un clocher-peigne (sans jeu de mots !).

À voir dans les environs

Le château de la Baume : *☎ 04-66-32-51-59. • chateaudelabaume.org • Juil-août, tlj 10h-12h, 14h-18h ; hors saison, seulement sur rdv (sauf mar). Entrée : 8 € ; réduc. Visite guidée : 40 mn-1h.* La petite route serpente paisiblement dans la campagne quand, au sortir d'un bois surgit, incongrue, cette grande demeure en granit : « le Versailles du Gévaudan ». Construit au Grand Siècle (1630), encadré de solides tours à mâchicoulis, il abrite de très belles pièces (la plus grande – la salle de billard – fait quand même 120 m²) dotées de mobilier XVIIIe s, de tapisseries d'Aubusson, de décors peints remarquables et de boiseries dont certaines sont arrivées à dos de mulet depuis Clermont-Ferrand...

FAU-DE-PEYRE *(48200)*

À 8 km à l'ouest d'Aumont-Aubrac.
Encore un village perdu, entre bois et prairies. Église Saint-Martin du XIIIe s avec une remarquable abside à 7 pans en cul-de-four.

Où dormir ? Où manger ?

Hôtel-restaurant Del Faou : *au centre du village. ☎ 04-66-31-11-00. • hotel.delfaou@wanadoo.fr • ♿ Resto tlj sauf dim soir. Congés : 20 déc-20 janv. Double 60 €. Menus 16-29 €.* L'auberge de village dans toute sa splendeur ! Cuisine familiale et très copieuse, d'un rapport qualité-prix assez étonnant. Une valeur sûre dans ce bout du monde, où l'on se bouscule littéralement pour goûter les (vraies) cuisses de grenouilles, la truite au lard ou les manouls (tripes et ventre d'agneau en paquets). Accueil spontané et chaleureux. À proximité, un bâtiment récent abrite des chambres ; pratique si on ne veut pas reprendre la route.

LES SALCES *(48100)*

On est ici au pays des Boraldes, versants ravinés et creusés par une douzaine de rivières au sud de l'Aubrac. Le village, à une vingtaine de kilomètres de Nasbinals, apparaît au terme d'une traversée panoramique d'un plateau désertique, où paissent tranquillement les troupeaux de vaches aubrac. Cette ***route des Lacs*** (D 52) est un voyage en soi, à parcourir en prenant le temps de découvrir les petits lacs glaciaires d'un bleu profond qui lui ont valu son nom : Salhens, Saint-Andéol, Souveyrols, Born, Bonnecombe. Le GR 60 passe à côté du village.

Où manger dans les environs ?

Le Relais des Lacs : *Bonnecombe. ☎ 04-66-32-61-78. • relais-des-lacs.fr • ♿ À 6,5 km au nord-ouest du village. Tlj sauf lun. Hors juil-août, fermé le soir (sauf sam). Congés : nov-janv. Menu unique 15,50 €.* Solide refuge isolé au milieu du plateau, entouré de pâturages à perte de vue. Au menu, unique, charcuterie et aligot à la marmite. Terrasse.

MARVEJOLS

(48100) 4 960 hab. *Carte Lozère, B2*

Une petite ville de caractère, bien située aux portes de l'Aubrac et de la Margeride, longtemps capitale du Gévaudan, le pays de la bête qui ensanglanta la région. La bête n'a jamais sévi dans le bourg, mais vous pouvez faire un selfie, place des Cordeliers, devant sa statue sculptée par Auricoste en 1958. Ou vous rendre au parc des Loups du Gévaudan.

Arriver – Quitter

Gare SNCF : *à 1,5 km au sud de la ville. Rens : ☎ 36-35 (0,40 €/mn).*

➢ ***Pour Mende :*** plusieurs TER et cars quotidiens. Également des cars pour Millau et Rodez, en Aveyron.

➢ ***Pour Paris :*** liaisons par Clermont-Ferrand (train et car). Compter 6-7h de trajet.

Adresse et info utiles

Office de tourisme Gévaudan Destination : *pl. du Soubeyran. ☎ 04-66-32-02-14. • gevaudan-authentique.com • Ouv à l'année. En été, point infos au lac du Moulinet (voir plus bas).*

– ***Marché traditionnel :*** *sam mat, pl. du Soubeyran.*

Où dormir ? Où manger ?

De prix moyens à plus chic

Hôtel l'Europe : *11, fg du Barry. ☎ 04-66-47-16-35. • contact@hotel-marvejols.fr • hotel-marvejols.fr • Doubles 59-80 €.* Un hôtel fonctionnel, aux chambres standard mais relativement récentes, les moins chères sous les toits. Fait aussi resto, en dépannage.

Restaurant et chambres d'hôtes Le Domaine de Carrière : *av. Montplaisir. 06-38-90-34-82 (chambres) et ☎ 04-66-32-92-39 (resto). • domainedecarriere@hotmail.com • domainedecarriere.com • À 2,5 km du centre, par la D 1, c'est sur la gauche, juste à la sortie de Marvejols. Resto tlj sauf lun en saison ; fermé dim hors saison. Congés : Toussaint. Résa conseillée au resto. Double 110 €. Formule déj en sem 16-19 € ; menus 25-39 €.* Logées dans un élégant château des XVIIe et XIXe s, des chambres de prestige, aménagées dans un esprit vintage et contemporain. Piscine. Le restaurant est situé quant à lui dans les anciennes écuries, et sert une cuisine sérieuse, de saison et du pays. Terrasse agréable aux beaux jours.

Où dormir ? Où manger dans les environs ?

Le P'tit Marché : *pl. Urbain-V, 48100 **Le Monastier-Pin-Moriès.** ☎ 04-66-48-56-07. À 6 km au sud de Marvejols. Tlj sauf dim-lun (et le soir mar-mer hors été). Résa conseillée. Formules midi 10,50-13,50 € ; env 25 € à la carte.* Prisé des gens du cru, un bistrot de village d'aujourd'hui, simple et convivial, adossé à l'église du Monastier (lire plus loin), à l'ombre de laquelle s'étend la terrasse aux beaux jours. À l'ardoise, une cuisine sans prétention, fraîche et efficace, un choix de burgers et de jolis desserts maison. Et pour digérer, rhums arrangés ! Concerts tous les jeudis soirs l'été. Sympa.

Chambres d'hôtes La Maison du Pêcheur : *10, rue du Moulin, 48100 **Le Monastier-Pin-Moriès.** 06-45-26-53-12. • deliafaudon@gmail.com • chambrepechelozere.com • À 6 km au sud de Marvejols. Double 80 € (50 € pour les séjours pêche). Dîner 22 €. Panier repas 15 €.* Établie en surplomb de la rivière Colagne, dans le mignon bourg du Monastier (lire plus loin), cette maison d'hôtes a investi l'ancienne école religieuse du village et sa tour aux robustes murs de pierre, pour en faire un lieu cosy et accueillant, réaménagé dans des teintes sobres et claires. Aux manettes, un jeune couple. Monsieur, guide de pêche à la mouche, encadre des sorties à la journée sur les rivières du coin. À la table d'hôtes, des produits bio autant que faire se peut. Une belle étape.

À voir. À faire

Les portes fortifiées de la ville : la porte de Chanelles, avec ses mâchicoulis et ses 2 grosses tours rondes coiffées d'une toiture en lauzes, est située dans le sud de la ville. On trouve sa réplique dans le nord : c'est la porte du Soubeyran, à côté de la statue d'Henri IV, le reconstructeur de la cité, qui fit renaître de ses cendres la 3e porte : celle du Théron, à l'est. Ces portes fortifiées abritent depuis longtemps des habitations, c'est pourquoi elles sont si bien conservées On peut grimper au sommet de celle du Soubeyran pour une vue sur la ville (rens à l'office de tourisme).

L'église Notre-Dame-de-la-Carce : reconstruite au XVIIe s, elle conserve dans une de ses chapelles baroques la statue vénérée de Notre-Dame-de-la-Carce, objet de pèlerinages.

Le musée des Deux Albert : *4, rue Victor-Cordesse. 06-08-52-93-88. • museedesdeuxalbert@orange.fr • Pâques-nov, visite guidée (env 1h30) les mer, ven et sam à 15h, et le mer à 20h30. Sur rdv les autres jours (et hors saison). Entrée : 6 € ; gratuit jusqu'à 12 ans.* Installé dans une ancienne chapelle, un petit musée tenu à bout de bras par un passionné, Daniel Castanier, qui refait fonctionner devant les visiteurs l'atelier d'imprimerie de son arrière-grand-père, fondé en 1892. Féru d'histoire locale, Daniel a également fabriqué un plan-relief de Marvejols au XVIIe s, support à un récit du passé de la ville, complété par un historique des manufactures lainières avec démonstration de cardage et manipulation de différents types de rouets.

DANS LES ENVIRONS DE MARVEJOLS

Chirac (48100) : *à 5 km au sud de Marvejols.* Qu'on se rassure, l'ancien président n'a pas baptisé un village de France à sa gloire ! Sur la mignonette place centrale, belle église Saint-Romain, construite au XIIe s, typiquement romane avec son portail en plein cintre et sa gracieuse abside en cul-de-four. On peut poursuivre le pèlerinage jusqu'au bourg voisin du ***Monastier,*** étendu au bord de la Colagne, ses bâtisses trapues et biscornues aux toits de lauzes groupées en contrebas de son prieuré du XIe s, dont l'église Saint-Sauveur affiche une gravité toute romane. Noter ses chapiteaux sculptés.

C'EST QUOI CES TRUCS ?

Un « truc » est une sorte de grosse colline herbue et rocheuse qui se dresse soudain dans le paysage. Il y en a 3 dans les environs de Marvejols : le truc du Midi (1 019 m), le truc de Grèzes (1 012 m) et le truc de Saint-Bonnet-de-Chirac (934 m). Pourquoi des « trucs » ? Parce que ce sont des énigmes géologiques, on ne sait ni pourquoi ni comment ils sont apparus !

Les Loups du Gévaudan : *Sainte-Lucie, 48100* ***Saint-Léger-de-Peyre.*** *04-66-32-09-22. • infos@loupsdugevaudan.com • loupsdugevaudan.com • À env 9 km au nord de Marvejols, par la D 809 direction Aumont-Aubrac. Par l'A 75, à 3 mn de la sortie n° 37. Ouv juil-août tlj 10h-19h (ferme à 17h30 avr et sept-oct, 17h mars et nov). Fermé de mi-nov à fév, sauf fêtes de fin d'année. Visite commentée 4 fois/j. en saison. Entrée : 12-15 € selon période ; réduc (jusqu'à 11 ans pour les enfants). Billet combiné possible avec Les Bisons d'Europe à Sainte-Eulalie.* Entièrement remodelé en 2020, le parc s'étend à 1 100 m d'altitude dans un paysage superbe où pointent, au loin, les monts de la Margeride (passerelle panoramique pour en profiter). Près de 70 loups, de 5 sous-espèces (loups du Canada, de Sibérie, de Pologne, de Mongolie et de l'Arctique) y vivent dans des enclos arborés dotés de passerelles, de baies vitrées et d'un tunnel d'observation, tandis que des visites guidées permettent d'en apprendre plus sur l'animal. À expérimenter aussi, un espace consacré aux contes et légendes autour du loup et à la fameuse bête du Gévaudan. En été, visites nocturnes avec son et lumière, à l'heure où l'on entend les loups hurler *(3 fois/sem, sur résa)* et démonstrations de vols de rapaces animées par des fauconniers. Également une aire de jeux pour les enfants. Pour qui voudrait prolonger l'immersion, gîtes classiques à louer ainsi que des « tanières », équipées de baies vitrées donnant sur les enclos (cher, évidemment). Snack et boutique.

Le lac du Moulinet : *à 14 km au nord de Marvejols (bien fléché). Navettes au départ de Mende, Marvejols et Nasbinals en été les mer et ven. Juil-août, point infos touristiques.* Étendu sur 13 ha dans un environnement bucolique de forêts et de prairies, le lac est prisé des familles en été (aire de jeux, loc de canoës et pédalos, baignade surveillée l'ap-m). Un petit sentier de 2,5 km permet d'en faire le tour, à moins de se lancer dans une vraie rando (parcours de 9 et 21 km) ou d'opter pour l'un des 3 circuits VTT (de 1h à une ½ journée).

Auberge du Moulinet : *lac du Moulinet, 48100* ***Le Buisson.*** *☎ 04-66-32-17-40. Tlj en saison, sinon fermé le sam. Repas 11h-15h, puis bar-glacier jusqu'à 20h. Fermé vac scol fin d'année. Formule 14 € ; carte env 20 €.* Café-resto familial et populaire posé face au lac, sympa pour une pause déjeuner avant ou après la baignade. Grande salle tout en bois ou terrasse, pour une petite cuisine du pays qui change tous les jours.

LE CAUSSE DE SAUVETERRE

Un des 4 grands causses de cette région avec le Méjean, et dans l'Aveyron, le causse Noir et celui du Larzac. Large plateau bordé au nord par le Lot et à l'est par les gorges du Tarn, le causse de Sauveterre, ondulant entre steppes, prairies et profondes forêts de conifères, n'est pas le plus austère. Ni le plus couru. Un immense terrain de jeu pour amateurs de nature et d'espace, à découvrir à pied par le GR 6 ou le GR 60, ou à cheval.

LA CANOURGUE (48500) 2 250 hab. *Carte Lozère, B3*

Jolie petite ville nichée au creux d'un vallon et traversée par un réseau de canaux qui lui donne un certain cachet. La cité a été bâtie autour d'un monastère édifié au VIIe s (Canourgue est une déformation du mot « chanoine »). Dans l'entrelacs de ruelles pittoresques du centre se serrent, au gré de passages couverts, de vieilles maisons Renaissance en encorbellement, avec fenêtres à meneaux. Au sortir du bourg, de vénérables bâtisses aux reflets roux s'égrènent en surplomb de l'Urugne, où fonctionnaient autrefois tanneries et mégisseries.
Un charme désuet émane de La Canourgue, bonne étape entre le causse, l'Aubrac et les gorges du Tarn, très animée en été. Spécialité locale : la *pouteille* (marinade de bœuf, pieds de porc, pommes de terre et sauce relevée), qui possède sa confrérie.

Adresse et info utiles

Office de tourisme De l'Aubrac aux gorges du Tarn : *18, rue de la Ville. ☎ 04-66-32-83-67. • aubrac-gorgesdutarn.com • Juil-août, tlj sauf dim ap-m ; le reste de l'année, lun-sam.* Visites guidées en juil-août, le lundi à 9h30 et le mercredi à 10h30. Nocturnes également. Rens sur les activités dans le coin (via ferrata, escalade...).
– ***Marché :*** *mar mat.* Un marché coloré, odorant et pittoresque, qui s'empare des ruelles de la vieille ville. Superbe !

Où dormir ? Où manger à La Canourgue et dans les environs ?

Camping

Camping et chalets du Golf : *route des Gorges-du-Tarn. ☎ 04-66-44-23-60. • chaletsdugolf@france48.com • golf-gorgesdutarn.com • À 3 km au* *sud-est de La Canourgue par la D 998. Ouv de mi-mai à fin sept. Forfait 2 pers 11-15 €. CB refusées. 50 empl.* Étendu dans un vallon, dans l'herbe et sous les arbres, un camping simple et tranquille, traversé par l'Urugne, format ruisseau. Loc de chalets. Piscine. Un très bon rapport qualité-prix. Golf et resto (du golf) à proximité.

Bon marché

Chez Louis : *Le Mazelet, 48500* ***La Canourge.*** *☎ 04-66-32-83-16. À 8 km au sud-est de La Canourgue par la D 998 puis la D 46. Tlj sauf le sam midi. Résa conseillée le soir. Formule midi en sem 13,50 €. Menu 19,90 €. CB refusées.* Dans un hameau au milieu de nulle part, une auberge rurale comme on en fait (presque) plus, bâtie pour revigorer le voyageur ou le travailleur égaré. Une salle quelconque, un accueil familial (la mère, la fille) et, dans l'assiette, une cuisine rustique et généreuse jusqu'au dessert, parfumée aux fleurs du causse et facturée 3 fois rien, et encore moins si on opte le midi pour le menu ouvrier... qui ont bien du mérite ceux qui retournent turbiner après un tel gueuleton ! Loue également des chambres et un gîte dans le hameau.

Gîte d'étape et de séjour La Chazelle : *La Capelle, 48500* ***La Canourgue.*** *☎ 04-66-94-06-38. • gitelachazelle@orange.fr • lachazelle.com • À 10 km au sud-est par la D 998 puis une petite route sur la gauche. Ouv tte l'année. Résa obligatoire. Nuitée 19 €/pers ; menu 16,50-18,50 €. Apéritif offert sur présentation de ce guide.* Dans un hameau, mignon comme tout avec sa petite église et ses maisons aux toits de lauzes, un gîte moderne de 24 places réparties en 7 chambres (de 2 à 6 personnes), toutes avec salle d'eau privée. Bon confort, salle commune, bibliothèque et cuisine à dispo, barbecue et terrasse. Pour compléter le tableau, les champs à perte de vue et un calme olympien...

Prix moyens

Hôtel-Restaurant Les Deux Rives : *La Mothe, 48500* ***Banassac.*** *☎ 04-66-32-99-97. • hotel.les2rives@orange.fr • hotel-les2rives.com • Resto fermé dim soir-lun. Congés : début janv-début fév. Doubles 65-85 € ; familiales. Menu déj 19 €, puis 28-35 €.* Côté face, la route et le rond-point ; côté pile, le Lot qui traverse le grand jardin et coule au pied de l'hôtel. Que ceux qui dorment la fenêtre ouverte ne s'inquiètent pas : le bruit de la rare circulation sera couvert par celui de la rivière ! Agréables et modernes, toutes les chambres ont été conçues dans une optique de développement durable (peintures écolos, bois certifiés, économie d'eau et d'énergie...). Une, plus chère (110 €), s'ouvre sur une vaste terrasse. Également de belles suites familiales en duplex. Au resto, en salle ou côté Lot, cuisine traditionnelle quasi exclusivement composée de produits en circuits courts.

Chambres d'hôtes La Vialette : *La Vialette, 48500* ***La Canourgue.*** *☎ 04-66-32-83-00. • domaine.delavialette@gmail.com • gite-sauveterre.com • À 10,5 km au sud-est de La Canourgue par la D 998, puis une petite route sur la droite. Compter 84 € pour 2. Table d'hôtes 21 €. CB acceptées.* Dominant prairies et forêts, une vieille ferme du XIVe s magnifiquement retapée, qui a gardé tout son charme rustique. Dans l'ancienne bergerie, 5 chambres d'hôtes charmantes et confortables. À table, dans l'ancienne grange dotée d'une spectaculaire charpente à la Philibert, ambiance rando et copieuse cuisine du pays. Profitez des forêts environnantes qui s'étendent à perte de vue pour vous balader à pied ou à vélo. Au retour, on pourra se délasser dans la piscine intérieure chauffée, le sauna et le bain nordique. Et découvrir la collection de tracteurs anciens du maître de maison !

Où acheter de bons produits ?

Boucherie Joyes Frères : *21, pl. du Pré-Commun. ☎ 04-66-32-80-49. Tlj sauf dim ap-m et lun.* Bonne maison familiale (depuis 3 générations) où découvrir la très locale pouteille entre autres spécialités typiques : fricandeau, manouls...

Boutique Artisans et Paysans du Gévaudan : *16, av. du Lot (à l'entrée du village en venant de Banassac).* ☎ *04-66-32-87-93. Tlj sauf dim ap-m et lun.* Encore une belle sélection de produits : viandes et charcuteries, conserves, fromages, miels, bières locales...

À voir. À faire

L'église Saint-Martin : c'est l'ancienne collégiale du petit monastère fondée au VIIe s, autour duquel le bourg s'est développé. Construite au XIIe s, dans le plus pur style roman, par les bénédictins de Saint-Victor de Marseille, l'église a été plusieurs fois remaniée (et privée d'une partie de sa nef par la chute du clocher en 1670 !). Mais l'ensemble reste plutôt harmonieux : chapelles gothiques, grande fenêtre Renaissance... Concerts en juillet-août.

➢ Au départ de l'office de tourisme, ***le parcours découverte*** de l'histoire du village, surnommé « la petite Venise lozérienne », permet d'explorer ruelles pittoresques et passages voûtés. On sent une quiétude et une certaine douceur de vivre.

Fêtes et manifestations

– **Fête de la Truffe :** *1er dim de fév.* L'occasion d'acheter des truffes locales (compter quand même environ 1 000 € le kilo !). Ateliers culinaires avec dégustation, marché de producteurs... Repas truffé sur place ou dans les restaurants.
– ***Foire à la brocante et à l'artisanat :*** *2e dim d'août.* Très populaire dans la région.
– **Fête de la Confrérie de la pouteille et du manouls :** *3e dim d'août.* Avec la participation des confréries de toute la région.
– **Fête votive de La Canourgue :** *le dernier w-e d'août.*

LES GORGES DU TARN

• Carte *p. 607*

Certainement l'un des sites les plus spectaculaires de France, mais aussi l'un des plus fréquentés en été. Pas de quoi altérer pour autant ni la beauté ni la magie des lieux. Les gorges sont si étroites, si encaissées, qu'elles ne se laissent pas défigurer, et aucune construction disgracieuse ne vient salir le caractère des villages de pierre blottis au creux des falaises. On ne regrette jamais d'avoir exploré les gorges du Tarn, que ce soit en se laissant porter par le courant en canoë, ou en les longeant à pied, la marche restant, à notre avis, le meilleur moyen de découvrir le site.

DEUX MOTS SUR LE TARN ET SES FAMEUSES GORGES

Jusqu'à Florac, tout va à peu près bien pour le Tarn. Il a pris sa source au sommet du mont Lozère, à 1 575 m d'altitude, et coule comme une petite rivière de montagne, entouré de versants raisonnables.
Passé Ispagnac, le ton change. Le Tarn affronte les causses. Adieu le granit du mont Lozère et les schistes des Cévennes ! Voilà le royaume du calcaire, roche

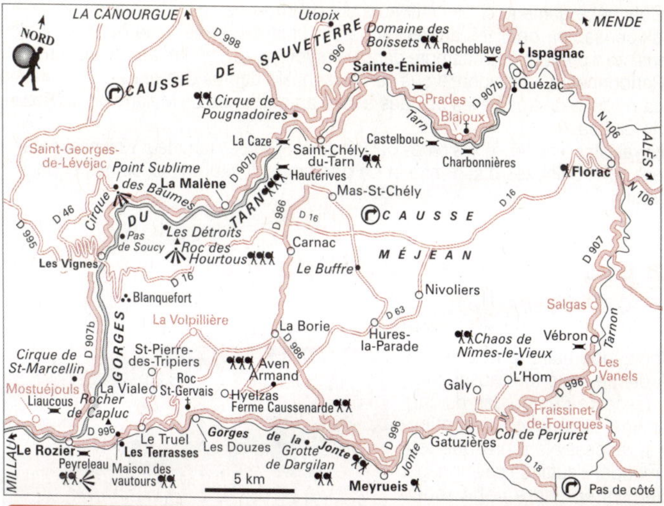

LES GORGES DU TARN ET LE CAUSSE MÉJEAN

tendre parmi les plus tendres. Sur 53 km, entre Ispagnac et Le Rozier, la jeune rivière impétueuse peut sculpter le paysage à sa guise. Elle creuse un profond couloir et ***coule au pied de falaises*** hautes de 400 à 500 m. Par endroits, le défilé se resserre encore comme dans le passage des Détroits, entre La Malène et Les Vignes, peut-être sa plus belle partie. Les gorges se font si étroites que, souvent, la route doit se frayer un passage à travers le rocher. Si bien que jusqu'au début du XXe s, de route il n'y avait pas. Les habitants et les marchandises circulaient par les sentiers ou au fil de l'eau, transportés par des bateliers.

Ailleurs, ***le Tarn décrit des méandres,*** amorce des virages vertigineux, comme au cirque de Pougnadoires, près de Saint-Chély, ou mieux, au cirque des Baumes. Le mot « cirque » convient bien au Tarn. C'est une rivière qui se donne en spectacle. Tel ce point Sublime ou ce roc des Hourtous, où nichent les aigles. C'est aussi une rivière limpide qui cache ses secrets : on ne les voit pas au 1er coup d'œil, mais près de 40 résurgences souterraines venues du causse Méjean et du causse de Sauveterre se jettent dans les eaux du Tarn, sous forme de ***cascades.*** Et puis les gorges ne sont pas que pierre et eau : elles alignent des hectares de forêts giboyeuses, égrènent des hameaux sans accès comme celui de la Croze, témoin d'une vie paysanne ancestrale qui avait pu s'enraciner jusqu'au fond des gorges.

De puissants seigneurs, plus ou moins misanthropes, avaient élu domicile sur ces rives pittoresques : la vallée est ponctuée de ***plusieurs châteaux imposants,*** certains en ruine, d'autres rénovés en château-hôtel. Rocheblave, Charbonnières, Castelbouc, Prades, La Caze, La Malène... autant de nids d'aigle imprenables dans cette vallée d'orgueil.

Quelques petits conseils utiles

– Choisissez bien votre époque pour y aller. On vous l'a déjà écrit : en juillet et août, les gorges, même déployées, affichent complet. Et mieux vaut s'informer du niveau de l'eau pour profiter pleinement d'une descente en canoë.

– Côté hébergement, si les campeurs ont du choix (en été, réservation en amont indispensable), pour les autres l'offre est plus resserrée. Une bonne solution consiste à prendre une chambre dans un rayon de 15 à 20 km autour du Tarn.
– Randonneurs, renseignez-vous sur les sentiers auprès des offices de tourisme locaux. Il y a de très belles balades à faire au départ de La Malène ou du Rozier, entre autres.
– Kayakistes, sachez-le, les crues du Tarn sont réputées pour leur violence, notamment aux équinoxes d'automne et de printemps. Il vaut mieux se méfier de son humeur.

La descente des gorges du Tarn en canoë-kayak

Moins populaire que celle de l'Ardèche mais tout aussi belle, la descente des gorges du Tarn est une expérience exceptionnelle, accessible à presque tout le monde. Il suffit de savoir nager pour entreprendre cette rando aquatique tranquille et superbe. Les bambins à partir de 7 ans peuvent très bien partir avec un adulte sur un kayak ou un canoë biplace (les gilets de sauvetage sont obligatoires et fournis par les loueurs).

> **ATTENTION, FAUX AMIS !**
>
> *On associe toujours canoë et kayak, alors que ce sont 2 sports différents. Le canoë, inventé par les Indiens, se pratique à genoux et avec une pagaie simple. Le kayak, lui, fut d'abord utilisé par les Inuits. On le pilote assis et avec une pagaie double. Un point commun toutefois : leur instabilité !*

Ce qui caractérise cette rivière, c'est l'environnement sublime qu'elle propose, et surtout sa faible dénivelée qui l'ouvre à tous les non-sportifs. Elle traverse des zones habitées et offre des points de vue pleins de charme sur des villages ou hameaux de vénérables maisons de pierre, dressées fièrement au pied des falaises. Grosso modo, on peut naviguer entre Ispagnac et Millau (environ 70 km), mais la grande majorité des vacanciers circule sur des portions comprises entre Montbrun et Le Rozier (47 km plus bas). La descente est possible entre Pâques et la Toussaint, en fonction du niveau de la rivière. Pas de lâcher EDF sur le Tarn mais les gros orages de l'automne peuvent parfois en interdire l'accès pour quelques jours. Les loueurs de canoë vous informeront de la météo prévue.
On trouve de ***loueurs de kayaks et canoës dans tous les villages des gorges*** (on vous en cite quelques-uns au fil de ces pages, parmi la vingtaine d'opérateurs existants). Tous viennent vous chercher à votre point d'arrivée pour vous ramener à votre véhicule.

Quelques parcours possibles

– ***La Malène – Baumes Basses (Pas-de-Soucy) :*** environ 11 km. Compter 2h30 tranquillou. Une descente pépère, qui permet de passer par « Les Détroits ».
– ***Sainte-Énimie – La Malène :*** 12 km (4h). Un parcours classique qui permet de découvrir de jolis villages et laisse du temps pour nager ou se prélasser sur les rives du Tarn.
– ***Saint-Énimie – Cirque des Baumes :*** 21 km (5h30). Un beau parcours, bon compromis pour ceux qui ne disposent que d'une grosse ½ journée.
– ***Sainte-Énimie – Baumes Basses (Pas-de-Soucy) :*** 24 km. Parfait pour une chouette journée un peu sportive (compter 7h) mais pas épuisante (il vaut mieux être en forme pour pagayer quand même...).

– ***Les Vignes-Le Rozier :*** 10 km en env 3h. Un parcours plus intense, pour qui veut affronter des rapides. Le plus agité, celui de la Sablière.
– ***Montbrun – Cirque des Baumes:*** 32 km. Pour les vrais sportifs. Prévoir 2 jours.

Petits conseils et infos pour la descente

Sans difficultés particulières, la descente des gorges nécessite tout de même de respecter certaines règles de sécurité ou de simple bon sens.
– Savoir nager et toujours porter le gilet de sauvetage (fourni par le loueur).
– Prévoir de l'eau en quantité suffisante (risque de déshydratation rapide pour les enfants, surtout en été).
– Prévoir chapeau et lunettes de soleil, des chaussures pour aller dans l'eau et un casse-croûte pour le pique-nique si on fait la descente à la journée. Contre le soleil, couvrir les parties du corps exposées et éviter les crèmes solaires, qui polluent l'eau (sauf pour les bras des gamins !).
– Le bidon étanche fourni par le loueur permet de ranger tous les objets qui craignent l'eau (appareil photo, caméra, nourriture...).
– Demander au loueur les points d'arrêts possibles sur le parcours pour faire des pauses et gérer au mieux sa descente. Il n'y a rien de pire que d'avoir à ramer comme un fou dans les derniers kilomètres pour attraper la navette.
– Attention : le téléphone portable ne passe pas du tout dans les gorges.

Quelques beaux points de vue sur le parcours

Environ 2h après Sainte-Énimie, sur la rive gauche, on découvre l'adorable village de ***Saint-Chély-du-Tarn,*** avec sa belle cascade moussue. L'eau glacée qui tombe fait paraître le Tarn presque chaud en comparaison. Vision d'un romantisme total. Un peu plus loin, sur la droite, le beau ***château de la Caze,*** du XVe s. En poursuivant, de nouveau sur la gauche, on parvient à ***Hauterives,*** accessible seulement en bateau (pas de route). Puis retour à la civilisation à ***La Malène,*** point de départ du circuit de 9 km. On peut même s'y arrêter pour prendre un verre au café juste au-dessus du pont. Ensuite viennent ***Les Détroits,*** là où la rivière se resserre le plus. C'est la partie la plus pittoresque des gorges, la plus encaissée, et aussi la plus fréquentée. Impression saisissante.

ISPAGNAC (48320) 910 hab. *Carte Lozère, C3*

À une dizaine de km de Florac.

Au début de la vallée du Tarn, un village sympathique, doté d'une belle église romane. Les gorges commencent véritablement après Ispagnac, au hameau de Molines. Le coin est très agréable au printemps. En été, il y a beaucoup de monde. Ispagnac et les collines alentour produisent un IGP, vin du pays d'Oc tout à fait délicieux (blanc, rouge et rosé)...

Adresse et info utiles

ℹ Office de tourisme : *1, pl. de l'Église.* ☎ *04-66-45-01-14.* • *cevennes-gorges-du-tarn.com* • *Ouv d'avr à mi-sept, tlj sauf jeu et dim ap-m 9h30-12h30, 14h-18h. Fermé jeu et dim le reste du temps.*

– **Marché :** *de mi-avr à mi-oct, mar et sam mat.* Cette petite région est connue pour son microclimat sous le doux vocable du « verger de la Lozère ».

Où dormir ?

Campings

Le Pré Morjal : *4, chemin de Beldou. ☎ 04-66-45-43-57. • contact@camping-premorjal.com • camping-premorjal.com • ♿ À 600 m du centre-ville. Ouv début avr-début nov (loc tte l'année). Forfait 2 pers 13,50-17 €. 112 empl.* Camping municipal bien ombragé et bien équipé, notamment pour les enfants. Piscine, salle de jeux (billard, baby-foot...), bar-pizzéria. Loc de chalets en bois et bungalows toilés.

Le Petit Monde : *Le Chambonnet, 48320 Quézac. 📱 06-78-76-44-79. • campinglepetitmonde.jimdofree.com • À 4 km d'Ispagnac direction Sainte-Énimie. Ouv de mi-mai à fin sept. Forfait 2 pers 14,80 €. 33 empl.* Un minuscule camping à la cool, allongé sous les arbres entre le Tarn et la route. Plagette, hamacs, potager en permaculture (et en libre-service) et, les soirs d'été, burgers et kebabs (du pays !) à la guinguette, avant que ne sortent les guitares. Hors saison, on peut voir, paraît-il, batifoler loutres et castors...

Camping de l'Aiguebelle : *Le Cantonnet-Bas. ☎ 09-67-75-83-97 ou 📱 06-75-14-65-98. • camping-aiguebelle.fr • À 1 km en amont du village. Ouv de mai à mi-sept. Forfait 2 pers 9,50-12,50 €. 47 empl.* En contrebas de la route, sympathique petit camping tenu par des jeunes. Emplacements ombragés et rigolotes roulottes-chalets à louer. Piscine et resto (pizzas au feu de bois). Le Tarn coule à 100 m du site (mais ce ne sont pas encore les gorges).

Bon marché

Hôtel Les Vignes Rouges : *4, chemin Royal. ☎ 04-66-44-21-11. • hoteldesvignesrouges@wanadoo.fr • Resto fermé le midi sam-dim. Hors saison, appeler avant. Double 45-58 €. Menu 15 €.* Au centre du village, un hôtel modeste, proposant des chambres modernes et impeccables aux tarifs très compétitifs. Au resto, cuisine locale sans prétention, servie sous une treille l'été.

Où acheter de bons produits ?

Charcuterie Veyssade : *sur la Grand-Rue. ☎ 04-66-44-20-54. Mar-sam et dim mat.* Fricandeau aux herbes, saucisse d'herbe, manouls...

Domaine des Cabridelles *(Élisabeth Boyé et Bertrand Servières, 📱 06-50-54-00-13)* et **Domaine de Gabalie** *(Sylvain Gachet, 📱 06-75-75-15-95) : caveau commun de dégustation au centre du village. Juil-août, tlj sauf dim, 10h-12h, 17h30-19h30 ; sinon sur rdv.* Des vins tout à fait gourmands et séduisants.

D'ISPAGNAC À SAINTE-ÉNIMIE

QUÉZAC *(48320)*

On accède au village par un beau pont gothique du XIVe s à 5 arches, qui enjambe majestueusement la rivière. Également une imposante église construite à la même époque dans ce mignon village où jaillit la source de la fameuse eau pétillante à laquelle il a donné son nom.

À voir

La source de Quézac : *à l'entrée du village, juste après le pont gothique (ne pas aller à l'usine). ☎ 04-66-45-47-15. • eaudequezac.com • Ouv de mi-juin à mi-sept. Résa obligatoire. Visite : 4 € ; réduc ; gratuit moins de 10 ans.* Visite guidée (env 2h) depuis la source jusqu'à l'usine d'embouteillage.

CASTELBOUC *(48210)*

Magnifique site que domine la route : un hameau pittoresque, presque les pieds dans le Tarn, aux maisons de pierre accrochées à la pente, au pied des vestiges d'un vieux château. Quelques kilomètres en aval, à Prades, se dresse un autre château, superbe, des XIe et XIVe s (privé), autrefois chargé de défendre le monastère de Sainte-Énimie.

SAINTE-ÉNIMIE (48210) 550 hab. *Carte Lozère, B3*

Délicieux village médiéval posté au carrefour des gorges et à flanc de colline. Un site fabuleux, figurant parmi les « Plus Beaux Villages de France », à voir en mai ou en septembre. Au printemps, la faune et la flore sont extraordinaires. À l'automne, le village a souvent les pieds dans l'eau, avec un record de 12 m (!) en 1900 et, au hasard, 5,20 m en 1982, et plus de 6 m en 2020.

LA LÉGENDE D'ÉNIMIE JOLIE...

Énimie était une jeune princesse (sœur du futur roi Dagobert) d'une beauté rare. Ses prétendants ne parvenaient pas à obtenir ses faveurs car la belle avait voué sa vie à Dieu. Or, le roi, son père, voulait la marier richement. Ne pouvant s'opposer à la volonté de ses parents, elle demanda au ciel de l'enlaidir pour dégoûter son futur époux. Vœu exaucé : une lèpre terrible rongea son corps superbe, nul remède ne venant à bout de la maladie. Après quelques mois, la souffrance étant trop intense, la jeune fille pria à nouveau pour qu'on apaise ses douleurs. Alors un ange l'envoya se baigner dans la fontaine de Burle. Un voyage long et fatigant, mais la baignade fut miraculeuse. Tout le monde s'en retourna au château. Mais dès le causse passé, la maladie réapparut. Demi-tour, re-baignade et re-guérison. 2e tentative de départ, même scénario. Dieu appelait Énimie ici. Elle évangélisa cette région mécréante, se battit même contre le diable, qu'elle vainquit en l'ensevelissant sous des blocs de rochers au Pas-de-Souci, construisit un couvent de religieuses et finit par vivre solitaire dans la montagne.

Adresse et info utiles

Office de tourisme : *route de Mende. ☎ 04-66-45-01-14. • cevennes-gorges-du-tarn.com • En juil-août, tlj sauf l'ap-m mer et dim, 9h30-12h30, 15h30-18h30. Le reste de l'année, le mat seulement, lun-sam.*

– **Marché :** *jeu soir en juil-août.*

– **Loc de canoës et paddles :** *avec* **Méjean Canoë** *(☎ 04-66-48-58-70 ; • canoe-mejean.com •) ou encore* **Canoë Domeizel** *(☎ 04-66-48-59-38 ; • canoe-des-gorges-du-tarn.fr •).*

– **Bureau des moniteurs :** *front du Tarn. 06-64-91-78-94. • activitesgorgesdutarn.com •) Juil-août, bureau ouv tlj 10h30-20h.* Proposent des activités tte l'année : canyoning, *via ferrata*, escalade, etc.

Où dormir ? Où manger ? Où boire un verre ?

Prix moyens

Auberge du Moulin : *rue de la Combe. ☎ 04-66-48-53-08. • aubergedumoulin48@orange.fr • aubergedumoulin48.com • Tlj sauf dim soir et mer hors 10 juil-31 août. Congés : de mi-nov à fin mars. Doubles*

77-83 €. Menus 15,50-39 €. Vieille maison imposante en pierre du pays, bien rénovée et avenante. De belles chambres spacieuses et modernes, avec balcon pour certaines. Au resto, classique cuisine de terroir servie, aux beaux jours, sur l'agréable terrasse à l'arrière.

Chambres d'hôtes Barbier la Jasse : *rue de la Combe. ☎ 04-66-48-53-96 ou 06-62-05-80-13. • barbierlajasse.fr • Tte l'année. Double 65 €. Familiale.* Belle maison de village en vieilles pierres, offrant des chambres douces et confortables, aux teintes claires et à la déco sobre et choisie. Accueil en famille (monsieur est guide d'activités nature).

L'Abracada Bar : *front du Tarn. ☎ 04-66-47-79-15. • labracadabar@hotmail.com • Ouv avr-nov, tlj 11h-22h (23h30 ven-sam).* Cave à vins d'ici et d'ailleurs et bières du pays, à déguster sur une terrassette perchée en croquant des tapas.

À voir

Le village : l'un des « Plus Beaux Villages de France », on l'a dit... et donc de Lozère ! Un petit circuit disponible à l'office de tourisme part à la découverte de ses ruelles en calade (= pavées) grimpant jusqu'à ***l'ancienne abbaye,*** dont il ne reste que 3 salles (l'entrée, la crypte et la salle capitulaire). En passant, coup d'œil à ***l'église*** du XIVe s : statues du XVe s, ainsi qu'une céramique récente illustrant la vie de la sainte locale. Gare à vos pieds : on a vite fait de glisser sur les galets des ruelles escarpées.

La source de Burle : prendre l'escalier qui descend du parking devant l'office de tourisme et remonter jusqu'à la résurgence de cette source cristalline qui guérit sainte Énimie de la lèpre.

L'ermitage : bâti à l'aplomb de la falaise, il domine le village et la vallée. Accès (discret fléchage « ermitage ») par la ruelle qui part, rive droite, face au pont sur le Tarn. Compter 1h30 aller-retour (boucle possible).

DANS LES ENVIRONS DE SAINTE-ÉNIMIE

Le Domaine des Boissets – La Maison dans le ciel : *à 8 km par la D 986 direction Mende puis fléchage. Ouv mar-dim 10h-18h juil-août ; w-e et j. fériés 10h-18h mai-juin et sept-oct. GRATUIT.* Un ancien hameau magnifiquement situé, en bordure du causse de Sauveterre, avec une vue splendide sur les gorges. Habité jusque dans les années 1950, il est restauré dans les années 1990 par le département qui y ouvre un écomusée. Pendant une vingtaine d'années, le site bat de l'aile, sans jamais décoller. Puis, en 2018, des associations culturelles s'emparent du lieu et l'ouvrent à l'art, l'imaginaire, la réflexion ; artistes, chercheurs, écrivains en résidence y créent des œuvres *in situ,* exposées dans les différentes bâtisses. La beauté du site ne donne qu'une envie : pousser les portes pour voir ce qu'elles cachent. Le lieu propose aussi des séances ciné en plein air, un bar associatif, un espace bibliothèque-librairie (ouvrages en lien avec les expos).

Utopix : *La Sirvente. ☎ 04-66-48-59-07. • utopix-lozere.fr • À env 10 km au nord-ouest, sur le causse de Sauveterre (c'est fléché). Avr-Toussaint, tlj 10h-20h. Entrée : 8 € ; réduc.* Une curiosité, ce n'est rien de le dire ! Paumé sur le causse, une sorte de musée insolite et parc de loisirs artisanal (avec minigolf, flipper géant et dinosaure de pierre, lourd de 8 t), entourant une maison-sculpture, agglomérat d'« igloos » de pierre (un peu, pour situer, dans l'esprit du palais du Facteur Cheval). Jo Pillet s'est attelé à partir de 1979 à cette délirante construction.

Saint-Chély-du-Tarn : *à 4 km en aval de Sainte-Énimie.* Un ravissant vieux village au pied de hautes falaises calcaires. On traverse un petit pont, l'œil sur des torrents dévalant les rochers moussus, avant d'arriver dans ce bourg bien préservé avec son église romane, son four à pain et une série de maisons en pierre du pays, formant un bel ensemble en bordure du Tarn (plage). À voir aussi, le moulin de Cénaret, transformé en boutique de poteries et artisanat d'art, à l'intérieur duquel on peut observer l'écoulement des ruisseaux qui actionnaient les roues. Tout à côté, une mignonne chapelle du XIe s nichée sous un énorme rocher. Le ***cirque*** de Saint-Chély est l'un des plus spectaculaires du Tarn, en forme d'amphithéâtre. Falaises impressionnantes et paysage grandiose, mais on n'y est pas tout seul en saison.

L'Éden : *rue de l'église. ☎ 04-66-45-66-71. Ouv tlj en juil-août ; seulement jeu-dim et j. fériés avr-juin et sept. Menus 16,50-19 €.* Insolite, la salle loge dans une grotte, mais on lui préfère la terrasse guinguette, à l'ombre des arbres ou du rocher, bercée par le chant du Tarn. Et c'est surtout pour elle qu'on s'attable ici, autour d'un verre ou d'une honnête pizza, ou pour profiter des concerts, de temps à autre.

Le cirque de Pougnadoires : *à 3 km en aval de Saint-Chély.* Encastré dans les anfractuosités de la roche, Pougnadoires s'adosse à de gigantesques rochers, hautes murailles percées de cavernes aux teintes rougeâtres.

LA MALÈNE

(48210) 140 hab. *Carte Lozère, B4*

Vue sublime en gagnant le bourg par la très sinueuse route qui descend du causse Méjean. La Malène, c'est un ravissant village envahi en été mais tellement sympa en automne qu'on y reviendrait au printemps pour imaginer ces vieux toits de lauzes couverts de neige en hiver. Il fut incendié par les révolutionnaires ; le rocher qui surplombe le village garde encore la trace des flammes.

Adresse utile

Office de tourisme : *devant le pont. ☎ 04-66-45-01-14. • cevennes-gorges-du-tarn.com • Ouv juil-août, lun-ven midi et le dim mat.*

Loc de canoës : ***Canoë 2000*** *(☎ 04-66-48-57-71 ; • canoe200.fr •) ou* ***Canoë Le Soulio*** *(☎ 04-66-48-81-56 ; • le-soulio.com •), entre autres.*

Où dormir ?

Camping

Camping municipal Le Pradet : *☎ 04-66-48-58-55. • camping.lamalene@gmail.com • gorgesdutarn-camping.com • À 2 pas du centre, au bord de la rivière. Ouv avr-sept. Forfait 2 pers 14-16 €. 45 empl.* Basique mais assez ombragé et au bord du Tarn (« plage » assez spacieuse). Restaurants et épicerie à 2 pas. Accueil aimable et ensemble bien tenu.

Bon marché

Gîte d'étape Le Presbytère : *s'adresser au camping (voir ci-avant) ou à la mairie, ☎ 04-66-48-51-16. Ouv tte l'année, sur résa seulement hors saison. Nuitée en dortoir 13 €.* Beau bâtiment (l'ancien presbytère !) surplombant la route, avec vue imprenable sur les falaises en face. Gîte de 18 lits superposés répartis en 2 chambres. Petite cuisine, terrasse. Apporter son sac de couchage.

Chambre d'hôtes Le Pigeonnier : *route de La Canourgue. ☎ 04-66-48-57-51. En haut du village, sur la rue principale. Ouv tte l'année. Compter 60 € pour 2.* Dans une solide maison de pierre calme et fleurie bordée d'un potager, une seule chambre avec terrasse (qu'on s'arrache évidemment, notamment pour sa vue) et un gîte (4 pers). Accueil adorable.

À faire

La descente du Tarn en barque : **Les Bateliers des Gorges du Tarn,** *☎ 04-66-48-51-10. • gorgesdutarn.com • Promenade plusieurs fois/j. avr-oct. Résa conseillée le j. même ou la veille. Compter env 23 €/pers.* Une descente tranquille de 1h environ, sur une barque manœuvrée par un batelier professionnel qui vous fait le commentaire sur les gorges. Terminus au *cirque des Baumes,* un amphithéâtre naturel d'où jaillissent rocs, falaises, aiguilles et bouquets d'arbres. Retour en bus (20 mn). Inconvénients : le prix assez élevé et la nécessité de se grouper (4-6 personnes). En été, venez de préférence le matin.

LES VIGNES (48210) 100 hab. *Carte Lozère, B4*

À la sortie de la section la plus étroite des gorges, le village est bâti au fond de la vallée, à l'endroit où elle s'élargit. Comme son nom l'indique, on y cultivait autrefois la vigne. Dans les hauteurs du village, sur le plateau, ne manquez pas le *point Sublime* (forcément sublime !) d'où l'on domine les gorges avec des frissons... À 10 km par la D 995 et la D 46.

Adresse utile

Office de tourisme : *☎ 04-66-48-80-90. • aubrac-gorgesdutarn.com • Juil-août seulement, lun-ven 9h30-12h45, 14h15-18h ; w-e 9h30-12h. Hors saison, vous pouvez vous rendre à l'office de tourisme du Massegros, ☎ 04-66-48-88-08 ; tte l'année, tlj sauf dim et l'ap-m ven.*

Loc de canoës : **Canoë CTM.** *☎ 04-66-48-83-37. • canoesgorgesdutarn.com •*

Où dormir ? Où manger ?

Camping

La Blaquière : *gorges du Tarn. ☎ 04-66-48-54-93. • contact@campingblaquiere.fr • campinggorgesdutarn.fr • ♿ À 6 km des Vignes direction de La Malène. Ouv de mi-avr à mi-sept. Forfait 2 pers 14-28 €. 72 empl.* Au bord du Tarn, au pied des falaises, dans un site superbe et généreusement ombragé, entre le cirque des Baumes et Les Détroits. Accueil sympathique, atmosphère familiale, équipements impeccables. Épicerie, snack l'œil sur la rivière, loc de mobile homes et lodges. Baignade (grande « plage ») dans la rivière et randos à pied ou à VTT au départ du camping. Un bel endroit.

De bon marché à prix moyens

Hôtel-Restaurant Le Parisien : *2, rue de la Tieule (à la sortie du village direction Le Rozier). ☎ 04-66-41-01-20. • hotelleparisien48@orange.fr • leparisiendesvignes.com • Ouv Pâques-Toussaint. Resto ouv tlj, sauf* *mer midi en mai-juin et sept. Double 65 €. Familiales. Formule 18-23 €.* Belle adresse bien d'aujourd'hui, installée dans une grande villa début XXe s perchée en surplomb du Tarn, et encadrée d'une délicieuse terrasse pour mieux le dominer. À l'ardoise, choix restreint d'une rafraîchissante cuisine de saison, qui travaille chaque jour la truite mais sait s'émanciper des classiques du terroir pour mieux s'acclimater aux produits du marché. Également des plateaux de fromages, de charcuterie, et des glaces servies à toute heure. La bonne surprise se poursuit dans les étages, dans les jolies chambres esprit rétro avec parquet, pierres apparentes et détails chinés, la plupart donnant sur le Tarn.

LE ROZIER (48150) 140 hab. *Carte Lozère, B4*

Petit village construit à la sortie des gorges, à la confluence de la Jonte et du Tarn, à la limite de la Lozère et de l'Aveyron où se trouve le joli bourg de Peyreleau, perché juste en face. Un bon point de départ tant pour les gorges que pour les balades sur le causse Méjean.

Adresses utiles

Bureau d'information touristique : *dans un fourgon installé sur le parking principal. ☎ 05-65-60-02-42. • millau-viaduc-tourisme.fr • En saison seulement ; de juil à mi-août, tlj 9h-13h, 16h-18h45 ; fermé lun-mar en juin et mar de mi-août à sept.*

Maison des moniteurs sportifs : *dans le village. 06-76-27-96-96. • guidestarnjonte.com • Ouv en été (mais venir après 18h pour rencontrer les guides), sinon appeler.* Canyoning, escalade, spéléo, *via ferrata*...

Loc de canoës : **canoë Le Rozier.** *06-38-24-15-17. • rafting-canoe-tarn.fr •* Propose aussi du rafting.

Où dormir ? Où manger ?

Campings

Camping municipal de Brouillet : *chemin de Brouillet, au pied du village. ☎ 05-65-62-63-98. • contact@campinglerozier.com • campinglerozier.com • Ouv avr-fin sept. Forfait 2 pers 13,90-21,60 €. 160 empl.* Au bord de la Jonte (pas vraiment de plage), un camping ombragé et bien équipé. Grande piscine. Mobile homes.

Camping Brudy : *chemin de Brouillet, au pied du village. ☎ 05-65-62-66-33 ou 06-87-50-65-18. • camping-brudy.fr • Ouv mai-oct. Forfait 2 pers 14-15 €.* Camping très simple calé à la confluence de la Jonte et du Tarn, avec accès à une modeste plage sur ce dernier. Loc de mobile homes et caravanes.

De prix moyens à chic

Chambres d'hôtes La Pause : *route de Capluc. ☎ 05-65-62-63-06. • gite.la.pause@wanadoo.fr • Sur les hauteurs du village, direction Capluc. Double 67-69 €.* Une grosse maison tout en pierre, avec piscine et grande terrasse dominant le village de Peyreleau. Chambres modernes et nickel, les plus sympa avec un bout de vue, dont on profite à plein au petit déj quand il est servi en terrasse, avec en toile de fond les vautours qui tournoient au-dessus du causse Méjean...

Hôtel Doussière – Restaurant L'Alicanta : *route de Meyrueis. ☎ 05-65-62-60-25. • contact@hotel-doussiere.com • hotel-restaurant-gorgesdutarn.com • (resto seulement).*

Resto tlj sauf lun midi. Congés : fin oct-fin mars. Doubles 50-95 €. Menus 29-39 €. Les chambres, contemporaines et climatisées dans la bâtisse principale, ou plus simples dans l'annexe située sur l'autre rive, profitent toutes de la vue sur la Jonte, et sur Peyreleau pour les plus chères. Agréable terrasse avec transats et hamac au-dessus de la rivière. Spa. Au resto, belle cuisine d'aujourd'hui, qui parfume les produits d'ici aux saveurs d'ailleurs. À apprécier sur la petite terrasse... s'il reste de la place !

DANS LES ENVIRONS DU ROZIER

Peyreleau *(12720)* **:** joli village classé, en bordure de la Jonte, qui s'étage en hauteur sur les pentes d'une butte couronnée par une tour-horloge crénelée. C'est tout ce qu'il reste d'un ancien château fort *(visite guidée 2 fois/sem en juil-août ; rens à l'office de tourisme du Rozier).* Beau point de vue.

LES GORGES DE LA JONTE

Carte Lozère, B4

Moins connues que celles du Tarn mais tout aussi spectaculaires et bien plus sauvages, les gorges de la Jonte serpentent au pied de falaises très encaissées et à la végétation dense. La rivière prend sa source dans le massif des Cévennes, sur le flanc nord du mont Aigoual, « mère des eaux » de cette partie de la France. Puis elle creuse son chemin dans les calcaires, formant un canyon impressionnant sur un peu plus de 20 km entre Meyrueis et Le Rozier avant de rejoindre le Tarn, ponctuant son trajet de curiosités sculptées par la nature, comme les rochers dits « vases de Chine et de Sèvres » ou celui de Saint-Gervais qui porte une petite chapelle romane. En revanche, pas vraiment de baignade possible.

Où dormir ? Où manger dans les gorges ?

Hôtel de la Jonte **:** *Les Douzes, 48150* ***Meyrueis.*** *☎ 05-65-62-60-52. • hotelrestaurantlesdouzes@hotmail.fr • hotelrestaurantdelajonte.fr • Resto tlj sauf lun midi hors saison. Hôtel fermé nov-mars et resto fermé de mi-déc à mi-fév. Doubles 55 €. Familiales. Formule 14 € ; menu 20-26 €. Digestif offert sur présentation de ce guide.* En bord de route, une grande maison de pays appréciée (notamment par les autocars...) pour sa bonne et généreuse cuisine et son accueil familial et franchement chaleureux. Aux beaux jours, terrasse en surplomb de la Jonte. Loue aussi des chambres toutes simples, à la déco pas de 1re jeunesse mais finalement confortables, les plus sympa avec balcon côté rivière. « Piscinette » en prime. Plusieurs sentiers en boucle grimpent sur les plateaux au départ du hameau.

À voir

La Maison des vautours **:** *au creux des gorges, à 4 km du Rozier sur la route de Meyrueis, juste avt* ***Le Truel.*** *☎ 05-65-62-69-69. • maisondesvautours.fr • Avr-oct, tlj sauf lun 9h30-18h30 ; tlj en juil-août, jusqu'à 19h. Dernière visite 1h avt fermeture. Entrée : 6,90 € ; 3 € moins de 12 ans ; gratuit moins de 5 ans ; tarif famille (2 adultes et 2 enfants moins de 15 ans) 18,50 €. Fait partie des 9* Incontournables des Causses et Cévennes *: réduc sur les sites suivants une fois visité un 1er*

LA LOZÈRE (LE GÉVAUDAN)

au tarif plein (liste des sites sur • cevennes-incontournables.com •). Réintroduits en 1981, les vautours fauves sont aujourd'hui plus de 600 à voler au-dessus des Grands Causses. Un espace muséographique a été créé sur le site de réintroduction, avec terrasse équipée de longues-vues pour observer au mieux ces charmants charognards (qui peuvent détecter une proie de 30 cm à une distance de... 3 km). Principalement des vautours fauves donc, mais aussi quelques vautours moines, percnoptères et gypaètes barbus. D'impressionnants volatiles puisque leur envergure peut atteindre 2,80 m ! On en voit plus ou moins selon les jours. Expo permanente sur le travail de réintroduction de l'espèce, son mode de vie, etc. Vous pouvez aussi observer les vautours « en direct » (enfin, s'il y a des choses à voir ce jour-là) grâce à des caméras installées dans la nature et téléguidées depuis la salle de projection vidéo, le tout commenté par un animateur ornithologue. Sorties nature en été, à la découverte des vautours in situ (se renseigner sur place).

LE CAUSSE MÉJEAN

Carte Lozère, B4

Une sorte de désert d'altitude : 33 000 ha d'une vaste steppe à l'infini, légèrement ondulée et parsemée de bien jolis hameaux aux toits de lauzes, parfois sans charpente – ici, le bois est rare et l'eau, pour éteindre d'éventuels incendies, l'est tout autant –, de *clapas,* des pierres entassées ici et là par l'homme, et de *caselles,* sorte d'abris pour les moutons et les bergers.
C'est le plus haut de tous les causses (environ 1 000 m). Très peu peuplé (1,4 hab./km²), il donne souvent l'impression d'être seul au monde. Traversé par des drailles, des sentiers de randonnée (GR 6 et GR 60) et quelques routes secondaires, le causse Méjean offre des paysages qui rappellent les steppes d'Asie centrale, les plaines d'altitude du Mexique, les collines arides d'Anatolie, et parfois même certains horizons de l'Ouest américain. Il est plus dénudé à l'est qu'à l'ouest en raison des grands bois de pins sylvestres qui y sont plantés. Seuls endroits cultivables : des dépressions circulaires nommées *sotchs* ou *dolines,* qui ponctuent le paysage de loin en loin.
La principale curiosité du causse Méjean, c'est l'aven Armand (120 000 visiteurs par an) et, bien sûr, les paysages grandioses qui le composent. Plusieurs dolmens et menhirs éparpillés témoignent d'un habitat préhistorique remontant au IVe millénaire av. J.-C., notamment au col de la Pierre-Plate, à Combe-Lébrouse et au Mas-Saint-Chély.

Où dormir ? Où manger ?

Auberge du Chanet : *Nivoliers, 48150* ***Hures-la-Parade.*** *☎ 04-66-45-65-12. • lechanet@aol.com • aubergeduchanet.com • Dans la partie est du causse Méjean en allant vers Florac. Congés : 11 nov-1er avr. Double 65 €, petit déj inclus. En gîte d'étape, 20 €/pers avec petit déj. Formules midi en sem 20 € et menus 24,50-29,50 €.* Grosse maison de pays, dans un hameau traditionnel en plein causse, loin de tout. Dans une salle voûtée en pierre (avec cheminée) ou sur l'agréable terrasse logée sous une tonnelle, bonne petite cuisine d'inspiration locale, fine et inventive, nourrie de viandes et formages du pays. Également 4 jolies chambres d'hôtes *(2-4 pers),* sous des voûtes de pierre (c'est une spécialité locale !) et des dortoirs *(2-12 lits ; prévoir son duvet).* Accueil très sympa.

Hôtel du Mont Servy : *48210* ***Mas-Saint-Chély.*** *☎ 04-66-48-52-14. • patrick.commandre@free.fr • Resto ouv seulement le soir, uniquement pour les clients de l'hôtel. Congés : oct-Pâques. Doubles 67 €. Menu 29 €.*

LA LOZÈRE (LE GÉVAUDAN)

À 2 pas des vieilles maisons de pierre du hameau, ces bâtiments modernes (et sans supplément d'âme) peuvent faire hausser les sourcils. Mais, d'un côté, la poignée de chambres s'avèrent confortables (dans le genre fonctionnel). De l'autre, le resto propose une généreuse cuisine de terroir. Le tout est géré par un plus que sympathique patron qui fait (hors saison) un peu tout, tout seul (mais qui s'en sort vraiment bien).

Gîte-auberge de La Viale *(hors GR)* **:** *La Viale, 48150* ***Saint-Pierre-des-Tripiers.*** *☎ 04-66-48-82-39. • bonauberge@gite-auberge.fr • gite-auberge.fr • Congés : de mi-nov à début avr. Gîte d'étape 17 € la nuitée. Double 50 €. Dîner 20 € (ouvert aux non-résidents, sur résa).* Perdu dans un hameau, encadré de terrasses fleuries, un super gîte d'étape rénové en pierre du pays, avec 2 dortoirs de 6 et 8 lits, bien disposés, et des sanitaires récents et impeccables ; également 2 chambres privées. Dans l'assiette, cuisine traditionnelle avec agneau du causse et pâtisserie maison.

Maison d'hôtes Pourquoi pas Chez Nous : *Carnac, 48210* ***Mas-Saint-Chély.*** *07-86-83-45-98. • pourquoipascheznous@gmail.com • Double 65 €. Table d'hôtes 22 €.* La pétillante Catherine accueille ses hôtes plein sourire dans sa maison certes sans grand cachet mais accrochée à flanc de colline, avec une vue superbe sur le causse, notamment depuis l'agréable salle commune prolongée d'une terrasse panoramique. À l'étage, 2 chambres claires et modernes : une familiale, l'autre pour un couple, avec baignoire derrière une paroi vitrée. Bons conseils pour explorer le coin.

Chambres d'hôtes Le Choucas : *La Volpillière, 48150* ***Saint-Pierre-des-Tripiers.*** *☎ 04-66-45-64-28. Fermé oct-mai. Compter 59 € pour 2. Dîner (sauf dim soir) 17 €.* Grosse maison dans un petit hameau (au milieu de nulle part, mais c'est un peu la règle dans le coin...). Chambres simplement plaisantes. Bons produits du terroir servis à la table d'hôtes, charcuterie locale, agneau du causse, produits du jardin, desserts maison... Accueil très chaleureux.

Chambre d'hôtes chez Yolande Gal : *Le Buffre, 48150* ***Hures-la-Parade.*** *☎ 04-66-45-61-84. Double 53 €.* Dans ce qui est sûrement un des plus jolis hameaux du causse, une ancienne ferme où le mari de Yolande élevait, il n'y a pas si longtemps, des brebis. Dans l'ancienne grange du XIIe s, un escalier fleuri puis un porche voûté donnent accès à une chambre d'hôtes, spacieuse et coquette, avec sanitaires privés. Également un gîte rural dans un joli bâtiment voisin (l'ancienne bergerie).

Où acheter de bons produits ?

L'Oustal de Caouné : *Nivoliers, 48150* ***Hures-la-Parade.*** *☎ 04-66-45-64-47. • oustaldecaoune.com • Ouvert quand le proprio est là !* Petite boutique d'une famille qui confectionne du miel et de délicieuses confitures artisanales et bio avec les fruits du coin, cultivés ou glanés sur les causses. Loue également un gîte. Accueil sympa.

À voir

Bon à savoir, l'aven Armand et la Ferme Caussenarde d'Autrefois (ainsi que la grotte de Dargilan, vers Meyrueis) font partie des *9 Incontournables des Causses et Cévennes :* réduc sur les sites suivants une fois visité un 1er au tarif plein *(liste complète sur • cevennes-incontournables.com •).* Même principe avec le *pass'Méjean,* qui regroupe lui l'aven Armand, la Ferme Caussenarde, la fromagerie le Fédou et le moulin de la Borie.

L'aven Armand, « Voyage au centre de la Terre » : *☎ 04-66-45-61-31. • avenarmand.com • Ouv fin mars-début nov, tlj : juil-août, 10h-18h (dernière*

visite) ; hors saison, 10h-12h, 13h30-17h. Entrée : 14,50 € ; réduc ; gratuit moins de 4 ans. Possibilité de billet jumelé avec la Cité de Pierres de Montpellier-le-Vieux (à 45 mn, en Aveyron). Beaucoup de visiteurs entre mi-juil et mi-août : prévoir min 20 mn d'attente entre l'achat du billet et l'accès au funiculaire ! Un départ ttes les 25-30 mn pour 50 passagers. Snack-bar (accueil très sympa) avec terrasse ombragée.
Une des merveilles du monde souterrain. Découvert en 1897 par Louis Armand, serrurier au Rozier, et Édouard-Alfred Martel, pionnier de la spéléologie, l'aven fut ouvert au public en 1927.
Le funiculaire descend un long tunnel de 208 m qui débouche au pied du puits vertical de 75 m emprunté jadis par les explorateurs. Pour les intrépides, la descente en treuil est également possible par ce puits naturel *(sur résa en été).* Pour les autres, la visite dure environ 55 mn ; elle se fait à pied, en compagnie d'un guide. La température du gouffre ne dépasse pas 12 °C. Prévoir un vêtement chaud.
Sorti du funiculaire, on découvre l'unique et immense salle, format cathédrale (60 x 110 m, haute de 45 m). Les eaux de pluie se sont infiltrées dans la croûte calcaire de la surface pour y dessiner une « forêt vierge » de concrétions aux formes fantastiques parmi les plus belles du genre. Au menu, près de 400 stalagmites, dont la plus grande connue à ce jour dans le monde (30 m !). Elles sont « animées » par un son-lumière-vidéo exceptionnel dans lequel l'imaginaire de Jules Verne vous guide pour un voyage au centre de la Terre.

La Ferme Caussenarde d'Autrefois : *48150* ***Hyelzas.*** *☎ 04-66-45-65-25. • ferme-caussenarde.com • Ouv avr-oct : juil-août, tlj 11h-19h ; sinon, tlj mais horaires réduits. Entrée : 6,50 € ; réduc, notamment sur présentation de ce guide (5,70 €) ; gratuit moins de 6 ans. Compter 1 bonne heure de visite libre avec brochure explicative. Parcours découverte spécial enfants.* Chouette parcours dans cette rustique et authentique ferme des XVIIIe et XIXe s tout en voûtes et toits de lauzes, où les descendants de la dernière habitante ont reconstitué la vie quotidienne des paysans du causse Méjean jusqu'aux années 1950 : outils et machines agricoles, pièces d'habitations, étable, atelier, bergerie... Également des photographies anciennes, des extraits du film *Lou Mèjio* qui évoque ces temps révolus, et une belle maquette (en pierre !) d'un village miniature reproduisant des édifices de la région.
Animations en été : cuisson du pain, travail du forgeron, du potager, etc. (programme sur le site internet). Pour conjuguer passé et présent, on peut, avec la formule ***Des brebis et des hommes,*** coupler la visite de la ferme d'autrefois avec celle de l'élevage de brebis d'aujourd'hui (et ses glaces artisanales...), pour terminer par une dégustation à la fromagerie Le Fédou (lire ci-dessous), animée par un guide gourmand. *Compter alors 3h30 de visite pour 17 € ; réduc (14 € sur présentation de ce guide). Résa en ligne obligatoire.*
– Au hameau, l'incontournable ***fromagerie Le Fédou*** *(☎ 04-66-45-66-74)* confectionne une vingtaine de fromages différents au lait de brebis.

Le moulin à vent de la Borie : *Raouzas, 48150* ***Hures-la-Parade*** *(en bordure de la D 986). ☎ 04-66-32-21-60 ou 06-28-19-19-34. • moulindelaborie.com • Ouv Pâques-Toussaint ; avr-août, tlj sauf sam 11h-19h (11h30-18h30 mai-juin, l'ap-m seulement en avr) ; sept-oct, seulement l'ap-m mer-ven et dim. Sur résa le reste de l'année. Visite 5,50 € ; réduc.* Dominant le paysage, un vénérable moulin à vent, patiemment remonté par des habitants du coin, jusqu'à produire à nouveau de la farine toute l'année, à partir de céréales cultivées en bio sur le causse. La visite guidée (45 mn) permet de voir fonctionner le mécanisme. À la boutique, vente de farines, évidemment !

Le chaos de Nîmes-le-Vieux : *accès (fléchés) depuis les hameaux de Galy et de l'Hom (GRATUIT).* Dans la désolation de la steppe surgit cet étrange amas de pierres calcaires, rappelant une cité en ruine. Rien à voir avec le vieux Nîmes,

LA LOZÈRE (LE GÉVAUDAN)

évidemment, le site a été baptisé ainsi en 1908 en clin d'œil au chaos de Montpellier-le-Vieux (dans l'Aveyron). L'endroit est néanmoins superbe : l'érosion a sculpté des blocs aux contours déchiquetés que l'on découvre à pied, par un sentier d'interprétation en boucle (compter 1h30) entre L'Hom et Galy. Également un petit circuit (45 mn) payant *(2 €)* au départ de la ferme du Veygalier, au hameau du même nom, complété par une petite expo géologique.

Les chevaux de Przewalski : *au centre expérimental d'élevage, au Villaret, 48150* ***Hures-la-Parade.*** *☎ 04-66-45-64-43. • takh.org • À 10 km à l'est de l'aven Armand. Accueil juil-août, tlj sauf lun 9h-20h. Horaires réduits hors saison. GRATUIT.* On peut, depuis la bordure de l'enclos, y observer à la longue-vue (enfin, s'ils se laissent voir à ce moment-là, l'enclos fait 400 ha) un troupeau d'une trentaine de ces chevaux roux et trapus en semi-liberté. L'été, explications par un animateur nature à partir de 15h. Également une expo et une boutique d'artisanat mongol. Visite de l'enclos possible sur réservation (payant).

À CHEVAL ENTRE LE CAUSSE MÉJEAN ET LA MONGOLIE

Du nom de l'aventurier russe qui les a découverts en Mongolie, les chevaux de Przewalski sont les derniers chevaux sauvages du monde. On pense qu'ils sont arrivés en Europe il y a plus de 20 000 ans et que ces mêmes chevaux figurent sur les parois de la grotte de Lascaux ! Ils avaient disparu à l'état sauvage depuis près d'un demi-siècle quand l'association TAKH (nom mongol du przewalski) a entrepris, à partir de 1993, de les réadapter à la vie sauvage sur le causse Méjean. Elle a depuis commencé à le réintroduire en Mongolie et en Russie.

– Dans le hameau attenant du ***Villaret,*** inhabité depuis 1980, petit parcours d'interprétation sur la structure et l'activité des hameaux du causse réalisé par le Parc national des Cévennes, qui compte ici un bureau.

Le roc des Hourtous : *accès par le hameau de Rieisse.* À la cassure du causse, sublime panorama sur les Détroits, partie la plus étroite des gorges du Tarn. Tout près, un autre beau point de vue, moins vertigineux, le ***roc de Serre*** (env 15 mn à pied depuis Rieisse). On peut relier les 2 en empruntant la petite boucle facile (2,9 km, env 1h30) du *sentier de découverte des oiseaux,* au départ du roc des Hourtous (pour rejoindre le roc de Serre, faire un crochet entre les panneaux 10 et 11).
Au roc des Hourtous, modeste ***resto,*** entre la guinguette et le refuge, où avaler, en saison, une glace ou une assiette de produits de pays *(avr-nov, tlj 10h-21h ; ☎ 04-66-48-57-48).*

MEYRUEIS (48150) 960 hab. *Carte Lozère, B4*

Au pied du mont Aigoual et du causse Méjean, un gros village sympathique et commerçant, particulièrement riche en hôtels et restos, donc assez touristique en saison. Au carrefour de 3 vallées, Meyrueis est traversé par les eaux de la Jonte, du Béthuzon et de la Brèze. Son nom signifie d'ailleurs « au milieu des ruisseaux ». Pour prendre toute la mesure de son site – plutôt exceptionnel –, il faut le découvrir depuis la D 986 qui monte vers le Méjean. 2 mondes s'entrechoquent : les causses, donc, univers du calcaire et des steppes presque infinies, et les Cévennes, pays du schiste et de la châtaigne.

UN PEU D'HISTOIRE

Frontière entre causses et Cévennes, Meyrueis marque aussi la limite entre les terres protestantes et le bastion catholique du causse. Le village s'est développé autour de la petite église Saint-Pierre, datant de l'an 1000, et dût sa prospérité aux filatures de laine et de coton (XVIIe et XVIIIe s) mais surtout à la fabrication de chapeaux en feutre, activité déjà développée au XVe s. Le début du XIXe s marque le déclin de la ville avant un renouveau dès 1888, année de la création du 1er syndicat d'initiative de Lozère. Avec la proximité des gorges du Tarn, aujourd'hui, la 1re activité est bien sûr le tourisme.

Adresse utile

Office de tourisme : *dans la vieille tour de l'Horloge, au bord de la Jonte. ☎ 04-66-45-01-14. • cevennes-gorges-du-tarn.com • Juil-août, tlj 9h30-12h, 14h-18h ; hors saison, lun-sam (fermé sam nov-avr).* Visite guidée du village en été (3 fois par semaine).
– **Marché :** mer, et le ven en juil-août.

Où dormir ? Où manger ?

Camping

Le Pré de Charlet : *route de Florac. ☎ 04-66-45-63-65. • info@camping-cevennes-meyrueis.com • camping-cevennes-meyrueis.com • ♿ À 1 km au nord-est de Meyrueis. Ouv fin avr-fin sept. Résa vivement recommandée en été. Forfait 2 pers 10,90-16,60 €. 70 empl.* Dans un beau site, au bord de la Jonte. Bien ombragé, fleuri, très propre. Loc de mobile homes. Accueil aimable.

De bon marché à prix moyens

Hôtel Les Sapins : *2, rue de Mgr-Henry-Marret. ☎ 04-66-45-60-40. • hotel-les-sapins-48@orange.fr • hotellessapins.fr • ♿ Congés : oct-avr. Doubles 39-49 €. CB refusées.* Un hôtel à la mode d'autrefois avec des chambres... à la mode d'autrefois, les moins chères avec sanitaires sur le palier. Terrasse et garage clos pour les 2-roues. Pas de resto.

Hôtel de l'Europe : *2, quai de la Barrière. ☎ 04-66-45-60-05. • frederic-robert-48@wanadoo.fr • hotel-europe-meyrueis.com • Ouv Pâques-Toussaint. Double 51-56 €.* Des chambres toutes simples mais propettes et confortables, avec petits balcons côté rivière pour certaines. Bon petit déj dans une salle au charme désuet (où faire la conversation à Gaspard, le perroquet de la maison). On peut profiter du jardin et de la piscine de l'*hôtel du Mont Aigoual* (dans la même famille). Pas de resto. Accueil sympa.

Hôtel Family & spa : *4, quai de la Barrière. ☎ 04-66-45-60-02. • contact@hotel-family-meyrueis.com • hotel-family-meyrueis.com • ♿ (resto). Congés : début nov-début avr. Double 67 €. Formule déj en sem 15 € ; menus 19,50-29 €.* Une grande maison familiale (normal, vu l'enseigne !) face à la rivière. Chambres d'un style contemporain-fonctionnel finalement pas déplaisant. Côté plus : jacuzzi, hammam, sauna, et une sympathique piscine dans un jardin en face de l'hôtel, accessible par un petit pont en bois. Au restaurant, prix raisonnables pour une cuisine du terroir sans mauvaises surprises, qui affiche au menu charcuterie maison et souvent du gibier (les patrons sont chasseurs). Terrasse surplombant la rivière. Accueil très aimable.

Le Jardin des Glaces : *1, av. Martel. ☎ 04-66-45-43-75. Sur la route de Florac, presque à la sortie du village. Tlj sauf lun-mar hors saison. Congés : oct-avr. Menu 17 €. CB refusées.* On aime bien son grand et joli jardin calme et bien fleuri. Quant à la courte carte, elle fait la part belle aux produits du pays : aligot maison, bœuf d'Aubrac...

De prix moyens à chic

Hôtel du Mont Aigoual : *34, quai de la Barrière. ☎ 04-66-45-65-61. • hotelmontaigoual@free.fr • hotel-mont-aigoual.com • ♿ (resto). Resto tlj sauf le mar midi, plus jeu midi hors saison. Congés : début nov-fin mars. Doubles 60-96 € ; familiales. Menus 23-30 €.* Un établissement sérieux, qui se distingue par son grand jardin et sa piscine sur l'arrière. Chambres un peu datées sinon, mais spacieuses et confortables, certaines avec balcon sur le jardin. Côté resto, cuisine soignée comme on dit, avec des produits et des recettes du terroir, juste rehaussée d'une touche de modernité.

Plus chic

Château d'Ayres : *Les Ayres. ☎ 04-66-45-60-10. • chateau-d-ayres@orange.fr • chateau-d-ayres.com • À 1 km du bourg en suivant le fléchage. Congés : de janv à mi-fév. Doubles 99-164 €. Menus 23-59 € ; carte env 35 €. Voir les offres sur le site. Digestif offert sur présentation de ce guide.* Au cœur d'un superbe parc, un monastère fortifié du XIIe s, résidence seigneuriale ensuite et désormais hôtel-restaurant. Un lieu historique, qui a reçu des hôtes aussi prestigieux que Blanche de Castille ou le général de Gaulle (non, pas en même temps !). La trentaine de chambres sont certes assez désuètes, mais exhalent le charme suranné d'un vieux manoir bourgeois coincé au siècle dernier. Au resto, cuisine régionale très classique, et beau buffet au petit déj. Petites piscines (intérieure et extérieure), jacuzzi et tennis dans le parc.

Où dormir ?
Où boire un verre dans les environs ?

Camping

La Cascade : ***Salvinsac,*** *48150 Meyrueis. ☎ 04-66-45-45-45. 📱 06-85-84-07-15. • contact@camping-la-cascade.com • camping-la-cascade.com • ♿ À env 4 km de Meyrueis, par la D 996 direction Florac. Ouv début avr-fin sept. Forfait 2 pers 13,40-20,70 €. 54 empl.* Le site est superbe, au bord de la Jonte. Emplacement vastes (peu d'ombre, en revanche) et ensemble vraiment soigné dans ce camping très engagé dans la préservation de l'environnement et l'observation de la nature, notamment des oiseaux. Plusieurs nichoirs, une lunette d'observation, une bibliothèque naturaliste, des fiches balades... Et encore, une super aire de jeux, un terrain de volley les pieds dans l'herbe, une baignade possible dans la rivière au niveau d'une cascade (évidemment)... Également une douzaine de chalets *(4-7 pers).* Un camping qui a un supplément d'âme. Location de vélos. Resto.

De bon marché à prix moyens

Les Brasseurs de la Jonte : *Mas Pradès, 48150* ***Gatuzières.*** *📱 07-87-20-88-68 ou 06-76-58-98-42. • lesbrasseursdelajonte@gmail.com • lesbrasseursdelajonte.fr • À 6 km au nord-est de Meyrueis. Mai-sept, 10h-12h, 14h-18h (19h l'été). Hors saison, ouv lun-ven (appeler avt). Visite de la brasserie à 17h lun-ven en juil-août (résa obligatoire).* On sert leurs bières artisanales dans tous les troquets de la région, mais autant venir les siroter à la source, sur cette terrasse irrésistible posée dans l'herbe, au bord de la Jonte et d'un vieux moulin qui fait office de caveau. Également des limonades pour mettre tout le monde d'accord. Bien sûr, on peut repartir avec des munitions...

Maison d'hôtes La Mosaïque : *48150* ***Gatuzières.*** *☎ 04-66-45-64-10 ou 📱 06-74-58-28-85. • chambres-hotes-jonte.fr • À 6 km au nord-est* *de Meyrueis. Ouv mai-sept. Doubles 65-75 €.* Une halte au calme, dans un village méconnu à proximité des grands sites du coin. Les 2 chambres, lumineuses, logent dans une petite maison de bois indépendante, toutes 2 de plain-pied et ouvertes sur la superbe nature alentour. Cuisine-salle à manger commune utilisable par les hôtes. Accueil charmant.

À voir

Le centre ancien : rive gauche du Béthuzon, derrière quelques vestiges des anciennes fortifications dont l'immanquable tour de l'horloge (qui accueille l'office de tourisme), se cachent au gré des ruelles maisons anciennes et hôtels particuliers, notamment la *maison du Viguier* (XVIe s), avec de belles fenêtres à meneau, ou la *maison Portalier,* ancienne auberge médiévale et son linteau gravé d'un amusant « mangeur de renard ». Rive droite, *église Saint-Pierre* (XVIIe s) à l'architecture typique de la Contre-Réforme et *temple protestant,* de 1804 au plan octogonal.

La chapelle Notre-Dame-du-Rocher : construite en 1876 à l'emplacement de l'ancien château des comtes de Meyrueis. Elle domine tout du haut de son rocher et fait aujourd'hui encore l'objet de réguliers pèlerinages.

Le château de Roquedols : *à 2 km au sud de Meyrueis.* Nichée dans une ravissante clairière, cette grande et belle demeure fin XVe-début XVIe s est l'une des mieux conservées de Lozère (visite extérieure uniquement). Rafraîchissant sentier d'interprétation dans la forêt alentours (1 km). On peut rejoindre le château à pied en suivant un parcours en boucle de part et d'autre du Béthuzon (env 1h30).

À faire

VTT : belle descente à l'aube du mont Aigoual, par des sentiers balisés (trajet aller en bus). Renseignements à l'office de tourisme.

– **Escalade, spéléologie, canyoning, canoë-kayak :** *infos à l'office de tourisme.*

Manifestation

– **Foire de la Saint-Michel :** *dernier dim de sept.* Remontant au XIIIe s, elle célèbre aujourd'hui les produits du terroir et leurs confréries. Très populaire.

DANS LES ENVIRONS DE MEYRUEIS

La grotte de Dargilan : *à 9 km au nord-ouest de Meyrueis, par la D 39. ☎ 04-66-45-60-20. • grotte-dargilan.com • Ouv Pâques-Toussaint. Départ des visites : consulter le site. Durée : 1h15. Entrée : 12,50 € ; réduc ; gratuit moins de 5 ans.* Surnommée la « grotte Rose » à cause de la couleur particulière de ses cristallisations, elle fut découverte en 1880 par un berger, explorée en 1888 par Martel, le pionnier de la spéléologie française et aménagée en 1890. Dargilan présente l'ancien lit d'une rivière souterraine avec sa cascade pétrifiée, unique de par ses dimensions et ses couleurs, et un ensemble fantastique de concrétions, stalagmites en grandes orgues, etc., le tout sous un éclairage LED dynamique. Attention, 10 °C dans la grotte : prévoir une petite laine (prêt de pulls) ! Sortie superbe sur les gorges de la Jonte. Snack-bar, boutique.

HOMMES, CULTURE, ENVIRONNEMENT

ARCHITECTURE

La région fut l'un des grands ***creusets de l'art roman.*** On y découvre des cathédrales fortifiées, comme à Béziers, énormes et massives comme des paquebots mais qui renferment un univers de trésors raffinés ; et des abbayes démarquées de l'architecture romaine, comme Saint-Gilles dans le Gard, dotée d'un arc de triomphe et de frises de théâtre antique.
À lui seul, le Roussillon compte 220 édifices romans, 750 retables baroques et des centaines de Vierge romanes ! Les églises, magnifiques, dressent de gros clochers carrés à toits plats et, dans leur obscurité douce aux parfums d'encens, on voit des saints blêmes aux joues rosâtres se convulser dans les souffrances. À l'ombre du Canigó, montagne sacrée où se dresse la plus belle de ses abbayes, Saint-Martin, vous trouverez des cloîtres extraordinaires avec des colonnes en torsades et des chapiteaux ornés de bêtes horribles ou de fleurs maléfiques (Elne, Saint-Michel-de-Cuxa, Serrabone).
Et puis, outre l'architecture romane des églises, n'oublions pas que ***la frontière entre France et Espagne a longtemps fluctué*** pour se stabiliser en 1659, lors du traité des Pyrénées, sous Louis XIV. Il en résulte une ***pléiade de fortifications,*** qui espagnoles (Salses en tête), qui françaises. ***Vauban*** a aussi beaucoup laissé sa trace ici (Villefranche-de-Conflent, Prats-de-Mollo...).

CATHARES

« 2 forces se partagent l'univers : le bien et le mal, l'ombre et la lumière. Il faut choisir son camp. » Ainsi parlait Manès, disciple de Zarathoustra dans la Perse du IIIe s. Il fut entendu : le roi de Perse le fit écorcher vif. Ce qui avait mal commencé ne finira pas mieux. 1 000 ans plus tard et 6 000 km plus loin, ses adeptes (les manichéens) sont toujours là. On crée pour eux l'Inquisition et les bûchers.
Entre-temps, nos manichéens ont pris le nom de pauliciens pour s'installer en Anatolie. Les empereurs byzantins les persécutent, puis les expédient dans les Balkans. Et là, tout va très vite. En Bosnie, le bogomilisme, mouvement spirituel et religieux né en Bulgarie des bogomiles, devient quasiment religion officielle, avec un antipape qui envoie ses messagers jusqu'à Toulouse. Bogomiles, vaudois, cathares, albigeois... D'Allemagne en Italie, des Flandres au Languedoc, l'hérésie a ses saints (les parfaits), son au-delà (la réincarnation), son sacrement (le *consolamentum,* accordé aux mourants) et des exigences d'égalité, de chasteté et de pureté totale (interdiction de manger de la viande) que ne devait guère incarner la société de l'époque. Partout, évêques et princes répriment.
Partout, sauf dans le Languedoc. Là, beaucoup d'entre eux ont rejoint la cause. Les cathares y ont des châteaux, des hommes d'armes, leurs évêques tiennent des conciles internationaux. Les missions envoyées par le pape s'y heurtent aux plus grands seigneurs. En 1207, son légat est assassiné. À Rome, on tremble. Si l'hérésie gagne les centres du pouvoir, c'est la fin des haricots ! Innocent III n'hésite plus à proclamer la croisade. Les seigneurs hérétiques sont déchus, leurs biens déclarés « proie ». Le 1er qui passe n'a qu'à se servir.

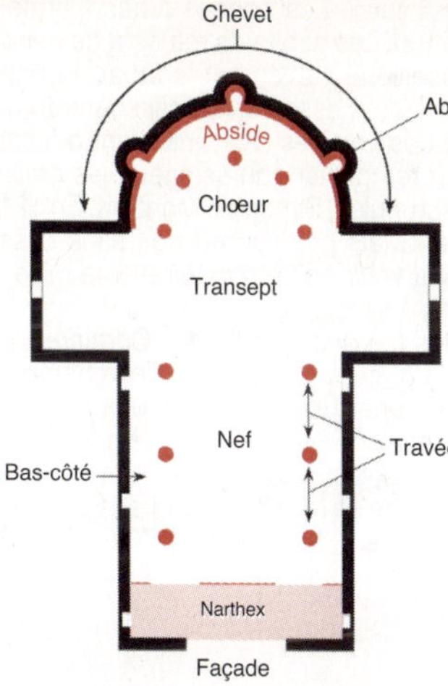

PLAN D'UNE ÉGLISE ROMANE

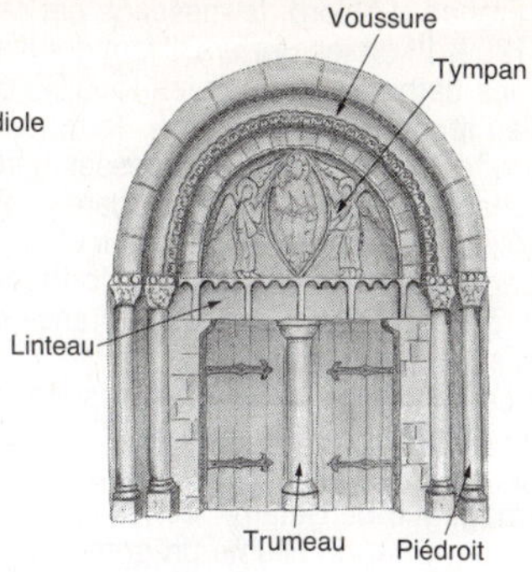

PORTAIL D'ÉGLISE ROMANE

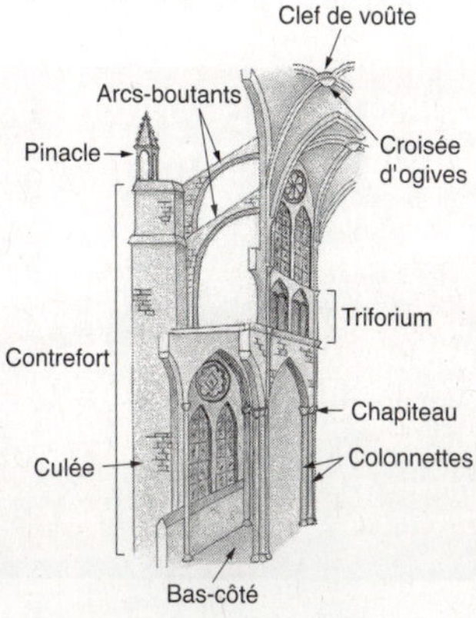

COUPE TRANSVERSALE D'UNE ÉGLISE GOTHIQUE

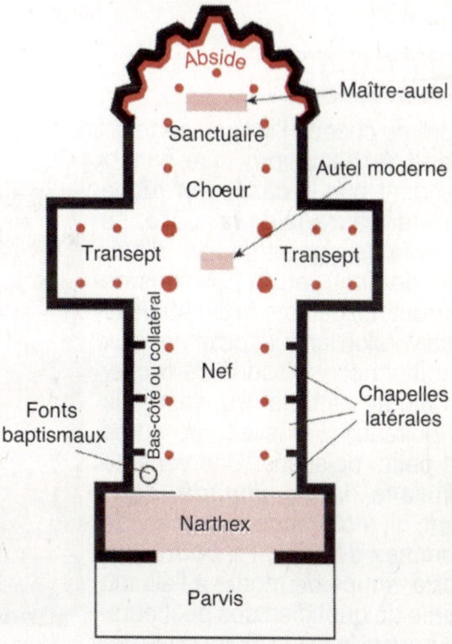

PLAN D'UNE ÉGLISE GOTHIQUE

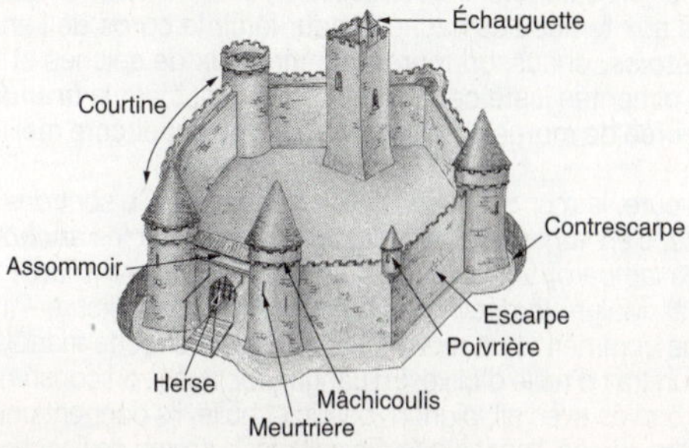

CHÂTEAU FORT

En France du Nord, le message est reçu 5 sur 5. Les bonnes âmes s'arment. En 1209, 1re proie : Béziers. Il faut donner le ton. Les habitants refusent de dénoncer les cathares ? « Tuez-les tous ! », conseille aimablement le légat du pape, « Dieu reconnaîtra les siens ». Terrorisée par ce massacre, Carcassonne tombe à son tour ainsi que les forteresses hérétiques voisines (voir aussi l'introduction au chapitre « L'Aude, pays cathare »). Pour remplacer son seigneur, les croisés choisissent un chevalier sans peur et sans scrupules, Simon de Montfort. En 1213, le Languedoc est conquis par l'orthodoxie. Mais pas soumis car, sans cesse, des révoltes éclatent. Le roi de France devra venir en personne rafler la mise en confisquant tout le Midi.
Les cathares ? Ceux qui n'ont pas été brûlés ont pris la route des Corbières. Là-haut, de petits seigneurs mènent toujours la guérilla. Les croisés devront réduire un à un leurs nids d'aigle. Puylaurens, Peyrepertuse et surtout Montségur, la « Synagogue de Satan », où les cathares tenaient leurs conciles. Pour fêter sa prise en 1244, on allume un grand bûcher. Nobles, bourgeois et gens d'armes confondus, 315 cathares s'y jettent plutôt que de se renier. Puis, 11 ans plus tard, Quéribus est pris. Tout est fini, le pape est content. Mais plus de 700 ans après, on en parle encore...

CUISINE

Comme chacun l'ignore, cette grande région disparate est un 2e Sud-Ouest gourmand. À chaque province, son roi.
Pendant que le ***cassoulet*** règne sur le Lauragais, ***la côte*** se délecte de cigales de mer, d'huîtres de Thau, et de poissons de partout. La célèbre ***bouillabaisse*** a sa version languedocienne : aux traditionnels poissons de roche, on ajoute jambon cru, saindoux et poireaux, liés avec une purée de petits poissons. Une variante catalane, la ***bouillinade,*** sans liant ni aïoli, accompagnée de pommes de terre. La ***bourboulhade,*** soupe de morue à l'ail, fait partie du quotidien des pêcheurs. La ***bourride*** fait la gloire de ***Sète,*** et utilise indifféremment lotte, seiche ou baudroie. On la cuit en 10 mn à l'eau de mer, puis on la lie avec un aïoli. À Sète toujours, les ***brochettes*** de moules ou petits poulpes au grill s'achètent aux buvettes par 5 ; la ***seiche farcie*** associe la chair à saucisse aux tentacules hachées pour farcir le corps de l'animal. Goûtez aussi la ***tielle sétoise,*** chausson fourré de morceaux de seiches et fruits de mer en sauce rouge pimentée juste ce qu'il faut. À Nîmes, c'est la ***brandade*** que l'on brandit ! Cette purée de morue émulsionnée à l'huile est encore meilleure avec de l'ail...

ET POURQUOI LA BRANDADE DE MORUE À NÎMES ?

Un plat effectivement bizarre car la morue ne se pêche pas en Méditerranée mais plutôt vers le Canada ? En effet, les pêcheurs de morue (plutôt basques ou bretons) venaient s'approvisionner en sel à Aigues-Mortes (Gard). À l'époque, le troc fonctionnait beaucoup. Voilà pourquoi la morue était consommée dans la région. Et la brandade devint une spécialité régionale !

Au large de Collioure, la mer est aussi étoilée que le ciel. Ce sont des barques qui, chaque nuit d'été, s'en vont par dizaines attirer puis pêcher les ***anchois*** grâce à un puissant fanal (le *lamparo*). Après 3 mois de saumure, ils iront farcir les olives ou voyager en bocal. Malgré le déclin des conserveries de Collioure – il en reste 2 –, aucun Catalan ne commence un repas sans émulsionner cette friandise onctueuse et délicate avec un trait d'huile d'olive. En Languedoc aussi, on consomme ces poissons, à l'apéro : broyés avec ail, oignon, basilic et huile, ils donnent une pâte à tartiner, apéritive et très corsée, l'*anchoïade.* En grillade, la saison de l'anchois, c'est l'été.

Justement, le poisson, parlons-en sans le noyer. On a le sentiment que les restos de la côte servent plus de poisson qu'il n'y en a dans toute la Méditerranée. Alors, à ce sujet, 2 mots... La région ne produit pas de poissons plats (soles, turbots), pas de coquillages non plus, à l'exception des huîtres et des moules des étangs, et les saisons ne sont pas les mêmes qu'en Atlantique. Le bon poisson, sauvage, frais et pêché à la ligne, est cher. Méfiez-vous des prix d'appel. Sachez qu'un poisson sauvage a des filets dorsaux plus importants que les filets ventraux (en élevage, ils se développent à l'identique, vu que le poisson nage peu et se muscle peu), qu'il n'y a de petites seiches qu'au printemps et au tout début de l'été, que les anchois migrent à l'automne (c'est même pour ça qu'on les sale, pour en avoir en hiver) et, bien entendu, qu'il n'y a pas de morue en Méditerranée malgré ce que nous a affirmé un restaurateur de Collioure !

En Roussillon (Pyrénées-Orientales), en s'éloignant du littoral, l'Espagne est là, noble et réjouissante. Les plus beaux vergers du monde y ont fait du sucré-salé (canard aux pêches) l'un des maîtres mots de la cuisine catalane. Parmi les spécialités, on se régale de ***boles de Picolat,*** des boulettes de viande mijotées dans une sauce épaisse et parfumée, d'***ollada*** (prononcez « ouillade »), potée de porc et légumes, bien roborative... ou encore de ***fuet,*** fine saucisse sèche qui se laisse croquer comme un sucre d'orge. Quant à la ***roussillonnade,*** elle est constituée de champignons grillés avec de la saucisse sur un feu de pommes de pin.

En dessert, la ***crème catalane*** (parfums d'anis et de cannelle sous une carapace de caramel) est un aller simple pour le paradis ! Pas léger mais tellement bon, le ***tourron*** est le nom générique pour toutes sortes de nougats à base d'amandes et de miel, mous ou croquants, vendus en tablette. Ne manquez pas celui de Perpignan. Dans le Vallespir, goûtez la ***rousquille,*** un petit gâteau en forme de roue recouvert d'une fine couche blanche, sucrée et légèrement anisée. Du Languedoc au Roussillon (et même au-delà), le ***millas,*** gâteau de farine de maïs et de saindoux, se mange en dessert.

Dans le Languedoc, les plats sentent bon la garrigue et les légumes rouges. En Camargue et à Nîmes, la ***gardianne de taureau*** est un incontournable ! C'est une daube cuisinée au vin rouge, qu'on trouve sur toutes les tables pendant les férias. À accompagner de riz de Camargue bien entendu. La vedette à Pézenas, ce sont les ***petits pâtés de Pézenas*** ! Du rôti de mouton et de la cassonade enrobés de pâte au saindoux. Une excellente – quoique curieuse – recette, originaire des Indes. Les ***escargots*** sont partout : en fricassée, en aillade, en soupe et même en bouillabaisse. À Sommières, ils mijotent entre épinards, blettes et jambon cru. À Nîmes, ils se parfument aux anchois. À Pieusse, ils prennent le goût du foie de porc et des herbes de garrigue. Et si vous passez en Roussillon pendant les vendanges, sacrifiez au culte de la ***cargolade*** où les escargots, cuits sur des braises de sarments, sont flambés au lard dans une pluie d'étincelles. Agrémentés d'un aïoli, cette émulsion d'huile d'olive, de jaunes d'œufs et d'ail, c'est un régal.

Dans les ***Cévennes,*** les charcuteries et fromages de chèvre (notamment le ***pélardon***) sont à l'honneur, tout comme le ***bleu des Causses*** (au lait cru de vache, lui). Doté d'une AOC, il est plus sec et plus amer que son cousin de Bresse. ***L'oignon doux,*** qu'on retrouve dans une multitude de recettes, est emblématique du paysage cévenol. Tout comme les ***châtaignes,*** le ***miel*** et la ***figue.***

– Spécialité de l'Aubrac, l'***aligot*** est le plat traditionnel des bergers, et il est copieux. Il s'agit d'une purée de pommes de terre mélangée à du lait, du beurre, de l'ail et surtout de la tomme fabriquée à partir du lait de vache de la race Aubrac.

ÉCONOMIE

L'agriculture est le pilier principal de l'économie. Elle repose sur un vignoble – le plus étendu de France – en bonne partie replanté de cépages de qualité, même si cultures maraîchères et fruitières (pêches, nectarines, abricots et cerises) ont, elles aussi, droit de cité. Les industries agroalimentaires, bien que peu représentées, sont également source de dynamisme (la laiterie du Massegros, en Lozère, est la plus importante au monde pour le traitement du lait de brebis). Par ailleurs, l'Occitanie est la 1re région bio en nombre d'exploitations, avec des chiffres en constante augmentation. Quant au tourisme, il se taille la part du lion avec une fréquentation qui grimpe chaque année : la région est la 1re destination française pour la fréquentation touristique française.

La pauvreté du tissu industriel

L'industrie n'est constituée que de petites – voire très petites – entreprises, quand les grandes unités n'échappent pas aux élans de reconstruction. La région souffre aussi d'un déséquilibre largement perceptible. Population et surtout activités ont tendance à s'agglutiner sur le littoral et au sud-est de la région, tandis qu'au « nord » la Lozère a perdu la moitié de sa population en 1 siècle. Dans le Gard, la célèbre marque de collants Well est implantée au Vigan depuis près de 50 ans. Une histoire française qui fait une belle jambe.
Les bassins de l'arrière-pays connaissent un certain déclin, tandis que Montpellier agit comme un puissant aimant. Avec l'émergence de parcs technologiques (comme Agropolis et Euromédecine), la multiplication des dessertes ferroviaires et le développement de l'enseignement supérieur, l'économie peut miser sur une montée du tertiaire, un réseau de communication performant et un pôle universitaire qui accueille plus de 70 000 étudiants. Le dynamisme est perceptible à l'œil nu, à travers notamment des ouvrages d'architecture qui revendiquent tous une illustre paternité : Zaha Hadid, Jean Nouvel...

Les richesses d'un secteur traditionnel

Enfin, il y a ces richesses qui valent plus que toute autre, car fortes du passé. Celles que transmettent artisans et commerçants régionaux pour que ne se perdent pas les traditions. Il y a ces tisserands de Lodève (sur le causse du Larzac, on travaille la laine depuis le Moyen Âge), ces cardeurs et peigneurs de soie des Cévennes, et tous les autres.
Bref, des salins du Languedoc (d'Aigues-Mortes en Petite Camargue, de Gruissan...), héritiers d'une tradition économique ancestrale qui fournissent chaque année plus de 500 000 t de sel, aux 2 000 ans de tradition viticole que porte en elle la terre languedocienne : vous voilà servi !

ENVIRONNEMENT

Entre un littoral riche d'espèces protégées et un arrière-pays propice à l'écotourisme, les habitants du Languedoc-Roussillon sont plutôt bien lotis et conscients de leur qualité de vie.

Un littoral transformé

Avant que les accros de la bronzette y passent leur été, le Languedoc-Roussillon était une importante voie de passage et un carrefour, particulièrement avec l'Espagne. À partir de 1963, le littoral est aménagé pour le rendre attractif. Nombre de villes et de villages s'en trouveront revigorés... mais pas mal de petits ratés : adieu plages désertiques, bonjour stations balnéaires surpeuplées en haute saison. Toutefois, le littoral de l'Aude fait figure d'exception. Hormis 3 stations balnéaires très bétonnées mais circonscrites, c'est une côte préservée aux vastes plages de sable fin, bordées par la végétation du parc naturel régional de la Narbonnaise en

Méditerranée. Par ailleurs, des efforts sont faits pour intégrer les constructions dans la vie régionale, et c'est tant mieux, à l'heure où l'on annonce 3 millions d'habitants d'ici à 2025 !

Un arrière-pays préservé

Une balade dans le Parc national des Cévennes – inscrit au Patrimoine mondial de l'Unesco au titre de « paysage culturel de l'agropastoralisme méditerranéen » – ou dans les parcs naturels régionaux du Haut-Languedoc et des Pyrénées catalanes (sans parler des réserves pyrénéennes du Vallespir et du Capcir) suffira à vous convaincre de l'extrême ***richesse de la flore et de la faune.*** Loin des traitements chimiques et de l'agriculture intensive, ces sites privilégiés vous invitent à suivre les traces de quelques animaux parfois rares et qui se méritent : isards, castors, loutres, aigles royaux, gypaètes barbus et vautours. Une nature pure où fleurs, animaux et insectes sont rois. L'ensemble du territoire fait d'ailleurs partie d'un des *hot spots* de la biodiversité mondiale, en particulier pour ses aspects méditerranéens.
Néanmoins, les inondations de 2018 ont engendré des crues importantes, notamment dans l'Hérault, le Gard et dans l'Aude. Ces débordements ont charrié des métaux lourds et de l'arsenic dans la vallée de l'Orbiel (Aude). Les bassins de rétention de l'ancienne mine d'or de Salsigne sont pointés du doigt par les associations et les habitants qui dénoncent une contamination des terres et des cours d'eau. Triste record, ce serait le site le plus pollué de France.

Des énergies propres ?

Éoliennes, fours solaires ? Le Languedoc et le Roussillon sont à la pointe dans le domaine des énergies renouvelables, qui représentent 30 % de la production en région. On y capte la puissance motrice des vents, non polluants, sans rejets de déchets. Sous les assauts de la tramontane à l'ouest et du mistral à l'est (fréquents, forts, d'orientation bien définie), nombre ***d'éoliennes,*** ces moulins des temps modernes, ont poussé un peu partout, et notamment dans l'Aude. Mais les grosses concentrations d'éoliennes ont des effets décriés : certains dénoncent des pertes d'oiseaux en masse (constatées en Navarre, par exemple), d'autres les effets dommageables sur le paysage. Alors, ces tonnes de kilowattheures produites par les centrales éoliennes : énergie propre ou futur vent de discorde ?
Quant à exploiter ***l'énergie solaire*** dans les Pyrénées-Orientales où mûrissent les 1res cerises de l'année : évidence ou utopie ? À Mont-Louis comme à Odeillo, on sait capter par des miroirs l'énergie thermique du soleil vers un four. Côté centrale électrique, pas de production par panneaux solaires (ou photovoltaïques) à grande échelle, mais les installations produisent environ 12 % de la production d'électricité à partir des énergies renouvelables.

GÉOGRAPHIE

Si les visiteurs n'ont longtemps vu dans le Languedoc-Roussillon que ses stations balnéaires, ils ont maintenant découvert ses montagnes – qui occupent environ la moitié du territoire – et ses garrigues. Et pourquoi se priver, car la région s'efforce de protéger sa nature (3 vastes parcs naturels et aucune construction sur 60 % de son littoral) ?
Au-delà des 5 départements se dessine une autre unité, d'ordre géographique. La région tout entière est orientée vers la mer Méditerranée et constitue ainsi un gigantesque amphithéâtre à 3 niveaux : les montagnes, les garrigues et la plaine.

Caractéristiques de la zone montagnarde, les massifs des Pyrénées-Orientales, au sud du département, s'étendent jusqu'à la mer, formant ainsi des falaises. Plus au nord apparaissent des plages de sable fin et des criques.

Le ***Gard*** détient aussi une grande diversité de paysages. S'y trouve, tout comme en Lozère, une partie du massif des Cévennes – apparu il y a 200 millions d'années –, succession de crêtes dénudées, de vallées vertes et étroites et de ravins creusés par les torrents. Au sud, on découvre la Camargue et sa faune unique et variée.

> **HISTOIRE TRISTE**
>
> *Pyrène était la fille d'un souverain qui hébergea Hercule. Elle tomba amoureuse du dieu musclé. Hercule préféra partir, certainement pour terminer ses 12 travaux. Pyrène s'enfuit et mourut dévorée par un ours. Catastrophé, Hercule érigea un mausolée en amassant d'énormes rochers, donnant naissance aux... Pyrénées !*

La ***Lozère*** est aussi le territoire d'espèces rares, mais celles-là sont bien éloignées des flamants roses. Ses moyennes montagnes et ses vastes forêts sont l'habitat des loups, bisons et vautours fauves réintroduits par l'homme. Quant au sud de ce département, il est composé du parc national des Cévennes et des gorges du Tarn, où les amoureux de sports extrêmes peuvent parcourir les eaux bleutées (ou moirées) serpentant entre des parois hautes de 400 à 600 m.

Difficile d'évoquer l'***Aude*** et surtout l'***Hérault*** sans penser aux vignobles qui s'étendent à perte de vue, pour le plus grand plaisir des amateurs de vin. Mais ce ne sont pas leurs seules richesses : au nord de l'Aude se trouve la Montagne noire – haute de 800 m – et ses profonds canyons et lacs aux rives ocre et rouge. Quant à leur littoral, il est bordé de plages de sable fin, semées plusieurs grosses stations balnéaires. Sans oublier le vaste *parc régional naturel de la Narbonnaise* en Méditerranée, qui offre des paysages pittoresques, variés et abritant une formidable biodiversité, entre montagnes des Corbières, larges lagunes littorales et 50 km de côtes sablonneuses préservées !

HABITAT

Architecture robuste des zones montagneuses, maisons basses du littoral : à chacun son chez-soi ! Les matériaux de construction sont divers, même si l'élément de prédilection reste la pierre.

En plaine et dans les collines

Parce que dans la région le vin coule à flots, les maisons de vignerons sont presque légion. Au « pays des toits de lauzes », ces habitations aux murs ocre ou roses présentent la singularité d'avoir des toits de tuiles. Même sort pour le *mazet,* voisin des maisons vigneronnes, sorte de remise ou d'abri aux murs de pierre de forme rectangulaire, qui ne comporte qu'une pièce.

Sur les causses et dans la garrigue

L'habitat des causses (plateaux de roche calcaire fortement érodés) est presque entièrement dédié à l'élevage ovin. La ***bergerie*** est la 1re à avoir sa place au cœur de la bâtisse. Ennemi numéro 1, le vent : tout est pensé pour s'en protéger, notamment la silhouette compacte du bâtiment. En l'absence de bois, la ***pierre*** règne en maître. Ici, pas de villages mais des habitations dispersées.

Sur le littoral

Il n'y a guère qu'une partie de la Camargue qui peut se vanter d'avoir conservé son habitat traditionnel : maisons pas très hautes, tout en longueur, couvertes de roseaux du marais. Les authentiques cabanes de pêcheurs se font rares et laissent place à des bungalows souvent sans charme. Parfois, ils s'organisent harmonieusement en véritables petits villages sur pilotis comme à Gruissan.

Et dans les montagnes

Traditionnellement en ***pierre,*** avec ***toit de schiste*** ou de ***lauzes,*** les habitations sont regroupées en hameaux, dispersées dans la nature, accrochées aux versants des montagnes ou nichées au fond des vallons. On en trouve de beaux exemples sur les contreforts du plateau de Cerdagne et au fond de quelques vallées perdues du haut Vallespir ou du haut Conflent.
Dans les Cévennes, la maison d'habitation est entourée d'une série de bâtiments en schiste : bergerie, porcherie, grange, four, pressoir à vin, magnanerie où l'on élève les vers à soie, et la *clède,* maisonnette où l'on fait sécher les châtaignes. À moins que le rez-de-chaussée aussi ne serve d'étable ou de grange ; rien de bien original. Dans un genre moins commun, typique des fermes cévenoles, vous croiserez peut-être autour des habitations quelques lauzes plantées dans la terre : chut ! vous êtes dans le cimetière familial.

La lauze de Lozère

Outre le granit, très présent dans les constructions jalonnant les pentes du mont Lozère, la lauze a bonne réputation. Comme elle ne se fendille pas et n'éclate pas non plus, elle est l'adversaire de choc des hivers longs et rudes, des étés chauds et secs. Cette feuille de schiste, de calcaire ou de grès couvre depuis des siècles fermes et bergeries de tout le sud-ouest de la France, même si ses teintes diffèrent d'un terroir à l'autre. Seul inconvénient de ce matériau, il est très lourd. On lui préfère aujourd'hui des ersatz moins contraignants. Les carrières ferment à vue d'œil !

HISTOIRE

– ***450000 av. J.-C. :*** à Tautavel, dans le Roussillon, il y avait un homme qui chassait le renne et le rhinocéros avec des pierres. Gros sourcils, front fuyant, œil enfoncé : une vraie tête de gangster ! C'est l'un des plus vieux Européens connus.
– ***Vers 600 av. J.-C. :*** les Grecs de Marseille fondent Agde (*Agathè* : « la Belle »). Bons rapports avec les indigènes, sans qu'on sache trop si ceux-ci étaient ligures (italo-provençaux) ou ibères (espagnols). Le Languedoc n'a pas fini de se chercher entre les 2 péninsules !
– ***Vers 120 av. J.-C. :*** les Romains annexent la Provence gauloise et son allié, le Languedoc. Fondation de Saint-Bertrand-de-Comminges, Béziers et surtout de Narbonne qui régit, de Toulouse à Grenoble, la toute 1re et la plus grosse province des Gaules : la Narbonnaise.
– ***413 :*** les Vandales et les Alamans n'avaient fait que passer. Plus éduqués, les Wisigoths s'installent à Narbonne. Leur royaume, qui couvre toute l'Espagne et la France du Sud, laissera de bons souvenirs. Ce sont les Wisigoths qui arrêtent Attila. On ne saurait leur en vouloir.
– ***720 :*** l'émir al-Samh, conquérant de l'Espagne, s'empare de Narbonne. Les Wisigoths continuent d'administrer le pays.
– ***759 :*** les Francs prennent Narbonne.
– ***778 :*** Roncevaux. Les Carolingiens font de la Catalogne un avant-poste antimusulman : la marche d'Espagne. Afflux de réfugiés chrétiens en Languedoc.
– ***1002 :*** la culture hispano-musulmane enrichit la province, qui participera activement à la *Reconquista* et aux croisades.
– ***1209-1255 :*** croisade contre les cathares. Le Languedoc échappe à l'orbite catalane pour tomber dans le domaine royal.

– ***1276-1344 :*** naissance et mort du royaume de Majorque. La Catalogne reste rattachée au comté de Barcelone ; la frontière passe à Salses.
– ***XIVe s :*** malgré les corsaires arabes, le Languedoc donne au roi ses grands ports méditerranéens. En 1481, le rattachement de Marseille porte un coup fatal à sa prospérité.
– ***XVIe s :*** le Languedoc oriental passe au calvinisme. Un choix qui pèsera lourd dans les guerres de Religion.
– ***1659 :*** le traité des Pyrénées (Louis XIV) donne le Roussillon et la Catalogne à la France, en même temps qu'il repousse la frontière avec l'Aragon et rend obsolète les châteaux cathares.
– ***1685 :*** la révocation de l'édit de Nantes interdit aux protestants de célébrer leur culte. La révolte des camisards tiendra 2 ans en échec l'élite des troupes royales.
– ***1790 :*** les protestants prennent part à la Révolution, les catholiques demeurent fidèles au roi.
– ***1907 :*** insurrection des vignerons contre le gouvernement Clemenceau.
– ***1971-1981 :*** manifestations contre l'extension du camp militaire du Larzac. Une cause symbole où se retrouveront, pêle-mêle, les Lip et Lanza del Vasto, François Mitterrand et le général de Bollardière.
– ***2002 :*** inondations dévastatrices dans les départements du Gard et de l'Hérault ; de nombreuses victimes sont à déplorer.
– ***2015 :*** le pont du Gard fête son inscription à l'Unesco 30 ans plus tôt.
– ***2016 :*** dans le cadre de la grande réforme territoriale, le Languedoc-Roussillon fusionne avec la région Midi-Pyrénées ; la nouvelle région s'appelle Occitanie.
– ***2018 :*** ouverture du musée de la Romanité à Nîmes, nouveau fer de lance de la ville !
– ***2018 :*** inondations catastrophiques. Le département de l'Aude a été le plus gravement touché par les crues.
– ***Décembre 2020 :*** ouverture du musée Narbo Via à Narbonne, qui redonne vie à la 1re capitale romaine en Gaule !

IDENTITÉS OCCITANE ET CATALANE

« Occitania ! » Pendant la guerre du Larzac, le bruit courut qu'une nouvelle nation d'opprimés se révoltait contre le centralisme jacobin. On chercha sur les cartes si quelque province à moitié étrangère au bout de l'Hexagone, comme le Pays basque, l'Alsace, la Corse ou la Bretagne, n'avait pas été annexée par mégarde. Et lorsqu'on découvrit qu'il s'agissait de 15 départements – 23 avec la Provence ! –, cette cause éveilla moins de sympathie que les précédentes. Il y en eut pour dire que l'Occitanie n'existait pas et que, en tout état de cause, sa diversité n'était pas moins grande que celle de l'Hexagone.
Et pourtant, l'Occitanie n'a manqué que d'un Bismarck pour exister. Sœur de la Catalogne, elle n'a épousé la France que par force. Chaînon manquant entre l'Espagne et l'Italie, c'est l'une de ces nations du soleil ombrageuses et volubiles, où l'on produit des fruits, des vins, des taureaux, des platanes et des peintres. Sa langue est un trésor. Portée par les chefs-d'œuvre des troubadours, elle régna sur les cours lettrées d'Europe, et aujourd'hui encore, près de 10 millions d'Occitans la comprennent. Littérature, solidarité urbaine, tolérance : l'Occitanie du XIe s était très en avance sur son temps. Trop, car sa complaisance envers les cathares signa sa perte.
Francisé de force, l'Occitan libéral devient un Occitan turbulent. Guerres de Religion, camisards, Révolution, 1848, 1870, 1907 : chaque occasion lui fut bonne pour se révolter contre le mépris exprimé par ceux du Nord. Si la décentralisation a mis de l'huile dans les rouages, elle est loin d'avoir tout réglé, car l'essentiel des ressources occitanes – hier les mines, aujourd'hui l'aéronautique, l'immobilier touristique et le vignoble – se trouve encore aux mains des « colons ».

Peu avant Perpignan, l'autoroute frôle une place forte réputée indestructible. Ce rêve de pierre ocre, tapi dans la plaine, c'est le fort de Salses : la frontière avec la Catalogne. La frontière a reculé il y a 3 siècles. La Catalogne, elle, est restée. Et cela saute aux yeux : comme en Alsace, on est ailleurs !
C'est ici, entre la plaine du Roussillon, les coteaux des Aspres et du Conflent, les hautes vallées du Vallespir, de Cerdagne et du Capcir, qu'est née la puissance la plus dynamique de la péninsule. Ces petits royaumes pyrénéens, où l'on parlait une langue ayant des traits caractéristiques communs aux langues ibéro-romaine et gallo-romaine – le catalan –, ont conquis sur les Sarrasins le comté de Barcelone, puis le royaume de Valence et l'Aragon. Leur zone d'influence englobait Toulouse et Nîmes et, sans la guerre albigeoise, il est probable que le Languedoc et le Roussillon seraient aujourd'hui espagnols. Mais les Catalans étaient avant tout des marins. Concurrents de Venise et de Gênes, ils annexèrent les Baléares et tout le sud de l'Italie. Perpignan vécut dans l'ombre de Barcelone jusqu'au jour où le roi d'Aragon en fit la capitale d'un petit État, le royaume de Majorque, taillé sur mesure pour l'un de ses fils. Il en reste un merveilleux palais et des souvenirs d'opulence, que Perpignan, jamais, ne parvint à oublier. Et puis, en 1659, le traité des Pyrénées fait du Roussillon la talonnette de la France. Malgré 3 siècles de francisation forcée, jamais le cordon ombilical ne sera coupé.
De Gaudí à Tàpies en passant par Miró, la renaissance de l'art catalan ignore les frontières. Dalí et Picasso arpentent le Roussillon, et lorsque Pau Casals s'installe à Prades pour fuir le franquisme – à l'exemple de milliers de ses compatriotes –, il est chez lui. Autant dire que ce n'est pas pour le folklore qu'un tiers des Roussillonnais parle le catalan. La prospérité retrouvée de Barcelone fait de leur langue un passeport précieux. Un lien supplémentaire entre « Catalans du Nord » (côté français) et « Catalans du Sud » (côté espagnol)...

LANGUES RÉGIONALES

À force de servir de l'« oc » à toutes les sauces, on en a oublié la signification. Le rapprochement est facile avec les vins du pays d'Oc, évident avec la région Languedoc, un peu moins flagrant avec l'occitan. Petit cours d'histoire, donc !
Descendue tout droit du bas latin, la langue d'oc appartient à l'ensemble des langues romanes et voit le jour dès le IXe s. Au cours de l'histoire, la latinisation s'est opérée peu à peu. En Gaule, elle se heurta aux tribus germaniques, dont faisaient partie les Francs, qui imposèrent peu à peu leur parler dans toute la moitié nord. C'est ainsi que la version gauloise du latin populaire a, au fil du temps, évolué en moult dialectes répartis grossièrement en « dialectes du Nord » et « dialectes du Sud ». Le nom de ces 2 groupes de dialectes fut ensuite donné en fonction de la manière dont les gens prononçaient « oui » – on fait avec ce qu'on a ! Or, il s'avéra que dans le Nord le mot latin *hoc ille,* signifiant « c'est ça », avait tourné en *o-il* et donna la langue d'oïl, et en *oc* pour le Sud, pour donner la langue d'oc.
Pour en revenir à nos moutons, l'*oc-citan* désigne donc l'ensemble des parlers de langue d'oc (on distingue les parlers du Nord, limousin, auvergnat... des parlers méridionaux, le languedocien – particulièrement fidèle à la langue d'oc telle qu'elle était parlée au Moyen Âge –, le provençal...). Ce n'est guère qu'une autre manière d'appeler la langue d'oc, parlée jadis dans tout ce que l'on appelle aujourd'hui le Midi de la France. Et les troubadours ne sont plus les seuls à causer cette belle langue. On estime qu'à l'heure actuelle l'occitan est compris par un tiers des habitants du Languedoc, soit environ un million et demi de personnes !
Concrètement, on parle aujourd'hui, en Languedoc-Roussillon, 3 langues : le français, l'occitan et, dans une moindre mesure, le catalan. Toutes 3 sont des langues vivantes, parlées mais aussi enseignées (les écoles occitanes accueillent 10 % de la population scolarisée). Elles constituent des véhicules de communication remarquables : sur les ondes radio chante encore l'occitan, tout comme à la télévision ; alors, à vos dicos !

PERSONNAGES

– ***Saint Dominique*** *(1170-1221)* **:** Dominique mena une croisade soft. Il sermonnait les cathares en prêchant « à pied, sans or ni argent ». Il y eut de grands débats et quelques miracles. Installés à Fanjeaux, près de Limoux, les convertis formèrent les 1ers dominicains.

– ***Trencavel*** *(XIIe-XIIIe s)* **:** rivale des comtes de Toulouse, la dynastie symbole du Languedoc de l'âge d'or. Les Trencavel possédaient Nîmes, Albi, Agde, Béziers, Razès et surtout Carcassonne, siège d'une cour brillante. Après les troubadours, ils protégèrent activement les cathares. Le dernier Trencavel fut emprisonné, puis dépossédé par Simon de Montfort.

– ***Arnaud de Villeneuve*** *(1240-1311)* **:** au XIIIe s, ce médecin-chimiste de Rivesaltes, prof à la fac de Montpellier, inventa le moyen d'arrêter la fermentation naturelle des vins par un ajout d'alcool qui empêche tout le sucre de se transformer. Les vins doux naturels venaient de naître : rivesaltes, banyuls, maury, muscats de toutes origines ont fait la gloire de la région. Merci docteur !

– ***Urbain V*** *(1310-1370)* **:** le seul pape du Languedoc fut un noble du Gévaudan, de son vrai nom Guillaume de Grimoard. On lui doit la cathédrale de Mende.

– ***Molière*** *(1622-1673)* **:** principal agent de tourisme de la ville de Pézenas, qui fut un temps son port d'attache. Molière y avait trouvé un public brillant (les notables des états généraux du Languedoc) et la protection d'un fastueux voisin, le prince de Conti.

– ***Jean Chaptal*** *(1751-1832)* **:** ce natif de Mende est à l'origine du principe de chaptalisation, qui consiste à ajouter du sucre au moût pour augmenter le taux d'alcool du vin. Accessoirement, ce Monsieur Plus de la piquette fut aussi l'un des grands chimistes du XVIIIe s.

– ***Alphonse Daudet*** *(1840-1897)* **:** si les *Lettres de mon moulin* faisaient référence au département des Bouches-du-Rhône, c'est de Nîmes qu'était originaire le célèbre écrivain, poète et conteur. Et tirée des *Lettres de mon moulin,* l'édifiante histoire du curé de Cucugnan a immortalisé ce charmant village des Corbières audoises !

– ***Joseph Jacques Césaire Joffre*** *(1852-1931)* **:** son titre de vainqueur de la Marne est plus contesté que ses moustaches, les plus célèbres de la guerre de 1914-1918. Fils d'un tonnelier de Rivesaltes, il dirigea les armées du Nord et du Nord-Est (bataille de la Somme) pour finir maréchal de France.

– ***Aristide Maillol*** *(1861-1944)* **:** Aristide aimait les femmes girondes ! De celles qui allient la solidité de la terre et la maternité de la mer. Il en a doté presque tous les villages du Roussillon, à commencer par le sien, Banyuls. Pour leur mémorial aux morts de l'Aviation, les Toulousains étaient venus le supplier : « S'il vous plaît, monsieur Maillol, pas de femme nue... » Il leur répondit de ne pas s'inquiéter. Et ils eurent leur femme nue !

– ***Paul Valéry*** *(1871-1945)* **:** *Le Cimetière marin,* « ce toit tranquille où marchent les colombes », c'est celui de Sète – sa ville natale –, où il repose (Jean Vilar l'y a rejoint en 1971). Le plus intellectuel de nos poètes a largement mis en littérature la ville et la mer.

– ***Charles Trenet*** *(1913-2001)* **:** le « Fou chantant » aurait eu 100 ans en 2013. On peut visiter sa maison natale à Narbonne.

– ***Georges Brassens*** *(1921-1981)* **:** fils d'un maçon de Sète, il a donné son nom à une rue de la ville, et on vient chantonner sur sa tombe... Faut-il encore présenter Georges ? Monument de la chanson française, tous les chanteurs à texte et même d'assez nombreux musiciens de jazz (car il savait swinguer) lui rendent hommage. Irremplaçable et non remplacé.

– ***Michel Galabru*** *(1922-2016)* **:** énorme acteur français (250 films au compteur), connu surtout pour sa collaboration à la série des fameux *Gendarmes,* aux côtés de Louis de Funès. S'il est né au Maroc, il a grandi au Bousquet d'Orb près de Béziers et a fréquenté le collège à Montpellier avant de monter à la capitale.

– ***Bernadette Lafont*** *(1938-2013)* **:** issue d'une famille de protestants cévenols, son regard si particulier et sa voix reconnaissable entre toutes, que Truffaut comparaît à Michel Simon, feront d'elle l'actrice fétiche de la Nouvelle Vague *(Les Mistons, Une belle fille comme moi, La Fiancée du pirate...).*
– ***Juliette Gréco*** *(1927-2020)* **:** chanteuse et comédienne décorée de la Légion d'honneur, et citoyenne d'honneur de Montpellier, ville qui l'a vu naître.
– ***Pierre Richard*** *(né en 1934)* **:** nouveau rôle pour ce comédien né à Valenciennes et tombé fou amoureux de l'Aude et des plaisirs du vin. Installé depuis 1984 au sud de Gruissan, il possède le Domaine de l'Évêque, un vignoble de haute tradition situé sur l'un des meilleurs terroirs des Corbières maritimes.
– ***Cali*** *(né en 1968)* **:** natif de Perpignan, ce Catalan a sorti en 2012 un album intitulé *Vernet-les-Bains,* la ville de ses racines et de ses « premières fois ». Dernier album : *Cavale* en 2020.
– ***Olivia Ruiz*** *(née en 1980)* **:** auteur-compositeur-interprète audoise, la « femme chocolat » – née à Carcassonne – a raflé Disque d'or et Victoires de la musique.
– ***Rémi Gaillard*** *(né en 1975)* **:** humoriste montpelliérain ayant acquis sa notoriété par la mise en ligne de vidéos hilarantes. Imposteur patenté, il suit inlassablement sa devise : « C'est en faisant n'importe quoi qu'on devient n'importe qui. » Pari réussi !
– ***The Limiñanas*** **:** nul n'est prophète en son pays, dit-on. C'est le cas de ce duo très rock fondé en 2009 à Cabestany et qui s'est fait connaître aux États-Unis avant que la France ne le découvre.

RIQUET ET LE CANAL DU MIDI : HISTOIRE D'EAUX

De Toulouse à l'étang de Thau serpente une voie verte coupée de 64 écluses, 55 aqueducs, 7 ponts-canaux et 126 ponts en dos d'âne. Un ouvrage si remarquable et unique qu'il est, depuis 1996, classé au Patrimoine mondial de l'Unesco ! Imaginez 240 km d'une route liquide sous un frais tunnel de platanes (enfin, façon de parler, car la plupart sont malades et ont déjà été abattus !), sillonnant parmi les vergers et les vignes, traversant des cités 3-étoiles, enjambant les fleuves d'un jet d'aqueduc et se haussant du col par des accolades d'écluses (jusqu'à 9 à la fois) aux ovales gracieux... Détail : tout le canal du Midi est dessiné Grand Siècle. « On y voit le pays autant et mieux qu'en diligence », s'exclamait Stendhal dans son coche d'eau, tiré par 3 chevaux. Un ½ siècle avant, l'agronome anglais Arthur Young en était resté éberlué : « C'est là le plus beau spectacle qu'il m'ait été donné de voir en France. Louis XIV, tu es vraiment un grand roi ! »

UNE OMBRE SUR LE CANAL

Les 42 000 platanes bicentenaires qui longent le canal du Midi sont condamnés à être abattus. Ils souffrent d'une maladie incurable, un champignon débarqué en Provence en 1944 avec les GI's américains et leurs caisses de munitions en bois contaminé. Des opérations de replantation de variétés résistantes sont en cours. Une vraie catastrophe d'un point de vue patrimonial, économique (coût de l'opération : 200 millions d'euros) et touristique. Toutefois, une suspension des abattages a été préconisée dans certaines communes de l'Aude : seuls les arbres morts sont abattus. Les mairies veulent tout tenter pour sauver leurs arbres et des traitements expérimentaux sont en cours de test...

Lorsque Pierre-Paul de Riquet, surintendant des gabelles, vient présenter le projet, c'est tout juste si Colbert ne le traite pas de farfelu. En revanche, le Roi-Soleil, qu'aucun travail colossal ne fait sourciller, trouve l'idée séduisante ; 12 000 hommes

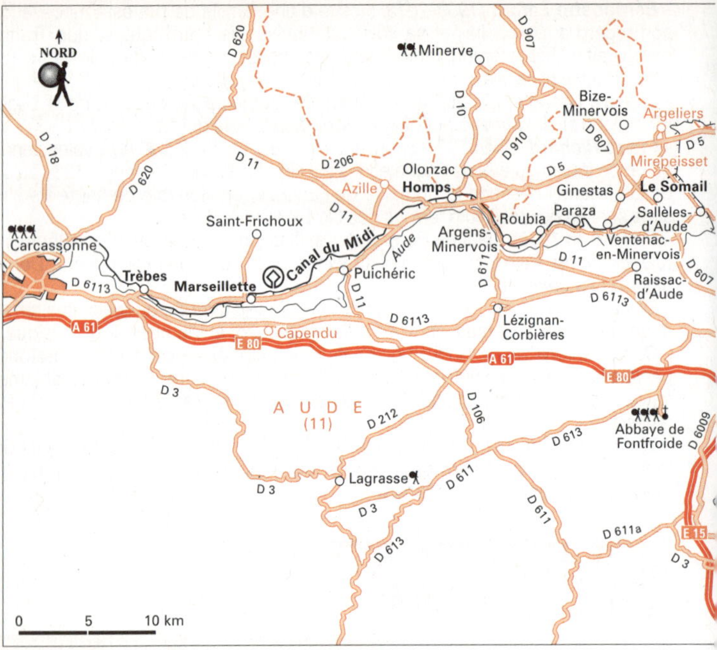

sont engagés pour creuser à la pelle le canal, pendant 14 ans. Ils capteront les ruisseaux de la Montagne noire (idée géniale et pari de Riquet qui, enfant du pays, en avait remarqué le débit constant et pensé, envers et contre tous, qu'ils suffiraient à alimenter le canal) et bichonneront des ouvrages de titan. Le Trésor royal est asséché par Versailles et les guerres ? Riquet, ce collecteur d'impôts enrichi par la gabelle, qui lutta toute sa vie contre les contrebandiers (c'est à 58 ans qu'il se lance dans l'œuvre de sa vie) va devoir mettre la main à la poche, puis dans celle de sa femme : leurs descendants mettront 40 ans à rembourser les créanciers !

Dès l'ouverture, en 1681, c'est la ruée. La 1re liaison Atlantique-Méditerranée va transformer la région. De Toulouse à Sète (ville née du canal), on ne voyage plus qu'en bateau. Le fameux coche d'eau. Relais, chapelles et maisons closes s'agglutinent le long du canal. Riquet avait vu grand. Surtout pour sa ville natale, qu'il dotera d'une œuvre au cœur du futur projet grand site : les 9 écluses de Fonséranes.

FORTUNE EN LIQUIDE

En ne finançant que 20 % du chantier, Riquet obtint de Louis XIV l'entière propriété du canal, pour lui et ses héritiers. Tous les bateaux payaient un octroi. Ce patrimoine inouï fut confisqué à la Révolution française.

Pour plus d'infos sur la navigation, voir en début de guide la rubrique « Canal du Midi » dans le chapitre « Bon à savoir avant le départ ». Sinon, reportez-vous aux chapitres le concernant dans les départements de l'Aude et de l'Hérault.

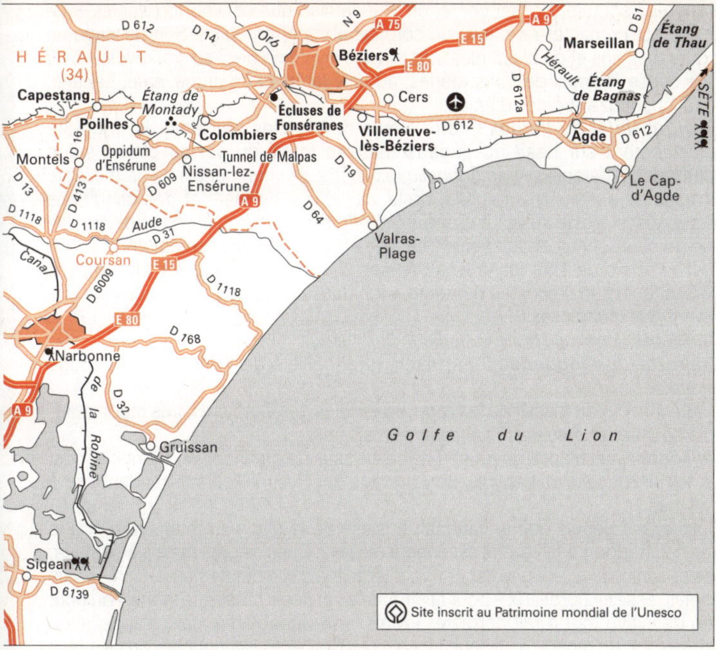

LE CANAL DU MIDI

SITES INSCRITS AU PATRIMOINE MONDIAL DE L'UNESCO

UNESCO – Organisation des Nations Unies pour l'éducation, la science et la culture · En coopération avec le Centre du patrimoine mondial

Pour figurer sur la liste du Patrimoine mondial, les sites doivent avoir une valeur universelle exceptionnelle. Ces sites appartiennent à tous les peuples du monde, sans tenir compte du territoire sur lequel ils sont situés. Pour plus d'informations : • *whc.unesco.org* •

– Pour le Languedoc et le Roussillon sont concernés le ***pont du Gard*** (1985), le ***canal du Midi*** (1996), la ***ville fortifiée historique de Carcassonne*** (1997), les ***fortifications Vauban des villes de Mont-Louis et Villefranche-de-Conflent,*** toutes 2 dans les Pyrénées-Orientales (2008), les ***chemins de Saint-Jacques-de-Compostelle*** (1998) ainsi que ***les Cévennes (et les Causses),*** en tant que paysage culturel de l'agropastoralisme méditerranéen (2011).

VINS ET ALCOOLS

Pour potasser la question, n'hésitez pas à jeter un œil au site du Conseil interprofessionnel des vins du Languedoc : • *languedoc-wines.com* • Idéal pour découvrir la diversité des crus régionaux depuis les portes de Nîmes jusqu'aux contreforts de l'Espagne.

– ***Banyuls :*** sombre, dense, corsé, un vrai catalan que ce « porto français ». Le banyuls est un nectar rare, issu de coteaux abrupts et radins. Son passage en fût dure de 2 ans et demi à... plusieurs siècles (système de la *solera*), évoluant du rouge cerise (arômes de fruits rouges) au tuilé (arômes de prune, café, banane, cacao) ou topaze (arômes d'épices).

– ***Blanquette(s)-de-limoux :*** cette aïeule de tous les pétillants est produite exclusivement sur base du cépage mauzac (celui du gaillac blanc) selon 2 méthodes différentes : *traditionnelle* (ex-méthode champenoise) et *ancestrale* (sur base de ses sucres naturels, de la vieille lune de mars et des conditions climatiques). Il existe aussi un ***crémant-de-limoux,*** autre méthode traditionnelle issue du chardonnay et du chenin (mauzac et pinot noir pour compléter)...

– ***Byrrh :*** apéro de Thuir dans les Pyrénées-Orientales, obtenu par macérations diverses (quinquina, écorces d'orange, etc.) dans du vin doux. Les vieux flacons peuvent être grandioses.

– ***Cabrières :*** bon rosé fruité et nerveux de l'Hérault.

– ***Clairette-du-languedoc :*** vin blanc « tranquille » de l'Hérault, de cépage clairette.

– ***Clape :*** un cru du massif de la Clape, aux portes des Corbières, très recommandable pour ses rouges épicés, puissants mais fins.

– ***Collioure :*** vins blancs ou rouges de soleil issus de grenache noir, blanc et gris. Leur terroir est celui du banyuls, un voisinage dont les meilleurs se rendent tout à fait dignes.

– ***Corbières :*** depuis que le carignan a laissé de la place au mourvèdre et à la syrah, leur rapport qualité-prix est encore meilleur. Dans ce gros massif à garrigue, aride et caniculaire, la vigne est omniprésente mais elle donne peu. D'où ces vins de soleil, assez « bordeaux » pour la structure, un peu « côtes-du-rhône » au goût et en définitive tout à fait corbières ! Mais le 4e vignoble français d'appellation contrôlée est un monde à lui seul. Les hautes Corbières donnent les vins les plus corsés, souvent élevés en barriques. En montagne d'Alaric, ils sont plus frais, acides et parfumés. Les Corbières maritimes font dans le goût primeur, assez velouté. Et les Corbières centrales mixent ces influences. Un conseil ? La cave. Même les bouteilles modestes se sentent mieux après un coup de vieux.

– ***Costières-de-nîmes :*** bon équilibre fruit-structure ; assez légers pour être bus au quotidien, ces vins du Nîmois ressemblent fort aux côtes-du-rhône de la rive droite (voir plus loin) mais sont bien moins chers.

– ***Coteaux-du-languedoc :*** nom générique d'un vaste puzzle de vignobles, où chaque producteur est un cas particulier.

– ***Côtes-du-rhône :*** la rive languedocienne du Rhône produit des rouges plus légers, fruités et rafraîchissants qu'en face. 2 crus, tavel et lirac, plus 3 « villages », laudun, chusclan et saint-gervais.

– ***Côtes-du-roussillon :*** au moins 6 cépages et une infinité de microzones. Les côtes-du-roussillon sont plus souvent bons que mauvais. Et quand ils sont bons – ne vous fiez pas à l'appellation « villages » –, c'est pour leur onctuosité et leur goût de raisin, allant jusqu'à des arômes complexes de réglisse et de viande rôtie, genre porto. Également de bons blancs à base de macabeo pour accompagner les charcuteries catalanes.

– ***Fitou :*** élevés dans les Corbières maritimes, ces vins rouges puissants et sauvages se marient bien avec charcuteries, viandes et gibier. – ***Maury :*** en lisière des Corbières, un concurrent sérieux du banyuls. Avec les années, ses arômes de fruits rouges virent à la prune *(vintages),* puis aux épices pour finir sur le cuir, si la garde s'est effectuée en fût. Extraordinaire rapport qualité-prix.

– ***Minervois :*** plus le paysage est beau, meilleur y est le vin ! C'est donc sur les 1ers contreforts de la Montagne noire, notamment autour de Minerve, qu'on rencontre les rouges les plus distingués, parfumés mais solides et moins « expansifs » que leurs cousins des Corbières.

– ***Muscats :*** à Frontignan, Lunel, Mireval, Saint-Jean-de-Minervois, quoique les plus réputés viennent de Rivesaltes, en Roussillon. À boire jeune, pour leurs arômes de miel, de rose et de citron. Certains propriétaires font de vrais nectars.
– ***Saint-chinian :*** 2 types de vins produits au nord-ouest de Béziers. Des carignans de schiste (voir « Faugères ») et des rouges durs, épais, qu'il faut garder en cave. Le saint-chinian courant est un mélange des 2.
– ***Saint-saturnin :*** un rouge cévenol de caractère, agréable et bien équilibré.
– ***Tavel :*** arômes de grenadine, bouquet délicieusement floral, amertume élégante, le tavel est le seul rosé « de race » au monde et le n° 1 en France.

PETITS TRUCS ET ASTUCES POUR ÉVITER LES ABUS ET MAUVAISES SURPRISES

Un routard informé en vaut 2 ! Pour éviter les désagréments en tous genres, il est bon de les connaître. Voici un petit vade-mecum destiné à parer aux coûts et aux coups de bambous.

Bien sûr, nos enquêteurs veillent au grain, et les établissements qui ne répondent plus à nos critères ou abusent sont vite supprimés de nos guides. La réciproque est aussi valable. N'oublions pas que les hôteliers et restaurateurs font un métier difficile. S'ils se doivent de toujours garder le sourire, nous nous devons de les respecter en n'arrivant pas chez eux en terrain conquis.

À L'HÔTEL

1 – Arrhes ou acompte ? : au moment de réserver votre chambre par téléphone – par précaution, toujours confirmer par écrit (ou mail) –, il n'est pas rare que l'hôtelier vous demande de verser à l'avance une certaine somme, celle-ci faisant office de garantie. Il est d'usage de parler d'arrhes (et non d'acompte). Légalement, aucune règle n'en précise le montant. Toutefois, ne versez que des arrhes raisonnables : 25 à 30 % du prix total, sachant qu'***il s'agit d'un engagement définitif sur la réservation*** de la chambre. Cette somme ne pourra donc pas être remboursée en cas d'annulation de la réservation, sauf cas de force majeure qu'il vous faudra justifier (maladie ou accident) ou en accord avec l'hôtelier si l'annulation est faite dans des délais jugés raisonnables. Si, au contraire, l'annulation est le fait de l'hôtelier, il doit vous rembourser le double des arrhes versées. Si vous avez réservé une chambre (sans avoir rien versé) et que vous avez un empêchement, ***passez un coup de téléphone pour annuler,*** c'est la moindre des politesses.

2 – Subordination de vente : les hôteliers ont interdiction de pratiquer la subordination de vente. C'est-à-dire qu'***ils ne peuvent pas vous obliger à réserver plusieurs nuits d'hôtel si vous n'en souhaitez qu'une.*** Dans le même ordre d'idées, on ne peut vous obliger à prendre votre petit déjeuner ou vos repas dans l'hôtel ; ce principe, illégal, est cependant toléré en pratique, surtout en haute saison, dans les zones touristiques, où la demande est bien plus importante que l'offre !

3 – Les réservations en ligne : elles se sont généralisées. Mais voilà, si les centrales de réservation en ligne sont devenues incontournables, elles ne garantissent pas systématiquement de meilleurs prix qu'en direct. En outre, les promesses ne sont pas toujours tenues et l'on constate parfois des dérives, telles que promos bidons, descriptifs exagérés, avis d'internautes truqués... Les hôteliers s'estiment souvent étranglés par les commissions abusives prélevées au passage. ***N'hésitez pas à réserver directement auprès de l'hôtel.*** Aujourd'hui, la plupart alignent leurs prix sur ceux des sites commerciaux. Autre avantage, vous pouvez préciser le type de chambre souhaité (sur rue, sur jardin) et obtenir des renseignements fiables sur l'établissement.

4 – Responsabilité en cas de vol : un hôtelier ne peut en aucun cas dégager sa responsabilité pour des objets volés dans la chambre d'un de ses clients, même si ces objets n'ont pas été mis au coffre. En d'autres termes, les éventuels panonceaux dégageant la responsabilité de l'hôtelier n'ont aucun fondement juridique.

AU RESTO

1 – Les prix : ils sont libres, mais ***l'affichage est obligatoire*** à l'extérieur de l'établissement, de manière visible. Tous les menus doivent être affichés, même le moins cher. Ils doivent être identiques à ceux que l'on vous présente à l'intérieur.

2 – Formule ou menu ? Généralement, la formule est une proposition écourtée comprenant entrée + plat ou plat + dessert. Avec parfois un verre de vin et/ou le café. De fait, elle est moins chère que le menu, en principe complet (entrée + plat + dessert). Très souvent, les formules et les 1ers menus (les moins chers) ne sont ***servis qu'en semaine et/ou seulement au déjeuner,*** et plus rarement avant certaines heures (12h30 et 20h environ). C'est parfaitement légal, à condition toujours que ce soit clairement indiqué sur le panneau extérieur et sur le menu que l'on vous présente une fois installé. Il arrive qu'il disparaisse comme par enchantement (humm, mauvais signe…). Demandez-les, ça ne mange pas de pain.

3 – Attention aux suppléments. Certains menus imposent 3 suppléments pour 5 plats proposés. Cherchez l'erreur !

4 – Le « fait maison » : depuis que la législation existe, pour parer au sous-vide et tout congelé, et parallèlement valoriser le travail de restaurateurs scrupuleux, le « fait maison » (logo d'une casserole surmontée d'un toit de maison avec cheminée) apparaît comme un faire-valoir évident et rassurant. Même s'il ne garantit pas le 100 % maison (la loi est un peu tordue, et il n'y a pas de contrôle), ni la qualité du chef ! Cela dit, ***c'est un bon début.***

5 – La carte en dit long ! Voici, foi d'enquêteur, quelques trucs très simples pour analyser un menu : tout d'abord la ***brièveté de la carte*** est un bon gage de fraîcheur ; quand les produits sont locaux et de saison, c'est encore mieux ! On peut aussi questionner le serveur. Sa franchise (ou son embarras) vous en dira long. Autre indice : si la carte n'est composée que de plats passe-partout dont certains peuvent nécessiter des cuissons très longues (parmentier de canard, suprêmes de volaille en sauce, souris d'agneau, bourguignon...), ce n'est pas forcément bon signe, surtout s'ils sont servis trop rapidement. Même topo avec les desserts bistrotiers type tarte Tatin, mi-cuit ou mousse au chocolat, crème brûlée, panna cotta, tiramisù qui sortent soit du congélateur, soit d'une brique ! Tout comme les mignardises qui accompagnent le café gourmand souvent surfacturé, insipide… et certainement pas « maison ». Un bon chef n'est pas forcément un bon pâtissier. Et il a rarement le temps de préparer 36 desserts ! Enfin, en dehors des zones côtières, on évite les poissons et fruits de mer le lundi… les livraisons ayant rarement lieu le week-end !

6 – Commande jugée insuffisante : sachez qu'il est illégal de pousser le client à la consommation.

7 – *Doggy bag :* la lutte anti-gaspi a du bon ! Si la pratique du *doggy bag* est déjà bien répandue dans certains pays, en France on a longtemps traîné la patte. À partir de juillet 2021, les restaurateurs seront dans l'obligation de proposer à leurs clients ce qu'ils auront laissé dans leur assiette. Dans les faits, certains le pratiquent déjà. Alors, n'hésitez pas à le demander, même si cela n'est pas (encore) dans nos habitudes culturelles.

8 – Eau : une carafe d'***eau du robinet*** est ***gratuite*** à condition qu'elle accompagne un repas. On ne peut pas vous la refuser, sauf si elle est jugée impropre à la consommation par décret. Dans certains restos, on vous l'apporte d'office en guise de bienvenue. Un vrai bon point ! La bouteille d'***eau minérale*** doit, quant à elle, comme le vin, être ouverte devant vous. L'arnaque consiste parfois à proposer d'emblée une eau minérale, facturée au prix fort. À la question du serveur : « … et pour l'eau, plate ou gazeuse ? », vous pouvez répondre : « une carafe, s'il vous plaît ».

9 – Vins (et autres alcools) : la marge la plus importante des restaurateurs ! Et certains en abusent… Au-delà de 2 verres (gare aux prix exorbitants), il peut être plus intéressant de commander une bouteille, quitte à l'emporter en fin de repas si elle n'est pas terminée. Sinon, ne pas hésiter à demander un ***petit vin de pays en pichet,*** l'occasion de découvrir ainsi des petites cuvées locales et bon marché.

les ROUTARDS sur la FRANCE 2021-2022

(dates de parution sur • ***routard.com*** •)

Découpage de la FRANCE par le ROUTARD

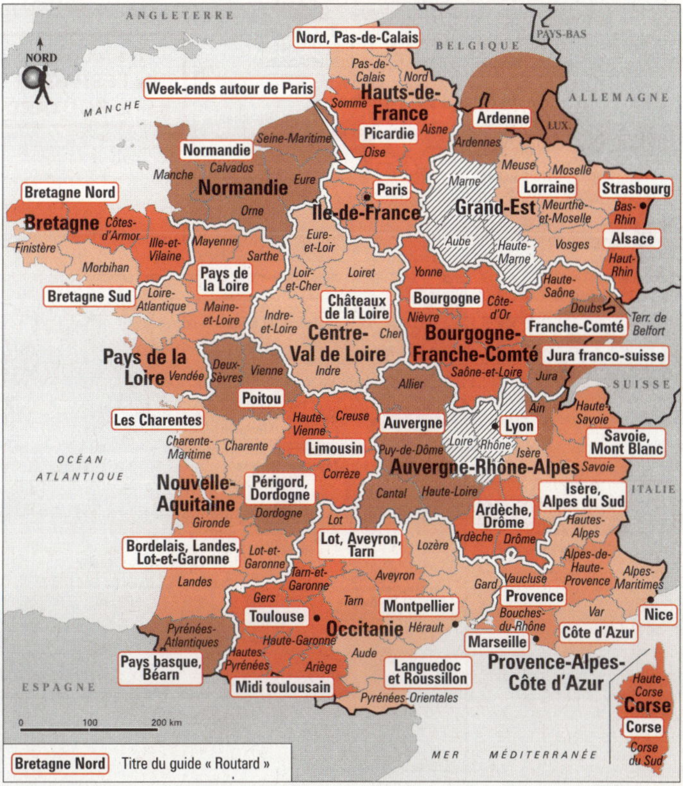

Autres guides sur la France

- Nos meilleurs campings en France
- Nos meilleures chambres d'hôtes en France

Autres guides sur Paris

- Paris
- Paris balades
- Restos et bistrots de Paris
- Le Routard des amoureux à Paris
- Week-ends autour de Paris

Le Routard à vélo

- EuroVelo6
- La Bourgogne du Sud à vélo
- La Flow Vélo
- La Loire à Vélo
- La Vélodyssée (Roscoff-Hendaye)
- Le Canal des 2 mers à vélo
- Paris Île-de-France à vélo
- ViaRhôna
- Les plus belles escapades à Vélo en France

les ROUTARDS sur l'ÉTRANGER 2021-2022

(dates de parution sur • **routard.com** •)

Découpage de l'ESPAGNE par le ROUTARD

Découpage de l'ITALIE par le ROUTARD

Autres pays européens

- Allemagne
- Angleterre, Pays de Galles
- Autriche
- Belgique
- Bulgarie
- Crète
- Croatie
- Danemark, Suède
- Écosse
- Finlande
- Grèce continentale
- Hongrie
- Îles grecques et Athènes
- Irlande
- Islande
- Madère
- Malte
- Norvège
- Pays baltes : Tallinn, Riga, Vilnius
- Pologne
- Portugal
- République tchèque, Slovaquie
- Roumanie
- Suisse

Villes européennes

- Amsterdam
- Berlin
- Bruxelles
- Budapest
- Copenhague
- Dublin
- Lisbonne
- Londres
- Moscou
- Naples
- Porto
- Prague
- Saint-Pétersbourg
- Stockholm
- Vienne

les ROUTARDS sur l'ÉTRANGER 2021-2022

(dates de parution sur • **routard.com** •)

Découpage des ÉTATS-UNIS par le ROUTARD

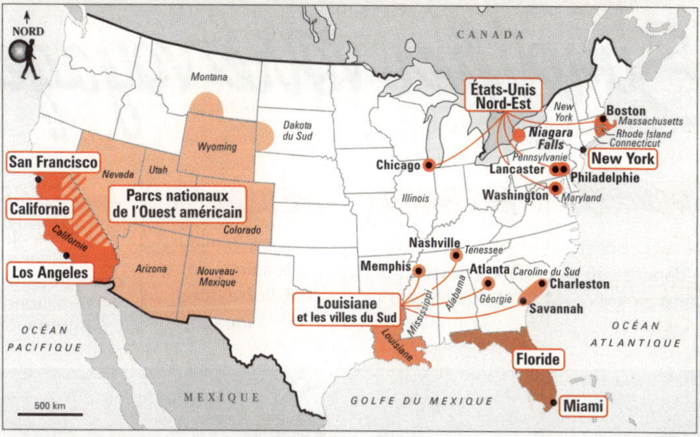

Autres pays d'Amérique

- Argentine
- Brésil
- Canada Ouest
- Chili et île de Pâques
- Colombie
- Costa Rica
- Équateur et les îles Galápagos
- Guatemala, Belize
- Mexique
- Montréal
- Pérou, Bolivie
- Québec et Ontario

Asie et Océanie

- Australie côtes est et nord + Red Centre
- Bali, Lombok
- Bangkok
- Birmanie (Myanmar)
- Cambodge, Laos
- Chine
- Hong Kong, Macao, Canton
- Inde du Nord
- Inde du Sud
- Israël et Palestine
- Istanbul
- Jordanie
- Malaisie, Singapour
- Népal
- Shanghai
- Sri Lanka (Ceylan)
- Thaïlande
- Tokyo, Kyoto et environs
- Turquie
- Vietnam

Afrique

- Afrique du Sud
- Égypte
- Kenya, Tanzanie et Zanzibar
- Maroc
- Marrakech
- Sénégal
- Tunisie

Îles Caraïbes et océan Indien

- Cuba
- Guadeloupe, Saint-Martin, Saint-Barth
- Île Maurice, Rodrigues
- Madagascar
- Martinique
- République dominicaine (Saint-Domingue)
- Réunion

Guides de conversation

- Allemand
- Anglais
- Arabe du Maghreb
- Arabe du Proche-Orient
- Chinois
- Croate
- Espagnol
- Grec
- Italien
- Japonais
- Portugais
- Russe
- G'palémo (conversation par l'image)

Livres-photos/Livres-cadeaux

- La France de Stéphane Bern **(nouveauté)**
- Voyages
- Voyages : États-Unis
- Voyages : France
- Voyages : Italie
- Road Trips Monde
- Road Trips en France **(nouveauté)**
- 120 coins secrets en Europe
- 50 voyages à faire dans sa vie
- 1 200 coups de cœur dans le monde
- 1 200 coups de cœur en France
- 52 week-ends dans les plus belles villes d'Europe
- 52 week-ends coups de cœur en France
- 52 escapades nature en France **(nouveauté)**
- Cahier de vacances du Routard

Nous tenons à remercier tout particulièrement Loup-Maëlle Besançon, Thierry Bessou, Gérard Bouchu, François Chauvin, Grégory Dalex, Fabrice Doumergue, Cédric Fischer, Carole Fouque, Nicolas George, Michelle Georget, David Giason, Claude Hervé-Bazin, Emmanuel Juste, Dimitri Lefèvre, Fabrice de Lestang, Romain Meynier, Éric Milet, Pierre Mitrano, Jean-Sébastien Petitdemange, Thomas Rivallain et Jean Tiffon pour leur collaboration régulière.

Brice Andlauer
Jean-Jacques Bordier-Chêne
Agnès Debiage
Coralie Delvigne
Jérôme Denoix
Tovi et Ahmet Diler
Clélie Dudon
Sophie Duval
Alain Fisch
Bérénice Glanger
Adrien et Clément Gloaguen
Sébastien Jauffret
Alexia Kaffès
Augustin Langlade
Jacques Lemoine
Aline Morand
Louis Nagot
Caroline Ollion
Martine Partrat
Odile Paugam et Didier Jehanno
Céline Ruaux
Prakit Saiporn
Nejma Tahri Hassani
Alice Tonasso
Caroline Vallano

Direction : Sidonie Chollet
Direction éditoriale : Élise Ernest
Édition : Matthieu Devaux, Olga Krokhina, Gia-Quy Tran, Julie Dupré, Emmanuelle Michon, Pauline Janssens, Amélie Ramond, Margaux Lefebvre, Julie Wood et Ionah Vasseur
Ont également collaboré : Aurélie Gaillot et Arianne Fort
Cartographie : Frédéric Clémençon et Aurélie Huot
Contrôle de gestion : Jérôme Boulingre et Yannis Villeneuve
Secrétariat : Catherine Maîtrepierre
Fabrication : Nathalie Lautout et Audrey Detournay
Relations presse : COM'PROD, Fred Papet. ☎ 01-70-69-04-69.
• *info@comprod.fr* •, Martine Levens (Belgique) et Maureen Browne (Suisse)
Illustration : Anne-Sophie de Précourt
Direction marketing : Stéphanie Parisot, Élodie Darty et Charlotte Brou
Couverture : le-bureau-des-affaires-graphiques.com
Silhouette du Routard : Clément Gloaguen (d'après Solé)
Maquette intérieure : le-bureau-des-affaires-graphiques.com, Thibault Reumaux et npeg.fr
Contact Partenariats : Jérôme Denoix • *jeromedenoix@gmail.com* •
Contact Partenariats et régie publicitaire : Florence Brunel-Jars
• *fbrunel@hachette-livre.fr* •

INDEX GÉNÉRAL

INDEX GÉNÉRAL

LISTE DES CARTES ET PLANS

UNE PANDÉMIE INOUÏE !

Depuis toujours, ***Le Routard* apporte son soutien aux hôteliers et restaurateurs** qui accueillent nos lecteurs avec sourire et professionnalisme. Inlassablement, nos enquêteurs sont à l'affût de ces établissements, pour le plus grand bonheur de nos lecteurs. Des adresses familiales et accueillantes que nous continuerons à soutenir et mettre en valeur. Malgré toute notre vigilance, certains d'entre eux auront fermé quand ce livre sortira. Cette terrible **pandémie de Coronavirus** a, on le sait, des conséquences importantes pour tous les professionnels du tourisme. **Nous sommes de tout cœur avec eux !**

« OSONS LE PAS DE CÔTÉ »

Le surtourisme ? Tous concernés. Et pourtant, à l'écart des grands flux touristiques, il existe plein de pépites méconnues, souvent oubliées des circuits trop encombrés. Ici un site ignoré ; là un quartier secret ; plus loin un village caché au charme discret, avec un troquet d'une autre époque… Il existe une infinité de lieux peinards que l'on a envie de mettre en avant avec ce pictogramme. Un vagabondage enfin calme favorisé aussi par les **visites aux heures creuses.** Vive le *slow trip* !

#osonslepasdecote

INDEX GÉNÉRAL

Remarque importante aux hôteliers et restaurateurs

Les enquêteurs du *Routard* travaillent dans le plus strict anonymat. Aucune réduction, aucun avantage quelconque, aucune rétribution n'est jamais demandé en contrepartie. Face aux aigrefins, la loi autorise les hôteliers et restaurateurs à porter plainte.

Avis aux lecteurs

Le Routard, ce n'est pas comme le bon vin, il vieillit mal. On ne veut pas pousser à la consommation, mais évitez de partir avec une édition ancienne. Les modifications sont souvent importantes.
Les réductions accordées à nos lecteurs ne sont jamais demandées par nos rédacteurs afin de préserver leur indépendance. Les hôteliers et restaurateurs sont sollicités par une société de mailing, totalement indépendante de la rédaction, qui reste donc libre de ses choix. De même pour les autocollants et plaques émaillées.

Avec routard.com, choisissez, organisez, réservez et partagez vos voyages !

✓ Rejoignez la plus grande communauté francophone de voyageurs : **plusieurs millions d'internautes.**

✓ Échangez avec les routarnautes : forums, photos, avis d'hôtels.

✓ Retrouvez aussi toutes les informations actualisées pour choisir et préparer vos voyages : près de 300 guides destinations, une centaine de dossiers pratiques et un magazine en ligne pour découvrir tous les secrets de votre destination.

✓ Enfin, comparez les offres pour organiser et réserver votre voyage au meilleur prix.

Les **Routards** *parlent aux* **Routards**

Faites-nous part de vos expériences, de vos découvertes, de vos tuyaux et de vos coups de cœur. Aidez-nous à remettre l'ouvrage à jour. Indiquez-nous les renseignements périmés. Faites profiter les autres de vos adresses nouvelles, combines géniales... On adresse un exemplaire gratuit de la prochaine édition à ceux qui nous envoient les meilleurs courriers, pour la qualité et la pertinence des informations.
Quelques conseils cependant :
– Envoyez-nous votre courrier le plus tôt possible afin que l'on puisse insérer vos tuyaux sur la prochaine édition.
– N'oubliez pas de préciser l'ouvrage que vous désirez recevoir, ainsi que votre adresse postale.
– Vérifiez que vos remarques concernent l'édition en cours et notez les pages du guide concernées par vos observations.
– Quand vous indiquez des hôtels ou des restaurants, pensez à signaler leur adresse précise et, pour les grandes villes, les moyens de transport pour y aller.
Si vous le pouvez, joignez la carte de visite de l'hôtel ou du resto décrit.
En tout état de cause, merci pour vos nombreux mails.

122, rue du Moulin-des-Prés, 75013 Paris

• *guide@routard.com* • *routard.com* •

Routard Assurance *2021*

Édité par Hachette Livre (58, rue Jean-Bleuzen, CS 70007, 92178 Vanves Cedex, France)
Photocomposé par Jouve (1, rue du Docteur Sauvé, 53100 Mayenne, France)
Imprimé par Jouve Print (Quai n° 2, 733, rue Saint-Léonard, BP 3, 53101 Mayenne Cedex, France)
Achevé d'imprimer en février 2021
Collection n° 15 - Édition n° 01
47/3207/1
I.S.B.N. 978-2-01-787139-2
Dépôt légal : mars 2021

PAPIER À BASE DE FIBRES CERTIFIÉES